*Jirecek, Konstantin Josef*

# Das Fürstentum Bulgarien

*Jirecek, Konstantin Josef*

**Das Fürstentum Bulgarien**

*Inktank publishing, 2018*

*www.inktank-publishing.com*

*ISBN/EAN: 9783747776742*

# DAS FÜRSTENTHUM

# BULGARIEN.

SEINE

BODENGESTALTUNG, NATUR, BEVÖLKERUNG, WIRTHSCHAFTLICHE ZUSTÄNDE, GEISTIGE CULTUR, STAATSVERFASSUNG, STAATSVERWALTUNG UND NEUESTE GESCHICHTE.

VON

Dr. CONSTANTIN JIREČEK.

MIT 42 ABBILDUNGEN UND EINER KARTE.

PRAG: F. TEMPSKY. — WIEN: F. TEMPSKY, — LEIPZIG: G. FREYTAG.

BUCHHÄNDLER DER KAIS. AKADEMIE DER WISSENSCHAFTEN IN WIEN.

1891.

# VORWORT.

Das vorliegende Buch enthält den Versuch einer allseitigen wissenschaftlichen Beschreibung des erst seit zwölf Jahren bestehenden Fürstenthums Bulgarien in dessen heutigen Grenzen.

Trotz seiner Lage zwischen Konstantinopel und der grössten Wasserstrasse Mitteleuropa's gehört Bulgarien zu den Ländern, deren Erforschung sich erst in den Anfängen befindet. Die Reihe der wissenschaftlichen Beobachter eröffnen zwei berühmte Reisende des 18. Jahrhunderts, der Ragusaner Astronom Boscovich (1762) und der Deutsche Karsten Niebuhr (1767), welche hier allerdings nur auf dem Wege von Konstantinopel nach Polen rasch durchreisten, aber dennoch u. A. die ersten astronomischen Ortsbestimmungen versuchten. Nach einer langen Unterbrechung durch kriegerische Zeiten wurden vier hervorragende Fachmänner verschiedener Nationen (1836—1845) die Begründer specieller Studien in diesen Ländern: der Geologe Boué, der Botaniker Grisebach, der Nationalökonom Blanqui und der russische Philologe Grigorovič. In der Folge machte die grössten Fortschritte die Geologie, in welcher die Untersuchungen des Dr. Ami Boué besonders von Viquesnel, Spratt, Hochstetter, Toula und Zlatarski fortgesetzt wurden. Werthvoll sind die Reiseberichte von zwei weltbekannten, allzu früh verstorbenen Afrikaforschern, die sich auch mit der Balkanhalbinsel beschäftigten, Dr. Heinrich Barth († 1865) und Guillaume Lejean († 1871). Als ausführliche Beschreibung des bulgarischen Donaugebietes am Vorabend der Befreiung besitzt einen bleibenden Werth das 1860—1875 entstandene, durch des Autors Stift trefflich illustrirte dreibändige Werk des Wiener Reisenden F. Kanitz; es umfasst jedoch nur drei Fünftel des jetzigen Fürstenthums, mit Ausschluss der sechs Kreise des ehemaligen Ost-Rumeliens (ausser einigen Randgebieten) und der Kreise von Sofia (ausser der Hauptstadt), Trn und Küstendil. Die Fortschritte der Kenntniss Bulgariens illustrirt am Besten die Vergleichung der Karten der Halbinsel von Professor Dr. Heinrich Kiepert in den Ausgaben von 1853 bis 1885. Genauer bekannt war bis unlängst nur das von den Russen im Kriege 1828—1829 aufgenommene pontische Gebiet von Silistria bis Konstantinopel. Aus der Karte der übrigen Landestheile wurden die bedeutendsten Irrthümer, weissen Flecke und zweifelhaften Flussläufe um das J. 1870 weggeräumt durch Lejean, Kanitz und die Ingenieure, welche Vorstudien für das projectirte türkische Bahnnetz unternahmen. Das erste detaillirte Terrainbild boten die 1877 f. erschienenen Blätter der vom k. k. militär-geographischen Institut in Wien herausgegebenen Generalkarte von Central-Europa, in denen ein umfangreiches, von österreichischen Officieren in der Türkei gesammeltes Material verwerthet ist.

Allen Zweifeln und Combinationen über die Einzelheiten der Bodengestaltung machte schliesslich die 1877—1879 von den Russen durchgeführte trigonometrische Aufnahme des ganzen Landes von der serbischen Grenze bis zum Bosporus und zur Mündung der Marica ein Ende, jetzt schon in zwei Ausgaben einer Detailkarte (1884 f.) vorliegend. Eine wissenschaftliche Expedition nach Bulgarien in der Art der französischen Expeditionen nach Egypten und Morea seiner Zeit wurde während des Krieges und der Occupation in Petersburger Kreisen geplant, aber der richtige Zeitpunkt blieb versäumt. Die russische Occupationsverwaltung druckte indessen eine vorzugsweise statistische und juridische Sammlung „Materialien zum Studium Bulgariens", von der uns jedoch nur ein Band mit kirchlichen und finanziellen Ortsverzeichnissen zugänglich ist.

Seit der Befreiung haben die Bulgaren selbst schon viele verdienstvolle Arbeiten zur Landesdurchforschung geleistet. Die umfangreichen Publicationen des statistischen Amtes, der bulgarischen literarischen Gesellschaft und des fürstlichen Finanz- und Unterrichtsministeriums bieten die erste verlässliche Grundlage zur ethnographischen und ökonomischen Beschreibung. Die ökonomischen Daten wurden daraus soeben auch einem ausländischen Leserkreis vorgeführt durch die Schrift des Prinzen Franz Joseph von Battenberg: „Die volkswirthschaftliche Entwicklung Bulgariens" (Leipzig 1891).

Der Verfasser des vorliegenden Buches beschäftigte sich mit der bulgarischen Geschichte und Sprache zu einer Zeit, wo die Landschaften Bulgariens noch türkische Provinzen waren, und befand sich später fast fünf Jahre lang, vom November 1879 bis September 1884, in den Diensten des jungen Fürstenthums als Generalsecretär des Unterrichtsministeriums, eine Zeit lang auch als Chef dieses Amtes, zuletzt als Präsident eines Unterrichtsrathes. Obwohl die erste Zeit des neuen Staatslebens mit dem Andrang von Amtsgeschäften und der Unruhe der rasch auf einander folgenden Umwälzungen wissenschaftlichen Bestrebungen sehr wenig günstig war, suchte sich derselbe eine möglichst genaue Kenntniss des Landes und seiner Bewohner zu verschaffen und hat in freien Monaten sowohl das Fürstenthum, als das damalige Ost-Rumelien zu wiederholten Malen durchwandert. Auch später verfolgte er aufmerksam die weitere Entwicklung des Landes. Nach einer Reihe von Berichten und Abhandlungen in bulgarischer, deutscher und böhmischer Sprache, meist archäologischen, ethnographischen und ökonomischen Inhaltes,[1]) bringt das gegenwärtige Buch als Abschluss dieser Studien ein allgemeines Tableau des Landes in allen Beziehungen.

---

1) Ausser kleineren Aufsätzen besonders die folgenden:

Beiträge zur antiken Geographie und Epigraphik von Bulgarien und Rumelien. Monatsberichte der kgl. Akademie der Wissenschaften zu Berlin, Sitzung vom 12. Mai 1881 S. 434—469.

Ueber ein Land, das an Areal Portugal, Irland oder Bayern um ein Geringes übertrifft und mehr als doppelt so gross ist als die Schweiz, liesse sich ein bändereiches Werk schreiben. Wir trachteten aber nach möglichster Kürze, um so mehr, da bei der Lückenhaftigkeit des vorhandenen Materials und der Neuheit des ganzen Gegenstandes gar Vieles nur fragmentarisch bleiben musste. In der Geologie und Botanik freuen wir uns mit herzlichem Dank der werthvollen Mitwirkung von zwei hervorragenden Naturforschern gedenken zu können. Aus der Feder unseres verehrten Collegen, des Professors Dr. Franz Toula[1]) in Wien, der 1875—1890 besonders das Balkangebirge einer genauen Untersuchung unterzogen hat, stammt das Capitel über die geologische Structur des Landes. Eine botanische Skizze bringen wir von Dr. Joseph Velenovský in Prag, dessen Flora Bulgariens sich eben unter der Presse befindet.[2]) Die Zoologie ist leider ein fast unberührtes Gebiet. Ebenso fehlt es bisher an Material in der Klimatologie, Anthropometrie, Criminal- und Medicinalstatistik, Viehstatistik u. s. w. Auch im Uebrigen ist gar Manches nur approximativ, z. B. die Angaben des Ausmasses des bebauten Bodens, noch in den unsicheren alten einheimischen Massen. Die ältere Geschichte der Bulgaren haben wir seiner Zeit (1876) in einem eigenen Buche behandelt, das jetzt allerdings mancher Umarbeitung bedarf. Hier bieten wir nur eine knappe annalistische Uebersicht der neuesten Geschichte, von der wir einen Theil mit angesehen haben und deren Personen wir fast alle aus der Nähe kennen. Bei dieser Gelegenheit sei ausdrücklich bemerkt, dass unser Handbuch keine officiöse, von der bulgarischen Regierung veranlasste Publication enthält. Es ist eine Privatunternehmung, deren Standpunkt nur der eines wissbegierigen Wanderers und Beobachters sein kann.

---

Eine Reise durch Ost-Rumelien 1880 (böhm. in der Monatsschrift „Osvěta" 1882).

Bericht über eine Reise durch die Sredna Gora und Rhodope (bulg. in der Zeitschrift der bulg. literarischen Gesellschaft zu Sofia 1884, Heft 8—11).

Archäologische Fragmente aus Bulgarien: I. Dacia mediterranea, II. Alte Bergwerke, III. Römische Strassen, IV. Das Pontusgebiet und der östliche Haemus. Archäologisch-epigraphische Mittheilungen aus Oesterreich-Ungarn, Wien 1886, X, 43—104, 129—209.

Reisen in Bulgarien (Cesty po Bulharsku), böhm., Prag (in den Schriften des böhm. Museums) 1888, XVI und 710 S. Hauptsächlich mit Rücksicht auf die Bedürfnisse der Slavistik; von den Itinerarien sind die meisten hier S. 357 f. in Kürze wiedergegeben.

Einige Bemerkungen über die Ueberreste der Petschenegen und Kumanen, sowie über die Völkerschaften der sogenannten Gagauzi und Surguči im heutigen Bulgarien. Sitzungsberichte der kgl. böhm. Gesellschaft der Wissenschaften 1889.

Ethnographische Veränderungen in Bulgarien seit der Errichtung des Fürstenthums. Oesterreichisch-ungarische Revue, Wien, Nov. und Dec. 1890 S. 173—192.

1) Vgl. F. Toula, Reisen und geologische Untersuchungen in Bulgarien. Wien, Hölzel 1890 (Vorträge des Vereines zur Verbreitung naturwissenschaftlicher Kenntnisse in Wien, XXX. Jahrgang, Heft 16) mit 1 geolog. Karte, Profilen und Abbildungen.

2) Flora bulgarica. Descriptio et enumeratio systematica plantarum vascularium in principatu Bulgariae sponte nascentium. Enthält ungefähr 2500 Arten und erscheint im Juni 1891.

Im zweiten Theil zogen wir es vor statt einer trockenen Beschreibung der einzelnen Kreise und deren Okolija's (Bezirke) Itinerarien zu bieten, einerseits weil die Landeseintheilung noch gar veränderlich ist, andererseits weil Routiers die Möglichkeit bieten, manche wenig bekannte Gegend eingehender vorzuführen. Auch kennen wir aus eigener Anschauung nicht alle Landschaften gleichmässig.

Die Bevölkerungsziffern sind den Resultaten der Volkszählung von 1888 entnommen, die Höhenziffern der russischen Generalstabskarte. In den chronologischen Daten ist in Citaten aus einheimischen Documenten und Zeitungen der landesübliche orientalische Kalender, welcher gegen den occidentalischen um 12 Tage zurückbleibt, zu verstehen; doch ist nach Möglichkeit dabei auch das Datum neuen, abendländischen Stiles hinzugefügt. Ueber die Transscription der bulgarischen Wörter und Namen handelt die folgende Bemerkung. Die Abbildungen sind sämmtlich nach Ansichten bulgarischer Photographen hergestellt; bei der Auswahl aus einer grossen Collection lief die technische Reproducirbarkeit allerdings dem wissenschaftlichen Interesse gar oft den Rang ab. Das Uebersichtskärtchen (nach Kiepert's Karte), mit den Kreisgrenzen, Eisenbahnen und Strassen nach amtlichen Daten, soll nur zur ersten Orientirung dienen, da die detaillirten österreichischen und russischen Militärkarten Bulgariens gegenwärtig so verbreitet und zugänglich sind. Einige neuere Angaben, in denen uns bei der langen Dauer des Druckes die Zeit eingeholt hat, sind in den Nachträgen untergebracht.

Zum Schlusse sprechen wir dem fürstlich bulgarischen statistischen Bureau, das uns alle seine Publicationen zusendete, und zahlreichen Freunden im Balkanlande, die uns unermüdlich durch briefliche Mittheilungen und durch Zusendung von Druckschriften unterstützt haben, den besten Dank aus.

Prag, Februar 1891.

Der Verfasser.

# Bemerkung

## über die Schreibung der Namen.

---

Die Ortsnamen sind in den bulgarischen Formen aufgenommen. Nur das weltbekannte **Philippopel** haben wir gegenüber dem bulgarischen **Plovdiv** behalten. Bulgarisch sagt man **Pleven**, **Šumen**, **Osom**, **Sliven** u. s. w. (sämmtlich Masculina), nicht wie man im Occident oft schreibt: Plevna, Schumla, Osma (wären bulg. Feminina), Slivno (wäre ein bulgarisches Neutrum) u. s. w., was nicht einmal in allen Fällen die türkischen Formen sind; Sliven z. B. heisst türkisch Islemié. Auch die Bergnamen Rilo, Vitoš u. A. unserer Karten sind nicht landesüblich, sondern **Rila**, **Vitoša** (bulgarische Feminina).

In der Wiedergabe bulgarischer Namen und Wörter hielten wir uns, wie in früheren Büchern, an die Transscription von Miklosich. Das ъ lautet wie englisches *u* in but, cut, church; *r* klingt in vielen Dialecten zwischen den Consonanten vocalisch, wie im Serbischen und Böhmischen (trn, aber auch tъrn); *s* ist stets ein scharfes *s*, *v* immer *w*, *k* stets *k*, *c* aber *ts* (carevica lies tsarewitsa, Vraca lies Wratza), *š* = sch, *č* = tsch, *ž* = französisches j. In türkischen Wörtern bezeichnet *y* einen dumpfen Laut, dessen Aussprache zwischen *i* und *u* in der Mitte liegt und etwas tiefer klingt als das bulgarische ъ.

Für den Halblaut haben wir das Zeichen des cyrillischen Alphabets behalten, um einem wissenschaftlichen, consequenten System treu zu bleiben und der üblichen veränderlichen Schreibweise auszuweichen. Z. B. den Personennamen Vъlko (von vъlk Wolf) schreibt man in ausländischen Schriften Vulko, Vilko, Velko, Vylko, Vâlko, Vùlko, Vèlko, Võlko oder gelehrter Vŭlko.

Bei den meisten Namen haben wir bei der ersten Nennung auch die Betonung angegeben, die jedoch in den bulgarischen Dialecten nicht gleichmässig ist; z. B. der Fluss heisst **rjáka**, **réka** oder **reká**, je nach der Gegend (vgl. S. 58).

Ausdrücklich ist zu beachten, dass das Bulgarische lange und kurze Vocale nicht unterscheidet.

Im Türkischen fällt der Accent regelmässig auf die letzte Silbe.

---

# Verzeichniss der Illustrationen.

# INHALT.

Seite

## Erster Theil.

## Der bulgarische Staat.

### Erstes Buch. Geographische Uebersicht.



### Zweites Buch. Die Bevölkerung.

## Drittes Buch. Volkswirthschaft.

## Viertes Buch. Geistige Cultur.

## Fünftes Buch. Staatsverfassung und Staatsverwaltung.



## Sechstes Buch. Ueberblick der neuesten Geschichte.

## Zweiter Theil.

# Bulgarische Landschaften.

## Erstes Buch. Die Hauptstädte.



## Zweites Buch. Die Bergländer des Südens und Westens.

## Drittes Buch. Der Osten Bulgariens.

# Nachträge und Berichtigungen.

S. 15 Z. 6 von oben lies: SSO nach NNW.
S. 16 Z. 17 von oben lies: sind nun die.
S. 20 Z. 1 und 4 von unten: Spaniodon.
S. 21 Z. 9 von oben: dem dinarischen Systeme.
S. 22 Z. 11 von unten: cryptoceras.
S. 25 Z. 12 von oben: Bosnien-Herzegovina.
S. 36. Anm. 3. Ein ausführlicher Reisebericht von Janka erschien ungarisch in den „Magyar Növénytanilapok“ 1878—79.
S. 38. Neuerdings wurde die Haberlea auch in der Rhodope oberhalb Stanimaka gefunden (Velenovský).
S. 38 Anm. Z. 1 von oben ist „endemischen“ zu löschen.
S. 38 Anm. Z. 1 von unten lies: Merendera, Sesleria.
S. 39 Z. 2 von oben lies: Ophrys.
S. 42 Z. 5 von oben. Der Luchs Bulgariens ist eher Felis pardina (vgl. S. 492).
S. 47 Z. 8 von oben lies: Todesfälle pro Mille.
S. 55 Z. 27 von oben lies: sinkt er.
S. 58 Anmerk. 1 Z. 2 lies: ablka.
S. 90 Z. 18 von oben lies: Sofia mit Inschriften in dieser Scriptur.
S. 92 Z. 9 von oben lies: der hellroth u. s. w.
S. 95 Z. 10 von unten lies: breiten gepflasterten.
S. 106 Z. 4 von unten lies: Einwohnern.
S. 140 Z. 11 von oben lies: Jürükküm.
S. 164 Z. 3 von unten: gibt es.
S. 189 Z. 21 von oben lies: Den Ziegenschlauch.

S. 218. Im J. 1891 stehen ausser den Kohlenbergwerken von Mošino und Trjavna auch zwei neue in Betrieb, in Pernik und Bobov Dol (S. 484), alles von Staatswegen.

S. 228. Die von Baron Hirsch erbauten und von der „Compagnie des chemins de fer orientaux“ exploitirten Linien gingen 1890 in den Besitz einer in Zürich constituirten Bankgesellschaft für die orientalischen Eisenbahnen über. — Im Frühjahr 1891 wird vom Staat der Bau einer 30 Kilometer langen Linie Sofia—Pernik zu den Kohlenbergwerken in Angriff genommen werden. Projectirt ist auch eine Linie Jambol — Stara Zagora — Philippopel (linkes Maricaufer) — Sarambey.

S. 232 Z. 11 von oben lies: im Mörser.

S. 238. Das Budget für 1891 enthält für Kirchenzwecke erhöhte Posten: Unterhaltung der Exarchie 207.327 Fr., Gehalte von 11 Bischöfen zu 8040—10.800 Fr. und Unterhaltung der Pfarrgeistlichkeit 800.000 Fr., wodurch die Frage der Besoldung des niederen Clerus wieder einen Schritt vorwärts machte.

S. 250. Die Mittelschulen von Varna und Sliven sind jetzt wieder vollständige Realgymnasien.

S. 256. Im October 1890 wurde in Sofia mit einer Staatssubvention von 20.000 Fr. ein ständiges bulgarisches Theater errichtet, in welchem eine einheimische Truppe ihre Thätigkeit mit Stücken von Silvio Pellico, Gogol und Molière eröffnete.

S. 260 Z. 17 von unten lies: bemalten Capitälen.

S. 265. Belgien, zuletzt von Italien vertreten, errichtete neulich eine eigene diplomatische Agentie in Sofia.

S. 266. Bei Schluss des Druckes erhielten wir das Budget für 1891 (Sofia 1891, 4°, 195 S.):

| Einnahmen: | | Ausgaben: | |
|---|---|---|---|
| 1. Steuern, directe | 39,952.000 | 1. Civilliste, Landtag u. s. w. | 1,609.540 |
| indirecte | 15,893.500 | 2. Staatsschulden | 13,087.616 |
| 2. Stempel u. s. w. | 3,052.500 | 3. Oberster Rechnungshof | 243.463 |
| 3. Strafgelder | 231.500 | 4. Aeusseres und Culte | 2,763.443 |
| 4. Communicationen | 5,457.000 | 5. Posten und Telegraphen | 2,576.022 |
| 5. Staatsgüter | 5,087.100 | 6. Inneres | 8,335.480 |
| 6. Zufällige Einkünfte | 10,805.100 | 7. Unterricht | 5,140.985 |
| | 80,478.700 Fr. | 8. Finanzen | 13,720.732 |
| | | 9. Oeffentliche Bauten und Eisenbahnen | 7,722.243 |
| | | 10. Justiz | 4,391.322 |
| | | 11. Krieg | 20,617.435 |
| | | | 80,208.233 |
| | | Ueberschuss | 270.467 |
| | | | 80,478.700 Fr. |

Die wichtigsten Einkünfte: Zehent als Grundsteuer 22,250.000, Weinbergsteuer 2,500.000, Gemeinde- und Privatwälder 126.000, Emljak 4,500.000, Idžar 222.000, Beglik 5,950.000, Serčim 270.000, Wegebausteuer 1,300.000, „Patent" 1,410.000, Tabakverkauf 500.000, Spiritusverkauf 1,000.000. Ferner Zölle: Import 8,600.000, Export 800.000, Tabaksteuern 6,028.500, Steuern von der Fabrication von Wein, Bier u. s. w. 350.000, Salzsteuer zu Balčik 15.000, Stempel 1,500.000, Eisenbahnen 3,541.000, Staatswälder 1,000.000, Steinkohlenbergwerke 125.000, Salzgewinnung in Anchialos und Balčik 1,500.000, Antheil am Reingewinn der Nationalbank 700.000 Fr. u. s. w.

Unter den Staatschulden: 6% Obligationsschuld von 1888: Amortisirung 534.000, Zinsen 2,740.065; 6% Hypothekarschuld 1889 zum Bahnbau: Amortisirung 325.000, Zinsen 1,777.200. Beitrag für den neu zu gründenden Militärpensionsfond 750.000. Die Rate der russischen Occupationsschuld ist erhöht auf 2,620.000. Die Zahlungen an Alexander I. sind beendigt.

S. 269 Z. 21 von oben ist „Mill." zu löschen.

S. 272. Jetzt 22 Kreise und 85 Okolija's, da der Kreis von Rachovo mit dem von Vraca vereinigt wurde; dafür wurde die Okolija von Orchanié von dem Kreis von Vraca abgetrennt und mit dem von Sofia vereinigt.

S. 273. Laut Budget zählt die Gendarmerie 1891 3300 Mann, davon die Hälfte beritten, mit einem militärischen Inspector von Majorsrang, die Grenzwache 200 Mann zu Pferde, 418 zu Fuss.

S. 279. 1891: 22 Veterinäre und 22 Feldscherer.

S. 282. Jetzt gibt es 2 Belagerungsbatterien; das Pionnierregiment hat 3 Bataillons.

S. 283 Z. 23 von oben lies: mächtige Regimentscommandant.

S. 284 Z. 4 von oben lies: jungen Leute.

S. 285. Im Budget für 1891 ist von dem Loskauf der Mohammedaner ein Einkommen von 850.000 Fr. präliminirt. — Die Landwehrcompagniencadres sind im letzten Budget nicht mehr angegeben.

S. 299 Z. 18 von unten lies: aller.

S. 303 Z. 13 von oben lies: dem Vojvoden.

S. 306 Z. 12 von unten lies: im Han.

S. 356. Finanzminister ist seit November 1890 Christo Belčev (ein Trnover), Kriegsminister seit Februar 1891 der Major Savov.

S. 360. Z. 1 von unten lies: in den.

# ERSTER THEIL.

# DER BULGARISCHE STAAT.

---

## Erstes Buch.

## Geographische Uebersicht.

### I. Grenzen, Ausdehnung und Bodengestaltung.

Das Fürstenthum Bulgarien umfasst nach der 1885 vollzogenen Einverleibung der ehemaligen türkischen autonomen Provinz Ost-Rumelien den grösseren Theil der östlichen Hälfte der Balkanhalbinsel. Die Grenzen sind, nach Wegfall der Grenzlinie zwischen Bulgarien und Ost-Rumelien, die durch den Berliner Vertrag 1878 bezeichneten Linien. Nur im Süden sind in der Rhodope neuerdings zu Gunsten der Türkei zwei nordwärts gerichtete Einschnitte entstanden. Bulgarien hat nämlich 1886 nach der Besetzung Rumeliens das Gebiet der mohammedanischen Bulgaren zwischen dem Städtchen Batak und den Ardaquellen, in dessen Besitz übrigens die ostrumelische Provinzialregierung nie gelangt war, und die rumelische Okolija (Bezirk) von Kyrdžali an der unteren Arda der Pforte zurückgegeben.

Das Areal des ursprünglichen Fürstenthums wurde mit 63.972, der Provinz Ost-Rumelien mit 35.900 Quadratkilometern angegeben. Nach einer Berechnung des bulgarischen Mineningenieurs T. I. Karakašev auf Grundlage der neuesten russischen Generalstabskarte des Landes hat das jetzige Fürstenthum, nach Abzug der abgetretenen Gebiete in der Rhodope, 99.276 Quadratkilometer.[1])

Das Fürstenthum enthält auf seiner Oberfläche alle Terrainstufen von bedeutenden Bergländern bis zu ausgedehnten, warmen Ebenen, in einer ziemlich einfachen Vertheilung.[2]) In der Mitte zwischen der Donau und der Südgrenze bildet die lange, bogenförmig gelagerte Kette des Balkan so zu sagen das Rückgrat des Landes. Gegen Süden wird das Fürstenthum durch

---

1) Iv. Slavov (Director des statistischen Bureaus), Der Flächeninhalt Bulgariens, im „Sbornik" des Unterrichtsministeriums, Sofia 1889, I. 313 (bulg.).

2) Ein anschauliches Bild der Höhenverhältnisse der Balkanhalbinsel bietet eine vom k. k. militär-geograph. Institut in Farbendruck herausgegebene hypsometrische Karte „Der Europäische Orient im Masse 1:1,200.000" (Wien 1887, 4 Bl.).

die Rhodope und das mit derselben eng zusammenhängende Rilagebirge abgeschlossen. Im Westen, wo sich diese beiden grossen Gebirgssysteme einander nähern, liegt bei der Hauptstadt Sofia ein vielgestaltiges Bergland mit hohen Gipfeln und isolirten Becken dazwischen, ein Landschaftscharakter, der sich von da an über den gebirgigen Westen der Halbinsel bis zum Adriatischen Meer fortsetzt. Grosse Ebenen gibt es zwei, die eine zwischen Donau und Balkan, die andere im alten Thrakien zwischen Balkan und Rhodope. Es sind die grössten der Halbinsel, ein Umstand, der Bulgarien zu einem vorzüglich ackerbauenden Land macht, gehören aber nicht in ihrer ganzen Ausdehnung in die Grenzen des Fürstenthums.

An malerischen Landschaften ist Bulgarien nicht arm, besonders in dem Bergland des Westens und in der thrakischen Ebene mit deren grossartiger Umrahmung; das Land zwischen Donau und Balkan ist dagegen meist monoton.

## 2. Die Gebirge.

Die Balkanhalbinsel ist sehr gebirgig, aber ihre Bodenerhebungen sind mit den Alpen oder dem Kaukasus nicht zu vergleichen. Sie haben keine Gletscher oder Firne und die höchsten Gipfel erreichen nicht einmal die Höhe der Aetna (3310 *m*). In Bulgarien liegen über der Waldzone stets grosse Wiesen mit glattem Gras; oberhalb derselben folgen Steinfelder, in welchen der Schnee nur in wenigen gedeckten Schluchten ausdauert. Die Gipfel, meist rundliche Kuppen, ragen wenig über den Kamm empor und sind alle verhältnissmässig leicht zugänglich.[1])

Das höchste Gebirge des Landes, die Rila Planína erhebt sich über den Quellen der Marica, der Mesta und des Isker.[2]) Die Ausdehnung der Kette von West nach Ost beträgt nur ungefähr 50 Kilometer. Der höchste Gipfel ist die Musallá, ganz auf bulgarischem Boden befindlich, in der nächsten Nähe des ehemaligen Trifiniums zwischen Bulgarien, Ost-Rumelien

1) Volksthümliche topographische Nomenclatur der Bulgaren: planiná Gebirge (türk. balkán), gorá Wald (planina bezeichnete ursprünglich die Alpentriften und verdrängte gora von der Bedeutung des Gebirges erst seit dem 14. Jahrh.), vrch Gipfel, čúka Steingipfel (im Balkan), bilo Gebirgskamm, brdo (türk. bair) Hügel, chlm oder mogila (türk. tepé) isolirter Hügel, presjáka (Sredna Gora) Wasserscheide, preslóp Joch (im Balkan), rt (im Westen rid) Vorsprung oder Ausläufer der Berge, brjag Abhang (auch Flussufer), sipéj vegetationsloser Absturz von Sand oder Lehm, péštera Höhle, skalá (maked. kárpa, türk. kanará) Felsen, reká (östl. Dialect auch rjáka, türk. deré) Fluss und Bach ohne Unterschied, dol (Diminutiv dolčína) sowohl Thal als Bach, suchodól („Trockenbach" oder „Trockenthal") periodischer Giessbach, dolina Thal, padina Schlucht, valóg Mulde, skok (praskálo im Balkan) Wasserfall, vir tiefe Flussstelle, zavój Wirbel, Flusskrümmung, izvor Quelle, kládenec Brunnen (stúbel an der Donau), polјána (türk. alán, jajlá) Alpentrift, liváda Wiese im Thal, polé Ebene oder Thalsohle eines Beckens. Del (djal) ist nur bei Sofia im lebenden Gebrauch für die Wasserscheide, sonst aber zahlreich in Ortsnamen vorhanden; ebenso kommt potók (Bach) im Osten des Landes nur in Ortsnamen vor. Jézero See, blató Sumpf oder auch See, trsina, potrsište Torfmoor.

2) Der Name lautet bei den Bulgaren Rila (fem.), altbulg. Ryla (bei Busbeck 1554 Rulla; das jetzige Bulgarisch hat nur ein einfaches *i*); die Formen unserer Karten Ril (masc.) oder Rilo (neutr.) sind nicht dem Landesgebrauch entlehnt.

und der Türkei.[1]) Dieser Bergriese wurde erst durch die letzte russische Landesvermessung in die Karten gebracht; man sieht ihn aus der Philippopler Ebene ebenso gut wie aus dem Becken von Sofia. Mit seinen 2930 Metern ist er nach dem allerdings etwas zweifelhaften Ljubotrn (3050 *m*?) im Šar und dem Olymp (2973 *m*) der dritthöchste bisher gemessene Gipfel der ganzen Halbinsel. Die Rila hängt im Osten unmittelbar mit der Rhodope zusammen, im Süden mit der Perin Planina (dem alten Orbelos), deren majestätische Pyramide (2680 *m*), wohl das herrlichste Gebirgsbild dieser Länder, im Strumathal weit über die Grenze nach Bulgarien hinüberblickt. In dem Gabelpunkt dieser beiden Ketten liegt das Quellgebiet der Mesta in der Landschaft Rázlog, ganz auf türkischem Boden.

Westlich von der Rila erhebt sich jenseits des Strumathales die Ósogov Planina,[2]) jetzt die Landesgrenze im Kreis von Küstendil, mit dem Gipfel Rújen (2253 *m*). Südwärts schliesst sich der Osogov an das noch wenig erforschte Labyrinth der Waldgebirge des östlichen Makedoniens an.

Das Wahrzeichen West-Bulgariens ist die isolirte, von allen Seiten von weit her sichtbare Vitóša[3]) bei der Hauptstadt Sofia (2291 *m*). Gegen NW. von ihr dehnt sich das reich gegliederte Bergland von Trn aus; die höchsten Gipfel desselben sind der Ruj (1712 *m*) bei Trn mit seiner herrlichen Rundsicht und die Ljubátska Planina (1932 *m*) an der serbischen Grenze nördlich von Küstendil.

Zwischen diesen Bergzügen des Westens liegen zahlreiche fruchtbare Becken, meist Bassins einstiger Seen, untereinander durch hohe Pässe verbunden und am Rand oft mit heissen Quellen ausgestattet. Die fliessenden Wässer derselben gehören den Gebieten der Struma, des Isker und der Nišava an. Die vorzüglichsten sind, der Höhe nach geordnet, die Becken von Samokov (an 930 *m*), das sogenannte Znépolje oder Becken von Trn (770 *m*), das Gráchovo oder Becken von Breznik (750 *m*), das Becken von Radomir (tiefste Stellen an 630 *m*), von Dupnica (550 *m*), von Sofia (tiefste Stellen 500 *m*) und von Küstendil (470—500 *m*). Auch jenseits der Grenze liegen in Serbien Pirot, Niš und Vranja in ähnlichen Bergkesseln.

Die längste Gebirgskette des Landes ist der antike Haemus, bulgarisch Stára Planiná, „der alte Berg“[4]) genannt, im Ausland seit den Türkenkriegen des vorigen Jahrhunderts meist unter dem Namen Balkán be-

---

1) Der Name Mussallá ist türkisch, wie die Mehrzahl der Bergnamen der benachbarten Rhodope, ein Andenken an die turkomanischen Wanderhirten (Jürüken).

2) Der Name Ósogov ist alt, aus mittelalterlichen Quellen gut bekannt. Die Benennung „Dovanica Planina“ einiger Karten ist im Lande nicht zu erfragen und beruht auf einem Missverständniss; gegen NW. von Küstendil liegt ein Dorf Doganica und dabei an der Grenze ein unbedeutender Kamm Doganovska Planina.

3) Der Name lautet bulg. so (fem.), nicht Vitoš (masc.), wie auf vielen Karten angegeben wird.

4) Das Adj. star „alt“ bezeichnet hier, wie in dem oft wiederkehrenden Namen Stára Reká („alter Fluss“), eher die Grösse als das Alter.

1*

kannt, der türkisch ein Gebirge überhaupt bedeutet. Die Kette erstreckt sich vom Timokthal an der serbischen Grenze bis zum Schwarzen Meer, bildet (ausser bei Vráca) einen einzigen Kamm und erreicht an Gipfelhöhle nicht einmal die gegenüber liegenden siebenbürgischen Karpaten. Der Isker ist der einzige Fluss, der das Gebirge quer durch einen wenig gangbaren Engpass durchschneidet. Westlich von diesem Durchbruch ist der Nordabhang steil, der Südabhang von vielen Ausläufern umschlossen, die den Aufstieg schon von bedeutender Entfernung an erleichtern. Oestlich vom Durchbruch bleibt wieder die Südseite bis über die Stadt Sliven hinaus schroff und kahl, während der Nordseite ein breites, niedriges, gut bevölkertes Waldgebirge vorgelagert ist. Von dem Joch auf dem Wege von Sliven nach Trnovo angefangen verliert das Gebirge an Höhe und scheidet sich in drei Ketten, zwischen denen die Kamčija ihre Gewässer sammelt, um sie dem Pontus zuzuführen. Die nördliche dieser Ketten bildet die Wasserscheide zwischen der Donau und den directen Pontuszuflüssen: der Sakár-Balkán bei Osmanpazar, der dicht bewaldete Balkan von Preslav mit dem Durchbruch der Tiča bei den Ruinen der altbulgarischen Hauptstadt Preslav und das isolirte Plateau von Šumen. Die südliche Kette endigt schon bei Karnobad. Die mittlere erreicht das Schwarze Meer bei dem Vorgebirge von Emon (türk. Eminé), in dessen Namen ein Andenken an den antiken Haemus fortlebt, und fällt mit steilen waldigen Lehnen zur See ab.

Die höchsten Gipfel liegen in der Mitte der ganzen Kette, bei Kalofer an den Quellen der Tundža: der Gjumrukčál 2374 *m* und die Kadimlíja 2279 *m*. Die wichtigsten Gipfel von dort gegen die serbische Grenze zu sind: Ambarica 2134 *m*, Vêžen 2201 *m*, Bába 1793 *m*, Murgáš 1693 *m*, Kom 1966 *m* und Midžor 2166 *m*. Im Osten gibt es nur niedrigere Kuppen: Čemerna bei Tvrdica 1535 *m*, Čatalkajá bei Sliven 1183 *m*. Die Kammhöhe beträgt im Central-Balkan oft über 1500 *m*, in der Nähe des Schwarzen Meeres nur 6—800 *m*.

Die nördlichen Ausläufer haben bei geringer Höhe mitunter eine nicht unbedeutende Ausdehnung. Im Westen sind es die formenreichen malerischen Felsberge bei Belogradčik, die isolirten Kuppen der Pastrína (555 *m*) bei Kútlovica und ein Hügelzug (785 *m*) nordöstlich von Vráca. Im Centrum reichen die weitesten Ausläufer zwischen Vid und Rusica bis zu den stellenweise über 200 *m* hohen Hügeln bei Nikopol; zwischen Osem und Jantra liegt darin eine 40 Kilometer lange Reihe von Basaltkegeln (bis 480 *m*). Durch Flussthäler reich gegliedert, landschaftlich anmuthig und gut bevölkert ist das fast rein bulgarische subbalkanische Hügelland bei Trnovo. Weiter östlich führt seine Fortsetzung in der wieder rein türkischen Gegend von Osmanpazar den Landschaftsnamen Tuzlúk. Der Name stammt keineswegs, wie die Bulgaren meinen, vom türk. tuz Salz, das man in Folge dieser volksthümlichen Etymologie hier fleissig sucht, aber nirgends findet. Nach unserer Meinung ist er nichts anderes als das osmanische düzlük Niederung, Ebene, welches nach der gröberen anatolischen oder wie man in der Türkei sagt „manafischen" Aussprache, in welcher Tenues und Mediae oft wechseln und *o* und *u* ohne Umlaut bleiben, duzlúk oder tuzlúk lautet. Weiter östlich erstreckt sich vom Nordfuss des Balkan bis zur Donau bei Silistria eine waldige Bodenerhebung mit zahlreichen Plateaux, deren Flanken auch das Meer an der Nordseite von Varna erreichen.

Die Hauptübergänge mit Fahrstrassen über den Balkan sind, von W. nach O. geordnet, folgende: Pass von Svéti Nikóla bei Belogradčik 1374 *m*, Joch von Petrohán bei Berkóvica 1442 *m*, Joch von Arabakonák bei Orchanié 988 *m*, Uebergang bei Troján 1434 *m* (österr. Karte), Šipka 1334 *m*, Hainköi ungefähr 650 *m* (nach Professor Toula, auf der russ. Karte nicht mit der Höhenziffer bezeichnet), Tvrdíca 1097 *m*, Demirkapú oder Vratník bei Slíven 1069 *m*, Wasserscheide an den Jochen von Kótel 624 *m*, von Vrbíca 474 *m*, von Čalykavák 402 *m*, Pass von Akboáz auf der Strasse von Varna nach Burgas 427 *m*.

Parallell mit dem Balkangebirge zieht sich längs eines grossen Theiles seiner Südseite die lang gedehnte Srédna Gorá, das „mittlere Gebirge[1]". Der Anfang derselben liegt zwischen den Quellen des Isker und der Marica auf dem Nordabhang der Rila, das Ende im Bug der Tundža bei Jambol. Die Südseite verflacht sich zum Theil in langen Ausläufern in der thrakischen Ebene. Die Kette zerfällt in drei Theile: 1. Die westliche Sredna Gora von Ichtiman erstreckt sich von der Rila bis zum Durchbruch der Topolnica durch die Sredna Gora. Diesen Theil des Gebirges passirt die Eisenbahn nach Konstantinopel, welche dabei auch den Kessel von Ichtiman durchschneidet, gleichfalls ein altes ehemaliges Seebecken (610 *m*). 2. Die centrale Sredna Gora um die Städte Panagjurište und Koprištica herum, von der mittleren Topolnica bis zur mittleren Strjáma, an 70 Kilometer lang und 35 breit, ein schönes, rein bulgarisches Waldland mit den höchsten Gipfeln der ganzen Kette: Bógdan 1572 *m*, Bunája, Bratjá. In die thrakische Ebene rückt vom Südfuss desselben die vulkanische Kegelreihe der Kojun-Tepé (türk. Schafhügel) vor. 3. Die östliche Sredna Gora heisst türkisch Karadžá-Dag (Rehberg). Die höchste Kuppe bei Rachmanli hat eine Höhe von 1440 *m*. Das Ostende ist sehr niedrig.[2])

Zwischen der Sredna Gora und dem Balkan liegen drei Bergkessel, deren Wässer sämmtlich südwärts zur Marica abfliessen. Alle haben denselben Typus: zwischen den grauen felsigen Abhängen des hohen Balkan und den grünen waldigen Lehnen der niedrigen Sredna Gora eine fruchtbare, nur stellenweise von Sand oder grobem Geröll bedeckte Thalsohle, mit inselartigen alten Hainen und hohen Tumuli. Von West gegen Ost nehmen sie an Höhe ab: das Becken von Zlatica ungefähr 700 *m*, die Gjópsa oder das Becken der oberen Strjama 500 *m*, das Túlovsko Polé (Tulover Feld) oder Becken von Kazanlyk 400 *m*. Weiterhin liegt zwischen den Abstürzen des Balkan und dem Ostende der Sredna Gora das Becken von Sliven (Slívensko Polé,

---

1) Eigentlich bulg. Srjádna G.; diese nicht umgelautete Form hört man seltener (in Panagjurište). Das türk. Orta-Dag ist eine Uebersetzung des bulg. Namens.

2) Im J. 1879 übersetzte man bei der rumelischen Landeseintheilung Kojuntepé bulgarisch in Ovčechrъlm, Karadža-Dag in Srъnena Gora, als Namen von zwei Okolija's.

an 250 *m*) von ähnlichem Charakter. Noch weiter östlich folgt das sumpfige Becken von Karnobad zwischen dem Balkan und einer der Strandža vorgelagerten vulkanischen Hügelkette.

Ein ausgedehntes Waldgebirge von geringer Höhe ist die Strándža, vom Balkan durch die Becken von Sliven und Karnobad getrennt; sie hebt bei Jambol an der Tundža mit dem eruptiven Kuppenpaar des Grossen und Kleinen Bakadžík (500 *m*) an und reicht längs der Pontusküste bis zum Bosporus. Der höchste Gipfel Magiáda zwischen Agathopolis und Bunar-Hissar liegt auf türkischem Boden (1035 *m*). Innerhalb des bulgarischen Gebietes erreichen die höchsten Kuppen der Strandža nur an der Grenze selbst eine Höhe von 630 *m*.

Südlich von dem Ostende der Sredna Gora erheben sich aus der Ebene zwei isolirte Kuppen eruptiven Ursprungs, die weit sichtbaren Berge von Monastir (604 *m*), an die sich nordwestlich die kleine Hügelkette des Tekebair (418 *m*) anschliesst. Südlich davon ragt in dem Mündungswinkel der Marica und Tundža die Sakár-Planina empor, ein von NW. gegen SO. gerichteter, 12 Kilometer langer, waldiger Rücken (824 *m*), auf dessen Kamm die Grenze läuft.

Die gewaltigen Massen der Rhodope[1]) erfüllen den grossen Raum zwischen der Ebene von Philippopel, der unteren Marica und der Aegaeischen Küste. Von der Rila gegen SO. auslaufend, spaltet sich das Gebirge an den Quellen der Arda, deren Thal den grössten Einschnitt in dieses Bergland bildet, in zwei Ketten, von denen die eine die bulgarische Grenze bildet, die andere die Seeküste überragt. Von den höchsten Gipfeln liegen Sütké 2188 *m* und Karlýk 2081 *m* zwischen der Rila und den Ardaquellen. Oestlich davon ragen der Persénk (2080 *m*) und der Perelík (2194 *m*) in dem Territorium der mohammedanischen Bulgaren oder Pomaken, sowie der Čil-Tepé (2001 *m*) an der Südgrenze der rumelischen Okolija Rupčos hoch über ihre Nachbarn empor. Die Nordseite ist steil und bietet einen imposanten Anblick. Das meist von Viehzüchtern und Holzhauern spärlich bevölkerte Innere ist theils von grossen Koniferenwäldern, theils von plateauartigen Bergwiesen erfüllt, welche die ausgedehnte Wanderwirthschaft der Hirten begünstigen. Von den Landschaften sind bemerkenswerth im bulgarischen, theils christlichen, theils mohammedanischen Westen das Becken von Čépino, das Plateau und Becken von Dospád, die Berglandschaft Rupčós, das Thal Achyr-Čelebí an den Quellen der Arda, im rein osmanischen Osten die Länder Sultan-Jeri und Kyrdžalí. Das Fürstenthum besitzt von denselben nur Čepino und einen Theil des alten Rupčós. Wohlhabender und besser bevölkert als das Innere ist der von Weingärten umgürtete Nordabhang und die geschützte Ebene von Gümürdžina im Süden an der Aegaeischen Küste. Die drei wichtigsten Uebergänge sind nur schwierige Saum-

1) Der antike Name der Rhodope hat sich im Lande durch Einfluss der Literatur erhalten. Die Bulgaren fassen ihn nach der neugr. Aussprache Rodopi als Plur. fem. auf (Rodópi-te), obwohl man Rodópa im Sing. erwarten sollte.

pfade: 1. über Čepino nach Razlog; 2. über Batak, Dospad und Nevrokop nach Seres oder Kavala; 3. von Philippopel durch Rupčos und Achyr-Čelebi nach der Bai von Lagos oder nach Gümürdžina.

## 3. Die Ebenen.

Von dem Fuss des Balkan und seiner Vorberge breitet sich bis zur Donau eine 10—50 Kilometer breite Niederung aus, die zur Donau und zur See meist ziemlich steil abfällt. In den Einzelnheiten zerfällt sie in drei Theile.

Der westliche Theil vom Timok bis zur Jantra, 150—200 *m* über das Meer erhöht, hat ausser den zahlreichen Flussläufen und kleinen Hügelreihen meist einen Steppencharakter, eine waldlose, stellenweise (z. B. bei Rachovo) sehr öde Ebene mit den Contouren des Balkan im fernen Hintergrund.

Oestlich von der Jantra erhebt sich der Boden stellenweise bis 300 oder 500 *m*, ist bewaldet, aber wasserlos. Grosse mit Buchen und Hainbuchen gemischte Eichenwälder, am buschigen Rand dicht umwoben von den Ranken der Clematis und überall durchsetzt vom Sumachgesträuch (Rhus) bilden eine breite Zone, welche vom Balkan auslaufend zwischen Rušćuk und Silistria das Donauufer erreicht. Dieses Waldgebiet zwischen Šumen und Silistria heisst Deli-Orman, türk. „der närrische, wilde Wald", Urwald.[1]) Es ist meist von Türken bewohnt und hat östlich von dem Rušćuker Lom keine Flüsse, sondern nur Lehmschluchten mit periodischen Wasserläufen.

Die östliche Waldgrenze bildet eine gewundene Linie von Silistria bis zum Meeresufer an der Mündung des Flüsschens von Batova. Oestlich davon breitet sich die Dobrúdža aus, eine echte, gegen das Meer geneigte (200—70 *m*) Steppe ohne Wald und Hügel, mit vielen Tumuli und steilen Ufern. Als die Südgrenze der Dobrudža gelten in der Volksanschauung die Terrassen am Batovafluss, an der Quelle von Dévna und am Hügel Jasytepé nördlich von Provadija.

Die thrakische Ebene zerfällt in zwei Theile, welche durch die den Zwischenraum zwischen Rhodope und Strandža ausfüllende Sakar-Planina mit dem Defilé der Marica bei Harmanli getrennt werden.

Die obere thrakische Ebene um Tatar-Pazardžik und die isolirten Syenithügel von Philippopel herum bildet ein Dreieck, dessen Basis der Nordfuss der Rhodope von dem Engpass Momina Klisura, durch welchen die Marica aus den Gebirgen heraus tritt, bis zum Städtchen Hadži-Eles darstellt und dessen Spitze in den Durchbruch der Strjama durch die Sredna Gora fällt. Die Seehöhe beträgt bei Pazardžik 205 *m*, in der Umgebung von Philippopel 150—170 *m*, an den niedrigsten Stellen der Strjamamündung 135 *m*. Von Weinlandschaften umrahmt, ist die Ebene ungemein fruchtbar, mit üppigen Getreidesaaten und Reisfeldern, an den vielen unbebauten

1) Im 16. Jahrhundert zählte man zum Deli-Orman auch die Städte Šumen, Preslav, Razgrad und Rušćuk. Der Name wiederholt sich als Teleorman auf der rumänischen Donauseite und ist vielleicht kumanischen Ursprungs. Vgl. meine Bemerkungen in den Sitzungsber. der kgl. böhm. Ges. d. Wiss. 1889 S. 11.

Strecken mit Paliurusbüschen bedeckt. Oestlich liegt jenseits der bis Čirpan vordringenden Ausläufer (400—600 *m*) des Karadža-Dag das „Feld von Zagora", Zagórsko Polé, gegen die Sredna Gora allmälig aufsteigend, mit einer Seehöhe von 150—215 *m*; daran schliessen sich dann die untereinander zusammenhängenden Ebenen von Jambol (160 *m*) und Sliven an.

Diese weite Niederung führt heute noch einen bemerkenswerthen historischen Namen. Die Bergbewohner bei Ichtiman und Vakarel, in der Sredna Gora, bei Trnovo, Trjavna und Elena, sowie bei Kotel nennen die thrakische Ebene Romanjá, den Einwohner derselben Romanéc, dessen Frau Romanká. In Trjavna unterscheidet man die Kleine Romanja (Malka R.) bei Stara Zagora und Nova Zagora von der Grossen Romanja (Golémа R.) weiter gegen Jambol oder die Marica zu. Romania hiess das oströmische Reich bei Griechen, Arabern, Slaven und Italienern bis zu seinem Fall. Auf Thrakien localisirt begegnet uns der Name Romaniens schon in einigen altbulgarischen Schriften und in Reisebeschreibungen des 16. Jahrhunderts; auch das türkische Rumili (Rumelien) ist daraus entstanden.

Die untere thrakische Ebene, ein sehr fruchtbares, gegenwärtig recht ödes Land, von vielen niedrigen Hügelketten durchsetzt und an der Marica nur 40 *m* und weniger hoch, breitet sich in der ottomanischen Provinz von Adrianopel aus; die Bulgaren haben von ihrer Grenze nur die Aussicht darauf.

## 4. Gewässer.

Der einzige schiffbare Strom, an welchem Bulgarien einen Antheil hat, ist die Donau (bulg. Dúnav) auf der Strecke von der Timokmündung bis Silistria. Die übrigen Flüsse sind als Communicationen in ihrem jetzigen Zustand bedeutungslos. Sie fliessen meist zwischen hohen Ufern; Ueberschwemmungen sind desshalb selten. An Stromengen und Stromschnellen ist kein Mangel, dagegen sind wirkliche Wasserfälle selbst im Balkan nur in Miniaturformen vorhanden. Echte Torrente mit kolossalen Schuttmassen erblickt man an den Abhängen aller Gebirge.[1])

Im Donaubassin hat das Fürstenthum einen kleinen Antheil am Moravagebiet, indem es die Quellen der Nišáva beherbergt. Der Name Nišáva beginnt von dem Zusammenfluss der Jéževica aus dem Pass von Drágoman und der Gudéčka Réka, die in der Nähe von Ginci entspringt, oberhalb des Grenzstädtchens Caribrod. Oestlich davon liegt am Südabhang des Balkan das Quellgebiet der Visóčnica, welche unterhalb Pirot in die Nišáva mündet. Ihr Thal, die Landschaft Visók, ist durch die Grenze getrennt; Ober-Visok gehört den Bulgaren, Unter-Visok den Serben. Der eigentliche

1) Gefäll der Flüsse Bulgariens nach den russischen Messungen in Metern per 1 *km*: Donau 0·044 (Vidin 34 *m*, Tutrakan 15 *m* Seehöhe), Lom 2·909, Isker 4·258 (Samokov-Sofia auf 48 *km* 8·521, Sofia-Vraca auf 69 *km* 4·652), Vid 1·791, Osem 3·006, Jantra 1·495, Marica 1·536 (Oberlauf Banja-Tatar-Pazardžik auf 53 *km* Länge 7·924). Literaturbericht in Petermanns Mitth. 1889 S. 166.

Quellfluss der Nišava hat eine grössere Entwicklung als die genannten, aber keinen einheitlichen Namen; im Becken von Trn heisst er Gólema Réka, unterhalb der wilden Schlünde an der Ostseite des Ruj in dem Kessel von Pirot Súkovska Réka.[1])

Von den directen Zuflüssen der Donau bildet der untere Timok, ein vielgewundener launenhafter Fluss, einen Theil der Grenze gegen Serbien. Nicht unbedeutend ist der bei Lompalanka mündende westliche Lom. Weiter folgen die Cibríca und der Ógost; der Skit hat sein Quellgebiet nicht im Balkan selbst, wie die letzten drei, sondern in den vorgeschobenen Hügeln von Vráca. Ein grösserer Fluss ist der Ísker, der im Rilagebirge entspringt, die Becken von Samokov und Sofia durcheilt und nach seinem Balkandurchbruch die aus einer merkwürdigen Quelle entstehende Pánega aufnimmt. Nahe bei einander münden der Vid und der Ósem.[2]) Aus zahlreichen Quellflüssen im Trnover Balkan entsteht die Jántra, im Oberlauf Jétъr genannt,[3]) mit seinem grossen linken Nebenfluss Rusíca. Oberhalb der alten Festungswerke von Rušćuk mündet der östliche Lom, dessen Quellen in dem waldigen Hügellande nördlich vom Balkan liegen.

In das Schwarze Meer ergiesst sich das Flüsschen von Bátova mit seinem waldigen Delta. Weiter südlich folgt bei Varna die Mündung des Flusses von Provadíja; seine Quellen liegen in den Hügeln nördlich von Šumen, jedoch erst seit der Aufnahme des aus merkwürdig starken Quellen hervorbrechenden Flusses von Dévna besitzt er eine grössere Wassermenge und bildet vor Varna zwei Süsswasserseen. In Varna heisst er deshalb mit dem Namen des letzteren der Devnafluss, Devnenska Reka. Der grösste directe Zufluss des Pontus ist die Kamčíja (türk. Kamčík); ihr nördlicher Quellfluss (Akyllý Kamčik, „der verständige" K. der Türken) heisst bulgarisch jetzt, wie im Mittelalter Tíča (Nebenfluss Vraná). Der südliche, der „wilde" Deli Kamčik der Türken oder die „närrische" Luda Kamčija der Bulgaren führt diesen Namen erst seit der Vereinigung einiger Quellbäche bei dem Städtchen Gradéc. Die Giessbäche, welche die Lagunen von Burgas speisen, sind unbedeutend.

Gross ist der Antheil am Aegaeischen Gebiet. Die Quellen der Strúma liegen auf der Westseite der Vitoša; unter Aufnahme zahlreicher Zuflüsse, besonders der Brézniška Reka aus der Landschaft Grachovo, der Péšterska (oben Trókljenska) Reka und der Dragovíštica aus der Landschaft Krajište, der Sovólštica, Búnštica und der Eléšnica aus dem Osogov, sowie des Džérmen und der Ríla aus dem Rilagebirge

---

1) Der Name Jérma neuerer Bücher und Karten hat einen recenten, ganz merkwürdigen literarischen Ursprung. Siehe unsere Reiserouten.

2) Der Name des römischen Asemus lautet bulg. Ósem (masc.); die Form Osma ist türkisch.

3) Jantra scheint mehr die türk. Form des Namens des alten Jatrus zu sein. Der Bischof Bogdan nennt 1640 den ganzen Fluss Jetar (Acta Bulg. ecc. 78), der Metropolit Meletios († 1714) in seiner neugr. Erdbeschreibung (Venedig 1728 p. 415 a) Ἰετέρ.

durcheilt sie die Becken von Radomir und Küstendil, sowie zwei grossartige, lange Stromengen und verlässt bei Kočerínovo das bulgarische Gebiet.

Die Marica entspringt im Rilagebirge nahe an der Musalla und tritt als ein wasserreicher ruhiger Fluss unterhalb Hebíbčevo über die türkische Grenze. Von den nördlichen Zuflüssen kommen die Topólnica und Strjáma oder Stréma aus den Thälern zwischen Balkan und Sredna Gora, mit Durchbruch der letzteren.[1] Die Gewässer der Ebene von Zagora sammelt die in der Sredna Gora enstpringende Sazlíjka (Nebenfluss Sujutlíjka). Ein bedeutender Fluss ist die Túndža, welche an den Lehnen der höchsten Balkangipfel entsteht, die Landschaften von Kazanlyk, Sliven und Jambol durchfliesst und in einem Defilé zwischen den Ausläufern der Sakar-Planina und der Strandža das Land verlässt, um sich bald unter den Häusern von Adrianopel mit der Marica zu vereinigen. Die wichtigsten Zuflüsse der Marica von Süden sind drei starke Gebirgsflüsse, welche die Flanken der Rhodope in engen Schlünden durchfurchen, der Elideré aus Čepino, die wasserreiche Vъča aus den Hochthälern zwischen dem Karlyk und Persenk (Oberlauf Kríva Rjáka, „krummer Fluss" genannt), welche in zwei Armen mündet, wovon der östliche, mehr wasserreiche und schneller strömende gewöhnlich Kričímska Rjáka heisst, und endlich die Čepelárska Rjáka aus Rupčos. Kürzer ist der Lauf des Olúderé bei Chasköi. Seit der Abtretung der Landschaft Kyrdžali bildet die Arda, ein grosser wasserreicher Fluss, nur im südlichen Theil der Okolija von Harmanli auf einige Stunden Weges die Grenze.

Grössere Seen gibt es nicht. Ausser den Sumpfseen der Donau hat Bulgarien einige Küstenlagunen in der Dobrudža bei Šabla, ferner den Süsswassersee von Devna (Dévnensko Jézero) bei Varna, die Salzlagune bei Anchialos und die drei Lagunen von Burgas. Ungefähr 70 kleine Hochseen liegen gruppenweise in den Falten des Rilagebirges; sie fehlen auch nicht am Perin, dagegen besitzt die Rhodope nur einen kleinen See im Becken von Dospad. In der Balkankette sind Seen selten. Der grösste ist der von Kajabáš im Kamčijagebiet. Die russische Karte verzeichnet einen kleinen namenlosen neben dem Gipfel Óstra Mogila nördlich von Karlovo und einen anderen Namens Sarygöl (türk. gelber See) südlich von Trojan. Von der Existenz eines vierten Sees im Balkan von Teteven hörte ich zu Pirdop; es ist wohl der Karagöl (türk. schwarzer See) nördlich von Rachmanli einer türkischen Karte.[2] Ein kleiner runder See liegt bei Rábiš im Hügelland von Vidin.

Sümpfe sind selten: längs der Donau (besonders bei Vidin), am Fluss von Provadija, an der unteren Kamčija und der mittleren Tundža, an den tiefsten Orten der Becken von Sofia, Radomir und Karnobad, sowie an ab-

1) Der Name Gjópsa wird hie und da auch der Strjama gegeben, gehört aber eigentlich dem Quellbecken derselben.

2) Karte des Sandjak Filibe, aufgenommen nach Anordnung des Provinzialgouverneurs Mehemmed-Nusret-Pascha. Herausg. von H. Kiepert. Berlin 1876.

flusslosen Stellen am Fuss der Gebirge. Grössere Torfmoore sind das Esfrlijsko Blató und das ausgedehnte Stráldžansko Blató am Südfuss des Balkan östlich von Sliven, dann das Batáško Blato in der Rhodope zwischen Čepino und Batak.

## 5. Das Klima.

Das Klima der Balkanhalbinsel ist bei dem gebirgigen Charakter derselben ungleich rauher als das der Apenninischen und Pyrenäischen Halbinsel. Schon die Römer erwähnen den strengen und frühzeitigen Winter des Haemus und der Provinzen Moesia und Dacia mediterranea.[1])

Bulgariens Klima zerfällt in Gebiete, die mit den Pflanzenzonen fast identisch sind: das pontische Gestade, die Niederungen an der Donau, die thrakische Ebene und die Gebirge, besonders das Bergland des Westens. Das wissenschaftliche Studium der klimatischen Verhältnisse befindet sich noch in den allerersten Anfängen. Die ersten Schritte unternahmen österreichische und französische Consularbeamte, besonders der unermüdliche k. k. Consul Luterotti, ein Tiroler aus Roveredo, noch aus der Türkenzeit in Sofia ansässig, für die k. k. meteorologische Centralanstalt in Wien.[2]) Der Verfasser dieses Buches liess als bulgarischer Unterrichtsminister 1881 Instrumente für fünf projectirte Stationen bei den Staatsschulen von Varna, Gabrovo, Lompalanka, Sofia und Küstendil anschaffen, aber die Zeiten waren solchen Unternehmungen ungünstig. Nur am Gymnasium von Sofia werden seit 1887 regelmässige Beobachtungen von Professor M. Bačevarov unternommen.[3]) Professor S. Vacov gab 1888 in den Schriften der Sofianer literarischen Gesellschaft eine ausführliche Anleitung zu meteorologischen Beobachtungen heraus. Besser als bei Schulen würden diese Observationen bei den Spitälern gedeihen, wo es keine bestimmten Stunden und keine Ferien gibt.

Die wichtigsten Eigenschaften des Klima's sind: kurzer heisser und regenarmer Sommer, kurzer, trockener Winter, reichlicher Frühjahrs- und Herbstregen, dabei schroffe Uebergänge und grosse Differenz der höchsten Sommerwärme und der stärksten Winterkälte, in Sofia von + 30° C. bis — 19° C. Regelmässig ist sowohl der „Altweibersommer“ im November, als in den Berglandschaften der verspätete Schneefall im April oder Anfang Mai.

Ueber das Klima Rumeliens liegen uns keine Daten vor; der Sommer ist dort so warm, so dass selbst die Baumwollstaude gut gedeiht, der Winter kurz, aber unter dem Einfluss der Rhodope und des Balkan oft

1) Praematura montis Haemi et saeva hiems. Taciti Annales IV, 51. Die Provinzen Moesia und Dacia mit der Stadt Naissus, „frigora magna habentes“, in einer Reichsbeschreibung aus der Mitte des 4. Jahrh. (Geogr. graeci minores ed. C. Müller II., § 57.).

2) Seine Beobachtungen 1880—1882 sind verwerthet vom Herrn Director J. Hann, Ueber die klimatischen Verh. von Bosnien. Sitzungsber. d. Wiener Akad. 1883, Bd. 88.

3) Bačevarov's Bericht über das Klima von Sofia im „Sbornik“ des Unterrichtsministeriums I., 1889, S. 291 f. (Der erste Versuch von Zlatarski für 7 Monate 1881—2 im Per. Spisanie, Heft 1).

scharf. Bei dem Klima des Donaulandes wäre ein eingehender Vergleich mit dem der Walachei interessant; die Jahrestemperatur von Rušćuk beträgt 12·2° C., die von Bukarest 10·6° C. Die Donau friert nicht jeden Winter ganz zu. Für die Jahrestemperatur von Sofia haben wir zwei Angaben, beide nur auf Grundlage von zweijährigen Beobachtungen: Luterotti (1880—2) 9·4° C., Bačevarov (1887—9) 9·7° C. (Konstantinopel 14·2, Prizren 11·8) und zwar: Frühling 12·2, Sommer 21, Herbst 7·8, Winter — 2·4.

In Sofia herrschen Nordwest- und Südostwinde vor. Ein localer Wind ist der kühle Večerník (Abendwind), welcher durch die nordwärts gerichteten Rhodopethäler im Sommer regelmässig aus dem Gebirge in die heisse thrakische Ebene herabströmt (bei Stanimaka u. s. w.). Am Golf von Burgas hörte ich von einem heissen Sommerwind Samilí, der in manchen Jahren aus dem Binnenland (SW.?) kommt und dem Getreide schadet, also eine Art Scirocco.[1])

Die Niederschlagsmenge (Konstantinopel 720) beträgt in Rušćuk 685 *mm*, in Sofia nach Luterotti (1881) 731 *mm*, nach Bačevarov (1888) 526 *mm*: Frühjahr 187 (Mai 89), Sommer 91 (August 15) Herbst 138, Winter 70—85. Schneetage (1888) 26, Regentage 72. Die Feuchtigkeit der Luft gibt Ersterer mit 79, Letzterer mit 70 Proc. an: Frühjahr 65, Sommer 56 (August 52), Herbst 77, Winter 83 (November 85·5). Gewitter gab es in Sofia nach Bačevarov im Frühjahr 11, Sommer 17, Herbst 3. Bewölkung ebendaselbst: 48, Maximum im Februar 66, im October 61, Minimum im Juli 23, im August 19. Mittlerer Barometerstand nach Luterotti 715·1 *mm*, nach Bačevarov 712·9. Grosse Nebel sind besonders im Herbst ein bekanntes Schifffahrtshinderniss auf der Donau und dem Schwarzen Meer. Der starke Morgenthau ist schon seit den älteren russischen Feldzügen gut bekannt.

Im Allgemeinen ist das Klima gesund. Es fehlt jedoch nicht an Malaria, an der Donau besonders in Vidin, an der Marica in der Gegend von Philippopel, am Schwarzen Meer bei Burgas, ja selbst in Sofia unter dem Einfluss der sumpfigen Einöden am nahen Isker.

### 6. Geologische Skizze.

Von Prof. Dr. Franz Toula in Wien.

Das Gebiet von Donau-Bulgarien und Ost-Rumelien könnte man in orographisch-geologischer Beziehung etwa folgendermassen eintheilen:

1. Das nordbalkanische Vorland, ein aus fast horizontal gelagerten jung mesozoischen (Jura und Kreide) Gesteinsschichten bestehendes, weithin mit tertiären Bildungen und diluvialen Lehmmassen bedecktes und gegen die Donau terrassenförmig abstürzendes ausgeebnetes Tafelschollenland.

2. Das gefaltete Balkan-System und zwar fällt mit Ausnahme eines kleinen westlichen Theiles dieses Gebirges das ganze System in unser Bereich.

---

1) Die Griechen am Golf von Burgas gebrauchen für die Winde italienische Namen: ponéndc Vormittags vom Land, sarókos Abends von der See, bonatza Windstille zu Mittag und Mitternacht (ital. ponente, scirocco, bonazza).

3. Die dem Balkan im Süden vorgelagerten Mittelgebirge, die Sredna Gora mit dem Karadža Dag im Westen und

4. das Ausbruchsgebirge von Jamboli-Aitos-Burgas im Osten.

5. Theile des grossen alten, krystallinischen makedonischen Festlandes (Rhodopegebirge) mit seinen jüngeren aufgesetzten Ausbruchsgebirgsmassen und in genetischem Zusammenhange damit, mit dem nördlichen Theile der kleineren ostthrakischen Scholle (oder dem Strandža-Gebirge).

6. Endlich fällt auch noch das Südende des an den Westbalkan einer- und an das Nordende des makedonischen Festlandes anderseits angelagerten Sand- und Kalksteinzuges, der Ostserbien von NNW. nach SSO. durchzieht, auf bulgarisches Gebiet.[1])

Eine Besprechung der einzelnen Formationsglieder in chronologischer Aufeinanderfolge wird vielleicht am naturgemässesten das Material zu einer geologischen Geschichte des Landes im Ganzen und Grossen liefern und zu der Erkenntniss des Verhältnisses, in welchem die genannten orographisch-tektonischen Gebirgsglieder zu einander stehen, führen.

Die ältesten Gebilde treten einerseits in Tundža-Massiv mit dem Strandža-Gebirge zwischen Marica, der südbalkanischen Niederung und der Küstenregion des Schwarzen Meeres und anderseits in der Rhodope-Masse auf.

Beide sind durch den Isthmus von Harmanli an der Marica auch oberflächlich mit einander verbunden. Die letztere ist durch ähnliche Gebirgsbrücken einerseits mit der vorgeschobenen Masse der Vitoša, anderseit's mit dem krystallinischen Antheile der Sredna Gora verbunden und zwar in der Nähe der Gegend, wo Isker und Marica ihren Ursprung nehmen.

Die Sredna Gora aber ist wieder in Verbindung mit den ältesten Gebirgsgliedern des Balkansüdrandes, so in der Gegend der Strjama- und der Tundža-Quellen, z. B. bei Klisura, Kalofer, aber auch bei Zlatica im Westen und bei Tvardica im Osten, so dass wir zu einem zusammengehörigen Ganzen und zwar zu einem uralten Festlande geführt werden.

Wir erhalten auf diese Weise und wenn wir auch nur bis zum Vardar gegen Westen ausgreifen würden, obgleich dieselben Gesteine auch noch darüber hinaus bis in die Gegend von Ochrid hinüberreichen, eine Grundgebirgsmasse, welche jene des südöstlichen und mittleren Frankreich, „die

1) Die älteren auf die Geologie Bulgariens und Rumeliens bezüglichen Arbeiten finden sich zusammengestellt in: F. Toula, Materialien zu einer Geologie der Balkanhalbinsel. Jahrb. geol. Reichsanstalt. 1883. 61—114. Hervorzuheben sind aber die Werke und Abhandlungen: Boué, die Europäische Türkei (1840). Neue deutsche Ausgabe, Wien 1889. Peters, Grundlinien zur Geographie und Geologie der Dobrudža, Wiener Denkschriften 1867. Hochstetter, Die geologischen Verhältnisse des östl. Theiles der Europäischen Türkei. Ib. geolog. Reichsanstalt 1870 und 1872. Toula, Geolog. Untersuchungen im westl. und centralen Balkan und in den angrenzenden Gebieten. Sitzungsb. d. kais. Ak. d. Wissensch. LXXII. Bd. 1875, LXXV. 1877, 2. Abh., LXXVII. 1878, 3. Abh., LXXXI. 1880, LXXXVIII. 1883, Denkschriften XLIV. Bd. 1881, LV. 1889. Eine Abhandlung über den östl. Balkan befindet sich im Druck. G. N. Zlatarski, Zur Geologie des nördl. Balkanvorlandes zw. den Flüssen Isker und Jantra. Sitzber. 1886.

Masse des Centralplateaus" an Grösse noch übertrifft, und könnten dieselben als das alte rumelische Festland bezeichnen. Dies wäre auch zugleich der beiläufige Umfang des „balkanischen Festlandes", von welchem Peters ausgeht, um das Vorkommen der Strand- und Seichtwasserablagerungen, wovon es vielfach umsäumt erscheint, zu erklären. So müsste vor allem das Material zur Bildung der Quarzite, Sandsteine und Conglomerate des dyado-triadischen Zeitabschnittes darauf zurückgeführt werden. Peters war es vor allem um die Kohle führenden Liasablagerungen im Gebiete von Fünfkirchen und im Banate zu thun („Bemerkungen über die Bedeutung der Balkan-Halbinsel als Festland in der Liasperiode" Sitzb. 19. Nov. 1863), wobei er das Transsilvanische Hochgebirge als einen „nördlichen Flügel" jenes Festlandes betrachtete. Das von Mojsisovics angenommene „orientalische Festland" (Grundlinien der Geologie v. Bosnien-Herzegovina 1880), welches Tietze zu so überaus scharfen „Recriminationen" Veranlassung gegeben hat („Zur Würdigung der theoretischen Speculationen über die Geologie von Bosnien". Deutsche geol. Ges. 1881), greift noch weiter über die Grenzen des „rumelischen Festlandes" hinaus, indem es auch, wenigstens theilweise, Randgebiete mit umfasst, die bei den kettengebirgsbildenden Vorgängen in diese mit einbezogen wurden und wie wir glauben, als „gestaute" Massen von den stauenden wohl unterschieden werden müssen.

Was seine geologische Zusammensetzung anbelangt, so ist vor allem das Auftreten der vollkrystallinischen Massengesteine (Granit, Syenit, Diorit etc.) zu erwähnen, welche grössere und kleinere Stockmassen bilden und umhüllt erscheinen von krystallinischen Schiefergesteinen, und zwar nehmen die letzteren offenbar den weitaus grösseren Raum ein. Es ist dies sowohl im centralen Balkan, als auch in der Sredna Gora und in der Rhodope der Fall. In der Vitoša treten Syenite und Hornblendegranite auf. Die höchste Erhebung der Rila (Elenin Vrch) oberhalb des Klosters besteht (nach Angabe Zlatarski's) aus grauem Gneiss und treten auch hier die Granite nur untergeordnet auf. Ebenso wird aber auch im centralen Balkan, wo die krystallinischen Gesteine die weiteste Ausdehnung besitzen, bei detaillirter geologischer Aufnahme die Auflösung der vollkrystallinischen Massen in isolirte, von krystallinischen Schiefern umschlossene Stöcke aus granitischen Gesteinen das Schlussergebniss sein.

Die krystallinischen Schiefergesteine sind von grösster Mannigfaltigkeit: Gneissgranite und Granitgneisse, kaum von massigen Gesteinen zu unterscheiden, echte ältere Glimmergneisse, Glimmer- und Hornblendeschiefer, aber auch Chlorit- und Sericitschiefer mit Einlagerungen von krystallinisch körnigem Kalk.

Was die Tektonik anbelangt, so gilt für dieses ganze weite und uralte Gebiet als Grundzug, dass dasselbe vielfach durch Störungslinien zerstückt, als ein wahres Schollengebirge zu bezeichnen ist. Eine der Hauptstörungslinien, offenbar jüngeren Alters, kann als die südbalkanische Thermenlinie bezeichnet werden; sie verläuft auf bulgarischem Gebiete fast westöstlich von Banja bei Panagjurište bis Lidža bei Aitos. Eine zweite Störungslinie scheint durch die Thermenreihe von Sofia-Bali Effendi, Banja zwischen Ichtiman und Samakov und Banja SW. von Tatar-Pazardžik angedeutet von NW. gegen SO. durch die Rhodope zu ziehen. Auf andere solche Linien deuten die warmen Quellen von Džumaja, Küstendil, Vranja, sowie jene etwa derselben Richtung SSO. und NNW. folgenden Thermen bei Niš und bei Alexinac u. s. w. u. s. w.[1])

Aber auch die zahlreichen und ausgedehnten **Trachyt-Gebirge**, welche als Kuppengebirge den krystallinischen Schollen aufgesetzt erscheinen, bezeichnen die Existenz weiterer Brüche zwischen den Schollen. Im Gebiete der Rhodope sind es die Gebirge am Feredžik, an der Arda, zwischen Arda und Mesta und zwischen Mesta und Kričimska Reka u. s. w., Gruppen und Züge von Kuppen- und Kegelbergen, die ganz ansehnliche Höhen erreichen und aus Quarz-Trachyten, echten Trachyten und Andesiten bestehen und ihrem Alter nach mit den weite Gebiete im Massengebirge einnehmenden eocänen Ablagerungen, z. B. jenen von Chasköi, übereinstimmen.

Auf weiten Strecken lagern, als den Untergrund verhüllende Decke, auch jüngere Sedimente über den krystallinischen Schollen, die zu verschiedenen Zeiten in grössere Tiefe sinkend, beckenartige Einsenkungen bildeten, Vorgänge, welche offenbar auch jene Einbrüche des Meeres der Eocänzeit, die mit Ausbrüchen der Eruptivgesteine in einem gewissen zeitlichen Zusammenhang gestanden, veranlasst haben. Die meisten und ausgedehntesten dieser „Becken" liegen im Bereich des krystallinischen Gebirges oder an den Rändern derselben. In unser Gebiet fallen von diesen Becken die Kette kleinerer jüngerer Thalebenen am Südrande des Balkan. Das Becken von Sofia, von Zlatica, jenes von Gjopsa und die an der oberen Tundža liegenden zwischen Kalofer und Tvrdica, vor allen aber jenes von Kazanlyk. Fast alle diese sind nur von jungtertiärem oder diluvialem Alter. Alluvionen der jetzigen Flüsse und zum Theil terrassirte alte Schotter-, Sand- und Lehmmassen haben die Böden ausgeebnet und bilden die Rinnen der Wasserläufe.

---

1) Die Thermen Bulgariens, sämmtlich schwefelhältig, sind folgende. *A.* Südbalkanische Thermenlinie: Therme von Anchialos (42° C.), zwei Thermen bei Sliven, drei bei Kazanlyk, eine bei Stara Zagora, die Karlovska Banja (44°), Hissar (47°), Krastovo (45°), Strelča, Banja von Panagjurište (41°) *B.* In der Rhodope: Therme bei Chasköi, Therme von Beden Banja im Pomakenland an der Kričimska Reka (jetzt auf türk. Boden), die drei Thermen von Banja (46°). Lažene und Komenica (62°?) in der Landschaft Čepino, heisse Quellen bei Elideré und Varvara am Nordfuss der Rhodope, die Banja von Kostenec und die Quelle von Vasilica im Quellbecken der Marica, Saparevska Banja am Nordfuss der Rila (+ 68°). Ausserdem im Innern des Gebirges in der Landschaft Razlog und in den Städten Džumaja und Nevrokop. *C.* Im Westen: Sofia (47·5°) und das nahe Jukary Banja, sowie das warme Schlammbad Bankja, die warme Quelle von Zvonci bei Trn (30°?), Küstendil (75°). Jenseits der Grenze folgen die Quellen bei Vranja, Toplica, Niš, Alexinac, Svrljig u. s. w. Nördlich vom Balkan soll es nur eine warme Quelle geben, bei Vrâce (Kreis von Berkovica) im Bett der Botunja; sonst gibt es dort nur kalte, meist bittere Mineralquellen, wie bei Kutlovica u. s. w. C. J.

Manche haben ganz und gar das Aussehen alter Seeböden. Der See des Beckens von Sofia wurde durch den Isker nach Norden, jener von Kazanlyk durch die Tundža nach Osten entwässert.

Aehnlich so verhält es sich mit dem Becken von Samokov am oberen Isker und mit jenem von Banja und Ichtiman an der Marica sowie mit den Randbecken von Küstendil, Dupnica und Radomir. Das weite Becken von Tatar-Pazardžik-Philippopel, wie es heute vorliegt, ist nicht älter; alles Ausebnungsmaterial ist alluvial oder diluvial;, freilich ist es, wie das Auftreten von Eocänablagerungen im Südosten beweist, nur ein Theil eines viel grösseren und in der ersten Anlage viel älteren Beckens.

Aehnlich so verhält es sich mit den Becken von Eski Zagra-Jeni Zagra, an dessen Ausfüllung auch ganz jungtertiäre Sand- und Schottermassen Theil nehmen, in welchen Reste eines jungtertiären Elefanten (Elephas meridionalis) und eines Flusspferdes (Hippopotamus major) bekannt geworden sind. Tertiäre Ausfüllungsmassen kennt man aber auch aus Randbecken, so finden sich z. B. jungtertiäre recht gute Braunkohlen im Becken von Čerkva (Sofia W.). An die im Vorhergehenden besprochene Festlandsmasse sind nur die Eingangs genannten jüngeren Gebirge angegliedert.

Der Balkan, dessen älteste Gesteine im centralen Balkan wir als randliche Schollen-Antheile der rumelischen Masse erkannt haben, weist seine ältesten Gebirgsarten im westlichen Theile auf, wo wir auch seinen Bau am verwickeltesten finden, während er nach Osten hin im centralen Theile wohl seine massenhafteste Erhebung aufweist, jedoch in seinem tektonischen Baue wesentlich einfachere Verhältnisse erkennen lässt und im Ostbalkan zu einem in viele verhältnissmässig niedere Rücken aufgelösten Faltengebirge wird, das nur hie und da ältere Gesteine zu Tage treten lässt, als wäre die Energie der Gebirgsbildung eine wesentlich geringere gewesen. Im westlichen Balkan begegnen wir einigen vollkrystallinischen Durchbruchsgesteinen, die mit jenen der Rumelischen Masse offenbar in keinem unmittelbaren Zusammenhange stehen und die sich an mehreren Stellen bis an den Nordfuss des Gebirges erstrecken und uns uralte Elemente des Gebirges erkennen lassen. Es sind die Granite, Syenite und Diorite des Sveti Nikola, sowie jene im Berkovica-Balkan, im Ržana-Vrch und im Etropol-Balkan, welche vielfach von jüngeren porphyrisch-andesitischen Gesteinen durchbrochen werden (die vor allem mannigfaltig auch im Iskerdurchbruch angetroffen wurden). Krystallinische und halbkrystallinische Schiefer umhüllen vielfach das Massengestein. Im Berkovica- und Etropol-Balkan liegen sie umhüllt von Phyllit und Phyllitgneiss. Eines der auffallendsten unter den krystallinischen Gebieten ist jenes am Nordfusse des Gebirges vor Belogradčik und Rabiš, wo die Granite die Basis im flachhügeligen und fast ausgeebneten Vorlande bilden.

Im Westen wurden auch sichere Aequivalente der Steinkohlenformation und zwar die Culmschichten und oberes Carbon („Farnenzone") gefunden. Ob auch gewisse grüne Schiefer hierher zu stellen seien, bleibt dahingestellt.

Dyadische Sandsteine mit Kohleneinlagerung (bei Belogradčik) treten gleichfalls nur im Westen auf und zwar in steiler Aufrichtung unter discordant darüber lagernden rothen Sandsteinen und Conglomeraten.

Ueber jenen rothen Sandsteinen, welche die bizarren Felsformen bei Belogradčik, eine der geologischen Sehenswürdigkeiten des Landes, bilden und auch im Balkan von Čiporovci in mächtigen Massen, gewaltige Abstürze gegen Nord bildend, auftreten und weit nach Osten anhalten, treten im Westbalkan Plattenkalke und dolomitische Kalke auf, welche der Trias entsprechen und sich, wenn auch in geringerer Erstreckung, im centralen Balkan verfolgen lassen und zwar sowohl im Teteven- als auch im Šipka-, Trjavna-Elena- und Sliven-Balkan, dagegen im östlichen Balkan und ähnlich so auch im Banat vollkommen fehlen. Nach einer grösseren Unterbrechung in der Aufeinanderfolge der Schichten trifft man im Balkan mittleren und oberen Lias, der z. Th. ohne scharfe Trennung in den Dogger hinübergreift. Der im Banat vorkommende, Kohle führende tiefere Horizont fehlt im Balkan. Im Teteven-Balkan ist die Lias-Juraformation am weitesten entwickelt; als eine verhältnissmässig schmale Zone zieht sie sich durch den Trojan-Balkan in der Kammregion hin, um nach Osten und Westen nur in isolirte Vorkommnisse zerstückt aufzutreten, so südlich von Belogradčik im Berkovica-, Preslav- und Karnabad-Balkan. Auch oberer Jura tritt nur ganz sporadisch in der westlichen Hälfte des Gebirges auf und erst die Kreide bildet weithin reichende und zusammenhängende Gebiete und zwar in recht verschiedener facieller Entwicklung, in deren gefalteten Terrain die isolirten älteren Formationen Trias und Jura in der Form von Aufbrüchen hervortreten, indem die Kreide auch hier eine Transgression über ältere Bildungen darstellt.

Die Gliederung der Kreide im westlichen Balkan ist die folgende: Zu unterst treten, und zwar nur im Westen, Nerineen-, Pentacriniten- und Korallenkalke auf, die recht auffallend an gewisse in der Klippenzone der Karpathen bekannten Bildungen erinnern (Tithonische Etage?). Nächst jünger sind plattige, mergelige Kalke mit ziemlich reicher Fossilienführung (Ammoniten verschiedener Form, Crioceras Duvali und vieles andere). Sie treten schon im Westen auf und ziehen in einer, wie es scheint, ununterbrochenen Zone aus der Gegend von Kutlovica über Jablanica, Trojan, Elena (südlich von Osmanpazar) bis über Šumla hinaus. Es sind Aequivalente der in den Ostalpen als „Rossfelderschichten" bezeichneten Bildungen, die man in Frankreich als „Hauterive-Stufe" bezeichnet.

Einem höheren Horizonte gehören die mergeligen Kalke an, welche bei Razgrad mit einem auffallend grossen Reichthum an Formen auftreten, die auf das beste der südostfranzösischen (alpinen) „Barême-Stufe" entsprechen. Diese untere Kreide, welche bereits am nördlichen Rande des Gebirges auftritt und in das nördliche Balkan-Vorland hinübergreift, dürfte wenigstens im Ostbalkan und vielleicht auch in den südbalkanischen Vorlagen eine Vertretung in der Form von wohlgeschichteten Sandsteinen und sandig körnigen plattigen Kalken finden.

Ganz andere Entstehungsbedingungen liegen diesen letzteren Bedingungen, vor allen aber den Sandsteinen zu Grunde, indem sie in Seichtwasser entstanden, während die Crioceras- oder Hauterive- und Barême-Schichten Bildungen der Tiefsee vorstellen. Neben diesen finden sich aber wieder andere Kalke mit vielen dickschaligen Muscheln, die „Caprotinenkalke", welche riffbankartige Anhäufungen vorstellen. Und auch Zwischenriffbildungen, mergelige „Bryozoen- und Seeigel-Schichten," wie sie auch in den heutigen Meeren zwischen den Korallenriffen vorkommen, sind hie und da vorhanden, so besonders am Nordrande der z. Th. aus Caprotinenkalken bestehenden Kalkmassen des Vraca-Balkan. Ein weiteres und zwar wieder davon verschiedenes Formationsglied bilden die Sandsteine und mergeligen Gesteine mit Korallen und den unzähligen an einer Seite vertieften kreisrunden Scheibchen, den Orbitolinen. Auch dieser Horizont findet sich sowohl an der äussersten Westgrenze, als auch in der Gegend von Vraca, nördlich von Loveč, Trnovo und dann bei Kotel, wo auch ziemlich gleichalterige Mergel mit Korallen auftreten, welche kugelförmige Körper, die Parkerien enthalten, Hydrozoen, welche bisher nur aus dem Cenoman von Cambridge in England und durch Stoliczka aus dem Himalaya vom Karakorumpasse bekannt geworden sind. Während im Westen die Cenomanschichten näher dem Nordrande oder wenigstens fernab von der Kammhöhe auftreten, ja gegen die serbische Grenze hin sowohl im Norden, als auch im Süden der Mittelregion des Gebirges auftreten, rücken sie im Osten in die Nähe der Kammregion (bei Kotel). Räumlich am verbreitetsten sind die Sandsteine mit den Charakteren des Wiener- oder Karpathensandsteins, welche man vielfach als Flyschsandsteine zu bezeichnen pflegt. Sie stellen sich schon im Westbalkan ein und zwar gleichfalls in nicht zu breiten Zonen auf beiden Seiten der älteren Gesteine des Wasserscheidekammes, werden aber im centralen Balkan schon viel breiter und bilden weithin reichende breite Zonen, die vielfach in Falten gelegt erscheinen, um schon im Trojan- und nochmehr im Elena-Balkan bis in die Kammregion zu reichen. Hie und da treten darin die für die Kreide bezeichnenden Inoceramen auf und zwar sowohl in Sandsteinen wie auch in den damit vielfach wechsellagernden Mergelschichten. Jenseits von Sliven im Karnabad-, Aitos- und Eminé-Balkan setzen sie dann mit ihren Faltenzügen geradezu die Hauptmasse des Gebirges zusammen, das am Pontus fast ganz und gar daraus besteht.

Ausser dem Kreideflysch, der die obere Abtheilung der Kreideformation repräsentirt, nimmt im Ostbalkan noch das Eocän mit Nummuliten am Aufbau der verhältnissmässig niedrigen Bergzüge theil. Zuerst wurde es von uns in Nordbulgarien (1884) bei Trnovo beobachtet und später noch an vielen weiteren Stellen im Bereiche des gefalteten Gebirges nachgewiesen und zwar vor allem in der Gegend von Sliven, wo das Eocän sogar in mehreren Ausbildungsformen vorkommt und ziemlich sicher als der Zeit nach mit den Roncaschichten in Vicentinischen übereinstimmend festgestellt werden konnte. Eine etwas andere Ausbildung haben die schon seit 1856 bekannten Eocänablagerungen im Westen von Varna. Sehr wahrscheinlich ist, dass auch die Steinkohle führende Formation des Balkan dem Eocän angehört, wenigstens stimmen die damit zusammen sich findenden Muschelreste recht gut mit Formen der Cyrenenmergel, während jedoch an anderen Stellen die darin angetroffenen spärlichen Pflanzenreste eher für obere Kreide sprechen würden. Die Aehnlichkeit der Flyschgesteine mit jenen der Apenninen, Alpen und Karpathen ist eine sehr grosse und wird ein Vergleich vor allem mit dem räumlich zunächst liegenden Flyschgebirge, welches an der Grenze von Ostsiebenbürgen und der Moldau hinzieht, geboten sein. Man denkt sich in der That in die genannten Flyschgebirge versetzt. Der petrographische Charakter und die spärlichen organischen Einschlüsse zeigen die grösste Uebereinstimmung. Fucoiden finden sich stellenweise in Masse z. B. bei Aivadžik und auch die Hieroglyphen und dgl. auf den Sandsteinen- und Mergeloberflächen sind besonders im Osten ganz gewöhnlich. Auch hier, wie in den übrigen genannten Flyschsandsteingebirgen wird die Scheidung des der Kreide und dem Eocän zugehörigen Antheils eine langwierigere Detailarbeit erfordern.

Obere Kreide vom Typus jener von West und NW. Europa fehlt gleichfalls nicht. Im Bereiche des Balkan selbst ist die obere Kreide jedoch auf das Vorkommen der Inoceramen-, Spatangiden-Kreide beschränkt.

Bildungen dieser Art innerhalb des Balkankammgebietes habe ich im Trjavna-Balkan angetroffen. Hierher gehören im Westbalkan die mergeligen Kalke von Čelopeč, SO. von Vraca, Bildungen, die offenbar gegen Nordost eine weitere Ausdehnung erreichen, und endlich die Inoceramenschichten im Flyschgebiete des Ostbalkan.

Die jüngsten im neueren Balkangebiete auftretenden Gebilde sind die erwähnten Eocänablagerungen, die im Ostbalkan eine sehr wichtige Rolle spielen.

Mit den Verhältnissen im innern Balkan müssen nun auch die nördlichen und südlichen Vorlagen in Vergleich gebracht werden und wird es sich empfehlen, zuerst die südlichen ins Auge zu fassen, die sich so innig an den centralen Balkan einerseits und an die Rhodope anderseits angliedern. In der westlichen S r e d n a G o r a, über die wir einer ausführlichen Arbeit meines ehemaligen Reisebegleiters Zlatarski entgegensehen, haben wir vor allen dieselben krystallinischen Gesteine wie im centralen Balkan mit älteren Gang- (Granit, Syenit, Diorit) und jüngeren Ausbruchsgesteinen (Amphibol- und Augit-Andesit, Trachyt, Rhyolith etc.). Ausserdem haben wir nur dolomitische Kalke (der Trias?), welche nach Süd und Südwest einfallen und mergelig schieferige Gesteine der Kreideformation. Auch der Karadža-Dag oder die östliche Sredna Gora hat uns im N. krystallinisches Grundgebirge, Gneissgranit und Granit, krystallinische Schiefer verschiedener Art und Schollen von Trias-Dolomit erkennen lassen, während im Süden eine ganz eigenthümliche Wechselfolge von mergelig-schiefrig-sandigen Gesteinen (z. Th. auffallend discordant aufgelagert) ein weites Gebiet einnimmt, Gesteine, die mit Eruptivgesteinen in einen innigen Zusammenhang stehen, die z. Th.

2*

der Porphyrit- und Porphyr- und zum Theil der Andesitreihe angehören und auch verschiedenen Alters sein dürften.

Tuffe von Ausbruchsgesteinen wechsellagern auch in zahlreichen Wiederholungen mit den genannten Sedimentgesteinen, die wenigstens zum grössten Theil der Kreide angehören dürften, wenngleich wahrscheinlich einem höheren Horizonte entsprechend, als früher angenommen wurde.

In der Gegend von Aitos im Osten scheinen ähnliche Verhältnisse zu herrschen. Auch hier finden sich Sedimentärtuffe cretacischen Alters (Inoceramen führend) mit Lagerungen von Ausbruchsgesteinen wechsellagernd.

Südlich von Aitos- und Karnobad-Balkan bis gegen Jamboli und in einer Fortsetzung bis ans Schwarze Meer hinziehend, dehnt sich das ausgedehnte Ausbruchsgebiet aus, in welchem dunkle Augit-Andesite und damit verbundene Mandelsteine die Hauptrolle spielen, während auch vereinzelt Trachyte nicht fehlen.

Das Alter dieser Eruptionen kann unschwer zwischen gewisse Grenzen gebracht werden. Sie haben, wie aus obiger Angabe hervorgeht, sicherlich schon in der Kreideperiode begonnen. Das Vorkommen von Nummuliten in gewissen Tuffen dieser Ausbrüche lässt aber erkennen, dass sie auch noch während des Eocän angedauert haben.

Die Sicherstellung des Verhältnisses zwischen den Eruptivgesteinen des Ostens, besonders bei Aitos, jenen der Sredna Gora und endlich jenen den Nordhang der Vitoša bildenden Massen von andesitischem Aussehen und den besonders im Visker und Liliugebirge (in W.-Bulgarien) mit Tuffen in Verbindung auftretenden, von Hochstetter als Melaphyr bezeichneten Gesteinen ist eine gewiss hochinteressante Aufgabe. Nach dem Stande unserer dermaligen Kenntnisse erscheint die Annahme erlaubt, dass alle drei einem und demselben Systeme angehören, dass also die grosse Kette von Thermen und Ausbruchsstellen vom Schwarzen Meer bis in die Gegend von Trn hinüberreicht und eine Linie vorstellt, auf der Ausbruchsthätigkeit von der oberen Kreide bis in das „Eocän" und wohl auch noch darüber hinaus angedauert hat, während als letzte Regung die Thermenthätigkeit bis in die Gegenwart reicht. Die Eruptivgesteinsberge im äussersten Osten erheben sich aus und am Rande der den Golf von Burgas umsäumenden Ebene und reichen im SO. bis ans Meer, eine Strecke weit altkrystallinisches Grundgebirge bedeckend. Jene Ebene aber stellt eine Bucht des tertiären Meeres dar, ähnlich jener, welche sich nördlich vom Balkan in der Gegend von Varna gegen Westen ins Land erstreckt. Die nördliche Bucht bestand auf jeden Fall schon während der Eocänzeit (Nummuliten-Formation im Westen von Varna), war aber auch während der Miocänperiode von einem Meer von mediterranem Charakter erfüllt, welcher später eine Phase mit grösserem Salzreichthum durchmachte und schliesslich brackischen Charakter annahm (Spanioden-Schichten und sarmatische Bildungen). Nähere und sichere Details kann erst eine mehrfache Begehung der Gebiete bringen. In der südlichen Bucht ist das Eocän und die sarmatische Stufe sicher entwickelt. Spaniodenschichten dagegen wurden daselbst noch nicht nachgewiesen. Aequivalente der Congerienschichten aber scheinen im Norden und Süden zu fehlen.

Betrachten wir nun das im äussersten Westen Bulgariens gelegene Gebiet etwas genauer.

Hier zieht, wie Eingangs angedeutet, ein Gebirgszug von der Donau her, zwischen Morava und Timok und weiterhin zwischen Morava und Nišava verlaufend nach Südosten, der mit dem im Norden der Donau meridional verlaufendem Banater Gebirge in einem gewissen Zusammenhange steht, das aber seiner Richtung (in unserem Gebiete) nach sich dem donauischen Systeme anschliessen würde.

Der Theil südlich von Niš weist zwei ziemlich parallel verlaufende Zonen auf, eine westliche aus krystallinischen Schiefern (Gneis, Glimmerschiefer, Chloritschiefer und Phyllit) und eine östliche zum weitaus grössten Theile aus Kreidekalken bestehend, welch letztere ausgedehnte Plateau's zusammensetzen. Nerineen-, Korallen- und Caprotinenkalke herrschen vor, doch kommen auch sandige Kalke und Plattenkalke zur Entwicklung, sowie auch Kalkoolithe und Crinoiden führende Breccienkalke. An mehreren Stellen treten darunter auch Ablagerungen der Juraformation zu Tage, welche ihrerseits wieder Glieder der unteren Trias: Wellenkalk und rothe Sandsteine zur Unterlage besitzen. Das Vorkommen paläozoischer Bildungen ist fraglich. Neben der kalkigen Entwicklung der Kreideformation sind in diesem Gebiete auch Sandsteine weithin zu verfolgen, welche theils durch Orbitolinen, theils durch Exogyren, Brachiopoden und Belemniten als mittleres und oberes Neocom charakterisirt sind. Aber auch die obere Kreide wurde in neuerer Zeit in diesem Gebiete nachgewiesen (zwischen Sofia und Trn) und zwar in einer Ausbildungsform, die der Gosauformation entspricht und unter andern auch organische Reste aufweist, die mit den, in nicht marinen obercretacischen Ablagerungen von Ajka im Bakony und der ostalpinen Gosau vorkommenden übereinstimmen. Eine auffallendere Erscheinung bildet der isolirte, von der Schieferzone abgetrennte Stock der Ruj Planina nördlich von Trn, der bis 1712 *m* Höhe als eine aus Amphibolgneis gebildete Kernmasse aufragt und von mesozoischen Bildungen ringsum eingehüllt ist.

Die Eruptivgesteine andesitischer Natur im Südosten wurden oben schon erwähnt. Im Bereiche der Phyllite aber und auch im Kreidesandsteingebiete spielen auch mehrere Trachytdurchbrüche eine Rolle und an der Grenze der Sedimentformation gegen den Phyllit ist auch ein diabasähnliches Gestein beobachtet worden.

Die Trachyte von Vlasidica bei Leskovac liegen im Phyllit, jene in der Gegend von Trn aber nahe der Formationsgrenze, ebenso wie auch die heissen Quellen von Banja bei Niš.

Vergleicht man diese Schichtfolge mit der des westlichen Balkan, so ergeben sich manche Unterschiede. Die sicheren Carbonhorizonte der letzteren fehlen, Walchiensandsteine wurden bis nun nicht bekannt. Die rothen Sandsteine und Wellenkalke stimmen überein, ebenso ist Lias-Dogger vorhanden. Die Kreidegliederung steht in naher Uebereinstimmung aber auch nur mit dem am südlichen Hange des Balkan im Nišava (Temska) und Timokgebiet auftretenden Parallelzonen, die jedoch eine unmittelbare Fortsetzung der südostserbischen Kreideterrains bilden. Tertiärablagerungen wurden im bulgarischen Antheile dieses Zuges ausser den isolirten rein terrestrischen Braunkohlenbecken bis jetzt nicht angetroffen. Wir haben somit einen Gebirgszug vor uns, der von der Donau einerseits nach SO. bis an den Rand des Beckens von Sofia zieht, andererseits aber gegen Süd fortstreicht bis in das Oberlauf- und Quellgebiet der Struma, wo er bei Dupnica in der Konjovska Planina zu enden scheint, buchtartig von den Festlandsrändern der älteren krystallinischen Gebirge umgeben. Es scheint ein eigener, mit dem Banatergebirge in einem gewissen genetischen Zusammenhange stehender Gebirgszug zu sein, der an den auslaufenden westlichen Balkan angepresst, angegliedert wurde. Nur die alten Schollen, wie jene von Berkovica und Belogradčik im westlichen Balkan scheinen mit jenem südlich von den Engen der Donau gegen den Timok hin verlaufenden Schiefergebirge in Zusammengehörigkeit zu stehen.

Das erwähnte Kreidegebirge erscheint somit förmlich zwischen zwei krystallinische Züge hineingezwängt und gefaltet, wenngleich die Faltung im Süden weniger weit gehend ist als in dem so ausgezeichneten Banater Faltengebirge.

Es erübrigt uns nun nur noch die Besprechung des nördlichen Balkan-Vorlandes. Aus den schon gegebenen Darstellungen ersahen wir, dass der Balkan ältere Formationen, wenigstens im westlichen Theile, bis über Sliven nach Osten aufweist, über welche dann Sandsteine der Kreideschichten lagern, die im centralen Theile des Gebirges von Trojan-Balkan ostwärts bis in die Kammregion nach Süden reichen.

Im Westen hat die nordbalkanische Kreidezone geringe Breite, nimmt aber schon im Meridian von Vraca sehr an Breite zu und legt sich um Zone vor Zone vom Nordabhang des Gebirges bis in die Ebene, um im Osten die ganze Breite des Gebirges einzunehmen.

Diese Zonen sind der Reihe nach: die Zone der vorherrschend mergeligen Schiefer mit Ammoniten und Crioceras („Crioceras- oder Hoplites cryptoceras-Schichten“), die sich von Jablanica im Westen, wo sie Foetterle zuerst aufgefunden, über Trojan und Elena nach Osmanpazar und Šumen erstrecken. Schon in dieser Zone treten einzelne Züge von Caprotinenkalk auf, so nördlich von Trojan und nördlich von Gabrovo. Eine breite Sandsteinzone legt sich im Norden daran; dann folgt eine ausgedehntere Zone von Caprotinenkalken, welche von Loveč Süd nach Trnovo zieht und durch die mauerförmigen Begrenzungen der daraus bestehenden Gebirgstafeln und Plateaurücken auffällt. Besonders typisch sind sie z. B. in der Gegend von Trnovo entwickelt, wo sie durch ein ganzes System von Sprüngen zerstückt, staffelförmig an einander grenzende Schollen darstellen, indem sie an der einen Stelle tief abgesunken sind, an der anderen wieder weithin ein viel höheres Niveau einnehmen. Der in seiner Art einzig dastehende Charakter der alten bulgarischen Hauptstadt ist durch dieses tektonische Verhalten in erster Linie bedingt.

Wieder nördlich davon zieht sich dann die Zone der Orbitolinensandsteine und Mergel von West und Ost. Sie lässt sich schon von Vraca an verfolgen, schwillt bei Loveč am mächtigsten an und konnte auch bei Kotel noch nachgewiesen werden. Darüber legen sich dann in ihrer westlichen Erstreckung Sandsteine und Kalke der mittleren Kreide, aus denen sich die Caprotinenkalkmauern der Kosmatica, im Westen des Isker, erheben, die bis nördlich von Vraca reichen. Diese mittleren Kreideschichten tauchen nun unter die jungen Ablagerungen des breiten ebenen Saumes, der im Süden von der Donau verläuft und von Belogradčik bis an das rechte Ufer des Vid keine älteren Bildungen auftauchen lässt. Die ältesten Bildungen im Bereiche der nordbulgarischen Ebene bilden miocäne Ablagerungen, die erkennen lassen, dass das weite westliche Gebiet des Isterbeckens vom Timok bis zum Vid eine weite Bucht gebildet hat, die sicherlich in der ganzen angegebenen Ausdehnung von dem sarmatischen Meere bedeckt gewesen ist, während nur an einer Stelle bisher mit Sicherheit auch die Existenz des mediterranen Meeres in diesem Bereiche nachgewiesen werden konnte und zwar bei Pleven, wo schon Foetterle blaue Mergel aufgefunden hat, die ganz und gar dem Tegel von Baden entsprechen, ja es wurden auch Leithakalk-Aequivalente über dem Badner Tegel angetroffen, welche eine förmliche Korallenriff-Facies aufweisen. Wie weit ausgedehnt dieses ältere Becken war, ist nicht zu bestimmen, da die betreffenden Ablagerungen mit Ausnahme der Bucht von Pleven am rechten Vid-Ufer überall unter den Ablagerungen des sarmatischen Meeres oder unter mächtigen Lehmmassen diluvialen Alters begraben liegen. Die sarmatischen Bildungen sind übrigens auch nicht in zusammenhängenden Massen oberflächlich zu verfolgen, sondern sie treten von Vidin an, wo sie die Steilabstürze an der Donau oberhalb Vidin bilden, in zahlreichen isolirten Vorkommnissen unter der Lösslehmdecke hervor, so am Arčer, am Lom und Ogost, eine Strecke weit am Skit und endlich am Isker, wobei sie bei den letztgenannten Flüssen, hauptsächlich an den steiler geböschten rechten, östlichen Ufern entblösst zu Tage treten.

Am rechten Ufer des unteren Vid sind sie nicht mehr vorhanden und tritt mit Ausnahme der erwähnten mediterranen Bildungen hier in weiter Erstreckung obere Kreide hervor, eine Entblössung bildend, die nach Süden hin beträchtlich an Weite zunimmt. Es sind weisse Kalke, welche fast horizontal liegen und Fossilien enthalten, wie sie in der nordwesteuropäischen Kreide auftreten. Nach Osten verschwinden sie unter der Lehmdecke und treten erst am rechten Steilufer der unteren Jantra im Norden von Trnovo wieder zu Tage.

So ziemlich in der Mitte zwischen Isker und Jantra liegt, es ist dies einer der auffallendsten Züge in der Geologie Bulgariens, eine ganze

Reihe von basaltischen Ausbruchspunkten, die eine etwa 40 Kilometer lange Kette von konischen Bergen bilden, deren beträchtlichster kaum über 110 *m* relative Höhe erreicht. Sie ziehen sich aus N. 15° O. nach S. 15° W. hin und deuten auf eine tiefergehende Störung in dem flachtafelförmigen Lande. Hier zwischen Vid und Jantra bilden im Süden die Orbitolinen-Schichten die Nordgrenze der unter der Lössdecke zu Tage liegenden Kreidezonen. Dass diese aber weithin nach Norden sich erstreckt, geht aus der Thatsache hervor, dass Orbitolinenschichten am rechten Ufer des Osem unter der oberen Kreide hervortauchen, und dass auch an der mit Basaltkegeln besetzten Störungslinie an mehreren Stellen kalkig oolithische Orbitolinenschichten aufgeschlossen sind, denen auch die Kalke bei Svištov und zwischen Jantra und Donau entsprechen.

Der fast ungestört lagernden Kreide gehören auch die Plateauberge bei Šumen und Provadija an, deren erstere wie eine gewaltige natürliche Festung dem Waldbalkan vorgelagert stehen, deren letztere aber durch ihre Erosionsformen merkwürdig sind, indem sie durch tiefe Wasserrisse zerstückt erscheinen und steilwandige Thalzüge besitzen, die im kleinen an die Cañonbildungen des fernen Westens von Nordamerika erinnern oder an die Thalschluchten im Kreidegebiete der südlichen Krim.

Unter diesen nur durch verticale Bewegungsvorgänge gestörten Theilen Nord-Bulgariens treten flach gelagerte Ablagerungen der mittleren und unteren Kreide hervor, die schon im Vorhergehenden charakterisirt worden sind. Ueber das immerhin noch weite Flachlandgebiet zwischen der Eisenbahnlinie Rusčuk-Varna und der vor einem Vierteljahrhundert von Peters geologisch untersuchten Dobrudža liegen uns dermalen nur ganz spärliche Mittheilungen vor, doch ist zu hoffen, dass wir auch über dieses Gebiet in Bälde einige neue Aufklärungen erhalten werden. So viel steht fest, dass hier von Rusčuk Donau abwärts Schichten der oberen Jura, „die Diceraten-Kalke“ eine weit ausgedehnte Tafel bilden, die sich bei Rasova, Černavoda und Hirsova und auch an den Rändern des Schwarzen Meeres am Cap Midia verfolgen lässt und gleichfalls ungestörte Kreideschichten trägt, die dem Inoceramenhorizont der Kreide von Šumen und Provadija entsprechen dürfte. Peters führt wenigstens aus der Kreide vom Kanara-See (Küstendže NW.) Fossilien an, die sie sich sowohl bei Šumla, als auch weiter in Westen am Vid gefunden haben. Darüber aber liegen wieder an vielen Orten sarmatische Ablagerungen ganz ähnlich, wie sie auch in West- und Mittel-Nordbulgarien zu oberst auftreten. Dagegen zeigt sich in der nördlich von der angegebenen Tafel auftretenden Gebirgsinsel, die sich von Mačin nach SO. bis ans Schwarze Meer erstreckt, ein älteres Grundgebirge, das einige im Vergleich mit Bulgarien fremdartige Züge aufweist.

Am weitesten verbreitet sind hier mächtige Grünschiefer, die mit Diabasen verbunden sind, Schichten, die südlich vom Babadag auftreten und mich an die grünen Schiefer mit Ausbruchgesteinen erinnern, die ich selbst im Iskerdurchbruche und im Berkovica-Balkan angetroffen habe. Darunter liegen dann im südlichen Theile des Gebirges bei Mačin Thonschiefer mit Quarzschiefer, Gesteinsvorkommnisse, die sowohl an westbalkanische als auch an die Verhältnisse im Karadža-Dag erinnern können.

An diese alten Gesteine im Gebirge von Mačin sind im Osten Schiefer, Sandsteine und dunkle Kalke der Trias angelagert, die von Quarzporphyr und Melaphyr durchsetzt werden und auch mit den westbalkanischen Vorkommnissen verglichen werden könnten, mit Ausnahme des Vorkommens von alpinen Aequivalenten sich anschliessenden weissen oder lichtroth farbigen Kalksteinbreccien, die besonders in den östlichen Felsinselchen, südlich von Tulča, häufig werden und mit Mergelschiefern zusammen vorkommen, die an die alpinen Wengenerschiefer erinnern, Horizonte, die bis nun aus dem Balkan nicht, wohl aber aus Bosnien-Hezegovina bekannt geworden sind. Der Lias und Jura finden sich spärlich an wenigen Fundpunkten und alle diese genannten älteren Bildungen, von den ältesten bis zum mittleren Jura, sind gestört, aufgerichtet, ja selbst in Falten gelegt, während der obere Jura (die Diceratenkalke) und die Kreideauflagerung, welche auch über das ältere Grundgebirge in der ausgedehnten Masse des Babadag hinübergreift, in horizontaler Lagerung vorliegt, ganz ähnlich so wie im nordbulgarischen Vorlande.

Die Parallelen der Ablagerungen in den einzelnen in Vergleich gebrachten Gebieten, in welchen Sedimentformationen die Hauptrolle spielen, werden sich durch Nebeneinanderstellung in einer Tabelle viel besser überblicken lassen.

| Banater-Gebirge | Gebiet zw. Morava und Timok-Nišáva (Ost-Serbien Süd) | Westbalkan<br>und das |
|---|---|---|
| Alluvium | Alluvium | Alluvium |
| Löss | Terrassendiluvium | Löss- und Terrassendiluvium |
| Congerienschichten | Quarz-Sand und Schotter (local)<br>Braunkohlenbecken | — |
| Sarmatische Stufe<br>Mediterrane Stufe | (Trachyte) | Sarmatische Stufe<br>— |
| (Andesite) | (Andesite) | — |
| Apt. Schichten von Svinica<br>Orbitolinensandstein und Caprotinen-Kalke<br>Rossfelderschichten | Obere Gosau-Schichten<br>Ananchyten Kreide<br>Inoceramen Kreide<br>Dunkle Plattenkalke und Orbitolinen-Korallen Mergel<br>Caprotinenschichten<br>Exogyra-Couloni-Schichten (nur ganz im Südosten) | Ananchyten- u. Inoceramen Kreide<br>Karpathensandstein<br>Orbitolinen-Schichten<br>Caprotinen-Kalke und Bryozoen-Mergel<br>Hauterive Stufe (Neocom) von Kutlovica |
| Weisse Kalke (Ostr. macroptera und Pentacriniten) | Korallen Nerineen-Kalk | Nerineen, Pentacriniten-Schichten |
| Malm<br>Klausschichten<br>Oberer Lias<br>Mittlerer Lias<br>Unterer Lias | Oberer Malm-Sandstein von Trn<br>Dogger<br>Lias-Dogger | Oberer Malm von Vrbova<br>Oberer Malm von Etropol<br>Dogger (Unteroolith)<br>Oberer Lias und Mittlerer Lias |
| ?<br>?<br>Rothe Sandsteine und Conglomerate | Wellenkalk<br>Rothe Sandsteine u. Conglomerate | Dolomitischer Kalk mit Crinoiden<br>Wellenkalk<br>Rothe und weisse Sandsteine und Conglomerate |

| Centralbalkan | Ostbalkan | Dobrudža |
|---|---|---|
| nördliche Vorland | | |
| Alluvium | Alluvium | Alluvium |
| Löss im Vorland<br>Beckenausfüllung im Gebirge | Löss und Terrassendiluvium<br>Beckenausfüllung im Gebirge | Löss (Localschotter) |
| (Basaltdurchbrüche im Vorlande und bei Kazanlyk) | Belvedere-Schotter (local bei Lidža) | Congerien Schichten (?) |
| Sarmatische Stufe<br>Mediterraner Tegel und Korallenkalk bei Pleven | Sarm. Stufe bei Varna<br>Spaniodon Sch. bei Varna<br>Mariner Kalk bei Varna<br>Mariner sand. Mergel bei Varna | Sarmatische Stufe |
| Eocän bei Trnovo | Eocän im Balkan<br>Eocän bei Varna<br>Eocäner Flysch (Eruptive Tuffe mit Nummuliten im Süden) | — |
| Senon } horizontal im Vor-<br>Turon } land<br>Inoceramen-Galeriten Kreide<br>Mergelschiefer im Balkan<br>Karpathensandstein<br>Kalksandstein von Svištov<br>Orbitolinen-Schichten im Vorland<br>Caprotinen-Kalk<br>Hauterive Schichten von Jablanica | Senon (Ostr. vesicularis)<br>Inoceramen-Kreide mit eruptivem Material (Aitos)<br>Karpathensandstein<br>Cenoman von Madara bei Šumla<br>Orbitolinen-Schichten von Kotel<br>Korallen-Parkerien Mergel (Kotel)<br>Barrême Sch. (Rasgrad)<br>Hauterive Sch. (Eski Džuma) | Feuerstein und Bakuliten-Kreide<br>Inoceramen-Kreide<br>Karpathensandstein |
| (Tithon im Trojan-Balkan) | — | Stramberger Kalk |
| Oberer Malm von Gložan<br>Oberer Lias und Mittlerer Lias | Lias-Dogger | Pteroceras-Schichten<br>Planulaten-Kalk<br>Dogger (mit Klippenkalk)<br>—<br>Mittlerer Lias<br>(Melaphyr) |
| Gyroporellenkalk<br>Dolomitischer Kalk (mit Crinoiden)<br>Myophorienkalk (Wellenkalk)<br>Sandsteine u. Conglomerate | Dolomitischer Kalk (nur im äussersten W.)<br>(Quarzporphyr) (Sliven) | Halobienschiefer<br>Muschelkalk<br>(Quarzporphyr)<br>„Gutensteiner Kalk"<br>Sandsteine |

| Banater-Gebirge | Gebiet zw. Morava und Timok-Nisäva (Ost-Serbien Süd) | Westbalkan<br>und das |
|---|---|---|
| Walchien Sandstein | Verrucano (Quarz-Conglomerate) | Walchien-Sandstein (bei Belogradčik) |
| Farnen-Zone<br>Sandstein und Schiefer<br>Chloritschiefer<br>Glimmerschiefer<br>Gneiss | Paläozoische Schiefer<br>Phyllite<br>Phyllit-Gneiss<br>Glimmerschiefer<br>Amphibolgneiss<br>(Granit, Syenit, Diorit, Diabas) | Ober-Carbon (Farnen-Zone)<br>Mittel-Carbon (Culm-Schicht)<br>Paläozoische Schiefer und Quarzit<br>Grünschiefer<br>Phyllite<br>Glimmerschiefer und Gneiss (im SO.)<br>(Granit, Syenit etc.) |

Auf Grundlage der im Vorhergehenden gegebenen Darstellung der Verhältnisse lässt sich die geologische Entwicklungsgeschichte Bulgariens etwa folgendermassen skizziren:

Ein grosses, im Westen und Osten bis an die Donau reichendes und weit über Bulgarien hinausgreifendes, uraltes Festland brach sehr ungleichmässig zusammen, so dass die aneinander gepressten Schollen im Süden ein zusammenhängendes Schollengebirge bildeten, das aller Wahrscheinlichkeit nach bis in die ältere Tertiärzeit über dem Niveau des Meeres verblieb, also auch von der so weitgehenden Transgression des Meeres der oberen Kreide nicht mitbetroffen wurde. Die nördlichen Schollen brachen in ungleichem Masse in die Tiefe, so dass auf grosse Strecken hin davon heute nichts mehr zu Tage tritt und sie unter jüngeren Sedimenten verborgen liegen. Die Störungen, vornehmlich Senkungen der Schollen, haben bis in die geologisch neueren Zeitabschnitte fortgedauert (Thermenlinien, junge Ausbruchsgesteine).

Während der jüngeren paläozoischen Aera und bis zum Beginn der Trias haben wir im ganzen Bereiche nur Ablagerungen terrestrischen Ursprunges. Ein Anzeichen des Vorkommens paläozoischer Meeresablagerungen fehlt im Osten der Halbinsel vollkommen, mit einziger Ausnahme des ausser unserem Bereiche liegenden Devon am Bosporus. Im Westen der Halbinsel, aus Bosnien-Herzegovina, sind dagegen jung paläozoische Meeresgebilde bekannt geworden. Am Schluss der paläozoischen Aera erscheinen die Porphyre des Sliven-Balkan durchgebrochen zu sein.

Während der Trias trat ein erster Meereseinbruch ein. Seichtwasserablagerungen, jenen der ostalpinen unteren Trias und dem ausseralpinen Wellenkalke sehr ähnlich, finden sich mit Ausnahme des Ostbalkan, wo die tektonischen Vorgänge der Stauchung des Gebirges am wenigsten ausgiebig wirkten, so dass die älteren Ablagerungen fast vollständig verborgen

| Centralbalkan | Ostbalkan | Dobrudža |
|---|---|---|
| nördliche Vorland | | |
| — | — | — |
| | | Grünschiefer (m. Grünstein)<br>Paläozoischer Schiefer und Quarzite |
| Krystallinische Schiefer<br><br>Gneis und Granitgneis<br>Granit, Syenit, Diorit in Stöcken und Gängen | Krystallinische Gesteine nur im westl. Th. anstehend | Phyllite, Glimmerschiefer (jüngere Granite)<br>Gneis (Granit) |

in den Tiefen verblieben. Die Trias-Meerbedeckung währte nicht allzulange, am längsten im centralen Balkan und in der Dobrudža. Dann fehlen wieder marine Ablagerungen. Das Meer brach erst während der Lias-Periode wieder herein.

Die ältesten Anzeichen liegen im Banate vor, wo eine Seichtwasser-Strandfacies sogar Kohlenbildung ermöglichte.

Auch das Jurameer hat nicht continuirlich angedauert; wir kennen bis nun nur einige der Stufen des Dogger und Malm, die am meisten im Westbalkan und in der Dobrudža, am wenigsten wieder im Ostbalkan entwickelt sind. Die Südgrenze des Jura wird im allgemeinen durch die krystallinischen Gesteine des Balkansüdrandes gebildet und scheint im allgemeinen ähnliche, aber doch kleinere Räume wie die vorausgehende Triasformation eingenommen zu haben. Trias- und Jurabildungen sind übrigens in hohem Grade gestört; sie erscheinen ja bis in die Kammhöhe des Gebirges in Folge der gebirgsbildenden Vorgänge hinaufgerückt und sind durch transversale Störungslinien vielfach zerstückt und wohl auch wie an Blattbrüchen verschoben. Korallen und Nerineenkalke, die Aequivalente des Tithon vorstellen mögen, erscheinen als jüngstes Glied des Jura, konnten jedoch sowie auch der Malm im Ostbalkan noch nicht nachgewiesen werden.

Eine weitgehende Transgression bezeichnet der Eintritt der Kreide, aus deren Gebiet ja vielfach die älteren Bildungen hervortauchen in einer Weise, so dass man z. B. an die Klippenbildungen der Karpathen erinnert wird.

Gross ist dabei die Mannigfaltigkeit der Kreideablagerungen, welche nur zum Theile durch Aenderungen im Verlaufe der Zeit, zum Theile aber auch auf gleichzeitig herrschende facielle Unterschiede zurückzuführen sind. Am grössten ist die Aehnlichkeit der untercretacischen Bildungen. Im ganzen Bereiche des nördlichen Balkangebietes finden sich nämlich die Tiefseeablagerungen des Neocom (die Hauterive-Stufe), welche nur im westlichen, nach Ostserbien hinüberziehenden Gebirge und in der Dobrudža bis jetzt nicht nachgewiesen werden konnten, während aus dem Banatergebirge die äquivalenten „Rossfelderschichten“ angegeben wurden. Ob die untere Kreide, das Neocom, auch auf das Gebiet südlich vom heutigen Balkankamme hinübergereicht habe, ist sehr fraglich; die als Neocom am Balkansüdrande und in der Sredna Gora angegebenen Kreidebildungen sind ihrem Alter nach wenig sicher bestimmt und nur das Vorkommen höherer oder besser jüngerer Bildungen ist wirklich constatirt (Inoceramen-Kreide). Der Horizont der Caprotinenkalke reicht, wie es scheint, nicht in den Ostbalkan und fehlt auch in der Dobrudža und im Banater Gebirge. Orbitolinen-Schichten finden sich aus dem Banater Gebirge bis in den Ostbalkan bei Kotel. Diese östlichsten scheinen aber dem höheren cenomanen Orbitolinen-Horizont zu entsprechen. Die mittlere Kreide ist, mit Ausnahme des Banatergebirges, im ganzen im Vergleich gebrachten Gebiete durch Sandsteine vom Charakter der Karpathen-Sandsteine repräsentirt, welche local vom Cenoman bis in das Turon reichen mögen. In dieser Zeit scheinen im Süden und Osten die Ausbrüche basischer Gesteine begonnen zu haben (Tuffe mit Inoceramen bei Aitos und in der östlichen Sredna Gora). Die Inoceramenkreide turonen Alters ist weit verbreitet und reicht aus dem nördlichen Tafellande bis in den gefalteten Balkan. Obere Kreide (Senon) findet sich in unserem ganzen Gebiete, während sie im Banate fehlt. Die eigenartige Entwicklung der Kreide mit den Charakteren der oberen brackischen Gosauformation kennt man bis nun nur aus dem äussersten Westen. Wesentlich anders wird es während der Eocänzeit. In dieser Zeit erfolgen neuerliche Ausbrüche andesitischer Gesteine im Osten und Westen, das Meer aber ist auf den östlichen und auf Theile des centralen Balkan beschränkt, wo in Sandsteinen vom Charakter der Flyschsandsteine Einlagerungen von muschelreichen Schichten (Ronca-Schichten) und von Nummuliten führenden Sandsteinen nachgewiesen werden konnten.

Von ganz abweichender Facies sind die Nummuliten-Alveolinen-Schichten in der Gegend von Varna (Aladin). Im Westen fehlt bis nun jedes Anzeichen davon, dagegen bezeichnet dieses Zeitalter eine auffallende und weit ausgedehnte Transgression im Süden, im Gebiete des alten Festlandes, wo sich ebenso wie im centralen Balkan Kohlenlager bilden konnten.

Während diese im Centralbalkan (mit Cyrenen führenden Gesteinen verbunden) grossen nachherigen Störungen ausgesetzt wurden, die so weit gingen, dass die verhältnissmässig so jungen Kohlen dass Aussehen und die Eigenschaften von Schwarzkohlen annehmen konnten, liegen die Eocän-Ablagerungen im Süden, wenigstens zum Theile, fast horizontal, oder sind nur einfach aufgerichtet. Es ist somit klar, das die gebirgsbildenden Vorgänge noch nach der Ablagerung der Eocänbildungen im grösseren Masse thätig waren, dass dieselben jedoch im Balkan weiter gehende tektonische Veränderungen im Gefolge hatten als im Süden, wo übrigens ausgedehnte Trachytdurchbrüche gleichalterig sind.

Von welcher Seite her die dabei thätigen Kräfte auch gewirkt haben mögen, die Zone des Balkan, die mittlere Zone unseres ganzen Gebietes, wurde am meisten deformirt, zusammengeschoben und in Folge dessen emporgerückt, die weiten Tafelmassen, diejenigen des Nordens und die alten krystallinischen Schollen des Südens wurden nur in geringerer Masse und zwar hauptsächlich im verticalen Sinne verschoben. Festzuhalten ist dabei die Thatsache, dass man im nördlichen Vorlande Nummulitenschichten bis nun wenigstens nicht kennt, wohl aber im Süden. Der Norden wurde vom Eocänmeere nicht überfluthet, wohl aber der Süden weithin und von Osten her bis tief in das Balkangebiet hinein.

Anders in der nächsten Periode: das Isterbecken wird weithin überfluthet vom miocänen Meere, im Süden und Osten aber dringt das Meer der Mediterranen und der Sarmatischen Epoche nur buchtartig von Osten her ins Land. Es lässt sich daraus schliessen, dass zuerst im Süden das Uebergreifen des Meeres möglich geworden und dann im Norden. Dass in Norden in junger Zeit noch Störungen stattgefunden, dafür zeugt die merkwürdige Basaltkegelreihe südlich von Svištov. Es waren aber Störungen, die sich local bis quer durch den Balkan erstreckt haben mögen, wie die Basaltvorkommen bei Gjusovo-Kazanlyk andeuten. In dieselbe Zeit wird wohl auch die Entstehung der westöstlich verlaufenden Thermenlinie im Süden, und der Thermen- und Ausbruchslinie von SO. nach NW. im Moravagebiete zu verlegen sein oder doch ein letzter Act ihrer Entstehung. Auf die Vergleiche mit den weiter im Osten gelegenen Gebieten soll hier noch nicht eingegangen werden, wenngleich bei den Anklängen der Verhältnisse des Miocän in Ostbulgarien an jene in der Krim weiter ausgreifende Vergleichungen nahe liegen, Vergleiche, die geeignet scheinen, auf einzelne Phasen der Vorgeschichte des heutigen Pontus neues Licht zu werfen.

## 7. Die Vegetation.

Wälder und Waldbäume. Botanische Forschungen. Charakteristik der bulgarischen Flora von Dr. Velenovský.

Viele Reisende unserer Tage beklagen die baumlose Oede, welche sie bei einer raschen Wanderung durch die Landschaften Bulgariens überrascht hat. Dieselbe beschränkt sich aber nur auf die grossen Ebenen, die Thalsohlen gewisser Bergkessel und besonders, wie in allen jetzt oder ehemals türkischen Provinzen, auf die Umgebung der grossen Städte. Es ist auch der Mangel an Strassenalleen und isolirten Bäumen, der diesen traurigen Eindruck hervorruft. Abseits von den Hauptstrassen gelangt man jedoch bald in ausgedehnte niedrige Buschwälder, ja in abgelegenen Gebirgsthälern kann man sich sogar an den herrlichsten hochstämmigen Urwäldern erfreuen, die Süd-Europa aufzuweisen hat. Die Vertheilung dieses bewaldeten Bodens ist auf der neuen russischen Karte überall genau mit Farbendruck angegeben.

Das Gesammtareal der Wälder wird officiell, allerdings mit Einschluss der niedrigen Buschwälder, auf ungefähr 4½ Mill. Hektare angegeben (28,730.000 bulg. Uvrat).[1])

Im Mittelalter waren die Wälder ohne Zweifel viel grösser. Berühmt war die riesige Silva Bulgariae, welche die Kreuzfahrer auf dem Wege von der Donau zum Trajansthor durchzogen.[2]) Doch schon Ritter Dernschwam fand in der Hälfte des 16. Jahrhunderts die Berge zwischen Sofia und Pirot so kahl und die ganze dortige Gegend so holzarm, wie wir sie heute sehen.[3]) Am Anfang unseres Jahrhunderts haben die Türken bei der Verfolgung der Räuberheere der Kyrdžali's künstliche Waldbrände angelegt und dadurch das Land nicht wenig verwüstet. Grossen Waldschaden verursachen, wie in anderen Ländern der Halbinsel, die planlosen Verwüstungen beim Holzfällen, die zahlreichen dem Nachwuchs so schädlichen Ziegenheerden und die von den Wanderhirten zur Gewinnung einer besseren Weide im Herbst angelegten Grasbrände.

Holzarm und fast waldlos sind die Donaulandschaften bei Vidin, Lompalanka, Rachovo und Svištov, die Steppe der Dobrudža, die Ebenen Thrakiens und endlich ein breiter Strich, der sich vom Rilagebirge nordwärts bis gegen Pirot erstreckt und die Becken von Dupnica, Radomir, Sofia und Breznik nebst manchen angrenzenden Höhen (z. B. der Lilin Planina) umfasst. Da gibt es Landschaften, wo man Ziegel auf Strohfeuer brennt, an der Donau bei Vidin ebensogut wie z. B. bei Slivnica.

In den Ebenen sind an den Flüssen auch Auen und Sumpfwälder vorhanden. Die grössten, aus Weiden (bulg. vrba), Erlen (elchá) und Pappeln (topóla) bestehend, gibt es natürlich an der Donau, sie gehören aber mit den Inseln und Sümpfen meist Rumänien, da sich das die Grenze bildende Fahrwasser in der Regel an das hohe bulgarische Ufer anschliesst. Auen gibt es auch an der Marica, an der unteren Tundža und im Mündungsgebiet der Kamčija.

Das Hügelland, z. B. im Kreis von Stara Zagora, im Deliorman u. s. w. und einen grossen Theil der Berglehnen bedeckt niedriger Buschwald, der auch stellenweise in den Ebenen als Gegenstück der italienischen und spanischen Macchien (Maquis) vorkommt. Die Bulgaren haben zur Bezeichnung desselben eigene Ausdrücke: šumalák, gъstalák, chrastalák, baltalák im Gegensatz zur gorá, dem Hochwald.[4]) Den grössten Theil bilden niedrige Eichen, vermischt mit Sumach (Rhus) und Stechdorn (Paliurus australis Gaertn., bulg. draká, türk. karačalý), welcher als gelblühendes, oft mannshohes Buschgewächs von den warmen Niederungen bei Burgas und Stara Zagora bis nach Trnovo, Varna, Razgrad und von Makedonien bis in die Gebirgsbecken von Dupnica und Küstendil hineinreicht. Höchst erstaunt war ich in

1) Ueber die Forstwirthschaft siehe III. Cap. 10.

2) Vgl. meine Heerstrasse von Belgrad nach Constantinopel 86.

3) H. Kiepert, Hans Dernschwam's orientalische Reise, S. A. aus dem Globus Bd. LII., Braunschweig 1887 S. 18.

4) Zur Form vgl. krušák Birnhain, orešák Nusshain, lъgák, šumák Hain (Iliev, Volkslieder 1, 35).

Bulgarien überall auch den Flieder (Syringa vulgaris, bulg. liljak oder lilek) als wildwachsendes, im Frühjahr blau blühendes Gesträuch anzutreffen. Die Bulgaren behaupten, der Strauch wachse besonders auf Burgruinen. Dass er nur aus alten Gartenculturen verwildert sei, ist aber zweifelhaft; ich sah ihn auch ausser den Burgfelsen oft genug an sonnigen Lehnen zu beiden Seiten der ganzen Balkankette und darüber hinaus bis nach Trn. Der „Fliederwald“ (gora liljakova, ljulekova) wird in den bulgarischen Volksliedern oft besungen.

Der typische Baum des thrakischen Landschaftsbildes ist die Wallnuss (Juglans regia, bulg. orjách), die in vereinzelten prächtigen Exemplaren mit schattigen runden Kronen die Monotonie der Ebenen, besonders am Fuss der Gebirge, angenehm unterbricht und auch nördlich vom Balkan nicht selten ist.[1]) In den Thälern zwischen Balkan und Sredna Gora, besonders bei Kazanlyk und Sliven, vereinigen sich alte Nussbäume, Ulmen (bulg. brjast, brest) und Eichen zu anmuthigen inselartigen Hainen (bulg. korija vom türk. kurú Hain). In denen bei Kazanlyk finden sich auch Kastanienbäume (Castanea vesca, bulg. késten), aber ausserhalb dieser geschützten Landschaft sah ich sie nur selten in Gärten (z. B. in Karlovo); das Klima z. B. von Küstendil verträgt der Baum nicht. Erst im wärmeren Makedonien bildet er besonders am Südfuss der Šar grosse, von Grisebach beschriebene Waldungen.[2])

Ueberraschend ist in den Niederungen und auf den Berglehnen die Ueppigkeit der Hecken längs der Feldwege, oft in sonst baumarmen Gegenden. Die üppigsten sah ich auf der Nordseite der Rhodope bei Bracigovo: Hartriegel (Cornus mas), dessen grosse Früchte allgemein gegessen werden, Haselnüsse (Corylus avellana), kleinblättrige Ahorne (Acer tataricum), Hagedorn (Crataegus), Sumach (Rhus), Hollunder (Sambucus), Schlehdorn und wilde Rosen, alles umrankt von Himbeeren (bulg. malina) und Brombeeren (kapína), wilden Weinreben, Waldreben (Clematis, bulg. pávoj) und Winden (Convolvulus), darunter die rothen Fruchtkolben des Arum maculatum und allerhand blühende kleine Pflanzen. Dieselben Arten findet man auch anderswo am Waldesrand, oft in Gesellschaft von kleinen Bäumchen wilder Birnen (bulg. kiselica) und Pflaumen (sliva).

Hochwald gibt es ausser dem Deliorman nur im Gebirge. Im Balkan liegen die schönsten Wälder auf der Nordseite; ihre wildesten Partien sind im Balkan von Teteven und zwischen Kotel und dem Meer. Echte niedrige Waldgebirge sind die Strandža und die westliche Sredna Gora. Bedeutende

---

1) Dem Fällen dieser Nussbäume von griechischen Unternehmern zum Export nach Marseille musste durch strenge Regierungsverbote Einhalt gethan werden.

2) Bei dieser Gelegenheit ist zur Warnung künftiger Reisender die landläufige Geschichte von einem „Kastanienwald“ bei den Ruinen von Preslav zu erwähnen. Ich habe ihn 1884 aufgesucht: im Walde bei den Mühlen im Engpass der Tiča stehen einige etwa 15jährige Exemplare des Aesculus hippocastanum! Jemand hat sie als Rarität mitgebracht und angepflanzt. Der Baum ist sonst, wie die Mehrzahl unserer Gartenbäume, in Bulgarien unbekannt; selbst Robinia und Ailanthus sind noch selten.

Waldungen gibt es auch am Ruj an der serbischen Grenze. Die grossartigsten Urwälder besitzen aber die Rila und die Rhodope.

Von den Waldbäumen ist überall am stärksten vertreten die Eiche (dąb), in verschiedenen Arten (auch Quercus cerris, bulg. cer), oft gemischt mit Hainbuchen und Eschen (Fraxinus ornus, bulg. jäsen, ósen). Immergrüne Eichen gibt es nicht. Dieselben kommen erst auf der Aegaeischen Küste vor, wo an der Maricamündung auch die Valloneneiche (Quercus vallonea Kotschy) auftritt, deren Früchte und Galläpfel in grosser Menge als Gerbstoff ausgeführt werden; man nennt sie bulgarisch palamúda, was, wie das ital. vallonea aus dem griech. βαλάνια, βαλανίδια Eicheln gebildet ist. Stark verbreitet sind Waldungen der Hainbuche (bulg. gáber, Carpinus Betulus), oberhalb der Eichenzone an allen Vorbergen des Balkan, der Rhodope, am Trajanstbor u. s. w. Die Buche (buk, Fagus sylvatica) bildet prachtvolle Wälder in der centralen Sredna Gora, im Balkan von Berkovica, Loveč und Trnovo, in den Bergen bei Trn, am Osogov, auf der Rila und in der Rhodope, besonders auf der Südseite derselben. Einen schönen Anblick gewähren die in horizontalen Streifen in Buchen- und Hainbuchenwäldern zersprengten, bei jedem Windeshauch die glänzende untere Seite der Blätter hervorkehrenden Silberlinden (Tilia argentea), auf der Rila, im Balkan von Kalofer, Sliven, Preslav u. s. w.

Die Birke (Betula alba, bulg. breza) fehlt in den Gebirgen Bulgariens ebensowenig wie im Kaukasus oder auf der Aetna; zerstreut trifft man sie auf der Rila, Vitoša, Rhodope und im Balkan, wo sie auch kleine Haine bildet.[1])

Koniferen sind im Balkan selten, nur auf die Umgebung der höchsten Gipfel beschränkt. Auf der Strandža, Sredna Gora, Vitoša, Osogov u. s. w. fehlen sie ganz. Dafür gibt es geschlossene Nadelwälder auf der Rila und besonders im westlichen Theil der Rhodope. Neben unseren Kiefern (Pinus silvestris, bulg. bor, bjala borika, belobórka), Tannen (elá) und Fichten oder Rothtannen (Picea excelsa Link, dazu var. Balcanica Velenovský auf der Vitoša, nach Georgiev auch auf der Rhodope) wächst hier die Schwarzföhre (Pinus Laricio, černa borika) und in den höchsten Lagen die auch auf dem Perin, dem Peristeri in Makedonien und dem Kom in Montenegro vorkommende Pinus Peuce Gris. (bulg. múra). Dabei fehlen die verschiedensten Arten des Wachholders (Juniperus, bulg. ardıč, smrika) in keiner Gegend auch der niedrigen Lagen. Die südeuropäische Ephedra wächst nur am Strand bei Sozopolis und Varna.

---

1) Pančić im Glasnik 53, 221. Georgiev S. 241. Einige bulgarische Schriftsteller, in der Botanik wenig bewandert, verwechseln breza (Betula) mit brest (Ulmus), was Krek in der trefflichen „Einleitung in die slav. Literaturgesch." (2. Aufl. 1887 S. 180) auf die irrige Meinung brachte, die Birke sei den Bulgaren ganz unbekannt. Von der Verbreitung des Baumes zeugen auch Ortsnamen: Dorf Brezje (Okolija Iskrec) und Brezov Dol (bei Ogoja), Bach Brjazova Reka im Quellgebiet des Weissen Vid, Höfe Brezovica bei Poibrene und Brezovo bei Elena, Stadt Breznik u. s. w.

Die Pflanzenregionen kennen wir am besten aus der Umgebung des Klosters Rila. In der Region der Laubhölzer folgen auf die Eichenwälder zunächst mit Linden gemischte Hainbuchen, sodann Buchen mit zersprengten Espen (Populus tremula, jasika, osika). Ungefähr 1000 *m* hoch beginnen Nadelhölzer, bis 1300 *m* noch gemischt mit Buchen und Espen. Die obere Baumgrenze liegt bei 2000 *m*; weiter hinauf betritt man Alpentriften mit schlüpfrigem Gras und Juniperusbüschen. Auf der Nordseite der Rhodope reichen, nach Dr. Dingler, die Eichen etwa bis 700 *m*, die Rothbuchen bis 1300 *m*, manchmal mit Nadelholz vermischt auch etwas höher, aber stellenweise überwiegt der Nadelwald schon bei 1100 *m*; die obere Baumgrenze liegt dort ungefähr in 1900 *m* Seehöhe.[1]) Im Balkan von Kotel fand ich die Grenze zwischen Eichen und Buchen bei 880 *m*; auf dem Südabhang der Kette z. B. bei Kalofer liegt die Baumgrenze auffallend tief, wohl wegen der Steilheit des Gebirges.

Das wissenschaftliche Studium der bulgarischen Flora ist noch in den Anfängen. Boué's Begleiter auf der ersten Reise 1836, der mährische Botaniker Em. von Friedrichsthal, betrat nirgends den Boden des jetzigen Fürstenthums, ebenso Grisebach, der 1839 das südliche Thrakien, Makedonien und Albanien botanisch durchforschte.[2]) Die Flora des Balkan- und Rhodopegebietes untersuchte zuerst 1871 Victor Janka, damals Custos im ungarischen Nationalmuseum.[3]) Nach der Errichtung des Fürstenthums unternahm der Belgrader greise Professor Pančić 1882 und 1883 zwei botanische Touren durch West-Bulgarien bis auf die Höhen der Rila und veröffentliche alsbald deren Ergebnisse.[4]) Seit 1885 nahm Dr. Velenovský in Prag die botanische Erforschung des Landes in Angriff, sammelte auf drei Reisen an 3000 Arten und veröffentlichte darüber einige Abhandlungen, als Vorbereitung zu einer systematischen Flora Bulgariens.[5]) Die einheimische botanische Literatur eröffnen eine Abhandlung von Javašov und eine Studie über die Flora Thrakiens von Stephan Georgiev.[6]) Die botanischen Schulbücher

1) Dr. H. Dingler, Das Rhodopegebirge in der Europ. Türkei und seine Vegetation Zeitschrift des Alpenvereins 1877, 195—223.

2) Die Ergebnisse der älteren Forschungen (Boué, Friedrichsthal, Frivaldsky, Grisebach) sind aufgenommen bei E. Boissier, Flora orientalis, Genevae et Basileae 1871—1882.

3) Ein kurzer Bericht über die viermonatliche Reise Janka's in den Mitth. der Wiener geogr. Gesellschaft 1872, 289 f.

4) MDr. Jos. Pančić, von Geburt (1814) ein Kroate aus Bribir im Küstenland, um die naturwissenschaftliche Erforschung Serbiens und der angrenzenden Gebiete hochverdient und von allen, die ihn kannten, hochgeschätzt, starb in Belgrad 1888 als Präsident der serb. Akademie der Wissenschaften. — Elementa ad floram principatus Bulgariae, Belgrad 1883, 8°, 71 S. (aus dem „Glasnik", Bd. 53) und Nova elementa etc. 1884, 43 S.

5) Velenovský, Beiträge zur Kenntniss der bulg. Flora, Prag 1886. Neue Beitr. zur Kenntniss der Flora von Ost-Rumelien und Bulgarien, Prag 1887 (in den Schriften der kgl. böhm. Gesellsch. der Wiss.). Resultate der zweiten botanischen Reise nach Bulgarien (ebend. 1888). Plantae novae bulgaricae (ebend.) u. s. w.

6) Javašov (Verarbeitung der Abh. von Velenovský) in Per. Spisanie. Heft 21 f. St. Georgiev, Materialien zur Flora von Süd-Bulgarien (Thrakien), Sbornik des Unterrichtsministeriums I., 191—254.

der Bulgaren, meist eilfertige Uebersetzungen, sind der einheimischen Flora noch nicht angepasst.

Herr Dr. Velenovský hatte die freundschaftliche Güte mir eine gedrängte Uebersicht der bulgarischen Flora niederzuschreiben, die ich mit bestem Dank hier mittheile:

„Bei einer allgemeinen Uebersicht der Flora Bulgariens ist der Hauptunterschied zwischen der Flora der Ebenen und niedrigen Lagen und derjenigen der Hochgebirge zu machen. Die Flora der Niederungen wird wieder durch die lange Balkankette in zwei vollkommen verschiedene Gebiete eingetheilt, ein nördliches und ein südliches.

Die Vegetation der Landschaften nördlich vom Balkan, von Varna und Silistria bis Vidin, hat im Ganzen den Steppencharakter. Es ist die Fortsetzung der Flora der rumänischen Dobrudža, ein Vegetationscharakter, der sich längs der Donau bis nach dem Banat und nach Slavonien erstreckt. Ausgedehnte Graswiesen, hie und da auch mit feuchten Stellen, wechseln ab mit trockenen, von Strauchwerk bewachsenen Hügeln. Im fetten, lehmigen, oft schwarzen Boden, der sich meist vorzüglich zur Landwirthschaft eignet, gedeiht in den Frühjahrsmonaten eine Menge Zwiebel- und Knollenpflanzen (Ornithogalum, Crocus, Muscari, Orchideen, Iris). Im heissen Sommer spriesst hohes Gras empor, stellenweise aus ganzen Colonien einer Art zusammengesetzt (z. B. Artemisia in der Nähe des Meeres). Stattliche Umbelliferen, unzählige Silenen und Nelken (Dianthus) und eine reiche Auswahl Papilionaceen (Astragalus, Onobrychis, Lathyrus, Vicia u. s. w.) nebst den Grasarten (Andropogon, Festuca, Erianthus) unterscheiden dieses Bild von unseren gewohnten saftigen und feuchten Wiesen. Diese grasige Steppe übergeht oft in niedriges Gesträuch mit den charakteristischen Hauptarten: Paliurus, Quercus pubescens, Rhamnus cathartica, Rhus cotinus, Prunus Mahaleb und Syringa vulgaris, die oft zusammenhängende wilde Haine bildet (Bjala, Loveč, Kutlovica). Nördlich von der Eisenbahn Rusčuk-Varna gehen wieder diese Büsche in den hohen Laubwald des Deliorman über, der zum grossen Theil noch ein fast unzugänglicher Urwald ist.

An den Gestaden des Schwarzen Meeres ändert sich diese Vegetation in bedeutendem Masse. Die buschigen Uferlehnen haben bei Burgas denselben Charakter wie bei Varna. Die denkwürdigste Pflanze dieses Gebietes ist die wilde Weinrebe (Vitis vinifera L.), welche hier mit den Schlingpflanzen Periploca graeca und Smilax excelsa in der üppigen Decorirung alter Bäume und Felsen wetteifert und im Herbst Tausende kleinbeeriger süsser Trauben bietet. Sie ist übrigens im ganzen Gebiet um das Schwarze Meer herum verbreitet und es ist schwer anzunehmen, dass sie hier ursprünglich nur verwildert war.[1]) Die ungemein reiche Flora dieses bulgarischen Küstenlandes ist

1) Ausser dem von Velenovský erwähnten Pontusgebiet fand ich die wilde Rebe (bulg. diva lozá) auch an der unteren Tundža und am Nordfuss der Rhodope. Die meist schwarzen Beeren derselben, eine Lieblingsspeise der Waldvögel, werden auch zum Färben des Weins ins Hellrothe verwendet.

eigentlich nur ein Theil der einheitlichen, besonders charakterisirten pontischen Flora. Neben den Pflanzen des ganzen oben erwähnten Gebietes weist diese Landschaft zahlreiche Elemente der Steppenflora der Krim und des südlichen Russlands auf, sowie zahlreiche transkaukasische Arten. Diese enge Küstenzone ist endlich die Gegend, in welcher auch einige Typen der mediterranen Flora auftauchen, allerdings nur in geringem Masse (z. B. Juniperus macrocarpa, Ephedra vulgaris, Arundo Pliniana, Rhus coriaria u. A.).

Die Flora der Becken von Sofia, Samokov und Küstendil entfernt sich etwas aus dem Rahmen unserer Eintheilung. Die der beiden ersten ist vermengt mit subalpinen Arten, ohne besonderen Charakter. An öden Stellen der Strassen von Sofia fand ich einige Arten, die auf den nahen Abhängen der Vitoša hoch in der subalpinen Zone vorkommen. Das Becken von Küstendil hat eine reiche, warme Vegetation, die sich mehr der makedonischen als der thrakischen nähert.

Südlich vom Balkan ist die Pflanzenwelt viel üppiger und reicher, im Charakter von der Flora des Donaugebietes weit entfernt. Die hohe Gebirgsmauer des Balkan schützt dieses gesegnete Land vor den rauhen Nordwinden und vom Osten hat die warme Luftströmung aus den Küstengebieten freien Zutritt. Der Steppencharakter hört auf und die Flora ist nur die nördliche Fortsetzung derjenigen, die man vor den Thoren der türkischen Hauptstadt und im Süden Thrakiens findet. Wir besitzen eine Reihe von Pflanzen aus der Gegend von Burgas, Sliven und Jambol, welche bisher nur aus der Umgebung von Konstantinopel bekannt waren. Diese Flora besteht theils aus einheimischen Elementen der Balkanhalbinsel, theils aus Arten, welche die ausgedehnte Flora der des nahen Kleinasiens charakterisiren. Besonders bemerkenswerth ist der Kirschlorbeer, Prunus Laurocerasus, den man auf den Abhägen des Balkan bei Kalofer vorfand und den Pančić unlängst in Serbien entdeckte; er reicht durch Thrakien, die Umgebung von Byzanz, Bithynien bis nach Persien und anderen fernen asiatischen Ländern.

Eigenartig ist die Flora der Hochgebirge, Balkan, Vitoša, Konjovska Planina, Osogov, Rila, Rhodope u. s. w. In ihrer Zusammensetzung und in der Bildung der Pflanzentypen unterscheidet sie sich zwar gar nicht von der Flora der mitteleuropäischen Gebirge, aber in den Arten ist sie ganz verschieden. Es ist eine selbständige Flora alten Ursprungs, welche gleichsam ein isolirtes östliches Gebiet in der Art der Hochgebirgsflora der Pyrenaeischen Halbinsel bildet. Neben vielen auf den Gebirgen von ganz Europa und dem grössten Theil von Mittel-Asien verbreiteten Arten gibt es hier eine stattliche Reihe anderer, die als Vikariattypen den mitteleuropäischen Arten entsprechen.[1]) Daran schliessen sich viele ganz endemische

1) So ist z. B. die Campanula alpina vertreten durch die Art C. orbelica, Primula farinosa durch P. frondosa und P. exigua, Calluna vulgaris durch Bruckenthalia spiculifolia, Linaria striata durch L. concolor, Gentiana germanica durch G. bulgarica, Jasione montana durch J. Heldreichii, Achillea Clusiana durch A. multifida, Galium vernum durch G. alpinum, Potentilla aurea durch P. chrysocraspeda u. s. w.

Gebirgspflanzen. Allerdings theilen die Gebirge Bulgariens diese Besonderheiten mit denen Makedoniens und Serbiens, deren Flora identisch ist.

Die Vegetation des Balkankammes hat viele Arten gemeinsam mit den Gebirgen Siebenbürgens. Die übrigen Bergketten sind jedoch davon mehr abweichend. Besonders bemerkenswerth ist die Erscheinung, dass auf den Gebirgen Bulgariens viele Arten vorkommen, die man nirgends in Europa, dagegen aber auf dem Kaukasus wiederfindet. Geradezu überraschend sind in dieser Beziehung z. B. Chamaemelum caucasicum, Campanula Steveni, C. Hemschinica, Doronicum macrophyllum, Hypericum repens u. A.

Die Gebirge Bulgariens, sowie der ganzen Halbinsel, sind in Europa auffällig durch den hoch entwickelten Endemismus einzelner Pflanzenarten. Das merkwürdigste Beispiel ist die an den Abhängen des Balkan bei Kalofer wachsende Haberlea Rhodopensis Friv., welche sich an die verwandte Jankaea Heldreichii Boiss. des thessalischen Olymps anschliesst. Die die dritte Verwandte ist die Ramondia pyrenaica Lam., welche in der Umgebung von Niš in Serbien (gewiss auch im Bergland von Trn) und dann wieder in den Gebirgen Spaniens vorkommt. Alle diese Pflanzen sind isolirte Typen inmitten der europäischen Vegetation, ohne Zweifel ein lebender Ueberrest der Flora der Tertiärperiode. Jetzt sind die verwandten Arten derselben (Cyrtandraceae) erst nur unter den Tropen verbreitet, zunächst in Indien.

Daran schliesst sich eine Menge endemischer Species bekannter Genera an. Dabei ist allerdings ausdrücklich zu bemerken, dass das Fürstenthum kein eigenes floristisches Gebiet bildet, sondern seine Eigenthümlichkeiten mit der gesammten Balkanhalbinsel theilt, und dass demnach manche Pflanze, die wir jetzt nur aus Bulgarien kennen, mit der Zeit noch in den unbekannten Landschaften Albaniens, Makedoniens oder des türkischen Antheils von Thrakien entdeckt werden kann.[1])

Den Charakter der Flora eines jeden Landes bezeichnen besonders die Genera, welche dort in zahlreichen, mehr oder weniger unter einander zusammenhängenden Species leben. Für Bulgarien ist charakteristisch die überaus reiche Vertretung folgender Gattungen: Centaurea, Cirsium, Linaria, Scrophularia, Verbascum (nirgends in Europa so reich vertreten), Dianthus, Silene, Trifolium, Euphorbia, Cytisus, Astragalus, Ornithogalum, Alli-

---

1) Beispiele der besonders charakteristischen endemischen Arten Bulgariens: Silene Frivaldskyana, S. macropoda, Dianthus Noëanus, Cerastium balcanicum, Acer intermedium, A. Visianii, Genista trifoliolata, Astragalus thracicus, Potentilla holosericea, Geum coccineum, Peucedanum aegopodioides, Pastinaca hirsuta, Bidens orientalis, Senecio erubescens, Cirsium armatum, C. ligulare, Centaurea tartarea, C. rumelica, Campanula orbelica, Gentiana bulgarica, Verbascum glanduligerum, V. pulchrum, V. heterophyllum, Digitalis viridiflora, Satureja coerulea, Utricularia Jankae, Primula frondosa, P. exigua, Pinus Peuce, Iris Sintenisii, I. balkana, Crocus pulchellus, C. veluchensis, Smilax excelsa, Fritillaria pontica, Mercudera sobolifera, Sesleria comosa.

um, Crocus, Iris, Thymus, die Umbelliferen, Sedum, Hypericum, Scabiosa, Ranunculus, Orchis, Ophris."

(Die Culturpflanzen siehe in dem Capitel über Volkswirthschaft, Abschnitt über Acker- und Gartenbau.)

## 8. Die Thierwelt.

Die Fauna Bulgariens ist ein unerforschtes Gebiet. Die von Boué vor einem halben Jahrhundert in dessen „Turquie d'Europe" gebotenen Daten sind heute noch durch nichts Genaueres ersetzt. Von einheimischer Seite gibt es bisher nur einen einzigen ornithologischen Versuch. Allerdings besitzt die grössere Thierwelt Bulgariens keine besonders auffälligen localen Erscheinungen, aber dies mindert nicht den Werth ihrer wissenschaftlichen Erforschung. Wir müssen uns auf einige Bemerkungen über die Haus- und Jagdthiere beschränken.

Von den Hausthieren ist an erster Stelle das Pferd zu nennen (bulg. kon). Auf der ganzen Halbinsel überwiegt eine einheimische Gebirgsrasse, kleine zottige Thiere von dunkelbrauner, selten weisser Farbe, die bei aller Unscheinbarkeit stark und ausdauernd sind und in grossen Heerden auf hochgelegenen Bergwiesen gezüchtet werden. Daneben findet man gute Pferde kleinasiatischer Rasse, von den Türken importirt, aber die einst geschätzten Deliormaner und Dobrudžaner Pferde verringern sich von Jahr zu Jahr.[1]) Seit dem letzten russischen Krieg kamen Massen von Kosakenpferden und russischen Militärpferden aus dem Kaukasus in's Land, mit denen auch die bulgarische Cavallerie beritten war; erst in letzter Zeit ersetzt man sie durch ungarische Remonten. Die Pferde dienen auf der Halbinsel nur als Reit- oder Tragthiere, weshalb auch ihre Zahl verhältnissmässig gering ist.

Der Esel (bulg. magáre) ist überall vorhanden, in den Ebenen Rumeliens sogar zahlreicher als das Pferd. Der Maulesel (katъr, mulé) ist das Hauptthier der Rhodope. Das Kameel (kamila) kam mit den Türken in diese Länder und zieht sich mit denselben wieder zurück. In der Blüthezeit des osmanischen Reiches bestanden in vielen Städten, z. B. in Philippopel jenseits der Maricabrücke, grosse Stallungen (deve-han, „Kameeleinkehrhaus") für die vielen Hundert Kameele, die bei den Feldzügen nach Ungarn die Artilleriemunition trugen. In Serbien sah man, allerdings nicht häufig, Kameelkaravanen so lange, als in Belgrad eine türkische Besatzung stand (bis 1867). Jetzt ist das Thier nur mehr auf das Vilajet von Adrianopel beschränkt. Schon in Ost-Rumelien wird eine Kameelkaravane als eine grosse Seltenheit angestaunt; ich bin einer einzigen einmal vor Burgas begegnet.

Das wichtigste Hausthier des bulgarischen Ackerbauers ist der Büffel (Bos bubalus, bulg. bivol, bivolica, das Kalb maláče, türk. mandá, ngr.

1) Diese Pferde der Dobrudža erwähnt der Bologneser Graf Marsigli in seiner Darstellung der Reitthiere der türk. Armeen: „cavalli di fattezze non gentili, ma alti di corpo, che sono in molta stima" (Stato militare dell' imperio ottomano. Amsterdam 1732 p. 41).

βούβαλος). Dieses im Norden Europa's wenig bekannte und selbst in Ungarn und Italien nicht häufige Thier ist niedriger und länger als der Ochse, mit stark zurückgebogenen Hörnern und einem feinen schwarzen oder dunkelgrauen Fell. Seine Bewegungen sind träge und langsam, aber seine Arbeitskraft übertrifft die des Ochsen, obwohl es viel Pflege erfordert, fast wie ein Pferd. Von einer angeblichen Wildheit und Reizbarkeit ist bei dem phlegmatischen Thiere keine Spur zu merken. Die Büffelmilch ist weisser und schmackhafter als die Kuhmilch, ebenso die Butter. Die Existenz des Thieres ist an ein regelmässiges Schlammbad gebunden; es muss einige Stunden täglich im Wasser stehen oder sich im Schlamme wälzen. Deshalb befinden sich in den Bauernhäusern eigene Behälter (kališta), in welchen die Büffel bequem bis auf den Kopf untertauchen können; manche Dörfer haben eigene gemeinschaftliche Tümpel dazu. Im Sommer sieht man auf den Strassen überall Büffel, die von einer dicken, gegen die Sonne und die Insecten schützenden Schlammkruste ganz überzogen sind, langsamen Schrittes schwere Wägen ziehen. Ein unentbehrliches Geräth bei jedem Büffelgespann ist auch ein hölzerner oder blecherner Schöpflöffel zum Begiessen der Thiere (kútel, čavúrka, kepčé). Auf dem Markte hat der Büffel stets einen höheren Werth als der Zugochse. In den Gebirgslandschaften ist er selten, im Kreis von Trn und im Rupčos fehlt er ganz; dagegen findet man ihn in grossen Heerden in den Ebenen an der Donau, Marica und am Pontus. Schon im Mittelalter war das aus dem fernen Oriente importirte Thier in Bulgarien, ebenso wie in Griechenland, ganz eingebürgert.[1])

Das Rind (govéda Plur.) ist klein, kleiner als das ungarische, von weisser oder schmutzig weisser Farbe, mit grossen Hörnern. Die beste Rasse gibt es im Central-Balkan, der centralen Sredna Gora und in der Rhodope, wo grosse Heerden des Handels wegen gezüchtet werden. Braunes oder gar buntes Rindvieh ist für den bulgarischen Bauer ein wahres Weltwunder, besonders die grossen Exemplare der schweizer Rasse, wie sie Fürst Alexander I. auf seinem Meierhof bei Sofia besass.

Die Schafe (ovcá), Ziegen (kozá) und Schweine (svinjá) unterscheiden sich nicht von denen der übrigen Balkanländer. Mit den wild zudringlichen Hunden (kúče) der Bauern und Hirten muss der Reisende oft unangenehme Bekanntschaft machen; die grauen Hirtenhunde sehen nicht selten wie Bastarde von Hunden mit Wölfen aus. Als Jagdmeute (zágar im Westen) dienen meist Windhunde (chŕrtka).

---

1) *Βόες ἄγριοι* in Makedonien bei Herodot 7, 126 und in der Dobrudža auf einer Inschrift, Arch. epigr. Mitth. VIII, 9 sind keine Büffel, sondern Auerochsen, von denen hier jetzt nicht einmal die Sage weiss. Die Verwechslung des afrikanischen Büffels (bubalus) mit dem Auerochsen (bison, urus) tadelt bereits Plinius nat. hist. VIII. § 38. Mittelalterliche Zeugnisse: buffles 1206 in der Gegend von Beroe (Stara Zagora) bei Villehardouin, bufale am Ende des 13. Jahrh. in Morea bei Sanudo (Hopf, chroniques gréco-romanes 117), in Epirus 1303 (Hopf, Ersch-Grubers Encycl. Bd. 86, 352). Abbildung eines bulg. Büffelwagens mit Beschreibung des Thieres bei Marsigli, Stato militare dell' imperio ottomano p. 64.

Im Geflügel sind ausser Haushühnern (kokóška) einer kleinen heimischen Abart noch Gänse (gъska), Enten (pátka, jurdéčka) und Truthühner (misirka, pújka) vertreten. Die Massen der Gänse in den Türkendörfern ersetzen, wie man behauptet, dem Muselmann das Schwein des Christen. Zur Zierde des Hofes eines reichen Mannes gehört der Pfau (bulg. paún). Ganz neu eingeführt sind die „deutschen Hühner", nämlich die Perlhühner (Numida meleagris, bulg. némska kokóška oder takáčka, nach dem Ruf „taká").

Von den Raubthieren ist das grösste der Bär (méčka). Seine Verbreitung ist bereits recht eingeschränkt; die Zeiten, wo man in der Rhodope in einem Winter 60—100 Bären erlegte, wie es Boué verzeichnet, sind vorbei.[1]) Man findet den Bären häufig in den Wäldern der Rila, der westlichen Rhodope und des Perin, sowie auf der Vitoša. Auf der Sredna Gora haust er nur mehr in den schattigen Urwäldern am Bogdan; bei Panagjurište ist er selten und im Karadža Dag lässt er sich bloss zeitweise bei Nova Mahala östlich von Derbend blicken. Auf der Balkankette trifft man ihn in den Wäldern bei Berkovica, Teteven, Šipka, Tvъrdica und besonders bei Kotel; sonst wird er schon zu einer Seltenheit. Auf der Strandža und im Osogov fehlt er ganz, taucht aber im Bergland von Trn in der Nähe des Ruj und selbst in den Felsen des Passes von Dragoman auf. Dieser bulgarische Bär ist dem der Karpaten ähnlich, meist klein und braun, aber bei Kotel, am Bogdan und auf der Rila trifft man auch grosse schwarze Exemplare. Das Volk erzählt, das plumpe Thier sei eigentlich scheu und nähre sich nur von Haselnüssen und Waldfrüchten, werde aber gefährlich, sobald es einmal Fleisch gekostet habe; dann erst lerne es auch vereinzelte Schafe, Ziegen, Kälber oder Füllen zu überfallen und Nachts die Hürden zu beunruhigen. Die von Zigeunern herumgeführten Tanzbären sollen nicht einheimisch, sondern sämmtlich aus Kleinasien importirt sein.

Eine Landplage sind die Wölfe (vъlk). Sie fehlen in keiner Gegend. Den Sommer bringen sie im Gebirge zu, angezogen durch die dort weidenden Heerden, und steigen im Winter in die Thäler und Ebenen herab. Im Hochsommer kann man auf Reisen in abgelegenen Landschaften das Thier leicht zu Gesicht bekommen; es ist da meist scheu, weil es genug Nahrung hat. Im Winter müssen gegen die zudringlichen, gefrässigen Rudel Wölfe, welche alle Gebirgsübergänge und besonders die Becken an der Südseite der Balkankette beunruhigen, Kreisjagden veranstaltet werden. Die Raubthiere nähern sich auf den Schneefeldern Nachts selbst den grossen Städten, ja in den ersten Jahren der neuen Verwaltung sollen die kühnsten sogar die äussersten neuen Strassen von Sofia bei Mondbeleuchtung in Augenschein genommen haben.

Im Budget Bulgariens ist jetzt eine Summe von 22.000 Francs für die Vertilgung der Wölfe und Bären eingestellt; die Regierung zahlt an Schussgeld für einen Bären oder eine Wölfin 15, einen Wolf 10, ein Junges 5 Francs.

1) Boué, Die Eur. Türkei, deutsche Uebers. (1889) I. 320.

Der Schakal (Canis aureus, bulg. čakál) kommt, so viel wir sagen können, nur im Osten der thrakischen Ebene und an der Pontusküste bei Burgas vor; im gebirgigen Westen ist er unbekannt, ebenso wie in Serbien. Füchse (lisica) und Wildkatzen (díva kótka) gibt es überall in den Wäldern. Der Luchs (Felix lynx, bulg. ris) ist selten; ich hörte von ihm nur im Rilagebirge, am Ruj, in der centralen Sredna Gora und bei Burgas. Die kleineren marderartigen Raubthiere fehlen natürlich nirgends. Steinmarder (Mustela foina, im Balkan bjálka), Edelmarder (M. martes, zlátka), Iltise (Foetorius putorius, bulg. por), Wiesel (F. vulgaris, nevestúlka). Auch der Dachs (Meles taxus, bulg. bursúk) ist allgemein bekannt. Fischottern (vídra) hausen an allen Flüssen, sollen aber früher häufiger gewesen sein. Ob der Biber (bebr), an den manche Ortsnamen (Bebrovo bei Elena, Bebreš bei Orchanié u. s. w.) weisen, noch irgendwo vorkommt, vermögen wir nicht mit Sicherheit anzugeben.

Das gewöhnlichste Wild ist das Wildschwein (díva svinjá, glik, gligán) in allen Eichen- und Buchenwäldern heerdenweise vorhanden. Dieselbe allgemeine Verbreitung hat der Hase (zájak) und das Reh (sъrndák und sъrna). Der Hirsch (rogáč, auch jélen) ist aber selten; seine Verbreitung beschränkt sich auf die waldigen Gebirgszüge, die Rila, die Rhodope, die centrale Sredna Gora, von wo aus er die benachbarten Getreidefelder der Ebene zu verwüsten pflegt, die waldreichsten Partien des Balkan bei Berkovica, Kotel u. s. w., die Umgebung des Ruj, die Einöden der Sakar Planina und Strandža.

Die Gemse (bulg. und serb. diva koza: „wilde Ziege", neugr. ἀγριογίδας mit derselben Bedeutung, türk. dag-keči-si: „Bergziege") ist auf den Gebirgen der Balkanhalbinsel ebenso zu Hause wie auf den Karpaten. In Bulgarien findet man sie sehr häufig auf den steinigen Kämmen der Rila. In der Balkankette beschränkt sich ihre Verbreitung auf die Gegend der höchsten Gipfel bei Teteven, Kalofer und Tvardica. Im Westen der Halbinsel gibt es Gemsen auf dem Šar, dem Olymp [1]) und auf einigen Gebirgen von Serbien,[2]) Montenegro, der Herzegovina und Albaniens. Unter den Panduren des Klosters Rila gibt es leidenschaftliche Gemsjäger, ebenso wie im Balkan und der Sredna Gora passionirte Bärenjäger. Bei ihrer Farbe unterscheidet man die stets in Gesellschaft weidenden Thiere wenig von den Felsen; sie wittern aber den Menschen aus grosser Entfernung. Die Panduren erzählten mir zu meiner Ueberraschung dieselbe Geschichte, welche man in den Alpen zum Besten gibt: von den „wilden Ziegen" stehe stets eine auf der Wache und gebe den Uebrigen durch einen Pfiff das Zeichen zur Flucht vor der nahenden Gefahr. Der Steinbock fehlt ganz, ebenso der Moufflon oder das wilde Schaf, das in Kleinasien vorkommt.

Von den übrigen Säugethieren des Waldes wollen wir noch die Eichhörnchen (bulg. káterica) und Igel (taraléž) erwähnen. Ein possirliches Thierchen sind die Zieselmäuse (bulg. láluger, Spermophilus), welche überall

1) Barth, Reise durch das Innere der Eur. Türkei 185.
2) Prof. Pančić, Materialien zur Fauna Serbiens im „Glasnik" Bd. 26 S. 88.

längs der Strassen ihr Spiel treiben; bei der Annäherung von Menschen stellen sie sich auf die Hinterbeine und verschwinden mit einem Ruck in ihren Erdlöchern.

Ueber die Vogelwelt Bulgariens erschien jüngst eine einheimische Arbeit von Georg K. Christovič, Materialien zum Studium der bulgarischen Fauna, im „Sbornik" des Unterrichtsministeriums (1890, II), mit Beschreibung von 207 Arten. Auffallend ist auf der ganzen Halbinsel die Menge der Raubvögel: Stein- und Königsadler (orél, Aquila fulva, imperalis) und kahlköpfige Geier (bulg. mъršljak, kartal, Vultur monachus, Gyps fulvus, auch Neophron percnopterus bei Sliven), die alle Gebirge umkreisen und überall in Felsschluchten nisten, sowie Falken aller Arten (sokól, kragúj), deren kleinste Vertreter ebenso wie die Elstern auf den Telegraphenpfählen längs der Strassen zu sitzen pflegen. In der Nacht melden sich zahlreiche Uhu's (buchál) und Eulen (kukumjávka, ulóvica). Wasservögel, Reiher, Pelikane, Schwäne u. s. w. beleben in ungezählten Massen die Auen an der Donau und die Ufer der Lagunen der Pontusküste. Bei der Menge Raubthiere sind Singvögel seltener als bei uns; daher ist der Wald meist merkwürdig öde. In den grossen Ebenen und selbst in dem Becken von Sofia treibt sich die Trappe (Otis tarda, bulg. drópla) in Schaaren von zehn und mehr Stück herum. Das gewöhnlichste Vogelwild ist das Rebhuhn (jerébica) und die Wachtel (bulg. prjáperica oder in Nachahmung des Rufes pъdpъdak). Die Waldhühner (Auerhühner, Tetrao urogallus im Balkan, Rila und Rhodope u. s. w.) werden von den Bulgaren unter dem Namen der „wilden Hühner" (diva kokóška) zusammengefasst. Wilde Fasane (fasian, Phasianus colchicus) leben bei Burgas, Karnobad und in den Auen der unteren Tundža zwischen Jambol und Adrianopel. Auf den Gebäuden nisten die auf Moscheen so häufigen Störche (štъ́rkel), Dohlen (gárga), Schwalben (lástovica), und Spatzen (vrábčé), in Anchialos und Mesembria merkwürdigerweise sogar auch Möven. Der Zug der Wandervögel wird von dem Landvolk fleissig beobachtet; der Flug der Kraniche (žérav) gilt im Volkskalender als Anfang des Herbstes. Ein periodischer Gast ist der Rosenstaar (Pastor roseus), der sich 1889 in Mengen bei Sofia blicken liess.

Von den Schildkröten (kostenúrka) ist die Testudo graeca in Rumelien in sandigen, warmen Büschen und Thälern massenhaft vorhanden, nördlich vom Balkan seltener. Schlangen gibt es viele, besonders die nicht giftige blaugraue, fischfressende Wassernatter (Coluber natrix, zmijá, zъmjá), die gefährliche Otter (Vipera berus, pepeljánka) und die böse südeuropäische Viper (Vipera ammodytes, zmijá osojníca).

Die grössten Süsswasserfische hat natürlich die Donau; voran der Hausen (morúna, Accipenser huso), von dem ich einmal auf dem Quai von Vidin ein herrliches Exemplar von Menschenlänge sah, der Stör (esétra, Accipenser sturio), der kleine Sterlet (čiga, Accipenser ruthenus), das vorzüglichste Leckerbissen auf der Tafel der Donaudampfer, ferner der Huchen (rásper, Salmo hucho), der Karpfen (šarán) u. s. w. Der Wels (som, Silurus) kommt ausser der Donau auch in der Jantra,

Kamčija, Tundža, Marica und Struma in schönen grossen Exemplaren vor. Die gewöhnlichsten Bachfische sind Aale (zmijórka, jegulja), in den Gebirgsbächen Forellen (pestŭrva), z. B. im Kloster Rila eines der wichtigsten Nahrungsmittel der Mönche, und Grundeln (mrjána). Der Wissenschaft vielleicht noch unbekannt sind die grossen lachsartigen Fische, welche man zur Winterszeit aus den Seen des westlichen Makedoniens, besonders dem von Ochrid, nach Sofia bringt. Seefischfang, besonders der Makrele (Scombèr, skumrija), wird im Golf von Burgas in grossem Masse betrieben.

Neben unserem Flusskrebs (Astacus, bulg. rak) kommt in Rumelien, z. B. in dem Balkan von Kotel oder in der centralen Sredna Gora, überall die südeuropäische Flusskrabbe vor (Thelphusa, bulg. kriv rak, ópak rak).

Die Insecten Bulgariens bespricht nebenbei Pančić in seiner Schrift über die Orthopteren Serbiens, welche sich zum Theil auf die Schriften Dr. Brunners von Wattenwyl stützt, der mit Pančić auch Bulgarien besuchte.[1]) Davon ist die Wanderheuschrecke (skakaléc) im Lande, wie in Serbien und der Walachei, wohl bekannt, hat sich aber schon lange nicht bemerkbar gemacht.

---

# Zweites Buch.

# Die Bevölkerung.

## I. Die Bevölkerungsstatistik.

Volkszählungen. Nationalitätenstatistik. Verhältniss der Geschlechter. Zuwachs der Bevölkerung.

Das Fürstenthum hat die erste Volkszählung 1879 durch die Gemeindeämter vollziehen lassen, in ganz primitiver Weise; man fand 1,714.000 Einwohner, liess aber das Detail ungedruckt. Eine zweite Zählung unternahm das neu errichtete statistische Bureau unter der Direction des Herrn Michail K. Sarafov, der später auch Unterrichts- und Finanzminister wurde, am 1. (13.) Jänner 1881. Die Durchführung war ganz regelrecht, mittels gedruckter Formulare mit Rubriken für die Namen der Personen, deren Alter, Muttersprache, Confession, Beschäftigung u. s. w.; jedes Haus in der Gemeinde hatte ein solches Blatt auszufüllen, mit Hilfe von Zählern, meist Lehrern, Beamten, Soldaten und Schülern, die für diesen Tag dazu angestellt waren. Die Sache wurde ohne den geringsten Widerstand der Bevölkerung durchgeführt. Aus den Ergebnissen publicirte man nur zwei vorläufige Gemeindeverzeichnisse; zu einer vollständigen Verwerthung des Materials liess der fortwährende Regierungswechsel nicht gelangen, was sehr zu bedauern ist, denn dadurch ist ein höchst wichtiges comparatives Element für das Studium aller späteren Zäh-

1) Pančić, Orthoptera in Serbia hucdum detecta (Text auch serb.), Belgrad 1883.

lungen verloren gegangen.[1]) Einigen Ersatz dafür geben die zahlreichen werthvollen Abhandlungen Sarafov's in der Zeitschrift der bulgarischen literarischen Gesellschaft zu Sofia; dieselben enthalten z. B. den bis jetzt einzigen Ueberblick der Vertheilung der Nationalitäten im Fürstenthum.[2]) Das Gesammtresultat gibt dem Fürstenthum 2,007.919 Einwohner:[3]) 1,345.507 Bulgaren (aller Confessionen), 527.284 Türken, 49.070 Rumänen, 37.600 Zigeuner, 14.020 spanische Juden, 12.376 Tataren, 11.552 Griechen, 3837 Armenier, 1894 Serben, Kroaten und Montenegriner, 1275 Deutsche (und deutsche Juden), 1123 Russen, 530 Albanesen, 515 Italiener, 220 Magyaren, 174 Böhmen, 164 Franzosen, 97 Araber, 92 Polen, 64 Engländer, 63 Tscherkessen, 58 Perser und 402 Verschiedene (Kurden, Finnländer, Holländer, Schweden u. s. w.).

In Ost-Rumelien fand die erste Volkszählung 1880 statt, gleichfalls oberflächlich durch die Gemeindeämter unternommen, 815.951 E.: 573.560 Bulgaren, 174.700 Türken (darunter 16.267 Pomaken oder mohammedanische Bulgaren), 42.659 Griechen, 19.549 Zigeuner, 4177 Juden und 1306 Armenier.[4]) Eine zweite regelrechte Volkszählung fand am 1. Jänner 1885 statt. Die erste Hälfte der Resultate veröffentlichte die ostrumelische Provinzialregierung noch 1885, die zweite nach der Revolution das statistische Bureau in Sofia erst 1888, jedoch ohne jede Gesammtübersicht. Darnach hatte Ost-Rumelien an jenem Tage 975.130 anwesende und 7867 ausser Landes abwesende Einwohner: 681.734 Bulgaren, 200.318 Türken, 53.028 Griechen, 27.190 Zigeuner, 6.982 spanische Juden, 1.817 Armenier, 210 Italiener, 159 Deutsche, 148 Russen, 102 Franzosen und 2375 „Verschiedene", über welche der gedruckte Bericht keinen näheren Aufschuss bietet.[5])

Nach der Union wurde am 1. Jänner 1888 unter der Leitung des jetzigen Directors Herrn Ivan Slavov eine neue Zählung vorgenommen. Die Ergebnisse erschienen 1888—1889 in 23 Heften.[6]) Ein Schlussheft mit den Gesammtresultaten ist im Druck.

---

1) Résultats préliminaires du recensement de la population du 1/1 Janvier 1881 Sofia 1881, 8°, 50 S. (mit bulg. und franz. Text). — Spisък na naselenite mesta (po prebrojavanieto na 1 Januarij 1881). Sofia 1885, 8°, 119 S. (ein Ortsverzeichniss nach der polit. Eintheilung mit einem alphab. Register).

2) Sarafov, Die Bevölkerung von Sofia, im 1., von Ruščuk, Varna und Šumen im 3. und 4., die Nationalitäten im Osten des Fürstenthums im 5., im Westen im 8. Heft des „Periodičesko Spisanie."

3) Ueber diese Ziffer vgl. Sarafov ib. VIII, 47.

4) Oficialna statistika na Istočno-Rumelijskoto naselenie. Plovdiv 1880, 4°, 89 S., mit Columnen nach den Nationalitäten (nicht im Handel).

5) Rezultati ot prebrojavanije naselenieto v Istočna Rumelia na 1885 Januarij 1, sechs Hefte in 4°, die ersten drei, enthaltend die Kreise von Philippopel, Tatar-Pazardžik, Chasköi, gedruckt zu Philippopel 1885, die übrigen in Sofia 1888. Enthält auch Tabellen über Alter, Religion, Beschäftigung, Familienstand u. s. w.

6) Rezultati ot prebrojavanije na naselenieto v severna i južna Bъlgaria na 1 Januarij 1889 godina. Sofia 1888, 4°, 23 Hefte (die letzten drei erschienen im August 1889).

Darnach hat das Fürstenthum 3,154.375 Einwohner, davon 1,605.389 Männer, 1,548.986 Weiber. Die Nationalitätenstatistik in dieser neuesten Publication ist unvollkommen. Sie hat Rubriken für Fremde, die in mancher Okolija Null sind, für Russen, Serben, andere Slaven, Deutsche und Franzosen, versetzt dagegen die einheimischen, bei weitem zahlreicheren Rumänen und Tataren in eine Rubrik unter die „anderen Sprachen". Im Ganzen gab es:

| | | |
|---|---|---|
| Bulgaren | 2,326.250 | 73·74 Proc. |
| Türken | 607.331 | 19·25 „ |
| Griechen | 58.326 | 1·85 „ |
| Zigeuner | 50.291 | 1·60 „ |
| Spanische Juden | 23.541 | 0·75 „ |
| Andere Slaven | 5.768 | 0·18 „ |
| Deutsche | 2.245 | |
| Franzosen | 544 | 2·63 „ |
| Andere Sprachen | 80.079 | |

Auf den Quadratkilometer entfallen 31·7 Einwohner. In den einzelnen 23 Kreisen ist die Dichtigkeit der Bevölkerung sehr verschieden: Sevlievo 49·5, Razgrad 42·7, Trnovo 42·0, Rušćuk 39·5, Silistria 38·6, Vidin 37·0, Šumen 35·8, Chasköi 35·0, Trn 34·8, Pleven 34·1, Vraca 33·5, Svištov 33·2, Sofia 32·6, Plovdiv 32·5, Lom 32·1, Stara Zagora 31·5, Küstendil 30·6, Rachovo 29·8, Loveč 28·3, Sliven 26·0, Varna 24·7, Tatar-Pazardžik 23·9, Burgas 18·7. Die ehemals ostrumelischen Kreise sind also schwächer bewohnt als die des Donaulandes. In den Okolija's gibt es noch grössere Unterschiede: Okolija Trnovo 123·6, dagegen Peštera 20, Dobrič 18·9, Balčik 14·9, Burgas 14·6, Rupčos sogar nur 9 E. auf 1 Qkm.[1]) In Rumänien kommen 41, in Serbien 38, in Griechenland (1889) 34 E. auf 1 Qkm.

Geboren im Fürstenthum sind 3,062.120 E., in der Türkei 54.462, in Rumänien 11.843, in Russland 9831, in Serbien 2690, in anderen Staaten 7273, unbekannt wo 6156.

Auf 1000 Männer kommen 952·4 Weiber. Bei den einzelnen Völkern ist das Verhältniss verschieden: bei den Israeliten auf 1000 M. 1006·6 Weiber, bei den Griechen 982, bei den Bulgaren 967·4, bei den Türken 960·6, bei den Zigeunern 943·1. Das Verhältniss wechselt in den einzelnen Kreisen: im Kreis von Trnovo auf 1000 M. 1016 Weiber (1881 : 1014), im Kreis von Trn 940 (1881 : 986), in dem von Varna 913; im Kreis von Stara Zagora sind die Geschlechter gleich stark. In Trnovo entscheidet die zeitweilige Abwesenheit der vielen Gärtner und Maurer in der Fremde, in Varna, wie in allen Kreisen mit grösseren Städten, die Garnison.

Im Alter bis zu 15 Jahren stehen 43·65 Proc. der Bevölkerung (22·36 Proc. davon Männer, 21·29 Weiber). Von den Leuten über 15 Jahren sind unverheiratet 9·41 Proc. (5·80 Männer, 3·61 Weiber), verheiratet 41·96 Proc.

1) Von uns berechnet auf Grundlage der Flächenangaben Slavov's (vgl. S. 1).

(21·06 und 20·90), verwittwet 4·41 Proc. (1·35 und 3·06), geschieden 0·08 Proc. (bei beiden Geschlechtern gleich).

Matriken gab es in der Türkenzeit nur in den Städten; allgemein wurden sie erst seit 1880 eingeführt und den religiösen Behörden anvertraut. Ueber die Bewegung der Bevölkerung gibt es bisher Daten nur für Nordbulgarien allein in den vier Jahren 1881—1884.[1]) Darnach entfallen auf das Jahr durchschnittlich 9·6 Heiraten, 37·2 Geburten und 18·4 Todesfälle. Auf 100 neugeborene Mädchen kommen durchschnittlich 111·3 Knaben. Das Maximum der Geburten fällt in den Herbst, das Minimum in das Frühjahr, das Maximum der Heiraten in den Winter, das Minimum in den Sommer, das Maximum der Todesfälle gleichfalls in den Winter. Die Zahl der unehelichen Geburten ist ganz unbedeutend, 1884 z. B. 75 unter 80.257 Geburten überhaupt.

In dem rumelischen Kreis von Stara Zagora, der durch die Arbeiten des Herrn Iliev[2]) am gründlichsten bekannt ist, kamen 1884 auf 1000 E. gleichfalls 10 Hochzeiten (bei den Bulgaren 10·4, bei den Türken 8), 42·9 Geburten (bei den Bulgaren 44·6, bei den Türken 32·2) und 15·3 Sterbefälle (Bulgaren 15·9, Türken 11·8).

Nach dem gleichfalls sehr lehrreichen detaillirten Bericht des Präfecten Drasov über den Kreis von Varna kamen dort 1888 auf 1000 E. 7·23 Eheschliessungen, 33 Geburten und 14 Todesfälle; diese Ziffern variiren jedoch nach den von ihm gebotenen Tabellen 1881—1888 sehr nach Jahren und nach den einzelnen Okolija's des Kreises.[3])

Das starke Wachsthum der Bevölkerung, bei einem Ueberschuss von rund 18 Geburten über die Todesfälle pro Mille, wird schon bei der Vergleichung der Hauptresultate der bisherigen drei verlässlichen Zählungen sichtbar. Der Zuwachs der Bevölkerung nördlich vom Balkan binnen sieben Jahren 1881—1888 ist sehr ungleich: Kreis Varna 22·2 Proc.,[4]) Kreis Küstendil 13·8, Kreis Vidin 11·4, Kreis Silistria 6·4, endlich um ein Beispiel aus dem rein bulgarischen Central-Balkan zu bieten, in der Okolija Gabrovo 10·1 Proc. Im ehemaligen Ost-Rumelien ist eine stetige Vermehrung binnen drei Jahren 1885—1888 kenntlich: z. B. Kreis Tatar-Paradžik um 3·7, Kreis Stara Zagora 3·5 Proc.

---

1) Dviženie na naselenieto (Mouvement de la population). Sofia 1889 f. (uns erst während des Druckes zugekommen).

2) Iliev, der Kreis von Stara Zagora in nationalökonomischer Beziehung. Stara-Zagora 1885, (bulg.) S. 18 f.

3) Drasov, Bericht über den Zustand des Kreises von Varna 1888—9. Vorgelegt am 1. September 1889 von dem Varnaer Präfecten bei Eröffnung der zweiten Session der Varnaer Kreisvertretung. Varna 1889 (bulg.), S. 28 f.

4) Der Kreis Varna erhielt inzwischen 34 Dörfer mit 11.910 E. vom Kreis Silistria, und trat je 1 Dorf an die Kreise von Silistria und Šumen ab.

## 2. Bewegung der Bevölkerung durch Wanderungen.

Langsame Völkerumsiedelung. Uebermacht der Türken in den Ebenen und ihr Rückgang. Wanderungen der Bulgaren. Massenauswanderung der Türken seit 1877. Fortgang der inneren Umsiedelung. Neue Colonisation der Ebenen.

Die Bevölkerung Bulgariens ist durch Einwanderung, Auswanderung und Umsiedelung in fortwährender Bewegung. Im Vordergrund steht einerseits das Schwinden der Türken, zuletzt durch massenhafte Emigration, andererseits die unaufhaltsame Ausbreitung der Bulgaren über das ganze Land. Der Process ist nicht neu und hat ein historisches Interesse. Die stärkere Expansion des bulgarischen Elementes begann schon vor Anfang unseres Jahrhunderts als das erste Symptom der allmählich wieder wachsenden Volkskraft. Die frühere numerische Uebermacht der Türken in den meisten Ebenen erklärt auch das späte Auftreten der bulgarischen Nationalbewegung.

Die Gebirgslandschaften haben, ausser dem östlichen Theil der Rhodope und des Balkan, ihre Bewohner nicht gewechselt, ebenso der Westen, in welchem sich die Türken bei der Eroberung nur in den Städten niederliessen, da sie das offene Land gut bewohnt fanden. Anders stand es in den grossen Ebenen Thrakiens und des östlichen Donau-Bulgariens. Dieselben waren zur Zeit der Eroberung verödet und boten für die osmanische Colonisation vollständig freien Raum.

In Thrakien sassen in der zweiten Hälfte des Mittelalters Bulgaren mit eingestreuten wlachischen Elementen in den Bergen, im Balkan, in der Sredna Gora und in der Rhodope. Das untere Thrakien von Adrianopel zur Propontis war ein blühendes Land mit zahlreichen griechischen Städten und Burgen, welche auch den Nordrand der Rhodope einsäumten. In dem Zwischenraum erstreckte sich längs der Grenze zwischen Bulgarien und dem oströmischen Kaiserreich eine schwach bewohnte Einöde, über deren Verlassenheit die Kriegsgeschichte und die Legenden dieser Zeiten (besonders des Gregorios Sinaites) manche Daten bieten. Die türkische Eroberung brachte in diese Länder einen dauernden Frieden und noch am Ende des 14. Jahrhunderts eine osmanische Colonisation. Nach Chalkokondylas wurde das Land von Philippopel und Zagora schon unter Murad I., das Gebiet zwischen Philippopel und dem Haemus unter Bajezid I. colonisirt. Die Türken hatten dann bis zum Anfang unseres Jahrhunderts die Majorität in dem Stromgebiet der Marica, besonders in den Niederungen desselben. Wir wissen davon nicht nur aus Localsagen, sondern auch aus dem klaren Zeugniss eines einheimischen Schriftstellers, des Popen Konstantin in seiner 1819 griechisch gedruckten Beschreibung des Bisthums von Philippopel, sowie aus den Ortsnamen. In den Umgebungen von Tatar-Pazardžik, Philippopel, Čirpan, Stara Zagora, Jambol, Karnobad, Burgas und von dort südwärts bis Adrianopel, wo jetzt nur geringe Ueberreste der osmanischen Bevölkerung übrig bleiben, sind die Namen der Dörfer, Felder, Bäche, Waldungen, Weideplätze, Hügel u. s. w. grösstentheils türkisch. Von den 52 Dörfern der Okolija Čirpan besitzen 2, von den 48 der Okolija Sejmen nur 3 nichttürkische Namen. Erst am Fuss der Gebirge betreten wir das Gebiet der überwiegend bulgarischen Nomenclatur.

Langsam breitete sich wieder das bulgarische Element aus, durch das Aussterben der Osmanen, auf denen alles Ungemach des Kriegsdienstes lastete und durch Colonisation christlicher Bauern auf türkischen Lehensgütern und Vakufs, wofür es aus dem 16. und 17. Jahrhundert auch schriftliche Zeugnisse gibt. Die osmanische Bevölkerung wurde durch keine Nachzügler verstärkt, die christliche durch fortwährenden Zuzug aus dem nahen Gebirge. Desgleichen waren Philippopel, Tatar-Pazardžik u. s. w. zur Zeit Gerlachs und anderer Reisenden des 16. Jahrhunderts mohammedanische Grossstädte mit unbedeutenden christlichen Gemeinden; die letzteren wuchsen erst in neuerer Zeit bei dem Schwinden des osmanischen Elements langsam an.

Im Pontusgebiet war die Steppe der Dobrudža zur Zeit der türkischen Eroberung eine Wüste, das „desertum“ des Andreas de Palatio 1444, die übrigen besseren Landschaften verödet durch tatarische Invasionen aus Südrussland. Altansässig seit dem Mittelalter sind dort jetzt eigentlich nur die Bulgaren in den Landschaften von Šumen, Kotel und Sliven, in einigen Dörfern des östlichen Balkan und in der nördlichen Strandža, dann die türkisch sprechenden „Gagauzi“ (Kumanen) bei Varna und die Griechen der alten Pontusstädte. Der Fortschritt der osmanischen Colonisation in diesen Gebieten ist uns weniger bekannt. Sie ging ohne Zweifel langsam vor sich, unter Mitwirkung verschiedener Factoren. Auf Reisen im Ost-Balkan wurde es mir klar, dass sich unter den dortigen Türken neben eingewanderten Anadollis auch Nachkommen von Bulgaren befinden, welche mit dem Islam auch die türkische Sprache angenommen haben, wie denn ihre Ortschaften noch bulgarische Dorf- und Flurnamen haben (an der unteren Wilden Kamčija, bei Eski-Džumaja u. s. w.). Andererseits wurde durch Ansiedelung von Türken in einem Dorf oft der Rest der Christen langsam zum freiwilligen Abzug gezwungen. Manchmal blieb es beim Versuch, wie in manchen Dörfern des Balkan von Kotel, wo die kleine osmanische Colonie neben der starken Christengemeinde erst unlängst einging (in Gradec, Žeravna, Medven u. s. w.). Bei Kotel, Eski-Džumaja und im Westen des Tuzluk gibt es an der Sprachgrenze Bulgaren, deren Väter noch in jetzt ganz türkischen Dörfern sassen und von dort in nahe Bulgarendörfer freiwillig ausgewandert sind. Hie und da behaupteten sich einzelne Bulgarengemeinden ganz isolirt zwischen Osmanen (z. B. Vardun bei Osmanpazar, Devna u. s. w.) Dieses langsame Vorrücken des Osmanenthums im östlichen Donau-Bulgarien wurde erst durch die Ereignisse unseres Jahrhunderts eingestellt.

Es scheint, dass das Wiederanwachsen des bulgarischen Elementes in Thrakien mit dem Rückgang desselben in den Landschaften von Tuzluk, Gerlovo, Deliorman u. s. w. im Norden der Balkankette in einer Wechselwirkung steht. Aus Urkunden des 17. Jahrhunderts erfahren wir von der Flucht bulgarischer Bauern aus den Gegenden von Nikopol und Loveč südwärts in die Ebenen zwischen dem Balkan und Philippopel, und Localsagen erzählen Aehnliches z. B. von Flüchtlingen aus Devna bei Provadija, die sich ins „untere Vilajet" bei Jambol begaben. Die thrakische Ebene war nämlich ein friedliches Land, während das Donaugebiet durch die Kriege der Türken gegen Siebenbürger, Oesterreicher, Polen und Russen fortwährend beunruhigt wurde. Die Bauern an der Donau flohen auch oft hinüber in die Walachei und dann bei Tatarenzügen durch dieses Fürstenthum wieder zurück. Um 1730 wanderten zahlreiche Familien aus der Gegend von Nikopol in den Temeser Banat aus, wo heute noch 22.000 Bulgaren leben.[1])

Die russischen Kriege verursachten seit den Feldzügen der Kaiserin Katharina II. noch grössere Bewegungen. Das 1812 von den Russen erworbene Bessarabien wurde ein gelobtes Land für die flüchtige Rajah, welche durch die Anarchie unter Selim III., den Aufstand Pasvan Pascha's von Vidin und die Raubwirthschaft der Kyrdžali's hart mitgenommen war. Aus dem Bisthum von Vidin war damals ein grosser Theil der Einwohner in die Walachei entflohen und kehrte erst langsam zurück. Der russische Krieg 1828—1829 hatte eine kleine Völkerwanderung zur Folge. An 4400 Familien mit ungefähr 27.000 Personen zogen aus den Landschaften von Adrianopel, Jambol, Sliven, Burgas und Provadija nach Bessarabien, sämmtlich Bulgaren, nebst einigen Gagauzen, Albanesen von Provadija und Adrianopler Griechen. In den Namen der bessarabischen Bulgarendörfer wiederholen sich viele Ortsnamen aus den Gegenden südlich vom Balkan, sind aber meist türkisch; also auch in den Heimatsdörfern waren diese Bulgaren doch nur neuere Colonisten. Viele Bulgaren liessen sich damals auch in der Moldau und Walachei nieder. Aber schon um 1833 begann eine Rückwanderung, an der aus Bessarabien ungefähr 900 Familien theilnahmen. Viele gelangten jedoch nicht in ihre Heimat, sondern blieben unterwegs in den verödeten Dörfern der Landschaften von Varna und Provadija, als freie Ansiedler oder als Arbeiter auf den Gütern türkischer Bey's. In Folge dessen stammt ein Theil dieser Pontusbulgaren in zweiter oder dritter Generation aus der Gegend von Jambol.[2])

In der Friedenszeit 1829—1877 wurde das öde Donaugelände durch Bulgaren des dicht bevölkerten Nordabhangs der Balkankette besiedelt. Balkandži's aus dem Kreise von Trnovo liessen sich bei Rušćuk nieder, Hirten aus der Gegend von Kotel in der Ebene von Dobrudža, wo sie zuerst nur auf die Winterweide kamen, schliesslich aber Grundstücke kauften und blieben. Gleichzeitig entstand durch agrare Ursachen, besonders wegen des Druckes türkischer Grundherren, eine starke Emigration von Ackerbauern aus den Niederungen von Čirpan und Stara Zagora in die seit 1829 recht verödeten Gebiete zwischen Adrianopel und dem Golf von Burgas, in die Landschaften von Kavakli, Kyzyl-Agač, Jambol und Burgas; ihren Höhepunkt soll sie um 1860 erreicht haben. Eine dritte Strömung wendete sich seit

1) Acta Bulgariae ecclesiastica (Monumenta spect. hist. Slavorum merid. XVIII), Agram (südslav. Akademie) 1887.

2) Damals blieben auch einige Adrianopler Griechen in dem vor 1829 albanesischen Karahussein bei Kozludža, das sie bis auf drei Türkenhäuser leer fanden.

den friedlichen Zeiten Sultan Mahmud's II. in die Ebenen des unteren Thrakiens bis in die Umgebungen von Rodosto, Derkos und Konstantinopel selbst; sie kam gleichfalls aus der Gegend von Zagora und aus den nahen Bergen der Rhodope und Strandža. Die Reisebeschreibungen des 18. Jahrhunderts kennen zwischen Konstantinopel und Kyrkklissé noch keine Bulgaren. Der Versuch der türkischen Regierung, das mohammedanische Element durch Ansiedelung von Tataren (1861) und Tscherkessen (1864) zu kräftigen, schlug fehl.

Neue Umwälzungen brachte der entscheidende Krieg von 1877—1878. Noch während der ersten Operationen flohen die Bulgaren aus den Landschaften von Stara Zagora, Kazanlyk, Gjopsa und Zlatica in das occupirte Gebiet bei Trnovo und Svištov und kehrten erst mit dem Vorrücken der Russen wieder heim. Nach dem Fall von Pleven flohen alle Tscherkessen und ein sehr grosser Theil der osmanischen Bevölkerung in Massen gegen Konstantinopel, Seres und Salonik. Nach dem Friedensschluss dauerte der Rückzug der türkischen Flüchtlinge (türk. muchadžir) drei Jahre lang. Viele, z. B. die Städter von Sofia, kamen überhaupt nicht zurück und zahlreiche Türkendörfer blieben leer. Bald begannen aber die Heimgekehrten wieder abzuziehen und mit ihnen auch diejenigen Mohammedaner, welche die ganze Zeit ruhig zu Hause geblieben waren. Diese Bewegung dauert noch heute fort. Ihre Ursachen sind verschiedenartig. Die herrschende Stellung der Christen, der Militärdienst in einem christlichen Heer, die Nivellirung des ganzen Lebens durch neue Gesetze sind den Türken widerlich. Andererseits befördert die Pforte diese Emigration durch Anweisung von Grundstücken zwischen Adrianopel und Konstantinopel und besonders in Kleinasien (bei Brussa u. s. w.). Statistische Daten über diese Emigration für das ganze Land gibt es leider nicht, und auch die Vergleichung der Bevölkerungsziffern von 1880—81 und 1888 gibt keinen Behelf, da in die Zwischenzeit die Rückwanderung und der abermalige Abzug der Flüchtlinge fällt. Am stärksten war sie 1878—1884, wo oft ganze Dörfer abzogen. Seit 1877 dürfte die Gesammtzahl der ausgewanderten Türken ein Hunderttausend weit überstiegen haben. Die Auswanderung stockt nicht: 1889 zogen aus dem Kreis von Varna bis zum 1. August wieder 976 Türken ab. [1])

Während der russischen Occupation drängten sich dafür bulgarische Emigranten aus den der Pforte überlassenen Gebieten in das befreite Land. Nach officiellen Angaben gab es im Winter 1878/9 in Bulgarien und Rumelien fast 50.000 Einwanderer (bulg. presélenci) aus Süd-Thrakien, vorzüglich aus den Gegenden an der unteren Marica bei Feré, Dimotika, Uzunköprü, Eribol (byz. Chariupolis, türk. Chairebolü), Adrianopel und Kyrkklisé, und überdies 20.000 Flüchtlinge aus dem nördlichen Makedonien. Eine grosse

[1]) In den J. 1881—1889 sind aus dem Kreis von Varna 12.534 Türken ausgewandert (Maximum 1883: 3427), aus dem Kreis von Razgrad 1882—3 binnen 22 Monaten 15.099. In den rumelischen Okolija's Čirpan und Sejmen gab es 1885 in 25 unlängst noch mohammedanischen Gemeinden keine Türken mehr.

Zahl kehrte bald wieder heim, da Reuf Pascha als erster Gouverneur von Adrianopel nach dem Krieg dort eine ziemlich geordnete Verwaltung einführte. In Ost-Rumelien waren 1880 nur 18.173 solche Flüchtlinge (darunter 203 Griechen) übrig, wovon fast die Hälfte sich im Kreis von Burgas niederliess. An 4500 siedelten sich im Fürstenthum im Kreis von Varna an, stets in verödeten Türken- und Tscherkessendörfern. Auch von den Makedoniern gab es im Winter 1879/80 nur mehr 7000 in den Grenzgebieten. Davon zogen viele heim; andere liessen sich in Varna, im Tuzluk, in Zlatica, Sofia, Dupnica und Küstendil nieder.

Bald meldeten sich auch zurückkehrende Bulgaren, deren Voreltern in fernere Länder gezogen waren. Aus den Städten Bessarabiens und Rumäniens wanderte der grösste Theil der gebildeten und wohlhabenden Classe in's Fürstenthum. An 1000 Bulgaren aus der rumänischen Dobrudža zogen nach dem Kreis von Varna. In den Kreis von Lompalanka kehrten zwei bei der Colonisation der Tataren 1861 in das Taurische Gouvernement in Süd-Russland ausgewanderte Dörfer zurück. Einige Hundert katholische Bulgaren aus dem Banat liessen sich im Kreis von Svištov nieder. Eine Merkwürdigkeit sind ungefähr 1000 Bulgaren aus Kleinasien, seit 1880 angesiedelt in den Kreisen von Svištov (Deli-Süle, Akčar, Alexandrovo) und Varna (Kozludža, Arajlari) und im Tuzluk (Kurudži-ören). Sie stammen aus zwei isolirten Enclaven, einer älteren im Dorf Kyzderbend bei Nicaea und einer jüngeren in der Gegend von Muhalič bei Brussa. Die Einwohner der ersteren sollen ungefähr im 17. Jahrhundert, die der letzteren am Ende des 18. hingekommen sein und zwar aus verschiedenen Gegenden Thrakiens (Dimotika, Čirpan u. s. w.); sie sprechen bereits halb türkisch.

Die innere Umsiedlung aus den Gebirgen in die Ebene dauert daneben unaufhörlich fort. Die Hochländer von Teteven ziehen langsam in die Ebene von Rachovo, die von Sevlijevo und Gabrovo in das Flachland zwischen Trnovo und Svištov, die von Trjavna und Elena meist gegen Razgrad, die von Kotel, wie früher, in die Dobrudža. Die Strömung wendet sich den besten und fettesten Aeckern des Donaulandes zu; deshalb schreitet die Colonisation des mageren, von den Türken verlassenen Tuzluk so langsam vor. Im December 1881 zählte man im Fürstenthum 40.000 ackerbauende neue Ansiedler; neben den Emigranten aus Makedonien und Süd-Thrakien bildeten die Balkandžis darin jedenfalls die Mehrzahl. Die Regierung unterstützte sie mit Geldern zum Ankauf der landwirthschaftlichen Geräthe. Die Auswanderung aus den armen, kalten Balkanthälern wendet sich neuerdings auch südwärts, aus den Bergen von Gabrovo und Trjavna nach den fruchtbaren, wenig dicht bewohnten Bezirken von Kazanlyk und Nova Zagora.

Das beste Zeugniss der Intensität dieser inneren Colonisation ist der Umstand, dass von den 338 christlichen Dörfern des Bisthums von Varna und Šumen nicht weniger als 135 seit dem russisch-türkischen Krieg neue Bewohner haben, sämmtlich Bulgaren. Sie wird allmälig zu einer dichteren und gleichmässigeren Besiedelung des ganzen Landes führen.

## 3. Die einzelnen Völker.

## A. Indoeuropäer.

### I. Die Bulgaren.

#### a) Im Allgemeinen.

Vertheilung im Lande. Stamm- und Gaunamen. Die Sprache und ihre Mundarten. Typus, Temperament, Charakter. Kretinismus. Trachten. Personennamen. Familienverfassung. Eherecht und Volksrecht. Sitten, Etiquette, Volksfeste, Tänze, Musik. Lieder, Märchen, Sagen, Sprichwörter. Kerbholz und Schrift. Religiosität. Reste des Heidenthums: Elfen, Hundsköpfe, Thierglauben, Peperuga's, heilige Quellen und Feuer, Kurbanfeste, Geister der Bauten. Zauberer, Viehbeschwörungen, Vampyre, Schatzgräberei.

Der Kern der bulgarischen Nation sitzt in den Gebirgsketten; ihre langsame Erstarkung in den bisher sehr gemischten Ebenen des Pontusgebietes und Thrakiens lässt sich schon in den nur wenige Jahre von einander entfernten Ergebnissen der bisherigen Zählungen verfolgen. Das geschlossene, von altersher bulgarische Gebiet liegt im Centrum und im Westen des Landes. Es umfasst das Donaugelände vom Timok zum Isker, den Nordabhang der Balkankette von der serbischen Grenze bis Elena, den ganzen Westen am oberen Isker und Strymon, die höheren Theile der Sredna Gora und die westliche Hälfte des Rhodopegebirges.

An der genannten Donaustrecke weisen (1888) die Okolija's von Lom 85·2 und Rachovo 73·0 Proc. Bulgaren auf; nur die von Vidin mit ihren Rumänen hat deren bloss 47·4. Den reinsten bulgarischen Charakter besitzt die Nordseite des Balkan: Okolija Belogradčik 97·6, Berkovica und Vraca 95·7, Orchanié 98·3 (1881 : 97·8) Teteven 98·1, Trojan 96·6, Gabrovo und Trjavna 99·7, Trnovo 97·0 (1881 : 92·3), Drjanovo 92·7, Gornja Rjachovica 92·1, Elena 82·1 Proc. Bulgaren. Weiter östlich ist in derselben Gebirgskette nur die Landschaft von Sliven und Kotel, dann weiter eine Gruppe von alten Dörfern (Gulica, Erkeč, Vresovo, Čenge u. s. w.) in der Nähe des Meeres bulgarisch. Der Westen ist von Beimischung gleichfalls mehr oder weniger frei: Okolija Caribrod 98·0, Trn 99·2, Breznik 99·3, Izvor 99·9, Küstendil 94·2, Dupnica 96·6, Samokov 91·1, Sofia (mit Einschluss der polyglotten Hauptstadt) 82·8, Iskrec 99·8, Novoselo bei Sofia 98·0, Zlatica 98·7. In Rumelien ist die westliche und centrale Sredna Gora ein fast rein bulgarisches Gebirgsland: Okolija Ichtiman und Panagjurište 96·5, Ovčechalm 96·3. Endlich in der Rhodope gehören dazu die Okolija's von Peštera und Rupčos, allerdings mit bulgarischen Mohammedanern. Im nördlichen Theil des Strandžagebirges sitzt eine alte bulgarische Dorfbevölkerung um Fakija und Rusokastro herum.

Alles übrige ist gemischt und gegenwärtig in einem Uebergangsstadium befindlich. Schon die Donauebene zwischen dem Isker und der Jantra ist bunt, mit Türken, Rumänen und Zigeunern: Okolija Pleven 91·6, Nikopol 61·9, Svištov 81·2, Sevlijevo 84·2, Loveč 93·3 Proc. Bulgaren.

Sehr schwach ist das bulgarische Element im ganzen Osten des Fürstenthums, zwischen der Jantra und dem Schwarzen Meer. Nach der Volkszählung von 1881 hatte dort der Islam damals sogar ein ganz kleines Uebergewicht über das Christenthum, nach Sarafov 49·6 Proc. Mohammedaner gegen 49·4 Christen. Auf der Strecke Trnovo-Šumen-Silistria reist man wie in einem Türkenland, ja es gibt dort Gegenden, wo die Bulgaren, wie die Türken im Westen, nur in den Städten wohnen. Daneben fehlt es nicht an alten bulgarischen Sprachinseln. Binnen sieben Jahren hat sich aber darin vieles geändert. Wir geben bei der Besprechung der Türken eine vollständige vergleichende Tabelle. Aus derselben ist ersichtlich, dass in diesen östlichen Okolija's sich das Maximum der bulgarischen Bevölkerung 1881 in den Okolija's Kesarevo (59·1) und Ruščuk (59·0) befand, das Minimum in denen von Osmanpazar (12·5) und Chasköi bei Silistria (8·6). Im Jahre 1888 fand man ein Maximum in Bjala bereits mit 67·3, ein Minimum in der neu umgrenzten Okolija Ak-Kadynlar bei Silistria mit 6·8 Proc. Bulgaren. Der stärkste Zuwachs der bulgarischen Bevölkerung erfolgte in der Okolija Popovo (Kreis Razgrad), um 31·5 Proc.; die Okolija hatte 1881 42.504, 1888 in Folge der Auswanderung der Türken nur 39.390 Einw.[1])

In Ost-Rumelien besitzen das schwächste Procent bulgarischer Einwohner zwei Okolija's des Pontusgebietes: Anchialos 1885 23, 1888 31·1, Aitos 1885 27, 1888 29·4 Proc. Sonst fällt dort das Procent der Bulgaren nirgends unter 50, selbst in den mit Türken und Griechen so stark gemischten Landschaften des Maricathales und ist überall im Wachsthum begriffen: 1888 Okolija Kavakli 54·7, Konuš (Stanimaka) 63·7, Philippopel 67·4 (1885: 52, 57·1, 59·1). Dass aber z. B. die Okolija von Sejmen an den Ufern der Marica 1888 von 97·6 Proc. Bulgaren (1885 91·7) bewohnt war, ist ein ganz neues Stadium (vgl. S. 48 und 51).

Das Volksleben der Bulgaren ist originell, befindet sich aber gegenwärtig in einem vollständigen Uebergangszustand. Die lange Isolirung während der vielen Jahrhunderte der Türkenherrschaft hielt die Bulgaren auf einer alterthümlichen Stufe fest. Der geringe Verkehr zwischen den einzelnen Landschaften und der Mangel eines nationalen Centrums begünstigte die Entwicklung localer Eigenthümlichkeiten. Fast jeder Kreis und jedes Thal hat seinen Dialect, seine Gesichtstypen, seine Trachten, sein eigenes Temperament, ja mitunter auch eigene Masse und Gewichte. Deshalb wird der Reisende nicht selten durch unvermittelte Uebergänge überrascht, z. B. aus dem fruchtbaren Kreis von Trnovo in die Einöden des Tuzluk, aus der reichen, fortgeschrittenen Ebene von Philippopel in die halbwilden Gebirgslandschaften der Rhodope. Die Befreiung und das neue politische und ökonomische Leben haben in diesen Zuständen Veränderungen angebahnt, die einer allgemeinen Modernisirung und Nivellirung zusteuern, durch Landstrassen und Eisenbahnen, Schulen und Heeresdienst. Man hält das Neue für besser als das Alte. Die Abschliessung abgelegener Gebirgslandschaften nimmt ein Ende, Mundarten,

1) Die oben erwähnte Okolija Elena ist in dieser Vergleichung nicht einbezogen; zu ihrem bulg. Kern haben nur die Schöpfer administrativer Grenzen ein Stück vom türkischen Tuzluk zugeschnitten.

Volkslieder, Costüme, Sitten und Gebräuche schwinden, und alte Traditionen werden durch die Wucht der massenhaften neuen Eindrücke aus der Erinnerung gedrängt.

Eine Eintheilung des Volkes in Stämme hat sich in Bulgarien nicht erhalten. Man findet dieselbe auf der Halbinsel nur mehr in den Gebirgsländern des Westens, besonders in Montenegro und Albanien. Selbst die alten Gaunamen schwinden und werden fast zu Spitznamen (wie z. B. Grachovo bei Breznik). Die wenigen Benennungen einzelner Theile der Bulgaren sind meistens entweder gewöhnliche Landschaftsnamen, oder von dialectischen Eigenthümlichkeiten abgeleitete Bezeichnungen.

Zu den einfachsten ethnographischen Namen gehören die auf das Wohnen in Berg und Thal bezüglichen. Die Bewohner der nördlichen Abdachung des Haemusgebirges nennt man allgemein „Gebirgsleute“, Balkandžiî's (türk. balkán Gebirge). Die gleiche Bedeutung hat der Name Planinci (bulg. planiná Gebirge), mit dem man z. B. in der Rhodope die Bewohner des Plateau von Dospad bezeichnet. Den Gegensatz dazu bilden die Einwohner der Ebenen und Bergkessel: die Brezniker nennen die Leute des Beckens von Sofia Pólci, die Bergbewohner des Krajište ihre Nachbarn im Kessel von Küstendil auch Pólci, Pólčeno, desgleichen heissen die Thalbewohner bei Kratovo Póljaci, vom bulg. pole Ebene. „Leute jenseits des Gebirges“ bedeutet der Name Zagórci (Sing. Zagórec, Fem. Zagórka). So nennen die Einwohner des Maricagebietes ihre Nachbarn jenseits der Balkankette, auch die Zlaticaer die nahen Gebirgsbewohner bei Orchanié und die Bürger von Kotel die Bulgaren von Elena. Es ist ein historischer Terminus; das bulgarische Reich von Trnovo hiess bei den Serben, Byzantinern und Italienern Zagorije, Zagora, l'imperio di Zagora.[1]) Gegenwärtig sinkt es zu einem ökonomischen herab; Zagorci heissen in Rumelien vorzugsweise die Feldarbeiter, die jedesmal zur Ernte aus dem Gebirge in die Ebenen herabsteigen. Im Westen behält der Name noch die ursprüngliche Bedeutung und lebt auf beiden Seiten des Gebirges; bei Küstendil, Sofia und Trn heisst Zagórje das Donaugebiet bei Lompalanka u. s. w., während die Vidiner wieder das Binnenland jenseits des Balkan so bezeichnen. Den gleichen Ursprung hat der Name Otvidenci, „die Jenseitigen“ (otvud bulg. jenseits), wie die Trnover und Trojaner die Leute aus dem Süden der Balkankette nennen.

Unbestimmt und dunkel ist der sehr verbreitete Name Šópi (Landschaft Šopsko, mit türk. Endung Šoplúk). Historisch lässt er sich kaum auf Menschengedenken verfolgen und eine wissenschaftlich haltbare Erklärung ist bisher nicht gefunden.[2]) Auch seine Ausdehnung ist unsicher. Die

1) Gesch. der Bulgaren S. 375.

2) Der Plur. auch Šópje oder collectiv mit dem Artikel Neutr. Sing. (vgl. Per. Spis. VIII. 89) Šópe-to. Die thrakischen Σάπαι, Σαπαῖοι, an die Šafařik dachte, sassen nur am Meeresufer gegenüber Thasos; übrigens blieb das lat. und griech. s auch nach der Reception des Wortes im Slavischen, ohne š zu werden: Thessalonike Solun, Strymon Struma, Asemus Osem, Salona Solin u. s. w.

Bulgaren des Ostens zählen zu den Šopen auch die Bewohner der Landschaften von Vraca, Trn u. s. w., wo man aber davon nichts wissen will.[1]) Im Westen, bei Küstendil (im Krajište) und Kratovo bezeichnet der Name der Šopen vorzugsweise die Gebirgsbewohner der nächsten Umgebung, sowie die Einwohner der hochgelegenen Becken von Radomir, Breznik und Sofia, welche enge weisse Hosen (gášti, daher auch „gášnici“ genannt) tragen. Er haftet an Tracht und Gebirge, keineswegs an einer eigenen Mundart. Die Bevölkerung der drei letztgenannten Becken, die allgemein als das echte Šopenland gelten, bildet ein gewisses Ganzes, mit weisser Tracht und hoher Gestalt. Die Bulgaren im angrenzenden Donaugebiet zwischen Timok und Isker haben in der Sprache und in der männlichen Tracht eine gewisse Aehnlichkeit mit diesen Sofianer Šopen, besitzen aber einen anderen Typus und Charakter; ganz anders sind die schon makedonisch gearteten Leute bei Samokov, Dupnica, Küstendil und Trn, und besonders die vollständig in Sprache, Gestalt, Costüm und Sinnesart verschiedenen östlichen Nachbaren der Sofianer bei Orchanié in der Sredna Gora und bei Ichtiman.

Alterthümlich sind die Benennungen in der Rhodope. Die Bulgaren des ganzen Gebirges von Peruštica bis Enos, die einen eigenen Dialect sprechen, sowie ihre Sprachgenossen im Strandžagebirge, nennt man allgemein Rúpčenci, Rúpci, Rupaláni, Rupalíji. Der Name hat sein Centrum in der Landschaft Rupčós zwischen Stanimaka und den Quellen der Arda. Er scheint aus dem im 14. Jahrhundert in derselben Landschaft erwähnten Gebirgs- und Gaunamen Merópe durch Abfall der tonlosen Anfangssilbe entstanden zu sein.[2]) Noch Verantius hörte 1553 in Philippopolis den Namen Rupska für das ganze Rhodopegebirge. Ein anderer Name ist der der Mъrváci; so heissen die Bulgaren bei Melnik, Seres und Drama, sodann die altansässigen Rhodoper in dem Städtchen Bracigovo und ein Theil der den Rhodopedialect sprechenden Bewohner der Strandža im Kreis von Burgas. Die mohammedanischen Bulgaren an der oberen Arda und am Kričimflusse nennt man Achrjáne, offenbar von „Agarjane“; mit dem Namen der biblischen Agarener wurden bei Griechen, Bulgaren, Serben und Russen seit dem Mittelalter stets die Mohammedaner bezeichnet. An das Gebiet der Achrjane grenzt der Gau Céčko (türk. Čeč-kolu) mit den Einwohnern Čéčenci (so im Achyr-Čelebi) oder Češlii (so im Dospad), eine Landschaft mit 50 bulgarisch-mohammedanischen Dörfern zwischen Dospad und der Mesta, grösstentheils in der Kaza von Nevrokop.

Die von dialectischen Ausdrücken abgeleiteten Benennungen von Volkstheilen sind zahlreich. Die Piroter nennen die Sofianer Tokúnci (vom Flickwort tokú, in Pirot tiké, fast, so, verwandt mit toliko). Die Bulgaren am Ostufer des unteren Osem heissen Ninjovci (sie sagen níne statt segá, jetzt); ihre Nachbarn, an 20 Dörfer zwischen Isker und Osem, nennt man

1) Slavejkov „Einige Worte über die Šopen“, Per. Spisanie IX.

2) Vgl. meine Abhandlung: Der Ursprung des Namens der Rupci in der Rhodope, Archiv für slav. Phil. VIII, 96.

Maráči, Maračáni (von maraš türk. Markt?). Einen gleichen dialectischen Ursprung hat der Name Troukovci bei Burgas und viele andere Bezeichnungen in Rumelien. Namen ähnlichen Ursprungs findet man bei den Kroaten (Štokavci, Čakavci, Kajkavci von den Partikeln što, ča, kaj = was?), im westlichen Makedonien (Mijaci von mije statt nije wir), bei den Neugriechen (an der Strumamündung Δάρνακας, Plur. -αις, von δάρε statt τώρα jetzt) und den Albanesen (die Mireditcn von „mire dita“, guten Tag). Es ist vergebliche Mühe, für derartige oft ganz recente Namen eine weit zurückreichende historische Genealogie finden zu wollen, wie dies mit Aufwand vieler Gelehrsamkeit oft unternommen wird.

Endlich gibt es auch vollkommene ethnographische Spitznamen. Dazu gehört der Name Tórlak (auch Túrlak), Plur. Torlaci. So nennen die Sofianer ihre Nachbarn um Caribrod und Pirot und diese umgekehrt die Leute bei der bulgarischen Hauptstadt. Die Rumelioten in der Gjopsa hängen diesen Namen ihren transbalkanischen Nachbarn an, und im Balkan von Berkovica nennen die Bewohner beider Seiten des Gebirges einander so gegenseitig. Der Name ist auch bei Sliven, Burgas, Šumen bekannt; die Rhodoper bezeichnen mit ihm die Einwohner der thrakischen Ebene. Es ist das albanesische torolák, trulák, turlák, Narr, Dummkopf, ein dem Jargon der zum Steuereintreiben verwendeten Bašibozuks entlehnter Terminus.[1]) Landesbekannt ist ein noch mehr offenkundiger Spitzname, mit dem man die Rumelioten bezeichnet: Varikléčka (Plur. Varikleckovci), was auch einen Egoisten oder Pedanten bedeutet. Zur Erklärung erzählt man, dass von den Rumelioten, wenn sie auf Reisen ihr Fleisch in einem gemeinschaftlichen Kessel kochen (bulg. vará ich koche), jeder sein Stückchen sorgsam durch einen eigenen Holzspan (kléčka) als sein Eigenthum kennzeichnet. In Thrakien nennt man die westlichen Makedonier, die als Maurer, Brod- und Zuckerbäcker u. s. w. in's Land kommen, Bréndu (alb. brenda drinnen, zwischen). Sie pflegen nämlich untereinander albanesisch zu sprechen, um von Anderen nicht verstanden zu werden.

Die bulgarische Sprache gehört zu den slavischen Sprachen, hat aber eigenthümliche Besonderheiten, die ihr eine isolirte Stellung anweisen, vor Allem den Ersatz der Declination durch den Artikel. Ihre historische Entwicklung ist noch wenig bekannt, da das Studium des gegenwärtigen Zustandes noch sehr grosse Lücken aufweist.[2]) Der Bulgare und Serbe verständigen

1) Es ist verfehlt (vgl. z. B. Godišnjica IV. 241 f.), Torlak, Šopsko, Zagorje als fest begrenzte geographische Namen zu behandeln. Ueber die Verbreitung des Namens in Thrakien Slavejkov in der Zeitschrift „Nauka“ II. 462. Nach demselben (Per. Spis. IX, 111) ist turlak auch im bulg. Sprachschatz in der Bedeutung eines wilden, gemeinen Kerls (divák, prosták) vorhanden.

2) Die einzige wissenschaftliche, allerdings nur aus schriftlichen Quellen zusammengestellte Uebersicht der bulg. Sprache bietet Miklosich in seiner Vergleichenden Grammatik der slav. Sprachen (Wien 1868 f., 4 Bde.). Die einheimischen bulg. Schulgrammatiken sind primitiv. Ueber die bulg. Sprachgeschichte ist von einem bulg. Gelehrten, Prof. Drinov, nähere Aufklärung zu erwarten, der ein grosses handschriftliches Material zu derselben gesammelt hat.

sich mit einiger Aufmerksamkeit ohne grosse Schwierigkeiten. Das Russische sprechen muss der Bulgare eigens lernen und verräth sich auch nach Jahre langer Uebung durch Fehler in den Casus und Härten in den weichen Lauten; russische Bücher lernt jedoch der Gebildete leicht lesen.

Im Lautsystem ist, wie im Rumänischen und Albanesischen, der dumpfe Halbvocal (ъ, lautet wie das *u* im engl. church) auffällig. In den östlichen Mundarten wird jedes unbetonte *a* zu ъ verdunkelt und überhaupt jeder tonlose Vocal abgeschwächt (nicht betontes *e* zu *i*, *o* zu *u*, z. B. kunči-to für konče-to Pferdchen). Ein Rest der Nasalvocale (vgl. das polnische ą und ę) lebt nur in einzelnen Worten, besonders in einem Dialect des äussersten Südwestens. Charakteristisch für das Bulgarische ist der Vocal ѣ, der im Osten *ja* (mitunter fast *ea*), im Westen *é* lautet. Einen wichtigen Einfluss auf das dem Umlaut stark ausgesetzte Vocalsystem hat der Accent, der viele locale Nuancen besitzt; im Osten drängt er sich mehr gegen das Wortende, im Westen gegen den Wortanfang. Die Sprache hat jetzt im Osten eine offene Tendenz gegen jede Erweichung der Consonanten und das *j*.[1]) Da es keinen Unterschied zwischen langen und kurzen Silben gibt, klingt das Bulgarische, besonders im Vergleich zum Serbischen, monoton, wird aber stets in raschem Tempo gesprochen.

Der Artikel wird dem Nomen, wie im Albanesischen und Rumänischen, nachgesetzt und ist aus demonstrativen Pronomina entstanden. Er taucht auch in Dialecten der russischen Sprache auf. In Bulgarien lassen sich seine ersten Spuren bis in mittelalterliche Handschriften verfolgen. Sein älterer Typus ist der dreifache Artikel, der sich in zwei in Gebirgsländern inselartig vereinzelten Mundarten erhalten hat, in der Rhodope und in der Dibra am Šargebirge: *glava-ta, glava-na, glava-sa* (dafür in der Dibra *glava-va*), was ungefähr einem lat. caput hoc, caput illud, caput istud entspricht.[2]) In den meisten Landschaften lautet er im Masculinum *t* (-ъt, -at); im Femininum ist er überall *-ta*.[3]) Von der Declination blieb nur der Nominativ als casus generalis, mitunter auch mit dem Rest des altslavischen Auslautes auf -ъ: *grado* (sonst grad, Stadt) und *grada* einiger Dialecte, in denen dieser Auslaut den masculinen Artikel ersetzt. Die Ausbreitung dieser verschiedenen Artikel und Auslaute stellt eine merkwürdig vertheilte Land-

1) Deshalb z. B. bulg. Silistra statt -tria. Joannes wurde Ivan, mundartlich in Panagjurište Evan, in Koprištica Ovan. In Sofia und im Central-Balkan sagt man abъtka (für jabъlka, Apfel), åsen, ósen (für jåsen Fraxinus). Erweichtes *n*, *d*, *t*, *g*, *k* im Westen viel verbreitet, im Osten nur in der Rhodope, Strandža, Kotel und bei den Banater Bulgaren.

2) Formen, wie dete-vo, dete-no, kommen auch in Pirot vor (Cesty po Bulharsku 369) in dem häuslichen, alterthümlichen Jargon, den man dort, wie zu Kratovo und anderswo, „Weibersprache“ (ženski jezik) nennt.

3) Das Demonstrativpronomen *tъ* wurde auch als Artikel ursprünglich declinirt, wie es zahlreiche dialectische Formen bei Šumen, in der Rhodope, bei Trn, in Makedonien noch bezeugen (čoveka-toga, čoveku-tomu).

karte vor.[1]) Nur im Dialect des Gebirgslandes zwischen dem oberen Nišava- und Strumagebiet tritt der Accusativ als zweiter casus generalis auf.[2]) Spärliche Reste der Declination leben nur in Makedonien, in der Rhodope und in der Strandža; sonst findet man sie bloss in adverbialen Verbindungen mit Präpositionen.[3])

Das Verbum besitzt, wie im Serbischen, noch Imperfect und Aorist, die in den nordslavischen Sprachen längst umschrieben werden. Das Futurum wird, wie im Serbischen, Rumänischen, Albanesischen und Neugriechischen, durch Verbindung mit dem Verbum des Wollens bezeichnet (šte piša, ich werde, eigentlich ich will schreiben). Auch den Verlust der Infinitivform hat das Bulgarische mit dem Neugriechischen und Albanesischen gemeinsam (da piša: scribere, eigentlich ‚ut scribam').

Der Wortschatz zeugt in seiner Alterthümlichkeit von dem conservativen Charakter des Volkes. Bei näherer Beobachtung fällt sein grosser Reichthum auf. Türkische Fremdwörter gibt es verhältnissmässig nicht viele; der Bulgare, der in seinem Hause fast alles noch slavisch nennt, spottet über die mit türkischen Elementen erfüllte Redeweise des serbischen Städters.[4]) Dagegen gibt es zahlreiche schon in der byzantinischen Zeit recipirte griechische und manche romanische Fremdwörter. Die vorhandenen Wörterbücher genügen kaum dem praktischen Alltagsgebrauch. Einige grössere Unternehmungen einheimischer Schriftsteller unseres Jahrhunderts sind im Manuscript unvollendet geblieben. Sehr nothwendig wäre ein Wörterbuch, welches nur das Material der lebenden Volkssprache mit deren Sprichwörtern und Liedern, mit Heranziehung aller localen Formen und mit Beschreibung der volksthümlichen Sitten, Gebräuche und Traditionen, sammt den wichtigsten Ortsnamen bieten würde; auf der Halbinsel gibt es ja zu einer solchen Arbeit ein vorzügliches Muster in dem serbischen Lexicon des Vuk Karadžić.[5])

---

1) Der masc. Auslaut -o (grado) herrscht bei Adrianopel, Šumen, Rusčuk, dann in einer von der Donau bis zum See von Kastoria reichenden Zone, nämlich in einem Theil der Landschaft von Vidin, den Gegenden von Sofia, Samokov, Radomir, Küstendil, Dupnica, Razlog, Džumaja, Kratovo, Seres, ferner ganz abseits bei Voden und Kastoria (bulg. Kostur). Der Auslaut -a (grada) umfasst vorzüglich die Landschaften von Trnovo, die Sredna Gora und die Rhodope bei Dospad. Der masc. Artikel -ъt (gradъt) dominirt im Balkan, im grössten Theil des östlichen Dialectes, bei Trn und Pirot. Der masc. Artikel -ot (gradot) herrscht in West-Makedonien: Štip, Veles, Strumica, Kukuš (türk. Avret hissar), Tetovo (bei Kalkandelen), Prilep, Bitolia, Ochrid. Drei Artikelformen haben wie schon bemerkt, die Dialecte der Rhodope und Dibra.

2) Vgl. meine ausführliche Anm. in Cesty po Bulharsku 369.

3) Z. B. ót-rъki rasch, prí-rъce bei der Hand (rъka Hand), tekom (laufend), vikom (schreiend). In dem Rhodopedialect besteht besonders der Dat. Plur.: sejmenem, Turcem. Eine Zusammenstellung der Declinationsreste von Dr. Miletič im Sbornik 1890, II.

4) Es ist charakteristisch, dass die Bulgaren auch für rein türkische Dinge eigene nationale Ausdrücke besitzen. Das Minaret z. B. heisst *vikdlo*, von *vikam* ich rufe, der Turban (türk. čalmá) gъžva u. s. w.

5) Ein hochverdienter Mönch des Klosters Rila, Neofyt († 1881), arbeitete Jahre lang an einem umfangreichen Lexicon, welches das Neu- und Altbulgarische vermischt enthielt, gelangte aber nur bis zum Worte *ovca* (über seinen Nachlass vgl. meinen Bericht

Der Satzbau ist einfach und klar. Der Verlust der Participien und der vielen Casus der slavischen Declination ermöglicht eine leichte Stilisirung, fast wie im Englischen. Die jetzige Schriftsprache ist allerdings noch unvollkommen. Mangelhaftes Vertiefen in die lebende Volkssprache, Unkenntniss der heimischen Syntax (z. B. unrichtiger Gebrauch des Artikels), durch Studien im Ausland herbeigeführter Einfluss fremder Sprachen und ein Wust von französischen Fremdwörtern und russischen Kanzleiphrasen sind ihre Hauptschäden. Erst allmählich findet man das beste Muster in seiner nächsten Nähe.

Die landesübliche cyrillische Schrift hat um einen Buchstaben mehr (das Ѫ) und um einige weniger, als bei den Serben und Russen. Die Cursivschrift hat vor der lateinischen den nicht zu unterschätzenden Vortheil, dass sie in einem Zug geht, ohne ein Abheben der Feder für I-tüpfelchen, diakritische Zeichen und Accente. Die Orthographie ist unsicher und schwerfällig; die der literarischen Gesellschaft zu Sofia hat sich am meisten verbreitet.[1])

Sehr mannigfaltig, aber noch wenig erforscht sind die Dialecte. Der russische Philologe und Reisende Victor Grigorovič (1845) hat das Verdienst, die ersten Grundlagen zur bulgarischen Dialectologie entworfen zu haben.[2]) Seit der Zeit ist von Einheimischen viel Material gesammelt worden, leider

---

im Per. Spis. II, 1882, 131 f.). Der kais. russ. Consul a. D. Herr Najden Gerov (gebürtig aus Koprištica) zeigte mir 1884 in Philippopel sein handschriftliches Lexikon, bis I rein abgeschrieben, das übrige auf Zetteln. Es enthält nur volksthümliche Worte mit Accenten, Citaten aus Liedern und Sprichwörtern und bulg. und russ. Erläuterungen; ein Muster daraus (A, B, ein Theil von V) erschien bereits 1853 in Moskau. Das bulgarisch-russische Wörterbuch, welches der jüngst verstorbene Moskauer Universitätsprofessor Duvernois herauszugeben begann, ist mir bis jetzt nicht zu Gesicht gekommen; es soll nur aus gedrucktem Material zusammengestellt sein, mit Einschluss der Schriftsprache. Viele Glossare befinden sich in Privatbesitz. Man sollte im Lande erwägen, dass eine solche Arbeit am besten gelingt, wenn sie rasch erscheint und durch Zuthuen der Leser und freiwilliger Sammler in neuen Auflagen stets verbessert und vervollständigt wird.

1) Das Ueberflüssigste an der Orthographie ist das nichtausgesprochene ъ (oder ь), welches, wie im Russischen, an den consonantischen Auslaut aller Wörter angehängt wird; die Auflassung dieses historischen Erbstückes würde den Letternverbrauch um ein Siebzehntel verringern. Für den Halbvocal wird sowohl ѫ (altslav. nasales ą) als ъ gebraucht, das erstere meist in den Stammsilben. Unlängst verwendete man für das *i* ausser и auch noch ы, і, nur aus historischer Pietät und aus Nachahmung der Russen, die aber *i* und *y* ganz verschieden aussprechen. Die Entfernung der geschriebenen und gesprochenen Sprache ist gross; z. B. der phonetisch so lautende Satz „măžăt vljăznal văf kăštata-si" (der Mann trat in sein Haus) wird so geschrieben: „mąžъtъ vlěząlъ vъ kąštata-si". Der historische Pedantismus hat die Schreibekunst in allen diesen Ländern sehr erschwert; wie mühsam ist es z. B. dem gemeinen Neugriechen zu wissen, ob er für *i* gerade ι, η, ει oder οι setzen soll! Die einzigen Serben haben es gewagt mit der Tradition vollständig zu brechen.

2) Grigorovič, Skizze einer wissensch. Reise durch die Eur. Türkei, Kasan 1848, 2. Ausg. 1877 (russ.).

nur zerstreut in Zeitschriften.[1]) Für junge bulgarische Philologen liegt da noch ein grosses, schönes Feld offen.

Ueber das Alter der Dialecte wissen wir wenig. Der Keil des östlichen Dialectes, der aus der thrakischen Ebene mitten in den Rhodopedialect hineinreicht und die mohammedanischen Bulgaren von Dospad umfasst, muss schon vor der Ausbreitung des Islams entstanden sein und könnte als ein Beweis gelten, dass die beiden Dialecte bereits am Ende des Mittelalters neben einander bestanden. Die in inselartig abgeschlossenen Grenzen weit von einander fortdauernden Archaismen oder besonderen Entwicklungsgrade zeigen, dass viele Dialecte zum Theil nur verschiedene, in Folge localer Verhältnisse mehr oder weniger fortgeschrittene historische Phasen der Sprache enthalten.

Man theilt die Dialecte meist in zwei grosse Gruppen ein, eine östliche und westliche;[2]) mit Recht trennen manche die merkwürdige Sprache der Rhodope von der östlichen Gruppe als dritten Dialect ab. Bringt man aber die Verbreitung gewisser Eigenthümlichkeiten einzeln graphisch in die Karte, so erscheint ein sehr buntes Bild, dessen Gestalten einander ganz und gar nicht in festen Grenzen decken.[3]) Mitunter bestehen in einer Landschaft bedeutende Gegensätze nahe bei einander, oft zwischen Stadt und Umgebung.[4])

---

1) Abhandlungen von Drinov, Slavejkov, Stojanov, Teodorov, Gъbov u. A. im „Period. Spisanie"; ib. VIII (1883) 80 f. eine kurze allgemeine Uebersicht der Dialectologie von mir, als Einleitung zu einigen Liedern aus Čepino.

2) Die Hauptunterschiede sind, ausser dem Accent, die Verdumpfung oder Abstufung der nichtbetonten Vocale im Osten und Nordosten (plъninà für planina, žiljàzutu für željazo-(o) gegenüber den reineren Vocalen im Süden und Westen; die Aussprache des alten ѣ als *ja* im Osten (besonders erhalten in der Rhodope), *e* im Westen; das Eintreten des *ǵ* und *ḱ* oder *ć* im Westen für das östliche *žd* und *št*; die Endung der altslov. Verba auf -ѫ in der 1. pers. sing. praes. auf *-a* im Osten, auf *-em* im Westen (piša gegenüber pišem ich schreibe).

3) Ueber die ungleiche Vertheilung des masc. Artikels und des vocalischen Auslautes siehe Seite 69 A. 1. Eine gleiche Verschiedenheit besteht in der Vertretung des altslav. ѫ: im Osten ъ (rъka Hand) bei Vidin, Sofia (theilweise) und in einem Theile Makedoniens betont ъ, unbetont *a* (rъka, Diminutiv račica; pъt Weg, patùvam ich reise), in dem anderen Theil des Sofianer Beckens, um das Rilagebirge herum, bei Küstendil, in Nord-Makedonien nur *a* (raka, patò), im Bergland von Trn und West-Makedonien *u* (ruka, put), in der Rhodope und in der Dibra *o* (roka, pot), im Dialect von Kastoria und Bracigovo in einigen Fällen *ъn* (rъnka). Ebenso ungleich vertheilt ist die Aussprache des *r* und *l*: im Osten meist consonantisch *ъr*, *ъl* (tъrn Dorn, vъlk Wolf), nur in Koprištica *rъ*, *lъ* (vlъk, Blъgarin fast wie Blágarin); im Centrum von Zlatica bis zum Vardar vocalisch, wie im Serbischen und Böhmischen; westlich von Vardar wieder *ъr*, *ъl*, in der Rhodope, der Dibra und in Oehrid *or*, *ol* (dorvo Holz, porvi der Erste), allerdings nicht überall consequent. Das Verbum des Wollens beim Futurum lautet im Osten *šte* (mundartlich *še*, *ťe*), von Vidin über Sofia bis Nord-Makedonien *će*, um das Rilagebirge herum von Samokov bis Seres *ke*, westlich vom Vardar, in der Rhodope und in Theilen des Strandžagebirges *ḱe* (von dem serb. *će*, in der Qualität des *ć*, die ich aus Montenegro und Ragusa kenne, merklich verschieden; vgl. das albanesische palatale *k*).

4) Z. B. die 4 Stunden von einander entfernten Panagjurište und Kopriština haben schon Unterschiede im ъ, *r* und *l* (Cesty 250, Anm. 42). Bei Štip haben die masc. Subst. in der Stadt den Auslaut *-o*, in der Umgebung den Artikel *-at*: grado, gradat.

Der östliche Dialect reicht im Osten in die halbtürkischen Pontuslandschaften, im Süden in die untere thrakische Ebene zwischen Adrianopel und Konstantinopel (in Enclaven zwischen dem Rhodopedialect), streift den Fuss der Rhodope, umfasst in einer keilförmigen Halbinsel die christlichen Städte Peštera und Batak und das mohammedanische Plateau von Dospad, überlässt die Quellgegend der Marica dem westlichen Dialect und lehnt sich im Westen mehr oder weniger an den Isker. Die Gegend von Ichtiman und Vakarel ist gemischt, mehr westlich; auch das Becken von Sofia gehört fast ganz dem westlichen Dialect an, während an der Donau der östliche durch neuere Emigration gegen Rachovo hineinreicht. Hieher gehört auch die Sprache der Bulgaren in Bessarabien und im Banat.

Das reinste Bulgarisch, mit einem am wenigsten entstellten Vocalismus, lebt nahe am Trifinium der drei Dialecte, in der centralen Sredna Gora. Die Deteriorirung der nicht betonten Vocale wird östlich von der Linie Philippopel-Nikopol sehr stark und wächst überhaupt gegen den Nordosten des gesammten Sprachgebietes. Durch Erweichung der Consonanten auffällig ist die Mundart von Kotel, auch in Vrbica, Tiča, Elena gesprochen, aber nicht in der übrigen nächsten Umgebung der Stadt Kotel; dieselbe Erscheinung kennzeichnet die Mundart des Strandžagebirges bei Malko Trnovo.

Dieser östliche Dialect wurde die Grundlage der jetzigen Schriftsprache, da die ersten und meisten neubulgarischen Schriftsteller aus dem Lande längs des östlichen und centralen Balkans stammten.

Alterthümlich ist der zweite Dialect, der „rupische“ (rupski jezik) in der Rhodope. Er umfasst das ganze Rhodopegebirge von der unteren Struma bis Enos, mit Ausnahme der Landschaften von Razlog (westlich), Batak und Dospad (östlich), also die Gegenden von Melnik, Demirhissar, Seres, Drama, Nevrokop, Čepino, Achyr-Čelebi, Rupčos, Chasköi, Dimotika und Feré. Oestlich von der unteren Marica dominirt er, vielfach von dem östlichen Dialect durchbrochen, in den Ebenen bei Uzunköpri und im Strandžagebirge bei Kyrkklissé, Bunar-Hissar, Fakija, bis zur Pontusküste bei Burgas und Midia. Sporadisch reicht er in die Ebene von Zagora, ja versprengt bis in die Gegend von Provadija (Landschaft Syrtköiler).[1]

Mannigfaltig sind die Mundarten der grössten dritten, westlichen Gruppe, die sich bis zu den Grenzen der serbischen, albanesischen und griechischen Sprache ausdehnt. Im Wortschatz und einzelnen Formen klingt dieser Dialect an das Serbische an, hat aber ein verschiedenes Lautsystem und besitzt viele der typischen Erscheinungen der übrigen bulgarischen Dialecte in ähnlichen Formen. Diese Mundarten könnte man in fünf Abtheilungen

1) Der dreifache Artikel, das sonst nicht vorhandene dritte Demonstrativpronomen *soja, saja, soea*, das Relativum *kotri* (sonst überall *koj*) und zahlreiche lexikalische Besonderheiten machen die Sprache der Rhodoper auch für denjenigen, der geläufig bulgarisch spricht, beim ersten Zusammentreffen fremdartig und wenig verständlich. Ueber die Ausdehnung vgl. Slavejkov in der „Nauka“, II, 466.

gruppiren. Die erste reicht von der Donau bis zum Vardar; hervorragend ist die um das ganze Rilagebirge herum herrschende Mundart (Samokov, Dupnica, Küstendil, Džumaja, Razlog), in welche der Mönch Neofyt, ein geborener Razloger, die hl. Schrift (1840) übersetzte. Die zweite Abtheilung umfasst die merkwürdige Sprache des Berglandes zwischen Isker, Struma und Nišava, bei Vranja, Trn, Breznik, Caribrod und Pirot. Auf der nördlichen Seite ist sie durch die grosse Expansion des serbischen Elementes und die Assimilirungskraft der serbischen Sprache ganz im Rückgang; ebenso wird sie im Süden von den benachbarten bulgarischen Dialecten verdrängt, wo ihre Spuren bis Kratovo reichen.[1]) Ein grosses Gebiet umfassen die wenig von einander abweichenden Dialecte westlich des Vardar, bei Prilep, Bitolia, Ochrid u. s. w. Im äussersten Südwesten lebt am See von Kastoria (slav. Kostur), an der Grenze gegen Griechen und Wlachen, ein isolirter alterthümlicher Dialect mit Resten von Nasalvocalen, der durch eine Sprachinsel neueren Ursprungs auch in Bracigovo in der Rhodope vertreten ist.[2]) Endlich besteht im äussersten Westen, an der Grenze des albanesischen Sprachgebietes eine eigene Mundart in dem slavischen Antheil der Dibra, welche in einigen Merkmalen mit dem Dialect der Rhodope übereinstimmt (Sprache der sogenannten Mijaci im Radikathal und in Krušovo).[3])

Diese westlichen Dialecte gelangten auch zu literarischer Verwendung durch die Schriften des Archimandriten Pejčinović (1816, Dialect von Tetovo), die Saloniker Drucke des Archimandriten Theodosij (1838 f.), die Evangelienübersetzung des Hieromonachen Paul von Voden (1852), die Schriften des Mönches Neofyt von Rila, des Bischofs Partenij (Dialect der Dibra), der Brüder Miladinov (Dialect von Ochrid), des Dichters Žinzifov (Dialect von Veles) u. s. w.

Ueber den physischen Charakter der Bulgaren gibt es bis jetzt kein systematisch gesammeltes Material, obwohl im Lande eine geordnete Sanitätsverwaltung besteht und die regelmässigen Militäraushebungen Gelegenheit genug zu wissenschaftlichen Beobachtungen bieten. Ein das ganze Land gleichmässig umfassendes Studium mit Schädel- und Körpermessungen, Un-

1) Details in Cesty po Bulharsku 369–370. Die Männer, welche auf den Sommer in die Fremde, meist nach Serbien oder zur Donau als Arbeiter ziehen, sprechen meist gut serbisch oder ostbulgarisch. Ueber das Zurückweichen des Bulgarischen vor dem Serbischen vgl. unsere Heerstrasse 78.

2) Die Nasale bestehen in ungefähr 21 Worten. Vgl. Cesty 320. Sie sollen auch in der Umgebung von Salonik vorkommen.

3) In West-Makedonien sind Elisionen mit starkem Hiatus (su'o dre'o ja'oro'o, Miladinov 371) und Metathesen des *j* auffällig (im Krajište *kujka* für kukja, kuka Haus, das in Küstendil und Sofia kušta, ostbulg. kъšta heisst; bei Kastoria kamejne, čudejne, na kojńa). Die 3. pers. sing praes. hat den Auslaut *-t* (*vidit*, *davat*; *set* = ostbulg. *sa*, *sъ*: sunt), die 3 pers. plur. praes. auf *-aat*, *-aet* (aus -ajut: vela'at, zna'at). Das nicht in *ḱ* (wie noḱ, ostbulg. nošt Nacht) verwandelte *št* lautet westmakedonisch *šč* (ošče noch, östl. ošte; potišča die Wege, ostbulg. pъtišta). Im Detail sind diese Mundarten noch wenig analysirt; in neuester Zeit treibt man das Studium derselben meist zu allerhand politischen Zwecken.

tersuchungen über die Verbreitung der brünetten und hellen Haar- und Augenfarbe, mit Sammlungen von Photographien typischer Gestalten u. s. w. bleibt der Zukunft vorbehalten. Wir müssen uns daher auf einige kurze Bemerkungen beschränken.

Einen einheitlichen bulgarischen Typus gibt es nicht und nach Abstreifung der nationalen Tracht ist der Bulgare auf den ersten Blick nicht so leicht zu erkennen, wie z. B. der Armenier oder der Jude. Es ist die Folge der Völkermischung, aus der sich die heutige Bevölkerung im Laufe von mehr als einem Jahrtausend herausgebildet hat. An Wuchs ist der Bulgare eher klein als gross. Der Bergbewohner des Balkan vom Isker bis zum Pontus, sowie der ihm verwandte Bauer der benachbarten Donau- und Maricaebene hat meist einen kleinen, gedrungenen, knochigen und elastischen Körper. Hochgewachsene, schlanke Gestalten überwiegen in der Niederung an der Donau vom Timok bis Pleven und im Gebirgsland bei Sofia, Radomir und Trn. Beleibte Personen sind selten, viel seltener als unter den Türken. Das Haar ist meist dunkel und hart; krausköpfige Personen finden sich nur wenige. Neben schwarzem Haar sieht man meist dunkelbraunes mit röthlichem Stich; ein nordisch hellblonder Kopf ist eine Ausnahme. Aeusserst mannigfaltig sind die Gesichtstypen. Es gibt slavische Gesichter, wie man sie in Russland, Polen und Böhmen antrifft, daneben romanische, die auch in den serbischen Ländern stark vertreten sind, ferner griechische, besonders in den Städten (Philippopel, Trnovo, Svištov u. s. w.), dann auch armenische und kaukasische mit starken Nasen, nicht nur unter den Stadtbürgern, sondern z. B. auch in der Ebene bei Philippopel. Die breiten, fast aufgedunsenen Gesichter mit kleiner Nase und vortretenden Backenknochen, z. B. bei Sofia und in gewissen Balkanthälern, verrathen alttürkische, petschenegische oder kumanische Abkunft, ja so mancher rothwangige Bulgare aus dem Balkan des Kreises von Trnovo sieht mit seinen buschigen Brauen über dem dunkeln Auge, dem langen abwärts gedrehten Schnurrbart und dem spärlichen Bartwuchs des Kinns ganz tatarisch oder kalmückisch aus. Es fehlt endlich, wie in Rumänien, nicht an Zigeunertypen. In Makedonien und in der Rhodope gibt es einen rührigen, dürren, brünetten Menschenschlag mit kleinem Kopf und kurzem Kinn. Unter den Männern findet man manches schöne Antlitz. Die Frauen haben mehr intelligente als schöne Gesichter; an Schönheit des weiblichen Geschlechtes sind alle übrigen Balkanvölker reicher ausgestattet als die Bulgaren. Als die schönsten im Lande gelten die Bulgarinen von Šumen, Karlovo und Vraca.

Im Mittelalter trugen die Männer langes Haar und lange Bärte. Die türkischen Sitten haben dies verändert. Langes Haar findet man bei den Bauern, aber nicht oft; meist wurde es kurz geschoren, ja z. B. in West-Bulgarien oder bei Chasköi mitunter ganz rasirt bis auf einen Büschel oder Zopf am Scheitel (perčin). Den Vollbart liessen nur Popen und alte Männer frei wachsen; alle übrigen rasirten sich das Gesicht bis auf einen wohlgepflegten Schnurrbart. Jetzt gewinnt das Tragen langer Bärte wieder täglich mehr Anhänger. Diese Aeusserlichkeiten nebst der Tracht beirren sehr bei der Beurtheilung der Physis der orientalischen Völker. Dem Neuling im Orient erscheinen die gleichartig gekleideten, frisirten und rasirten Stadtbewohner verschiedener Nationen wie ein Volk; Bulgaren, Rumänen und die Kaukasusvölker mit ihren Schaffellmützen machen ihm den Eindruck stammverwandter Völkerschaften. Andererseits scheint der Zusammenhang

Fig. 1. Bauer aus der Landschaft von Breznik.

zwischen einem studirten Bulgaren in Cylinder und Frack, einem bulgarischen Bauern in Volkstracht und Kalpak und einem mohammedanischen Bulgaren in Turban und Kaftan auf den ersten Blick zweifelhaft, obwohl die drei Personen einem einzigen Gau entstammen und ihre Travestirung unter einander gut wechseln können.

Die Musculatur des Bulgaren ist vortrefflich. Er hat einen gesunden, kräftigen Leib und erträgt unglaubliche Anstrengungen, harte Arbeit und weite Märsche. Diese Ausdauer ist aber nur der Besitz der bäuerlichen und halbbäuerlichen Classen. Der Handel treibende Städter, die Intelligenz und zwar aller orientalischen Völker ohne Ausnahme ist im Ganzen verweichlicht und wehleidig in Folge einer verfehlten physischen Erziehung, des Mangels an Leibesübungen und Abhärtungen in jungen Jahren, sowie der Jahrhunderte langen Ausschliessung der Christen vom Militärdienst. Auch der übermässige Gebrauch warmer Bäder wirkt entnervend.

In seinem Charakter ist der Bulgare äusserlich scheinbar ruhig und phlegmatisch; aus der Nähe bemerkt man aber bald, dass sich unter dieser äusseren Ruhe oft ein heftig aufbrausendes cholerisches Temperament verbirgt. Von dem poetischen Flug und dem fröhlichen Lebensgenuss anderer Balkanvölker ist er ziemlich entfernt. Der Bulgare ist nüchtern in jeder Beziehung, berechnend und arbeitsam. Seine Arbeitskraft sowohl bei der Bestellung des Feldes als beim Handwerk ist unverwüstlich. Hinter der äusserlich misstrauischen Bauernschlauheit des gemeinen Mannes steckt ein scharf beobachtender Blick; mit ruhiger Gelehrigkeit findet er sich als Schüler, Soldat, Handwerker oder Kaufmann rasch in das Wesen der ihm anvertrauten Sache hinein. Sein Gemüth ist friedfertig und gutmüthig, aber nicht ohne Ausnahmen, wo Rachsucht und Neid eine grosse Rolle spielen. Dazu gesellt sich oft Eigensinn und Trotz (bulg. inát). In bewegten Zeiten, bei Wahlen, Revolutionen, Kriegen u. s. w., erfasst den Bulgaren ein die Massen hinreissender Enthusiasmus oder auch Fanatismus, der ihn mit grosser Energie bewaffnet. Sonst kühlt das Feuer des Bulgaren rasch ab und macht bald der üblichen ruhigen Speculation Platz.

Die Lebensweise ist einfach und genügsam. Grosse grüne Paprika's, schwarzes schwammiges Brod und Wasser aus dem Krug sind das Mittagsmahl des bulgarischen Ackersmannes auf dem Felde und des Saumthiertreibers auf der Strasse, das höchstens noch mit rohem Knoblauch, Schafkäse und Speck gewürzt wird. Der Stadtbewohner lebt nicht viel besser. Der Küchenzettel der Bulgaren, Griechen, Serben weist, wie der des Italieners und Spaniers, höchst einfache Gerichte auf, die in ganz Süd-Europa eine gewisse Familienähnlichkeit besitzen. Es sind Naturalien, überwiegend vegetabilische Stoffe in einfacher Zubereitung; das mühevolle kunstmässige Kochen ist dem Orientalen unbekannt. Die Speisenterminologie gewährt weder dem Slavisten noch dem Byzantologen eine Ausbeute und ist gar nicht national; die Lehrmeister der Balkanvölker im Essen waren die Türken.[1])

1) Die Fleischgerichte sind: eine sauere gepfefferte Hühnersuppe (čorba), dann verschieden zubereitetes Schaf- oder Rindfleisch, nämlich am Spiess gebraten, in kleinen Stücken mit Gemüse gekocht (jachnija), nach Art italienischer Carbonate geschmort (küfte), in dünnen Schnitten gebacken (prizóli) oder an der Sonne getrocknet (pastarma), ferner Geflügel und Fische. Nach Sofia bringt man im Winter grosse Fische von der Donau und den makedonischen Seen. Unter den Vegetabilien behauptet den ersten Rang der Reis (oriz), mit gehacktem Fleisch gemischt (pilav), in Paprika's und Kürbissen

Ausser Wein und dem aus Weintrebern oder Pflaumen erzeugten Branntwein (rakíja) trinkt man auch die bozá, ein kaltes, braunes, undurchsichtiges gegohrenes Getränk aus Gerste, ohne berauschende Wirkungen. [1]) Bulgarien braucht kein Gesetz gegen die Trunkenheit. Nur die Šopen des Beckens von Sofia stehen im Rufe eifrigen Rakigenusses; sonst trinkt sich der Bulgare höchstens bei Festlichkeiten einen kleinen Weinrausch an. Das Essen und Trinken ist hier zu Lande nur eine Nebensache; daher sind auch die abscheulichen Scenen nordländischer Unmässigkeit und Völlerei gänzlich unbekannt. Die einzigen Reizmittel sind Kaffee und Tabak; Opium rauchen nur städtische Türken, zu ihrem grossen Verderben.

Diese Genügsamkeit, verbunden mit einem ruhigen, arbeitsamen, nur zeitweilig erregten Temperament nähert den Bulgaren dem Italiener und Griechen. Gross ist der Unterschied zwischen dem Russen und dem Bulgaren. Der Russe ist offen, fröhlich, ein vollkommener Gemüthsmensch; was er gewinnt, verbringt er rasch wieder mit leichtem Herzen. Der Bulgare dagegen ist verschlossen, ernst, erwägt alles mit Geschäftsgeist und berechnet stets, wie viel er ersparen könnte. Verschwender fand ich unter den Bulgaren keinen, höchstens Leute, die sich verrechneten oder aus politischem Eigensinn zu viel verausgabten; Beispiele von ungewöhnlicher Aufwandlosigkeit und Kunst des Erwerbens, die an griechische und armenische Muster mahnten, waren dafür sehr gewöhnlich. Die grössten Sparmeister sind die Makedonier aller Classen; ich hatte z. B. in meiner Kanzlei einen gut gezahlten jungen Beamten, einen Eingeborenen des Vardarthales, der täglich kaum einen Franken verbrauchte. Daher das fortwährende Wechseln der Carrière in dem jungen Staat; der Mann ist Lehrer, Richter, Secretär oder Unternehmer rasch nach einander, wo es gerade mehr zu ersparen oder zu gewinnen gibt. In Sofia haben es manche kleine Beamte in kurzer Zeit zum Ankauf oder dem Bau eines bescheidenen kleinen Häuschens gebracht. Der äussere Luxus ist dem Bulgaren in seiner Aufwandlosigkeit ein Greuel, besonders der auf Landeskosten. Auch die intelligenten Classen tragen europäisch zugeschnittene Kleider aus grober bulgarischer Schafwolle, gelbem, braunem oder weissem „šaják“ und bedecken ihr Haupt mit dem zottigen Kalpak. Nur europäische Möbel fanden in den Städten als ein neues und schönes Ding viele Käufer; ebenso verbreiteten sich unter dem Einfluss der zahlreichen Feste auch ele-

---

gefüllt oder in Weinlaub eingehüllt (sarma). Dazu gesellen sich Liebesäpfel, Cellerien, Bamija's (Hibiscus esculentus), Patladžan's (Solanum melongena) und besonders grüne Paprika's (Capsicum annuum, čúška) aller Grössen, süss (blági) und scharf (ljúti). Der intensive Geruch der Knoblauchesser mischt sich bei kirchlichen Festlichkeiten selbst in Sofia oft mit dem des Weihrauchs. Aus Mais wird ein Brei „Kačamák“ bereitet. Mehlspeisen gibt es nicht, ausser höchst süssen türkischen Dingen; dabei wird viel Brod gegessen, das aber bei der primitiven Zubereitung bald ungeniessbar wird. Schafkäse und Früchte dürfen auf dem bulgarischen Tisch nicht fehlen; im Sommer geniesst man viel sauere Milch. Die Speisen kocht man auf offenem Feuer in flachen Metallgefässen (téndžera, tigán, tepsíja).

1) Es ist ein türkisches Getränk; 1680 verbot Sultan Mohammed IV den Verkauf dieser „Buza“. Hammer, Gesch. des osm. Reiches III² 715.

gante abendländische Frauenkleider. Dies erregte eine Opposition, welche die Nationalkleider und die groben Erzeugnisse nationaler Industrie in Mode zu bringen sucht; selbst in Sofia tragen rauchende Stutzer altes Feuerzeug mit Feuerschwamm (práchъn-ta) in der Tasche, das allerdings unter offenem Himmel praktischer ist als alle Zündhölzchen.

Pathologische Eigenthümlichkeiten gibt es wenige. Obwohl das Land von hohen Gebirgen durchzogen wird, ist der Cretinismus eine Seltenheit, wie auf der ganzen Balkanhalbinsel. In vollständig entwickeltem Zustande, der ganz den Erscheinungen der bekannten Alpenthäler gleicht, erscheint derselbe nur rings um das Rilagebirge herum, besonders an den Quellen der Marica und des Džermen, sowie am mittleren Laufe des Flusses Rila. Die dortigen Cretins sind bartlos, mit grossen Köpfen, dicken Wangen, kleinem Leib, einer weiblichen Stimme und schaukelndem Gang. In Saparevska Banja (Okolija von Dupnica) beobachteten wir einen 18jährigen dicken Cretin von der Grösse, aber ohne die Intelligenz eines kleinen Schulknaben; im Marktflecken Rila massen wir einen Erwachsenen von nur 80 *cm* Höhe. In dem an Cretins reichen Dorfe Pastra am Rilaflusse soll der grösste Theil der Bevölkerung Kröpfe haben. Ausserhalb dieses Gebietes tritt der Cretinismus nicht auf. Personen mit Kröpfen sieht man sporadisch im Rhodopethale Čepino, dann unter dem Südostfuss der Vitoša, sowie in einigen Balkanthälern, nämlich bei Belogradčik und Gabrovo auf der Nordseite, in Klisura im Gjopsathale und bei Sliven auf der Südseite, aber alles dies nur ausnahmsweise. Bei Izvor nördlich von Küstendil bemerkte ich Zwerge, aber keine Cretins oder Kröpfe. In Klisura und Pastra schreibt man die Kropfbildung ganz wie in den Alpenländern dem Trinken von Wasser aus gewissen ungesunden Quellen zu (gúšavi vódi, „Kropfwässer").

Die Trachten (drécha, obtekló) des bulgarischen Landvolkes sind sehr mannigfaltig, besonders die weiblichen (Fig. 1–14). Die nationale männliche Kopfbedeckung bildet eine braune oder schwarze zottige Schaffellmütze, niedrig und oben flach (kalpák, gúgla vom lat. cucullus). Die leichten schwarzen Kalpaks der Städter sind nur eine verfeinerte Imitation dieser schweren Bauernmützen. In den Landschaften an der unteren Marica trägt man auch schwarze Turbans, bei Sofia ganz kleine hochrothe Tuchmützen, welche im ganzen Westen auch zum Costüm der kleinen Kinder gehören.[1]) Die Jacke und die breiten Hosen (gášti) sind meist aus dunkelbrauner Schafwolle (aus dem Stoff aba). Nur im Westen, bei Vidin, Sofia, Trn trägt man weisse Kleider und ganz enge Hosen.[2]) An den Nähten und Rändern sind die Kleidungsstücke verziert mit farbigen Schnüren (gajtani). Um den Leib wird ein dunkelrother breiter Wollshawl, oft viele Meter lang, als Gürtel (pójas) gewickelt; in den Falten des-

1) Diese Tracht ist alt. Das „pilcolum purpureum" der „virgines nobiles" in Serbien bemerkte schon Busbeck 1553 zu Jagodina (ed. 1633 p. 31).

2) Diese engen Hosen nennt man bei Sofia und Pirot brevenéci, benevréci, ein räthselhaftes, in der ganzen Nordhälfte der Halbinsel, von der Rhodope bis zur dalmatinischen Küste bekanntes Wort (auch alb. brendevek, rum. bernevoči). Das Lexicon der südslav. Akademie von Agram versucht es auf das lat. bracae zurückzuführen.

selben pflegt der Mann auch seine kleinen Habseligkeiten zu tragen. Die Hirten im West-Balkan und bei Dragoman hüllen sich in plumpe Röcke und Hosen aus schwarzen zottigen Ziegenhäuten und sehen mit ihren grossen Pelzmützen auf dem Kopf von der Ferne aus wie Bären oder lebende Bilder des alten Gottes Pan. Die Gebirgsbewohner tragen meist dicke weisse Wollstrümpfe (čorápi, kalcúni). Die nationale Fussbekleidung sind Bundschuhe (opinci, carvúli), ein gefalteter und mit kleinen Riemen geschnürter Lederlappen, der eine leichte, rasche Bewegung ermöglicht und beim Auftreten kein Geräusch macht. Barfüssige erwachsene Menschen erblickt man selten. Das weisse Hemd (riza, košula) ist an der Brust und den weiten Aermeln reich ausgenäht, meist mit rothen Ornamenten; jede Landschaft hat ihr Muster zu diesen Verzierungen. Unterhosen trägt der gemeine Mann nicht. Im Winter legen beide Geschlechter Pelzröcke (kožúch) verschiedener Grösse an, meist Schafpelze mit nach einwärts gekehrtem Fell.

Fig. 2. Bauer aus dem Becken von Dupnica.

Eine unendliche Mannigfaltigkeit besteht in den weiblichen Trachten; auch nahe bei einander gelegene Dörfer unterscheiden sich durch ihre Ornamente. Die einfachste Kleidung, zwei schwere teppichartige Schürzen, die eine vorn, die andere hinten, trifft man nur in dem Donaugebiete. Sonst werden zusammenhängende Röcke der verschiedensten Farben getragen, nebst einer eigenen, mitunter ärmellosen Jacke; eine reich ornamentirte Schürze (prestilka, fúta, skutáč) fehlt nie. Das Hemd reicht unten meist über den Rocksaum hinunter. Der an zwei Spannen breite Gürtel ist entweder schwer von Leder oder leicht von blauer oder rother Wolle, manchmal auch mit Silberstickerei bedeckt; als Spangen (pafti, in Trnovo pachti) dienen zwei grosse metallene, oft silberne Schilder. Die Frauen (žena) schützen den Kopf mit einfärbigen Tüchern (kърpa), die unter dem Zopf zusammengeheftet werden, die Mädchen (moma) dagegen gehen meist barhäuptig. In der Rhodope und Strandža tragen die Weiber, wie in der Herzegovina, einen rothen Fez und ein weisses Tuch darüber, an der unteren Marica einen schwarzen Turban und ein weisses flatterndes Tuch darunter. An das Haar heftet man in vielen Gegenden einen falschen Zopf aus Ziegenhaar oder Wolle, der mit

Silbermünzen besetzt ist.[1]) Münzen um den Hals herum, auf dem Ledergürtel, mitunter auch auf der Stirn an einer Art Diadem vervollständigen nebst Blumen, Reisig und Gräsern den Schmuck einer jungen, in ihren Bundschuhen rasch beweglichen Bulgarin. Reiche Frauen tragen anstatt des gewöhnlichen, auf Fäden gereihten Halsschmuckes (nánizi, sinci) von Korallen, Glaskugeln und Silberstücken zahlreiche Goldmünzen (altъni). Nicht zu vergessen sind Ringe (pъrsten), Ohrringe (óbici) und Armbänder (grivna), die Letzteren z. B. bei Sofia massiv aus Messing in Formen, die an unsere „praehistorischen" Funde erinnern. Der Wechsel in der Farbe ist gross von den schwarzen Kleidern der Sredna Gora zu den schneeweissen bei Lompalanka, den dunkelblauen der Rhodope und der Gegenden an der Vitoša und den grünen bei Küstendil, ein jedes natürlich mit andersfarbigen Zuthaten. In den Schürzen und Gürteln überwiegt die rothe Farbe aller Nuancen. Die Stoffe zu diesen prächtigen, massiven Kleidern werden im Bauernhause selbst gemacht, durch Frauenarbeit auf dem Webstuhl, und auch gefärbt.[2])

Der Bauer verlässt das Dorf nie ohne eine Keule oder einen langen dicken Stock (sópa), welcher auch zum Anspornen der eingespannten Ochsen und Büffel dient. Nach dem Zeugniss eines der besten Beobachter unter den Reisenden des 16. Jahrhunderts, des Ritters Hanns von Dernschwam (1553), trugen die Bulgaren schon damals allgemein „grosse Prügel". Die Frau nimmt den Spinnrocken (fúrka, chúrka) auf den Weg mit.

Aus den alten Reisebeschreibungen lernen wir, dass sich diese Trachten binnen 3—400 Jahren im Ganzen nicht viel verändert haben. Nach den Traditionen der Einwohner ist aber im letzten Jahrhundert schon ein Rückgang eingetreten. Man erzählt von merkwürdigen Costümen, die erst vor Kurzem verschwunden sind. Z. B. an der Iskermündung trugen die Frauen früher grosse hölzerne Teller auf dem Kopf, mit Blumen, Münzen und anderem Schmuck. Es war eine Tracht, die der Venetianer Ramberti 1534 beschreibt.[3])

Die Städter tragen meist türkische Tracht. Der früher herrschende rothe Fez ist jetzt durch den Kalpak vollständig verdrängt. Die Kleider bestehen aus einem harten, aber leichteren einheimischen lodenartigen Wollstoff (šajak) von brauner oder gelblicher Farbe; eine pelzverbrämte kurze Jacke, ein rother vielmals um den Leib gewickelter Gürtel, breite, vom Knie abwärts gamaschenartig verengte Hosen (potúri) und schwere Lederpantoffel bilden das übliche Costüm der Krämer und Handwerker. Die Frauen tragen

---

1) Dieser falsche Zopf heisst in Sofia kocák, kocál; im Osten nennt man den Haarschmuck kok, kosičnik (kosá, Sing. Haar).

2) Der Webstuhl bulg. stan, bei Sofia, in der Strandža u. s. w. rázboj. Beide Ausdrücke grenzen an einander auch im Serbischen in Ragusa (in der Stadt razboj, in den Gebirgen der Herzegovina stan).

3) Mittheilung des Herrn Schulinspectors Cano Ginčev. Ramberti sah diesen Kopfputz zwischen Niš und Pirot: „uno tagliero molto grande in capo, alquale ligano argenti, aspri, vetri, ambri e ducati rasonati, che pendeno". (Viaggi fatti da Vinetia alla Tana etc. Vinegia 1545 f. 114 v.)

ein dunkles Tuch, früher auch oft einen mit Tuch umwickelten Fez auf dem Kopf, eine Pelzjacke, einen schweren, nicht selten kunstreich verzierten Gürtel und einen faltigen, meist schwarzen Rock (sukmán). Noch vor Kurzem begegnete man hie und da christlichen Stadtfrauen der älteren Generation in breiten schwarzen Pluderhosen (šalvári) nach Art der Türkinen. Jetzt verbreiten sich männliche Kleider nach „fränkischem“ Zuschnitt, allerdings sackartig weit, und die Bulgarinen lernen schnell Hüte und abendländische Modekleider kennen.

Die Personennamen sind theils alteinheimisch, theils dem christlichen Kalender entlehnt; die Heiligennamen gewinnen in letzter Zeit den Vorsprung. Die alten Namen sind, wie bei allen Völkern, zum Theil der Natur entlehnt: Sokól (Falke), Golъb (Taube), Vъlko (Wolf), Paúna (Fem. von paun Pfau) Žélez (Eisen), Kámen (Stein), Vъrbán (vъrba Weide, Salix) u. s. w. Daran schliessen sich altslavische und altbulgarische Namen: Desimir, Radomir, Deljan (diese in der Sredna Gora), Radoslav, Dojčin, Stanimir, Šišman, Stojan, Dragan, Pъrvan, Chuben, Iskren, die weiblichen Stana, Velika, Rada, Donka u. s. w. Gross ist die Anzahl der mannigfach abgeleiteten zweisilbigen Diminutive.[1]) In den Städten trifft man fast nur christliche Kalendernamen: Dimitri, Georgi, Angel, Filip, Lazar, Marin u. s. w., höchstens daneben eine slavische Uebersetzung derselben, wie Spas (Sotir) oder Bogdan (Theodor). In Philippopel, Trnovo und anderen grösseren Städten sind Diminutive mit griechischen Endungen in Mode (Janaki von Joannes, Kostaki von Constantin, Michalaki, Andonaki u. s. w.).

Familiennamen (bulg. prjákor) waren bis jetzt eine Seltenheit. Man fand sie nur in den alterthümlichen, rein bulgarischen Orten der Sredna Gora (Kopriština, Panagjurište), dann im Westen, soweit sich die Geschlechter nach Art der serbischen Zadruga's halten, mit Formen des nominalen Adjectivs (auf *-ov -ev*: Radomirov, Danev). Die Mitglieder dieser Familien schreiben sich, wie die Russen, mit drei Namen, dem Personennamen, dem Namen des Vaters und dem des Geschlechtes (z. B. Marin Stojanov Drinov). Anderswo, selbst in der sonst so aufgeweckten Landschaft von Trnovo, gibt es keine Familiennamen und natürlich auch keine traditionelle Familiengeschichte. Selten sind Familiennamen auf *-in* (adjectivisch, eigentlich ein Metronymicon, im Westen bei Trn: Stanin, Kolin, Panin), *-lija* (aus dem türk. Einwohnersuffix *-ly*: Sofijalija der Sofianer), *-ski* (im Strumagebiet Žablenski, Ljubatski u. s. w. von den Orten Žableno, Ljubata). Sonst wird nur der Name des Vaters dem Eigennamen hinzugefügt, wie bei allen Balkanvölkern: Ivan Georgiev oder Georgov, Jovan Gjorgjević, *Ἰωάννης Γεωργιάδης*, Joan Ghe-

---

1) Die Diminutive (gúleni imená, „Schmeichelnamen“) werden oft mit sehr unähnlichen Kalendernamen zusammengestellt: Kočo Konstantin, Koljo Nikola, Petko (Penčo, Pejo, Pelo) Peter, Totjo Theodor, Gogo Grigori oder Georg, Jačo Kyriak, Minčo (Mišo) Dimitri, Gančo Dragan, Cane (Cončo) Stefan oder Stojan u. s. w. Im ganzen Osten und Norden mit Einschluss von Sofia ist deren Auslaut *-o* (Penjo, Koljo, Veljo), dialectisch *-u* (Radku, Ivanču), im Strumagebiet *-e* (Pene, Kole, Vele), bei Trn mitunter *-a* (masc. Mita, Vasa, Lila).

orghescu (Johannes Georgssohn) stellen den Typus der sich hundertfältig moneton wiederholenden modernen Personennamen bei Bulgaren, Serben, Griechen und Rumänen dar. Bei geringer Auswahl kann diese Nomenclatur vollkommen einförmig werden und die Individualität des Einzelnen sehr verwischen. In Bulgarien ist jedoch die Mannigfaltigkeit recht bedeutend. Statt des väterlichen Namens bildet oft auch das väterliche Geschäft die Grundlage des Patronymicums: Kasapov der Fleischerssohn, Čobanov der Hirtensohn, Nožarov der Messerschmiedsohn u. s. w. Hieher gehört auch der so gewöhnliche Popensohn Popov. Familiennamen auf *-ović*, von denen auf *-ov* in zweiter Stufe abgeleitet, sind selten, z. B. in Svištov.

Das Gewohnheitsrecht der Bulgaren ist noch wenig bekannt. In der grossen Sammlung südslavischer Rechtsgebräuche von Professor Bogišić (1874) wird Bulgarien nur durch spärliche Beispiele vertreten. Die von Bogišić verfasste Anleitung zum Sammeln des Materials ist in zwei bulgarischen Bearbeitungen erschienen, aber bisher ohne sichtbares Resultat.[1]) Die einheimische juridische Literatur ist erst in den Anfängen; das Studium der Rechtsgewohnheiten wäre eine schöne Aufgabe für den neuen juridischen Verein in Sofia und dessen Zeitschrift.

Bei den Rechtszuständen ist vor Allem die Familienverfassung in Augenschein zu nehmen. Die Bauernfamilien sind oft recht zahlreich. Man findet Ehepaare mit 12 Kindern, ja es wurden mir, nicht ohne einen gewissen Stolz, Fälle genannt, wo ein zweimal vermählter Mann 18—24 Nachkommen hatte.[2]) Nach Iliev entfallen im Kreis von Stara Zagora auf eine bulgarische Familie durchschnittlich 5·3 Seelen, auf eine türkische 4, desgleichen auf ein bulgarisches Haus 5·5 Personen, auf ein türkisches 4·3, was auch die grössere Dichtigkeit der bulgarischen Bevölkerung gegenüber der türkischen vor Augen führt. Im Fürstenthum kommen nach der Volkszählung von 1881 auf ein Bauernhaus durchschnittlich 5·9 Einwohner, im Kreis von Sofia 6·37, in dem im Küstendil 7·82, in einigen Dörfern des Kreises von Trn 10—11.

Die neulich erschienenen Resultate der Volkszählung von 1888 geben nicht die Häuserzahl, sondern die Zahl der Haushaltungen, bulg. domakinstvo an. Darnach gab es im Fürstenthum 556.400 Haushaltungen: 8877 mit 1 Person, 199.779 mit 1—5, 305.500 mit 5—10, 42.244 mit mehr als 10 Personen. Die stärksten Häuser sind im Westen: die Dörfer der Okolija Trn mit 7·6 Personen, der Okolija Breznik und Sofia 7·5, Caribrod 7·0,

1) Von Odžakov (Prag 1874) und Bobčev (in der Philippopler Zeitschrift „Nauka", II, 1882, S. 1019—1038, 112 Fragen); Fragen des russischen Juristen Matvejev in rumel. Diensten in der „Nauka" I 175 f. Bobčev veröffentlichte in der „Nauka" III eine Serie Materialien aus Hissar, Chasköi u. s. w.

2) In Anchialos sollen auch die Griechinen zuweilen bis 16 Kinder haben. Als eine Eigenthümlichkeit bemerkte ich bei Philippopel und im Städtchen Rila, dass die Mütter noch solchen Kindern die Brust reichen, die schon aufrecht herumgehen, bis zum dritten Jahr und darüber, besonders den jüngsten; die Sitte kommt auch bei den Türken und den Kaukasusvölkern (z. B. im Lesgistan) vor

Samokov 6·9, sämmtlich mit Ausschluss der Stadtgemeinden. Zunächst folgen Izvor (bei Küstendil) 6·8, Iskrec 6·7, Belogradčik 6·5, Bela Slatina (bei Rachovo), Nikopol, Novoselo (Kreis Sofia) 6·3, Kutlovica und Lompalanka 6·2. In den übrigen Landschaften variirt die durchschnittliche Mitgliederzahl des Haushaltes von 6·1 bis 4·7, ohne dass die Abnahme oder Zunahme der Ziffer an bestimmte Gruppen oder Zonen gebunden wäre.

Das Zusammenwohnen von mehreren Brüdern nebst deren Kindern und Enkeln in einem Familienverbande (serb. zadruga, in der österr. Militärgrenze „Hauscommunion" genannt) unter der Leitung eines Aeltesten, welches bei den Serben, Kroaten und Albanesen früher allgemein üblich war, aber in unserem Jahrhundert, besonders im Königreich Serbien rapid schwindet, ist in Bulgarien nur in einigen Ueberresten bekannt. In den meisten Gegenden hat der Hausvater (domakín, domovladíka, stopánin, djádo) nur seine Kinder im Hause, von denen die meisten sich ausserhalb des väterlichen Herdes niederlassen; selbst das Zusammenwohnen mehrerer Brüder mit deren Familien ist selten. In den kleinen Städten der Sredna Gora (z. B. in Koprištica) gibt es Familien, die an 40 Mitglieder zählen, aber dieselben leben in keinem juridischen Gesammtverband und wohnen nicht beisammen. Die überaus zahlreichen Patronymica in den Namen der Gebirgsweiler weisen auf eine Zeit, wo jede Gruppe von Höfen thatsächlich noch von einer einzigen Familie bewohnt war. Das türkische Unterthanengesetz (Kanuni Raja) Sultan Suleiman's aus dem 16. Jahrhundert kennt das Zusammenwohnen zahlreicher Brüder, aber auch die Theilung; es bestimmt, dass wenn nach dem Tod eines Raja fünf oder sechs Söhne da sind, alle den Grund in Gemeinschaft besitzen sollen, aber zu gleichen Theilen; stirbt einer derselben, ohne Söhne zu hinterlassen, so erbt seinen Theil nur der älteste Bruder.[1])

Fig. 8. Bäuerinen aus den Umgebungen von Sofia.

Die Reste grösserer Familiengemeinschaften beschränken sich auf die Bezirke von Caribrod, Trn und Breznik, die gebirgigen Theile der Landschaft von Radomir, die Umgebung der Lilin Planina und der Vitoša bei Sofia und Pernik und die makedonischen Landschaften von Kratovo und Štip nahe jenseits der Grenze (Fig. 15).

1) Hammer, Osman. Staatsverfassung 1, 191.

Die grosse, aus mehreren Ehepaaren bestehende Familie heisst **rod** oder **róda** (fem.), ein Wort, welches ursprünglich ein **Geschlecht** (gens) bezeichnet.[1]) Sie führt stets einen alten Namen, meist ein Patronymicon nach einem Urahn (z. B. Zlatovi, Zlatovci, die „Zlatiden" nach einem Zlat). Der Aelteste wird bei Sofia **domakín** genannt, bei Trn **starejšina**, bei Breznik sogar auch türkisch **čorbadžija**. Es ist ein gewähltes Oberhaupt, mitunter auch ein Witwer oder ein unverheirateter Jüngling. Er führt die Rechnungen, kauft und verkauft, vertritt sein Haus vor dem Gericht, alles nach Beschluss der Hausgenossen; dieselben vertheilen die Arbeit selbst unter einander, der Aelteste überwacht nur die Ausführung. Neben ihm vertheilt und leitet die weiblichen Arbeiten die **domakínja**; dies kann sowohl die Frau des Aeltesten oder eine andere dazu gewählte Verwandte sein, selbst ein unverheiratetes Mädchen. Die Frauen kochen für das ganze Haus auf dem gemeinschaftlichen Herd eine nach der anderen, nach einer bestimmten Ordnung. Jedes Mitglied übergibt den Erlös seiner Arbeit dem ganzen Geschlechte, welches ihn dafür mit seinen Kindern speist und bekleidet. Der Einzelne kann sich von der Gemeinschaft trennen oder auch ausgeschlossen werden; beim Abgang erhält er seinen Theil und Kleidung, aber so lange der Vater lebt, darf der Sohn um Ausfolgung seines Theiles nicht ansuchen. Das Geschlecht enthält ausser den Blutsverwandten auch Schwiegersöhne und Schwiegertöchter; die auf bestimmte Termine gemietheten Knechte (rataj) sind in keinem besonderen Verband mit dem Geschlechte. Die Töchter erhalten zur Hochzeit nur eine Aussteuer in Kleidern und Decken, aber der Schwiegersohn gibt dafür dem Geschlechte eine Geldsumme. Der in das Haus eintretenden Schwiegertochter verbleibt die Aussteuer als Privatgut.

Diese Geschlechtsverfassung in demselben Bergland entging nicht der Aufmerksamkeit eines Reisenden des 18. Jahrhunderts. Gerard Cornelius van der Driesch, welcher 1719 eine kaiserliche Gesandtschaft nach Konstantinopel begleitete, bemerkt, eine Eigenthümlichkeit der Bauern bei Pirot sei, „dass sie nach dem Exempel der alten Römer noch in Geschlechter ausgetheilt sind, also zwar, dass wann ein Sohn zu einem solchen Alter kommt, worinnen er sich verheyrathen kann, er auf väterlichen Grund für sich und seine Braut ein Haus aufbaue, wann er nicht sonst schon ein leeres daselbst findet, und dieses geschiehet so vielmal, als das väterliche Erb solches zu ertragen geschickt ist; wann aber selbiges nicht mehr im Stand was mehreres zu ertragen, muss er von dar weichen und sich eine andere Wohnung suchen."[2])

---

1) Bei Sofia habe ich das Wort oft gehört; Karanov (Per. Spis., ältere Serie XI, 127) kennt es aus der Gegend von Kratovo. In der centralen Sredna Gora bedeutet **roda** überhaupt den Inbegriff der Verwandten. Vgl. „Pop Tudor mit seinen Kindern und seinem Geschlecht (s **rodom** mu), und Petr Theodosov mit seinen Brüdern" im Dorf Gradečnica an der Struma, in einer Urkunde des Caren Šišman 1378 (Šafařík, Památky, 2. Ausg. 106).

2) Driesch, deutsche Uebers., S. 85.

Im Kreis von Trn zählt die roda mitunter 30—50 Personen.[1]) Als Grund, warum sich diese Geschlechtsverfassung dort noch immer aufrecht hält, gaben mir die Einwohner den Umstand an, dass die männliche Bevölkerung den Sommer über Arbeit in der Fremde suche und dass deren lange Abwesenheit einen festeren Hausverband daheim erfordere. In dem Becken von Breznik zählen die Geschlechter bis 45 Glieder, sind aber durch fortwährende Theilungen und inneren Unfrieden in Verfall. Die Aeltesten werden nämlich aus Misstrauen und Unzufriedenheit oft gewechselt, was zu Parteiungen, ja mitunter zu blutigen Zusammenstössen führt. Deshalb beantworteten auch die dortigen Eingeborenen meine Fragen über diese Institutionen nur ungern.

Die Geschlechtsverfassung in der nächsten Umgebung von Sofia kennen wir seit Kurzem aus einer sehr werthvollen Abhandlung des bulgarischen Nationalökonomen Ivan Evstr. Gešov, welchem das Verdienst gebührt, diese auf serbischem und kroatischem Boden durch die berühmten Arbeiten des Professors Bogišić so genau beleuchtete Frage zuerst von allen Bulgaren im eigenen Vaterlande studirt zu haben.[2]) In der nächsten Nähe der Stadt gibt es in Dragalevci am Fuss der Vitoša zwei starke Geschlechter, die Alúlovi (36 Personen) und Dánevi (34 Personen: eine Witwe, ihre 4 verheirateten Söhne, 3 verheiratete Enkel und 19 Kinder). Im Dorfe Gornja Banja zählt das Geschlecht der Bóžovi 35 Köpfe; die wichtigsten Mitglieder, ein Pope, ein Ackerbauer, ein Müller, ein Gastwirth, ein Schafhirt und ein Dorfschneider, „essen aus einem Kessel" und haben allen Besitz gemeinsam ausser den Kleidern. Daneben zählt man in derselben Ortschaft noch 20 andere Geschlechter (Bógrovci, Drnevci, Bižovi u. s. w.). Dagegen gibt es in Súchov Dol und Obelja, die mit Gornja Banja zusammen einen Pfarrsprengel bilden, gar kein solches Geschlecht, und in Gérman (an der Strasse nach Philippopel) und Gurmázovo (an der Strasse nach Slivnica) hat sich das letzte unlängst aufgelöst. Jenseits der Vitoša ist Mošino bei den Kohlenbergwerken ganz in grosse Geschlechter eingetheilt. Dasselbe gilt vom nahen Pernik an der Struma; das Hauptgeschlecht der Pópčevi zählt 34 Personen, darunter 6 verheiratete Brüder, einen Ackerbauer, einen Müller, einen Gastwirth, zwei Viehzüchter; der Aelteste (domakin) war eine Zeit lang Cassier der Agrarcasse von Sofia, kam aber jeden Samstag nach Hause, um seine Angelegenheiten in Ordnung zu halten. Ausserdem gibt es noch Geschlechter in Járlovo an der Südseite der Vitoša und in Žabljano, Vraña Stena u. s. w. an der Struma in der Okolija von Radomir. Die Geschlechter halten sich nach Gešov's Untersuchung dort, wo es ihrer mehrere gibt und wo eines durch grösseren Besitz eine bevorzugte Stellung hat. Die Lust zur Theilung (delba) ist aber gross, aus persönlichem Egoismus, aus wechselseitigem Misstrauen und unter dem Einfluss weiblicher Unverträglichkeit.

1) Miličević (Godišnjica IV, 266) nennt im Dorfe Crvena Jabuka, gegen NW. vom Berg Ruj, auf serb. Boden in der Nähe der Grenze, eine Familie mit 66 Mitgliedern (darunter 17 verheiratete).

2) Gešov, Zadrugata v zapadna Bulgaria. Period. Spisanie XXI und XXII (Mai 1888), 426—449 und auch in der „Nouvelle Revue" 15. Mai 1890.

Bei Küstendil und im unteren Strumagebiet zählt das stärkste Haus nur 10—15 Seelen; von grossen Familien, die gemeinsamen Haushalt führen, ist dort nichts zu hören. In der Landschaft von Kratovo gibt es dagegen roda's mit 30—40 Personen, desgleichen bei Štip mit 40—50 Köpfen.

Einigen Aufschluss über diese interessanten Fragen geben auch die gedruckten Resultate der Volkszählung von 1888, bei denen die Stärke der Haushaltungen nicht vergessen ist. Das Maximum der Haushaltungen mit mehr als zehn Personen liegt wieder im Westen. Dazu gehören 24·2 Proc. der dörflichen Haushalte in der Okolija Trn, 23·5 in der Okolija Brezuik, 23·3 in der Okolija Sofia, 19·9 in der Okolija Caribrod, 19·1 in der Okolija Samokov, 18·8 in der Okolija Radomir, 15·5 in der Okolija Izvor, 15·2 in der von Iskrec, sämmtlich mit Ausschluss der Stadtgemeinden. Im Detail ist dies noch auffälliger. Das Dorf Nasálevci (Okolija Trn) z. B. hat 555 Einw. in 56 Haushaltungen (also durchschnittlich mit 9·9 Mitgliedern), davon 27 mit mehr als 10 Personen, 18 mit 5—10, 10 mit 1—5, 1 mit 1 Person. Bei Sofia sinkt das Verhältniss herab: in Dragalevci haben von 114 Haushaltungen bloss 23, in Bojana von 103 nur 20, in Gornja Banja von 63 nur 15 mehr als zehn Glieder. Das bekannte Slivnica (Okolija Caribrod) hat unter 29 Haushaltungen keine einzige der höchsten Kategorie.

Weiter ostwärts ist die Procentziffer der über 10 Familiengenossen starken Haushaltungen bedeutend nur in einem bestimmten Theil des Donaugebietes, in einer langgestreckten Zone, welche von Belogradčik durch die Niederungen längs der Donau bis über Rusčuk hinausreicht (13·9 bis 11·2 Proc.). Sonst sinkt die Ziffer stetig. Das der oben genannten Zone benachbarte subbalkanische Gebiet zeigt schon einen erheblichen Rückgang: Berkovica 6·3 (in der Mitte zwischen Iskrec 15·2, Belogradčik 11·7 und Kutlovica 12·0), Vraca 9·4, Orchanié nur 3·3 (unmittelbar neben der Sofianer Okolija Novoselo 12·5), worauf sofort schon die Minima folgen: Zlatica 2·1, Trojan nur 1·9 Proc. Haushaltungen mit mehr als 10 Mitgliedern. Im Central-Balkan, wie auch in der Sredna Gora und Rhodope sind grössere Haushaltungen überhaupt selten, da der Einzelne bei dem mehr entwickelten volkswirtschaftlichen Zustand dort eine stärkere Individualität hat, als im Westen. Bedeutender ist die Ziffer grösserer Haushalte wieder in den türkischen Okolija's des Ostens, 7—9 Proc.[1])

Nach der Familienverfassung kommt zunächst das Eherecht in Betracht. Die Ehe gilt dem Bulgaren fast noch als ein Kaufvertrag, bei dessen alteinheimischen Ceremoniell die kirchliche Einsegnung nur als neueres christliches

1) Die gedruckten Ziffern der Statistik von 1888 für die rein türkische Okolija Akkadynlar (Kreis Silistria) sind jedenfalls unrichtig: die Haushaltung hätte dort durchschnittlich 12·4 Personen und von den Haushaltungen hätten 21·2 Proc. mehr als 10 Mitglieder. Diese Verhältnisse stechen grell schon gegen die benachbarte Okolija Kurtbunar ab. Eine unklare Vorstellung von der „Haushaltung“ bei den Zählern scheint die Ursache davon zu sein.

Beiwerk erscheint.[1]) Die Aufforderung zur Ehe erfolgt von Seite des Burschen (momъk). Er sendet seine Mutter oder einige Verwandte zur Umschau (izglédnik, uglednik) zu den dörflichen Festen und Tänzen oder, wenn er bereits selbst sich umgesehen hat, geradaus in das Haus eines bekannten Mädchens (momá). Im Dorfe setzt die Eheschliessung meist eine wechselseitige Neigung voraus, während in der Stadt oft die blosse Vereinbarung der Eltern entscheidet; man sagt auch, Liebe (ljubóv) sei nur auf dem Lande, nicht in den Städten zu finden. Nach der ersten Sondirung des Terrains begeben sich einige Werber (godéžnik, godežár, svat), darunter besonders der Vater des Bräutigams, in das Haus der Braut und verhandeln mit ihrem Vater über die Bedingungen der Verlobung (godéž, tъkméž, bei Sofia óbrъki). Die Vertreter des Bräutigams (godeník, in der Rhodope glavеník) geben das Geschenk ihrerseits an (prid, mená, agirlík), in Geld (100 bis 500 Piaster). Schmucksachen, Schuhen für die ganze Verwandtschaft u. s. w., die Familie der Braut (godeníca, in der Rhodope glaveníca) dagegen die Aussteuer (pridan, goda, zestra, prikja von προῖκα) in Hausgeräth, Vieh, Geld oder Immobilien. Im Westen, wo die Aussteuer sehr klein ist, hat die Sache ganz den Charakter eines Kaufes. An einem festgesetzten Tage, meist einem Festtage, erfolgt sodann die Uebergabe der Geschenke und der Austausch der Ringe (menéž), wobei die Verlobung vor Gästen und Zeugen kundgegeben, an manchen Orten vom Popen gesegnet und schriftlich aufgezeichnet wird. Es fehlt auch nicht der Kauftrunk, wie bei gewöhnlichen Verträgen. Damit ist der Ehevertrag nach dem Volksrecht fertig. Die Verlobung kann nur schwer nach neuen Verhandlungen rückgängig gemacht werden; dies geschieht meist, wenn ein bisher verheimlichter Fehler einer Partei bekannt wird, oder wenn das Mädchen, wie es oft geschieht, einen besseren Bräutigam findet. Das Hochzeitsfest (svadba) mit der kirchlichen Trauung (venčánie, venčíló) dauert meist drei Tage oder mehr, mit langwierigen, oft ganz localen Ceremonien, Gastereien, Tanz, Gesang und grossem Verbrauch von Schiesspulver. In der Sofianer Gegend und bei einigen Formen der Eheschliessung, die wir noch be-

Fig. 4. Bäuerinen aus den Umgebungen von Sofia.

1) Die Frage behandelt eingehend Rodopski, Material zum bulg. Gewohnheitsrecht. Per. Spis. XVIII, 414.

sprechen werden, erfolgt die kirchliche Ceremonie erst, wenn das Mädchen schon einige Tage im Hause des Bräutigams lebt.[1]) Die junge Frau (búlka, nevésta) trägt bei Sofia das Gesicht verhüllt mit einem Schleier von Münzen und Korallen und besucht in dieser Vermummung auch den Stadtmarkt.

Die Termine der Eheschliessung sind selbst in den Städten sehr kurz. Man hört über die Raschheit der Verehelichung fast unglaubliche Geschichten.

Die von der Kirche vorgeschriebene strenge Beobachtung von Verwandtschaftsgraden schafft viele Hindernisse. In den Städten darf der junge Mann nach dem Tode des Vaters erst dann ein eigenes Heim gründen, wenn er seine Schwestern vermählt hat. Auf dem Lande gibt es meist Exogamie, von Dorf zu Dorf. Endogamie aus localen Gründen besteht in gewissen isolirten Dörfern der Rhodope (im Čepino) und Strandža, aus ökonomischen in einigen Balkangemeinden. In Elena z. B. heiraten die reichen Töchter nur innerhalb der Gemeinde, auch einen ganz armen Bürger, damit das Vermögen nicht aus dem Orte komme.

Gemischte Ehen sind bei dem Gegensatz der Confessionen fast unmöglich. Erst in neuester Zeit bringen junge Bulgaren, die im Auslande studirt haben, Frauen aus der Fremde mit.

In den Bergländern des Westens besteht eine Eigenthümlichkeit, welche den Bulgaren der benachbarten Länder reichlichen Anlass zu derben Witzen und Anekdoten bietet. In einigen Gegenden des Kreises von Sofia, in den Okolija's von Caribrod, Breznik und Radomir, sowie in den Landschaften von Küstendil und Krajište werden die Bauernburschen sehr jung, mitunter noch vor dem mannbaren Alter, mit älteren, bereits vollkommen erwachsenen Mädchen verheiratet, in den meisten Fällen Jünglinge von 15 bis 18 Jahren mit Jungfrauen von 20 bis 25 Lenzen. Die grössten Altersunterschiede trifft man bei Caribrod, wo auch die Moralität der Bevölkerung darunter stark leiden soll. Oft glaubte ich im Bauernhause jüngere Brüder neben älteren Schwestern zu sehen, aber es waren bereits vermählte Paare! Als Ursache gibt man das Streben an, einerseits in das Haus des jungen Bauern so bald als möglich entwickelte weibliche Arbeitskräfte für die Ackerbestellung zu gewinnen, andererseits die Töchter im Hause der Eltern aus demselben Grunde so lange als möglich festzuhalten. Diese Unsitte hat traurige Folgen. Die Heiraten werden von den Eltern vereinbart, ohne die Kinder zu fragen. Die Mädchen haben oft ihre Liebschaften und müssen sich widerwillig in die Ehe fügen. Die ehelichen Pflichten erfüllen an Stelle unerwachsener Söhne die Väter oder die Aeltesten des Geschlechtes, wo solche noch bestehen, oder streben wenigstens darnach. Die Folge davon sind häuslicher Zwist, Scheidungen und auch Mordthaten. Im Krajište verheiratete unlängst ein Bauer seinen noch sehr jungen Sohn, konnte sich aber mit der

1) Sonst wurde früher auf die Virginität der Braut nach Art vieler östlicher Völker viel gesehen und das Vorhandensein der sichtbaren Merkmale derselben auf dem Brauthemd noch in der Brautnacht durch Abfeuern der Feuerwaffen von Seite des Brautführers (dever) kundgegeben. Jetzt scheinen diese Gebräuche wegen deren offenbarer Unanständigkeit aufgegeben zu sein.

Schwiegertochter nicht in das gewünschte Einvernehmen setzen und erschlug sie mit der Sense; das Gericht verurtheilte ihn zu 15 Jahren Kerker.

Neben den formellen Heiraten mit deren Ceremoniell kommt auch die verabredete Flucht der Braut oder die Entführung derselben vor. Der Grund ist nicht so sehr der Widerwille der Eltern, als das Streben, die Geschenke und Hochzeitsgastereien sich zu ersparen.

Die Flucht der Braut (béganjo) geschieht nach Verabredung meist im Abenddunkel. In Rumelien packt das Mädchen, wenn es bei den Eltern Widerstand gegen die erwünschte Ehe findet, insgeheim sein Kleiderbündel, begibt sich still in das Haus des Erkorenen, rührt beim Eintritt zuerst im Feuer des Herdes herum zum Zeichen, dass es den Schutz des Hauses anfleht, küsst den Hausgenossen die Hand und wird von ihnen eingeladen zu bleiben. Die Hochzeit wird ohne Prunk vollzogen und die Spannung zwischen beiden Familien bald beglichen. So eine Braut heisst in Rumelien, bei Trnovo, Lompalanka u. s. w. pristanka, pristanúša, in der Rhodope námetnica. Im Bisthum von Küstendil fällt fast die Hälfte der Eheschliessungen auf solche „Fluchthochzeiten“ (bežánska svádba).

Bei der Entführung (grabjávanje) kommt der Bräutigam mit einigen Genossen, meist zu Pferde, entweder aufs Feld während der Arbeit bei hellem Tag oder zum Zaun des Hauses im Dunkel der Nacht. In Rumelien und bei Trnovo sind die Fälle selten und werden übel angesehen; merkwürdiger Weise herrscht dort diese Sitte bei den Osmanen des Thals von Kazanlyk. Sehr gewöhnlich ist der Mädchenraub nach vorangegangener Verabredung im Westen, vom Isker bis an die serbische Grenze und nach Makedonien, im Anschluss an die uralte Ausbreitung dieser Sitte in den serbischen und albanesischen Landschaften.[1]) Bei Lompalanka kommt es dabei hie und da zu argen Schlägereien und Verwundungen, wenn die Parteien des Jünglings und der Eltern des Mädchens mit Knütteln und Aexten auf einander losgehen. Die Sitte ist auch den bulgarischen Mohammedanern nicht fremd, z. B. in der Landschaft Pijanec jenseits der Grenze im Osogovgebirge. Ueberall muss das Mädchen vor dem Geistlichen oder den Ortsältesten frei angeben, dass die Entführung nicht ein Raub war, sondern auf Verabredung erfolgte. Die kirchlichen Behörden, oft der Bischof selbst, untersuchen den Thatbestand und verweigern nie ihre Bestätigung, da sich die Familien inzwischen binnen wenigen Wochen versöhnen.

Die Entführung wider Willen des Mädchens gilt im Osten als ein schweres Verbrechen, das der Thäter sammt Genossen mit seinem Gut sühnen muss. Im Westen bei Küstendil sind geraubte Bräute (vláčeni mómi) nicht so selten, aber diese erzwungenen Ehen gelten fast immer für unglücklich.

---

1) Schon Busbeck hörte 1553 zu Jagodina in Serbien von der Entführung der Braut, „postquam inter majores de nuptiis juvenis et puellae convenerat,“ als einer allgemeinen Landessitte. Epistolae ed. Lugduni Bat. 1633 p. 85.

Ehescheidungen sind eine Seltenheit und werden übel bemerkt, ausser im Fall von Wahnsinn oder physischen Gebrechen einer Partei. Concubinen (držánka) halten sich Kaufleute während des Aufenthaltes im Ausland, sehr selten Bürger in grösseren Städten. In kleineren Marktflecken und auf dem Dorfe wird wilde Ehe nicht geduldet, aber auch der junge Mann sehr frühzeitig verheiratet. Das neue politische und sociale Leben mit den vielen unsteten Beamten und Officieren beginnt diese Verhältnisse zu untergraben.

Die Stellung der Frau im Hause ist im Ganzen besser als bei anderen östlichen Völkern. Die Bulgarin ist Gehilfin des Mannes; die Sorge um das Haus, die Kinder, die Hausthiere, das Essen und die Kleidung ist ihre Sache, während Ackern und Säen, Kauf und Verkauf die „Mannsarbeit" (mъžka rábota) bilden. Das grösste Lob ist eine gute Hausfrau (kъštóvnica, domakínka) genannt zu werden. Dem Fremden gegenüber benehmen sich die Bauernfrauen natürlich und ohne Scheu, ernste, arbeitsame Gestalten ohne Coquetterie; nur in bisher überwiegend türkischen Städten (Sofia, Küstendil, Silistria u. s. w.) ist die Frau unter dem Einfluss mohammedanischer Sitte verlegen, stumm oder ganz unsichtbar. In der Abwesenheit des Mannes, besonders in den Gebirgsdörfern, wo die männliche Bevölkerung in die Fremde arbeiten geht, ist die Frau absolute Herrin im Hause. Die Sitten des Bulgarenhauses sind patriarchalisch rein und streng. Es gibt wenige Ortschaften, denen die bulgarische Fama grössere Erfahrung in der Liebeskunst zuschreibt. Ehebruch von Seite der Frau ist eine Seltenheit. Den Liedern und Sagen zu Folge scheint Feuertod die Strafe des alten Volksrechtes gewesen zu sein; in neuerer Zeit wurde die Schuldige durch den Ort geführt und bespien. In Panagjurište z. B. setzte man die Ehebrecherin (bládnica) auf einen Esel, mit rückwärts gekehrtem Gesicht und dem Schweif in der Hand; ihr Mitschuldiger musste das Thier am Zügel herumführen.

Kinderlose Ehepaare oder solche, die ihre Kinder verloren haben, können ein fremdes Kind adoptiren oder ein solches zur Erziehung in's Haus nehmen (chranenica Ziehtochter). Für die Waisen sorgt die Verwandtschaft. Uneheliche Kinder (kopile, pič) sind selten. Die Statistik des Fürstenthums gibt für 1881 nur 102 uneheliche Geburten an, davon 10 bei Mohamedanern, insgesammt in den grösseren Städten, von Dienstboten. In den griechischen Küstenstädten am Golf von Burgas hörte ich, dass die Kinder sehr armer Leute oder uneheliche Kinder dort mitunter in Kirchen insgeheim ausgesetzt werden, um ihnen durch das Mitleid der Mitmenschen das Leben zu sichern.

Zu Gewaltthätigkeiten ist das Volk wenig geneigt. Es gibt es auch keine Kampfspiele, ausser Wettlauf, Springen und Steinewerfen nach den dörflichen Festlichkeiten. Nur bei Vraca und Pleven findet man Ringer (boréc), nach Art der türkischen Athleten (türk. pechliván). Die Blutrache, wie sie in Albanien, Montenegro und in der Herzegowina bis vor Kurzem bestand, mit den daraus entstehenden langen Familienfehden ist den jetzigen Bulgaren nicht bekannt; ein Ueberrest war die Ermordung von Türken aus Rache, wobei der Betheiligte fliehen und Hajduk werden musste. Der Hajduk der nur gegen die Türken kämpfte, galt nicht als Verbrecher, wohl aber der gemeine Wegelagerer, der bei seinem Raub (grabéž) keinen Unterschied zwischen den Opfern macht. Merkwürdig ist es, dass man im Osten (Svištov, Ruščuk, Kotel u. s. w.) den Räuber oder Dieb vlichva nennt, mit einem Wort, das sonst in den slavischen Sprachen einen Zauberer bezeichnet.

Diebstahl (krážba) ist auf dem Dorf eine Seltenheit; man fühlt sich vollständig sicher und schläft fast bei offenen Thüren. Nur von einigen Orten, z. B. einem Dorfe im östlichsten Theile der Balkankette, geht der Ruf, dass jeder Durchreisende nach dem Abschied etwas vermisse. Verbale Injurien sind heftig, aber in nicht gereiztem Zustand ist der Bulgare nicht gewohnt scharfe Ausdrücke zu gebrauchen, wie er überhaupt in der Regel reservirt und schweigsam ist; auch flucht er wenig. [1])

Fig. 5. Bauernfrau aus der Landschaft von Radomir.

1) Der gewöhnlichste Fluch ist: „Herrgott soll ihn erschlagen“ (Góspod da go ubije). Dann kommen die Zuweisungen an Sohnes Statt zu allerhand unschönen Wesen: Teufelssohn, Schweinssohn u. s. w. An der Donau und bei Sofia hört man als grossen Schimpf die Anrufung eines Mannes als Weib (žena). Widerlich sind die bei allen Völkern der

In der Türkenzeit wurde das Recht in entlegenen Orten von den Vorständen, Aeltesten oder Schiedsrichtern, Popen, Mönchen und Greisen gesprochen. Da gab es Strafen in Geld oder Naturalien zum Besten der Kirche. Bei Diebstählen wurden die Diebe mit dem gestohlenen Gut, Lämmern oder Schweinen auf dem Rücken oder Tüchern und Gefässen auf Stangen, unter Gesang und Trommelschlag durch die ganze Gemeinde herumgeführt, damit sie Jedermann kennen lerne.

Ceremonien, die den Menschen von Geburt bis zum Tode geleiten, gibt es viele, doch nehmen dieselben jetzt sehr ab. An Orten, wo die Einwohner als Hirten, Handwerker oder Händler in die Fremde zu ziehen pflegen, gibt es einen bestimmten Platz, wo die Abziehenden von den übrigen Abschied nehmen, genannt „Thränenstein“ (Óplači-kámъk), „Thränenhügel“ (Pláči-mogíla), „Thränenpappel“ (Plači-topóla), oder gar die „verschnäuzten Steine“ (Sopolívite kámъnje), wie bei Koprištica.

Die Volksmedicin ist ein Gemisch von allerlei Resten der mittelalterlichen byzantinisch-arabischen Schulweisheit mit einheimischer Naturpraxis, Zauberei und Aberglauben. Den botanischen Theil hat Herr Michail Georgiev analysirt. [1]) Es gibt dabei gar manche stupide Barbarei; ich sah Leute, deren Augen durch Kalk- und Paprikacuren unheilbar verletzt waren. Den Verkauf der Heilkräuter (bilki) betrieben früher wandernde Krämer und Curpfuscher (biljarc), meist griechische Epiroten.

Die Todten werden auch in den Städten in einer offenen rohen Brettertruhe bestattet; geschlossene, kunstvoll hergerichtete Särge gibt es nicht. Auf dem Dorfe sind lange Klaggesänge in Uebung. Der Friedhof (gróbište) liegt meist um die Kirche herum; in den Städten sieht man Grabsteine auch im Pflaster im Innern der Kirche, und darauf neben Inschriften allerlei in einfachen Linien gezeichnete Embleme der Lebensbeschäftigung: Kerzen der Seifensieder, Kessel zur Rosenölbereitung, Rahmen der Frauenstickereien u. s. w. Auf den Dörfern wird ein hölzernes oder steinernes Kreuz auf das Grab gesetzt; massive steinerne Säulen, Platten oder ganze antike Altäre und Architrave findet man nur auf mohammedanischen und jüdischen Gräbern. Einen eigenthümlichen Eindruck machen die Gräber der von Räubern erschlagenen Leute in Engpässen und Wäldern, graue inschriftlose, aufrecht stehende Blöcke zwischen dem Dickicht am Wegesrand. Jeden Samstag bringen die Verwandten ihren Todten Speise und begiessen das Grab mit Wein (Sitte „zadúšnica“); an einem Sommerabend macht so ein Zug trauernder Weiber und Kinder in malerischen Costümen mit Schüsseln und Krügen, wie wir ihn oft, insbesondere einmal in Kotel sahen, einen ganz antiken Eindruck.

---

Halbinsel verbreiteten, auf den Coitus anspielenden Flüche, die ja auch den Italienern und Spaniern nicht fremd sind.

1) Georgiev M., Die Pflanzen in unserer Volksmedicin. Sofia, 1883 (S. A. aus der „Medicinska Sbirka“, 8°, 33 S.).

Die Etiquette ist einfach. Die Leute sind sich mehr oder weniger gleich und sprechen einander mit „du" an. Die Reste älterer Höflichkeitsphrasen erinnern an die einfachen, aber doch zierlichen Formeln der mittelalterlichen Slaven der Balkanhalbinsel, die wir aus den Ragusaner Correspondenzen des 14. und 15. Jahrhunderts kennen. Dazu gehört die Titulatur „Euer Gnaden" (váša mílost), „Seine Gnade" (négova milost). Der Geistliche ist djado, „der Greis": djado pop, djado vladika (Bischof). Dem Priester gebührt auch „Seine Heiligkeit" (svetíujá mu). Gospodín (griech. δεσπότης), „Herr" war bis vor Kurzem nur der Bischof; der Name ist dabei gleichfalls Personenname, auch in der weiblichen Form Gospodína, die griechische Despina.[1]) Die städtischen und dörflichen Primaten nannten sich noch vor einer Generation kir (κύριος), die Frau kirá (κυρά), das Fräulein kiráca (κυράτσα); das letztere byzantinische Wort hörte ich in den Familien alter Sofianer zu meinem Erstaunen wie eine lebende Antiquität. Die reiche christliche Stadtfrau nannte man kokóna, ein räthselhaftes, auch bei den Griechen und Rumänen bekanntes Wort.[2]) In den Gebirgslandschaften des Balkan und der Sredna Gora dominirt die Ansprache baj, von bájo der ältere Bruder. Jetzt ist in den Städten alles gospodín, gospóža (ältere Leute sagen auch gospodža, -ždu), gospožíca, gleichwerthig dem französischen Monsieur, Madame, Mademoiselle. Der Reisende wird von den Wanderern oder Feldarbeitern begrüsst mit dem Zuruf: „dobrá sréšta" (gute Begegnung), „u dobír čas" (zur guten Stunde), „dobrá stiga" (gute Ankunft), beim Anlangen in ein Haus oder eine Ortschaft „dobré došli" (gut angelangt). Nur bei Trn grüssen die Begegnenden kurz mit „Bó!" (Bog, Gott d. h. soll dich schützen). Erwartet man einen Bischof, einen höheren Beamten oder überhaupt einen hervorragenden Gast, reiten die Einwohner demselben zu Pferde entgegen und geben ihm oft mit einer glänzenden Cavalcade das Geleite in ihre Gemeinde, eine in der ganzen Türkei und im Kaukasus übliche Sitte. Der Kaufmann, besonders der Viehhändler in den Gebirgsstädten, hält viel auf ein gutes Pferd und schönes Sattelzeug, ebenso der Bauer z. B. in der Umgebung von Sofia; als die leidenschaftlichsten Pferdeliebhaber gelten aber die Mönche und Bischöfe. Früher wurde der Besucher im Hause mit Wein und Raki aus Krügen und Flaschen begrüsst. Seit einigen Decennien trat in den Städten an deren Stelle der schwarze Kaffee und nach griechischer und rumänischer Art das „sládko", eingemachte, seltener candirte Früchte in Glasschüsseln, von denen der Gast mittels eines Löffels unter dem Glückwunsch des Hausherrn (ná-zdravje „zur Gesundheit", da ti je sládko „es soll dir süss sein") ein Stück zu sich nimmt und darauf ein

---

1) Das fem. Gospoža bezeichnete bei den Šopen vorzüglich die Mutter Gottes; Gospožin den = der Festtag Mariae Himmelfahrt (altslav. Uspenie).

2) Man liest es bei Josaphat Barbaro im 15. Jahrhundert in der Beschreibung Mingreliens: mingrelisch „carina patroin, cocon? che vuol dire: madonna, è il patrone in casa?" Viaggi fatti da Vinetia etc. Vinegia 1545 f. 16a.

Glas Wasser trinkt. Muss man viele Besuche machen, so wird dieser obligate Genuss von Süssigkeiten und Kaffee zu einer Pein. Die Gastfreundschaft des Bulgaren in den kleinen Städtchen ist gross. Ich habe sie auf Reisen in Beispielen kennen gelernt, die an märchenhafte Erzählungen aus alten Zeiten mahnten. Dabei ist der Fremde in nicht geringer Verlegenheit, da er die guten Leute oft gar nicht entschädigen kann; ein Geldgeschenk an die Kinder wird gern gesehen, aber manchmal auch freundlichst zurückgewiesen.

Auf Freundschaft (prijátel Freund) und gute Nachbarschaft (sised Nachbar) wird viel gehalten. Geschenke (dar) geben einander die praktischen Bulgaren nur selten, höchstens bei Hochzeiten und dergleichen feierlichen Anlässen. Es ist Sitte den Freunden von der Reise eine kleine Erinnerung (armagán) mitzubringen.

Die bulgarischen Gastmähler (ugošténie) sind einfach. Die Gäste (gost) sitzen meist auf Teppichen, Kissen oder niedrigen Schemeln um einen runden Tisch und greifen mit Löffel (lъžíca) und Gabel (vilka) in den gemeinsamen Napf. Die Teller auf den Knieen dienen meist nur dazu, um die Kleider rein zu halten. Zuerst wird gegessen und dann erst getrunken. Das nationale Hauptvergnügen ist ein Gastmahl im Grünen, im Wald oder auf einer Wiese, mit einem am Spiess gebratenen Lamm, würzigem Schafkäs und grossen Holzfläschen (bъklica) mit Wein. In meiner Erinnerung haben diese einfachen ländlichen Feste ein unvergleichlich besseres Andenken als manches steife Bankett zwischen modernisirten Bulgaren in Frack und weisser Cravatte.

Unter den Volksbelustigungen nimmt das Kirchweihfest, der **sbor**, den vorzüglichsten Platz ein. Zu demselben kommt die ganze Umgegend zusammen, wohnt am Morgen dem Gottesdienst bei, tanzt den ganzen Nachmittag im Freien auf einer Wiese und geht vor Sonnenuntergang ruhig auseinander. Das Ganze hat einen feierlichen, ceremoniellen Charakter, mit stiller, unschuldiger Freude ohne Lärm und Ausgelassenheit und ohne Uebermass leiblicher Genüsse. Solche Festlichkeiten kann man bei Sofia selbst sehen, z. B. am Freitag nach dem Ostersonntag in Podujéni, dem ersten Dorf an der Strasse nach Orchanié und am 17. Mai am Tage des hl. Nikolaus von Sofia am Üčbunar (türk. „drei Brunnen") neben der Strasse nach Niš. Noch mehr besucht sind diese Feste in den von den Städten entfernten Gebirgslandschaften, sowie bei Klöstern, wo sich manchmal ein kleiner Markt an sie anschliesst.

Die winterlichen Unterhaltungen des Landvolkes sind Zusammenkünfte zu gemeinschaftlicher Arbeit; an der **sedénka** nehmen Mädchen und Burschen theil, um z. B. Mais aus den Kolben zu schälen, an der **predénka** nur Frauen und Mädchen zur weiblichen Handarbeit, beides unter Scherz und Gesang.

Der herrschende Nationaltanz, das **choró**, ist sehr einfach: die Tanzenden halten sich in einer Reihe oder in einem grossen Kreis oder Halbkreis bei den Händen, und schreiten je zwei Schritte rechts vorwärts und einen Schritt links rückwärts, bald schneller, bald langsamer, ganz wie beim serbischen Kolo, der rumänischen hora, dem griechischen χορός und der provençalischen farandola. Manchmal schleift sich die Reihe durch eine von zwei Tänzerinen mit den Händen gebildete Brücke durch. Eine grössere Lebhaftigkeit entwickelt nur der erste Tänzer als Führer und der letzte als „Schweif" (opáška). Die Zahmheit der Tänze der Balkanvölker war schon einem alten aufmerksamen Beobachter auffällig, Stephan Gerlach von Tübingen, der 1573—1578 zu Konstantinopel verweilt hatte: „im Tanzen sind sie viel züchtiger als die Unserigen", springen dabei nicht und die Männer greifen die Weiber gar nicht an.[1]) Aus neuerer Zeit ist charakteristisch eine türkische Anekdote. Als Sultan Mahmud II. in den Kasernen von Konstantinopel das abendländische Exerciren einführte, hielten die Arnauten dies für irgend einen Kriegstanz und waren sehr verwundert darüber, dass die Türken im Heere „Choro zu tanzen" beginnen. In der Umgegend von Sofia tanzt man ohne musikalische Begleitung, nur beim Gesang langer Chorolieder mit langgedehnten Refrains, aus denen auch ein geübtes Ohr wenig herausverstehen kann. Das Klingen der vielen Münzen an den Gürteln und Zöpfen, die üblichen Blumen-, Gras- und Federbüsche der Tänzerinen und die malerischen Costüme vereinigen sich zu einem farbenprächtigen Bild. Mädchen, Frauen und Männer tanzen entweder in eigenen Reihen oder vermischt. Lebhafter sind die Chorotänze der Makedonier und Albanesen, sowie die griechischen und wlachischen Tänze mit zeitweiligem Niederknien auf dem Boden.

Fig. 6. Mädchen aus Godeč (Landschaft Visok).

Als nationales Musikinstrument herrscht in ganz Bulgarien die gájda,

1) Stephan Gerlachs des Aelteren Tagebuch. Frankfurth am Mayn 1674 S. 157.

Sackpfeife. Für den Bulgaren klingen die melancholischen und einförmigen Töne des Dudelsacks auch in weiter Fremde wie eine Stimme aus dem Vaterlande. Ein aus dem Balkan von Kotel stammender Kaufmann in Tulča an den Donaumündungen verwahrte seine Sackpfeife als theueren Schatz in der eisernen Casse und spielte sich am Abend nach Abschluss des Tagewerkes oder am Sonntag allein vor, mit einsamen Erinnerungen an das ferne heimatliche Gebirge. Bei der Ernte auf den Gefilden Thrakiens erklingt überall Gesang in Begleitung des Dudelsacks. Das zweite nationale Instrument ist der kavál, eine höchst einfache lange hölzerne Hirtenpfeife mit schrillem Ton. Ein geigenartiges Instrument mit zwei Saiten, denen durch einen Bogen melancholische Töne entlockt werden, ist die gadúlka oder cigúlka (Verbum gadúvam oder gǎdúvam, der Musiker gadulár, cigulárin). Vollkommener ist die Zigeunergeige, mit einem türkischen Wort persischen Ursprungs kemené (Diminutiv kemenčé) genannt. Die in Privathäusern und Schenken oft durch ein zartes, einförmiges Geklimper sich verrathende bulgarína (türk. tambura) ist eine kleine Guitarre, auf deren vier Saiten mittels eines Gänsekiels gespielt wird, ohne Gesangsbegleitung, nur zum musikalischen Genuss. Die mohammedanischen Bulgaren der Rhodope begleiten ihre Gesänge mit den Tönen einer ähnlichen Guitarre, deren Saiten mit den Fingern berührt werden; in Čepino nennt man sie drnkja, auf der Hochebene von Dospad mit einem türkischen, in Kleinasien wohlbekannten Worte bajlamá (eigentlich baghlamá), welches die türkischen Wanderhirten auf die Rhodope gebracht haben. Alle diese Instrumente machen die gajdári, die früher in den Städten eine eigene Zunft bildeten.

Sehr mannigfaltig ist das bulgarische Volkslied (pésen). Es hat viele Sammler gefunden, von denen besonders Rakovski, Ljuben Karavelov, die Brüder Miladinov, der Archimandrit Vasil Čolakov, der Bosnier Verković, der Franzose Dozon und die Russen Bezsonov und Kačanovski zu nennen sind. In allen bulgarischen Zeitschriften sind Mengen von Beiträgen. Zuletzt erschienen in Sofia 1889 wieder zwei neue Werke, der erste Band der Sammlung von A. T. Iliev und der erste Band eines stattlichen „Sammelwerkes (Sbornik)“ für Producte des Volksgeistes und wissenschaftliche Aufsätze, herausgegeben vom Unterrichtsministerium. Denselben eröffnet eine Abhandlung des jungen Dr. Ivan D. Šišmanov „Ueber die Bedeutung und Aufgabe unserer Ethnographie“, ein erfreuliches Zeichen einer neuen Zeit, denn das grosse Material mit den vielen Varianten bedarf endlich eines wissenschaftlichen, comparativen Studiums.

Von dem alten Epos haben sich nur geringe Spuren erhalten; die neue Epik besingt meist die Hajduken. Aeusserst mannigfaltig sind die lyrischen Gesänge: Hochzeits- und Chorolieder, Todtenklagen, Erntelieder, Festtagsgesänge, erotische und satirische Lieder u. s. w.

Es gibt auch Sänger, die den serbischen Guslar's ähnlich sind. Auf den Marktplätzen von Sofia und besonders an der ersten Brücke auf der Constantinopler Strasse kann man täglich blinde gadulári aus Vakarel finden, wie sie inmitten eines Kreises andächtiger Zuhörer auf dem Boden bocken und mit langgedehnten Refrains und vielen Unterbrechungen vom Momčil Vojvoda, Dojčin, König Marko und alten Hajdukenführern singen, in Begleitung der traurigen Laute der „gadúlka". Als Sänger sind berühmt auch die cigulári von Teteven und die „Blinden" (slepci) von Razlog. Solche „bulgarische Bettler mit Fideln" bemerkte schon 1555 Ritter Dernschwam auf der Strasse in der Nähe von Philippopel.[1]) Sonst ist die Kenntniss der Volkslieder, vorzüglich der lyrischen, das Eigenthum einzelner Frauen mit gutem Gedächtniss; eine solche Sängerin (pesnopójka) weiss ihrer oft mehr als Hundert und geniesst eine gewisse Achtung.[2]) Die längsten und alterthümlichsten Gesänge sind von alten Weibern (baba) zu erfragen.

Man singt viel, nicht nur bei Unterhaltungen, sondern auch bei der Arbeit, im Hause und auf dem Felde, insbesondere bei der Ernte. Die Hirten oder die Schnitterinen auf gegenüberliegenden Anhöhen singen oft abwechselnd, die eine Strophe die einen, die folgende die anderen. Dies hat schon Gerlach beobachtet, als er Ende Juni 1578 in Vetren unterhalb des Trajansthores eintraf.[3]) Die Sangeslust der Balkanvölker entfesselt besonders der Wald im Abenddunkel; auf Reisen durch das Land bemerkt man oft, wie die Reisenden, ihre Diener und die bewaffnete Begleitung bei Sonnenuntergang nach uraltem Brauch wie instinctiv ihre Stimme im Chor erschallen lassen und wie Leute und Pferde auch nach langem Marsche dadurch gleichsam aufleben.[4]) Die bulgarischen Truppen singen auf dem Marsche ohnehin fortwährend, wie die Russen, bei denen der Gesang fast Trommeln und Trompeten vertritt. Auch die intelligenten, städtischen Classen können nicht zusammenkommen, ohne zu singen. Jedes Gastmahl schliesst mit Gesang und Chorotanz, und das gemeinschaftliche Singen von lyrischen, sowie Hajduken- und Choroliedern vertritt einen Theil der Conversation. Selbst die jährlichen, von Lehrern und Schriftstellern gefeierten St. Cyrill und Methodiusfeste und die Jahresversammlungen literarischer Gesellschaften schliessen mit Liedern und einem lustig hüpfenden Riesenchoró.

Die Melodien der Lieder stehen allerdings unter dem Einfluss der primitiven Musikinstrumente, zum Theil auch des näselnden griechischen Kirchen-

---

1) Dernschwam bemerkt bei Konuš: „Item 8 bulgarische bettler seind uns begegnet, haben sich an der strassen niedergesetzt, under denen ir zwen auf fideln gefidlet." Ms. des Prager Museums f. 237'.

2) Der männliche Sänger heisst pevéc. Die musculine Form pesnopój ist jetzt nicht mehr im Gebrauch, wird aber durch einen Ortsnamen bezeugt; in der Sredna Gora nennt man einen Berg am linken Ufer der Strjama, gegenüber Čukurli und den Bädern von Hissar, Pesnopój (schon auf Barth's Karte „Pesnepoi Tepe").

3) „Auff den Abend haben die bulgarischen Thätern zwischen beyden Gebürgen lustig und chorweise gegen einander über gesungen, und eh' eine Parthey auffgehöret, hat die andere angefangen." Gerlach S. 518.

4) Der Byzantiner Nikeforos Gregoras (VIII. cap. 14), ein grossstädtischer Pedant, schildert sein Entsetzen, als seine Begleiter auf einer Botschaftsreise nach Serbien 1326 in einem dichten Wald bei Strumica des Abends Heldenlieder anstimmten, deren Echo in der Finsterniss der mondlosen Nacht grauenhaft von den Felsen und Waldestiefen zurückschallte.

gesanges, und sind monoton, aber in den lebhafteren lyrischen Liedern liesse sich bei näherer Untersuchung noch manches musikalisch Interessante finden.

Die originellen alten Lieder beginnen unter dem Einfluss des neuen staatlichen, ökonomischen und gesellschaftlichen Lebens leider rasch zu schwinden und allerlei neueren schalen und inhaltsarmen Producten Platz zu machen.

Märchensammlungen wären sehr erwünscht, um das aus einheimischen, orientalischen und occidentalischen Stoffen zusammengesetzte bulgarische Volksmärchen (prikaska) kennen zu lernen. Bisher gibt es nur eine einzige Sammlung.[1]

An Sagen fehlt es nicht. Sage und Geschichte fliessen bald zusammen. Die rückwärtige Grenze des historischen Volksgedächtnisses ist heute die Zeit der „Kyrdžali's" oder „Dagli's", der Räuberhorden, welche während der Regierung Selim's III. (1789—1807) das ganze Land brandschatzten. In den älteren Sagen klingt manches an occidentalische Erzählungen an. Bei den Felsenburgen von Lomnica bei Trn, von Skenderli bei Karnobad, von Provadija, ebenso wie bei den Höhlen der Berge von Šumen soll es hoch oben eiserne Ringe (chalká) geben, ein Zeichen, wie hoch einmal das Meer reichte; das erinnert ganz an die „anneaux d'amarre", von denen das Volk bei Nimes in Südfrankreich fabelt. Die Becken des Westens erscheinen in den Sagen als Seen, mit Burgen am Ufer und Brücken hinüber. Vieles erzählt man von dem Leben auf den alten Burgen; sie sollen z. B. „Wasserleitungen" zum Hinaufführen nicht nur von gewöhnlichen Trinkwasser, sondern auch von Wein oder Milch, sowie geheime unterirdische Gänge zum Wasserschöpfen aus den vorbeifliessenden Bächen gehabt haben. Die Türken nahmen in der Sage die Burg stets nur durch ein Stratagem, den Verrath einer Zauberin oder einen unvorhergesehenen Zufall ein. Bei zahlreichen Ruinen des Balkan, der Sredna Gora u. s. w. hört man, es seien Gänse oder Enten gewesen, welche durch ihre Bewegungen dem Feind jenen unterirdischen Gang verrathen haben; in Sozopolis waren es Schweine. Einige heutige Burgnamen sind, wenn wir nicht irren, nicht geographisch, sondern alten Liedern entlehnt, wie Stъklen, die „gläserne" Burg von Svištov, Krásen altslov. die „schöne", wie eine Ruine bei Panagjurište und die Trümmer des alten Trajanopolis an der Maricamündung bei den Bulgaren heissen.[2]

Die Sprichwörter (poslóvica, pogovórka) sind, bei der Vorliebe aller orientalischen Völker für dieselben, sehr zahlreich und bereits mehrere Male gesammelt. Neben allerhand türkischer, persischer, arabischer und griechischer Weisheit gibt es darin viel originell Bulgarisches, das über die Sinnesart des Volkes manchen Aufschluss gibt.[3]

---

1) Eine Sammlung von Šapkarev 1885; vieles zerstreut bei Rakovski, Čolakov und in Zeitschriften, vgl. das Verzeichniss von Syrku in Jagić's Archiv VI, 190.

2) Krasen-Kalessi bei P., Krasno kalé Trajanopel; bei Rusčuk gibt ein Dorf Krasen.

3) Sprichwörter von Mutev (602 Stück) und Bezsonov in Sreznevski's Denkmälern der slavischen Volkssprachen (Publ. der russ. Akademie 1852—6), an 3000 bei Ljuben Karavelov (abgedruckt bei Vasil Čolakov in dessen Bolgarski naroden sbornik. Bolgrad

Zur ungeschriebenen Volksliteratur gehören endlich auch die vielen Räthsel. [1])

Die Schrift hat noch nicht die älteren Surrogate derselben verdrängt. Im Westen hält man die Gemeinderechnungen meist auf dem r a b u š, dem Kerbholz, dessen Einschnitte im Dorfe grösseres Vertrauen geniessen, als beschriebenes Papier. Bei dem Kmet (Gemeindevorstand) hat jeder Bauer seinen Stock (kléčka) mit finanziellen Einschnitten über Landes- und Gemeindesteuern, und die Gemeinde ihr ähnliches „Hauptbuch“, eine lange Stange mit den Gemeinderechnungen (masráfi, türk.). Z. B. im Dorfe Dólni Pasarél (820 E. in 120 Haushaltungen) in Kreis von Sofia sah ich 1883 ein „Gemeindearchiv“, das aus ungefähr 250 kurzen Stücken nach den Personen und 4 langen mit den Gemeinderechnungen bestand. Der Kmet wusste auswendig, wem jedes Stück gehöre und auch jeder Bauer kannte das Zeichen seines Stockes, das am oberen Ende durch horizontale und verticale, in verschiedener Zahl und Stellung sich kreuzende Linien eingeschnitten war. Die Stöcke haben insgesammt einen vierkantigen Durchschnitt; auf einer Langseite macht man Aufzeichnungen über das zu entrichtende, auf der entgegengesetzten Seite über das bereits eingezahlte Geld. Das sind die „Zeichen und Einschnitte“

Fig. 7. Mädchen aus Vakarel.

1872) u. s. w., sowie in Zeitschriften. Eine grosse Sammlung druckt soeben P. R. Slavejkov, der schon 1859 viele Sprichwörter in der Constantinopler Zeitschrift „Bolgarski knižici“ veröffentlicht hat. — Einige Proben werden den Geist dieser Sprüche am besten illustriren: Gesundheit ohne Geld ist eine vollständige Krankheit. Ein Wort macht noch kein Loch. Der Weinberg braucht kein Gebet, sondern Spaten. Das Amen (d. h. Gebet) füllt keine Casse. Mit einem Stein baut man keine Mauer. Siehe nicht auf den Topf, sondern was darin ist. Helden ohne Wunden gibt es nicht. Wer auf fremden Gräbern weint, bleibt ohne Augen. Wer zwei Hasen jagt, fängt keinen. Feuer löscht man nicht mit Stroh. Der zornige Käufer hat eine leere Tasche. Salze nicht fremde Speisen. Wer auf Credit trinkt, betrinkt sich doppelt. Wer Steine hoch wirft, trifft seinen eigenen Kopf. Schlägst du deine Frau, so schlägst du den eigenen Kopf. Der krumme Weg ist der nähere. Der Herrgott ist kein Arnaut (d. h. er ist nicht unbarmherzig). Der Verstand (um) regiert, der Verstand dient, der Verstand hütet auch Vieh. Das Gute vergisst man, das Böse nie u. s. w. u. s. w.

1) Eine verfehlte, mit des Autors Geistesproducten vermischte Sammlung von Tončo Marinov erschien zu Sofia 1879. Andere Beiträge in Zeitschriften.

(čьrty i rězy), deren sich die Slaven nach dem Zeugniss des altbulgarischen Mönchs Chrabr vor Einführung der Schrift bedienten. Viele Termine für Steuern auf der Halbinsel weisen auf solche Einschnitte: türkisch kesim (von kesmek schneiden), serbisch porez Steuer (rezati schneiden) u. s. w.

Obwohl die modernen Schulen kaum seit 50 Jahren bestehen und in vielen Gegenden erst in der neuesten Zeit eingeführt sind, ist die Kenntniss der Schrift zu beiden Seiten des Balkan auch früher nicht unbedeutend gewesen.[1]) Die alten Leute kennen aber nicht die von Peter dem Grossen eingeführte neurussische Cursivschrift, welche auch bei den Serben und Bulgaren sich eingebürgert hat, sondern nur die stehende alte cyrillische Schrift mit einzelnen, unter einander nicht durch Striche vereinigten Zeichen, wie sie in den mittelalterlichen Handschriften und in den gedruckten Kirchenbüchern vorkommt. Diese Schriftkenntniss hielt sich durch die primitiven Kirchen- und Klosterschulen, so wie durch den Fleiss der Autodidakten. In der westlichen Sredna Gora, in den gewerbsthätigen Städtchen des Central-Balkan, im Balkan von Kotel findet man selbst alte Bürgersfrauen, welche in dieser Schrift geläufig schreiben. Die Grabsteine sind bis zu den neuesten Soldatengräbern bei Sofia in dieser Scriptur versehen, desgleichen die Grenzsteine, z. B. bei Lompalanka, und die Autographen vieler Mönche von Rila oder des alten Popen von Gradec, ja auch von Kaufleuten der älteren Generation überraschen den Palaeographen durch alterthümlichen Charakter vom gestrigen Datum. Der Gebrauch der griechischen Schrift statt der cyrillischen war selten.

Im Mittelalter war Bulgarien ein Land des Sektenlebens und des Aberglaubens. Bis in's 17. Jahrhundert behaupteten sich die letzten Reste der Bogomilen oder Paulikianer in schroffer Abgeschlossenheit, und der Einfluss der byzantinischen Apokryphenliteratur, der Büchelchen über den Besuch der Mutter Gottes in der Hölle und allerlei nicht kanonischen Heiligenlegenden, reicht bis in unsere Tage. Der heutige Bulgare dagegen wird immer mehr von modernem Indifferentismus ergriffen, der mit der kirchlichen Frömmigkeit und den Ueberresten des Heidenthums in gleicher Weise rasch aufräumt.

Die Frömmigkeit des bulgarischen Landvolkes ist einfach, ohne tiefer eingreifende Begeisterung. Ein auf religiöser Grübelei beruhendes Sectenwesen, wie man es in Russland findet, ist bei den Bulgaren jetzt undenkbar, ebenso wie bei den Serben und Griechen in deren gegenwärtigen Zustand. Eine einzige Spur findet sich in dem grossen Dorf Novosélo bei Vidin, dessen Einwohner (2729), Bulgaren mit wenigen Rumänen, den Tabak wie die russischen altgläubigen Lipovaner als ein Teufelskraut verabscheuen; dieser

1) Das Buch heisst kniga (bei Nova Zagora sagt man gániga, bei Chasköi in der Rhodope kaniga), die Schrift beim Volke desgleichen; učil se na knigu, znaje knigata er hat lesen gelernt, er kann lesen, knižóvnik der Schriftgelehrte. Piša heisst sowohl ich schreibe als ich male, wie das griech. γράφω; sagt ein Bauer, in einer Ruine sei an der Wand etwas pisano, so sind eher Fresken als Inschriften zu verstehen. Der einzelne Buchstabe heisst bukva.

Glaube soll durch die Lektüre eines rumänischen Buches erst in neuerer Zeit hingekommen sein. Die frömmsten Leute sind, wie überall, die Gebirgsbewohner, namentlich des weiblichen Geschlechtes, vorzüglich im Balkan und in der Sredna Gora, z. B. in Panagjurište oder Kotel. Die vielen Fasten der orthodoxen Kirche, besonders die 40tägigen vor Ostern werden auf dem Lande noch strenge gehalten. Die Klöster hatten noch vor Kurzem eine bedeutende Autorität, die aber rasch sinkt, nicht nur durch den Einfluss moderner Ideen, sondern auch durch den Mangel kirchlicher Beredsamkeit und Wissenschaft bei den Mönchen selbst. Wallfahrten unternimmt man zu dem nationalen Kloster Rila, nach dem Athos, seltener nach Jerusalem; der Pilger nach dem heiligen Lande führt, wie der mohammedanische Mekkapilger, sein Leben lang den Ehrentitel Hadži. Der Besuch der kleinen Klösterlein von Bulgarien sank im Osten, wie bei den Griechen, zu einer fröhlichen Landpartie herab; nur im Westen unternimmt man ihn mit grösserer Sammlung des Geistes.

Reste des Heidenthums sind zahlreich. Das meiste hat sich in alten Bräuchen an verschiedenen Festtagen, von den Hauptfesten der Koleda (Weihnachten) und des Velik den („des grossen Tages", Ostern) angefangen, erhalten und ist auch in den mit Schilderungen des Volkslebens verbundenen Liedersammlungen in Kalenderform beschrieben. Daran schliesst sich der mannigfaltigste Aberglauben, dessen Kenntniss den Besitz der alten und jungen Weiber bildet. Die Arbeit nicht nur an christlichen, sondern auch an allerlei nicht kirchlichen Festtagen ist verpönt.

Voll des merkwürdigsten Wunderglaubens sind die Gegenden bei Provadija und in der Strandža im Osten, besonders aber die Bergländer zwischen Sofia, Küstendil und Niš im Westen. Wir wollen von diesen heidnischen Traditionen nur die wichtigsten anführen, besonders soweit sie uns aus eigener Anschauung bekannt sind.

Eine grosse Rolle spielt die Bergfee oder Elfe, im Osten Samodíva, im Westen Samovíla oder wie bei den Serben einfach Vila genannt, ein ätherisches weibliches Wesen, welches auf den steinigen Kämmen und grasreichen Triften in ganzen Collegien sein Wesen treibt und im Volkslied als Freundin der Helden erscheint. Im Balkan von Kotel und Trnovo, in der Sredna Gora und auf den Gebirgen bei Küstendil zeigte man mir oft den nächtlichen Tanzplatz der Feen auf den Bergwiesen, das Samodívsko choró, choríšte oder igrilo. Es ist ein Kreis oder Halbkreis von üppigerem, höherem oder grünerem Gras oder auch von Erdbeeren und anderen Blattpflanzen, mit ungleichem Durchmesser, je nachdem der Windeswirbel die Samen mit grösserer oder geringerer Stärke kreisförmig auseinander gestreut hat. Es sind die bekannten „fairy-rings" der Engländer, die „cercles de fées" der Franzosen. Solche Stellen wagen die Bulgaren bei Nacht nicht zu betreten und lassen sie bei der Heumahd oder gar inmitten der Aecker unberührt stehen. Der grossartigste Kreis dieser Art ist das berühmte Viljo Kolo auf dem luftigen Gebirgskamm zwischen Küstendil und Vranja. Die serbisch-bulgarische Grenze geht mitten hindurch, und wenn ringsherum alles abgemäht ist, steht das Gras auf dem „Kreis der Vila" noch immer hoch wie Weizen; Niemand wagt es anzutasten.[1]) Als Bergname erscheint dieses Viljo Kolo auch auf den Karten und wird als Grenzpunkt selbst im Berliner Vertrag genannt.

Die rothen Früchte der Eberesche (Pirus aucuparia, bei Kotel brékini, Plur.) sind das Obst, an welchem sich die Samodiven laben. Ausserdem sind den Bergfeen verschiedene Blumen geweiht, besonders der Thymian (Thymus serpillum, bulg. mášteriga, auch ríganina, wohl von ὀρίγανον, ein Name der eigentlich dem kretischen Diptam, Origanum creticum gebührt) und das hellroth oder weiss blühende, bei seinem starken Geruch schon im Alterthum als Arzneipflanze geschätzte Diptam (Dictamnus albus, bulg. rósen).[2])

An den Rusaljá oder Samovilski prázdnici (Feiertag der Samovili) genannten Tagen im Mai legen sich Kranke in den Wald, um dort bei dem Geruch des Dictamnus zu übernachten und zu genesen.

Elfenquellen (Samodívski kládenec) gibt es überall. Eine sehr bekannte liegt auf dem Joch neben dem Balkangipfel Maragidik am Saumpfad von Kalofer nach Novoselo. Auch dort sollen die Samodiven in der Nacht tanzen. Die Wanderer pflegen daselbst den unsichtbaren Bergmädchen kleine Kuchen (kraváječeta) als Opfergabe zu hinterlegen. Die Stelle selbst nennt man Rusalíji-te oder Rusálski-te gróbišta, die Rusalien oder Rusaliengräber.[3]) Andere „Rusaliengräber" zeigt man in der Nähe des Trajansthores bei dem Dorfe Vasilica (Hünengräber mit alten Steinen), einen „Rusalienhain" (Rusalski lѣg) zwischen Borovci und Živovci bei Berkovica. Das Wort Rusalija, das also in Bulgarien stets in Verbindung mit den Elfen an mythologisch bedeutsamen Orten erscheint, bezeichnet in der byzantinischen und altrussischen Literatur ein heidnisches, von der Kirche verfolgtes Fest. Andererseits heisst so das Pfingstfest im Kirchenslavischen, ebenso bei den Russen, Serben, Rumänen (rusale) und Albanesen (rśai). Miklosich hat schon 1864 in einer eigenen Abhandlung beides auf das lateinische rosalia (in der Kirche auch „pascha rosarum") zurückgeführt.

Ein minder gutartiges mythisches Wesen sind die Elfen der Fuhrten (brod), die den Menschen bei dem Uebergang tückisch ins Wasser ziehen. Ihr Name ist bródnica; ihr Wohnsitz sind auch gewisse Quellen, von denen in Liedern die Rede ist (brodínsko kládenče).

Eine böse Gestalt ist der „Hundskopf" psóglav, ein Cyklop mit einem

1) Beschrieben von Milićević in der Belgrader „Godišnjica" IV (1882, 280). Ich war einmal ganz nahe bei diesem Heiligthum, wurde aber durch Regenwetter an dem Besuch verhindert.

2) Auf meinen Reisen wurde mir der berühmte „rósen" nirgends gezeigt, wahrscheinlich weil er stets schon abgeblüht war; die Constatirung desselben als Dictamnus verdanke ich Herrn Dr. A. Teodorov.

3) Aus dem missverstandenen bulg. Plural mit dem Artikel entstand der „Rosalita-Pass" bei Kanitz.

Auge auf der Stirn.[1]) Sehr verbreitet sind Sagen über ausgestorbene Riesen, die bulgarisch žid, žídavec heissen.[2]) Bei Sofia zeigt man an der Strasse nach Niš zwei Gruben als Riesengräber (žídovski gróbove), bei Trnovo auf dem Kartal Bair ein ähnliches Gigantengrab (žídov grob), ebenso bei Otušlii in der Gegend von Ichtiman lange Gräber für je einen Riesen (žídavec) u. s. w. Bei den Türken heisst der mythische Riese dev, die Steine, die den Riesen als Spielzeug dienten (z. B. bei Šumen) dev-tašlar. Die grossen Thierschädel und Knochen palaeontologischer Funde gelten auch in Bulgarien als Ueberreste der Gigantenleiber.

Fig. 8. Familie aus dem Balkan unter dem Gipfel Murgaš.

Kleinere Geister (dúchove, karakončólci) treiben sich in finsteren Nächten auf Friedhöfen und in felsigen Einöden herum; als Schutzmittel gegen deren An-

1) In Sofia pflegte man den Kindern zu sagen, in der Ruine des alten Bezestanhauses ein céglaf. Ueber die Psoglavi in südslav. Mährchen vgl. Krek, Einleitung in die slav. Literaturgeschichte, 2. Aufl. (1887) 704, 734.

2) Der Ursprung des Wortes ist dunkel. Bei anderen slav. Völkern ist žid = Judaeus, der aber in Bulgarien überall nur Evréjin heisst.

schläge gilt das Ausspucken. Von alter Berührung mit dem byzantinischen Volksglauben zeugen die Namen der das Schicksal des Menschen von Geburt an bestimmenden Feen (orísnica von ὁρίζω, aber auch bulg. narъčnica) und der Drachen (lamija, λαμία).

Im Thierglauben haben die Schlangen (smok, zmej) den ersten Rang. Es gibt böse und gute Schlangen. Es soll auch solche geben, welche die Feldgrenzen und Grenzsteine hüten, während andere vergrabene Schätze bewachen. Das Volk erzählt, dass die Schlangen eine Königin (carica) und Versammlungen haben; verschiedene Pflanzen sind ihnen geweiht, z. B. der rothe Fruchtkolben des Arum maculatum, „Schlangenmais" oder „Schlangentraube" genannt (zъ́mski misír, zъ́msko grózde), und ihr todter Leib oder Kopf gilt als Zauber- und Arzneimittel.[1]) Viele Sagen betreffen die Adler (orél). Im Westen glaubt man, die Tödtung eines Adlers bringe Hagel; im Osten schiesst man auf die kreisenden Adler, um die nahenden, angeblich von ihnen begleiteten Sturmwolken zu verscheuchen. Verborgene Schätze werden in unzugänglichen Höhlen von Adlern und Geiern gehütet. Auch der Bär hat seinen Sagenkreis und seine Pflanzen. Die Elster (svraká) ist das Lieblingsthier der Samodiven, die mit diesen Vögeln ihr Getreide dreschen, während die Adler und Geier deren Wagen ziehen. Die schädlichen Thiere haben eigene Feiertage. Eine ganze Novemberwoche (10.—17.) dauern die überall verbreiteten Wolfsfeiertage (vъlči prázdnici), wo alle Arbeit ruht, die Axt des Bauern, die Nähnadel der Bäuerin, wo der Hirt nicht einmal seine Schuhe ablegt; ein in diesen Tagen genähtes Kleid oder Hemd würde unfehlbar den Zähnen der Raubthiere verfallen. Daneben werden Zaubereien betrieben, damit den Wölfen Augen, Nasen und Ohren verschlossen seien. In der Landschaft von Küstendil gibt es sogar auch einen Mäusetag (Mišov den), am Tage des hl. Nestor (27. October), wo alles geschlossen bleibt und wieder nichts gearbeitet wird, damit sich die Mäuse (miški) nicht vermehren. Der Gebirgsbewohner steht überhaupt auf vertrautem Fusse mit den Thieren des Waldes; in seinen Liedern und Märchen treten sie handelnd auf, alle ihre Bewegungen werden beobachtet und erklärt; z. B. aus dem dumpfen oder hellen Rufen der Eule auf den Bäumen oder aus der Tiefe berechnet der Hirt das Wetter des nächsten Tages.

Die Himmelskörper spielen auch eine Rolle. Im Dorf Mikre im Balkan von Loveč überraschte mich der Rest eines Sonnencultus. Es war Erntezeit, Montag Morgens; die Weiber gingen nach Sonnenaufgang schaarenweise zuerst ein Stück Weges gegen die Sonne und dann erst aufs Feld, damit, wie man mir ausdrücklich sagte, die Arbeit die ganze Woche hindurch gedeihe. Die Milchstrasse heisst „des Gevatters Stroh" (kúmova slamá), was an den türkischen Namen derselben „Strohdieb" (samán ogrusú) erinnert. Von den Sternbildern heisst der grosse Bär „der Wagen" (kolá-ta), seine drei Kopfsterne „der Wolf" (vъlk), die Plejaden „die Hühner" (kokóški);

1) Eine Uebersicht des bulg. Schlangenglaubens (80 Nummern) von Prof. Karanov im Period. Spisanie IX, 120 f.

„den Pflug“ (rálica) nennt man das Dreigestirn des Orions oder auch das des grossen Bären.

Die Spuren des Baumcultus sind selten. In der Donauebene (z. B. bei Lompalanka) stehen auf den waldlosen Fluren einsame grosse Bäume, bei denen die Bauern Bittgebete um eine gute Ernte abzuhalten pflegen. Eine eigenthümliche Ceremonie findet statt, wenn der zum Gedeihen der Feldfrüchte nothwendige Regen ausbleibt. Ein junges Mädchen wird am nackten Leibe ganz dicht mit Gras, Laub und Blumen eingehüllt, das Gesicht nicht ausgenommen. In diesem Aufzug geht es mit einigen Gespielinen von Haus zu Haus, tanzt auf dem Hofe bei dem Absingen eines bestimmten, Thau und Regen herabrufenden Liedes und lässt sich dann von der Hausfrau aus einem Kübel mit Wasser begiessen. Dieses Mädchen heisst bulgarisch p e p e - r ú g a, was auch einen Schmetterling bedeutet; die Sitte ist auch in Serbien verbreitet, wo man die vermummte Gestalt d o d o l a nennt, desgleichen in Dalmatien (prporuša) und bei den Neugriechen (perperuna, perperia).[1] Im Frühjahr 1880 sah ich diese Ceremonie in Sofia selbst; die Peperuga und ihre Begleitung waren junge Zigeunerinen, denen es sich bei dieser mythologischen Vorstellung natürlich vor allem um ein Trinkgeld handelte. In der Rhodope trifft man Peperuga's auch bei den mohammedanischen Bulgaren.

Heilige Quellen sind nicht selten und zwar von zweierlei Rang. Die einen bleiben noch den Feen geweiht, andere aber sind christlich geworden und befinden sich als a j á z m a (*ἁγίασμα*) meist in der Gesellschaft eines Klösterleins oder einer Capelle. In viele der heidnischen pflegen die Reisenden Kupfermünzen und Kleiderlappen zu werfen. Türkischen Ursprungs ist die Sitte, bei dem Besuch eines Ajazma, einer Capelle u. s. w. rothe Fäden aus den Gürteln und kleine Fetzen an die Aeste eines benachbarten Baumes zu binden.

An gewissen Tagen ist das Anzünden öffentlicher Feuer üblich. Im Becken von Sofia, in der centralen Sredna Gora und anderswo werden solche Feuer am Rand aller Dörfer an den letzten zwei Sonntagen vor den grossen Osterfasten, an den sogenannten z á g o v e z n i (zagovjávam: ich beginne zu fasten) Abends angemacht; daneben schwenken Knaben brennende Strohbüschel auf langen Stangen. In Burgas wurde ich am Vorabend des J é n e v d e n (St. Johannes, 24 Juni) an unsere Johannisfeuer erinnert. Auf den breiter gepflasterten Strassen machten die Bürger in der hellen Mondnacht kleine Feuer aus alten Körben und allerlei Gestrüpp an und sprangen darüber, wobei alte Krämer mit jungen Knaben in Behendigkeit wetteiferten. Der Feuercultus an diesem Tage und am Vorabende des St. Konstantintages hatte früher in den griechischen und bulgarischen Dörfern des Strandžagebirges eine grosse Ausdehnung. Ueberreste desselben bestehen in den isolirten, nur untereinander heiratenden, von Ackerbauern bewohnten griechischen

---

1) Das Wort ist in letzter Instanz auf das lat. p a p i l i o zurückzuführen. Ngr. perperuna ist das makedorum. păperúnă Schmetterling aus dem lat. papilionem nach G. Weigand, Die Sprache der Olympo-Walachen, Leipzig 1888 S. 47.

Dörfern Brodilovo und Kosti bei Agathopolis. Vor der Kirche zu Kosti wird Abends vor dem St. Konstantintage ein grosses Feuer von 4—5 Fuhren Holz angemacht. Die Einwohner versammeln sich rings herum unter Trommelschlag. Wenn nur mehr rothglimmende Asche vorhanden ist, werden Einzelne vom Geiste erfasst und laufen, tanzen und springen barfuss oder in Strümpfen mit einem Heiligenbild in der Hand durch die Gluth, sowohl Männer als Frauen. Je mehr ihrer durchlaufen, desto bessere Aussichten hat die Ernte. Diese Scenen wiederholen sich sieben Nächte nach einander. Die Leute, welche durch die Gluth gehen, nennt man nestinári.[1])

Mohammedanischen Ursprungs sind die mit einem arabischen Wort kurbán genannten Schlachtopfer, gegen welche christliche Oberhirten als gegen einen sündhaften, jüdischen und türkischen Brauch längst eiferten.[2]) Man findet sie an der Donau ebenso gut, wie an der Marica und in Makedonien. Die Christen versammeln sich an bestimmten Feiertagen (St. Elias, St. Georg u. s. w.) bei einer Kirchenruine, einer alten Grabstätte, einem Tumulus oder einer Quelle, schlachten ein Lamm, Schaf oder gar einen Ochsen und schmausen lustig im Freien. In Sofia selbst wiederhallt die Kirche am Vorabend des St. Georgstages von dem Blöcken der mit blühenden Flieder umkränzten Lämmlein, welche von den Leuten auf den Armen getragen und vom Popen mit Gebeten geweiht werden; am folgenden Tage werden sie als Kurban geschlachtet und gegessen.

Ein eigener mythologischer Cyklus schliesst sich an Bauten an. Auf der ganzen Halbinsel behauptet man, kein steinernes Gebäude könne gelingen, wenn in die Grundfesten nicht ein Lamm, ein Hahn oder wenigstens ein Menschenschatten eingemauert wird. Die Bulgaren sagen, die Baumeister besässen die Kunst den Schatten eines Vorübergehenden zu messen und einzumauern; der gemessene Mensch stirbt und wird der talasám, Hausgeist des Bauwerkes, der in der Nacht bis zum Hahnruf herumgeht. Mit diesem Aberglauben hängt vielleicht auch das früher gebräuchliche Einmauern alter unbrauchbarer Kirchenbücher, besonders Handschriften in die Kirchenmauern zusammen. In Verbindung damit stehen wahrscheinlich auch die räthselhaften Basreliefs, die ich an einigen massiven Bauten bemerkt habe: Schlangenfiguren auf den Pfeilern der alten Brücke von Jambol, ein Drachenkopf an der Brücke von Pernik, sodann hoch an der Aussenmauer des Klosters von Rila links vom Dupnicaer Thore zwei höchst primitive ovale menschliche Gesichter mit Augen, Nase und Mund, nach der Behauptung der Klosterbrüder allerdings von den Meistern nur zur „Zierde" eingesetzt. Bei allen Völkern der Halbinsel verbreitet ist die auch zum Lied geformte Sage,

1) Slavojkov beschreibt die Nestinari in der „Bulgarischen Chrestomathie" von Vazov und Veličkov I (1884) 131—135. Früher wurde die gleiche Ceremonie selbst in der Stadt Jena bei Bunar-Hissar und in der Umgebung gefeiert.

2) Scharf predigte gegen das blutige Kurbanopfer z. B. Kyrill Pejčinović von Tetovo, Igumen des St. Demetriusklosters bei Skopje, in seinem jetzt seltenen Buche „Ogledalo" (Spiegel), Ofen 1816 S. 68 f. (vgl. Jagić's Archiv XII, 303). Aus seinen Worten sieht man, dass die Lämmer damals innerhalb der Kirchen geschlachtet wurden.

wie ein schwieriger Bau erst dann gelang, als man die Frau des jüngsten der drei Baumeister einmauerte; die Neugriechen erzählen sie von der Brücke von Arta, die Rumänen von der Kirche zu Curtea de Ardžiš in der Walachei, die Serben von der Burg von Skadar (Scutari), die Bulgaren von der alten Burg Lydža-Hissar nördlich von Philippopel und von der „Brücke des Kadi" bei Küstendil.

Fig. 9. Familie aus der westlichen Sredna Gora.

Alte Weiber, die Zauberei und Curpfuscherei betreiben, fehlen natürlich nirgends. Eine eigene Classe solcher so zu sagen heidnischer Priesterinnen besteht in den Bergländern des Westens, bei Trn, Küstendil, Kratovo u. s. w. Dort gibt es eine Menge Zauberer und Zauberinen (vražaléc, vráčka), Greise (dédo) und Greisinen (bába), welche durch magische Künste (magija, vražánje, vračúvanje, bajánje) Kranke heilen und verlorenes Gut aufsuchen, natürlich nie ohne gute Entlohnung. Nur die dortigen Dörfer, deren Einwohner als Arbeiter auf den Sommer in die Fremde ziehen, sind davon frei.

Bei Caribrod gab es bei meiner Durchreise 1883 einen sonderbaren Heiligen (svetéc) und eine Heilige (svetíca), welche in der Nacht mit der Mutter Gottes (sveta Bogorodica) und der hl. Dreifaltigkeit (sveta Trojica), die ihnen als eine Frau in weissem Gewande erschien, Besprechungen hatten und dadurch das Orakel der Weiber aus der ganzen Umgegend wurden. Als ich wenige Tage darauf den lateinischen Inschriftstein von Prestol in der öden Schlucht unterhalb Trn zu entziffern suchte, trat ein Bauer zu mir und begann merkwürdige Auseinandersetzungen: „Wir sind Dummköpfe, gemeine Gebirgsmenschen: sag mir, kann eine Frau Pope sein?" Aus der weiteren Rede verstand ich, es gebe in einem nahen Dorfe eine Zauberin, die den Ortspopen nicht anerkennt und ihr Gewerbe an einer heiligen Quelle (ajazma) ausübt. Bei Breznik erzählte man mir von einer Alten, die Wahrsagereien aus den Knochen gebackener Hühner betreibt; sie soll mit den Popen im Einverständniss sein, indem sie nach dem Orakelspruche ihre Schützlinge ihnen zuschickt, damit sie sich noch Gebete lesen lassen, was natürlich auch nicht umsonst geschieht. In den Dörfern der Landschaft von Trn werden allerlei Altweiberfeiertage, an denen nicht gearbeitet werden darf, so strenge gefeiert, dass der Uebertreter Gefahr läuft sein Ackergeräth zerschlagen zu sehen.

In den Landschaften von Küstendil und Kratovo steht es nicht besser. Während unserer Reise 1883 hauste in den Wäldern bei Kratovo auf türkischem Boden ein mit den Heiligen des Himmels geheimnissvoll verkehrender Zauberer, zu welchem eine Menge Leute aus weiter Ferne zu Fuss und zu Wagen zusammenlief. Merkwürdige Aufschlüsse gibt ein interessantes, unlängst erschienenes Büchlein des Priesters Peter Ljubenov aus Küstendil über die Volkssitten des dortigen Kreises.[1]) Ljubenov nennt neun Personen in den Dörfern der Berglandschaften Krajište, Kamenica und Pijanec, die solche Künste betreiben. Westlich von Küstendil wahrsagt im Dorf Prekolnica ein Dédo Ráno, genannt Kostáro (kost Knochen), aus Schafs- und Hühnerknochen, in Žeravino heilt eine Baba Cvéta Kranke, die aus den Landschaften von Küstendil und Egri Palanka zusammenströmen, und im Dorfe Vraca wahrsagt Stanóje Staménkov über Krankheiten aus dem Fallen einer Bohne in eine mit Wasser gefüllte Schüssel und vertheilt den Leuten Kräuter zum heilkräftigen Räuchern. In der Stadt Küstendil selbst gibt es Wahrsager von modernem Typus, die aus Linien der Handfläche und Spielkarten die Zukunft ergründen. Die alte Baba Góca Stójčeva in Bresnica, einem Dorf des Krajište, die öfters in Ohnmacht zu sinken und dabei Heilige zu sehen pflegte, erregte 1860 eine solche Bewegung, dass die Bauern auf ihre Aufforderung unter grossem Zulauf nicht nur ein Kloster in demselben Dorf, sondern auch sieben Kirchen in der Umgebung zu bauen begannen, wovon noch einige als strohbedeckte Hütten dastehen, aber jetzt nur dem Vieh im Sommer zur Zuflucht dienen.

Die Autorität aller dieser Personen ist grösser als die des Popen oder Lehrers; von Aerzten will man auf den Dörfern überhaupt noch wenig

---

1) Petr C. Ljubenov, Baba Jega oder Sammlung von verschiedenen Aberglauben, volksthümlichen Heilmitteln, Zaubereien, Wahrsagereien und anderen Sitten in der Landschaft von Küstendil. Trnovo 1887, bulg. 8°, 86 S.

wissen. Die Zauberer selbst sind sehr vorsichtig und erkundigen sich genau nach den Umständen des Bittstellers; wenn die Informationen nicht genügen, weisen sie denselben zurück. Als Honorar werden Geld, Schafe, Rinder, Butter, Leinwand, Wein, Branntwein und andere Producte reichlich entrichtet. Die Mischung christlicher und heidnischer Elemente zeigt eine bei Ljubenov gedruckte Formel der Baba Cveta zur Krankheitsbeschwörung; neben der hl. Nedelja (Kyriaké) und hl. Petka (Paraskeué) werden darin auch „meine lieben Genossinen vom Viljo Kolo, von der Vitoša und von der Rilska Planina" angerufen, also die Feen der Gebirge.[1])

Viele Zaubereien gelten zur Abwehr des bösen Blickes (uróci, uročásvanje), der Menschen und Thieren schädlich sein kann. Gegen dieses Uebel werden Kindern und Hausthieren zahlreiche Amulete angehängt, Korallen, farbige Steine und Bänder u. s. w. Im Verkehr mit den Eingeborenen soll man nie ein denselben gehöriges Pferd oder Rind loben, denn dieses Lob schadet wie der böse Blick.

Der Schutz des Viehes ist der Gegenstand manchen Volksglaubens. In der Nacht vor der Verkündigung Mariä (Blágovest, Blagoveštónie, 25. März) wird der Reisende in ganz Bulgarien, besonders in den Dörfern des Westens, durch mysteriöse Scenen eines ganz heidnischen Ceremoniels überrascht. Weder Ochsen noch Pferde sind als Vorspann aufzutreiben, Bauern und Bäuerinen gehen in der hellen Mondnacht um das Haus herum, räuchern ihr Vieh, rasseln mit Ketten, schlagen mit Löffeln auf Pfannen und anderes Eisen und rufen: „Fliehet Schlangen und Eidechsen!" (bégajte zmiji i gúšteri). In manchen Gegenden findet diese Ceremonie vor dem Tag des hl. Jeremias statt (Eremija, 1. Mai).

Bei der Gefahr einer Epizootie treibt man alles Vieh einiger Nachbardörfer durch eine Gasse von heiligen Feuern durch, um es zu desinficiren. An dem bestimmten Tage wird in den daran betheiligten Gemeinden jedes Herdfeuer gelöscht und erst nach der Ceremonie wieder mit dem heiligen Feuer angezündet. In den gemischten Dörfern bei Provadija gehen Türken und Bulgaren dabei mit brüderlicher Eintracht vor; Popen und Hodža's brummen bei dem Defiliren des Viehes slavische und türkische Gebete, die Einwohner beider Völker kochen ihr Essen an den Ceremonialfeuern und nehmen schliesslich davon Fackeln zum Anfachen des häuslichen Herdes mit. Bei Küstendil wird das heilige Feuer durch Reiben von zwei Eschenhölzern erzeugt; die Ceremonie findet meist in einem Graben an der Grenze des Gebietes von zwei Ortschaften statt.

Die Furcht um das Vieh ist der Grund, warum der Glaube an Vampyre oder Werwölfe bei den Bulgaren, wie bei allen Balkanvölkern noch so fest haftet. Vampyr (vampir, vapírin, Verbum vapirjásam) wird ein todter Mensch, wenn ihn kurz vor dem Tode ein Hund oder eine Katze überspringt

1) Auch in dem serbischen Antheil desselben Berglandes, im Kreis von Niš, bestehen ähnliche bäuerliche Wahrsagereien. Ein amtlicher Bericht bei Miličević, Kraljevina Srbija 164—168.

oder ein schädlicher Schatten auf ihn fällt; der Leib liegt im Grabe, aber der unsichtbare Vampyr fliegt in der Luft herum und saugt das Blut von Menschen und Thieren. In den Dörfern bei Kotel legt man am Neujahrstage Dorngesträuch in die Kamine, damit die Vampyre nicht in die Häuser hinein können. Findet man heraus, wer Vampyr geworden sei, so wird das Grab geöffnet, die Leiche an der Brust mit einem Pfahl aus Weissdorn (Crataegus, bulg. glog) durchbohrt, auf einem Scheiterhaufen gleichfalls von Weissdornholz gelegt und öffentlich verbrannt.

Dieser Vampyrglaube ist über das ganze Land verbreitet, haftet aber besonders in der Landschaft von Provadija. Dort gibt es eigene Zauberer, džadadžija genannt (türk. džadá Zauber), welche die Vampyrjagd betreiben; ihr Hauptort ist das Dorf Devna. Im Dorf Nevša (ursprünglich der Sage nach Njágoša genannt, bei Gjorgjić 1595 Gnecuscia) jagte unlängst bei einer Schafkrankheit ein solcher Džadadžija den unsichtbaren bösen Geist mit einem hölzernen Heiligenbild (ikona) in der Hand von einem Thier zum andern. Der Böse floh vor dem Bild in die Schafglocken, in die Wolle der Thiere, in das Maul eines Hundes und endlich in eine hölzerne Röhre; dieselbe wurde verstopft und verbrannt, worauf die Seuche in wenigen Tagen aufgehört haben soll. Im Dorf Venčan trieb ein aus demselben Anlass aus Devna berufener Zauberer den Vampyr mit einem alten Heiligenbild aus einer Wirthschaft nach der anderen, bis das Bild zu zittern began, zum Zeichen, dass es den Bösen berührt habe. Da ging die wilde Jagd los. Der Zauberer rannte dem Geiste athemlos nach, von Haus zu Haus, über Hecken und Zäune, bis ihm Gürtel und Bundschuhe abfielen. Endlich stand er still an dem frischen Grab eines Zigeuners. Die Bauern liefen mit Schaufeln und Hacken herbei, gruben die blutroth angelaufene Leiche heraus und verbrannten sie auf einem Stoss von Holz und Dorn. Die Umstehenden wollten das Winseln des sterbenden Vampyrs unter dem Prasseln der Flammen deutlich gehört haben; der Zauberer stand mit seinem Bild bis zum Schluss neben dem Scheiterhaufen, damit der böse Geist nicht entrinnen könne. In 15 Tagen soll die Seuche erloschen sein. Das Honorar des Džadadžija für eine solche Operation beträgt 5—6 Rubel.[1]) Durch Verkehr der Vampyre mit Weibern kommt der fɤrkuljak (ursprünglich vlkolak, daraus ungr. vurkólakas) zur Welt, ein Mensch, der den sonst unsichtbaren Vampyr mit seinen Augen schauen kann; die Džadadžija's sind Nachkommen dieser Mischlinge und erspähen deshalb den bösen Geist selbst durch den dichtesten Nebel hindurch.

Derselbe Glaube ist, wenn auch nicht in der gleichen Stärke, bei Loveč und in einigen verwahrlosten Donaulandschaften anzutreffen, desgleichen im

1) Diese zwei recenten Fälle entnehme ich einem Bericht des Schulinspektors von Varna an den Unterrichtsminister vom 12. März 1882. Zacharias Stojanov beschreibt in seinen Memoiren I, 160 eine ähnliche Scene aus der Landschaft von Rušćuk, wo 1873 der Pope des Dorfes Pirgos einen todten Zigeuner ausgraben und verbrennen liess. Auch bei den Serben der Hercegovina und den Rumänen von Siebenbürgen kam dieser Brauch noch unlängst vor. Ueber den slav. Vampyrglauben im Allgemeinen siehe Krek op. cit. 409.

Westen. Bei Küstendil betrieben das Geschäft der Vampyrjäger (vampirdžiji) bis vor Kurzem einige Türken; sie erschlugen den fliegenden Vampyr mit einer Axt in der Luft, worauf man auf dem Boden Blutstropfen fand. Nach Slavejkov kommt im Nordosten Thrakiens, im Strandžagebirge, die barbarische Sitte vor, dass man die meisten Leichen vor der Grablegung mit einem Messer oder Nagel an der Brust durchsticht; ja gewisse abgelegene Küstendörfer, dieselben, in welchen der obenerwähnte merkwürdige Feuercultus lebt, verbrannten noch unlängst alle Todten, wie die Heiden, damit sie nicht zu Vampyren werden. Auch im westlichen Thrakien umgibt man die Leiche aus dem gleichen Grund oft mit Dornen.

Eine eigene Species der Zauberer sind die Schatzgräber (maldžíja), welche in nächtlicher Stunde nach geheimnissvollen Vorbereitungen Schätze (imáuje) heben, die in Ruinen oder Einöden vergraben liegen oder in Höhlen von Schlangen, Adlern und Geiern gehütet werden. Der Boden alter Burgen, die Umgebung antiker Denkmäler, die Reste mittelalterlicher Kirchen, ja die Gegend um türkische Moscheen, Karavanserai's und Brunnen herum ist meist voll gegrabener Löcher. Träume und geheime Zeichen, besonders die Ausdehnung des Mittagsschattens einer Mauer oder Säule, verrathen die Lage des Schatzes, gewisse „aufhämmernde" Blumen (raskóvno) lassen ihn sichtbar werden. Wer, wie der Verfasser, zu archaeologischen Zwecken reist, geräth gleich in den Verdacht der Schatzgräberei und hat deshalb mit vielen Hindernissen zu kämpfen. Oft wird die Existenz einer Ruine von den Bauern geleugnet, damit man ihnen keinen Schatz wegnehme oder damit sie nicht wegen der angeblichen Auffindung eines solchen Gutes behelligt werden; daher ist es manchmal so schwer, den Fundort gezeigter Münzen oder Alterthümer sicher zu erfahren. Es ist eine natürliche Folge des tausendjährigen Einflusses strenger byzantinischer und später türkischer Gesetze über die Auffindung eines Schatzes (εὕρησις θησαυροῦ). Die Leidenschaft der Schatzgräberei ist dabei keineswegs grundlos. Die Funde von Münzen in Töpfen reichen von den Zeitgenossen der Prägestätten von Thasos und Dyrrhachium bis in unsere Tage, in ihrer Masse ein bezeichnendes Andenken der vielen Stürme, welche über das Land seit Jahrtausenden dahingezogen sind. Noch während der Kämpfe 1876 und 1877 vergruben Städter und Bauern ihr Gut in Hausmauern, auf dem Weingarten

Fig. 10. Landleute aus Vakarel.

oder am Waldesrand und Feldrain, in Gefässen und Büffelhörnern. Die Maldži's von Trnovo suchen daneben auch Salz im Balkan und werden dabei von den Balkanbauern artig gefoppt.

### b) Die Pomaken (mohammedanische Bulgaren).

Wohnsitze in der Rhodope und im Donaugebiet. Historisches. Trachten, Sitten, Volkslieder. Einfluss der bulg. Schule.

Die mohammedanischen Bulgaren werden von ihren christlichen Stammgenossen allgemein Pomáci (Sing. Pomák) genannt. Der Ursprung der Benennung ist dunkel; die landläufigen Deutungen als Hilfstruppen (von pomagač Helfer) u. A. sind unzureichend. [1])

Die Zahl dieser bulgarischen Anhänger des Islam ist in dem Gebiete des Aegaeischen Meeres nicht unbedeutend, in den Donaulandschaften nur gering, auf dem Boden des Fürstenthums im Ganzen höchstens an 28.000 Seelen stark.

In der Rhodope und den Gebirgen des östlichen Makedoniens bildet das Gebiet der Pomaken eine breite Zone, die von Philippopel bis Salonik reicht, nämlich von dem mittleren Lauf der Arda bis zum Vardar und noch darüber. Es gehören dazu die Landschaften Rupčos, Achyr Čelebi, das Plateau von Dospad, die Kessel von Čepino und Razlog, der Kreis von Nevrokop und ein grosser Theil des centralen Makedoniens mit den Landschaften von Džumaja, Pijanec, Maleševo, Tikveš, Kukuš, ja jenseits des Vardar auch das Thal von Moglena und andere. Aber überall ist dieses schwach bewohnte Gebiet von christlichen Territorien durchsetzt. Der Antheil des bulgarischen Fürstenthums an diesem Pomakenland ist nicht gross. Nach den Daten der Zählung von 1885 gab es in den ostrumelischen Theilen der Rhodope 17.873 Pomaken: 10.674 in der Okolija Rupčos (neben 10.046 christlichen Bulgaren), 656 in Konuš, 6543 in der Okolija Peštera. [2]) Die Ergebnisse von 1888 zeigen zwischen der Zahl der Orthodoxen und der bulgarisch Sprechenden eine Differenz von 13.719, welche die Pomaken repräsentirt, davon 7389 [3]) in Rupčos (neben 10.137 christlichen Bulgaren) und 5944 in der Okolija von Peštera. Das Minus gegenüber der vorigen Ziffer entstand dadurch, dass viele Pomaken sich bei der Unachtsamkeit der Behörden mit türkischer Muttersprache einschreiben liessen. Seit der Union 1885 begannen übrigens auch die Rhodoper Pomaken auszuwandern: Rupčos hatte 1885 20.821, 1888 nur 18.751 Einwohner.

Nördlich von der Balkankette gibt es Pomaken sporadisch in den Kreisen von Loveč, Pleven und Rachovo. Ihr Hauptstock befand sich südwestlich von Pleven zwischen den Flüssen Vid und Panega und am Flusse

---

1) Im nordwestlichen Makedonien sagt man statt Pomaci: Torbeši, Ulufi, Kurki.

2) In der Okolija Konuš die Dörfer Dobralık und Orešec, in der Okolija Peštera Forcovo, Osenovo und die Landschaft Čepino.

3) Richtig 8568, dann die 1100 „Türken" in den Gemeinden Borovo, Lilkovo und Pavel sind Pomaken.

Skit in der Gegend von Rachovo. Sarafov (1881) schätzte sie auf 10.220;[1]) die Zählung von 1888 ergibt dort zwischen den Orthodoxen und den bulgarisch Sprechenden eine Differenz von nur 5277 nichtchristlichen Bulgaren: Okolija Teteven 2994, Bela Slatina 1764, Lukovit 242, Trojan 171, Loveč 106. Aber auch hier sind ohne Zweifel Viele irrthümlich als türkisch redend eingetragen worden. Es ist eine aussterbende Bevölkerung. Während der Belagerung von Pleven und dem Vorstoss des Generals Gurko gegen Sofia flohen fast Alle nach Makedonien. Im 1880 begann die Rückwanderung, der bald wieder ein neuer Abzug in die Türkei folgte. Die Leute ziehen ungern weg, aber zur Auswanderung bewegt sie einerseits die geheime Agitation türkischer Softa's, andererseits die alte Feindschaft ihrer christlichen Nachbarn, welche die Höfe und Felder der Pomaken so billig als möglich aufzukaufen suchen und deshalb alles daran setzen, um die Emigration im Fluss zu erhalten. In dem noch 1881 ganz pomakischen Dorf Asen (Okolija Teteven) gab es 1888 keinen Pomaken mehr, in dem gleichen Pešterna nur 7 solche Moslims. Die 270 Pomakenhäuser[2]) der Stadt Etropole vor dem russischen Krieg gehören ganz der Geschichte an; das mohammedanische Element repräsentiren dort heute 6 Zigeuner.

Die historische Entstehung dieser mohammedanischen Gruppen im Bulgarenvolke ist dunkel. Dieselbe erfolgte nicht auf einmal, sondern sehr langsam, jedenfalls, so viel wir wissen, nicht sofort bei der Eroberung des Landes durch die Osmanen. Einzelne Fälle der Bekehrung kamen bei dem Fall der einheimischen Reiche allerdings vor. Gleichzeitige Schriftsteller berichten, dass nach dem Fall von Trnovo viele Bulgaren den Glauben Mohammeds angenommen haben, in der Hoffnung Aemter und Güter zu erlangen, oder aus Furcht oder Unkenntniss, und dass der nach dieser Katastrophe nach Makedonien verbannte Patriarch Euthymij dort durch seine Predigten viele nicht nur von Haeresien, sondern auch von der „saracenischen Finsterniss" abgewendet habe.[3]) Andererseits erfahren wir aus den Schriften Vladislav's des Grammatikers (1469), dass zu seiner Zeit in Krupnik an der Struma ein Bischof residirte, während dieses Dorf jetzt längst rein pomakisch ist. Neuere bulgarische Aufzeichnungen verlegen die Bekehrung von „Dospat-Planina, Čepino, Krupnik, Kočani" in die Regierung Sultan Selim's I. (1512 bis 1520).[4]) Demselben Herrscher wird diese That auch in den Sagen der Bulgaren in Thrakien zugeschrieben, wie ich es oft selbst gehört habe. Zachariev verlegt in seiner Beschreibung des Kreises von Tatar-Pazardžik die Bekehrung der Rhodope unter die Regierung Bajezid's II. zum J. 1495, jedoch ohne Quellenangabe.[5]) Herr P. R. Slavejkov erzählte mir, im Kloster

1) Per. Spis. VIII, 56.

2) Zaimov III, 69 gibt 500 moh. Häuser an, die türk. amtlichen Verzeichnisse 270 moh. und 403 christliche.

3) Joasaf, Metropolit von Vidin im Period. Spis. I (1882) 44, Camblak im Glasnik Bd. 31 S. 288.

4) Vgl. Drinov im Period. Spis. VII, 9.

5) Zachariev 74.

Bačkovo sei vor Jahren ein „Pomenik", Gedenkbuch zur Einschreibung von Pilgern vorhanden gewesen, aus welchem ersichtlich war, in welchen Jahren die einzelnen jetzigen Mohammedanerdörfer des nahen Rupčos das Kloster zu besuchen aufhörten. Die Pomaken der Rhodope selbst haben über ihre Bekehrung nur dunkle Sagen, behaupten jedoch, die Annahme des Islam sei nicht überall zu gleicher Zeit erfolgt; zuerst habe sich Dospad bekehrt, dann Naipli, Dovlen und ihre Umgebung und zuletzt die Landschaft Čepino. Das Letztere wird auch durch schriftliche Denkmäler bestätigt. Die Čepiner besitzen eine Urkunde über ihre Feldmarken, die gleich nach ihrer Bekehrung ausgestellt wurde, angeblich 227 Jahre vor unserem Besuch dieses Ländchens im J. 1883. Dies stimmt zu einer bekannten bulgarischen Nachricht, welche dieses Ereigniss in die Zeiten Sultan Mohammed's IV. und seines Grossveziers Mohammed Köprili (1656—1661) verlegt.[1]) Ausserdem ist aus den Traditionen der Pomaken ersichtlich, dass die einst in der Rhodope so starken turkomanischen Hirten oder Jürüken auf diesen Umschwung nicht wenig einwirkten.

Die angeführten Sagen von Bajezid II. und Selim I. sind nicht grundlos. Erst unter diesen Sultanen wurden der altberühmte Dom des hl. Demetrius in Salonik und die Metropolitankirche zu hl. Georg zu Sofia in Moscheen verwandelt;[2]) den Christen nahm Selim I. überhaupt alle steinernen Kirchen weg, ja er beschäftigte sich nach Angaben türkischer Quellen sogar mit dem Gedanken, alle christlichen Unterthanen gewaltsam zu bekehren oder auszurotten.[3]) Vielleicht gehören in diese Zeit auch einige wirkliche Bekehrungsversuche. Der wiederholte Aufenthalt des Hofes auf der „Despot-Jajlasy" auf den Höhen der Rhodope unter Mohammed IV. „dem Jäger" mag der weiteren Ausbreitung des Islams unter den Bergbewohnern noch mehr Vorschub geleistet haben.

Noch weniger wissen wir über die Bekehrungsgeschichte der Pomaken des Donaugebiets. Einen wichtigen Umstand kennen wir aus den Berichten der katholischen Missionäre des 17. Jahrhunderts. Damals gab es in allen orthodoxen und häretischen (paulikianischen) Dörfern zwischen Nikopol und Trnovo je einige bulgarische Bauern, welche den Islam angenommen hatten; diese muselmanischen Minoritäten konnten in einzelnen Ortsgruppen leicht allmälig das Uebergewicht gewinnen. Auch jetzt ist von den dortigen Pomakendörfern die Mehrzahl noch immer gemischt.

---

1) Siehe meine Geschichte der Bulgaren 455. Herr Slavejkov sagte mir, die bei Zachariev gedruckte und von mir benützte Notiz sei bis auf sprachliche Aenderungen des Herausgebers echt. Aber gleichzeitig ist sie auf keinen Fall; es ist nur eine späte Aufzeichnung der Tradition, überdies ohne Jahreszahlen.

2) Tafel, De Thessalonica eiusque agro (Berlin 1836) 133, fand, dass das Heiligthum des hl. Demetrius um 1430 noch christlich war, vermochte aber die Zeit der Umwandlung nicht aufzuklären. Die seitdem entdeckten Texte der serbischen Annalen verlegen dieses Ereigniss auf den 20. August 1494 oder (Variant) 1499 (Šafařík, Památky 82, Glasnik Bd. 53. S. 101). Ueber die St. Georgskirche siehe bei Sofia.

3) Hammer, Gesch. des osm. Reiches II², 804.

Als Analogie ist Kreta und Albanien in Betracht zu ziehen. Unter den Griechen von Kreta hat sich der Islam erst nach dem Fall der venetianischen Herrschaft in der zweiten Hälfte des 17. Jahrhunderts eingebürgert, und in Albanien erwähnt Hahn Fälle von Glaubenswechsel ganzer Gemeinden, die sich zu Anfang unseres Jahrhunderts ereigneten.[1])

Fig. 11. Bulgarin aus der Landschaft von Zlatica.

Durch die Bekehrung der Pomaken haben die Türken eine nicht geringfügige Stütze für ihre Herrschaft gewonnen, ein primitives, kriegerisches und tapferes Volk, welches dem osmanischen Kaiserthum treu ergeben war.

1) Hahn, Alb. Studien I, 82.

Während des griechischen Aufstandes haben die Bergbewohner der Rhodope 1821 zur Unterdrückung der Revolution in der Chalkidike und auf dem Athos geholfen und auch in der bulgarischen Insurrection 1876 das meiste zur raschen Niederwerfung derselben beigetragen. Nur die verhältnissmässig geringe Anzahl war Ursache, warum die Pomaken nicht so in den Vordergrund traten, wie die mohammedanischen Bosnier und Albanesen. Die Pomaken zählten mir einige hervorragende Landsleute auf, die zu hohen Ehren gelangt sind. Aus der Rhodope stammten ein Tahir Pascha (aus der Gegend von Drama) und ein Ali Pascha (aus Husenica am Dospad), der bei Pleven fiel. Das Pomakendorf Turski Izvor zwischen Loveč und Orchanié ist der Geburtsort des aus der Hercegovina und Aegypten bekannten Dervisch Pascha und seines Bruders Feim Pascha, ja selbst der bekannte türkische Jurist Dževdžet Pascha soll ein Pomake aus Loveč sein.

Die Männertracht ist türkisch, mit weissem oder buntem Turban; die Frauen tragen unter der türkischen Hülle noch bulgarische bunte Nationaltrachten. Gegen die echten Osmanli's haben die Pomaken, wie die Bosnier oder Albanesen, eine tiefe Abneigung, die bei dem sprachlichen Gegensatz wahrscheinlich gegenseitig ist. Der islamitische Fanatismus äussert sich besonders bei den Weibern durch das ostentativ rasche Bücken, Abseitswenden und Verhüllen bei Annäherung eines Mannes. Gegen den Ungläubigen, den sie Kaurin (von gjaur) nennen, besteht ein tiefer Hass, doch ist nicht leicht zu sagen, wie viel davon auf religiösen Fanatismus und auf gewöhnlichen, durch den Glaubenswechsel verstärkten Nachbarnhass entfällt. Der letztere hatte z. B. an der Katastrophe von Batak 1876 einen bedeutenden Antheil.

Die Sprache ist voll türkischer Termini, hat aber daneben bei der Abschliessung gegenüber den Christen manche lexikalische Archaismen.[1]) Bei den sonst gut bulgarisch sprechenden Pomaken der Rhodope tritt die interessante Erscheinung auf, dass sie von eins bis vierzig meist nur türkisch zählen. In den Sitten hält sich noch viel vorislamitisches. Sowohl in der Rhodope, als bei Loveč herrscht die Sitte, dass die Mädchen am Bairam unverschleiert tanzen, um von den heiratslustigen Burschen, allerdings aus einer gewissen Entfernung, im Antlitz gesehen zu werden. Die Pomaken bei Loveč feiern auch christliche Feiertage, St. Vasilios, St. Georg, St. Demetrios, die 40 Märtyrer, ja sogar das Osterfest.

Die Volkslieder der Pomaken des Donaugebiets, des Ländchens von Čepino und des Dospad unterscheiden sich nicht von der übrigen bulgarischen Volkspoesie. Es überwiegen darin lyrische, erotische und satirische Stoffe. Es singen Einzelne oder ein Chor in Begleitung der landesüblichen Guitarren (S. 86). Ich lernte diese Poesie in Čepino kennen. Dort hört man Hajdukenlieder von mohammedanischen Waldrittern der „Karlovska Planina“ (des Karlyk) und von christlichen Klephten aus Batak, mit dessen Einwohner die Čepiner offenbar von Altersher in unfreundlichen Beziehungen standen. Aus dem

1) Der Bulgare nennt z. B. den Steigbügel stets nur türkisch zengija, aber bei den Pomaken von Loveč heisst er noch slavisch strjáme.

älteren Epos erscheint der allbekannte König Marko, daneben auch allerlei moderne Helden mit christlichen und mohammedanischen Namen. In einem Liede wird „Mender grad“ erwähnt, die bessarabische Festung Bender, die auch in den Gesängen der albanesischen Baschibozuks vorkommt, eine Erinnerung aus den Feldzügen des 18. Jahrhunderts. In einem andern sang man uns von den Kämpfen bei Pleven, aber ohne Handlung: ein allgemeines Schlachtenbild mit dem Blitzen der Säbel und dem Donnern der Kanonen. Auf dem Plateau von Dospad singt man nur von Helden mit islamitischen Namen; nur in den Liedern des Dorfes Bártina sollen christliche Junak's (Helden) vorkommen.

Diese Poesie der mohammedanischen Bulgaren erinnert an die Gesänge ihrer bosnischen Glaubensbrüder, welche eine Unzahl süsser oder klagender Liebeslieder und überaus langer epischer Dichtungen aus der osmanischen Kriegsgeschichte besitzen, aber aus der mittelalterlichen Epik, wie sie sich bei den christlichen Serben und Kroaten erhalten hat, nur schwache Proben behalten haben. Der Glaubenswechsel zerriss die Verbindung mit den alten historischen Traditionen, denn diese hatten mehr oder weniger einen christlichen Charakter. Die serbischen und bulgarischen Mohammedaner wurden überhaupt fanatische Anhänger des Islam und befolgen dessen Vorschriften mit grösserer Innigkeit und Zähigkeit als die Osmanen selbst. Aus den Liedern ist übrigens ersichtlich, dass zwischen den Bosniern und Pomaken in den türkischen Heeren freundschaftliche Beziehungen bestanden; in Čepino singt man von einem bosnischen Delija, dem Besitzer eines unvergleichlichen Rosses, dessen Athem auf der Gasse Fenster schloss und dessen Schnauben die Dachziegel erschütterte, und von dem Ideal der jungen Pomakin, dem Reiter, der mit „bosnischen Worten“ spricht.[1])

---

1) Von den „vorhistorischen und vorchristlichen Liedern“, welche der Bosnier Verković, Antiquitätenhändler in Seres, unter dem hochtönenden Titel „Veda der Slaven“ herausgegeben hat, wissen die simplen Rhodoper nichts. Dies ist um so merkwürdiger, da der Herausgeber (Veda Slavena, Belgrad 1874, Band I S. XV) als Personen, nach deren Dictat angeblich diese Lieder für ihn von einigen Mitarbeitern niedergeschrieben wurden, nicht nur Pomaken (auch aus Dospad), sondern auch christliche Bulgaren von den Eisenwerken bei Melnik und im Razlog, ja wlachische Hirten und sogar Zigeuner namentlich aufzählt. Daraus liesse sich auf einen weiten Umfang des Territoriums schliessen, in welchem diese Art Poesie einem weiten Kreis von Leuten verschiedener Stände und Völker bekannt wäre. Ich hatte vielfachen persönlichen Verkehr mit Pomaken aus Dospad, Čepino, Nevrokop, ich hatte Jahre lang als Diener Christen aus dem Razlog und der Gegend von Melnik, ich sprach öfters mit christlichen Bulgaren aus der ganzen Rhodope, aber Lieder über die Einwanderung in das Land, die Erfindung des Getreides, des Weins, der Schrift, von Göttern mit indischen Namen, vom Orpheus und dgl. waren Niemand bekannt. Nur Mustafa von Dospad sagte mir einmal, zu Hause habe er zwar nie davon gehört, aber ein ganzes Buch solcher Lieder sei — in Philippopel in der Buchhandlung zu haben! Gute Kenner Bulgariens unter den Bulgaren selbst haben mir längst diese vermeintlichen Entdeckungen als Humbug erklärt, weshalb ich auch in der Geschichte der Bulgaren S. 568 dieselben als unecht bezeichnete. Herr P. R. Slavejkov, der beste Kenner des bulgarischen Volkslebens, auch im Rupčos und anderen Landschaften der Rhodope bewandert, hat mir mehr als einmal bestimmt behauptet, diese Veda's seien das Fabrikat

Von irgend welchen literarischen Versuchen der Pomaken in der Art der bosnischen Denkmäler, die Blau gesammelt hat, gibt es in der Rhodope keine Spur. In schriftlichen Mittheilungen bedienen sich die Pomaken des Türkischen, das durch den Verkehr mit den Osmanen des östlichen Theils des Gebirges und mit den türkischen Wanderhirten allgemein bekannt ist. Dafür erfuhr ich etwas über schriftliche Versuche der Pomaken in Makedonien. Herr Jos. Kovačov, Generalsecretär im Ministerium des Innern zu Sofia, erzählte mir, in seiner Vaterstadt Štip habe ihn einmal ein Hodža (türkischer Priester) aus der Pomakenlandschaft Tikveš an den Engpässen des Vardar besucht und ihm ein halb philosophisches, nicht sehr klares Kunstgedicht vorgelesen, das in einer sehr reinen Sprache mit arabischer Schrift niedergeschrieben war. [1])

Die blutigen Ereignisse des J. 1876 haben die Pomaken der Rhodope in einen schroffen Gegensatz zu den Bulgaren gebracht. Jedoch bestehen unter ihnen zwei Strömungen, eine alttürkische, gefördert von mächtigen Bey's, und eine moderne, welche den Anschluss an das Bulgarenthum mit dessen staatlicher Carrière anstrebt. Junge Muselmänner in Fez und Turban sind auf den Bänken der bulgarischen Gymnasien von Sofia und Philippopel schon keine Seltenheit mehr, ebenso in den Dorfschulen von Čepino und Rupčos. Die Aufgeweckten lachten dort über einige ihrer Collegen, die an den illustrirten Naturgeschichten Anstoss fanden, da der Islam alle Bilder verbiete. Auch im Kreis von Rachovo begannen einzelne Pomaken die bulgarische Schule zu besuchen. Eine politische Bedeutung haben aber diese muselmännischen Bulgaren innerhalb der Grenzen des Fürstenthums nicht, schon wegen ihrer geringen Zahl.

### c) Die Paulikianer (katholische Bulgaren).

Historisches. Die Paulikianer bei Philippopel und Svištov.

Die katholischen Bulgaren nennt man Paulikianer (Sing. Pavlikénin). Der Name gehört ursprünglich einer mittelalterlichen dualistischen Secte an,

---

einer ganzen Gesellschaft von Lehrern in den Landschaften von Seres und Melnik; einmal (es war in Sofia am 5. [17.] Jänner 1882) erzählte er mir, ein Lehrer aus der Gegend von Melnik, welcher im Fürstenthum vielleicht noch heute als Richter angestellt ist, habe ihm das Bekenntniss abgelegt, auch er sei als „ortak" (Compagnon) bei der Herstellung der Lieder des Verković thätig gewesen. Sie hätten geglaubt dadurch dem Ruhm der Nation zu dienen; Verković hoffte nämlich durch diese Lieder die Autochthonie der Bulgaren und die „Erfindung der Civilisation" durch die Slaven nachzuweisen. Man verfertigte diese Lieder natürlich meist durch Umarbeitung und Interpolirung wirklicher Volkslieder, in der Meinung, die „ungeheuere" Länge sei ein Attribut hohen Alters. Unter der bulgarischen Intelligenz nehmen sich dieser Lieder nur einige λογιώτατοι an, die im Ausland studirt haben und das Vaterland meist nur aus Büchern kennen, oder die Gesellschafter des Verković, die sich jetzt alle im Fürstenthum befinden. Verković selbst lebt seit dem letzten türkischen Krieg, so viel ich weiss, in Petersburg.

[1]) Dabei sagte der Hodža: „auch wir haben unsere ellinika", d. h. alte elegante Worte und Wendungen, wie z. B. čelovek (altslav.) für das alltägliche čovek Mensch.

die man bulgarisch auch Bogomilen, in Bosnien Patarener nannte. Sie wohnen, ungefähr 14.000 Seelen stark, in zwei von einander weit entfernten Gegenden, in der Ebene von Philippopel und an der Donau bei Nikopol.

Ueber ihre Geschichte erhielten wir erst neulich eine gründliche Aufklärung in einer Sammlung von Relationen päpstlicher Missionäre, zusammen-

Fig. 12. Stadtfrau aus Trnovo in der Tracht der Umgebung.

gestellt von dem gelehrten Franziskaner Fermendžin, einem Bulgaren aus dem Banat, und herausgegeben von der südslavischen Akademie in Agram.[1])

1) Acta ecclesiastica Bulgariae ab a. 1565 usque ad 1799. Collegit et digessit P. Fr. Eusebius Fermendžin, ordinis S. Francisci. Zagrabiae 1887 (XVIII. Band der Monumenta).

Im 17. Jahrhundert waren diese Paulikianer (Paulini, Pauliani, Paulinisti, Paulianisti, slav. Pavlićani) noch überzeugungstreue Häretiker, strenge abgeschlossen gegen ihre Feinde, die orthodoxen Christen der Umgebung. Ihre Gemeinden bildeten eine Zone von Nikopol bis Philippopel. Unter der Türkenherrschaft genossen sie vollständige Glaubensfreiheit. Sie hassten das Kreuz und die Bilder und beschuldigten die Orthodoxen des Götzendienstes. Bei der Taufe gebrauchten sie nach den Worten des englischen Reisenden Ricaut (1665) das Feuer; nach den Berichten der Missionäre geschah dies in der Weise, dass der Priester das Haupt des Gläubigen an vier Stellen mit einer Kerze berührte und dies hiess bei ihnen die Taufe durch das Feuer des hl. Johannes des Täufers.[1]) Bischöfe hatten sie in dieser Zeit nicht mehr, nur Priester, welche von der Gemeinde durch Ueberreichung eines Hirtenstabes eingesetzt wurden; dieselben konnten lesen, weihten Getränke und segneten durch einfache Ceremonien die Ehen ein. In den Kirchen kamen die Gläubigen mit Speise und Trank zu fröhlichem Opferschmaus zusammen, assen, tranken und betranken sich, sangen und tanzten; auch nach der Annahme des Katholicismus wollten sie diese Art Andacht fortsetzen und machten in einem Dorfe aus dem Altar ihre Speisetafel.[2]) An Büchern hatten sie die Evangelien, die Briefe des Apostel Paulus, die Apostelgeschichte und die Apokalypse, sämmtlich in altslavischen Pergamenthandschriften; einige Codices waren bosnischen Ursprungs, geschrieben in den Tagen des Königs Tvrdko. Sie fasteten auch, feierten den Sonntag und die beweglichen Feiertage und führten neben bulgarischen Volksnamen mitunter christliche Taufnamen (Joan, Dimitr u. s. w.).

Die Isolirung und der Antagonismus gegen die griechisch orthodoxe Kirche erweckte bei den Resten der einst so mächtigen Secte Sympathien zur römischen Kirche. Der Plan, die Paulikianer für Rom zu gewinnen, taucht zuerst 1581 auf. Der erste Glaubensbote bei ihnen war der bosnische Franziskaner Fra Peter von Soli (Tuzla), welcher von Papst Clemens VIII. (1592—1603) zum Bischof von Sofia mit dem Sitz in dem Bergwerksort Čipórovci im Balkan, einer alten Lateinergemeinde, ernannt wurde und 1623 nach einem rastlos thätigen Leben starb. In den ersten Jahren des 17. Jahrhunderts begann er seine Thätigkeit im Dorf Petikladenci bei Nikopol, predigte und taufte mit Erfolg unter den Paulikianern an der Donau und begann das Bekehrungswerk auch bei Philippopel, alles dies nicht ohne Gefahr, denn die griechischen Bischöfe und die glaubenstreuen Paulikianer verklagten ihn mehr als einmal bei den Türken als einen spanischen und päpstlichen Kundschafter. Die Messe las man oft nur auf den Tennen zwischen den

1) Ricaut, Histoire de l'état present de l'empire ottoman 711. Acta 80.

2) Ueber die Gastmähler in den Kirchen vgl. Acta p. 17, 18, 80 etc. Was Graf Marsigli (Stato militare dell' imperio ottomano p. 21) als paulikianisches Bethaus gezeigt wurde, war wohl nur ein obročište (ehemalige Kirchenstätte) für die noch heute üblichen Kurbanopfer: ein grosser Baum mit aufgehängten Fleischstücken, darunter ein rohes steinernes Kreuz (dies ist ganz und gar nicht paulikianisch), eine grosse steinerne Opferplatte und eine kreisförmige Reihe kleiner steinerner Tische.

Getreideschobern und wo Kirchen errichtet wurden, waren es nur strohgedeckte Hütten. Einige junge Paulikianer wurden nach Rom geschickt, um sich zum Priesterstande vorzubereiten. An der Donau schritt dann das Werk rascher vorwärts als bei Philippopel, wo die rein paulikianischen Dörfer Davadžovo bei Hissar und Kalačevo (jetzt Kalačli, türk. kylydž Säbel, Leben) die Hauptstütze des Katholicismus wurden.[1]) Dort wurden noch in der Hälfte des 17. Jahrhunderts zahlreiche erwachsene Personen beiderlei Geschlechtes, Greise und Jünglinge getauft, aber gegen das Ende desselben scheinen die Anhänger des alten Glaubens ganz verschwunden zu sein. Die Priester der Missionen waren einheimische Bulgaren, Bosnier, selten Ragusaner; sie wurden von Rom aus besoldet, so dass die Gemeinde gar keine Auslagen für deren Unterhalt hatte. Der Fall von Čiporovci 1688 hat die Missionen arg erschüttert; viele Gemeinden blieben während der damaligen Türkenkriege ohne Seelenhirten, wurden aber der römischen Kirche nicht mehr abwendig und lebten unter französischem Schutz wieder auf.

Bei Philippopel gibt es 9444 (1885) Paulikianer[2]) oder wie sie jetzt offiziell heissen „Bulgarokatholiken", in einem Stadtviertel und in 10 Dörfern in drei Gruppen: nördlich von der Stadt auf dem Weg nach Hissar (Davadžovo, Duvanli rein, Seldžikovo, Hambarli gemischt), nordöstlich von derselben an der Mündung der Strema (Kalačli, Baltadži, beide ganz paulikianisch, je 2000 Seelen stark, Geren gemischt) und südlich gegen die Rhodope zu (einige Familien in Achlan und Komatovo). In dem Paulikianerviertel der Stadt residirt der katholische Bischof von Serdica (Sofia), Monsignore Menini, ein geborener Dalmatiner. Die Priester sind meist Kapuziner, Italiener und Franzosen, selten geborene Paulikianer; man sagt, dass sie ihre Gläubigen sehr streng halten. In ihrer Schule dominirt neben dem Bulgarischen das Französische, ein Umstand, der vielen Paulikianern bei dem Eintritt in den bulgarischen Staatsdienst eine gute Carrière eröffnete. Der Typus dieser Paulikianer unterscheidet sich von dem bulgarischen und griechischen; es sind kleine Leute mit engem Gesicht und grossen Nasen, sämmtlich brünett. Unter ihnen sind wohl auch Nachkommen der Armenier, welche die byzantinischen Kaiser bei Philippopel colonisirt haben und die auch die paulikianische Lehre auf die Halbinsel gebracht haben. Ihr Bulgarisch hat einen eigenen Rhythmus, ist aber sonst von dem der Nachbarn nicht verschieden.[3])

---

1) A. Šopov, Bulgarien in kirchlicher Beziehung, Philippopel 1880 (bulg.) S. 22 verzeichnet eine Sage über den Ursprung dieser Philippopler Paulikianer. Darnach stammen Davadžovo, Hambarli und Duvanli aus der Gegend von Sofia, was am Dialect noch kenntlich sein soll, Kalačli, Baltadži und Geren aus der Gegend von Nikopol.

2) Die Volkszählung von 1888 fand im Kreise von Philippopel 9848 Katholiken, aber mit Einschluss der Fremden in der Stadt.

3) Die Zeiten haben sich geändert. Die alten bilderlosen Paulikianer hielten die Orthodoxen für Götzendiener wegen der Ikonen; die neuen Paulikianer haben aber nicht nur Bilder, sondern auch Heiligenstatuen, welche wieder für die Orthodoxen ein Greuel sind. Eine orthodoxe alte Philippopolitanerin fragte mich einmal: „Hast du dir auch die Kirche der Paulikianer angesehen und die Idole darin?" Die Anschauungen über kirchliche Statuen stehen in Ost und West noch nach einem Jahrtausend einander schroff gegenüber.

Das Gebiet der nördlichen Paulikianer bei Nikopol reichte bis in die Nähe von Loveč, aber 1727 zog ein Theil in die damals österreichische kleine Walachei und von dort in die Gegend von Temesvár im Banat, wo ihre Nachkommen heute noch bulgarisch sprechen und Pavlikéni heissen. Im Vaterland blieben nur vier Dörfer mit 4462 (1888) Katholiken: Beleni, Oreše, Lъženi, Trъnčevica.

## II. Die Griechen.

**Politische Stellung derselben. Wohnorte an der Pontusküste und in Thrakien. Spuren untergegangener hellenischer Elemente.**

Die Griechen (bulg. Gъrk, Plur. Gъrci) auf dem Boden Bulgariens sind grösstentheils Stadtbewohner, Kaufleute, Handwerker, Winzer, an der Küste auch Fischer und Salzsieder; Ackerbau betreiben nur wenige, und dies mehr als Gemüsegärtnerei. Es ist, wie überall, ein rühriges, intelligentes, selbstbewusstes Volk von leicht kenntlichem, bei dem weiblichen Geschlechte oft sehr schönen Typus, das viel auf Schulbildung hält.

Das Verhältniss der Bulgaren zu den Griechen ist unfreundlich. Das frische Andenken des bulgarischen Kirchenkampfes gegen das byzantinische Patriarchat zur Wiederherstellung der Nationalkirche beeinflusste die wechselseitigen Berührungen auch nach der Errichtung des bulgarischen Staates. Im Fürstenthum war dies in Varna klar zu beobachten. In Rumelien wurden die Griechen während der Dauer der autonomen Provinz durch das organische Statut sehr protegirt; ihre Sprache galt neben der bulgarischen und türkischen als Amtsprache, drei Okolija's mit gemischter Bevölkerung verwalteten Souspräfecten oder Načalnik's (*ἔπαρχος*) griechischer Nationalität und in der Provinzialversammlung sassen mehrere griechische Deputirte. Seit der Vereinigung Ost-Rumeliens mit dem Fürstenthum hat sich dies sehr verändert. In dem Verzeichnisse der gegenwärtigen Verwaltungsbeamten und Deputirten finden wir nur zwei Männer griechischer Nationalität, einen Souspräfecten und einen Abgeordneten, beide von Anchialos. Einige Griechen dienen als Bezirksärzte; in der Centralverwaltung und Armeeleitung ist ihre Nationalität gar nicht vertreten.

In ethnographischer Beziehung gehören die Griechen des bulgarischen Fürstenthums zwei Gebieten an, nämlich der Küstenbevölkerung, welche vom Bosporus an längs der Pontusküste sich nordwärts erstreckt, und dem hellenischen Element, welches über das Binnenland des Adrianopler Vilajets sporadisch verbreitet ist und längs der Tundža und Marica auch in das obere Thrakien hinüberreicht.

Die Küstenbevölkerung zerfällt wieder in zwei Gruppen. Die erste bilden die Griechen um den Golf von Burgas herum, in den uralten hellenischen Seestädten Sozopolis, Anchialos und Mesembria, sowie in der neuen Stadt Burgas. Dazu gehören noch zwei vereinzelte Dörfer westlich von den Lagunen von Burgas (Urum-Jeniköi und das gemischte Kabasakal), einige meist gemischte Dörfer in der Ebene von Anchialos und die Bevölkerung der Ortschaften am Cap Emon (Hagios Vlasios, Emon, Iraklion oder Erekli, Banja). Im Ganzen gibt es in dem Kreis von Burgas 13.656 Griechen, 12·3 Proc. der Kreisbevölkerung; davon entfallen 7536 auf die Okolija Anchialos, als 36·5 Proc. der Einwohner derselben. Diese Griechen sind sämmtlich echte, altansässige Hellenen.

Die zweite Küstengruppe umfasst die Griechen des Kreises von Varna, welche 1881 in der Stadt und einer Anzahl Ortschaften von Aspro (bulg. Bjala, türk. Akderé) bis zum Cap Kaliakra mit 9371 Seelen (8 Proc. der Kreisbevölkerung) angegeben wurden. Im J. 1888 gab es in der Okolija Varna 8309 Griechen (14·2 Proc.), in der von Balčik 697 (2·8), 4·4 Proc. der Kreisbevölkerung. Es steckt darin ein alter griechischer Kern, da in der Hafenstadt Varna, dem hellenischen Odessos, zu jeder Zeit Griechen zu finden waren; die Mehrzahl jedoch, sowohl in Varna selbst als besonders auf dem Lande, sind Gagauzen, die zu Hause nur türkisch sprechen und gegenwärtig zwischen Gräcisirung und Bulgarisirung schwanken. Eine echt griechische Enclave besteht in der Gemeinde Karahüssein, die erst vor 50

Fig. 13. Bulgare aus der Ebene von Philippopel.

Jahren von Adrianopler Auswanderern besetzt wurde (S. 50), 692 Griechen unter 1841 E.

Mit den Griechen der Adrianopler Provinz hängen die des unteren Tundžathales zusammen, Gärtner und Ackerbauer, die man gewöhnlich Karyoten nennt, angeblich von *Καρύαις*, dem griechischen Namen des ehemaligen Hauptortes Kozludža. Man zählte ihrer (1888) 14.925 in sieben reichen und grossen Dörfern der Okolija von Kavakli (42·3 Proc.), 2635 in drei Orten der Okolija von Kyzyl-Agač (7·9 Proc.) und 826 in einem Dorf der Okolija von Jambol. [1]) Die fast ausnahmlos türkischen Ortsnamen bezeugen, dass die griechische Colonisation hier neu ist; bei näherer Betrachtung der Leute findet man Spuren von Beimischung ursprünglich bulgarischer Elemente.

Ein versprengter Ausläufer desselben Territoriums sind auch die Griechen in der Stadt Chasköi und in einigen Dörfern ihres Kreises. [2])

Die vorzüglichste hellenische Sprachinsel zwischen den rumelischen Slaven und Türken ist dann weiter westlich die Stadt Stanimaka (gr. Stenimachos) am Nordfuss der Rhodope mit den benachbarten grossen Gemeinden Ober- und Unter-Voden, Unter-Arbanasi und Kuklen. In der Okolija von Stanimaka zählen sie 9969 Seelen (23·6 Proc.). Es sind die Nachkommen der byzantinischen Griechen, welche einst Philippopel und die Burgen der Rhodope gegen die nördlichen Nachbarn zu vertheidigen hatten; sie sind auch heute noch den Bulgaren spinnefeind gesinnt. Allerdings fehlt es auch bei ihnen nicht an slavischer Beimischung. Ihr alterthümlicher Dialect hat schon längst die Aufmerksamkeit neugriechischer Philologen erregt. Die Stanimaker sind meist Winzer und Weinhändler und werden von den Bulgaren Langera (Plur. Langeri-te) genannt, vom neugr. ὁ λάγγερας Nachwein, geringer Wein. Im engsten Zusammenhang mit ihnen stehen die Griechen von Philippopel, die (3930) etwas über ein Achtel der Stadtbevölkerung bilden, aber meist aus Stanimakali's und gräcisirten Bulgaren und Wlachen neu formirt sind, da die Stadt in der älteren Türkenzeit fast rein osmanisch war. Die sogenannten Griechen von Peštera (griech. Peristerá) sind Wlachen, die zu Hause rumänisch sprechen.

Ausser den genannten Orten findet man kleine griechische Colonien in allen Handelsstädten, z. B. in Ruščuk (340), Sofia (333), Silistria (243), Tatar-Pazardžik (240) u. s. w. Ebenso trift man in jedem District einige griechische Krämer oder Gastwirthe.

---

1) Es sind die Orte: 1) Kavakli, Kozludža, Doganovo, Sinapli, Čukurköi, Gr. und Kl. Monastir; 2) Gr. und Kl. Bojalyk, das gemischte Muradanli; 3) Akbunar.

2) Die gedruckten Volkszählungen sind hier voll Widersprüche:

Dorf Kozluk (Okolija Hadži Eles). 1885: 890 Bulgaren, 425 Griechen, 40 Zigeuner, 3 Türken. 1888: 1396 Bulgaren, 37 Zigeuner, 4 Griechen.

Dorf Kozludža (Okolija Harmanli). 1885: 657 Griechen, 12 Zigeuner, 1 Bulgare. 1888: 625 Türken, 26 Bulgaren, aber 651 Orthodoxe.

Dorf Urumköi (ebendort). 1885: 522 Griechen, 10 Zigeuner. 1888: 600 Türken, 5 Bulgaren, aber 605 Orthodoxe. Wahrscheinlich gibt es in diesen zwei Dörfern türkisch redende Christen (Surguči), die sich für Griechen ausgeben.

Es sind Spuren vorhanden, dass das griechische Element einmal im Lande viel zahlreicher war. In Thrakien ist dies für die byzantinische Zeit zweifellos; z. B. nach Akropolites wurde im 13. Jahrhundert die feste Stadt Melnik im Strymonthale durch Griechen aus Philippopel neu colonisirt. Noch der Reisende Kuripešić (1530) bemerkte, „Romanien“ von Vetren bis Mustapha-Pascha-Palanka sei gleich dem Lande Bulgarien, ausser dass „mehr Griechen [1]) in Romania seien, die nicht windisch mit uns reden konnten“. In der Rhodope erscheinen ausser den Stanimakern noch andere Reste der einstigen byzantinischen Burgbewohner. Zwischen den bulgarischen Mohammedanern gibt es im Gebirge auch einige griechische. Nach den Erzählungen meiner muselmännischen Gewährsmänner ist das grosse Dorf Ljálovo (90 Häuser) südlich von der Stadt Nevrokop von Griechen bewohnt, die sich zum Islam bekennen; auch das nahe Loznik und Kornik sollen eine solche Bevölkerung gehabt haben, die sich jedoch durch den Verkehr mit den benachbarten Pomaken schon bulgarisirt hat. [2]) Die Sage behauptet, in den Pomaken von Tъmraš stecke eine „griechische Ader“; auch bei dem jetzt rein bulgarischen Städtchen Peruštica unterhalb des Berglandes derselben wurden mir einige auffällige griechische Flurnamen genannt. [3]) Im Norden der Balkankette ist Arbanasi bei Trnovo eine jetzt bulgarisirte Ansiedelung von Albanesen oder Epiroten, die noch etwas wenig neugriechisch sprechen. [4])

## III. Die Rumänen (Wlachen).

Rumänen am bulg. Donauufer und ihr Ursprung. Makedorumänen in den Städten. Die wlachischen Wanderhirten, ihre Lebensweise und Geschichte. Rumänische Spuren in Ortsnamen.

Die Rumänen (bulg. und serb. Vlach, ngr. *Βλάχος*) in Bulgarien gehören beiden Stämmen an. Dakorumänen, Stammverwandte der Einwohner des rumänischen Königreichs und Siebenbürgens, wohnen in einem engen Saum längs des südlichen Ufers der Donau, während Makedorumänen (Makedowlachen, Kutzowlachen) entweder in kleinen Gruppen in den Städten als Handwerker, Gastwirthe und Kaufleute zerstreut sind oder nur periodisch als Wanderhirten ins Land kommen.

Die einzigen Daten über die Zahl und Vertheilung der Rumänen in Bulgarien besitzen wir in den Arbeiten von Sarafov. Nach ihm fand die

---

1) In der Ausg. von 1531 gedruckt „Kirchen“ statt „Krichen“.

2) Das wären ausserhalb Kreta die einzigen Muselmanen griechischer Nationalität. Mohammedaner rumänischen Ursprungs gibt es in der Landschaft Moglena in Makedonien.

3) Mavrógi (*μαυρόγη* schwarze Erde), Kókino (*κόκκινο* roth).

4) Versprengte Griechen gab es auch unter den Völkerfragmenten, die in den Balkandörfern Zuflucht fanden; zwei Gruppen von Höfen bei Gabrovo und Trjavna heissen Gъrci. Reste einer byzantinischen Nomenclatur sind die Dorfnamen Kalakástra zwischen Pleven und Trnovo, sodann im Becken von Küstendil Perivol (*περίβολος* Garten), Stensko (*στενά* Engpässe) und Jamboroni (von *ἔμπορος* Kaufmann?), die jedoch auch nur Ueberbleibsel einer herrschenden politischen Terminologie sein können, aus der sich noch nicht auf griechische Einwohner schliessen lässt.

Volkszählung von 1881 im Fürstenthum 49.070 Rumänen; davon entfielen 42.407 auf die Westhälfte, vom Timok bis zur Jantra, und nur 6663 auf die Osthälfte, von der Jantra zum Meer. Die gedruckten Resultate der Volkszählung von 1888 lassen uns hierin ganz im Stich, denn die Rumänen geriethen in denselben unter die „Verschiedenen", die aber z. B. in der Okolija Vidin 20.372 Seelen unter 51.333 ausmachen. In Ost-Rumelien sind die Rumänen kaum durch einige Hundert vertreten und in keiner der Statistiken eigens ersichtlich gemacht.

Der Saum rumänischer Dörfer auf dem bulgarischen Donauufer zerfällt in drei nicht zusammenhängende Stücke. Das erste, das sich an die rumänischen Colonien in der Dobrudža anschliesst, umfasst das Ufer bei Silistria und Tutrakan; im Kreis von Silistria gab es 1881 1629 Rumänen, in der zum Kreis von Rušćuk gehörenden Okolija von Tutrakan 3403, wovon 2804 auf diese Stadt (7172 E.) selbst entfielen. Dann folgt eine Lücke, in der es nur 1260 Rumänen im Kreis von Svištov gibt. Die zweite Gruppe rumänischer Dörfer befindet sich oberhalb Nikopol, von der Mündung des Osem bis zu der des Ogost (1881: im Kreis von Pleven, zu dem damals auch Nikopol gehörte, 6077, im Kreis von Rachovo 8054). Dann folgt wieder eine Unterbrechung mit nur 1494 Rumänen bei Lompalanka. Am stärksten ist das rumänische Element an der dritten Stelle vertreten, in dem Dreieck zwischen der Stadt Vidin, der Donau und dem Timok, welches mit Ausnahme einer von Vidin aus nordwärts halbinselartig auslaufenden bulgarischen Sprachinsel fast ganz rumänisch ist. Die dort in 36 Dörfern ansässigen 23.845 Rumänen bildeten 1881 23% der Bevölkerung des Kreises von Vidin und fast die Hälfte aller Rumänen des Fürstenthums. Sie grenzen westwärts an ein viel grösseres, das Bergland zwischen Timok und Morava umfassendes rumänisches Sprachgebiet auf dem Boden des Königreichs Serbien, dessen Bevölkerung mehr als doppelt so viel Rumänen enthält, als die des ganzen Fürstenthums Bulgarien.[1])

Diese lange Linie rumänischer Donaudörfer ist neueren Ursprungs. Schon im 18. Jahrhundert flüchteten sich rumänische Bauern vor dem Druck der Bojaren nicht selten auf türkischen Boden, wo es weder Adel noch Frohndienste gab; diese Emigration ist uns aus Zeugnissen zeitgenössischer Reisenden bekannt, welche die in der Walachei damals landesübliche Tyrannei in den grellsten Farben schildern. In unserem Jahrhundert hat sich diese Bewegung verstärkt, besonders seitdem das türkische Donauufer nicht mehr so oft als Kriegsschauplatz diente und die türkische Regierung ihrerseits die rasche Besiedelung der verödeten Uferlandschaften unterstützte. Erst die Emancipation der Bauern in der Walachei machte der Auswanderung rumänischer Flüchtlinge nach der Türkei ein Ende.[2]) Dass die ganze Colonisation neu ist,

1) Die Ziffern nach Sarafov, Per. Spis. IV, 15 und VIII, 59.

2) Der Ragusaner Bošković übernachtete 1762 in Jenipazar bei Šumen in der Hütte einer „famiglia valaca, venuta là da un anno", da man unter den türkischen Pascha's besser lebe, als unter den walachischen und moldauischen Fürsten, „da quali si fanno estorsioni incredibili, che forzano i villani ad abbandonare i loro paesi" (Boscovich,

bezeugen auch die fast ausschliesslich bulgarischen oder türkischen Namen der Dörfer. Es gibt noch unter den Rumänen des bulgarischen Ufers Leute

Fig. 14. Bulgarin aus der Landschaft Rupčos in der Rhodope.

Giornale di un viaggio da Constantinopoli in Polonia. Bassano 1784 p. 66; vgl. p. 109). Karsten Niebuhr (Reisen III 190) schienen die Einwohner der Walachei unglücklicher und durch Steuern mehr gedrückt zu sein, als das Volk in den türkischen Provinzen, „weshalb sich dann auch viele zu den Türken und Tataren begeben haben, um nicht von ihren eigenen Glaubensgenossen tyrannisirt zu werden". Lejean schrieb 1867 (Voyage en Bulgarie, Tour du Monde XIII, 122), die Rumänen in Bulgarien seien „des réfugiés échappés à l'affreux régime féodal qui pesait avant 1848 sur les Principautés roumaines", bemerkt aber, diese Emigration sei stellenweise „antérieure à ce siècle". Auch Kanitz (II 40, 276, 282) verlegt diese Einwanderung in die neuesten Zeiten und schreibt sie dem Einflusse „des bauernfeindlichen Regiments der walachischen Bojaren" zu.

die jenseits der Donau in Rumänien geboren sind. Nach der Volkszählung von 1888 waren in der Okolija Vidin 506 Personen, in der von Rachovo 389, von Nikopol 180 aus Rumänien gebürtig.

Die einzige grössere städtische Gemeinde von Makedorumänen in Bulgarien befindet sich in Peštera in der Rhodope, südlich von Tatar-Pazardžik, 1885 404 Seelen stark.[1]) Nach dem Zeugnisse des Popen Konstantin (1819) sind dieselben eingewandert aus Moskopolis oder Voskopolis, der im 18. Jahrhundert rasch berühmt gewordenen, aber durch den Druck der Albanesen und die Raubzüge der Kyrdžali's ebenso schnell eingegangenen Wlachenstadt in den Gebirgen südlich von Ochrid.[2]) Die jetzige Generation erzählt, die Vorfahren seien vor ungefähr 80 Jahren aus Makedonien und Thessalien übersiedelt. Die Leute sprechen, wie ich mich überzeugte, noch heute alle rumänisch mit vielen griechischen und bulgarischen Worten, geben sich aber öffentlich für Griechen aus und haben griechische Schulen und Kirchenbücher. Ihre Landsleute in Tatar-Pazardžik und Philippopel sind jetzt ganz gräcisirt. Auch in Stara Zagora haben sich im vorigen Jahrhundert fünf Familien Moskopoliten angesiedelt; die kleine Colonie hat sich vermehrt, ist aber bulgarisirt. Noch vor kurzem lebten einige alte Frauen, die das Wlachische kannten und noch entsann man sich auf meine Fragen der Phrase: ce fáce? (quid facis?). Im Fürstenthum gibt es wlachische Krämer und Handwerker, meist Silberarbeiter und Färber, in vielen Städten,[3]) aber bei ihrer Isolirtheit verwandeln sie sich allmälig in Bulgaren; viele wohlhabende Familien z. B. in Pleven und Orchanié sind wlachischen Ursprungs. Mehr Nationalitätsbewusstsein besitzen die makedorumunischen Handži's (Gastwirthe) an allen Strassen und in allen Städten, die fast alle aus dem Gebirge des Peristeri bei Bitolia stammen (aus Gobeš, Magarovo u. s. w.) und nur zeitweilig als Pächter hier verweilen.

Ein eigenthümliches Volk sind die wlachischen Wanderhirten, welche im Sommer die hochgelegenen Triften aller Gebirgsketten des Landes beleben. Man findet sie auf dem ganzen Balkan von Serbien angefangen bis zum Schwarzen Meer, auf der Sredna Gora, auf der Rhodope, Rila, Vitoša, dem Osogov und den Bergen von Trn. Die Bulgaren nennen sie Vlási (Plur. von Vlach), manchmal auch Jurúci, was der türkische Ausdruck für Wanderhirten überhaupt ist, bei Kotel Arnaúti. Man scheidet sie in zwei Stämme, die rumänisch sprechenden Kucovlási („hinkenden Wlachen") und die gräcisirten Karakačáni; beide sollen einander hassen und in keine Wechselheiraten eingehen.[4]) Sie kommen jährlich sammt ihren Familien

1) Die Statistik von 1888 kennt in Peštera nur 212 „Griechen".

2) In Peštera μέτοικοι ἱκανοὶ ἀπὸ Βοσκοπόλεως. Konstantin S. 43.

3) In Sofia gaben bei der Volkszählung 1881 225 Personen, in Samokov 130, in Berkovica 60, in Orchanié 20 Personen das Rumänische als ihre Muttersprache an.

4) Auch in Makedonien unterscheidet man bis in die Dibra hinein wlachisch sprechende Kucovlasi und griechisch redende Karakačani. Karavlasi („Schwarzwlachen") heissen dort, wie früher in Serbien, die Einwohner der Walachei (serb. Karavlaška). Ein Makedonier nannte mir auch die Form Karakolóani und unterschied „weisse Wla-

und wohnen auf gemietheten Weideplätzen in einer Höhe von 1000—1500 Meter in Holz- oder Lehmhütten (koliba) mit Bretterdach, die den Winter über leerstehen; diese Art der Behausungen soll aber neu sein, da sie früher nur in Buden aus trockenen Aesten oder in halb unterirdischen Häuschen lebten. Diese Wohnungen sind immer beisammen wie ein kleines Dorf, denn die Wlachen leben in manchmal 60—100 Personen starken Gesellschaften von einigen Familien. Der Häuptling einer solchen Ansiedelung heisst mit einem türkischen Wort kehajá (bedeutet auch den Gemeindediener), in Makedonien auch slavisch čelnik, davon in den griechischen Landschaften am Olymp und Pindus čélingas (aus čelnik-as).[1] Es gibt in diesen Gesellschaften arme und reiche Wlachen, Herren und Diener. Sie weiden viele Tausende von Schafen und Pferden, aber kein Rindvieh. Ihre Lebensweise ist primitiv und wild. Die Männer tragen blaue Turbans,[2] weisse oder schwarze Wollkleider nach dem in Makedonien üblichen Schnitt, besetzt mit schwarzen Schnüren, nebst einem langen, einigemal um den Leib gewundenen rothen Wollgürtel. Die weibliche Tracht unterscheidet sich nur wenig von der männlichen. Die Gesichtzüge sind grob und zeugen von dem steten Aufenthalt auf windigen Bergen; unter den Männern findet man mitunter ziemlich schöne Typen, aber die Frauen sind hässlich, denn von Jugend an ruht alle Hausarbeit auf ihnen. Ihre meist aus Käse und Milch bestehende Kost versüssen diese Hirten mit dem geschmoreuen Splint junger Buchen, was, wie das herbstliche Niederbrennen der Weideplätze, die Waldverwüstung zu befördern pflegt. Der Wlache kommt auf die Welt und stirbt hoch auf den Bergen. Nur zu Hochzeiten und Tauffesten steigen diese Bergbewohner zur nächsten Kirche herab. Dabei haben sie eigene Gebräuche, bestreichen z. B. bei den Hochzeiten jede ihrer Hütten mit Butter und schütten dabei Gerste, Reis und Kichererbsen als Symbole der Fruchtbarkeit aus. Ein Wlache heiratet nur eine Wlachin. Die Hauptbeschäftigung in dem Sommerdorfe ist das Melken und die Butter- und Käsebereitung, sowie zweimal im Jahr die Schafschur, die stets mit einem Freudenfest und Flintenschüssen eröffnet wird. Stark entwickelt ist bei ihnen die Verbrüderung (slav. pobratimstvo,

---

chen" oder Schafhirten und „schwarze Wlachen" oder Rosshirten. In Griechenland nennt man die wlachischen Wanderhirten Karagunides, in Serbien Crnovunci, die „Schwarzwollenen"; zu dem Epithet der schwarzen Farbe vergl. auch die dalmatinischen Maurowlachen des Mittelalters (über dieselben siehe meine Abhandlung in den Sitzungsberichten der böhm. Gesellsch. d. Wiss. 1879).

1) Im Mittelalter hiessen die Hirtenwohnungen kleti (Urk. des Klosters Rila 1378) oder kletišta (in ragus. Denkmälern seit 1430). Das Wlachendorf nannte man ehedem auf der ganzen Halbinsel katun (wohl vom romanischen cantone); daher in Bulgarien Ortsnamen Katuništa, Katunica; katunári nennt man bulgarisch jetzt auch die nomadischen Zigeuner.

2) Die blauen Turbans gehören zum griechischen Costüm in Süd-Thrakien und Thessalien. Schon Kuripešić schreibt 1530 von den Griechen zwischen Adrianopel und Konstantinopel: „tragen auch türckisch pündt, aber nur plaw". Es scheint ein durch die Türken hieher verpflanzter Ueberrest der Kleiderordnungen arabischer Chalifen zu sein, denen zufolge den Christen das Tragen von Turbans nur von dieser Farbe gestattet war.

altslav. bratotvorenie, *ἀδελφοποίησις*), welche bei einem Leben, das mit Räubern, wilden Thieren und stürmischen Elementen fortwährende Berührung hat, die gegenseitige Unterstützung der Individuen sichert. Dieselbe wird kirchlich eingeweiht; die Wlachen, welche in diesen geheiligten Bund eintreten, stellen sich, mit einander durch Stricke verbunden, in der Kirche in einer Reihe auf und werden vom Popen mit besonderen Gebeten eingesegnet. So geschieht es auch in den Klöstern von Kalofer und Rila.[1]) Sonst sind die Wlachen als echte Bergbewohner sehr fromm, aber mitunter sollen unter ihnen recht blutige Schlägereien vorkommen. Gegen Fremde sind sie gastfreundlich, und die bulgarischen Freischärler aus den Zeiten vor der Befreiung des Landes erzählen von ihnen nur Lobenswerthes.

Auf dem Balkan weiden die Wlachen vom St. Georgstag (Gergjov den, 23. April orient. Kal.) bis zum „Kreuztag" (Krstov den, 14. September). Dann laden sie Frauen, Kinder, Milchkübel, Küchengeschirr und anderes Geräth auf ihre Saumpferde und treiben die Heerden mit ihren grossen Wolfshunden zur Winterwohnung. Tausendjährige Gewohnheit und der angeborene unstete Charakter sträuben sich gegen ein Ueberwintern am Fuss desselben Gebirges. Sie ziehen langsam, manchmal auch zwei Monate, bis sie ihre Winterquartiere erreichen.

Die Wlachen des Balkan überwinterten bis unlängst sämmtlich in der Ebene zwischen Adrianopel, dem Marmarameer und der Maricamündung, meist in den griechischen Dörfern bei Enos. Die von der Rhodope bringen den Winter in der warmen Küstenebene bei Gümürdžina oder im Becken von Drama und Seres zu, die von der Rila, dem Osogov und aus dem Moravagebiet in der Landschaft von Salonik. Ebenso ziehen ihre Stammesbrüder vom Pindus und den Gebirgen Makedoniens und Albaniens im Herbst nach Thessalien und der Halbinsel Kassandra; nur ein kleiner Theil sucht die albanesische Küstenebene bei Valona auf. Im Frühjahr beginnt wieder der langsame Zug hinauf zur Sommerweide.

Die neuen Grenzen mit deren Zollämtern und der Aussicht den Viehzehent (beglik) einige Mal in verschiedenen Staaten zahlen zu müssen, haben dieser Nomadenwirthschaft ein grosses Hinderniss entgegengesetzt. Dazu gesellen sich ökonomische Ursachen, welche schon in der letzten Türkenzeit manche Wlachen nöthigten ihre Züge auf ein engeres Gebiet einzuschränken und das Winterlager in der Nähe der Sommerweide aufzuschlagen. Von denen, die ihre Heerden jetzt unter der neuen Verwaltung in Bulgarien und Rumelien weiden, überwintern die einen nur mehr im Küstenland bei Burgas und Anchialos, die andern in den Ebenen von Vidin bis Varna, manchmal am Fuss des Balkan selbst in den Landschaften von Vraca, Loveč (auch in den Pomakendörfern), Trnovo, Šumen u. s. w. Die Wlachen der Vitoša z. B. bleiben den Winter über bei Pleven.

Die Winterquartiere der Wanderhirten gaben Anlass zu manchen ethnographischen Irrthümern. Die auf Lejean's ethnographischer Karte eingezeich-

1) Griech. und slav. Gebete dazu siehe im Belgrader „Glasnik", Bd. 63, S. 273 f.

Fig. 15. Geschlecht aus Gornja Banja bei Sofia (Hausmutter mit Söhnen und Enkeln).

Fig. 16. Ländliche Hochzeit aus der Gegend von Sofia.

nete, von Kanitz und Anderen nicht vorgefundene rumänische Sprachinsel bei Vraca entstand in dieser Art; es sind Bulgarendörfer, deren Hutweide auch jetzt wlachischen Hirten zum Winteraufenthalt dient und so lange dienen wird, als es den Bauern nicht einfällt, dieselbe lucrativer zu verwerthen. Auch in Albanien hat Lejean einen ähnlichen Fehler. In der Ebene Musakia bei Valona zeichnete er einige isolirte Slavendörfer ein, aber nach meinen Erkundigungen sind es nur slavische Hirten aus der Gegend von Ochrid und Struga, die dort zeitweilig zu überwintern pflegen.

Die mitten im Winter zu Neujahr 1881 vorgenommene Volkszählung gibt eine Möglichkeit, die Zahl im Fürstenthum überwinternden Wlachen annähernd anzugeben. Dieselbe belief sich auf ungefähr 2300 rumänisch und 700 griechisch sprechende Personen.[1]) Sie sassen in einzelnen Dörfern in Gruppen von 20—70, in den östlichen Gegenden bis 163 Personen.

Dieselben Erscheinungen beobachtet man in den neuen Kreisen Serbiens. Die Wlachen des Piroter Balkan, der Gegend von Vranja und des Bergriesen Kopaonik, nach Milićević 134 Familien mit 33.000 Schafen und 1800 Pferden, überwintern jetzt im Moravathale.[2]) Der Entwickelungsgang auf der Balkanhalbinsel ist derselbe, wie in Spanien und Unteritalien (Apulien und Samnium), wo die Wanderwirthschaft durch Erweiterung des urbaren Bodens und Verminderung der Weideplätze längst im Niedergang begriffen ist; es finden sich noch Sommer- und Winterweiden, aber der Durchzug durch ackerbauende Landschaften stösst auf wachsende Schwierigkeiten. In Bulgarien klagen die Landleute schon jetzt über den Durchzug grosser Heerden. Ueberdies hat die wlachische Kleinviehzucht selbst keine grossen Aussichten gegenüber der zunehmenden Rindviehzucht, welche viel lucrativer ist, sich aber nur in einem kleineren Umkreis bewegen kann und daher nur von den fest ansässigen Bulgaren betrieben wird.

Mit den Wanderhirten hängen auch die wlachischen Saumthiertreiber (kiradži) zusammen, welche mit ihren Saumpferden den Karawanenhandel zwischen der Donau und Makedonien vermitteln. Alle diese Leute, Hirten und Treiber, antworten auf die Frage nach der Nationalität stets „ich bin ein Wlache", aber ihr Volksthum ist im Verfall. Der rumänische Dialect der Wanderhirten ist überfüllt von griechischen Worten; die Männer sprechen auch alle bulgarisch. Durch den Winteraufenthalt in griechischen Ländern verbreitet sich unter ihnen die griechische Sprache, ja viele haben das Rumä-

1) Diese Ziffer gewinnen wir, allerdings nur approximativ, aus der Addition der kleinen wlachischen Bevölkerungsfragmente ausserhalb des Donaugeländes bei Sarafov, Per. Spis. V, 16 und VIII, 58 ff., nach Abrechnung der städtischen Wlachen und der Soldaten aus den rumänischen Donaudörfern (in Varna z. B. stand das Vidiner Bataillon, Per. Spis. III, 45): Kreis von Loveč 450, Trnovo 409, Šumen 396, Berkovica 247, Vraca 266, Sevlijevo 148, Eski Džumaja 122, Orchanié 89 u. s. w. — In den Kreisen von Vidin, Rachovo u. s. w. liessen sich manche Wanderhirten als Griechen einschreiben; z. B. in dem bulgarisch-mohammedanischen Dorf Tlačene im Bezirk von Vraca überwinterten neben einander 41 Wlachen und 50 Griechen.

2) Jahrbuch „Godišnjica" IV, 247.

nische vergessen und geben sich, in Bulgarien ebenso wie in Serbien nur für Griechen aus. Von den Hirten des Balkan, Osogov und der Vitoša können manche auch griechisch schreiben, was sie im Winterlager gelernt haben; von solchen wlachischen Schreibern rühren die griechisch beschriebenen Papierfetzen her, auf welchen allerlei Räuberhauptleute des Gebirges den bulgarischen Behörden in Küstendil oder den türkischen in Makedonien zuweilen Mittheilungen von ihrer Existenz zukommen lassen. Der Aufschwung des rumänischen Königreichs hatte auch eine kleine südrumänische Nationalbewegung im Pindus und in den kleinen Städtchen bei Kastoria und Bitolia in Makedonien zur Folge, wo auch rumänische Schulen eröffnet wurden.[1]) Aber diese Strömung hat, so viel ich merken konnte, die nomadischen Wlachen und die zerstreuten, halb bulgarisirten, halb gräcisirten wlachischen Städter in Bulgarien und Ostrumelien nicht berührt. Höchstens dass in Sofia einige Kutzowlachen die rumänische Unterthanschaft annahmen, um im bulgarischen Heere nicht dienen zu müssen.

Die wlachische Wanderwirthschaft ist uralt. Schon im 11. Jahrhundert sendeten, wie Kekaumenos erzählt, die Wlachen Thessaliens ihre Heerden mit ihren Familien auf den Sommer, von April bis September, in die Gebirge Bulgariens.[2]) Die Geschichte der Wlachen im Adriatischen Gebiete und in Serbien ist aus zahlreichen Urkunden wohl bekannt. Das Wandern zwischen den warmen Winterweiden des südlichen Thrakiens und den umliegenden Gebirgen war gleichfalls schon im Mittelalter üblich; Pachymeres erzählt, wie die Byzantiner 1285 bei einem Tatareneinfall nach Bulgarien die nomadischen Wlachen, die sich zwischen Viza und Constantinopel aufhielten, mitten im strengen Winter sammt ihren Heerden nach Kleinasien hinüberführten, damit sich dieselben nicht mit den vordringenden Tataren verbinden können.[3]) Das wechselnde Hirtenleben zwischen der Rhodope und dem angrenzenden Küstenland wird von Kantakuzenos im 14. Jahrhundert erwähnt.

Das rumänische Element war einst in Bulgarien viel stärker und eine Menge Wlachen hat sich schon vor langer Zeit bulgarisirt. In vielen Landschaften, wo sich gegenwärtig nur im Sommer einige wlachische Wanderhirten blicken lassen, zeugt eine an Gebirgshöhen und Hochthälern haftende romanische Nomenclatur von einer jetzt verschwundenen altansässigen Bevölkerung lateinischer Zunge. Die meisten dieser Dorf- und Bergbezeichnungen sind über das Bergland zwischen der Morava der oberen Struma und dem Isker zerstreut. Im Bezirk von Iskrec im Balkan heisst ein Dorf Cerecél (rum. čerčel Ohrring), in der nahen Landschaft Visok gibt es eine Ortschaft Bukórovci (rum. bukor schön); in der Landschaft Burel zwischen Caribrod

1) Ueber diese Makedowlachen vgl. Die Sprache der Olympo-Walachen nebst einer Einleitung über Land und Leute von Dr. Gustav Weigand, Leipzig 1888.

2) *Εἰς τὰ ὄρη τῆς Βουλγαρίας*. Vasiljevski, Rathschläge und Erzählungen eines byz. Edelmannes des XI. Jahrhunderts, Petersburg 1881 (russ.), 90, 106. Vgl. Tomaschek, Zur Kunde der Haemushalbinsel I, 58. Kekaumenos erwähnt auch schon die Bruderschaft unter den Wlachen (Vasiljevski 106).

3) Pachymeres, Andronikos Palaiologos l. 1, cap. 37.

und Breznik liegen die Orte Krnul, Čórul, Gurguljáť, Radúlovci (Nachkommen eines Radul), Cacúrovci. Ein ansehnliches Dorf in den Engen des Sukovoflusses heisst Vlási, der Felsberg dabei Múmul. Ein Berg neben dem Städtchen Trn wird Čirčilát genannt, zwei Dörfer in der Umgebung Hérul (oder Erul) und Bánišor. Im Krajište (nördlich von Küstendil) begegnen wir Namen von Häusergruppen: Kréčul (rum. krec, kraus, runzlig; Theil von Gorno Ujno), Borbúlovci (vom Personennamen Barbul, Theil von Resen), Vitúrci (zu Češljanci), Músul (bei Ljubata). Dieselbe Erscheinung trifft man auch in der centralen Sredna Gora: bei Koprištica eine Wiese Úrsulica (rum. ursul Bär), eine Berghalde Kréčul, ein Thal Dъlbóki Val (bulg. dъlbok tief und rum. vale), eine Waldschlucht Čérbul (čerbu rum. Hirsch), desgleichen bei Panagjurište ein Bächlein Mérul (rum. Apfel). In beiden genannten Städten findet man rumänische Personennamen Njagul, Dragul, Jankul, Radul, auch abgeleitet (als *-ov*) in Familiennamen. Im Dorfe Adžar im Karadža-Dag südlich von Kalofer heisst ein Viertel Vlaška Mahla, obwohl es dort keine Wlachen mehr gibt. Auch in der Rhodope kommen ähnliche Spuren zum Vorschein; am linken Mestaufer heissen zwei mohammedanische Bulgarendörfer Singur (rum. allein, vom lat. singuli) und Krbul. Von den Einwohnern der bulgarischen Balkanstadt Kotel behaupten zwei einheimische Schriftsteller, Rakovski und Slavejkov, dass sie Nachkommen angesiedelter wlachischer Wanderhirten seien. Merkwürdigerweise ist die Nomenclatur der Dörfer und Höfe am Nordabhang des Balkan von solchen rumänischen Elementen frei; ich könnte nur Batulci (von Batul) und Dragulin Dol (Draguls Thal) bei Teteven anführen. Die ganze Erscheinung erinnert an das Vorkommen romanischer Ortsnamen in den jetzt deutschen Theilen der Tiroler und Schweizer Alpen, weit über die gegenwärtigen Grenzen des Rhaetoromanischen und Italienischen hinaus.[1])

## IV. Die Albanesen.

Zerstreute Albanesencolonien in historischer Zeit. Albanesen in Bessarabien, 1829 aus Bulgarien eingewandert. Das Albanesische als Geheimsprache.

Die Volkszählung fand 1881 nur ein halbes Tausend Personen, welche das Albanesische[2]) als Muttersprache angaben, wohl ausschliesslich nur zeitweilig anwesende Fremde. Ortsnamen, Traditionen und historische Zeugnisse zeigen, dass es einmal auch ansässige Albanesen gab. Der Ragusaner Gjorgić (1595) schreibt, es gebe in Bulgarien viele Dörfer mit tapferen und wohl bewaffneten christlichen Albanesen, welche an 7000 Mann in's Feld stellen könnten, die bei Trnovo allein an 1500 Reiter.[3]) Im Westen war Kopélovci im Balkan

1) Vgl. das treffliche Buch von Prof. Dr. Julius Jung, Römer und Romanen in den Donauländern. 2. Aufl. Innsbruck 1887.

2) Der alte bulg. Name Arbanasin für den Albanesen wird jetzt durch das türk. Arnautin oder gar das westeuropäische Albanec verdrängt.

3) Makušev, Monumenta hist. Slavorum merid. II 246, 252.

von Berkovica im 17. Jahrhundert von katholischen Albanesen bewohnt. Das bekannte grosse „Albanesendorf" (Arbanasi) bei Trnovo hatte dagegen, wie es historische Nachrichten bezeugen, von Anfang an einen griechischen Charakter; ausser dem Namen gibt es gar kein Zeugniss für eine albanesische Abkunft der Einwohner. In Kara-Arnaut und Bej-Arnaut bei Razgrad erinnern sich ältere Personen noch heute an einzelne albanesische Worte. Zahlreiche albanesische Colonien sassen um Provadija herum: in Dobrina (Dizdarköi), in dem jetzt türkischen Eski Arnautlar (bulg. Arbanasi), in Dereköi (früher der Sage nach Petrina Reka genannt) und Devna, wo man jetzt nur Bulgaren findet und in dem jetzt griechischen Karahüssein. Auch Türk-Arnautlar nordwestlich von Provadija muss dem Namen nach dazu gehört haben. Die Sage erzählt, diese Albanesen seien meist Ackerbauer und Viehhändler gewesen, welche sich mit ihren langen Büchsen tapfer gegen die Räuberhaufen der Kyrdžali's vertheidigten. Die russisch-türkischen Kriege untergruben den Wohlstand dieser Ansiedelungen und 1829 zogen alle Albanesen des Bezirkes von Provadija mit den Russen nach Bessarabien ab, wo man ihrer 1850 noch 1328 Seelen vorfand. Ihre Nachkommen sitzen dort heute nur im Dorf Karakurt bei Bolgrad. Jüngst gelang es mir durch die Güte des Herrn Dr. Alexander Teodorov eine Probe dieses bessarabischen Albanesisch zu erlangen; es gehört dem toskischen Dialecte an. Indessen sind es auch dort nur aussterbende Sprachreste, der Besitz der älteren Generation, während die jüngere mehr bulgarisch und gagauzisch-türkisch spricht.

In welche Zeit diese albanesische Colonisation in Bulgarien gehört, ist unbekannt; freiwillig war sie kaum und mag mit der Unterwerfung Albaniens oder Morea's durch die Türken zusammenhängen und mit der toskischen Emigration nach Unter-Italien gleichzeitig sein.

Ortsnamen, den Namen Arnaut enthaltend, gibt es viele auch in Thrakien. Bei Stanimaka in der Rhodope liegen zwei Ἀλβανιτοχώρια, bulgarisch Ober- und Unter-Arbanasi genannt; jetzt spricht das erstere bulgarisch, das zweite griechisch, aber die Einwohner beider waren ursprünglich wohl Albanesen oder wenigstens Wlachen aus Albanien.

Das Albanesische ist Nichtalbanesen wenig bekannt. Bei seiner Isolirtheit bildet es die Grundlage zu den auf der Halbinsel üblichen geheimen Jargons, welche makedonischen Ursprungs sind und den Besitz einzelner Handwerkergruppen bilden: der Maurer von Dibra, Kastoria, Bracigovo und dem bosnischen Osat, der Ziegenwollarbeiter von Vranja u. A.[1])

## V. Die Armenier.

Ein altes Bevölkerungselement sind die Armenier, an 5200 Seelen stark (bulg. Erménec, fem. Erménka). Sie wurden schon von den byzantinischen

1) Vgl. meine Bemerkungen über „Conventionelle Geheimsprachen auf der Balkanhalbinsel" im Archiv für slav. Phil. VIII, 99.

Kaisern in den Burgen Thrakiens, vor Allem in Philippopel, als Grenzwächter angesiedelt und haben sich in der älteren Türkenzeit als reges Handelsvolk über alle grösseren Städte verbreitet. Gegenwärtig sind sie nur mehr schwach vertreten. Es ist meist ein armes Volk, dabei nüchtern, fleissig und schlau, grösstentheils Handwerker, Gastwirthe, Tabakverkäufer, Geldwechsler, Friseure, Diener, Kutscher u. s. w.; nur in Ost-Rumelien gibt es einige armenische Grosshändler, Getreideexporteure. Unter der Intelligenz befinden sich hie und da armenische Aerzte, Eisenbahn- und Telegraphenbeamte oder Dolmetscher für die türkische Sprache. Diese Armenier gehören alle der gregorianischen Kirche an. Die armenische Sprache hält sich bei ihnen, wie bei einer grossen Zahl ihrer Landsleute in der Türkei, nur in der Kirche, Schule und Literatur; die tägliche Umgangssprache ist das Türkische. In Konstantinopel erscheinen für diese Armenier türkisch geschriebene Bücher und Zeitungen, mit armenischen Lettern gedruckt. Die armenischen Uncialbuchstaben, die man so oft auf den Kaufläden erblickt, sind im Aeusseren der altslavischen Glagolica sehr ähnlich. Im Besitze einer reichen Literatur befindlich, haben die Armenier überall gute Schulen für ihre Kinder.

Im Norden gibt es grössere armenische Gemeinden in Varna (1282 Seelen), Šumen (832), Ruščuk (915), sowie im nahen Silistria (346) und Dobrič (314). In Trnovo bezeugen nur noch alte Grabsteine am Fuss der Trapezica die einstige Anwesenheit der Armenier, die dort noch am Ende des 17. Jahrhundert erwähnt werden.[1]) Erst neuerdings haben sich dort 11 Armenier niedergelassen. Die Colonie zu Sofia, jetzt 106 Seelen stark, welche eine alte, halb unterirdische steinerne Capelle besitzt, hat sich auch neu gebildet, seitdem die Stadt fürstliche Residenz wurde; die alte Gemeinde war zuletzt bis auf eine Familie zusammengeschmolzen.

Im Süden besteht eine grössere Gemeinde in Philippopel (903), kleinere in Sliven (235), Tatar-Pazardžik (163), Burgas (107), Hadži Eles (80), Chasköi (61).

## VI. Die Zigeuner.

Geographische Vertheilung. Zigeunerviertel in den Städten und ihre Lebensart. Sitten und Charakter. Christliche Zigeuner. Nomaden.

Ueber das ganze Land in kleinen Fragmenten vertheilt sind die Zigeuner, die sich in sesshafte und Nomaden scheiden. Bulgarisch heisst der Zigeuner allgemein Cíganin, türkisch Čingené; nur in der Rhodope nennt man ihn Aguptin (fem. Agupka), in Makedonien Gjúpec, beides vom neugriechischen *Γύφτος* und dem älteren türkischen Kibt, ein Name, der, wie das englische Gypsies und spanische Gitanos, auf den angeblichen Ursprung der Zigeuner aus Egypten Bezug hat. Dieses auf dem Boden der Halbinsel erst im

1) Acta Bulgariae ecclesiastica p. 299: 1685 bedienten sich die Armenier von Trnovo, wohlhabende Leute, zum Gottesdienst der ragusanischen Capelle. Einige Nachkommen derselben sind bulgarisirt.

14. Jahrhundert auftretende Völkchen stammt aus Indien und spricht heute noch unter einander eine indische Sprache, deren Wortschatz neuerdings von Miklosich einer genauen, die Wanderungen der Zigeuner durch ganz Europa aufklärenden Analyse unterzogen wurde. Die Mehrzahl bekennt sich zum Islam; christliche Zigeuner trifft man nur in den Gebirgsorten des Balkan, in Sliven, im Gebirge von Kotel, in Elena u. s. w. Die übrigen Völkerschaften betrachten die Zigeuner, wie überall, als eine unreine, intellectuel und moralisch tiefer stehende Race, eine Anschauung, die sich auch in vielen Sprichwörtern und Anekdoten äussert. [1])

Die geographische Vertheilung der Zigeuner ist sehr ungleich. Von der Gesammtbevölkerung bildeten sie 1888 1·6 Procent. Südlich von der Balkankette treten sie stärker auf. Dort liegt auch das Maximum in der Okolija von Sliven, mit 5·6 Proc. der Bezirksbevölkerung (2242 Seelen). Zunächst folgen die Okolija's: Lompalanka 4·8, Tatar-Pazardžik 4·4, Rachovo 4·3, Kotel 4·2 Proc. Die geringste Zahl der Zigeuner findet man in den Gebirgslandschaften. Noch in der Okolija Sofia bilden sie 2·1 Procent der Einwohner, in der von Kazanlyk 1·5, in denen von Orchanié und von Elena 1·2. Dann folgen die Okolija's: Küstendil und Panagjurište 0·9, Trojan 0·8, Sevlijevo, Teteven, Caribrod, Trn 0·6, Breznik 0·5, Trnovo 0·4, Loveč 0·3, Gabrovo, Trjavna, Rupčos sogar nur mit 0·1 Proc. Unter 0·1 Proc. fällt die Zahl der Zigeuner in den Okolija's Izvor, Drjanovo und Iskrec (nur 4 Seelen), obwohl sie selbst dort wenigstens mit einigen Exemplaren vertreten sind.

Die ansässigen Zigeuner findet man überall in den Städten, meist als ein mehr oder weniger schmutziges Parasitenvolk vor dem Stadteingang. Man kann sie auch in Sofia beobachten. Anfangs hausten sie dort zerstreut am Rand der Stadt in halb unterirdischen Schlupfwinkeln oder in Lehmhütten der primitivsten Art; die neue Verwaltung siedelte sie neben dem jetzigen Bahnhof in einem geschlossenen Dorf an, dessen weisse Häuser mit ihren Ziegeldächern von der Ferne sich nicht schlecht ausnehmen. Der Typus ist brünett, die Tracht türkisch, obwohl auch bei ihnen der Turban vom Kalpak verdrängt wird. In der Toilette äussert sich eine leidenschaftliche Vorliebe für grelle Farben. Die Beschäftigung ist unbeständig. Als Musiker fehlen die Zigeuner bei keinem Volksfeste, wobei die Männer Sackpfeifen und gewaltige türkische Trommeln (bulg. tápan, von τύμπανον) mit mörserartiger Resonanz bearbeiten oder ihren Pfeifen und Geigen schrille Melodien entlocken, während die Zigeunerweiber auf die mit Schellen umhängten Handtrommeln (daáre) unermüdlich mit den Fingern klopfen. Musikvirtuosen haben sich unter ihnen noch nicht herausgebildet, wie unter den ungarischen und rumänischen Zigeunern. Manchmal brüllen sie dazu Lieder mit fürchterlich gedehnten Vocalen; den Türken sangen sie früher türkisch von der Macht

1) Bulgarische Sprichwörter z. B.: Er lügt (oder schwört) wie ein Zigeuner. Gib dem Zigeuner Brod, damit er dich verfluche. Zwei Zigeunerinnen — ein ganzes Choro (Reigentanz). Wenn der Zigeuner Kaiser wird, so lässt er zuerst seinen eigenen Vater hinrichten u. s. w.

und Herrlichkeit des islamitischen Kaiserreiches, und den Bulgaren singen sie jetzt bulgarisch über den Fall von Pleven und den Sieg des Christenthums. Am Ostersonntag legen sie ihren grössten Staat an und ziehen unter den lieblichen Klängen ihrer Instrumente in neuen feuerrothen Pluderhosen durch die Strassen. Daneben sind sie auch Pferdehändler, Schmiede, Kesselflicker, Abdecker, Lastenträger, Holzhauer, Seiltänzer, Lumpensammler und Strassenkehrer. Das Schmiedehandwerk ist grösstentheils in ihrer Hand und hat deshalb in diesen Ländern nicht die Achtung, wie anderswo; desgleichen betreiben ausschliesslich nur Zigeuner das Verzinnen der Kupfergefässe. Die Zigeunerweiber beleben täglich auch die besseren Viertel, in Parade zum Musikmachen, sonst um in den Häusern Arbeit zu suchen, Fussböden zu waschen oder Mauern zu weissen, oder nur um auf den Gassen und Höfen Abfälle zu sammeln. Es sind schmutzige, barfüssige Gestalten, mit einem farbigen Kopftuch, unter welchem lange schwarze Zöpfe herabhängen, die Mädchen mit Blumen oder Kirschen hinter dem Ohr, in grünen Jacken und bauschigen Pluderhosen von gelbem, rothem, grünem oder buntgestreiftem Stoff. Man findet darunter schlanke, schöne Personen, daneben aber auch hässliche, von der Sonne gebräunte, ungewaschene Gesichter mit verthiertem Ausdruck, die sich fast einem Negertypus nähern. Die Hässlichkeit einer alten Zigeunerin hat nicht ihresgleichen. Die schwarzäugige Zigeunerjugend bettelt, mitunter in höchst unvollkommener Bekleidung, auf allen belebten Strassen.

Der Zigeuner hat ein leichtes, heiteres Herz; freudige und zornige Affecte wechseln bei ihm rasch ab, aber das Gefühl fröhlicher Sorglosigkeit behauptet stets die Oberhand. Sonst gilt sein Charakter als träge, feig, gutmüthig schlau und würdelos feil. Die Sittsamkeit der Zigeunerinen erfreut sich seit altersher keineswegs des besten Rufes; berüchtigt sind die lasciven Zigeunertänze (bulg. kjoček), und über nächtliche Orgien und das zügellose Treiben brauner Bajaderen in dem Zigeunerviertel verlautet viel Fabelhaftes. Die religiösen Vorstellungen dieser Leute sind unklar; manchmal begegnet man einer Zigeunerprocession mit aufgeputzten Knaben zu Pferde, die zur Beschneidung geführt werden, aber dabei feiern sie auch den christlichen St. Vasiliostag (Neujahr), sowie die Feste des hl. Georg und des hl. Nikolaus. Angebotenes Schweinefleisch verschmähen sie, essen aber sonst die unreinsten Dinge. Der türkische Mufti von Sofia, dem nach der Auswanderung der Osmanen fast nur die Zigeunergemeinde geblieben ist, hat an der Frömmigkeit und am Lebenswandel dieser seiner Pfarrkinder kein besonderes Vergnügen.

Die Zigeunerviertel in Stadt und Dorf hatten früher und haben theilweise noch jetzt einen „Bürgermeister“, den man Čeribašija nennt.[1]) In Sofia rückt bei Feierlichkeiten neben den bulgarischen und türkischen

---

1) Das Wort ist als Titel tief gesunken. Der Codex Cumanicus von 1303 (Ausgabe des Grafen Kuun S. 105, 118) hat čeri als Heer, čeribaši als Heerführer (armiragius). In dieser Bedeutung ist beides auch anderen türkischen Sprachen bekannt (davon auch jeničeri, das neue Heer der Janitscharen). In der älteren osmanischen Staatsordnung hiess Džeribaši ein Officier der Lehensreiter; daneben führte diesen Titel auch der Hauptmann der christlichen Trainsoldaten oder Vojnik's (Hammer, Osm. Staatsverfassung I, 310, 370).

Zünften und neben den Juden mit deren goldener Gesetzestafel auch die „Zigeunerinnung" mit einem rothen Fähnchen aus. Einzelne dienen auch im Heere; in der Leibescadron des Fürsten gab es seiner Zeit einen solchen prachtvollen bronzefarbigen Kerl. Eine Animosität der Bulgaren gegen die mohammedanischen Zigeuner fand ich nur in der thrakischen Ebene, wo sie während der Massacres 1876 sich durch eifrige Plünderung ausgezeichnet haben.

Die christlichen Zigeuner des Balkan gelten als ein viel ordentlicheres Volk und sind in der Assimilirung zum bulgarischen Elemente begriffen, schicken ihre Kinder in die Schule, haben jedoch kein offen zugestandenes Connubium mit den christlichen Mitbürgern.[1]) Dennoch fehlt es unter den Bulgaren gewisser Orte keineswegs an zigeunerisch gearteten Physiognomien, die ja auch unter den besseren Classen Rumäniens sporadisch auftauchen.

Der Dorfzigeuner ist gleichfalls meist Schmied, Holzarbeiter, nämlich Trog- und Löffelmacher, oder Musikant; mitunter lässt er sich auch als landwirthschaftlicher Arbeiter verwenden.

Die nomadisirenden Zigeuner (bulg. čergárin, katunárin), auch meist Löffelmacher, Kesselflicker oder Tanzbärenführer, sind an und für sich nicht zahlreich und werden immer seltener, da sie von der Regierung zur festen Ansiedelung gezwungen werden. Ihre schwarzen Zelte, deren Aufstellung im Lager fast täglich wechselt, sind aus der Ferne Düngerhaufen ähnlich. Die Wanderzüge dieser Leute haben manchmal einen grossen Umfang; auf den öden Weideplätzen bei Sofia trafen wir einmal eine Gesellschaft, die ihre Wohnsitze zwischen der Ebene von Tatar-Pazardžik und der kleinen Walachei wechselte und neben ihrer Sprache geläufig türkisch, bulgarisch und rumänisch sprach. Eine Vermischung vagabundirender Zigeuner mit allerlei Gelichter „weissen" Ursprungs, die man in Mittel-Europa beobachten kann, ist im Oriente nicht vorhanden, da es dort wohl allerlei Strauchritter, aber noch keine heimatlosen Landstreicher gibt.

## VII. Andere Völkerfragmente.

Neben diesen Völkern sind in Bulgarien auch andere Indoeuropäer vertreten, aber ausser zwei slavischen Völkern nur durch wenige städtische Einwohner, die meist der flottanten Bevölkerung angehören.

Serben gibt es 2142. Sie bewohnen das Dorf Brakevci oder Bračevci (1357 E.) am Timok. Ausserdem trifft man sie fast in allen Städten, besonders in Sofia, als Kaufleute, Gastwirthe, Handwerker u. s. w.[2]) Ansässige

1) Sie wollen auch nicht mehr als Zigeuner gelten. In der Statistik von 1888 sind z. B. alle Zigeuner von Žeravna (Christen) als bulgarisch sprechend angeführt; zur Zigeunersprache bekannte sich dort Niemand mehr.

2) Isolirte Dorfnamen weisen auch auf andere ehemalige serbische Ansiedelungen: ein Srbe zwischen Loveč und Sevlijevo, ein anderes bei Trjavna, Srbsko Selo bei Samokov. Der Ortsname Srbski Samokov, „der serbische Eisenhammer," im Quellgebiet der Struma bezeichnete ursprünglich wohl eine aus Novo Brdo oder anderen serbischen Bergstädten importirte eigene Art der mittelalterlichen Eisenhämmer.

Russen (im ganzen Land 1069) gibt es im Dorf Tatarica (387 E.) an der Donau westlich von Silistria; es sind „Trotzkosaken“ (türk. Inat-kazaklar), der äusserste Ausläufer der Ansiedelungen russischer Altgläubiger, welche sich im 18. Jahrhundert in der Dobrudža niederliessen. Die übrigen Russen im Lande sind ausser den wenigen Officieren und Aerzten meist Handelsleute, Kutscher und Hausirer mit Heiligenbildern. Von den österreichischen Slaven sind die Böhmen stark vertreten, als Ingenieure, Professoren, Bierbrauer u. s. w.

Altansässige Westromanen sind nur einige Kaufmannsfamilien in Philippopel, sämmtlich „Levantiner“ aus Pera oder Galata; die Namen sind meist italienisch, aber die Leute sind jetzt Franzosen. Deutsche sind in allen grösseren Städten zu finden, als Personen des fürstlichen Gefolges, Ingenieure, Bauunternehmer, Kaufleute und Handwerker; zu denselben zählen sich auch die deutsch sprechenden Juden.

Von arischen Orientalen gibt es auch einige Perser, meist Tabakhändler.

## B. Semiten.

### Juden.

Spanische Juden, deren städtische Colonien, Charakter und Lebensweise. Verhältniss der Balkanvölker zu den Juden überhaupt.

Es ist allgemein bekannt, was für eine intensive, fast in keinem Dorf fehlende jüdische Bevölkerung die Karpathenländer besitzen, Ungarn, Rumänien, Galizien und darüber hinaus die polnischen und kleinrussischen Ebenen, und zwar wohnen dort Juden, die ein verdorbenes Deutsch sprechen. Südwärts von der Donau, auf der Balkanhalbinsel, trifft man nur schwache Judencolonien in den Handelsstädten, bestehend aus Leuten, deren Muttersprache spanisch ist.[1]) Der Geist der Bulgaren, Serben, Griechen, Albanesen, Süd-Rumänen ist einer grösseren jüdischen Colonisation ungünstig; diese einheimischen Völker der Halbinsel besitzen in allen Classen ein ausgesprochenes Krämertalent, sind schlau und sparsam und sehen überhaupt fremde Concurrenz nicht gern. Mit einem verschlagenen makedowlachischen, armenischen, griechischen Dorfkrämer oder Gastwirth kann sich der Jude nur schwer messen.

Die Städter von Trnovo und Svištov, sämmtlich geborene Kaufleute, rühmen sich, dass sich in ihrer Stadt ein Jude gar nicht niederlassen kann. Bei Trnovo gilt dies allerdings nur für die neueren Zeiten. Im 13. und 14. Jahrhundert werden dort Juden ausdrücklich erwähnt, ja die Gemahlin des bulgarischen Caren Joannes Alexander und Mutter des letzten Caren Joannes Šišman war eine getaufte Jüdin. Neben den alten armenischen Gräbern sieht man unter dem Burgfelsen der Trapezica noch alte hebräische Grab-

1) Bulgarisch heisst der Jude Evréjin, Jevréjin, der spanische auch Španiólin.

steine dieser Israeliten, die wohl mit den alten Hebräern von Byzanz und der Krim in Zusammenhang standen. Seit dem Mittelalter sind sie verschollen. Beide Volkszählungen, 1881 und 1888, fanden in dem ganzen grossen Kreis von Trnovo nur 19 spanische Juden, davon 13 in der Stadt selbst. Dagegen hat Svištov den Ruf der Judenlosigkeit in unseren Tagen rasch eingebüsst: 1881 im ganzen Kreis 29, 1888 in der Stadt allein 130 Spaniolen.

Ganz ohne Juden sind zahlreiche Gebirgslandschaften, die Okolija's: Zlatica, Lukovit (bei Pleven), Teteven, Trojan, Gabrovo, Drjanovo, Trjavna, Elena, Kesarovo, Osmanpazar, Preslav, Novoselo (an der Kamčija), Kemanlar, Balbunar, Ovčechlm, Sтrnena Gora, Hadži-Eles, Rupčos. In anderen fand man nur ganz wenige Repräsentanten, oft bei der Zählung nur zufällig anwesend: Eski Džumaja (9), Gornja Rjachovica (4), Sevlijevo (26), Loveč (9), Orchanié (29), Rachovo (7), Belogradčik (13), Caribrod (19), Trn (2), Breznik (5), Radomir (3), Izvor (4), desgleichen im ehemaligen Ost-Rumelien in den Okolija's Anchialos (17), Kotel (5), Karlovo (13) im Balkan, denen von Panagjurište (6) und Ovčechlm (14) in der Sredna Gora, endlich in denen von Peštera (33), Sejmen (11), Harmanli (10) und Kavakli (14) im Maricathal. Auf den Dörfern findet man spärlich vereinzelte jüdische Handelsleute bei Vidin und zwar in den dortigen rumänischen Ortschaften, bei Küstendil, hie und da in der Ebene von Philippopel, bei Kazanlyk, Jambol, Karnobad und Burgas. Auffälliger ist ihre Anwesenheit nur im Bezirk von Karnobad, wo in 18 Dörfern (von 54) jüdische Krämer mit ihren Familien wohnen und wo auch der grösste Wucher bestehen soll.

Die stärkste spanische Judengemeinde besteht in der Hauptstadt Sofia, 1888 5102 Seelen stark. Daran schliessen sich die Gemeinden in den benachbarten Städten Samokov (962), Dupnica (688) und Küstendil (940). In den Donaulandschaften sind die grössten Colonien in Vidin (1323), Rusčuk (1975) und Šumen (1153); dazu gesellen sich kleinere von 160—600 Seelen in Lompalanka, Berkovica, Kutlovica, Vraca, Pleven, Nikopol, ferner in Silistria, Razgrad, Provadija und Varna. Südlich vom Balkan befinden sich die Hauptgemeinden in Philippopel (2202) und Tatar-Pazardžik (1277); kleinere Ansiedelungen gibt es in Ichtiman, Stanimaka, Chasköi, Čirpan, Stara Zagora, Nova Zagora, Kazanlyk, Sliven, Jambol, Karnobad, Aitos und Burgas, mit Ausnahme der Jamboler (783 Seelen) klein, 60—420 Köpfe stark. Viele befinden sich an Orten, deren Märkte längst verfallen sind, wie zu Provadija, Nikopol und Karnobad; die kleine Colonie in der letzteren Stadt (240 Seelen) ist ein älteres Centrum und auf ihrem Friedhofe werden auch die Glaubensgenossen aus dem nahen Aitos und Burgas bestattet.

Diese Juden sind in die Türkei im Anfang des 16. Jahrhunderts eingewandert, als sie durch die engherzige Politik der spanischen und portugiesischen Könige vom Hause vertrieben wurden, dafür aber im Reiche der Sultane die wohlwollendste Aufnahme fanden. Ihre Hauptsitze befinden sich in Konstantinopel und Salonik; von dort kamen sie auch in die Städte Bulgariens. Sie sind meist blondhaarig, ein mässiges, bescheidenes, arbeitsames und sittsames Volk. Grössere Capitalisten findet man unter ihnen nur

9*

in Sofia, Philippopel und höchstens in Burgas. Sie sind nicht nur Krämer, Wechsler und Hausirer, sondern auch Handwerker, besonders Blecharbeiter und Glaser, ja sogar auch Lastenträger (hamal). In Sofia bildeten sie in der Türkenzeit die Feuerwehr der Stadt. Ihre Sprache ist ein ziemlich gut erhaltenes Kastilianisch, allerdings mit zahlreichen hebräischen, arabischen und türkischen Elementen, für den Kenner romanischer Sprachen unschwer zu erlernen. Es erscheinen für sie auch Zeitungen, spanisch mit hebräischer Schrift, die, wenn ich gut unterrichtet bin, in Wien gedruckt werden. Das Spanische ist aber bei ihnen jetzt in Gefahr vom Französischen verdrängt zu werden. Die „Alliance israélite" in Paris gründete sofort nach der Befreiung Bulgariens in allen grösseren Spaniolengemeinden des Orients, auch in Sofia, Philippopel und Varna, modern eingerichtete Schulen mit französischer Unterrichtssprache. Die Lehrer und Lehrerinen derselben stammen fast alle aus Marokko und sind in Frankreich erzogen. Daneben wird mit Unterstützung der Regierung bulgarischer Sprachunterricht ertheilt, und einzelne spaniolische Schüler besuchen auch die bulgarischen Staatsanstalten.

Noch vor Kurzem trugen die Spaniolen selbst in Sofia den Fez und eine halb türkische Tracht, mit langen bis zum Boden reichenden Kaftans (anterija) von gelbem oder buntem Stoff, aber gegenwärtig gewinnen Kleider nach europäischem Schnitt und der Kalpak die Oberhand. Die Gemeinden leben friedlich, höchstens dass sich mitunter der Gegensatz der Geldmänner und der ärmeren Demokraten bemerken lässt. Früher wohnten die Juden in abgeschlossenen Vierteln, welche, wie alle Ghettos der Welt sich durch Mangel an Licht, Luft und Reinlichkeit auszeichneten, aber die neue Zeit liess diese Schranken fallen. Ein solches übelriechendes Judenviertel (Evréjska Mahlá) mit engen, von einer Unzahl lärmender Kinder belebten Sackgässchen konnte man bis zu den grossen Gassendurchbrüchen 1889 im Centrum von Sofia studiren.

Mit den Bulgaren vertragen sich die Spaniolen ganz gut. In Sofia gehört der Oberrabbiner (türk. chacham-baši), ein weissbärtiger Greis mit schwarzem Turban, zu den Vätern der Stadt, die bei keiner Feierlichkeit fehlen dürfen. Bei den Wahlen stimmen die Spaniolen stets mit der Regierung, mit starker Betheiligung wie auf Commando.

Deutsch sprechende Juden, aus Rumänien, Ungarn oder Russland neu eingewandert, gibt es nur 811, in Rušćuk, Vidin und Sofia (1881 131, 1888 301) als Kutscher, Krämer, Gastwirthe u. s. w. Die Bulgaren stehen ihnen feindlich gegenüber und verabsäumen nichts, um deren Ansiedelung im Lande zu vereiteln.

## C. Türkische Völker.

### I. Die Türken (Osmanen).

**Geographische Vertheilung und langsamer Rückgang. Typus, Charakter, Sitten, Hauswesen. Verhältniss zu den Bulgaren. Bey's und Mutevelli's. Die Nachkommen der Dynastie der Isfendiare. Nomadische Jürüken. Die Sectirer Kyzylbaši.**

Das türkische Element ist trotz aller Auswanderung heute noch neben dem bulgarischen das stärkste im Lande. Bei der Zählung von 1888 bildete es 19·25 Proc. der Bevölkerung des vereinigten Fürstenthums.

Die geographische Vertheilung ist ungleich. In Ost-Rumelien allein machten die Türken 1885 20·5 Proc. aus, im Fürstenthum 1881 nach Sarafov 26·26 Proc., die aber sehr verschieden vertheilt waren; in der östlichen Hälfte bildeten sie 47·39, in der westlichen bloss 4·64 Proc. der Landeseinwohner.

Mehr als fünf Sechstel (517.692) aller Türken des Fürstenthums bewohnen die Kreise von Trnovo, Sevlijevo, Rušćuk, Silistria, Razgrad, Šumen und Varna nördlich und die von Burgas, Sliven und Chasköi südlich vom Balkan. Das Gros der türkischen Bevölkerung liegt also in der Nachbarschaft des Schwarzen Meeres.

Der östliche Theil Donau-Bulgariens war bis vor Kurzem mehr türkisch, als bulgarisch. Einzelne Landstriche zwischen der Donau, der Jantra, dem Balkan und dem Meere hatten noch unlängst einen ganz osmanischen Charakter, besonders die Landschaften Tuzluk, Gerlovo und Deliorman, sowie die Steppen der Dobrudža. Jedoch binnen sieben Jahren haben sich die Verhältnisse stark geändert. Von den erwähnten 47·3 Proc. Türken des Ostens im J. 1881 waren 1888 nur mehr 41·5 Proc. im Lande. Die Stärke derselben, nach der jetzigen Landeseintheilung geordnet, verhielt sich in beiden Jahren in folgender Art:

| Kreis: | 1881 (nach Sarafov): | 1888: |
|---|---|---|
| Sevlijevo | 16.587 | 8.811 |
| Trnovo | 40.573 | 20.895 |
| Rušćuk | 65.979 | 68.659 |
| Silistria | 65.092 | 71.367 |
| Razgrad | 82.559 | 67.181 |
| Šumen | 120.797 | 113.706 |
| Varna | 82.812 | 92.817 |
| | 482.349 | 443.436 Türken. |

Ich muss dazu ausdrücklich bemerken, dass sich die Kreisgrenzen inzwischen viel geändert haben, was einzelne Ziffern nur zum Schein vergrössert; die Gesammtziffer ist trotzdem um 38.913 geringer. Wir bringen noch eine zweite vergleichende Tabelle der türkischen und bulgarischen Bevölkerung der östlichen Okolija's 1881 (nach Sarafov) und 1888, mit Weglassung der meisten Okolija's des Kreises von Trnovo und des ganzen Kreises Sevlijevo. Im Jahre 1881 befand sich dort das stärkste Procent der Osmanen in der Okolija Osmanpazar (85·1), das schwächste in der von Elena (26·3); 1888 lag das stärkste (90·1) in der neu formirten Okolija Akkadynlar (Kreis Silistria), das schwächste (23·5) in der Okolija der Stadt Silistria selbst. Ausser den neu umgrenzten Okolija's des Kreises von Silistria gibt es keinen Bezirk ohne Rückgang des türkischen Elementes; die kleinste Abnahme weist die Okolija Kesarevo (0·7), die grösste die Okolija Popovo (31·0 Proc.) auf.

| Okolija: | Türken | | Bulgaren | |
|---|---|---|---|---|
| | 1881 | 1888 | 1881 | 1888 |
| Kreis Varna: | | | | |
| Varna | 37·7 | 33·0 | 36·8 | 44·0 |
| Balčik | 40·0 | 38·6 | 50·2 | 51·4 |
| Dobrič | 55·3 | 53·1 | 31·1 | 30·6 |
| Provadija | 52·8 | 45·1 | 41·4 | 51·2 |
| Novoselo | 71·4 | 56·6 | 24·0 | 38·2 |
| Kreis Silistria: | | | | |
| Silistria | 33·1 | 23·5 | 55·8 | 67·0 |
| 1881 Bazaurt | 75·2 | — | 14·0 | — |
| 1881 Chasköi | 83·9 | — | 8·6 | — |
| 1888 Kurt-Bunar | — | 81·1 | — | 13·0 |
| 1888 Akkadynlar [1]) | — | 90·1 | — | 6·8 |
| Kreis Šumen: | | | | |
| Šumen | 69·5 | 62·1 | 24·3 | 31·0 |
| Preslav | 55·8 | 51·0 | 40·0 | 46·4 |
| Novipazar | 66·7 | 64·7 | 26·1 | 30·3 |
| Eski-Džumaja | 73·0 | 71·4 | 23·1 | 26·7 |
| Osmanpazar | 85·1 | 77·7 | 12·5 | 19·1 |
| Kreis Razgrad: | | | | |
| Razgrad | 62·2 | 56·4 | 35·5 | 41·3 |
| Kokardža (Kemanlar) | 78·5 | 76·6 | 17·9 | 20·1 |
| Popovo | 66·1 | 35·1 | 31·5 | 62·5 |
| Kreis Ruščuk: | | | | |
| Ruščuk | 29·3 | 25·7 | 59·0 | 65·4 |
| Tutrakan | 61·4 | 64·8 | 23·4 | 22·2 |
| Balbunar | 78·7 | 75·4 | 17·8 | 21·6 |
| Bjala | 42·6 | 31·2 | 54·6 | 67·3 |
| Kreis Trnovo: | | | | |
| Kesarevo | 39·7 | 39·0 | 59·1 | 59·4 |
| Elena | 26·3 | 16·3 | 73·0 | 82·1 |

Eine dritte Tabelle bieten wir über den Stand der türkischen Bevölkerung im ehemaligen Ost-Rumelien 1885 und 1888. Die Statistik von 1880 ist für unsern Zweck ungenügend, weil damals die Rückwanderung der osmanischen Flüchtlinge eben im Zuge war; sie gibt in der Okolija Philippopel nur 6·6, aber in den Okolija's Karnobad und Aitos je 60·8 Proc. Türken. Fast rein türkisch ist die Okolija Kyrdžali an der Arda (1885 97·4 Proc.), wurde aber von Bulgarien wieder an die Pforte abgetreten. Zunächst kommen die Okolija's von Aitos (64·8), Karnobad (34·7) und Anchialos (29·0).

1) Im gesammten Kreis von Silistria, innerhalb dessen die Bezirksgrenzen grossen Aenderungen unterworfen waren, bildeten 1881 die Türken 64·4 Proc. (65.092 Seelen), die Bulgaren 25·9 (26.156), 1888 die Türken 66·3 (71.367), die Bulgaren 27·7 Proc. (29·825). Der Kreis hatte 1881 101.142, 1888 107.637 Einw.

Ausläufer des nordbalkanischen Türkenlandes, sodann Kazanlyk, Chasköi und Harmanli. Eine bunte Musterkarte bietet das Maricathal, noch zu Menschengedenken überwiegend türkisch; in der Okolija Sejmen sank die türkische Bevölkerung binnen drei Jahren von 6 Proc. auf 0·2! Die wenigsten Türken hat der äusserste Westen, die Okolija's von Ichtiman, Panagjurište (Sprachinsel von Strelča und einige Dörfer ansässiger Jürük's) und Ovčechulm, dann das Hochland der Rhodope, wo nur durch ein Versehen der bulgarischen Statistiker die Pomaken als Türken figuriren. Ganz ohne Türken ist heute kein einziger der rumelischen Bezirke, aber z. B. Sejmen wird es bald sein.

| Okolija: | Türken: 1885 | Türken: 1888 |
|---|---|---|
| Kreis Philipoppel: | | |
| Philippopel . . . | 19·9 | 15·9 |
| Konuš . . . . . . | 11·9 | 10·2 |
| Strjama (Karlovo) | 18·8 | 11·9 |
| Ovčechulm . . . . | 3·4 | 2·0 |
| Sarnena Gora . . | 13·6 | 5·5 |
| Rupčos . . . . . | ? | 6·4(?) |
| Kreis Tatar-Pazardžik: | | |
| Tatar-Pazardžik . | 7·5 | 5·5 |
| Peštera . . . . . | ? | 15·8(?) |
| Panagjurište . . . | 8·6 | 2·3 |
| Ichtiman . . . . | 3·2 | 0·79 |
| Kreis Chasköi: | | |
| Chasköi . . . . . | 25·0 | 23·7 |
| Hadži-Eles . . . . | 18·4 | 16·8 |
| Harmanli . . . . | 21·4 | 20·3 |
| Kyrdžali . . . . . | 97·4 | — |
| Kreis Stara Zagora: | | |
| Stara Zagora . . | 9·1 | 6·8 |
| Kazanlyk . . . . | 26·7 | 25·1 |
| Čirpan . . . . . | 10·3 | 5·1 |
| Nova Zagora . . | 12·1 | 8·0 |
| Sejmen . . . . . | 6·0 | 0·2 |
| Kreis Sliven: | | |
| Sliven . . . . . . | 17·0 | 14·1 |
| Jambol . . . . . | 10·0 | 8·4 |
| Kyzyl-Agač . . . | 9·5 | 5·3 |
| Kavakli . . . . . | 3·4 | 1·7 |
| Kotel . . . . . . | 10·0 | 11·9 |
| Kreis Burgas: | | |
| Burgas . . . . . | 10·2 | 8·6 |
| Aitos . . . . . . | 65·8 | 64·8 |
| Anchialos . . . . | 33·7 | 29·0 |
| Karnobad . . . . | 40·4 | 34·7 |

In dem Mittelstück Donau-Bulgariens zwischen den Flüssen Jantra und Osem trifft man Türken schon seltener: Okolija Svištov 14·8, Nikopol 15·8, Pleven 4·9, Sevlijevo 14·6 (1881 25·2), Loveč 5·6, Drjanovo 7·1, Trojan 2·3 Proc. Ein türkisches Centrum bleibt die Stadt Nikopol, in welcher viermal soviel Osmanen als Bulgaren wohnen. Eine isolirte Gruppe Türkendörfer umschliesst Sevlijevo und Loveč.[1]) Das Gebirge ist fast rein bulgarisch: Trnovo 2·1, Trjavna 1888 nur sieben Türken (1881 noch 3·4 Proc.), Gabrovo 27 Türken oder 0·07 (1881 0·1), Teteven 0·9, Orchanié 0·09.

In West-Bulgarien haben ein nennenswerthes Procent Türken nur die Okolija's Lom (4·6) und Vidin (7·9). Sonst beschränkt sich dort die spärliche osmanische Bevölkerung mit wenigen Ausnahmen nur auf die Städte und Marktflecken Vraca, Kutlovica, Berkovica, Belogradčik, Sofia, Samokov, Dupnica und Küstendil. Auf dem offenen Lande sind die Türken der Dörfer Belopopci und Ormanlija im Sofianer Becken seit 1881 schon verschwunden; dafür gibt es noch 55 Türken in dem gemischten Musibej (Okolija Radomir),

1) Die slav. Namen der dortigen Türkendörfer (Chursovo, Damjanovo u. s. w.) zeugen von dem neueren Ursprung dieser Colonien.

82 in Saparevska Banja (Okolija Dupnica) und 837 in Zgúrovo, Pelatíkovo und Ráška Grástica (Okolija Küstendil).[1] Ganz ohne Türken sind die Okolija's Trn, Caribrod, Breznik, Izvor; nur 2—6 Personen türkischer Nationalität haben die Okolija's Kula, Iskrec und Zlatica.[2])

Die ungleiche Vertheilung des osmanischen Elementes hat auch Einfluss auf die Verbreitung der türkischen Sprache. Im Donaugebiet östlich von der Jantra und in Ost-Rumelien radebrechen die meisten Christen, in den Städten nicht selten auch deren Frauen etwas Türkisch, während den Türken dort das Bulgarische unbekannt ist. Varna, Šumen, Silistria waren bis unlängst in der That zweisprachige Städte mit vorherrschend türkischem Charakter. Im ganzen Westen dagegen beschränkt sich das Türkische auf die osmanischen Häuser; den Christen ist es unbekannt und die Bey's und osmanischen Handwerker von Sofia, Samokov oder Küstendil sprechen fliessend slavisch. Dasselbe Verhältniss findet man auch weiter westlich, in Makedonien, Albanien und Bosnien, wo echte Türken nur spärlich vorkommen.

Der Türke (bulg. Sing. Túrčin, Plur. Túrci-te) ist nicht überall gleich. Die städtischen Classen, insbesondere der kleine Adel der Bey's, sind mehr oder weniger verderbt, durch Verschwendung, Müssiggang, geschlechtliche Ausschweifungen, geistige Getränke, mitunter auch durch den Genuss von Opium; man sieht ihnen die Abkunft von einem kriegerischen, erobernden Volke kaum mehr an. Der osmanische Bauer oder Gebirgsbewohner ist dagegen ein kerngesunder, fleissiger und tapferer Mann, in seiner Lebensweise nüchtern, sittsam und gastfreundlich. Der Mohammedaner des östlichen Balkan und der Rhodope sieht desshalb auch auf den verweichlichten reichen Stadttürken mit Verachtung herab. Als Handwerker und Handelsmann ist der Türke von einer offenen Redlichkeit, die von der üblichen Schlaumeierei orientalischer Christen mitunter vortheilhaft absticht. Die Routine der einst herrschenden Classe bemerkt man an den Osmanen überall im amtlichen Verkehr. Ihre Fragen und Antworten sind wohl erwogen und in schicklicher Form ausgesprochen. Achtung gegen die Autoritäten und militärische Disciplin durchdringt die ganze Masse; als Gensdarm und Soldat ist der Türke treu und verlässlich, und wird deshalb auch von der bulgarischen Verwaltung geschätzt. Als Steuerzahler ist der türkische Bauer pünktlicher als der bulgarische.

Bei der langen Dauer der Türkenherrschaft ist beim Herrenvolk der Mangel an historischem Gedächtniss auffällig. Man bezeichnet die Dženeviz (Genuesen) als Erbauer der vortürkischen Burgen, sowohl in Kleinasien als in Europa, man erzählt hie und da Sagen von der Eroberung des Landes, erinnert sich an die Namen alter Sultane, besonders im Tundžathal an

1) Vor 1877 sassen bei Küstendil Türken noch in Bersin, Gornja Graštica, Liljač, Konjovo, Skokavica.

2) Vor 1877 zählte man 60 türk Häuser in Breznik und das nahe Košárevo war grösstentheils türkisch. In Trn gab es auch in der Türkenzeit nur 10 türk. Häuser. Die Stadt Zlatica war überwiegend türkisch.

„Avdži-Mohammed-Sultan", den leidenschaftlichen Jäger Mohammed IV. (1648—1687), erzählt Manches von den stürmischen Zeiten Pasvan-Oglu's von Vidin und den Feldzügen unseres Jahrhunderts, aber alles dies ist zu wenig für ein altes historisches Volk, wenn man damit z. B. die merkwürdig umfangreichen Traditionen der Serben vergleicht. Diese Erscheinung hängt mit dem frühzeitigen Verfall der türkischen Epik und mit dem Mangel einer den weitesten Kreisen des Volkes zugänglichen Nationalliteratur zusammen. Das gesprochene „gemeine" Türkisch schreibt man nicht, die mit arabischen und persischen Elementen überfüllte Schriftsprache lebt nur im Besitz der höheren Classen, und die mühselige Schreibekunst ist nur wenig verbreitet.

Der Typus der Osmanen der Balkanhalbinsel ist, besonders in den Städten, längst nicht mehr türkisch; man findet blonde Gestalten und slavische, albanesische, armenische und kaukasische Gesichtszüge. Der rothe Fez, das Symbol des Reformtürkenthums des 19. Jahrhunderts, ist bloss in der Stadt im Gebrauch; der türkische Bauer trägt nur den weissen Turban (čalmá). Die Frömmigkeit und der Gottesglaube des Mohammedaners ist stärker als der des Christen. Nur das Verbot des Weintrinkens wird fleissig übertreten, allerdings nach Jahrhunderte langer Uebung; der lärmende, weinberauschte türkische Fuhrmann ist eine bleibende nächtliche Staffage der grossen Höfe der Einkehrhäuser.

Das türkische Hauswesen ist von dem christlichen grundverschieden. Die Frau kommt aus dem Innern des Hauses nur im weissen Jašmak (Schleier) auf dem Kopf und im unförmlichen schwarzen Feredže (Mantel) zum Vorschein. Dabei darf aber die Türkenfrau in jedem Amt oder Gericht frei eintreten und ihre Sache führen, was die vermummten Gestalten mit grosser Redseligkeit und mitunter zudringlichem Freimuth zu machen verstehen. Polygamie findet man nur bei wohlhabenden Stadttürken; der Bauer und überhaupt der kleine Mann lebt nur in Monogamie. Die Türkin arbeitet zu Hause nur wenig; deshalb gibt es bei den Osmanen keine Hausindustrie, wie im Bulgarendorf. Die Verhüllung des Antlitzes wird peinlich eingehalten. Es ist ein komischer Anblick, wenn man sich im Felde einer Gruppe arbeitender türkischer Bauernweiber nähert; in grösster Eile werfen sie den Jašmak um, ziehen ihn schnell über die Haare, Nase und Mund, lassen aber die unruhigen Augen frei, um mit ihrer gewohnten Neugier den vorbeieilenden Ungläubigen einer aufmerksamen Betrachtung zu unterziehen. Man kann dies auch längs der Eisenbahn von Rušćuk nach Varna beobachten, so oft der Zug während der Erntezeit an einer türkischen Ortschaft vorbeisaust. Der Umschwung der Zeiten blieb aber nicht ohne Einfluss auch auf die Türkinen. Gleich nach dem Einrücken der Russen gingen nicht wenige Türkenweiber aus dem Haremszwang durch und genossen die Freiheit mit vollen Zügen. Einzelne liessen sich taufen, um der Vermummung zu entgehen, ja es fanden sich modern gesinnte Stadttürken, welche zum Entsetzen ihrer Glaubensgenossen ihren Frauen erlaubten in europäischer Tracht herumzugehen.

Das Verhältniss der Türken zu den Bulgaren ist nur scheinbar gut.[1]) Der Krieg, die Emigration, der Verlust der Herrschaft waren zu schwere Schläge, und andererseits ist das Schuldregister, das die Bulgaren entgegenhalten, zu lang. Der Reisende muss sich mit dem trotzig finsteren Blick befreunden, mit dem ihn mohammedanische Bauersleute nicht selten unterwegs begrüssen. Zu alledem gesellt sich in gewissen Landstrichen die Mitschuld an den durch das Entflammen des mohammedanischen Fanatismus verübten Massacres von 1876 und am türkischen Brigantaggio. Vom Staate wurde die türkische Nationalität schon wegen ihrer Zahl genug protegirt. Es gibt türkische Gehilfen der Načalniks in den gemischten Bezirken, türkische Mitglieder der Kreisgerichte und Kreisvertretungen, türkische Deputirte in der Nationalversammlung, und an den Amtshäusern sieht man nicht selten auch türkisch geschriebene Kundmachungen; auch die Sofiaer Staatszeitung erschien eine Zeit lang in einer türkischen Ausgabe. Jedoch mit alledem kann man die Türken nicht dauernd gewinnen und nicht festhalten; sie werden dieselben bleiben und grösstentheils langsam auswandern.

Ueber einzelne Classen und Theile des Volkes sind noch einige Einzelnheiten hervorzuheben.

Einen erblichen Adel im europäischen Sinn gibt es unter den Türken nicht; das alttürkische Lebenssystem war nur persönlich, die Familien haben keine erblichen Titel und Namen, der Einzelne setzt zu seinem persönlichen Namen nur den seines Vaters (z. B. Hassanbey Hadži-Ismail-oglu) und von den reichen Stadttürken oder Gutsbesitzern sind nur wenige im Stande eine weit zurückreichende Genealogie ihres Geschlechtes aufzustellen. Dabei ist in der Türkei Niemand die Carrière verschlossen; der letzte Lastträger kann mit der Zeit Pascha werden und eine reiche Familie gründen. In Nord-Bulgarien ist diese höhere Classe der Aga's und Bey's, meist Nachkommen von Staatsbeamten, grösstentheils ausgewandert; nur in Rumelien sind ihrer mehrere zurückgeblieben.

Zu den Familien, die eine Vergangenheit haben, gehören die Mutevelli's. Mutevellik ist eine religiöse Schenkung, deren Verwalter, Erben des Gründers, vom Staate eine gewisse Summe aus dem Zehent des Bezirkes erhalten, um einen bestimmten Vakuf, meist eine Moschee, Schule oder Brücke zu unterhalten. In Nord-Bulgarien, wo z. B. die Moscheen von Razgrad durch eine solche reiche Schenkung dotirt waren, achtete man auf diese Verpflichtungen nicht. Die ostrumelische Regierung zahlte den Mutevelli's, mochten ihre Rechtstitel zum Theil auch zweifelhaft sein, ihren Theil aus: in Ichtiman der Familie der Michalbey's (an 2500 Goldliras), in Markovo, in Miterizovo bei Karlovo, in Karnobad u. s. w. Die bulgarische Regierung stellte nach der Union die Zahlungen ein; die Sache der Mutevelli's liegt nun Jahre lang unerledigt bei der Vakufcommission.

1) Der Gegensatz äussert sich auch an den Spitznamen, die beide Völker einander geben; vgl. Z. Stojanov's Memoiren II 379. Die Bulgaren nennen die Türken „die Grünen", die Türken die Bulgaren „Schwarzmützen" (Karakalpaklar) u. s. w.

Die Mutevelli's von Markovo, am Fuss der Rhodope bei Philippopel, sind die Nachkommen einer alten kleinasiatischen Dynastie. Als Sultan Mohammed II. 1461 der Herrschaft der seldžukischen Dynastie der Isfendiar, der Fürsten von Kastamuni, durch die Eroberung von Sinope ein Ende machte, wies er dem letzten derselben Ismailbeg Wohnsitze bei Philippopel an. Der Ragusaner Luccari, der am Ende des 16. Jahrhunderts diese Landschaften öfters besuchte, erzählt, Mohammed's II. Nachfolger Bajezid II habe dem Ismailbeg das Dorf Markovo geschenkt, und bemerkt dazu, er selbst habe zwei Brüder aus der Nachkommenschaft Smailoglu's gekannt, welche ihren alten Namen führten und viel besser als andere Barbaren lebten.[1]) Die Ismailbey's wohnen noch jetzt theils in Philippopel, theils in ihrem Konak (Palast) zu Markovo. An der Spitze der Familie steht nicht der Vater, sondern ein von allen männlichen Mitgliedern gewähltes Oberhaupt. Bei den Bulgaren geniessen sie eine gewisse Achtung. Hadži Ismailbey suchte während der Massacres von 1876 vergeblich das blutige Treiben anderer Türken zu verhindern.[2])

In den Städten betheiligen sich die Türken eifrig an den Handwerken. Die vorzüglichste türkische Industrie war die Gerberei, jetzt ganz im Verfall befindlich, und die Sattlerei. Herrschend sind die Türken jetzt im Kutschergewerbe (pajtondži), wesshalb denn auch die Fuhrleute anderer Nationen untereinander sich meist des Türkischen als Geschäftssprache bedienen.

Die reinsten Türken findet man auf europäischem Boden in der östlichen Rhodope, jenseits der jetzigen Grenze, in den Landschaften Kyrdžali und Sultan-Jeri. In Typus, Sprache und Sitte sind sie die ursprünglichsten Nachkommen der alten Eroberer, in der nächsten Nähe der ersten Residenzen der Sultane in Europa, Adrianopel und Dimotika. Sie haben sich an den Wirren zu Anfang dieses Jahrhunderts, in denen der Name der Kyrdžali's zu grossem Ruf gelangte, und an den Kämpfen der letzten Jahre rege betheiligt, und sind gute Tabakbauer.

An diese ansässigen Türken schliessen sich nomadische Hirten an, bekannt unter dem Namen der Jürüken (bulg. Plur. Juruci) oder Konjaren. Vor der Uebersiedelung nach Europa lebten die Osmanen in Bithynien[3]) und anderen kleinasiatischen Landschaften meist als nomadisirende Hirten, im Sommer im Gebirge, im Winter in den Küstenstrichen. Nach der Eroberung byzantinischer und slavischer Länder auf der Halbinsel übertrugen sie diese Lebensweise nach Thrakien und Makedonien, überwinterten hier an der Küste von Enos bis Salonik und verlebten den Sommer auf der Rhodope, dem Perin, Osogov und auf anderen Gebirgen Makedoniens. Während die

1) Dass Ismailbeg von Sinope in Philippopel angesiedelt wurde, bezeugen auch Chalkokondylas, Dukas und Neśri (vgl. Hammer, Gesch. d. osm. Reiches II² 463, Zinkeisen II 388). Der Serbe Konstantinović von Ostrovica (Cap. 31) schreibt, Smailbeg habe Stanimaka im „Bulgarenlande“ erhalten. Luccari, Annali di Rausa (1605) p. 106.

2) Process gegen Hadži Arif und Hadži Šaban vor dem russischen Kriegsgericht in Philippopel am 18. Aug. 1878, Zeitung „Marica“, Nr. 9 S. 7.

3) Kantakuzenos ed. Bonn. I 341.

überwiegende Mehrheit der osmanischen Nation inzwischen allmälig dem Hirtenleben entsagte, verbarren die Jürüken in Anatolien und in Europa bei der alten Lebensweise. Die Winterdörfer der Jürüken befinden sich in der Küstenebene von Gümürdžina, in dem Hügelland von Seres bis zum Vardar, in der Landschaft Moglena und in der thessalischen Ebene. Den Namen Konjari[1]) (ngr *Κονιαρίδες*) deuten die Eingeborenen der Rhodope aus dem türk. kojun Schaf oder dem bulg. kon Pferd, aber aus den Sagen der Konjaren von Salonik und Thessalien erhellt, dass er mit der alten Seldžukenresidenz Konić, dem antiken Ikonion, in Beziehung steht. Der Name Jürük stammt vom türk. jürümek wandern und bezeichnet einen Nomaden überhaupt; sie selbst nennen sich so mit Stolz (ben Jürükum: ich bin ein Jürük). Ihr Dialect unterscheidet sich von dem der ansässigen Türken; in Kleinasien nähert sich die Sprache der Jürüken nach Vambéry dem Türkischen von Azerbaidžan und enthält viele alte Worte, die sonst bei den Osmanen durch arabische und persische Fremdwörter verdrängt sind.[2])

Die Einwanderung der Jürüken erfolgte zu verschiedenen Zeiten. Die ersten hat Sultan Bajezid I. (1389—1402) aus dem Land Saruchan im alten Lydien in die Provinz von Philippopel übersiedelt.[3]) Andere folgten später nach. Hahn hörte in Makedonien, sie seien dort vor 300—350 Jahren eingewandert. Mir erzählten Makedonier, die Konjaren seien in die Gegend von Salonik zu verschiedenen Zeiten gekommen, die einen vor 200, die anderen angeblich erst vor 50 Jahren. Aus den Ueberlieferungen der Pomaken in der Rhodope geht hervor, dass diese Hirten einst eine grosse Macht besassen. Auf dem Plateau von Dospad sollen sie der mit Zahlen freigebigen Sage zufolge 70.000 Odžaks (Feuerstellen) in 10 Stunden weit zerstreuten Hütten stark gewesen sein, bei denen sie anfangs überwinterten, bis sie die strenge Winterkälte zwang die Küstenstriche bei Salonik aufzusuchen; in Salonik soll es ein Viertel Karlyk-Mahalessi geben, dessen Jürüken einmal am Karlyk in Rhodope weideten. Aus schriftlichen Quellen wissen wir, dass sie im 17. Jahrhundert in die Bezirke von sieben Jürükbeg's eingetheilt waren.[4])

Die Spuren der Wanderungen der Jürüken reichen sehr weit nach Norden. An der serbisch-bulgarischen Grenze bei dem Fluss Vlasina heisst eine Stelle „Juručki kolibi“ (Jurukenhütten). Im Osogovgebirge zeigt man „Jürükengräber“, 5—6 mohammedanische Grabsteine auf einer hohen Wiese am Abhang des Rujen, mit je zwei aufrecht stehenden Steinen, bei

1) Ueber die thessalischen Konjariden vgl. Finlay, History of Greece (ed. Tozer, Oxford 1877) V, 125.

2) Vambéry. Das Türkenvolk, Leipzig 1885 S. 605.

3) Leunclavius, Hist. musulm. 337—8.

4) Nach Ricaut, Histoire de l'état présent de l'empire ottoman p. 612 zählten die „Jurukler“ damals in der Europäischen Türkei 1294 Familien, nach Marsigli, Stato militare dell' imperio ottomano (Amsterdam 1732) p. 129 1702 Familien mit 298 Kriegern. Ihre sieben Bey's (vgl. Hammer, Osm. Staatsverf. II. 249) residirten zu Viza, Jambol, Tekirdag (Rodosto), Salonik (mit 400 Fam.) und in „Aghra, Cogiak, Nalauchen“ (?).

dem Kopf und den Füssen. Jetzt kommt kein Jürük mehr hin. In der Sredna Gora gibt es eine ansässig gewordene türkische Gemeinde Juruci bei Panagjurište. Die Pomaken bei Loveč nennen alle Osmanen Uruci. Ein halb türkisches Dörflein Uruci gibt es im Balkan von Orehanié, ein bulgarisches desselben Namens im Balkan von Trjavna; sechs türkische Jürükler sind zerstreut von Loveč bis Silistria.

Jetzt kann man die alten wandernden Jürüken noch in der Rhodope beobachten, in Gesellschaften bis 100 Personen, mit Pferden und Schafen; 1884 hatten sie Weideplätze in der nächsten Nähe der rumelischen Städtchen Batak und Bracigovo gepachtet.

Ein bleibendes Denkmal hinterliessen diese türkischen Wanderhirten in der geographischen Nomenclatur. Von Adrianopel und Dimotika bis zu den Quellen des Isker und der Perin-Planina haben in der oberen Zone oberhalb der slavischen Dorf-, Fluss- und Thalnamen die meisten Berggipfel und Alpentriften (jajlá) türkische Namen, die gleicher Weise von Türken, Bulgaren und Wlachen angewendet werden. Es ist charakteristisch, dass eben die höchsten Gipfel der Rila, des Perin und der Rhodope nur türkische Benennungen haben: Musallá, Göltepé, Perelik.

Zum Schlusse ist noch ein räthselhaftes Völkchen zu erwähnen. Zwischen den Türken in den Umgebungen von Stara-Zagora, im Balkan bei Karnobad und in den Landschaften Deliorman und Gerlovo sind mohammedanische Sectirer zerstreut, welche man Kyzylbaši (türk. Rothköpfe) nennt. Nach den Erzählungen der Bulgaren sind sie ein ruhiges ackerbauendes Volk, geniessen Wein ohne Gewissensbisse, lassen ihre Frauen unverschleiert herumgehen, betrachten das Blutvergiessen als sündhaft, halten sich für etwas besseres als die übrigen Türken und kümmern sich überhaupt wenig um die strengen Vorschriften des Koran. Man findet sie auch im Innern von Kleinasien. Nach Dr. Mordtmann sind sie keine Schiiten, sondern „eine Art Freigeister", welche sich nur äusserlich zum Islam bekennen, Moscheen besitzen, aber nicht besuchen. Vambéry leitet die Kyzylbaš von den kriegsgefangenen iranischen Türken Azerbaidžan's und Transkaukasien's ab, welche von den Sultanen nach den älteren Kriegen mit Persien in verschiedenen Provinzen colonisirt wurden.[1])

## II. Die Tataren.

Die Tataren sind über das Küstengebiet bei Varna und längs des ganzen Donauufers zerstreut. Wir kennen ihre Vertheilung nur aus der Volkszählung von 1881. Die meisten wohnen in den Kreisen von Varna (4826) und Silistria (3434) und zwar, nach Sarafov, besonders zwischen der Linie Tutrakan-Balčik und der Grenze der rumänischen Dobrudža, im Anschluss an ein dichteres Gebiet jenseits dieser Grenze. Rein tatarisch sind nur 8 Dörfer,

1) Mordtmann in Barth's Reise von Trapezunt nach Scutari, Gotha 1860 (Ergänzungsheft zu Petermann's Mitth.) S. 20 Anm. Vambéry a. a. O. 607.

aber es gibt dort fast keine Ortschaft ohne einige Tataren. In Varna bewohnen sie eine eigene Vorstadt. Weiter westwärts werden sie spärlicher, in den Kreisen von Šumen (1262), Razgrad, Rusčuk (761), Svištov, Pleven (1093), Rachovo, Lompalanka (nur 62) und Vidin (175).

In Süd-Bulgarien sind Tataren in den Statistiken gar nicht angeführt. Ich bemerkte eine Colonie nur in der Stadt Burgas; bei Jambol und Karnobad leben auch einige Bey's, sogenannte „Sultane" aus der Krim, Verwandte der einstigen Herrscher dieser Halbinsel. Einzelne ältere, ehemals tatarische Niederlassungen verrathen sich durch Ortsnamen, vor Allem die Stadt Tatar-Pazardžik.

In Donau-Bulgarien sind es neue Einwanderer, erst in zweiter Generation im Lande. In den Listen der Volkszählung gaben sich noch sehr viele als in Russland geboren an. Sie sind 1861 aus den Küstengebieten der Krim in die Türkei eingewandert, wie dies von Kanitz als Augenzeugen beschrieben wird; seitdem ist ein Theil wieder nach Hause zurückgekehrt und die Mehrzahl im Kriege mit den Türken weggezogen. Diese Tataren sind ein rühriges und intelligentes Volk, fleissige Gärtner und Ackerbauer, von denen man nur Gutes hört. Ihre Weiber tragen ihr viereckiges, röthliches Gesicht oft unverhüllt.

## III. Die Gagauzen.

Türkisch sprechende Christen: Gagauzi in der Dobrudža, Surguči bei Adrianopel. Kampf zwischen Griechen und Bulgaren um deren Annexion. Wahrscheinlich Nachkommen der Kumanen

In der östlichen Hälfte Bulgariens gibt es sporadisch zerstreute orthodoxe Christen, welche das Türkische als Muttersprache sprechen und sich durch ihren Typus von den alteinheimischen christlichen Griechen, Rumänen und Slaven sichtlich unterscheiden. In der Dobrudža und in Bessarabien nennt man sie **Gagauzi**, in der Provinz von Adrianopel **Surguči**. Sie haben das Türkische nicht in neueren Jahrhunderten angenommen, wie ein Theil der Armenier und die sogenannten **Karamanli's**, die Nachkommen der byzantinischen Griechen im Innern von Kleinasien. Sie sind, wie die aus der Krim stammenden **Bazarjáne** auf der Nordseite des Azow'schen Meeres, der Ueberrest eines alttürkischen Stammes, welcher sich noch im Mittelalter vor der osmanischen Eroberung christianisirte, ohne Zweifel Nachkommen der Kumanen. Jetzt sind es allerdings nur schwache, durch Bulgarisirung und Gräcisirung untergehende Völkerfragmente.[1])

Die Wohnsitze der Gagauzen waren einst über das ganze Gebiet von den Donaumündungen bis Silistria, Provadija und Cap Emon zerstreut, wurden aber durch die russisch-türkischen Kriege der letzten 120 Jahre und den

1) Näheres siehe in meiner Abhandlung: Einige Bemerkungen über die Ueberreste der Petschenegen und Kumanen, sowie über die Völkerschaften der sogenannten Gagauzi und Surguči im heutigen Bulgarien (Sitzungsber. der kgl. böhm. Gesellschaft der Wiss. 21. Jänner 1889).

damit verbundenen Wechsel der Bevölkerung durchbrochen und vermindert. Längs der Seeküste von Varna nordwärts sind die Gagauzen heute die einzige altansässige Bevölkerung. In Varna selbst bilden sie die Mehrzahl der alten christlichen Bürger; nach Sarafov waren 1881 7·34 % der Stadtbevölkerung solche türkisch sprechende Christen, aber die Zahl der dortigen Gagauzi ist grösser, da sich andere bereits als Griechen einschrieben. Als südlichster Ausläufer des gagauzischen Elementes gilt das grosse Dorf Akderé (griech. Aspro, bulg. Bjala) an der Seeküste zwischen der Mündung der Kamčija und dem Cap Emon, die Einwohner geben sich aber gleichfalls für Griechen aus. Eine ganze Gagauzenlandschaft liegt auf der waldigen Terrasse nördlich von Varna (Dörfer Kesterič, Džeferli, Jeniköi, Dževizli, Kapakli, Čaušköi, Ekrené u. s. w.). Ein Centrum dieses Völkchens sind dann die Hafenstädtchen Balčik, wo es vor 1830 kein einziges bulgarisches Haus gab, und Kavarna nebst der Landschaft um das Cap Kaliakra (Gjaur-Sujučuk, Šabla u. s. w.). Weiter landeinwärts sind die Gagauzen im nördlichen Theil des Bezirkes von Provadija bereits stark bulgarisirt, aber die ältere Generation spricht nur ein gebrochenes Bulgarisch, fast wie die Osmanen, wenn sie das Bulgarische radebrechen. Weiter westlich gibt es noch im Dorf Vojvoda-köi auf dem Wege von Šumen nach Silistria christliche Familien, die nur türkisch sprechen. Ausserdem sitzen Gagauzen noch an der Donau in Silistria und Umgebung, in der rumänischen Dobrudža und in Folge der Emigration von 1829 auch im südlichen Bessarabien, dort angeblich in 19 Ortschaften, nach Anderen jetzt an 15—20.000 Seelen stark (in Tabak, Kongas, Kubej, Kopkuj u. s. w.).[1]) Die Gesammtzahl der Gagauzen anzugeben ist schwierig, da sie nicht mehr als geschlossene Völkerschaft auftreten, sondern sich anderen anschliessen. Nach den Ergebnissen der Volkszählung 1888 gibt es türkisch redende Christen in den Okolija's: Balčik 4091, Varna 3207, Dobrič 338, Provadija 140, aber diese Ziffern stehen überall unter der Wirklichkeit, denn die Mehrzahl liess sich als Griechen oder Bulgaren eintragen.

Die Gagauzen sind meist Winzer und Ackerbauer, in den Städten auch Handwerker, an der See Fischer und Küstenfahrer. Sie haben eine kleine muskulöse Gestalt mit einem breiten, eckigen Kopf und starken Armen und Beinen, und sind in der Regel tief brünett und von dunkler Hautfarbe. In den Augen junger Mädchen glüht ein eigenes Feuer, die alten Frauen sind aber meist von ungewöhnlicher Hässlichkeit. Der Charakter der Gagauzen gilt als leidenschaftlich. Die spöttischen Erzählungen der Nachbaren von ihren Eigenschaften sind der beste Beweis des alten ethnographischen Gegensatzes. Viel erzählt man von der Rohheit, dem störrischen Trotz und der Trink- und Rauflust dieser Leute. Zwischen der griechischen und bulgarischen Partei in den Gagauzendörfern gab es in der That nicht selten blutige kirchenpolitische Schlägereien. Gar manches verlautet über deren Sinnlichkeit; Varna und Provadija haben ihre einheimische „chronique scandaleuse" mit Geschichtchen voll barbarischer Ungezwungenheit. Dabei sind die Ga-

1) Per. Spis. XXXI, 173.

ganzen zähe, fast fanatische Christen und haben auch dafür Manches erduldet; im Jahre 1877 musste sich die Bevölkerung um das Cap Kaliakra vor den plündernden Tscherkessen und Türken auf die Felsen des Vorgebirges flüchten und das Städtchen Kavarna ging grösstentheils in Flammen auf. Tracht und Sitten sind türkischer Art. Die Männer tragen rothe Fez (in neuerer Zeit auch bulgarische Schaffellmützen), blaue Gilets oder Jacken, rothe Gürtel, breite braune Hosen aus Schafwolle und türkische Lederpantoffel. Die Frauentracht besteht aus einem Kopftuch, einer kurzen ärmellosen Jacke und breiten türkischen Hosen aus bunten Stoffen. In dieser Kleidung gleichen sie, z. B. während der Erntezeit im Felde, auf den ersten Anblick Türkinen nach Ablegung der üblichen Vermummung oder Zigeunerinen. Dabei legen sie oft einen türkischen Ueberwurf an und verhüllen sogar auch den Mund. Die Männer essen abseits von den Frauen; die Frau bleibt dem Fremden im Hause unsichtbar.

Die Sprache unterscheidet sich wenig von dem üblichen Türkisch der Osmanli's, bis auf einzelne dem Tatarischen nähere Worte und Formen, sowie griechische und bulgarische Fremdwörter. In den Kirchen derselben kann man auch türkische Predigten hören mit der Ansprache „christian kardašlar" (christliche Brüder). Seit 1840 haben die Griechen in Varna, Balčik und Umgebung durch ihren Clerus und ihre Schulen einen Theil der Gagauzi für sich gewonnen, ohne aber das Türkische aus dem Innern des Hauses bannen zu können. In den Landschaften von Provadija, Silistria und in Bessarabien hat wieder die bulgarische Kirche und Schule das ihrige gethan. In den ersten Jahren nach der Errichtung des Fürstenthums standen Bulgaren und Griechen in Varna schroff gegen einander; das Kampfobject waren die Gagauzen. Die Mittel des bulgarischen Staates sind dabei allerdings stärker, schon durch den Militärdienst und die Aemtervertheilung.

Der Name Gagauz, im ganzen Gebiet von Adrianopel bis Odessa bekannt, wurde mir als neueren Ursprungs bezeichnet. Er gilt halb als Schimpfwort, ein Schicksal, welches so manche aussterbende Völkernamen trifft. Slavejkov hat auf den Anklang desselben zum einheimischen Namen der alten Kumanen, die sich Uzen oder Oguzen nannten, aufmerksam gemacht. In der Dobrudža und in Bessarabien nennt man die halb bulgarisirten Gagauzen Schwarze Bulgaren (Černi Bulgare).

Den Gagauzen ganz ähnlich sind die Surguči, meist Weinbauer, in 5—6 Dörfern der „Kaza" von Adrianopel und in einer Anzahl Ortschaften bei Hafsa und Baba-Eskisi an der Strasse von Adrianopel nach Konstantinopel. Leider kenne ich sie nicht aus eigener Anschauung.

Diese Völkerschaften sind Reste der alten Kumanen. Dieses türkische Steppenvolk sass im 11.—13. Jahrhundert in dem ganzen Tiefland von den siebenbürgischen Karpaten, der unteren Aluta und den Donaumündungen bis zur unteren Wolga, sowie in einem Theil der Krim. Die Invasion der Mongolen 1239 brachte ihre Macht zum Falle. Nur ein Theil blieb in den alten Wohnsitzen, wo die Moldau und Walachei, sowie das Nordgestade des Azow'schen Meeres noch lange Cumania hiessen. Sie bildeten dort die

Grundlage zu dem Völkergemisch der Nogaischen Tataren. Die „lingua cumanesca“ war noch im 14. Jahrhundert den Kaufleuten und Missionären bei dem inuerasiatischen Verkehr unentbehrlich. Wir kennen sie aus einem 1303 geschriebenen, jetzt in Venedig verwahrten „Alphabetum“, einem von genuesischen Kaufleuten und deutschen Missionären verfassten Codex, der jüngst vom Grafen Géza Kuun zum ersten Mal vollständig und getreu herausgegeben und von Dr. W. Radloff analysirt wurde.[1]) Nach Radloff ist die Sprache der Kumanen der älteste Vertreter der Kipčak-Dialecte, den Dialecten der Tatarenvölker an der Wolga am nächsten verwandt; sie lebte bei den Tataren der Krim noch lange fort, desgleichen bei den dortigen jüdischen Karaimen und christlichen „Bazarjanen“.

Andere Theile der Kumanen zerstreuten sich über die christlichen Nachbarländer. Sieben Stämme fanden Aufnahme in Ungarn und nahmen dort grossen Antheil an den Geschicken des Landes; der Name der Landschaften Gross- und Klein-Kumanien lebt noch, aber die kumanische Sprache erlosch dort völlig im 18. Jahrhundert. Auf der Balkanhalbinsel gab es lange Zeit kumanische Söldnerheere bei den Konstantinopler Lateinern, den Byzantinern, Serben und Bulgaren. Von den 10.000 Kumanen, die Kaiser Joannes Dukas Vatatzes nach der Zersprengung der Kumanen durch den Mongoleneinfall als Militärcolonisten vorzüglich in Thrakien ansiedelte, stammen vielleicht die Surgnći ab.

In Bulgarien gelangten die Kumanen zu grosser Bedeutung. Durch drei Generationen sass auf dem Throne von Trnovo 1280—1323 sogar eine kumanische Dynastie, die Terteriden. Ein mächtiger Theilfürst war Terterij's I. Bruder Eltimir. Der Name enthält das kum. temir, osm. demir Eisen; noch jetzt wird bei den Gagauzen von Silistria der christliche Name Demetrios zu Demir umgewandelt. Es erinnern an ihn die Dorfnamen Altimir im Kreis von Rachovo, Aldimirovci bei Slivnica und der Personenname Altimirov. Auch Car Michael (1323--1330) war nach Kantakuzenos halb kumanischen Ursprungs. Zahlreiche Ortsnamen bewahren noch heute das Andenken der Kumanen (Weiler Komani-te im Balkan von Trjavna, Dorf Kumanica bei Sofia u. s. w.), ebenso der Personenname Kuman, Kumanov. Die meisten Kumanen sassen wohl in dem heutigen Gagauzenlande, wo sich der Zusammenhang der Bevölkerung historisch verfolgen lässt. In Karbona, dem heutigen Balčik, residirte um 1346 ein mächtiger Boljare Balikas mit einem ganz türkischen Namen (osm. balyk, kum. baluc Fisch); sein Bruder Dobrotić war auch Herr von Kaliakra, Varna und Emona, und dessen Sohn Ivanko schloss 1386 in Pera einen Vertrag mit den Genuesen ab, durch zwei Gesandten, deren einer Jolpani (osttürk. čolban Morgenstern) hiess. Die Continuität der christlichen Bevölkerung in derselben

---

1) Codex cumanicus bibliothecae ad templum Divi Marci Venetiarum. Primum ex integro edidit comes Géza Kuun. Budapest 1880 (Ausgabe der ung. Akademie). — Dr. W. Radloff, Das türkische Sprachmaterial des Codex Comanicus. Petersburg 1887 (Mémoires de l'acad. impériale t. 35, n° 6).

Küstengegend zwischen Varna und Küstendže beweisen die Beschreibungen des Ragusaners Giorgi 1595 und des Bischofs Stanislavov 1659, sowie die Erhaltung so vieler alter Ortsnamen. Auch die nicht osmanischen Elemente der Mundart der Gagauzen gehen auf die Sprache des Codex Cumanicus zurück (šitlauk Haselnuss, kum. čatlauk; kos Wallnuss; Ortsname Balčik von kum. balčuk Lehm, Schlamm u. s. w.).

## D. Kaukasier.

### Tscherkessen.

Zum Schlusse müssen wir noch ein Volk erwähnen, allerdings nur mehr als eine frische historische Reminiscenz.

Tscherkessen fanden die Volkszählungen nicht einmal Hundert Köpfe. Ich habe Jahre lang im Lande gelebt, ohne einen echten Tscherkessen zu Gesichte bekommen zu können. Doch waren sie vor 1877 ein über alle Bezirke zerstreutes Element und ihre Zahl in der Europäischen Türkei wurde weit über 100.000 geschätzt.

Ihr Aufenthalt in Bulgarien hat nur 14 Jahre gedauert und wenig Spuren hinterlassen. Nach der vollständigen Unterwerfung des Kaukasus durch die Russen 1864 wanderten an 400.000 mohammedanische Bergbewohner in die Türkei aus und wurden in Asien und Europa, besonders in den Grenzdistricten und an allen Gebirgsübergängen angesiedelt, in Bulgarien und Ostrumelien an 40.000 Familien. Durch diese Zersplitterung war das Schicksal ihres Volkes in vorne hinein festgestellt. Bei aller Unterstützung von Seite der Regierung lebten sie elend, nicht viel besser als die Zigeuner, von deren ökonomischem Zustand sie sich fast nur durch das fortwährende Waffentragen und den regen kriegerischen Sinn unterschieden. Es war ein begabtes, tapferes, primitives Hirtenvolk, mit Ackerbau sehr wenig und mit Gewerbe gar nicht vertraut. Ihre Nachbarschaft lastete schwer auf den ackerbauenden Christen und Mohammedanern der Umgebung. Viehdiebstahl, Strassenraub an den Pässen und Verkauf der Töchter in die Harems türkischer Grossen waren ihr Haupterwerb. Man erzählte mir, dass eine junge Tscherkessin, wenn sie nicht aussergewöhnlich schön war, in Sofia durchschnittlich ungefähr 10 Goldlira's kostete; bei dem Verkauf blieben die Kleider gewöhnlich den Eltern und die kaufende Partei musste einen neuen Anzug bereit haben. Bei Diebstählen hatten es diese kaukasischen Gäste besonders auf Pferde und Bienenkörbe abgesehen. Ihre Mannschaften dienten im Heere als irreguläre Reiterei. Mancher von den Tscherkessenoffizieren bekleidet heute noch einen hohen Posten in der türkischen Armee.

Jetzt sind sie in Bulgarien halb vergessen; man zeigt nur die von Regengüssen fast ganz schon verwischten Reste ihrer elenden, mit Stroh gedeckten Lehmbuden. Schon bei der Uebersiedelung in die Türkei gingen viele Tausende durch Krankheiten zu Grunde, wie dies Kanitz als Augenzeuge schildert. [1]) Unordentliches Leben, der Krieg und zuletzt der Abzug aus Bulgarien haben sie noch mehr decimirt. Nach einigen Decennien wird man selbst im Innern Kleinasiens nur schwache Ueberreste derselben finden und gute Mühe haben, um von den aussterbenden, so wenig bekannten Sprachen der Abchasen, Ubychen und anderer Stämme noch etwas zu erlernen.

---

# Drittes Buch.

# Volkswirthschaft.

## I. Volkswirthschaftliche Studien.

Die erste Skizze der volkswirthschaftlichen Zustände Bulgariens entwarf 1841 Adolphe Blanqui. Die Kenntniss des Landes war seitdem so wenig fortgeschritten, dass Emile de Laveleye 45 Jahre später Blanqui's halbvergessene Schilderung der bulgarischen Landwirthschaft in getreuem Abdruck wiederholte. [2])

In Bulgarien ist die ökonomische Literatur erst im Werden. Es sind meist unverarbeitete Materialien, sehr wenig specielle Abhandlungen. Von Staatswegen nahm man natürlich zuerst die Zollstatistik in Angriff. Ein statistisches Jahrbuch aller Verwaltungszweige erschien bloss für Rumelien im J. 1883, desgleichen schon zuvor eine Finanzstatistik dieser autonomen Provinz für 1882. [3]) Im geeinigten Bulgarien veröffentlichte das Finanzministerium unter der Leitung des Sectionschefs Michail Georgiev, eines studirten Agronomen, 1888 einen Band Materialien über den ökonomischen Zustand Bulgariens, die seit 1884 durch die Präfecten in Beantwortung bestimmter Fragen gesammelt wurden. [4]) In Rumelien waren die Präfecten verpflichtet der Kreisvertretung jährlich einen Bericht über die wirthschaftliche Lage des Kreises vorzulegen; im geeinigten Bulgarien wurde dies erst 1888 eingeführt. [5]) Werthvoll ist eine genaue statistische und nationalökonomische Beschreibung

---

1) Kanitz, Donau-Bulgarien I, 306 ff.

2) Blanqui, Voyage en Bulgarie 1841, Paris 1843 p. 223—237, abgedruckt bei Laveleye, La péninsule des Balkans (Bruxelles 1886) II 114 f.

3) Beides auch mit franz. Titel: Renseignements statistiques de la direction des finances de la Roumélie Orientale. Philippopel 1883, 8°, 20 S. — Annuaire statistique de la Roumélie Orientale. Année 1883. Philippopel 1885, 4°, 163 S.

4) Berichte (Svedenia) über den ökonomischen Zustand von Bulgarien. Herausgegeben von der Abtheilung für Staatsgüter, Forstwesen, Ackerbau und Handel beim Finanzministerium. Sofia 1888, 8°, VI und 208 S. Reichhaltig, aber unvollständig und nicht fehlerfrei. Die Naturforscher werden z. B. S. 179 f. erstaunt lesen, dass in nicht weniger als 15 Kreisen Bulgariens der südamerikanische K o n d o r der Kordilleren zu Hause sei! Er ist den Herren Präfecten nur aus den illustrirten Schulbüchern bekannt und von ihnen statt des einheimischen Geiers supponirt.

5) Ein Resumé der Berichte von 1888 gibt T. Vasiljov, Per. Spisanie XXVIII. Von denen des J. 1889 ist der des Varnaer Präfecten Drasov bemerkenswerth (S. 47).

10*

des Kreises von Stara Zagora von dem Präfecten Athanas T. Iliev, bisher der einzige Versuch dieser Art.[1]) Einzelne Fragen sind von Michail Sarafov und Ivan Evstr. Gešov bearbeitet worden.

## 2. Das Dorf.

Dorf- und Hofsystem. Historische Entwicklung des Dorfes. Ortsnamen. Keine Feldgemeinschaft. Uebergangsstufe zur Stadt. Grenzrecht. „Kütük", eine Art türkischer Landtafel Typus des Bauernhauses. Troglodyten. Das Hausgeräth.

In der Art der Ansiedelungen des Landvolkes (Fig. 17) bestehen Dorf- und Hofsystem neben einander, ein jedes in territorial bestimmt begrenzten und durch die Bodengestaltung bedingten Gebieten. Das erstere herrscht in der Ebene, das zweite im Gebirge.

In den grossen Ebenen längs der Donau und der Marica, sowie in den Becken und Thälern mit flacher Sohle gibt es nur geschlossene, stark bevölkerte Dörfer, die meist an den Flüssen gelegen sind. Dieselben sind planlos angelegt, mit unregelmässigen Gassen und einem Platz (chorište) vor der Kirche, auf welchem Sonntags das übliche Choró getanzt wird. Es gibt auch Dörfer mit gemischter Bevölkerung, aber in diesem Falle wohnen Bulgaren, Türken, Tataren oder Zigeuner, ebenso wie in den Städten, stets in gesonderten Vierteln (mahalá). Wegen der Unsicherheit im Lande gibt es ausserhalb des Dorfes keine Einschichten, sondern nur vereinzelte Einkehrhäuser (Han's), Mühlen oder einige in den Falten waldiger Hügel verborgene kleine Klöster. Selbst die Häuschen in den Weinbergen pflegen nur Lusthäuser und keine Wohnungen zu sein.

In den Ebenen sind Dörfer mit mehr als 1000 Einwohnern keine Seltenheit. Um ein Beispiel aus dem Donaugebiet anzuführen, haben von den 66 Landgemeinden des Kreises von Rachovo 27 1000—2000 E., 7 2000—3000, 1 3000—4000; Kneža mit 4988 E. (1888) ist sogar grösser als die alte Stadt Rachovo (4379 E.) selbst. In den Kreisen von Vidin, Lompalanka, Svištov, Rušćuk u. s. w. bestehen ähnliche Verhältnisse, obwohl dort das Procent der Ortschaften ähnlicher Grösse etwas geringer ist. In dem Flachland zwischen Philippopel und Tatar-Pazardžik weist der Bezirk von Ovčechalm (Kojuntepé) unter 34 Ortschaften 7 mit 1000—2000 E., 2 mit 3000—5000 auf. Auch die Thäler längs der Südseite des Balkan werden in ähnlicher Weise bewohnt. Von den 14 Orten des kleinen Bezirkes von Zlatica sind 7 Dörfer mit 1000—2000 E. und 2 städteartige Gemeinden mit 3—4000 E.; desgleichen gibt es unter den 50 Orten der Okolija Strjama (Hauptort Karlovo) 13 mit 1000—2000 E. und 3 städteartige mit noch stärkerer Einwohnerzahl. Auch im Ost-Balkan hat die kleine Okolija von Preslav unter 41 Orten 12 mit mehr als 1000 Seelen. In den Thalkesseln des Westens sind die Dorfschaften kleiner; im Becken von Küstendil hatte 1881 kein Dorf mehr als 1000 Ein-

[1]) Iliev, Der Kreis von Stara Zagora in nationalökonomischer Beziehung (bulg.). Stara Zagora 1886, 4°, 111 S. Vgl. den gedruckten Bericht desselben als Präfecten 1884 (4°, 84 S.) und zwei von der Präfectur herausgegebene Localkalender für 1882 und 1883.

wohner, 1888 aber schon 6. Auch die Dörfer von der Sredna Gora gegen Adrianopel zu sowie die des Pontusgebietes um Varna und Burgas herum sind klein; der Grund davon liegt aber nicht in ökonomischen Verhältnissen, sondern ist eine Folge der neueren Besiedelung derselben, sowie der wiederholten Kriege in neueren Zeiten.

Das Hofsystem herrscht in den Gebirgslandschaften: längs des ganzen Nordabhanges des Balkan von Osmanpazar bis zum Isker, in der westlichen Sredna Gora zwischen Panagjurište und Vakarel, auf allen Berghöhen des Westens bis zur serbischen und türkischen Grenze, und auf der Rhodope. Es kommt sowohl in bulgarischen, als auch in türkischen Landschaften (wie z. B. im Tuzluk) vor. Die Gemeinden zerfallen dort in Weiler oder Gruppen von Höfen, die meist auf Rufesweite von einander entfernt liegen und bulgarisch Kólibi oder Košári, türkisch Machalá genannt werden. Die Höfe liegen theils an den fliessenden Gewässern, theils hoch auf Berglehnen am Waldesrand bei den Wiesen und kargen Feldern. Viele Gruppen haben von Alters her Gesammtnamen, die oft einen bedeutenden Umfang besitzen, z. B. in der Okolija von Izvor dehnt sich die Gemeinde Božica auf 4 Stunden Weges aus. Das Centrum liegt bei der Kirche, wo es gewöhnlich auch einige Kaufläden und Schenken gibt, in türkischen Gegenden bei der Moschee. Im Balkan wird die Vereinigung der Fractionen zu Gesammtgemeinden erst jetzt von Amtswegen durchgeführt, was mit bedeutenden Schwierigkeiten verbunden ist, da bei der Feststellung des Mittelpunktes mit dem Amtssitze des Ortsvorstandes und der Gemeindeschule die Einwohner der einzelnen Gruppen nicht immer übereinstimmen. Das Hofsystem hat zu einer starken Bevölkerung des Nordabhanges der Balkankette geführt; ein Blick auf die neue russische Karte zeigt den Unterschied zwischen den waldlosen Ebenen Rumeliens und des Donaugeländes mit deren grossen, von einander entfernten Ortschaften gegenüber der Masse ganz kleiner Ansiedelungen, die das bewaldete Terrain des nördlichen Balkanabhanges dicht ausfüllen. Die Bewohner der Höfe (Kolibári) waren ursprünglich wohl mehr Hirten, die nebenbei nur einen schwachen Ackerbau betrieben; in unseren Tagen tritt bei ihnen das Handwerk stark in den Vordergrund und führt einen grossen Theil der männlichen Bevölkerung für den Sommer in die Ebenen und in die Städte, worauf im Herbst die Rückwanderung mit dem gewonnenen Erlös angetreten wird.

Die Anzahl der Gruppen ist oft sehr bedeutend. Der Bezirk von Gabrovo z. B. zählt ausser der Stadt 23 Landgemeinden, die aus nicht weniger als 182 Ortschaften mit 25.948 (1888) Einwohnern bestehen. Durchschnittlich entfallen somit dort auf eine Ortschaft 142 (1881 nur 125) Seelen; in der That bestehen aber die kleinsten „Kolibi" aus einem einzigen Hofe mit 4, 8, 15 oder 24 Einwohnern, während die grössten mehr als 300 Bewohner haben.

Der historische Uebergang von den zerstreuten Höfen zum geschlossenen Dorf lässt sich an manchen Orten noch klar beobachten. In einigen gegenwärtig vollkommen entwickelten Städten, z. B. in Panagjurište, Kalofer und Peštera, besteht die Sage, die Ortschaft sei ursprünglich eine Reihe von

„Kolibi“ auf den umliegenden Bergen gewesen, deren Lage noch durch einsame Kirchlein oder Kreuze (obročište, čerkovište) bezeichnet ist, und habe sich erst allmälig an dem gemeinsamen Marktplatz concentrirt. An zwei Orten traf ich noch einen lebenden Uebergangszustand; in den grossen Dörfern Poibrene an der Topolnica im Bezirk von Panagjurište und Bosilgrad in der Landschaft Krajište nördlich von Küstendil hat jede Familie sowohl ein Haus in dem einheitlichen Dorf im Thal für den Winter, als eine vereinzelte Hütte (košára) bei den Culturen und Weideplätzen auf den Höhen für den Sommer. In den anarchischen Zeiten unter Sultan Selim III. (1789—1807) haben sich die Bewohner vieler Dörfer nach der Vernichtung des Centrums wieder in die vereinzelten Kolibi der gebirgigen Umgebung zurückgezogen, welche eine grössere Sicherheit gewährten, als die offene Ansiedelung im Thal, und sind bei dem Eintritt friedlicher Zeiten wieder zu dem früheren gemeinsamen Wohnort zurückgekehrt.

Viele Ansiedelungen sind um ältere Gebäude herum entstanden. Manche entwickelten sich aus einer Reihe von Einkehrhäusern auf der Strasse, wie die jetzige Stadt Dupnica oder das Dorf Klisura im Balkan von Berkovica, oder wuchsen neben türkischen Karavanserais empor, wie das Dorf Novihan (Jenihan) bei Sofia. Andere sind gegründet neben Bergwerken (die Orte mit Namen Samokov u. A.), oder bei warmen Quellen, oder als Suburbia mittelalterlicher Schlösser. An den Namen kenntlich sind die Gründungen an Marktplätzen (Ortsnamen abgeleitet von panaír, πανήγυρις Jahrmarkt und vom türk. pazár, džumaá), bei christlichen Klöstern (Dörfer Monastir, Monastirci, Monastirište) oder bei Klöstern mohammedanischer Derwische (Dörfer mit Namen Tekké), bei Mühlen (Namen Dermenderé, türk. dermen Mühle) u. s. w. Historische Zeugnisse lassen uns klar sehen, wie z. B. das feste von den Komnenen gegründete Kloster Vira (*Βήρα*) an der Mündung der Marica während der byzantinischen Bürgerkriege und der ersten türkischen Einfälle des 14. Jahrhunderts sich durch den Zulauf der umliegenden Dorfbewohner binnen kurzer Zeit in eine Stadt verwandelte, das heutige Feré.[1]) Sehr viele Dörfer haben sich in neuerer Zeit aus den Ansiedelungen von Arbeitern auf den Gütern oder Čifliks herausgebildet, was durch manche Ortsnamen in den Ebenen Thrakiens, im Becken des westlichen Berglandes und in Makedonien bestätigt wird (Urum-Čiflik bei Jambol, Bejler-Čiflik bei Sofia, Novi Čiflik bei Küstendil u. s. w.). Es gibt auch christliche Gebirgsdörfer, die von der türkischen Regierung eigens zur Bewachung der Strassen gegründet wurden (Dörfer der Derbendži's). In den Ortssagen ist manchmal der öftere Wechsel der Lage des Ortes auffällig, in Folge von Bränden, Pest oder Zerstörung in Kriegen. Die Dörfer liegen in der Regel abseits von den grossen Strassen, was schon den Reisenden des 16. Jahrhunderts

1) Diese Umwandlung des von Isaak, Vater des Kaisers Andronikos Komnenos (Niketas Akominatos p. 595) gegründeten Klosters erhellt aus der Erzählung des Kantakuzenos ed. Bonn. II, 196 (1342) und III, 310. Brocquière fand Vira 1433 bereits als eine von Türken und Griechen bewohnte Stadt rings um eine Burg herum, in der 300 Mönche gewohnt haben sollen.

Fig. 17. Bulgarisches Dorf (Čekančevo bei Taškesen).

auffällig war; dies entstand wohl nicht erst unter der Türkenherrschaft, sondern, wie man aus den Bemerkungen Wilhelms von Tyrus über Bulgarien im 12. Jahrhundert urtheilen kann, in einer viel früheren Zeit, denn schon unter den alten bulgarischen und byzantinischen Herrschern lasteten auf den Dörfern längs der Heerstrassen allerlei Frohnen, insbesondere die Beherbergung reisender Beamten oder des Hofes (die altbulg. padalište, altserb. priselica genannte Verpflichtung) und besonders der durchziehenden Truppen.

In den Dorfnamen selbst, sowohl in den bulgarischen, als in den türkischen herrschen, wie bei allen Völkern, die Pflanzennamen vor. Die Höfe des Gebirges führen sowohl bei Bulgaren als bei Türken meist Familiennamen, vom Namen des Urvaters und Gründers abgeleitete Patronymica, z. B. das oft vorkommende Dobrjovci, die Nachkommen eines Dobrjo, Radomirci (bei Pleven) von einem Urahn Radomir, Miroslavovci (bei Elena) von einem Miroslav, oder unter den türkischen Namen Hüsseinler (im Tuzluk), wörtlich „die Hüssein's" von einem Gründer Hüssein, Karamustafalar (bei Philippopel) von einem „schwarzen Mustafa", Hassanlar (bei Razgrad) von einem Hassan u. s. w. In der Landschaft Krajište gibt es Sagen, welche den Ursprung der Ortschaft von einem Ahn ableiten.[1]) Ein merkwürdiges Beispiel der Entstehung einer grösseren Ansiedelung aus einem Hause bieten zwei Ortsnamen bei Strumica in Makedonien, das mohammedanische Ednokúkjevo (150 Häuser) und das christliche Monospítovo; beides bedeutet „Ein Haus" (edna kúkja, *μονοσπίτι*).

Eine Feldgemeinschaft gibt es in Bulgarien nicht. Ein jeder Bauer hat seine Grundstücke, die er frei verkaufen oder vererben kann. Der gemeinschaftliche Besitz des Dorfes beschränkt sich auf einige Büsche oder Wälder und auf die Gemeinweiden, für welche die Dorfgemeinde auch einen gemeinsamen Hirten (govedár, ovčár, svinár) zu halten pflegt, der durch Beiträge der einzelnen Gemeindemitglieder in Geld und Korn gezahlt wird. Ohne Grundbesitz sind nur die Arbeiter der Čiflik's und der grösste Theil der Zigeuner.

Eine Uebergangsstufe vom Dorf zur Stadt bilden die grossen, meist von Winzern, Gärtnern, Seidenzüchtern und Krämern bewohnten Orte mit gemauerten zweistöckigen Häusern, Ziegeldächern, grob gepflasterten Gassen und einer kleinen Marktstrasse (čaršija), wie man sie im Kreise von Trnovo, längs des Südabhangs des Balkan und am Fuss der Rhodope findet. Das Vorbild derselben sind die alten griechischen Küstenstädte Mesembria, Sozopolis, Enos u. A. Die Byzantiner nannten eine Ansiedelung dieser Art *χωρόπολις*, eine „Dorfstadt". Türkisch heisst man diese Uebergangsbildung Palánka, was ursprünglich ein kleines mit Palissaden befestigtes Fort bezeichnete,[2]) aber dieses in Serbien wohlbekannte Wort trifft man in Bul-

1) Der Weiler Crna Reka („Schwarzfluss") an der türkischen Grenze unter dem Berge Crnook, jetzt 8 Häuser, hatte vor 80 Jahren nur ein Haus, welches ein gewisser Djedo (Vater, Greis) Zlatan bewohnte; seine Nachkommen haben den urbaren Boden erweitert und sich neue Hütten errichtet.

2) Ueber die alten Palanken vgl. Heerstrasse 115.

garien fast nur an der Donau an (Lom-palanka, Džibra-palanka, Arčer-palanka u. dgl.). Sonst wurde bis zum Fall der türkischen Herrschaft jede noch so viele Tausend Einwohner zählende unbefestigte Gemeinde, wie Gabrovo, Panagjurište, Bracigovo u. A. bloss als Dorf (selo, türk. köi) gerechnet. Als Stadt (grad, türk. kasabá) galt nur eine ehemals befestigte Ansiedelung, mit einer alten Burg oder wenigstens mit einer Umfassungsmauer und Thoren, Sitz der Behörden und eines Bischofs, wie z. B. Vidin, Rusčuk, Trnovo, Sofia, Philippopel. Diese Städte hatten, was uns aus alten Reisebeschreibungen wohl bekannt ist, im 16. und 17. Jahrhundert eine überwiegend türkische Bevölkerung; die christliche Bürgerschaft verstärkte sich, wie es sich noch gut verfolgen lässt, allmälig durch Zuwanderung aus den umliegenden Dörfern. Dieses Rechtsverhältniss hat sich in neuester Zeit geändert. Das organische Statut für Ost-Rumelien (Art. 111) erklärte zwar zu Städten nur diejenigen Gemeinden, welche „ab antiquo" als Stadt galten; dagegen wurde im Fürstenthum jede grössere, städtische Ortschaft als Stadt betrachtet, und jedes geschlossene Dorf mit mehr als 2000 E. zum Marktflecken (gradéc) erklärt.

Die angeführten Verhältnisse sind auf der ganzen Halbinsel gleich. Einheitliche Dörfer und daneben Gruppen zersprengter Höfe (serb. zaselak, ngr. καλύβια, rum. koliba, Einw. kolibaš) findet man ebenso gut in Siebenbürgen, in Serbien, in Albanien und in Griechenland. Ueberhaupt gibt es in der Lebensweise der Serben, Bulgaren, Albanesen, Rumänen und Griechen sehr viel Gemeinsames, was einerseits mit der mehr oder weniger gleichartigen Natur der Halbinsel zusammenhängt, andererseits dem uralten Einfluss der Civilisation des Mittelmeergebietes, besonders des byzantinischen Imperiums mit der Erbschaft römischer Institutionen zuzuschreiben ist. Dazu gesellte sich der Einfluss der Türken, welche so lange Zeit fast die gesammte Halbinsel als ein ökonomisches Ganzes beherrschten; dabei wurde auch eine Menge türkischer Termini von verschiedenen Völkern gleichmässig angenommen.

Die Grenzen der Gemarkung der Gemeinde sind in Bulgarien überall genau festgesetzt, in dicht bevölkerten Gebieten ebenso, wie in den schwach bewohnten. Die Gemarkung heisst bulgarisch zemlište oder merá, türkisch toprák. Das Wort merá stammt vom türkischen mirí, mirié, ein den Unterthanen zur Benützung überlassenes Staatsgut, und bedeutete ursprünglich nur die Gemeinweide, welche nach den alttürkischen Gesetzen eine Meile im Umkreise der Märkte und Dörfer, anderthalb Meilen im Umkreise der Städte umfassen sollte.[1]) Die Grenzlinie selbst heisst sinor (türk. sanyr, von σύνορον); meždá ist die Grenze einzelner Felder, predél die Grenze einer Landschaft.

Im Kreise von Trnovo gibt es einige Eigenthümlichkeiten darin. In Folge der dichten Bevölkerung und des engen Territoriums einzelner Ge-

1) Hammer, Des osmanischen Reichs Staatsverfassung und Staatsverwaltung. Wien, 1815, I 193.

meinden bildete sich der Rechtsbrauch, dass ein Dorf auf Grund alter Verträge an gewissen Stellen des Gebietes einer Nachbargemeinde säet oder dass zwei Nachbargemeinden wechselseitig eine auf dem Boden der anderen Getreide bauen. Die auf fremdem Territorium bebauten Gründe heissen parakendé, und zwar unterscheidet man gerade oder einseitige und wechselseitige „parakendé". Der von Gärtnern bewohnte Marktflecken Ljáskovec z. B. baut auf den Gründen von sieben Nachbardörfern, das Städtchen Elena in der Gemarkung des Dorfes Zlatarica, aber nicht umgekehrt; ein wechselseitiges „parakendé" besteht z. B. zwischen den Dörfern Burumli und Mušikli am linken Ufer der Jantra nördlich von Nikjup oder zwischen Sušica und Draganovo am rechten Ufer nördlich von Ljaskovec. Der keiner bestimmten Gemeinde angehörende Boden zwischen den Grenzen einiger Nachbardörfer, welcher von denselben in einer bestimmten Reihenfolge angebaut wird, heisst mezdrá.[1])

Die Grenzen der Mark sind festgesetzt nach Bächen, vereinzelten alten Bäumen, Quellen, Steinen, alten Grabhügeln, Wasserscheiden u. s. w. Ein jedes ältere Dorf besitzt über seine Grenzen ein türkisches sinor-namé (gewöhnlich sagt man sanyr-lamá), eine alte Urkunde mit genauer Beschreibung der Grenzlinie. Die oberste Instanz in Grenzstreitigkeiten ist eine Art türkischer „Landtafel" im alten Archiv (Defterchané) zu Konstantinopel, ein Verzeichniss aller Dörfer der europäischen und asiatischen Provinzen des Reiches mit deren Grenzen, Häuserzahl und besonderen Rechten. Diese Bücher werden allgemein kütük genannt; der Name bedeutet türk. auch „Baumstrunk", ist aber wohl aus dem neugr. *κώδιξας* (lat. codex) entstanden. Sie haben einen unschätzbaren Werth für die historische Geographie, sind aber in der wissenschaftlichen Literatur unbekannt und unzugänglich. Fallmerayer allein hörte in Kerasunt 1840 von dem „Kütük oder Defterchané", das Angaben über die Bevölkerung dieser Stadt bei der Uebergabe derselben 1461 enthalte und bemerkt darüber: „Die Kunde, dass solche Notizen im türkischen Reichsarchiv verborgen seien, ist eine Entdeckung von einiger Wichtigkeit. Man kann wohl denken, dass auch über andere Städte und Provinzen der zertrümmerten Monarchie von Byzanz im Kütük oder Steuerregister von Stambul statistische Angaben von solchem Belang zu finden und nur auf diesem, noch von Niemand betretenen Wege für die Geschichte des östlichen Imperiums und für den wahren Charakter anatolisch-griechischer Reichsverwaltung neue und gründliche Aufschlüsse zu erheben wären".[2]) Ich habe nur aus zweiter, dritter Hand einzelne Bruchstücke kennen gelernt mit der Beschreibung von Dorfgrenzen in den Umgebungen von Belovo, Panagjurište, Kalofer, Elena, Adrianopel u. s. w. Die Bücher

1) Wohl vom arab. mezrâa ferme isolée; vgl. mesraa „abgegrenztes Saatfeld" im Sandžak von Silistria bei Hammer op. cit. I, 284. Es gibt auch Dörfer Mezdra im Kreis von Vraca, Mezdreja in dem von Berkovica. Von den angeführten Verhältnissen im Kreis von Trnovo hörte ich in einer Sitzung des Staatsrathes 1882.

2) Fallmerayer, Fragmente aus dem Orient (1845) I 210.

sind türkisch geschrieben, stammen aus den ersten zwei Jahrhunderten der Türkenherrschaft und sollen seit dem Ende des 16. Jahrhunderts nicht mehr vervollständigt oder berichtigt worden sein. Deshalb erscheinen in ihnen heutige Ortschaften unter alten, jetzt ausser Gebrauch gekommenen und an Ort und Stelle vergessenen Namen, sowie Burgen und Dörfer, die jetzt wüst sind.[1]) An der Hand des von Hammer gesammelten Materiales ist es möglich über die Entstehung dieser Bücher eine gegründete Vermuthung aufzustellen. Dieselben sind ohne Zweifel identisch mit der finanziellen Beschreibung sämmtlicher Provinzen, die zweimal durchgeführt wurde. Das alte Register, „defteri atik", wurde verfasst unter Mohammed II. (1451—1481) und Bajezid II. (1481—1512), wozu ich auch eine Anspielung in einem ragusanischen Senatsbeschluss von 1477 vorfand. Das zweite neue Register, „defteri džedid", gehört in die Zeiten Suleiman's II. (1520—1566) und Selim's II. (1566—1574); die Arbeiten in Rumelien leitete dabei der Defterdar Mohammed Čelebi Efendi, welcher bei dieser Gelegenheit 1566 eine Abhandlung über die Rechtsverhältnisse der Ländereien dieser Provinz verfasste. Beides hängt wohl mit den Verzeichnissen der Lehen oder Spahilik's zusammen, die von Mohammed II. 1474 gegründet und unter Suleiman II. 1530 und Murad III. 1575 umgearbeitet wurden, ohne dass später eine neue Revision zu Stande gekommen ist.[2])

Für die gegenwärtigen Verhältnisse ist der „Kütük", aus welchem Auszüge nur mit bedeutenden Kosten zu erlangen sind, allerdings veraltet, da in stürmischen Zeiten viele Dörfer untergangen und dafür neue entstanden sind und da sich auch die einzelnen Steine, Bäume und sonstigen Besonderheiten des Terrains in den drei Jahrhunderten nicht wenig verändert haben. Daher gibt es in Bulgarien jetzt genug Streitigkeiten und mitunter sogar blutige Fehden um die Gemeindegrenzen.[3])

Die türkischen Gesetze verboten von Alters her die Weideplätze der Gemarkung in Aecker zu verwandeln.[4]) Seit dem Fall der Türkenherrschaft entfiel dieses Hinderniss und überall, selbst im Stadtgebiete von Sofia oder Philippopel, kann man die wachsende Erweiterung der Ackergründe über die öden Viehweiden beobachten.

---

1) In der Sredna Gora ist Strelča als Stadt (kasabá) verzeichnet, Koprivštica nur als „Kolibi". Miličević, Das Königreich Serbien (serb.) 118, hörte, dass die Stadt Leskovac an der Morava in den alten Konstantinopler Büchern noch Dilbočica (das mittelalterliche Glъbočica) heisse.

2) Hammer's Angaben, Osm. Staatsverfassung I 262, 335, 342, 376 sind, wie gewöhnlich, nicht ohne Widersprüche; die Beschreibung unter Mohammed II und Bajezid II ist nur an der ersten Stelle erwähnt. Die Abhandlung des Defterdars ebendaselbst I 342 f. Ueber die Lehensregister Hammer, Gesch. des osm. Reiches I² 530, II² 339—341 u. s. w. — Beschluss des Senats von Ragusa vom 26 Febr. 1477 „de mittendo ad illum, qui scribit domos Bosne Mt. Imperatoris" (Liber Rog. 1476—8 im Archiv von Ragusa).

3) Z. B. im Kreis von Sofia oder zwischen Strelča, Panagjurište und Koprivštica. Einmal wollten die Bürger von Sofia in einer Nacht die Saaten der Bauern von Bojana auf angeblich städtischem Boden zerstampfen, aber die Regierung hinderte den „alten Rechtsbrauch" durch rechtzeitige Besetzung der Stelle durch die Gensdarmerie.

4) Hammer, Osm. Statsverfassung I 284, 406.

Die einzelnen Besitzer hatten in der letzten Zeit der Türkenherrschaft Urkunden, welche türkisch tapu biessen, daraus bulgarisch tapija (in Ost-Rumelien officiell übersetzt in vladaló, von vládam possideo), mit Angabe der Lage des Hauses oder Feldes zwischen den Nachbarn und des Werthes.[1]) Eine der letzten Bedrückungen von Seite der türkischen Verwaltung bestand darin, dass man diese Urkunden öfters für ungiltig erklärte und die Bauern zwang, sich bei den Aemtern für Taxen und Bakšiš neue zu holen. Die letzten Bücher über die Tapu's wurden von der Pforte der bulgarischen Regierung übergeben. Eine systematische Ersetzung derselben durch einen neuen Kataster ist im Fürstenthum noch nicht in Angriff genommen; die Ertheilung von Besitzurkunden wurde den Gerichten anvertraut.

Zu alle dem ist zu bemerken, dass nach dem türkischen Rechte der eigentliche Eigenthümer der ganzen Erdoberfläche der Staat ist und die Bebauer nur als erbliche Nutzniesser gelten. Nach dem Koran gehört die Erde Gott und demnach Gottes Vertreter auf Erden, dem Kalifen, also dem Sultan. Nach dem alttürkischen Kanun-namé wurde jeder Grund, der in Folge des Ablebens des Bebauers ohne Leibeserben oder durch Flucht oder Verschwinden desselben, mag derselbe Muselmann oder Christ gewesen sein (ausgenommen im Fall der Abwesenheit durch Kriegsgefangenschaft), erledigt blieb, von dem Spahi einem anderen Bebauer zugetheilt. In ähnlicher Weise zog die türkische Regierung bis in die letzte Zeit einen jeden Grund ein, falls derselbe mehr als drei Jahre unbebaut blieb und dadurch erledigt (machlül) war. Die bulgarische Regierung entsagte diesem Rechte nicht und brachte es gegenüber den türkischen Flüchtlingen in Anwendung, falls sich dieselben nicht bis zu einer bestimmten Frist meldeten.

Das Bauernhaus steht in der Regel in der Mitte eines geräumigen, von einem dornigen Zaun (plet, pletište) umfriedeten Hofes, umgeben von Obstbäumen, meist Pflaumen, Birnen und Nüssen. An dem Zaun sind zwischen den Büschen weiss blühenden Hollunders (bьz, Sambucus) auf Pfählen und Stangen oft Schädel (čerép) von Büffeln, Pferden und Schafen aufgestellt, welche auch auf den Feldern als Vogelscheuchen dienen. Man findet sie überall, bei Sofia ebensogut wie bei Trnovo oder Rusokastro, auch ausserhalb Bulgariens in Serbien und in der Hercegovina. Die Sitte ist in Südeuropa uralt; in früheren Zeiten hatten diese Schädel die Aufgabe nicht nur gefrässige Vögel, sondern auch böse Geister von dem Besitz und der Wohnung der Menschen zu verscheuchen. Aus einer Geschichte in Boccaccio's Decamerone (VII, 1) erfahren wir, dass im 14. Jahrhundert in den Culturen um Florenz herum Schädel von Eseln aufgepflanzt standen; durch die Wendung der Nase eines solchen zur Stadt oder von der Stadt gab eine in der Sommerwohnung zwischen den Weinbergen sich langweilende Florentinerin ihrem Freund unauffällig zu wissen, ob ihr Mann die Nacht in der Stadt bleiben werde oder nicht.

1) Nach Hammer a. a. O. I 376 bedeutete tapu ursprünglich Erbpacht, Erbzins, Grundzins und soll von τάπης stammen.

Eine Specialität des bulgarischen Dorfhauses sind die langen Büschel getrockneten Paprika's (Capsicum annuum), welche in der offenen Vorhalle zu beiden Seiten der Hausthür aufgehängt sind und durch ihre intensiv rothe Farbe dem Wanderer von weiter Ferne bemerkbar werden.[1])

Das Haus selbst ist nicht überall gleich. Um Trnovo herum und am Fuss der Rhodope reist man durch Dörfer mit zweistöckigen steinernen Häusern, die auf den ersten Blick von Wohlhabenheit und alter Civilisation zeugen. In den waldarmen Niederungen des Donaugeländes, in den Kreisen von Rachovo, Lompalanka und Vidin, in welchen das Bauholz einen grossen Geldwerth hat und das Brennholz meist durch Stroh oder Viehmist ersetzt wird, gibt es wahre Troglodytendörfer. Ihre unterirdischen Häuser nennt man burdéj. Sie bestehen aus einem viereckigen, in den Lehmboden ausgegrabenen Raum mit glatten Wänden und einem Holzdach, das mit einer Schichte Erde oder mit Rasen bedeckt ist, aus welcher ein breiter, meist nur aus Rohrgeflecht hergestellter Rauchfang emporragt. Das Innere, welches oft ganz rein aussieht und im Winter recht warm ist, erhält sein Licht durch die Thür und den Schornstein. Rings um das Haus stehen Scheunen, nämlich grosse auf Pfählen stehende Körbe, im Herbst mit Maiskolben oder Kürbissen umhängt. So eine Behausung sieht von Aussen nur wie ein länglicher Lehmhaufen aus; man könnte an einem solchen Dorf vorbeireiten, ohne es zu bemerken, wenn die weiten, mit Gräben und dornigen Zäunen umgebenen Höfe mit ihren Obstbäumen nicht unsere Aufmerksamkeit erregen würden. Diese Art von Wohnungen ist an der unteren Donau uralt. Strabo erwähnt Troglodyten in Dardanien und in der heutigen Dobrudža, Ptolemaios ebenfalls in der Nähe der Donaumündungen. Der englische Reisende Brown sah 1669 ähnliche Häuser in Syrmien zwischen Esseg und Mitrovica, und in der Walachei wohnten die Bauern noch zu Menschengedenken in solchen unterirdischen Hütten, in der kleinen Walachei unter der österreichischen Verwaltung (1718—1737) sogar ausschliesslich.[2])

In dem grössten Theil des Landes sieht man in den Dörfern nur ungeweisste schwache Häuschen von graubrauner Erdfarbe, deren Dächer in der Türkenzeit meist nur mit Stroh (pljáva) gedeckt waren. In den besten Zeiten des Mittelalters war es nicht anders; nach dem Zeugniss Joannes des Exarchen gab es in Bulgarien zur Zeit des Caren Symeon ausser den Palästen von Preslav nur strohgedeckte Hütten, und Kaiser Kantakuzenos beschreibt ein Castell bei Selymbria, innerhalb dessen schwachen Mauern Ackerbauer

1) Diese Paprika's sieht man auch in den halb bäuerlichen Vierteln von Sofia. In einem Hause meiner Nachbarschaft verbrauchte man bis Neujahr eine Seite der Thür, bis zum Frühling die andere — auch eine Art Kalender!

2) Strabo 7 p. 316 und 318. Brown (deutsche Uebers., Nürnberg 1750 S. 119) schien das Innere der unterirdischen Höhlenwohnungen reinlicher und ordentlicher zu sein als das Aeussere. Kanitz I, 197 irrt in der Meinung, solche primitive Troglodytenwohnungen hätten sich im Gebiete von Lompalanka erst die Bulgaren aus Noth errichtet, welche von dort in die Krim ausgewandert und 1862 unzufrieden zurückgekehrt sind. Eine ausführliche Beschreibung eines Troglodytendorfes bei Lompalanka gibt auch Toula, Mitth. der Wiener geogr. Gesellschaft 1882, 104.

unter Strohdächern wohnten.[1]) Erst die neueste Zeit nach der Befreiung bringt jährlich eine Vermehrung der Ziegeldächer mit sich. Die Mauern der Häuser bestehen gewöhnlich aus einem mit Lehm ausgefüllten Gerüst aus Holz mit Korbgeflecht. Neben dem Hause stehen viereckige oder runde Scheunen für das Getreide und Mais, gleichfalls aus Korbgeflecht (koš, žitnica, ambár), sowie Ställe für die Hausthiere (košára für die Schafe, kočína für die Schweine, obór, chlév oder türk. achъr für Rindvieh und Pferde). Die Fenster sind nur kleine Löcher, welche mit hölzernen Läden oder durch einen mit Papier verklebten Rahmen geschlossen werden. Nie fehlt eine offene Vorhalle (prust, sundurmá) unter dem vorspringenden, durch hölzerne Pfeiler gestützten Dache. Im Innern enthält das Haus gewöhnlich nur einen einzigen niedrigen Raum mit Lehmboden und einer offenen Feuerstelle (ogníšte). Deshalb bedeutet das Wort **kъšta** nicht nur ein Haus, sondern, besonders im Ost-Balkan, auch ein Zimmer, eine Kammer. Das aus dem Altslavischen bekannte Wort **íža** (eigentlich chiža) ist nur im Berglande bei Pirot und Trn, sowie in den Landschaften Visok und Krajište zur Bezeichnung des Wohnhauses im Gebrauch; **koliba** bedeutet im Singular ein provisorisches Wohnhaus, die Hütte eines Hirten oder Wächters, im Plural zersprengte Höfe im Gebirge.

Im Innern des Bauernhauses gibt es keine beweglichen Möbel, höchstens einen ganz niedrigen Dreifuss oder Holzklotz zum Sitzen (stolčé) und einen ebenso niedrigen runden Tisch zum Auftragen der Speisen, um welchen man sich mit gekreuzten Beinen auf den Boden kauert (sofríca, paralíja, oder eine runde Platte tablá). An den Wänden hängen oder stehen angelehnt allerhand Werkzeuge (sečivá): Schaufeln (lopáta), Gabeln (víla), Handbeile und Aexte (sekíra, brádva, manára aus dem gr., baltíja aus dem türk.), Karste (motíka, tъrnokóp), Siebe (die kleineren rъšéto, rašéto, die grossen darmón), primitive steinerne Handmühlen zum Mahlen von Getreide und Salz (chrómel von *χειρομύλι*), allerlei Säcke (čuvál), Spinnrocken (fúrka, chúrka) nebst Spindel (vreténo) und Garn (préžda). Den Hauptbesitz bilden Teppiche oder Decken (čérga), meist mit abwechselnd hellen und dunkeln Streifen. Dazu gesellen sich Kessel und kupferne Gefässe (médnik, plur. médnici und ménci, Diminutiv ménčeta, oder türk. bakъr, in der Rhodope chárkomka von *χάλκωμα*), Thongeschirr (sъdove), besonders Krüge mit enger Mündung (stomna, stovna von *στάμνος*) und flache Schüsseln (paníca), endlich einige hölzerne Stücke, aus Baumstämmen ausgehöhlte Tröge (koríto, kopan-tá) u. s. w. Dieses Hausgeräth ist auf der ganzen Halbinsel gleich und hat sich seit Tausend Jahren wenig verändert. Teppiche, Decken und Metallgefässe (*χαλκώματα*) waren schon 813 das Hauptgeräth in den Häusern der Dorfbewohner des östlichen Thrakiens zwischen Adrianopel und Konstantinopel.[2]) In einer Ecke sieht man Heiligenbilder (ikona), entweder auf Holz gemalt oder in Russland gedruckt, daneben ähnliche russische Farbendrucke mit Abbildungen

1) Vgl. Gesch. der Bulgaren 166. Kantakuzenos ed. Bonn. 1, 144 (Castell *Στίλνον*, Dächer *ἐκ χάρτων ξηρῶν*).

2) Anonymus de Leone Armenio imp. ed. Bonn. 347.

der russischen Kaiserfamilie, des bulgarischen Fürsten und der Schlachten des letzten russisch-türkischen Krieges.

Die Abendbeleuchtung der Bauernstube gibt das offene, in der Mitte oder an einer Seitenwand prasselnde Herdfeuer, sowie Kienfackeln (borina) und Unschlittkerzen (svěšt).

Zum Tränken der Thiere und überhaupt zur Aufspeicherung von Wasservorräthen dienen gewaltige Thongefässe (kjup, delva, vom türk. delv Eimer), welche in keinem Hause der thrakischen Ebene fehlen. Dieselben reichen mitunter über Mannshöhe hinaus, sind unten abgerundet, so dass man sie auf ebener Fläche nicht aufstellen kann und werden z. B. in der Umgebung von Philippopel in den Ziegelöfen gebrannt. Gewöhnlich sind sie in den Boden des Hofes eingelassen. In alten Zeiten dienten sie, wie die hellenischen Pithoi, als Weinfässer, Kornspeicher oder Cisternen; man findet sie auch in allen Burgen und Ruinen von ganz Bulgarien.

In sanitärer Beziehung lebt der bulgarische Bauer schlecht. Die Häuser sind meist dunkel und feucht, vom offenen Feuer wie ausgeräuchert. Die Leute schlafen auf Matten und Decken auf dem festgestampften, oft feuchten Lehmboden, und wechseln selten Kleider und Wäsche. Darunter leiden besonders die kleinen Kinder, unter denen eine verhältnissmässig bedeutende Mortalität herrscht.

Das rasche Wachsthum der Dörfer seit dem Anfang unseres Jahrhunderts unter dem Einfluss der günstigsten Populationsverhältnisse lässt sich an einigen Orten gut verfolgen.[1] Dagegen ist die Anlage ganz neuer Dörfer seltener.

## 3. Die Städte.

Grössenverhältnisse. Typen der Stadtform. Die Wohnhäuser und deren Mobiliar. Stadtviertel, Plätze, Wasserleitungen, Bäder, Uhrthürme, Feuersbrünste. Oede Umgebungen. Umsturz der neuen Zeit, Stadtregulirungen, Neubauten. Ausrottung der Strassenhunde.

Die grosse Ausdehnung der Städte mit deren geräumigen Haushöfen und Hausgärten hat früher zu mancher Ueberschätzung der Bevölkerungszahl geführt. Die Volkszählungen der neuen Verwaltung haben die Erwartungen auf ein bescheidenes Mass zurückgeführt. Eine Stadt von der Grösse von Bukarest, Galatz oder Athen gibt es in Bulgarien noch nicht. Die grösste Bevölkerung hat Philippopel mit (1888) 33.032 Einw. Erst an zweiter Stelle folgt die Hauptstadt Sofia mit 30.428. Ueber 20.000 Einwohner haben vier Städte: Ruščuk (27.194), Varna (25.256), Šumen (23.161), Sliven (20.893). Nur zwei Städte haben 20—15.000 Einwohner (Stara Zagora, Tatar-Pazardžik);

---

1) Wir geben ein Beispiel an dem christlichen, rein bulgarischen Dorf Kämenica in der Rhodopelandschaft Čepino. Es zählte 1819 nach dem Priester Konstantin 80 Häuser, 1870 nach Zachariev 140, 1880 nach der ersten rumelischen Statistik 238 Häuser und 1264 E., 1885: 268 Häuser, 281 Familien, 1496 Einwohner (758 Männer, 738 Weiber), 1888: 1621 Einwohner (830 M., 791 W.) in 295 Haushaltungen, wovon nur 14 über 10 Mitglieder stark.

drei haben 15—14.000 (Vidin, Pleven, Chasköi), zehn 13—10.000 (Razgrad. Svištov, Stanimaka, Silistria, Vraca, Trnovo erst an siebzehnter Stelle, Jambol, Čirpan, Dobrič, Küstendil). Mehr als 5000 Einwohner haben überhaupt 41 Stadtgemeinden. Den grössten Zuwachs der Bevölkerung, fast von 50%, hat in den letzten sieben Jahren die Hauptstadt Sofia aufzuweisen.

Die neue Verwaltung hat in den Ortsnamen hie und da Veränderungen vorgenommen. Die nicht unbedeutende Stadt Hadži-Oglu-Pazardžik heisst seit 1882 Dobrič (vom Fürsten Dobrič oder Dobrotič, S. 145),[1] der Ort Bali-Effendi bei Sofia seit 1881 Knjaževo (knjaz Fürst), das Dorf Abrašlare, Hauptort des Bezirkes der Srnena Gora (Karadža Dag). Brezovo (breza Birke). In den Dorfnamen, besonders denen türkischen Ursprungs, ist die Zahl der Umnennungen noch grösser, nach russischen Feldherren und bulgarischen Revolutionsmännern.

In der Anlage der Städte herrschen wie im Dorf gleichfalls zwei Haupttypen vor. Der eine ist orientalisch und umfasst die weit ausgedehnten Städte der Ebenen in der Regel mit gemischter Bevölkerung, wo die Häuser meist im Innern von grossen Gärten oder Höfen stehen und die Gassen zum Theil nur mit einförmigen Hofmauern eingesäumt sind. Von dieser Art ist Sofia in seinen älteren Theilen, Ruščuk, Kazanlyk u. s. w. Der zweite Typus erinnert mehr an die mit möglichster Raumersparniss angelegten occidentalischen Städte mittelalterlichen Ursprungs, mit dicht gedrängten, an die Gasse selbst vortretenden Wohnhäusern; dazu gehören die vorwiegend christlichen Städte der Berglandschaften, z. B. Trnovo auf seinen engen Felsen, das rein bulgarische Gabrovo oder die in engen Kesseln angelegten Gebirgsstädte Kotel im Balkan und Bracigovo in der Rhodope. Es ist eigentlich der Typus der oben (S. 152) geschilderten, zur Stadt herangewachsenen Gebirgsdörfer. Oft findet man eine Mischung beider Arten, wie in Philippopel, wo die Viertel auf den Felshügeln dem zweiten, die in der Ebene ringsherum dem ersten Typus angehören.

Im Allgemeinen bieten die meisten Städte von der Ferne einen malerischen Anblick, schon bei der Menge der Bäume, der Minarets und der Kuppeln der Kirchen, Moscheen und Bäder. Das Innere pflegt bei dem ersten Typus durch seine Regellosigkeit und Unreinlichkeit rasch zu enttäuschen. Im Ganzen sind die Orte des zweiten Typus reinlicher und angenehmer. Allerdings ist auch eine Stadt türkischer Art mit ihren weit von einander stehenden Häusern gesünder, als manche enggedrängte italienische Gemeinde mit ihren stockhohen Häusern, engen Gassen und finsteren Wohnungen.

Aus Stein oder Ziegel sind nur Kirchen, Moscheen, Bäder und überhaupt öffentliche Gebäude. In dem Baumaterial des Privathauses haben Holz und Lehm die Oberhand; in der Regel wird ein hölzernes Skelett aus starken Balken aufgestellt und dessen Zwischenräume mit rohem, durch geschnittenes Stroh aufgemischten Lehm oder mit Luftziegeln, sehr selten mit Back-

1) Die Umnennung von Dobrič erfolgte über Vorschlag der Stadtbürger und wurde vom Fürsten am 19. Februar 1882 bestätigt (Staatszeitung 1882 Nr. 22).

steinen ausgefüllt. An manchen Orten sind die Fundamente bis zu einer gewissen Höhe aus Stein, der obere Theil aus dem eben beschriebenen Fachwerk. Die Anwendung von Ziegeln zum Bau des ganzen Hauses ist eine Neuerung der neuesten Zeit. Aus diesem Grunde sind die Gebäude älterer Art sehr gebrechlich, wenig feuersicher und werden rasch baufällig.

Das Wohnhaus ist in seiner inneren Einrichtung sehr verschieden, je nach dem Vermögen des Besitzers, aber in den Grundzügen ist es bei den vermögenden Classen überall gleichmässig angelegt. Es hat nur ein Geschoss oder höchstens zwei Stockwerke (türk. und bulg. kat); mehrstöckige Häuser sind eine grosse Seltenheit. Das mit dünnen gebogenen Ziegeln (keramida), in Gebirgsländern mit schweren Schiefertafeln gedeckte Dach ragt gewöhnlich 2—3 Fuss vor und ist mit schlanken, hohen Rauchfängen (komin) besetzt. Die Aussenwand des Hauses pflegt über der dünnen Mörtelschicht weiss, gelb, manchmal auch bunt angestrichen zu sein, was den Städten oft von der Ferne ein farbenvolles Aussehen gibt. Der Geschoss zu ebener Erde dient entweder als Kaufladen, Werkstätte, Vorrathskammer, Weinkeller, Stall oder auch als Wohnung. In letzterem Falle tritt man durch das Thor in eine Flur mit Eingängen zu zwei oder vier Zimmern (stája oder türk. odajá) rechts und links. Eine Holztreppe (stílba) führt in das obere Stockwerk, in eine ähnliche Vorhalle mit correspondirenden Zimmerthüren auf den Seiten und einem Balkon (kjošk) oberhalb der Hausthür, der gewöhnlich geschlossen, abgerundet und mit vielen Fenstern versehen ist. Eine Eigenthümlichkeit sind die vielen, dicht an einander gereihten, aber nur einfachen Fenster (prozórec, türk. pendžér), besonders in den Eckzimmern, in denen man sich wie in einer Laterne fühlt. Den Türken war dies nicht hinderlich, da ihre Häuser von der Gasse nicht sichtbar waren. Der erste Stock ragt fast regelmässig einen Meter vor, auch in Philippopel, Trnovo, Gabrovo und anderen Städten, wo die christlichen Häuser mit ihrem Obertheil derart die engen Gassen überragen. Manche Häuser haben bei ebener Erde oder oben eine offene, in den Hof oder Garten hinausblickende, mit Holzsäulen gestützte Gallerie (čardák). Der Fussboden (bulg. pod, potón) ist mit Brettern, im unteren Stockwerke manchmal nur mit Lehm oder Ziegel bedeckt; in der Regel sind auf demselben, sowie auf den leeren Wänden Teppiche ausgebreitet, die das wichtigste Mobiliar bilden und die Kahlheit der Mauern glänzend verhüllen. Bemalte Wände sind eine Ausnahme. Die Decke (taván vom türk.) ist gleichfalls nur hölzern, mit heller oder dunkler Farbe angestrichen. In besseren Häusern überraschen schön geschnitzte Decken mit Arabesken und vorragenden, roth angestrichenen oder vergoldeten Ornamenten in Gestalt von Fichtenzapfen und Aepfeln, mitunter nicht ohne Geschmack durchgeführt; während der Occupation wurden aus den verlassenen Türkenhäusern nicht wenige von Amateurs nach Russland verführt. Einen Dachboden mit Vorrathsräumen oder Kammern hat das landesübliche Haus nicht; über der Decke liegt unter dem wenig steilen Dache nur eine Schicht Lehm (lepílo) zur Erhaltung der Wärme und zum Schutz gegen das Durchsickern des Regenwassers. Dagegen hat das Haus einen kleinen Keller (zimník, zemník, an der Donau pódnica, pónca, auch izba, kiler von κελλάρι, türk. maaza), in welchem der Bulgare seine Wintervorräthe (zimovište) in grossen Bottichen aufspeichert, vor Allem Schafkäse, Butter und in Essig eingelegtes Gemüse. Die Küche (kúchňa, gotvárnica, türk. mutvák) sammt der Wohnung für die Dienerschaft befindet sich regelmässig in einem eigenen Häuschen auf dem Hofe, in der Nachbarschaft der Stallungen, Holzvorräthe u. s. w.; das Mobiliar derselben beschränkt sich auf Kessel, Spiesse, Pfannen und Töpfe, die früher nur an offenem Feuer standen oder hingen.

In den Zimmern gibt es keine beweglichen Möbel. Um die Stube läuft eine Ruhebank (minderé), eine niedrige, hölzerne Stufe, die oben mit Strohsäcken bedeckt und mit farbigen Stoffen oder Teppichen bekleidet ist. Ausserdem findet man nur niedrige, runde Tischchen zum Aufstellen der Speisen.[1]) In die Mauern sind zahlreiche, grosse, hölzerne Wandschränke (duláp) eingemauert, wie man sie manchmal auch in alten Häusern des Abendlandes findet, in denen die Einwohner ihre Habseligkeiten verwahren; ihre Thüren, oft mit Ornamenten geziert, behalten meist die Holzfarbe. Die Leute schlafen auf dem Boden; die dazu nothwendigen Teppiche, Decken und Kissen ruhen den Tag über in den Wandschränken. Bauern und Kleinbürger schlafen im Winter meist in ihren Kleidern, selbst in den Pelzröcken. Die Oefen (grnuci, wörtl. „Töpfe", sóba, türk. odžák) sind theils freistehende thönerne Cylinder, theils offene Kamine; die vollkommensten einheimischen Oefen, viereckig, aus weissen Kacheln, mit je einer grünen Schüssel darin, sieht man im Kloster Rila. Jedoch in den meisten Häusern, selbst in den kalten Gebirgslandschaften, vertreten den Ofen nur thönerne oder metallene Wärmpfannen (mangál) mit glühenden Holzkohlen, in Gestalt einer grossen runden Schüssel. Die Zimmerthüren haben keine Schlösser, sondern nur einfache eiserne Schieber; wer will, kann sie mit einem Hängeschloss (kafár) verschliessen. Moderne Thürschlösser mit Schlüsseln sind eine neue „europäische" Einrichtung. Das grosse, den Hof mit der Gasse verbindende Hausthor (vratá, portú), dessen Höhe nach landesüblicher Anschauung mit dem Reichthum und dem Ansehen des Besitzers wachsen muss, wird zur Nachtzeit fest zugesperrt; auch bei Tage gebietet die Sitte daran zu klopfen, falls man die Thorflügel nicht offen findet. Die einzelnen Haushöfe sind durch kleine Thüren (komšilúk) mit einander verbunden, wie man denn in diesen Ländern viel auf nachbarliche Freundschaft hält.

In türkischen Häusern haben die Abtheilungen für die Männer (selamlik) und Frauen (haremlik) eigene Eingänge oder sind in ganz getrennten Gebäuden untergebracht. Ein dichter Hain von Pflaumen, Maulbeeren, Quitten, Nussbäumen umschliesst die rothen Dächer und schützt die Schönen vor zudringlichen Blicken der Unberufenen. Die Umfassungsmauer aus ungebrannten Ziegeln mit horizontal eingelegten Balken, entweder natürlich braun

1) Für den Tisch hat der Bulgare nur Fremdwörter: das griech. trápeza, das rum. masa und das türk. sofra. Das einheimische stol (dimin. stolčé) bedeutet meist einen Stuhl zum Sitzen, selten einen Tisch.

belassen, oder weiss getüncht, mit einem engen, die Lehmmasse vor den Einflüssen der meteorischen Gewässer schützenden Ziegeldache nimmt gleichfalls mit der Bedeutung des Herrn und der Anzahl des Harem an Höhe zu. Die höchsten türkischen Gartenmauern sah ich in Dupnica.

Im Westen der Halbinsel, in der Hercegovina, Albanien, Makedonien ragen überall in den Städten und Dörfern stolze 3—4stöckige, viereckige Thürme (kula) auf, das Wahrzeichen des Sitzes eines mächtigen Bey. Man findet sie auch bei den Serben der Bocca di Cattaro (in Perasto). In Bulgarien sind sie selten. Es gibt nur einige in Küstendil und Umgebung, auf den Čiflik's bei Tatar-Pazardžik, eine in Kazanlyk u. s. w.; die aus der Zeit der Kyrdžali's berühmte Kula von Trn ist unlängst niedergerissen worden.

Von der beschriebenen Hausform gibt es manche locale Abweichungen. Die ärmeren Classen der Bevölkerung aller Sprachen leben in den grossen Städten der Ebene in ganz elenden Buden, welche sich von der Dorfhütte gar nicht unterscheiden und auf den neuankommenden Reisenden, besonders zur schlammigen Winterszeit, einen unbeschreiblich traurigen Eindruck machen. Alles, Gassen, Thüren, Fenster, Dächer zeichnet sich in seiner geometrischen Grundlage durch die Abwesenheit gerader Linien aus. Die Hütten sind klein, alt, eng an einander gedrängt, ein einfaches Agglomerat grosser und kleiner, mit Lehm ausgefüllter Rahmen; auf den nicht immer getünchten, oft nur gelbbraunen Mauern sieht man von der Gasse aus nur unregelmässige kleine Fenster mit Holzgittern und eine ganz niedrige, zum Bücken herausfordernde Thür. Die grösseren Stubenfenster sind alle in den Hof gerichtet. Die niedrigen Thüren der christlichen und jüdischen Häuser von Sofia waren schon den Reisenden des 16. und 17. Jahrhunderts auffällig, die auch die Ursache davon kannten; man errichtete sie so, damit die türkischen, nach Ungarn durchziehenden Reiterheere nicht in den Häusern einquartiert werden könnten. Ritter Dernschwam (1555) schreibt, die Einwohner von Sofia und Philippopel hätten nur „schlechte nidere paursheuser von holz", kaum zum Schutze gegen die Unbilden der Witterung, und es sei kein Wunder, dass sie so viel von Pestkrankheiten leiden, „dann sie unlustige heuser haben wie säuställe". Auf den Gassen dieser Viertel wird in der warmen Jahreszeit, besonders nach Regengüssen, stets ein eigener Lehmgeruch bemerkbar, der von den Gartenmauern und den Häusern selbst herrührt.

Das Gegenstück zu diesen armseligen Behausungen bietet die eigenartige, mitunter nicht geschmacklose Holzarchitektur in den Städten des Kreises von Trnovo. Einen ganz südlichen Charakter haben die besseren Häuser von Philippopel, die auch weit und breit in der Umgebung, bis nach Koprištica und Kalofer, als Muster dienten. Durch das Hausthor betritt man einen gepflasterten Hof, steigt auf einer breiten Treppe zu einer luftigen, von Säulen getragenen Veranda auf, durch welche der Eingang zu den geräumigen Zimmern mit grossen viereckigen Fenstern führt; das verzierte Gesims am vorragenden Dache und geschlossene Erker und Balkons an der Gassenseite vervollständigen den anmuthigen Eindruck. Dabei ist aber nicht zu vergessen, dass selbst hier das meiste doch nur aus Holz hergestellt ist.

Eigenthümlich ist die oft sich wiederholende Sage, es gebe in der Stadt Häuser, die aus an Ort und Stelle gefälltem Holz gebaut wurden, eine Erinnerung an die verschwundenen, einst auch die Stadtgebiete umfassenden Urwälder. Ich fand diese Sage nicht nur in Gebirgsorten wie in Koprištica, sondern sogar in Šumen.

Die Masse von Holz- und Lehmbauten birgt eine immerwährende Feuersgefahr in sich, die durch das Labyrinth winkliger Gassen noch vergrössert wird. Die Construction der Häuser erklärt es, warum grosse Orte, wie Stara Zagora, in dem Krieg 1877 einer so vollständigen Vernichtung anheimfallen konnten. Die Geschichte der einzelnen Städte ist durch grosse Brände markirt. Sofia hat in den ersten Jahren der neuen Verwaltung arg darunter gelitten. Man hatte während der russischen Occupation in aller Eile eiserne Oefen oder russische Ziegelöfen aufgestellt, die mit den morschen hölzernen Wänden oft in gefährliche Berührung geriethen. In den ersten Wintern gab es Feuersbrünste, die mit furchtbarer Raschheit bis an 40 Häuschen verschlangen; es verbrannte u. A. der oberste Gerichtshof mit seinen Archiven, ja auch das provisorische Holzgebäude der Nationalversammlung.

Die Häuser selbst haben viele Mängel. Die Dünnheit der Mauern und die grosse Anzahl von Fenstern nebst der primitiven Erwärmungsweise lässt den Winter, besonders in den Gebirgsländern, strenger erscheinen, als er in der Wirklichkeit ist. Nach starken Regengüssen und besonders nach dem Thauen des Schnees müssen schleunigst Gefässe zum Auffangen des von den Decken herabträufelnden Wassers aufgestellt werden; in Sofia habe ich drei Jahre lang in Häusern gewohnt, deren Decke nicht wasserdicht war. Dazu gesellt sich die Menge der zwischen dem Holzwerk sich tummelnden Mäuse nebst der Plage von allerhand Insecten.[1])

Nach Sarafov kommen selbst in Sofia auf ein Haus durchschnittlich nur 6·9 Einwohner, in anderen Städten noch weniger.[2]) Der Bulgare, ebenso wie der Türke, lebt ungern in der Miethe, und das Zusammenwohnen mehrerer Familien in einem Hause ist eine ungewöhnliche und den Anschauungen der Einwohner ganz widerstrebende Erscheinung. Jedermann hat das Bestreben sein eigenes Haus zu besitzen, mag dasselbe noch so ärmlich und klein sein. Auch für die nächste Zukunft hat die Anlage grosser Mieths-

---

1) In den älteren Holzhäusern gibt es eine Unzahl Wanzen (dъrvenica, im Westen stenica, türk. tachtab), welche den schönsten luftigen Holzbau des Nachts zu einer wahren Hölle umgestalten. In den Lehmwänden hausen die in Südeuropa gewöhnlichen weisslichen Tausendfüsse (Scutigera, türk. kyrkaják, gr. und bulg. sarandapodari), die am Abend die Wände beleben und selbst in neuen Ziegelbauten nicht fehlen; gefährlich soll der Biss nur einer grösseren, seltenen schwarzen Abart sein. Auf der Holzdecke eines türkischen Häuschens in Sofia, das ich einige Wochen hindurch bewohnte, klebten am Morgen stets grosse schwarze, raupenartige Schnurasseln (Julus, bulg. svoják). In Philippopel gilt es auch Skorpione, hier „wilde Krebse“ genannt (griech. ἄγρια καραβίδια, bulg. divi raci).

2) Periodičesko Spisanie III (1882) 31.

häuser keine Aussicht, da dieselben höchstens den zeitweilig hier hausenden Fremden und den unverheirateten jungen Leuten dienen könnten, abgesehen von den häufigen Erdbeben, die von der Errichtung hoher Bauten entschieden abrathen.

Jede Stadt hat eine alte Eintheilung in Viertel, die Mahalá genannt werden; in Sofia gab es ihrer an zwanzig. Früher wohnten die verschiedenen Nationalitäten, Türken, Bulgaren, Juden, Armenier, Zigeuner u. s. w., stets in eigenen Vierteln oder Gruppen, wesshalb die Einwohner der Stadttheile (mahaléni) ein Gefühl der localen Zusammengehörigkeit besassen. Noch der Ministerpräsident Cankov wollte 1880 die Mahala als Einheit der Gemeindeverfassung zu Grunde legen, unter lebhaftem Widerspruch seiner Gegner. Die neue Zeit hat mit der Bedeutung der Stadttheile aufgeräumt und die Nationen und Confessionen frei durcheinander geworfen.

Das Winkelwerk der Gassen mit krummen Linien, vorspringenden Ecken und ungleicher Breite ist der beste Beweis, dass die Städte nicht planmässig angelegt sind, wie so manche von römischen Colonien oder mittelalterlichen Bürgergemeinden abstammende Stadt des Abendlandes. Erst in der letzten Reformzeit begannen sich türkische Pascha's hie und da um die Herstellung gerader Linien zu bemühen. Es fehlt auch nicht an Sackgassen (türk. čikmak-sokák), die vor einem Hausthor endigen. Das Pflaster ist ungleich, aus unregelmässigen, oft nur aus dem Steingeröll der Bäche geholten Stücken, eine Pein für Reiter und besonders für Wagenreisende. Kleinere Seitengassen haben nur ungepflasterten Lehmboden mit einer Steinreihe zur Seite für die Regenzeit. Bei dem vielen Schlamm ist das Tragen von Ueberschuhen von Leder oder Gummi ganz allgemein. Zum Uebergang über die Gassen dienen grosse emporstehende flache Steine, wie in Pompeji.

Ebenso unregelmässig und gewissermassen zufällig sind die wenigen Plätze (pazár) vor Amtsgebäuden, Kirchen oder Moscheen. In Sofia sollen sie nur alte Brandstätten sein, die nicht mehr verbaut werden.[1])

Die belebteste Gegend jeder Stadt ist die Čaršija, die Bazarstrasse, auf deren Seiten niedrige Kaufläden (dukján, dügen) stehen, nämlich offene Buden, welche auf die Nacht mit grossen, von oben herabgelassenen Holzdeckeln (kepenki) geschlossen werden, die Fenster, Thür und die gesammte Façade zugleich darstellen. Das Innere mit den Waaren und den arbeitenden Handwerkern, die mit gekreuzten Beinen sitzen, steht den Blicken des Publicums ganz offen. Daneben gibt es schon Kaufläden von neuerer Art, mit Thür und Auslagefenster. Mit grossem Geschrei melden sich die Strassenverkäufer, welche Brod, boza (eine Art Bier), halva (türkisches Backwerk aus Reisteig mit Honig und Nüssen), Orangen und anderes Obst, im Sommer auch Gefrorenes aus Milch (türk. dondurmá) feilbieten, ausser den Einheimischen meist Spaniolen, Makedonier und Albanesen. In den Morgenstunden sind auch Bauern mit knarrenden Büffelkarren oder glockenbe-

1) Der Name Bit-pazar, der sich oft in den Städten wiederholt, wörtlich türk. „der Lausmarkt", bezeichnet den, wie überall, schmutzigen Trödlermarkt.

hängten Saumpferden da, und verkaufen neben anderen Producten besonders Milch in metallenen Kesseln, deren je zwei an einer Stange (kobilica) auf der Schulter getragen werden. Neben den Kauflüden stehen öffentliche Backöfen (fúrna), desgleichen ganz offen; für den an abendländische Strassenordnung gewöhnten Fremden ist es ein komischer Anblick, wenn die lange Stange der die Brode aus dem Ofen (pešt) herausholenden Schaufel unter dem warnenden Geschrei der Bäcker weit unter die Vorübergehenden in die Gasse hinaus fährt. Die fúrna arbeitet nicht nur für den Bäcker, sondern für Jedermann; wer zu Hause nicht die nöthigen Vorrichtungen hat, schickt Brod oder Braten in den öffentlichen Backofen.

Für städtische Wasserleitungen wurde seit Altersher besondere Sorge getragen; dieselben wurden von einem eigenen städtischen Brunnenmeister (česmedži) beaufsichtigt. Die römischen Leitungen z. B. von Philippopel sind allerdings zu Grunde gegangen und werden nothdürftig durch Cisternen und das wenig einladende Wasser der Marica ersetzt, welches von den Sakadži's in Ledersäcken auf Pferden unter lautem Rufen auf den Gassen verkauft wird. In Sofia speist die Brunnen eine theils von den Abhängen der Vitoša, theils aus dem Bach von Bojana kommende Leitung. Eine von sehr ferne kommende alte Kaltwasserleitung besitzt Küstendil. Die Brunnen (česma) sind nie freistehend, sondern stets an die Häuser oder einen Abhang angelehnt, meist eine Stiftung frommer Mohammedaner. Man findet sie auch ausserhalb der bewohnten Orte, an den Landstrassen und Saumpfaden, oft in ganz öden Landschaften. Die Verzierungen der städtischen Fontainen sind mannigfaltig: bläuliche Majolikenornamente, vergoldete Arabesken, verzierte türkische Inschriften, antike Basreliefs und Inscriptionen oder einfache glatte Marmorplatten. Die Bulgaren lassen dieselben verfallen, nicht aus Sorglosigkeit, sondern aus Unlust zu allen Ueberresten der mohammedanischen Herrschaft. Es gibt aber auch solche mit bulgarischen Inschriften, und es ist denkwürdig, dass eines der ältesten bulgarischen Denkmäler, eine griechisch verfasste Inschrift aus den Zeiten des heidnischen Fürsten Malamir im 9. Jahrhundert, die Errichtung eines öffentlichen Brunnens betrifft.[1] Die Orientalen, Christen und Mohammedaner beurtheilen den Geschmack der verschiedenen Wässer mit derselben Sachkenntniss, wie die Occidentalen den der Wein- und Biersorten.

Einen bemerkenswerthen Platz nehmen die Bäder ein. Es gibt Bäder mit natürlichem Thermalwasser und solche, für welche das Wasser künstlich erwärmt wird. Die oben (S. 15) erwähnten Thermen nennt man bulgarisch, ebenso wie serbisch und türkisch, banja, was wie das ital. bagno von dem lat. balnea abstammt. In Rumelien nennt man sie auch lydža, eigentlich türkisch lydža, ilidža, ein Ausdruck, der in Kleinasien wiederkehrt. Die Bäder der zweiten Art heissen (türk.) hamám. Man findet sie in Philippopel, Jambol, Trnovo u. s. w.; selbst das mit Thermen bedachte Sofia besitzt die Ruine eines grossen türkischen Bades mit gewöhnlichem Wasser.

---

1) Corpus inscr. graec. IV p. 319 nro. 8691, B (aus Šumen).

Die massive Einrichtung beider Arten ist oft überraschend, bei den ersteren zum Theil römischen Ursprungs, bei den letzteren meist eine türkische Stiftung. Das Badhaus hat gewöhnlich eine mit Blei gedeckte Kuppel mit kleinen Oeffnungen, wie Schiessscharten, zum Abgang der Dämpfe. Das Innere enthält ein aus schönen Quadern gebautes, bei den Thermalquellen oft gewiss sehr altes Bassin von viereckiger oder polygonaler Gestalt, in dem das Wasser den Badenden bis zur Brust reicht. Der Besuch ist durch die Sitte oder Vorschrift der Behörde derart eingerichtet, dass z. B. ein Tag den Christen, der zweite den Christinen, der dritte den Mohammedanern, der vierte den Mohammedanerinen von Morgen bis zum Abend eingeräumt ist; in den Thermen von Sofia gibt es auch Tage und Halbtage für Beamte, Soldaten, Juden, Sträflinge u. s. w. Man ist erstaunt, wie die Leute ganze Stunden in einer Temperatur aushalten können, die für Unsereinen ganz unerträglich ist. In dem Bassin Havuz der Therme von Hissar traf ich eine Schaar fröhlicher Türken, Armenier und Bulgaren, die mit roth angelaufener Haut in einem durchsichtigen Wasser von solcher Wärme sassen, dass ich kaum die Hand hineinstecken konnte; am Eintritt der Quelle ins Bassin zeigte mein Thermometer + 47° C.! In manchen Bädern herrscht im Innern ein durch Wasserdämpfe verstärktes Halbdunkel, so dass sich das Auge beim Eintritt an sonnigen Tagen nur allmälig zurechtfindet und erst langsam die im Wasser unter der akustischen Kuppel plätschernden und lärmenden Gestalten unterscheidet. Die Gäste betreten den Baderaum in weissen baumwollenen Mänteln (türk. peštemal) und Sandalen (nalym). Nach dem Bade befindet man sich eine Stunde lang in starkem Schweiss, trinkt dabei in Linnen gehüllt in den Cabinen des Badhauses unter fröhlichem Gespräch Liqueure und Kaffee und raucht Cigaretten. Auch ganz kleine Gemeinden haben eine Badeanstalt und viele Privathäuser eine eigene, mit Stein gepflasterte Badstube.

Ausser den Bädern, den gottesdienstlichen Häusern und den Karavanserais besitzen die Städte nur wenige monumentale Gebäude aus der Zeit vor dem russisch-türkischen Krieg, höchstens einige neuere Schulen. Die Hinfälligkeit der türkischen Verwaltung sieht man am besten an den Amtsgebäuden, welche sie hinterlassen hat. Die Kasernen und Konak's (Amtshäuser), obwohl nicht alt, sind meist ganz morsch und baufällig und vermochten der neuen Verwaltung nur unter fortwährenden Reparaturen zu dienen. Im Konak von Sofia, den man zum fürstlichen Palais einrichtete, waren 1879 im oberen Stockwerk nur zwei Zimmer bewohnbar, und im Konak von Trnovo konnte der Präfect 1880 durch den rissigen Fussboden des ersten Stocks die unten stattfindende Gerichtsverhandlung sehen! Die „Polizei" von Sofia nebst der anstossenden Cavalleriekaserne wurde wegen ihrer Baufälligkeit 1879 demolirt, nämlich von einigen Kerlen mit Stangen in einem Tage niedergerissen und binnen Kurzem vom Erdboden weggeräumt.

Das Wahrzeichen einer älteren grossen Stadt in der Türkei ist der viereckige Uhrthurm mit einer Schlaguhr (sa'at-kula), unter dessen Mörtel sich gewöhnlich auch nur ein Holzbau mit Lehm und Korbgeflecht verbirgt.

Der von Sofia wurde alsbald abgeschafft.[1]) In Philippopel ist der schlanke Uhrthurm wegen seiner isolirten Lage auf einem Felshügel von weitem sichtbar. Die Stunden werden nach der türkischen Rechnung von Sonnenuntergang an gezählt; nur in Samokov hörte ich die Thurmuhr Stunden „alla franca“ schlagen. Die Glocke ist entweder eigens zu diesem Zweck gegossen, wie die von Zlatica (jetzt bei der Kirche) mit den Jahren 1191 nach der arabischen Zeitrechnung mit persischen Ziffern und 1777 mit cyrillischen Buchstaben, oder eine alte christliche Kirchenglocke. Auf dem Uhrthurm von Küstendil hängt eine vielleicht aus der serbischen Bergwerkstadt Novobrdo stammende Kirchenglocke mit slavischer Inschrift vom J. 1429.[2]) Auch in Nova Zagora und in Banja an den Maricaquellen soll es von den Türken vor 200 Jahren aus Oesterreich weggeschleppte Glocken geben, desgleichen auf dem Uhrthurm von Trnovo eine Kirchenglocke mit rumänischer Inschrift, worin der Fürst Brankovan genannt wird.

Früher waren die Städte mit Schanzen (türk. hendek) umgeben und mit Thoren darin versehen, davon sind jedoch nur wenige Spuren übrig, da man z. B. in Sofia die Thore gleich nach dem Fall der Türkenherrschaft abschaffte und über die primitiven Gräben weit hinaus baute. Auch die melancholischen türkischen Friedhöfe mit Tausenden aufrecht stehender Säulen und Pfeiler, welche die fahlen Wiesen rings um die grossen Städte bedeckten, ein Wahrzeichen ehemaliger Grösse in der älteren Türkenzeit, sind bereits verschwunden. In Sofia hat man die Steine derselben zur Strassenpflasterung verwendet; auf den Trottoirs wird der Reisende oft schmerzlich berührt durch Bruchstücke von Marmor mit elegant gemeisselten arabischen Inschriften. Die Christen wurden früher um die Kirchen herum oder in den Kirchen selbst begraben; erst in neuerer Zeit verlegte man die Grabstätten aus der Stadt hinaus.

Die nächste Umgebung der grossen Städte und Festungen der Türkei ist ein weites, trauriges, baumloses Blachfeld, das nur als Weideplatz diente. Darin sind Sofia, Philippopel, Vidin und viele andere einander gleich; vor nicht langer Zeit sah es auch bei Belgrad nicht anders aus. Nur die kleineren Städte im Gebirge, wie Sliven, Stara Zagora oder Trnovo, schliessen sich unmittelbar an Weingärten und Obstpflanzungen an.

Die neue Zeit hat in alle diese Verhältnisse mit wuchtiger Hand eingegriffen. Mit aller Eile wurden die Städte Bulgariens modernisirt, von Ingenieurs ausgearbeitete Stadtpläne angelegt, Strassenregulirungen projectirt, manchmal auch schonungslos durchgeführt und neue Stadtviertel angelegt. Neben dem alten Sofia entstand eine neue, ganz moderne Stadt. Uebrigens mussten viele durch den Krieg zerstörte Städte, wie Stara Zagora oder Kalofer, ganz neu aufgebaut werden. Noch während der russischen Occupation

1) Der Thurm von Sofia stand nahe nordwestlich vom fürstlichen Palast und galt als unnahbar; die Thurmwächter hatten nämlich in ihrer luftigen Amtsstube kein besonderes Gelass zum einsamen Nachdenken, welcher Umstand auch den Aussenwänden des Thurmes einen sonderbaren Glanz verlieh.

2) Von mir beschrieben in Jagić's Archiv f. slav. Phil. VIII (1884) 133.

erhielten alle Häuser Nummern, alle Gassen Namen und alle Kaufläden Aufschrifttafeln. Die Strassen wurden meist nach russischen Generälen und nach berühmten Personen der bulgarischen Geschichte genannt. Da gab es z. B. in Sofia einen Gurkoplatz, eine Alabingasse, ein Krumviertel, einen Boulevard des Rakovski u. s. w., und in den Gassenbenennungen der Türkenstadt Vidin's hat man die Namen aller bulgarischen Revolutionäre verewigt. Bei ihrer Neuheit hafteten aber die Namen nicht, ausser den rein topischen, nach den Nachbarorten, zu welchen man da hinausfuhr. Nach der Union und dem serbischen Krieg gesellten sich dazu Namen aus der neuesten Geschichte; z. B. Varna hat eine Strasse des „6. Septembers" (Tag der Philippopler Revolution), eine Slivnicagasse, Dragomangasse, Caribrodgasse, Regentenstrasse u. s. w. Die Aufschriften der Kaufläden waren meist nur kleine schwarze Täfelchen mit schiefen kirchenslavischen Buchstaben in weisser Farbe. Auf den Einöden und türkischen Grabfeldern wurden Parks angelegt, zu Sofia, Varna und Philippopel nicht ohne Glück. Eine grosse Neuerung war eine regelmässige Strassenbeleuchtung mit Petroleumlampen, welche das einstige in der Türkenzeit polizeilich vorgeschriebene Tragen von Laternen ganz aus der Erinnerung schwinden liess. Die Strassen wurden wenigstens an den Trottoirs neu gepflastert, die Unebenheiten derselben ausgeglichen, die Wasserleitungen erneuert und verbessert, und ein noch nie dagewesenes Ding, eine Canalisation versucht. Feuerspritzen und Feuerwehrcorps nebst strenger Bau- und Ofenpolizei machen die frühere Feuersgefahr selten. Die öden Umgebungen beleben sich langsam mit Gärten, Alleen, industriellen Anstalten, Kasernen und Landhäusern, obwohl noch vieles zu thun ist, um der trostlosen Baumlosigkeit zu steuern.

Die türkischen Gebäude verfielen nach der Auswanderung des grössten Theils der mohammedanischen Städter dem allgemeinen Umsturz. In Sofia und Trnovo sieht man grosse alte Moscheen in Kasernen und ärarische Magazine umgewandelt. Die kleineren, die dem Strassenregulirungsplan im Wege standen und von ihren Gläubigen verlassen waren, wurden demolirt. Dabei war in Sofia zu sehen, mit was für einer Herzenlust die schlanken Minarets aus Holz oder Ziegel von den Christen untergraben und mit Stricken niedergerissen wurden.

Dabei räumte man in den halbtürkischen Städten auch mit den Strassenhunden auf, welche im Verein mit den Tausenden von Dohlen (gárga) in der Türkenzeit die Sanitätspolizei versahen und damals gar nicht geschlagen werden durften. In Sofia gab es ihrer noch 1879 viele Hunderte, die meist vor den Fleischbänken und Schenken herumlungerten. Sie gehörten verschiedenen Arten an; es gab darunter gewöhnliche schwarze Thiere, sowie gelbe mit kurzen Ohren, andere mit Wolfsphysiognomie, dazwischen hie und da weisse Windhunde, den verwilderten Rest der Jagdmeute irgend eines Bey's. In den mondhellen Nächten liess ihr klagendes Gebell nicht schlafen. Die Meinung, dass der orientalische Strassenhund der Wasserscheu nicht unterliege, ist irrig; in Sofia starben im Winter 1882 drei Männer an den fürchterlichen Folgen des Bisses. Durch Gift und den Säbel zigeunerischer Abdecker verfolgt, sind die Strassenhunde jetzt bis auf geringe Reste verschwunden, die auf den zahlreichen noch unverbauten Plätzen ihre Zuflucht haben. Zuletzt war ihre Jagd an einen Handschuhlederhändler aus Bukarest verpachtet.

Den Einfluss der Verschüttung feuchter Stellen, sowie der allgemeinen Säuberung der Gassen sah man in Sofia an dem raschen Schwinden von anderen zwei Plagen, der massenhaften, in dem Schmutz der Gassen ausgebrüteten Fliegen und der selbst unter den Fenstern der Stadthäuser in Gärten und Gräben betäubende Concerte aufführenden Frösche. Die letzteren hört man nur mehr ausserhalb der Stadt auf den Wiesen; dort lassen in den Frühjahrsnächten ganze Myriaden ihre Stimme hören, die aus der Nähe an das „Brekekex" des Aristofanes erinnert, aus der Ferne an das Rauschen eines eben zum Halten bremsenden Eisenbahnzuges. In den glorreichen Zeiten des Türkenreiches war es nicht anders; nach dem Zeugniss des kaiserlichen Gesandten Busbeck pflegte Sultan Suleiman II. im Frühjahr aus Adrianopel nach Konstantinopel zurückzukehren, „sobald das Froschgequak unerträglich zu werden begann". [1])

In Sofia und Stara Zagora kann man den künftigen Typus bulgarischer Städte beobachten. In den neuen Vierteln stehen längs der geraden Gassen meist nur kleine, ebenerdige Häuser mit grösseren Höfen und Gärten. Der alte Hausplan ist beibehalten worden, nur dass die Mauern aus Ziegeln errichtet und Dächer, Thüren, Fenster und Oefen viel solider hergestellt sind. Die einheimischen wandernden Maurermeister haben bessere Gebäude in Rumänien, Serbien und im Banat gesehen und manches gelernt. Die Oefen sind meist nach walachischer Art, ein hohes thönernes Polygon mit hohlen Seitensäulen im Vordergrund; nach dem Ausgehen des mit Holz genährten Feuers wird die aus der Kohle ausströmende Wärme durch Absperrung des Camins mittels eines schweren eisernen Deckels einwärts geleitet. Das Haus hat, ausser der Flur, meist nur vier oder sechs Zimmer. Die Küche bleibt ausserhalb in einem Zubau, die alte traurige Gartenmauer wird durch einen niedrigen, oft durchsichtigen Zaun oder Holzgitter ersetzt und an Stelle der langen Ruhebänke und der Wandschränke sind moderne bewegliche Möbel getreten, die meist aus dem Ausland (aus Wien) kommen und im Lande erst versuchsweise hergestellt werden.

## 4. Die Landwirthschaft.

### a) Der Ackerbau.

Bulgarien ist vorwiegend ein ackerbauendes Land, betreibt aber daneben eine keineswegs unbedeutende Viehzucht. Eine Vergleichung der Exportziffern zeigt, dass es in dieser Beziehung zwischen Rumänien und Serbien in der Mitte steht. In Rumänien haben die Producte des Ackerbaues ein vollständiges Uebergewicht (1886 85 Proc.), in Serbien dagegen entfallen auf die

1) Busbequii Epistolae, ed. Lugduni Bat. 1633 p. 146.

Producte der Viehzucht fast $^3/_4$ der Ausfuhr. In Bulgarien bildeten 1886 die Erzeugnisse der Bodencultur 72·5 Proc., die der Viehzucht 23·5 Proc. des Werthes der Ausfuhr. Im Besonderen ist in dem, auch Industrie treibenden Rumelien der Ackerbau stärker, als im Donaugebiet.[1])

Das beste Ackerland mit vorzüglicher Schwarzerde (černozém, türk. karatoprák) haben die thrakische Ebene von Tatar-Pazardžik bis Jambol, die Donauebene von Vidin bis Varna und die Niederung am Golf von Burgas.

Unter dem Getreide (žito) nimmt der Weizen (pšenica oder žito κατ' ἐξοχήν) den ersten Platz ein; in Rumelien unterscheidet man zwei Arten, die zagárka oder zagarija aus der fruchtbaren Landschaft von Stara und Nova Zagora (im Handel „blé dur") und den „Rothweizen" (červenka, türk. kyzyldža, blé tendre). Daneben baut man Roggen (rъž), Gerste (ičimík, in der Rhodope jáčmen, íčmen), Hafer (ovés), Hirse (prosó) und Spelt (Triticum spelta, bulg. liméc, izá, türk. kapladžá). Stark tritt der Mais in den Vordergrund, der auch im Bulgarischen zahlreiche Namen hat (allgemein cárevica, „Kaiserkorn", an der Donau papúr, misír, mámuli, gugúci, im Westen auch morúza); in den Kreisen von Vidin, Lom, Pleven, Razgrad ist er in der Getreideproduction am stärksten vertreten, in den übrigen, besonders in Rumelien, überwiegt der Weizen. Den Buchweizen (Polygonum, serb. und bulg. elda) sah ich nur an der serbischen Grenze im Kreis von Trn, ebenso wie in den Bergländern von Serbien. Von den Hülsenfrüchten werden in grösserem Masse angebaut die Futterwicke (rov, fij, burčák), Erbsen (grach), Linsen (léšta), Bohnen (bob, fasúl) und Kichererbsen (nohúd aus dem türk., revit von ῥεβίθιον). Den Anbau von Klee (detelína) findet man nur im Kreis von Trnovo, eine von den wandernden Gärtnern aus dem Occident gebrachte Neuerung.

Eigene Schicksale hatte die Reiscultur in der Maricaebene bei Philippopel und Tatar-Pazardžik. Dieselbe wurde im 15. Jahrhundert von den Türken eingeführt und dauerte bis zum Jahr 1878. Die periodische, bei dem Mangel an ordentlichen Canälen und Schleussen primitive Bewässerung der Reisfelder (čaltik) führte zu einer zeitweiligen Versumpfung der ganzen Umgegend beider Städte und wurde allgemein als die Quelle des endemischen Malariafiebers angesehen. In Folge dessen hat die ostrumelische Regierung den Reisbau gleich anfangs verboten, obwohl derselbe am Export des Landes einen nicht geringen Antheil hatte. In Folge dessen blieben 1879—1885 die mit Dämmen umgebenen ehemaligen Reisfelder meist ein ödes Brachland und trugen zum traurigen Aussehen der nächsten Umgebung Philippopels nicht wenig bei. Nach der Union wurde das Verbot aufgehoben, da man bemerkt hatte, dass es in sanitärer Beziehung wenig nütze und dass das Fieber in beiden Städten auch in dem Mangel an gesundem Trinkwasser, an planmässiger Canalisation

1) Sarafov gab 1888 für das Fürstenthum allein den Export der Feldfrüchte auf 52—61 Proc., den der Erzeugnisse der Viehzucht auf 31—36 Proc. an (Per. Spis. VI). Eine genaue Analyse der nunmehr zehn Jahre alten Zollstatistik 1879—1889 ist von den Bulgaren selbst in nächster Zeit zu erwarten.

und guter Reinlichkeit in Häusern und Strassen seinen Grund haben könne. Im Jahre 1887 wurden wieder über 700.000 Kilogramm Reis eingebracht. Auch bei Küstendil und Pleven machte man Versuche mit der Reiscultur.[1])

Ueber die Ausdehnung der Ackerfelder gibt uns eine Tabelle in den Berichten des Finanzministeriums von 1888 Aufschluss.[2]) Das Flächenmass ist der Uvrat, der türkische Dönüm, 40 Schritt im Gevierte (rund 1600 Quadratmeter). Darnach umfassen die Felder 18,009.715 Uvrat (ungefähr 2,900.000 Hektare), die Wiesen 3,215.411 (ungefähr 515.000 Hektare), die Hutweiden 1,982.660 (ungefähr 318.000 Hektare), die Gärten 132.151,

Fig. 18. Ackerbauer mit Büffelgespann.

die Gemüsegärten 21.477, die Rosengärten 20.425, die Reisfelder 9281, die Baumwollenpflanzungen 46 Uvrat.

Die Gesammtproduction kennen wir aus den Daten über den Getreidezehent, der 1882 abgeschafft und erst 1889 wieder eingeführt wurde. Das Fürstenthum allein producirte 1880 12·11 Mill. Quintals, Ost-Rumelien 1881 7·09 Mill. Quintals, was für günstige Jahre auf eine Gesammtproduction des vereinigten Bulgariens von rund 19 Millionen Quintals schliessen liesse. Nach einem uns mitgetheilten officiellen Ausweis erhielt der Staat 1889

1) Jenseits der Grenze wird die Reiscultur in Makedonien stark betrieben: bei Kočani an der Bregalnica, bei Strumica und im Kreis von Tikveš an den Flüssen Boševa und Crna.

2) Svedenia S. 188.

1,611.798 Quintals = 125,720.298 Okka Zehentgetreide in 301,069.798 Garben, was eine Ernte von 16,117.980 Quintals gibt. Darin ist aber der Mais noch nicht einbegriffen. Nach den Getreidearten producirte die Ernte von 1889 in Quintals: 9,613.870 Weizen, 2,461.120 Gerste, 1,988.580 Roggen, 1,334.630 Hafer, 357.730 Weizen und Roggen gemischt (karyšak), 181.540 Spelt, 134.950 Hirse, 8690 Sesam, 3610 Kümmel, 202 Raps (rapica), 112 Buchweizen. Für den Reis wurden 75.606 Fr. in Geld, kein Naturalzehent entrichtet. Die Maisernte belief sich nach dem erst im Frühjahr 1890 eingesammelten Zehent auf rund 4,560.000 Quintals.

Fig. 19. Bulgarische Dorfmühle.

Was die Vertheilung der Production anbelangt, entfällt in Rumelien fast ein Viertel auf den Kreis von Stara Zagora allein, sodann folgen die Kreise von Philippopel, Sliven und Chasköi, welche zusammen mehr als die Hälfte beanspruchen, während die Kreise von Tatar-Pazardžik und Burgas zusammen kein volles Viertel des Ganzen ausmachen. Für Nord-Bulgarien vermögen wir kein solches Detail mitzutheilen. Getreidearm und von der Einfuhr aus der Nachbarschaft abhängig sind die Okolija Krajište bei Küstendil, einzelne Theile der Okolija's von Trn und Caribrod, im Balkan die Okolija's von Orchanié und Gabrovo mit den Gebirgsdörfern der von Sevlijevo, und die Rhodopelandschaft Rupčos. Sich selbst genügen die Kreise von Sofia und Loveč. Alle übrigen Landschaften betreiben Getreideexport.

Die Art des Ackerbaues ist primitiv, weshalb die Resultate bei aller Arbeitsamkeit der Bevölkerung stark zurückbleiben.

Das Feld (niva) wird nur oberflächlich geackert. Der Pflug (raló) ist sehr einfach, dem in ganz Vorderasien üblichen ähnlich, stets ohne Räder, mit einem kleinen Eisen als Schar (pálišnik, páleènik) an der Spitze des Pflugbaums (plazíca). Zur Oeffnung der Furche (brezdi) dient anstatt unseres Streichbretts ein flügelförmig auseinander gewendetes Eisen (uší, „Ohren") hinter der Schar. Unentbehrlich zur Beihilfe ist die Pflugreute, eine am Ende eisenbeschlagene Stange (kuprálja, ostén). Bei der Unzulänglichkeit des Instrumentes, welches wegen Mangel an Schärfe nicht genug tief eindringen kann, sieht man oft gar keine regelmässigen Furchen, sondern nur ein ungleich zerrissenes Stoppelfeld mit grossen Erdklumpen.[1])

Die Sense (kosá) dient meist nur zur Heumahd (kosidba), denn bei der Ernte (žétva) wird fast ausschliesslich mit der Sichel (sьrp) gearbeitet. Zum Sammeln der Getreidehalme vor der Sichel dient dem Schnitter ein hölzernes, gekrümmtes Holzfutteral, eine Art Handschuh, welcher auf die linke Hand angelegt wird, die sogenannte palamárka (vom παλάμη Handfläche). Dieses Werkzeug war schon den französischen Reisenden Des Hayes 1621 und Paul Lucas 1706 auf dem Wege nach Konstantinopel auffällig. Die Garben (snop) werden in kleine Schober (krьstéc) aufgestellt. In Folge des nur oberflächlich in den Boden eingreifenden Ackerns gedeiht zwischen dem Getreide oft zahlloses Unkraut und ganze Inseln blühender Pflanzen, selbst strauchartige Eichen und Sambucus. Das Dreschen (vršidba) geschieht auf dem Felde unter freiem Himmel, auf einer runden Tenne (harmán, türk.) aus festgestampften und an der Sonne getrockneten Lehm. Manchmal besitzt das ganze Dorf eine gemeinschaftliche Tenne, aus den Zeiten des Naturalzehents zu dessen leichterer Einsammlung. Die Drescharbeit besorgen Pferde, die auf dem ausgebreiteten Getreide im Kreise herumgetrieben werden. Daneben bedient man sich oft eines eigenen Dreschschlittens (dikánja, Plur. dikáni-te), einer Vorrichtung aus einigen Brettern, die auf der unteren Seite mit Quarzsteinchen (krémenčeta) versehen ist; zur Erhöhung der Schwere dieses von Ochsen in die Runde gezogenen Gefährtes setzen sich Weiber und Kinder darauf. Das gewonnene Korn wird mit Schaufeln in die Höhe geworfen, wobei der Luftzug die Spreu bei Seite weht und das Korn gerade zurückfallen lässt; in dieser Zeit steigen um alle Dörfer von den Tennen weithin sichtbare Wolken gelben Staubes auf. Das Korn wird in kleinen Scheunen aus Korbgeflecht (košóve, ambári) aufgespeichert, das Stroh (pljáva, slamá) in Schobern aufgestellt. Der Mais wird später eingesammelt und erst nach längerer Zeit aus den Kolben (kočáni) herausgeschält, um im Frühjahr auf den Markt zu kommen.

Den stärksten Boden lässt man in reichen Gegenden nach drei Jahren als Weideplatz brach liegen (ugar, in Rumelien proseníšte, papuríšte, türk. kelemié), den mittleren nach zwei, den schwachen nach einem. In Gebirgs-

1) Die bulg. Nomenclatur aller Pflugtheile: Cesty 132.

landschaften wird steter Fruchtwechsel ohne Brache betrieben oder das Brachfeld schon im Herbst wieder besäet. In den Niederungen Thrakiens und des Donaugebietes besteht im Allgemeinen meist Dreifelderwirthschaft, in den Thälern unter dem Balkan (Zlatica), in der Sredna Gora u. s. w. Zweifelderwirthschaft. Nach der Ernte wird das Stoppelfeld (stъrnište) theils eingeackert, theils ausgebrannt.

Das Düngen war bis vor Kurzem fast ganz unbekannt und wird z. B. an der Donau bei Rachovo nie angewendet. Erst jetzt beginnt der bulgarische Bauer einzusehen, dass die bisherige primitive Wirthschaft den Boden entkräftet. Man geht allmälig daran, auf schwachen Feldern den Dünger (tor) von Rindern, Pferden, Schafen und Ziegen zu verwerthen, derselbe ist aber bei dem Mangel an Stallwirthschaft nicht in der nöthigen Menge vorhanden. An einigen Orten Ost-Rumeliens verfielen die Einwohner auf das Auskunftsmittel, den im Sommer und Herbst durchziehenden Wanderhirten eigens zu zahlen, damit sie auf den Feldern lagern und diese durch den Aufenthalt der grossen Heerden düngen. Als Ersatz dienen Weintreber, Asche oder faules Stroh. Man düngt auch schwache Weinberge.

Als Arbeitsthiere dienen Ochsen und Büffel; das Pferd ist nie vor dem Pflug oder Getreidewagen zu sehen, ausser bei Trnovo unter dem Einfluss der dortigen Wandergärtner. Die Zugthiere werden nicht mit Halfter und Strängen eingespannt, sondern es wird nur der Kopf durch einen der zwei an der Deichsel befindlichen Holzrahmen durchgesteckt, so dass die ganze Zugkraft auf den Nacken fällt (Fig. 18). Die Wägen (bulg. kolá) sind so primitiv, dass sich auf denselben nur wenig aufladen lässt; die grössten, schwerfällige viereckige Körbe aus schwarzem Geflecht trifft man in den fruchtbaren Niederungen an der Marica.

Das Streben nach einer Reform des Ackerbaues ist allgemein vorhanden. Allmälig finden moderne eiserne Pflüge Eingang, deren Verbreitung aber an der Unkenntniss in der Handhabung derselben, sowie an der Unmöglichkeit dieselben bei Schäden durch kundige Handwerker rasch wiederherstellen zu können ein Hinderniss findet. Schnell verbreiten sich die Windfegen; sie werden von einheimischen Meistern in der Gjopsa und bei Trnovo geschickt nachgeahmt. Letzthin wurden, besonders in Rumelien, von den Kreisvertretungen zahlreiche Maschinen (meist Mähmaschinen) angekauft, aber ihre Einbürgerung ist ausser dem Misstrauen des Landvolkes mit denselben Schwierigkeiten verbunden, wie die der abendländischen Pflüge. Es bestehen bereits zwei landwirthschaftliche Schulen, eine seit 1883 auf einer ärarischen Musterwirthschaft bei Rušćuk, die andere, von der ostrumelischen Regierung 1882 gegründet, zu Sadovo bei Philippopel, beide mit dreijährigem Curs und (1888) mit zusammen 16 Lehrern und 120 Schülern. Von den absolvirten Schülern hat die Regierung 1889 fünf landwirthschaftliche Wanderlehrer ernannt. Die erstere hat 585, die letztere 273 Hektare zur Verfügung. Ausserdem gibt es drei agronomische Zeitschriften in bulgarischer Sprache.

### b) Gemüsebau.

Bei dem Ueberwiegen der vegetabilischen Kost nimmt die Gemüsegärtnerei in Bulgarien einen hervorragenden Platz ein. Die ausgedehnten Gemüsegärten mit den im ganzen Orient üblichen hölzernen Schöpfrädern (duláp) zum Heben des Wassers aus den Bächen in die Bewässerungscanäle werden dem Reisenden in der Umgegend aller Städte nicht entgehen. Wandernde bulgarische Gärtner (gradinári, bachčováni) haben im Ausland die Meinung aufkommen lassen, die Wandergärtnerei sei in diesem Lande ein weit verbreitetes, altes einheimisches Gewerbe. In der Wirklichkeit beschränkt sich dieselbe innerhalb der Grenzen des bulgarischen Staates auf zwei Landschaften, deren Einwohner auf den Sommer als Gärtner in die Fremde ziehen: auf das subbalkanische Hügelland bei Trnovo, mit dem Centrum in Ljáskovec, und auf die Grenzlandschaft von Kavakli, welche schon dem wirthschaftlichen Gebiet von Adrianopel angehört.

Alteinheimisch ist die Gärtnerei in dem Hügelland um die Ebene von Adrianopel.[1]) Gegenwärtig blüht die Gemüsecultur an vielen Orten des unteren Thrakiens, verbunden mit dem Anbau von Baumwolle, Hanf, Tabak, Sesam u. s. w., sowohl bei Griechen, als bei Bulgaren. Bulgarien nimmt daran nur in der genannten Okolija von Kavakli Antheil.

Eine interessante Erscheinung ist die Wandergärtnerei im Kreis von Trnovo. Der aus Ljaskovec gebürtige greise bulgarische Schriftsteller Cano Ginčev hat unlängst die Traditionen dieses Gewerbes gesammelt.[2]) Das Gewerbe ist dort kaum 150—160 Jahre alt. Einwohner von Ljaskovec arbeiteten um 1720 in Konstantinopel in den Feldbäckereien der türkischen Armee. Da dort nicht alle Beschäftigung finden konnten, traten viele als Arbeiter bei den Griechen und Karamaniern der Konstantinopler Gärtnerzunft ein und lernten dieses Gewerbe. Ihr selbständiges Auftreten in der türkischen Hauptstadt wurde durch den Widerspruch der Zunft vereitelt. Ein Kaufmann aus Trnovo brachte sie auf den Gedanken, in dem damals blühenden Kronstadt ihr Glück zu versuchen, was ihnen auch gut gelang. Bald sah man Ljaskovecer Gärtner bei allen Städten der Moldau, Walachei und Bulgariens, verstärkt durch Gesellschafter aus der Umgebung ihres heimatlichen, rasch aufstrebenden Dorfes. In den ersten Jahren des Fürsten Miloš fanden sie den Weg nach Belgrad, wo ihr erster Garten in Topčider auf einem früher ganz wüsten Boden das Staunen des Fürsten erregte. Schon in den zwanziger Jahren sah man sie in Süd-Ungarn und Süd-Russland. Einen noch grösseren Aufschwung nahm diese Wanderwirthschaft seit dem Krimkrieg. Von dem griechischen Ursprung des Gewerbes zeugt dessen Terminologie, nach der ich mich bei geborenen Ljaskovecern erkundigt habe.[3])

---

1) Nach Marsigli, Stato militare dell' imperio ottomano p. 56 (Verzeichniss der Naturallieferungen) hatte der Sandžak von Visa dem Serail des Grossherrn jährlich 6000 Kantar Zwiebel zu liefern.

2) In der Zeitschrift „Trud" 1886.

3) Einige Proben: kalistír Jäthacke (σκαλιστήριον), skalisvam ich jäte (σκαλίζω), skorépsvam ich beschneide den Setzling vor der Versetzung (von σκορπίζω, ausstreuen?),

Die wirthschaftliche Organisation dieses Gewerbes, die wir weiter unten im Zusammenhang mit anderen ähnlichen besprechen werden, hat jüngst Herr Ivan E. Gešov zum Gegenstand einer eingehenden Studie erwählt. [1]) Die Zahl der Wandergärtner aus dem Kreis von Trnovo belief sich im J. 1888 auf 9555 Mann aus 126 Gemeinden des Kreises, voran Ljaskovec mit 1086, Dolnja Orjachovica mit 421, Zlatarica mit 410 u. s. w. Da sich an dem Gewerbe in neuester Zeit auch Dörfer aus den Kreisen von Sevlijevo, Svištov, Rušćuk (Basarbovo und andere im Lomthal) und Razgrad betheiligen, schätzt Gešov die Gesammtzahl der Wandergärtner auf ungefähr 12.000. Der Auszug der Gesellschaften erfolgt im Frühjahr, der Rückzug im Spätherbst, oft aber erst nach einigen Jahren. An Herbsttagen bietet Ljaskovec ein buntes Bild, denn die in grossen Gesellschaften mit dem verdienten Gelde heimkehrenden Burschen sind guter Laune, tragen die verschiedenartigsten fremden Costüme und bringen eine Menge aufgekaufter Sachen ihren Familien mit. Auf die Hebung der Landwirthschaft in dieser Gegend haben die mitgebrachten Erfahrungen der Wandergärtner grossen Einfluss.

Der Umfang der Wanderungen dieser Gärtner ist jetzt sehr bedeutend. In Bulgarien selbst, in Rumänien, in Serbien fehlen sie bei keiner Stadt. Die Europäische Türkei besuchen sie weniger. In Oesterreich-Ungarn findet man sie in Orsova, Werschetz, Temesvar, Segedin, Budapest und Agram. Einzelne gelangten bis nach Wien und Brüssel, ja eine Gesellschaft soll die Belagerung von Metz mitgemacht haben. In Russland besuchen sie vorzugsweise Odessa und andere Küstenstädte bis in den Kaukasus, im Binnenland Charkov und Moskau; 1887 kam eine Gesellschaft von 70 Personen aus dem Balkan von Elena zuerst nach Petersburg. Ueberall miethen sie ein Grundstück, meist ein solches, welches erst durch Bewässerungscanäle urbar zu machen ist, und bearbeiten es mit emsigem Fleiss. Nach Gešov bringen diese Gärtner jährlich ungefähr $3^1/_2$ Mill. Francs nach Hause.

Ausser der Ljaskovecer Gegend besteht alte Gärtnerei noch im Becken von Dupnica, mit Export in die Berge der ganzen Umgebung. Arm an Gemüse sind die Becken von Sofia und Radomir und die Gebirgslandschaften des Westens, des Balkan und der Rhodope. Deshalb findet überall Ausfuhr von Gemüse aus den Ebenen in die Gebirge statt; an der Donau bewegt sich dieselbe auch vom bulgarischen auf das rumänische Ufer.

Gemüsearten pflanzen die bulgarischen Gärtner an dreissig. Den ersten Platz unter dem Gemüse (zelenčúk, zarzavát) nehmen ein: die grosse grüne Paprika (Capsicum annuum, píperka, čúška, kakaláška), sowohl die scharfe (ljúta) als die süsse (blága), welche meist roh genossen wird, die Zwiebel (luk, červén luk, kromid von *κρομμύδιον*), der Knoblauch (čésen, béli luk),

zarnóto klovijása der Same keimt vorzeitig (*κλονβιάζει*), klovija rundo, ausgebrannte Grube zum Aufbewahren des Getreides (*κλουβίον* Käfig), fitará Beet mit Setzlingen (*φυτρά* der Keim), fidánka der Setzling (*φυτάνη*). Bulgarisch ist z. B. vŕršini (Plur.), die Stützen der Bohnen oder junger Bäume. Die Namen der Gemüsegattungen selbst sind meist bulgarisch, mit wenigen türkischen und griechischen Elementen.

1) „Periodičesko Spisanie" der bulg. lit. Gesellsch. XXVII (Febr. 1889). Siehe S. 210.

und der Kohl (zélje, lachná von λάχανον), die insgesammt zum täglichen Brod des Bulgaren gehören. Daneben enthalten die Gemüsegärten Gurken (krástavica), Kürbisse verschiedener Gestalt und Grösse (tíkva), Porreen (Allium Porrum, bulg. pras), Sellerien (kerevís, čerevis, celína, gulíja), Möhren (mórkov, türk. auč), süsse Rüben verschiedener Art (repá, cvekló, türk. čukundúr), Rettige (rьdíkva), Spinat (spanák von σπανάκιον), Petersilie (majdanós von μακεδονήσιον), Dill (kopar), Senf (sinap) u. s. w. Dem Nordländer neu sind die Früchte von Solanum melongena (patladžán), mitunter länger als die grösste Gurke, mit glatter, blauer oder rother Oberfläche, sowie die leicht behaarten grünen Früchte des Hibiscus esculentus (bámija vom arab. bahamia), welche aus der Umgebung von Adrianopel und Kavakli in grosser Menge exportirt werden, getrocknet in Fässern oder auf Schnüren gereiht. Ein wichtiges Nahrungsmittel ist der Paradiesapfel (Solanum lycopersicum, bulg. tomáta), von dem mir jedoch behauptet wurde, dass er erst vor nicht langer Zeit sich eingebürgert habe. Die Kartoffel (patáti, kartófi, barabój) verbreiten sich erst in unseren Tagen und sind in den armseligen Bergländern des Westens noch wenig bekannt.[1]) Süsse Melonen (dinjá, pьpeš, türk. kaún) und besonders Wassermelonen (lubénica, türk. karpúz) werden in grossen Mengen gebaut und genossen, besonders die letzteren, welche selbst in den bergigen Landschaften im Sommer einen wichtigen Theil der Kost bilden.

### c) Industriepflanzen (Hanf, Tabak, Rosen u. s. w.).

Im Anbau der Industriepflanzen bemerkt man neben den nordeuropäischen Arten auch die eines wärmeren Klima's, Tabak, Sesam, Baumwolle u. s. w., welche in Süd-Thrakien und Süd-Makedonien vorzüglich gedeihen und im Thal der Struma (Dupnica) und Marica (Chasköi) die bulgarische Grenze überschreiten. Ganz endemisch ist die Rosencultur.

Von den Textilpflanzen wird der Hanf (konop, im Westen grьsti, grsnici) in den meisten Gegenden angebaut; in stärkerem Grade trifft man ihn jedoch nur in den Bergländern des Westens, zwischen Sofia und Vranja, wo das übelriechende mannshohe Hanffeld von dem Landschaftsbild fast unzertrennlich bleibt, sowie in der Okolija von Kavakli. Auch der Flachs (len, türk. sejrék) wird jetzt nur in der Rhodope stärker angebaut; früher wurde er z. B. bei Stara Zagora viel cultivirt, allerdings nur zur Bereitung des Leinöls (türk. bezirjá). Auf den Kreis von Chasköi und einige Orte der Kreise von Sliven und Stara Zagora beschränkt sich der Anbau der Baumwolle (pamúk) in einer zwergartigen Abart, die schon im Mittelalter in den Mittelmeerländern verbreitet war[2]) und auf türkischem Boden in der Provinz von Seres stark cultivirt wird.

Von den Färberpflanzen beschränkt sich der Anbau des Krapps (broš, Rubia tinctorum) bei dem Import fremder Farbstoffe jetzt nur auf geringe

1) Selbst nach Varna werden Kartoffel aus Konstantinopel und Malta verschifft.
2) Heyd, Gesch. des Levantehandels II, 572 u. A.

Reste. Längs des mittleren Laufes der Marica, im Kreis von Chasköi und im Bezirk von Sejmen, sowie in den Niederungen bei Philippopel baut man viel Kümmel (anasón), dessen weisse Dolden dort ganze Felder bedecken. Im Maricathale pflanzt man seit dem 16. Jahrhundert auch den Sesam (susám). Von Seite der Regierung wurde die Mohncultur (mak) angeregt, zur Gewinnung des Opiums (afion) für den pharmaceutischen Export; die Versuche bei Varna, Pleven, Lom, Küstendil u. s. w. wiesen wohl guten Erfolg auf, scheiterten aber an dem Mangel an Handelsverbindungen.[1])

Der Tabak (türk. und bulg. tütün) gedeiht vortrefflich. Der Verbrauch ist bedeutend, man raucht aber nur Cigaretten (cigárki) und Pfeifen (lúla, čibúk) verschiedener Länge; aus ganzen Tabakblättern gedrehte Cigarren gelten als eine ausländische Rarität (man nennt sie mit einem spanischen Wort púros), ebenso wie der Schnupftabak (türk. enfié). In jeder Versammlung oder Privatgesellschaft pflegen sich die Räume rasch mit Rauch zu füllen, denn Manche rauchen täglich an 40 Cigaretten, deren Drehen für das lebhafte Temperament der Südländer einen guten mechanischen Zeitvertreib bietet. Alte Herren rauchen das türkische Nargilé, bei welchem der Rauch mittels eines langen Schlauchs durch ein Wasserglas geht, und sagen auch bei Pfeifen und Cigaretten: „ich trinke Tabak" (az pija tütün). Der Anbau der Pflanze ist durch kein Monopol gebunden. Die Regierung besteuert nur den fertigen Tabak, weshalb jedes Päckchen je nach der Qualität mit einer gehörigen „Banderole" (Stempelschleife) umklebt sein muss; die Ueberwachung in den vielen kleinen „Tabakfabriken" besorgen Regierungscontrolore. Der Tabak gedeiht besonders in zwei Landschaften, bei Chasköi (besonders bei Uzundžova) und Dupnica (vorzüglich bei Kočerinovo). Das sind jedoch nur die äussersten Ausläufer des grossen Tabakgebietes, welches in der Türkei einen bedeutenden Theil des Rhodopegebirges umfasst und seine besten Partien am Gestade zwischen diesem Gebirge und dem Aegaeischen Meere hat, besonders bei Drama in der Nähe des alten Philippi und bei Jenidže (Karasu-Jenidžé) bei der Mündung der Mesta.[2]) Der Finanzminister Načović bemühte sich die Tabaksindustrie im Fürstenthum, das noch 1883 183.207 Okka aus dem Ausland (Ost-Rumelien und Türkei) bezog, durch Vertheilung von Samen, sowie durch die Herausgabe einer populären Schrift über die Cultur zu fördern, nicht ohne Erfolg. Nach einer Tabelle in der Materialiensammlung des Finanzministeriums für die

1) In Makedonien hat sich die Mohncultur aus Štip und Radović, wo sie über 20 Jahre alt ist, in letzter Zeit rasch über das ganze Vardar- und Strumagebiet verbreitet. Im J. 1889 wurden 70.000 Okka Opium über Salonik nach England exportirt; den Bauern wird die Okka mit 150—165 Piaster gezahlt. Die beste Qualität kommt aus den Kreisen von Tikveš (über 20.000 Okka), Štip und Veles. V. Kъnčov im Jahresbericht des St. Kyrill- und Methodgymnasiums in Salonik 1888—9 S. 34.

2) Die vorzügliche Tabaklandschaft Kyrdžali (producirte 1882 82.251 Okka), gehörte nur 1879—1886 zu Ost-Rumelien; der dortige Tabakbau wird schon im 17. Jahrh. erwähnt (Hammer, Osm. Staatsverfassung I, 330; Gesch. des osm. Reiches III[2] 692).

Jahre 1882–1887 erreichte der Tabakanbau in den Kreisen Bulgariens und Rumeliens zusammengenommen sein Maximum 1884 mit 1,769.373 Okka (Anbau 28.951 Uvrat); seitdem gab es Misswachs 1886, aber 1887 sammelte man wieder 1,432.644 Okka Tabak. Ausser den genannten Hauptlandschaften wird Tabak in allen Kreisen angepflanzt, besonders bei Varna, Silistria, Trnovo, Philippopel, Nova Zagora u. s. w.; schwach ist die Cultur im Westen des Donaugebiets, vernachlässigt in dem sonst von Natur reichen Kreis von Burgas. Ohne allen Tabakbau sind der Kreis von Trn und die gebirgigen Okolija's Samokov, Iskrec, Kotel und Kula. Das beste Zeugniss für den raschen Aufschwung der Tabakcultur ist der Umstand, dass der Import 1887 auf nur 7600 Okka herabsank.

Eine Specialität Ost-Rumeliens ist die Rosencultur. Ihr Verbreitungsgebiet theilt sich in zwei Zonen Die eine begleitet den Südabhang des Balkan und der Sredna Gora von Sliven bis Zlatica und Panagjurište und hat ihr Centrum in den Landschaften von Kazanlyk und Karlovo, auf welche z. B. bei der Rosenernte Ost-Rumeliens im J. 1881 von den $3^3/_4$ Mill. Okka Blüthen allein $2^1/_2$ Mill. entfielen. Die zweite Zone, neueren Ursprungs mit ungleich geringerem Ertrag, erstreckt sich längs des Nordabhangs der Rhodope von Peštera bis in die Gegend von Stanimaka. Sonst wurden nur einige unscheinbare Versuche nördlich vom Balkan bei Trjavna gemacht. Im J. 1881 producirte die Ernte 1422 Okka Rosenöl, 1888 1687 Okka. Im J. 1888 bedeckten die Rosengärten 20.425 Uvrat, nach den Kreisen: Stara Zagora (darin Kazanlyk) 11.262, Philippopel (darin Karlovo) 8316, Tatar-Pazardžik 732, Sliven 62, Sofia (Zlatica) 53.

Die Rose wird auf dem Felde gebaut, meist auf Abhängen, wie Hopfen oder Wein. Die Stauden sind in Reihen zwischen tiefen Furchen gepflanzt und werden für den Winter mit Erdreich zugedeckt und auch gedüngt. Die Cultur reicht in grosse Höhen hinauf; ich war erstaunt, Rosengärten am Rande der Buchenwälder der Sredna Gora bei Koprištica in einer Seehöhe von 1000–1100 Meter zu finden. Die Rose hat nicht gefüllte, blassrothe, seltener weisse Blüthen und gehört drei Arten an (Rosa damascena, sempervirens, moschata). Die Bulgaren nennen sie entweder mit einem türkischen Wort gül oder mit einem griechischen trandafil (*τριαντάφυλλον*), das Rosenöl trandafilovo (gülovo, rozovo) masló.[1] Die „Rosenernte“ findet im Mai und Juni statt. Die Masseinheit für das Rosenöl, welches durch einen längeren Destillirprocess in cylindrischen Metallkesseln gewonnen wird, ist ein arabisches Mass, der muskal, mъskal (arab. miskâl) = $1^1/_2$ Drachmen, auf den 8–16, durchschnittlich 10 Okka Blüthen entfallen. Das Rosenöl hat einen durchdringenden, für viele Personen, wie den Fürsten Alexander, unangenehmen Geruch; das kleinste Fläschchen von der Grösse einer Bohne, wie es bulgarische Stutzer in der Westentasche zu tragen pflegen, genügt um die ganze Kleidung mit einem stetigen Parfum zu tränken. Die Rosen-

1) Das Wort šipъk bedeutet bulgarisch, wie in anderen slav. Sprachen, nur die Hagebutte (Rosa canina). Der Name des Dorfes Šipka stammt wohl davon.

cultur ist ein christliches Gewerbe, an welchem sich die Mohammedaner nur in sehr geringem Grade betheiligen. Die Ernte und die Bereitung des Oels geschieht meist durch weibliche Kräfte.

Ueber die Geschichte dieser Industrie konnte ich bei aller Wissbegierde nichts Greifbares erfahren. Natürliche und cultivirte Rosengärten sind auf der Halbinsel uralt. Herodot (8, 138) beschreibt die sogenannten Gärten des Midas unter dem Berge Bermion im makedonischen Küstenlande, in der Nachbarschaft des Olymp und der Wasserfälle von Voden, mit wild wachsenden sechzigblätterigen und überaus wohlriechenden Rosen (*ῥόδα αὐτόματα*). Andere antike Schriftsteller rühmen die Rosen des Edonerlandes, besonders die Centifolien von Philippi in der Gegend des jetzigen Seres und Drama, an deren Stelle in unseren Tagen ein vorzüglicher Tabak als Stolz der Landescultur getreten ist. Jedoch ein Zusammenhang zwischen den makedonischen Rosengärten des Alterthums und den thrakischen unserer Zeit scheint mir zweifelhaft zu sein. Die Termini der rumelischen Rosencultur weisen eher auf den Orient hin, wo die Bereitung des Rosenöls in Indien, Süd-Persien und Egypten ihre Heimat hat. Von dort aus mag sich dieselbe erst in der Türkenzeit langsam in den Landschaften zwischen Rhodope und Balkan eingebürgert haben. Das einzige ältere Zeugniss findet sich bei dem türkischen Geographen Hadži Chalfa in der ersten Hälfte des 17. Jahrhunderts, welcher Rosenfelder bei Adrianopel und Rosenwasser als einen der beträchtlichsten Handlungsartikel dieser Stadt erwähnt.[1]) Der Pope Konstantin nennt in seiner werthvollen, 1819 neugriechisch verfassten Beschreibung der Eparchie von Philippopel die Rosencultur nur bei Karlovo, keineswegs bei Šipka.[2]) Auf dem Nordabhang der Rhodope sind die Rosengärten ganz neu, im Kreis von Peštera aus der ersten Hälfte unseres Jahrhunderts, in der centralen Sredna Gora aus unseren Tagen.

Der hohe Preis des Oels ist der Grund, warum sich diese Cultur in Rumelien in den letzten Jahren so schnell verbreitet hat. In dem Bezirk von Kazanlyk sind die jetzigen Rosenfelder zweimal so gross, als in den letzten Jahren der türkischen Herrschaft. Die Ausfuhr aus Kazanlyk, dem Hauptort der Rosenölfabrication, befindet sich in den Händen von 5—6 bulgarischen Kaufleuten, welche Geschäftsreisen bis nach Frankreich zu unternehmen pflegen, und der Vertretung eines deutschen Hauses (Imsen), welches allein $^2/_3$ des gesammten rumelischen Rosenöls exportirt. Die bäuerlichen Rosenzüchter fragten mich oft in ihrer naiven Art, was denn die Leute in „Europa" mit diesen Massen Rosenöl eigentlich machen. Vor dem russisch-türkischen Kriege belief sich der Preis eines Muskals auf 13—16 Groschen (die Goldlira zu 104 Groschen), 1879—1884 auf 30—36 Groschen (die Lira

1) Hadži Chalfa, Rumili und Bosna, übers. von Hammer (Wien 1812) S. 13. Vgl. Hammer, Gesch. des osm. Reiches I² 147.

2) In Karlovo *ῥοδωνιαὶ ἐν αὐτῇ τε καὶ περὶ αὐτὴν ἤτοι τριανταφυλλῶνες ἱκαναί, ὅθεν ἐξάγουσι τὸ πνεῦμα τῶν ῥόδων, τὸ καλούμενον κοινῶς ῥοδόσταγμα καὶ τὸ ἐκ τῶν ῥόδων ἔλαιον, ἤτοι τὸ ἄνθος.* Konstantin S. 36. In Šipka (S. 33) die Einwohner meist *γεωργοί*.

zu 133 Groschen), aber 1885 sank er auf 18—23 Groschen; 1888 betrug er 2—3½ Francs (10—16 Groschen). Das Fallen der Preise ist ganz natürlich; der Anbau der Rose breitet sich aus, aber der Export des Oels bleibt ziemlich gleichmässig.

### d) Obstgärten.

Zur Obstcultur ist Bulgarien wie geschaffen, jedoch wurde zur Ausbeutung dieses natürlichen Reichthums bis jetzt nur wenig geleistet. Die meisten Obstbäume finden sich nur in den Hausgärten und auf den Weinbergen. Die stärkere Obstcultur beschränkt sich auf das Thal von Küstendil und auf gewisse Gebiete im Balkan. Mangel an Obst hat der Kreis von Sofia, so wie das Land bei Varna und Silistria.

Die Pflaumengärten im Becken von Küstendil haben erst seit etwa dreissig Jahren einen grösseren Aufschwung gewonnen. Die gedörrten Früchte werden nach Salonik gebracht und von dort besonders nach Marseille verschifft; auf den abendländischen Märkten sind sie, vermischt mit denen aus Bosnien, unter dem Namen der „türkischen Pflaumen" bekannt. Die Einwohner behaupten, auf je fünf Jahre falle ein ergiebiges Jahr. Die jährliche Production beziffert sich auf 1—1½ Mill. Okka.[1]) Ausserdem exportirt der Kreis von Küstendil an 300.000 Okka frischer Früchte, davon ein Drittheil nach Sofia selbst.

Am Nordabhang des Balkan nehmen die Landschaften von Loveč bis Trjavna durch ihre Obstausfuhr am Donauhandel Theil; Aepfel, Birnen und getrocknete Pflaumen werden von dort nach Rumänien, Russland, Oesterreich, sowie auch nach den Pontuslandschaften und Rumelien ausgeführt. Die kleine Okolija von Trjavna allein producirt jährlich 500.000 Okka Aepfel und 700.000 Okka Pflaumen. Neben frischem Obst werden aus dem Trnover Balkan auch viele gedörrte Früchte (bulg. ušáv) exportirt, Aepfel, Birnen, Pflaumen, im Tuzluk auch Kirschen und Kornelkirschen (bulg. drjánka, türk. kyzyldžik). Am Südabhang hat nur Kazanlyk einige Obstausfuhr, darunter an 10.000 Okka Kastanien nach Adrianopel.

Von den Obstproducten wird Branntwein aus Pflaumen (slivovica) überall bereitet, desgleichen Pflaumenmuss (pestil). Kazanlyk führt jährlich an 20.000 Okka Nussöl (šarlagán) besonders nach Adrianopel aus.

In den Gärten der Bauernhäuser herrschen neben den Wallnüssen (orjéch) besonders Pflaumen (sliva, bei Sofia džagáli) mit kleinen runden, blauen oder gelben Früchten stark vor. Die Birnen (krúša), Aepfel (jábъlka), Kirschen (čeréša) und Weichseln (višni) sind im Lande durch treffliche Abarten vertreten, unter denen die herrlichen gelben Birnen von Küstendil, die angenehm säuerlichen Aepfel der Donaulandschaften, die saftigen Weichseln des ganzen Südfusses der Balkankette, sowie die grossen schwarzen Kirschen

1) Ausfuhr durch das Zollamt von Küstendil 1883 261.023 Kilogramm (Werth 81.923 Fr.), 1887 209.508 Kgm. (Werth 65.074 Fr.).

von Sungurlar bei Karnabad eine Erwähnung verdienen. Andere Obstarten, wie Aprikosen (kajsíja, zardalíja) und Pfirsiche (práskova) werden nur durch unscheinbare, wie verkümmerte Varietäten repräsentirt. In den Stadtgärten findet man überall Quitten (djúli, dúni), Mispeln (mušmúli) und auch ausserhalb der zur Seidenzucht bestimmten Pflanzungen grosse Maulbeerbäume (černíca). Es fehlt auch nicht die Garteneberesche (Pirus sorbus, bulg. oskorúša). Stachelbeeren und Johannisbeeren, von den Bulgaren „deutsche, französische oder Konstantinopler Trauben" genannt, sind eine Seltenheit, obwohl dieselben in den Gebirgslandschaften auch wildwachsend vorkommen.[1]) Mandelbäume (badém) sind in den Umgebungen von Stara Zagora auf den Feldern in Reihen gepflanzt, gedeihen aber ausser der rumelischen Ebene selbst bei Küstendil wegen der Rauheit des Klima's nicht. Dasselbe gilt von der essbaren Kastanie (késten), die man nur unter dem sonnigen Südabhang der Balkankette findet (S. 33). Granatäpfel[2]) und Feigen (smokínja) kommen nur durch den Handel ins Land, wiewohl ich verwilderte, zwergartige Feigenstauden an einigen Orten bemerkt habe, bei Kričim am Fuss der Rhodope, auf den unbebauten Felshügeln bei Philippopel und in der Umgebung der Burgruine am Cap Kaliakra.

### e) Weinbau.

Eine grosse Zukunft hat der bulgarische Weinbau. Es sind dichte, starke südländische Weine, meist Rothweine, directe Nachkommen der altthrakischen und römischen Weinsorten. Die Weincultur theilt sich in einige Zonen. Die eine beginnt an der serbischen Grenze am Timok, in der Nachbarschaft der berühmten Negotiner Weingärten, und zieht sich zwischen Donau und Balkan bis zum Schwarzen Meer bei Varna. Vielleicht die besten Weine sind dort die Weissweine von Svištov und die Rothweine von Pleven. Der Wein von Berkovica hat einen scharfen kalkigen Beigeschmack, wie gewisse Sorten des südlichen Steiermark. Das zweite Gebiet erstreckt sich längs des Südabhangs der Sredna Gora und des Balkan von Vetren bei Tatar-Pazardžik bis Mesembria am Meere, und hat seinen Mittelpunkt bei Stara Zagora. Das dritte Gebiet begleitet den Nordfuss der Rhodope, mit den Vororten Stanimaka und Peruštica, die auch ferne Gegenden, besonders die Hauptstadt Sofia mit diesem Getränk versorgen. Die Weine von Stanimaka sind schön dunkelroth, werden aber durch Zusatz von Gyps und andere Zuthaten stark gekünstelt. Die besten Weine der Halbinsel wachsen erst jenseits der Grenze, in dem Centrum des Landes der alten, dem Weingott Dionysos so eifrig ergebenen Thraker, in der Landschaft von Adrianopel.

---

1) Ribes grossularia und Ribes alpinum im Thale der Rila, nach Pančić (Glasnik Bd. 53 S. 190).

2) Der Granatapfel (Punica granatum) heisst türk. (auch bulg.) nar. In Makedonien übertrug man auf denselben das slav. kalina, eigentlich Viburnum, in Ragusa und der Bocca di Cattaro das Wort šipak, das eigentlich bulg. und serb., wie überhaupt slav. die Rosa canina bedeutet.

Ein Ausläufer des makedonischen Weingebietes umfasst endlich die Becken von Küstendil und Dupnica.

Die übrigen Landschaften sind arm an Weingärten oder ganz weinlos: das Waldland an der ganzen Nordseite der Balkankette von Osmanpazar bis Orchanié, die Waldgebiete der Sredna Gora (bei Panagjurište, Ichtiman u. s. w.), die Berglandschaften von Sofia, Samokov, Radomir und Trn, sowie die Höhen der Rhodope.[1]) Sehr schwach ist die Weincultur auch in der flachen, heissen Ebene am linken Maricaufer, im Deliorman und im Binnenland zwischen Silistria und Balčik.

Die Rebe (lóza) rankt in dem Weingarten (lóze-to oder Plur. lozjá-ta) frei auf dem Boden, ohne Stützen. Man unterscheidet eine Menge Abarten, die beim Genusse der Trauben gleichfalls in Anbetracht kommen; demselben sprechen auch die Mohammedaner zu, bei denen es nie an Weingärten fehlt, allerdings nur der Früchte wegen. Aus den grünen unreifen Trauben (agurídi, aus dem griech.), die man auf den Märkten zum Erstaunen des Fremden feilbietet, werden Salate bereitet. Die Zubereitung des Weines ist höchst primitiv. Bei der Weinlese (grozdobér, berídba, vinobermá) werden in den meisten Gegenden schwarze, blaue und weisse Trauben, reif, überreif und halbreif ohne Unterschied zum Keltern zusammengeworfen, weshalb das Getränk meist eine unedle Farbe erhält. Auch muss der gewöhnliche Wein bis zur nächsten Lese ausgetrunken werden, um nicht zu verderben; nur die rumelischen Producte sind dauerhafter. Man bewahrt denselben in nicht sehr tiefen Kellern auf (ízba, pivnica, pódnica, pónca) und unterscheidet Holzgefässe verschiedener Art. Die grössten Fässer (bičva) werden oft mit dem Bau des Hauses zugleich errichtet, ganz unbewegliche Ungethüme. Zum Transport dienen längliche Fässchen (buré, burija), welche an die Seiten des Packsattels der Saumthiere befestigt werden.

Ueber die Ausdehnung des Weinbaues und die Gesammtproduction gibt die Materialiensammlung des Finanzministeriums von 1868 genauen Aufschluss. Die Weingärten umfassten 742.458 Uvrat (an 119.000 Hektare) und producirten 282,460.000 Okka = 3,621.282 Hektoliter Wein (vinó). Die stärkste Production weisen die Kreise von Stara Zagora (27 Mill. Okka) und Trnovo ($28^1/_2$ Mill.) auf. Im Westen Rumeliens und im Donaugebiet von Lom bis Sevlijevo überwiegt der Rothwein oder wie die Bulgaren sagen „Schwarzwein" (černo vino). Eine Ausnahme mit vorherrschenden Weisswein (bélo vino) bilden die Donaulandschaften von Svištov bis Silistria und die Umgebung des Golfes von Burgas. Die Weintreber (praštína, džibre) dienen zum Rakibrennen.

Bei der in Frankreich herrschenden Traubenkrankheit kaufen dortige Handelshäuser bedeutende Quantitäten Wein in der Türkei (Adrianopel), Serbien und Rumänien, aber Bulgarien ist ausser Stanimaka und Rušćuk an diesem Export wenig betheiligt, besonders wegen der primitiven Bereitung

1) Im Kreis von Sofia nur 228 Uvrat, in dem von Trn 1023 bei Caribrod, als Ausläufer des Weingebietes von Pirot.

des Getränkes, obwohl einige Proben auf einer Ausstellung zu Bordeaux Preise erhalten haben. Der Weinhandel beschränkt sich auf den inneren Verkehr zwischen weinarmen und weinreichen Landschaften. Die Anbauverhältnisse sind sehr günstig, da sich die bereits am Bosporus, in Serbien und in Rumänien auftretende Phylloxera bisher nur 1888 bei Vidin gezeigt hat, aber dort durch energisches Eingreifen der Behörden rasch vernichtet wurde. Um die Hebung des Weinbaues bemühen sich in letzter Zeit Private und die Regierung. Der Finanzminister Načovič hat selbst zwei Handbücher für Weinbauer verfasst. Zuletzt wurde durch Bemühungen des Sectionschefs Michail Georgiev in Vidin eine Weinbauschule mit einem Musterkeller eröffnet.

### *f)* Seidenzucht.

Der Seidenbau (Seide bulg. koprína) ist in Bulgarien alt; in Trnovo wird er schon 1640 erwähnt. Noch vor wenigen Decennien blühte er in den Donaulandschaften, besonders bei Trnovo, am Südabhang des Balkan vorzüglich bei Stara Zagora und Sliven, dann im Westen bei Dupnica. Diese Seidencultur verfiel aber vor 15 Jahren vollkommen durch die aus Italien durch Ungeschick einheimischer Händler importirte Seidenraupenkrankheit; an manchen Orten entfernte man selbst die überflüssig gewordenen Maulbeerbäume. Erst seit 1884 beginnt sie durch Bemühungen der Regierung langsam aufzuleben. Die rumelischen Landschaften produciren an 160.000 Kilogramm Cocons (paškúli), wovon mehr als zwei Drittel auf die Kreise von Philippopel und Chasköi entfallen. Ohne alle Seidenzucht sind die Bergländer des Westens und die Landschaft von Burgas. In der benachbarten Türkei blüht diese Industrie in den Provinzen von Adrianopel und Salonik, durch keinerlei Zwischenfälle unterbrochen.

### *g)* Bienenzucht.

Die Bienenzucht (pčelarstvo) ist ganz primitiv und in grossem Verfall. Die Bienenkörbe (kóšnica, košarína, türk. kovanlyk) sehen aus der Entfernung nur wie grosse, oben zusammengebundene Strohwische aus. In manchen Gegenden macht man sie aus den Ranken der wilden Rebe. Der moderne Bienenstock und die ganze neue Kunst des Gewerbes ist in Bulgarien noch vollständig unbekannt. Die Ursachen des Verfalls sind die wachsende Einfuhr des den Honig verdrängenden Rübenzuckers, der immer geringere Verbrauch der Wachskerzen, dann z. B. bei Chasköi die Tabakcultur. Stärker wird die Bienenzucht betrieben nur bei Varna, Ruščuk (an 15.000 Körbe), Sliven und Dupnica.

## 5. Die Viehzucht.

Mangelhafte Statistik. Wanderhirten und deren Rechte. Das Hirtenleben und seine Geschichte und Terminologie. Käsearten. An der Sonne getrocknetes Fleisch (Pastyrma). Viehmärkte und Viehausfuhr.

Eine vollständige Viehstatistik fehlt. Nach der letzten Publication des Finanzministeriums zählte man im vereinigten Fürstenthum 1887 6,871.919 Schafe, 1,203.985 Ziegen, 394.843 Schweine. Ueber die grösseren Thiere haben wir nur Daten aus Ost-Rumelien 1883: 311.998 Stück Hornvieh, 58.864 Büffel (davon $^2/_3$ in den östlichen Kreisen), 43.601 Pferde, 28.913 Esel und 4502 Maulthiere.

Bei der ackerbauenden Bevölkerung der Niederungen ist die Viehzucht im Allgemeinen nicht bedeutend, obwohl es z. B. auch bei Pleven und Razgrad viele Weideplätze (sovat) zur Züchtung von Schlachtvieh und Arbeitsthieren in grossen Heerden gibt. Man füttert das Vieh mit Stroh und Heu, Gerste und Hafer, Spreu, abgeschälten Maiskolben, Futterwicke und „wilder Hirse" (lúdo prosó, türk. deli dary). Für Schafe und Ziegen werden auf den Winter Schober von Eichenästen mit Laub (lístnica) gesammelt, auch eine Art Waldverwüstung. Der Anbau von Klee (detelína) ist eine wenig eingebürgerte Neuerung.

Die Grundlage der landesüblichen Viehzucht ist wie in Spanien, Süd-Italien und besonders in Kleinasien die Wanderwirthschaft, mit Sommeraufenthalt der Heerden auf den Bergen und Winteraufenthalt in manchmal sehr entfernten Ebenen. Auf der Balkanhalbinsel ist sie noch sehr verbreitet. In Albanien sind es die Klementiner, die Wlachen des Pindus und Grammos und die Bulgaren aus der Landschaft von Ochrid, welche mit ihren Heerden den Winter in der Küstenebene zubringen und auf den Sommer in ihre Berge ziehen. Gross ist die Ausdehnung dieser Art Viehzucht im Aegaeischen Gebiet, von den Ebenen Thessaliens angefangen bis Gallipoli. Bekannt ist das Herumziehen der rumänischen „Mokkanen" zwischen den Bergen Siebenbürgens und den Niederungen Rumäniens und der Dobrudža.

In Bulgarien betheiligen sich drei Völker an dieser Wirthschaft: Bulgaren, besonders die Rinderhirten der centralen Sredna Gora und die Schafhirten des Balkan von Kotel, Wlachen und türkische Jürüken. Wir haben bei der Beschreibung der Wlachen und Jürüken den Charakter dieses Hirtenlebens näher dargestellt und auch die Ursachen des Verfalls desselben angegeben. Die Hirten bulgarischer Nationalität sind nicht so vollständige Nomaden wie ihre rumänisch und türkisch sprechenden Genossen, obwohl im Balkan von Kotel die Traditionen sich noch des Nomadenlebens gut erinnern. Die „Srednogorci" überwintern an der unteren Marica oder bei Burgas, die Hirten von Kotel seit hundert Jahren in den pontischen Niederungen der Dobrudža, früher in Thrakien, besonders bei Karnobad. Die Zahl der im Sommer die Berge belebenden Thiere ist mitunter gross, im Kreis von Sliven z. B. 525.000 Schafe und Ziegen, im Kreis von Sofia an 560.000 Stück Kleinvieh u. s. w.

Interessant sind die juridischen Verhältnisse dieser Hirten zur ansässigen Bevölkerung und zum Staat. Die Türkenzeit hat in den mittelalterlichen Zuständen, die wir aus serbischen, bosnischen und dalmatinischen Denkmälern des 13—15. Jahrhunderts gut kennen, wenig geändert. Nach den Bestimmungen der alttürkischen Gesetzbücher waren die Wanderhirten (Jürükler) freie Leute, keinem Lehensreiter (Spahi) unterthan. Für die Sommerweide (jajlák, altserb. letovišta) zahlten ihre Häuptlinge zur Erntezeit eine „Grassteuer" (resmi otlak, altserb. travnina), für die Winterweide ein „Winterhürdengeld" (resmi kyšlak, altserb. zimišta, zimovišta). Wenn sich solche Hirten als Ackerbauer niederliessen, zahlten sie 10 Jahre lang eine Uebergangssteuer von den urbar gemachten Gründen.[1])

Die grossen Hutweiden (jajlák, pásbište. pašá) auf den luftigen Bergeshöhen gehören selten dem Staate oder Privaten, meist den angrenzenden Gemeinden, deren Territorium z. B. im Central-Balkan von dem Südabhang fast immer bis zur Kammhöhe hinaufreicht. Jeder Weideplatz hat seinen Namen, der manchmal ganz alterthümlich klingt.[2]) Der Pacht, welche die Wanderhirten zahlen, ist nicht unbedeutend; bei Kazanlyk vermiethet z. B. die Gemeinde Mъgliš 6000 Uvrat für 12.000 Piaster, Gabárevo 4000 Uvrat für 9500 Piaster jährlich.

Wlachen und Jürüken züchten nur Schafe und Pferde. Die Ziegenzucht wird des Waldschutzes wegen jetzt durch Steuern eingeschränkt. Die Rindviehzucht ist meist in den Händen der Bulgaren der Sredna Gora, welche auch die Triften der Rila, Vitoša und des Balkan benützen. Schweinezucht nach serbischer Art, in halbwilden Heerden in Wäldern mit Eichel- und Buchelfütterung, ist nur bei Burgas und an der unteren Kamčija anzutreffen. Aber aus mittelalterlichen Berichten erhellt, dass diese nunmehr in grösserem Masse nur auf die Wälder Serbiens und Ungarns beschränkte Zucht einst über die ganze Halbinsel und die angrenzenden Donaugebiete weit verbreitet war. Aus den Chroniken des Akropolites und Pachymeres kennen wir die Schweinehirten (χοιροβοσκοί) als eigene Bevölkerungsclasse im Haemus und in der Rhodope. Für das byzantinische Reich gibt die Beschreibung Aufschluss, die der Kaiser Joannes Kantakuzenos von seinem Privatvermögen entwirft; er besass 5000 Stück Rindvieh, 2500 Pferde, 50.000 Schweine und 70.000 Schafe.[3]) Diese Ziffern geben uns wohl das Verhältniss der einzelnen Viehgattungen in den Heerden der damaligen byzantinischen Grossen überhaupt. Unter der Herrschaft des Islam ging die Schweinezucht ein, nicht ohne Einfluss der zahlreichen türkischen Ansiedler. Aber noch im 16. Jahrhundert gab es einzelne Ueberreste; Deruschwam sah in Rumelien ganze Schweineheerden und alttürkische Finanzgesetze nennen Steuern von Schweinen, die in den Gebirgswäldern der Sandžaks von Nikopol und Vidin gemästet

1) Hammer, Osm. Staatsverfassung I 199, 200, 405, 413.

2) Besonders bei Ableitungen von Personennamen: Kalajánka bei Kazanlyk von Kalojoannes, Belaurica am Midžur von dem im 14. Jahrh. vorkommenden bulg. Namen Belaur u. s. w.

3) Kantakuzenos III. cap. 30.

wurden.[1]) Den Abscheu der Mohammedaner gegen das Hausschwein begreift Jedermann, der in Serbien und Bulgarien mit eigenen Augen gesehen hat, womit sich diese Thiere auf den Haushöfen, besonders in den Morgenstunden gütlich thun.[2])

Seltsam ist die Terminologie der bulgarischen Hirten, ein historisch merkwürdiges Amalgam slavischer, rumänischer und türkischer Ausdrücke. Neben in engeren Grenzen beschränkten Wörtern gibt es andere, welche aus Griechenland über albanesische, serbische, bulgarische und rumänische Länder von Sparta bis in die Karpaten, ja bis zu den mährischen Walachen reichen.[3])

Die Wichtigkeit des Viehes (dobítъk) in der bulgarischen Wirthschaft kennzeichnet der Umstand, dass das Wort stóka nicht nur Vieh, sondern Waare, Besitz überhaupt bezeichnet. Die Namen der einzelnen Thierclassen sind meist slavisch, selten türkisch.[4]) Die grosse Heerde heisst stádo, die Heerde des Dorfes čardá, worunter bei Kotel nur Rinder und Büffel, bei Trnovo alles Vieh verstanden wird.[5]) Der Hirt heisst pástir (slavisch) oder čobán (persisch). Gross ist die Mannigfaltigkeit der Ausdrücke für die Hirtenhütte: kolíba, košára, dann die vom Šar bis in die Dobrudža bekannte mándra (von μάνδρα, μανδράκι); in der Sredna Gora heisst die Hütte des Schafhirten bačíja, ein Wort, das in Makedonien báčilo lautet, in Serbien als bača, bačija (neben stan) in der Bedeutung der Hirtenbude vorkommt und noch den Rumänen als baciu Schafhirt, Käsemacher und den mährischen Walachen als bača Oberschafhirt bekannt ist. Der Zaun aus Korbgeflecht, unter dessen Schutz die Schafheerde übernachtet, heisst ograda (slav. Zaun), pojáta, striga, ъgъl vom türk. agyl Hürde, egrék u. s. w. Den Oberhirten oder Käsemacher heisst man mandradžija (auch rum. mandražiu). Das Winterquartier der Heerde wird in der Regel mit einem türkischen Ausdruk kyšlá genannt. Das noch in Ortsnamen oft vorhandene obór in der Bedeutung Stall oder Hürde ist jetzt selten zu hören. Bei Kotel und auch im Trnover Balkan nennt man die Stelle, wo die Schafe weiden, pladníšte vom bulg. pládne Mittag (pladnúvanje Ruhe der Schafe im Schatten), deren Nachtlager polugár.

Die Schafschur (strižba) und die Käsebereitung sind die Hauptgeschäfte des Hirtenlebens. Der Schafkäse der Halbinsel hatte schon in der Römerzeit einen Ruf, besonders der caseus Docleas aus dem heutigen Montenegro und der caseus Dardanicus aus den Umgebungen von Skopje und

1) Hammer op. cit. I 304, 313.

2) Die Bemerkungen Barth's S. 23 liessen sich durch viele komische Beispiele bestätigen.

3) Vgl. Miklosich's Rumunische Untersuchungen (über die makedowlachische Sprache) und besonders sein Werk „Ueber die Wanderungen der Rumunen in den dalmatinischen Alpen und den Karpaten, Wien 1879", Akad. Denkschriften Bd. XXX.

4) Slavisch sind govédo Rind, oven, ovca Schaf, praz Widder, agne Lamm, koza Ziege, jaré Zicklein u. s. w., türkisch koč Widder, sagmál Melkschaf; dunkel ist šile, abgestelltes Lamm.

5) Altslav. črěda Heerde; vgl. magy. csorda, Rinder- oder Schweineheerde.

Prizren.[1]) Die erste, noch gelbe Milch (bulg. mljáko) heisst kulástra, ein römisches Wort (colostrum), das auf einem weiten Gebiet von den Höhen der Balkanhalbinsel bis zu den Kleinrussen und Teschener Polen in den Karpaten im Gebrauche steht. Die Molke heisst mъtenica (mъten bulg. trüb), die sauere Milch mit einem türkischen Ausdruck ajrán, die Sahne gleichfalls türkisch kajmák, das Salzwasser, in dem der Schafkäs aufbewahrt wird, salamúra (ital. salamoja). Man unterscheidet einige Arten Käse (sírene). Der gelbe Kuhkäse in grossen platten, runden Kuchen, für den Genuss allzu dicht und trocken, heisst bei Bulgaren, Rumänen und Türken kaškavál; es ist unzweifelhaft der italienische Käsename cacio cavallo, ein wohl erst in ganz neuer Zeit durch den Handel eingebürgerter Ausdruck. Der scharfe, wie Sand zusammenhangslose Schaf- oder Ziegenkäse (neugr. μυζίθρα) heisst úrda; das räthselhafte Wort hat gleichfalls eine grosse Verbreitung, bei den Rumänen der Karpaten und des Pindus, bei den Kleinrussen und den mährischen Walachen. Der gebackene und dann in Milch mit Mehl gekochte Käs, ein graues breiartiges Gericht, das ich in den Schafhürden der Sredna Gora aus Holznäpfen gegessen habe, heisst bélmuš, wieder ein Terminus der dem Balkan und den Karpaten gemeinschaftlichen Hirtensprache; als balmuš bedeutet es bei den Rumänen in den Karpaten eine aus Milch und Maismehl bereitete Speise, bei den Huculen und anderen Kleinrussen der Bukovina einen mit Sahne gekochten Brei. Der Ziegenschlauch, in welchem die Hirten die Milch aufbewahren, nennt man ugurtník, urgutník, vom türk. jogurt, jourt geronnene Milch.[2])

Ein wichtiger Bestandtheil der einheimischen Nahrung ist die pastъrmá, Rind-, Schaf- oder Ziegenfleisch, in dicke Streifen oder Laibe hart gepresst und an der Sonne getrocknet; in seinen vollkommensten Gestalten erscheint sie als ein Urbild der italienischen Salami und Mortadellen, wird aber für den Fremdling erst nach vieler Uebung geniessbar. Der Name ist türkisch (bastyrmá, pastirmá), wohlbekannt auch in Anatolien und auf der Krim; auf der Halbinsel kennen ihn auch die Rumänen, Griechen und Albanesen. Die landesüblichen in Därme gestopfen Würste werden gleichfalls nur an der Sonne getrocknet: sudžúk (türk.), nádenica (bulg.), lokánka in Koprištica (neugr. λουκάνικον). Zur bulgarischen Hirtenkost gehört noch die kavъrmá, Gekröse mit Gemüse gekocht; das türkische Wort reicht bis nach Innerasien, wo es als kaurma heute noch Selchfleisch mit Hirse bedeutet.[3])

Der grösste Viehmarkt ist zu Pleven, wo jährlich an 20.000 Rinder verkauft werden. Von dort, mitunter auch aus Sevlijevo, Vraca und Rachovo, beziehen die Pontuslandschaften, alle Kreise Rumeliens und selbst die Gegend von Sofia die besten Zugthiere. Der Export lebenden Gross- und Kleinviehes

---

1) Plinius, Nat. hist. XI §. 240, Totius orbis descriptio (aus dem 4 Jahrh.), §. 51 (Geogr. graeci min. vol. II).

2) Ueber alttürk. ajran und jogurt vgl. Vambéry, Das Türkenvolk 208.

3) Vambéry 210, 309.

wendet sich hauptsächlich in die Türkei, vor Allem nach Konstantinopel, welches besonders Schafe aus allen Gegenden Bulgariens, von Trn angefangen, bezieht. Die Ausfuhr nach Serbien und Rumänien ist geringer. Gross ist der Handel mit Wolle; die beste soll die des Balkan von Sliven, besonders von Karnobad sein. Büffelhäute gehen in die Türkei, Ziegen- und Schafhäute in den Occident; Rinderhäute haben im Lande selbst einen starken Consum bei dem allgemeinen Tragen der Bundschuhe.

Eine grosse Zukunft hat die Käse- und Butterbereitung. Allerdings sind alle modernen Erfindungen zur Beförderung derselben im Lande noch unbekannt. Das wichtigste Absatzgebiet ist wieder die Türkei, mit Konstantinopel und Salonik an erster Stelle. Der Kreis von Philippopel producirt jährlich 200.000 Okka Butter, 500.000 Okka Käse, der von Küstendil 113.000 Okka Butter und 430.000 Okka Käse, wovon mehr als die Hälfte in die Türkei geht.

## 6. Agrarverhältnisse.

Umwälzungen nach der Befreiung. Massenhafter Kauf und Verkauf von Grundstücken. Werth des Bodens. Ein Kleinbauernland. Latifundien selten, jetzt zerschlagen. Pachtverhältnisse, Halbwirthschaft und agrarische Arbeiter. Die jährliche Schnitterwanderung nach Rumelien. Die Agrarfrage von Küstendil. Tatarische „Sultane“.

Die Agrarverhältnisse befinden sich seit dem letzten russisch-türkischen Krieg zu beiden Seiten des Balkan in einem vollständigen Uebergangszustand. Derselbe äussert sich besonders durch die Sucht der Ackerbauer, so viel Land als möglich aufzukaufen, durch die Zersplitterung grösserer Komplexe und durch rasche Urbarmachung unbebauten Bodens.

Die gesammte bulgarische Bevölkerung in Bulgarien und Ost-Rumelien wurde nach der Befreiung von unersättlicher Begierde nach dem Besitz unbeweglicher Güter ergriffen. Die Städter kaufen Häuser und Bauplätze, die Bauern so viel Gründe als möglich, oft mehr als sie bebauen können, oder erweitern ihre Felder durch Verwandlung der Gemeinweide in Aecker. Diese gewaltige Strömung bringt manche ökonomische Missstände mit sich. Das Landvolk verkauft sein Vieh, um Geld im Baaren zu erlangen, verfällt bei dem landesüblichen hohen Zinsfuss in grosse Schulden und zahlt seine Steuern sehr unregelmässig, so dass auch die reichsten Kreise mit grossen Steuerrückständen (nedobóri) belastet sind.

Die grosse Bewegung in den Besitzverhältnissen wurde besonders durch die Auswanderung der Mohammedaner veranlasst, welche ihre Güter eilig verkauften, um rasch fortkommen zu können. Der Geldumsatz bei dem Verkauf von Grundstücken erreicht gewaltige Summen. Nach einem amtlichen Ausweis verkauften in Ost-Rumelien in der Zeit vom Frühjahr 1879 bis zum 1. November 1883, also in $4\frac{1}{2}$ Jahren, unbewegliches Gut:[1])

1) Die Philippopler Zeitung „Narodni Glas“ Nr. 456, 21 Dec. 1883. In Gold: 100 Piaster = 1 Lira = 22·70 Francs.

| | | |
|---|---|---|
| Mohammedaner an Christen . . . . | für | 72,229.516 |
| Christen an Mohammedaner . . . | „ | 401.752 |
| Christen an Christen . . . . . . . . | „ | 24,799.084 |
| Mohammedaner an Mohammedaner | „ | 4,727.885 |

im Ganzen für 102,158.237 Piaster = 23,189.911 Frs. 40 Cent. Gold.

Davon entfallen ungefähr 30% auf den Kreis von Philippopel, 28% auf den von Stara Zagora, 12% auf den von Tatar-Pazardžik, je 11% auf die von Sliven und von Chasköi, 8% auf den Kreis von Burgas. Iliev schätzt den Umsatz bei dem Verkauf von Liegenschaften im Kreis von Stara Zagora allein von 1878 bis 1885 auf 50½ Millionen Piaster = 11½ Mill. Francs, wovon 40 Millionen Piaster auf Fälle entfallen, wo der Verkäufer ein Türke, der Käufer ein Bulgare war.[1]) Für das Fürstenthum Bulgarien fehlt es an ähnlichem, mir zugänglichen Material, aber die Verhältnisse waren von Vidin bis Varna ähnlich, wie in Ost-Rumelien. In der letzten Zeit trat ein Umschwung ein. Heute suchen die Leute oft den aufgekauften Boden wieder los zu werden.

Der Werth des Bodens wechselt nach den localen Verhältnissen, theils nach dem Ertrage, theils nach der dünneren oder dichteren Bevölkerung. In dem Kreis von Stara Zagora befinden sich die theuersten Grundstücke in dem sehr fruchtbaren Bezirk von Čirpan (1 Uvrat Schwarzerde bis 500 Piaster), die billigsten in dem vorzüglichen, aber schwach bevölkerten Bezirk von Sejmen (1 Uvrat 40—75 Piaster). In den letzten Jahren der Türkenherrschaft war der Boden theuerer als jetzt, z. B. bei Stara Zagora um 40—50%, bei Kazanlyk um 25%. Das Fallen des Werthes ist verursacht sowohl durch den massenhaften Verkauf der Aecker, als durch das Fallen der Getreidepreise. Nach dem russisch-türkischen Kriege stieg das Getreide Anfangs sehr im Werthe, denn die Ernte des Kriegsjahres 1877 ging in vielen Gegenden, die als Operationsfeld dienten, zu Grunde und die Jahre 1878 und 1879 waren sehr schlecht, ja in dem Bergland bei Küstendil gab es Ende 1879 eine förmliche Hungersnoth und in Sofia selbst Anfang 1880 einen Brodcrawall. Seitdem haben sich solche Zustände nicht mehr wiederholt und die Getreidepreise fallen seit 1883 fortwährend.

Latifundien oder Čiflik's gab es in der Türkenzeit nur in den Ebenen und in einigen der westlichen Gebirgsthäler. Dieselben hatten im Verhältniss zu dem abendländischen, rumänischen oder russischen Grossgrundbesitz eine sehr kleine Ausdehnung und einen höchst einfachen „fundus instructus“ an Gebäuden oder Instrumenten. Ich hörte von einem türkischen Besitz in Rumelien zu 10.000 Uvrat (1600 Hektare) und von den ausgedehnten Gütern eines Pascha bei Balčik mit ödem, meist noch nicht urbar gemachten Boden, aber dies waren seltene Ausnahmen. Nach dem Fall der Türkenherrschaft wurden diese grösseren Güter grösstentheils von den benachbarten Bauerngemeinden gekauft und in kleinen Parcellen an die einzelnen Gemeindemitglieder vertheilt. Dies geschah in den reichen Gegenden Rumeliens ebenso

1) Iliev, Der Kreis von Stara Zagora S. 30.

gut wie z. B. in dem kälteren Becken von Radomir im Westen. Nur wenige Čiflik's kamen in die Hände städtischer Capitalisten, ja die politischen Parteien verfolgen offen das Ziel, eine solche Ansammlung des Besitzes in einer Hand zu verhindern. Nach Iliev gab es 1886 in der Okolija Stara Zagora noch 45 Čiflik's (von einstigen 100), Nova Zagora 9, Čirpan 5, Sejmen 4, Kazanlyk 1. Die Materialiensammlung des Finanzministeriums 1888 gibt folgende Ziffern für die einzelnen Kreise: Burgas 14, Sliven 25 (18 bei Jambol), Stara Zagora 4 (?), Philippopel 79 (Okolija Philippopel 42, Ovčechulm 17), Chasköi 6, Tatar-Pazardžik 17, Silistria 5, Razgrad 1, Rušćuk 9, Svištov 3, Trnovo 6, Sevlijevo 6, Berkovica 2. Die Zahl der Güter im Kreis von Küstendil ist nicht angegeben. Die Čifliks in den Kreisen von Sofia, Vraca, Rachovo und Pleven sind ganz unbedeutend. Ohne alle Čifliks sind die Kreise von Trn, Vidin und Šumen. In dem Kreis von Varna treten an Stelle derselben die Kyšlá, Winterhürden mit grösserem Grundbesitz, eingerichtet zu Ackerbau und Viehzucht. Die Ausdehnung aller dieser „Latifundien" übersteigt angeblich nirgends 1500 Uvrat oder ungefähr 240 Hektare, ja die kleinsten haben nur 100—150 Uvrat oder 16—24 Hektare!

Im Allgemeinen war das Land in der Türkenzeit unter eine kleinere Anzahl von Besitzern mit grösseren Gütern vertheilt, während jetzt die Zahl der Besitzer grösser ist, ihre Antheile aber kleiner werden. Bei Stara und Nova Zagora hat das grösste Bauerngut 300 Uvrat (48 Hektare) mit 2—3 Paaren Ochsen, das kleinste 10—40 Uvrat ($1\frac{1}{2}$—$6\frac{1}{2}$ Hektar) mit einem Paar, ja bei Nova Zagora nur mit einem Ochsen, so dass sich zwei Nachbarn zur Aufstellung eines Ochsenpaares für die Feldarbeit zu vereinigen pflegen.

Die Parcellirung der Čiflik's hatte auch die Folge, dass die ohnehin geringe Zahl der ehemaligen landwirthschaftlichen Arbeiter sich sehr verminderte. Im Bezirk von Sejmen sind von 10 ehemaligen Knechten, welche auf türkischen Čiflik's arbeiteten, jetzt durchschnittlich 9 Besitzer (stupánin) von eigenem Grund und Boden; ebenso hat sich im Bezirk von Stara Zagora ein Fünftel der ehemaligen Čiflikarbeiter in Bauern mit eigenen Feldern verwandelt. Nach Iliev entfielen im Kreis von Stara Zagora 1886 auf eine Familie durchschnittlich 42 Uvrat (fast 7 Hektare), auf jede einzelne Person ohne Unterschied des Alters oder Geschlechtes $8\frac{1}{2}$ Uvrat (1 Hektar 28 Are).

Die Bewirthschaftung der Čiflik's und der grösseren Bauerngüter wurde und wird noch in doppelter Weise bewerkstelligt, theils durch Pacht an benachbarte Bauern, theils durch Lohnarbeiter.

Die Pachtverhältnisse sind dieselben, wie in dem ganzen Mittelmeergebiet. Es herrscht der Theilbau, dessen Grundlage die Halbwirthschaft ist, bulgarisch ispolíca (der Pächter ispoldžija), türkisch ortaklyk (der Pächter ortak, ortakdži, bezeichnet auch den Gesellschafter im Handwerk und Handel). Sie gleicht der italienischen Mezzeria, Mezzadria und dem französischen Métayage und stammt auf der Balkanhalbinsel noch aus dem Mittelalter, wie denn die Termini ispoli, ispolnik schon in altslavischen Denkmälern vorkommen und getreu den byzantinischen ἡμισεία, ἡμισιαστής, γεωργὸς ἐφημίσειος entsprechen.[1]) Bei der wirklichen Halbwirthschaft fällt die eine Hälfte dem Bauern, die andere dem Besitzer zu, welcher den Samen in Abzug bringt, falls derselbe von ihm zur Aussaat geliehen wurde. Bei Stara Zagora erfolgt die Theilung noch in den Garben, bei Küstendil nach dem Dreschen. Neben diesem ursprünglichen Typus ist die Drittelwirthschaft verbreitet (türk. üčürdžüm, von üč drei), nicht nur in Bulgarien (selbst bei Stara Zagora), sondern auch in anderen Gebieten der Halbinsel, z. B. im Epirus und anderen Bergländern des Westens. Der Besitzer erhält ein Drittel der Feldfrüchte, der Pächter zwei Drittel, und zwar erfolgt die Theilung nach Abzug des Zehents oder überhaupt der Steuern. Als Grund der Veränderung des ursprünglichen Verhältnisses der Theilung wird in Bulgarien, wie in den romanischen Ländern des Westens, der Umstand angegeben, der Boden sei minder erträglich und würde bei einem höher angesetzten Pacht keine Bebauer finden. In der letzten Zeit verbreiten sich die Anfänge von Zeitpacht, wo der Pächter z. B. bei Stara Zagora für einen Urat nach der Qualität des Bodens $^1/_2$ bis 2 Krina Getreide in Natura abliefert und dabei selbst die auf die gepachteten Felder entfallenden Steuern zahlt.

Der gemiethete landwirthschaftliche Arbeiter heisst rataj oder argátin (von ἐργάτης), bei Küstendil, Dupnica und Radomir mómok, „Bursche“ (Plur. momci, die Weiber momkíni, das ganze Verhältniss mómätina). Die Bedingungen sind sehr mannigfaltig und hängen vom Ortsgebrauche, sowie davon ab, ob der Arbeiter alt oder jung, verheiratet oder unverheiratet ist. Der Lohn besteht theils nur in Naturalien, theils nur in Geld, oder in Geld mit Verpflegung, oft mit freier Benützung eines angewiesenen kleinen Ackers. Der Arbeiter wohnt in seiner eigenen Hütte in der Nähe des Gutes oder in einer vom Besitzer ihm angewiesenen Wohnung auf dem Gute. Die Zahlung in gemünztem Geld ist übrigens neu; im Westen, bei Radomir und Küstendil, wurden die Arbeiter noch unlängst nur mit Feldfrüchten gezahlt. Der dem Arbeiter als Theil des Lohnes angewiesene Acker heisst paraspór (oder paraspur), weshalb die auf fremdem Gut sich ernährenden Dorfbewohner paraspordži genannt werden. Das Wort ist byzantinischen Ursprungs, von παράσπορον, παρασπορά.[2])

Der Arbeiter wird auf ein ganzes oder ein halbes Jahr gemiethet;

1) Vgl. die griech. und slav. Texte bei Romuald Hube, Ueber die Bedeutung des röm. und byz. Rechtes bei den slavischen Völkern, Warschau 1868, S. 81, 85 (poln., auch in franz. Ausgabe).

2) Paraspur in dieser Bedeutung hört man bei Dupnica, Küstendil, Radomir, Stara und Nova Zagora u. s. w. Miličević, Die neuen Kreise des Königreichs Serbien (serb., S. 135) schreibt, bei Niš heisse „parasporija njiva“ überhaupt der Acker des Spahi, den die Bauern bearbeiten mussten; der Terminus hat also dort seine Bedeutung geändert. Du Cange, Glossarium mediae graecitatis kennt παρασπόρια nur als peculium castrense, καστρίσια, ἰδιόκτητα. Cf. τὸ οἰκοκυδοπαρασπόρον (sic) in einer Urkunde bei Miklosich und Müller, Acta graeca IV, 182 und den erhaltenen Titel einer Novelle des Ks. Tiberius II (578—582): περὶ παρασπορειῶν (Heimbach in Ersch und Gruber's Encykl. Bd. 86, S. 213).

die Termine beginnen mit dem St. Georgstag (Gergjov den) im Frühjahr oder mit dem St. Demetriustag (Dmitrov den) im Herbste, welche Feiertage auch bei der Aufnahme von städtischen Dienstboten oder bei der Miethe von Häusern massgebend sind. Die sehr verschiedenen Lohnverhältnisse können durch folgende Beispiele illustrirt werden. In den Dörfern bei Stara Zagora erhält der Arbeiter 300—500 Piaster in Geld, 15—18 Kiló (zu 44 Okka) Korn (als jemelik, Kost) und Samen zur Aussaat auf einem 2—3 Uvrat umfassenden „Paraspor", theils Mais, theils Weizen oder Gerste; dazu gibt man ihm noch eine Quantität Salz und Bundschuhe (opinci). Auf seinem Paraspor arbeitet er mit dem Geräthe des Herrn; in einigen Ortschaften gehört nur das Korn dem Arbeiter, das Stroh dem Herrn. In manchen Dörfern wird der Paraspor in der Weise bestimmt, dass der Knecht zwei Tage auf dem Grund des Herrn für sich ackern darf; was er leistet, ist sein Paraspor. In der Okolija von Sejmen gibt man ausser dem Lohn in Geld noch 10 oder mehr Kilo Getreide, 12 Okka Salz, 3 Okka Oel und das Leder zur Beschuhung. Bei Dupnica erhielt der Arbeiter 50 Kutel Korn (zu 20 Okka, der Ausdruck wird auch für das entsprechende Flächenmass gebraucht), dazu als Paraspor 2 Kutel für Roggen, 2 für Hafer, 2 Beete (lechá) für Mais und Gemüse, alles mit dem zur Aussaat nöthigen Samen, 12 Okka Salz und ein halbes Ochsenleder zur Herstellung der Fussbekleidung. Als Arbeiter auf den Čiflik's verdingen sich nicht nur Bulgaren, sondern auch Zigeuner und Türken. Viele zogen ihr Leben lang mit Weib und Kind von einem Gut auf's andere.[1])

Arbeitskräfte hat das nördliche Bulgarien genug; dagegen leidet die rumelische Ebene an einem grossen Mangel derselben und könnte die Ernte ohne fremde Hilfe gar nicht nach Hause bringen. Dies führt in der Zeit um das hl. Petrusfest zu einem alljährlichen Zug der Schnitter und Schnitterinnen (žetvari und žetvarki) aus dem Balkan in die Romanjá, wie man hier die thrakische Ebene gewöhnlich nennt (S. 8), was um so leichter bewerkstelligt wird, da das Getreide im Balkan viel später reift und die Leute zu ihrer heimischen Ernte gut zurückkehren können.[2]) Diese Wanderung erstreckt sich auf das ganze Gebiet von Tatar-Pazardžik bis nach Mesembria, und zwar gehen die Bergbewohner aus der Gegend von Ichtiman und Vakarel in die Ebene bei Tatar-Pazardžik und Philippopel, von Orchanié in das Becken von Zlatica, aus dem Balkan von Trjavna, Elena und Kotel und aus der östlichen Sredna Gora in das Flachland von Čirpan und Stara Zagora angefangen ostwärts bis zum Schwarzen Meer bei Anchialos. Das weibliche Geschlecht ist dabei stärker betheiligt als das männliche. Die Accordirung zwischen den Grundbesitzern aus der Landschaft von Stara und Nova Zagora und den Schnittern aus dem Balkan von Gabrovo und Drjanovo geschieht im Walde Tulova Koria im Becken von Kazanlyk, wo dabei an 5 bis

1) Diev S. 40—42 und unser Bericht über die Agrarfrage bei Küstendil (s. S. 189).

2) Merkwürdig ist es, dass der Ausdruck Romanjá allmälig seine geographische Bedeutung verliert und „Schnitterarbeit in der Ebene" zu bezeichnen beginnt.

6000 Menschen, meist Mädchen, zusammenkommen. Die Rumelioten nennen diese Arbeiter (auch in Zlatica) Zagórci, Zagórki (die von jenseits des Berges, „ultramontani"). Der Zug geht lustig vor sich, mit Gesang und Sackpfeifen, desgleichen die Arbeit, nach deren Abschluss lang in die Nacht gesungen und getanzt wird. Die Leute essen und schlafen auf den Feldern neben ihren Garben. Auf den Strassen und Feldern hat zu dieser Zeit bei der Menge lustigen weiblichen Volkes in bunten Trachten alles ein feiertägliches Aussehen. In der That ist diese Schnitterarbeit für die Bergbewohner eine Art Festlichkeit, denn hier arbeiten sie in grossen Gesellschaften, während daheim eine jede Familie die Ernte ihrer armseligen, auf den Berglehnen zerstreuten Felder allein ohne Sang und Klang besorgt. Das Donaugebiet braucht keine solchen wandernden Schnitter, ja schon der gut bevölkerte Bezirk von Kazanlyk am Südfuss des Balkan bringt seine Ernte allein nach Hause.

Diese alljährlichen Wanderungen von Schnittern sind alt. Der französische Gesandte Des Hayes traf 1621 zwischen Adrianopel und Konstantinopel eine grosse Menge Albanesen, die zur Ernte bis nach Anatolien zogen, und bemerkt, dieser Zug wiederhole sich alljährlich.[1]) Im J. 1884 sah ich auf einer Reise gerade zur Erntezeit südlich vom Balkan von der Vitoša bis zum Pontus und längs des Nordabhangs der Balkankette wieder von Varna nach Sofia zurück das ganze fröhliche Treiben beim Auszug, an der Arbeit und bei der Rückkehr, wurde aber zugleich Zeuge eines grossen Umschwungs. Die Bergbewohner stellten von Jahr zu Jahr wachsende Lohnforderungen, erblickten aber in diesem Jahre plötzlich auf den Gefilden Thrakiens eine ungeahnte Concurrenz — landwirthschaftliche Maschinen, welche die ostrumelische Regierung und die Kreisvertretungen angeschafft hatten. In Folge dessen sanken die Schnitterlöhne sofort auf die Hälfte.[2])

Agrarfragen in grösserem Mass sind auf der Balkanhalbinsel nur in Bosnien vorhanden. Serbien und Bulgarien, fast ganz von Kleinbauern bewirthschaftet, haben nur eine solche Frage aufzuweisen, die sich auf die Bergländer zwischen Küstendil und Niš beschränkt.

Zur Erklärung derselben sind einige historische Bemerkungen nothwendig. Das alttürkische Recht unterschied vier Hauptgattungen des Grundbesitzes: Mülk Privatgut, Chas Krongut, Vakuf geistliches Gut, Timar Lehensgut (auch Kylydž, Säbelgut genannt). Daneben wird der erbliche Besitz (slav. und türk. Baština) verschiedener Kriegerclassen und Hofdiener erwähnt, der Muselime, der christlichen Vojnik's, der Falkenjäger u. s. w., jedoch von geringem Umfang. Die Reisewerke des 16. und 17. Jahrhunderts kennen keinen bedeutenden Grossgrundbesitz, denn die grossen Güter, deren Einkünfte Sultaninen, Veziere, Beglerbeg's, Sandžakbeg's und Hofbeamte bezogen, waren wohl grösstentheils Chas, was auch die von Hammer ver-

1) Voiage de Levant. Paris 1629 p. 92.

2) Der Schnitterlohn war vor dem russisch-türkischen Kriege klein, 5—12 Piaster für den Uvrat, stieg aber dann in der Zeit Ost-Rumeliens auf 12—40; die Kost gibt stets der Grundherr.

öffentlichten Listen bestätigen.[1]) Die Anzahl und Ausdehnung dieser Krongüter ist noch aus vielen davon abstammenden Ortsnamen kenntlich: Stadt Chasköi in Rumelien, zahlreiche Dörfer dieses Namens auf der ganzen Halbinsel, die Landschaften Chassia (Chassiká choria) auf der Chalkidike und in Thessalien, Chasikia am Schwarzen Meer bei Sozopolis, das Ländchen Chas in Albanien u. s. w. An erster Stelle standen indessen die Lehensgüter der Lehensreiter, die Spahiluk des Spahi's, wie denn das osmanische Reich bis 1839 ein feudaler Staat war. Aber sowohl die grossen Zaim's, die mit 20 Mann und mehr in's Feld zogen, als die kleinen Timarli's, die nur allein oder mit 1—4 Begleitern ausrückten, waren nicht erbliche, sondern nur lebenslängliche Nutzniesser des Lehens und konnten dasselbe durch ihre Leistungen im Kriege entweder verlieren oder gegen ein besseres vertauschen. Der Spahi bezog an Soldes statt von den Bauern des angewiesenen Lehens, sowohl Christen als Moslims, den Getreidezehent sowie einige Abgaben vom Vieh, Gemüse, Honig, Baumfrüchten u. s. w.

Dieses Lehenswesen gerieth seit dem 17. Jahrhundert in Verfall. Die Lehensrollen wurden nicht mehr in Ordnung gehalten, die Lehen von den Spahi's selbst wie ein Herrengut ungehindert vererbt und überdies durch Theilungen so zersplittert, dass zuletzt mancher Spahi nicht einmal den Zehent eines ganzen Hauses bezog.[2]) Dies führte zum Verfall der Lehensreiterei und zu einer Aussaugung der Bevölkerung, die in den früheren Jahrhunderten der Türkenherrschaft nicht vorkam. Dabei haben die Spahi's an vielen Orten, wie es die von Hahn aus Albanien mitgetheilten Beispiele zeigen, den Getreidezehent in feste Lieferungen von Geld oder Naturalien umgewandelt, die man Kesim nannte. Dieser dem Kerbholz (kesmek: schneiden) entlehnte Terminus wird in der älteren türkischen Gesetzgebung nur in einigen kleinasiatischen Provinzen erwähnt, als eine Steuer von Lustgärten oder ein besonderer Zuschlag zum Getreidezehent.[3]) Zuletzt hat Sultan Mahmud II. nach der Vernichtung der Janitscharentruppe und nach den bitteren Erfahrungen des serbischen, griechischen, russischen (1829) und ägyptischen Krieges die verfallene Lehensverfassung aufgehoben. Der Getreidezehent wurde eine dem Staate abzuliefernde Steuer, das Institut der Spahi's wurde aufgelöst, die Ueberlebenden mit einer Pension abgefertigt und an die Stelle der Lehenscavallerie und anderer Corps trat eine durch Recrutirung geschaffene Linienarmee nach europäischem Muster; desgleichen wurde die Verwaltung der Landschaften an der Stelle der Chefs der localen Spahi's, der Subaschi's, Alajbeg's und Ajan's, die zum Schluss von den heimischen türkischen Lehens-

---

1) Hammer, Osm. Staatsverfassung II, 179, 245, 250 sq.

2) Hahn, Reise von Belgrad nach Salonik, 2. Aufl. S. 103 nennt ein 25 Häuser zählendes Dorf bei Skopje, das zwischen 18 Spahi's getheilt war. Ueber das ganze Lehenswesen vgl. Zinkeisens Gesch. des osm. Reiches III, 145 ff.

3) Hahn, Albanesische Studien I, 132. Desselben Reise durch die Gebiete des Drin und Wardar S. 331. Der kleinasiatische Kesim: Hammer, Osm. Staatsverfassung I, 270, 271, 277.

leuten selbst gewählt worden waren, von kaiserlichen, vom Sultan ernannten Beamten übernommen.

Im Donaugebiet und Thrakien gerieth die Lehensverfassung bald in völlige Vergessenheit. In den abgelegenen Bergländern des Westens hat man aber die Aufhebung derselben so lässig durchgeführt, dass daselbst einzelne Ueberreste noch bis in unsere Tage sich behaupteten. Der Grund davon ist vorzüglich die Verschmelzung der Herrengüter und der Lehensgüter, sowie die Verwirrung, welche die Verpflichtungen des Colonen zum Grundbesitzer und des Bauern zum Lehensherrn durch einander warf. In der Provinz von Niš wurde schon 1835 über die Regelung der Frage in Folge der serbischen Nachbarschaft verhandelt; nach der Feststellung der Grenze (1833) begann sich nämlich die Bevölkerung auf türkischen Boden zu regen und konnte erst durch Vermittlung des Fürsten Miloš beruhigt werden.[1]) Trotz der bald darauf erfolgten neuen Ordnungen des „Tanzimats" (1839 f.) wurden diese Verhältnisse nicht in Ordnung gebracht und verkümmerten auf dem Stadium der dreissiger Jahre. Bei Niš verhandelte man zwischen den Spahi's und Bauern noch 1858 während Hahn's Reise, der dort eine grosse Aufregung bei der Rückkehr einer von 70 Dörfern nach Konstantinopel gesandten Deputation vorfand.[2]) Nach Beendigung des Krieges 1878 gab dieselbe Frage der bulgarischen Regierung im Kreise von Küstendil und der serbischen in den Landschaften von Vranja, Leskovac und Niš zu schaffen.

In diesen Gebieten an der oberen Struma und Morava war die Zahl der Spahi's sehr stark. Im Sandžak von Küstendil, der auch Vranja, Kratovo, Štip, Strumica, Dupnica und Radomir umfasste, gab es nach drei Angaben aus dem 17. Jahrhundert 35—48 Zaim's und 588—1017 Timarli's.[3]) In den letzten Jahren der türkischen Verwaltung war in der Landschaft von Küstendil, welche sammt dem Krajište 159 Dörfer zählte, ungefähr ein Drittel des bebauten Bodens in der Hand türkischer Besitzer, obwohl sich die osmanische Bevölkerung nur auf 700 Häuser in der Stadt Küstendil und auf acht benachbarte Dörfer beschränkte. Diese Verhältnisse reichten auch in die benachbarten Becken von Radomir und Dupnica hinüber. Man unterschied Freidörfer oder Rajahdörfer (rájecki, rájski selá) und abhängige Bauern, welche in drei Classen geschieden waren, die Ispoldži's, Momci und Kesimdži's. Die ersten zwei kennen wir bereits als Theilbauern und Lohnarbeiter. Deren statistisches Verhältniss illustrirt am Besten ein Beispiel: im Dorfe Negóvanci bei Radomir hatten 80 Häuser eigene

1) Ein interessanter Bericht darüber von Avram Petronijević, dem Diplomaten des Fürsten Miloš, von Juni 1835 aus Jagodina ist abgedruckt bei Miličević, Kraljevina Srbija 45. Als erste Publication der neugegründeten serb. Akademie erschien eine wichtige Studie von Stojan Novaković, dem jetzigen serbischen Gesandten in Konstantinopel: „Pronijari und Baštinici, Spahi's und Čitluk-Sahibi's. Ein Beitrag zur Geschichte des unbeweglichen Eigenthums im Serbien im 13.—19. Jahrhundert" (Belgrad 1887).

2) Hahn, Reise von Belgrad nach Salonik (2. Aufl.) 36.

3) Ricaut, Histoire de l'état présent de l'Empire Ottoman, Amsterdam 1672 p. 611. Marsigli, Stato militare dell' imperio ottomanno, Amsterdam 1732 p. 120. Hesarfenn bei Hammer, Osm. Staatsverfassung II 251.

Felder und pachteten dazu Aecker des dortigen Aga's zur Halbwirthschaft; daneben sassen 6 Häuser Momci, von denen 2 kleine Felder, 4 gar keinen Grundbesitz hatten. Eine locale Eigenthümlichkeit sind die **Kesimdži's**. Dieselben wohnten in 4 Dörfern des Bezirkes von Dupnica in der Nähe der Struma, in 10 Dörfern des Beckens von Küstendil zwischen der Struma und der Stadt, hauptsächlich aber in dem grössten Theil der Berglandschaft Krajište nördlich von Küstendil.[1]) Die Kesimdži's leisteten dem Grundherrn nicht als einzelne Personen, sondern als Dorfgemeinde einen jährlichen **Kesim** oder **Otsek** (bulg. „Abschnitt") in Getreide, durchschnittlich 20 bis 30 Kutel (zu 20 Okka) für jedes Haus, arbeiteten eine Anzahl Tage jährlich auf dessen Gütern in dem fruchtbaren Becken von Küstendil bei der Ernte, Heumahd, Weinlese, beim Dreschen, Umgraben der Weingärten u. s. w. und lieferten überdies noch bestimmte Quantitäten von Käse, Butter, Holz, Holzkohlen, Zaunpfählen, Lämmer zum Bairamfest und dgl. Das Haus des Kesimdži war sein persönlicher Besitz, aber der Spahi durfte seine Hufe (baština) oder eigentlich die erwähnten Leistungen der Hufe einem anderen Spahi verkaufen. Die Steuern an den Staat zahlte der Kesimdži. Als die Feldmark der Dörfer sich im Laufe der Zeit durch Urbarmachung neuer Gründe erweiterte, steigerten die Aga's den Kesim. Der Druck des ganzen Systems war verschärft durch öftere Theilungen der Dörfer; z. B. Lomnica (70 Häuser) im Krajište hatte zuletzt 11 Herren, Češljanci (28 H.) 3 Herren. In letzter Zeit haben einzelne Grundherren nach Verständigung mit den Bauern den **Kesim** und die **Angarija** (Frohnarbeit) ganz oder theilweise in eine jährliche Geldleistung verwandelt. Einzelne reiche Dorfschaften haben sich in den letzten Jahren mit Geld aus dem ganzen Verhältniss losgelöst.[2])

Das merkwürdigste an dem Ganzen ist der Umstand, dass es inmitten zwischen den Dörfern der Kesimdži's zahlreiche Freidörfer, ja sogar in denselben einzelne Freihäuser (rájecki kašti) gibt.[3]) Das erinnert an die mittelalterlichen Dorfgemeinden in Makedonien, in welchen, wie man aus einem Güterverzeichniss des Klosters Chilandar aus dem 14. Jahrhundert ersieht, drei Bauernclassen, **Paroikoi** der Kirchengüter, Unterthanen der **Pronoiare** (Lehensmänner) und unabhängige **Eleutheroi** oder slavisch **Svobodnik's** neben einander sassen.[4])

Die Küstendiler Agrarverhältnisse kamen gleich nach der Errichtung

1) Die Dörfer der Kesimdži's ausserhalb der Landschaft Krajište sind die folgenden: im Becken von Küstendil Neverstino, Četirci, Novi Čiflik, Trnovlak (eigentlich trnov lag, „Dornhain"), Kopelovci, Dvorišta, Šiškovci, Lekinci, Traino, Kadrevica; im Bezirk von Dupnica Malka und Golema Koznica, Mrvodol, Blato.

2) Im Krajište haben sich Dragójčinci (um 1850) und Créšnjevo, im Becken von Küstendil Šipóčeno und Gránica bald nach dem Friedensschluss 1878 losgekauft.

3) Die Freidörfer im Krajište sind: Božica, Bosilovgrad, Grujinci, Izvor, Gornjo Ujno, Gorni und Dolni Koriten, Zlogoš, Skakavica, Drankovci, Rikáčevo, Ribarci. Ausserdem in Tursko Selo 4 freie Häuser unter 33, in Milevci 7 von 82 u. s. w. In Četirci im Felde von Küstendil sind 25 Häuser frei, 35 Kesimdži's.

4) Th. Uspenski, Materialien zur Geschichte des Grundbesitzes im 14. J. (russ.), Odessa 1883.

des Fürstenthums zur Sprache, besonders als im ersten Winter (1879/80) in den armseligen Thälern des Krajište ein arger Nothstand ausbrach, wo die Regierung durch Getreidespenden helfen musste. Die Türken von Küstendil, die sich vor den Russen geflüchtet hatten, kehrten in die Stadt zurück, wagten sich aber nicht in die Umgegend, denn die Bauern wollten von den alten Verhältnissen nichts wissen und rüsteten sich zu einer nichts weniger als freundschaftlichen Begrüssung ihrer Herren, welche indessen in Bittschriften an die bulgarische Regierung, an die Pforte und an die Vertreter der Grossmächte ihre Rechte geltend zu machen suchten.

Das bulgarische Finanzministerium beauftragte zur Untersuchung dieser unklaren Frage im August 1880 eine Commission, die aus dem Director des statistischen Bureau's, Herrn Sarafov und dem Verfasser dieses Buches, damals Generalsecretär des Unterrichtsministeriums, bestand; in den ersten Tagen begleitete uns auch der Finanzminister Herr Karavelov selbst. Zwei Wochen hindurch verhörten wir in Küstendil die Vertreter der Aga's, ungefähr 20 an der Zahl, und die Bauerndeputationen und ritten zu näheren Erhebungen in das Krajište. Unser Bericht erschien in Druck und wurde an die Mitglieder der Nationalversammlung vertheilt.[1]) Wir hatten bald bemerkt, dass man es hier meist mit den Ueberresten des trotz der Reformen nicht ganz abgeschafften Spahilik's zu thun hat, eine Beobachtung, die den türkischen Aga's sehr unangenehm war. Die Spahi's hatten in diesen abgelegenen Landschaften die Lehensrechte an sich gerissen und sich zu erblichen Gutsbesitzern (m a l s a i b i j i, in Serbien vor der Revolution č i t l u k s a h i b i j i) gemacht. Dafür sprechen am klarsten die Termini: die Bauern nennen ihre jetzigen Herren noch immer S p a h i j a, den der Regierung entrichteten Zehnt S p a h i l u k und die Abgaben an den Aga K e s i m. Allerdings schliessen sich daran auch andere Entstehungsgründe. Vieles mag thatsächlich von wirklichem Herrengut herrühren, aber bei dem Mangel an schriftlichen Documenten ist die Untersuchung sehr schwierig, wenn nicht unmöglich. Ausserdem bestätigten übereinstimmende Aussagen beider Parteien, dass diese Verhältnisse an manchen Orten auch durch Verschuldung der Bauern entstanden sind oder sich erweitert haben; die Aga's zahlten für das Dorf die Steuerrückstände (bakija), wofür sich die Bauern zu verschiedenen dauernden Abzahlungen verpflichteten. Auch die Entstehung des Dorfes aus einer Arbeitercolonie auf einem türkischen Čiflik lässt sich an einigen Fällen im Becken von Küstendil (die Kesimdži's von Novi Čiflik) verfolgen. Die Bauern behaupteten in ihrer stets naiv posirenden Schlaumeierei wie auf Verabredung, alle diese Verpflichtungen seien ihren Grosseltern erst während der serbischen Revolution aufgezwungen worden und erzählten ausführlich, wie ein oder der andere mächtige Türke sich das Dorf vor zwei oder drei Generationen unterworfen habe. Ausserdem war es klar, dass bei dem fort-

---

1) Sarafov und Jireček, Rapport der in den Küstendiler Kreis zur Untersuchung der Lage der landlosen Bauern gesandten Commission. Sofia 1880, 8°, 39 S. (bulg.), Separatabdruck aus der bulg. Staatszeitung.

währenden Kauf und Verkauf die jetzigen Besitzer zum guten Theil keineswegs die Erben der alten sind, sondern dass ihre Rechte theils von ihnen selbst, theils von ihren Vätern durch Kauf erworben wurden.[1])

Darauf wurde von der Nationalversammlung ein vom Finanzminister Karavelov eingebrachtes „Gesetz zur Besserung der Lage der ackerbauenden Bevölkerung auf den Herrengütern und Čifliks" angenommen und vom Fürsten am 10. December 1880 bestätigt, welches trotz seiner allgemeinen Fassung vor Allem die Küstendiler Fragen regeln sollte. Unter Herrengut (gospodárska zemljá) verstand man darin die Ländereien der Kesimdži's, welche durch das Gesetz zu Besitzern des von ihnen bebauten und benützten Bodens erklärt wurden. Wer durch 10 Jahre denselben Grund eines Čifliks bearbeitete, wird gleichfalls dessen Besitzer, eine Bestimmung, die den Theilbauern (Ispoldži's) zu Gute kam. Dasselbe galt auch für den Fall, wenn der Anbau zwar auf demselben Čiflik, aber nicht stets an derselben Stelle war (der Paraspor), zu Gunsten der Knechte (Momci), denen auch das Wohnhaus auf dem Gute zugesprochen wurde, falls sie mehr als 10 Jahre darin leben. Eine Commission sollte die den Gutsbesitzern, denen der Rest des Gutes verblieb, für diese Expropriation vom Staate zu leistende Entschädigung feststellen.[2]) Man glaubte die Operation mit 300.000 Francs bewerkstelligen zu können.

Seitdem haben einige neue Commissionen Monate lang in Küstendil verweilt, ja einmal musste die ganze Arbeit von Neuem begonnen werden, weil die gesammten Acten bei dem Brande des Holzpalastes der Nationalversammlung (1882) zu Grunde gegangen waren. Die Türken verdross der Verzug; ein Theil verkaufte seine Rechte an verschiedene spanisch-jüdische und bulgarische Speculanten und zog von dannen. Indessen stieg der Boden im Preise und die ursprünglichen einfachen Verhältnisse unterlagen grossen Veränderungen. Im September 1885 las man in bulgarischen Zeitungen, die Küstendiler Agrarfrage sei gelöst und die Expropriationskosten auf 800.000 Francs veranschlagt. Jedoch nach wenigen Tagen brach die Philippopler Revolution aus und die ganze Angelegenheit versumpfte von Neuem.

In Rumelien sind noch die tatarischen „Sultane" aus der ehemals in der Krim herrschenden Familie der Gerai erwähnenswerth, welche bei Stara und Nova Zagora, Jambol, Karnabad, jenseits des Balkan bei Vrbica Güter besassen und aus denen, wie bei Hammer zu lesen ist, oft einer oder der andere zur Chanswürde in der Heimat erhoben wurde. Sie bedrückten arg die bulgarische Nachbarschaft. Eine anschauliche Beschreibung ihrer Wirthschaft gibt Karsten Niebuhr (1767). „Die Bauern müssen

1) Der Werth eines Hauses sammt Hufe (baština) bei den letzten Kaufcontracten vor dem Kriege soll 3000 Piaster nicht überstiegen haben. Das Dorf Tursko Selo (Leistungen: 1200 Kutel Korn, 120—200 Fuhren Heu, 40—50 Piaster in Geld für jedes Haus, eine anstatt früherer Abgaben von Wolle, Holz u. s. w. eingeführte Zahlung) wurde um 2650 Goldlira's verkauft, Dolaja Ržana (440 Kutel Korn, 95 Okka Butter, 40 Okka Käse, 20 Goldlira, 1 Lamm) um 800 Goldlira's u. s. w.

2) Staatszeitung „Državen Vestnik" II Nr. 93.

ihren Acker ohne Bezahlung bestellen, eine Gewohnheit, wovon ich in der Türkey sonst nirgends etwas gehört habe; wenigstens können die Herren, welche durch eigene oder ihrer Vorfahren Dienste Zaims und Timars erhalten haben, von ihren Bauern keine Hofdienste, sondern nur den Fünften oder Zehnten ihrer Früchte und einen gewissen Theil von ihrem Vieh verlangen. Diese kleinen Sultans haben keinen grossen Hofstaat. Sie wohnen und essen gemeiniglich nicht viel besser, als ein bulgarischer Bauer; indess haben sie ihre Bedienten, die die Bauern zum Ackerbau und zur Viehzucht antreiben müssen." [1]) In den anarchischen Zeiten Selim's III. spielten einige eine Rolle. Ueber ihre Uebergriffe las man in den bulgarischen Zeitungen von Konstantinopel noch am Vorabend des Krieges 1877. Die meisten sind entflohen, aber einige gibt es noch bei Jambol, allerdings als unbedeutende Grundbesitzer, die ihre Güter für den Bezug eines Drittels verpachten.

## 7. Handwerk und Industrie.

Geschichtliches. Absatzgebiet. Maschinen. Fabrication von „Aba" und „Šajak" genannten Stoffen. Posamentiererwaaren. Hausindustrie. Teppiche. Gerberei. Seifensiederei. Spiritusbrennereien. Bierbrauereien. Mühlen. Metall- und Holzindustrie. Töpferei. Wanderhandwerk, besonders Maurerei. Allgemeine Lage.

Als industrielles Land hat Bulgarien trotz des augenblicklichen Verfalls der Gewerbe noch eine Zukunft. Es fehlt an Capital, aber nicht an Gewerbfleiss und Unternehmungslust. Allerdings herrscht auch auf diesem Gebiete gegenwärtig ein Uebergangszustand.

Das Hauptgebiet des Handwerks zieht sich längs der beiden Seiten des Balkangebirges. Zur Entwickelung desselben haben dort die gleichen Verhältnisse beigetragen, wie in den griechischen, wlachischen und bulgarischen Landschaften am Pindus und Šar. In den Ebenen beschränkt sich das Handwerk fast nur auf die Städte.

Dieses Handwerk (zanaját, ein türk. Wort) ist von dreierlei Art: 1. die Hausindustrie im Bauern- oder Stadthause, mit der sich besonders die Frauen in den Wintermonaten beschäftigen; 2. das von Meistern und Gesellen in den Städten in Werkstätten und Kaufläden (dukjan, dügen) betriebene Gewerbe, früher in Zünften organisirt; 3. das Wanderhandwerk, das von Gebirgsbewohnern in Associationen einheimischer Art den Sommer über in der Fremde betrieben wird. Fabriken, von bescheidenem Umfang, sind eine Neuerung der letzten Jahre.

Ueber die Vergangenheit und die Entwicklungsgrade der bulgarischen Industrie wissen wir sehr wenig. Die Hausindustrie ist wohl der Ursprung der übrigen. In manchen Landschaften ist Wäsche und Kleidung des Bauern, ja ein grosser Theil des Hausgeräthes, selbst die Kerzen, ein Product des

1) Niebuhr, Reisen durch Syrien und Palästina u. s. w. III (Hamburg 1837) 169. In seinem Verzeichniss der Orte, wo es solche Sultane gab, sind Ortsnamen und Personennamen durch ein Missverständniss verwechselt.

häuslichen Gewerbfleisses. Die grosse Beute an Kleidern oder eher Kleiderstoffen, welche das bulgarische Heer 813 bei Arkadiopolis (j. Lüle-Burgas) und die deutschen Kreuzfahrer 1189 in Beroe, dem jetzigen Stara Zagora vorfanden,[1]) die Erwähnung einer vorzüglichen Eisenindustrie in einigen Städten am Südfuss des Balkan bei dem arabischen Geographen Idrisi (1153), sowie einzelne Nachrichten aus der älteren Türkenzeit zeigen, dass sich die locale Industrie schon seit Altersher vorzüglich mit der Bearbeitung von Wolle, Leder und Metallen beschäftigte. Merkwürdig ist der Umstand, dass die einheimischen Sagen über eingegangene Ortschaften oft die Anzahl der dort bestandenen Werkstätten eines oder des anderen Gewerbes anführen, z. B. im Balkan von Kotel.[2])

Die technischen Behelfe des einheimischen Gewerbes sind sehr einfach und alterthümlich. Die einzigen älteren Maschinen sind fast sämmtlich mit Benützung von Wasserkraft eingerichtet: Getreidemühlen, Eisenhämmer (samokóv), Brettsägen (bičkija), Walkmühlen[3]) (bulg. valjávica und tepávica, türk. aba dolaby) und Garnspinnereien (čarkóv), woran sich auch die ebenso einfachen Schöpfräder (duláp) der Gärtner anschliessen. Die primitivsten Walkmühlen fand ich bei den mohammedanischen Bulgaren der Landschaft Čepino in der Rhodope. Ueber dem vom Bache abgeleiteten Mühlgraben steht unter freiem Himmel ohne Haus und Dach ein hoher zweiarmiger Hebel, an den sich an der flussaufwärts gelegenen Seite eine im Wasser liegende Welle anschliesst; die Schaufeln der Welle heben den oberen Hebelarm, wodurch der untere Arm stossweise herabgeht und die auf einem Brett ausgebreitete Wolle schlägt.

Die bulgarische Industrie hatte eine gewisse Blüthe, solange das türkische Reich in Europa und Asien eine grosse Zolleinheit bildete, in welcher die einheimischen Producte trotz aller Unvollkommenheit derselben wegen ihres landesüblichen Charakters, ihrer Dauerhaftigkeit und Billigkeit ein weites Absatzgebiet hatten. Besonders die Ausdehnung der europäischen Türkei, welche von den letzten Winkeln des Epirus und Bosniens bis zu den Donaumündungen und dem Bosporus ein einheitliches Industrie- und Handelsgebiet war, förderte den Aufschwung der Werkstätten Bulgariens. Die bulgarischen Städte beschränkten sich aber nicht auf den Export ihrer Erzeugnisse nach Makedonien, Bosnien und Albanien, sondern brachten dieselben auch über Konstantinopel hinaus bis auf die Jahrmärkte des innern Kleinasiens.

Die wichtigsten Industriezweige des Landes hängen mit der Viehzucht zusammen. An erster Stelle steht die Schafwolle, aus welcher drei Materien hergestellt werden: 1. grobe braune Stoffe oder Kotzen, **abá** genannt, aus welchen die Kleidung der überwiegenden Mehrzahl der Landeseinwohner ver-

1) Ἱματισμὸς πολύς, Anonymus de Leone imp. p. 347. „Diversarum copia vestium." Ansbertus ed. Pangerle p. 33.

2) Hahn (Reise durch die Gebiete des Drin und Wardar 93) hörte auch bei Dibra in Albanien von den Ruinen einer Stadt Graždan, sie habe 300 Gerber gehabt.

3) Nach den „Svedenia" S. 193 im ganzen Lande 704 Walkmühlen.

fertigt wird; 2. ein leichterer, harter, dem Loden der Alpenländer ähnlicher Wollstoff von gelbbrauner, blauer oder weisser Farbe, der sogenannte šaják, der auch zur Herstellung der Militäruniformen dient; 3. Posamentiererwaaren, nämlich die für die landesüblichen Trachten so wichtigen Schnüre von verschiedener Farbe, gajtán genannt.

Die Erzeugung dieser Stoffe wird besonders in den kleinen Balkanstädten mit überwiegend bulgarischer Bevölkerung betrieben, deren Reihe im Osten mit Sliven und Kotel beginnt und im Westen mit Samokov abschliesst. Die Abadži's, Tuchscherer von Stara Zagora, Kopríštica u. s. w. besuchen als Verkäufer des Stoffes und zugleich Schneider die Inseln Lemnos, Thasos, Chios, die Sporaden, Brussa und Angora, und gar viele sind auf allen Jahrmärkten des ferneren Orients bewandert. Der Šajak wurde früher nur durch die Hausindustrie hergestellt, aber in den letzten Decennien entstanden förmliche Fabriken. Die Werkstätten von Samokov bekleideten noch vor Kurzem zwei türkische Armeecorps und liefern heute noch 30.000 Meter jährlich, besonders für die bulgarische Gensdarmerie. Der Mittelpunkt dieser Industrie ist jetzt Sliven, mit sieben Etablissements, die an 1,200.000 einheimische Ellen (Aršin) Bekleidungsstoffe jährlich erzeugen. Die bedeutendste industrielle Unternehmung Bulgariens ist die Fabrik der Actiengesellschaft „Napredъk" (Fortschritt) in der Stadt Sliven selbst, deren Maschinen ein aus einer benachbarten Balkanschlucht hinauseilender Gebirgsbach treibt, mit 240 Arbeitern, Bulgaren, Türken und Zigeuner. Sie bekleidet einen grossen Theil der bulgarischen und der türkischen Armee. Auch Gabrovo erzeugt an 200.000 Ellen Šajak, der bis nach Kleinasien exportirt wird.

Die Posamentiererwaaren werden in Gabrovo, Trjavna, Kalofer, Karlovo, Sopot, Pirdop und Samokov erzeugt und auch nach den türkischen Provinzen versendet, besonders nach Makedonien und Albanien, vor der Errichtung der neuen Zollgrenzen auch nach Serbien und Bosnien. Die Gesammtproduction des „Gajtan" übersteigt 12 Mill. einheimische Ellen.

Die Verarbeitung des Ziegenhaars (mutafčilyk) war früher nicht wenig verbreitet. Der Hauptort war Panagjurište, wo man Säcke zum Korn- und Reistransport auf den Flössen die Marica abwärts machte. Durch die Errichtung der Eisenbahn und Abschaffung der Reiscultur ging diese Industrie stark zurück, ist aber nicht ganz ausgestorben.

Die Erzeugung von Leinwand und Hanfstoffen ist unbedeutend. In Sopot bestand vor Jahren in der Türkenzeit eine Kattundruckerei (mit Abbildungen von Blumen, mittels Holzplatten), ging jedoch durch die Concurrenz ausländischer Waare ein.

In der Hausindustrie werden von den Bauernweibern in den Wintermonaten ausser dem Šajak auch mit Seide durchwobene Wollstoffe (plátove, platnó) erzeugt, jedoch mehr für den Dorfgebrauch. Strümpfe und Gürtel haben Absatz nicht nur in der Umgebung, sondern z. B. die von Loveč auch in der Türkei. Die weiblichen Klöster haben ihre Haupteinkünfte von diesen Erzeugnissen der Handarbeit.

Der erste Platz in der mit Wollstoffen arbeitenden Hausindustrie gebührt aber unzweifelhaft der Teppichwirkerei, die im ganzen Lande sehr entwickelt ist, wie ja viele Nationalcostüme, besonders die farbigen Schürzen, eigentlich in den Rahmen dieser Industrie gehören. Diese Teppichwirkerei ist alt und unzweifelhaft orientalischen Ursprungs, von den persischen Teppichen des Alterthums, den „tapis sarrazinois“ der Kreuzfahrer und den neueren karamanischen und kurdischen Teppichen abstammend.[1]) Schon um 813 wird in den Bauernhäusern Thrakiens bei Arkadiopel ein Reichthum an Teppichen erwähnt. Bulgarisch heisst der kunstvolle Teppich kilim (aus dem türk.), die einfache gestreifte Decke, auf der man im Bauernhause sitzt und schläft, čérga. Am meisten entwickelt ist die Teppichindustrie in der jetzt auf serbischem Gebiet befindlichen Stadt Pirot, wo sie neben dem Weinbau die Hauptbeschäftigung der Einwohner bildet und durch Hausarbeit der Frauen betrieben wird. Früher wurde nur auf Bestellung gearbeitet; gegenwärtig kommen die dortigen Teppiche, sämmtlich mit rothem Grund und von beiden Seiten gleich gestaltet, bereits in grösseren Mengen sowohl auf den Markt von Sofia und Belgrad, als auch in den Occident. Von Pirot reicht diese Hausindustrie längs der ganzen Balkankette bis zum Pontus. Im Westen wird sie besonders in Čipórovci im Balkan von Berkovica betrieben, im Osten bei Razgrad, Chasköi im Maricathal und in Kotel, wo die Frauen im Winter langhaarige, verschieden ornamentirte Teppiche weben. Der Teppich hat in dem möbellosen Haushalt des Orientalen eine viel grössere Bedeutung als bei uns, denn er dient auch zur Bekleidung der rings um das Gemach laufenden Ruhebänke und zum Schmuck der Zimmerwände.

Mit diesen Industriezweigen hängt die Färberei zusammen, die auch auf den Dörfern betrieben wird. Die Farben (šárka, türk. bojá) bereitet sich der Bulgare selbst, meist aus Pflanzenstoffen. Der Krapp wird in letzter Zeit durch die Cochenille (alkermés) verdrängt. Gelbe und schwarze Farben gewinnt man aus dem Sumach oder Gelbholz (Rhus, altgriechisch ῥοῦς, bulg. im Westen ruj, im Osten smradlíka, tetrjá), eine gelbe Farbe aus den Beeren des Kreuzdorns (Rhamnus, türk. džechri-bojá), eine andere angeblich aus Lichenen.

Ausser der Wolle hatten früher die Thierhäute eine grosse Bedeutung, welche in verarbeitetem oder unverarbeitetem Zustand einen der wichtigsten Exportartikel des Landes bildeten. Gelbe und rothe Saffiane und Korduane aus Ziegenfellen, orientalische Sättel, Riemzeug und Stiefelleder vorzüglicher Qualität waren der Stolz der meist von Osmanen ausgeübten Gerberei, aber die Blüthezeit der „Tabak-hané's“ (Gerberwerkstätten) von Trnovo, Gabrovo,

1) Unter den neun Namen von Teppichornamenten, die Milićević, Königreich Serbien (serb.) 228 aus Pirot anführt, sind nur drei slavisch (plóča Hufeisen, ogledalá Spiegel, vráška koléna Teufelsknie), die übrigen türkisch (sofrá Tisch, saksija Blumentopf, gjúlovi Rosen u. s. w.). Die Ornamente auf den Nationalkleidern und Schürzen haben dagegen nur slavische Namen, z. B. in Rusokastro heissen die mit Hilfe einer hölzernen Unterlage auf dem schwarzen oder braunen Gewebe gestickten, runden Figuren tarkalcá (Räder), die eckigen klétki (Käfige), andere chomóti (Jöcher).

Šumen, Provadija, Jambol, Stara Zagora und anderer Städte gehört bereits der Geschichte an. In Šumen und Sevlijevo ist die Lederarbeit noch die locale Hauptindustrie; auch in anderen Städten bemüht man sich um die Hebung dieses Gewerbes, das wohl nicht ohne Schuld der heimischen Regierungen so verfallen ist. In Rušèuk und Gabrovo wurden letzthin zwei Fabriken eröffnet, besonders für die Ausrüstung des Heeres. Bei dem allgemeinen Tragen von Pelzkleidern (kožúch, türk. kürk) und Pelzmützen nimmt auch die Kürschnerei einen wichtigen Platz ein.

Vor dem russisch-türkischen Kriege blühte die Seifensiederei und Wachszieherei. Nicht nur Adrianopel nebst Umgebung, sondern selbst Konstantinopel bezog ehedem Seife (sapún) und Kerzen (svéšta) aus Bulgarien, aber die Concurrenz der kandiotischen Seife und der occidentalischen Kerzen hat dieses Gewerbe untergraben. Kazanlyk, das früher 28.000 Okka Kerzen jährlich producirte, erzeugt jetzt nur 1000 Okka. Letzthin entstanden aber zwei neue Seifenfabriken in Sofia und Philippopel.

Die Fabriken zur Verwerthung landwirthschaftlicher Producte sind alle neu und nicht zahlreich. Die sieben grösseren Spiritusbrennereien können den grossen Import von ausländischem Spiritus nicht fernhalten. Eine ganz neue Einrichtung sind die Bierbrauereien, jetzt 18, ausser einer in Philippopel alle im Donaugebiet, 11 in der weinlosen Landschaft von Sofia; es sind ganz kleine Anstalten, ausser einer grossen bei Sofia, die einem Serben gehört. Sehr zahlreich sind die kleinen „Tabakfabriken“, in welchen Cigarettentabak zugeschnitten wird.

Von den mit der Landwirthschaft verbundenen Anstalten gibt es der einheimischen Mahlmühlen (vodeníca, im Osten žérka, türk. dermén) im Lande 17.291. Dieselben sind primitiv (Fig. 19) und liefern ein grobes Mehl. Das Wasser des Mühlgrabens (v a d á) wird durch einen hohlen, abwärts geneigten Baumstamm (úlej, korúba) auf eine Turbine geleitet, deren hölzerne Axe den oberhalb in einer auf Pfählen erhöhten Hütte befindlichen Mühlstein in Drehung versetzt. Nach unserer Art senkrecht aufgestellte Mühlräder sind selten. Die Wehren (bent), welche das Wasser für den Mühlgraben stauen, sind sehr einfach, ein lockerer Damm von Pfählen mit dicht zusammengestampften Dornen und Aesten, der einem Hochwasser selten Stand hält. Die Mühlsteine kommen im Westen aus dem Trachytgebirge von Kratovo in der Türkei (bis in den Balkan von Berkovica), im Osten aus dem Dorfe Kesterič bei Varna. Die Mühlen arbeiten aber in den tiefer gelegenen Landschaften bei dem ungleichen Wasserstande nur durch einige Monate. Das Mahlgeld wird in Natura entrichtet und beträgt 4—10% des Korns. In wasserarmen Gegenden, wie in den Niederungen bei Philippopel, gibt es durch Pferdekraft gedrehte Mühlen (konska vodenica). In den griechischen Seestädten am Schwarzen Meere herrschen Windmühlen (vetъrna vodenica, *ἀνεμόμυλος*) vor, die landeinwärts bis Karnabad reichen und auch im Deliorman auftauchen. Sie haben die Gestalt eines runden, hölzernen oder steinernen Thurms; an den Speichen des Rades, das oft 6 Meter im Durchmesser und eine weit vorragende Axe hat, werden dreieckige Segel aufgespannt. Erst in letzter Zeit sind von ausländischen und einheimischen Unternehmern einige grössere Mühlen nach occidentalischem Muster errichtet worden, längs der Donau, bei Burgas u. s. w. auch einige Dampfmühlen.

In Trnovo und in Stara Zagora wurden vor dem russisch-türkischen Krieg Seidenspinnereien von Ausländern im Verein mit Bulgaren gegründet; die erstere ist noch jetzt im Betrieb, die letztere fand ihren Untergang im Kriege 1877 bei dem Brande der Stadt.

Bedeutend war früher die Metallindustrie, wahrscheinlich im Zusammenhang mit dem jetzt ganz verfallenen Bergbau. Das Eisen kam früher aus Samokov und anderen einheimischen Eisenwerken, auch aus Bosnien; gegenwärtig ist das weiche Magnetiteisen der Halbinsel verdrängt durch den Import fremder Waare, des steierischen, englischen und schwedischen Eisens. Neben der Eisenindustrie blühte auch das Kupferschmiedgewerbe. In den Städten zu beiden Seiten des Balkan arbeitete man Metallwaaren zur Ausfuhr in die ganze Europäische und Asiatische Türkei. Die Büchsenmacherei war zu Anfang dieses Jahrhunderts die Hauptindustrie von Sliven; noch 1827 waren dort 100 Waffenschmiede verpflichtet, der Regierung monatlich 500 Gewehrläufe aus Samokover Eisen zu liefern, die mit 20 Piaster gezahlt wurden.[1]) Gegenwärtig ist an Ort und Stelle, besonders in Folge der Umwälzungen des J. 1829, fast jede Erinnerung daran erloschen. Das Waffenhandwerk blühte auch in Gabrovo, die Büchsenmacherei ist aber seit der griechischen Revolution durch das Misstrauen der türkischen Regierung eingegangen und die Industrie beschränkt sich heute nur auf die Herstellung von Messern und Jatagans. Stara Zagora, früher ein Centrum des Kupferschmiedgewerbes, versendet noch immer Kupferkessel, Viehketten, Scheeren u. s. w. in die Gegenden nördlich vom Balkan und nach Kleinasien.[2])

Eine uralte Metallurgie mit höchst primitiven Formen vegetirt in den Thälern des Rila- und Rhodopegebirges. Die Einwohner des Beckens von Razlog an den Mestaquellen machen einfache Ringe, Kreuze, Ohrringe, Haarnadeln, vorzüglich für die Pilger zum Kloster von Rila. Aehnliche Kleinigkeiten aus Eisen, Kupfer und Bronze werden auch in Belovo an den Maricaquellen gegossen.[3])

Bemerkenswerth ist der einstige Aufschwung der Goldschmiedekunst,

---

1) Capitän Tučkov, Militärisch-topographische Beschreibung der Wege von Eski-Stambul über Osmanpazar etc. nach Adrianopel. Petersburg, Druckerei des Generalstabes 1827 S. 10 (russisch).

2) Neben dem Waffenhandwerk gab es früher auch Pulverfabrication. Der Pope Konstantin erwähnt sie 1819 in Philippopel und Karlovo. Die Türken im Dorfe Sotir in der Rhodope bei Philippopel betrieben bis 1877 eine primitive Pulverstampfe, die wie eine Walkmühle aussah, nur dass der Hebel in ein mörserartiges Gefäss stiess (beschrieben in Zach. Stojanov's Memoiren I, 302). Sie wurde nach der bulg. Revolution auf Befehl der türk. Regierung von Grund aus zerstört.

3) Einige Muster dieser Razloger Industrie brachte ich dem seligen Prof. Eitelberger für das k. k. Museum für Kunst und Industrie in Wien und Herrn V. Náprstek für dessen Gewerbemuseum in Prag. Der Pope Konstantin (1819) S. 42 schreibt, in Gross-Belovo mache man *κλείδας τεχνικάς ἐξ ὀρειχάλκου, δηλαδὴ προύντζον* (sic) *καὶ ἐκ σιδήρου.*

welche in früheren Jahrhunderten überhaupt im ganzen Oriente sehr entwickelt war, in Syrien, im byzantinischen Reich, in den Balkanstaaten und den dalmatinischen Städten. Man findet in Bulgarien noch schwere, mit Gold und Silber beschlagene Evangelienhandschriften mit Inschriften alter Stifter und Meister. In dem Kirchlein Sveta Petka Samardžijska zu Sofia z. B. liegt ein Evangeliumcodex auf Papier, auf den Deckeln mit Goldarbeit Sofianer Meister geschmückt, auf der einen Seite von 1584, auf der anderen von 1804. Gegenwärtig ist das Gewerbe verfallen, bis auf schöne Silberfiligranarbeiten, welche in Vidin von einigen makedowlachischen Meistern, die sich mit Ehrendiplomen von der Pariser und Wiener Weltausstellung rühmen, sowie in Vraca und ein wenig in Sofia hergestellt werden.

Am Südfuss des Balkan besteht auch eine Art Glasindustrie. Der Pope Konstantin schreibt 1819, in Sopot gebe es Glashütten, welche Gefässe erzeugten, die etwas schwärzlich und nicht genug durchsichtig seien. [1]) Nach meinen Erkundigungen war dieses Gewerbe dort sehr alt, beschränkte sich aber stets nur auf das Umgiessen von Glasscherben fremden Ursprungs. Gegenwärtig betreibt es in derselben Gegend nur ein Türke aus Anatolien in dem benachbarten Karlovo, aber bloss im Frühjahr, weil im Sommer der Ofen angeblich zu heiss werde. Dagegen producirt eine Glashütte zu Kazanlyk jährlich noch an 5—6000 einfache Fläschchen (šišé) für das Rosenöl, ebenfalls aus Scherben, die aus Nah und Fern zusammengekauft werden. [2]) Die Gründung einer Glashütte in Samokov um 1850 von einem österreichischen Arzt Dr. Unterberg, der dort 40 Jahre lang wirkte, scheiterte bald.

Die Holzindustrie beschränkt sich, ausser den Brettsägen, auf das Drechseln von primitiven Gefässen und Geräthen. Eine Eigenthümlichkeit sind die schweren hölzernen Weinflaschen (bъklica) aller Grössen, rund und flach wie ein Brodlaib, von denen die grössten 18 Okka fassen, ein unentbehrlicher Begleiter der einheimischen Reisenden. Die besten kommen aus Kronstadt in Siebenbürgen, aber man arbeitet sie auch diesseits der Donau, in dem Gebirgsdorfe Dójkinci bei Pirot in Serbien, in den pomakischen Rhodopelandschaften und im Balkan von Gabrovo und Loveč, von wo auch Webstühle in die Türkei ausgeführt werden. In Samokov wurde jüngst von einer aus Bulgaren und Böhmen bestehenden Gesellschaft eine Zündhölzchenfabrik eröffnet, die in West-Bulgarien gute Geschäfte macht. In Sevlijevo werden Strohstühle für einen grossen Theil des Donaugebietes gearbeitet.

Die Bereitung von Bauziegeln (tuchla, vom lat. tegula) und Dachziegeln (keramida, griech.) sind im Lande zwei verschiedene Gewerbe. Die einheimischen wenig brauchbaren, leicht zerfallenden Bauziegel werden erst allmälig durch bessere Producte ersetzt. Die grossen viereckigen Pflasterziegel erinnern ganz an die Erzeugnisse altrömischer Oefen.

1) Ἐνταῦθα (in Sopot) εἰσὶ καὶ ὑελουργεῖα κατασκευάζοντα διάφορα ἀγγεῖα ὑάλινα, μελανὰ ὅμως μικρὸν καὶ οὐχ οὕτω διαφανῆ, ὡς ὁ κρύσταλλος. Konstantin's Beschr. der Eparchie von Philippopel S. 37.

2) Iliev S. 97.

Die Töpferei hat durch ihre alterthümlich geformten breiten Krüge und ihre interessante Ornamentik die Aufmerksamkeit vieler Reisenden erweckt. Aus den Landschaften von Ruščuk und Silistria werden Töpferwaaren nach Rumänien ausgeführt. Im Westen beschäftigen sich einige Dörfer bei Trn (Businci, Herul u. A.) fast ausschliesslich mit diesem Gewerbe; auffällig, in den Formen dem „Dardanellgeschirr" ähnlich, sind die dortigen Luxuswaaren, grün glasirte Vasen mit engem Hals, um den sich Thier- und Vogelfiguren schlingen, sowie gleichfalls grün begossene, hohle Pferdefiguren, die an „vorhistorische" Producte oder an alte „Aquamanilien" erinnern. Die Töpfer bauen auch die in der Schilderung des Stadthauses erwähnten Thonöfen.

Das wandernde Handwerk ist in den griechischen, bulgarischen und makedorumunischen Landschaften stark verbreitet. Westeuropa kennt diese Form des Gewerbes höchstens an den italienischen Steinmetzen, Maurern und Erdarbeitern. Auf der Halbinsel ist es besonders in den griechischen und wlachischen Gemeinden des Pindus und des Peristeri entwickelt, wo die Männer auf den Sommer nach Konstantinopel und in andere türkische, griechische, serbische und rumänische Städte ziehen, um sich als Maurer, Bäcker, Gärtner, Gastwirthe u. s. w. ihr Brod zu verdienen. Ihnen schliessen sich die benachbarten Albanesen und makedonischen Bulgaren an. Von dort reicht diese Lebensweise in einer breiten Zone über die Berglandschaften von Trn und gewisse Theile der Rhodope bis weit in den Ost-Balkan. Es sind die armen Bergbewohner, welche bei dem kargen Ackerbau und der nicht viele Theilnehmer zulassenden Viehzucht diesen Ausweg zu ihrer Ernährung gefunden haben. Ueber das Alter dieses Erwerbszweiges fehlt es an Nachrichten.

Eines dieser Handwerke, die Gärtnerei, haben wir bereits erwähnt. Das vorzüglichste ist aber das Baugewerbe, von Handwerkern ausgeübt, die Maurer, Zimmerleute und Baumeister in einer Person sind und bulgarisch mit einem türkischen Wort d j u l g é r i n genannt werden. Auch das Wort m a j s t o r ist mit dem Begriff eines Maurers fast gleich bedeutend. Die Leute arbeiten mit sehr einfachen Instrumenten, einem eigenthümlichen Spitzhammer (teslá), welcher wie eine scharf geschliffene Jäthacke auf kurzem, dicken Stiel aussieht und Zimmermannsbeil und Hobel zugleich ersetzt, einer Säge (trión) und dem Hammer (čuk). Der gewöhnliche Meister baut die landesüblichen Lehm- und Holzhäuser oder die neueren ebenerdigen Ziegelgebäude, der geübtere auch Brücken, Kirchen und grosse Schulhäuser oder Kasernen, ohne je eine Fachschule besucht zu haben. Diese originellen Baumeister beschränken sich in ihrer Thätigkeit nicht nur auf die Halbinsel, Bulgarien, Serbien, die Türkei und Griechenland, sondern gehen auch über die Donau nach Rumänien, ja ich traf einige, denen Siebenbürgen bekannt war.

Das Gewerbe geht von einer ganzen Reihe von Gebirgslandschaften aus. Die geübtesten Meister kommen aus dem westlichen Makedonien, aus der Landschaft Dibra (dem Rádikathal), aus Krušovo westlich von Prilep und aus der Gegend von Kastoria.[1]) Eine zweite Gruppe umfasst die Gebirgsländer zwischen der oberen Struma und Morava: die Dörfer des Strumadurchbruchs unterhalb Radomir, einzelne Ortschaften des Krajište nördlich von Küstendil und die Landschaft von Trn, deren Maurer sowohl Belgrad als Sofia besuchen. Einer dritten gehören die westlichsten Dörfer des Beckens von Zlatica an (Smolsko, Mirkovo, Bunovo), welche ihr Handwerk in der Sredna Gora und sonst in der Umgebung betreiben. In der Rhodope und der anliegenden Ebene ist das Baugewerbe in der Hand der Maurer aus dem Städtchen Bracigovo, wo der Kern der Bevölkerung aus dem Gebiet von Kastoria abstammt, und aus dem Dorfe Široka Lъka in der Berglandschaft Rupčos. Im Central-Balkan ist das Städtchen Trjavna der Hauptort der Maurerei, deren Arbeitsfeld von hier bis über Kotel und Jambol hinausreicht. Auch das Dorf Kerek bei Trnovo gehört zu den Maurerdörfern. Der Meister Nikola Fičov aus Drjanovo († 1881) baute das Regierungsgebäude zu Trnovo und die von Kanitz abgebildete 12bogige steinerne Brücke über die Jantra bei Bjala (vollendet 1870), die damals nur an 700.000 Francs kostete.

Eine planmässige Gewerbestatistik fehlt. Nur die oftgenannte Publication des Finanzministeriums bietet einige Details. Darnach gibt es im Lande 7755 Maurer, 5217 Schmiede, 2957 Tuchscherer (Abadži), 2621 Wagner, 2374 Schuhmacher, 1924 Böttcher, 1710 Kürschner, 1704 Schneider, 1357 Tischler, 1042 Gerber, 750 Färber u. s. w.

Die gegenwärtige Lage des bulgarischen Gewerbes ist kritisch. Die Türken haben die einheimische Industrie von Staatswegen unterstützt. Uniformen, Sättel, Riemzeug, Schuhe, Hufeisen für die Armee wurden im Lande selbst hergestellt. Nach der Befreiung von der Türkenherrschaft fiel das Gewerbe einem tiefen Verfall anheim. In Samokov arbeiten von den 456 Werkstätten der Türkenzeit nur 58, von den dortigen 330 Posamentirern nur 15, von den 25 Gerbern nur 3! Viele Industrieorte, wie Kalofer, Karlovo, Stara Zagora, Sopot sind im Kriege 1877 arg mitgenommen worden. Auch die Auswanderung der Türken, welche einige Gewerbe, wie die Lederindustrie, grösstentheils allein betrieben und für andere wieder die Hauptconsumenten waren, blieb nicht ohne Einfluss. Dazu gesellt sich bei der fortschreitenden Verbesserung der Communicationen die gewaltige Concurrenz billiger ausländischer Fabrikswaare. Ein grosses Uebel waren die vielen neuen Grenzen,

1) Man nennt sie in Bulgarien nach der Kleidung Arnaúti, in neuerer Zeit aber allgemein Makedónci. Ausser ihren slavischen Dialecten West-Makedoniens (die Mundart von der Radika und von Kruševo ist dieselbe, die von Kastoria aber ganz verschieden und eigenthümlich, vgl. S. 63) sprechen die meisten albanesisch, das ihnen auch als interne Geheimsprache dient. Das Wlachische ist von ihnen (ich habe mit diesen Leuten oft verkehrt) nicht zu erlernen. In Serbien nennt man diese Maurer Cincari, ein Ausdruck, unter welchem das Volk dort griechische, wlachische und slavische Makedonier zusammenwirft; das hat manche Reisende zur irrigen Annahme verleitet, alle diese Bauhandwerker insgesammt seien Makedorumänen. Unter den Bulgarien besuchenden Maurern gibt es nur wenige Wlachen aus dem Grammosgebirge.

welche die einstige grosse Europäische Türkei zertheilten und für den Binnenhandel der Halbinsel so viele Schranken errichteten. Ueberdies trifft auch die Regierungen eine nicht geringe Schuld; die harten Kämpfe, die im Fürstenthum geführt werden mussten, damit wenigstens ein Theil der nationalen Armee mit Bekleidung und Beschuhung aus einheimischen Werkstätten ausgestattet werde, zeigten nur allzu klar, wie weit man von einer selbstständigen Wirthschaftspolitik entfernt war. Dabei fiel auch die technische Unvollkommenheit des auf altererbtem Wege fortschreitenden heimischen Gewerbes schwer in die Wagschale. Viele Handwerker schlossen ihr Geschäft und arbeiteten mit Gesellen und Lehrlingen lieber auf den Weingärten und Rosenfeldern, von denen bessere Einkünfte zu hoffen waren, oder warfen sich auf Krämerei, Handelsgeschäfte, Bauunternehmungen u. dgl. Die Zahl der Handwerker selbst ist durch Verminderung der Lehrlinge im Abnehmen.

Aber die Bulgaren trachten bereits energisch ihre Industrie zu heben. Neue einheimische Gesellschaften errichteten die oben erwähnten Fabriken für Wollwaaren, Seifen, Spiritus u. dgl. Man lernt den Vortheil der Actiengesellschaften kennen. Auch Industrieschulen wurden gegründet. Zu Knjaževo bei Sofia eröffnete man 1883 eine Staatsgewerbeschule (1889 mit 120 Zöglingen) mit 4jährigem Curs, für Holz- und Eisenindustrie, in den Räumen einer seit dem Kriege verödeten ehemaligen türkischen ärarischen Tuchfabrik. In Rumelien gründete man eine Metallarbeiterschule in Stara Zagora, eine Tischlerschule in Kazanlyk, eine Schule für Textilindustrie bei der grossen Fabrik von Sliven. Eine grosse Anzahl junger Leute wird seit 1886 von Staatswegen in den Occident zur Erlernung oder Vervollkommung in den verschiedensten Gewerben gesendet.

### 8. Einheimische Arbeiterassociationen.

Zünfte nach türkischer Art. Associationen der Gärtner, Maurer, Schnitter, Brodbäcker u. s. w.

In Bulgarien gibt es von Altersher zweierlei Arten von Arbeitervereinigungen, Reste von Zünften nach türkischer Art und Vereine der Wanderhandwerker und überhaupt der in die Fremde ziehenden Arbeiter.

Die Zünfte, welche bei den Bulgaren mit türkischen Worten esnaf oder rufet heissen, verdienen eine etwas nähere Darstellung schon des Vergleichs mit den abendländischen Institutionen wegen. In dieselben gehörten früher nicht nur Handwerker, sondern alle Gewerbe überhaupt, auch die Verkäufer bestimmter Waaren. In grösseren Städten gab es deren ungefähr 58. Die Meister (majstor) der Zunft wählen jährlich ihre Obrigkeiten: den protomajstor (türkisch ustabaši), den čauš als dessen Gehilfen und einen Zunftrath von 2—4 Mitgliedern. Der Protomagister war ehedem stets bei der Aufnahme von Lehrlingen (čirák) und Gesellen (kalfá) anwesend, waltete als Schiedsrichter zwischen den Mitgliedern der Innung und legte Strafen auf, welche in einigen Okka Wachs, die zum Besten der Kirche verkauft wurden, und in der theilweisen oder gänzlichen Schliessung des Kaufladens für einen oder mehrere Tage bestanden. Die Zunft besitzt oft ein geschriebenes Verzeichniss der Mitglieder (kóndika), selten ein schriftliches Statut, indem sie sich meist nach traditionellem Brauche richtet. Die Versammlung der Zunft heisst lóndža, ein auf der Halbinsel seit dem Mittelalter eingebürgertes, ohne Zweifel vom ital. loggia, span. lonja stammendes Wort.[1]) Einem Mitglied des Rathes ist das Zunftsiegel, einem anderen der Schlüssel der Casse (sandъk, kutija) anvertraut, welche der Protomagister bei sich verwahrt, aber in Abwesenheit dieser beiden Collegen nicht öffnen kann. Die Zünfte waren in ihrer Blüthezeit theils gemischt, theils ausschliesslich einer Nation angehörig; z. B. die Gerberei mit aller Lederindustrie befand sich in türkischen Händen, die Metall- und Wollindustrie in christlichen, Klempfnerei und Glaserei meist in jüdischen, während sich in die Geldwechslerei Juden und Armenier theilten. Einzelne Esnafs besitzen ein Vermögen von bis 100.000 Piaster, womit sie ärmeren Mitgliedern aushelfen. In Stara Zagora und Kazanlyk galt der Vorstand der ausschliesslich türkischen Gerberzunft als Oberhaupt aller Esnafs und als zweite Instanz bei Entscheidung innerer Streitigkeiten. Der Lehrling arbeitete 1—3 Jahre ohne Lohn, nur für die Verköstigung; dann wurde er Geselle mit einer von Jahr zu Jahr steigenden Besoldung. Der Gesellendienst dauerte z. B. bei den Tuchmachern und Seifensiedern mindestens zwei Jahre; erst nach deren Verlauf durfte der Geselle sein eigenes Geschäft errichten, nach der Einzahlung von 400—500 Piaster in die Zunftlade. Der Verkauf der Erzeugnisse einer Zunft von den Mitgliedern einer anderen war verboten. Zur Verhütung der Concurrenz waren die Mitglieder der einzelnen Genossenschaften gezwungen, ihre Waare zu einem von Zeit zu Zeit von dem Zunftrathe bestimmten Preis zu verkaufen.

Das Zunftwesen gerieth im türkischen Reformzeitalter seit 1839 allmälig in Verfall, besonders als neue Einkommensteuern manche der bisherigen Beschränkungen aufhoben. Gegenwärtig ist das Gewerbe in Bulgarien und Rumelien ganz frei. In manchen Städten halten sich die Zünfte wegen des Vereinsvermögens, zur Repräsentation bei Festlichkeiten, z. B. in Sofia, wo die dortigen 32 Esnafs mit ihren Fahnen auszurücken pflegen, und wegen der gemeinschaftlichen Gastmähler an den Feiertagen ihrer Schutzheiligen. In den Kreisen von Rachovo, Vraca, Loveč, Sevlijevo, Svištov, Silistria, Varna und Burgas sind die Zünfte bereits ganz verschwunden.

Ob der Untergang dieser Innungen der heimischen Industrie genützt hat, ist zweifelhaft. Ihre Verfassung war veraltet, aber vielleicht konnten sie

---

1) Ueber das serb. londža vgl. Novaković im Archiv für slav. Philologie IX, 691; es bedeutet Versammlung, Handwerk. In Bulgarien erklärte man mir das Wort in Sliven, Šumen, Rušćuk als „Versammlung der Zunft". Kaiser Konstantin erlaubte 1451 den Ragusanern (Acta graeca III, 229) in Konstantinopel eine λόντζα zu errichten, als Sitz ihres Consuls oder Richters; in der Commission des Gesandten Bobali (Lettere e Commissioni 1451—1452, im Rag. Archiv) vom 11. Mai 1451 wird demselben auferlegt, er solle erlangen „de far consolo e logia e fontecho". Bezüglich des eingeschobenen α vergl. das oben erwähnte kóndika vom neugr. κώδικας (lat. codex).

14*

in moderne Genossenschaften verjüngt werden und dann durch grössere territoriale Verbände, Fachschulen, Assecurationen u. s. w. mit erneuerten und vereinten Kräften dazu beitragen, das einheimische Gewerbe auf eigene Füsse zu stellen. An ihre Stelle treten nur hie und da moderne Vereinigungen.

Die Associationen der in die Fremde ziehenden Arbeiter erinnern an die russischen „Artel" und kommen in gleicher Art auch in Makedonien und im Epirus vor. Die Schiffsmannschaften der griechischen Kauffahrer von Hydra, Spetza u. s. w. bildeten eine ähnliche Gesellschaft. In Bulgarien hat erst unlängst Herr Ivan E. Gešov in einigen Abhandlungen die Aufmerksamkeit auf diese Organisation gelenkt. [1])

An erster Stelle müssen die Gärtner genannt werden. Die aus Ljaskovec oder Umgebung im Frühjahr ausziehende Gesellschaft (tajfă) zählt, falls sie nur in eine bulgarische Stadt zieht, 6—12 Mitglieder, bei Zügen in's Ausland 40—70. Sie theilt sich in Gesellschafter (orták), welche an dem Unternehmen einen bestimmten Antheil (paj) haben, und in Gesellen (čirák), deren es nur wenige gibt und die je nach ihren Fortschritten gezahlt werden. Die Grundlage der Compagnie bildet eine imaginäre Vertheilung der Antheile in Okka's und Drachmen (1 Okka = 400 Drachmen), eine Bezeichnung, die wohl von der ursprünglichen Sitte abstammt, die Antheile beim Zusammentritt in gewogenen Sämereien einzuzahlen. Der gewählte Aelteste (majstor, čorbadžija, tajfadžija) führt die Rechnungen, verwaltet die Casse und hat dafür 1¼—3 Antheile (Okka's). Neben ihm ist die Hauptperson der Verkäufer (prodaváč) der Producte, ein sprachkundiger Mann von erprobter Ehrlichkeit. Die Zusammenstellung der Antheile und des Capitals wird vor dem Auszug im Frühjahr vereinbart und zwar mündlich, ohne jegliche schriftliche Aufzeichnung; bei Streitigkeiten entscheidet die Zunft in Ljaskovec als Schiedsgericht. Einige Mitglieder zahlen 200—500 Francs ein, andere treten aber als Theilnehmer ohne alle Geldeinlage bei; das ist eben das Merkwürdige dieser Organisationen, dass auch erprobte Arbeitskraft als Einlage gilt. Eine Gesellschaft von 8 Theilnehmern braucht z. B. in Sofia ein Capital von 7000 Francs; das fehlende Geld wird bei einzelnen reicheren Theilnehmern oder bei der Casse der Gärtnerzunft in Ljaskovec entlehnt und bei der Schlussabrechnung mit Zinsen zurückerstattet. Während der Arbeitszeit haben die Mitglieder gemeinsame Wohnung und Tafel, aber alle, den Aeltesten nicht ausgenommen, müssen in gleicher Weise im Gemüsegarten arbeiten; nur einer besorgt die Küche. Vor dem Rückzug im Herbst erfolgt die Liquidation. Nach dem Verkauf alles Gemüses und der Abzahlung aller Schulden wird der Reinertrag durch die Drachmen des imaginären Theilvertrages dividirt und unter die Theilnehmer vertheilt. In Sofia gab es 1888 nach Gešov 12 Gesellschaften mit 93 Theilnehmern, die zusammen 64 „Okka" oder ganze Antheile hatten; nach Abzug der Doppelantheile der

1) J. E. Gešov über die Gärtnergesellschaften, die Producenten- und Arbeitergesellschaften, die Hirten von Kotel und die Schnitter in Thrakien, im „Periodičesko Spisanie" Heft 27, 28, 32 (1889 f.).

12 Aeltesten verblieben den 81 Compagnons 40 „Okka“, also durchschnittlich 197½ „Drachme“ per Kopf; bei der Theilung entfiel auf die „Okka“ oder den ganzen Antheil 900 Francs. Unter 300 Francs erhält selten einer; die Gesellen bekommen 150—300 Francs.

Aehnliche Gesellschaften mit Theilung des Reingewinns bestehen noch bei zehn Gewerben. Die Maurer (djulgeri) ziehen in ähnlich organisirten Compagnien (tajfá) mit einem erfahrenen Altmeister (májstor) an der Spitze aus, die oft ganze Brückenbauten geleistet und zuletzt an dem Bau der Eisenbahn Caribrod-Vakarel theilgenommen haben. Auch die Brodbäcker (furnadži) in den bulgarischen Städten sind in der Art organisirt, ebenso die makedonischen Zuckerbäcker (chalvadži), welche mit ihren Reisteigbäckereien weit nach Europa ziehen und z. B. in Prag seit mehr als 15 Jahren ihr Geschäft betreiben, die Töpfer von Trojan, Trn u. s. w.

Hieher gehören auch die oben erwähnten Schnittergesellschaften, welche zur Ernte in die Ebenen Rumeliens ziehen. Der Führer der Schaar, der sogenannte dragománin, accordirt die Arbeit oft noch im Frühjahr, sammelt die Theilnehmer und ist auch Richter der Schaar. Der ganze Zug dauert 2—3 Wochen; der Gewinn beträgt 5—10.000 Francs. Bei der Theilung ist das Getreidegewicht Kiló massgebend, nach welchem bei der Arbeitsaccordirung der Flächenraum der Felder geschätzt wird. Man rechnet, dass ein Mann während der Ernte 6 Kilo, eine Frau 4, ein Junge oder ein Mädchen 2 Kilo schneiden und binden kann. Die Vertheilung illustrirt ein von Gešov angeführtes Beispiel: eine Schaar von 225 Personen, 100 Männern, 75 Frauen und 50 Kindern schneidet 1000 Kilo zu 8 Francs; bei der Vertheilung der 8000 Francs erhält jeder Mann 48, jede Frau 32, jedes Kind 16 Francs. Der Dragoman bekommt von jedem Mitglied einen Franken, vom Grundherrn ein Geschenk.

Die Schafhändler von Panagjurište kaufen viele Tausend Schafe in West-Bulgarien und verkaufen sie wohlgefüttert nach Konstantinopel. Die Thiere theilt der Schafhändler (dželepin) in Heerden von 600—850 Thieren mit je 3—4 Hirten, welche Kehajá (der Aelteste), Podkehajá (Unter-K.), Tretják und Odadžija heissen; der letztere ist der Hauswirth und Koch. Diese Hirten sind nicht Diener, sondern Gesellschafter. Nach dem Verkauf der Wolle und der Schafe wird der Erlös getheilt; dem Kehaja fällt der Gewinn von 70—80 Schafen, dem Odadžija der von rund 35 zu, mit 3 bis 6 Francs berechnet. Bei den eigentlichen Schafhirten hat jeder Hirt seine Schafe, sodass z. B. neben 5—600 Schafen des Herrn an 400 Schafe der Hirten beisammen sind. Derselben Art ist die Organisation der Hirten aus dem Balkan von Kotel in der Dobrudža: eine Schaar (družina) mit einem Chef (čorbadžija), Geschäftsleiter (kehajá), Käsemacher (mandradžija) u. s. w. und mit Theilung des Gewinnes. Aehnlich sind die Einrichtungen der Viehhändler (sovatči) von Vraca, Pleven, Drjanovo und Gornja Rjachovica (bei Trnovo), die sich auch mit der Bereitung von Würsten und anderen Fleischproducten befassen. Weniger bekannt sind uns die Zwischenhändler des Balkan, die Saumthiertreiber (kiradži), welche Wolle und andere Rohstoffe gegen die Producte der Gabrover Industrie umtauschen, die **Kesselhändler** (kotlare), welche auf den Dörfern alte Kupferkessel gegen neue umtauschen, und die **Seifenhändler** (sapundži), die Seife gegen Naturalien einhandeln, sämmtlich in Gesellschaften.

In letzter Zeit verfällt auch dieses eigenthümliche nationale Gesellschaftswesen. Man findet bereits Maurer und Gärtner, deren Compagnie aus besoldeten Arbeitern und nicht mehr aus Theilhabern besteht.

## 9. Jagd und Fischerei.

Die Jagd, bis unlängst ganz frei, ist erst seit wenigen Jahren durch Ausgabe von Jagdkarten, Feststellung von Schonzeiten und Schutz der insectenfressenden Thiere etwas eingeschränkt.

Die Fischereien gehören theils Privaten und Gemeinden, theils dem Staat. Der letztere bezieht von der Verpachtung der Fischereien an der ganzen Seeküste, längs des grössten Theils der Donau, in den Sumpfseen an der Donau und unter dem Balkan bei Karnabad, sowie in den Küstenlagunen jährlich an 250.000 Francs.

Am Gestade des Kreises von Varna ist der Fischfang nur schwach (Pacht 8000 Fr.). Eine grosse Bedeutung hat er aber am Golf von Burgas. Dort gibt es an den Ufervorsprüngen zahlreiche **Dalian** (vom türk. taliam), Pfähle und Netze, Fallen für den regelmässigen Fischzug, der sich im Herbst von den russischen Flussmündungen dem Ufer entlang gegen den Bosporus bewegt. Bei Sozopolis bestehen 30, bei Mesembria 11 solche Fangstellen; die Jahrespacht beträgt 40.000 Francs. Man fängt besonders Makrelen (*σκόμβρος*, bulg. skumrija), die gedörrt **čirus** (*τζίρος*) heissen und (angeblich über 10 Mill. Stück) in den ganzen Orient ausgeführt werden. Diese getrockneten Fische ersetzen dem Orientalen mitunter das Brod; ein Tausend „čirus" kostet nur 18 Francs. Die jährliche Ausfuhr durch das Zollamt zu Burgas hat den Werth von durchschnittlich 100.000 Fr.

An der Donau wird längs des serbischen und bulgarischen Ufers besonders der Hausenfang betrieben, zur Gewinnung des Caviars (türk. und bulg. chajvér), der nicht schlechter ist, als der russische von der Wolga.

## 10. Forstwirthschaft.

Die Wälder, welche Gemeinden und einheimischen Privaten gehören, werden in der Regel sehr schlecht verwaltet. Für die Staatswälder besteht seit kurzem ein Personal, das an 700.000 Fr. jährlich kostet: 18 Inspectoren nebst einer Anzahl Schreiber, 290 Waldhüter zu Pferde, 380 zu Fuss. Aber eine regelmässige Ausbeutung mit gleichzeitiger regelrechter Aupflanzung neuer Waldungen ist erst in den Anfängen,

Bauholz für Häuser und Schiffe gibt es in der ganzen Balkankette, in der Rila, Rhodope, Strandža, in den Niederungen nur im Deliorman bei Silistria. Aus dem Balkan von Kotel bringt man das Bauholz einerseits bis

Varna, andererseits bis Adrianopel. Gross ist der Holzexport aus der Rila und Rhodope, nach Sofia, Philippopel, Konstantinopel, ja über Dede-Agač bis nach Smyrna; sein Ausgangspunkt ist in der Gegend der Maricaquellen bei Belovo, wo die Forstinspection der Bahnen des Baron Hirsch ihren Sitz hat.

Ein Buschwaldproduct ist die Rinde und die Zweige des Sumach (smradlika, Rhus), welche besonders aus dem Hügelland des Donaugebietes als Gerbstoff stark ausgeführt werden.

## II. Der Bergbau.

Historisches. Uralte Gold- und Magneteisensandwäscherei. Kohlenbergwerke. Gyps. Seesalzgewinnung.

Der Bergbau in diesen Ländern hat eine Vergangenheit, die sich aus seinen gegenwärtig so spärlichen Resten kaum erkennen lässt. Seine Geschichte reicht bis in das griechische und römische Alterthum zurück.[1])

Die bergmännische Terminologie der Bulgaren enthält als historische Reminiscenzen Elemente aus vier Sprachen. Der Römerzeit gehört an die sgoríja (in Kratovo žgúra, auch neugr. σκουριά), Schlacke, vom lat. scauria, scoria. Aus dem späteren Mittelalter stammen die deutschen Worte, von den Sachsen (slav. Sasi) in's Land gebracht, die, wahrscheinlich aus Ungarn und Siebenbürgen berufen, im 14. und 15. Jahrhundert die Bergwerke von Bosnien, Serbien und Bulgarien betrieben. In Bulgarien ist ihre Anwesenheit nur in Čipórovci bei Berkovica schriftlich beglaubigt, ihre Spuren reichen aber noch weiter. In Čiporovci selbst, in Samokov und Rila nennt man die Schlacke šlaknó, in Kratovo heissen die Grubenarbeiter útmani (Hüttenmann) und ein Dorf derselben Gegend führt den Namen Sása. Das dritte Element ist slavisch: rudá Erz, rudíšte Erzlager, rúpa, dúpka unterirdischer Gang, dvoríšte (in Božica), úlej oder kóruba (der Mühlenterminologie entlehnt) Trog zum Sandwaschen, vadú Wassergraben, vigňa, vidňa Ofen, rasváč (türk. külčé) geschmolzener Erzklumpen,[2]) samokóv mit Wasserkraft betriebener Eisenhammer, wörtlich „Selbsthammer", valmó der Hammer daselbst, ein eiserner Ring auf einer durch ein gewöhnliches Mühlrad bewegten Achse. Türkisch ist endlich madán, madaníšte der Schmelzofen zum zweiten Umschmelzen des Erzes oder ein Bergwerk überhaupt.

Die einfachste Metallgewinnung ist wohl die älteste, nämlich die Goldwäscherei. In der Römerzeit betrieben sie besonders die thrakischen Bessen des Rhodope. Die „aurileguli" der Provinz Thracia dehnten ihre Wanderungen auch

---

1) Vgl. meine Bemerkungen über die alten Bergwerke in den Arch. epigr. Mitth. X (1886) 75—85.

2) Meist Plur. vigňite, vgl. serb. viganj Ambos, sloven. vigenj Hammerwerk, böhm. výheň Schmiedesse. Rasvač wohl urspr. raz-sovač, „Auseinanderguss", von raz und dem altslav. Verbum sovati (vgl. serb. usov Lavine, sunuti giessen).

nach Makedonien und Illyricum aus, was ihnen durch einen kaiserlichen Befehl im J. 370 verboten wurde. Das Gewerbe ging seitdem in der Rhodope nie ein. Die Bewohner der felsigen und waldigen Umgebungen der Stadt Nevrokóp an der mittleren Mesta, besonders in den armseligen Dörfern Skrebátno, Báldevo u. A. sind heute noch Goldwäscher (zlatári, mijáci).[1] Bis zu den grossen ökonomischen und politischen Umwälzungen des letzten russisch-türkischen Krieges betrieben sie ihr Gewerbe fast in ganz Bulgarien, Rumelien und Makedonien. Jeden Sommer arbeiteten sie an den Zuflüssen der Arda, an der Topolnica, an der Palagaria, an der Südseite der Vitoša, in den Balkanbächen bei Berkovica und Kotel, in den Flussbetten bei Breznik, Dupnica, Küstendil u. s. w. In der alttürkischen Zeit waren ihnen gegen die Lieferung von Goldstaub besondere Steuererleichterungen gewährt. Allerdings war das Geschäft sehr mühselig und das anstrengende Durchsieben und Waschen des Flussandes brachte in der Regel nach Monate langer, harter Arbeit jährlich kaum 80—120 Francs Gold ein. Die bulgarische Regierung verbot Anfangs das Goldwaschen, da man die Geringfügigkeit des Erlöses nicht kannte. Jetzt schwindet dieses uralte Gewerbe, denn der Bergbewohner findet überall besseren und leichteren Erwerb.

Ebenso primitiv, einfach und uralt ist die Eisensandwäscherei, wo der verwitterte Magneteisensand in ähnlicher Weise behandelt wird, bis nur Eisenkörner zurückbleiben. Das Gebiet dieser Industrie war auf der Halbinsel noch vor einem Jahrhundert ganz bedeutend. Es erstreckte sich von dem Quellgebiet des Vardar bis zum pontischen Ufer an der Strandža, beschränkt sich aber heute nur auf einen ganz geringen Rest bei Samokov. Eine genaue Beschreibung dieser Metallgewinnung geben Boué und Hochstetter als Fachmänner, die noch die Samokover Gruben in regem Betrieb sahen. Plinius erwähnt die Eisenwäscherei in seiner lehrreichen Schilderung des römischen Bergbaues nicht, aber ich zweifle nicht, dass das Eisen, welches im 4. Jahrhundert n. Chr. unter den Producten Makedoniens erwähnt wird, in derselben einfachen Weise gewonnen wurde, wie es dort jetzt geschieht. Auch die Eisengruben von Terleš zwischen Seres und Nevrokop, von denen das Athoskloster Laura 1347 Einkünfte bezog, waren wohl nicht vollkommener, als die heutigen Eisensandwäschereien derselben Gegend.[2]

Die alten Eisensandwäschereien dieser Länder zerfallen in vier grosse Gruppen. Die erste liegt im nordwestlichen Makedonien, mit Gruben in den Landschaften an der Treska, zwischen den Städten Gostivar und Kalkandelen und endlich bei Kičevo. Der Name der „Eisenburg" Železnica, türkisch Demirhissar, südlich von Kičevo steht damit im Zusammenhang. Der Betrieb scheint nunmehr eingestellt zu sein.

Die zweite Gruppe umfasst die jetzt eingegangenen Werke an der serbisch-bulgarischen Grenze zwischen Morava und Struma, mit dem Mittel-

1) Auch Kratover und Andere betrieben dieses Gewerbe. Vgl. die Ortsnamen Zlatarica bei Trnovo, Zlatari bei Gabrovo, bei Preslav und anderswo.

2) Einkünfte ἀπὸ τῶν σιδηροκαυσίων τοῦ Τερλισίου, Urkunde 1347 bei Florinski, Athosurkunden (russ.), Petersburg 1880 S. 99, 100.

punkt in Božica auf bulgarischem Boden. Beim Sumpfsee von Vlasina und am Fluss Masurica bei Vranja auf serbischem Boden bestanden ähnliche Gruben; einige Spuren mit römischen Münzfunden treten bei Strezimirovci und Groznatovci im Znepolje auf. In diese Gegend gehört das Justinianische Castell „Eisenwerk", Ferraria im Gebiet der Stadt Remesiana, des jetzigen Bela-Palanka bei Pirot. Der türkische Geograph Hadži Chalfa im 17. Jahrhundert lobt „die unvergleichlichen Aexte und Waffen" von Vlasina. In Božica ging der Bergbau um 1855 ein, an den übrigen Orten schon früher.

Die dritte und grösste Gruppe umfasst das Rila-, Perin- und Rhodopegebirge. Das ganze Gebiet reiht sich an die „Siderokapsia" oder „Mademochoria" der Chalkidike, deren Blüthe im 16. Jahrhundert wir aus Belon's Beschreibung kennen. Unter dem Pangaios gab es noch 1697 Bergwerke mit einer grossen Kugelgiesserei zu Pravišta in der Nähe der Ruinen von Philippi, von 10 Dörfern mit Frohnarbeit bedient. Weiter nördlich beginnen die Wäschereien und Hammerwerke der Districte von Valovišta (türkisch Demirhissar. Siderokastron der Byzantiner) und Melnik (Krušovo, Krčevo, Kalimanci u. s. w.), wo heute noch gearbeitet wird. Das Rilagebirge war ganz von Eisenwerken umgeben; die Schlackenhalden im Marktflecken Rila und im Dorfpaar Banja und Macakúrevo gewinnen durch die Nachbarschaft römischer und mittelalterlicher Ruinen und durch Inschriftenfunde ein erhöhtes Interesse. Gross ist der Minenbezirk der Stadt Samokov, welcher von allen diesen Eisenwerken den grössten Ruhm erlangt hat. Den Eisensand gewann man in dem Iskerthal von dem Stadtgebiet abwärts, an den Quellen der Struma und um die Vitoša herum, wo die äussersten Spuren der Eisengruben bei Vladája und Grúbljane in der nächsten Nähe der bulgarischen Hauptstadt liegen. In der Rhodope sind die Eisenwerke von Peštera um 1850 eingegangen; Schlacken zeugen von ähnlichen Gruben zwischen Batak und Nevrokop, auf der Höhe Beglik, bei den Hans von Dospad und endlich bei Nevrokop selbst.

Die vierte Eisenlandschaft lag am Schwarzen Meer. Ihr Centrum war das Dorf Malki Samokov, jetzt auf türkischem Boden zwischen Iniada und Kyrkklissé. Die Arbeit wurde erst in unserem Jahrhundert eingestellt.

Ein fünftes Gebiet bildeten die Eisenwerke, wo das Metall nicht durch Waschen des Sandes, sondern durch trockene Grubenarbeit gewonnen wurde, längs der Nordseite des Balkan: bei Železna und Čipórovci und gegenüber auf der Südseite des Gebirges bei Senokós in der Okolija von Caribrod, bei Etrópole (auch erst in unseren Zeiten eingegangen) und an den Quellen des Schwarzen Osem bei Troján. Neuerdings fand man einige Spuren unbekannten Alters auch bei Jambol und Burgas.

Daran schliessen sich zahlreiche Bleiglanzgruben, zum Theil schon von den Römern ausgebeutet. Im Kreis von Küstendil gibt es alte Stollen und Schachte im Osogovgebirge und in den Bergen von Ljubata am Trifinium, eine Fortsetzung der nahen westlichen Bergwerksgruppen von Novo Brdo und Kratovo. Ganz unbedeutend waren die 1530 erwähnten Silbergruben von Breznik. Eine berühmte Bergstadt war vor ihrer Zerstörung 1688 Čipórovci im Balkan von Berkovica. Bleiglanz gewann man auch bei Etropole. In der Rhodope gibt es alte Bleiglanzgruben mit tiefen Gängen bei dem Pomakendorf Lъkávica im Rupčos.[1]) Andere befinden sich bei einer Burgruine am Bach Gümüš-deré (türk. Silberbach) bei Dospad und an einigen Stellen des oberen Ardagebietes. Kupfer gewann man in geringerem Mass neben anderen Metallen im Osogov, zu Čiporovci und Peštera.

Der Untergang der heimischen Eisenindustrie in den letzten Hundert Jahren erfolgte durch die Concurrenz des ausländischen Eisens und wegen des primitiven Zustandes der Industrie selbst. In Samokov arbeiteten von den 72 Oefen zuletzt vor dem Ausbruch des russisch-türkischen Krieges nur 25; jetzt schränkte sich ihre Zahl sogar nur auf vier ein, mit einer Jahresproduction von 25.000 Okka (1888), ja die Industrie kann dort eines Tages ganz aufhören.

Die Bleiglanzgruben sind seit dem 17. Jahrhundert verödet. Erneuert wurde der Betrieb nur in Lъkávica 1884, als die ostrumelische Regierung die Gruben den Brüdern Argiriadis auf 99 Jahre verpachtete. Die Unternehmer begannen die Silber- und Bleigewinnung nach kostspieligen Vorbereitungen, aber seit drei Jahren ruht die Arbeit wieder, aus Mangel an Capital.

Einen grösseren Aufschwung nehmen die von der Regierung betriebenen Kohlenbergwerke. Seit 1879 wird das Werk von Móšino in dem obersten Strumathal ausgebeutet. Es liefert jährlich 9—11.000 Tonnen Braunkohle (bulgarisch vъglište, türk. kümür) und die Stollen reichen jetzt ungefähr 600 Meter weit unter die Erde. Der Anfangs nur auf das nahe Sofia beschränkte Verbrauch wächst seit dem Bahnbau. Man fand grosse Kohlenlager auch bei Bobov Dol am entgegengesetzten Ende des Beckens von Radomir, aber die Ausbeutung ist noch nicht in Angriff genommen. Klein ist der Betrieb der Kohlenwerke von Trjávna im Balkan, ganz unbedeutend derer zu Dospéj bei Samokov. Die vielen kleinen Kohlenfunde im ganzen Lande beschränken sich in der Regel auf die Auffindung einzelner verkohlter Bäume, von nur phytopalaeontologischem Interesse.

Gyps (alčija, türk.) wird bei den Stationen Trnovo-Sejmen (am Flüsschen Alči-deré) und Radne-Machlesi südlich von Stara Zagora gewonnen.

Salzlager hat die Balkanhalbinsel ausser denen von Tuzla in Bosnien nicht. Das Binnenland versorgt sich mit Seesalz, mit dem in Bulgarien Steinsalz aus den Karpaten bei Okna in der Walachei concurrirt. Seesalzsiedereien gibt es bei Anchialos, mit 6390 Bassins (solnica), Besitz einzelner Stadtbürger, sehr alten Ursprungs, und bei Balčik mit 185 Bassins, 1884 gegründet von einer bulgarischen Gesellschaft, welche nach 15 Jahren die Unternehmung der Regierung abzutreten hat. Anchialos liefert jährlich an 10—15 Mill., Balčik an 180—500.000 Kilogramm. Ein Salzmonopol besteht nicht, nur eine Salzverkaufsteuer von 6 Francs per 100 Okka.

1) Eine Gruppe Höfe südlich von Lъkavica heisst einfach Srebro, „Silber“.

## 12. Handel.

Geschichtliche Entwicklung. Die neuen Eisenbahnen. Kaufleute, Handelsstädte und Jahrmärkte. Neuestes Stadium. Officielle Handelsstatistik. Antheil fremder Staaten.

Der Handel in den Balkanländern befindet sich gegenwärtig in einem neuen Entwicklungsstadium, sowohl in Bezug auf die Handelswege als auch auf die Art und Weise des Waarenvertriebes.

Seit dem Mittelalter berühren einander in Bulgarien der Landhandel und der Seehandel. Noch in der älteren Türkenzeit divergirte der Handelsverkehr einerseits gegen Konstantinopel, andererseits gegen die Westküste der Halbinsel, zur Verbindung mit Venedig und anderen italienischen Handels- und Industriecentren. Die Pontusschiffahrt war seit dem Fall von Konstantinopel und der genuesischen Colonien auf der Krim ganz eingegangen und der Donauhandel beschränkte sich auf den localen Verkehr von der Mündung bis zum Eisernen Thor. Damals, im 16. und 17. Jahrhundert, betrieben die Ragusaner über Novipazar, Niš und Skopje einen ziemlich lebhaften Handel nach Bulgarien, wo vorzüglich Sofia, Trnovo und Provadija von ihren Kaufleuten besucht wurden. Export von Rohproducten und Import von abendländischen, fast ausschliesslich italienischen Industrieerzeugnissen waren Gegenstand dieses Verkehrs. Philippopel und Adrianopel wurden von den Ragusanern nur selten besucht. Diese Städte standen schon unter dem Einfluss von Konstantinopel; den dortigen Platz beherrschte der venetianische Export, jedoch die occidentalischen Seemächte, Franzosen, Holländer und Engländer begannen bald die Venetianer und die Angehörigen der übrigen italienischen Republiken zu überflügeln.[1])

Die grossen Türkenkriege am Ende des 17. Jahrhunderts hatten in handelsgeschichtlicher Beziehung tief eingreifende Folgen. Der venetianische Handel verfiel. Auch der ragusanische Kleinhandel in Bulgarien ging ein, bis auf eine Colonie in Ruščuk, die sich bis 1755 verfolgen lässt. Die Strassen von Konstantinopel zur Adria und nach Belgrad verödeten, und der Verkehr wendete sich auf die Linie von Konstantinopel über Ruščuk und die Walachei in das dem österreichischen Kaiserstaate neu einverleibte Siebenbürgen. Kronstadt (slav. Brašov) wurde für die Bulgarenländer ein Emporium ersten Ranges, dessen Ruf heute noch im Volksgedächtniss nicht verblasst ist. Es beherbergte eine Colonie bulgarischer, wlachischer und griechischer Kaufleute, und es ist denkwürdig, dass das erste bulgarische Schulbuch, die Fibel des Dr. Peter Beron (Berović), in Kronstadt 1824 gedruckt wurde. Am Ausgang des 18. Jahrhunderts öffneten die Fortschritte der Russen das

1) Ein beredtes Zeugniss der Intensität des einstigen italienischen Handels sind zahlreiche Fremdwörter, besonders im Bulgarischen der Philippopler Städter: kanéla Ingwer (ital. cannella), kapéla Hut (capello), panéra Korb (paniere), kola Stärke (colla), furkéta Haarnadel (forchetta), pjato Teller (piatto), lusso Luxus, lustro Stiefelwichs (davon mit türk. Endung lustradži Wichser), sálca Sauce (salsa), kankéli Holzzaun (cancello) u. s. w. Allgemein im Lande bekannt sind kambio (lettera di cambio), kalcúni Strümpfe (calze), mándža Speise, nerandža Orange (arancia) u. a.

Schwarze Meer dem Weltverkehr, was auf den bisher ausgangslosen Donauhandel nicht ohne Einfluss blieb; in dem neugegründeten Odessa bildete sich bald eine Colonie bulgarischer Kaufleute. Daneben wurde Smyrna ein wichtiges Emporium für die Vermittlung des Seehandels mit den Bulgarenländern, gleichfalls mit einer ständigen bulgarischen Ansiedelung, mit deren Unterstützung daselbst (1844) die erste bulgarische Zeitschrift zu erscheinen begann. Ausserdem besuchten die einheimischen Kaufleute auch die Märkte von Wien und Leipzig.

Die Einführung der Dampfschiffahrt auf der unteren Donau (1834) erhob diesen Fluss zur Hauptverkehrsader der Nachbarländer. Das Gebiet des aufblühenden Donauhandels reichte bald bis über den Balkan nach Philippopel, wo derselbe mit dem Handel von Konstantinopel sich berührte, im Westen über Serbien bis tief nach Makedonien und Thessalien, wo z. B. die thessalischen Färber noch in den vierziger Jahren lebhafte Verbindungen mit den ungarischen Plätzen und mit Wien unterhielten, das von da an für die Balkanländer ein wichtiger, leicht zu Wasser zugänglicher Handelsplatz wurde. Kronstadt und Smyrna verloren allmälig ihre Bedeutung. Eine Aenderung in diese Verhältnisse brachten wieder die türkischen Eisenbahnen, besonders die 1873 eröffnete Linie von Konstantinopel nach Belovo, sowie die andere von Salonik nach Mitrovica.

Bei der Errichtung der neuen politischen Gebilde standen die Verhältnisse so, dass das Fürstenthum Bulgarien sich im Bereiche des Donauhandels befand, und zwar mit grösster Betheiligung des die Donau abwärts kommenden österreichischen und des von der Donaumündung und von Varna aus mit ihm concurrirenden englischen Handels. Das durch eine Zollgrenze vom Fürstenthum geschiedene Rumelien hing mehr von Konstantinopel ab.

Nach Art. 8 des Berliner Vertrages blieben die zwischen der Pforte und fremden Mächten damals bestehenden Handels- und Schiffahrtsverträge auch für Bulgarien in Geltung. Keine Aenderung in Betreff einer Macht darf darin ohne deren Einwilligung gemacht werden. Die Transitwaaren sind zollfrei. Der Handel aller Mächte soll auf Grundlage vollständiger Gleichheit behandelt werden.

Daraufhin wurde in Bulgarien ein Einfuhrszoll von 8 Proc. des Werthes, ein Ausfuhrszoll von 1 Proc. für alle Staaten gleichmässig entrichtet.

Die Vereinigung Bulgariens und Ost-Rumeliens sowie der Ausbau des Eisenbahnnetzes brachte einige Veränderungen, hauptsächlich in Folge der Abschliessung Rumeliens gegen die Türkei durch eine Zollgrenze. Mag aber der bulgarische Staat was immer für Wandlungen durchmachen, stets wird er bei seiner geographischen Lage das Berührungsfeld des durch die Donau und die Eisenbahnen vermittelten nordeuropäischen Handels und des zur See die pontischen und ägäischen Küsten erreichenden westeuropäischen Importes bleiben. Der Erfolg des Landhandels hängt von den Tarifen ab.

Das vertragsmässige Recht einer Aenderung in den türkischen Handelsverträgen benützte erst unlängst England zu einem „provisorischen Uebereınkommen" für 1890—1892. Der Einfuhrszoll englischer Waaren bleibt bei 8 Proc. ad valorem; die bulgarischen Boden- und Industriezeugnisse unterliegen in England demselben Zoll, wie die gleichartigen Erzeugnisse der meistbegünstigten Nationen. Gleiche provisorische Conventionen schlossen 1890 Oesterreich-Ungarn, Deutschland, Frankreich und die Schweiz ab.

Die Exporteure sind zum Theil Ausländer, die Importeure fast sämmtlich Bulgaren. Der Getreideexport auf der Donau, in Varna, in Ost-Rumelien ist grösstentheils in Händen griechischer Handelshäuser von Galatz, Braila und Konstantinopel; Armenier, Spaniolen und Bulgaren folgen erst in zweiter Reihe. Ein Hauptort bulgarischer Kaufmannschaft ist von Altersher die einstige Residenzstadt Trnovo mit ihren kleineren Nachbarstädten; selbst die Kaufleute von Svištov und Rusčuk, die heute die alte Carenstadt längst überflügelt haben, stammen zum guten Theil aus Trnovo. In Rumelien sind Karlovo und Kalofer alte Brennpunkte commerciellen Unternehmungsgeistes; Kaufleute von dort besuchen schon seit einem Jahrhundert Wien, die Donaufürstenthümer, Russland und Smyrna und bilden neben Griechen und gräcisirten Wlachen die Kaufmannschaft von Philippopel. Daneben lebt der Handelsgeist in Šumen, Sliven, Samokov, Varna u. s. w. Nicht wenige bulgarische Kaufleute sind vorzüglich des Commissionsgeschäftes wegen in Konstantinopel, Odessa, Braila, Bukarest, Wien und in England angesiedelt.

Der Binnenhandel war in der Türkenzeit an Stapelplätze und Jahrmärkte gebunden. Die berühmtesten Jahrmärkte (panair),[1]) die aus der ganzen Türkei und auch von Vertretern occidentalischer Häuser besucht wurden, waren die von Eski-Džumaja bei Šumen und von Uzundžova im Kreis von Chasköi auf der Strasse von Philippopel nach Adrianopel. Der erstere (am St. Georgstag) besteht noch immer. Der zweite ist 1875, zwei Jahre nach Eröffnung der rumelischen Bahn, kurz vor dem Ausbruch der bulgarischen Revolution und des russischen Krieges, zum letzten Mal abgehalten worden; die Theilnehmer liefen auf die Nachricht von dem Putsch in Stara Zagora auseinander. Der Verfasser dieses Buches reiste noch 1874 durch Serbien mit einer Wagenkarawane serbischer Kaufleute, die Uzundžova von Belgrad aus in 20 Tagen zu erreichen pflegten. Kleinere Jahrmärkte, meist Vieh- und Wollmärkte mit Verkauf von landwirthschaftlichen Bedürfnissen, Riemzeug, Seilen, Werkzeugen, Gefässen, auch von Colonialwaaren, gibt es fast in allen Städten des Ostens, besonders zu Karnobad, wo an 20.000 Menschen zusammenkommen, Sliven, Čirpan u. s. w. Bei dem im Mai zu Dobrič auf 15 Tage stattfindenden Markt soll der Umsatz an 1 Mill. Francs betragen; es kommen auch Händler aus der Türkei, Serbien, Rumänien und Siebenbürgen, aber der Verfall äussert sich jährlich in wachsendem Grad. Auch in zwei Dörfern bei Rusčuk (Rjachovo und Türk-Emin)

1) Vom griech. πανήγυρις. Im 13. Jahrhundert panagir Jahrmarkt, trg Markt in einer bulgarischen Urkunde (Šafařík, Památky 24), altserb. panagjur, panigir; ein „panager" in Kleinasien 1278: Tafel und Thomas, Urkunden zur Handelsgesch. von Venedig III, 193.

versammeln sich an 3—5000 Menschen bis aus Varna und Rumänien. Im Westen gibt es solche Märkte in grösserem Masse nur im Kreis von Küstendil, sonst meist vereint mit dem Kirchweihfest, z. B. bei dem Kloster von Trojan im Central-Balkan.

Der Verfall der Jahrmärkte ist nicht nur den Kriegen und neuen Grenzen zuzuschreiben, sondern besonders den Eisenbahnen und überhaupt der Hebung der Communicationen. Früher kauften die kleineren Händler alle Waare einmal im Jahre auf dem „Panair". Jetzt kann der Kaufmann in vielen kleinen Städten die Waare direct aus dem Ausland beziehen und die Eisenbahn oder der Donaudampfer bringt sie ihm billiger und in besserem Zustand als der Jahrmarkt. Deshalb sind auch die Bürger von Eski Džumaja dem Jahrmarkt ungünstig gestimmt, denn die Bauern kaufen alles nöthige einmal im Jahre von fremden Händlern und besuchen die Läden der Stadt nur selten. Dieselben Ursachen haben auch einigen grösseren Städten ihre commercielle Bedeutung entzogen, den Stapelplätzen oder wie man hier sagte, „trockenen Häfen" (súcha skéla), mit den Niederlagen der Grosshändler, welche den Umsatz ausländischer Waare in die Hände kleinerer Kaufleute in Händen hatten. Dieses Schicksal traf z. B. Trnovo, das nicht nur die umliegende Balkanlandschaft, sondern noch zu Menschengedenken auch Lovač und Sofia mit Waaren versorgte. Die alten Trnover Kaufmannsfamilien haben sich in Folge dessen durch Emigration längst zerstreut. Der Verfall der Jahrmärkte traf auch die einheimischen Handwerker, welche dort ihre Waare absetzten, denn mit der Verbesserung der Communicationen nahm auch die Concurrenz ausländischer Fabrikswaare zu.

Die Hauptconsumenten der Jahrmärkte waren die Türken. Der Grund davon sind die Verhältnisse, welche das türkische Hauswesen in einen völligen Gegensatz zum bulgarischen stellen. Die Türkin arbeitet zwar im Garten oder auf dem Felde, betreibt aber keine Hausindustrie, wie die Bulgarin; alles wird fertig auf dem Markte gekauft. Das ist die Ursache, warum der Jahrmarkt von Eski-Džumaja inmitten vorwiegend türkischer Landschaften noch fortbestehen kann.

Sehr belebt sind die Wochenmärkte. Der bedeutendste ist der zu Gornja Rjachovica bei Trnovo, wo manchmal über 10.000 Bauern mit Vieh und Getreide zusammenkommen.

Auf Dörfern und in kleineren Städten kann man, obwohl selten, noch den alten Tauschhandel antreffen, Industrieproducte gegen Getreide, mitunter in primitivster Form mit Austausch des gleichen Gewichtsquantum's, eine Okka Wolle für eine Okka Wachs oder Früchte. Als Ursache gibt man das Misstrauen der Bauern an, die ihren auf den Markt gehenden Weibern nicht baares Geld anvertrauen wollen, da zur Kenntniss der Münzsorten bei einer wenig schriftkundigen Bevölkerung eine gewisse Uebung nothwendig ist, und den Mangel an Kleingeld. Aber diese Ueberreste alter Zeiten schwinden vor der Verbreitung des neuen bulgarischen Kupfergeldes.

Seit der Befreiung des Landes ist der Handel fortwährend im Wachsen.

denn die Sicherheit des persönlichen Besitzes führt naturgemäss zu einer grossen Vermehrung der Bedürfnisse. Zur Besserung der Lebensweise auf dem Dorfe trägt auch der Militärdienst bei. Die nach kurzer Dienstzeit heimkehrenden Soldaten tragen Stiefel statt der Bundschuhe, leuchten mit Petroleum statt des Unschlitts und der Kienspäne, sitzen auf Stühlen bei Tischen statt auf dem Boden u. s. w.

Die einheimischen Kaufleute gelten als solid. Fallimente kommen, nach der Behauptung der Publication des Finanzministeriums, bei Bulgaren oder Griechen sehr selten vor, meist nur bei einheimischen und fremden Juden, in Rušćuk jährlich an 10, desgleichen in Sofia. In den Kreisen von Trn, Rachovo, Vraca, Loveč, Trnovo, Silistria und Burgas kam in den letzten zehn Jahren überhaupt kein Falliment vor, in denen von Sliven und Sevlijevo nur je eines. Erst die Stagnation der stürmischen letzten Jahre hat mehrere Krisen herbeigeführt und das Vertrauen erschüttert.

Dieselbe Publication bietet einige statistische Daten: 1888 gab es im Lande 328 Importeure, 2869 Exporteure, 62 Grosshändler mit Salz und 217 mit Colonialwaaren und Manufacturen, 808 Händler mit Kolonialwaaren und Manufacturen im Grossen und Kleinen, 500 Gemischtwaarenhändler, 13.052 Krämer, 88 Goldwaaren- und 89 Papierhändler.

Im Lande klagt man jetzt sehr viel über flaue Geschäfte. Als Ursachen werden angegeben: Mangel an Capital, unzureichende Communicationen und schlechte Feldwege, hohe Bahntarife, früher nicht vorhandene Zölle gegen die Türkei, das Fallen der Getreidepreise und in Folge dessen Geldmangel bei der Landbevölkerung und endlich besonders die unruhigen Zeiten nach der Septemberrevolution 1885.

Die officielle Handelsstatistik wird seit 1879 in voluminösen Bänden gedruckt, blieb aber bald im Rückstand. Erst 1889 nahm das statistische Bureau einen energischen Anlauf, um die rasch entfliehende Zeit einzuholen und veröffentlichte in wenigen Monaten fünf Jahrgänge 1885—1889, sämmtlich starke Quartanten von 400—800 Druckseiten.[1])

Aus dem ehemaligen Ost-Rumelien haben wir Daten für das J. 1883: Einfuhr 12,428.204, Ausfuhr 14,550.700 Francs, wobei der Umstand in Betracht kommt, dass die autonome Provinz gegen die Türkei durch keine Zollgrenze abgeschlossen war.

Im Fürstenthum entwickelte sich die Handelsbewegung vor und nach der Union folgendermassen:

| Jahr: | Einfuhr: | Ausfuhr: |
|---|---|---|
| 1879 | 32,137.800 | 20,092.854 Francs |
| 1880 | 48,223.637 | 33,118.200 |
| 1881 | 58,467.100 | 31,819.900 |
| 1882 | 41,564.966 | 34,252.421 |
| 1883 | 48,929.575 | 46,126.405 |

1) Vgl. auch die vom k. k. Handelsministerium veröffentlichten Jahresberichte der k. k. Consulate.

| | Einfuhr | | Ausfuhr | |
|---|---|---|---|---|
| | verzollt: | zollfrei: | verzollt: | zollfrei: |
| 1884 | 46,950.033 | 4,835.201 | 35,297.160 | — |
| 1885 | 38,831.652 | 5,208.562 | 42,065.129 | 2,809.622 |
| 1886 | 46,906.520 | 17,378.783 | 46,844,231 | 3,560.083 |
| | 64,285.309 | | 50,404.314 | |
| 1887 | 64,742.481 | | 45,747.247 | |
| 1888 | 66,362.431 | | 64,198.634 | |
| 1889 | 72,809.245 | | 60,581.076 | |

Nach den Ergebnissen des J. 1887 kamen von der Einfuhr 29 Proc. auf die Seeküste, 32·5 Proc. auf die Südgrenze, 35·5 Proc. auf die Donau, 3 Proc. auf die serbische Grenze. In der Betheiligung der einzelnen Zollstätten steht der Hafen von Varna an erster Stelle, 1889 mit 22·03 Proc. des Gesammtimportes und 14·82 Proc. des Gesammtexportes. In der Einfuhr folgten dann: Philippopel 13·24, Rušćuk 12·91, Lompalanka 7·98, Svištov 7·15, Burgas 6·14, Tatar-Pazardžik 5·04, in der Ausfuhr Burgas 9·02, Harmanli (gegen Adrianopel) 8·32, Svištov 5·87 Proc. u. s. w. Mit der Eröffnung der Bahnlinien haben sich diese Verhältnisse etwas verändert. Im J. 1889 kamen von der Einfuhr 22·84 Proc. auf die Südgrenze, 11·53 Proc. auf die serbische Grenze. Die bedeutendsten Zollämter waren nach Varna: Rušćuk 16·61, Philippopel 12·82 und Sofia 10·85 (1887 nur 1·67); Lompalanka, der bisherige Hafen von Sofia, sank auf 2·66 Proc.

Von den Transitwaaren (1889: 527.733 Fr.) ging 1889 der grösste Theil (481.800 Francs) in die Türkei. Die Entrepositen beliefen sich 1889 auf 1,062.426 Francs.

An der Einfuhr nahmen die europäischen Staaten in folgender Weise Antheil, in Procenten des Werthes:

| | 1886 | 1887 | 1888 | 1889 |
|---|---|---|---|---|
| Belgien . . . . . . . . . | 0·99 | 1·64 | 2·01 | 2·70 |
| Deutschland . . . . . . . | 3·29 | 4·54 | 6·62 | 5·36 |
| England . . . . . . . . . | 28·45 | 33·86 | 29·41 | 29·09 |
| Frankreich . . . . . . . . | 5·80 | 6·39 | 5·86 | 4·73 |
| Griechenland . . . . . . . | 0·75 | 0·55 | 0·42 | 0·21 |
| Italien . . . . . . . . . | 2·13 | 1·72 | 1·53 | 1·49 |
| Niederlande . . . . . . . | 0·02 | 0·02 | 0·04 | 0·02 |
| Oesterreich-Ungarn . . . . | 26·53 | 23·61 | 27·41 | 30·87 |
| Rumänien . . . . . . . . | 5·10 | 4·52 | 3·32 | 3·21 |
| Russland . . . . . . . . | 5·60 | 5·06 | 4·53 | 6·22 |
| Serbien . . . . . . . . . | 1·32 | 1·23 | 2·24 | 1·32 |
| Schweiz . . . . . . . . . | 1·18 | 1·40 | 1·51 | 1·28 |
| Türkei . . . . . . . . . | 17·45 | 14·81 | 14·68 | 13·42 |
| Ver. Staaten . . . . . . . | 0·82 | 0·65 | 0·22 | 0·08 |
| Unbekannt . . . . . . . . | 0·48 | — | — | — |

Der stärkste Import war 1886—1888 der englische (1889: 21,193.374 Fr.), der sein vorzüglichstes Absatzgebiet in den Häfen des Schwarzen Meeres und in den Bahnstationen Rumeliens hat, aber auch auf der Donau nicht unbedeutend ist; in Rušćuk bezifferte sich die österreichische Einfuhr auf

4,752.493, die englische auf 3,730.091 Francs. Oesterreich-Ungarn gewann 1889 (21,492.177 Francs) einen kleinen Vorsprung gegen England, durch die neuen Bahnverbindungen. In Süd-Bulgarien berühren einander beide Handelsmächte; durch das Zollamt von Philippopel gingen österreichische Waaren im Werthe von 2,413.085, englische von 3,397.854 Francs. Weiter folgen: Türkei 9,778.456 (darunter wohl viele occidentalische Erzeugnisse einbegriffen), Russland 4,532.297, Deutschland 3,910.820, Frankreich 3,448.790 Francs.

Eingeführt werden: österreichisches und englisches Eisen, roh und verarbeitet in Werkzeugen und Möbeln, Blech, Drahtstifte, Wollwaaren, besonders englische Baumwollwaaren, Leinwand, Seilerwaaren, etwas Seidenwaare, abendländische Männer- und Frauenkleider, Gummiwaaren (Mäntel, Ueberschuhe u. s. w.), Filzhüte, Regen- und Sonnenschirme, Handschuhe sowie Kurz- und Galanteriewaaren aller Art, Uhren, Ledererzeugnisse, Möbel und fertige Thüren und Fenster, Glas aller Art, Geschirre, Kaffee, Reis, Zucker, Oel, Oliven, Sardinen, Thee, österreichischer und russischer Spiritus, Salz, Droguen, Farben und chemische Producte, russisches Petroleum, Zündhölzchen, Stearinkerzen, Papier und andere Schreibrequisiten, Cement u. s. w.

Bei dem Export steht das Getreide in erster Linie, 1889 5,703.906 Quintals im Werthe von 62,159.273 Francs, wovon ein Viertheil, 1,501.833 Quintals (16,736.937 Francs) auf die Türkei entfällt, etwas weniger als ein Viertel, 1,369.970 Quintals auf Frankreich, 1,160.274 Quintals auf England. Weiter folgen lebendes Vieh (1889: 867.795 Stück im Werthe von 5,902.310 Francs), Wolle, Häute, Hühner und Eier, Käse, Butter, Rosenöl, Tabak, Holz, Sumach u. s. w. Im Jahre 1889 entfielen 37·92 Proc. der Ausfuhr im Werthe von 30,555.910 Francs auf die Türkei, 22·82 Proc. (18,390.317 Francs) auf Frankreich, 15·64 Proc. (12,595.444 Francs) auf England, 4·42 Proc. (3,558.284 Francs) auf Oesterreich-Ungarn, 19·20 Proc. auf alle übrigen Staaten zusammengenommen. Nach Deutschland gingen 1887 Waaren im Werthe von nur 299.309 Francs, aber 1889 schon im Werthe von 1,234.868 Francs.

## 13. Masse und Gewichte. Münzen.

Durch ein Gesetz vom J. 1889 wurden die metrischen Masse und Gewichte angenommen und für das Getreide sofort vom 1. Juni 1889, für die übrigen Waaren vom 1. Jänner 1890 an obligat eingeführt, allerdings unter allerlei neuen bulgarischen Namen. Jedoch die alten einheimischen Masse dürften sich noch lange hartnäckig halten.

Das landesübliche Flächenmass ist der Uvrat, der türkische Dönüm (man spricht im Lande auch Dülüm aus), 40 × 40 Schritte, in runder Ziffer 1600 Quadratmeter. Er theilt sich in 4 Lechá (Beete). Die Grösse des Uvrat ist jedoch nach den Landschaften sehr verschieden; der alte Uvrat von Philippopel und Tatar-Pazardžik ist z. B. fast zweimal so gross wie der von Stara Zagora.

Die Masseinheit sowohl für Gewichte als für Flüssigkeiten ist die Okka = 400 Drachmen (bulg. dram, türk. dirhem); 1 Drachme = 16 Krat (der Karat unserer Juveliere); 1 Krat = 32 „Körner" (zьrno). Im Verhältniss zum metrischen System sind 78 Okka = 100 Kilogramm oder bei Flüssigkeiten 100 Liter. Der Kantar hat 44 Okka.

Als Längenmass gilt die nicht überall gleiche Elle, bulg. Aršin; die Maurerelle hat 75·8, die Schneiderelle 68 Centimeter; 1 Aršin = 8 Rup = 16 Grech = 32 „Finger" (bulg. pъrst, türk. parmák). Grössere Mengen Wollstoffe werden in Top = 11—15 Aršin angegeben.

Die grössten localen Verschiedenheiten bestehen im Getreidemass. Die Einheit heisst überall Kiló und ist eingetheilt in Šiník oder Krína (meist 10 oder 11 Okka), aber dieses Kilo ist sehr ungleich, und es ist zu achten, ob man das von Konstantinopel (2 Šinik = 22 Okka = 37 metrische Liter) oder Varna (8 Šinik oder Krina = 88 Okka; 1 Šinik = 18½ Liter), oder das an der Donau übliche (10 Krina = 100 Okka = 128 Liter) oder das Salzkilo von Anchialos (30 Okka), das alte Kilo der Dobrudža von Küstendže (75 Okka), das von Stara Zagora (4 Krina = 44 Okka) oder ein anderes hernimmt. Der Kútel von Küstendil hat 20 Okka und gilt auch als Flächenmass für Ackerfelder. Aus Hammers Uebersetzung der osmanischen Finanzgesetze des 16. Jahrhunderts wissen wir, dass damals fast jede Stadt und jeder Kreis ein eigenes Kilo hatte.[1]) Das Gesetz von 1889 nimmt als Basis des Getreidemasses die „neue Krina" (nova krina) = 20 Liter; 5 neue Krina = 1 „bulgarisches Kilo" = 1 Hektoliter.

Für Trauben gilt in Rumelien der Korab („Schiff"), in Stara Zagora 500 Okka, im nahen Čirpan und Nova Zagora 1000 Okka gross, für den Wein die mjára zu 16 Okka in Stara Zagora, 12 Okka in Nova Zagora. Die Masse fürs Rosenöl haben wir schon erwähnt.

Im Münzwesen führte noch die russische Occupationsregierung die Rechnung nach Francs ein. Anfangs cursirten Metallmünzen aller Staaten in nicht selten äusserst abgegriffenen Exemplaren, meist russische und türkische Stücke, die alle einen zweifachen Curs hatten, den amtlichen nach Francs und Centimes und den Marktcurs nach Groschen und Pará, der überdies in jeder Stadt anders war. Ein Gesetz von 1880 regulirte das bulgarische Münzwesen nach der französischen Währung, die auch in Rumänien, Serbien und Griechenland eingeführt ist. Die Kupfermünzen zu 10, 5, 2 Centimes, bulg. Stotinka, wurden zu Birmingham, die Silbermünzen zu 5, 2, 1, ½ Franc, bulg. Lev, in Petersburg geprägt.[2]) Als Goldmünzen sind im Umlauf Zwanzigfrancstücke verschiedener Staaten, russische Imperials und türkische Lira's. In Ost-Rumelien war die Lira die Münzeinheit, galt aber bei den

---

1) Pleven, Nikopol, Loveč zu 100 Okka, Trnovo, Svištov 80, Ruščuk, Razgrad, Šumen 60, Zlatica 20, Jambol 24, Vidin 90 u. s. w. Osm. Staatsverfassung I, 310 f.

2) Der Name Lev für Frank (auch rum. leu) ist den alten im Oriente beliebten Löwenthalern entlehnt.

Staatscassen 100 Piaster, auf dem Markte 133, was für die vom Staate empfangenden ein grosser Vortheil, für die Steuerzahler ein gewaltiger Nachtheil war; als Kleingeld cursirte dort das im Gewicht äusserst ungleiche türkische Kupfergeld, aber in so geringer Menge, dass 1884 Philippopler Kaufleute sich genöthigt sahen, eigene Blechmarken in localen Umlauf zu setzen. Das Volk rechnet das Geld meist noch in türkischer Art nach Groš (Piaster) zu 40 Pará; der Silberfranc gilt 5 Groschen, zwei kupferne 10 Centimesstücke 1 Groschen.

Bei dem wachsenden Mangel an Gold stieg das Agio zwischen Gold und Silber bis auf $7\frac{1}{2}$—10 Proc., sank aber wieder durch die Demonetisirung des Silberrubels.

Papiergeld hat im Land wenig Anklang, bei der geringen Schriftkenntniss unter dem Landvolk und bei den schmerzlichen Erfahrungen mit den übelberüchtigten „Kaimé" der Türken in der letzten Zeit vor der Befreiung. Im J. 1885 emittirte die bulgarische Nationalbank Banknoten, die im Lande einen obligaten Goldcurs haben. Zuletzt (1888) wurden zur Vermehrung der Scheidemünze in Brüssel Nickelmünzen geprägt, die neben dem Kupfer cursiren. Man klagt viel über einheimische Fälschungen von Silber- und Nickelgeld.

## 14. Communicationen.

Eisenbahnen. Donauschiffahrt und Seehäfen. Strassennetz. Postfahrten. Gasthäuser. Reisen zu Wagen und Pferde. Winke für wissenschaftliche Reisende.

Der Zustand der Verkehrswege in Bulgarien unterschied sich noch vor kurzer Zeit im Ganzen nur wenig von dem, für welchen Boué 1840 in seiner „Turquie d'Europe" eine Anleitung zu wissenschaftlichen Reisen auf dieser Halbinsel entworfen hatte. Bei schlechtem Wetter reist man noch von Sofia nach Trnovo 5 Tage, im Winter von Sofia nach Varna mitunter 7 Tage. Aber die alten Zeiten gehen zu Ende. Der Bahnbau schreitet vorwärts und nach einem Vierteljahrhundert wird die Balkanhalbinsel ein Bahnnetz haben, vor welchem sich die Reste der alten Poesie der Wochen langen Reisen zu Pferde und Wagen in einige Gebirgswinkel flüchten werden.

Bei dem Abschluss des Berliner Vertrags gab es im Fürstenthum nur die 1867 von einer englischen Gesellschaft erbaute Eisenbahn von Rušćuk nach Varna (221 Kilom.), für den inneren Verkehr im Lande fast werthlos, für den internationalen Post- und Personenverkehr wichtig zur Verbindung des Abendlandes mit Konstantinopel. Ost-Rumelien besass Stücke des 1873 von Baron Hirsch erbauten, aber unvollendeten osmanischen Bahnnetzes, nämlich die Linie von der jetzigen türkischen Grenzstadt Mustafa Pascha über Philippopel nach Sarambej (196 Kilom.), nebst der Zweigbahn von Trnovo-Sejmen nach Jambol (106 Kilom.). Nur die Varnaer Bahn befand sich in einem erträglichen Zustand; die rumelischen Linien machten einen kläglichen Eindruck und die Jamboler Bahn war überhaupt eine der elendsten in Europa. Bei den hohen Tarifen und der kleinen Zahl von Haltestellen waren diese Bahnen auch ökonomisch für das Land von geringerem Werth, als man voraussetzen sollte.

Mit der Befreiung des Landes tauchten sofort brennende Eisenbahnfragen auf. Artikel X des Berliner Vertrages übertrug dem Fürstenthum die Ausführung des von der Pforte nicht durchgeführten Anschlusses des ottomanischen Bahnnetzes an das mitteleuropäische, durch Vollendung des Antheils an der Linie Konstantinopel-Belgrad. Nach langen Unterhandlungen der „conférence à quatre", zwischen Oesterreich-Ungarn, der Pforte, Serbien und Bulgarien wurde 1885 von Bulgarien der Ausbau der Theilstrecke Caribrod-Sofia-Vakarel (114 Kilom.) in Angriff genommen und zwar als bulgarische Staatsbahn durch die einheimische Unternehmung des Herrn Grozev (aus Kalofer) und Comp. Nachdem das ausständige rumelische Stück Sarambej-Vakarel (48 Kilom.) von Hirsch hergestellt war, begannen 1887 die Fahrten von Philippopel nach Sofia. Den weiteren Bau unterbrachen oft die politischen Wirren. Erst am 12. August (n. St.) 1888 passirte der Eröffnungszug die bulgarische Hauptstadt und Konstantinopel erhielt zum ersten Mal Anschluss an das europäische Bahnnetz. Indessen hat die bulgarische Regierung die Varnaer Bahn angekauft und das Verbindungsstück Vakarel-Sarambej occupirt, so dass jetzt die Linien Caribrod-Sofia-Sarambej und Ruščuk-Varna von der neuen Direction der bulgarischen Staatsbahnen exploitirt werden. Der Rest der türkischen Bahnen in Rumelien (Sarambej-Grenze und die Jamboler Linie) wird der Verstaatlichung mit der Zeit nicht entgehen. Desgleichen hat die Nationalversammlung 1888 den Bau der Linie Jambol-Burgas (108 Kil.) beschlossen; die Arbeiten, am 1. (13.) Mai 1889 begonnen, wurden so schnell betrieben, dass die Bahn schon im Mai 1890 eröffnet werden konnte. Die Herstellung neuer Bahnen im Donaugebiet wird nicht lange auf sich warten lassen; die Studien für eine bulgarische Staatsbahn Sofia-Trnovo-Ruščuk, mit einem Tunnel im Balkan in der Nähe des Joches von Araba-Konak, sind schon seit 1884 fertig. Jetzt denkt man besonders an eine grosse Linie Sofia-Trnovo-Šumen und an die Verbindungsbahn Šumen-Jambol, zu welcher noch in der Türkenzeit Pläne entworfen wurden.

Wichtig wäre eine Verbindung von Sofia westwärts. Die Türken bauten zuletzt bereits eine Linie Sarambej-Sofia-Skopje in eigener Regie, stellten aber die Arbeit 1875 ein; einzelne Trümmer sind zwischen Sofia und Küstendil noch zu sehen. Für die letztgenannte Strecke wurden seitdem wieder neue Studien unternommen. Es handelt sich dabei um einen Anschluss an die am 19. Mai 1888 eröffnete Linie Belgrad-Salonik.

Von den Wasserwegen hat bloss die Donau eine Bedeutung. Den Personen- und Waarentransport beherrscht die seit 1834 den Strom befahrende österreichische Donau-Dampfschiffahrtsgesellschaft. Mit ihr concurrirt die neue russiche Gesellschaft des Fürsten Gagarin. Dem Waarentransport, besonders der Getreideausfuhr dienen auch Privatdampfer einzelner Kaufleute und leichte Seedampfer meist unter griechischer Flagge. Ausserdem besteht auf der Donau bei dem geringen Gefäll des Stromes eine Segelschifffahrt mit leichten Zweimastern, zum Theil Küstenfahrern, selbst aus Kleinasien unter türkischer Flagge. Im Vergleich zum Rhein oder zur Elbe ist die untere Donau überaus öde; ein grösseres Leben herrscht an den Landungsplätzen des bulgarischen und rumänischen Ufers nur nach der Ernte. Im Winter, wenn die Donau zufriert, sind viele Städte, wie Vidin, Svištov, Silistria, ganz isolirt.

Die Floss- und Kahnschiffahrt auf der Marica ist seit Eröffnung der Eisenbahn Sarambej - Adrianopel - Dedeagač eingegangen. Einige von den übrigen Flüssen wären zu leichten Transporten brauchbar, aber ihre Schiffbarkeit ist noch nicht studirt.

An der Seeküste gibt es einen einzigen guten, natürlichen, durch Inseln geschützten Hafen bei Sozopolis. Varna und Burgas haben nur schlechte offene Rheden, so dass die Postdampfer im Winter oft gar nicht landen können. Diese Hafenorte werden regelmässig besucht von den Booten des österreichischen Lloyd, der russischen Odessaer Gesellschaft, der französischen „Messageries maritimes“ und zuletzt einer griechischen Gesellschaft (Kurtdži) unter türkischer Flagge. Die Gründung einer bulgarischen Dampfschiffahrtsgesellschaft zum Localverkehr längs der Küste ist in Vorbereitung. Der Hafenverkehr von Varna wird für 1887 mit 253 Dampfern (Oesterreich 113, Türkei 90) und 193 Segelschiffen (davon 158 türkische), 1888 mit 280 Dampfern und 174 Segelschiffen angegeben, der von Burgas für 1886 mit 1412 Schiffen (davon 147 Dampfer). Die Zahl der Segelbarken unter einheimischer Flagge ist ganz unbedeutend. Leuchtthürme gibt es auf dem Cap Kaliakra, Cap Galata (Varna), Cap Emona, zu Burgas und auf den Inseln St. Anastasia und St. Johannes vor Sozopolis.

An diese Schiffs- und Bahnlinien schliesst sich ein von der türkischen Regierung hinterlassenes Strassennetz an, mit breiten Heerstrassen (bulg. šosé = chaussée, türk. džadé), die aber nicht des Handelsverkehrs wegen oder zur Verbindung der bewohnten Orte, sondern einzig und allein zu militärischen Zwecken gebaut wurden. Im Donaugebiet stammen sie meist aus den sechziger Jahren, aus der Zeit des Gouverneurs Mithad Pascha. Wer heute auf ihnen reist, erinnert sich selten der nicht fernen Tage, wo die Bevölkerung gewaltsam von ihrer Feldarbeit weggetrieben und zum Strassenbau als Frohndienst (angarija) ohne Entschädigung gezwungen wurde. Die rumelische und bulgarische Regierung haben diese oft sehr flüchtig hergestellten Strassen verbessert und das Netz vervollständigt, aber dies ging nicht schnell von statten, denn die Arbeitskräfte waren nicht mehr umsonst zu haben. Fühlbar ist der Mangel an Brücken; z. B. auf dem Isker gibt es von der Umgebung von Sofia angefangen bis zur Mündung nur Fähren und Fuhrten. Bei schlechtem Wetter müssen die Reisenden an den Ufern der angeschwollenen Flüsse warten, bis die Wasser fallen. Bei Nacht pflegt man wegen dieser und anderer Uebelstände in der Regel nicht zu reisen; nur in den kühlen Mondnächten des Hochsommers sind die Chausséen von knarrenden Büffelkarren belebt. Geschriebene Wegzeiger sind unbekannt. Für die Benützung der Strasse werden keine Mauthen oder Weggelder entrichtet.

Der Mangel an Baumalleen längs der Strassen ist im Winter fühlbarer als im Sommer, weil man im tiefen Schnee die Spur der Fahrbahn oft ganz verliert. Im Fürstenthum hat man eine Zeit lang (besonders 1881—1882) viel Geld auf überflüssige Luxusbauten vergeudet, auf Kunststrassen, wie die über den Balkan von Berkovica, welche mit der Eröffnung der Bahnen wieder veröden muss, auf steinerne gewölbte Brücken an Stellen, wo eine solide Holzbrücke genügt hätte u. s. w. Viele wichtige Strassen sind dabei noch unvollendet: Silistria-Dobrič-Balčik, Silistria-Šumen, Razgrad-Popovo-Trnovo, Rachovo-Vraca-Orchanié, Sliven-Kazanlyk, Caribrod-Trn-Izvor-Küstendil u. s. w.

Die Personenbeförderung auf den Hauptlinien besorgt die nach russischer Art eingerichtete Post, mit offenen Wägen für zwei Reisende und mit Pferdewechsel auf den zahlreichen Stationen. Es sind keine regelmässigen Fahrten, sondern jeder miethet das Fahrzeug für sich und reist, wann er will, wie auf unseren Extraposten, natürlich um einen recht hohen Preis. Die furchtbare Schnelligkeit dieser Fahrten (in der Ebene 12 Kilometer in der Stunde) ist nicht ohne Gefahr.

Auf den Strassen und in den Ebenen auch ausserhalb derselben bedient man sich Miethwägen von zweierlei Art. Die zweisitzigen besseren Wägen mit 3—4 neben einander eingespannten Pferden heissen hier allgemein pajtón, von unseren Phaëtons; die viereckigen gemeinen Fuhrwerke ohne Federn mit gewölbtem Dach von Zelttuch, in denen der Reisende auf dem mit einem Teppich bedeckten Heu nach Bequemlichkeit sitzen oder liegen kann, nennt man táliga. Die Fuhrleute (pajtondži und taligadži) sind Türken, Bulgaren, mitunter auch Armenier, und pflegen ihre stets mit Glöckchen und Schellen gezierten Pferde sehr sorgsam. Der Preis hängt von der Verabredung ab (pazarlyk), die in Gegenwart von Zeugen mündlich stattfindet; wer gut markten kann, reist billig, wer nicht, reist theuer, wobei aber auch allerlei temporäre Umstände in Betracht kommen: trockenes oder schlammiges Wetter, Zustand der Brücken, Auftauchen von Räubern und besonders die Zahl der im Orte eben anwesenden Fuhrwerke.

Ausserhalb der Strassen und im Gebirge reist man nur zu Pferde. Für wissenschaftliche Zwecke, wo der Reisende in seinen Bewegungen möglichst unabhängig sein muss und der freien Aussicht über den ganzen Horizont bedarf, ist dies die einzig brauchbare Art. In den Ebenen ist allerdings das Sitzen im Sattel während der drückenden Tageshitze langweilig und bei der Monotonie der Erdoberfläche wenig nützlich. Deshalb thut man gut beide Arten zu verbinden, in den Gebirgen zu reiten, in der Ebene zu fahren. Ein gewöhnliches Reitpferd kostet 150—200 Francs; für ein gemiethetes Thier zahlt man meist 2—4 Francs täglich. Bei dem fortschreitenden Ausbau der Strassen und dem Verfall des Karawanenhandels mit Saumthieren findet man jetzt nicht überall leicht Pferde zu miethen, am besten noch in Gebirgsorten, wie Kotel, Koprištica, Trn u. s. w. Für alle Fälle ist es gut, einen eigenen guten Sattel türkischer Art mitzunehmen.

Auf den Strassen gibt es bei Dörfern oder ganz vereinsamt Schenken, sogenannte Han's (han, chan, Plur. chaništa, auch k'rčma, mechaná). Die der niedrigsten Kategorie bieten einen wenig einladenden Anblick. Es ist eine Holzhütte, die kleinen Fenster mit Papier- und Glasfragmenten verklebt, darinnen ein grosses Gemach mit Lehmboden und russiger Decke; rings herum einige Bänke, auf denen einige schmierige Gesellen in Schaffellmützen oder Turbans malerisch ihre Glieder ausstrecken, dabei einige lahme Tische (diese sind übrigens eine moderne Zuthat; ursprünglich hockte man auf dem blossen Boden), in einer Ecke die rauchgeschwärzte Feuerstelle und in einer anderen ein Schrank mit Batterien von Schnapsflaschen und Gläsern. Alles unsauber, umsummt von Myriaden zudringlicher Fliegen. Gastronomische Genüsse sind für die Thiere in grösserer Fülle vorhanden als für die Menschen, die sich meist an den mitgebrachten Vorräthen laben. Der Gastwirth (handžija), meist ein Makedowlache, hat selten mehr als Branntwein oder sauern Wein, türkischen Kaffee, ungeniessbares Brod, einige Kränze Knoblauch und irgend einen Schafkäs. In der Nacht schläft man auf den Tischen und Bänken, am Besten draussen auf dem eigenen Wagen. Die Stufenleiter dieser Hans reicht auch zu besseren Classen empor. Vor den kleinen Schenken pflegen die Reisenden abzusitzen, lassen die Pferde von den Dienern herumführen, trinken rasch eine Tasse (fildžán) schwarzen Kaffee oder ein Gläschen Raki und traben wieder weiter. An Orten, wo das Gasthaus als Mittags- oder Nachtstation dient, gibt es mehr Luxus. Dort findet man auch Eier, Hühner und rohes Fleisch, das auf einer die Decke stützenden Holzsäule auf einem Haken aufgesteckt ist (der Gast zeigt, welches Stück er davon gebraten haben will) oder in einem gegen die Fliegen mit Leinwand umklebten Käfig von der Decke herabhängt. Dabei gibt es sogar einzelne Zimmer mit Betten oder Holzgestellen zum Schlafen.

In den Städten befinden sich gute Hôtels nur in Sofia, Philippopel und Varna. Sonst sind auch die städtischen Gasthäuser primitiv, einfache Einkehrhäuser alter Art, ein massives Holzgebäude im Viereck mit einem grossen Hof voll Thiere und Fuhrwerke. Eine breite schattige Gallerie mit Holzsäulen und Lehmboden umgibt den Hofraum längs des ersten Stockwerkes. Ihr Geländer hat Vorsprünge zum Waschen; die Leute waschen sich nämlich „coram populo" durch Begiessen der Hände aus Krügen (türk. ibrik). Aus der Gallerie betritt man die Gemächer, gleichfalls mit Lehmboden und einfachem Mobiliar, Bett, Tisch und Stuhl; dies ist aber ein Fortschritt, denn wir haben darin noch oft auf Matten und Teppichen geschlafen. Höchst unangenehm ist der alles durchdringende Geruch der Stallungen des Erdgeschosses. Einigen dieser Hans, deren Wirthe, meist Wlachen oder Griechen, gesprächige und dienstfertige Leute zu sein pflegen, bewahre ich ein freundliches Andenken; in anderen sehnt der Reisende in schlaflosen Nächten bei widerlichem Schmutz und nächtlicher Qual von unersättlichem Gethier ungeduldig den Tagesanbruch herbei.

Auf den Dörfern liessen wir uns in der Regel Heu unter dem vorspringenden Dach des Hauses ausbreiten, legten darauf unsere Decken und schliefen ganz angenehm im Freien, allerdings in Mänteln und Stiefeln. Bei regnerischem Wetter muss man allerdings sein Lager im Innern der Hütte aufschlagen, wo der Rauch des offenen Herdes arg in die Augen sticht.

Wer viele Bekannte oder Empfehlungen hat, findet in den Städten viel Gastfreundschaft. Dabei hat man die beste Gelegenheit Erkundigungen über das Land einzuziehen, verliert aber oft die freie Verfügung über seine Zeit und wird bei einem mehr als 24stündigem Aufenthalt von dem unangenehmen Gefühl bedrückt, dass man den Gastfreunden zur Last falle.

Die Kost ist einfach und gesund: Hühner, Schaf- und Lammfleisch, Eier, Käse, Fische, Gemüse, Obst und Wein. Ueberall findet man auch guten Kaffee, der hier nach türkischer Art in Mörser gestossen und ungeseiht in die Schale gegossen wird, wo die festen Bestandtheile langsam zu Boden sinken. In armseligen Dörfern sind natürlich auch diese Lebensmittel mitunter schwer aufzutreiben. Die Bereitung der Speisen ist auf dem Dorfe stets zu überwachen; besonders ist vor ungenügend verzinntem Kupfergeschirr und nicht durchgebackenem Brod aus grobgemahlenem Korn sorgsam Acht zu nehmen. Oft muss man Lebensmittel auf einen Tag (auch rohes Fleisch) selbst mitnehmen; Conserven, Zwieback, Thee, Chocolade, Cognac u. s. w., sowie einige Medicamente dürfen im Felleisen des Reisenden überhaupt nicht fehlen.

Was Reisekosten und Reiseausrüstung betrifft, ist es mir schwer, eine für wissenschaftliche Reisende massgebende Norm aufzustellen, da ich keine Sammlungen anlegte und ohne Dolmetscher nach Art der einheimischen Beamten und Officiere reiste, mit möglichster Beschränkung des Gepäcks.

Bulgarische Begleiter pflegen angenehme Gesellschafter zu sein. Eine seltene Ausnahme bilden junge Beamte eines gewissen Typus, welche sich vor dem Fremden in den Dörfern und auf den Poststationen mit ihrer Autorität produciren und die gutmüthigen Leute durch thörichte Anmassung überflüssiger Weise reizen. In den Städten fällt man oft, ohne es gleich gewahr zu werden, in die Hände einer der Localparteien, die schroff einander gegenüber stehen und sich an die grossen Landesparteien anschliessen. In pfadlosen Gebirgen und in unsicheren Landschaften dienen berittene Gensdarmen zur Begleitung, meist brave Leute mit guter Landeskenntniss.

Im Verkehr mit dem Landvolk hatte ich nie eine Unannehmlichkeit. Aber das Sammeln wissenschaftlicher Materialien ist schwer, bei dem Misstrauen gegen jeden Unbekannten. Der Bulgare ist im Allgemeinen weniger mittheilsam als der Serbe oder Grieche; der Bauer fürchtet, hinter den Fragen stecke etwas Fiscalisches oder man suche vergrabene Schätze. Alles hängt von der so einfachen, aber schwer zu erlernenden Kunst mit primitiven Menschen umzugehen und in ihrer Weise zu denken und zu sprechen. Nicht selten habe ich eine interessante Nachricht erst beim dritten Besuch derselben Landschaft und auch das ganz zufällig erfahren. In den kleinen Städten ist es leichter; da findet man mit der Welt vertraute Leute oder auch bücherlesende Autodidakten mit genauer Localkenntniss und lebhaftem Interesse für die Vaterlandskunde.

## 15. Posten und Telegraphen.

Zu Ende der Türkenzeit gab es im Lande ein gutes Telegraphennetz zu militärischen Zwecken und eine elende ottomanische Briefpost; der Brief- und Geldverkehr wurde meist durch die ausländischen, bei den Consulaten befindlichen Postämtern vermittelt, vorzüglich durch die österreichischen.

Eine bulgarische Post- und Telegraphenverwaltung wurde gegen Ende der russischen Occupation gegründet und zugleich nach russischem Muster hergestellte Briefmarken eingeführt. Da es ausser einigen Bulgaren, die in türkischen, rumänischen und englischen Diensten als Telegraphisten thätig waren, fast kein Personal gab, musste dasselbe durch rasche Einübung junger Leute neu geschaffen werden, was wider Erwarten gut gelang. Jetzt hat man ein Personal von mehr als 800 Mann. Im Fürstenthum hat man sich bei der ersten Organisirung zwei Beamte von der französischen Regierung auf eine Zeit lang erbeten. Im J. 1881 trat Bulgarien dem Weltpostverein bei. Die Direction des Post- und Telegraphenwesens ist dem Ministerium des Aeussern zugetheilt; in Rumelien, das eigene dreisprachige Briefmarken mit türkischer, bulgarischer und griechischer Aufschrift hatte, war sie mit der Direction der öffentlichen Arbeiten vereinigt. Die Zahl der Stationen beträgt jetzt 110; die vollständigsten nehmen auch internationale Postanweisungen und Paquete an. In neuester Zeit wurden auch Dorfposten eingeführt, mit Botengängen zweimal der Woche. Im J. 1887 beförderte die Post 3,622.521 Privatbriefe, 1,884.301 Zeitungen, Drucksachen und Waarenproben. Die Telegraphenlinien haben eine Länge von 4402 Kilometer; die 105 Stationen (1887) beförderten 126.456 Staatsdepeschen und 349.226 Privatdepeschen; im internationalen Verkehr wurden 59.072 Depeschen expedirt, 62.746 empfangen. Der Dienst ist im Ganzen pünktlich und verlässlich; einzelne Versäumnisse, besonders auf den kleinen Stationen, sind nur der Unerfahrenheit der meist sehr jungen Beamten zuzuschreiben.

Nach Art. 77 der Constitution ist das Brief- und Depeschengeheimniss unverletzlich. Im Lande wird aber von Einheimischen und Ausländern allgemein an die Existenz eines „schwarzen Cabinets" geglaubt.[1])

---

1) In den J. 1881 und 1888 erfolgten in dieser Sache auch diplomatische Vorstellungen. Die Correspondenz der diplomatischen Vertreter besorgen deswegen auch meist Couriere. Auch viele Ausländer in einheimischen Diensten hatten wegen solchen Vorfällen Auseinandersetzungen mit der bulgarischen Regierung. Im J. 1881 wurde ich benachrichtigt, dass fast auf allen meinen eingeschriebenen Briefen das fein gravirte Siegel durch den Abdruck irgend eines plumpen Gypsabgusses ersetzt sei. Sofort machte ich den Postminister auf diese interessante Erscheinung höflichst aufmerksam; er war betroffen, meinte, das Siegel sei nur dadurch verletzt, dass der Postconducteur unterwegs auf dem Felleisen sitze, aber siehe da, nach dieser Unterredung hörte das „merkwürdige Spiel der Natur" plötzlich wie von selbst auf!

## 16. Geldinstitute.

Capitalsmangel. Wucher. Landwirthschaftliche Cassen. Die bulgarische Nationalbank.

In Bulgarien herrscht ein fühlbarer Mangel an Geld, der auf Ackerbau, Industrie und Handel schwer lastet. Der Länderverkauf der auswandernden Türken zog überdies alles Gold in die Fremde, sowohl das von den Bauern von Altersher ersparte, als das von den Russen während der Occupation im Lande ausgegebene. Der Mangel an verleihbaren Capitalien hat seit Altersher einen starken Wucher zur Folge. Ein Zins von 10 Proc. gilt als mässig. In den meisten Kreisen wird das Geld auf 12—36 Proc. geliehen, ja in manchen Landschaften, wie bei Vidin, Burgas oder Küstendil beträgt der Zins manchmal sogar 60—70 Proc.

Die meisten einheimischen Grosshändler aller Nationen und Confessionen, viele Zünfte und Handelsvereine und eigentlich alle reichen Leute in den Städten beschäftigen sich mit Wuchergeschäften. Der Reisende wird oft durch den Ausspruch überrascht, die alleinige Quelle allen persönlichen Reichthums in Bulgarien sei der Wucher. Dadurch erklärt sich auch die Feindschaft der „Aristokraten" (Čorbadži's) und „Demokraten" in den Städten, sowie der Gegensatz der Städter und der Bauernschaft.

Die meisten Speculationen sind auf die Ernte berechnet. Die Geldherrn schiessen das Geld dem Ackerbauer oft noch im Winter vor und erhalten es von dem Schuldner sammt Zinsen nach der Ernte in Naturalien, Getreide, Mais, Tabak, Rosenöl und dgl. Je früher die meist nur mündlich abgeschlossene Schuld contrahirt wird, desto billiger muss der Bauer seine Feldfrüchte hergeben.

Zur Abhilfe wurden schon in der Türkenzeit landwirthschaftliche Vorschusscassen gegründet (zemledélčeska kássa, türk. menafié) durch Beiträge der Gemeinden einzelner Districte. Lejean schildert in seiner Reisebeschreibung die Missbräuche, die mit dieser Gründung des Mithad'schen Zeitalters verbunden waren: die Bauern zahlten und die Effendi's verwalteten und liehen das Geld nur Ihresgleichen aus. Jetzt ist, nach einer argen Krise während des Krieges, alles daran reformirt. Die Zahl dieser Cassen beträgt 74 mit einem Capital von fast 20 Mill. Francs. Das Geld wird für 9 Proc. gegen Bürgschaft nur Bauern derjenigen Gemeinden geliehen, welche zur Errichtung der Casse beigetragen haben. Für die Bevölkerung sind diese Institute eine Wohlthat, man klagt aber allgemein, ihre Capitalien seien für den Bedarf ganz unzureichend.

Als Ersatz von Hypothekenbanken dienen auch die Städtern und Bauern gleich zugänglichen Waisencassen (sirótska kássa).

Eine Sparcasse besteht bis jetzt nur in Rachovo, wo daher auch der Zinsfuss niedrig ist. Günstigere Verhältnisse trifft man auch in den Kreisen von Pleven, Trnovo und Šumen, wo mehr Capital, Handelsgesellschaften, von Stadtgemeinden verwaltete Zunftcassen u. s. w. vorhanden sind. Staatliche Pfandleihanstalten gibt es nicht, ebenso wenig wie Lotterien. Ausländische Versicherungsgesellschaften sind nur schwach vertreten.

Das wichtigste Geldinstitut im Lande ist die **bulgarische Nationalbank**. Sie wurde im Mai 1879 von der russischen Occupationsverwaltung mit einem Capital von 2 Mill. Francs eröffnet und betrieb durch viele Jahre nur kleine Geschäfte. Ein neueres Gesetz organisirte das ganze Institut auf einer breiteren Grundlage, das Stammcapital beträgt aber nur etwas über 8 Mill. Francs. Nichtsdestoweniger belief sich der Gesammtumsatz 1887 auf 225 Mill. Francs. Der Zins für Darlehen beträgt 8—9 Proc., während Capitalseinlagen mit 3—5 Proc. verzinst werden. Der Sitz der Bankverwaltung ist zu Sofia; Filialen bestehen in Philippopel, Rušćuk und Varna und Correspondenten gibt es 54 in allen bedeutenderen Städten des Landes.

Von ausländischen Instituten ist nur die „Banque Ottomane" in Philippopel vertreten. Das fremde Capital wurde schwer compromittirt durch zahlreiche Anträge ausländischer Speculanten, welche in dem neuen Fürstenthum sofort nach dessen Gründung ein Eldorado suchten und in voller Unkenntniss des schlau beobachtenden orientalischen Krämergeistes Concessionen verlangten, welche die dauernde Knechtung des Landes in den Händen grossartig privilegirter Handelscompagnien herbeiführen konnten. Die blosse Existenz der gedruckten Projecte gab der Opposition sofort den willkommensten Anlass zu grosser Unruhe und zu Vergleichen mit der verschuldeten Türkei und Egypten. Indessen dürfte jetzt ein solides Institut im Lande gute Geschäfte machen; es darf allerdings nicht allzu hochfliegende Pläne verfolgen, nicht allzu grosse Summen engagiren und müsste in die Verwaltung seines bulgarischen Zweiginstitutes nothwendig auch Bulgaren aufnehmen.

---

# Viertes Buch.

# Geistige Cultur.

## I. Religiöse Verhältnisse.

Allgemeines. Die bulgarische Exarchie und ihre Institutionen. Bisthümer. Klöster. Frage der Besoldung des weltlichen Clerus. Verhältniss zum Staat. Griechen. Gregorianische Armenier. Katholiken und Protestanten (Methodisten, Anabaptisten). Juden. Mohammedaner.

Die Volkszählung von 1888 fand in Bulgarien 2,424.371 (76·86 Proc.) orthodoxe Christen, 676.215 (21·44 Proc.) Mohammedaner, 24.352 (0·77 Proc.) Juden, 18.505 (0·59 Proc.) Katholiken, 1358 (0·04 Proc.) Protestanten und 7300 Andere, darunter an 5200 gregorianische Armenier.

Nach Art. 5 des Berliner Vertrages darf die Confession im Fürstenthum Bulgarien Niemand von dem Genuss der bürgerlichen und politischen Rechte, der Bekleidung öffentlicher Aemter und dem Betrieb eines Gewerbes ausschliessen. Die Freiheit und die Ausübung aller Culte ist allen bulgarischen Unterthanen und allen Fremden gesichert und die einzelnen Gemeinschaften dürfen weder in der hierarchischen Organisation noch in den Beziehungen zu ihren geistlichen Chefs eingeschränkt werden.

Die bulgarische Constitution (Art. 37—42) erklärt die bulgarisch-orthodoxe Kirche für die Staatskirche. Sie bezeichnet auch die anderen Culte bulgarischer Unterthanen oder im Lande verweilender Ausländer für frei, jedoch unter der Bedingung, dass die Ausübung derselben gegen die bestehenden Gesetze nicht verstösst, dass das Bekenntniss Niemand als Vorwand zur Nichtbefolgung der allgemein bindenden Gesetze dient und dass sich die geistlichen Angelegenheiten aller Confessionen unter der Aufsicht des betreffenden Ministers befinden. Die geistlichen Angelegenheiten sind durch dieselbe Constitution dem Ministerium des Aeussern zugetheilt.

Die autonome orthodoxe bulgarische Kirche, genannt Exarchie, besteht aus den bulgarischen Bisthümern im Fürstenthum Bulgarien und im osmanischen Reiche, hat gegenwärtig ihr Centrum in Konstantinopel, ist ein Theil der orthodoxen orientalischen Kirche und bedient sich derselben altslavischen Kirchenbücher, wie die Serben und Russen. Sie ist eine historische Fortsetzung der mittelalterlichen bulgarischen Nationalkirche, die unter der Türkenherrschaft von dem Konstantinopler griechischem Patriarchat annectirt wurde. Ihre Wiedererrichtung verdankt sie keineswegs dem Beschluss einer kirchlichen Versammlung, sondern nach einem langjährigen Kampfe einem Ferman des Sultan Abdul Aziz vom 27. Februar 1870. Vom Konstantinopler griechischen Patriarchen wurde sie in Folge dessen als ein bloss von der weltlichen Macht der Ungläubigen errichtetes Gebilde in den Bann gethan und die Bulgaren durch Beschluss einer grossen Synode vom 14. September 1872 zu Schismatikern erklärt. Dieses Verhältniss hat sich seitdem nicht geändert.

Die Organisation der Kirche bestimmt ein 1871 ausgearbeitetes Exarchialstatut. Dasselbe wurde für das Fürstenthum von einer Synode umgearbeitet, von der Nationalversammlung angenommen und durch ein Decret des Fürsten Alexander I. am 4. Februar 1883 proclamirt.

Der oberste Würdenträger der Kirche ist der Exarch, der in Ortaköi bei Konstantinopel residirt. Er wird auf Lebenszeit gewählt und zwar muss der Gewählte ein theologisch gebildeter Bulgare von mindestens 40 Jahren sein und die bischöfliche Würde bereits fünf Jahre lang bekleidet haben. Sein Bisthum behält er als Exarch; der jetzige ist Metropolit von Loveč. Der Wahlmodus ist nicht einfach. Sämmtliche Bischöfe verzeichnen auf Wahlzetteln einige Namen. Die versiegelten Zettel eröffnet eine „allgemeine Versammlung“ (obšti sъbor), bestehend aus allen Bischöfen und je zwei weltlichen Deputirten aus jedem Bisthum, sowie aus der Konstantinopler Bulgarengemeinde. Aus diesen Namen bezeichnet die Synode zwei oder drei als die Würdigsten und aus diesen Candidaten wählt die „allgemeine Versammlung“ mit geheimer Abstimmung den Exarchen. Der Erwählte stellt sich dem Sultan und der Pforte vor und gleichzeitig wird seine Wahl vom Fürsten von Bulgarien dem Volke durch eine Proclamation kundgethan.

Unter den Bischöfen oder Archiereen sind die meisten Metropoliten, die wenigsten einfache Episkop's. Die ständige Candidatenliste für die Bischofswürde wird von der hl. Synode zusammengestellt aus Predigern, Leitern oder Lehrern geistlicher Schulen, Archimandriten, Igumen's (Aebten), Archidiakonen, Chorepiskopen, Secretären der Synode, mindestens 30jährigen unverheirateten Männern mit theologischen Studien. Bei der Erledigung eines Bisthums ernennt die Synode sofort einen benachbarten Bischof zum Verweser (naméstnik). Derselbe beruft die geistlichen und weltlichen Wähler, die aus der genannten Candidatenliste zwei Männer wählen, worauf sich die Synode für einen derselben entscheidet. Nach der Cheirotonie wird der Erwählte durch einen fürstlichen Ukas bestätigt und der Eparchie durch ein Synodalschreiben anempfohlen. Die Transferirung des Bischofs aus einer Eparchie in eine andere ist nach dem byzantinischen Kirchenrecht ausdrücklich verboten. Der Bischof ist verpflichtet wenigstens einmal im Jahr eine Rundreise durch Städte und Dörfer zu unternehmen und für die Kirchen, den religiösen Unterricht, die Gründung von Schulen und die allgemeine Sittlichkeit zu sorgen.

Die oberste Kirchenleitung hat die hl. Synode, bestehend aus 4 von allen Archiereen durch versiegelte Wahlzettel auf 4 Jahre erwählten Bischöfen, unter dem Vorsitz des Exarchen. Sie versammelt sich regelmässig einmal im Jahre. Im Fürstenthum darf sie kein Circular ohne Verständigung des Ministeriums erlassen.

Der Vertreter des Bischofs in seiner Residenz ist der Protosynkell, in jeder grösseren Stadt der bischöfliche Vertreter (archierójski naméstnik), von allen Pfarrern des betreffenden Sprengels auf zwei Jahre gewählt. Bei dem Bischof tagt allwöchentlich der geistliche Eparchialrath; er besteht aus vier Geistlichen, erwählt von der Geistlichkeit des Bisthums aus den über 30 Jahre alten Pfarrern auf zwei Jahre, jedoch so, dass alljährlich die Hälfte wechselt. Ein Mitglied ist Cassier. In geistlichen Angelegenheiten darf der Bischof nichts ohne den Rath, der Rath nichts ohne den Bischof thun. Alle diese Würdenträger unterliegen der Bestätigung der hl. Synode und der Regierung.

Die Betheiligung der Laien an den Bischofs- und Exarchenwahlen ist in folgender Art geregelt. In jedem Bisthum wird ein Katalog aller Geistlichen und je 1—3 Weltlichen (mirjani) aus den fähigsten und hervorragendsten wenigstens 30jährigen Männern jeder Stadt und jeden Dorfes zusammengestellt. Aus diesem Katalog wählen die Gemeinden durch geheime Wahl 3 Geistliche und 3 Weltliche und diese sind Wähler für 3 Jahre.

Der Candidat zur Priesterweihe muss 25 Jahre alt sein und eine geistliche Schule absolvirt haben, worin jedoch jetzt noch Ausnahmen gestattet sind, und einen tadellosen Lebenswandel führen. Es wählt ihn eine Versammlung der Geistlichen und der hervorragendsten Weltlichen in der Pfarre unter Vorsitz des bischöflichen Vertreters. Der Bischof untersucht den Vorschlag im Eparchialrathe und zeigt die Weihe dem Ministerium zur Eintragung in das Verzeichniss der Geistlichen an. Kein Priester (svéštennik, im allgemeinen Sprachgebrauch pop) kann ohne eine bestimmte Pfarre (enorija) geweiht werden. Er kann verheiratet sein, aber nur einmal; die Ehe muss noch vor Empfang der Weihe geschlossen sein.

Die Finanzangelegenheiten sind eingehend geordnet. Nach Art. 100 zahlt das Fürstenthum der Exarchie eine jährliche Summe, berechnet nach den Ehepaaren (venčiló) der Bisthümer zu je 40 Centimes, jetzt 142.000 Francs. Die Bischöfe werden von 1878 an vom Staate besoldet. Im Budget sind die Gehalte für 10 Metropoliten mit 6000—8000 Fr. eingestellt. Die Taxen für die Ausfolgung verschiedener Documente bilden die Einnahmen des Eparchialrathes, welcher daraus besoldet wird; der Rest soll zur Bildung eines Pensionsfondes für Geistliche dienen.

Die Dorfpfarre zählt 150—200, die Stadtpfarre 200—300 Häuser. Der Pfarrer soll nach dem Statut ausser den vorgeschriebenen Taxen eine Remuneration erhalten, die für die Dörfer mit 850, für die Städte mit 1200, für die grossen Städte mit 1500 Francs bestimmt ist; davon wird $^1/_4$ aus den Kircheneinkünften, $^3/_4$ vom Staat gezahlt, der die nothwendige Summe von der orthodoxen bulgarischen Bevölkerung neben den Staatssteuern zu sammeln hat. Von dem Rest der Einkünfte jeder Kirche kommen $^3/_4$ der Schule, $^1/_4$ dem Kirchenfond zu Gute. Das Kirchenvermögen verwaltet eine aus 3—5 Weltlichen unter dem Präsidium des Protojerej oder Jerej (Hiereus, Priester) der Kirche bestehende Epitropie (čerkóvno nastojátelstvo), alljährlich gewählt von den politischen Wählern des Pfarrsprengels. Die Geistlichen sind zu Predigten (própoved) oder zum Vorlesen erlaubter Kirchenreden (slovo) verpflichtet, aber Weltliche dürfen nach dem Statut nicht mehr in der Kirche Reden halten, wie dies bisher von Lehrern und Anderen zu geschehen pflegte. In gerichtlichen Fällen hat der Geistliche die Untersuchungshaft in dem Hause des Metropoliten abzubüssen.

Die meisten Bestimmungen dieses Statuts wurden sofort eingeführt. Nur die Besoldung des Clerus führte zu Conflicten, die noch immer andauern. Die Regierung bildet dabei nach dem Statut nur den Vermittler. Sie schoss mit Bewilligung der Nationalversammlung 1884 eine Summe von 850.000 Francs vor, aus welcher die Geistlichkeit die Remuneration für 8 Monate ausgezahlt erhielt. Aber die gleichzeitig durch das Statut vorgeschriebene Steuer wurde keineswegs eingesammelt, da die Listen dazu nicht bei Zeiten fertig waren. Für 1885 versagte die Nationalversammlung einen neuen Vorschuss; gleichzeitig lehnten die meisten Kreise die projectirte Steuer ab, mit dem Bedeuten, sie wollen die Pfarrer wie bisher besolden, auf den Dörfern mit Naturaliengaben. Seitdem wird erfolglos um ein neues präciseres Gesetz verhandelt. Die Durchführung erfordert ungefähr 1 Mill. Francs jährlich. Die Geistlichen klagen oft, sie hätten die alten Einkünfte verloren und die neuen nicht erhalten.[1])

1) Bericht des Ministers Ilija Canov an die Nationalversammlung vom 4. Juni 1885. — A. Šopov (Secretär des Exarchen), Bulgarien in kirchlicher Beziehung, Philippopel 1889, 8°. 47 S. bulg.

Die **Eparchien** (Diöcesen) hatten bis vor Kurzem alte, historisch denkwürdige Grenzen. Das Statut schrieb 1883 die Einziehung von 3 unter den 9 Eparchien des damaligen Fürstenthums bei der nächsten Erledigung vor und substituirte statt der alten Grenzen das Ausmass der jetzigen Kreise und Okolija's. Gegenwärtig gibt es 12 Eparchien.

1. Die Metropolie von **Sofia** umfasst die Kreise von Sofia (ohne Zlatica und Samokov), Küstendil (ohne Dupnica) und Trn. Sie besass bis zur Regulirung 1883 auch die Landschaft von Berkovica. Neu hinzugekommen sind Theile von zwei aufgelösten Eparchien. Die Eparchie von **Nišava** mit dem Sitz in **Pirot** wurde nach der Zerschneidung durch die Berliner Grenze 1878 aufgelöst und der serbische Theil zur Eparchie von Niš, der bulgarische zu der von Sofia geschlagen. Die **Küstendiler** Eparchie ist seit dem Ableben des letzten Metropoliten 1884 der Sofianer einverleibt, mit Ausschluss des jenseits der Grenze in der Türkei gebliebenen Theiles (Kratovo, Kočani, Štip), dessen Schicksal seit 1878 noch immer unentschieden ist.

2. Die Metropolie von **Samokov** in den Okolija's von Samokov und Dupnica ist bei der nächsten Erledigung zur vorigen einzuziehen. Sie hat durch die Berliner Grenze die Landschaften von Džumaja und Razlog in der Türkei verloren; auch Ichtiman gehörte vor der Union 1885 dazu.

3. Die Metropolie von **Vidin** in den Kreisen von Vidin und Lompalanka.

4. Die Metropolie von **Vraca** in den Kreisen von Vraca, Rachovo und Pleven.

5. Die Metropolie von **Loveč** in den Okolija's von Loveč, Trojan, Teteven, Orchanié und Zlatica. Wird nach der nächsten Erledigung aufgehoben.

6. Die Metropolie von **Trnovo** hatte bis vor Kurzem die grösste Ausdehnung von allen, von der Donau bis zur Marica. Aus dem südlichen Theil bildete man neulich die Eparchie von Stara Zagora. Bei Trnovo blieben die Kreise von Trnovo, Sevlijevo und Svištov.

7. Die Metropolie von „**Dorostol** und **Červen**" mit der Residenz in **Rusčuk** entstand durch die Verschmelzung von zwei alten Eparchien, mit den Residenzen in der Burg Červen bei Rusčuk und in Silistria. Sie umfasst die Kreise von Rusčuk, Razgrad und Silistria; einst gehörte die ganze Dobrudža bis zu den Donaumündungen dazu.

8. Die Metropolie von **Varna** und **Preslav** umfasst die Kreise von Šumen und Varna mit Residenzen in beiden Städten.

9. Die Metropolie von **Philippopel** (bulg. Plovdiv) umfasst die Kreise von Philippopel, Tatar-Pazardžik und Chasköi.

10. Die Metropolie von **Sliven**, 1870 errichtet, umfasst den Kreis von Burgas und den nördlichen Theil des Kreises von Sliven.

11. Die Eparchie von **Stara Zagora** mit dem ganzen Kreis dieser Stadt wurde durch einen Synodalbeschluss 1881 errichtet, aber erst 1885 nach der Union wirklich von der Eparchie von Trnovo abgetrennt. Die Regierung hat deren besondere Existenz bisher nicht anerkannt, aber den Administrator geduldet.

12. Ein provisorisches Gebilde vereinigt die drei Okolija's von Kyzyl-Agač, Kavakli und Harmanli, mit dem Sitz des Verwesers zu **Harmanli**; es ist ein 1886 eingerichteter Theil der bulgarischen Eparchie von Adrianopel.

Für den unfertigen Zustand der kirchlichen Zustände ist charakteristisch der Umstand, dass die Hälfte dieser Bisthümer jetzt nur von Verwesern verwaltet wird, darunter die Metropolie von Sofia schon seit 1883.

Innerhalb der Geistlichkeit herrscht, wie überall im Oriente, ein grosser Gegensatz zwischen dem „schwarzen" und „weissen" Clerus, den Mönchen und Weltgeistlichen. Dieser Gegensatz hat seinen Grund vom Weibe. Nur der unverheiratete Geistliche, der Mönch oder der Witwer kann Bischof werden; dem verheirateten Dorfpfarrer ist der Zutritt zum bischöflichen Thron durch die Satzungen der orientalischen Kirche verschlossen.

Die Bischöfe Bulgariens sind patriotische, gebildete und weltkundige Männer, Zöglinge theils griechischer, theils russischer theologischer Lehranstalten. Dagegen steht der Dorfclerus mitunter auf einer recht niedrigen Bildungsstufe, besonders im Westen; dort bilden dessen ältere Generation zum Theil Bauern, die in der Türkenzeit von den griechischen Bischöfen für eine von der Dorfgemeinde erlegte Taxe von 1000 Piaster ohne Vorprüfungen geweiht wurden und oft kaum schreiben können.

Das Kirchengut ist unbedeutend, wie es in der Türkei nicht anders sein konnte; nur das Kloster von Rila hat ein grösseres Gebiet, allerdings eine Waldwüste. Selbst die Residenzen der Bischöfe, die Mitropolía's, sind zum Theil nur alte, morsche Holzhäuser.

Statistische Daten bietet eine jüngst erschienene Broschüre des Exarchialsecretärs A. Šopov. Darnach gab es 1888 im ganzen Fürstenthum 2350 Geistliche (11 Bischöfe, 24 Archimandriten, 28 Ikonome, 70 Protojereji, 1951 Popen, 20 Diakone, 264 Mönche); von den 1951 Pfarrgeistlichen waren 1012 vor der Weihe Lehrer. Die Zahl der Geistlichen ohne Pfarre ist ganz gering und beschränkt sich auf einzelne Kranke und Greise.

Kirchen gab es in demselben Jahr 1819. Erbaut waren 676 vor 1860, 290 in den J. 1860—1870, 329 1870—1880, 524 1880—1888. Also nicht weniger als 1143 Gotteshäuser wurden seit dem Ausbruch des bulgarischen Kirchenkampfes binnen 28 Jahren errichtet, in einer stets wachsenden Zahl. Dies ist um so bemerkenswerther, weil diese Bauten ausschliesslich von den Gemeinden durchgeführt wurden; das Budget des Staates enthält keinerlei Subsidien dafür. Und noch gibt es Hunderte von Dörfern ohne Kirche: im Bisthum Sofia 396 von 605, in dem von Varna 209 von 338, von Stara Zagora 126 von 226.

Das einzige grössere Kloster ist das des hl. Johannes von Rila, ein „Stavropigion", d. h. mit Ausschluss des Bischofs direct dem Patriarchen oder in diesem Falle der Exarchie untergeordnet; es hat 78 Mönche (kalúgerin). Die übrigen Klöster sind in Gebirgslandschaften vertheilt und meist sehr klein, oft nur eine alte Eremitenwohnung mit Capelle, jetzt nur mit einem Mönch; sie dienen manchmal bloss als Pfarrkirche für die Umgebung. Vertheilung nach den Eparchien: Sofia 36 Klöster (14 sind Pfarrkirchen), Samokov 3, Vidin 6, Vraca 6, Loveč 6, Trnovo 11 (100 Mönche), Philippopel 6, Stara Zagora 1, Sliven 2, Harmanli 1, zusammen 78 Klöster mit 199 Mönchen. Die Eparchien von Dorostol-Červen und Varna haben gar keine Klöster. Nonnenklöster gibt es 14, nämlich in den Eparchien: Trnovo, Loveč (je 4), Philippopel, Samokov (je 2), Sofia und Stara Zagora (zu Kazanlyk), zusammen mit 348 Nonnen (kalúgerka). Die männlichen Klöster befolgen die Regel des hl. Basilius, ohne Clausur. Unter den Mönchen gibt es viele Männer mit bunter Vergangenheit. Die Frauenklöster sind mehr eine freie Verbindung zur Handarbeit, ebenfalls ohne Clausur, stehen aber, so viel man von den Eingeborenen hört, nicht überall im besten Ansehen.

Šopov gibt auch eine Statistik der Neophyten seit 1878: 1913 Mohammedaner, 15 Juden, 10 Katholiken, 1 Protestant.

Die Stellung der bulgarischen Kirche zum Staate ist gegenwärtig schwierig. Die Kirche hat sich in der Türkenzeit, wo der Bischof der gesetzlich anerkannte Chef und Beschützer seiner Heerde war, um das Volk viele Verdienste erworben und wegen ihres Patriotismus viel gelitten. Ausserdem ist sie ein ganz volksthümlicher Organismus, mit einer dem Volke verständlichen Kirchensprache, einem mit allen Volksclassen verwachsenen Clerus und einem nicht unbedeutenden Antheil des Laienelementes an der Kirchenverwaltung. Aber bei alledem hat sie bei den Bulgaren nicht die Wurzeln geschlagen wie bei den Griechen und Russen, wo die Nationalkirche jetzt fast einen untrennbaren Bestandtheil der Nationalität bildet. Die Ursachen sind vielerlei: der lange Kampf gegen das früher herrschende griechische Episcopat, der unfertige Zustand der neuen Nationalkirche, der Mangel an Bildung beim niederen Clerus und endlich der Einfluss fremder, aus ganz anderen Verhältnissen stammender Anschauungen bei der Intelligenz. Die Politiker des befreiten Landes sind gegen die Kirche gleichgiltig oder sogar ihr feindlich. Die Verschwörer der letzten Türkenzeit sind meist erklärte Atheisten. Anfangs spielten einige Bischöfe eine hervorragende Rolle; Kliment von Trnovo war Ministerpräsident, Symeon von Varna Präsident des Landtages. Aber der jetzige Ministerpräsident Stambulov liess 1889 sogar die Mitglieder der Synode aus Sofia ohne Weiteres abschieben und trotz des Widerwillens der Bürgerschaft alte Sofianer Kirchen zur Strassenregulirung demoliren. Für die Zukunft der Kirche ist wichtig die Frage der Regulirung der Einkünfte des „weissen" Clerus; so lange sie offen bleibt, werden die Zöglinge der vom Staate unterhaltenen theologischen Schulen lieber Volksschullehrer und Beamte, als Geistliche. Aber auch der Clerus selbst hat an dem Verfall seiner Autorität manche Schuld. Kirchliche Gelehrsamkeit, geistliche Beredsamkeit und überhaupt mündliche und schriftliche Thätigkeit würden sein Ansehen rasch erhöhen, aber daran fehlt es stark; die theologische Literatur in bulgarischer Sprache ist unverhältnissmässig klein und selbst die meisten Katechismen und Kirchengeschichten für die Schulen sind von Laien verfasst.

Den Bulgaren zunächst stehen die Griechen, mit griechischer Kirchensprache, dem Patriarchat von Konstantinopel untergeordnet. Sie haben im Lande fünf Eparchien, mit Metropoliten: 1. Philippopel mit 22 Kirchen, 5 Klöstern, 50 Priestern und 11 Mönchen; 2. Anchialos (sammt Burgas); 3. Sozopolis; 4. Mesembria (diese beiden führen bei der Kleinheit ihrer Eparchien ein armseliges Dasein); 5. Varna, mit 12 Kirchen und 19 Geistlichen in den Städten Varna, Balčik und Dobrič und 8 Dörfern, sowie einer Kapelle zu Šumen. Der Clerus wird von den Gläubigen unterhalten. Der griechische Bischof von Varna wird von der bulgarischen Regierung nicht anerkannt, weil seine Ernennung ohne ihre Zustimmung erfolgte.

Die Armenier der gregorianischen Kirche stehen unter dem armenischen nicht unirten Patriarchen von Konstantinopel. Sie haben in Ruščuk einen Bischof.

Die Katholiken zählten 1889 2536 Familien, 17 Kirchen, 53 Priester und 87 Nonnen. Sie haben zwei Bischöfe, den Titularbischof von Sofia mit der Residenz in Philippopel bei der 1864 erbauten Kirche St. Louis, dessen Sprengel auch Sofia umfasst, und den Titularbischof von Nicopolis, der in Rušćuk residirt und die Katholiken des Donaugebietes verwaltet. Ausser den „Paulikianern" bei Philippopel und Svištov (S. 108) gibt es einzelne bulgarische Katholiken im unteren Tundžagebiet, besonders in den Dörfern Topuzlari, Dovrukli, Soudžak, Gadžilovo; im erstgenannten Ort sind es emigrirte Paulikianer von Philippopel, in den übrigen Ausläufer der neubekehrten bulgarischen Uniaten bei Adrianopel. Ausserdem gibt es katholische Ausländer mit Kirchen, meist nur bescheidenen Kapellen, und Schulen in den Städten Sofia (84 Familien), Rušćuk, Varna und Vidin. In den letzten drei Jahren wurden von Adrianopel aus katholische Schulen auch in Jambol und Burgas eröffnet. Alle diese Kirchen könnten ohne Unterstützungen aus Frankreich, Oesterreich und Italien nicht bestehen. Die Schulen, in denen französische Brüder und Nonnen den Unterricht ertheilen, werden nicht nur von den Kindern der Fremden und Paulikianer besucht, sondern zeitweilig auch von Bulgaren, Griechen und Spaniolen zur praktischen Erlernung der französischen Sprache. Deshalb werden diese Anstalten von den Franzosen ohne Unterschied der Partei unterstützt.

Die Protestanten zählen 466 Familien, 15 Kirchen und 24 Prediger. Fremde, Anglikaner, Lutheraner oder Reformirte sind darin nur schwach vertreten. Die Mehrzahl sind einheimische Methodisten. Amerikanische Methodistenprediger haben von Smyrna und Konstantinopel aus längst ihr Augenmerk auf Bulgarien gelenkt und ihre Thätigkeit zuerst 1857 in Philippopel eröffnet. Ihre grossartigen Geldmittel, ihr unentgeltlicher Unterricht, ihre Büchervertheilung gratis (sie haben auch eine bulgarische Bibelübersetzung herstellen und drucken lassen), ihre Bemühungen die Volkssprache zum Predigen und Schriftstellern zu erlernen haben ihnen viele Sympathien gewonnen. Die ersten Lehrer waren Amerikaner; in der neuesten Zeit schlossen sich ihnen in Amerika gebildete bulgarische Reverends aus Samokov, Kotel, Jambol, Panagjurište und aus Makedonien an. In Ost-Rumelien hatten die Methodisten eine durch das organische Statut gesicherte Stellung, im Fürstenthum aber war man ihnen feind; jetzt nach der Union machen sie wieder Fortschritte. Ihr Hauptsitz ist Samokov mit einer grossen Schule. In Sofia gibt es 2 methodistische und 1 lutherische Kirche, die letztere mit einer deutschen Schule. In Ost-Rumelien sind die Methodisten vertreten in Philippopel, Jambol (seit 1860, 32 Familien), Tatar-Pazardžik, Panagjurište, Kazanlyk, sowie in den Dörfern Kostenec, Cerovo (bei Pazardžik), Meričleri (bei Čirpan) und Kajalyderé (bei Harmanlí), nördlich vom Balkan in Rušćuk, Trnovo, Loveč, seit einigen Jahren auch in Varna, Šumen, Orchanié und Trojan. Die Methodistenprediger entwickeln eine grosse Thätigkeit auch in Makedonien (in Bitolia) und im Thal von Razlog. Ob sie sich in diesen Ländern trotz der grossen Geldopfer halten werden, ist ungewiss; auch in Griechenland waren sie einmal als Lehrer willkommen und populär, wurden aber 1843 vertrieben. In Bulgarien mussten sie ihr erstes Centrum Stara Zagora, wo sie seit 1858 wirkten, schliesslich ohne Resultat verlassen und nach Samokov übersiedeln. Neben den Methodisten gibt es noch einige Anabaptisten in Ruščuk und Lompalanka, gleichfalls von Amerikanern gewonnen.

Unter den Juden schreibt sich der Oberrabbiner von Sofia französisch „grand rabbin de Bulgarie" und bezieht einen Gehalt von 3000 Francs aus der Staatscasse.

Auch die Mufti's der Mohammedaner und deren Gehilfen (Naib) und Schreiber sind von der Regierung besoldet; der Mufti von Sofia erhält 3000, die übrigen 1800—2400 Francs. Die Regierung steuert mit 9000 Fr. zum Unterhalt einer mohammedanischen geistlichen Schule zu Šumen bei. Die Džamija's (Moscheen) und Tekké's (Klöster) haben oft bedeutende Liegenschaften, deren Besitztitel jedoch meist in die unentschiedene Frage der Vakufs (religiösen Güter) gehören.

## 2. Oeffentlicher Unterricht.

Historische Entwicklung. Die bulgarischen Elementarschulen und deren Lehrerschaft. Statistisches. Schulen der Religionsgemeinden. Inspectoren. Schulbesuch. Die Hauptschule oder Bürgerschule. Classische Gymnasien und Realgymnasien. Studien im Ausland. Versuch einer Universitätsgründung.

Die Anfänge des bulgarischen Schulwesens fallen noch in die Türkenzeit und gehen zwei oder drei Menschenalter weit zurück. Ganz ohne Schulen war das Land seit dem Mittelalter niemals, aber die älteste Form derselben, die sogenannte Kellia, die erst in unseren Tagen verschwand, bestand bloss bei wenigen Kirchen und Klöstern und diente meist nur zur Vorbereitung für den geistlichen Stand. Der Unterricht darin beschränkte sich auf das Buchstabenzeichnen und Auswendiglernen der Kirchenbücher. Die ersten Schulen besserer Art wurden im Anfang des 19. Jahrhunderts errichtet, unter dem Einfluss der Kaufmannschaft und der griechischen Bischöfe; die Unterrichtssprache derselben war griechisch, die Methode beruhte aber immer noch auf dem Auswendiglernen, das bei der schwachen Kenntniss der Sprache nur ein dürftiges Resultat haben konnte.

Die erste rein bulgarische Schule nach modernem Muster gründeten 1835 einige in Odessa und Bukarest ansässige Kaufleute in Gábrovo, unter der Leitung des um die Aufklärung in Bulgarien hochverdienten Mönches Neofyt († 1881). Die Methode war die Bell-Lancaster'sche und die nothwendigen Bücher wurden aus dem Griechischen oder Russischen compilirt und zumeist in Serbien gedruckt. Das Beispiel der Gabrover Schule wirkte rasch sowohl auf die bestehenden primitiven Popenschulen als auf die griechischen Stadtschulen. Nach dem Krimkrieg griff die Bewegung aus den Städten auch in die Dörfer hinüber, besonders in der Umgebung der Handelsstädte und der gewerbfleissigen Marktflecken des Gebirges, während die Donauebene und die Bergländer des Westens weit zurückblieben. Dabei war

16*

aber die Existenz der Schulen noch vielen Wechselfällen ausgesetzt, denn der Unterhalt derselben blieb ausschliesslich Sache der Religionsgemeinden, deren Opferwilligkeit manchen Schwankungen ausgesetzt war. Von der Pforte wurden die bulgarischen Schulen keineswegs mit günstigem Auge betrachtet und erhielten vom Staate gar keine Unterstützung. An der Spitze dieser bulgarischen Anstalten vor der Befreiung stand die zu einer Realschule erweiterte und stark besuchte alte Schule von Gabrovo, sowie die Realschule von Philippopolis, beide mit 6 Classen; daneben waren von Bedeutung die mehr oder weniger vollkommenen Stadtschulen von Šumen, Rusčuk, Svištov, Sofia, Stara Zagora u. s. w., auf denen Viele eine Vorbildung selbst zu Studien im Ausland erhalten haben. Ausserdem hatte für die Aufklärung Bulgariens eine nicht geringe Bedeutung das bulgarische Gymnasium zu Bolgrad in Bessarabien in den Colonien der Emigranten von 1829, damals auf rumänischem Boden, jetzt nach der Rückgabe Süd-Bessarabiens an Russland russificirt. Auch die Konstantinopler französischen und englischen Schulen übten auf die Bulgaren eine grosse Anziehungskraft aus, besonders das amerikanische Robert College bei Rumili-Hissar am Bosporus und das „lycée imperial de Galata".

Durch die Befreiung wurden die Hindernisse, welche früher einer natürlichen Entwicklung im Wege standen, weggeräumt und Vieles, was früher nur einer spontanen patriotischen Thätigkeit anheimgestellt blieb, wurde obligate Bürgerpflicht. In der russischen Occupationsverwaltung gab es ein eigenes Departement für Volksaufklärung. Der Chef desselben, der Professor der Charkower Universität Drinov, ein geborener Bulgare und hervorragender Schriftsteller, bemühte sich vor Allem, die während der Kriegsereignisse geschlossenen Volksschulen wieder zu eröffnen, gründete auf Landeskosten einige Mittelschulen, führte gleichmässige Unterrichtsprogramme, eine staatliche Inspection und Stipendien ein.

In den J. 1879—1885 wurde sodann der Norden und Süden des Landes getrennt verwaltet. Im Fürstenthum bildete der beständige Ministerwechsel ein arges Hinderniss. In den ersten zwei Jahren gab es 7 Unterrichtsminister (einer nur für 17 Tage!); den ersten, der das Glück hatte, ein volles Schuljahr sein Amt ungestört zu leiten, erlebte man erst 1884/85. Jedoch die Beamten des Ministeriums und die Lehrer der Staatsschulen wurden selten gewechselt. Das Personal der Centralleitung bestand aus einigen Bulgaren [1]) mit Universitätsbildung, eine fachmännische Vorbereitung, wie man sie damals in keinem anderen Ministerium von Sofia antraf, und dem Verfasser dieses Buches. Zu Anfang gab es einerseits den stärksten Andrang zu den Schulen im Lande und zu den Studien im Ausland, andererseits aber fehlte es an allem, an gebildeten Lehrern, methodisch vorbereiteten Schülern, an Schulbüchern, Lehrmitteln, Gesetzen und besonders an Gebäuden. Das neugegründete Gymnasium von Sofia hauste drei Jahre in einem total baufälligen

1) Es waren zu verschiedenen Zeiten: M. K. Sarafov, V. D. Stojanov, Peter Gendev, Spas Vacov und Georg Kirkov.

türkischen Konak, dessen Mauern durch Stützen aufrecht gehalten wurden. Die Schwierigkeiten des Werkes kamen nicht von unten, von der Bevölkerung, den Lehrern und Schülern und den stets opferwilligen Nationalver-

Fig. 20. Bulgarische Dorfschule mit Lehrerversammlung.

sammlungen, sondern von oben, von der ränkevollen regierenden Gesellschaft, in der es sogar notorische Gegner der wachsenden allgemeinen Volksaufklärung gab.

In Ost-Rumelien, wo die ganze Bevölkerung aller Classen mehr fortgeschritten ist, war die „Direction des Unterrichtswesens" wenig Wechsel unterworfen und wurde Jahre lang von Joakim Grujev, einem Veteran der bulgarischen Volksschule, verwaltet.

Nach der Union wurden viele der provisorischen Bestimmungen durch specielle Gesetze ersetzt und das Organisationswerk vervollständigt. Während es aber früher zu beiden Seiten des Balkan an Jahresberichten nicht fehlte, blieb die Unterrichtsstatistik des geeigneten Bulgariens weit zurück.[1])

Der Elementarunterricht wurde von Anfang an für obligatorisch erklärt, in Rumelien vom organischen Statut für alle Kinder vom 7. bis 13. Lebensjahr, im Fürstenthum principiell von der Constitution, im Besonderen durch ein Gesetz von 1885 für alle Kinder von 6 bis 12 Jahren, unter Androhung von Geldstrafen für Eltern, Vormünder oder Gemeindevorsteher. Die Elementarschule (pъrvonačálno učílište) hat vier Jahrgänge (otdelénia); der Unterricht (25 Stunden wöchentlich) umfasst Religionslehre, bulgarische Sprache mit Lesen und Schreiben, Anfänge der Naturwissenschaften und der vaterländischen Geographie und Geschichte, Rechnen, Zeichnen, Gymnastik und Gesang. Die Schule wird von der Gemeinde unterhalten, aus Fonds, meist testamentarisch gewidmeten Häusern, Kaufläden, Ackergründen und Geldern, aus einem Theil der Kircheneinkünfte (S. 238) und durch Zuschläge zu den Steuern. Der Staat hilft mit 400.000 Francs Subsidien jährlich aus. Die Verwaltung der Schule im Namen der Gemeinde leitet eine Epitropie (učílišno nastojátelstvo), die aus dem Bürgermeister (kmet) und einigen zugleich mit dem Gemeinderath gewählten Mitgliedern besteht. Die Lehrer und Lehrerinen (učítel, učitelka) müssen eine entsprechende Vorbildung haben und beziehen je nach dem Grad derselben, aber ohne Unterschied des Geschlechtes 400, 800 oder 1200 Francs. Auf den Dörfern ist es üblich, einen Theil des Gehaltes in Naturalien (Getreide), Wohnung und Kost auszuzahlen.

Die Schulhäuser waren Anfangs oft nur Lehmhütten oder Holzbuden, wie die Bauern- und Stadthäuser selbst. Seit der Befreiung wurden viele Hundert neuer Schulgebäude gebaut, mit einem Aufwand von mehreren Millionen, wozu der Staat selbst nicht wenig beiträgt. Das neue, weithin sichtbare, weissgetünchte Schulhaus gehört jetzt zur Staffage der meisten Dörfer.

Das 10monatliche vorgeschriebene Schuljahr wird nur in den Städten eingehalten; in den Landgemeinden gibt es eigentlich nur eine Winterschule mit 7—8monatlichem Unterricht, welcher mit Beginn der Feldarbeit im Frühjahr abgebrochen wird. Die öffentliche Prüfung (ispit) zum Schluss des

1) Von mir erschien 1882 in der Staatszeitung und separat ein Generalbericht an den Fürsten über die Lage des Unterrichtswesens im Fürstenthum Bulgarien (einen Auszug siehe in der Augsburger Allg. Zeitung 1882 Nr. 220—222), von meinem Nachfolger Teocharov 1883 ein ähnlicher Jahresbericht an die Kammer. Der rumelische Unterrichtsdirector Grujev legte dem rumelischen Landtag eine Reihe Jahresberichte vor. Die Verordnungen des bulg. Unterrichtsministeriums erschienen in zwei Bänden: „Učilišten Sbornik", Sofia 1883, 8°, 189 S. (1878—1882) und „Sbornik na okrъžnite pisma", Sofia 1888, 8°, 424 S. (1883—1888).

Schuljahres ist stets ein locales Fest. Die Bücher sind im Ganzen praktisch, wie überhaupt auf pädagogischem Gebiete schon in der Türkenzeit viel Gutes geleistet wurde. Dieselben werden von Buchhändlern und nicht vom Staate herausgegeben.

Schwierig war die Bildung des Lehrerpersonals für die rasch wachsende Zahl der Schulen. Vor der Befreiung gab es einige Hundert erfahrener und gut vorbereiteter Lehrer, aber den besten Theil dieses alten Personales absorbirte die neue Staatsverwaltung. Man musste zu der jüngsten Generation greifen, zu den dem Knabenalter kaum entwachsenen Jungen, die in den damaligen Schulen einige mehr oder weniger oberflächliche Kenntnisse sich angeeignet hatten. Diese wurden in provisorischen 6—8wöchigen pädagogischen Ferialcursen rasch abgerichtet und ausserdem bei jeder Gelegenheit zu neuen Uebungen versammelt. In kleinen Orten fehlte es oft an geeigneten Räumlichkeiten dazu. Im J. 1879 lehrte der Inspector des Kreises von Berkovica in dem grossen Dorf Kutlovica, jetzt Centrum einer Okolija, die bäuerisch gekleideten angehenden Volkslehrer mit dem türkischen Tintenfass hinter dem rothen Gürtel in einem Wäldchen an den Ufern des Ogost, wie weiland Plato unter den Platanen der Akademie! Im J. 1882 waren im ganzen Fürstenthum kaum 12 Proc. der Lehrer älter als 30 Jahre. Jetzt bestehen vier Pädagogien mit dreijährigem Curs: in Šumen, Lompalanka, Kazanlyk und Küstendil. Ausserdem gibt es bei vielen Mittelschulen einen pädagogischen Jahrgang.

Materiell stand der Lehrer auf dem Dorfe noch vor Kurzem oft schlecht. Ununterbrochen gab es Klagen über säumige Zahlung der Gehalte. Die neuen Gemeinde- und Schulgesetze haben diese Verhältnisse einigermassen regulirt. Dennoch ist der Lehrer nur in der Stadt mehr stabil; die Dorflehrer sind grösstentheils ein wanderndes, unstetes Volk, von den Gemeinden in der Regel nur auf ein Jahr gemiethet. Die Naturalienzahlungen sind im Westen gross; gemünztes Geld ist im Dorfe wenig vorhanden, dagegen kann der Bauer mit Feldfrüchten sehr freigebig sein.

Während der Occupation 1878/9 gab es im Fürstenthum allein 1088 Volksschulen (davon 61 Mädchenschulen) mit 1247 Lehrern und 132 Lehrerinen, 48.404 Schülern und Schülerinen. Nach zwei Jahren hatte sich die Zahl um 277 Schulen vermehrt: 1881 1365 (davon 82 Mädchenschulen) mit 1580 Lehrern und 180 Lehrerinen. In Ost-Rumelien zählte man 1881 846 bulgarische Elementarschulen mit 48.094 Kindern. Acht Jahre später, 1888/9, gab es in den Volksschulen 172.183 Schüler von 6—12 Jahren: 129.977 Knaben, 42.206 Mädchen. Davon entfielen auf die bulgarischen Schulen 113.008 Kinder, die türkischen 52.262, die griechischen 3456, die jüdischen 1854, die armenischen 746, die katholischen 607, die protestantischen 128, die rumänischen 122. Lehrer gab es bei den Orthodoxen 3432 (davon 458 Lehrerinen), bei den Mohammedanern 1371 (48 L.), bei den Israeliten 51 (5 L.), bei den Katholiken 23 (9 L.), den Armeniern 15 (3 L.), den Protestanten 21 (7 L.), im Ganzen 4386 Lehrer und 537 Lehrerinen.

In gemischten Gemeinden hat jede Religionsgemeinde ihre Schule und ihre Epitropie. Zahlreich sind die türkischen Elementarschulen (medressé), 1888 957 (Kreis Šumen 317, Silistria 203, Razgrad 122 u. s. w.). Sie sind sehr primitiv und dienen fast ausschliesslich nur dem Religionsunterricht. Die Kinder beider Geschlechter hocken auf Teppichen oder nur auf dem Boden und lernen unter der Leitung eines mit einem langen Rohre bewaffneten Mollah oder Hodscha Buchstaben zeichnen und arabische Gebete ableiern, unter fortwährendem Wackeln des Kopfes nach rechts und links. Es ist mehr Qual als Unterricht, aber der Besuch ist stark, denn er steht mit dem Glauben in engster Verbindung. Sehr langsam brechen sich Neuerungen Bahn, obwohl es schon recht gute türkische, in Konstantinopel gedruckte Schulbüchlein gibt. Das bulgarische Gesetz von 1885 schreibt für die mohammedanische Schule ausser der Glaubenslehre auch Lesen, Schreiben, Rechnen, Kenntniss der Masse und Gewichte und die Anfangsgründe der Geographie und der bulgarischen Sprache vor.

Andere Elementarschulen von Religionsgemeinden gab es 1888 bei den Griechen 24, Juden 23, Katholiken 16, Protestanten 16, Armeniern 6. Der Unterricht der Anfänge der bulgarischen Sprache ist in Allen obligat. Art. 116 des Gesetzes von 1885 bestimmt, kein Kind dürfe zum Lernen einer anderen Glaubenslehre, als der seinigen angeleitet werden. Diese Schulen, sowie die Privatschulen stehen unter der Aufsicht des Staates. Ausländer können ungehindert Schulen für ihre Kinder eröffnen, gegen vorherige Anzeige an das Ministerium und die alljährliche Mittheilung statistischer Daten; sobald sie aber auch Kinder bulgarischer Unterthanen aufnehmen, müssen sie sich ganz nach den Landesgesetzen richten.

Die Staatscontrole leiten Schulinspectoren. Gegen dieselben gab es in der Nationalversammlung stets viel Opposition, da man lange Zeit nicht genug geeignete Kräfte fand und viele der Ernannten, oft ältere Herren, ihren Posten nur als Sinecur betrachteten und auf den Dörfern sich sehr selten blicken liessen. Die Regierung half sich 1885 durch ein eigenthümliches Auskunftsmittel: sie machte die Inspectoren wählbar. Die Wähler waren die Mitglieder der Kreisvertretung, der Stadtepitropien und je 2 Vertreter der Epitropie einer jeden Dorfgemeinde. Wer die Majorität erhielt, wurde durch fürstlichen Ukas auf 3 Jahre ernannt; er musste überdies 25 Jahre alt sein, eine Mittelschule absolvirt haben, drei Jahre Lehrer gewesen sein und einen tadellosen Lebenswandel führen. Der Inspector hat die Lehrer, die Gebäude, den Unterricht zu beaufsichtigen, Conflicte zu entscheiden und ist dabei Conservator von Alterthümern, stets im Contact mit der Präfectur und Kreisvertretung. Bei den Wahlen kamen natürlich oft pädagogisch unbedeutende Personen an's Ruder, welche bedacht sein mussten, die Gunst ihrer Wähler für die nächste Periode nicht durch Strenge zu verscherzen. Es machte damals im Ausland einen recht befremdenden Eindruck, als man in den Zeitungen ein officielles Telegramm aus Sofia las: „Bei den Wahlen der Schulinspectoren siegte überall die Regierungspartei!“ Erst 1890 wurde dieses Wahlsystem aufgehoben und die Inspectoren wieder direct von der Regierung ernannt.

Ueber die Zahl der schulpflichtigen Kinder oder Unterschied der Confession im Verhältniss zu dem wirklichen Schulbesuch erschien jüngst eine voluminöse Statistik.[1]) Darnach gab es 537.724 schulpflichtige Kinder: auf 1000 Einwohner kamen 170·47, nämlich 87·42 Knaben, 83·05 Mädchen. Davon besuchten die Schule, wie gesagt, 172.183 Kinder, also auf 1000 Einw. 54·59, 41·21 Knaben und 13·38 Mädchen. Den stärksten Schulbesuch hatten die Kreise von Šumen (97·01 auf 1000 E.), Silistria (89·74) und Rusčuk (72·53), den schwächsten die Kreise von Vraca (35·58), Lom (35·45) und Küstendil (27·68); die ostrumelischen Kreise bleiben in der Mitte (Philippopel 51·46). Speciell ist der Schulbesuch von Seite der Mädchen auf den Dörfern sehr schwach: Kreis von Küstendil 1·96 auf 1000 Einwohner, Rachovo 3·58, Vraca 3·59, dagegen Silistria 34·32, Šumen 37·40. Diese Ziffern verlieren einigermassen ihr Interesse, wenn wir bedenken, dass darin alle Confessionen einbegriffen sind und daher die türkische Schule des Ostens, trotz ihres geringen pädagogischen Werthes, bei den Maxima den Ausschlag gibt. Im J. 1881 hatten wir Statistiken nur der bulgarischen Schulen des damaligen Fürstenthums. Darnach gab es unter den Schulkindern des Landes nur 17 Procent Mädchen (Minimum 7 Proc. Küstendil, Maximum 30 Proc. Šumen, in der Stadt Trnovo allein 41 Proc.); im Kreise von Küstendil besuchten nur 28 Proc. aller Kinder die Schule, im Kreise von Šumen, in welchem Bulgaren wie Türken gleich fleissig sind, 82 Procent.

Die nächste Schule ist die Hauptschule, bulg. glávno (oder klasno) učilište, unserer Bürgerschule oder Unterrealschule entsprechend. Sie hat drei Classen mit 28—31 wöchentlichen Stunden. Der Lehrplan, 1885 von einem Lehrercongress in Sofia ausgearbeitet, umfasst auch die Anfangsgründe der Chemie, Physik, Geometrie, der bulgarischen und allgemeinen Geschichte und Geographie u. s. w. Im J. 1888 zählte man solcher Schulen 108 bei den Bulgaren (mit 206 Lehrern und 59 Lehrerinen), 9 bei den Griechen, 5 bei den Juden, 2 bei den Katholiken. Die Geschlechter sind natürlich schon geschieden. Auch die Türken haben solche höhere Schulen (ruždié), die besten in Varna, Šumen und Philippopel. Dieselben stehen hoch über der türkischen Elementarschule und werden nur von Knaben besucht. Einige dieser Schulen verschiedener Nationalität gehen auch über die drei ersten Classen höher hinauf. Der Staat hilft den Communen mit 200.000 Francs Subsidien aus.

Die Mittelschulen werden mit wenigen Ausnahmen vom Staat unterhalten. Viele sind Gründungen Drinov's, natürlich damals oft nur mit der ersten Classe. Allmälig vervollständigte man die Classen und hielt 1883 die ersten Maturitätsprüfungen ab. Die Lehrpläne haben noch jetzt ein provisorisches Aussehen. Da die Bedürfnisse des Landes noch wenig studirt sind und die gebildeten Bulgaren ihre Studien in aller Herren Ländern vollendet haben, konnte man sich lange nicht einigen. Die Mittelschule hat jetzt sieben

1) Statistik aller schulpflichtigen Kinder in Bulgarien, sowie jener, die dieser Pflicht im Schuljahre 1888—9 nachkamen. Sofia, Staatsdruckerei 1889, 4°, 206 S. bulg.

Classen; die drei unteren sind identisch mit der Bürgerschule, die vier oberen bilden die eigentliche Mittelschule, entweder classischer oder realistischer Art, das classische Gymnasium oder das Realgymnasium. Dabei ist der Unterricht in den classischen Sprachen nach den neuesten Verordnungen nur auf diese vier Jahre beschränkt. Die Vorbereitung muss demnach in zwei Jahren abgethan sein, um in den folgenden zwei Jahren angeblich Caesar, Sallust, Cicero, Livius, Ovid's Metamorphosen sowie Einiges aus Vergil oder Horaz lesen zu können; im Griechischen gelangt man bloss zu Xenophon, Herodot und zur Ilias. Gegen die Einführung der classischen Sprachen (Anfangs begann man mit dem Latein von der ersten Classe) eiferten Viele, besonders die Zöglinge russischer Schulen. Das Griechische bleibt wegen des nationalen Gegensatzes immer unbeliebt. Von den modernen Sprachen sind Russisch und Französisch obligat; das Letztere wird nur in den Donaustädten durch das Deutsche ersetzt. Die wöchentliche Stundenzahl beträgt (ohne Gymnastik und Gesang) 29—32.

Die jetzigen Mittelschulen sind folgende: 2 vollständige Gymnasien mit der classischen und Realabtheilung neben einander in Sofia (529 Schüler) und Philippopel (417 Schüler), jedes mit 35 Lehrkräften, 4 vollständige Realgymnasien in Gabrovo, Trnovo, Ruščuk und Vidin, 2 fünfclassige Realgymnasien in Varna und Sliven. Ausserdem gibt es vom Staat unterhaltene dreiclassige Unterrealschulen in Küstendil, Lom und Kazanlyk (als Vorbereitung zu den dortigen Pädagogien), sowie in Silistria, Stanimaka und Burgas. Für die Erziehung von Geistlichen dienen zwei theologische Schulen mit 2 speciellen Classen: zu Trnovo, jetzt im Anschluss an das Realgymnasium (früher im Kloster St. Peter und Paul oberhalb Ljaskovec) und zu Samokov.[1] Eine Handelsschule unterhält der Staat in Svištov; die Ackerbau- und Gewerbeschulen haben wir schon erwähnt. Zu Neujahr 1890 zählten diese Anstalten 4683 Schüler.

Dem weiblichen Unterricht dienen 5 Schulen, die den pompösen Titel „Mädchengymnasium" führen und vorzüglich die Vorbereitung von Lehrerinen zum Ziele haben, in Sofia, Trnovo, Varna, Philippopel und Stara Zagora, zu Neujahr 1890 mit 986 Schülerinen.

Die wichtigsten dieser Mittelschulen sind in neuen, für hiesige Verhältnisse glänzenden Gebäuden untergebracht. Das Lehrerpersonal, jetzt 286 Mitglieder stark, wurde Anfangs nur schwer zusammengestellt; am Gymnasium von Sofia halfen eine Zeitlang auch die Beamten des Unterrichtsministeriums aus, um das neue Institut in das richtige Geleise zu bringen. Später vermehrte sich die Zahl rasch durch junge, von ausländischen Hochschulen zurückkehrende Bulgaren. Ausländer, österreichische Slaven (Böhmen, Kroaten, Slovenen) sind jetzt nur wenige angestellt; sie waren Anfangs als Philologen, Zeichenlehrer und Mathematiker ganz unentbehrlich und haben

1) Diese theologischen Schulen sind ohne classischen Sprachunterricht! Den Theologen ist die grosse griechische Kirchenliteratur höchstens in russischen Uebersetzungen zugänglich.

durch Pflichteifer und Kenntniss methodischer Schulordnung viel genützt. Die Gehalte sind gut: der Director bezieht 5400 Francs, der Lehrer 1. Classe 4560, 2. Classe 3600, 3. Classe 3000, in Sofia noch mit einer Theuerungszulage. Ein neues Gesetz sichert den Lehrern eine Pension nach 20jährigem Dienst. Das Dictiren des Lehrstoffes hat endlich Schulbüchern Platz gemacht, die jedoch zum Theil nur eilfertige, besonders in der Terminologie mangelhafte Uebersetzungen sind.

Die Schüler sind sehr ungleichartig. In den ersten Jahren füllten die obersten Classen junge, überreife Männer bis zu 26 Jahren, oft mit Medaillen aus den Freiwilligencorps des Krieges auf dem Rock; sie waren ernst, disciplinirt, mit rascher Auffassung und zäher Ausdauer, aber es fehlten ihnen die ersten Elemente. Nur langsam kamen die Altersstufen mehr ins Gleichgewicht. Die Schüler stammen aus allen Classen der Bevölkerung; der Staat widmet an Stipendien für arme Schüler 128.400 Francs. Die Jungen sind lebhaft; die Neuheit des ganzen höheren Schulwesens steigert deren Wissbegier. Ein Fehler dieser Anstalten ist, dass sie gar zu viel lehren und wenig erziehen; das letztere haben die Bulgaren dem Ausland noch nicht abgelernt. Ein Rest alter Methoden ist das viele Auswendiglernen und die Unzulänglichkeit der schriftlichen Aufsätze. Die administrative Tabellenmacherei und die ganze „statistische Krankheit", welche in die Schulleitung aus dem Abendlande einzudringen beginnt, wird diese Mängel nicht besser machen.

Die politischen Wirren hatten zuletzt auf die Schule den allerschlechtesten Einfluss. Die Parteien verwendeten die Schüler als Wahlagitatoren, mussten aber dann als Regierungspartei alle Ausschreitungen derselben dulden, was zu turbulenten Schülermeetings, Ausgabe von Proclamationen und Broschüren gegen die Lehrer, mitunter sogar zu offenem Aufruhr führte. Der Herd war in Philippopel, wo 1884 noch in der ostrumelischen Zeit die ersten Stürme dieser Art ausbrachen; im Fürstenthum galt damals ein Schülerexcess als undenkbar. Nach der Union wurde das Uebel allgemein, die Schüler verwilderten, die Lehrer verloren alle Autorität und wurden hie und da sogar thätlich misshandelt. Die Regierung liess diese Zustände lange gewähren, musste aber schliesslich sehr streng einschreiten.

Zu höheren Studien müssen die Bulgaren ausländische Hochschulen besuchen. Bei der Wahl derselben entscheiden verschiedene Umstände: oft eine Mode, indem viele den von einer Gruppe einmal betretenen Weg wandeln, Theuerungsverhältnisse, denen der sparsame Bulgare eine sorgfältige Aufmerksamkeit widmet, klimatische Zustände, derentwegen so viele das in der Lebensweise und Sprache verwandte Agram oder das warme Südfrankreich lieber aufsuchen als den kalten Norden und zuletzt bei den Stipendien der Wille der Regierung oder der Mäcenate und Wohlthätigkeitsgesellschaften. Die meisten gehen nach Russland (Odessa, Kiev, Moskau), Oesterreich (Agram und Prag), Deutschland (München, Heidelberg, Leipzig), in die Schweiz (Zürich, Genf) und nach Frankreich (Paris, Montpellier und Aix). Die Zahl dieser Studirenden variirt jetzt zwischen 250 und 400. Die meisten sind Juristen, Techniker (Ingenieure) und Mediciner. Die Regierungsstipendien, zu 1200 bis

2400 Francs, 1889 in der Gesammtsumme von 213.000 Francs, werden durch Beschluss des Ministerraths ertheilt; die Stipendisten müssen ordentliche Hörer sein und alle vorgeschriebenen Prüfungen ablegen. Die Musterkarte der Studien in den verschiedensten Sprachen und Ländern führt daheim zu manchen scharfen Gegensätzen, z. B. zwischen den Aerzten oder Juristen verschiedener Schulen.

Die Gründung einer bulgarischen Universität wurde seit der Einrichtung einer einheimischen Regierung oft besprochen. Was in Bukarest, Jassy, Belgrad, Agram, Athen und Korfu gelungen ist, muss auch in dem Lande am Fusse des Haemus und der Rhodopo durchführbar sein. An Studirenden fehlt es nicht, den Aufwand könnte das Land leicht ertragen und wissenschaftlich tüchtige Lehrer wird man auch unschwer finden. Der erste Schritt zur allmäligen Einrichtung einer Universität geschah 1887 durch den Unterrichtsminister Ivančov, welcher die Eröffnung eines dem Gymnasium von Sofia angegliederten „höheren pädagogischen Curses" anordnete, der als Vorbereitung zum Lehrfach dienen sollte. Im J. 1888—9 wurde die historisch-philologische, 1889—90 die mathematisch-physische Abtheilung eröffnet. Auf dieser improvisirten „hohen Schule" wirken heuer 12 Lehrkräfte, ehemalige bulgarische Minister, deren es so viele gibt, frisch promovirte einheimische Doctoren der Philosophie und Chemie, einige Professoren des Gymnasiums u. A. mit einem jährlich gewählten Rector an der Spitze.[1]) Hörer gibt es nur ungefähr 70. Das Studium soll drei Jahre umfassen mit Semestralprüfungen und einer Staatsprüfung zum Schluss, bei welcher ein Diplom, zugleich Zeugniss der Lehrbefähigung erworben wird. Ob man an die Gründung auch eines juridischen Curses denkt, ist uns nicht bekannt.

## 3. Literatur und Wissenschaft.

Anfänge. Bibliographie. Druckereien. Schriftsteller und Buchhändler. Belletristik. Poesie vor und nach der Befreiung. Theater. Wissenschaftliche Literatur. Literarische Vereine. Nationalbibliothek und Nationalmuseum.

Die neubulgarische Literatur[2]) begründeten zwei bescheidene Autodidakten aus dem geistlichen Stand, der Mönch Paysij mit einer Chronik (1762) und sein Schüler, der Bischof von Vraca Sofronij, der unermüdliche Verfasser (1806 f.) zahlreicher populärer Bücher. Sie wuchs seitdem durch Uebersetzungen und Compilationen meist pädagogischen und populären Inhalts; erst seit der Entstehung einer bulgarischen Journalistik treten schüchtern auch originelle Versuche auf. Den grössten Antheil an der Entwicklung dieses Schriftthums hatten Lehrer und Geistliche, Aerzte, Kaufleute,

1) Der erste Rector ist Herr Agura, ein bessarabischer Bulgare, ehemaliger Minister. Ausländer sind im Lehrkörper 4: 1 Russe (der Emigrant Dragomanov für Geschichte), 1 Serbe, 2 Böhmen.

2) Ueber die Literatur bis 1876 vgl. ausser meiner Geschichte der Bulgaren besonders Pypin und Spasović, Gesch. der slav. Literaturen, Uebersetzung der 2. Aufl., Leipzig 1884, I. Bd.

zuletzt die revolutionären Emigranten, die zugleich Dichter und Journalisten waren. In der Türkei blieb jeder Aufschwung geknebelt durch die Censur; Bücher konnten überhaupt nur in Konstantinopel (11 Officinen mit bulg. Lettern) gedruckt werden, oder im Ausland, in Rumänien, Russland, Ofen, Wien oder Leipzig. In dem ganzen Gebiet des jetzigen Fürstenthums Bulgarien gab es bis 1877 eine einzige Presse in Rusčuk, die mit ihren verwaschenen Typen die inhaltsarme Regierungszeitung „Dunav" (Donau) auf Löschpapier druckte.[1])

Die Befreiung brachte eine volle Pressfreiheit. Seitdem schreibt und druckt man viel, aber vorwiegend zu praktischen Zwecken, für Schule und Kanzlei. Eine vollständige Uebersicht der Production wäre sehr wünschenswerth. Für die Zeit 1806—1870 haben wir einen Versuch gewagt, in einer Periode, wo der Druckorte wenige waren, daher das Sammeln leichter. Eine Fortsetzung dieser Bibliographie bis in die neueste Zeit hat Dr. A. Teodorov zum Druck vorbereitet.[2]) Nach einer oberflächlichen Schätzung mag die neubulgarische Literatur an 3000 Drucke zählen. Die umfangreichsten sind, ausser den Zeitschriften, die vielbändigen stenographischen Protokolle der Nationalversammlung und die Publicationen des statistischen Bureaus.

Buchdruckereien gibt es ungefähr 30: in Sofia (7), Philippopel (5), Varna (3), Rusčuk, Stara Zagora, Vidin (je 2), Šumen, Razgrad, Trnovo, Silistria, Svištov, Nikopol, Loveč, Sliven und Burgas. Die bedeutendste Anstalt ist, ebenso wie ein ähnliches Institut in Belgrad, die Staatsdruckerei in Sofia. Die typographische Ausstattung der Editionen von Sofia, Philippopel und Rusčuk entspricht modernen Anforderungen. Sonst gibt es viel abgebrauchte Lettern, schlechtes Papier und unzureichende Correctur.

Unter den Schriftstellern nehmen den ersten Rang zum guten Theil dieselben Leute ein, die wir auf der politischen Bühne im Vordergrund sehen. Der Politiker, Journalist und Schriftsteller ist hier eine Person, und wer mit der Feder arbeitet, cultivirt viele Gebiete zu gleicher Zeit und schreibt seinen Landsleuten Dramen, Novellen, historische, statistische und ökonomische Abhandlungen, Schulbücher und Leitartikel neben einander, abgesehen von Uebersetzungen. Buchhändler und Verleger in grösserem Stil sind zwei Philippopler Häuser, in allen bedeutenden Städten vertreten, Christo G. Danov und D. V. Mančov, die sich seit 1858 um die Schaffung der bulgarischen Schulbücherliteratur viele Verdienste erworben haben. Eine Menge Werke erscheint noch gegen vorherige Subscription, mit einem Subscribentenverzeichniss in der Beilage. Die Bücher sind im Allgemeinen billig, sonst würde sie ja der sparsame Bulgare nicht kaufen. Es gibt bereits ein Gesetz zum Schutz der Autorenrechte, aber den internationalen Verträgen ist Bulgarien nicht beigetreten, da es noch allzu sehr auf Uebersetzungen angewiesen ist und selbst noch wenig Originelles bieten kann. Ein glatter Stil bildet sich be-

1) Eine fast geheime Druckerei in Samokov publicirte nur geistliche Büchlein; eine ähnliche zu Salonik ging bald ein.

2) Proben im Per. Spisanie, Heft 16 ff.

sonders unter dem Einfluss der Journalistik heraus, die seit 40 Jahren das meiste zur Ausbildung der neubulgarischen Schriftsprache geleistet hat. Der Staat leistet durch Subventionen viel zur Unterstützung der Literatur.

Die schöne Literatur liegt in Probestücken bereits in zwei voluminösen, zweibändigen Chrestomathien vor, von Vazov und Veličkov (Philippopel 1884) und von Kostov und Mišev (ebend. 1889), die, für den Schulgebrauch bestimmt, allerdings auch viele eigens dazu übersetzte Proben ausländischer Literatur bieten.

Die bulgarische Belletristik gründeten die Volksführer in der Zeit vom Krimkrieg bis zur Revolution von 1876. Nach unscheinbaren Versuchen meldet sich die bulgarische Muse in den fünfziger Jahren. Zuerst traten auf: Nájden Gérov aus Koprištica, Lehrer, später russischer Viceconsul in Philippopel, seit 1845 mit lyrischen und politischen Gedichten, Pétko Ráčov Slavéjkov aus Trjavna, noch jetzt thätig, halb Autodidakt, ein trefflicher Kenner des Volkes, seit 1852 mit lyrischen, meist erotischen Liedern nach volksthümlichen und neugriechischen Mustern, sowie mit Balladen, Heldenliedern u. s. w., der Makedonier aus Veles Rájko Žinzifov († 1877), Gymnasialprofessor in Moskau, der 1863 mit einem Band Gedichte zum Theil in makedonischem Dialect seine literarische Laufbahn eröffnete, und der Schullehrer Nikola Kózlov aus Ljaskovec, Dichter epischer Lieder in volksthümlicher Art. Neben ihnen schrieben die Revolutionsmänner dieser Epoche. Rakóvski aus Kotel († 1867) debutirte neben prosaischen Schriften in archaischer, kraftvoller Sprache 1857 mit einem grossen Hajdukenepos. Sein Nachfolger Ljúben Karavélov aus Koprištica († 1879) erwarb einen gewaltigen Einfluss auf die Gemüther seiner Landsleute durch meist satirische, ganz dem Volkslied nachgeahmte Gedichte und durch Erzählungen, in denen sich Einflüsse sowohl der Folkloristik als der russischen Romanliteratur äussern. Er ist der Begründer der bulgarischen Novellistik. Seine Novellen, eilfertig, aber mit Humor und Erzählungstalent verfasst, verfolgen vor Allem ein politisches Ziel, den Türkenhass und die Lust zum Freiheitskampf zu fördern.[1]) Ein Dichter von bedeutender Begabung war der revolutionäre Feuergeist Christo Bótjov aus Kalofer († 1876). Seine Gedichte, von denen besonders „Das Gebet" und „Der Kampf" eine gewaltige Popularität erwarben, wie die seines Freundes, des jetzigen Ministerpräsidenten Stambulóv, sind meist echte Revolutionslieder.[2]) Stambulov besang launig auch das erste Ministerium 1879 in einer der Volkspoesie nachgeahmten Ballade „der Vojvode Dolaban" (Balabanov) von einem „nicht zürnenden Poeten".

Der Begründer des bulgarischen Theaters war der Schullehrer D. P.

1) Karavelov veröffentlichte seine Novellen zuerst russisch; sie erschienen als „Erzählungen aus den Leiden des bulgarischen Volkes" in Moskau 1861 (2. Aufl. 1878). Bulgarisch druckte er sie, mit einer neuen Serie, 1869—1874 in seinen Zeitungen. Einiges schrieb er auch serbisch. Die gesammelten Schriften Lj. Karavelov's erschienen in Rusčuk 1886 f. in 8 Bänden, herausg. von Zacharias Stojanov.

2) Eine (unvollständige) Sammlung der Gedichte Beider erschien in 2. Aufl. in Philippopel 1880.

Vojníkov aus Šumen, dessen historische Schauspiele und Komödien seit 1868 auf weite Kreise des Volkes einen nicht geringen Einfluss übten. Als das beste Drama gilt „Ivanko, Mörder Asen's I." (Braila 1872) von Vasil Drúmev, dem jetzigen Bischof Kliment, welcher (seit 1860) auch Novellen schrieb.

Zur älteren, unter der Türkenherrschaft herangewachsenen Generation gehören auch die Dichter D. Veliksin, ein lebenslustiger Anakreon aus der Emigration in Braila, Vasil Popovič, jetzt Professor an der Kriegsschule zu Sofia, der Volkslieder- und Märchensammler Cano Ginčev und die beiden Blъskov, Vater und Sohn, Verfasser zahlreicher Erzählungen aus dem Dorfleben mit moralisirender Tendenz.

Nach der Befreiung ging die Dichtung weit über diese einerseits von Freiheitsdurst, andererseits von der Volkspoesie als dem nächsten Muster beherrschten Anfänge hinaus. Der hervorragendste Dichter der Bulgaren ist gegenwärtig Ivan Vázov aus Sopot, seit 1870 thätig. Ein Schüler nur einheimischer Lehranstalten, lebte er unter den Emigranten in der Walachei, wurde nach der Befreiung Gerichtspräsident in Berkovica, später Abgeordneter und Mitglied des „permanenten Comités" im ostrumelischen Vaterland und ist jetzt Journalist in Sofia. In seiner Dichtung entfernte er sich bald von der blossen Nachahmung des heimischen Volksliedes auf das Feld der höheren Gedanken und Idealen nachstrebenden modernen Kunstpoesie. Vazov hat das unbestreitbare Verdienst die Sprache der bulgarischen Poesie geformt zu haben. Ein sorgfältig geglätteter Stil, Klarheit des Ausdrucks und ein ruhiger Fluss der Erzählung zeichnen seine Werke aus. Dieselben erschienen in zahlreichen Bändchen: „Die Befreiung" (Bukarest 1878), „Vidul, eine thrakische Idylle" (Sofia 1879), „Gramada", ein Epos aus dem westbulgarischen Volksleben, dann die Liedersammlungen „Gusla" (1881), „Aus Feld und Wald" (1884), „Italien", Erinnerungen von einer Reise (1885), „Slivnica", Gedichte aus dem Bruderkrieg (1886). Daran schliessen sich Uebersetzungen von Dichtungen aller Zeiten, von der Ilias bis V. Hugo. Zahlreich und meist gut gelungen wegen der anschaulichen Schilderungen des Emigranten-, Städter- und Bauernlebens sind auch seine novellistischen Arbeiten, leider zerstreut in Zeitschriften. Heuer erschien von ihm ein grosser Roman „Unter dem Joch", aus dem letzten Jahr der Türkenherrschaft und dem Aufstand 1876.

Andere Dichter sind Konstantin Veličkov aus Tatar-Pazardžik, der jugendliche letzte Unterrichtsdirector von Ost-Rumelien, jetzt Maler in Florenz, ein Schüler der Franzosen, dann der mystische, gleichfalls in Frankreich gebildete Stojan Michajlóvski aus Elena, in Bulgarien bekannt unter dem Pseudonym „De Profundis", der junge Ph. Dr. Ivan D. Šišmánov aus Svištov, Folklorist und Uebersetzer deutscher Dichter (Schiller, Lessing, Goethe, Rückert, Bürger), Ivan Dánev aus Rusčuk, Slavejkov der Jüngere, D. Mišev, die Makedonier Kitánčev aus Ochrid und Karánov aus Kratovo u. A. Novellen aus dem Volksleben schreibt der ehemalige Präsident des rumelischen Landtags Ivan E. Gešov, ein Schüler der Engländer. Für das Studium des Volkslebens und der lebenden Sprache anziehend sind die aus der Landschaft von Zlatica stammenden Dorfgeschichten von Veselin (Pseudonym).

Den Fortschritt der Sprache sieht man am besten an den poetischen Uebersetzungen in der oben genannten Chrestomathie von 1889, in welcher die französische, englische, italienische, deutsche, polnische und russische Dichtung wider Erwarten gut vertreten ist. Aber alles dies sind nur Proben, nicht ganze Werke. Selbst die moderne Romanliteratur ist den bulgarischen Lesern nur in einer kleinen Auswahl bekannt. Auch die dramatischen Uebersetzungen sind karg. Ganz geringfügig sind die Uebertragungen aus den antiken Literaturen, die sonst bei anderen Völkern als Schule des Stiles gelten.

Ein ständiges Theater gibt es nicht, nur Vorstellungen von Dilettanten zu wohlthätigen Zwecken oder höchstens wandernde armenische, türkisch sprechende oder serbische Truppen. Das Drama hat bei den bulgarischen Dilettanten einen übertriebenen Pathos. An Lustspielen herrscht Mangel, selbst in Uebersetzungen oder Umarbeitungen. Die Theaterliteratur ist bei diesen Zuständen armselig, aber keineswegs klein; schon von der Türkenzeit her erscheinen Mengen von Schauspielen, als Literaturproduct meist werthlos, aber für die Culturgeschichte zur Kenntniss der Gesellschaft, welche diese Versuche schrieb, las und darstellte, recht interessant. Ein fruchtbarer Schauspielfabrikant ist der Drucker und Journalist Theodor Ch. Stánčov in Ruščuk. Er bringt alles auf die Bühne, altbulgarische Herrscher, türkische Pascha's, neubulgarische Revolutionäre, Lord Beaconsfield und die bulgarophoben Engländer, ja sogar den König Milan.

In der wissenschaftlichen Literatur gibt es wenig grössere Originalwerke, aber dafür ein lebhaftes Streben, begleitet von Klagen über die Ungunst und Unruhe der Zeiten.

Wir gedachten schon oben des Mangels an theologischen Schriften. Sie beschränken sich fast auf einige Werke des Bischofs Kliment und des Popen Todor Mitov in Sofia, die sich beide ohne Erfolg auch in der Gründung geistlicher Zeitschriften versuchten.

Auf philosophischem Gebiet mangelt es selbst an Uebersetzungen. Nach zwei armseligen Logiken von 1861 erschien erst 1884 ein englisches Handbuch, übersetzt von Katharina Karavelov, der Gemahlin des ehemaligen Ministerpräsidenten, die überhaupt als gewandte Uebersetzerin thätig ist. Sonst gibt es nicht einmal eine kurze Geschichte der Philosophie. Soviel man von irgend einem philosophischen Einfluss sprechen kann, dominirt die empirische Philosophie Stuart Mill's, theils durch Vermittlung russischer Uebersetzungen, theils durch Studien auf englischen Schulen. Früher hatte die französische Philosophie der Encyklopädisten einen grossen Einfluss durch das Medium der griechischen Schule, in der sie dominirte. Ich war erstaunt von alten Herren in kleinen Balkanstädten Citate aus Voltaire und Rousseau zu hören, die sie einst bei den Griechen erlernt hatten. Man merkt diese Strömung auch in der ganzen griechischen und bulgarischen pädagogischen Literatur.

Von den Naturwissenschaften wurde bisher nur der Geologie eine grössere originelle Pflege zu Theil durch Georg Zlatárski aus Trnovo, der seine wissenschaftliche Ausbildung in Agram, Wien und England erworben hat. Bei der bulgarischen Intelligenz bemerkt man oft einen Mangel an Sinn für Natur und Naturbeobachtung. Derselbe liegt keineswegs im Volkscharakter, sondern ist ein Product der Erziehung. Die Schule, der Griechischen nachgebildet, beschäftigte sich mehr mit Rhetorik und Grammatik, als mit der Natur.

Das Studium der einheimischen Sprache steht trotz einer Fluth von Schulgrammatiken auf einer niedrigen Stufe. Es gibt kein verlässliches und vollständiges Wörterbuch, keine wissenschaftliche Grammatik und keine Sprachgeschichte. Neben den Slovenen, Serben und Kroaten, die Dank den Bemühungen eines Kopitar, Miklosich, Daničić, Jagić und Novaković eine ganz musterhafte philologische Literatur besitzen, sieht es in Bulgarien noch sehr öde aus, ja die gewaltigen Fortschritte der slavischen Philologie in unserem Jahrhundert, die Meisterwerke südslavischer, böhmischer und russischer Forscher, die vielen trefflichen Editionen altslavischer und besonders altbulgarischer Denkmäler sind im Lande kaum dem Namen nach bekannt. In Gesprächen mit Gebildeten wird man überrascht durch ungeheuerliche Etymologien, die in ihrer Art einem verflossenen Zeitalter angehören. Es fehlt sogar nicht an Verirrungen, wo Leute, wie der greise Dr. Bogorov, anstatt sich in die lebende Sprache zu vertiefen und ihren Reichthum zu sammeln, überflüssiger Weise neue missgestaltete Worte schmieden. Die Bulgaren haben unter den Slavisten unserer Zeit einen hervorragenden Vertreter, Herrn Marin Drinov aus Panagjurište; derselbe schreibt Vieles bulgarisch, lebt aber seit 30 Jahren in Russland. Erst in den letzten Jahren kehren junge Philologen wissenschaftlicher Schule von den Studien heim und widmen sich meist der Dialectforschung und dem Folklore. Das letztere Gebiet wurde stets cultivirt. Die meisten älteren Schriftsteller waren eifrige Sammler von Liedern, Volkssitten u. s. w.: Rakovski, Slavejkov, Ljuben Karavelov u. A.

In der Vaterlandskunde sind selbst Monographien über einzelne Landschaften eine Seltenheit.[1]) Die statistischen, ökonomischen, localgeographischen und archäologischen Abhandlungen sind in diesem Buche alle an geeigneter Stelle angeführt.[2])

Die ältere Geschichte hat noch wenig Pflege gefunden. Sie ist auch bei dem Mangel an einheimischen Chroniken ein schwieriges Gebiet, mit einem sehr fragmentarischen, in ausländischen Denkmälern der verschiedensten Sprachen zerstreuten Quellenmaterial. Die Periode einheimischer Geschichtsforschung, wie sie Rakovski betrieb, der die Bulgaren als Urbewohner

1) Eine geographische und archäologische Fragensammlung haben wir zur Erleichterung der Monographienschreiber 1883 im „Periodičesko Spisanie“ V herausgegeben. Dieselbe wurde von Marko Dragović für Montenegro serbisch bearbeitet.

2) Ein geographisches Lexicon der Bulgarenländer von P. R. Slavejkov ist, im Manuscript vollendet, mit aller Habe des Verfassers in Stara Zagora 1877 verbrannt.

direct aus Indien herleitete und von einer untergegangenen vorchristlichen Literatur, von bulgarischen Veda's schwärmte (Verković hat sie in der Folge auch „entdeckt", S. 107), ist vorbei. Jetzt nimmt Drinov auf dem historischen Gebiete den ersten Rang ein.

Stark wird die neueste Geschichte gepflegt. Die Familie des Rakovski soll eine Autobiographie desselben verwahren. Die von Rosen ins Deutsche übersetzten Erinnerungen des Hajdukenvojvoden Panajot Hitov sind in Wirklichkeit von Ljuben Karavelov niedergeschrieben. Eine Geschichte der bulgarischen Kirchenfrage erscheint von Theodor Burmóv (dem ersten Ministerpräsidenten) in den Schriften der literarischen Gesellschaft von Sofia. Ein vielgelesenes Buch sind des Journalisten Svetoslav Milárov „Erinnerungen aus den Konstantinopler Gefängnissen" (Sofia 1881). Die Verschwörungen und Aufstandsversuche vor der Befreiung schildern zwei Augenzeugen, Zacharias Stojánov († 1889) und Stojan Zaimov; wir werden auf beide noch zurückkommen.

Die politischen Wissenschaften werden nicht vernachlässigt. Stambulóv übersetzte Mac Gahan's Briefe über die Massacres, S. Bóbčev druckte schon 1879 in Trnovo eine Geschichte des russischen Krieges und schrieb Serien von Biographien hervorragender Bulgaren, der Minister Ikonómov, sonst viel für die Schulliteratur thätig, schrieb nach einer Reise „Briefe über Serbien" (Rusčuk 1883) und übersetzte die Protokolle des Berliner Congresses, der Minister Peter Karavélov schreibt in Zeitschriften über Constitutionalismus und andere Fragen, J. E. Géšov bespricht die socialen Erscheinungen im Lande, Ljudskánov, der Schwiegersohn des Ministers Cankov, behandelte die Capitulationen und die Donaufrage und übersetzte das englische Blaubuch von 1881 über Bulgarien, Ofejkov (Pseudonym) bearbeitet die makedonische Frage u. s. w.

Die juridische Literatur geht über die Zeitschriften nicht hinaus. Die militärische beginnt 1882 mit einer Uebersetzung von Brialmont's Taktik.

Eine unparteiische Kritik, die von einem philosophischen Standpunkt ausginge, wird noch viel vermisst. „Er kritisirt" (kritikúva) ist im Munde Vieler gleichbedeutend mit „er beschimpft, er reisst herunter". Gefährlicher als jugendliche Kampflust oder Gewöhnung an gepfefferte Geisteskost ist dabei das politische Parteiwesen. Man sieht in dem kritisirten Schriftsteller immer mehr den wirklichen oder vermeintlichen Anhänger der Gegenpartei. Diese ungesunden Zustände erklären auch die Menge ganz guter Arbeiten, die sogar in nichtpolitischen Zeitschriften nur anonym oder pseudonym erscheinen.

Den ersten Plan eines bulgarischen literarischen Vereines zur Herausgabe von Büchern nach Art der „Matica" der Serben, Kroaten, Slovenen oder Böhmen entwarfen 1852 zwei Makedonier in Petersburg, der spätere russische Consul Petković und der Mönch Nathanail, nachher Metropolit von Ochrid. Ihnen schlossen sich Andere an, bulgarische Kaufleute in Odessa, die Brüder Andon und Dragan Cankov, damals Handelsleute in Wien, die eben mit Hilfe des Professors Miklosich die erste bulgarische Grammatik in deutscher

Sprache herausgegeben hatten, sowie einige Konstantinopler Bulgaren. Aber der Krimkrieg vereitelte die Durchführung. Nach Eintritt ruhiger Zeiten bildete sich 1857 in Konstantinopel ein Literaturverein (Knižovna obština), der eine von Krstjović, Burmov und Slavejkov gut redigirte nichtpolitische Zeitschrift („Bъlgarski Knižici" 1858—1862) herausgab, aber unter dem Druck ungünstiger Umstände einging. Aehnliche Pläne verfolgten die Bulgaren in Rumänien und Russland. Durch ihre Bemühungen wurde 1869 in Braila eine „bulgarische literarische Gesellschaft" (Knižovno Družestvo) gegründet, deren von uns oft citirte Zeitschrift den Titel „Periodische Schrift" (Periodičesko Spisánie) führt. Von den 200.000 Francs, die patriotische Kaufleute zeichneten, ist nur ein kleiner Theil wirklich eingezahlt worden. Das Bestreben, den Sitz des Vereins nach Konstantinopel zu verlegen, scheiterte an dem eingewurzelten Misstrauen der Pforte gegen alles Bulgarische. Nach der Befreiung wurde die Gesellschaft von Drinov nach Sofia übertragen und von dem Verfasser dieses Buches als Unterrichtsminister 1882 sammt der Zeitschrift erneuert; die Stadt widmete ihr einen Bauplatz und die Nationalversammlung votirte 12.000 Francs jährlicher Subsidien. Die provisorische Commission wurde 1884 durch eine constituirende Generalversammlung abgelöst, die Fürst Alexander als erwählter Protector mit einer Anrede eröffnete. Von der Zeitschrift erschienen in Braila 12, in Sofia 35 Hefte (in 2000 Ex.), für das Studium Bulgariens eine unentbehrliche Fundgrube. Redacteur ist Vasil Dim. Stojanov aus Žeravna, Director der Nationalbibliothek.

Eine vielversprechende Unternehmung ist der „Sbórnik" des Unterrichtsministeriums, welcher seit Neujahr 1890 vierteljährlich in dickleibigen Heften zu 40—50 Bogen erscheint, mit wissenschaftlichen und belletristischen Originalarbeiten und umfangreichen folkloristischen Materialien. Redacteure sind Dr. Ivan D. Šišmanov und A. T. Iliev.

Von den belletristischen Zeitschriften erschien die „Naúka" in Philippopel 1881—1884 in Monatsheften, herausgegeben von einer Gesellschaft mit Unterstützung der ostrumelischen Provinzialregierung. Die Monatsschrift „Zóra" (Morgenröthe), 1885 von Vazov in Philippopel gegründet, wurde bald durch politische Stürme unterbrochen und fand erst 1890 eine Fortsetzung in der „Denníca" (Morgenstern) Vazov's in Sofia.

Von den populären Publicationen steht in erster Reihe die „Bibliothek des hl. Kliment" (6 Hefte jährlich um 5 Fr.), gut redigirt mit originellen und übersetzten belletristischen und belehrenden Artikeln und einer stattlichen Anzahl von Mitarbeitern. Das Volk liest gern oder lässt sich vorlesen, und ein gewandter Uebersetzer oder Wiedererzähler findet das dankbarste Publicum. Von den pädagogischen Zeitschriften ist die Monatsschrift „Trud" (Arbeit) in Trnovo zu nennen.

Ein juridischer, ein medicinischer und ein stenographischer Verein in Sofia, die auch Zeitschriften herausgeben, schliessen die kleine Reihe der literarischen Societäten ab.

17*

Die wissenschaftlichen Institute sind erst in den Anfängen. Sie beschränken sich auf das statistische Bureau, eine 1890 unter der Leitung von Zlatarski vom Finanzministerium begonnene geologische Landesaufnahme und zwei Nationalbibliotheken in Sofia und Philippopel. Die erstere wurde 1879 von Drinov gegründet, aber erst 1885 in ein brauchbares Haus übertragen; früher lag sie, zum Theil in Kisten, in einer dumpfen und dunkeln Moschee. Sie zählt jetzt an 20.000 Bände, hat an 70 Leser täglich und bezieht 177 Zeitschriften. Bei ihr befinden sich die bescheidenen Anfänge eines Nationalmuseums, nämlich eine archäologische Collection. Leicht wäre die Errichtung einheimischer ethnographischer Sammlungen; in den Jahren, wo ich in Sofia weilte, zerschlugen sich jedoch alle Projecte an dem Mangel an Räumlichkeiten. Die von Zlatarski zusammengestellten grossen geologischen Sammlungen des Finanzministeriums bilden einen schönen Anfang zu einer naturwissenschaftlichen Abtheilung. Die Philippopler Bibliothek sammt einem Museum wurde noch von der ostrumelischen Regierung errichtet. Zuletzt erfahren wir von der Gründung einer Stadtbibliothek in Varna.

## 4. Kunst. Alte Denkmäler.

Tradition des byzantinischen Kunstgewerbes. Denkmäler der thrakischen und römischen Zeit, des bulgarischen und byzantinischen Mittelalters und der türkischen Periode.

Die Kunst im Lande ist eigentlich nur Kunstgewerbe. Sie basirt auf mittelalterlichen Traditionen byzantinischen Ursprungs und ist am Besten im Kloster Rila zu sehen. Die Architektur der einheimischen Meister betrieb bis unlängst zu Profanbauten nur den Holzbau; Stein und Ziegel traten nur bei Kirchen, Bädern, Brücken u. s. w. in Verwendung. Im Kirchenbau dominirt ein verschlechterter byzantinischer Stil, mit bleigedeckten Kuppeln, Bogengängen als Vorhalle und gemalten Capitälen. Die grösseren Bauten unternehmen theils Pinduswlachen, theils bulgarische „Majstori“ (S. 208). Die Malerei (živopis, zografia) hat ihren Ursprung aus den Athosklöstern, wo sie aber in unserem Jahrhundert erloschen ist, um bei den Bulgaren in Razlog und Samokov am Rilagebirge und in Trjavna im Balkan fortzuleben. Es ist Kirchenmalerei, auf der Wand oder auf Holztafeln, im Stil lebendiger als die griechische oder russische. Einige dieser erblichen Kirchenmaler aus Samokov und Trjavna haben sich in Russland und Frankreich weiter ausgebildet und wirken jetzt als Zeichenlehrer an Staatsschulen. In der Sculptur sind neben den Goldarbeitern (S. 207) die Samokover Holzschnitzer bemerkenswerth. An Steinsculpturen ist selbst in den Kirchen nichts Besonderes anzutreffen. Die Musik beschränkt sich bisher auf bescheidenen Dilettantismus, ebenso wie die Schauspielkunst.

Die Ueberreste alter Cultur sind im Verhältniss zur Vergangenheit des Landes gering. In Dalmatien kann man in wenigen Tagen mehr sehen, als in Bulgarien im Laufe von einigen Jahren, aber eben deshalb hat hier der kleinste Rest ein erhöhtes Interesse. Die Ursache dieser Erscheinung sind die vielen Stürme, die über dieses Land hinweggezogen sind. Auch Ignoranz und Vandalismus haben ihren Theil daran; noch in unseren Tagen werden Inschriftsteine scrupellos als Baumaterial zugemauert und Ruinenfelder als Steinbruch durchwühlt. Lectüre historischer Schriften und der Antiquitätenhandel der „Antikadži's" des Orientes haben neuerdings auch schon Localarchäologen und Sammler gebildet, aber auch zu übertriebener Schätzung wenig werthvoller Dinge geführt, sobald es sich um Uebersetzung in Geldeswerth handelt. Seit 1888 gibt es sogar ein provisorisches Reglement zum Schutz der Alterthümer. Alle nicht entdeckten Alterthümer gehören darnach dem Staat; der Finder erhält die Hälfte des Werthes, der Besitzer des Bodens ein Drittel nach einer commissionellen Abschätzung. Nachgrabungen und Ausfuhr von Antiquitäten ohne Bewilligung der Regierung sind unter Strafe der Confiscation verboten. Alte Bauten, Burgen, Kirchen u. s. w. sind Nationaleigenthum und stehen unter der Aufsicht der Regierungsorgane.

Die historisch-topographische Forschung ist leicht insofern, als bei der spärlichen Bevölkerung viele Reste von Städten und Bauten auf der Erdoberfläche ganz gut zu verfolgen sind. Den sogenannten prähistorischen Funden, besonders der Steinperiode, hat man bisher nur wenig Aufmerksamkeit gewidmet; sie sind nicht selten, müssen aber gesammelt werden.[1]) Aus der Zeit der Thraker stammen die zahlreichen, überall in den Thälern vorhandenen Tumuli (bulg. mogila, türk. tepé), deren Aufführung Herodot (V, 8) so anschaulich beschreibt.[2]) Daneben sind sehr gewöhnlich die Steintafeln mit den Abbildungen des „thrakischen Reiters", in allen Formaten von kleinen spannengrossen Täfelchen angefangen bis zum Felsenbild von Madara, mit oder ohne Inschriften.

Aus der makedonischen Zeit gibt es wohl Münzen (besonders des Königs Lysimachos), aber keine Inschriften. Aus der Römerzeit haben sich die meisten Inschriften längs der Donau und in den Ebenen und Becken des Binnenlandes erhalten; in den Balkanlandschaften von Zlatica, Trojan, Gabrovo, Kotel u. s. w. sucht man sie vergeblich. An der Donau dominirte das Latein der Legionäre, schon am Nordfuss des Haemus das unter der Römerherrschaft sich ausbreitende Griechisch Thrakiens und Makedoniens. Die Stadtreste liegen theils im Freien, wie Oescus und Nicopolis, theils unter den Häusern der jetzigen Städte, wie Serdica, Philippopolis, Pautalia u. A. Die gepflasterten Strassen lassen sich gut verfolgen; das Volk nennt sie den

---

1) Die Brüder Škorpil (Böhmen), Lehrer der Naturgeschichte an bulg. Realschulen, beschreiben in einer bulg. Schrift (Pametnici iz Bъlgarsko, Sofia 1888) eine Reihe Dolmens und Cromlechs aus der Gegend an der Sakar Planina, besonders bei dem Dorf Gerdeme.

2) Systematische Grabungen sind nicht versucht worden. Uebrigens sind viele Tumuli schon seit alter Zeit ausgeplündert. Zufällig fand man Manches. Berühmt ist ein Fund in einem Tumulus zwischen Rachmanli und Adžar 1851: ein Skelett mit Waffen, Panzer und Gefässen (Tsukalas, neugr. Beschr. von Philippopel S. 36 und „Carigradski Vestnik" 1851). Die Russen öffneten 1878 einen Tumulus bei Dъlboki nö. von Stara Zagora und sollen darin in einer Grabkammer einen goldenen Lorbeerkranz, Silberbecher, antike Vasen, Bronzewaffen und Eisen eines Kriegswagens gefunden haben.

Trajansweg, bulg. Trojanov pъt, türk. Trajan jol, oder nur Trojan.[1]) Aber die befestigten Bergklausen, die noch Marsigli vor 200 Jahren gesehen hat, sind seither dem Bau türkischer Chausséen und Wachthürme zum Opfer gefallen. Antike Münzen sind eine ganz gewöhnliche Erscheinung, besonders aus der Kaiserzeit. Die Denkmäler zeigen an der Donau eine rohe Provincialcultur, im Binnenland verfeinertes hellenistisches Leben, das sich an die Entwicklung des nahen Kleinasiens anschloss.

Das kolossalste Denkmal des Mittelalters ist der viele Tagereisen lange Erdwall, der den alten Bulgarenstaat gegen das oströmische Reich abschloss. Von den Burgen (bulg. gradište, türk. kalé, hissar) sind am besten erhalten die von Kaliakra und Vidin, beide in abendländischer Art, die letztere sogar noch einer Restauration fähig. Die übrigen Burg- und Stadtbefestigungen sind meistens schon bis auf die Fundamente oder kleine Stücke weggeräumt; sie hatten entweder wechselnde Stein- und Ziegellagen oder nur Steinbau, elegant wie zu Preslav oder roh wie zu Trnovo. Von den Kirchen ist die kreisrunde St. Georgskirche (Güldžami) in Sofia wohl die älteste, die Ruine der St. Sophienkirche ebendaselbst die grösste. Sonst herrschte im Lande eine ganz kleine, oft nur 6—12 Schritt lange Kirchenform vor, deren Vorbild die schönen, aber leider so verfallenen byzantinischen Miniaturbauten von Mesembria sind. Wichtig sind die vielen kleinen Klosterkirchen aus dem späten Mittelalter. Die ältesten datirten Fresken hat die von Bojana, aus dem 13. Jahrh.; von da an lässt sich die Entwicklung der Malerei mit Hilfe der Inschriften gut verfolgen, sogar mit einem kleinen Wiederaufschwung im 16. Jahrhundert. Die ältesten byzantinischen Ikonen (auf Holztafeln) sah ich zu Mesembria; beachtenswerth für kunstgeschichtliche Untersuchungen wären auch die alten Wallfahrtsbilder mancher Klöster. Das schriftliche historische Material zur Landesgeschichte ist ausserordentlich karg. Neben griechischen Inschriften einheimischer Herrscher des 9. Jahrhunderts beginnen die bisher gefundenen slavischen erst mit dem Anfang des 13. Jahrhunderts. Allerdings dürfte noch Vieles verborgen liegen und z. B. in Preslav und Trnovo wären Nachgrabungen nach Grabsteinen und beschriebenen Säulen nicht erfolglos. Im ganzen Land hat sich eine einzige altbulgarische Urkunde erhalten — im Kloster Rila! Die slavischen Handschriften, zum grössten Theil kirchlichen Inhaltes, gehen von alten Pergamenten bis zur neuesten Zeit, da man bei dem Mangel an Drucken den Gottesdienst noch vor Hundert Jahren aus Abschriften las, sind aber in unserem Jahrhundert sehr verschleppt worden, meist nach Russland. Eine grössere Anzahl derselben besitzt das Kloster Rila und die neugegründeten Bibliotheken von Sofia (über 90) und Philippopel.[2]) Ihnen schliessen sich die venetianischen, serbischen, walachischen und siebenbürgischen Drucke des

1) Vgl. Arch. epigr. Mitth. X, 87.

2) In Sofia ist eine Serie von 48 Stück das Geschenk des ehemaligen Sofianer Metropoliten Meletij. Ein gedruckter Catalog dieser Handschriften mit deren eingehender Beschreibung wäre eine schöne Aufgabe für die jungen arbeitslustigen bulgarischen Philologen.

16. und 17. Jahrh. an, in zahlreichen vollständigen Exemplaren. Wenig wissen wir über die materiellen Alterthümer des bulgarischen Mittelalters, Waffen, Siegel, Geschmeide, Hausgeräth, Gefässe u. dgl.; da kann nur fleissiges Sammeln für das Landesmuseum Licht schaffen. Auch die einheimische Numismatik würde daraus manche Bereicherung ziehen.[1])

Die ältere Türkenzeit hinterliess viele Steingebäude, zahlreiche grosse Moscheen, davon die schönste in Šumen, Karavanserais in den Städten und an den Strassen (Sofia, Novihan, Philippopel, Papazli, Harmanli u. s. w.), Bezestans, Badhäuser (mitunter mit antiken Partien), Brücken, deren Mitte im stumpfen Winkel erhöht ist, Fontainen, Grabdenkmäler (Türbe's) u. s. w. Viele werden jetzt nach dem Fall der türkischen Herrschaft rasch demolirt. An Stelle der wechselnden Lagen des Mittelalters tritt in deren dicken Mauern ein anderer Typus auf: schwer zu bearbeitende, runde, meist farbige Steine des Flussgerölls sind mit weissem Mörtel in viereckigen Ziegelrahmen eingeschlossen; eine solche Aussenwand mahnt an die Honigwaben. Türkische Urkunden, besonders Grenzurkunden, sind keine Seltenheit, da sie heute noch Rechtsgeltung haben; ein älteres Gemeindearchiv fand ich aber nur in Kotel. Während des Krieges wurden auf Befehl des russischen Generalcommando's Wachen bei den Moscheen aufgestellt, um deren Bücher vor dem Vandalismus der Bevölkerung zu schützen, und diese Sammlungen dann grösstentheils in der Nationalbibliothek zu Sofia deponirt; eine Untersuchung dieser Handschriften wäre sehr zu wünschen, da sich darunter auch historische Materialien vorfinden können.[2]) Alte Waffen aus der Türkenzeit, Helme, Kettenpanzer, Pfeil und Bogen, Büchsen, Geschütze und Steinkugeln kommen oft vor. Zahlreich sind die Münzen neuerer Zeiten, da Münzstücke überhaupt zum unumgänglichen weiblichen Schmuck an Zöpfen, Gürteln, als Knöpfe u. s. w. gehören; neben altgriechischen, römischen, byzantinischen, bulgarischen, serbischen, in der Regel durchlöcherten, manchmal vergoldeten Stücken gibt es Massen von türkischen, venetianischen, genuesischen, ragusanischen, spanischen, polnischen und deutschen Münzen. Ein Räthsel war mir die Menge der polnischen Silbergroschen Sigmund's III. (1587 bis 1632) am Schwarzen Meere, bei Sofia, in Makedonien u. s. w., bis ich erfuhr,[3]) dass diese Münzen in getreuester Nachahmung von den Ragusanern aus Handelsspeculation noch 1766 geprägt wurden; wahrscheinlich hatten sie auf der Halbinsel einen ererbten Credit, ungefähr wie die Maria Theresienthaler jetzt in Abyssinien und im Sudan. Kirchenbauten aus der Türkenzeit bis zum Anfang unseres Jahrhunderts sind eine Seltenheit, denn vor der Reformperiode waren sie der Rajah nicht gestattet.

---

1) Die erste einheimische Arbeit über die bulg. Numismatik erschien von A. T. Iliev im „Sbornik" des Unterrichtsministeriums Bd. I, 1889 mit Tafeln.

2) Es sind an 4000 Stück: 3500 aus Sofia und Samokov (Bibliothek des Chosrev Pascha), 259 aus Loveč, 64 aus Sevlijevo. Die Abfassung eines Catalogs scheiterte an dem Mangel von ausdauernden Mitarbeitern.

3) Aus dem interessanten Bericht des franz. Consuls Le Maire über Ragusa vom J. 1766, herausg. in den „Starine" der Agramer Akademie, Bd. XIII (1881) S. 96.

Bei den Museen von Belgrad, Agram, Spalato und Sarajevo bestehen archäologische Vereine und Zeitschriften, die unter der Leitung von erfahrenen Kennern, Architekten, Numismatikern und Epigraphikern viel interessantes Material bieten. Vielleicht wird einmal auch in Sofia etwas Aehnliches entstehen.

---

# Fünftes Buch.

# Staatsverfassung und Staatsverwaltung.

## 1. Staatsform und oberste Behörden.

Wappen, Fürst, Verfassung, Nationalversammlung, Ministerien, diplomatische Vertretung.

Das Fürstenthum Bulgarien ist eine erbliche, constitutionelle Monarchie. Das Staatswappen ist ein goldener gekrönter Löwe in dunkelrothem Felde; er erscheint als Wappen Bulgariens schon in heraldischen Werken des 18. Jahrhunderts, wird 1649 in einer Bittschrift bulgarischer Notabeln an den Senat von Venedig ausdrücklich erwähnt, lässt sich aber in den erhaltenen Denkmälern nicht bis zum altbulgarischen Reich verfolgen.[1]) Die Flagge ist eine horizontal gestreifte Trikolore, weiss, grün, roth.

Der Fürst, bulg. Knjaz, erhielt in der Constitution von 1879 den Titel Svétlost (Durchlaucht), aber seit 1880 ist ihm der Titel Visóčestvo (Hoheit) zuerkannt. Fürst Ferdinand wird in allen amtlichen Urkunden Cársko Visočestvo titulirt, wörtlich „kaiserliche Hoheit“, soll aber nur „königliche Hoheit“ bedeuten. Auf Staatsacten wird seit dem ersten Tage Alexander's I. 1879 geschrieben: „Durch die Gnade Gottes und den Volkswillen Fürst von Bulgarien.“[2]) Die Union mit Ost-Rumelien hatte gar keinen Einfluss auf den Titel. Die Civilliste beträgt nach der Constitution 600.000 Francs; dazu kommen jetzt 90.800 Zulage, sowie 300.000 auf Kanzlei, Reisen, Postspesen, Mobiliar, Beleuchtung und Heizung des Palastes. Die Adjutanten des Fürsten besoldet das Kriegsministerium. Residenzpaläste gibt es in Sofia, Philippopel, Varna und Rušćuk, sämmtlich Staatseigenthum. Domainen hat der Fürst keine. Alexander I. gründete einen St. Alexanderorden in fünf Classen, zur Erinnerung an den Frieden von St. Stefano mit dessen Datum, eine Tapferkeitsmedaille und eine Medaille für Kunst und Wissenschaft.

Das Staatsgrundgesetz ist die Constitution von Trnovo (1879), trotz

---

1) Die Bittschrift von 1649 fordert die Republik auf „il leone di Bulgaria addormito eccitare, respirat enim adhuc, quamvis totaliter non spiret“. Archiv f. österr. Geschichte Bd. 59 S. 492.

2) Siehe die Staatszeitung von Nr. 1, 1879 angefangen; die durch occidentalische Zeitungen in neuerer Zeit verbreitete Ansicht, Alexander I. habe diesen Titel erst nach der Union angenommen, beruht auf einem Irrthum.

aller Kämpfe heute noch unverändert. (Siehe die Uebersetzung in der Beilage.)

Die Nationalversammlung, bulg. „Naródno sъbránie“,[1]) hat wie in Serbien und Griechenland nur eine Kammer, mit je einem Deputirten für 10.000 Einwohner, und versammelt sich zu einer durch die Verfassung auf zwei Monate begrenzten ordentlichen Herbstsession in Sofia. Sie kostet 583.000 Frc. jährlich. Das active Wahlrecht haben alle bulgarischen Bürger von 21 Jahren aufwärts; es gilt also ein „suffrage universel“. Für die Wahl von Fürsten, Regenten, zu Verfassungsänderungen u. s. w. tritt die grosse Nationalversammlung (velíko naródno sъbránie) mit doppelter Deputirtenzahl in Trnovo zusammen.

Der Ministerrath bildet nach der Verfassung eine collegiale Behörde. Es gibt sechs Ministerien: 1. für Aeusseres, Cultus, Post und Telegraphen; 2. Finanzen, sammt Communicationen, Ackerbau und Handel; 3. Justiz, 4. Unterricht, 5. Inneres, 6 Krieg. Die Minister beziehen 18.000 (in der Zeit Alexander's I. 12.000), die Generalsecretäre 7200, die Abtheilungschefs 5580 Fr. jährlich. Staatszeitung ist der „Dъržaven Vestnik“, der nur amtliche Urkunden, Gesetze, Decrete, Berichte, Kundmachungen u. s. w. bringt, ohne journalistische Artikel.

Diplomatische Agenten hat Bulgarien bei den Nachbarstaaten, in Konstantinopel (wichtigster Posten), Belgrad und Bukarest. Sonst wird Bulgarien nur durch zeitweilige Missionen oder Vertrauensmänner vertreten. Die ausländischen Mächte sind in Sofia durch Generalconsuln mit dem Rang diplomatischer Agenten vertreten, und zwar die Grossmächte, Serbien, Rumänien und Griechenland. Die Vertretung der Vereinigten Staaten hat England, die von Belgien Oesterreich, der Schweiz Frankreich, von Montenegro und Persien Russland. Die Pforte ist als Suzerain nicht vertreten, besorgt aber zeitweilig diplomatische Geschäfte durch ihre beiden Mitglieder in der türkisch-bulgarischen Vakufcommission zu Sofia. Ein eigenes Haus haben nur die Vertretungen von Russland und Oesterreich-Ungarn. Die Russen haben die diplomatischen Beziehungen seit 1886 abgebrochen. Consuln und Viceconsuln residiren in Philippopel, Varna, Burgas, Rušćuk und Vidin.

## 2. Finanzen.

Steuerkraft des Landes in der Türkenzeit. Bulgarische Finanzverwaltung. Rückstände und Reservefonds. Das Budget. Staatseinnahmen. Steuersystem. Finanzbehörden. Staatsschulden. Oeffentliche Bauten.

In der letzten Türkenzeit beliefen sich die Einkünfte des Donau-Vilajets, das ausser dem Fürstenthum in dessen Ausdehnung von 1878—1885 auch die jetzt rumänische Dobrudža, alle neuen Kreise von Serbien und

1) Wurde in abendländischen Zeitschriften oft mit unrichtigem Accent und Geschlecht geschrieben „die Sabranié“. Es ist ein Neutrum; die Endung —nije aller Verbalsubstantiva wird dialectisch oft bis auf —ne zusammengezogen.

einige nordmakedonische Landschaften umfasste, auf 36--37 Mill. Francs Steuern und rund 3 Mill. Zölle. Die Verwaltung kostete nur ungefähr 7 Mill. Francs; der Rest, an 32 Mill. ging nach Konstantinopel, allerdings nach Abzug der uns nicht näher bekannten Unterhaltungskosten von 20.000 Mann Besatzungen.[1])

Das Fürstenthum begann seine Wirthschaft 1879 mit rund 12 Mill. Francs in den Cassen: 2 Mill. als Capital der Nationalbank, $5^1/_2$ Mill. sogenannte „Adrianopler Gelder“, welche die Russen Anfang 1880 wieder zurücknahmen, und $4^1/_2$ Mill., mit denen die einheimische Verwaltung frei zu arbeiten begann, ohne jegliche ausländische Controle.[2]) Die private bulgarische Sparsamkeit wurde auch in den Staatshaushalt übertragen. Es gab immer ein Markten bei der Feststellung des Budgets, ein Markten unter den Chefs der Behörden bei jeder wirklichen Ausgabe. Man hat stets mehr eingenommen und weniger ausgegeben, als präliminirt war, trotz aller Virements und der Anfangs oft systemlosen Wirthschaft. Die ins Budget eingestellten Deficite figurirten nur auf dem Papier. Für die ersten Jahre gibt es eine gedruckte instructive Tabelle dafür:[3])

| Jahr: | Einnahmen | | | Ausgaben | |
|---|---|---|---|---|---|
| | präliminirt: | wirklich: | | präliminirt: | wirklich: |
| | | I Vorausgesehene Posten<br>II Nicht vorausgesehene | | | |
| 1879 | 23,230.137 | I | 21,995.416 | 21,494.080 | 19,868.695 |
| | | II | 2,378.543 | | |
| 1880 | 23,486.817 | I | 33,587.734 | 27,806.267 | 26,290.101 |
| | | II | 886.274 | | |
| 1881 | 27,055.497 | I | 29,927.195 | 29,143.814 | 24,748.547 |
| | | II | 1,422.771 | | |
| 1882 | 26,426.597 | I | 29,038.755 | 29,000.517 | 28,947.507 |
| | | II | 2.151.862 | | |

Gross sind die Steuerrückstände, entstanden theils durch Connivenz der regierenden Parteien gegen ihre Anhänger, theils durch Mangelhaftigkeit der Administration. Für die sechs Jahre 1878—1883 beliefen sie sich auf 12,687.467 Francs,[4]) Ende 1887 angeblich auf 30 Mill.

1) Die Daten, welche mir Herr Jules Schefér, seiner Zeit französischer Generalconsul in Rusčuk und zuletzt vor seinem Tode Ministerresident in Montenegro nach den Erzählungen Mithad-Pascha's mittheilte und die vom verstorbenen russischen Generalconsul Mošnin aus türkischen Quellen im Petersburger „Slavjanski Sbornik“ II (1877), 365 f. gedruckten Ziffern stimmen überein.

2) Mittheilung des ersten bulg. Bankdirectors und meines Collegen im Ministerium G. Želozkovič. Die Sofianer Zeitung „Vitoša“ 1879 Nr. 2 gibt $12^1/_4$ Mill. an, Matvejev S. 42 und Sobolev (deutsche Uebers.) S. 84 14 Mill. Die Behauptung von Koch, als der erste bulgarische Finanzminister die Staatscasse übernahm, habe er von diesen Millionen „keinen Centime“ mehr vorgefunden (Fürst Alexander S. 16), ist ganz unrichtig: woher hätten denn, bei dem saumseligen Eingang der Steuern, die Regierungscassen 1879—80 im ganzen Land so regelmässig ohne einen Tag Aufschub alle Gehalte u. s. w. ausgezahlt?

3) Zeitung „Trnovska Konstitucia“ I, Nr. 76 Feuilleton.

4) Staatszeitung 1884 Nr. 75 S. 10.

Die Grösse der Reservefonds des Staates ist nicht bekannt. Im J. 1882 waren es $17^{1}/_{2}$ Mill., später noch mehr. Dieselben ermöglichten Bulgarien den serbischen Krieg und den Bau der Bahn Caribrod-Vakarel ohne Schulden durchzuführen, sind aber dadurch wahrscheinlich stark erschöpft worden.

Im Gegensatz zum Fürstenthum litt Ost-Rumelien an der ärgsten Finanzmisère. Die Provinz begann ihre Wirthschaft mit ganz unbedeutenden Summen, und stand unter der fortwährenden Controle der Pforte, die auf ihren Antheil aus den Landeseinkünften harrte; sie konnte deshalb keine Ersparnisse machen und musste bald Schulden aufnehmen.

Das Budget für 1889 und 1890 gestaltet sich folgendermassen:

*A.* Einnahmen.

| | 1889: | 1890: |
|---|---|---|
| 1. Steuern, directe | 32,190.000 | 37,380.000 |
| indirecte | 10,460.000 | 13,824.000 |
| 2. Stempel, Taxen u. s. w. | 1,996.166 | 1,989.500 |
| 3. Strafgelder | 193.100 | 218.500 |
| 4. Communicationen | 4,510.140 | 5,031.000 |
| 5. Staatsgüter | 3,820.966 | 4,189.600 |
| 6. Zufällige Einkünfte | 10,315.180 | 10,416.430 |
| | 63,484.952 | 72,549.030 |
| Deficit, aus den Rückständen zu decken | 15,011.466 | 8,544.145 |
| | 78,496.418 | 81,093.175 Fr. |

*B.* Ausgaben.

| | 1889: | 1890: |
|---|---|---|
| 1. Civilliste, Nationalversammlung u. s. w. | 1,598.500 | 1,069.900 |
| 2. Staatsschulden | 12,532.471 | 6,677.934 |
| 3. Oberster Rechnungshof | 233.937 | 248.133 |
| 4. Aeusseres und Cultus | 1,663.966 | 1,781.241 |
| 5. Posten und Telegraphen | 2,646.092 | 3,008.498 |
| 6. Inneres | 8,876.743 | 8,963.138 |
| 7. Unterricht | 4,472.355 | 4,682.260 |
| 8. Finanzen | 12,936.847 | 15,740.432 |
| 9. Oeffentliche Bauten | 3,818.329 | 6,969.760 |
| 10. Eisenbahn Caribrod-Belovo | 1,741.542 | 2,315.920 |
| 11. „ Rušĉuk-Varna | 1,211.506 | 1,054.440 |
| 12. Justiz | 3,512.086 | 4,078.398 |
| 13. Krieg | 23,254.044 | 23,908.121 |
| | 78,496.418 | 81,093.175 Fr. |

Von den einzelnen Einnahmsquellen stehen in erster Linie die directen Steuern, meist noch die alten türkischen (Detail nach dem Budget für 1889):

1. Grundsteuer (pozemélen nalóg 1889 15,800.000 Fr.). In der Türkenzeit war es ein Zehent (desjátъk). Seine Verpachtung und die Missbräuche bei der Einsammlung waren der Grund des grossen Widerwillens gegen diese Naturallieferung, obwohl sie bei dem Mangel an gemünztem Geld den Bauern leicht war. Schon die Constituante von Trnovo 1879 beschloss auf Vorschlag Grekov's die Naturalsteuern abzuschaffen,[1]) aber

1) Am 26. März 1879, Protokolle S. 234—5.

bis 1882 wurde der Zehent durch die Staats- und Gemeindebehörden gesammelt und vom Staate verkauft. In den J. 1882—1888 war er durch eine Geldleistung von 10 Mill. ersetzt, berechnet für jede Gemeinde aus dem Durchschnitt der 3 Jahre 1879, 1880 und 1881 und unter die Gemeindegenossen repartirt von einer Commission, bestehend aus dem Gemeinderath und 6 gewählten Ackerbauern. In Ost-Rumelien ersetzte ihn eine Geldsteuer, „Kataster" genannt, aber auf Grund eines Durchschnitts von 10 Jahren, mit Einschluss der letzten Türkenzeit. Da der Staat viel durch die Verheimlichung von Garben betrogen worden war, die Durchschnittsziffern daher zu niedrig waren, und da der urbare Boden stets wächst, wurde 1889 der Naturalzehent wieder versuchsweise eingeführt.

2. Weinbergsteuer 3 Fr. per Uvrat (2,400.000).

3. Steuer der Gemeinde- und Privatwälder (150.000).

4. Emlják, Häuser- und Immobiliensteuer (4½ Mill.).

5. Idžár, Miethsteuer (200.000).

6. Beglik von Schafen per 0·60 Fr. und Ziegen per 1 Fr. (5,650.000).

7. Serčim von Schweinen per 0·60 Fr. (250.000).

8. Wegebausteuer (pątna povinnost), nach dem Gesetz vom Dec. 1883 4 Fr. von allen Männern von 20—55 Jahren, ausser den Soldaten und Kranken (1,200.000).

9. „Patent", Einkommensteuer (1,300.000).

10. Steuern vom Tabak- und Spirituosenverkauf (240.000 und 650.000).

Die Zölle (mito): Import 6,200.000, Export 450 000 Fr.

Die Tabaksteuern tragen 3,300.000 Fr. ein, die Steuern für die Fabrication von Wein, Bier und Schnaps 350.000, die Salzsteuer zu Balčik 60.000. Monopole gibt es nicht.

Der Stempel (gerb) bringt 850.000 Fr. ein.

Die Einnahmen von den Communicationen waren 1889 in folgender Art präliminirt: Eisenbahn Caribrod-Vakarel Personen 317.036 Fr., Waaren 1,479.084, Eisenbahn Rusčuk-Varna Personen 372.600, Waaren 850.000, Telegramme 750.000, Post 420.000 u. s. w.

Einnahmen von den Staatsgütern: Wälder 350.000, Pacht von Weideplätzen 160.000, Kohlenbergwerke 75.000, Steinbrüche 25.000, Verpachtung der Fischereien 254.000, Salz von Anchialos und Balčik 1,430.000, Antheil am Gewinn der Nationalbank 600.000, Staatsdruckerei 500.000 (Aufwand 468.480), Staatszeitung 100.000 (Aufwand 68.300).

Die Geschäfte der Finanzprocuratur besorgen drei Staatsadvocaten. Ausser der Centralcasse in Sofia gibt es 21 Kreiscassen (okrąžno kovčežničestvo) und 47 Bezirkcassen (okolijsko k.).

Zollämter (mitnica) gibt es 24, ausserdem 20 „Punkte" nur mit einem Schreiber, und 155 Grenzwachposten mit 566 Mann Zollwache zu Fuss und zu Pferd. An der serbischen Grenze gibt es Zollämter nur in Caribrod und Dąščeni Kladenec (bei Trn), an der türkischen in Küstendil, Kočerinovo (gegen Džumajá), Batak, Čepelare (Rupčos), Kovanlyk (gegen Kyrdžali), Harmanli (Bahnstation) und Vakuf (an der Tundža).

Controlbehörde ist der Oberste Rechnungshof (Vąrchóvna smétna paláta) mit 57 Beamten. In den ersten Jahren gab es bei der Unvollkommenheit des Budgets zahllose Virements, so dass an dem Ausgabebudget sehr viel zu beanständen war.

Bulgarien hat erst seit neuester Zeit eine Staatsschuld. Durch den Berliner Vertrag (Art. IX.) wurde das Fürstenthum zu einem jährlichen Tribut an die Pforte verpflichtet, der am Schluss des ersten Verwaltungsjahres der neuen Organisation durch eine Verständigung der Vertragsmächte auf Grundlage der Durchschnittsziffer der Einnahmen bestimmt werden sollte.

Ausserdem hatte Bulgarien einen Theil der türkischen Staatsschuld zu übernehmen, und zwar sollten die Mächte bei der Bestimmung des Tributs diesen Antheil auf der Grundlage einer „équitable proportion“ in Erwägung ziehen. Dazu kam es aber nicht, obwohl die Frage oft aufgeworfen wurde; bei jeder Erwähnung rückte Russland mit dem Hinweis auf die Kriegsentschädigung hervor, die ihm die Pforte schuldet.

Dafür zahlt das Fürstenthum der Pforte als Ersatz für den ostrumelischen Tribut 2,951.000 Fr. jährlich, überdies noch zur Amortisirung der alten rumelischen Schuld an die Pforte 500.000 Fr.

Die Schuld Bulgariens an Russland für die Occupationkosten nach Art. 22 des Berliner Vertrages beträgt nach der Convention vom 16. Juli 1883 10,618.250 Rubeln 43 Kopeiken = 26,545.625 Fr. Zur Tilgung sollen (bis 1896) jährlich 2,100.000 Fr. durch die Nationalbank gezahlt werden.

An Zinsen für die ostrumelische Schuld vom Mai 1885 werden an die „Banque Ottomane“ 232.646 Fr. jährlich abgeführt.

Eine eigene Staatsschuld contrahirte Bulgarien in London zum Ankauf der Eisenbahn Rušćuk-Varna. Die Bedingungen des Ankaufs waren: Bulgarien zahlt am 1. Jänner 1885 44½ Mill. Francs, nämlich 6 Mill. in Gold, das Uebrige in 6perc. Obligationen. Diese Summe wuchs mit 6 Proc. Zinsen bis zum 1. August 1888 auf 53,317.500 Mill., davon in Schatzbons statt Geld 6,540.000, in Obligationen 46,777.500. Die Schatzbons sind schwebende Schuld mit zwei Zahlungsterminen am 1. Juli 1889 und 1890, die Obligationen amortisirbare Schuld mit jährlicher Amortisation von 1 Proc. Im Budget 1889 waren eingetragen: zur Auszahlung der ersten Hälfte der Schatzbons 3,180.000 und für die Coupons der Obligationen 2,806.650.

Ausserdem figuriren im Budget unter der Staatsschuld: Zahlungen an die Pforte und Baron Hirsch für die vom Staat exploitirte Linie Vakarel-Belovo 139.500, Zinsen der Schuld an den Fürsten Alexander I. für den Ankauf seiner Sommerresidenzen in Varna, Rušćuk u. s. w. 60.000, Pensionen an Invaliden, Lehrer, Geistliche u. s. w. 273.598 Fr.

Zuletzt wird der Abschluss einer Anleihe bei der Wiener Länderbank und dem Wiener Bankverein gemeldet (October 1889). Das Anlehen beträgt 30 Mill. Francs, wird mit 6 Proc. verzinst, mit jährlicher Amortisation von 1 Proc. und ist in 33 Jahren rückzahlbar. Als Garantie dienen die bulgarischen Staatsbahnen Caribrod-Vakarel und Jamboli-Burgas. Die bulgarische Regierung erhielt dabei im Baaren 25 Mill. Fr.

Dem Finanzministerium zugetheilt sind die öffentlichen Bauten mit 23 Kreisingenieuren und dem Eisenbahnamt. Ausser den Bahnen bestimmt das Budget von 1889 für Brücken und Strassen 2,065.344, für Bauten 1,013.000 Fr.

## 3. Politische Verwaltung.

Oft wechselnde Landeseintheilung. Behörden. Kreisvertretungen. Gemeinden und deren Umformungen. Gensdarmerie. Polizeiliche Statistik der Vorkommnisse. Räuberunwesen und dessen Geschichte. Sanitätsdienst.

Die Landeseintheilung war während der ersten Jahre vielen Aenderungen unterworfen. Die russische Occupationsverwaltung behielt die türkische Eintheilung bei, nur dass der Mutessarif fortan „Gubernator", sein Sandžak „Gubernia", der Kaimakam oder Mudir Načálnik, seine Kazá Okrug hiess. Im Fürstenthum wurden die 5 Gouvernements durch die Verfassung abgeschafft, aber erst im Mai 1880 aufgelöst. Die neue Eintheilung hielt sich an das französische Muster, mit Präfecten und Souspräfecten. Man behielt die Kreise, Ókrъg oder Okrížie genannt, verringerte aber ihre Zahl (von 31 auf 21, 14, zuletzt 17) und theilte sie in kleinere Bezirke, sogenannte Okolíja (1882 56). Dabei gab es viel Unfrieden und Unordnung. Jede Stadt wollte Kreisstadt sein und in den Okolija's, die kein natürliches Centrum besassen, gab es viel Zank um den Mittelpunkt. Den fortwährenden Wechsel der Administrativgrenzen begleitete die wiederholt von Neuem umgestürzte Gruppirung der Dörfer zu grösseren politischen Gemeinden. Da die Archive der Behörden Jahr aus Jahr ein wiederholt vereinigt und wieder getrennt wurden, entstanden grosse Confusionen, die besonders für die Centralbehörde fühlbar wurden. Die Kreischefs, Upravítel genannt, waren meist gescheidte und praktische Leute aus der einheimischen Intelligenz, die mit dem Volk verständig zu sprechen wissen, die Bezirkschefs, Načálnik genannt, dagegen oft einfache Polizeiofficiere mit mässiger Vorbildung. Beide wurden fast mit jedem neuen Ministerium gewechselt oder wenigstens versetzt. Im J. 1883 fand ich in Küstendil einen Načalnik, der bereits 18 Okolija's gesehen hatte; von der russischen Occupation an sass damals ein Einziger in Samokov, als eine wahre Rarität.

In Ost-Rumelien trat an die Stelle der türkischen 2 Sandžaks mit deren 14 Kaza's eine durch das Statut vorgeschriebene Eintheilung mit französischen Namen: 6 Departements mit Präfecten und 28 Cantons mit „Bailli's" an der Spitze. Die bulgarischen Benennungen waren dieselben wie im Fürstenthum. Die Cantone wurden nach Flüssen und Bergen genannt. Die Eintheilung hat sich rasch eingelebt; das Personal war im Ganzen viel intelligenter als im Fürstenthum, meist Leute aus der Gegend selbst, und wurde wenig gewechselt.

Nach der Union hat Bulgarien jetzt 23 Kreise und 84 Okolija's. Die Kreise sind nach der Bedeutung in drei Classen eingetheilt; zur ersten Classe gehören Sofia, Philippopel, Rusčuk, Varna und Trnovo. Der Präfect ist oberster Vertreter der Regierung und Chef aller Civilbehörden im Kreis; er bezieht im Kreis I. Cl. 6600 Fr. nebst Repräsentationszulagen, in dem III. Cl. 4800 Fr. Die Okolija's zerfallen in zwei Classen; die Načalnik's beziehen 3600 oder 3200 Fr.

Der Kreis hatte von der Occupationsverwaltung an stets eine gewählte Vertretung, die dem Präfecten in den Finanzfragen zur Hand war. In Ost-Rumelien hat man „Conseils généraux" nach französischer Art eingeführt. Nach diesem Muster wurde diese Institution 1887 für das ganze geeinigte Fürstenthum reformirt: der Kreisrath (okražen savét) wird auf 3 Jahre gewählt, versammelt sich am 1. September zu einer ordentlichen Session, auf welcher der Präfect einen Bericht über den ökonomischen, industriellen, hygienischen u. s. w. Zustand des Kreises vorlegt und hat sein eigenes Budget. Der Präsident mit zwei Mitgliedern bildet die ständige „Kreiscommission". Der Kreisrath von Varna z. B. hatte 1889 ein Budget von 150.312 Fr., davon für Wege und Brücken 104.200, das übrige für Ackerbaumaschinen, Wohlthätigkeitsanstalten, Ausrottung von Raubthieren u. s. w.; das Erforderniss wurde durch einen Zuschlag von 5 Proc. zu den Staatssteuern und durch Marktgebühren gedeckt.

Nach dem Gesetz vom 15. Mai 1887 ist das Land eingetheilt in 1795 Gemeinden, in denen oft eine Anzahl kleiner Ortschaften vereinigt ist. Die Dorfvorsteher, Kmet genannt, welche auch die Steuereinhebung besorgen, sind besoldet (200—1200 Fr.), desgleichen ihre Gehilfen und Schreiber. Die Befugnisse der Stadtbürgermeister, gleichfalls „Kmet" genannt, und der Stadträthe (gradski savet) sind erst in neuester Zeit nach einer Reihe gesetzgeberischer Experimente und Provisorien mehr geordnet worden. Anfangs waren alle diese autonomen Behörden ein äusserst gebrechlicher Organismus wegen seiner Neuheit. Die Türkenzeit kannte nämlich keine Municipalität im europäischen Sinn, sondern nur Religionsgemeinden, Zünfte und Vorstände (Muchtar) einzelner Stadtviertel oder Dörfer. Der Stadtbürgermeister war ein der türkischen Verwaltung ganz fremder Begriff. Eine gute Grundlage fand sich in den kleinen Gebirgsstädtchen, die stets eine gewisse Autonomie besassen und wo auch der Gemeindechef mit einer wirklichen Würde auftritt. Im Westen ging es schlecht; nicht selten wälzten die Bauern das neue Geschäft des Vorstehers auf die Schultern eines ganz armen und machtlosen Sündenbocks. In Sofia wechselten fortwährend gewählte und provisorisch ernannte Bürgermeister. Jetzt ist der Fortschritt so gross, dass Sofia und Varna eigene gedruckte Gemeindeblätter herausgeben. Im Dorfe haben den grössten Einfluss die Aeltesten, die Vielgereisten, die Popen, Lehrer und die ehemaligen Soldaten.

Wir bieten hier eine vollständige Uebersicht der jetzigen Eintheilung, mit dem Flächeninhalt [1]) und der Bevölkerung der Kreise nach dem Stand von 1888. Die Kreise haben eine Einwohnerzahl von 76.000 bis 226.000 Seelen und eine Ausdehnung von 1898 bis 8378 Quadratkilometer, die Okolija's von 17.056 (Kotel) bis 63.027 (Gornja Orjachovica) Einwohner und das verschiedenste Ausmass, von 360 (Stadt Trnovo) bis 2986 (Dobrič) Quadratkilometer, so dass die grössten Okolija's grösser sind als die kleinsten Kreise.

---

1) Der Flächeninhalt nach der Abhandlung von Iv. Slavov im „Sbornik" des Unterrichtsministeriums I (1889) 312 f.

Diese Ungleichheit nebst der zweifellosen Kostspieligkeit des ganzen Verwaltungsapparates für ein schwach bewohntes Land dürften bald wieder zu Reductionen führen.

A. Kreise des ursprünglichen Fürstenthums.

I. Sofia (182.247 E., 5587 Qkm.).
Okolijen: 1. Sofia, 2. Novosélci, 3. Iskrec (Centrum Dorf Búčino), 4. Zlatica, 5. Sámokov.

II. Trn (76.051 E., 2183 Qkm.).
6. Trn, 7. Cáribrod, 8. Bréznik.

III. Küstendil (162.939 E., 5319 Qkm.).
9. Küstendil, 10. Itádomir, 11. Dúpnica, 12. Izvor.

IV. Vidin (115.699 E., 3122 Qkm.).
13. Vídin, 14. Kúla, 15. Belogradčik.

V. Lom (114.223 E., 3550 Qkm.).
16. Lom (türk. Lompalanka), 17. Kútlovica, 18. Berkóvica.

VI. Rachovo (oder Orjáchovo, 86.781 E., 2908 Qkm.).
19. Ráchovo, 20. Béla Slatina.

VII. Vraca (87.462 E., 2610 Qkm.).
21. Vráca, 22. Orchanié.

VIII. Pleven (92.040 E., 2694 Qkm.).
23. Pléven, 24. Lúkovit.

IX. Loveč (119.010 E., 4191 Qkm.).
25. Lóveč, 26. Tèteven, 27. Troján.

X. Sevlijevo (93.948 E., 1898 Qkm.).
28. Sevlijevo (türk. Selvi), 29. Gábrovo.

XI. Svištov (90.876 E., 2729 Qkm.).
30. Svištóv, 31. Nikópol.

XII. Trnovo (203.344 E., 4879 Qkm.).
32. Tírnovo, 33. Gornja Rjáchovica, 34. Eléna, 35. Drjánovo, 36. Trjávna, 37. Késárovo.

XIII. Rusčuk oder Rusé (154.434 E., 3906 Qkm.).
38. Rusé, 39. Bjála, 40. Balbunár, 41. Tutrakán.

XIV. Razgrad (122.370 E., 2860 Qkm.).
42. Rázgrad, 43. Kemanlár, 44. Pópovo.

XV. Silistria (107.697 E., 2783 Qkm.).
45. Silistria, 46. Ak-kadynlár, 47. Kurtbunár.

XVI. Šumen (175.709 E., 4896 Qkm.).
48. Šúmen, 49. Eski Džumajá, 50. Osmanpazár, 51. Preslár, 52. Novipazár (türk. Jenipazár).

XVII. Varna (206.604 E., 6378 Qkm.).
53. Várna, 54. Balčik, 55. Dobrič, 56. Provadija, 57. Novosélo (türk. Jeniköi).

B. Kreise des ehemaligen Ost-Rumeliens.

XVIII. Philippopel (bulg. Plovdiv, 226.013 E., 6954 Qkm.).
58. Plóvdiv, 59. Kárlovo, 60. Kónuš (Hauptort Stanimaka), 61. Sírnena Gorá (türk. Karadžadág), Hauptort Brézovo (türk. Abraslar), 62. Ovčechilm (türk. Kojuntepé), Hauptort Staro Novoselo, 63. Rúpčos, Hauptort Čepeláre.

XIX. Tatar-Pazardžik (136.698 E., 5757 Qkm.).
64. Tatár-Pazardžik, 65. Panagjúrište, 66. Ichtimán, 67. Péštera.

XX. Chaskovo (türk. Chasköi, 123 168 E., 3517 Qkm.).
68. Cháskovo, 69. Hadži-Eléa, 70. Harmanlí.

XXI. Stara Zagora (203.396 E., 6445 Qkm.).
71. Stára Zagóra, 72. Čirpán, 73. Sejmén, 74. Kazanlýk, 75. Nóva Zagóra.

XXII. Sliven (161.303 E., 6232 Qkm.).
76. Slivon, 77. Jámbol, 78. Kyzyl-Agáč, 79. Kavaklí, 80. Kótel.

XXIII. Burgas (110.363 E., 5878 Qkm.).
81. Burgás, 82. Anchiál, 83. Aitós, 84. Karnobád.

Die Gendarmerie war in Ost-Rumelien ein Theil der Provincialarmee, im Fürstenthum bald unter militärischer, bald unter civiler Verwaltung, in welcher sie schliesslich geblieben ist. Man nennt sie „policéjska strážа“; sie kostet fast 3 Mill. Fr. und steht unter dem Befehl der Upravitels und Načalniks, in Sofia, Philippopel, Varna und Rusčuk unter eigenen Stadtpräfecten (gradonačálnik). Die Zahl der Mannschaft, der „stražari“ (über 3000), ist im Budget nicht angegeben. Dieselbe ist ähnlich der Armee bekleidet und bewaffnet, mit Kalpak und Karabiner, und mit Ausnahme der Detachements für den Stadtdienst fast ausschliesslich beritten. Die Zusammensetzung ist jetzt besser, da die Mannschaften fast nur gediente Soldaten sind, während im Fürstenthum Anfangs die Präfecten oft allerlei Verwandte und politische Anhänger oder gar Diener in der Gendarmerie unterbrachten, Zustände, die an die griechischen „chorophylakes“ unter König Otto erinnern. Die Pferde sind Privateigenthum der Mannschaften. Ausser der Gendarmerie gibt es eine neuerrichtete Grenzwache, neben der Zollwache.

Eine Statistik der Vorkommnisse haben wir für 1886: ermordet 424 Personen, verwundet zufällig 123, absichtlich 527, Selbstmorde durch Erhängen 45, durch Vergiftung 5, durch Waffen und andere Mittel 68, Selbstmordversuche 13, todte Menschen gefunden 55, ertrunken 132, verschwunden 8, von Raubthieren getödtet 1, verwundet 2; Schaden durch Wolkenbrüche, Hagel und Ueberschwemmungen 4,062.412 Fr., durch Brände 778.854. Auf der See zu Grunde gegangen: 1 Schiff, 8 Kähne, 4 Menschen. Nothzucht: Knaben 19, Weiber 51. Kindesweglegungen 24.

Bulgarien leidet zeitweilig nicht wenig durch das Räuberunwesen. Dasselbe ist alten Ursprungs und erscheint an denselben Orten, wo es schon unter der Türkenherrschaft blühte. Die bulgarische Regierung vermochte es bisher stark einzuschränken, aber nicht auszurotten, denn es hat, wie seiner Zeit das süditalienische und spanische Brigantaggio, einen starken Rückhalt an der geringen Dichtigkeit der Bevölkerung.

Der Westen, besonders das Land von der Donau bei Vidin und Rachovo bis zur türkischen Grenze, so wie die thrakische Ebene sind von diesem Uebel frei; man reist dort auch in der Regel ohne Waffen. Das Räuberwesen hat besonders zwei Verbreitungsgebiete. Das eine umfasst die gemischten Landschaften von der Jantra zum Meer und zwar gedeiht es dort von Altersher vorzüglich in den türkischen Gegenden, im Deliorman,

Tuzluk und Gerlovo. Die dortigen Räuber sind fast ausschliesslich Türken; man nennt sie bulgarisch Ajdúti, Razbójnici, Kraji oder Krájevci (auch türk. krajilar).[1] Das zweite Gebiet erstreckt sich längs der ganzen türkischen Grenze, in den Gebirgen des Osogov, Rila, Rhodope und Strandža. Dort überwiegt unter den Aramíja's (vom arab. harami Räuber) das bulgarische Element, mit griechischen, albanesischen und makedorumunischen Zusätzen. Die Banden oder Četa's kommen daselbst auf bulgarischen Boden meist nur wenn sie jenseits der Grenze von türkischen Truppen verfolgt werden und lassen sich in den gewöhnlichen Fällen nur aus Hunger und Elend einen Raub zu Schulden kommen. Sporadisch kommen Räuberbanden auch in der westlichen Sredna Gora und im Central-Balkan zwischen Loveč und Zlatica zum Vorschein.

Dieses Brigantaggio entbehrt nicht einer gewissen politischen Färbung. Die türkischen Räuber gelten als Ausdruck der Opposition des osmanischen Volkes gegen die Regierung der „Ungläubigen" und die bulgarischen Harami's wollen oft als makedonische Patrioten erscheinen, die den Kampf um die Befreiung ihres Vaterlandes vorbereiten. Aber die einen wie die anderen verstehen es vortrefflich ihre eigenen Volks- und Glaubensgenossen auszuplündern.

Die Räuber gehören im Oriente von Altersher zwei „Schulen" an. Die Einen halten die Reisenden oft mit grosser Höflichkeit an, um sich ihr Gut ausfolgen zu lassen. Dahin gehört die Mehrzahl der türkischen Waldritter, welche selten Jemand tödten. Die Anderen geben aus ihrem Hinterhalt eine wohlgezielte Salve und untersuchen dann unerkannt die todten Körper. Schon Karsten Niebuhr (1767) kennt diesen Unterschied; er schreibt, dass die arabischen und anatolischen Räuber nur berauben, in der europäischen Türkei gebe es aber „Strauchräuber, die zuerst erschiessen und dann nach Bequemlichkeit plündern". Eine dritte Methode ist der Fang lebender Leute, um Lösegeld zu erpressen; sie blüht in Makedonien, besonders in der Umgebung des göttlichen Olymp, den mir alte Harami's mit wahrer Begeisterung als den vorzüglichsten Berg zum fröhlichen Räuberleben schilderten, schon wegen seines riesigen Umfangs.

Das Brigantenleben wäre undenkbar ohne Hehlerei (türk. jataklyk). Der Räuber muss in der Nähe einen Freund (jatak) haben, der ihn versteckt, verköstigt, vor jeder Gefahr warnt und in dessen Hause er bei Verfolgungen „incognito" wie ein unschuldiges Lämmlein ruhig sitzen kann.

Das Brigantaggio Ost-Bulgariens hat seit dem letzten russischen Krieg schon seine Geschichte. Es tauchte bereits 1878 auf, als vor der Räumung von Varna und Šumen durch die Türken zahlreiche Nizams desertirten und Banden bildeten. Sehr stark wurde es im Frühjahr 1879, als die Russen abzogen und zahlreiche mohammedanische Flüchtlinge und entlassene türkische Soldaten heimkehrten. Einen Tag nach der Eidesleistung des Fürsten Alexander I.

1) Das letzte Wort (dunklen Ursprungs) kommt auch im Serbischen vor: krajina Krieg, krajiniti Krieg führen.

in Trnovo, in der Nacht vom 27. auf den 28. Juni versuchte eine kecke Schaar sogar einen Angriff auf das Städtchen Osmanpazar und wurde nach zweistündigem Kampfe zurückgeschlagen. Im Ost-Balkan, wo die Gebirgstürken längs der neuen Grenze lange keine bulgarischen oder rumelischen Beamten erblickten, sammelten sich sogar Haufen von einigen Hundert Mann und ein gewisser Čoban Hassan trat als Oberanführer auf. Es gab auch türkische, aus Konstantinopel versendete Proclamationen und andere verdächtige Erscheinungen. Der Kreisrichter von Provadija verschwand ohne Spur, wahrscheinlich aus einem Hinterhalt ermordet. Einer der ersten Acte der Regierung des neuen Fürsten war die Proclamirung des Belagerungszustandes in den östlichen Gouvernements.

Im Frühling 1880 verschlechterte sich die Lage im Osten derart, dass die Einwohner sich fürchteten von einer Stadt zur andern zu reisen oder auch nur zur Feldarbeit auszugehen. Die Regierung zog dort beträchtliche Streitkräfte zusammen, die unter dem Befehl des Obersten Bohorykin systematische Operationen zur Besetzung aller Gebirgsdörfer an der Grenze unternahmen. Die gesammte türkische Bevölkerung wurde entwaffnet. Zu einem grösseren Kampf kam es Ende April bei Belibé, in einer Waldlandschaft auf dem Kamm des Balkan südlich von Provadija. Eine Compagnie der Družina von Lompalanka besetzte das Dorf, fand aber nur Frauen, Kinder und Greise, unter 280 Personen nur 24 Männer. Von den übrigen hiess es, sie seien Tags zuvor nach Achli unter dem Südfuss des Balkan in Rumelien gegangen, wo angeblich 18 Imams durch feierliche Gebete den Regen vom Allah erflehen; in der Wirklichkeit versammelten sich dort die bewaffneten Türken der ganzen Umgebung. In der folgenden Nacht ertönten aus allen umliegenden Wäldern die Kriegstrommeln der Bašibozuks. Am Morgen sah sich die Compagnie umzingelt. Aus den Büschen rings herum knatterte ein scharfes Gewehrfeuer, ohne dass man die wechselnden Positionen des Feindes im Sumach- und Eichengestrüpp erkennen konnte. Čoban Hassan forderte sogar von dem commandirenden Major Manajev durch einen Parlamentär die Räumung des Dorfes. Nach einem sechstündigen Gefecht hatten die Truppen einen Verlust von 1 Todten und 5 Verwundeten. Während des Tages trafen 700 rasch mobilisirte bewaffnete bulgarische Bauern aus der Umgebung ein, in der Nacht $2^1/_2$ Compagnie Infanterie. Am anderen Morgen ergriffen die Truppen die Offensive und vertrieben die Türken durch einen Vorstoss westwärts längs der Grenze aus ihren Stellungen. Das Dorf Belibé wurde zur Strafe niedergebrannt; während des Brandes knatterten fortwährend die in den Häusern und Kellern verborgenen Patronen. Jetzt ist der Ort, soviel ich weiss, unbewohnt. Vier Gefangene wurden laut kriegsgerichtlichem Urtheil in Redžep-Mahalé an der Kamčija auf den Aesten eines grossen Baumes auf Pferdezügeln gehängt. Čoban Hassan fiel bald darauf jenseits der Grenze im Kampfe gegen die rumelische Miliz.

Einige Tage darauf übernahm der neue Kriegsminister General Ehrenrooth den Befehl; durch eine Vollmacht der Nationalversammlung waren ihm zeitweilig auch die Civilbehörden der östlichen Bezirke untergeordnet. Er

18*

machte der ganzen Bewegung rasch ein Ende, mehr durch friedliche Mittel als durch martialische Massregeln. Er suchte den gegenseitigen Hass der Mohammedaner und Christen zu mässigen, machte die Gemeinden für Räubereien auf ihrem Gebiet mit grossen Geldstrafen verantwortlich und errichtete in allen türkischen und bulgarischen Dörfern eine Bauernwache aus ansässigen Leuten, die von der Gemeinde empfohlen und von der Regierung bewaffnet waren. Die ganze Landschaft wurde in militärische „Rayons" eingetheilt und die Leitung der Polizei in denselben den Compagniechefs der dort aufgestellten Truppentheile übertragen. Schon im Juli kehrte ein Theil der concentrirten Truppen in ihre Garnisonen zurück.[1])

Seit 1882 begann die Räuberei mit jedem Frühjahr von Neuem. Ihre Chronik ist in den Berichten der Präfecten in der Staatszeitung niedergelegt. Die Saison dauert vom Mai zum October, solange die Wälder Laub haben. Die Räuberbanden, im Osten Šájka genannt, sammeln sich in verschiedener Weise. Viele Briganten sind ansässige Leute; z. B. im Herbst 1882 brachte man einen im Kampfe erschossenen Räuber nach Osmanpazar und siehe da, es war ein Einwohner des Dorfes Duvanlar; bei Tag ackerte der Mann und säete, bei Nacht ging er auf Raub aus. Andere waren von den Gerichten gesuchte Missethäter oder türkische Deserteure der bulgarischen Armee.[2]) Es gibt auch solche, die in Konstantinopel zu überwintern pflegen, dort fröhlich zechen und in den Kaffeehäusern ihre Streiche zum Besten geben und dann im Frühjahr heimlich auf ihren Schauplatz zurückkommen, die einen als fromme zurückreisende Mekkapilger, andere in bewaffneten Schaaren durch die Wälder der Landschaften von Burgas, Nova Zagora und Kotel; ja es kam auch vor, dass solche verdächtige Türken in leichten Kähnen am Cap Emon oder bei Balčik landeten. Sie sind mit Jatagans und den Hinterladern der türkischen Armee bewaffnet, mit Martini's, Sniders oder egyptischen Remingtons, und meist zu Fuss; zu Pferde würden sie sich eher verrathen. In der Kleidung unterscheiden sie sich nicht von den Bauernwachen, trugen sogar auch bulgarische Lammfellmützen; nur die kühnste Schaar trieb sich 1882 in der Umgebung von Trnovo in abgetragenen Uniformen türkischer Nizams herum.

Die Bewegungen der Räuber verrathen sich durch kleine Streiche; sie haben einem Feldarbeiter das Brod, einem Hirten ein Schaf oder Kalb geraubt und sind, ehe die Nachricht in's Dorf gelangt, im Wald verschwunden.

1) Ueber die Kämpfe mit den Räubern entstanden bei den Truppen neue russische und bulgarische Kriegslieder. Im J. 1881 hörte ich im Lager bei Varna russische Unterofficiere der bulgarischen Reiterei ein solches Lied im Chor singen, neben den bekannten russischen Gesängen über die alten Türkenkriege, den Kaukasus und Šamyl, begleitet von dem Schütteln des Bunčuk, einer mit weissen Schweifen und Schellen behängten Stange. Der Refrain lautete: razbojniky chvatyvali po Balkanam, po lésam! (wir fingen die Räuber in den Balkans, in den Wäldern).

2) Sonst werden die Türken im bulgarischen Heere genug protegirt. In der Cavallerie gibt es viele türkische Unterofficiere. Im serbisch-bulgarischen Kriege sind viele Soldaten türkischer Nation in Vidin und Slivnica mit Tapferkeitsmedaillen decorirt worden.

Selten verwunden sie Jemand, höchstens dass sie einen Angehaltenen schlagen, wenn er zu wenig Geld hat. Der Ueberfall von Bauernhäusern ist nur in den weit von einander zersprengten Gebirgshöfen möglich. Bei Kesarovo haben sie Leute an den Füssen gebrannt, um zu erfahren, wo sie ihr Gut versteckt haben, ein barbarisches Verfahren, das im Winter 1879—80 einmal sogar die bulgarische Polizei bei Silistria gegen gefangene türkische Räuber anwendete, um ihnen Geständnisse zu erpressen, ein Ereigniss, dass damals zu vielen Entlassungen und Processen führte. In der Regel suchen sich die Räuber eine öde, aus der Ferne nicht sichtbare Stelle der Landstrasse aus, am liebsten eine waldeinwärts laufende Windung oder ein tieferes Querthal, und stellen Wachen aus. Jeder Vorübergehende wird angehalten, muss seine Taschen umkehren und wird unter die Brücke oder in die an dieser Stelle befindliche Schenke gesteckt. Naht keine bewaffnete Schaar, betreiben die Räuber stundenlang ihr Geschäft, entlassen dann die Gefangenen und werden mit der Beute still unsichtbar. Im October 1882 sassen 15 Räuber bei den Han's von Sarygöl, 3 St. von Varna auf der Strasse nach Dobrič, als Bauernwache gekleidet, von Sonnenaufgang bis 5 Uhr Nachmittags. Die in den Han gesteckten Gefangenen waren zum Schluss zahlreich wie ein Landtag, an 150 Personen. Die Beute belief sich auf 200 Goldlira in Geld, Waaren im Werthe von 50 Lira und 9 Pferde. Der berühmte Räuberhauptmann Selim oder Čolak Pechlivan („der lahme Ringer") wirthschaftete ähnlich auf den Strassen Ruščuk-Trnovo und Trnovo-Sevlijevo, bis ihn 1884 bei einem nächtlichen Angriff auf einen Wachtposten eine Kugel ereilte. In Eski Džumaja kehrte einmal die damalige Kreisvertretung sammt dem Ingenieur von einer Localbesichtigung in der Umgebung im blossen Hemd zurück. Im Deliorman schlossen die beturbanten Raubgesellen oft ihre Glaubensbrüder während des Gebetes in der Moschee ein und plünderten ihre Häuser. Selten geschah es, dass einer gefangen wurde, meist nur ein Verwundeter. Ausser Truppen und Gendarmen wird gegen sie auch ein bewaffneter Landsturm, die Potera entsendet. Die bulgarischen Bauern haben sich in diesem Kampf mit türkischen Banditen in der Guerilla eingeübt; gewöhnlich schiessen sie die umzingelte Bande bis auf den letzten Mann ohne Erbarmen zusammen. Reisende Regierungsbeamte liessen die Räuber unbehelligt, nicht nur wegen deren Escorte, sondern weil einige Experimente die Seichtigkeit der Geldbeutel derselben als eine regelmässige Erscheinung nachgewiesen haben. Der Raub zahlt sich nur an Kaufleuten aus, besonders nach Wochen- und Jahrmärkten.

Ueber die Mittel zur Unterdrückung des Raubwesens berathschlagten zahlreiche Commissionen. In einer derselben, an der ich theilgenommen habe, legte der Kriegsminister Baron Kaulbars eine Statistik der Räubereien im J. 1882 vor, zusammengestellt von den Militärbehörden. Es waren darin 98 Raubfälle verzeichnet: Rayon Šumen 19, Eski Džumaja 32, Razgrad 2, Ruščuk 9, Varna 15, Elena (mit Trnovo) 21 (Silistria fehlte). Räuber gab es: Türken 166, Bulgaren 17, Grieche 1. In den Scharmützeln waren von den Truppen und der Gendarmerie 8 Mann gefallen, 3 Mann verwundet; 49 Verdächtige wurden ausgewiesen, 202 Personen kamen vor's Kriegsgericht und die Dörfer hatten für säumigen Wachdienst oder Hehlerei 44.046 Francs Strafen gezahlt.

Seit 1884 ging es dem Räuberhandwerk schlecht, durch die Einführung starker gut besoldeter Bauernwachen, die den ganzen Osten mit einem Netz von Wachtposten und Streifpartien erfüllten. In der letzten Zeit sind Raubfälle schon selten; im Kreis von Varna kam 1888 und 1889 nichts mehr vor.

Die nicht türkischen Waldritter des südlichen Grenzgebietes machen nur zeitweilig von sich reden. Ein berühmter Mann war der Räuberhauptmann Niko Spanós, ein Grieche oder Wlache aus der Gegend von Bitolia, der 1881 mit seinem Collegen Malamás und etwa 30 Mann die rumelische Regierung in Aufregung versetzte. Sein Stützpunkt war das Rilagebirge unter dem Gipfel Musallá, mit seinen Alpentriften und den kolossalen Urwäldern zwischen der Station Belovo, dem Thal von Čepino und der Landschaft Razlog. Alle Pfade und Stege des öden Hochgebirges waren ihm wohlbekannt, denn die vielsprachigen Mitglieder seiner Bande hatten früher in den dortigen Sägemühlen gearbeitet. Malamás schleppte den Forstmeister des Baron Hirsch sammt dessen Dragoman von der Station Belovo weg und liess sich für ihn ein Lösegeld von 1200 Goldlira's auszahlen. Die rumelische Regierung concentrirte an 500 Mann Infanterie und Gendarmerie, um die Räuber zu fangen. Der Gendarmeriecommandant General Borthwick leitete die Operationen. In Briefen an denselben betheuerte Spanos seine Unschuld, ja er lieferte eines schönen Tages ungebeten den Malamás mit zwei Leuten als die Schuldigen aus. Die drei Räuber wurden mit den sie escortirenden zwei Mann des Spanós in Tatar-Pazardžik gerichtet und zu langjährigem Kerker verurtheilt. Spanos selbst entkam durch die Wälder in die Türkei. Ein Theil der Bande wollte sich nach Bulgarien gegen das Kloster Rila durchschlagen, fand aber die Grenze von den fürstlichen Truppen besetzt; 3 Räuber fielen, 14 wurden gefangen, während von den Soldaten ein Unterofficier todt blieb.[1])

Nach der Eröffnung der Bahn über Belovo gegen Sofia wiederholte sich 1888 der Räuberunfug in derselben Landschaft noch einmal. Die Beamten des Hirsch wurden zum dritten Mal entführt. Da sich das Lösegeld jedes Mal steigerte und die Gefangenen nur untergeordnete Personen waren, behaupteten die bulgarischen Behörden wiederum, wie schon 1881, die Leute des Hirsch seien jedenfalls mit den Räubern über die Theilung des Lösegeldes einverstanden gewesen. Zu gleicher Zeit wurden die Wälder des Klosters Rila sehr unsicher gemacht und dort ein bulgarischer Photograph aus Sofia abgefangen. Die Regierung ergriff zur Unterdrückung des Unwesens, dem man eine politische russophile Färbung zuschrieb, die energischesten Massregeln. Die Haramí's wurden abgefangen und kriegsrechtlich als Strassenräuber in Belovo und Sofia gehängt.

---

1) Der Verfasser des Buches „Elf Jahre Balkan" schildert S. 208—222 den rumelischen Räuberfeldzug gegen Spanos als Augenzeuge.

Zur politischen Verwaltung gehört auch der Sanitätsdienst. Oberste Behörde ist der „oberste Medicinalrath" beim Ministerium des Innern. Der Staat unterhält Aerzte in jedem Kreis und in jeder Okolija, ausserdem 34 Spitäler in drei Classen mit 10—150 Betten und ungefähr 50 Aerzten. Irrenhäuser gibt es bei den Spitälern von Sofia und Varna. Gemeinde- und Privatspitäler gibt es nicht, ausser dem der Katholikengemeinde in Philippopel, aber es fehlt nicht an besoldeten Stadtärzten. Die Apotheken sind gut geordnet, die Droguisten (achtar) unter strenger Aufsicht. In Varna, Burgas und Balčik gibt es Quarantainebehörden. Unvollkommener ist der Veterinärdienst: 1889 15 Veterinärkreisärzte und 8 Kreisfeldscherer.

Aerzte gibt es im Lande im Civil- oder Militärdienst oder in der Privatpraxis an 200, meist Bulgaren, Armenier und Griechen, wie denn die medicinische Carrière unter diejenigen gehörte, welche in der Türkenzeit den Christen vollkommen freistanden, ja viele bulgarische Aerzte waren früher im türkischen Militärdienst. Ausländische Aerzte dürfen ihre Praxis nur mit Bewilligung des obersten Medicinalrathes ausüben. Die besten Aerzte haben ihre wissenschaftliche Ausbildung in Frankreich, Russland, Oesterreich, Deutschland oder Italien erworben, die meisten sind aber nur Zöglinge der Schulen von Bukarest und Konstantinopel. Es fehlt besonders an guten Operateuren. Die Bauern sind wenig an ärztliche Hilfe gewöhnt und überlassen ihre Kranken allerlei Altweiberweisheit.

Die Bevölkerung lebt schlecht, ist aber im Ganzen gesund. Reste alter Syphilis (frengija) werden von Staatswegen entfernt.[1]) Sehr verbreitet sind bei der Unreinlichkeit und Feuchtigkeit der Häuser Lungenkrankheiten. Von den wenigen bestehenden Humanitätsanstalten sind die meisten von den Russen während der Occupation gegründet worden, besonders der von Frauen geleitete Wohlthätigkeitsverein in Sofia und der St. Panteleimonsverein in Philippopel, in Verbindung mit Waisenhäusern. Ein Altersversorgungshaus besteht im Kloster von Bijanci bei Sofia. Institute für Blinde und Taubstumme gibt es nicht. Gebär- und Findelanstalten sind noch nicht nothwendig.

## 4. Justiz.

Gesetzbücher. Gerichtsorganisation. Advocatie. Gerichtsbarkeit über Fremde und die Capitulationen. Gefängnisse.

Als Gesetzbuch gelten im Lande die türkischen Gesetze, zum grössten Theil aus dem Code Napoleon verarbeitet und in einer bulgarischen Uebersetzung von Stoil Popov und Arnaudov vorhanden. Die Processordnung ist ein Werk der russischen Occupationsverwaltung, weshalb bei strittigen Formalfragen oft Aufklärungen von dem Petersburger Cassationsdepartement

---

1) Flüchtlinge aus der Walachei brachten syphilitische Krankheiten, die dort während der Kriege des 18. Jahrhunderts arg wütheten, in das Donaugebiet, wo sie sich durch das Trinken aus gemeinsamen Gefässen rasch verbreiteten. Spuren, meist in dritter Generation, sind in den Kreisen von Rachovo und Lom oft zu bemerken. Ein anderes

verlangt werden. Die Unzulänglichkeit der türkischen Compilationen führte bald zu neuen Projecten. Nach mehreren verunglückten Versuchen wurde 1888 von einer Commission junger bulgarischer Juristen unter dem Vorsitz des Ministers Dr. Stoilov ein neues Strafgesetzbuch nach dem Muster des neuesten holländischen, italienischen, ungarischen und russischen ausgearbeitet, aber von der Nationalversammlung wegen allzu harter Strafen für politische Vergehen zurückgewiesen.

Die Organisation der Justizbehörden beruht auf einem Gesetz vom 25. Mai 1880. Das „oberste Cassationsgericht" in Sofia, mit 12 Mitgliedern, hat die Gleichmässigkeit der Rechtsprechung zu überwachen. Appellationsgerichtshöfe (apelativno sъdilište) gibt es in Sofia, Philippopel und Rušćuk, mit je 10 Richtern, Kreisgerichte (okrъžno sъdilište) in jedem der 23 Kreise, mit 3—10 Mitgliedern. Bei allen genannten Institutionen fungirt ein Staatsanwalt (prokuror), beim Kreisgericht mehrere Untersuchungsrichter sowie ein Notarius. Die niedrigste Instanz, in Sachen im Werthe bis zu 1000 Fr., sind die Friedensrichter (mirovij sъdijá), 93 an der Zahl, von der Regierung ernannt; z. B. in Sofia sind 2 für die Stadt, 1 für die Dörfer der Okolija. Den religiösen Institutionen, den Bischöfen und Muftis sind nur die Ehescheidungen und ähnliche Familienfragen belassen. Die Verhandlungen der Gerichte sind öffentlich.

Eine gewaltige Schwierigkeit war Anfangs der Mangel an studirten Juristen. Wer in der ersten Zeit nach der Befreiung im Lande reiste, sah bald, dass die Leute mit allem zufrieden waren ausser mit den Gerichten und hörte allenthalben Klagen über Saumseligkeit, Confusion, ja mitunter auch über Bestechlichkeit. Der Juristenmangel war so gross, dass im Ministerium ein einziger sass und das war der Minister selbst; die beiden Hauptbeamten waren noch 1883 ein Arzt und ein ehemaliger Sprachlehrer, später ein gewesener Stationschef! Als Richter fungirten einstige Schullehrer, Kaufleute, Landwirthe u. s. w. Seitdem mehrt sich jährlich die Zahl junger absolvirter Juristen, die Rechtspflege hebt sich, soll aber noch viel von politischen Strömungen abhängig sein, da die Richter nicht unabsetzbar sind.

Die Advocatur war Anfangs ganz frei und es gewährte einen sonderbaren Anblick, wenn neben studirten, diplomirten Juristen auch ein Geschäftsmann auf der Čaršija rasch seinen Laden schloss, um vor dem Appellationsgerichte seinen Clienten beizustehen. Auch wurden die der Schrift wenig kundigen Bauern dabei durch gewissenlose Menschen arg übervortheilt. In Ost-Rumelien that man den ersten Schritt, um das Recht der Ausübung

Nest der Krankheit ist im Balkan bei Novoselo im Kreis von Sevlijevo, wo in den ersten Jahren nach der Befreiung deshalb ein provisorisches Regierungsspital bestand. Sporadisch tritt sie in den Kreisen von Trn und Küstendil (Prekolnica und Okolija von Izvor) auf, gebracht durch die Sommerwanderungen der Arbeiter; man wird gewarnt, in gewissen Dörfern (Poganovo, Lisina u. s. w.) die Krüge und Gefässe der Einwohner zu berühren. Ost-Rumelien soll, ausser 4 Dörfern bei Kyzyl-Agač, davon frei sein. Neuerdings verbreitet sich das Uebel in den Städten durch das freie Leben der jungen Generation.

der Advocatur an eine Prüfung zu binden. Im Fürstenthum führte man dies erst unlängst durch. Im Jahre 1890 gab es 422 Advocaten und „Advocatengehilfen".

Für fremde Unterthanen, nämlich die der Grossmächte, Rumäniens und Griechenlands, gelten die mit der Türkei abgeschlossenen Capitulationen. Die Processe unter denselben gehören vor das Forum des Consuls, mit Bulgaren vor das einheimische Tribunal unter Intervention eines Consularbeamten. Unter der einheimischen Gerichtsbarkeit stehen nur die türkischen und serbischen Unterthanen. Die Aufhebung der Capitulationen hängt von dem Fortschritt und der Verlässlichkeit der bulgarischen Gerichte ab. Die Erfahrungen der ersten Jahre haben manche Verstimmung erzeugt; die Archive der Consulate enthalten Hunderte von Fällen, wo man die Unterthanen in Rechtsconflicten energisch in Schutz nehmen musste.

Gefängnisse gibt es 26, in alten Gebäuden aus der Türkenzeit, Moscheen, Derwischklöstern, Festungscasematten u. s. w. Das Gefängnisswesen lässt überhaupt noch viel zu wünschen übrig.

## 5. Das Heer.

Entstehungsgeschichte. Jetziger Stand der activen Armee. Das Officierscorps. Die Kriegsschule. Die allgemeine Wehrpflicht. Die Landwehr. Oberste Behörden. Die Donauflottille. Die türkischen Festungen und der Berliner Vertrag.

Die historische Grundlage der bulgarischen Armee bilden die 8 Freiwilligenbataillone des russisch-türkischen Krieges 1877—8, in Kišenev, Ploješti und Trnovo mit Hilfe russischer Officiere (meist Gardeofficiere) und Cadres formirt. Nach Beendigung des Krieges wurden sie im Mai 1878 aufgelöst und konnten auch wegen ihres freiwilligen Charakters nicht zum weiteren Dienst als Cadres des bulgarischen Heeres festgehalten werden. Die Intelligenz derselben bildete sich zu Officieren aus, die Mannschaften wurden Gendarmen, Zollwächter, Amtsdiener, Postboten, Krämer u. s. w. im befreiten Vaterlande.

Durch die ersten Recrutirungen im April und August 1878 wurde ein Heer aufgestellt mit russischen Officieren und Cadres, das alle Waffengattungen umfasste; die Freiwilligen des Krieges waren nur leichte Infanterie. Der erste Entwurf wollte nur eine Miliz schaffen. Durch die Theilung des Landes auf dem Berliner Congress wurde auch dieses neue Heer getheilt und hatte dann in Rumelien eine eigene Entwicklung. Im Fürstenthum zählte die Miliz Ende 1878 21.000 Mann mit 394 Officieren (davon 36 Bulgaren) und 2694 russischen Cadres, eingetheilt in 21 Bataillons, 4 Escadronen, 6 Batterien und 3 Compagnien technischer Truppen.

Im Fürstenthum Bulgarien verwalteten die Armee 1879—1885 russische Officiere. Das Kriegsministerium nahm fast ein Drittel der Landesausgaben in Anspruch. Das Milizsystem wurde ganz fallen gelassen und eine reguläre Linienarmee nach russischem Muster organisirt; gleich bei meiner Ankunft in Bulgarien 1879 hörte ich von einem russischen Stabsofficier des bulgarischen Kriegsministeriums den Ausspruch, die Armee des Fürstenthums müsse in Einrichtung und Einübung „ein russisches Armeecorps" werden. Der langsame Fortgang der Organisation zeigt aber, dass für sie kein von Anfang an festgestellter Plan bestand. Es gab ursprünglich 24 Družinen (Bataillons) Infanterie und einzelne Batterien und Escadronen; die einzigen grösseren Verbände waren das Ost- und Westcorps mit den Stäben in Šumen und Sofia. Von den Kriegsministern formirte General Ehrenrooth 1880 die Cavallerie und Artillerie in Regimenter, Baron Kaulbars gruppirte im März 1883 die Infanterie in 4 Brigaden, Fürst Kantakuzen im October 1884 in 8 Regimenter zu 3 Bataillonen. Im Krieg sollte bei jedem Regiment noch ein viertes Bataillon aus Reservisten aufgestellt werden, dann auch ein fünftes aus Reservisten, Recruten und Freiwilligen, eventuell als Marschregiment formirt. Zur Zeit der Philippopler Revolution 1885 zählte die Armee 8 Reg. Infanterie, 2 Reg. Cavallerie (zu 4 Escadronen), 2 Reg. Artillerie (zu 6 Batterien), 1 Pionnierbataillon, 1 Gardeescadron und 1 Compagnie Festungsartillerie.

Nach der Union wurden 1886 in Rumelien vom Kriegsminister Major Nikiforov aus der dortigen Miliz neuformirt 4 Reg. Infanterie, 1 Reg. Cavallerie, 1 Reg. Artillerie. Da aber die Cadres zur Aufnahme von Reserven zu wenig zahlreich waren, schritt man im Februar 1889 zu der jetzt bestehenden Neuorganisation.

Nach dem Budget für 1889 zählt die bulgarische Armee jetzt 34.093 Combattanten mit 4924 Pferden.

Die Infanterie zählt 24 Regimenter (polk) zu je 2 Bataillons (družina) zu 4 Compagnien (rota), formirt in 6 Brigaden mit den Stäben in Sofia, Vidin, Ruščuk, Šumen, Philippopel und Sliven. Sie hat 1190 Officiere und ist mit dem russischen Berdangewehr bewaffnet, das jetzt durch das österreichische Mannlichergewehr ersetzt wird. Die Regimentscommandanten haben Majorsrang.

Die Feldartillerie zählt 6 Regimenter mit je 4 Batterien und im Ganzen 162 Officieren. Von den Regimentern stehen 4 in Sofia, 1 in Philippopel, 1 in Šumen. Ausserdem ist in Vidin eine Belagerungsbatterie in Garnison. Das Arsenal befindet sich in Ruščuk, die Artilleriemagazine ebendaselbst, in Razgrad und Sofia. Vor dem serbischen Krieg bestand die Feldartillerie aus dem von den Russen hinterlassenen Material, aus 47 Stück Krupps (Modell 1873, 8 und 9 Centimeter), ehemals der türkischen Armee gehörig und in 6 Batterien formirt, und dann aus 6 Batterien zu 8 Stücken schwerer russischer Neunpfünder älterer Art (Modell 1867). Nach dem Kriege wurden bei Krupp 12 Feldbatterien und 3 Gebirgsbatterien bestellt, zur Ablösung der veralteten russischen Geschütze und zur Ausrüstung eines neuen Artillerieregimentes. Jetzt zählt die Feldartillerie im Mobilisirungsfall 24 Batterien zu 6 Geschützen, im Ganzen 144 Krupps (zur Hälfte 8 und 9 Centimeter).

Die Cavallerie hat eine fürstliche Gardeescadron (7 Officiere mit 200 Mann), als rothe Husaren uniformirt, und 4 Regimenter zu 4 Escadrons, in der Art russischer Dragoner uniformirt, mit den Stäben in Sofia, Philippopel, Sliven und Šumen, mit 96 Officieren und 2324 Reitern. Die Ausrüstung besteht aus Säbeln, Berdancarabinern und Revolvern. Die Pferde stammen aus Russland und Ungarn; ein ärarisches Gestüt besteht in Kabijuk bei Šumen.

Das Pionnierregiment, stationirt in Ruščuk, besteht aus 2 Bataillons und hat 6 Pionniercompagnien, 1 Telegraphen- und 1 Eisenbahncompagnie, mit 50 Officieren.

Die Uniformirung der Truppen, mit schwarzem Kalpak, im Sommer einer flachen weissen Mütze, kommt der neuen russischen gleich. Das Commando ist russisch. Erst jetzt soll es durch bulgarische Uebersetzungen ersetzt werden, ebenso wie die russischen Hornsignale durch originelle. Die Soldaten gelten als vorzüglich; ich habe von Anfang an von den russischen Officieren nur das Beste über deren Fähigkeiten gehört und 1885 hat sich die Tüchtigkeit derselben aller Welt offen dargethan.

In den J. 1879—1885 war die Leitung der Armee in der Hand der Russen. Unter diesen Officieren befanden sich ausser Nationalrussen viele Deutsche, Polen, Finnländer und Kaukasier. Im Innern dieses Officierscorps gab es manche Unzufriedenheit. Die Linienofficiere sahen die vielen Gardeofficiere, die beim Uebertritt in das bulgarische Heer gleich einen Grad übersprangen, sehr ungern; der Gardecapitän wurde in Bulgarien sofort Oberstlieutenant. Fürst Alexander liess überdies viele Russen in seiner Armee avanciren, aber die von ihm verliehenen Grade galten nur in Bulgarien; nach der Rückberufung sah sich mancher mächtige Regierungscommandant aus dem Balkan wieder an der Newa nur als kleiner Gardelieutenant und musste erst auf ein Compagniecommando warten. Untereinander intriguirten diese Russen viel; schon die Diplomaten und Generäle vertrugen sich schlecht und trieben eine doppelte russische Politik nebeneinander. Unter den Officieren gab es, wie in der russischen Gesellschaft und Journalistik, Parteien, für und gegen die Constitution von Bulgarien und besonders für und gegen den Fürsten Alexander. Einzelne standen bei dem Letzteren in hoher Gunst, übten besonders in Personalfragen einen grossen Einfluss auf ihn aus und wurden dafür natürlich von anderen Landsleuten bitter gehasst. Mit den Bulgaren kamen die Russen mit ihrem fröhlichen Temperament gut aus, mit Ausnahme einzelner harter Typen; nicht wenige hatten Bulgarinen geheiratet und sich ganz eingelebt. Unzufriedenheit erregte ihre Zahl, ihre grossen Gehalte aus dem bulgarischen Säckel, ihre oft nicht vorwurfsfreie Geldwirthschaft und der Umstand, dass die bulgarische Regierung oft russische Officiere, übrigens gegen den Willen derselben, zeitweilig auch zu politischen und administrativen Functionen commandirte.

Das bulgarische Officierscorps ist eine Neubildung, entstanden im Laufe von 12 Jahren. Die älteste Generation, gering an Zahl, sind Bessarabier oder Emigranten, die noch vor der Befreiung in Russland gedient haben. Im Kriege 1877 war darunter auch ein General und ein Oberstlieutenant, jedoch der erstere (Kišelski aus Kotel) starb bald, der letztere verliess die militärische Laufbahn. Die übrigen waren damals nur Lieutenants; jetzt sind die ältesten von ihnen Oberste. Nach der Befreiung wurde sofort eine Kriegsschule eröffnet, vorzüglich zur Ausbildung der Freiwilligen aus dem Krieg, worauf schon im Mai 1879 die erste Ernennung von 160 bulgarischen Lieutenants erfolgte. Diese junge Leute waren meist ehemalige Studenten, Lehrer oder Comptoiristen. Seitdem wiederholten sich die Ernennungen jedes Jahr aus den absolvirten Junkern der stark besuchten Kriegsschule von Sofia. Bei der Theilung des Landes liessen die Russen absichtlich die älteste Generation, damals mit Capitänsrang, in der ostrumelischen Miliz. In den J. 1879 bis 1885 wurden sowohl aus dem Fürstenthum als aus Rumelien viele von den jungen Officieren zur weiteren Ausbildung nach Russland geschickt, in die Generalstabsakademie, in die Artillerieinstitute, zum Truppendienst u. s. w. Im Fürstenthum waren alle höheren Stellen mit Einschluss des Compagniechefs von Russen besetzt; ein einziger Bulgare der ältesten Generation commandirte eine Compagnie. Allmälig wurden seit dem Frühjahr 1882 bulgarische Officiere zu Compagniechefs ernannt, unter dem Minister Fürsten Kantakuzen 48 auf einmal, daneben auch einige zu Batteriecommandanten. Langsam nahte der Augenblick, wo die Russen alles übergeben hätten; General Sobolev schrieb schon 1883, nach Ablauf von fünf Jahren würden keine russischen Officiere in Bulgarien vorhanden sein.[1]) Da erfolgte 1885 die rumelische Revolution und die Abberufung der ungefähr noch 150 russischen Officiere. Die ganze Heeresverwaltung ging an einem Tag in die Hände der Bulgaren über. Bei der Ausgleichung der Grade zwischen den bulgarischen und ostrumelischen Officieren gab es einige Unebenheiten; in Rumelien waren nämlich im Herbst 1883 einige aus der ältesten Generation zu Majors und nach der Revolution 1885 vom Fürsten Alexander zu Oberstlieutenants ernannt worden, wodurch sie einen Vorsprung gewannen, ein Umstand, der zu vielem Unfrieden Anlass gab. Seitdem gab es viele Beförderungen. Junge Leute, die nach der Eröffnung des Gymnasiums von Sofia eine Zeitlang unter der erwachsenen Schülergeneration vor uns auf den Bänken sassen, um bald auf die Kriegsschule überzutreten, sind jetzt schon Capitäne. Die ältesten Officiere haben schon drei Feldzüge mitgemacht: den serbisch-türkischen unter General Černajev 1876, den russisch-türkischen 1877—1878 (besonders die Kämpfe von Stara Zagora, Šipka und Šejnovo) und den bulgarisch-serbischen 1885. Oberste gibt es nur zwei (Nikolajev und Mutkurov), General ist nur der Fürst.

Ausländer sind jetzt in der Armee eine seltene Rarität, einige Herren, die schon in Rumelien in der Miliz gedient haben.

An Gehalten beziehen (1889) der Oberst (polkóvnik) 10.800 Francs, der Oberstlieutenant (podpólkovnik) 9300, der Major als Brigadechef 8700, als Regimentscommandant 7800, sonst 6000, der Capitän 4200, der Lieutenant (porúčik) 2700, der Unterlieutenant (podporúčik) 2100, sämmtlich noch mit Quartierzulagen.

1) Deutsche Uebers. von Sobolev's Broschüre S. 85.

Die Kriegsschule in Sofia, 1878 gegründet und gegenwärtig von Major Paprikov geleitet, hat militärische und civile Lehrer, 300 Zöglinge und einen dreijährigen Curs.

Die allgemeine Wehrpflicht umfasst 20 Jahre (vom 20. zum 40.): 2 Jahre in der Linie, 8 Jahre in der Reserve (zapás), 10 Jahre Landwehr. Die Soldaten der Cavallerie, Artillerie, des Pionnierregimentes und der Flotte dienen 3 Jahre im activen Heere, 5 in der Reserve. Eine abgekürzte active Dienstzeit haben Mittelschüler (1 Jahr) und Hochschüler (6 Monate). Den Mohammedanern, die ohnehin ungern in einer christlichen Armee dienen, steht der Loskauf frei; im Budget von 1889 ist daraus ein Einkommen von 965.000 Fr. präliminirt.

Die Landwehr (naródno opolčénie) ist noch sehr unvollkommen. Es gehören dazu alle Männer von 20 bis 40 Jahren, die nicht zur Linie oder Reserve gehören. Sie haben 50 Uebungstage im Jahre, in eigenen Kleidern und mit vom Staate gegebenen Gewehren (russischen Krnka's). Die militärische Instruction durch Unterofficiere der Garnisonen leiten die 24 militärischen Kreischefs (vojínski načálnik), welche auch die Recrutirung überwachen. Die militärische Einheit ist die Čéta von 100—200 Mann, benannt nach der Gemeinde und befehligt von einem gewählten Četnik, der die Feldwebel (náredník) aus den Compagniemitgliedern ernennt. Die Verwaltung leitet ein sechsgliedriges Kreiscomité, gewählt von den Četniks des Kreises. Die Sache ist nur ein provisorischer Behelf, eine militärische Sonntagsspielerei, mit weniger Geist und Disciplin als unsere Schützenvereine, auch mit unvergleichlich geringerer Uebung im Gebrauch des Gewehres, kaum zum Localdienst geeignet, ausser dass die „Opolčenci" hie und da nach dem Abmarsch der Garnison zu Manoeuvres bei Gefängnissen, Cassen u. s. w. auf der Wache paradiren. In Sofia gewährte der sonntägliche Ausmarsch der Beamten und Krämer in bunten Civilkleidern einen grottesken Anblick, um so mehr als sie selbst nach mehreren Jahren noch nicht einmal zum Scheibenschiessen gelangten.

Da es jetzt schon gediente Soldaten gibt, deren 8—10jährige Dienstzeit 1888 abgelaufen ist, hat man in jedem Regimentsbezirk einen ständigen Landwehrcadre errichtet. Nach den Budget für 1889 gibt es dafür 24 Lieutenants als Compagniechefs mit Unterofficieren, Spielleuten und je 21 Mann, nebst den Unterhaltungskosten für 8000 Mann für 60 Uebungstage.

Ueber die gegenwärtige Stärke der Armee im Mobilisirungsfall gibt es nur wenig Daten. Das jährliche der Reserve zufallende Contingent zählte in Bulgarien 5—7000, in Rumelien an 4000 Mann, aber die wirkliche Ziffer der Reservisten belief sich Anfang 1887 nur auf 65.000, so dass Bulgarien bei einer Mobilisirung heuer etwas über 100.000 Linientruppen aufstellen kann. Das jährliche Recrutencontingent zählt jetzt 14.000 Mann. Nach Major Paprikov [1]) wird die bulgarische Armee nach 20jähriger Dauer des Wehrgesetzes an 360.000 Mann aufstellen können: 120.000 Mann active Armee,

1) Rajčev's Kalender für 1888 S. 199.

120.000 Landwehr aus gedienten Jahrgängen, der Rest aus der übrigen waffenfähigen Mannschaft, besonders aus den ungefähr 10.000 M., die jährlich wegen häuslichen Verhältnissen vom activen Dienste befreit werden.

Das Kriegsministerium hat fünf Sectionen. Daran reihen sich die obersten militärischen Institutionen, der Generalstab (Chef Oberstlieutenant Petrov), die Artilleriedirection und das oberste Kriegsgericht zu Sofia, als Cassationshof für die drei Kriegsgerichte zu Sofia, Philippopel und Rusčuk. Eine der Sectionen ist der Sanitätsverwaltung gewidmet, mit einem Chefarzt (jetzt Dr. Mollov) und einem Chefveterinär; jedes Regiment hat zwei Aerzte. Die Militär- und Civilspitäler sind getrennt.

Zur Kriegsmacht gehört auch die Donauflotille mit 15 nicht armirten Fahrzeugen, darunter nur 4 grösseren Dampfern. Es sind zum Theil Geschenke Russlands, Reste der Donauflotille im türkischen Kriege. Die russischen Namen der Schiffe wurden letzthin umgeändert in die bulgarischer Caren des Mittelalters, patriotischer Freiheitskämpfer neuerer Zeit und bulgarischer Flüsse. Das Flottenarsenal und die Caserne der Hafencompagnie befindet sich in Rusčuk. Die Schiffe dienen auch zu Fürstenreisen und ärarischen Transporten.

Die Demolirung der alten türkischen Festungen ist durch den Berliner Vertrag (Art. 11) dem Fürstenthum Bulgarien auf dessen Kosten im Verlaufe eines Jahres oder überhaupt in der kürzesten Zeit vorgeschrieben worden, zugleich mit dem Verbot der Errichtung neuer Befestigungen. Der Artikel blieb aber unausgeführt. Zur Stadterweiterung weggeräumt wurden die Werke von Varna, ebenso wie ein Theil derer von Rusčuk. In Šumen sind die türkischen „Tabia's" ganz verfallen und von Gras bewachsen. Auf den berühmten Erdwerken von Pleven wächst ein guter Wein. In Vidin wurden die Fortificationen als Steinbruch, besonders zum Bau der Realschule von Lompalanka benützt, im serbischen Kriege aber durch Erdwerke wieder erneuert. Auch Sofia wurde damals mit einigen improvisirten Schanzen, im Anschluss an ältere türkische Batterien umgeben. Philippopel ist eine offene Stadt.

## 6. Das politische Leben.

Einwirkungen der türkischen Herrschaft. Čorbadži's und Beglikdži's. Die Intelligenz, ihre Zusammensetzung, Bildung und Besitzverhältnisse. Functionarismus. Patriotismus. Sitten der Gesellschaft. Politische Systeme. Verfassung und fürstliche Gewalt. Typus der obersten Behörden. Rechtssinn. Das Parteileben, Journalistik, Vereine, Meetings, Feste, Adressen. Die Wahlen und der Landtag. Religiöse und nationale Fragen. Verhältniss zu den Ausländern. Zukunft des Staates.

Wir haben in der ethnographischen Uebersicht das bulgarische Volk mit besonderer Rücksicht auf das originelle und primitive Bauern- und Hirtenvolk geschildert. An dieser Stelle wollen wir den gebildeten politischen Classen, die in dem neuen Staate herrschen, und dem ganzen öffentlichen Leben einige fragmentarische Bemerkungen widmen. Dabei müssen wir ausdrücklich bemerken, dass diese Gesellschaft jetzt durch den fortwährenden

Zuzug von jungen, studirten Elementen in einem stetigen Umwandlungsprocess begriffen ist und dass sie deshalb noch kein abgeschlossenes Bild bieten kann.

Es ist eine überraschende Erscheinung, wie das türkische „ancien régime" nach einer fast 500jährigen Dauer mit seinen Erinnerungen, seiner Organisation und seiner politischen Terminologie so leicht weggeschwemmt wurde. Sie ist aber ganz natürlich: das herrschende Osmanenvolk und die Masse der Regierten waren je eine Gesellschaft für sich, sprachlich und religiös getrennt, ohne Verwandtschaftsbande, selbst in wirthschaftlichen Fragen nicht mit einander verwachsen. In vielen ausgedehnten, dicht bevölkerten Gebirgslandschaften war übrigens der Anblick eines Osmanen eine Seltenheit. Spuren hat jedoch das türkische Regime genug hinterlassen. Eine solche Folge ist die politische Indifferenz der Bauern in den Ebenen, besonders im Westen, obwohl es keine Leibeigenschaft gab, nicht einmal Erbpacht nach bosnischer Art. Auch die Gebildeten sind von der Türkenzeit her zum grossen Theil passiv; rührig, thatkräftig und unerschrocken sind nur die stets freieren Gebirgsbewohner, die Theilnehmer an den Verschwörungen und Aufständen der letzten Türkenzeit, die ehemaligen Emigranten und die neue, seit 1876 heranwachsende Generation.

Bulgarien ist ein Land ohne Stände und ohne Reiche und Arme nach unseren Begriffen. Da gibt es nur Bauern, Hirten, städtische Krämer und Handwerker, eine nationale Geistlichkeit und die neuen intelligenten Classen, die zum Theil dem Landvolke durch ihren Ursprung sehr nahe stehen. Jedermann hat seinen mässigen Besitz und Wenige leben ausserhalb des Familienkreises. Bei dem primitiven Zustand der Industrie gibt es noch keine flottante Arbeiterbevölkerung. Die Abwesenheit des Grossgrundbesitzes und des Adels hat Bulgarien gemeinsam mit Serbien und Griechenland. Ebenso wie dort durchweht hier das öffentliche Leben ein demokratischer Geist mit offener Abneigung gegen privilegirte Classen, Titel, Orden und Uniformen. Orden ausser den Militärabzeichen sind durch die bulgarische Constitution ausdrücklich verboten und nicht gern gesehen, weil in der Türkenzeit angeblich nur „Verräther und Spione" unter den Bulgaren solche „Nišan's" trugen. Die Ordensstiftungen der Fürsten waren keineswegs im Stand dieses Vorurtheil abzuschaffen. Uniformirt sind von den Beamten nur die der Post und Polizei.

In der Türkenzeit bildeten eine Art höherer Classe die sogenannten Čorbadži's, deren Name den Officieren des einstigen Janitscharencorps entlehnt ist. Es sind die „Kodžabaši's", „Proëstotes" oder „Archonten" der griechischen Länder, reichere Bürger, Grundbesitzer, Steuerpächter, Kaufleute, Capitalisten, welche die Vermittler zwischen der osmanischen Regierungsgewalt und dem christlichen Volke waren. In Ost-Rumelien gab es einige Rajahfamilien, die noch höher gestiegen waren, nämlich die Beglikdži's, welche den Viehzehent (beglik) als Pächter in den Gebirgen der ganzen Europäischen Türkei für die Pforte erhoben. Die meisten waren aus Kopriština und Kotel gebürtig und wohnten in Philippopel; von ihnen stammen die politisch hervorragenden Familien der Vogoridi, Vâlković, Karavelov u. s. w.

Zwischen dem Volk und den Čorbadži's besteht ein tiefer Hass, der die Grundlage der jetzigen Localparteien bildet; in jeder kleinen Stadt gibt es „Aristokraten“ und „Demokraten“. Die Čorbadži's waren oft fromme und patriotische Männer, haben viel für Kirchen und Schulen gethan, trieben aber Wucher mit den landesüblichen hohen Zinsen und galten in der letzten Periode vor der Befreiung als turkophil, oft mit Unrecht. Gegen die Handwerker und ärmeren Bürger traten sie mit einem Stolz auf, der an die Protzigkeit unserer kleinstädtischen Parvenus erinnerte, aber der Bonhommie derselben entbehrte und oft mit einem Beisatz von gefühllosem Uebermuth gemischt war. Am schärfsten ist der Gegensatz noch heute in Gabrovo, Elena und Kotel. In den reichen Landschaften Rumeliens tritt dieser Zwiespalt weniger vor die Augen, wahrscheinlich weil die Leute dort unvergleichlich mehr Schliff und Lebensart besitzen. Es sind Erscheinungen, die früher mit ähnlichen Symptomen allgemein unter der Rajah verbreitet waren, die man z. B. seiner Zeit in Thessalien beobachten konnte [1]) und die bei dem Ausbruch der griechischen Revolution besonders in der Gemeinde von Hydra so klar auftreten. Aber in Bulgarien gelangten diese Čorbadži's nie zu der Macht, wie die Knezen von Serbien oder die Kodžabaši's von Griechenland, die 1821 den moreotischen Aufstand leiteten und wurden auch nicht, wie diese, die Führer der politischen Bewegung gegen die Türkenherrschaft.

Zwischen den Bauern und Städtern besteht ein grösserer Gegensatz nur im Westen, je ungebildeter das Landvolk, desto stärker, denn der Mangel an Bildung begünstigte die Exploitation der Ackerbauer durch städtische Krämer und Wucherer. Die lange Türkenherrschaft erzeugte eine hoch entwickelte Bauernschlauheit; die Dorfbewohner halten fest zusammen, ohne Parteiungen, und verstellen sich bei amtlichen Verhandlungen, als ob sie die ärmsten, simpelsten und ruhigsten Menschen wären. Durch die Schule, den Heeresdienst und die Betheiligung an Kreisvertretungen und Landtagen beginnt sich dies aber zu ändern.

Der Kern der Nation wohnt zu beiden Seiten der Balkankette und in der Sredna Gora, in den vielen kleinen Städten von Samokov und Etropol bis in den Balkan von Kotel. Das stärkste Contingent zur Beamtenschaft, den Politikern und Ministern stellen die Landschaft von Trnovo nebst Svištov, Rušćuk und Šumen, im Süden Kotel, Sliven, Kalofer, Koprištica und Stara Zagora. Bei der Menge städtischer Organismen ist keine starre Centralisirung möglich. Aber die neue Hauptstadt hat in Folge der Concentrirung der intelligenten Kräfte schon ein Uebergewicht.

Die herrschende Classe ist die sogenannte „inteligencia“, die studirten und gebildeten Leute. Ihre Zahl ist schwer zu bestimmen, da sie rasch wächst und sich abwärts in den Volksschichten ohne scharfe Abgrenzung

1) Vgl. Fallmerayer, Fragmente aus dem Orient II, 248.

verliert. Es sind jetzt viele Tausend Männer: Staats- und Gemeindebeamte, Juristen, Aerzte, Officiere, Ingenieure, Geistliche, Lehrer aller Classen, Kaufleute, Bauunternehmer u. s. w. Gegenwärtig steht diese Intelligenz grösstentheils im Staatsdienst oder ist nur momentan aus demselben gedrängt. Juridisch geschulte Advocaten, selbständige Aerzte und Ingenieure, studirte Kreis- oder Gemeindebeamte, sowie Fabrikanten mit höherer Schulbildung sind selten, die Geistlichkeit machtlos. Am Functionarismus leidet Bulgarien vom Tage seiner Befreiung an.[1]) Jeder Regierungswechsel bringt auch einen Beamtenwechsel mit sich, am meisten in der Administration, am wenigsten im Unterrichtswesen. Doch waren z. B. im Finanzministerium Beamte aller Parteien stabil, weil sonst jedes amtliche Gedächtniss unwiederbringlich verloren wäre. Die Verwaltungsbeamten sind oft mehr Parteiagenten als Vertreter des Staates. Ueber die Aufnahme neuer Beamten gibt es keine festen Regeln. Bevorzugt sind die absolvirten Hochschüler, weshalb jeder von den Studien Heimgekehrte viel umworben ist; allerdings erhielt oft der zuerst absolvirte den höheren, der zufällig verspätete den tieferen Posten in abstufender Reihenfolge! Die Gehalte sind nicht klein, höher als z. B. in Italien, unterliegen aber zahlreichen Schwankungen. Die Folge dieses Functionarismus ist der Verfall des Handels und der Industrie nach der Befreiung; der Kaufmann wurde lieber Cassen- oder Zollbeamter, der Handwerker Amtsdiener oder Zollwächter.

Die Zusammensetzung dieser Intelligenz ist sehr bunt. Sie stammt aus allen Gegenden, wo es Bulgaren gibt, sowohl aus dem jetzigen Fürstenthum, als aus Makedonien, der Adrianopler Provinz, Konstantinopel, Bessarabien u. s. w.[2]) Ihre Bildung haben diese Männer auf den verschiedensten Schulen geholt, in Konstantinopel, Russland, Rumänien, Oesterreich-Ungarn, Deutschland, Schweiz, Frankreich, seltener in England, Italien oder Nord-Amerika, ja ich fand Leute, die in den Collegien von Malta und Beyrut studirt hatten. Daneben gibt es Zöglinge nur einheimischer Schulen, sowie auch einzelne fast Autodidakten. Die Meisten waren vor der Befreiung Lehrer oder Kaufleute. Die Geschichte Vieler ist äusserst bunt, ja fast romanhaft. Da gibt es Männer, die als politisch gefährliche Rajahs von der Pforte bis nach Diarbekir, St. Jean d'Acre oder in das afrikanische Tripolis internirt waren. Andere lebten in der Fremde, als Kaufleute in Odessa, Wien oder England, als türkische Militärärzte auf der Flotte oder in den verschiedensten

1) Die meisten Staatsbeamten hatte die übrigens von Nichtbulgaren organisirte Provinz Ost-Rumelien: in einer Okolija von oft nur 10.000 E. 1 Načalnik, 1 Secretär, 1 Richter mit 2 Beisitzern, 1 Steuereinnehmer, 1 Cassier, 1 Arzt, 1 Schulinspector, 1 Gendarmerieofficier, dazu Telegraphen- und Postbeamte, Schreiber u. s. w. In Sofia zählte man 1881 251 Beamte und 80 Schreiber bulgarischer Nationalität. Die Statistik von 1888 gibt unter „Civildienst, Administration, Polizei und Gericht“ in Sofia 1183, in Philippopel 610, in Varna 380, in Šumen 283 Personen an, allerdings mit Einschluss der Amtsdiener und Polizisten.

2) In Sofia stammten 1881 unter den Beamten 48·2 Proc. aus dem damaligen Fürstenthum, 22·3 aus Rumelien, 15·1 aus Makedonien. Sarafov im Per. Spis. I, 153.

Garnisonen von Bosnien bis nach Sana in Arabien, als englische Telegraphenbeamte in Indien, als russische Officiere im Kaukasus, ja es gibt auch solche, die bei den Franzosen in Algerien oder Ostasien gedient hatten. Sehr stark war die Emigration in Rumänien. Viele waren in Konstantinopel heimisch; die dortige starke Bulgarencolonie hat sich nach Befreiung des Vaterlandes fast ganz aufgelöst. Ebenso strömten zahlreiche Bessarabier und Bulgaren aus Russland in den Dienst des befreiten Vaterlandes, das bei Vielen nur das Vaterland ihrer Eltern war. Im Ganzen überwiegen jüngere Elemente; von der Beamtenschaft in Sofia hatte im J. 1881 mehr als die Hälfte weniger als 30 Jahre. Untereinander gruppirt sich diese Gesellschaft sowohl nach politischen Fractionen, als nach Landsmannschaften, die oft identisch mit Verwandtschaften sind.

Die Zahl der ehemaligen türkischen Beamten ist äusserst gering: einige Juristen, Censoren, Telegraphisten, Beamte ärarischer Fabriken, Consularsecretäre u. s. w. Neben Männern von bedeutender Erfahrung und von achtungswerthem Charakter gibt es darunter andere, die als echte „bandiera d'ogni vento" rasch den Mantel nach dem Winde zu drehen wissen und ausgewählte Stücke der alten byzantinischen Eunuchenschlauheit vererbt zu haben scheinen.

Nicht unbedeutend ist die Zahl derjenigen, welche in Russland und Rumänien (Bessarabien) in Diensten waren. In Russland scheint man vor 1877 absichtlich bulgarische Emigranten zu den verschiedensten Zweigen des Staatsdienstes herangezogen zu haben.

Ein sehr starkes Element sind die ehemaligen Lehrer. Daher auch der gewisse kleinliche Pedantismus vieler improvisirter Politiker. Eine grosse Rolle spielen, wie bei allen orientalischen Völkern, die Aerzte. Ihr Einfluss ist nicht so intensiv, wie in Griechenland nach der Revolution, aber in Ost-Rumelien führten sie entschieden das grosse Wort und in der neubulgarischen Diplomatie sind sie herrschend. Die bekannten Minister des Aeusseren Vulković und Stranski gehören diesem Stande an und pflegen in den Intervallen ihrer politischen Thätigkeit auch die Gesundheit ihrer Landsleute. Viele haben Theologie bei den Griechen oder Russen studirt, ohne Geistliche zu werden, wie z. B. die Minister Burmov, Balabanov und Ikonomov. Juristen gab es zur Zeit der Befreiung sehr wenige, denn damit war in der Türkei keine Carrière zu machen. Auch an einheimischen Ingenieuren fehlte es fast ganz; früher war den Einheimischen diese Laufbahn unzugänglich, weil die hiesigen Schulen wenig Zeichnenunterricht ertheilten.

Die Bildung ist mehr oder weniger unvollständig und oberflächlich. Leute mit akademischen Graden sind ausser den Aerzten unter der älteren Generation überhaupt selten. Man brauchte ja nicht viel zu wissen, um daheim zu glänzen, und auch die Schulen waren, ob nun in Russland oder in Frankreich, nachsichtig genug gegen die Christen aus der Türkei. Daher ist im Ganzen wenig Doctrinarismus vorhanden. Es sind praktische Köpfe; gelehrte Theoretiker hätten in dem Chaos des neu entstehenden Staatslebens bald den Kopf verloren. Nirgends sieht man die Einflüsse der verschiedenen Schulen der gebildeten Welt so hart neben einander. Die Zöglinge der Pensionate bei den theologischen und pädagogischen Schulen Russlands sind meist pedantisch, bescheiden und ängstlich; die der occidentalischen Anstalten haften oft mehr an den Aeusserlichkeiten des Culturlebens und paradiren gern mit fremdländischen „termini technici". Viele treffliche Leute sind unter den nur zu Hause gebildeten, halb Autodidakten mit lebendigem Wissensdurst, eisernem Fleiss und regem Patriotismus. Bei den Kaufleuten waren die Reisen ein vorzügliches Bildungsmittel.

Wissenschaft und Literatur gilt Vielen halb noch als Luxus, denn sie lesen nach Vollendung der Studien nur wenig, ausser Zeitungen und den zum Dienste nothwendigen Handbüchern, und verlieren bald den Contact mit dem Fortschritt der Welt. In Sofia erkennt man in der Gesellschaft leicht eine Reihe von Schichten, die mit den Zöglingen französischer Schulen unter König Louis Philipp und russischer unter Kaiser Nikolaus beginnen und die alle auf dem Standpunkt verharrt sind, mit dem sie die Universität verlassen haben. Mir kamen auch Leute vor, von denen der Niederschlag der Studien wie ein schlechter Firniss wieder heruntergegangen ist; zu gleicher Zeit überraschten mich Andere, die nie Bulgarien verlassen haben, aber fleissig lasen, mit wissbegierigen Fragen über entlegene Details verschiedener Wissenschaften. Dies verändert sich nun durch den steigenden Einfluss der jungen Literatur, die unverkennbare Fortschritte macht, und durch die rasch heranwachsende Menge jüngerer mehr ausgebildeter Männer.

Die Aufnahme fremder Elemente in diese Gesellschaft ist gering. Sie beschränkt sich auf vereinzelte halb oder ganz bulgarisirte studirte Wlachen, Gagauzen, Armenier, Philippopler Halbgriechen oder nichtbulgarische Bessarabier. Von den Ausländern in einheimischen Diensten haben die wenigsten die bulgarische Unterthanschaft angenommen, welche nur von der Nationalversammlung ertheilt werden kann.

Auffallend ist die Sprachkenntniss dieser Leute. Der Orientale ist polyglott, mag der Einzelne auch nur einige Hundert Wörter und Phrasen aus anderen Sprachen kennen, aber er gebraucht sie gut und sicher. In den Schulen, z. B. in Konstantinopel, nimmt das Sprachenlernen zum praktischen Gebrauch einen bedeutenden Platz ein. Das Türkische ist Vielen ganz geläufig, aber die Kenntniss der arabischen Schrift war, wie unter den Türken selbst, wenig verbreitet. In der Conversation werden noch viele türkische Sprichwörter, Redewendungen und Termine eingeflochten. Die Kenntniss des Neugriechischen, das einmal in Handelskreisen ziemlich allgemein bekannt war, ist ganz im Rückgang; sie beschränkt sich auf die Männer, welche in Konstantinopel, Philippopel oder Salonik gelebt haben, sowie auf alte Kaufleute, Aerzte und Lehrer, welche noch die einstigen halbgriechischen Schulen der Städte besucht und sich in griechischen Anstalten zu Bukarest, Konstantinopel oder Athen weiter ausgebildet haben. Allgemein bekannt ist das Russische; alle Gebildeten, selbst die erklärten Gegner russischer Politik, lesen russische Bücher und Zeitschriften. Serbisch kennen viele Bürger der Donaustädte bis Svištov herab, aus Handelsbeziehungen. Verbreitet ist aus der Zeit der Emigration die Kenntniss des Rumänischen. Von den occidentalischen Sprachen dominirt das Französische; seine Verbreitung verdankt es einerseits der Konstantinopler „europäischen" Gesellschaft mit deren Diplomaten, eingeborenen Franzosen von Pera und Galata (den „Levantinern") und französischen Schulen und Localzeitungen, andererseits seiner Vorherrschaft in der höheren Gesellschaft des benachbarten Rumäniens und Russlands. Allerdings ist es oft das schlechte Dollmetscherfranzösisch der „Süssen Wässer" von Stambul. Das Italienische, das einst im Oriente neben dem Griechischen im Handel dominirte, wurde vom Französischen seit Napoleon I. langsam verdrängt, beginnt jedoch wieder durch den Einfluss des geeinigten Italiens an Boden zu gewinnen. Das Englische ist besonders durch die amerikanischen Schulen sehr bekannt geworden. Die Kenntniss der deutschen Sprache verbreitet sich intensiver erst in neuester Zeit durch Handelsverbindungen mit Wien und durch Studien in Oesterreich, Deutschland und der Schweiz. Die Zöglinge russischer Schulen sind, wahrscheinlich in Folge des Lehrplanes, in den fremden Sprachen am wenigsten bewandert, was bei den bekannten Sprachkenntnissen der höheren russischen Gesellschaftskreise etwas auffällig erscheint; z. B. die Minister Kliment, Karavelov, Ikonomov, Teocharov u. A. sprechen nur bulgarisch und russisch.

Der irdische Besitz ist noch karg zugemessen und die Zahl der „oberen Zehntausend" sehr eingeschränkt. In Bulgarien ist es leicht als reicher Mann zu gelten, denn bei dem Geldmangel kann man schon mit kleinen Summen gute Geschäfte machen. Seit der Befreiung zeigt sich ein wachsender Wohlstand, derselbe ist aber noch nicht alt und tief genug und kann in längeren Kriegen und Revolutionen leicht aufgezehrt werden. Unter der Türkenherrschaft verheimlichte Jeder sorgfältig seinen Besitz, um sowohl vor Räubern als vor der Habgier der Steuer- und Verwaltungsbeamten sicher zu sein. Heute noch unterscheiden sich die reichen Viehhändler des Balkan und die wohlhabenden Bauern der westlichen Bergländer in Kleidung und Hausrath wenig von ihren minder begüterten Nachbarn. Auch die Beamten leben trotz der guten Gehalte sehr bescheiden. Die politischen Führer sind zum grossen Theil arme, genügsame Männer. Dabei ist der Bulgare im Ganzen redlich. Bei den Staatscassen kam, so viel ich weiss, keine Defraudation vor; die seltenen Fälle von Missbräuchen entfallen auf Gelder, die in politischen und Gerichtskanzleien deponirt waren. Man thut den Bulgaren Unrecht, wenn man sie der Geldgier beschuldigt; die Sucht nach Besitz ist ein natürlicher Rückschlag nach dem Elend der Türkenwirthschaft und den Stürmen von 1876 bis 1878, sowie eine Folge des materiellen Zuges, der das ganze Volksleben durchzieht.

Anerkennenswerth ist der Patriotismus der Bulgaren. Der Bulgare wurde Jahrhunderte lang von allen Nachbarn gering geschätzt, dies hinderte aber nicht den Aufschwung seines nationalen Selbstbewusstseins. Das Eindringen desselben in die Massen ist der grösste Triumph der bulgarischen Bewegung der letzten zwanzig Jahre vor der Befreiung. Diese Vaterlandsliebe ist von einem unverwüstlichen Optimismus begleitet, der das Volk auch durch kritische

Jahre, wie 1876—1878 oder 1885 durchbrachte. Ein junges Volk glaubt wie ein junger Mann fest an sein Glück und an seine Zukunft. Wie bei allen kleinen Völkern mit neuem politischen Leben besteht auch hier eine grosse Empfindlichkeit gegen ausländische Urtheile: jede Missbilligung thut doppelt weh und jedes Lob wird doppelt aufgewogen.

Geldsammlungen zu was immer für einen Zweck bringen nicht viel ein. Der Bulgare schnürt seinen Säckel mit dem sauer erworbenen gemünzten Geld ungern auf, aber er versteht auch grossartige Schenkungen zu machen. Dies beweisen die vielen glänzenden testamentarischen Stiftungen patriotischer, meist in Russland und Rumänien reich gewordener Männer. Die Realschule von Gabrovo wird zum Theil aus den Fonds des Aprilov unterhalten; der Arzt Dr. Peter Beron († 1871) hinterliess eine Stiftung von 400.000 Fr. für bulgarische Schulen, der Kaufmann Peter Keremekčiev aus Trnovo eine von 300.000 Fr. für Stipendien an ausländischen Hochschulen, der Metropolit Panaret Rašov sein ganzes Vermögen für das Gymnasium und die theologische Schule in Trnovo u. s. w.

Das Temperament der bulgarischen Politiker und Beamten ist beweglich, obwohl es unter ihnen, wie überall, auch einzelne wackere Faulenzer gibt. Sie finden sich mit Leichtigkeit ohne specielle Vorbereitung in verschiedene Dienstzweige hinein, letzthin selbst in das neue Eisenbahnwesen, sind meist scharfe Menschenbeobachter und haben in bewegten Augenblicken ein festes Pflichtgefühl. Der improvisirte serbische Krieg gelang, weil Jedermann, vom Minister und Stabschef bis zum letzten Bauernfuhrmann, seiner Pflicht pünktlich nachkam. Unter den Gebirgsbulgaren und den ehemaligen Emigranten gibt es viele tapfere Männer. Es ist überhaupt ein in Revolutionen, Kriegen, Elend und Drangsal aufgewachsenes, an Katastrophen, Entbehrungen und Blutvergiessen gewöhntes Geschlecht. Die stürmischen Zeiten und die vernachlässigte leibliche Erziehung haben auf schwächere Naturen allerdings auch den entgegengesetzten Einfluss gehabt; in den besseren städtischen Classen gibt es zahlreiche unentschlossene und wehleidige Angstmeier.

Die Verhältnisse waren auch der Bildung des Charakters nicht günstig. Eine weit verbreitete Eigenschaft ist der Neid, ein Product primitiver materieller Zustände und ein grosses Hinderniss des öffentlichen Lebens; vieles Gute scheitert, weil Einer dem Andern nicht beisteht oder dessen Werk aus Missgunst stört. Es ist sogar nicht gut einen Bulgaren in gedruckten Schriften zu loben; das schafft ihm Feinde. Dazu gesellen sich, wie in der ganzen Levante, bei vielen Individuen Wankelmuth, Mangel an Wahrheitsliebe und Hang zu Verdrehungen und Uebertreibungen.

Das rasch pulsirende Leben des Orients duldet kein starres Festhalten an einer politischen Richtung. Die Eindrücke sind nicht so tief, wie bei uns. Der landesübliche Politiker sattelt leichten Herzens um und viele nicht unbedeutende Männer machten in kurzer Zeit mühelos eine ganze Stufenleiter von Frontveränderungen durch. Am Ende der Regierung Alexander's I. sah man seine ehemaligen Hauptfeinde als seine ergebensten Anhänger und manche seiner ehemaligen Stützen und Freunde unter den Gegnern oder wenigstens unter den Gleichgiltigen. Die Hauptfeinde der Generale Sobolev und Kaulbars 1882—83 in der Kammer sind heute russische Parteigänger, und wieder mancher von denen, die jetzt Russland spinnefeind sind, hat vor unseren Augen russische Generäle und Diplomaten umjubelt. Mit der Oberflächlichkeit der Eindrücke hängt auch die geringe Intensität des politischen Gedächtnisses zusammen. Der Politiker ist hier absorbirt von der Gegenwart und denkt nicht weit und nicht gern vorwärts und rückwärts. Man hat den Eindruck, als ob die Wenigsten der kolossalen Folge der Veränderungen binnen 15 Jahren von Mithad Pascha bis zum Prinzen von Koburg vollkommen bewusst wären. Das persönliche Gedächtniss des Bulgaren ist aber sonst fast stärker als das unsrige, wie denn überhaupt der Naturmensch darin dem alles mit Druck und Feder verbuchenden Culturmenschen überlegen ist.

In den Sitten herrscht noch viel Widerstreit zwischen der Nachahmung des Auslandes und dem einheimischen Volksthum. Das Familienleben ist ordentlich und sittsam; die meisten Leute heiraten sehr früh. Wie im Süden überhaupt, lebt man viel auf der Gasse und debattirt auf Spaziergängen. Ein Gasthausleben, wie in den Ländern, wo man Bier trinkt, fehlt; dafür sind die Kaffeehäuser sehr belebt, mit lautem Gespräch und landesüblichem Höllenlärm. Die meisten Zusammenkünfte sind Abends im Privathause oder im Familienkreise, mit Thee und Cigaretten. Man bespricht Tagesereignisse, historische Erinnerungen aus den letzten Zeiten, Landschaften, Volkssitten, Personen u. s. w. Der Bulgare entwickelt dabei das gute Erzählungstalent, welches das Eigenthum aller Völker dieser Länder bildet. Die Frauen halten sich von den Gesprächen nicht fern; das türkische Abschliessen des weiblichen Geschlechtes hat die Bulgaren nur in den Städten angesteckt, wo die Christen eine verschwindende Minorität bildeten. Die Bulgaren besuchen einander viel, besonders zu Ostern und Weihnachten, wo die ganze Stadt einige Tage lang von Haus zu Haus pilgert. Landpartien werden aus der Stadt nur zu Gastmählern im Freien unternommen, oder zu warmen Quellen und nahen Klöstern. Die gymnastischen Vergnügungen unserer Länder fehlen noch; es gibt leidenschaftliche Jäger und Reiter, aber keine Turner- und Schützenfeste, Touristenclubs, Regattas, Radfahrer- und Pferderennen. In den mir bekannten Zeiten herrschte in den officiellen Kreisen von Sofia eine grosse Collegialität; die Menschen sind einander hier überhaupt viel näher, als in unseren übervölkerten Städten mit deren Comfort und Etiquette. Es ist eine nationale Gesellschaft, die eine Zukunft hat, wenn sie an ihrem volksthümlichen, einfachen und natürlichen Charakter festhält.

In Sofia und den grossen Städten bemerkt man auch viele Unsitten. Einheimische Journale klagen oft über Corruption durch Amtsjägerei, politische und städtische Intriguen, Unlust zu geistiger Beschäftigung und verlottertes Leben. Man muss die Entstehung dieser Classen vor Augen haben. Das Treiben der türkischen Beamten war kein Muster; speciell von den Sitten türkischer und christlicher Effendi's in der Vilajetshauptstadt Rušček verlautet viel Wunderbares. Konstantinopel und die grossen Städte Rumäniens sind desgleichen keine „Werkstätten der Tugend". Durch Berührung der männlichen Jugend mit diesen Welten kam unter die patriarchalischen Sitten des Landes manches nicht patriarchalische Element. In Sofia schlagen die Einen ihre ganze freie Zeit mit politischem Kannegiessern todt, Andere bringen die Nächte beim Kartenspiel zu, wo Gold und Silber nach rumänischen und russischen Vorbildern bis zum Morgengrauen klingt, und Viele lassen sich durch die lärmend belebten Grazientempel fesseln, die ein entlegenes Viertel erfüllen.

Neben der gebildeten einstigen Emigration ist von Bedeutung die ungebildete. Rumänien war vor der Befreiung Bulgariens der Zufluchtsort vieler Gärtner, Ziegelarbeiter, Krämer und Handwerker, die daheim verfolgt wurden und zum Theil ehemalige Waldritter waren. Der einheimische Terminus für den Mann dieser Classe ist „Chǎš". Aus diesen Desperados bestand der Hauptstock der ehemaligen Insurgentenlegionen und zuletzt der Freiwilligenbataillone des russischen Krieges. Jetzt bilden sie in Bulgarien die protegirte Classe der medaillengeschmückten „Freiheitskämpfer", Opólčenci oder Pobórnici, sind theils im untergeordneten Staatsdienst untergebracht, theils in der Art römischer Veteranen mit Feldern von Staatswegen ausgestattet, ein handfestes, kampflustiges Volk, das mit den Harami's Makedoniens stellenweise zusammenfliesst und in studirten Typen auch in höhere Gesellschaftsstufen hinaufreicht. Bei längerer Dauer der Kriege hätten sie einen grösseren politischen Einfluss errungen, in der Art wie die Pallikaren Griechenlands mit ihren Capitänen in den Befreiungskriegen.

Im Staatsleben ist das Ideal der Kleinstaaten des Orients das centralisirte Frankreich oder das plutokratische Belgien. Laveleye [1]) erklärt dies für einen Irrthum und meint, für diese Gesellschaft, eine rurale Demokratie mit guter Anlage für locales Selfgovernement, sollte eher die Schweiz oder Norwegen als Muster dienen. Der centralistische Regierungsapparat lässt sich aber leicht copiren und verschafft den Parteien eine wirkliche Herrschaft und zahlreiche Aemter zur Belohnung der Anhänger. Das Selfgovernement dagegen lässt sich nicht abschreiben und muss sich langsam aus einheimischer Basis herausgestalten, wozu die autonome Kirchen- und Gemeindeverwaltung in der Türkenzeit allerdings eine fertige Grundlage bot.

Heute sind alle Bulgaren Anhänger der constitutionellen Monarchie. Die Constitution von Trnovo ist nach langen Kämpfen von Allen anerkannt worden. Es gab übrigens nie Gegner des Constitutionalismus, nur wollten die Conservativen eine Einschränkung der Rechte der Kammer und die Errichtung eines Oberhauses oder Staatsrathes. [2]) Ein nicht constitutionelles Element ist der allzu grosse Einfluss des Heeres seit den Pronunciamento's von 1886.

Die fürstliche Gewalt hat trotz allen Bemühungen Alexander's I. keine festen Wurzeln gefasst. Die bisherigen Fürsten waren Ausländer, der Sprache

1) Laveleye, La peninsule des Balkans II 80, 155.

2) Der Senat war bei den Verfassungskämpfen, wie in Griechenland bis 1862, die Hauptfrage; von Bulgarien gilt dasselbe, was Finlay, History of Greece VII, 329 (Oxforder Ausg. 1887) über die Senate des griechischen Königreiches sagt.

und der Sitten des Volkes wenig kundig, einer anderen Confession angehörig und überdies unverheiratet. Die Bulgaren verhalten sich feindlich gegen jede grössere Macht und persönliche Einflussnahme des Staatsoberhauptes.

Ministerien gab es in den ersten fünf Jahren 10, überhaupt in zehn Jahren 15; seit 1884 sind sie stabiler, ja Stambulov hält sich schon das vierte Jahr.

In der Verwaltung ist Block's „Dictionnaire de l'administration française" die Quelle der meisten theoretischen Weisheit. Der Amtsstil ist kurz, ein Product der russischen Kanzleien der Occupationsperiode und der bulgarischen Handelscomptoirpraxis. Die Formen sind russisch; da gibt es Ukaz (Decrete) des Fürsten, Doklad (Berichte), Prikaz (Verordnungen), Vedomosti (Ausweise) und dgl., bis in die von Russismen erfüllten Wendungen und Phrasen der Schriftstücke hinein. Anfangs waren die Bulgaren ganz versessen in die Kanzleischreiberei und glaubten in der Anzahl der expedirten Nummern den Stein der Weisen gefunden zu haben; das Schreiben ist ja leichter als das mühselige Reisen, Studiren und Ordnen lebender Zustände. Daher existirte manches schöne Ding lange nur auf dem Papier oder passte ganz und gar nicht in die hiesigen Verhältnisse. Die erledigte Correspondenz wird, nach dem Inhalt geordnet, sofort in die Jahresbände eingenäht, was sie vor Zersplitterung schützt. Amtsgeheimnisse sind bei der landesüblichen Redseligkeit schwer zu wahren. In der Amtsstube sind die Leute unruhig wie immer, haben kein „Sitzfleisch", rauchen viele Cigaretten und conversiren viel. In Ost-Rumelien kochten in den Kanzleien sogar noch amtliche Kafedži's schwarzen Kaffee, ganz nach türkischer Art. Wichtige Fragen werden in den Ministerien collegial durchberathen. Aber eigene collegiale Corporationen haben sich nicht bewährt; sie galten als Sinecur und verschleppten alles mit grossem Redefluss. Bei der Rechnungsführung klappen unaufhörlich die Kugeln der Rechenbretter nach russischer oder chinesischer Art. Die Amtsfeiertage sind gegenüber den vielen Festen des Kirchenkalenders seit 1880 sehr eingeschränkt, mit Hinzufügung politischer Feiertage: der Frieden von St. Stefano, der Todestag Kaiser Alexander's II. und der dritte Schlachttag von Slivnica. Die Amtsstunden sind festgestellt, aber die Leute sind schwer daran zu gewöhnen. Die Türken wohnten nämlich im Konak und hatten keine Amtsstunden, ausser wenn der Mutessarif oder Kaimakam ass, schlief oder in den Harem ging; die Russen als Chefs arbeiteten meist zu Hause und waren im Amtshaus selten sichtbar. Das Publicum benimmt sich anständig und legt seine Sache ernst, kurz und klar vor; selten kam mir massloser Servilismus oder freche Uebertreibung vor, Erbstücke der Türkenzeit.

Eine wichtige Frage betrifft den Rechtssinn. Dem christlichen Orient geht die Continuität des Rechtslebens ab; in der Türkenzeit sprach der Osmane das Recht ohne Zuziehung der Rajah, und in vielen Fällen sprach er es keineswegs nach dem Buch oder Brauch, sondern verkaufte es um Geld. Die im Lande jetzt giltigen Gesetze sind nicht das Product einer Jahrhunderte langen Rechtsentwicklung, sondern importirte Waare. Den unausgebildeten Rechtssinn bemerkt man sofort am Verhalten den einheimischen

Gesetzen gegenüber. Dieselben sind in keinem handlichen Sammelwerk herausgegeben, sondern zerstreut in den Nummern der voluminösen Staatszeitung, höchstens in Sonderabdrücken zugänglich. Bei jedem Actenstück die Artikel der betreffenden Gesetze zu citiren, ist eine Neuerung erst der letzten Jahre; die Wenigsten haben eine tüchtige Belesenheit darin. Was Wunder, dass man auch die hoch gepriesene Constitution von Trnovo so oft bei Seite lässt und bei Nichtachtung der Gesetze oft so wenig Scrupel fühlt.

Die innere Politik ist beherrscht von erbitterten Parteifehden und von der Intrigue aller Arten, die im Oriente blühen. Sofia ist ein wahrer Hexenkessel; wer Gelegenheit hatte einige Jahre mitten in der einheimischen politischen Gesellschaft zu verleben, fühlt sein Leben lang das Alpdrücken der Erinnerung an diese Giftküche. Da gibt es oft Tag für Tag den unglaublichsten politischen und halbpolitischen Klatsch. Der Fremde hört Tausend schlechte Dinge über einzelne Bulgaren von den Bulgaren selbst und entdeckt erst langsam, dass die Leute in der Wirklichkeit nicht so schlecht sind, wie sie sich, durch Neid und Parteileidenschaft verblendet, gegenseitig darstellen. Eine vorurtheilslose Würdigung einheimischer Talente, besonders politischer Gegner, ist eine Ausnahme. Die Parteihäupter haben nicht selten einen persönlichen Hass gegen einander. Daher die schnelle Abnützung politischer Grössen und die merkwürdige Erscheinung, dass Männer, die zeitweilig die grösste Achtung genossen, rasch wieder von ihrem Piedestal tief heruntergerissen werden. Damit hängt auch das tiefe Misstrauen zusammen. Viele wittern fortwährend geheime Pläne und Absichten, ja ich kenne Personen, die lieber zwischen den Zeilen als in denselben lesen.

Die politischen Leidenschaften sind von grosser Tiefe und Intensität. In den ersten Jahren machte der Zustand der Gesellschaft auf einen kaltblütigen Beobachter zeitweilig den Eindruck einer allgemeinen krankhaften Nervenüberreizung. In bewegten Zeiten, wie bei den Verhandlungen der Nationalversammlung, sind manche Leute in dieses Parteitreiben derart versunken, dass sie nichts anderes denken und reden können, ja bei manchen Individuen klingt die ganze Rede dem nicht Eingeweihten wie das Gefasel eines aufgeregten Narren. Diese Leidenschaften trüben die Urtheilskraft und das Rechtsgefühl. Politische Gegner sucht man nicht nur zu verdrängen, sondern auch das Gute, das sie gethan oder begonnen haben, zu zerstören und obendrein sie selbst brodlos zu machen.

Die Parteien haben schon ihre Geschichte. Ihre Anfänge liegen in der Zeit vor der Befreiung. Sie sind zum Theil mehr die Gefolgschaft politischer Führer, als politischer Programme. Einheitlich sind nur die nicht zahlreichen Conservativen geblieben; die grosse liberale Partei zerfiel langsam in vier Gruppen, die jetzt regierende grosse Partei Stambulovs und die drei Fractionen des ehemaligen Ministerpräsidenten Cankov, Karavelov und Radoslavov. Die ostrumelischen Parteien lieferten nur Material zur Verstärkung der nordbulgarischen Gruppen. Das Parteileben ist lebhaft. In den Wohnungen der Führer betritt man einen grossen Saal mit einer Menge Stühle; da kommen oft allabendlich ihre Anhänger zusammen und debattiren eifrig tief in die Nacht bei Thee und Cigaretten. In den kleinen Städten tagen „Bureaux" oder Comité's der Parteien, vorzüglich zur Wahlagitation. Fremde gerathen oft in den Bannkreis einer oder der anderen Partei; dies geschah den Fürsten, den Russen, den Diplomaten und reisenden Schriftstellern.

Ein nicht unbedeutender Factor ist die bulgarische Journalistik. Das erste Zeitungsblatt in bulgarischer Sprache erschien 1846 in Leipzig, das zweite 1849 f. in Konstantinopel. Der Kirchenkampf führte zur Gründung zahlreicher Blätter in Konstantinopel (1858—1876), die einen grossen Einfluss erwarben und gut redigirt waren, gedruckt in Grossfolio in der Art der Konstantinopler französischen und englischen Blätter. Gleichzeitig entwickelte sich in Rumänien eine revolutionäre Presse, deren Blätter im Lande insgeheim viel gelesen wurden. Nach der Befreiung gingen diese Zeitschriften ein; in Konstantinopel erscheint nur die „Zornica" (Morgenstern) der amerikanischen Missionäre, heuer (1890) im 24. Jahrgang, jetzt die älteste bulgarische Zeitschrift überhaupt. In Sofia waren die Neugründungen meist ephemer; ununterbrochen seit 1879 erscheint nur die Staatszeitung. Die Philippopler Blätter hatten eine längere Lebensdauer, wurden aber 1885 durch die Revolution eingestellt; das umfangreichste war die „Marica" des Buchhändlers Danov (1878—1885). Anfang 1890 erschienen im Fürstenthum 41 Zeitschriften, davon 38 bulgarisch; darunter waren 16 bulgarische politische Blätter (Sofia 6, Philippopel 4, Ruščuk 2, Razgrad, Pleven, Nikopol, Loveč je 1), 1 französische, 1 griechische und 1 türkische Zeitung, 1 Amtsblatt, 2 Gemeindebulletins, 1 humoristische Zeitschrift und 18 wissenschaftliche, belletristische und pädagogische periodische Schriften. Darunter ist noch kein Tagblatt. Die Presse war lange ganz frei und steht erst jetzt unter einer strengeren gerichtlichen Controle, jedoch ohne alle Präventivcensur. Auch die Colportage ist frei. In den grossen Zeitungen stehen die Leitartikel manchmal in Gedanken und Stil den besten Blättern des Auslandes nicht nach, ja die meisten politischen Führer sind gute Journalisten. In den kleineren Artikeln sind Grobheiten keine Ausnahme. Dem derben Sinn des Bulgaren ist der journalistische Anstand fad und zimperlich; sein Gaumen braucht eine prickelnde Würze. Die kleinen Localblätter zeugen oft von unglaublicher Geistesarmuth und die höchst ephemeren humoristischen Blättchen pflegen eine grossartige Ungenirtheit an den Tag zu legen.

Von ausländischen Blättern werden mehr gelesen die zahlreichen französischen Zeitungen von Konstantinopel, meist mit der Scheere redigirt, mitunter von der bulgarischen, früher auch von der ostrumelischen Regierung subventionirt, sodann russische, rumänische und griechische Journale. Auf die Urtheile der occidentalischen Presse, die seit der Eröffnung der Bahnen zugänglicher wurde, über das Land wird viel geachtet. Broschüren und Flugblätter erscheinen viele, besonders offene Briefe politischen Inhaltes.

Das Vereinsleben gedeiht trotz der grössten Associationsfreiheit nicht, unter dem Druck des Parteilebens. Selbst die literarischen und humanitären Vereine vegetiren fast nur. An politischen Festen ist kein Mangel: Gedenktage historischer Ereignisse, fürstliche Feiertage, Gründungen neuer Gebäude, mit Banketten, Tischreden u. s. w. Meetings zur Berathung öffentlicher Angelegenheiten haben sich bald eingebürgert und sind meist ruhig und ernst. Auch Adressen sind sehr häufig mit Protesten, Bitten, Anklagen, jedoch in vielen Fällen ohne Werth. Es ist ein Unfug noch aus der Türkenzeit, dass die Unterschriften und Gemeindesiegel von den der Schrift unkundigen Bauern oft durch Vorspiegelungen eines ganz anderen Inhaltes eingesammelt werden.

Die Wahlen in die Nationalversammlung geschehen geheim, mit schriftlichen Bulletins, obgleich die Schrift den erwachsenen Dorfwählern wenig bekannt ist. Eine mündliche Abstimmung oder der in Griechenland und Serbien übliche Modus der Aufstellung einer eigenen Wahlurne für jeden Candidaten wäre der Masse verständlicher. Es gilt das allgemeine Stimmrecht, ohne Census oder Interessenvertretung. Die Wahlbezirke für Städte und Dörfer sind nicht abgetheilt; in Sofia wählen die Bauern der Umgebung mit. Anfangs sahen die Wahlen traurig aus. Es gab keine öffentliche Candidatenaufstellung in Zeitungen und auf Strassenecken, keine Candidatenreden, keine Wählerversammlungen mit freier Debatte der Staatsbürger; das Gesetz verbot nämlich alle „Agitation", weil man darunter nur Geldvertheilung verstand! Erst später wurde mehr Leben bemerkbar. Seit 1881 kamen Excesse bei den Wahlen in Uebung. Seitdem ist der Wahltag oft eine Art öffentlicher Orgien, wo man allen Leidenschaften und besonders der Privatrache die Zügel schiessen lässt und wo die traurigsten Ueberraschungen vorkommen, Mordthaten nicht ausgeschlossen. Die Hauptzutreiber in der Art der ungarischen „Kortesche", der Gebirgspallikaren der griechischen Wahlsaison und der rumänischen „Čomagaši" sind die „Sopadži", Knüttelmänner, alte Emigranten und junge Reisläufer im Dienste der Parteien.

Ueber die Betheiligung an den Wahlen gibt es statistische Daten nur aus den ersten Jahren: 1879 wählten 32·0 Proc., 1880 33·3, 1884 28·9 alle Wähler des Landes, bei Ersatzwahlen oft nur 15·2 Proc. Von den Deputirten sind ungefähr die Hälfte Bauern, aber nicht simple Ackerbauer, da der Abgeordnete nach dem Wahlgesetz lesen und schreiben können muss, sondern wohlhabende Grundbesitzer, Gastwirthe, Viehhändler und Dorfkrämer. Sie gehen mit ihren Taggeldern (15 Francs) sehr sparsam um. Die recht zahlreichen Türken halten immer mit der jeweiligen Regierung und sitzen nur als schweigsame, offenbar sich langweilende Statuen da, obwohl sie in öffentlichen Angelegenheiten oft ganz richtige Ansichten haben. Die Redner sprechen unvorbereitet, fliessend und klar. Sie melden sich sehr oft zum Wort, sprechen aber nur kurz; die ermüdenden, stundenlangen Parlamentsreden unserer Länder würden hier sehr bald mit dem stürmischen Ruf „voprós isčérpan" (die Frage ist erschöpft) abgebrochen werden. Seit 1879 besteht in Sofia ein stenographisches Bureau; sein erster Vorstand, der aus Agram berufene Slovene Professor Bezenšek richtete das System Gabelsbergers nach kroatischem Muster für das Bulgarische ein. Die gedruckten Protokolle enthalten viel Weitschweifiges und Naives, ihre Lectüre führt aber zu keinem ungünstigen Urtheil. Parlamentarische Stürme und Excesse fehlen ebensowenig, wie in den Volksvertretungen anderer Länder. Die Gallerie darf sich aber nichts erlauben, sonst kommen die Volksvertreter rasch hinauf und schaffen eigenhändig Ordnung mit ihren wuchtigen Fäusten. In den ersten Jahren hatten die Regierungen gegenüber der Nationalversammlung einen schweren Stand. Seitdem hat sich die Situation vollständig verändert; das Haus ist jetzt mehr oder weniger in der Hand des Ministeriums.

Die bulgarische Bewegung ist jetzt national, ohne kirchliche Elemente; die einst so brennenden confessionellen Fragen haben überhaupt auf der Halbinsel die alte Anziehungskraft verloren. Gegen andere Confessionen ist der Bulgare tolerant. Man trifft Feindschaft gegen die Türken als ehemalige Bedrücker, aber keinen principiellen Fanatismus gegen den Glauben Mohammed's. Das Rufen des Muezzin und die Festtagslichter der Minarets geniren Niemand.

Dasselbe gilt von den Nationalitäten. Eine Grossstadt mit Sprachengewirr ist der Typus aller grossen Ansiedlungen im ganzen Orient, von der unteren Donau bis zu den Gestaden China's. In Silistria stehen z. B. sechs Schulen friedlich neben einander, mit bulgarischem, türkischem, griechischem, armenischem, rumänischem und spanisch-jüdischem Unterricht. Nur die Erlernung der bulgarischen Sprache wurde obligat. Einen alten Widerwillen hat der Bulgare als historische Erbschaft nur gegen die Griechen. Es findet sich auch, obwohl seltener, eine Feindschaft gegen die Serben, ein Rückschlag des Chauvinismus gewisser Belgrader Schriftsteller, die das halbe Fürstenthum zu „Alt-Serbien" zählen, und eine Folge der beiderseitigen, serbischen und bulgarischen Aspirationen auf Makedonien. Gegen die Occidentalen bestand in den ersten Jahren eine fühlbare Animosität wegen der gereizten Turkophilie der Engländer und wegen des Berliner Vertrages. Dazu gesellt sich der Umstand, dass die sprichwörtliche Weisheit des Abendlandes im Orient oft von Abenteuerern und Hochstaplern in argen Misscredit gebracht wird. Hingegen ist der Bulgare für Alles, was Ausländer, besonders Schriftsteller der verschiedensten Nationen für sein Volk und Land gethan haben, keineswegs gedächtnisslos.

Ausländer, die aus Enthusiasmus ihr Gut und Leben für das neubefreite Land geopfert hätten, wie die „Philhellenen" für Griechenland während der Revolution, gab es in Bulgarien nicht. Dafür war die neue Verwaltung Anfangs voll fremder Beamten, sowohl in Bulgarien, als in Rumelien. Die Russen verwalteten das Heer, waren aber im Civildienst nur durch einige wenige Justizbeamte, Ingenieure oder Aerzte vertreten. Daneben gab es, besonders in Rumelien, zahlreiche Franzosen, Belgier, Deutsche, Schweizer, Böhmen, Kroaten als Ingenieure, Juristen, Professoren, Post- und Telegraphenbeamte, Forstleute u. s. w. Jetzt sind von ihnen nur wenige übrig. Einige Specialisten waren durch Vermittlung ihrer heimischen Regierungen oder durch directe Uebereinkunft auf 2—5 Jahre zur Organisationsarbeit bei der Centralverwaltung angestellt, mit bedeutenden Gehalten. Gegen alle diese Fremden, Russen und Occidentalen, wetterte man, wie einst in Griechenland gegen die „Bavaresi". Kleine Winkelblätter arbeiteten systematisch in fanatischem Fremdenhass. Mit den Specialisten wussten die Bulgaren übrigens nicht umzugehen, überliessen ihnen die undankbare Aufgabe die Archive mit handschriftlichen Projecten zu bereichern, und waren mitunter ungeschickt genug, diese Männer, die mit aufrichtigen Sympathien für den jungen Staat in's Land gekommen waren, von aller Bulgarophilie heilen zu wollen.

Bulgarien ist in seinen Zukunftsplänen durch die nächsten Muster beeinflusst; wenn Griechenland, Rumänien und Serbien als unabhängige Königreiche existiren, warum soll den Bulgaren nicht das gleiche Los zu Theil werden? Nach dem Besitz von Konstantinopel trachtet in Bulgarien Niemand; der politische Schwerpunkt des Volkes ruht in den heimischen Gebirgen. Das Feld, wo die Pläne der Halbinselvölker sich berühren, liegt nicht am Bosporus, sondern in Makedonien. Die Sonderinteressen, Prätensionen und Rivalitäten dieser kleinen Völker sind noch zu stark, um ein Compromiss oder gar einen Bundesstaat möglich zu machen. Die „Balkanconföderation", die mit dem Wahlspruch „die Balkanhalbinsel für die Balkanvölker" in der letzten Zeit als nebelhaftes Project auftaucht, ist wenigstens bei dem jetzigen Zustand der christlichen Kleinstaaten dieser Länder nur ein Phantasiegebilde.

---

# Sechstes Buch.

# Uebersicht der neuesten Geschichte.

## I. Verschwörungen und Aufstandsversuche bis 1876.

Die Anfänge der bulgarischen Bewegung. Rakovski, Karavelov, Levski und Botjov. Der Process von Sofia 1873. Der Putsch von Stara Zagora 1875. Der Aufstand 1876 und die Massacres. Die Konstantinopler Conferenz.

Das politische Selbstbewusstsein der Bulgaren ist nie ganz erloschen, war aber vor Anfang unseres Jahrhunderts stark zusammengesunken und erwachte aus den letzten Funken nur langsam wieder. Die socialen Verhältnisse waren einer politischen Entwicklung des Volkes wenig günstig. Es gab keine Localautonomie mit von der Pforte bestätigten Häuptlingen wie in Serbien oder bei den Inselgriechen vor der Revolution und keine bewaffnete Miliz, wie die griechischen Armatolen. Es fehlte auch eine höhere politische Gesellschaft nach Art der griechisch-fanariotischen oder armenischen Classen der Bischöfe und Pfortendragomane. Die Bischöfe waren schon seit dem 17. Jahrhundert mit seltenen Ausnahmen meist geborene Griechen, unter deren Einfluss die Stadtintelligenz mitunter einen oberflächlichen griechischen Anstrich gewann. Der regste Theil des Landes waren die rein bulgarischen Gebirgslandschaften, mit einem freiern, von der Viehzucht abhängigen Leben.

Die aus spärlichen Anfängen emporwachsende neubulgarische Bewegung behielt lange den Charakter eines auf pädagogischen und kirchlichen Boden beschränkten Patriotismus. Sie ging dem Beispiel der in der Türkei sich frei entwickelnden Armenier und Griechen nach, unterstützt von dem Umstand, dass es seit 1829 fast ein halbes Jahrhundert hindurch keinen Krieg im Lande gab und sich in Folge dessen bald ein wirthschaftlicher Aufschwung bemerkbar machte. Im Schulwesen geriethen Slaven und Griechen bald an einander. Die ersten Stadtschulen waren utraquistisch, aber in diesem Utraquismus war die bulgarische Strömung ihrer Quelle näher und deshalb ungleich stärker, als die hellenische. Nach dem Krimkrieg trat der Kampf in eine neue Phase. Die Bulgaren verlangten nationale Bischöfe und später die Wiederherstellung der einstigen autokephalen Kirche, was endlich 1870 zur Errichtung der Exarchie führte. Das geistige Centrum des Volkes, Sitz seiner Führer und seiner Journalistik war damals die osmanische Reichshauptstadt. Als nationaler Mittelpunkt galt die von Stefan Vogoridi († 1859), dem Sohn eines Beglikdži aus Kotel und ersten Fürsten von Samos, gegründete bulgarische St. Stefanskirche in Konstantinopel. Seit 1860 hat die Bewegung viel an Tiefe gewonnen durch das rasche Anwachsen der intelligenten Classen und den Einfluss der von Cankov, Burmov, Slavejkov u. A. geleiteten Zeitungen, so wie durch die sich mehrenden Schulen, deren Lehrer oft schwache Pädagogen, aber gute Agitatoren waren. Die Parteiungen im bulgarischen Kirchenrath in Konstantinopel (1870 f.) waren eine der Grundlagen der Parteien im befreiten Vaterlande; gegenüber den „Aristokraten" mit Dr. Vlkovič, Balabanov u. s. w. standen die „Demokraten", Dr. Čomakov, Cankov, Slavejkov, Ikonomov u. A., Leute, die auch nach der Befreiung eine Rolle spielten.

Der Gedanke an einen Freiheitskampf gegen das mohammedanische Kaiserthum der Osmanen lag den älteren Vorkämpfern, Geistlichen, Pädagogen, Aerzten und Kaufleuten ganz fern. Das Volk hatte nicht die Kriegsübung, welche die zeitweilig sich wiederholende Guerilla den Serben, Albanesen und Griechen verschafft hatte, und erwartete eine Befreiung höchstens von einem neuen russischen Krieg. Nur bei Vidin, Lom und Belogradčik an der serbischen Grenze gab es bis zum Krimkrieg ernste Aufstandsversuche, bis der Freiheitsdurst dort durch vielfachen Misserfolg erlosch; die übrigen Erhebungen waren vereinzelte locale Ausbrüche, oft nur das Unternehmen weniger Personen.

Der Revolutionsgedanke tauchte spät auf. Er war ein Werk der bulgarischen Emigration, nicht der seit 1829 in Rumänien und Bessarabien fest ansässigen, sondern der flottanten, seit dem Krimkrieg stets zunehmenden Menge von gebildeten Vaterlandsflüchtigen. Sein Begründer ist der phantastische Dichter, Historiker, Journalist und Freischärler Rakóvski aus Kotel.[1]) Er studirte mit Krstjovič, dem bekannten zweiten Generalgouverneur von Ost-Rumelien, in Griechenland und Paris auf Kosten des gemeinsamen Landsmannes Stefan Vogoridi, trennte sich aber bald von seinem Gönner und Genossen, denn sein Ziel war nicht der Pfortendienst, sondern die Re-

1) Auf den Büchern schreibt er sich Georg Stojkov R., hiess aber Sava Georgiev R.

volution. Er blieb ein unsteter, launenhafter Kopf und führte ein abenteuerndes Leben abwechselnd in der Türkei, Rumänien, Russland, Serbien und Ungarn. Seine in Neusatz, Belgrad und Bukarest gedruckten Zeitungen (1857 f.) waren die ersten bulgarischen Blätter ausserhalb des Bereiches der türkischen Censur. Er verkehrte mit Ristić und Bratiano und hatte in Belgrad bei dem Bombardement 1862 auf Kosten bulgarischer Kaufleute eine bulgarische Legion aus Studenten und Hajduken organisirt. Die Befreiung des Vaterlandes durch einen Aufstand schien ihm unmöglich; er wollte nur einer besseren Zukunft vorarbeiten, aber seine Thätigkeit fand Wiederhall und sein Andenken ist heute im Lande allgemein geachtet. Durch Organisirung der Balkanhajduken, die von den Bauern oft als Rächer und Beschützer gegen türkische Räuber angerufen wurden, wollte er ein zur Agitation eingerichtetes politisches Brigantaggio gründen, unterstützt von seinem Freund, den Vojvoden Panajot Chitov aus Sliven.[1]) Rakovski starb, ungefähr 50 Jahre alt, am 15. (27.) October 1867 in Bukarest in Armuth und Elend, gebrochen durch unablässige Aufregung und ein Lungenleiden.[2])

Die Emigration in Rumänien begann sich damals in zwei Lager zu scheiden, die „Alten" und „Jungen", auf einer Seite die Kaufleute, Bankherren, Aerzte, Gutsbesitzer u. s. w., auf der anderen die unruhige, mittellose Jugend von den Studenten, die im geknechteten Vaterland keine Laufbahn vor sich sahen, bis zu den handwerksmässigen Freischärlern oder Banditen. Bei der constitutionellen Freiheit Rumäniens hatten die Parteien bald eigene Blätter und bezeichneten sich mit allerhand bösen Epitheten, hier als „Vagabunden", dort als „christliche Türken". Die russische Diplomatie in Bukarest pflegte Beziehungen nur mit den Alten; die „Jungen" näherten sich mehr der serbischen Omladina oder den polnischen und russischen Emigranten und ihr Ideal wurden die Hetäristen, Carbonari und andere Verschwörer. Der Gegensatz ist heute noch nicht vergessen. Im befreiten Bulgarien hört man die verschiedensten Urtheile über die Revolutionsmänner und auch die in den letzten Jahren entstehende Literatur ist voll Feindschaft und Widerspruch. Zwei Schriftsteller haben sich unlängst an die Abfassung von voluminösen Memoiren aus dieser Zeit gemacht, der Kammerpräsident Zacharias Stojánov († Sept. 1889 in Paris) aus Medven bei Kotel und Stojan Zaimov aus Türkmišli bei Čirpan, jetzt Professor in Küstendil. Im Gegensatz zu den zeitgenössischen Schriften über den serbischen und griechischen Aufstand haben die Werke der beiden bulgarischen Bauernsöhne einen belletristischen Charakter unter dem Einfluss russischer Romanlectüre.[3])

1) Panajot lebt jetzt mit einer Staatspension in Rušćuk.

2) Rakovski's Gebeine wurden im Juni 1885 feierlich nach Sofia übertragen. Eine Biographie des merkwürdigen Mannes haben die Bulgaren bisher noch nicht.

3) Stojan Zaimov, „Minalo" (die Vergangenheit), Skizzen aus der bulg. Bewegung 1870—1877, Varna 1884 f., bisher 4 von den versprochenen 13 Heften (wortreich und sehr breit angelegt). Zach. Stojanov, „Zapiski", Aufzeichnungen über die bulg. Aufstände 1870—1876, 2 Bde. 1884—8, wegen des Autors Tod unvollendet (gut erzählt, mit heftigen Abschweifungen auf die neueste Tagespolitik).

Rakovski's Nachfolger wurde Ljúben Karavélov (geb. 1838, † 1879), Sohn des Beglikdži Stojčo Karavéla aus Koprištica, gleichfalls Dichter und Journalist (1869 f.) in Bukarest. In seiner Jugend durchwanderte er auf Handelsreisen ganz Bulgarien und studirte dann an der historisch-philologischen Facultät in Moskau, ein hoher Mann mit krausem schwarzen Bart und Haupthaar, von leidenschaftlichem Temperament und vernachlässigtem Aeusseren, mehr schreiblustig als redselig. Während Rakovski noch mit den „Alten" und Russen verkehrte, stand Karavelov beiden bald feindlich entgegen. Seine Devise lautete: Bulgarien soll sich durch eigene Kraft befreien. Sie fand viel Anklang und zahlreiche junge Männer machten sich daran ihre Durchführung vorzubereiten.

Die Gemüther in Bulgarien waren eben in grosser Aufregung. Die serbische Regierung hatte während der Spannung in der Festungsfrage im Winter 1867/68 wieder eine bulgarische Legion von 200 Mann errichtet, aber im Frühjahr entlassen. Die Legionäre gingen nach Rumänien. Der Plan einer kühnen Invasion nach Bulgarien fand unter den jungen Desperado's viel Anklang, obwohl alle älteren Vojvoden die Theilnahme an dem gewagten Versuch ablehnten. Die Truppe, an 150 Mann, wurde gleichmässig uniformirt und bewaffnet. Unter der Führung des 29jährigen Vojvoden Hadži Dimitr „Asenov" aus Sliven und des Barjaktars Stefan Karadžá aus Tulča setzte sie unbemerkt bei Vardin unterhalb Svištov über die Donau, wurde aber im Waldland von Trnovo von türkischen Truppen nach tapferem Widerstand aufgerieben. Der Vojvode fiel mit dem Rest, 25 Mann, auf dem Kamm des Balkan in den Buchenwäldern der Höhe Buzludža zwischen Šipka und der Quelle der Jantra.[1]) Einige Gefangene, darunter Karadža, wurden in Rusčuk gehängt; andere wanderten in die Casematten von St. Jean d'Acre. Einen Aufstand hat die Invasion nicht erregt, aber der Eindruck des unvermutheten Erscheinens einer tapferen Schaar mit Fahne und Trompete war ein tiefgreifender. Seit der Zeit fürchteten die Türken die Komita (von Comité, Revolutionscomité). Mit dem alten, freien Räuberleben war es aber aus, denn seitdem neben den Hajduken politische Insurgenten aufgetaucht sind, wurde das Gebirge scharf bewacht.

Die bulgarischen Revolutionsmänner gründeten bald darauf einen Geheimbund, der an die griechische Hetärie erinnert. Die Hauptperson dabei war der Diakon Vasil Ivanov Lévski aus Karlovo (geb. 1837, † 1873).[2]) Mit Rakovski bekannt geworden, streifte er das Mönchsgewand ab, floh aus Bulgarien, diente in beiden Belgrader Legionen, war dann Schullehrer und 1867 Panajot's Fahnenträger. Im März 1870 wurde in Bukarest ein geheimer Congress abgehalten, an dem 20 Männer theilnahmen, davon die Hälfte aus der Türkei. Die Leiter der Berathungen waren Karavelov als Präsident,

1) Die Gräber des Hadži Dimitr und seiner Genossen wurden dort 1881 aufgefunden und 1885 ihnen in der Einöde feierlich ein Denkmal gesetzt.

2) Z. Stojanov verfasste eine eigene Biographie des Levski (Philippopel 1884).

Levski und Kъnčev.[1]) Man verfasste ein Statut, dessen Hauptpunkte lauteten: Befreiung Bulgariens durch bewaffnete Revolution; Feststellung der Regierungsform erst nach der Befreiung; Freundschaft und Bündniss mit Serbien, Montenegro und Rumänien, eventuell auch mit den Griechen, wenn sie ihre Prätensionen auf nichtgriechische Länder fallen lassen, und schliesslich die Erklärung, der Kampf gelte nicht der türkischen Nation, sondern nur der türkischen Regierung. Die Vorbereitungen leiteten unter Sammlung von Geldmitteln geheime Localcomités, mit zwei revolutionären Centralcomités in Bukarest und Loveč; zur Verbindung diente eine geheime Post über Gjurgjevo und Turn-Magurel mit Hilfe dortiger Kaufleute und deren Kahnführer. Die Druckschriften versendete man eingenäht in Sätteln oder verpackt in Blechdosen mit türkischer Tabaksbanderole. Karavelov war Präsident des Bukarester Comités, Levski der Chef der reisenden „Apostel". Das Statut wurde in Karavelov's Druckerei gedruckt. Um das Geheimniss zu wahren, setzte den Text einer der Verschwörer, Olympij Panov aus Bolgrad in Bessarabien, damals Hörer der Bukarester Ingenieurschule, später bulgarischer Major, erschossen in Rusčuk 1887; die Handpresse drehte Levski.[2])

Die Kunde von dem Centralcomité ging durch weite Kreise der bulgarischen Bevölkerung, aber es hiess, es sei „nirgends und überall". Die Türken wussten trotz ihrer vielen Spione lange nichts. Gegen die gleichzeitige Errichtung der Exarchie verhielten sich die Verschwörer ganz kühl. „Die Freiheit Bulgariens braucht keinen Exarchen, sondern einen Karadža", d. h. einen tapferen Insurgentenführer, lautete der oft wiederholte Spruch Karavelov's.

Das Netz der geheimen Localcomités, gegen 200 an Zahl, reichte bald von der Donau bis in die Rhodope (Chasköi, Peruštica, Batak), westwärts über Sofia hinaus bis Küstendil. Die Hauptorte waren Rusčuk, Loveč und Stara Zagora. Die Propaganda arbeitete vorzugsweise unter dem niederen Volk. Die wichtigsten Mitglieder waren Bauern, auf denen der Druck der türkischen Misswirthschaft am schwersten lastete und die durch die Jahrhunderte lange Ausbeutung an Eintracht und Schweigsamkeit gewöhnt waren, ferner Viehhändler, Tuchscherer und Schuster in den Städten, sowie Personen des niederen Kloster- und Dorfclerus und Lehrer oder Aerzte. Krämer und Kaufleute, überhaupt wohlhabende Städter bildeten eine Ausnahme. Die neuen Theilnehmer wurden zur nächtlichen Stunde vor einem Heiligenbild über Dolch und Revolver vereidigt; der Adept nahm eine Bleikugel in den Mund, spie sie wieder aus und küsste Waffen und Evangelium. Im Hintergrunde liessen die „Apostel", wie seiner Zeit die Hetäristen, Russland er-

1) Angel Kъnčev aus Trjavna, ein begabter Mann, hatte an der Belgrader Militärakademie und an der landwirthschaftlichen Akademie von Tabor in Böhmen studirt; er erschoss sich am Landungsplatz zu Rusčuk 1872 bei der Verhaftung.

2) Als Druckort dieses „Ustav" (21 S.) ist Genf 1870 angegeben. Auf dem rothen Umschlag sind Vignetten: die Halbmondsfahne wird auf der Titelseite von dem bulgarischen Wappenlöwen, auf der Rückseite von einem Bulgaren mit Kalpak und Revolver zerstampft. Abgedruckt bei Stojanov I, 114 und Zaimov 1, 65.

blicken, obwohl sie selbst Feinde der Russen waren oder noch heute sind. Die Correspondenz deckte ihre kaufmännische Form mit einem System von meist historischen Pseudonymen selbst für die Städte (Loveč hiess Šišman, Stara Zagora Attila, Gabrovo Perun u. s. w.). Ganze Schachteln falscher türkischer Pässe und Siegel fabricirte ein Kirchenmaler in Čirpan. Eine Geheimpolizei überwachte die Mitglieder; auch wurden, wie bei allen Geheimbünden, allerhand geheimnissvolle Mordthaten verübt, z. B. in Orchanié ein vorlauter Diakon erschossen.

Levski entwickelte eine unermüdliche Thätigkeit und bereiste das Land in allen Costumen der Halbinsel, als Kaufmann, Bauer, Türke u. s. w. mit verschiedenartig gefärbtem Haar. Den türkischen Behörden kam von diesem Mann, dem „Diakon", „Kešiš" (türk. Mönch) oder „Derwisch", etwas zu den Ohren, aber er war für sie rein unauffindbar.

Die Bewegung fand ein vorschnelles Ende durch ihre unvorsichtige Verbindung mit einem Räuberelement. Der Hauptgehilfe Levski's war ein kosmopolitischer Abenteuerer, in Bulgarien bekannt als Dimitr „Obšti", der „Allgemeine", von Geburt ein Wlache aus Djakovo bei Ipek mit bewegter Vergangenheit, ehemals Freischärler auf Kreta, in Italien, in Serbien, Räuber in Rumänien, zuletzt Mitglied der Bande Panajot's. Er spielte die Rolle eines Essighändlers, hatte sein Hauptquartier im Han von Pravéc bei Orchanié oder im Dorf Želјáva bei Sofia und machte zeitweilig mit einer Schaar arnautisch oder türkisch costumirter Balkandži's Jagd auf mohammedanische Räuber. Zuletzt überfiel er im September 1872, gegen alle Befehle des Comités von Loveč und des Levski, einen türkischen Geldtransport auf der Nordseite des Joches von Araba-Konak, nämlich einen Büffelkarren mit 136.000 Piaster in Säcken, begleitet von zwei berittenen Zaptiés. Die Verkleidung der Bande in türkischen Uniformen, als ob es entlassene Urlauber der Vidiner Garnison wären, schützte sie nicht vor der zufälligen Entdeckung. Mit Entsetzen fand die Pforte statt eines gemeinen Strassenraubes die Spur einer weitverzweigten Verschwörung. Man schritt zu Verhaftungen im ganzen Balkan von Loveč bis Etropole. Dimitr selbst wurde im Han von Čerikovo überrascht, ja wider Erwarten wurde zu Weihnachten 1872 der unfassbare Levski nach hartem Kampf in Han von Kakrina bei Loveč mit einer schweren Kopfwunde gefangen genommen.[1]) In Sofia tagte ein eigenes Gericht, unter dem Vorsitz Ali Said Pascha's und Mahzar Pascha's. Dimitr erzählte mit dem Freimuth eines Räubers Alles, Levski gab aber gar keine Aufschlüsse und erklärte, wenn er falle, so finden sich Hundert Andere zur Fortsetzung des Werkes. Im Februar 1873 wurden beide gehängt, Levski aber halb todt; er hatte zuvor den Kopf an die Gefängnissmauer gerannt. An der einstigen Richtstätte, damals bei den Zigeunerhütten am Rand von Sofia, jetzt am Kreuzpunkt eleganter Strassen, wurde Levski unlängst ein Denkmal errichtet. Die übrigen Verurtheilten, 80 Mann aus Pleven, Loveč, Teteven, Orchanié

1) Die im Lande allgemein erzählte Geschichte, der Cassier des Lovečer Comités, ein Pope, hätte Levski verrathen, scheint nach Zaimov ganz grundlos zu sein.

und Sofia wurden nach Diarbekir am Tigris internirt. In den zahlreichen Briefen, Druckschriften, Protokollen u. s. w., die bei den Verhafteten zusammengesucht worden waren, fand man die Unterschrift Karavelov's als Präsidenten des centralen Revolutionscomités. In Folge energischer Reclamationen der Pforte an die fürstlich rumänische Regierung musste Karavelov Anfang Jänner 1873 aus Bukarest nach Serbien verschwinden, kehrte aber bald zurück und setzte seine revolutionäre Zeitung „Svoboda" (Freiheit) unter dem neuen Titel „Nezavisimost" (Unabhängigkeit) fort.

Der Schlag hatte nur den westlichen Theil des Geheimbundes betroffen. Die östlichen Comités hielten schon im Februar 1873 einen Congress zu Stara Zagora ab und wählten einen in Russland gebildeten Lehrer, den jungen Atanas Uzunov aus Adrianopel zum „Generalapostel". Uzunov wollte nach irischem Muster das „Werk des Terror" einführen, wurde aber dabei schon im Mai in Chasköi gefangen und mit 25 Mitgliedern der östlichen Comités gleichfalls nach Diarbekir befördert.

Nach diesem doppelten Misserfolg war Karavelov eingeschüchtert, stellte 1874 sein Blatt ein und widmete sich fortan der pädagogischen und belletristischen Schriftstellerei. Die jüngeren Verschwörer beschuldigten ihn mit den bei allen geheimen Verbindungen unausweichlichen Intriguen des Missbrauches der Gelder, ja die Hitzigsten planten seine Ermordung. Die Führung des Revolutionswerkes übernahm der Journalist Christo Botjov (geb. 1847, † 1876), ein talentvoller Lehrerssohn aus Kalofer, der ein abenteuerliches Leben führte, das mit dem ehrenvollsten Heldentod abschloss. Er war Gymnasist in Odessa, Dorflehrer, Freiwilliger bei den donischen und dann bei den türkisch-polnischen Kosaken des Czajkowski (Sadyk-Pascha), Corrector und Schauspieler in Rumänien, ja eine Zeitlang Gesellschafter rumänischer Münzfälscher und Casseneinbrecher, bis ihn Karavelov aus dem Schlamm des Landstreicherlebens emporzog.[1])

Der herzegovinische Aufstand im Juli 1875 rief unter der Rajah überall eine intensive Erregung hervor. Die bulgarische Presse in Konstantinopel trat trotz aller Censur mit Forderungen auf: Einräumung der Hälfte der Beamtenposten an die Bulgaren, Einsetzung des Bulgarischen als Amtssprache und Aufnahme der Christen in's Heer. Die Emigranten planten nicht mehr Vorbereitungen, sondern den Aufstand selbst. In Bukarest constituirte sich ein neues Revolutionscomité unter dem Vorsitz des Vojvoden Panajot und der Leitung Botjov's. Dabei machte sich als Agitator der blutjunge Stefan Nikolov Stambulóv (geb. 1855) aus Trnovo bemerkbar, eines Gastwirthes Sohn, dessen Schulbildung sich auf die bulgarische Schule und eine ganz kurze Studienzeit am Seminar von Odessa beschränkte, ein junger Mann mit wirksamer Beredsamkeit und witziger Geistesgegenwart, zwölf Jahre später Ministerpräsident unter dem Fürsten Ferdinand. Man plante Aufstände, In-

1) Eine Biographie Botjov's von Z. Stojanov erschien in Rušćuk 1889. Recension von Zaimov im Sbornik des Unterrichtsministeriums I, 193 f.

vasionen bewaffneter Schaaren und, wie die Hetäristen seiner Zeit, eine grosse Brandlegung in Konstantinopel.

Der erste Versuch in Stara Zagora im September 1875 ist ganz missglückt. Die Insurgentengesellschaft, 20 Mann hoch mit einer Fahne, rückte eines Abends aus der Stadt in eigenen Uniformen aus und zerstreute sich sehr bald im Balkan am Pass von Hainköi. Neben Stambulov war dabei auch Zacharias Stojanov, der nach einander Hirtenbube, Tuchschererlehrling, Dorflehrer und Bahnbediensteter gewesen war und seine Carrière als Kammerpräsident abschloss. Die einverstandenen Bauern, 105 Mann unter Anführung eines Bäckers, kamen zu spät zum Stelldichein, gingen aber nicht heim und wurden bei Elchovo an der Tundža durch türkische Truppen zersprengt. Eine Četa aus Šumen wurde bei Preslav, eine aus Červena Voda bei Gornja Rjachovica aufgerieben. Die Behörden verhafteten in Stara Zagora, Trnovo u. s. w., durch Verrath von zwei Dorfschullehrern geleitet, an 800 Personen, meist Popen, Kaufleute, Lehrer und Schüler, und sperrten sie in ein türkisches Kaufhaus (Bezestan) ein, „die Bastille von Zagora". Fast alle wurden bald entlassen, nur acht nach dem Aufstand 1876 gehängt.

Die Folge war, dass Botjov ebenso wie früher Karavelov enttäuscht ausschied und gleichfalls von Intriguen verfolgt wurde. Die übrigen Revolutionäre, lauter junge Leute, Lehrer, Studenten, Tuchscherer und Freischärler, liessen den Muth nicht sinken und bildeten in grösstem Geheimniss, ohne Verbindung mit Karavelov oder Botjov, ein neues Revolutionscomité in Gjurgjevo. Bulgarien wurde in fünf Kreise eingetheilt, mit den Mittelpunkten in Trnovo, Sliven, Philippopel (eigentlich Panagjurište), Vraca und Sofia, und für dieselben „Apostel" mit Gehilfen und Secretären ernannt. Die Theilnehmer verschafften sich bei der serbischen Agentie in Bukarest Pässe als serbische Kaufleute und gingen in stillen Decembernächten 1875 über die gefrorene Donau, an einsamen Stellen von Lompalanka bis Rušćuk.

Die Zahl der Eingeweihten war diesmal viel grösser als früher, ebenso der Enthusiasmus für die Sache. Man correspondirte offen durch die türkische Post, mit Postscripten in chemischer Tinte. Der schwierigste Punkt und die Hauptursache des Misserfolges war der Waffenmangel; es gab nur alte Steinschlossflinten, der Bleihandel war soeben verboten worden und schlechtes Pulver lieferten bloss einige türkische Händler. Nach dem Beispiel der Serben in Karagjorgje's Zeit wurden Holzkanonen aus Kirschen- und Nussbäumen gebohrt, mit eisernen Reifen beschlagen und als Geschoss dazu metallene Gewichte gesammelt. Von türkischen Garnisonen war das Land in Folge der Concentrirung des Heeres an der serbischen und montenegrinischen Grenze ganz entblösst, aber zu Hause blieb eine kampfbereite, wohlbewaffnete mohammedanische Bevölkerung.

Im West-Balkan und bei Stara Zagora, wo die Bevölkerung in den letzten Jahren eingeschüchtert war, liess sich wenig machen. Dafür hatte die Agitation einen grossen Erfolg in der centralen Sredna Gora und der westlichen Rhodope. Die Sredna Gora war faktisch in der Hand der Revolutionsbehörden; bei Mondschein exercirte man fleissig auf den Waldwiesen und übte sich im Patrouillendienst. Ein puritanischer Zug war das Verbot von Wein und Raki im Felde. Das Centrum befand sich in Panagjurište. Der vom Revolutionscomité für diesen Kreis ernannte Chef, der schüchterne Lehrer Volov (Pseudonym Vankov) aus Šumen wurde bald von einem Mann volksthümlich gröberer Art verdrängt. Die Führung ergriff sein Gehilfe Gabriel Grujev Chlstev, ein ungefähr 30jähriger, im europäischen und anatolischen Orient bewanderter Tuchscherer aus Koprištica, des Lesens und Schreibens schwach kundig und Feind der pedantischen „Grammatiker", dafür ein Meister im Elektrisiren der Massen, ein stürmischer, ungebildeter Volksmann mit autokratischen Anwandlungen. Der Name Georg Benkovski, unter dem ihn die Betheiligten kannten, gehörte seinem französischen Passe an, der ursprünglich einem polnischen Emigranten ausgestellt war. [1])

In der Hälfte April beriefen die Verschworenen sogar einen revolutionären Congress auf die Wiese Oborište, in einen tiefen nur Jägern und Hajduken bekannten Kessel inmitten des Buchenurwalds an den Quellen des Baches von Mečka, $2^1/_4$ St. nordwestlich von Panagjurište. Es versammelten sich dort an 300—350 Personen. Nach einem Gottesdienst und einem Gastmahl debattirte man über die Revolution. Die Einen befürworteten nur die Organisirung starker Banden, die Andern eine allgemeine Volkserhebung. Die zweite Meinung siegte und der Ausbruch des Aufstandes war für den 1. (13.) Mai festgestellt. Benkovski riss mit Hilfe der Bauern die Dictatur an sich, worüber die Einwohner von Panagjurište sehr erbittert waren. Die Einzelheiten setzte eine Commission in Panagjurište in einem Protokoll vom 17. (29.) April fest. Man beschloss alle Pässe zu sperren, Bahnen und Telegraphen zu unterbrechen, die grossen Städte Philippopel, Sofia, Zlatica, Karlovo u. s. w. durch insgeheim gelegte Feuer in Brand zu stecken, die unbrauchbaren Dörfer niederzubrennen und mit der gesammten Bevölkerung Defensivstellungen in den Gebirgen aufzunehmen. Der Plan bezweckte also nur eine Art blutiger defensiver Demonstration, grundverschieden von dem serbischen und moreotischen Aufstand, wo die Massenerhebung sofort zur Berennung und Einnahme von Belgrad und Tripolitza durch die Bauernarmeen führte. [2])

Der Ausbruch wurde durch Verrath beschleunigt. Einer der Abgeordneten des Congresses von Oborište, der Bauer Nenko aus Baldjovo am Berg

1) Der Pole Anton (nicht Georg) Benkovski war aus Sachalin über Japan in die Türkei entflohen, verkaufte seinen Pass in Diarbekir dem dort seit dem Process Uzunov's internirten Zaimov, der damit nach Rumänien entkam und dort die Urkunde dem Chlstev überliess.

2) Die Literatur über den Aufstand 1876 ist noch unvollständig; die Bücher des Stojanov und Zaimov sind unvollendet. Die abendländischen Schriften suchen die Bedeutung der Insurrection selbst zu verringern und beschäftigen sich mehr mit den blutigen Folgen derselben, der Bericht des engl. Commissärs Baring (Suppl. to the London Gazette, 19. Sept. 1876 S. 5115 f.), das Buch Mac Gahan's, The turkish atrocities in Bulgaria, London 1876 und der von beiden abgedruckte Bericht des nordamerikanischen Diplomaten Schuyler.

Kojuntepé, meldete die Sache dem Kaimakam von Tatar-Pazardžik. Der Mutessarif von Philippopel, der Bosnier Aziz Pascha eilte am 19. April (1. Mai) nach Pazardžik und sendete zwei Gendarmerieofficiere in die Sredna Gora zur Recognoscirung. Einer derselben, Nedžib Aga, traf Abends in Koprištica ein. Die Verschwörer dieser Stadt, in grosse Unruhe versetzt, stürmten am 20. April (2. Mai) Morgens den Konak, tödteten den Mudir mit drei Zaptiés, während Nedžib selbst entkam, und hieben dann alle mohammedanischen Zigeuner der Stadt, an 70 Mann, als Spione nieder. Abends wurde der Aufstand auch in Panagjurište proclamirt, die wenigen Türken abgefangen oder erschlagen und die schon geschriebenen Proclamationen mit einem Kreuz von Türkenblut unterzeichnet und versendet. In den nächsten Tagen folgten theatralische Umzüge in vorbereiteten Insurgentenuniformen unter Glockengeläut und eine feierliche Fahnenweihe.

Der ganze „Srednagoraer Aufstand" dauerte nur zehn Tage. Er umfasste zwei Gebiete, die centrale Sredna Gora zwischen Klisura, Petrič, Rakovica am Ostende des Beckens von Sofia, dem Berg Eledžik am Trajansthor, wo an 2000 Bauernfamilien in einem Lager von Laubhütten standen, und der Bahnstation Belovo, und dann jenseits der Ebene die Gegend von Batak, Bracigovo und Peruštica in der Rhodope. Das erste Gefecht wurde von Benkovski am St. Georgstag bei Petrič geliefert, wo Baschibozuks und Tscherkessen entsetzt vor dem Holzgeschütz zurückwichen. Der Höhepunkt war der feierliche Einzug Benkovski's mit seiner Reiterschaar in Belovo, voran der Vojvode im Kalpak mit dem bulgarischen Löwen darauf und in grünem Rock mit Silberknöpfen. Der erste Unglückstag war der Verlust von Klisura am 25. April (7. Mai), dessen Einwohner mit einem Verlust von 230 Todten von Tossun Bey aus Karlovo und seinen Baschibozuks gegen Koprištica zurückgeworfen wurden; der Ort wurde ausgeplündert und niedergebrannt. Allenthalben meldete man den Anmarsch türkischer Truppen und eilends mobilisirter Baschibozuks und den Brand von Märkten und Dörfern. Ein andauerndes Regenwetter verdarb die Steinschlossflinten und Papierpatronen und drückte jeden Enthusiasmus nieder.

Aziz Pascha meinte, die ganze Bewegung lasse sich mit vier Bataillonen unterdrücken, aber in der ganzen Provinz von Philippopel gab es keine Garnison. Da organisirten gegen den Willen des Pascha die Aga's und Bey's von Pazardžik und Philippopel sofort am ersten Tage eine „levée en masse" der Mohammedaner und sandten Boten um Hilfe zu den Pomaken der Rhodope und den „Kyrdžali's" des Ardathales. Die Pomaken zogen bald in Heereshaufen in weissen Turbans mit rothen Fahnen herab, unter den beiden Achmed's, dem Tamrašlija aus einem Dorf oberhalb Peruštica und dem Barutanlija von den Höhen des Dospad. Dieses improvisirte Kriegsvolk warf sich auf Raub und Plünderung; 20 Tage lang sah man von Philippopel aus Dorfbrände in der Umgebung.

Indessen waren von der serbischen Grenze und Konstantinopel an 15 Bataillone Reguläre versammelt. Der Obercommandant Adil Pascha rückte mit Selami und Hafiz Pascha [1]) von Philippopel aus; von Sofia rückte der Generalmajor Hassan Pascha auf der Hauptstrasse nach Ichtiman, der Oberst Hassanbey nach Zlatica, um die Sredna Gora so von allen Seiten zu umfassen. Adil besetzte zuerst Kopriština. Die Primaten der Stadt capitulirten ohne Widerstand, ja sie hatten selbst um die Entsendung von osmanischen Truppen gebeten. Die Insurgenten zogen sich in die Wälder zurück und die Stadt musste das Wohlwollen der Sieger mit schwerem Geld erkaufen. Einen tapferen Widerstand leisteten am 29. April (11. Mai) die 800—1000 Männer von Panagjurište gegen den von Osten über Strelča mit 3000 Mann und 2—3 Geschützen heranrückenden Hafiz Pascha. Sie waren die Einzigen, welche einen Kampf gegen reguläre Truppen wagten. Die Türken meinten in Folge der Kalpaks und der weissen Uniformen der Insurgenten, in der Sredna Gora gebe es räthselhaft eingedrungene Russen oder Montenegriner, erkannten aber den Feind an dessen Projectilen. Panagjurište wurde bombardirt und die Insurgenten in die Wälder des Berges Lisec zurückgeworfen. Einige tapfere Schaaren vertheidigten sich in verbarricadirten Häusern bis in den Tod. In der eroberten Stadt wurde drei Tage lang geplündert und gemordet. Die Bulgaren verloren 763 Todte, davon 284 Weiber und 217 Kinder, die von den Siegern aus blossem Muthwillen niedergehauen wurden; der englische Commissär Baring erwähnt dabei „cruelties worthy of Red Indians“ und misst die meiste Schuld dem türkischen Befehlshaber Hafiz selbst bei.

Im Waldlager am Lisec gab es bald Hunger und Verzweiflung, denn gegen alle Befehle der Anführer hatten die Einwohner versäumt Vorräthe im Gebirge aufzustapeln. Allmälig gingen sie einzeln herunter, um sich zu unterwerfen. Nur der unlängst verstorbene tapfere Fahnenträger Krajčo Samochodov, ein ernster Mann mit grossem Schnurrbart, harrte mit seiner Schaar im Urwald bis in das nächste Jahr aus, bis zum Einrücken der Russen, ohne von den Türken viel belästigt zu sein, da bald der serbische Krieg alle Aufmerksamkeit von hier ablenkte; 1883 erzählte er mir in Panagjurište seine Geschichte, wie seine Leute von 200 zuletzt auf 9 zusammenschmolzen. Die übrigen Führer, Benkovski mit 75 Genossen, schlichen sich von Petrič über das Becken von Zlatica auf den Balkan, mit der trügerischen Hoffnung, das Balkanland habe sich schon glücklich befreit. Sie geriethen aber in eine verzweifelte Lage, waren genöthigt sich mit Buchenlaub, Gras und Pferdefleisch gegen den Hungertod zu wehren und wurden überdies von Schnee und Regen verfolgt. Die Türken hatten alle Hirten und Heerden aus dem Gebirge entfernt und alle Wege besetzt. Die kläglichen Reste der Insurgenten schmolzen rasch zusammen durch Hunger, Selbstmord und in aussichtslosen Gefechten mit Baschibozuks auf nebelumhüllten Triften, von denen verlockende Glockenstimmen einer unsichtbaren Almwirthschaft her-

1) Derselbe aus Brussa gebürtige Hafiz, der Director des verunglückten Bahnbaues Belovo-Sofia-Skopje gewesen war, später Platzcommandant im eroberten Aleksinac und letzter türkischer Befehlshaber in Bosnien.

überklangen. Die Meisten ergaben sich freiwillig bei Teteven. Benkovski verbarg sich mit drei Genossen, unter denen sein Schreiber Zacharias Stojanov war, in einer Höhle an der Ribarica unter dem Gipfel Vežen, wurde aber von zwei bulgarischen Hirten hinterlistig verrathen. Sie lockten ihn durch erlogene Nachrichten von dem Abmarsch der Türken und einem von der serbischen Grenze hörbaren Kanonendonner in einen Hinterhalt an einem eigens errichteten Steg über die Kostinja oder Svinarska Reka. Dort krachte im Abenddunkel des 12. (24.) Mai eine Salve aus dem Wald. Benkovski fiel und sein Kopf wurde im Triumph nach Sofia getragen; die Bauern wurden von den Behörden überall an die Landstrasse aufgeboten, um den Tod des Führers der rebellischen Ungläubigen zu erfahren. Seine Genossen fielen in die Gefangenschaft. Nur wenige von den Insurgenten gelangten verkleidet bis in die Walachei.

Gleichzeitig kämpften auf dem getrennten Kriegsschauplatz der Rhodope christliche und mohammedanische Bulgaren gegen einander. Achmed Tamrašlija belagerte fünf Tage lang das betriebsame Winzerstädtchen Peruštica. Als die Baschibozuks bei der Capitulation ein wildes Gemetzel begannen und die Holzhäuser in Brand steckten, schloss sich der Rest der Einwohner in die steinernen Kirchen ein, die Reschid Pascha mit Linientruppen ganz grundlos noch zwei Tage beschoss, bis sich die Leute, meist Frauen und Kinder, am 1. (13.) Mai ergaben und herausgingen. Die „Gefangenen" wurden nach Philippopel gebracht. Die Einwohner verloren 320 Todte, ausser den auf der Flucht Erschlagenen oder später Gehängten. Die isolirte grosse Holzhauergemeinde Batak wurde von Achmed Barutunlija mit 4000 Pomaken eingeschlossen. Die Einwohner erklärten, sie seien bereit ihre Waffen zu übergeben, aber nur kaiserlichen Beamten, und vertheidigten sich zwei Tage lang hinter ihren Balken- und Pfahlbarricaden. Darauf entstand Zwiespalt unter ihnen. Die Einen ergaben sich, die Anderen kämpften weiter, bis die Holzhäuser und Holzlager in hellen Flammen standen. Der Kampf endigte mit einem haarsträubenden Gemetzel in der Kirche und Schule. Die beiden Achmeds vereinigten sich dann vor dem Maurerstädtchen Bracigovo, aber die Bürgerschaft vertheidigte sich wacker mit Holzkanonen und Gewehren sechs Tage lang, bis Hassan Pascha am 5. (17.) Mai mit Linientruppen eintraf. Ihm ergaben sie sich, mit der Angabe, sie hätten sich nur nothgedrungen gegen die Mordbrennerbanden der Baschibozuks vertheidigen müssen.

Die Räuberarmee der Baschibozuks war indessen auf 18.000 Mann angewachsen, die von keinem einzigen Officier des Sultans befehligt wurden. Binnen 20 Tagen hatten sie 58 Dörfer und 4 Klöster zerstört, über 10.000 (nach Baring 12.000, nach Schuyler 15.000) Menschen getödtet und 35 bis 50.000 Rinder geraubt. Das sind die Bulgarian massacres, horrors oder atrocities, bulg. klánija. Nach türkischen Berichten waren im Kampfe selbst nur 1836 Bulgaren und 530 Muselmänner gefallen. In Philippopel wurde die Beute um einen Spottpreis feilgeboten. Noch Ende Juni gab es dort an 2000, in Adrianopel 1200, in Trnovo 500 Gefangene; man hatte fast die ganze bulgarische Intelligenz als Verdächtige eingefangen und in Kerkern, Bädern, Magazinen und Kasernen zusammengepfercht. Daneben wurde in Philippopel, Sofia, Vidin, Rušćuk u. s. w. viel gehängt.

Ausserhalb des besprochenen Gebietes gab es einen ernsten Aufstandsversuch nur im Balkan von Gabrovo. Eine Schaar unter dem Studenten Djustabanov wurde unter dem Maragidik bei Novoselo geschlagen, eine andere, 360 Mann unter dem Popen Chariton im Kloster von Drjanovo von Fazly Pascha belagert, bis sie in einer regnerischen Nacht entwich, aber bald zersprengt wurde. Djustabanov wurde mit 21 Genossen auf dem Feld von Marnopole bei Trnovo hingerichtet. Anderen Verschwörern der Landschaft von Trnovo, unter ihnen Stambulov, gelang es nach Rumänien zu entkommen. Im Balkan von Kotel zersprengten Baschibozuks aus dem Tuzluk eine kleine Schaar bei Nejkovo. Zu den Excessen ausserhalb des Kriegsschauplatzes gehört die Verwüstung von Bojadžiköi bei Jambol, dessen Einwohner ihr Geld den Baschibozuks nicht zur Aufbewahrung anvertrauen wollten und von dem Divisionsgeneral Šefket Pascha, einen Verwandten der dort ansässigen Nachkommen der Tatarenchane, dafür „bestraft“ wurden.

Die kriegerische Bewegung der Muselmänner in Thrakien war übrigens nur ein Symptom der allgemeinen Unruhe, die damals unter den Osmanen einriss. Andere Symptome waren der Consulnmord in Salonik während des Srednagoraer Aufstandes und die Entthronung des Sultan Abdul Aziz am 18. (30.) Mai.

Die bulgarische Emigration in Rumänien befand sich inzwischen in fortwährender Aufregung. Sicheres wusste man wenig, wollte aber an eine Niederlage der Insurrection nicht glauben. Mit den Geldern des Comités von Vraca wurde eine Legion ausgerüstet, deren Führung, da andere das Amt zurückwiesen, Botjov übernehmen musste. Der Plan des Ueberganges war originell. Die Legionäre, 195 Mann, schifften sich als simple Gärtner und Taglöhner mit schweren, angeblich Werkzeuge enthaltenden Kisten an den rumänischen Landungsplätzen von Braila bis Piket auf dem österreichischen Passagierdampfer „Radetzky“ ein. Zwischen Rachovo und Kozloduj ertönte am 17. (29.) Mai um 11 Uhr Mittags ein schriller Pfiff an Bord. Die Passagiere legten in aller Hast aus ihren Kisten Uniformen und Waffen an, besetzten das ganze Schiff und einige bisher unbeachtete Herren der ersten Classe entpuppten sich als Anführer. Der Capitän durfte mit seinen 24 Leuten keinen Widerstand wagen und musste sich freundschaftlich verständigen. Nach zwei Stunden landete die Legion bei Kozloduj, leistete auf den Knien den Eid und marschirte fröhlich mit fliegender Fahne landeinwärts in die Gegend von Vraca. Auf dem steinigen kahlen Milin Kamik, einem Vorberg des Balkan, lieferte Botjov am selben Tag, an welchem Abdul Aziz gestürzt wurde, ein hartes Gefecht gegen Tscherkessen und Reguläre, die sich zurückzogen. Im nahen Vraca erfolgte gleichzeitig ein Aufstand und die Stadt fiel auf einen Tag in die Hände der dortigen Verschwörer unter Anführung des „Apostels“ Zaimov. Couriere gingen ungehindert hin und her, als plötzlich Hassan Pascha mit Verstärkungen eintraf und eilends Vraca besetzte. Botjov erreichte den Balkan bei dem Durchbruch des Isker, fiel aber am Abend des 20. Mai (1. Juni) in einem Gefecht unter dem Berge Vol bei dem Kloster Čerepiš, erreicht durch eine Kugel des weissbärtigen Tscherkessenhäuptlings Abaza Džumbolet, der jedoch den Geschossen der erbitterten Insurgenten nicht entging. Den Kopf Botjov's brachten die Sieger nach Vraca; das Skelett lag Monate lang in der Einöde und heute weiss Niemand, wo die Gebeine des Tapferen liegen. Die Hauptschaar vergrub die Fahne im Sand des Isker und gerieth meist in Gefangenschaft. Andere Legionäre verunglückten hungernd Nachts in den Schluchten und Schlünden des Gebirges oder fanden den Feuertod in verzweifelt vertheidigten Almhütten. Der Gabrover Vojnovski, Zögling einer russischen Kriegsschule, irrte mit dem Rest noch 40 Tage im Balkan vorwärts, bis er, wie Benkovski, oberhalb Trojan durch Verrath ermordet wurde. Heute leben noch 50 bis 60 dieser Legionäre, denn die Gefangenen wurden nicht hingerichtet, sondern nach St. Jean d'Acre deportirt, mit ihnen die gefangenen Verschwörer von Vraca.

In das Ausland drangen nur langsam Nachrichten über die Gräuel in Bulgarien, erregten aber besonders in England einen grossen Sturm. Im Juli durchreisten Bulgarien zur Untersuchung dieser Vorfälle der britische Commissär Walter Baring und gleichzeitig auch der Generalconsul der Vereinigten Staaten Eugen Schuyler, begleitet von dem neuen russischen Consul für Philippopel, dem Fürsten Certelev und dem amerikanischen Journalisten Mac Gahan.

Inzwischen erfolgte am 2. Juli (n. St.) die Kriegserklärung Serbiens und Montenegro's an die Pforte. Eine neue bulgarische Legion von 1300 Mann unter den Hajdukenvojvoden Panajot, Iljo, Totjo u. A. drang auf dem Balkan von Serbien aus bis zum Dorf Belimel in der Okolija von Kutlovica vor, musste aber wegen Unordnung und Nahrungsmangel den Rückzug antreten. Die Freiwilligen wurden dann in zwei Bataillone der russischen Brigade formirt, die sich unter dem Commando russischer Officiere an der Morava gut gehalten haben.

Unterdessen sandten die Konstantinopler Bulgaren eine Deputation zu den Grossmächten, um für die Verleihung einer Selbstverwaltung zu wirken. Sie bestand aus Cankov und Balabanov. Dragan Cankóv (geb. um 1830) aus Svištov war Kaufmann in Wien, dann nach dem Krimkrieg Journalist in Konstantinopel, wo er zu Beginn des Kirchenkampfes für die Union mit Rom eintrat und sogar mit einer bulgarischen Deputation zu Papst Pius IX. reiste (1861). Nach der Rückkehr liess er die stark bekämpfte Union ganz fallen und wurde als „Dragan effendi" türkischer Beamter, „Muavin" (Adjunct) der Pascha's von Vidin und Niš. Später war er Lehrer an der Stadtschule zu Rušćuk, dann seit 1873 Professor des Bulgarischen am „Lycée imperial ottoman" in Konstantinopel, Mitglied des Exarchialrathes und bulgarischer Zeitungscensor, was ihn nicht hinderte, Silvio Pellico's „Miei prigioni" seinen Landsleuten zu übersetzen. In seinem Acussern erinnert er an die christlichen Pfortenbeamten. Marko Balabanov (geb. 1837) aus Klisura bei Kopristica studirte Theologie an der griechischen Akademie auf der Insel Chalki bei Konstantinopel und die Rechte in Deutschland und Paris und war dann Journalist in Konstantinopel. Im Gegensatz zu Cankov ist er ein guter Redner, dabei ein Meister der byzantinisch wortreichen Rhetorik. Die Abgesandten begannen ihre Tour in England und schlossen sie in Russland, um nach dem Einmarsch der Russen in Bulgarien die ersten Civilgouverneure in Svištov und Trnovo zu werden.

Ein Versuch einer friedlichen Lösung der bulgarischen und auch der bosnischen Frage war die Konstantinopler Conferenz im December 1876 und Jänner 1877. Bulgarien wollte man in zwei Provinzen mit den Hauptorten Trnovo und Sofia organisiren, die auch Skopje, Bitolia und Ochrid in Makedonien umfassen sollten,[1] mit christlichen auf fünf Jahre ernannten Gouverneuren. Die Chefs der Kreise sollten nach der Majorität der Bevölkerung Christen oder Mohammedaner sein. Auch Provinziallandtage waren vorausgesehen, mit permanenten Landesausschüssen, sowie gewählte Sandžak- und Cantonalräthe. Türkische Truppen sollten nur in den Festungen und grossen Städten bleiben, sonst aber durch eine aus allen Völkern des Landes zusammengesetzte Miliz und Gensdarmerie ersetzt werden, deren Organisirung man einem Corps von 5000 Mann belgischer Truppen anvertrauen wollte. Das Bulgarische wurde neben dem Türkischen Amtssprache; die Rechtspflege sollte öffentlich, die Religionsübung vollständig frei werden. Den Christen war eine volle Amnestie versprochen. Diese Vorschläge, das Urbild des späteren Ost-Rumeliens, blieben auf dem Papier. Der neue Grossvezier Mithad Pascha antwortete mit der Proclamirung einer ottomanischen Constitution und der Berufung eines ottomanischen Parlamentes. Die Bulgaren suchte die Pforte durch kleine Concessionen zu besänftigen, indem sie an drei Orten bulgarische Mudirs ernannte und einige Bulgaren unter die Zaptie's aufnahm.

## 2. Der Krieg und die russische Occupation 1877—1879.

Der Krieg und die Friedenstractate. Die russische Organisation Bulgariens. Die Notabelnversammlung von Trnovo, die bulgarische Verfassung und die erste Fürstenwahl.

Ende April 1877 erfolgte die Kriegserklärung von Seite Russlands. Der Verlauf des Krieges ist noch in frischer Erinnerung. Bulgarien hat dabei mehr gelitten, als im Jahr zuvor, aber nicht überall. Im Norden wurde fast nur die Umgebung von Pleven und das Gebiet bei Rušćuk und Elena in's Mitleid gezogen. Im Süden erlitt der Osten des späteren Ost-Rumeliens eine noch ärgere Heimsuchung, als der Westen durch den Aufstand im Jahr zuvor. Nach dem Vorstoss Sulejman Pascha's gegen Gurko haben die Irregulären das ganze Land von der Marica bis zur Šipka total ruinirt, sammt

[1]) Die Grenzen derselben siehe auf Kiepert's „Karte der Staaten auf der Balkanhalbinsel nach den Grenzbestimmungen des Friedens von St. Stefano", Berlin 1878.

der Stadt Eski Zagra; die Bevölkerung floh meist über's Gebirge in das von den Russen besetzte Gebiet. Auch in der Gjopsa wurden die Städte Kalofer und Sopot nach der Flucht der Einwohner von türkischen Truppen niedergebrannt und in Karlovo, wo nach dem Erscheinen einer Schaar Kosaken eine Woche lang eine bulgarische Administration fungirte, 864 Bürger in aller Eile hingerichtet. In Sliven zierten bei dem Einmarsch Sulejman Pascha's die beiden Seiten der Hauptstrasse aufgehängte Bauern, welche bei dem Vorstoss der Russen türkische Marodeurs verfolgt hatten. Die Gefängnisse waren wieder voll und Verdächtige wurden zu Hunderten gehängt. In Konstantinopel that man dies nicht öffentlich, erdrosselte aber 180 Gefangene in den Kerkern und übergab die Leichen der bulgarischen Kirche zur Bestattung. Nach den Erhebungen der Occupationsverwaltung wurden 1877 und 1878 von den Türken in den Provinzen von Philippopel und Adrianopel 16.632 Bulgaren niedergemacht, 623 gehängt, 65 verbrannt, 925 Kirchen, Schulen und Magazine und 40.860 Wohnhäuser zerstört oder geplündert. In der Provinz von Philippopel waren von 129 Kirchen 103 verwüstet.[1])

Zahlreiche Primaten wurden damals in kleinasiatischen Städten internirt. Nach dem Frieden und der Amnestie kehrte eine Menge von fast für verloren angesehenen Männern zurück aus Angora, Boli, Diarbekir, Argona-Madeni, Rhodos, St. Jean d'Acre, ja bis aus Bengazi und Tripolis. Selbst der greise Exarch Anthim wurde im April 1877 abgesetzt und nach Angora verbannt; sein Nachfolger wurde der noch jetzt regierende Josif, Bischof von Loveč, ein aus Kalofer stammender junger Mann, der die Rechte in Paris absolvirt hatte. In Philippopel wurde Ivan Evstratiev Gešov, ein Schüler von Owen's College und der Victoria University von Manchester, drei Tage vor seiner Installirung als Viceconsul der Vereinigten Staaten wegen einer Correspondenz in den „Times" eingekerkert und mit seiner ganzen Familie in Konstantinopel internirt.

Der Präliminarfrieden von St. Stefano vom 19. Februar (3. März) 1878 bestimmte die Errichtung eines autonomen bulgarischen Fürstenthums, griff aber über die Linien der Konstantinopler Conferenz hinaus; der neue Staat sollte einen Küstenstrich am Aegaeischen Meere von der Lagune von Lagos bis zum Abfluss des Beschik-Sees mit dem Hafen von Kavala umfassen und im Westen auch Pirot, Vranja, Dibra, Ochrid, Gjordža und Kastoria einschliessen. Diese Grenzen gingen nicht in Erfüllung, blieben aber für die Bulgaren ein formulirtes politisches Ideal. Der Berliner Vertrag vom 13. (1.) Juli 1878 zerstückelte Bulgarien in ein Fürstenthum nach Art der älteren Donaufürstenthümer, eine autonome Provinz Ost-Rumelien und Landestheile, welche der Pforte blieben. Diese Beschlüsse erregten im Lande eine grosse Aufregung. Die Bulgaren glaubten, die Verkürzung der Freiheit ihres Vaterlandes sei nur aus Feindschaft und Verachtung gegen ihr Volk erfolgt.

Die Russen haben noch während des Krieges die Organisation des

1) „Marica" Nr. 3 und 27 (1878).

Landes in Angriff genommen. Die Grundzüge wurden von einer Commission aus Russen, Bulgaren und anderen Südslaven in russischen Diensten festgestellt. Chef der Civilverwaltung war der energische Fürst Vladimir Alex. Čerkaski (geb. 1821, † 1878). Alle intelligenten Bulgaren wurden engagirt, theils als Dolmetscher der Truppen, theils schon als designirte Beamte. Man hatte zu diesem Zweck genaue Listen derselben angelegt, aber schon gab es Parteiströmungen, Intriguen und Listen verschiedener Färbung. [1]) Neben den russischen Militärgouverneuren fungirten überall bulgarische Vice- oder Civilgouverneure (Cankov, Balabanov, Drinov, P. Karavelov, Burmov u. s. w.). Der Tod des Čerkaski an Typhus in St. Stefano am Tag des Friedensschlusses brachte die Arbeit in's Stocken. Nach einigen Provisorien wurde dem Tractat gemäss ein kaiserlicher Commissär zur interimistischen Verwaltung Bulgariens ernannt. Es war der Fürst Alexander Mich. Dondukov-Korsakov (geb. 1822), Generallieutenant und zuletzt Generalgouverneur von Kiev. Er hielt als steinreicher Mann stets offene Tafel und wurde bei seiner grossen Routine und Menschenkenntniss sehr populär. Sein Spruch war, Bulgarien brauche „eine eiserne Hand im Sammthandschuh"; allerdings gab es noch keine Constitution, keinen Landtag und kein Parteiministerium, sondern nur ein strenges militärisches Regime. Die Administration leitete ein Directorium mit 6 Abtheilungschefs: General Domontovič für die Kanzlei des Commissärs und die diplomatischen Geschäfte, General Gresser für Inneres, Staatsrath Lukianov für Justiz, Buch für Finanzen, der Bulgare Drinov für den Unterricht, General Zolotarjov für die Miliz. Von Mai bis October 1878 befanden sich die Centralbehörden in Philippopel und übersiedelten dann nach Sofia. Die in St. Stefano auf zwei Jahre bestimmte Dauer der russischen Verwaltung wurde in Berlin auf neun Monate verkürzt, was zu grosser Eile drängte. [2])

Die Organisirung des bulgarischen Heeres ist schon oben an geeigneter Stelle erwähnt. Die Russen haben für ihre Zöglinge viel gethan, ihnen 112 Feld- und 31 Belagerungsgeschütze übergeben, sowie eine Donauflottille, grosse Artillerie- und Pulvermagazine, Pferde, Fuhrwerke u. s. w. Ueberdies wurden viele Tausend erbeuteter türkischer Gewehre und als Geschenk des Kaisers 20.000 überflüssige Militärpferde unter die Bevölkerung vertheilt. Das Waffentragen wurde vollständig frei.

Bei der Wahl der Hauptstadt schwankte man zwischen dem engen Trnovo und dem weiten, verödeten Sofia und entschied sich, besonders auf Betreiben Drinov's, für das letztere; diese Verfügung wurde in der XIII. Sitzung der Notabelnversammlung zu Trnovo einstimmig gutgeheissen. Die Verwaltung beruhte auf grosser Decentralisation, mit wenigen Staatsbe-

1) Das letzte bulgarische revolutionäre Comité in Bukarest wurde von den Russen noch vor dem Uebergang über die Donau aufgelöst und alle seine Mitglieder zu Beamten ernannt.

2) Ein officieller Bericht über die Occupationsverwaltung, von Drinov in der Trnover Notabelnversammlung vorgelesen, in den Protokollen derselben. Vgl. auch die bulgarischen Zeitungen dieser Zeit und die zahlreichen gedruckten Reglements.

amten und zahlreichen gewählten Räthen, einem Gemeinderath, Kreisrath und Gubernialrath, wobei man die Institution der türkischen Medžlis, die allerdings fast nur den Mohammodanern zugänglich waren, vor Augen hatte. An die Stelle der Kaimakams und Mudirs kamen russische Beamte, Officiere oder Juristen, mit bulgarischen Secretären, bis im April 1879 alle Russen durch Bulgaren ersetzt wurden. An die Stelle der Zaptié's trat eine neue Gendarmerie aus Bulgaren und Türken.

Im Justizwesen suchte man die nur auf dem Papier bestehenden türkischen Gesetze zur Geltung zu bringen. Die Instanzen waren das Dorfgericht, das Kreisgericht, das Gubernialgericht und ein oberster Gerichtshof. Die Richter waren ausschliesslich Bulgaren, darunter aber kaum zehn Juristen. Die Fragen des mohammedanischen Familienrechtes verblieben der Gerichtsbarkeit der Mufti's. Die Criminalgerichtsbarkeit war während der Occupation den Kriegsgerichten reservirt; diese haben, so viel ich weiss, nur drei Bulgaren (wegen Raubmord) hängen lassen, dafür wurde einigen Landeskindern wegen Aufruhr oder Defraudation Gelegenheit geboten Sibirien zu sehen.

In den Finanzen behielt man die türkischen Steuern und suchte nur die Verwaltung zu reguliren. Die Steuerrückstände bis 1877 wurden erlassen, die als Ersatz für den Militärdienst geltende Kopfsteuer der Christen (Bedel) aufgehoben und das erste Budget für 1879 mit 23¼ Millionen Francs Einnahmen und 21½ Mill. Ausgaben festgesetzt.

Der grundlegenden Thätigkeit Drinov's im Unterrichtswesen haben wir schon gedacht. In der Kirchenverwaltung wurde die Steuer für die Bischöfe (vladičnina) abgeschafft und durch Staatsgehalte ersetzt und die meisten der 400 verwüsteten Kirchen Bulgariens und Rumeliens durch grossartige Geschenke russischer Wohlthäter erneuert.

Anfang 1879 zählte die neue Civilverwaltung 2121 Bulgaren, nämlich 768 ernannte und 1353 gewählte, und 150 Russen. Das Justiz- und Unterrichtswesen war ganz bulgarisch. Die bulgarische Sprache war seit September 1878 für officiell erklärt. Die Beamten bezogen bedeutende Gehalte, um der Käuflichkeit nach türkischer Art jeden Boden zu entziehen. Zur Schaffung des nöthigen Esprits war das ganze Personal uniformirt, mit verschiedenfarbigen Aufschlägen und Kalpakzipfeln; die längsten Schleppsäbel hatten die Schulinspectoren. Die Staatsämter waren in ziemlicher Ordnung, aber die neue einheimische Gemeinde- und Bezirksverwaltung liess gar viel zu wünschen übrig; wegen der Rechnungen der Dörfer, Städte und besonders der Kreisräthe folgten als Nachspiel jahrelange Processe.

Russen und Bulgaren vertrugen sich dabei ganz gut unter zahlreichen Bällen, Festen und Banketten. Die russische Armeeverwaltung zahlte Alles baar und die bulgarische Stadt- und Landbevölkerung füllte ihren Säckel mit leicht erworbenem Gold in russischen „Pols“ (Halbimperials), die damals die gangbarste Rechenmünze waren. Auch die bulgarische Presse lebte wieder auf, besonders durch die von Načovič und Gešov redigirte „Marica“ (seit Juli 1878).

Nach Art. 4 des Berliner Vertrages sollte eine Versammlung bulgarischer „Notabeln“ zu Trnovo vor der Fürstenwahl ein „organisches Reglement“ für das Fürstenthum ausarbeiten. Dieser erste bulgarische Landtag wurde vom Fürsten Dondukov am 10. (22.) Februar 1879 in einem grossen Saal der Trnover Präfectur in Anwesenheit der Vertreter aller Grossmächte und des ottomanischen Commissärs Pertev Effendi eröffnet.[1]) Die Versammlung zählte 233 Mitglieder: 1. 13 Geistliche, nämlich 11 Bischöfe, 1 Mufti, 1 Rabbiner; 2. 105 Präsidenten aller Gerichtshöfe, aller Gubernial- und Kreisvertretungen und aller Stadträthe; 3. 89 gewählte Abgeordnete; 4. 5 Vertreter des Klosters Rila, der bulgarischen Kaufmannschaft zu Odessa und Wien, der literarischen Gesellschaft von Braila und des Wohlthätigkeitsvereines von Kišenev in Bessarabien; 5. 21 vom kaiserlichen Commissär ernannte Deputirte, darunter 11 Türken. Die Mehrzahl bestand aus heissblütigen, jungen Leuten; das bäuerliche Element war schwächer vertreten, als in allen späteren Versammlungen. Als Regierungsvertreter fungirte der Justizdirector Lukianov.

Zum Präsidenten wurde der ehemalige Exarch Anthim gewählt. Thatsächlich leiteten die Verhandlungen die Vicepräsidenten. Einer derselben war Todor Ikonómov, ein Popensohn aus Žeravna bei Kotel, erfahren, thätig, aber nach grossem Anlauf stets unstet und launenhaft, in jungen Jahren in der Cankov'schen Unionsbewegung uniatischer Diakon in Konstantinopel, dann Zögling der geistlichen Akademie zu Kiev, später Lehrer und Journalist, während der Occupation Schulinspector im Gouvernement Varna. Er ist kein Freund der Fremden, sonst gemässigter Constitutionalist. Der zweite Vicepräsident war Pétko (Peter) Karavélov (geb. um 1840), ein jüngerer Bruder des Revolutionärs Ljuben, der im Jänner 1879 in Rušèuk gestorben war. Er hatte in Moskau Geschichte und die Rechte studirt und blieb dort als Lehrer an Privatanstalten, aber der 20jährige Aufenthalt in Russland hat in ihm den kernigen Natursohn der Sredna Gora nicht verwischt. Ein kleiner Mann von krausem schwarzem Haar und Bart mit vernachlässigtem Aeussern, ist er unruhig nervös, dabei aber witzig und ein guter Redner, in der Politik constitutioneller Monarchist von radicaler Färbung, überdies ein belesener Bücherliebhaber. Der Paraderedner der Versammlung wurde der Bischof Kliment, der frühere Belletrist Vasil Drumev des weltlichen Standes (S. 255), aus Šumen (geb. 1839), 1874 als Gehilfe des Metropoliten von Rušèuk zum Bischof mit dem Titel von „Branica“ geweiht,[2]) zuletzt Administrator des Bisthums von Trnovo. Ein alter Streiter ist der Schriftsteller und Dichter Petko R. Slavéjkov aus Trjavna (geb. 1827), nacheinander Kesselschmiedgehilfe, Dorfschullehrer, seit 1857 Journalist in Konstantinopel, ein Volksredner von interessanter Physiognomie und bäuerlichem Aussehen. Conservative Monarchisten waren Gregor Dim. Náčovič, ein in Konstantinopel und Paris gebildeter Kaufmanns-

1) Die Protokolle erschienen in Philippopel bei Danov 1879, 8°, 383 S. (S. A. aus der „Marica“).

2) Es ist ein Titel „in partibus“: Βρανίτζα der Urkunde von 1019, eigentlich Braničevo in Serbien (vgl. meine Heerstrasse 77).

sohn aus Sviätov, der seit 1867 sein Vaterland als politischer Flüchtling meiden musste, später Kaufmann in Wien, während der Occupation Redacteur der „Marica" und zuletzt Präsident des Gubernialrathes von Sofia, Dimitr Panajotov Grékov aus Bolgrad in Bessarabien (geb. 1847), halb gagauzischen Ursprungs, ein Jurist französischer Schule, zuletzt Staatsanwalt und Advocat in Rumänien, und der junge feingebildete Konstantin Stoilov aus Philippopel (geb. 1853), kurz zuvor in Heidelberg zum Doctor der Rechte promovirt.

Bei dem Zusammentritt der Versammlung waren die Gemüther durch die „allnationale Frage", nämlich durch die Opposition gegen den Berliner Vertrag erhitzt. Eine vom October 1878 datirte Denkschrift mit Protesten gegen die Zerstückelung des Landes und mit Hinweis auf die geringe Dauerhaftigkeit des künstlichen Zustandes war von einer aus Načovič, Grekov und Ikonomov bestehenden Deputation den Botschaftern der Grossmächte in Konstantinopel überreicht worden. Viele geborene Rumelier (Balabanov, Ikonomov, Karavelov, Stoilov u. A.) mieden ihr Vaterland und sassen unter den Notabeln von Trnovo als Beamte des Fürstenthums. In Trnovo weilte eben eine aus Ivan Evstr. Gešov und Dr. Jankulov bestehende ostrumelische Deputation auf dem Wege zu den Grossmächten. Eine Partei unter den Notabeln wollte diese Deputation durch Vertreter des Fürstenthums verstärken und die Versammlung bis zur Rückkehr derselben vertagen. Nach der Eröffnung der Versammlung und der schleppenden Erledigung der vielen Formalitäten tauchte die Frage in den Debatten auf, besonders in Folge feuriger Reden der Rumelioten Balabanov und Stoilov. Man beschloss ein neues Mémoire von der Versammlung selbst an die Mächte zu richten. Die Bewegung musste durch die energische Erklärung des russischen Vertreters gedämpft werden, die Abfassung eines solchen Mémoires überschreite die Befugnisse der Versammlung. In Folge dessen wurde das Mémoire, übrigens sehr gemässigt und vorzüglich gegen die Einführung türkischer Garnisonen in den Balkan gerichtet, ausserhalb der Versammlung abgefasst und den diplomatischen Agenten in Trnovo überreicht.

Erst nach einem Monat ging man an die Untersuchung des von der Occupationsregierung vorgelegten Projectes eines „organischen Reglementes". Dieses russische Elaborat war im Ganzen wenig liberal. Den Landtag bildeten darnach: 1. gewählte Deputirte, für je 20.000 Seelen, 2. vom Fürsten ernannte Mitglieder, an Zahl der Hälfte der Gewählten gleich, 3. der Exarch oder sein Vertreter, die Hälfte der Bischöfe, die Hälfte der Mitglieder des obersten Gerichtshofes und die Hälfte der Präsidenten aller Gubernial-, Kreis- und Handelsgerichte. Eine Art Oberhaus war der Staatsrath, bestehend aus 10 vom Landtag gewählten und 7—11 vom Fürsten ernannten Senatoren. Diese Verfassung sollte aber nur ein Provisorium für die ersten fünf Jahre bilden und dann umgearbeitet werden. Dondukov sagte in der Eröffnungsrede, das Project sei nur ein Programm; „es darf euere Ueberzeugungen nicht beengen und binden" und Jeder möge sich „mit voller Freiheit und Unabhängigkeit" aussprechen. Die Versammlung wählte zur Berathung über das Project eine 15gliedrige Commission. Die Wahl erfolgte noch kurz vor der Spaltung der Parteien, die sich bei der Angelegenheit des Mémoires vollzogen hatte. Da vernahm man zuerst die Namen der Conservativen und Liberalen. Conservative hiessen diejenigen, welche sich zuletzt gegen die Abfassung des Mémoires in der Versammlung selbst erklärt hatten, voran Balabanov, Ikonomov, Dr. Vȝlković, Načović, Grekov, Stoilov und die Bischöfe, Liberale ihre an Zahl stärkeren Gegner, welche auf dem Beschlusse beharren wollten, an der Spitze Cankov, Karavelov und Slavejkov und mit ihnen die ganze Jugend der Versammlung. In der Commission befanden sich 12 Conservative und nur 3 Liberale.

Der Commissionsbericht wollte die Freiheiten des Projectes noch mehr einschränken, besonders das Wahlrecht an einen Census binden, und meinte, es sei „nothwendig, dass in unserer Constitution ein Geist des verständigen Conservativismus wehe". Dies erregte einen gewaltigen Sturm. Nach heftigen Reden Karavelov's und Slavejkov's wurde der Bericht verworfen und die Versammlung ging an eine völlige Umarbeitung des russischen Projectes. Die Aenderungen waren den Russen nicht ungelegen; sie wünschten das ostrumelische Statut durch ein womöglich grösseres Ausmass von Freiheiten im Fürstenthum überboten sehen. Der Name eines „organischen Statutes", obwohl im Berliner Vertrag vorgeschrieben, wurde auf Vorschlag Cankov's durch Constitution (konstitucia) ersetzt, jede Erwähnung des Vasallenverhältnisses zur Pforte gelöscht, die Civilliste von 1 Mill. auf 600.000 Fr. verringert, alle Titel, Orden und Beamtenuniformen abgeschafft, der Senat ganz verworfen, die Zusammensetzung der Nationalversammlung vollständig umgearbeitet und das Ganze nicht als Provisorium, sondern als definitives Werk erklärt. Die Debatten waren sehr hitzig, ja nach der Annahme der unbegrenzten Press- und Versammlungsfreiheit vollführten die Conservativen auf eine Zeit lang eine Secession.

Die Notabelnversammlung wurde nach 27 Sitzungen am 16. (28.) April geschlossen und das Schlussprotokoll von dem russischen und ottomanischen Commissär, den Vertretern der Grossmächte und 208 Deputirten unterzeichnet. Gleich am folgenden Tage, am 17. (29.) April, dem Geburtstag des Kaisers Alexander II., trat die inzwischen gewählte (3 Deputirte auf je 10.000 Seelen) grosse Nationalversammlung zusammen zur Fürstenwahl. Der russische Commissär betonte in der kurzen Eröffnungsrede, der Kaiser habe die Candidatur eines jeden Russen verboten und ernannte zur Beschleunigung den ehemaligen Exarchen Anthim zum Präsidenten; auch die Wahlprüfung fiel weg, da dieselbe durch die Behörden durchgeführt sei.[1]) Darauf blieben die Deputirten bei geschlossenen Thüren allein. Bischof Kliment nannte die Candidaten: Fürst Reuss, Prinz Waldemar von Dänemark und Prinz Alexander von Battenberg. Als er den letzten als den russischen Candidaten und Neffen des Kaisers besprach und seinen Antheil im Kriege hervorhob, da brauste

1) Das war übrigens die erste Verletzung der gestrigen Constitution (Art. 115).

ein Sturm des Beifalls durch den Saal und die Wahl war durch Acclamation vollzogen.

Zum neugewählten Fürsten, der die Nachricht von seiner Wahl bei einem Fest auf der russischen Botschaft in Berlin erhalten und sich alsbald zum Kaiser in die Krim begeben hatte, wurde eine sechsgliedrige Deputation entsendet, bestehend aus dem Metropoliten Symeon von Varna, Burmov, Dr. Karakonovski, Stoilov, dem Bauer Gačo Canov aus Kula und dem greisen Türken Hadži Muezzin Effendi, um ihm den Erwählungsact zu überreichen. Auf einem russischen Kriegsschiff von Varna nach Jalta gebracht, wurde sie am 4. (16.) Mai im Schloss von Livadia vom Fürsten empfangen und dem Kaiser und der Kaiserin vorgestellt. Von dort trat der Fürst, begleitet von Stoilov als Secretär, eine Rundreise an, um sich den Höfen der Grossmächte vorzustellen. Die Occupationsregierung ging inzwischen rasch ihrem Ende zu, die russischen Regimenter zogen über Ruščuk ab und alle Grenzfragen wurden in Ordnung gebracht; Ende Mai übergaben die Serben Trn, Breznik und Caribrod dem Fürstenthum, das im Juni Džumaja im Strumagebiet der Pforte, im August Kotel an Ost-Rumelien überlieferte. Am 12. (24.) Juni traf der Fürst von Konstantinopel, wo er sich dem Sultan vorgestellt hatte, auf einem russischen Kriegsdampfer in Varna ein, feierlich empfangen von Dondukov, Cankov als dortigem Gouverneur und zahlreichen Deputationen. Von dort ging es in einem Triumphzug über Ruščuk nach Trnovo, wo Fürst Alexander am 26. Juni (8. Juli) vor derselben grossen Nationalversammlung, die ihn gewählt hatte, den Eid auf die Verfassung leistete. Der kaiserliche Commissär reiste dann sofort von Trnovo nach Russland ab. Der Fürst eilte nach Sofia, wo ihn am 1. (13.) Juli der Gouverneur Burmov an der Spitze der Centralverwaltung feierlich willkommen hiess.

### 3. Die ersten Regierungsjahre des Fürsten Alexander I.

Die ersten conservativen und liberalen Ministerien. Der Umsturz 1881 und die Periode der Vollmachten. Das Ministerium des Generals Sobolev 1882—3. Wiederherstellung der Verfassung 1883. Cankov und Karavelov zum zweiten Mal Ministerpräsidenten.

Die erst zehnjährige Geschichte des neuen Fürstenthums werden wir nur in einer gedrängten Uebersicht vorführen. Ihr Quellenmaterial, insbesondere an diplomatischen Actenstücken, ist noch sehr unvollständig. Die kleine Literatur ist voll Leidenschaft und Uebertreibung und enthält in der Beurtheilung des ersten Fürsten und der leitenden Politiker ganz diametrale Gegensätze. [1])

1) Die wichtigste Quelle für die ersten Jahre sind die Staatszeitung, die Protokolle der Nationalversammlung, die bulgarischen und ostrumelischen Zeitungen, sowie die Broschüren und Flugblätter dieser Periode und einige diplomatische Blaubücher. Literatur: A. G. Drandar (makedonischer Journalist aus Veles). Cinq ans de règne. Le prince Alexandre de Battenberg en Bulgarie, Paris, Dentu 1884 (Parteiwerk der Richtung Cankov's, enthält viel Unrichtiges selbst in den Zeitangaben; wurde, da der Verfasser nicht französisch kann, deutsch geschrieben und von Anderen übersetzt und redigirt).

Fürst Alexander I. (1879—1886) war bei dem Regierungsantritt erst ein 22jähriger Jüngling. Sein Vater, der Prinz Alexander von Hessen-Darmstadt († 1888), ein Bruder der russischen Kaiserin Maria Alexandrovna, der Gemahlin des Kaisers Alexander II., hatte als russischer General im Kaukasus und in Ungarn, als österreichischer General in der Lombardei 1859 und am Main 1866 commandirt und lebte zuletzt in ländlicher Zurückgezogenheit auf dem Schlosse Jugenheim in Hessen. Seine Mutter, die schöne Prinzessin Julie, war eine Tochter des aus Sachsen gebürtigen Generallieutenants Grafen Moritz von Hauke, welcher 1830 beim Ausbruch der polnischen Revolution in Warschau von den Insurgenten getödtet wurde; am Hofe des Kaisers Nikolaus erzogen, erhielt sie nach ihrer Ehe vom Grossherzog von Hessen den Titel einer Prinzessin von Battenberg, nach einer Burg und Stadt im preussischen Regierungsbezirk Wiesbaden. Der Bulgarenfürst war der zweite Sohn, geboren am 5. April (n. St.) 1857 in Verona. Nach kurzer Studiendauer wurde er zum Lieutenant im hessischen Dragonerregiment ernannt. Während des russisch-türkischen Krieges theilte ihn sein kaiserlicher Oheim als russischen Uhlanenlieutenant dem Generalstab zu. Er war betheiligt bei dem Donauübergang bei Svištov, dem ersten Uebergang Gurko's über den Balkan, bei dem Reiterzug nach Kajadžik zur Unterbrechung der Bahn von Adrianopel nach Philippopel, bei der Schlacht von Nova Zagora, der Belagerung von Pleven und der Aufstellung in St. Stefano. Schon damals bezeichneten ihn Zeitungsnachrichten als den künftigen Fürsten Bulgariens. Nach Beendigung des Feldzuges kehrte er nach Deutschland zurück und stand in Potsdam als Lieutenant in den preussischen Gardes du Corps.

Seine hohe Gestalt mit schönen Gesichtszügen, sein militärisches Aeussere (die Bulgaren sahen ihn nie in Civilkleidern) und seine persönliche Freundlichkeit gewannen ihm sehr viel Sympathien. Ausser seiner Muttersprache (er fühlte sich stets mit Stolz als Deutscher) sprach er sehr geläufig französisch, auch etwas englisch und italienisch. Obwohl seine Eltern gut russisch und polnisch kannten, hatte man ihn keine slavische Sprache gelehrt. Russisch hat er im Kriege nur wenige Worte erlernt, da er dort nie ein Commando bekleidete und ausschliesslich nur in den französisch conversirenden Stabskreisen verkehrte. Das Bulgarische erlernte er leicht, war aber lange Zeit selbst im Verkehr mit seinen Ministern auf die Beihilfe von Dolmetschern angewiesen und vermochte noch 1881 nicht längere handschriftliche Actenstücke zu lesen; auch blieb ihm stets eine schwere Aussprache mit fremdem Accent. Das Hofleben war einfach. Der Fürst hatte nur vier deutsche Herren bei sich; die russischen und bulgarischen Adju-

---

Adolf Koch, Fürst Alexander von Bulgarien, Darmstadt 1887 (der Verfasser stand als evangelischer Hofprediger dem Fürsten sehr nahe, war aber den bulgarischen Kreisen fern). Paul A. Matvejev, Bulgarien nach dem Berliner Congresse, Petersburg 1887, 8°, 327 S. russ. (der Autor lebte nie in Sofia, war nur einen Zeitlang im ostrumelischen Justizdepartement; ist dem Fürsten Alexander feind und schreibt viel aus Drandar ab). „Russie et Bulgarie. Les causes occultes de la question bulgare," Paris 1887 (anonym, von bulgarischer conservativer Seite).

tanten waren von Dondukov übernommen und die Kanzlei unter Dr. Stoilov als Chef wurde bald ganz bulgarisch. In Sofia verkehrte er mit vielen Leuten; den Vormittag widmete er den Geschäften, empfing Beamte, Officiere, Diplomaten und Deputationen, Nachmittags unternahm er Ausfahrten. Bei Hofe fehlte es nicht an Bällen, militärischen Festen und feierlichen Diners. Der Sommeraufenthalt war in Varna, Ruščuk oder im Kloster Rila, wozu sich alljährlich grössere Reisen in's Ausland gesellten. An der Jagd fand der Fürst wenig Vergnügen. Seine Lectüre beschränkte sich meist nur auf Zeitschriften.[1]) Im Privatleben kann der nahe Beobachter dem Fürsten nichts Uebles nachsagen; er benahm sich stets mit Würde und war ein ehrlicher Mann. Sein Hauptfehler war eine unvorsichtige Gesprächigkeit, im intriguengewandten Orient um so gefährlicher, weil dort jedes Wort rasch weiter getragen, gedeutelt und verdreht wird.

Zahlreich waren die Wandlungen der inneren Politik. Binnen fünf Jahren hat Fürst Alexander die ganze Stufenleiter von einer sehr freisinnigen Constitution bis zum Absolutismus und wieder zurück durchschritten und hatte in dieser Zeit mit allen Parteien nach einander regiert. Die bulgarischen Politiker erkannten sehr bald, dass der Fürst in der Civilverwaltung sehr wenig bewandert sei, in schwierigen Fragen nur den Meinungen seiner diplomatischen und bulgarischen Rathgeber folge und der heillosen Intriguenwirthschaft nicht mit abwartender Ruhe entgegenzutreten vermöge. Sie bemerkten auch bald seinen Widerwillen gegen die Constitution von Trnovo. Schnell hatten sie herausgefunden, dass er sehr wenig Vermögen besitze und auf die Civilliste angewiesen sei. Bald sahen viele Bulgaren ihn, wie alle Fremden, scheel an. Seine Popularität war den stärksten Schwankungen unterworfen und sank besonders nach dem Staatsstreich von 1881 sehr tief. Der Fürst sah von Anfang an klar, dass er zur Befestigung seiner Stellung eine grosse nationale Aufgabe lösen müsse und vom Tage des Empfanges in Livadia angefangen, sprach er bei jeder Gelegenheit von der Nothwendigkeit einer Union mit Ost-Rumelien.

Aus der Nähe betrachtet, hinterliess die innere Geschichte der siebenjährigen Regierungszeit Alexander's I. den Eindruck eines unruhigen Gährungsprocesses, einer permanenten Revolution, die bald von oben, bald von unten gemacht wurde, zeitweilig von ruhigeren Perioden unterbrochen. Die einheimischen Kräfte mussten sich erst auf dem neuen Felde abmessen. Kein einziger der bulgarischen Führer hatte eine anerkannte Autorität im Lande. Die politischen Anfänger an der Spitze schwankten hin und her von optimistischer Selbstüberhebung bis zur voreiligen Kopflosigkeit, verfolgt von dem kolossalen Gegensatz der Gegenwart und der frischen Vergangenheit

1) Ein Panegyriker gesteht „ein kleines Vorurtheil“ des Fürsten gegen die „Menschenclasse“ der „Gelehrten“ freimüthig ein, doch ist die Anekdote bei Koch S. 82 nicht richtig; einige höhere Beamte zählten 1879, um die geistigen Kräfte der neuen Administration zu überblicken, die studirten Juristen unter den Bulgaren und fanden in Sofia nur — fünf! Vgl. S. 280.

und von dem Widerstreit der theoretischen Experimentenmacherei mit dem unerbittlichen Ernst der Thatsachen. Aber bei aller Unruhe gab es keinen Bürgerkrieg, höchstens eine Keilerei bei den Wahlen, und das Land machte gewaltige Fortschritte, ohne dass die Betheiligten im Taumel der Parteileidenschaften sich dessen klar bewusst waren.

Schon die Zusammenstellung des ersten Ministeriums war mit grossen Schwierigkeiten verbunden. Ein provisorisches Coalitionsministerium wurde durch den persönlichen Gegensatz zwischen Cankov und Grekov unmöglich. Erst am fünften Tag nach der Ankunft in Sofia, am 5. (17.) Juli 1879, wurde durch den fürstlichen Ukaz Nr. 1 ein rein conservatives Cabinet aus der Minorität der Trnover Notabelnversammlung ernannt. Um seine Zusammenstellung hatte sich der russische diplomatische Agent Davydov, ein feiner Diplomat alter Schule und kein Freund des neubulgarischen Radicalismus, viel bemüht.[1]) Präsident und Minister des Innern wurde der Sofianer Gouverneur Theodor Stojanov Burmov, ein Gabrover, Zögling der Kiever geistlichen Akademie, später Lehrer und Journalist, zuletzt Beamter der russischen Botschaft in Konstantinopel, ein pedantischer alter Herr; das Aeussere übernahm Balabanov, die Finanzen Načovič, die Justiz Grekov, den Unterricht der greise Arzt Dr. Atanasovič aus Svištov (zuletzt Professor in Bukarest), das Kriegsministerium der russische Generalmajor P. D. Parensov. Diese nagelneue einheimische Regierung sass bald in Tausend Aengsten eingeklemmt in einem Chaos. Ein starkes türkisches Brigantaggio führte schon am 10. (22.) Juli zur Proclamirung des Kriegszustandes in den östlichen Kreisen, was die Verhältnisse zur Pforte, die Cankov als erster diplomatischer Agent Bulgariens in Konstantinopel einleitete, nachtheilig beeinflusste. Die Parteien formirten sich rasch; die Constitution wurde ihr Streitobject, der Fürstentitel ihr Losungswort, denn in der Verfassung lautete er „Durchlaucht" (Svetlost), die conservative Regierung vertheidigte aber die vom Fürsten beanspruchte „Hoheit" (Visočestvo). Seit August gab es auch Journalfehden und Meetings, jedoch alles noch zahm und fast idyllisch.

Im October fanden die Wahlen der 168 Deputirten in die erste Nationalversammlung statt. Wer die Majorität habe, war dunkel; von den Gewählten, überwiegend nur Bauern, wussten die Meisten selbst nicht, wohin sie gehören. Bei dem Zusammentritt bekam aber die Opposition die Bauern in die Hand; Karavelov wurde Präsident, Slavejkov und der junge Revolutionär Stambulov, während der Occupation Beamter bei der Polizei von Trnovo und später bei der Direction des Innern, die Führer der Majorität. Bei der feierlichen Eröffnung in einer ursprünglich für Theatervorstellungen errichteten Holzbude in Sofia am 21. Oct. (2. Nov.) las der Fürst, in einem engen Holzthrönchen einheimischer Schnitzarbeit sitzend, seine erste Thronrede bulgarisch mit fester Stimme vor; sie kündete die Vorlage von 17 Gesetzvorschlägen an und rieth zu rascher Zeitbenützung. Kaum war der Fürst fort und die Jubelrufe verhallt, ging eine stürmische Sitzung los, bei der es

1) Davydov starb 1886 als Gesandter in Japan.

wegen der Bureauwahl fast zur Prügelei kam. Denselben Charakter hatten die späteren durch fünf Wochen [1]) sich hinziehenden Verhandlungen. Nach einer stürmischen Adressdebatte wurde die schon am ersten Sitzungstag angebotene Demission des Cabinets vom Fürsten angenommen, aber Karavelov war nicht im Stande ein neues Ministerium zu formiren, um so mehr, als es ein gemischtes sein sollte. Endlich in der XX. Sitzung am 24. November (6. December) bestieg der Ministerpräsident Burmov in seinem Frack mit goldenen Knöpfen die Tribüne, um ein geheimnissvolles Decret zu verlesen. Es enthielt die Auflösung der Kammer, weil sie die Demission des Ministeriums bewirkt habe, ohne ein neues Cabinet aufstellen zu können. In fluchtähnlicher Unordnung verliessen die Abgeordneten den Saal.

Das erste Ministerium konnte nach diesem energischen Schritt fortregieren, wurde aber nicht behalten. Das war der Beginn des grossen Menschenverbrauches, der die ersten Jahre der bulgarischen Verwaltung charakterisirt. Am Tag nach der Auflösung erschien die neue Liste: Ministerpräsident und Unterrichtsminister wurde Bischof Kliment, Minister des Innern Ikonomov, der inzwischen ostrumelischer Präfect in Sliven gewesen war und nun eine Mittelpartei stiften wollte; Načović (auch für's Aeussere), Grekov und Parensov blieben. Ende Jänner 1880 wurden neue Wahlen ausgeschrieben; unter den Neugewählten gab es mehr studirte Leute, aber die Conservativen hatten wieder kaum 20 Vertreter. Der Fürst reiste darauf nach Petersburg zum 25jährigen Regierungsjubiläum des Kaisers und war Zeuge des Attentates im Winterpalais. Der Fürst sprach sich dort für eine Wiederauflösung der Nationalversammlung und Suspendirung der Press- und Versammlungsfreiheit aus, aber der Kaiser und die russischen Minister riethen ihm abzuwarten und sich mit den bulgarischen Parteien auf gütlichem Wege abzufinden. Instructionen dieser Art erhielt der neue russische Vertreter A. M. Kumani, ein Mann griechischen Ursprungs, ehemals Marineofficier.

Am 23. März (4. April) 1880 wurde die zweite ordentliche Nationalversammlung eröffnet. Die Opposition rüstete sich zu einem grossen Anlauf gegen Grekov und Načović; die übrigen Minister wollte man behalten. Nach einer langen hitzigen Debatte zwischen Cankov und Karavelov über die Präsidentenwahl machte der Ministerpräsident in der Eröffnungssitzung die lakonische, ganz überraschende Mittheilung, das Ministerium habe sich nur für provisorisch gehalten und deshalb schon gestern demissionirt. [2]) Nach einer schweren Krisis, da Kliment und Ikonomov alle Theilnahme ablehnten und auch zwischen Cankov und Karavelov Differenzen bestanden, war das liberale Ministerium am 26. März (7. April) fertig: der gravitätisch ruhige Cankov übernahm das Präsidium und das Aeussere, der bewegliche Kara-

1) Protokolle I S. 1—170. Drandar, der doch damals in Sofia zugegen war, macht (S. 38) aus den fünf Wochen — „six jours“!

2) Ikonomov hatte über das Anrennen der Opposition und deren Verblüffung eine unbändige Schadenfreude. Die Darstellung bei Drandar S. 51 und seinen Abschreibern, als ob die Kammer mit dem Galleriepublicum das Ministerium gestürzt hätte, ist ganz unrichtig.

velov wurde Finanzminister, während die übrigen drei Portefeuilles russischen Zöglingen ohne politische Bedeutung zufielen, die Justiz dem Sofianer Christo Stojanov, zuvor Journalist in Konstantinopel, das Innere dem Svištover Tišev, früher Secretär der Exarchie, der Unterricht dem Gabrover Professor Güzelev, Verfasser von physikalischen Schulbüchern. Es kam auch ein neuer Kriegsminister, der Generallieutenant Kasimir Gustafsohn Ehrenrooth, ein Finnländer, streng gegen sich und gegen andere, der durch seine Energie rasch die Bulgaren gewann, aber als ein Mann aus den geordneten Zuständen eines autonomen, constitutionellen Landes von den bulgarischen Verwaltungskünsten, dem Ernennen von Beamten ohne Prüfungen und deren Wechsel durch blosse Ministerlaune wenig entzückt war.

Darauf wurden in 75 Sitzungstagen die ersten Gesetze und das erste Budget votirt. Es fehlte nicht an Ausbrüchen von Parteileidenschaften. Bei der Verification wurden die Conservativen auf 12 reducirt und dem verhassten Grekov sogar das bulgarische Bürgerrecht entzogen. Der Führer der Majorität war der schneidige junge Stambulov, der damals in seinem Radicalismus für die Ersetzung der ernannten Administrativbeamten durch Wahlbeamten und des Heeres durch eine Nationalgarde mit gewählten Officieren eiferte, dabei ein Feind des Fürsten. In der Budgetdebatte trennten sich plötzlich die Beamtenintelligenz und die Majorität der Bauern, welche alle Gehalte reducirte.[1])

Während der Herbstsession wurde das Ministerium zweimal reconstruirt. Cankov hatte durch ein provisorisches, ohne Rücksicht auf das Exarchialstatut erlassenes Cultusgesetz den Clerus und die Russen, durch einen scharfen Conflict mit dem österreichischen diplomatischen Agenten Grafen Khevenhüller wegen der Donauconferenz in Galatz Oesterreich gegen sich aufgebracht. Am 28. Nov. (10. Dec.) wurde das ganze Cabinet reconstruirt: Karavelov Präsident, Finanzen und Justiz, Cankov Inneres, Nikola Stojčov (aus Šumen, früher Beamter der Bahngesellschaft Ruščuk-Varna) Aeusseres, Slavejkov Unterricht. Der Fürst forderte aber bald die vollständige Ausscheidung Cankov's, wodurch er sich an demselben einen unversöhnlichen Feind schaffte. Bei der Umgestaltung am 17. (29.) December übernahm Slavejkov das Innere, der Director des statistischen Bureaus Sarafov (aus Trnovo) den Unterricht. Die Kammer votirte das Budget in zwei Tagen. Sie ertheilte dem Ministerium über Vorschlag Cankov's, trotz der Rufe von einer Dictatur, eine Vollmacht administrative Gesetze provisorisch zu erlassen, mit nachträglicher Bestätigung in der nächsten Herbstsession.

Inzwischen war alles mehr in's Geleise gekommen und in den Ministerien sass man wieder bei der vollen Organisationsarbeit. Aber die Erbit-

1) Eine „cause celèbre" war die Annullirung des Contractes des französischen Finanzconseillers Hoodé, worauf die bulg. Regierung in Folge energischer Reclamationen der Republik 85.000 Fr. Entschädigungen zahlen musste. Der Contract ist abgedruckt in der „Voix de la Bulgarie" I Nr. 46. Der Contractbruch war nur durch blinde Erbitterung gegen alle Massregeln der vorigen Regierungen verschuldet; später bekleidete Herr Euméne Queillé $2\frac{1}{2}$ Jahr anstandslos denselben Posten.

terung der Parteien war in stetem Wachsthum, mit einer krankhaften Nervosität aller politischen Kreise. Die Regierung liess trotz ihrer Uebermacht nicht von der Verfolgung der Gegner ab, der Beamtenwechsel nahm kein Ende und bald gab es auch Conflicte mit dem Fürsten, der nicht alles blindlings unterschreiben wollte. Nach der Ermordung des Kaisers Alexander II. hatten sich einige Liberale selbst in Zeitungen über das traurige Ende des Car-Befreiers in verdächtiger Weise geäussert. Die Conservativen begannen nun in ihren Blättern und in Adressen einen Feldzug gegen die „bulgarischen Nihilisten", wobei es in vielen Städten zu Parteischlägereien kam. Der Fürst war abwesend, bei den Begräbnissfeierlichkeiten in Petersburg und dann in Berlin, Darmstadt und Wien.

Elf Tage nach der Rückkehr des Fürsten, am Morgen des 27. April (9. Mai) 1881 sprach man in Sofia allgemein vom Staatsstreich (prevrát) und vom Fall des Ministeriums. Um 1 Uhr Nachmittags wurde eine gedruckte Proclamation des Fürsten bekannt, in welcher er erklärte, dass er nach zweijährigen Versuchen und getäuschten Erwartungen abdanken und „die Krone und die Geschicke" Bulgariens in die Hände einer grossen Nationalversammlung zurückstellen werde; bleiben könne er nur in dem Fall, wenn gewisse noch näher zu bezeichnende Bedingungen erfüllt werden. Der Kriegsminister Ehrenrooth wurde Präsident der provisorischen Verwaltung bis zur Nationalversammlung mit drei Portefeuille's (Krieg, Inneres und Aeusseres). Von den Mitgliedern des vorigen Cabinets blieb nur der in Wien bei der Eisenbahnconferenz abwesende Stojčov. Im letzten Moment übernahmen der Bankdirector Želesković (ein Svištover) die Finanzen, der Präsident des obersten Gerichtshofes Stamatov (ein Bessarabier aus Akkerman) die Justiz als provisorische Leiter. Am folgenden Tage wurde zum Geranten des Unterrichtsministeriums der zur zeitweiligen provisorischen Vertretung stets verpflichtete Generalsecretär desselben, der Verfasser dieses Buches bestellt.[1])

In Sofia war Anfangs alles betroffen. Die verschiedenen Parteihäupter konnten sich leicht verständigen, zum Fürsten gehen und die Sache mit echtem Patriotismus rasch applaniren. Aber die Leute waren nicht reif dazu und so eine Verständigung gelang erst nach saueren zwei Lehrjahren. Man machte wohl Versuche, besonders als der Exarch eigens aus Konstantinopel nach Sofia kam, küsste und umarmte sich dabei mit innerer Heuchelei, ging aber nach erbitterten Recriminationen erfolglos auseinander. Als die Opposition zur Besinnung kam, agitirte sie, unterstützt von englischen Parteimännern, welche in dem Umsturz nur einen Schachzug Russlands sahen, offen für den Abzug des Fürsten und befürwortete die Candidatur des ostrumelischen Generalgouverneurs Alexander Vogoridi.

1) Vgl. die Aufzeichnungen des Želesković in der „Trnovska Konstitucia" 31. März 1884 Nr. 26. Ich war eben von einer Reise in die westlichen Bezirke zurückgekehrt und durch den Umsturz höchst unangenehm überrascht, da er mir alle Arbeits-, Reise- und Studienpläne umwarf. In der Folge habe ich zwei Sommer und einen Winter verloren, um als Ersatz den Geist der politischen Cirkel von Sofia aus erster Quelle mit Musse zu studiren.

Die Vorgeschichte dieser Umwälzung ist in einiges Dunkel gehüllt. Der Fürst betrachtete von seiner Wahl angefangen die Constitution von Trnovo als die Quelle allen Uebels und wurde in dieser Anschauung von manchen Diplomaten, den Conservativen und den Moskauer Politikern Aksakov und Katkov bestärkt. Dabei übersah er, dass viele Schattenseiten, besonders der Mangel an Stabilität, nicht in den Institutionen, sondern in der Gemüthsart der Parteiführer und der ganzen politischen Gesellschaft begründet und bei der Neuheit des Staatsgebildes auch ganz natürlich waren. Aus den damaligen Unterredungen des Fürsten mit seinen Oberbeamten und mit fremden Correspondenten [1]) ist es klar, dass der Gedanke des Umsturzes ihm allein gehörte, ohne auswärtige Einflüsse, und zwar wollte er die Sache in der Herbstsession der Nationalversammlung 1881 zur Sprache bringen, aber nach der Rückkehr von der Reise drängte ihn die gereizte Stimmung der Sofianer Parteikreise zur Eile. Der Unterstützung der Grossmächte konnte er sicher sein, da damals allen, auch dem neuen russischen Kaiser Alexander III., daran gelegen war, dass der Fürst in Bulgarien bleibe. Ein Wagniss war es allerdings und der Fürst war auch auf alles gefasst; im Palast wurden damals die Privatsachen des Fürsten und das Staatsmobiliar rasch festgestellt und mit entsprechenden Etiquetten auf der Rückseite beklebt. Aus dem englischen Blaubuch ist zu ersehen, dass die Cabinete von Wien und Petersburg den Schritt übereilt fanden; derselben Ansicht waren in Bulgarien sehr viele Anhänger des Fürsten, welche keine speciellen Motive für die plötzliche Hervorrufung einer so gefährlichen Situation finden konnten.

Eine Woche nach der Proclamation traf ein neuer russischer diplomatischer Agent ein, da der Fürst inzwischen die Abberufung des ihm nicht genehmen Kumani erwirkt hatte. Es war Michail A. Chitrovó, der Nachkomme einer alten Moskauer Bojarenfamilie, der schon 22 Jahre auf der Halbinsel diente, als Consul in Bitolia, Generalconsul in Salonik und Konstantinopel, und geläufig bulgarisch sprach. Er war von Petersburg mit Instructionen abgereist, einen solchen Sprung, von dessen Vorbereitungen man durch Kumani etwas erfahren hatte, zu verhindern und wurde unterwegs in Wien von der Nachricht über den Umsturz ereilt. Nach der Ankunft überwarf er sich bald mit Ehrenrooth, unterstützte aber die Sache des Fürsten aus allen Kräften. Die russischen Parteien nahmen in ihren Journalen Stellung gegen einander; die Liberalen griffen den Fürsten und Ehrenrooth heftig an, die Moskauer Altrussen priesen jede Massregel gegen die bulgarische Constitution.

Ehrenrooth konnte leicht die Häupter der Liberalen über Nacht einsperren und ihre Zeitungen einstellen lassen, aber er hinderte Niemand an der Opposition; das grosse Geschrei hielt er für ein Zeichen der Schwäche. Seine Art mit nur 150 russischen Officieren das Land bei vollständig freier Entfesselung der Leidenschaften verwalten zu wollen, hielten Viele, besonders

1) Vgl. das Gespräch mit M. Wallace, dem Correspondenten des „Standard", von Ende Juni 1881 (reproducirt z. B. in den Wiener Blättern von Anfang Juli).

in diplomatischen Kreisen, für bedenklichen Leichtsinn. Selbst die Beamten wurden wenig gewechselt, alle Diensttelegramme ohne Chiffern versendet und das Feuer und Flammen gegen den „Lieutenant Battenberg" speiende Organ des gefallenen Ministeriums, die „Nezavisimost", durfte bis zum Tag der grossen Nationalversammlung ungehindert zweimal in der Woche erscheinen, obwohl es dem Fürsten sogar mit dem Schicksal Ludwig's XVI. und Kaiser Maximilian's von Mexiko drohte. Erst als einige Fälle von Amtsmissbrauch zum Besten der Opposition stattfanden, erfolgte ein Schreckschuss. Ehrenrooth stellte die Polizeibeamten und die Gendarmerie unter militärische Gerichtsbarkeit und kündigte die Errichtung von fünf Kriegsgerichten für dieselben an, was auf dem Papier blieb, aber seinen Zweck nicht verfehlte.

Am 13. (25.) Mai erschienen in der Staatszeitung die Bedingungen der Wiederwahl: 1. ausserordentliche Vollmachten auf sieben Jahre, zur Reform der Verwaltung und Schaffung neuer Institutionen, besonders eines aus Bulgaren bestehenden Staatsrathes; 2. der Ausfall der diesjährigen Nationalversammlung und Verlängerung des laufenden Budgets auf das nächste Jahr; 3. Einberufung einer grossen Nationalversammlung vor Ablauf des Septennats, zur Revision der Constitution. Gleichzeitig trat der Fürst in Begleitung Chitrovo's eine Reise durch das ganze Land an, von Küstendil bis Varna. Es zeigte sich, dass alles fürstlich gesinnt war, mit Ausnahme eines Landstriches von Rachovo über Pleven nach Trnovo. Bei den Wahlvorbereitungen gewannen überdies die Conservativen, unterstützt von den klaren russischen Enuntiationen zu Gunsten des Fürsten, die Oberhand durch Gewinnung der Bauern gegen die meist liberalen Städter. Die Wahlen wurden am 14. (26.) Juni vorgenommen, die Nachwahlen nach einer Woche. Unter den 319 Gewählten gab es nur vier Liberale; in Trnovo wurden Cankov, Karavelov, Slavejkov und Sarafov gewählt. Die Mehrzahl der Deputirten waren Bauern. Hie und da gab es kolossale Wahlschlägereien, besonders in Pleven, Rachovo und Nikopol, wo betrunkene, von Agitatoren, meist ehemaligen Beamten des letzten Ministeriums geführte Massen einen Sturm auf die Amtshäuser versuchten, so dass dort der Belagerungszustand proclamirt werden musste und die Wahl überhaupt nicht stattfand. Aber auch dabei ist kein Menschenleben verloren gegangen.

Die grosse Nationalversammlung trat am 1. (13.) Juli in Svištov zusammen, in einem provisorischen Holzpavillon. Der Fürst traf am Vorabend aus Varna ein und wohnte, wie zur Abreise bereit, auf dem Regierungsschiff „Golubčik", einem ehrwürdigen, 1840 erbauten Raddampfer. Nach der Ankunft empfing er das diplomatische Corps, dessen Doyen, der deutsche diplomatische Agent von Thielau, eine nach langen Unterhandlungen zwischen den Cabineten festgesetzte Collectiverklärung der Mächte vorlas, mit den aufrichtigsten Wünschen für die unauflösliche Einigung zwischen dem Fürsten und Bulgarien; der Fürst sei in den Augen Europa's eine Garantie für die Ruhe und Ordnung und eine Bürgschaft für die glückliche Entwicklung des Landes. Die Sitzung war kurz, wie 1879 in Trnovo, ohne Verification und sogar ohne Bureau. Anwesend waren 306 Deputirte, darunter 59 Türken; die 4 Liberalen fehlten. Der Fürst las eine kurze Thronrede vor, eine laute Acclamation „es lebe der Fürst Alexander" durchbrauste den Saal, rasch wurde ein Protokoll unterzeichnet, worauf der Fürst mit einigen Dankesworten schloss. Dabei wurde ein gedrucktes Manifest vertheilt, das eine ausgezeichnete Wirkung hatte. Es gab die Vergangenheit der Vergessenheit anheim, verkündete, dass die Vollmachten nur zur Abstellung von Unordnung, Willkühr und Bedrückungen dienen werden und stellte Gerechtigkeit, gesetzlichen Schutz der Person und positive und systematische Arbeit als Hauptziele der Regierung dar.

Diese Regierung war aber nicht vorbereitet. Ehrenrooth hatte wegen seines Verhältnisses zu Chitrovo und wegen des Odiums der Umwälzung, welches er ganz auf sich nehmen wollte, demissionirt und reiste sofort ab; er bekleidet jetzt das Amt eines Staatssecretärs für Finnland. Das Ministerium wurde erst am Tag der Versammlung am Bord des „Golubčik" mit grosser Noth definitiv zusammengestellt, eine bunte Vereinigung heterogener Elemente, Ausländer und gemässigter Bulgaren, zur Hälfte erst in den letzten Tagen telegraphisch aus Ost-Rumelien und Russland zusammengebracht. Es hatte keinen Präsidenten; der Fürst wollte sein eigener Ministerpräsident sein. Als Senior präsidirte der Kriegsminister, der greise General Vladimir Vas. Krylov, der die Donauländer seit dem Krimkrieg kannte. Gerant des Innern wurde nach langen Unterhandlungen über Empfehlung Ehrenrooth's der Oberstlieutenant Arnold von Römlingen, zuletzt Stabschef der bulgarischen Armee, ein rastlos thätiger Mann, der aber seine harte Hand bald auf den Liberalen, bald auf den Conservativen lasten liess und dadurch sehr unbeliebt wurde, bis ihn im Jänner 1882 Načović ersetzte. Eine Hauptperson war der Minister des Aeusseren Dr. Georg Vǎlković aus Koprištica, bisher Director der öffentlichen Arbeiten in Ost-Rumelien, ein Zögling der Pariser Universität, der als türkischer Militärarzt den Rang eines Obersten mit dem Titel „Bey" erreicht hatte. Die Justiz übernahm Georg Teocharov, ein Halbwlache aus Peštera, zuletzt russischer Staatsanwalt. Aus der provisorischen Regierung wurden der Finanz- und Unterrichtsminister hinübergenommen.

Nichts war leichter, als nun mit kräftiger Hand eine zielbewusste und solide Civiladministration zu schaffen. Die intelligenten Classen wurden durch Erhöhung der Beamtengehalte gewonnen, eine volle Amnestie vervollständigte das Manifest, die Opposition war still und innerlich zerfallen, ja Karavelov mit Anderen war nach Ost-Rumelien emigrirt, und selbst die Zeitungen gingen fast alle ein. Aber zu einer ruhigen Entwicklung kam es dennoch nicht: die Leute waren dieselben geblieben und das Parteiwesen konnte durch keine Veränderung in der Regierungsform gebannt werden. Der Fürst liess sich bald von Politikern ausserhalb des Ministeriums leiten und bei den Behörden fehlte es an Disciplin, da viele conservative Beamte mehr ihrer Parteileitung als ihren Chefs folgten. Es hätte nicht viel gefehlt und das Ministerium wäre durch das unzeitgemässe Auftauchen der Eisenbahnfrage, die eine stehende Landplage war, schon drei Wochen nach der Svištover Nationalversammlung auseinander gegangen.[1]) Es blieb, zerfiel aber in Parteien, in Anhänger des Manifestes und Verfechter eines Absolutismus, und Jeder machte, was ihm gefiel. Die Situation hatte vieles Unklare; es wäre besser gewesen, wenn man ganz bestimmte Paragraphen der Constitution suspendirt, die übrigen aber streng eingehalten hätte. Die Conservativen reclamirten den Sieg von Svištov für sich und wollten auch die Beute, nämlich die Regierung. Schon zu Neujahr war das Cabinet unhaltbar und viele Minister betrieben ungeduldig ihre Entlassung.

Der Staatsrath kam unter grossen Schwierigkeiten zu Stande. Der Fürst wollte nur ernannte Mitglieder, nahm aber das Project des Professors Drinov als präsumtiven Präsidenten an, wornach zwei Drittel der 12 Senatoren durch ein Listenscrutinium aus einem Verzeichniss aller Bulgaren mit Hochschulbildung gewählt werden sollten, durch Wahlmänner, wie die Kreisvertretungen. Bei diesen Wahlen (im November 1881) siegten die Conservativen. Drinov nahm die Präsidentschaft nicht an, da die Conservativen bei den Wahlen überall gegen ihn agitirt hatten, und blieb in Russland. Balabanov wies das Amt gleichfalls ab und ging sogar zur Opposition über. Endlich wurde Ikonomov Präsident, trat aber nach wenigen Monaten zurück. Die Senatoren, Conservative und Gemässigte, darunter auch ein Türke, begannen ihre Sitzungen im Jänner 1882. Unter den Mitgliedern befand sich Anfangs ein einziger, später gar kein studirter Jurist, dagegen zuletzt fünf ehemals türkische Beamten. Die in ihrer Würde stolz posirenden alten Schulmeister, Mediciner, ehemalige Theologen und Kaufleute übersetzten und compilirten fleissig Gesetze, mühten sich aber oft überflüssig ab Dinge zu erfinden, die in Handbüchern fertig dastehen. Nach zwei Jahren wurde die Institution ohne Sang und Klang wieder aufgehoben.

Cankov, damals Lehrer an der Communalschule von Sofia, wollte die offenbare Zerfahrenheit ausnützen und begann Agitationen zur Errichtung von Comités und Einberufung von Meetings. Am 6. (18.) Februar wurde Cankov im Morgendunkel von Polizeibeamten geweckt, auf einem Postwagen nach Vraca gebracht und dort internirt. Dieser Gewaltstreich geschah ohne Wissen des Ministerrathes und hatte nur den Erfolg, dass man plötzlich überall von dem halb vergessenen Cankov sprach, ihn als Märtyrer verherrlichte und dass die Conservativen von Vraca aus Liebe für ihren unfreiwilligen Gast liberal wurden.[2])

---

1) In dem Ministerrath am 20. Juli (1. August) und am folgenden Tage, an welchem die Minister ausser Teocharov, der Chef des fürstlichen Cabinets Stoilov und der Chefingenieur Kopytkin (ein Russe) theilnahmen, exponirte sich der Fürst sehr für das Project der Linie Sofia-Rusčuk, das der russische General Struve als Vertreter des Unternehmers Günzburg anempfahl; man ertheilte schliesslich Struve die Erlaubniss zu Studien auf seine eigenen Kosten. Der Finanzminister reichte sogar die Demission ein. Die Broschüre „Les causes occultes" S. 41 lässt, ausser einem irrigen Datum, irrthümlich auch Chitrovo und Struve an diesem Ministerrath theilnehmen.

2) Der Verfasser erfuhr in seinem entlegenen Bureau die Neuigkeit von Cankov's Entführung erst um 1 Uhr Nachmittags von seinen Beamten und eilte in den Staatsrath zu Ikonomov, der ihm sagte, die Abführung sei auf Befehl des Fürsten selbst erfolgt.

Die Gährung in der politischen Gesellschaft von Sofia nahm sodann ganz bedenkliche Formen an, die den Zuständen des letzten Winters überaus ähnlich waren. Chitrovo war mit dem Fürsten längst nicht mehr in gutem Einvernehmen. Den Plan Ikonomov's, ein neues gemischtes Ministerium zusammenzustellen, wies der Fürst ab, denn er verfolgte damals den verhängnissvollen Gedanken einen Ministerpräsidenten in Russland zu suchen. Im April reiste er plötzlich ab, angeblich in seine hessische Heimat, in der That aber gerade aus nach Petersburg. Vom Kaiserpaar wurde er sehr freundlich aufgenommen, aber sein Gesuch um einen Ministerpräsidenten, einen neuen Kriegsminister und einen neuen diplomatischen Agenten stiess auf Schwierigkeiten. Dennoch wurde Chitrovo nach Egypten versetzt. Zu den anderen Aemtern fand man nach langem Suchen zwei junge Generalmajore unter den asiatischen Specialisten Russlands: Ministerpräsident wurde Leonid N. Sobolev, Verfasser eines Buches über Afghanistan, im letzten Krieg Kanzleichef bei Čerkaski, dann Generalstabsofficier auf der Šipka, Kriegsminister der Baron Alexander V. Kaulbars, Autor eines Werkes über den Aralsee. Ihre Sendung war vom Kaiser an die Bedingung geknüpft, dass sie mindestens zwei Jahre lang in bulgarischen Diensten bleiben.[1])

Am 23. Juni (5. Juli) 1882 trat das neue Ministerium an. Die Collegen der Generäle waren drei Conservative, vom Fürsten ausgesucht: Vlković für Aeusseres, Načović Finanzen, Grekov Justiz, dazu Teocharov für den Unterricht. Bald brachen neue Conflicte aus. Die Generäle befürworteten den Bahnbau von Staatswegen mit Hilfe der Truppen und engagirten als Director der öffentlichen Bauten den Fürsten Michail Chilkov, einen Russen mit dem Aeussern eines Yankee, der sich später bei dem Bau der Turkestaner Bahn nach Samarkand ausgezeichnet hat; die Conservativen, voran Vlković, waren für eine Privatunternehmung. Auch von der Verfolgung der Liberalen wollten die Generäle nichts wissen, liessen wieder eine (von Balabanov redigirte) oppositionelle Zeitung zu und erlaubten Cankov eine Reise in's Ausland.

Im Winter trat eine Nationalversammlung zusammen, nicht in der alten Art, sondern nur 56 Abgeordnete stark, nach einem im Staatsrath hergestellten gekünstelten Wahlgesetz, mit Ausschliessung aller Beamten, Lehrer, Richter und Priester in zwei Stufen selbst in den Städten durch Wahlmänner gewählt. Bei den Wahlen brachten die Liberalen nur 10 Candidaten durch, diese wurden aber nicht verificirt. Die übrigen 46, darunter 12 Türken, tagten vom 10. (22.) December 1882 bis zum 13. (25.) Februar 1883 im Gymnasium von Sofia, da die Bretterbude inzwischen abgebrannt war, und wurden auf Staatskosten in zwei Gasthöfen beherbergt, „um sie dem Einfluss politischer Parteien zu entziehen". Bald bildete sich aber auch in diesem Miniaturlandtag neben den Conservativen eine Fraction von 14 „Unabhängigen". Statt der Constitution wurden die Deputirten auf die Ge-

1) Zwei Jahre gibt Sobolev in seiner Broschüre an; der Fürst sagte mir damals von drei Jahren. Die weiteren Details der Uebereinkunft sind unbekannt.

setze und die fürstlichen Vollmachten vereidigt. Präsident war der Bischof Symeon. Die Versammlung hatte nur finanzielle Fragen zu entscheiden, arbeitete mit grossem Fleiss, die Haltung der conservativen Majorität führte aber zu einem weiteren Bruch zwischen den Generälen und conservativen Ministern.[1]) Im Jänner wurde Vəlković durch Stoilov ersetzt und zum Präsidenten des Staatsrathes ernannt. Trotz vielen glänzenden Bällen bei Hof und den Generälen war die Stimmung trüb, ja Ikonomov und Andere proponirten nach Neujahr öffentlich die Berufung einer grossen Nationalversammlung als einziges Auskunftsmittel. In der Gendarmeriefrage geriethen die Conservativen der Kammer in Widerspruch auch mit dem Fürsten; sie wollten die damals militärische Gendarmerie oder die 8 Escadronen „Dragoner" wieder unter die Civilverwaltung zurückbringen, damit, wie man sich sagte, die Präfecten durch dieselbe wieder agitiren, missliebige Parteigegner verfolgen und für sich Eier, Hühner und Ferkel sammeln lassen könnten. Der Fürst bestätigte das Budget erst nach einer Correctur in der Gendarmeriefrage.

Die Ministerkrise liess nicht lange auf sich warten. Die Exarchialsynode in Konstantinopel setzte den Metropoliten von Sofia Meletij, einen makedonischen Athosmönch, wegen seinen Conflicten mit den Sofianern ab und die Massregel wurde von Stoilov als Cultusminister sofort durchgeführt. Die Generäle nahmen sich des abgesetzten Kirchenfürsten vergeblich an. In dem daraus entstandenen Conflict traten die drei conservativen Minister zurück. Dabei überreichten sie dem Fürsten eine umfangreiche französische Denkschrift, in welcher sie die Generäle beschuldigten, dass sie den Fürsten vertreiben und Bulgarien in eine russische Provinz verwandeln wollen und als einzigen Ausweg die Berufung einer grossen Nationalversammlung anriethen. Der Fürst gab dieses confidentielle Actenstück den Generälen zu lesen, was ihm die Conservativen heute noch nicht verzeihen können.[2])

Das neue Cabinet der Generäle vom 3. (15.) März bestand aus Russen, gemässigten Conservativen und Liberalen, die alle nur Geranten waren: Kyriak Cankov (ein Neffe des liberalen Parteihauptes) Aeusseres, Teocharov Justiz, Agura (ein Bessarabier) Unterricht, Burmov Finanzen, Chilkov öffentliche Arbeiten. Mit der Popularität des Fürsten stand es damals schlecht; die liberale Majorität der Intelligenz war ihm damals noch ganz ungünstig gesinnt und die Conservativen grollten ihm, weil er sie in dem Conflict mit den Generälen angeblich nicht unterstützt hatte. In diplomatischen Kreisen hielt man seine Stellung für ganz erschüttert.

Im April brach der Fürst auf eine lange Reise auf, besuchte Konstantinopel, Jerusalem, Athen, Montenegro, Darmstadt und begab sich zu-

1) Charakteristisch für die Wandelbarkeit der bulgarischen Zustände ist der Umstand, dass die damaligen entschiedensten Gegner der Generäle unter den Deputirten (die damals Conservativen Dr. Cačev, Annev, Šivačov) jetzt 1890 Anhänger Russlands sind.

2) Dieses Mémoire der Conservativen erschien mit Sobolev's Bemerkungen in der „Ruskaja Starina" 1886 Sept., deutsch übersetzt in der Broschüre: Sobolev, Der erste Fürst von Bulgarien, Leipzig, Duncker und Humblot 1886.

letzt nach Moskau zu den Krönungsfeierlichkeiten, wo auch Sobolev zugegen war.[1]) Es war die letzte Begegnung des Fürsten mit seinem Vetter, dem Kaiser Alexander III. Er erhielt den Vladimirorden I. Classe, aber seine Bitte um die Abberufung beider Generäle wurde abgewiesen als nicht zeitgemäss; dafür versprach man die Sendung eines diplomatischen Vermittlers.

Am 12. (24.) Juli kehrte der Fürst vor Sobolev in seine Hauptstadt zurück. Nun ging eine acute Krise los, welche die Situation vollständig veränderte. Man sah dabei keinen Enthusiasmus für Parteifragen mehr; die Leute waren ernüchtert, bedächtig und besorgt. Die Parteien näherten sich einander. Der Fürst erlaubte Cankov Vraca zu verlassen und der bisher so verfolgte Führer der Liberalen kehrte am 29. Juli (10. Aug.) in einem Triumphzug nach Sofia zurück. Am 3. (15.) August traf Sobolev wieder ein und wurde von den Liberalen gleichfalls enthusiastisch begrüsst, da sie von seinem Conflict mit dem Fürsten mit Bestimmtheit eine Wiederherstellung der Constitution erwarteten. Auch der am 8. (20.) August unterzeichnete, von Ikonomov herbeigeführte Versöhnungsvertrag zwischen den Conservativen und den Liberalen hatte die Erneuerung des früheren constitutionellen Régime's zum Ziel und sprach von einem gemischten Ministerium noch unter Theilnahme der beiden Generäle. Am 11. (23.) August traf der Gesandte für Brasilien A. S. Jonin, ein alter Herr, der Russland durch viele Jahre in Montenegro vertreten hatte, als Vertrauensmann des russischen Kaisers ein. Am 21. August (2. Sept.) brachten die Ersatzwahlen für die Nationalversammlung einen Sieg der Liberalen. Der Fürst hatte erregte Unterhandlungen mit Jonin, wobei er vergeblich die Demission der Generäle forderte. Am 30. August (11. Sept.) erschien ein Manifest, in welchem der Fürst mit Berufung auf das Manifest von Svištov erklärte, er werde unter eigenem Vorsitz eine Commission beider Parteien berufen, welche für eine grosse Nationalversammlung einen neuen Verfassungsentwurf ausarbeiten sollte. Am Sonntag den 4. (16.) September wurde eine ausserordentliche Session der gewöhnlichen Nationalversammlung eröffnet, die sich nur über die Eisenbahnfrage auf Grund der Beschlüsse der Wiener Conferenz und über den Vertrag wegen der russischen Occupationsschuld (S. 269) auszusprechen hatte. Nachmittags brachte Grekov eine Verständigung der Parteien zu Stande. In Folge dessen verlangte die Nationalversammlung am 6. (18.) September in einer Adresse einstimmig die Wiederherstellung der Constitution von Trnovo und die Verwandlung der ausserordentlichen Session in eine ordentliche und überreichte den Act sofort vollzählig dem Fürsten im Palast. Ein neues Manifest von demselben Tage erneuerte wirklich die Constitution von Trnovo, lud aber die Versammlung ein, über nothwendige Aenderungen in derselben nachzudenken. Das Ministerium der Generäle reichte am fol-

1) Die Krönungsfeierlichkeiten wurden auch in Sofia drei Tage lang mit Speise, Trank und langen Reden unter grosser Begeisterung der Liberalen gefeiert, welche damit die Conservativen recht necken und die Wege zur Regierung sich ebnen wollten. Der Kriegsminister Kaulbars wurde durch die Gassen auf den Händen getragen.

genden Tage eine durch den Widerspruch beider Manifeste motivirte Demission ein, die angenommen wurde. Sofort war ein Coalitionsministerium zusammengestellt: Cankov Inneres und Präsident, Balabanov Aeusseres, der Arzt Dr. Mollov (aus Bebrovo, ein russischer Zögling) Unterricht aus den Liberalen, Načovič Finanzen, Stoilov Justiz, Ikonomov öffentliche Arbeiten aus den Conservativen. Grekov wurde Präsident der Kammer. Es folgte eine allgemeine politische Amnestie. Jonin protestirte nicht gegen die Veränderung und unterstützte nachdrücklich den neuen Ministerpräsidenten.

Cankov hatte aber nach diesem Compromiss nicht mehr die ganze liberale Partei für sich. Karavelov, der nun aus Philippopel wieder nach Sofia zurückkehrte, Stambulov, Suknarov u. A. formirten eine radicale Gruppe, die sich gegen jede Revision der Verfassung aussprach, das Parteicompromiss verwarf und eine Agitation um die Auflösung der nach den Gesetzen der Vollmachtsperiode gewählten Miniaturkammer einleitete. Diese neue Opposition zeigte sich sehr russophil und machte den scheidenden Generälen grosse Ovationen.

Sobolev und Kaulbars erhielten in Russland Brigadecommanden. In Petersburg beschwerten sie sich über zwei Russen, die Adjutanten des Fürsten Lesovoj und Polzikov, die in dem Verdacht waren gegen die russische Politik gearbeitet zu haben. Diese beiden Officiere wurden eilig aus Bulgarien zurückbeordert, was den Fürsten Alexander so erbitterte, dass er den provisorischen Geranten des Kriegsministeriums, einen russischen Obersten, sofort entliess und alle Russen augenblicklich aus der fürstlichen Suite ausschloss. Die russische Regierung begann darauf mit der Rückberufung zahlreicher anderer Officiere, meist solcher, die lange im Lande waren. Dieser neue Conflict wurde im November durch eine vom Obersten Baron Nikolaus V. Kaulbars, einem Bruder des letzten Kriegsministers, in Sofia abgeschlossene Convention beendigt. Die Hauptpunkte derselben waren, dass russische Officiere in Bulgarien fortan nur auf drei Jahre angestellt werden dürfen und zwar bloss zu militärischem Dienst mit Ausschluss aller politischen Aufträge und selbst einer provisorischen Bekleidung von Civil- und Polizeiämtern, ferner, dass der als Kriegsminister fungirende russische Officier, vom Fürsten nach vorheriger Uebereinkunft mit dem Kaiser ernannt, in politischen Fragen mit dem bulgarischen Ministerium nicht solidarisch, aber für sein Ressort der Nationalversammlung verantwortlich sei. Der letzte russische Kriegsminister in Bulgarien war dann der Generalmajor Fürst Michail Alex. Kantakuzen, ein kleiner alter Herr aus der hohen Aristokratie, der sich mit Allem und Jedem gut vertrug. An die Stelle Jonins kam als diplomatischer Agent A. I. Kajander, der Jahre lang in China gedient hatte, in Bulgarien aber wenig Sympathien erwarb.

Cankov räumte inzwischen unter den Institutionen der Vollmachtsperiode auf, löste den Staatsrath auf und proclamirte volle Pressfreiheit, die bald sonderbare Blüthen trieb. Mit der Mehrheit der Liberalen verdarb er sich es bald durch einen Vorschlag zur Revision der Verfassung, mit dem die Kammer in einer geheimen Sitzung am 5. (17.) December überrascht wurde.

Die Hauptsache darin war ein Oberhaus von 36 Mitgliedern, grösstentheils von der Nationalversammlung gewählt. Der Vorschlag wurde acceptirt nur unter der Bedingung, dass die Ausführung drei Jahre aufgeschoben werde, erhielt aber nie Lebenskraft und wurde nach der Union im Juli 1886 von der Kammer mit allen gegen 3 Stimmen annullirt. Am Neujahrstag 1884 schieden die Conservativen Načović und Stoilov aus dem Ministerium und wurden durch die Liberalen Sarafov und Pomjanov ersetzt.

Die Regierung gerieth bald in einen Conflict mit Serbien. Trotz der kleinen Grenzfragen waren die nachbarlichen Verhältnisse bisher recht freundschaftlich; die Bulgaren begegneten den serbischen diplomatischen Agenten, dem Obersten Sava Gruić (dem jetzigen Ministerpräsidenten) und Herrn Georg Simić mit vieler Freundlichkeit, ja die Correspondenz wurde in den so verwandten Nationalsprachen mit Ausschluss der französischen Diplomatensprache geführt. Nach dem Aufstand der Radicalen am Timok im October 1883 erlaubten die Bulgaren vielen serbischen Flüchtlingen den Aufenthalt in Vidin und Sofia, was die serbische Regierung empfindlich berührte. Dazu gesellte sich eine Grenzverletzung. Der launenhafte Timok hatte eine seit 1833 theilweise den Serben gehörige, ungefähr 15 Hektar grosse Insel vor dem bulgarischen Flecken Bregovo langsam durch Wechsel des Hauptstroms dem rechten, bulgarischen Ufer zugeschoben.[1]) Die bulgarische Regierung, welche den jetzigen Hauptarm als Grenze erklärte, beanspruchte die ganze Insel für sich und liess in einer Mainacht die serbische Zollwache von dort durch die Gendarmerie mit Gewalt vertreiben. Die Serben verlangten eine sofortige Genugthuung, aber die Bulgaren wollten nicht nachgeben und der serbische Vertreter Simić reiste schon am siebenten Tag nach dem Vorfall aus Sofia ab. In der bulgarischen Hauptstadt sprach man allgemein von der Möglichkeit eines Krieges mit Serbien, allerdings mehr im Scherz, aber die Officiere dachten ernstlich über diese Aufgabe nach. Die Frage blieb fortan offen.

Gleichzeitig fanden im Mai die Wahlen zu einer der Constitution gemässen gewöhnlichen Nationalversammlung statt, welche diesmal in dem liberalen Trnovo tagen sollte, das der Fürst eben auf einer Tour durch die Balkangebiete wieder zum ersten Mal seit seinem Regierungsantritt besucht hatte. Bei dem Wahlkampf handelte es sich um Cankov oder Karavelov; die schwachen Conservativen blieben ganz bei Seite. Als Karavelov zum Präsidenten der Kammer gewählt wurde, trat Cankov sofort vom Ministerpräsidium zurück. Am 30. Juni (12. Juli) 1884 wurde eine neue Regierung formirt, die sich gegen die bisherige Gepflogenheit 25 Monate lang behauptete: K a r a v e l o v Präsidium und Finanzen, I l i j a C a n ó v aus Vidin, einst türkischer Fabriksdirector und Vertheidiger der Legionäre Botjov's vor dem Gericht zu Ruščuk, Aeusseres, Radoslávov (ein eben promovirter Heidelberger Doctor aus Loveč) Justiz, der Gymnasialdirector Karólev (aus Gabrovo)

1) Nach Kanitz I, 282 gehörte in der Turkenzeit ein Viertel der Insel den Serben, war verpallisadirt und von einer serbischen Grenzkaraula (Wachthaus) bewacht.

Unterricht, Slavejkov Inneres (später auf eine Zeit lang durch den Svištover Advocaten Suknárov ersetzt). Präsident der Nationalversammlung wurde **Stambulóv**, der bei dieser Krise als Meister der Situation auftrat.

Die ordentliche Herbstsession der Nationalversammlung zog sich bis in den Februar 1885. Von der Verfolgung der Gegner abzustehen, wäre gegen den Brauch gewesen. Eine Commission untersuchte die Geldgebahrung der Vollmachtsperiode und verschaffte durch ihre Enthüllungen Vielen manche Betrübniss. Eine Bewegung zu Gunsten Makedoniens führte zu einer grossen Entfaltung des panbulgarischen Gedankens, ja im Mai versuchte eine Schaar von 52 Makedoniern unter der Anführung eines russischen Freischärlers Kalmykov einen Einfall in die Türkei, wurde jedoch bald von den türkischen Truppen zersprengt. Im April wurde in Sofia unter reger Betheiligung des Fürsten das tausendjährige Jubiläum der Slavenapostel St. Kyrill und Method gefeiert. Die Uebernahme der Linie Caribrod-Vakarel durch die bulgarische Gesellschaft Grozev wurde von einer ausserordentlichen Session im Mai bestätigt und der Bau durch den Fürsten feierlich inaugurirt. Der Parteikampf drehte sich bereits um die „dynastische Frage“; die Karavelisten und Conservativen waren für den Fürsten, die Cankovisten, von den Russen aufgemuntert, gegen ihn. Am 12. (24.) August reiste der Fürst zu den Kaisermanövern der österreichischen Armee bei Pilsen, hatte am 20. Aug. (1. Sept.) eine Besprechung mit dem russischen Minister des Auswärtigen Giers in Franzensbad, um wieder eine Annäherung anzubahnen, schloss nach der Rückkehr an seinem Namenstag, am 30. Aug. (12. Sept.) die Manöver des bulgarischen Heeres in Šumen ab und begab sich zur Ruhe in sein Sommerschloss von Varna. Nach wenigen Tagen brach in Ost-Rumelien ein Aufstand aus.

## 4. Ost-Rumelien.

Entstehungsgeschichte. Die russische Occupation. Die internationale Commission und das organische Statut. Der Generalgouverneur Fürst Vogoridi (1879—1884). Zustand des Landes und Geist der Bevölkerung. Der Unionsgedanke. Annalen der Provinz. Gavril Krstjović als zweiter Generalgouverneur (1884—1885). Die Rhodopefrage und die „Pomakenrepublik“.

Der Berliner Vertrag schuf im Süden des Bulgarenlandes eine autonome türkische Provinz, genannt Ost-Rumelien, mit der Hauptstadt Philippopel. Die Provinz sollte nach den Bestimmungen des Vertrages unter der directen politischen und militärischen Autorität des Sultans stehen, aber eine administrative Autonomie erhalten, mit einem christlichen, von der Pforte mit Zustimmung der Grossmächte stets auf fünf Jahre ernannten Generalgouverneur. Nach Art. 15 hatte der Sultan das Recht die Grenzen der Provinz durch Festungen und Besatzungen zu schützen, aber die Garnisonen durften nur aus regulären Truppen mit Ausschluss von Baschibozuks und Tscherkessen bestehen, nicht bei den Einwohnern wohnen und auf dem Durchmarsch durch die Provinz sich nirgends aufhalten. Die Aufrechthaltung der inneren Ordnung hatte eine einheimische Localmiliz und Gensdarmerie zu besorgen. Durch den Art. 16 erhielt der Generalgouverneur das Recht im Nothfalle osmanische Truppen in's Land zu rufen. Eine internationale Commission sollte die inneren Einrichtungen der Provinz auf Grund der Konstantinopler Beschlüsse von 1876 feststellen und die ostrumelischen Finanzen bis zur Organisirung des Landes verwalten.

Diese Provinz war ein künstliches Gebilde ohne locale historische Vergangenheit und mit schwächeren Grundfesten als viele der seiner Zeit von Napoleon I. geschaffenen Kleinstaaten. Diejenigen, welche sie auf der Karte einzeichneten, hatten keine genaue Kenntniss von den ethnographischen Verhältnissen des Landes und keine Ahnung von der Stärke des bulgarischen Elementes in demselben. Im Lande selbst erregte die Nachricht von dieser Bestimmung des Vertrages die grösste Unzufriedenheit. Die Leute, welche 1876 und 1877 am meisten gelitten hatten, hielten die Rückkehr unter die Herrschaft der Pforte für ein überaus hartes und ungerechtes Schicksal; der versprochenen Autonomie vertraute man soviel, wie den glänzenden Verheissungen der türkischen Reformperiode.

Die Verwaltung der Provinz wurde von den Russen alsbald von der des Fürstenthums getrennt. Seit October 1878 verwaltete sie der Generallieutenant Arkadij D. Stolypin, der im Krieg das bulgarische Freiwilligencorps befehligt hatte, als „Generalgouverneur von Ost Rumelien". Am 14. (26.) October traf die internationale Commission ein und bald kam auch der Finanzdirector der Provinz, der Preusse Schmidt, bisher Director der Ottomanischen Bank.[1])

Im Lande herrschte eine grosse Aufregung. Ueberall wurden „gymnastische Gesellschaften" organisirt, eigentlich militärisch eingeübte Schützenvereine, an welche die Russen 80.000 Gewehre vertheilten.[2]) Die Bulgaren theilten sich bald in zwei Parteien. Die Exaltados, an der Spitze der aus Philippopel gebürtige russische Oberstlieutenant Kesjakov, damals Commandant der Ost-Rumelien zugefallenen neuen bulgarischen Truppentheile, der Priester Tilev, der Schriftsteller Veličkov u. A. wollten bei dem erwarteten Eintritt der türkischen Garnisonen einen verzweifelten Widerstand beginnen und die Errichtung Ost-Rumeliens mit Gewalt umwerfen. Die Moderados, an der Spitze der in Philippopel weilende Exarch Josif, der Bischof Panaret, die Aerzte Dr. Čomakov und Dr. Vəlkovič, der Schriftsteller Grujev u. A. hielten in Anbetracht der Entkräftung des Landes während der letzten dreijährigen

1) Die Mitglieder der Commission waren Sir Drummond Wolff für England, Kállay für Oesterreich-Ungarn, von Braunschweig für Deutschland, Baron De Ring für Frankreich, Cavaliere Vernoni für Italien, General Šepelev, Gouverneur von Philippopel und Fürst Certelev, Generalconsul daselbst für Russland, Assim Pascha und Abro Effendi für die Türkei.

2) Den Anstoss zu dieser Bewegung gab — das damalige hundertjährige Jubiläum des deutschen Turnvaters Jahn! Die von Načovič redigirte „Marica" brachte Nr. 6 (15. Aug. 1878) eine Biographie Jahn's, Nr. 8 Feuilletons über Gymnastik u. dgl. Später leiteten die Organisation russische Officiere.

22*

Wirren allen Widerstand für unnütz, stellten aber für die Unterwerfung unter die Bestimmungen des Tractates einige Bedingungen. Der Zorn der Bevölkerung wandte sich gegen Schmidt, der nach der landläufigen Meinung das Vermögen des Landes für die Pforte aussaugen sollte. Bei einer Inspectionsreise wurde er in Sliven fast gesteinigt, so dass dort der Kriegszustand proclamirt werden musste.[1])

Die internationale Commission tagte in Philippopel fast neun Monate. Sie hatte vielen Verkehr mit bulgarischen Deputationen und kam bald zur Ueberzeugung, dass einerseits die Einführung türkischer Garnisonen ohne Blutvergiessen unmöglich sei, andererseits die Wahl des ersten Generalgouverneurs die grösste Umsicht erfordere. In Bezug auf die Landesorganisation wünschte die Pforte ein enges Vilajetsgesetz, die europäischen Vertreter dagegen liberale Institutionen, um mit dem benachbarten bulgarischen Fürstenthum zu concurriren. Am 14. (26.) April 1879 wurde das organische Statut (bulg. organičeski ustáv) unterschrieben, ein sehr ausführlicher administrativer Codex mit 495 Artikeln, dazu 13 Beilagen mit weiteren 637 Artikeln.[2]) Darin durfte keine Aenderung stattfinden, ausser mit Zustimmung aller Vertragsmächte und der Pforte. Das Werk hat viele durch die eilige Compilation erklärliche Lücken und Mängel, ist aber im Ganzen als gelungen zu bezeichnen. Eigenthümlich sind die erfinderischen Clauseln zum Schutz der Minoritäten und überhaupt zur Durchführung einer vollständigen nationalen und religiösen Gleichberechtigung.

Die Rumelioten sendeten inzwischen Ivan Evstratiev Gešov und den Arzt Dr. Jankulov als Deputation zu den Grossmächten, die ihren Weg über Trnovo (S. 320) nahmen, aber nach vergeblichen Bemühungen um eine sofortige Union Rumeliens mit Bulgarien im Juli 1879 über Sofia heimkehrten. Dem Lande gaben inzwischen im April grosse militärische Revuen ein kriegerisches Aussehen, eine von General Skobelev in Sliven über Milizen und Gymnastiker, eine andere von General Stolypin bei Philippopel über russische Truppen, rumelische Milizen und 15.000 Gymnastiker. Eine volle Beruhigung des Landes brachte ein directes Einschreiten des russischen Kaisers. Er entsendete nach Ost-Rumelien den Generaladjutanten Obručev, welcher einen Brief des Caren dem Sultan überreichte, am 24. April (6. Mai) in Philippopel eintraf und am folgenden Tage die Bulgaren in der Kathedrale versammelte. Dort wurde eine kaiserliche Proclamation verlesen, welche auf die weite Landesautonomie Rumeliens hinwies, den Gedanken eines Widerstandes missbilligte und die Bevölkerung zu Vertrauen in die Zukunft aufforderte; Obručev las den Text russisch, der Exarch bulgarisch. Von Obručev, der auch andere Städte besuchte, hörten die Rumelioten zuerst

1) Ueber die rumelischen Zustände 1878—79 vergl. neben den damaligen Zeitungen von Philippopel und Sliven besonders den Generalbericht Stolypin's im russ. Amtsblatt (Pravitelstvennyj Věstnik), reproducirt in der „Marica" Nr. 110 f. und Marquis of Bath, Observations on Bulgarian affairs, London 1880.

2) Statut organique de la Roumélie Orientale. Constantinople, Pera 1879, 4° (selten). Bulg. Uebersetzung (von Grujev), Philippopel, bei Danov 1879, 8°.

ganz bestimmt, dass die türkischen Truppen nicht in das Land kommen werden, falls die Bevölkerung ruhig verbleibt.

Den Posten des Generalgouverneurs (bulg. glávnijat upravítel), mit dem ein Gehalt von 300.000 Goldpiaster nebst 100.000 Piaster Repräsentationsgeldern verbunden war, erhielt Fürst Alexander Vogoridi, in der türkischen Hierarchie Aleko Pascha genannt. Er war ein Sohn des ersten Fürsten von Samos Stefan Vogoridi (S. 302), der aus Kotel in Ost-Rumelien stammte, aber sich bald durch Pfortendienst und Verwandtschaften den griechischen Dragomans- und Gesandtenfamilien des Fanar von Konstantinopel assimilirt hatte. Von den Söhnen Stefan's siedelte sich der ältere Nikolaki in der Moldau an (seine Nachkommen führen den Namen Konaki-Vogoridi); der jüngere Aleko diente in der türkischen Diplomatie, zuletzt als Gesandter in Wien. Bulgarisch kannte der Generalgouverneur nicht und verkehrte, ebenso wie seine Gemahlin Aspasia, eine Konstantinopler Griechin, mit den Rumelioten französisch, türkisch und griechisch. Er war bereits ein Greis, dabei kinderlos, kein Freund des öffentlichen Auftretens und überdies äusserst sparsam; den Rumelioten gab er in fünf Jahren ein einziges Festmahl.

Die Ernennung Vogoridi's machte in Rumelien den besten Eindruck: ein hoher ottomanischer Würdenträger mit ererbter Autorität bei den Bulgaren, dabei gleichsam Bulgare, Grieche und Türke in einer Person. Vor seiner Ankunft wurde die Frage seiner Kopfbedeckung überaus acut. Der Generalgouverneur überschritt am 15. (27.) Mai 1879 die Grenze im rothen Fez, in Folge eines ausdrücklichen Befehls der Pforte, obwohl die Aufregung der Geister von Philippopel nicht unbekannt war. Nach Passirung der Station Harmanli sah man Vogoridi bereits mit entblösstem Haupt und in Philippopel stieg er in Folge russischer Vermittlung mit dem bulgarischen Milizkalpak aus dem Zug. Der Empfang war in Folge dessen ganz freundlich. In der Kirche sprach der Exarch eine bulgarische Anrede, die Vogoridi griechisch beantwortete. Am folgenden Tage reiste General Stolypin ab. Am 18. (30.) Mai wurde der Ernennungsferman des Generalgouverneurs vor dem Konak türkisch und bulgarisch feierlich verlesen in der Anwesenheit der europäischen Commission, aber die türkische Flagge nach längeren Verhandlungen nicht entfaltet. Die letzten russischen Regimenter verliessen Anfang August den Hafen von Burgas; auch die Commission reiste erst in diesem Monat ab, als alles in Ordnung schien.

Die neue Organisation der Provinz war rasch eingeführt. Von den Grundzügen der Provinzialrechte ist noch Folgendes bemerkenswerth. Die Directoren und Präfecten bestätigt der Sultan, aber wenn seine Bestätigung oder sein Veto binnen einem Monat nicht eintrifft, gilt der Ernannte als bestätigt. Der Sultan ernennt alle Oberofficiere der Miliz; die Ernennungen vom Capitän angefangen abwärts sind dem Generalgouverneur anvertraut. Alle gerichtlichen Urtheile werden im Namen des Sultans verkündigt, der auch das Begnadigungsrecht hat. Die von dem Provinziallandtag votirten Gesetze sowie das Budget bedürfen der Gutheissung des Sultans, treten aber in Wirksamkeit, wenn die Bestätigung oder das Veto binnen zwei Monaten nicht eintrifft. Die türkischen Gesetze bleiben in Kraft, dürfen aber vom Landtag verbessert oder verändert werden. Der Landtag hat das Recht ausser den Gesetzen provisorische administrative Reglements zu beschliessen, die der Generalgouverneur allein proclamirt. Die Wälder, Bergwerke und unbeweglichen türkischen Staatsgüter sind Eigenthum der Provinz. Die Pforte bezieht drei Zehntel der Landeseinkünfte und hat überdies einen Antheil vom Ertrag der Zölle (5000 Goldlira's jährlich), sowie der Posten und Telegraphen. Im Lande gelten drei Amtssprachen, bulgarisch, türkisch und griechisch. Wenn die nationale Minorität in einem Bezirk der Hälfte der Majorität gleichkommt, müssen alle amtlichen Kundmachungen auch in ihrer Sprache veröffentlicht werden. Die Gesetze und Verordnungen für die ganze Provinz werden in allen drei Sprachen kundgegeben; bei Gericht kann Jeder seine Sprache benützen.

Die Administration leiteten sechs Directoren: für das Innere, die Miliz, Finanzen, Justiz, Unterricht und öffentliche Arbeiten (sammt Handel, Ackerbau, Post und Telegraphen). Sie wurden sofort nach Vogoridi's Ankunft ernannt. Director des Innern, der als Generalsecretär der Provinz Vertreter des Generalgouverneurs war und auch die diplomatischen Geschäfte und die Cultusangelegenheiten zu besorgen hatte, wurde Gavril Effendi Krstjović aus Kotel. Der alte zitternde Herr mit schneeweissem Haar hatte in den Zeiten des Königs Louis Philipp in Paris die Rechte studirt, diente eine Zeit lang in der Verwaltung der autonomen Insel Samos, betheiligte sich dann als Mitglied des obersten Gerichtshofes an der Ausarbeitung der türkischen Gesetzbücher und galt in Konstantinopel als vorzüglicher Kenner des Handelsrechtes. An den bulgarischen Fragen nahm er als Schriftsteller während des Kirchenkampfes regen Antheil. Er war ein treuer Diener der Pforte, in den Geschäften von grosser Arbeitskraft; zum Landtag sprach er stets wie zu kleinen Kindern, ernst und in kurzen Sätzen. Die Miliz verwaltete in den ersten Monaten der Oberst der französischen Fremdenlegion Vitalis, von Geburt ein Perote, eine höchst unschädliche, fast komische Persönlichkeit, dann seit August 1879 fast fünf Jahre lang der gebildete und energische Preusse Wilhelm Strecker, als türkischer Artilleriegeneral Raschid Pascha genannt, seit 1854 in Diensten der Pforte († im Jänner 1890). Der Finanzdirector Schmidt war ein tüchtiger Administrator, schadete sich aber durch seine Bulgarophobie und musste im April 1880 zurücktreten; sein Nachfolger war der bulgarische Arzt Dr. Georg Stranski aus Kalofer, der in Bukarest studirt, während des Krieges in den russischen Hospitälern gearbeitet und an der Constituante von Trnovo als Abgeordneter von Pleven theilgenommen hatte.[1]) Die Justiz übernahm der alte Patriot Iskro Kesjakov, ein Bruder des erwähnten Oberstlieutenants, die öffentlichen Arbeiten Dr. Vlković, den Unterricht der pädagogische Schriftsteller Joakim Grujev, alle drei aus Koprištica.

1) Unter die vielen Märchen, die in den letzten Jahren über diese Länder durch Zeitungen verbreitet wurden, gehört auch die Geschichte, dieser Balkanbulgare aus dem Stadtviertel Strana in Kalofer sei eigentlich ein Pole oder Böhme.

Der Provinziallandtag (oblastno sъbranie), der sich jährlich im Herbst auf zwei Monate zu versammeln hatte, zählte 56 Abgeordnete, nämlich nach den ersten Wahlen 40 Bulgaren, 6 Türken, 5 Griechen, 2 Armenier, 2 Juden und 1 Franzosen (den katholischen Bischof), sämmtlich Beamte, Aerzte, Geistliche, Kaufleute, aber keinen Bauern. Gewählt waren 36 Abgeordnete, wovon die Hälfte nach zwei Jahren zu erneuern war; 10 Deputirte ernannte der Gouverneur aus der Intelligenz und der Kaufmannschaft, 10 Andere waren Virilisten, nämlich die Häupter der sieben Confessionen (Bulgaren, Griechen, Armenier, Katholiken, Methodisten, Muselmänner und Juden), sowie zwei Gerichtspräsidenten und der Obercontrolor. Das active Wahlrecht hatten alle mehr als 21jährigen Rumelioten, die entweder eigenen Grundbesitz hatten oder Söhne von Grundbesitzern waren, oder an der Spitze eines kaufmännischen oder industriellen Geschäftes standen oder Studien absolvirt hatten; nach Ablauf von 15 Jahren sollten nur der Schrift Kundige zur Wahl zugelassen werden. Der Landtag, der in einem ehemaligen Badhaus tagte, durfte sich nur mit ökonomischen und administrativen Fragen beschäftigen, mit Ausschluss aller Politik. Die „Thronrede" des Gouverneurs las Grujev stets in den drei Landessprachen vor. Der Landtag wählte alljährlich einen zehngliedrigen Landesausschuss oder das „Comité permanent", welches zugleich Rath des Gouverneurs war.

Die Verwaltung war nach französischem Muster eingerichtet. Unter den 28 Načalniks gab es 3 Türken (in Rupčos, Kyrdžali, Aitos) und 3 Griechen (Stanimaka, Kavakli, Anchialos). Im Justizwesen dienten viele Oesterreicher, meist Böhmen. Die Finanzen waren stets schwach, mit Deficit und Schulden. Das Budget von 1882 weist 75 Mill. Piaster Einnahmen und 87 Mill. Ausgaben auf, 1883 79 Mill. Einnahmen und 81$^1/_2$ Mill. Ausgaben. Eine Zollgrenze bestand nur gegen die See und das Fürstenthum. Viel wurde für die öffentlichen Arbeiten geleistet. Die Schulen waren confessionell, die vom Land unterhaltenen Mittelschulen nur bulgarisch.

Die Milizorganisation war ein Werk des französischen Militärattachés De Torcy in Konstantinopel. Die allgemeine zwölfjährige Dienstpflicht wurde in drei Classen geleistet, der active Dienst je nach dem Los entweder durch volle zwei Jahre oder nur durch zweimonatliche Jahresübungen. Von den 12 Bataillons sollte in der Regel nur je eine Präsenzcompagnie aufgestellt sein. Zur Ausbildung der Officiere und Unterofficiere diente das Lehrbataillon: 2 Compagnien Infanterie, 1 Cavallerieescadron (die beste Truppe der ganzen Miliz), 1 Halbbatterie mit 4 alten russischen Hinterladern und 1 Compagnie technischer Truppen. Das Jahrescontingent zählte 4118 Mann. Unter den Waffen standen ungefähr 2800 Mann, nämlich 18 Präsenzcompagnien der Infanterie (die 3 Bataillone von Philippopel, Chasköi und Burgas hatten je 3 Compagnien) und das Lehrbataillon. Die Truppen hatten keine Fahnen, eine den Freiwilligenbataillons des Krieges entlehnte und auf Verlangen der Russen im Statut genau vorgeschriebene Uniform, und wurden in russischer Sprache commandirt. Unter den Officieren gab es ausser Bulgaren zahlreiche Russen, Deutsche, Franzosen und Halbfranzosen, aber wenig collegialen Geist.[1] Die bulgarischen Officiere trieben bald viel Politik. Eine Elitetruppe war die nach französischem Muster organisirte Gendarmerie (1425 Mann). Ihr Befehlshaber war der alte Engländer Borthwick (Mahir Bey) als General, ohne je in einem Heer gedient zu haben, mit dem Aeusseren eines behäbigen Zollinspectors.

Die Eigenart der Provinz, die bei dem bulgarischen Volke avtonómia hiess (im Gegensatz zum knjážestvo Fürstenthum), war eigentlich nur in Philippopel und in Burgas klarer sichtbar; sonst erinnerte an den Unterschied vom Fürstenthum höchstens die Proclamation der Urtheile im Namen des Sultans. Nach den grossen Stürmen und Verlusten folgte tiefer Frieden mit ungeahnter Sicherheit. Das Land, eines der reichsten der Halbinsel, erholte sich rasch. Politische Wirren in der Art, wie im Fürstenthum, gab es nicht. Alles war durch das Statut unabänderlich geregelt und stand unter vielfacher Controle: der Pforte, der Consuln, des Landtags, der drei Nationen und der freien Presse. Die Beamten wurden selten gewechselt, da die Entlassung nach dem Statut ein gerichtliches Urtheil erforderte. Am Ruder waren nicht Emigranten, sondern einheimische, erbgesessene Leute, besonders die Beglikdžifamilien von Koprištica und die von ihnen abstammenden Patricier von Philippopolis. Gegenüber der dreisprachigen Hauptstadt Philippopel trat Sliven als Centrum der bulgarischen nationalen Bewegung auf. Bald bemerkte man Anfänge eines rumelischen Localpatriotismus: die Intelligenz, mit stabilen und fetten Pfründen ausgestattet und durch den Verkehr mit Konstantinopel und der See mehr gebildet, hielt sich für etwas besseres als die Leute hinter den Bergen im Fürstenthum. Von Parteien war unter den Bulgaren in den ersten drei Jahren nichts zu merken, da sie den übrigen Nationalitäten, so lange dieselben eine Bedeutung hatten, geeinigt gegenüberstanden.

Die Unionsidee blieb stets populär. Sie wurde aufrecht gehalten durch die fortwährenden Chicanen der Pforte gegenüber dem „privilegirten Vilajet", durch die stets wieder auftauchende Frage der türkischen Garnisonen und besonders durch die Zollgrenze gegen das Fürstenthum, in welchem die Rumelioten das wichtigste Absatzgebiet hatten. Fürst Alexander erhielt an seinen Feiertagen zahlreiche Glückwunschtelegramme aus rumelischen Städten, sah auf seinen Hofbällen stets Philippopler Gäste und empfing oft durchreisende rumelische Politiker. Eine Zukunft hätte die autonome Provinz nur dann gehabt, wenn sie eine Insel gewesen wäre wie Kreta oder Samos; in einem Binnenland zwischen künstlichen Grenzen und bei einer kräftigen Volksbewegung konnte sie sich nicht lange halten. Die Bevölkerung betrachtete die Provinzialorganisation auch nur als etwas Provisorisches.

Die Annalen der Provinz sind eintönig. Vogoridi stand Anfangs ganz unter dem Einfluss des jungen russischen Generalconsuls Fürsten Certelev und des Dr. Vlkovič. Der erste Landtag im Herbst 1879 machte mit seinem

1) Vergl. (von Mach, bulg. Major) Elf Jahre Balkan. Erinnerungen eines preussischen Officiers aus den Jahren 1876 bis 1887. Breslau 1889.

Ernst unter dem Vorsitz von Ivan Evstr. Gešov, der später Finanzdirector wurde, den besten Eindruck. Er votirte grosse Summen für die in den Kriegsjahren zerstörten Dörfer, dieselben wurden aber meist von der Pforte gestrichen, um die rumelische Tributquote nicht zu verringern. Bei der Durchführung des Statuts wurden die gymnastischen Gesellschaften aufgelöst und deren Mannschaft den Reserveclassen der Miliz zugetheilt. Die Rückkehr der türkischen Flüchtlinge führte bei Aitos (Aug. 1879) und Kyrdžali (Febr. 1880) zur Bildung türkischer Banden, mit denen die Provinzialmiliz zu kämpfen hatte. Im Mai 1880 beschloss ein heimlicher Unionistencongress in Sliven, an welchem auch Stambulov und Živkov theilnahmen, ohne Einwilligung der Grossmächte nichts zu unternehmen; zu gleicher Zeit wirbelte eine Anleihe von 60.000 Goldlira's von der bulgarischen Bank in Sofia an die rumelischen Agrarcassen viel überflüssigen Staub auf.[1]) Die Ermordung der Mutter des Generals Skobelev, die Bulgarien zu wohlthätigen Zwecken bereiste, bei Philippopel durch den rumelischen Geniecapitän Uzatis, einen Peroten, der in der russischen Armee gedient hatte, und einige Montenegriner, erregte im Juli eine grosse Aufregung. Dieser Raubmord war eine der Hauptursachen der Geistesumnachtung, die den russischen Vertreter Certelev ereilte; sein Nachfolger war K. R. Krebel, der viele Jahre in Persien gedient hatte.

Der Umsturz im Fürstenthum 1881 hatte eine Rückwirkung auf Rumelien, wo gegen ihn auf Meetings und in Zeitungen, die selbst den „Tyrannenmord" predigten, leidenschaftlich geeifert wurde. Vogoridi träumte vom bulgarischen Throne. Er gerieth bald ganz unter den Einfluss des emigrirten Karavelov, der Gymnasialprofessor, später Bürgermeister von Philippopel wurde. Karavelov's Ernennung zum ostrumelischen Finanzdirector liessen Russland und die Pforte nicht zu. Die Bulgaren Rumeliens formirten sich nun in Parteien, die Conservativen hiessen Unionisten, die Radicalen mit einem russischen Wort „Kazjoni", die „Aerarischen" oder Aemterjäger. Noch 1882 siegten bei den Ersatzwahlen die Conservativen, 1883 schon meist die Radicalen, denen sich auch Dr. Stranski anschloss, um bald Präsident des Landtages zu werden. Zum Schluss bestand das Directorium zur Hälfte aus Radicalen: Salabašev, ein in Prag gebildeter Mathematiker aus Stara Zagora, Justiz, Dagorov öffentliche Arbeiten, der Grundbesitzer Ivančo Hadži Petrov aus Kotel Finanzen, dazu Krstjović, Grujev und Strecker.

Im April 1884 gingen die fünf Amtsjahre Vogoridi's zu Ende. Mit den Russen hatte er sich durch kleinliche Conflicte mit dem Generalconsul alles verdorben und auch die Pforte versagte ihm die Erlaubniss zu einer Reise zu den Cabineten der Grossmächte. Im Lande eiferten die Radicalen für seine Wiedereinsetzung, die Unionisten für die Ernennung des Fürsten Alexander zum Generalgouverneur. Am 26. April (8. Mai) unterzeichnete der Sultan die Ernennung des Krstjović zum Generalgouverneur, der fortan officiell auch Gavril Pascha genannt wurde. Die Radicalen, deren Führer

1) Es war keine Anleihe an die rumelische Regierung und es war auch überflüssig sie in einer geheimen Sitzung der Nationalversammlung gutheissen zu lassen.

Karavelov inzwischen wieder in das Fürstenthum zurückgekehrt war, stellten sich feindlich gegen den neuen Gouverneur, wurden aber bei den Wahlen so vollständig geschlagen, dass sie im Landtag ganz ohne Vertreter blieben. Das neue Directorium bestand nur aus Conservativen oder „Unionisten", welche allerdings als Regierungspartei mit ihrem Ideal höchst vorsichtig umgehen mussten: N. A. Načov (aus Stara Zagora, bisher Präfect in Sliven) Inneres, Dr. Chakanov (ebendaher) öffentliche Arbeiten, Bobčev (aus Elena) Justiz, Madžarov (aus Koprištica) Finanzen, Veličkov Unterricht; die Miliz commandirte wieder ein Preusse in Diensten der Pforte, General Drigalski.

Aus der Provinzialgeschichte müssen wir noch die Pomakenfrage in der Rhodope erwähnen, die ihre Geschichte hat. Im Kriege haben die Russen die mohammedanischen Landschaften bis zur Arda durchstreift, während der Occupation auch topographisch aufgenommen, aber dann den Bereich der Vorposten wegen der schwierigen Unterbringung und Verpflegung der Truppen in den zerstreuten Gebirgshöfen möglichst verringert. Im Innern des Gebirges bildeten inzwischen pomakische Baschibozuks, türkische Marodeure und bewaffnete mohammedanische Flüchtlinge aus ganz Rumelien eine ungeordnete „Räuberarmee", als deren Befehlshaber einige englische und polnische Abenteurer auftraten.

Der Berliner Vertrag führte die Grenze durch diese mohammedanischen Gebiete. Die ostrumelische Regierung übernahm von den Russen im Gebirge nur die Landschaften Čepino und den östlichen Rupčos. Das rein türkische Kyrdžali wurde auf gütlichem Wege gewonnen, die Localämter durch einheimische Türken besetzt, denen besonders der regelmässige Monatsgehalt wohlgefiel, und alle Steuerrückstände erlassen. Im östlichen Rupčos setzte man einen Philippopler Bey zum Načalnik ein. Aber der Rest, die Heimat der Mordbrenner von Batak und Peruštica, schloss sich nicht an. Auf diese Art entstand zwischen der vertragsmässigen und der wirklichen Grenze ein unabhängiges Bergland, die „nicht übergebenen" oder „unbotmässigen Dörfer" oder die „Pomakenrepublik", 22 Gemeinden unter den höchsten Gipfeln der Rhodope im ganzen Oberlauf des Flusses von Kričim, ein von Ost nach West 10—12 St. breiter Landstrich mit 19.000 Seelen in ungefähr 2500 Häusern.[1]) Es ist ein unwegsames Gebirgsland ohne Strassen oder gangbare Karawanenpfade, in welchem nur schlanke Kiefern und tapfere Männer gedeihen. Viehzucht, Holzschlag, Pechsiederei, Flachsbau und grobe Wollweberei sind die einzigen Erwerbszweige der primitiven, aber tapferen Einwohner. Häuptling war der aus dem Jahre 1876 übelberüchtigte Achmed Aga Tamrašlija. Andere Agas wurden zu

1) Der Okolija von Rupčos sollten angehören: Grochótus, Gjovren, Mugla, Trigrad (mit mittelalterlichen Ruinen), Küstendžik (mit dem Weiler Dešük Deré), Beden oder Beden-Banja mit einer warmen Mineralquelle, Michálkovo, Balabán, Čurükovo, Osikovo, Petvar, Ljáskovo, Brezje, Nastan; an diese 14 schlossen sich 1881 auch Tamraš oder Tamrač, Brézovica und Čerešovo an. Der Okolija von Peštera sollten zufallen: Dóvlen, Karabulák, Naiplijі, Selča und die zerstreuten Bábeški Kolibi bei Čepino.

Schatzmeistern, Steuereinnehmern u. s. w. gewählt, eine Gendarmerie eingerichtet und die Steuern auf ein Minimum reducirt.

Die sehr schüchternen Versuche der ostrumelischen Regierung um die Gewinnung dieses Berglands haben eine Geschichte.[1]) Im December 1880 versprach die Pforte die vier westlichsten Dörfer zu übergeben, es kam aber nur zu einer Entrevue zwischen dem Mutessarif von Seres, den der durch die Unthat von Batak berühmte Achmed Aga Barutunlija begleitete, und dem Präfecten von Tatar-Pazardžik im Dorfe Dóvlen. Sie hatte nur den Erfolg, dass die rumelischen Beamten zwischen Haufen fanatischer, wohlbewaffneter Mohammedaner wie aus einem Feindesland eiligst davonreiten mussten. Achmed Aga Tamrašlija bot einmal selbst seine Unterwerfung um den Preis der Ernennung zum Načalnik an, die ostrumelische Regierung wollte jedoch einen der Haupturheber der unvergessenen „Massacres" nicht unter ihre Beamten aufnehmen. Als ich 1883 den Nordrand des Gebirges besuchte, gährte es im Innern. Die Aga's trieben echtes Faustrecht, nahmen den Bauern die Ochsen, wenn sie ihnen gefielen oder liessen dem armen Mann das Getreide wegmähen. Einige Dörfer boten freiwillig ihre Unterwerfung an, aber die Partei der Aga's war stärker und dämpfte die Unzufriedenheit mit Gewalt. Darauf nahm die Pforte die Gemeinden, ohne Rücksicht auf den Berliner Vertrag, in ihre Verwaltung und theilte sie den Kaza's von Achyr-Čelebi und Nevrokop zu; die Aga's erhielten Orden. Die Rumelioten ergaben sich in ihr Schicksal und pflegten nur die Rückstände im Tribut aus der Unvollständigkeit ihres Territoriums herzuleiten. Mit dem ordensgeschmückten Achmed Tamrašlija, der die Uniform eines Jüzbaschi (Capitäns) trägt und eine „Leibgarde" hat, verkehrten sie dann wie mit einem Nachbarfürsten.

## 5. Die Union mit Ost-Rumelien 1885 und ihre Folgen.[2])

**Der Philippopler Umsturz 1885, der serbisch-bulgarische Krieg, der Friede von Bukarest und das Konstantinopler Protokoll über die Union 1886. Ende der Regierung Alexander's I (1886). Wahl des Fürsten Ferdinand (1887).**

Seit Anfang 1885 gährte es in Rumelien, obwohl das Land äusserlich ruhig aussah. Die Radicalen, mit Dr. Stranski und dem Revolutionär von

1) Chr. P. Konstantinov (Journalist, gebürtig aus Achyr-Čelebi), Die unbotmässigen Dörfer im Rhodopegebirge, bulg. 1887 f., 2 Hefte.

2) Literatur: (Major von Mach), Elf Jahre Balkan, Breslau 1889. Dr. Charles Roy (ein Schweizer aus dem Waadtland, viele Jahre in Sofia als Arzt ansässig), Souvenirs politiques et militaires de Bulgarie, Paris, Bayle 1887. A. von Huhn, Der Kampf der Bulgaren um ihre Nationaleinheit und Aus bulgarischer Sturmzeit, Leipzig 1886 (Zeitungscorrespondent, mit nahen Beziehungen zum Fürsten). Spiridion Gopčević, Bulgarien und Ost-Rumelien, Leipzig 1886 (Zeitungscorrespondent, Serbe, dem Fürsten und den Bulgaren ungünstig). Oberstlieutenant Hungerbühler, Die schweizerische Militärmission nach dem serbisch-bulg. Kriegsschauplatz, Frauenfeld 1886 mit vielen Plänen (an Ort und Stelle bei serb. und bulg. Militärbehörden gesammeltes kriegsgeschichtliches Material). Vgl. die englischen und italienischen Blaubücher und Rolin-Jacquemyns in der Revue de droit international XVIII, 378 f. und XIX, 82, 202.

1876 Zacharias Stojanov an der Spitze, exploitirten eifrig den Unionsgedanken gegen die regierenden „Pseudo-Unionisten". Der Unionsgedanke fand viel mehr Anklang als früher, aus vielen Gründen. Die Pforte nützte ihr Vetorecht masslos aus; von den bisherigen sechs Budgets hatte ein einziges die grossherrliche Bestätigung erlangt, ebenso von den Gesetzen nur wenige. Die Administration half sich mit einer Unzahl provisorischer Reglements aus, die Jahr aus Jahr ein erneuert werden mussten. Gegen eine bedeutungslose Zollübereinkunft Rumeliens mit dem Fürstenthum (Anfang 1885) protestirte die Pforte aus Gründen der Souveränität. Die Rumelioten erwiderten, sie zahlen der Pforte für die Zölle nur eine fixe Summe und es sei ihre Sache, wie sie dieselbe einbringen. Nun rüttelte die Pforte an der Summe, wollte die Zollverwaltung selbst übernehmen, ja man sah eine ganze Revision des Statuts zum Zweck einer grösseren Belastung der Provinz voraus. Im Sommer begab sich der Generalgouverneur nach Konstantinopel, um besonders in den Zollfragen in's Reine zu kommen und kehrte erst am 1. (13.) September zurück.

Inzwischen zeigten sich Symptome einer intensiven Volksbewegung. Die radicalen Zeitungen von Philippopel und Sofia pflegten eifrig den Cultus der bulgarischen Verschwörer und Insurgenten der letzten Türkenzeit und erörterten ausführlich die Frage, ob Rumelien eine längere Existenz verdiene. Stojanov gab der Bewegung eine Organisation nach dem Vorbild der einstigen geheimen Comité's gegen die Türkenherrschaft. Daran nahmen zahlreiche Deputirte, Aerzte, Gendarmerie- und Milizofficiere Theil; den letzteren fiel die Sache leicht, denn die Provinzialtruppen waren bei dem Mangel an Fahnen nicht vereidigt. Die Sommerübungen der Milizbataillone boten gerade eine günstige Gelegenheit zu einer bewaffneten Erhebung. Ein geheimer Congress in der Sommerfrische Dermenderé bei Philippopel setzte am 25. Juli (6. Aug.) den Ausbruch der Revolution zwischen den 15. und 20. Sept. fest. Die Verschworenen entsendeten eine Deputation zum Fürsten Alexander nach Varna, mit der Bitte, er möge sich an die Spitze stellen, waren aber entschlossen, die Sache auch ohne ihn durchzuführen.

Einige kleine locale Ausbrüche in Panagjurište, Čirpan und Konare beschleunigten den Ausbruch, denn die Provinzialregierung wurde aufmerksamer und fahndete besonders nach Stojanov. Es folgte die kritische Nacht von Philippopel vor Freitag dem 6. (18.) September 1885. Alle russischen Officiere, von den Vorbereitungen am Vorabend verständigt, blieben abwartend zu Hause, darunter auch der Polizeipräfect, ein russischer Major. Vor Morgengrauen rückten die Majore Nikolajev, Filov und Mutkurov aus dem Sommerlager in die Stadt und umzingelten den Konak mit dem Ruf „Es lebe das vereinigte Bulgarien!", „Es lebe Fürst Alexander!" Stojanov drang in die Wohnung des Gouverneurs, der sich eben anzog, und verkündete ihm, er sei abgesetzt und gefangen. Bei Tagesanbruch setzte man den letzten „Pascha von Ost-Rumelien" in einen Wagen, ein bulgarisches Mädchen in Kalpak und mit einem Säbel in der Hand nahm an seiner Seite Platz und der erschreckte alte Herr wurde in einem theatralischen Triumphzug durch die Stadt herumgeführt. Dann beförderte man ihn über die Sredna Gora nach Sofia, von wo man ihn später über Varna nach Konstantinopel entliess. Ein ähnliches Schicksal traf Drigalski und Borthwick. Die ganze Revolution verlief unblutig, bis auf einen Zwischenfall.[1])

Am Morgen constituirte sich die provisorische Regierung unter dem Vorsitz des Dr. Stranski, ernannte Major Nikolajev zum Obercommandanten der Miliz, rief die wehrfähige Bevölkerung binnen 40 Stunden zu den Waffen, sperrte jeden telegraphischen Grenzverkehr und sendete einen Separatzug mit der Pionniercompagnie zur Unterbrechung der Bahn bei Harmanli. Auf dem Land war die Revolution im Handumdrehen fertig, unter Glockengeläute und Flaggengala.

Die Blicke der Führer waren nach Varna gerichtet. Dort empfing am 3. (15.) September Fürst Alexander die Abgesandten der Verschwörer, geführt von dem makedonischen Journalisten Rizov, redete ihnen aber zu, die Sache, der er keinen rechten Glauben schenkte, aufzugeben. Am 6. (18.) traf Mittags ein Telegramm von Stranski und Nikolajev über das Gelingen der Revolution ein. Nahm der Fürst die Proclamirung nicht an, musste er gegenüber der entfesselten Volksbewegung einer ruhmlosen Abdankung entgegensehen; nahm er sie an, hatte er gewiss alle Grossmächte gegen sich, das bulgarische Volk aber ganz für sich. Er entschied sich für das Letztere, ordnete sofort die Mobilisirung der fürstlichen Armee an und traf über Trnovo, begleitet von Karavelov, Stambulov und einem Adjutanten, nach einem raschen Ritt am 9. (21.) September in Philipoppel ein, wo er mit stürmischem Jubel begrüsst wurde. Die eiligst nach Sofia berufene Nationalversammlung billigte die Union und bewilligte einstimmig einen ausserordentlichen Credit von 15 Mill. Fr.

Die Pforte war überrascht, begnügte sich aber mit Protesten und defensiven Vorbereitungen gegen einen erwarteten Angriff der Bulgaren auf Adrianopel und Makedonien. Bei den Grossmächten fand die eilige Theilnahme des Fürsten an einem feindseligen Act gegen den Berliner Vertrag keinen Gefallen. Nur England unterstützte offen diese Volksbewegung. Russland berief alle russischen Officiere aus Bulgarien und Rumelien zurück, die ja nur zeitweilig hingesendete Instructoren waren und ohne eine gleichzeitige Kriegserklärung von Seite ihres Souveräns nicht gegen den Sultan marschiren konnten. Ihr Abgang musste rasch durch junge, nicht erprobte Kräfte ersetzt werden, was keineswegs schwer fiel, da man mit grossem Aufwand einen sehr zahlreichen bulgarischen Officiersstand erzogen hatte. Das Kriegsministerium übernahm am 10. (22.) September der Artilleriecapitän Nikiforov, Capitän Petrov wurde Stabschef, junge Capitäne, die meist eine Kriegserfahrung aus den Freiwilligenbataillons des J. 1877 von den Tagen von Stara Zagora, Šipka und

---

1) Der Chef der Poststation, ein Bessarabier Todorov, schoss, zur Uebergabe aufgefordert, den Major Rajčo Nikolov nieder, wurde aber vom Volk bei der Leiche des populären Officiers in Stücke gehauen und in die Marica geworfen. Major Rajčo war der Bulgarenknabe, der 1854 vor Silistria über die Donau schwamm, um dem General Gorčakov den bevorstehenden Uebergang der Türken zu melden und in Folge dessen auf russische Staatskosten erzogen wurde.

Šejnovo hatten und mit Leib und Seele Berufssoldaten waren, Regimentscommandanten. Die Mobilisirung der 50—55.000 Mann des Fürstenthums wurde pünktlich durchgeführt und der Vormarsch an die Grenze angetreten.

Die rumelische Miliz war in fünf Tagen aufgestellt, da die Details der Mobilisirung von Strecker und den Russen vorbereitet waren. Aus den 18 Präsenzcompagnien wurden 18 Bataillons, aus der Infanterie des Lehrbataillons durch Zuziehung der einstigen Gymnastiker 17 Reservebataillone, aus der Escadron durch Gendarmen und Freiwillige ein Reiterregiment, im Ganzen 38.230 Mann mit 254 Officieren. Die Uniformen mussten erst aus den Tuchvorräthen von Sliven rasch completirt werden. Der Bezirk Kyrdžali schloss sich sofort der Pforte an und kam nicht mehr in bulgarische Hände zurück. Das Hauptcorps stand an der Marica und Tundža mit der Front gegen Adrianopel, kleinere Abtheilungen bei Burgas, in der Rhodope und bei Küstendil, sämmtlich hinter neuen Feldbefestigungen.[1]

Die diplomatischen Aussichten der Union standen schlecht. Die Moldau und Walachei wurden seiner Zeit leicht vereinigt, weil sie zwei vollkommen gleichberechtigte Fürstenthümer waren, aber hier handelte es sich um ein tributäres Fürstenthum und eine privilegirte Provinz. Die Kundgebungen Russlands waren günstig für die Union, ungünstig und persönlich gereizt gegen den Fürsten. Den Fürsten Alexander traf bald dasselbe Schicksal, wie einst den Fürsten Ipsilanti nach seiner Theilnahme am griechischen Aufstand; durch einen Armeebefehl des Caren vom 24. Oct. (5. Nov.) wurde er aller Würden in der russischen Armee für verlustig erklärt.

Die Union hat Griechenland und Serbien sehr aufgeregt. Die Politiker beider Königreiche griffen zur Gleichgewichtstheorie des 18. Jahrhunderts, an die man sich bei der Vereinigung der rumänischen Donaufürstenthümer nicht erinnert hat, und wollten auch einen Landzuwachs. König Milan von Serbien drängten überdies die unerfreulichen inneren Zustände seines Reiches zu einer auswärtigen Unternehmung. Schon am 10. (22.) September wurde die serbische Armee in der Stärke von 45.000 Mann mobilisirt; drei Divisionen standen bei Niš. eine bei Zaječar, eine bei Leskovac. Dieses Heer war keine Linientruppe mit einberufenen gedienten Reserven, wie das der russischen Armee nachgemachte fürstlich bulgarische, sondern eine allerdings in zwei Feldzügen erprobte Miliz, deren permanenter Friedenskadre nur 24 Proc. des activen ersten Aufgebotes zählte. Die Truppen waren der Meinung, es gehe los gegen die Türken, aber Mitte October erfolgte ein Frontwechsel gegen Bulgarien. König Milan erwartete eine Umarbeitung des Berliner Vertrages und wollte sich für diesen Fall ein Stück Land sicherstellen, nicht von der Pforte, sondern von Bulgarien, den Westen desselben oder Vidin oder wenigstens den Kreis von Trn. Fürst Alexander glaubte bis zum letzten Augenblick nicht an die Möglichkeit eines serbischen Krieges, sein Stab war aber anderer Ansicht und liess die verfallenen Werke von Vidin ausbessern, Sofia, die Wasserscheide von Slivnica und den Strassenknoten von Trn befestigen, das West-

1) Das militärische Detail siehe im Buche „Elf Jahre Balkan" S. 260 f.

corps bei Küstendil verstärken und ein kleines Nordcorps bei Vidin aufstellen. Die Serben reizten die kleinen bulgarischen Grenzpatrouillen, um einen „casus belli“ zu haben, bis es am Freitag 1. (13.) November in der Einöde zwischen Božica und Vlasina zum Schiessen kam. Am Morgen des 2. (14.) erklärten die Serben den Krieg.

Der Krieg dauerte nur 14 Tage, hat aber in Europa durch seine Wendung ein so grosses Aufsehen erregt, dass man bald über die allzugrosse Literatur über diesen „Miniaturfeldzug“ spottete. Der serbische Kriegsplan war dahin berechnet, dass die Timokdivision (12.180 Mann) Vidin einnehmen, die übrigen vier Divisionen (33.110 Mann) concentrisch gegen Sofia vorrücken sollten, und zwar die Donau- und Drinadivision auf der Linie Pirot-Sofia, die Moravadivision über Vranja, Trn, wo sie sich mit der von Pirot kommenden Šumadijadivision vereinigen sollte, und Breznik. Das bulgarische Westcorps bestand aus $13^1/_2$ Bataillons, verzettelt bei Küstendil, Trn, Caribrod und Sofia. Am Sonntag 3. (15.) Nov. räumten die Bulgaren nach heftigem Kampfe die befestigten Positionen von Trn und Vrabča, worauf die Serben am 5. (17.) Breznik besetzten und am folgenden Tage das Dorf Sopica südlich von diesem Städtchen als den fernsten Punkt in dieser Gegend erreichten. Das serbische Hauptcorps traf nach zähen Gefechten Montag den 4. (16.) vor der Wasserscheide bei Slivnica ein, 38 Kilometer von Sofia, wo die Bulgaren in einem kalten, waldlosen Bergland zwischen kahlen Felsbergen eine 15 Kilometer lange, befestigte Frontlinie mit Schützengräben in 2—3 Etagen und Batterien auf den Stützpunkten vorbereitet hatten. König Milan hatte sein Hauptquartier in Dragoman, Fürst Alexander, aus Philippopel rasch eingetroffen, in Slivnica; die bulgarischen Truppen befehligte der Major Gúdžev, die Artillerie Capitän Panóv, die Serben General Milutin Jovanović. Die Aufgabe der Bulgaren bestand darin, die Schanzen so lange zu halten, bis sich die in forcirten Eilmärschen heranrückende Armee aus Rumelien hinter ihnen versammeln konnte. Am 4. (16.) waren nur 9 bulgarische Bataillone mit 32 Geschützen zur Stelle, aber schon am zweiten Abend trafen 10 andere ein, denen die übrigen rasch folgten. Die drei Schlachttage von Slivnica, am 5., 6., 7., (17., 18., 19.) November endigten mit der Zurückweisung der Serben. Kritisch war der dritte Tag. Man befürchtete einen Vormarsch der Serben von Breznik direct nach Sofia und der Fürst eilte auch auf einige Stunden in die Hauptstadt, in welcher unter dem Eindruck des nahen Kanonendonners die fürchterlichste Panik grassirte. Die Serben zogen aber von Breznik nach Slivnica und wurden von Capitän Popóv bei Gurgulját zurückgeworfen. Gleichzeitig drang der rechte Flügel unter Rittmeister Bendérev aus den Schanzwerken über die viel umstrittenen Felshügel Tri Uši (drei Ohren) mit Bajonettangriffen gegen Dragoman vor.[1]) Den

1) Avram Gudžev aus Sopot bei Karlovo war vor 1877 Officier in der russischen Infanterie. Popov aus Šumen gab 1876 die Studien auf, kämpfte unter Černajev bei Deligrad, dann in den bulg. Bataillons bei Stara Zagora, Šipka und Šejnovo. Anastas Benderev aus Rjachovica bei Trnovo ist einer der zwei Junker, welche 1879 die neuerrichtete

Serben, die auch an Proviantmangel litten, erübrigte nichts als der Rückzug mit der Absicht einer neuen Aufstellung bei Pirot. Die Bulgaren folgten ihnen auf den Fersen; sie waren schliesslich auch numerisch stärker als die angreifenden Serben.

Capitän Popov besetzte Breznik und Trn. Der Auditorcapitän Panica, ein Trnover, der auf einer Urlaubsreise bei der rumelischen Septemberrevolution mitgewirkt hatte, besetzte mit einem grösstentheils aus makedonischen Freiwilligen, nämlich angeworbenen Harami's, bestehenden fliegenden Corps das Bergland zwischen dem Balkan und der Piroter Strasse. Der Feldzug schloss mit den zwei Schlachttagen von Pirot am 14. (26.) und 15. (27.) November, wo die Serben mit 35—40.000 Mann unter dem Obersten Topalović in ihren Defensivstellungen von 42.000 Bulgaren unter dem Oberstlieutenant Nikolajev angegriffen wurden und die Stadt Pirot verloren. Das weitere Blutvergiessen wurde am 16. (28.) durch österreichische Vermittlung eingestellt.

Bei Vidin drängte der serbische General Lešjanin die Bulgaren aus den Positionen von Kula gegen Lom und belagerte durch acht Tage erfolglos das vom Geniecapitän Uzunov vertheidigte Vidin.

Die Verluste der Serben beliefen sich nach amtlichen Ausweisen auf 6957 Mann: 746 Todte (14 Officiere), 4570 Verwundete (97 Officiere), 1641 Vermisste oder richtiger Gefangene (5 Officiere), die der Bulgaren, wo uns keine amtlichen Berichte vorliegen, auf ungefähr 6219 Mann: 1000 Todte (13 Officiere), 4000 Verwundete (22 Officiere), 1019 (3 Officiere) Soldaten und Freiwillige und 200 Landwehrmänner Gefangene. Die Bulgaren eroberten nur 2 Geschütze, die Serben 8. Die Kriegskosten Bulgariens, ungefähr 25 Millionen Francs, wurden aus den Schatzreserven ohne Anleihen gedeckt und die Requisitionsbons bis Ende 1888 langsam ausgelöst. Serbiens Finanzen kamen mit grösseren Einbussen davon. Die Verpflegung der Serben war schlecht, während sich bei den Bulgaren die Zufuhren unter Leitung der Kreisämter pünktlich einstellten; dagegen war das Sanitätswesen der Serben musterhaft, das der Bulgaren schwach. Der Kampf war der einer Linienarmee gegen ein Milizheer; die rumelische Miliz kam erst bei Pirot zur Geltung. Die serbischen Officiere waren den bulgarischen an Alter und Uebung überlegen und die Bewegungen wurden von ihnen präcis ausgeführt, während es bei den Bulgaren Anfangs manche Confusion gab; dagegen war die Mannschaft der Serben zu wenig ausgebildet. Die Serben zogen widerwillig in den Bruderkrieg, während die Bulgaren voll Enthusiasmus fühlten, jetzt sei der Augenblick da der Welt zu zeigen, was ihre Nation werth sei.

Der definitive Waffenstillstand wurde am 9. (21.) December in Pirot durch die Militärattachés der Mächte in Wien vermittelt; Demarcationslinie war die Landesgrenze mit einer beiderseitigen neutralen Zone. Der von der

---

Kriegsschule von Sofia mit Auszeichnung absolvirten, wurde sofort Adjutant des Kriegsministers und besuchte dann die Petersburger Generalstabsakademie; sein Bruder (in Trnovo) war einer unserer besten Kreisschulinspectoren.

Pforte vermittelte Friede von Bukarest vom 19. Februar (3. März) 1886, dem Tag von St. Stefano, unterzeichnet vom türkischen Pressdirector Madžid Pascha, dem serbischen Gesandten in London Mijatović und dem bulgarischen Bankdirector Ivan E. Gešov, enthält einen einzigen kurzen Artikel über die Wiederherstellung des Friedenszustandes.

Daneben kam die Unionsfrage in Fluss. In Rumelien war inzwischen Major Šivarov nur mit 1 bulgarischen Linienbataillon, 4 rumelischen Reservebataillons und 1 Freiwilligenschwadron geblieben. Es folgten die Missionen des Gadban Effendi und Schakir Pascha nach Sofia und seit Neujahr 1886 die Unterhandlungen des Ministers Canov mit dem Grossvezier Kiamil Pascha und dem Minister des Aeussern Said Pascha in Konstantinopel. Grosse Aufregung erregte in Bulgarien die Forderung der Pforte um Zulassung einer osmanischen Garnison in Burgas und um gegenseitige Unterstützung der Türkei und Bulgariens durch Hilfscorps in Kriegen auf europäischem Boden. Zuletzt war der Sultan einverstanden den Fürsten von Bulgarien (in Folge russischer Intervention ohne dessen Namensnennung) von fünf zu fünf Jahren zum Generalgouverneur von Ost-Rumelien zu ernennen, als Ersatz für das vertragsmässige Garnisonsrecht in Ost-Rumelien den Bezirk von Kyrdžali und das Pomakenland in der Rhodope dem türkischen Territorium einzuverleiben und das rumelische Statut durch eine türkisch-bulgarische Commission einer Revision unterziehen zu lassen. Diese Vereinbarung wurde durch das Konstantinopler Protokoll vom 24. März (5. April) 1886 von den Botschaftern der Grossmächte genehmigt, worauf Schakir Pascha dem Fürsten den Ernennungsferman zum Generalgouverneur am 13. (25.) April in Sofia in feierlicher Audienz überreichte.

Das Resultat erregte in Bulgarien viel Missstimmung: nördlich vom Balkan eine lebenslängliche, erbliche Hoheit, südlich davon eine fünfjährige Paschawürde. Auch die Resignation auf die mohammedanischen Rhodopegebiete erweckte manche Kritiken; die Türkei erhielt dadurch eine den Städten Philippopel und Tatar-Pazardžik sehr nahe, natürliche Festung. Inzwischen wurde in der Administration Rumeliens jede Besonderheit aufgehoben, die Centralverwaltung beider Länder mit grossen Ersparnissen vereinigt, die Beamten durcheinandergewürfelt und alles nivellirt. Ebenso wurde die rumelische Miliz unter der Leitung Benderev's in reguläre Regimenter umgewandelt. Der Geist der Einigkeit, der die Armee zum Siege geführt hatte, ging aber verloren. Bei dem Avancement und der Ordensvertheilung fühlten sich Viele übergangen; Capitän Panica z. B. wurde Major, Benderev blieb Rittmeister und zwischen den Capitänen, die Regimenter und die nur Compagnien befehligten, entstand eine weite Kluft. Die provisorischen Officiere des Krieges, Junker oder Unterofficiere, mussten zurück in die Kriegsschule oder zu Prüfungen. In der Regierungspartei machte sich eine Bewegung gegen den Ministerpräsidenten Karavelov bemerkbar, an deren Spitze dessen Ministercollege Radoslavov stand. Das Verhältniss zu Russland blieb unausgetragen. Die Cankovisten, verstärkt durch die rumelischen Unzufriedenen, wühlten gegen den Fürsten, in welchem auch viele der Officiere, die in Russland gedient hatten oder dort erzogen waren, ohnehin nur einen abtrünnig gewordenen Schützling des russischen Kaisers sahen. Der Enthusiasmus der Regierungspartei für den Fürsten konnte die Erfolge früherer jahrelanger Minirarbeit derselben Männer nicht bannen; Jedermann erinnerte sich, wie Stambulov noch unlängst über den Fürsten sprach, wie Zacharias Stojanov in der Vollmachtsperiode wegen eines giftigen Pasquills aus dem Fürstenthum verschwinden musste und wie liberale Witzblätter in Sofia noch vor zwei Jahren den Fürsten schonungslos herunterrissen. Die zerfahrenen Zustände illustriren die damals bei der vollen Pressfreiheit erscheinenden Broschüren; einige vom Mai und Juni fordern den Fürsten und Karavelov beide offen zum Rücktritt auf.

Bei den mit blutigen Excessen verbundenen Wahlen in Rumelien im Mai siegte meist die Regierung. Vom 2. (14.) Juni zum 11. (23.) Juli tagte in Sofia die Nationalversammlung, verstärkt durch 91 ostrumelische Abgeordnete. Die Thronrede betonte den glücklichen Krieg und die durchgeführte und durch die Kammer selbst mit Deputirten aus beiden Ländern repräsentirte Union. Die Kammer votirte Credite zur Vervollständigung des Kriegsmaterials, genehmigte den Ankauf der Eisenbahn Ruščuk-Varna, hatte aber manchen stürmischen Tag. Radoslavov trat aus dem Cabinet aus und stellte sich an die Spitze einer scharfen liberalen Opposition gegen Karavelov, dessen Situation sehr erschüttert war.

Der Fürst besuchte am 20. Juli (1. August) Küstendil, um an dem Feiertag des Infanterieregimentes Struma theilzunehmen. Zwei Tage später trafen in Sofia die türkischen Commissäre zur Revision des rumelischen Statuts ein, wobei es sich der Pforte meist um den Fortbezug ihrer Einkünfte handelte. Unruhe erregte ein grosser Lärm über angebliche Kriegsrüstungen der Serben, welcher die Errichtung von einigen Beobachtungslagern an der Grenze zur Folge hatte. Da wurde in der Nacht nach Freitag dem 8. (20.) August der erste Fürst des geeinigten Bulgariens in seinem Palais durch eine militärische Meuterei überrascht und gefangen genommen. Der Fall ist in der Geschichte des christlichen Orients nicht vereinzelt; wir erinnern nur an den Sturz des ersten Königs des befreiten Griechenlands und des ersten Fürsten des geeinigten Rumäniens. Einverstanden waren an 80 Officiere, besonders das Strumaregiment, das erste Artillerieregiment und die Kriegsschule; an der Spitze standen Major Grujev, Commandant der Kriegsschule und Capitän Benderev, der Stellvertreter des kranken Kriegsministers. Der Handstreich war eine Nachbildung der Absetzung und Entführung Gavril Pascha's. Der Fürst war übrigens gewarnt worden, schenkte aber den Anzeigen gar keinen Glauben. Die Verschworenen behandelten ihren Gefangenen, dem sie einst alle Treue geschworen hatten, übermüthig und hart. Sie brachten ihn nach Rachovo und von dort auf seiner eigenen Jacht „Alexander I." nach der russischen Grenzstadt Reni, wo ihm die russische Regierung die Weiterreise über Lemberg in seine hessische Heimat gestattete.

Die Revolutionäre besassen Sofia nur drei Tage. Erst am Abend des ersten Tages gelang es den militärischen Meuterern ein Ministerium zusammenzustellen, mit Kliment und Cankov an der Spitze, aber es war nichts als eine Liste, da einige dieser Minister weit in der Ferne weilten. Nichtsdestoweniger leisteten die Behörden und Truppen überall der neuen Regierung den Eid. Aber dieselbe verlor bald vor den Anzeichen einer oppositionellen Bewegung im ganzen Land den Kopf und trat am 12. (24.) August zurück, worauf in Sofia eine Regentschaft unter Karavelov und ein Ministerium aus Conservativen und Liberalen antrat. Oberstlieutenant Popov besetzte mit 3000 Mann ohne Geschütz von Slivnica aus die Stadt; die Revolutionäre, 2000 Mann mit 24 Geschützen, zogen auf der Ostseite hinaus, drohten mit einem Bombardement, rückten aber am 15. (27.) August durch den Pass von Vladaja ab nach Pernik. Indessen war die Gegenrevolution überall im Gang. An der Spitze befanden sich der Kammerpräsident Stambulov in Trnovo und der Brigadecommandant Oberstlieutenant Mutkúrov (ein Trnover) in Philippopel. Mutkurov rückte am 18. (30.) August mit 4 Infanterieregimentern nebst Cavallerie und Artillerie in Sofia ein, obwohl die Stadt schon lang in der Hand seines Gesinnungsgenossen Popov war. Mit Spiessen und Stangen begann eine Jagd nach den Verdächtigen; über Hundert Personen, oft ganz Unbetheiligte, Officiere, ehemalige Minister, Beamte des Bahnbaues, Kaufleute u. s. w. wurden mit stürmischem Eifer in den Kerker geschleppt.

Den Fürsten Alexander ereilten die Telegramme der Führer der Gegenrevolution in Lemberg und bewogen ihn umzukehren. An der Landesgrenze von Stambulov feierlich empfangen, kehrte er über Ruščuk und Philippopel am 22. Aug. (3. Sept.) unter stürmischen Begrüssungen wieder in den Palast zurück, aus welchem man ihn vor 14 Tagen gewaltsam weggeführt hatte. Am folgenden Tage capitulirte der Rest der Meuterer in Pernik, ohne das kleinste Gefecht geliefert zu haben. Aber die Situation war unhaltbar. Der Fürst hatte neuerdings eine Annäherung an Russland versucht und in einem Telegramm an den Kaiser seine Bereitwilligkeit ausgesprochen, die Krone in seine Hände zurückzulegen, ein unüberlegtes Anerbieten, da ja der Souverän des bulgarischen Vasallenfürsten nach dem Berliner Vertrag der Sultan und nicht der russische Kaiser ist. Die scharfe Antwort benahm dem Fürsten alle Hoffnung. Er dankte durch ein Manifest vom 26. August (7. Sept.) 1886 ab und verliess, feierlich begleitet, über Vidin das Land. Vor der Abreise ernannte er eine Regentschaft, bestehend aus Stambulov, Mutkurov und Karavelov, obwohl diese Ernennung den Artikeln 28, 29, 151 der Verfassung nicht entsprach, und ein Ministerium: Radoslavov Präsident und Inneres, Načović Aeusseres, Stoilov Justiz, Gešov Finanzen, Ivančov (ein in Montpellier gebildeter Trnover) Unterricht, Nikolajev Krieg.

Es folgte eine lange Regentschaftszeit, nach allen Berichten keineswegs ein Idyll, da keine fürstliche Autorität da war, um die Ausbrüche wilder Parteileidenschaften zu dämpfen. Karavelov wurde zum Rücktritt bewogen und Živkov zum dritten Regenten bestellt, so dass die Regentschaft aus drei Trnovern bestand, wirksam unterstützt in der Heeresverwaltung durch einen vierten Trnover, den Major Panica, in den Versammlungen durch den neuen Kammerpräsidenten Zacharias Stojanov. Eine unter blutigen Stürmen neu-

23*

gewählte grosse Nationalversammlung von 522 Deputirten (davon 470 der Regierungspartei) wählte in Trnovo am 29. October (10. November) einstimmig einen vermeintlichen russischen Candidaten, den Prinzen Waldemar von Dänemark zum Fürsten, derselbe wies aber den angebotenen Thron zurück. Bald darauf brach Russland alle Beziehungen mit dem Fürstenthum ab und am 8. (20.) November reiste sein letzter diplomatischer Agent in Sofia, Generalmajor Baron Nikolaus von Kaulbars mit allen russischen Consuln ab. Es bildete sich eine neue bulgarische Emigration in Konstantinopel, Rumänien und Russland, darunter an 60 Officiere. Locale Ausbrüche fanden in Burgas statt, mit offener Unterstützung der Russen. Anfang 1887 gelangte man in Konstantinopel unter Vermittlung der Pforte zu einer Annäherung mit der russischen Diplomatie und besprach schon eine Candidatenterna, bestehend aus den Prinzen von Leuchtenberg, Oldenburg und Mingrelien. Aber die Emigranten versprachen den Russen die Situation leichter durch einen Aufstand umzuwenden. Am Tage des Friedens von St. Stefano erfolgte ein Pronunciamento in Ruščuk und Silistria, wurde aber rasch unterdrückt und drei Tage später sieben der Officiere, darunter der Vertheidiger von Vidin, Major Uzunov, und der Commandant der Artillerie bei Slivnica Reservemajor Panov, sowie ein Advocat und ein Kaufmann vor Rušćuk kriegsrechtlich erschossen. Die Regentschaft verwickelte sich in Conflicte mit dem Ministerpräsidenten Radoslavov, der wie früher gegen Karavelov, so auch jetzt gegen Stambulov operirte. Diese Zustände drängten zu einer raschen Fürstenwahl.

Am 25. Juni (7. Juli) 1887 erwählte dieselbe grosse Nationalversammlung in Trnovo den 26jährigen katholischen Prinzen Ferdinand von Koburg-Koháry (geb. 14./26. Febr. 1861), den jüngsten Sohn des Fürsten August von Sachsen-Koburg († 1881) und der Prinzessin Clementine von Orleans-Bourbon, Tochter des Königs Louis Philipp. Der neue Fürst trat die Regierung an, hat aber die vom Art. 3 des Berliner Vertrages erforderte und von der Zustimmung der Grossmächte abhängige Bestätigung von der Pforte bisher nicht erhalten, in Folge der ablehnenden Haltung Russlands, welches die Wahlen zu dieser grossen Nationalversammlung für ungiltig erklärt und ausserdem auf den Art. 38 der bulgarischen Constitution verweist, der nur dem ersten Fürsten gestattet nicht der orientalischen Kirche anzugehören. Die Regierung ist eine Fortsetzung der Regentschaft: Stambulov Ministerpräsident und Inneres, Oberst Mutkurov Krieg, Živkov Unterricht, dazu Dr. Stranski, später Grekov für Aeusseres; die Finanzen und Justiz verwalteten Načović und Stoilov, seit Dec. 1888 die Rumelioten Salabašev und Tončev. Den Fürsten unterstützen die Radicalen (Partei Stambulov's) und Conservativen; eine fürstentreue Opposition bildet die Fraction des Radoslavov, eine dem Fürsten entgegengesetzte die Gruppen des Karavelov und des emigrirten Cankov. Der Major Panica trennte sich von seinen politischen Freunden, organisirte eine Verschwörung, wurde aber während den Vorbereitungen gefangen und in Sofia am 16. (28.) Juni 1890 kriegsrechtlich erschossen.

# ZWEITER THEIL.

# BULGARISCHE LANDSCHAFTEN.

## Erstes Buch.

## Die Hauptstädte.

### I. Sofia.

**Lage und Vergangenheit. Das römische Serdica, das mittelalterliche Sredec (Triaditza) und das moderne Sofia als Residenz der türkischen „Beglerbegs von Rumelien". Tiefer Verfall und ungeahnte Wiedergeburt in unserem Jahrhundert. Rasche Modernisirung. Die Umgebungen: die Vitoša, das Balkanpanorama und das Becken von Sofia.**

Unsere bulgarischen Landschaftsbilder eröffnen wir mit der Hauptstadt Sofia. Dieselbe liegt inmitten einer binnenländischen Gebirgsnatur, höher als alle Nachbarlandschaften herum. Das ovale Becken von Sofia oder bulgarisch das „Sofianer Feld" (Sofijsko Pole) hat ungefähr 60 Kilometer Länge und 20 Kilometer Breite, mit der Hauptachse von Nordwest gegen Südost. Den Horizont umschliessen auf allen Seiten Gebirge und der Zutritt zum Sitz der bulgarischen Regierung führt allenthalben nur über hohe Joche oder durch felsige Engen. Die Hauptstadt selbst (Seehöhe an 550 M.) breitet sich südlich von der Balkankette um eine warme Quelle aus, nur sieben Kilometer vom Fuss der gewaltigen Vitoša. Unmittelbar oberhalb derselben befindet sich im Pass von Vladaja die hochgelegene Wasserscheide zwischen dem Schwarzen und Aegaeischen Meer, und in der nächsten Nachbarschaft sammeln sich die Quellen von drei grossen Flüssen, der Struma, des Isker und der Marica. Aber ausser einigen kleinen Bächen fehlt der Residenz die Zierde eines fliessenden Gewässers mit Brücken und Quais; der Isker bleibt eine Stunde weiter ostwärts.

Es gibt keine Stadt in Europa, die sich in wenigen Jahren so gründlich verändert hat, wie Sofia; wer sie vor 12 Jahren gesehen hat, erkennt sie nicht mehr wieder. Aber bei aller Frische der vielen nagelneuen Bauten ist es keine Neugründung, sondern eine sehr alte Stadt mit einer weit zurückreichenden Geschichte.

Herodot und Thukydides kennen in dieser Landschaft nur den Fluss Isker als Skios oder Oskios, den späteren Oescus der Römer. Die römischen Eroberer stiessen hier auf den thrakischen Stamm der Serden, welchen

Fig. 21. Sofia (Westtheil) mit der Vitoša (links die Kathedrale, rechts die St. Spaskirche).

der Feldherr M. Crassus auf einem Vorstoss von Makedonien zur Donau im J. 29 v. Chr. wegen seines Widerstandes strenge züchtigte. In der Folge gehörte die Gegend zum Königreich Thrakien, einem römischen Schutzstaat, bis derselbe 46 n. Chr. von den Römern eingezogen wurde. Die „provincia Thracia“ blieb lange in zahlreiche „Strategien“ oder Gaue nach den einheimischen Stämmen eingetheilt; eine dieser Strategien bildete das Gebiet der Serden.

Der eigentliche Gründer von Sofia ist Kaiser Trajan. Dieser treffliche Organisator der Donau- und Haemusländer errichtete in Thrakien zahlreiche städtische Gemeinden, nicht durch Ansiedelung römischer Colonisten, sondern durch Zusammensiedelung des Landvolkes, einheimischer Veteranen und griechischer Kaufleute an Orten, die mit städtischen Rechten ausgestattet

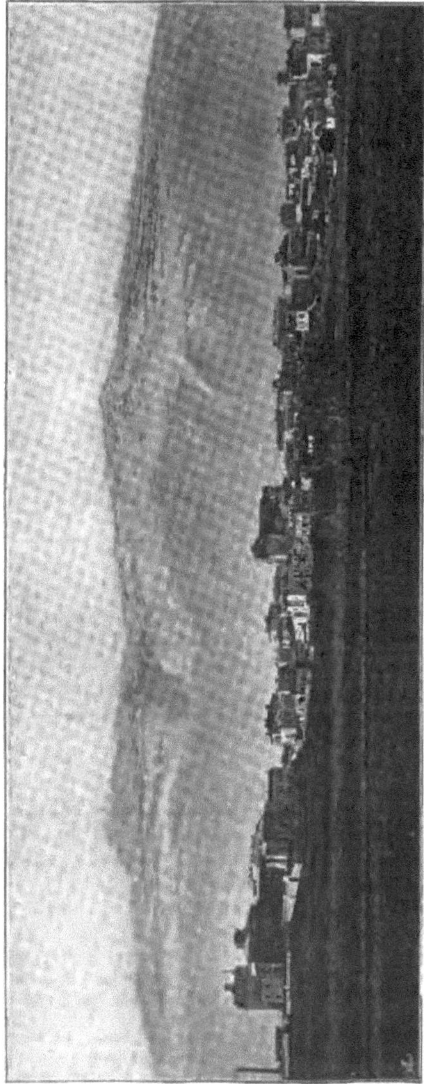

Fig. 22. Sofia (Osttheil) mit der Vitoša (in der Mitte St. Sophia, links Gymnasium und Staatsdruckerei).

waren. Der Vorort der Serden, bis dahin wohl nur ein grösseres Thrakerdorf mit Therme und Wohnsitz des „Strategen", wurde zur Stadt Serdica [1]) mit dem kaiserlichen Beinamen Ulpia. Die neue Gründung lag an der Grenze der damals die Welt beherrschenden Sprachen, des von der Aegaeischen Küste vordringenden Griechischen und des aus den Legionslagern an der Donau sich verbreitenden Lateins. Das thrakische Element verschwand, in Serdica vor dem Hellenismus. Den Aufschwung der Städte Thrakiens im 2. und 3. Jahrhundert bezeugen besonders ihre Münzen. Mionnet beschreibt 108 Typen der Prägstätte von Serdica, von Mark Aurel bis Gallienus. Es sind sämmtlich Kupfermünzen mit griechischen Inschriften. Der auf denselben oft wiederkehrende Aeskulap, auf einem Stück des Kaisers Septimius Severus in einem Tempel mit vier Säulen in der Front, nebst der Hygieia und der Schlange weisen auf die Thermen der Stadt und die mit ihnen verbundenen Heiligthümer.

Als Kaiser Aurelian das Trajanische Dacien jenseits der Donau aufgab und auf der Halbinsel (271) eine Provinz desselben Namens errichtete, die man bald in zwei Provinzen, Dacia ripensis an der Donau und Dacia mediterranea im Binnenland theilte, wurde Serdica das Centrum der letzteren. Die Glanzzeit der neuen Provinzialhauptstadt war das 4. Jahrhundert. Constantin der Grosse, gebürtig aus dem nahen Naissus, pflegte oft und gern in Serdica zu verweilen, was zahlreiche hier datirte Gesetze bestätigen. Er pflegte zu sagen: „Mein Rom ist Serdica" und soll bei der Umschau nach einer neuen Residenz auch an diese Lieblingsstadt gedacht haben. [2]) Unter der Regierung seiner Söhne Constans und Constantius tagte in Serdica im J. 343—4 ein von 356 Bischöfen des Orients und Occidents besuchtes Concil zur Entscheidung der Arianischen Streitfrage. [3]) Die Zeiten der Völkerwanderung machten dieser Blüthe ein Ende, vorzüglich als Attila's Hunnen im J. 447 neben vielen anderen auch diese Stadt niederbrannten.

Römische Denkmäler haben sich hier nur wenige erhalten, darunter kein einziger Monumentalbau. Der Kern der antiken und mittelalterlichen Stadt lag zwischen den warmen Quellen, der Metropolitankirche und der Sophienkirche, aber über den Plan derselben lassen sich jetzt kaum Vermuthungen aufstellen. Grosse antike und mittelalterliche Nekropolen reichten ostwärts vom fürstlichen Palast an der St. Sophienkirche vorbei gegen den Bach von Podujeni. Von der aus grossen Backsteinen erbauten römischen Stadtmauer fand man nur 1881 ein geradliniges Stück auf dem Abhang nördlich vom fürstlichen Palais. [4]) Ausserhalb der Stadt stand nach den

1) Die Form Sardica ist spät.

2) Fragm. hist. Graec. IV p. 199. Ammianus Marcellinus 21, 10, 3 nennt Serdica und Philippopolis „civitates amplas et nobiles".

3) Ueber das Jahr vgl. Hefele, Conciliengeschichte I², 533. Um 391 erregte ein Bischof von Serdica, Bonosus, viel Aergerniss durch die Lehre, Maria habe ausser dem Heiland noch andere Kinder gehabt.

4) Es ist wieder verbaut in den Fundamenten des jetzigen Militärclubs. Die neuesten Funde in Sofia schildern (vgl. unsere Bemerkungen in dem Arch. epigr. Mitth. X)

Berichten der Reisenden Brocquière (1433) und Gerlach (1578) ein kleines Schloss. Seine Reste liegen im freien Felde in der Nähe des jetzigen Bahnhofs, die Landstrasse nach Lompalanka kreuzend; es sind die von Kanitz abgebildeten Fundamente einer langen Mauer aus unbehauenen Bruchsteinen mit regelmässig vertheilten Rundthürmen, die nach der Sage ursprünglich ein Viereck umfasste. Die jüngst gefundenen, darin eingemauerten römischen Grabsteine sprechen für einen späten, vielleicht Justinianischen Ursprung dieser Befestigung.

Die Schicksale der Stadt in der ersten Hälfte des Mittelalters sind dunkel. Sie blieb noch lange Zeit eine byzantinische Grenzfestung und wurde erst 809 vom Bulgarenfürsten Krum erobert. Die Slaven änderten den Namen Serdica's in Srêdec (ausgespr. Sreadec, neubulg. Srjadec, mit Umlaut Sredec), wobei ihnen srêda „die Mitte" vorschwebte, und aus dieser slavisirten Form machten die Byzantiner ihr Triáditza. Das Bisthum der Stadt, zuerst erwähnt im 10. Jahrhundert, ist wohl eines der ältesten Bulgariens. In den Kriegen des Kaisers Basilios II. gegen die Bulgaren hat sich die Stadt mit zahlreichen nahen Burgen tapfer vertheidigt und im J. 987 eine Belagerung von Seite des Kaisers selbst zurückgeschlagen. Unter der byzantinischen Herrschaft (1018—1186) wird Serdica als Ausgangspunkt von Feldzügen gegen Westen oft erwähnt. Zwei Aufstände im 11. Jahrhundert zeugen von dem kriegerischen Geist der Bulgaren der Umgebung. Nach den Kriegen mit den Petschenegen wurden zahlreiche Gefangene in den Ebenen von Serdica und Naissus angesiedelt. Kaiser Manuel Komnenos (1143—1180) colonisirte bei Serdica auch gefangene Serben.[1]) Der arabische Geograph Idrisi (1153) kennt die „volkreiche Stadt Atrâlisa, welche in einer weiten und fruchtbaren Ebene liegt".[2]) Einige Details über das Aussehen der Stadt bieten die Legenden des hl. Johannes von Rila, dessen Leib angeblich noch der bulgarische Car Peter (927—969) aus der Einöde von Rila nach Serdica übertragen liess. In den Tagen des Kaisers Manuel werden hier drei Kirchen genannt, eine nicht näher bezeichnete Metropolitankirche, eine hölzerne Kirche des hl. Lukas, die noch zu Gerlach's Zeit bestand, den Localsagen zufolge auf dem Platz Positano, und eine jetzt gleichfalls verschwundene steinerne Kirche des hl. Johannes von Rila bei den Stadtmauern, nach der Tradition bei den Thermen. Die Stadt war meist aus Holz gebaut und litt durch öftere Brände.[3]) Obwohl der hl. Johannes sehr bald fortkam, erlosch seine Ver-

einige Abhandlungen von Dobruský (Inschriften mit thrakischen Götter- und Personennamen) und Škorpil (Grabgewölbe und Skelette) im „Sbornik" des bulg. Unterrichtsministeriums 1890.

1) Kedrenos ed. Bonn. II 587. Kinnamos 103. Ein Dorf Srbsko Selo (Serbendorf) liegt in der Okolija von Samokov (S. 129 A. 2), jetzt umgenannt zu Mala Crkva.

2) Tomaschek, Zur Kunde der Hämus-Halbinsel. II Die Handelswege im 12. Jahrh. nach den Erkundigungen des Arabers Idrisi, Wien 1887 (Sitzungsber. der k. k. Akad. Bd. 113) S. 85.

3) Ueber diese Legendenliteratur siehe weiter unten bei dem Kloster Rila.

ehrung in der Gegend nicht; die Bauern der Umgebung nennen ihn einfach den „heiligen Vater“ (Svéti Otéc). Neben den rechtgläubigen Christen gab es auch zahlreiche Bogomilen, welche in der Stadt einen häretischen Bischof, den „kleinen Alten (dêdъc) von Srêdec“ hatten.[1])

Am Ende des 12. Jahrhunderts gab es viel Krieg in dieser Gegend. Der ungarische König Bela III., verbündet mit dem serbischen Grossžupan Stephan Nemanja, rückte im Kriege gegen den Kaiser Andronikos Komnenos 1183 bis Serdica vor und entführte den Leib des hl. Johannes nach Gran. Vier Jahre später erwirkte der neue Kaiser Isaak Angelos die Rückgabe des bulgarischen Nationalpatrons und nahm die Reliquie 1187 persönlich in Serdica in Empfang; dadurch wollte er offenbar die Gemüther der durch den mittlerweile ausgebrochenen Aufstand der Aseniden aufgeregten Bulgaren besänftigen. Im J. 1189 fand Kaiser Friedrich I. mit den Kreuzfahrern des dritten Zuges die Stadt fast verlassen und leer, in Folge der Kriege der letzten Jahre und der Feindschaft der Byzantiner gegen den Kreuzzug.[2]) Den Kreuzfahrern folgten die Serben nach, die griechischen Burgen zerstörend, bis in die Gegend des Trajansthores.[3]) Isaak Angelos stellte dann 1190 seine Herrschaft im Westen bei Belgrad wieder her, aber schon 1194 besetzte der bulgarische Car Asen I. das alte Serdica und liess den Leib des hl. Johannes mit grossem Gepränge als Reichspalladium in die neue Hauptstadt Trnovo übertragen. Seit der Zeit blieb die Stadt bei dem Bulgarenreiche und wird selten, meist nur in kirchlichen Denkmälern genannt.

Das bedeutendste mittelalterliche Bauwerk war die Sophienkirche, welche auf einem Hügel der Ostseite die ganze Stadt als ein weithin sichtbares Wahrzeichen derselben dominirt und sogar eine Aenderung des Stadtnamens herbeiführte (Fig. 23). Sie wird erst spät erwähnt, zuerst in einem Evangelium, geschrieben 1329 „in der hl. Sofia, der Metropolie von Srêdec, unter dem Metropoliten Johannes und dem Caren Michael Asên“.[4]) Es ist eine etwas schwerfällig angelegte dreischiffige Basilika, 66 Schritte lang, nur aus Backsteinen erbaut, mit einer kleinen Kuppel über dem Altar; zwei seitwärts auslaufende Chöre geben ihr eine Kreuzform. Die Türken, welche die Kirche zu einer Moschee verwandelten, haben an dem Bau nicht viel geändert. In unserem Jahrhundert wurde 1818 die Apsis, 1858 das Portal durch Erdbeben total zerstört, so dass eine Restaurirung der Kirche unmöglich erscheint. Das massive Bauwerk ist heute eine ziegelrothe, von Gras und Gesträuch überwucherte Ruine, die als städtisches Petroleummagazin zu Beleuchtungszwecken dient. Aus einigen älteren Reisebeschreibungen erhellt, dass die Volkssage die Kirche ehedem mit Kaiser Constantin dem Grossen und der

---

1) Florinski in dem zu Ehren Prof. Lamanski's veröffentlichten Sammelband, Petersburg 1883 S. 39.

2) Ad Straliz oppidum pervenimus, quod vacuum et omni solatio humanae indigentiae destitutum invenimus. Fontes rer. Austr. Scriptores V, 27 (Ansbert).

3) Leben Nemanja's von König Stephan (altserb.) Cap. 7; cf. Ansbert 42 und 47.

4) Glasnik Bd. 51 S. 64.

Konstantinopler Sophienkirche in Verbindung brachte.[1]) Den russischen Reisenden Grigorović (1845) erinnerte sie sehr an die Sophienkirche von Ochrid in Makedonien, die nach verlässlichen Berichten vom Erzbischof Leo († um 1055) erbaut wurde.[2])

An die Südseite der Ruine grenzt ein Labyrinth unterirdischer Grabgewölbe. Dort stand der Sage nach ein altbulgarisches Kloster, in der Zeit Dernschwam's (1553) zu einem türkischen Zeughaus eingerichtet,[3]) später ein Derwischkloster (Tekké), nach Anderen ein Karawanserai, zuletzt eine grosse türkische Kaserne, 1879 durch ein Schadenfeuer zerstört. An ihrer Stelle wurde 1882 der Grundstein zu einer grossen Kirche des hl. Alexander Nevski gelegt, einer Votivkirche für die Befreiung Bulgariens von der Tür-

Fig. 23. Ruine der St. Sophienkirche (in Sofia) von der Nordostseite.

kenherrschaft. In der nächsten Umgebung stiess man jüngst (1888) auf die Reste einer frühchristlichen Nekropole, die Fundamente einer ungefähr 50 Meter langen dreischiffigen Basilika und eines kleinen von inschriftslosen

1) Verantius hörte 1553, ein griechischer Kaiser und seine Gemahlin hätten die hl. Sofia zur Schutzpatronin gehabt; er baute ihr eine Kirche in Konstantinopel, sie in Sofia. Benaglia 1682 (Relatione del viaggio a Constantinopoli dell' Conte Caprara, Bologna 1685 p. 45) verzeichnet, die Kirche sei von Sophia, einer Tochter Constantin's des Gr. erbaut worden, die hier begraben liege und in der Moschee Nachts erscheine.

2) Grigorović, Reise (russ.), 2. Aufl. 1877 S. 195.

3) „Zue Sophia ist ain grosser schöner stifft gewesen und hohe kirchen, sieht über die ganze stat aus und ist zerbrochen; daraus hat der Türckh ain zeughauss gemacht von eroberten schlachten.“ Dernschwam, Prager Ms. f. 12 und 241'.

Grabgewölben umgebenen Kirchleins.[1]) Dazu gehören einige bereits 1884 bei der Anlage eines Eiskellers für den Fürsten knapp unter der Nordmauer der Sophienkirche gefundene rohe Sarkophage mit dem Zeichen des Chrisma.

Noch in der Zeit des bulgarischen Reiches begann man am Ende des 14. Jahrhunderts die Stadt einfach Sofia zu nennen, was sich in der Türkenzeit noch mehr einbürgerte.[2]) Der Name Sredéc ist in Bulgarien jetzt genug bekannt, aber mehr durch Einfluss der Literatur; um seine Wiederbelebung haben sich einige einheimische Schriftsteller bisher vergeblich bemüht.

Das älteste Bauwerk der Stadt, älter als die Sophienkirche, ist die Güldžami, die „Rosenmoschee", mitten in der Judenstadt in der Nähe der jetzigen Kathedrale, eine uralte, gut erhaltene und leicht zu restaurirende Rundkirche, welche jetzt das Magazin des bulgarischen obersten Sanitätsrathes beherbergt. Von Aussen erscheint der solide Backsteinbau als ein ungefähr 10 Meter hoher Rundthurm mit einem zugespitzten Ziegeldach und acht hochgelegenen kleinen Bogenfenstern. Das Innere, oberhalb der Fenster leicht überwölbt, ist kreisrund (Durchmesser 9·2 Meter) und durch die Apsis, drei Thüren und vier Altarnischen symmetrisch in acht Segmente getheilt. Die ganze Mauerfläche war bis zur Wölbung hinauf mit Fresken bedeckt; zwischen dem abfallenden türkischen Mörtel kommen überall Reste derselben zum Vorschein, mit griechischen und slavischen Inschriften. Der Thurm selbst ist von einem niedrigen, türkischen Corridorbau umfasst, an den sich der Stumpf eines demolirten Minarets anlehnt. Die Kirche war dem hl. Georg geweiht und wird 1469 als Metropolitankirche von Sofia erwähnt. Die Türken setzten sich erst unter Selim I. (1512—1520) in deren Besitz, als man den Christen die meisten steinernen Stadtkirchen wegnahm. Gerlach (1578) gibt von diesem „hohen runden Thurm", ehemals bulgarischer Kirche, eine ganz gute Beschreibung. Bemerkenswerth ist der Umstand, dass es in Salonik einen ähnlichen, aber doppelt so grossen Rundbau gibt, die Moschee „Orta-Sultan-Osman-džamisi", einst gleichfalls eine Kirche des hl. Georg.[3])

Um die Güldžami herum liegen in dem jetzigen Judenviertel zahlreiche kleine Kirchlein, längliche meist nur 12 Schritt lange Gewölbe mit halbkreisförmiger Apsis und kleiner Vorhalle. Ihr Fussboden befindet sich oft an zwei Meter unter dem heutigen Niveau der Umgebung. Gegen Aussen sind

1) Pläne im Sbornik des Unterrichtsministeriums 1890, II.

2) Die Umwandlung lässt sich einigermassen verfolgen. Eine Urkunde des Caren Šišman 1378 ist datirt in Srědec (Šafařík, Památky, 2. Ausg. 107). In einer undatirten Urkunde desselben (ib. 108) liest man neben einander: die Beamten von Srědec, die Stadt Sofia und die hl. Sofia als Metropolie oder geistliche Obrigkeit. Ein Ragusaner Document 1376 hat „in Sophya". Konstantin der Philosoph 1431 und der Ragusaner Luccari 1605 schreiben bald Sredec, bald Sofia; die kirchlichen Denkmäler des 15. und 16. Jahrh. nennen die Stadt Sofia mit dem alten Namen als Adjectiv dabei, Sofia Srědečskaja (Šafařík op. cit. 61) oder gelehrt thuend Sofia Sardakijskaja (Ms. 1563 der St. Nikolauskirche von Sofia).

3) Von den bisherigen Reisenden erwähnt die Güldžami nur Grigorović (S. 135). Vgl. Arch. epigr. Mitth. X, 45. Gerlach S. 521.

sie in den Zeiten türkischen Druckes durch hohe Mauern den Blicken der vorübergehenden Moslims entzogen worden. Es beschreibt sie schon Gerlach, der als Theologe ein reges Interesse für alles Kirchliche in diesen Ländern hatte.[1]) Eine Merkwürdigkeit enthält die kleinere der beiden Kirchen der hl. Petka (Paraskeue). In der Vorhalle befindet sich halb eingemauert ein grosser Baumstumpf, die „Eiche des hl. Terapontij", von welcher das andächtige Volk an seinem Feiertag (27. Mai) kleine Stückchen als Heilmittel abbröckelt. Der hl. Therapon lebte in der vorconstantinischen Zeit zu Sardes in Lydien und an der Stelle, wo er den Märtyrertod erlitt, soll aus seinem Blut eine riesige Eiche empor gewachsen sein, die alle Krankheiten heilte. Die altbulgarischen Legendenübersetzer übertrugen das lydische Sardes nach dem thrakischen Sardica sammt dem Baum und verschafften dadurch dem kleinasiatischen Heiligen einen grossen Localcultus im Innern Bulgariens.

In den Umgebungen der Stadt gibt es am Fuss des Balkan, der Vitoša und des Lilin nicht weniger als 25 diesen Stadtkirchlein ähnliche kleine Klösterlein, von denen einige bemerkenswerthe Alterthümer enthalten.[2])

Am Ausgang der altbulgarischen Geschichte war Sofia der Zankapfel der letzten Caren Bulgariens, der gekrönten Brüder Sracimir von Vidin und Šišman von Sofia, bis der letztere die Oberhand gewann, aber 1382 die Stadt an die Türken verlor. Fünfzig Jahre später (1433) fand der Ritter Bertrandon de la Brocquière die Stadt „Sophie" als die beste von ganz Bulgarien, mit demolirten Mauern und noch überwiegend bulgarischer Bevölkerung. Bald darauf wurde Sofia, nach Thuróczi eine reiche und wohlbewohnte Stadt mit berühmten Bädern (civitas famosissima thermarum) 1443 von dem Heere des ungarischen und polnischen Königs Vladislav III. ausgeplündert und niedergebrannt.

In der Türkenzeit residirte hier fast vier Jahrhunderte lang der „Beglerbeg von Rumelien", der Generalgouverneur der ganzen Halbinsel ausser Bosnien und Morea. Sofia wurde vorwiegend osmanisch und nahm an Grösse, aber nicht an Glanz zu: eine sehr ausgedehnte Stadt voll Gärten, mit niedrigen Häuschen, zwischen denen zahlreiche Minarets und die bleigedeckten Kuppeln der Bäder, Moscheen und Karawanserai's emporragten.[3]) Die grossen Kuppeln erinnerten Benaglia (1682) an die St. Antoniuskirche von Padua in seinem Vaterlande. Dernschwam (1553) verzeichnete, Sofia habe 11 grosse und an 100 kleine Moscheen. Drei derselben sind noch heute auffällig, die grosse „Schwarze Džamija" mit Derwischkloster und Badhaus, jetzt Gefängniss und Waffenmagazin, die „Büjük-Džamisi" mit neun Kuppeln,

---

1) Näheres über diese Kirchlein und ihre Denkmäler im Period. Spisanie V 130 und VII, 118 in den Noten zu meiner bulg. Uebersetzung von Gerlachs Reisebeschreibung. Zwei derselben wurden unlängst bei der Strassenregulirung demolirt, die Kirche Sveti Spas dagegen von Grund aus in grösseren Dimensionen neu aufgebaut.

2) Aufgezählt in den russ. Materialy der Okkupationsverwaltung III, 5, 64 (Cesty 12).

3) Freunde neulateinischer Poesie finden eine anschauliche Beschreibung des türkischen Sofia vom Ungarn Paulus Rubigallus aus der Mitte des 16. Jahrh. in Chytraei Hodoeporicis, Francoforti 1575 p. 167.

in deren feuchten und finsteren Innern Anfangs die Nationalbibliothek und die Staatsdruckerei untergebracht war, und die den Mohammedanern belassene „Banja-baši-džamisi" neben den Thermen, mit schlankem Minaret, von dem das melancholische Rufen des Muezzin noch täglich ertönt. Von den Kaufhäusern der Türkenzeit sind nur Trümmer übrig. Auf der Čaršija steht der Karawanserai, die Kervasára (auch „Čohadžiski han", Tuchhändlerhaus), ein viereckiges Gebäude mit Arkadengängen gegen den Hof, Magazinen im Erdgeschoss, und zahlreichen, je mit einer kleinen bleigedeckten Kuppel überwölbten Kammern im oberen Stockwerk. Unten gibt es noch Kaufläden, aber der obere Stock ist eine klägliche Ruine. Von dem gegenüberliegenden Bezestan, der noch zu Menschengedenken neun Kuppeln hatte, stehen nur die Aussenmauern als Stütze für bretterne Kaufbuden.

Die christliche Bevölkerung war in der älteren Türkenzeit nicht ohne Bedeutung. Benedikt Kuripešič, Dolmetsch der kaiserlichen Gesandtschaft 1530, fand hier ein reicheres Land als in Bosnien und Serbien, was er richtig aus der Entfernung von dem Kriegsschauplatze an den Grenzen erklärte, und gastfreundliche, fromme und sittsame Leute, deren reiche Nationalkleider ihm von dem ehemaligen Wohlstand Bulgariens vor der osmanischen Eroberung zu zeugen schienen.[1]) Gerlach fand hier zwei Popenschulen, aus denen die Mehrzahl der Geistlichen Bulgariens hervorging. Von dem frommen Sinn und dem Besitz der Bevölkerung zeugen in den Kirchen der Landschaft die vielen Fresken aus dem 15. und 16. Jahrhundert. In kirchlicher Beziehung stand das hiesige Bisthum nach der Aufhebung der autokephalen Kirche von Trnovo unter dem Patriarchen von Konstantinopel. In den Stürmen nach dem Untergang des serbischen Despotats brachte um 1455—1469 der Metropolit Silvanij den Leib des als heilig verehrten Serbenkönigs Stephan Uroš II. Milutin nach Sofia, der im Kloster Banjska bei Novipazar, später in der Bergwerkstadt Trepče bestattet war. Der alte Nemanjide ruht heute noch in Sofia, vor der Ikonostasis der neuen Kathedrale, und geniesst als der „heilige König" (Sveti Kral) viel Verehrung bei der Bevölkerung.[2]) Das 16. Jahrhundert brachte zwei neue locale Märtyrer aus dem christlichen Handwerkerstande, die den Islam nicht annehmen wollten und dafür den Tod erlitten: den „neuen hl. Georg", einen Goldarbeiterlehrling aus der makedonischen Bergwerkstadt Kratovo (1515) und den „hl. Nikola von Sofia", einen epirotischen Schuster aus Janina (1555). Ihr Leben und Leiden haben gleichzeitige Sofianer Geistliche ausführlich in slavischer Sprache beschrieben.[3]) Seitdem ging das christliche Element

1) (Benedict Curipeschitz von Obernburg), Itinerarium, Wegrayss Kü. May. potschafft gen Constantinopel (gedruckt 1531).

2) Die Uebertragung erwähnen die serb. Annalen bei Šafařik op. cit. 61. Im J. 1455 wurde Trepče von den Türken erobert, 1469 befand sich der König schon in der Sofianer St. Georgskirche (Glasnik 22, 206).

3) Das Leben des hl. Georg vom Popen Pejo gedruckt im Belgrader Glasnik Bd. 21 und 40. Aus der Legende des hl. Nikola vom Diakon Matthäus dem Grammatiker erschien nur ein Auszug in Sofia 1879; eine Ausgabe von Prof. Syrku in Petersburg steht in Vorbereitung.

sehr stark zurück. Von den jetzigen bulgarischen Altbürgern kann die Mehrzahl noch die Dörfer bezeichnen, aus denen ihre Eltern oder Grosseltern zugewandert sind.

Als Handelscentrum wurde Sofia seit der zweiten Hälfte des 15. Jahrhunderts eifrig von den Ragusanern besucht, die in bulgarischer Zeit urkundlich nur 1376 hier auftauchen. Das Details dieses Handels zeigt uns ein Comptoirbuch des ragusanischen Patriciers Benedetto de Resti, geschrieben in Sofia 1590—1605, das sich im Archiv von Ragusa zufällig erhalten hat. Ragusaner, Florentiner und Venezianer Tücher, Seidenwaaren, Sammt, Confecte und kleine italienische Manufacturen waren die Hauptartikel des Imports, rohe Häute, besonders Büffelhäute, Corduane, Pelze, Wolle die des Exports. Resti handelte mit Bulgaren, Griechen, Juden und Türken, und seine Geschäftsverbindungen reichten einerseits über Trnovo bis Provadija, Silistria und in die Walachei, andererseits bis nach Philippopel und Rodosto. Auch in den belletristischen Schriften der Ragusaner fehlt es nicht an Erwähnungen der Stadt; z. B. in der Komödie „Onkel Maroje“ des Marin Držić (um 1550) verputzt ein Kaufmannsohn, der in Florenz Tücher kaufen und damit nach Sofia reisen soll, die Ducaten seines Vaters fröhlich in Rom, und im Epos „Osman“ des Gundulić († 1638) hören wir zweimal von der Vitoša. Neben den Handelsleuten arbeiteten hier auch Gerber aus Ragusa. Die „colonia“, 60—150 Personen stark, hatte in einem Privathaus eine kleine katholische Capelle, in welcher ein Franziskaner die Messe las. Im J. 1689 verschwindet die letzte Spur der Colonie.[1])

In neueren Zeiten sank Sofia durch Ablenkung der Handelswege zu der am meisten vernachlässigten Stadt der Halbinsel herab. Im J. 1816 vernichtete eine Feuersbrunst den „Saraj“ (Palast) der Beglerbegs, deren Amt damals zu dem eines Vali (Rumili-Valessi) umgenannt und bald aufgehoben wurde. Einen Theil der Stätte des alten Palastes nimmt der jetzige fürstliche Palast ein, einen anderen der öffentliche Park davor. Selbst die kleine Moschee der Beglerbegs, die „Čelebi-Džamisi“, erbaut im Jahre 909 der Flucht (1503 n. Chr.), ist jetzt verschwunden; man hat sie 1880 bei dem Umbau des fürstlichen Palastes mit Dynamit weggeräumt, um Platz für den Ballsaal zu gewinnen. Neben Bränden gab es Pest (1811, 1837) und zwei vehemente Erdbeben, am 23. April (or. St.) 1818, das Häuser und Moscheen beschädigte, wobei in der Nähe der Thermen eine neue heisse Quelle hervorsprudelte, aber bald wieder versiegte, und am 18. September 1858, das viele Minarets zum Sturze brachte.[2]) Im Kriege 1829 rückte ein russisches Corps unter General Kiselev, um die Bewegungen des Pascha von Skodra zu überwachen, über Rachovo und Vraca bis in den Balkan von Orchanié, worauf General Geismar im October die Stadt Sofia selbst auf wenige Tage besetzte.[3]) Am

1) Ausser den Büchern der Ragusaner Archive enthalten die Acta Bulg. ecclesiastica Vieles über diese Colonien.

2) Locale Aufzeichnungen im Per. Spisanie VIII, X.

3) Zablocki-Desjatovski, Graf P. D. Kiselev und seine Zeit (russisch), Petersburg 1882, I, 311 f. und die Karte dabei.

2. (14.) April 1832 überfiel Alibey, Sohn des Kyrdžalienhäuptlings Karafeiz, damals Herr von Trn und Söldner Mustafa's von Skodra, die Stadt, plünderte sie drei Stunden lang, wurde aber von den Stadttürken hinausgejagt; den abgenommenen Raub hängten die Sieger öffentlich auf dem Markte aus, damit sich Jeder das Seinige hole. Fünf Jahre später (1837) fand Dr. Ami Boué Sofia in einem ganz verkommenen Zustand: ringsherum ausgedehnte mohammedanische Friedhöfe, im Innern winklige Gassen mit einem schrecklichen Pflaster voll Löcher und Schlamm und einige Plätze, bedeckt mit riesigen, angeblich mehr als ein Jahrhundert alten Schmutz- und Düngerhaufen. Dabei erkannte er richtig die treffliche Lage der Stadt am Kreuzpunkt wichtiger Strassen und ihre Zukunft.[1])

Schon in den vierziger Jahren besassen die Sofianer Christen eine neue Stadtschule, mit griechischem Unterricht in den oberen Classen. Eine besser organisirte, von weitem besuchte rein bulgarische Lehranstalt gründete der als Kaufmann in Moskau lebende Sofianer Denkoglu († 1858). Nach 1860 riss sich Sofia von dem griechischen Patriarchat los und nahm eifrig an der bulgarischen Bewegung theil. Seit 1873 baute die türkische Regierung eine Eisenbahn von dem Endpunkt der thrakischen Bahn über Sofia nach Skopje, jedoch die Arbeit wurde schon vor den Ereignissen von 1876 wieder eingestellt. Nach türkischen Verzeichnissen hatte die Stadt zuletzt 3106 Häuser, davon 1369 mohammedanische und 1737 christliche und jüdische; nach kirchlichen Daten zählten die Bulgaren 1022 Häuser und 1150 Familien.

Der russische Feldzug brachte eine vollständige Umwälzung. Am 23. December (or. St.) 1877 wurde Sofia von General Gurko ohne Kampf besetzt und noch vor Ende des folgenden Jahres zur Hauptstadt des neuen Fürstenthums erhoben. Die erste Volkszählung von 1881 fand 20.501 Einwohner (mit Einschluss von 1031 Mann Garnison). Unter der bunten Bevölkerung waren nicht weniger als 23 Sprachen vertreten.[2]) Die zweite Zählung 1888 fand schon 30.428 E.: 20.257 Bulgaren, 5102 spanische Juden, 1231 Zigeuner, 335 Türken, 711 Deutsche, 326 Griechen, 271 Serben, 120 Russen, 524 andere Slaven, 99 Franzosen, 1196 „Verschiedene" und 256 „Unbekannte". In der Stadtgemeinde geboren sind nur 46 Proc. Altansässige Bulgaren gab es 1881 nur ungefähr 6000, von denen die Mehrzahl Bauernkleider trug und sehr primitiv lebte. Die übrige Bevölkerung ist neu eingewandert und blickt stolz auf die „Ursofianer" herab. Die Türken, einst das stärkste Element, sind noch vor dem Einmarsch der Russen fast sämmtlich entflohen. Nach dem Krieg kehrten nur Einzelne zurück, um ihre Häuser zu verkaufen.

---

1) Sophie est placée admirablement pour devenir une ville populeuse et belle, car elle est en plaine au centre de la Turquie sur l'entrecroisement d'au moins sept à huit routes. Boué, Recueil d'itin. I, 64.

2) 13.195 Bulgaren, 4146 spanische Juden, 788 Zigeuner, 535 Türken, 327 Deutsche (sammt den deutschen Juden), 246 Griechen, 226 Serbokroaten (darunter 43 Montenegriner), 225 Rumänen, 166 Italiener, 160 Russen, 102 Böhmen, 78 Franzosen, 71 Armenier, 66 Magyaren, 40 Albanesen, 35 Slovenen, 27 Polen, 10 Engländer, 9 Perser, 1 Schwede, 1 Finländer, 1 Araber, 1 Tscherkessel

Den winzigen Rest der Türkengemeinde bilden einige Bey's, Fuhrwerksbesitzer, Sattler und Lederarbeiter, meist arme und unverheiratete Leute. Die Erscheinung einer verschleierten Türkin war schon in den ersten Jahren des Fürstenthums eine Aufsehen erregende Seltenheit. Ein starkes und altansässiges Element sind die Spaniolen (S. 131).

Die Stadt hat binnen zehn Jahren einen vollständigen Umbildungsprocess durchgemacht. Im J. 1879 sah sie ärger aus als zur Zeit der Reisen des Dr. Boué. Der südliche Theil war ganz verödet; die russischen Soldaten hatten das Holz der verlassenen Türkenhäuschen zu ihren Lagerfeuern herausgezogen, worauf die Lehmwände, von Regengüssen erweicht, rasch zusammensanken. Auf den Gassen blieben die Wägen in dem tiefen breiartigen Koth stecken und zur Nachtzeit war der Weg durch die Einöden gefährlich wegen der vielen zwischen Gras und Dorngebüsch verborgenen Brunnen. Auch die erhaltenen, bewohnten Stadttheile sahen mit den vielen Ruinen und den elenden Holz- und Lehmhütten an nassen Wintertagen ganz fürchterlich aus. Gewisse Gassen mit langen, zu Fuss ganz unpassirbaren, abflusslosen Pfützen auf dem ungepflasterten Boden boten das Bild eines „bulgarischen Venedigs". Dies änderte sich rasch. Neben der Altstadt entstand eine Neustadt auf den Trümmerfeldern der Südseite und auf den ehemaligen türkischen Friedhöfen der Ostseite. Seit drei Jahren wird auch die Altstadt rücksichtslos durch breite schnurgerade Strassen durchbrochen und demolirt, wobei man selbst alte Kirchen, Synagogen und Moscheen niederriss.

In der Altstadt liegen auch die leider noch sehr verwahrlosten Thermen. Das alte Badgebäude, ein Sechseck aus grossen Quadern, mag einzelne antike Bautheile enthalten. Das farblose, unangenehm schmeckende, schwefelhältige Wasser speist durch fünf Röhren das polygonale, an 8 Meter breite Bassin des alten Badhauses und zwei Bassins der Nebengebäude (Temperatur beim Ausfluss + 47·5° C., im Bassin + 40° C.). Das Badhaus besitzt auch eine Kaltwasserleitung. Zwischen dem nahen alten Judenviertel und dem ursprünglichen Christenquartier erhebt sich die vor 30 Jahren erbaute Metropolitankirche mit ihren Bleikuppeln und bunt bemalten Säulen. Das fürstliche Palais ist im Grunde nur ein umgebautes türkisches Amtshaus. Es ist der „Konak" des türkischen Mutessarifs, errichtet durch Frohnarbeit des ganzen Kreises im J. 1873, ursprünglich ein einstöckiges Haus mit 23 Fenster Front gegen die Vitoša zu. Fürst Alexander fand bei der Ankunft nur zwei Zimmer bewohnbar; in den übrigen verriethen unregelmässig vertheilte Bottiche, dass die Decke bei Regen nicht wasserdicht sei und im Zimmer des Secretärs, das gleichzeitig als Kanzlei und Wartesaal diente, hüpften Frösche auf dem Boden herum. In den J. 1880—1882 wurde der Palast mit einem Aufwand von fast zwei Mill. Fr. vollständig umgebaut. Von dem alten Gebäude blieb nur das äussere solide steinerne Mauerquadrat; die Zimmerwände waren ohnehin nur aus Lehm, die einzige Treppe aus Holz. Mit dem Geld hätte man leicht auf freigewählter Stelle einen viel schöneren neuen und einheitlichen Bau herstellen können. Der Fürst wohnte inzwischen zwei Jahre lang in einem Privathäuschen mit sechs Zimmern.

An das Palais schliesst sich vorn das niedrige Gebäude der Hauptwache; der kleine geschlossene Garten grenzt hinter der Residenz unmittelbar an das englische und deutsche Consulat. Das Innere ist nach orientalischer und occidentalischer Art für hiesige Verhältnisse glänzend eingerichtet. Vor dem Residenzschloss breitet sich der öffentliche Alexander-Park aus, unlängst eine Einöde mit dürrem Gras und wenigen Pappeln, Weiden und Kirschbäumen, zuletzt von dem Stadtgärtner, einem Schweizer, zu einer modernen Anlage umgestaltet. Wer jetzt an einem schönen Sommerabend hieherkommt und die Sofianer Welt mit ihren vielen Uniformen unter den Klängen einer Musikcapelle bei dem Anblick der mondbeleuchteten Vitoša sorglos lustwandeln sieht, gewinnt einen ganz angenehmen Eindruck.

Die neuen Viertel füllten in den Zeiten des Fürsten Alexander rasch den Raum vom Palais zur Sophienkirche und zur Schwarzen Džamija, später seit 1886 die ehemaligen Friedhöfe weit über die Sophienkirche hinaus, welche bis 1879 das Stadtende bezeichnete. Jetzt grenzt Sofia unmittelbar an das Dorf Podujeni. Dort stehen Kasernen, Ministerien, Consulate, Schulen, das neue Gebäude der Nationalversammlung, der Staatsdruckerei u. s. w., daneben den schnurgeraden Gassen entlang Hunderte von kleinen neuen Privathäusern. Der Preis des Quadratmeters stieg binnen wenigen Jahren von 50 Centimes auf 15 Francs und mehr. Die Strassen sind still, ohne Lärm und Staub, nur an den Trottoirs gepflastert, am Fahrweg mit Flusssand bestreut. Die Beleuchtung besorgen einstweilen spärliche Petroleumlampen.

Sofia liegt in derselben geographischen Breite (ungefähr 42° 41′ 30″) wie Etrurien oder die Umgebung von Marseille, steht aber in klimatischer Beziehung unter dem Einfluss seiner gebirgigen Umgebung. Diese Nachbarschaft ist die Ursache vielen Witterungswechsels. Der Sommertag ist voll goldigen Glanzes mit satten Farben. Im Frühling und Herbst bieten die bläulichen oder hellgrünen Abendtinten einen herrlichen Hintergrund für die Bleikuppeln, Minarets und Baumkronen. An der Sonne hat die Landschaft einen eigenen bläulichen Ton, der sich im Winter auch in das Weiss der Schneefelder mischt. Juli und August des abendländischen Kalenders sind die heissesten Monate (bis + 30° C.), die einzigen, wo die Vitoša ganz schneefrei ist, aber auch da sind die Nächte oft frisch mit starkem Morgenthau. Der Herbst beginnt Mitte September; es wird kühl, die Vitoša verdüstert sich, Regen und Strassenkoth werden alltäglich und die ganze Landschaft erhält eine langweilige graugrüne oder braune Farbe. Anfang October legt man schon Winterkleider an, auf den Feldern liegt Reif, und krause Nebel oder dichte Wolken verhüllen die Gebirge bis zum Fuss. Scharfen Winter gibt es nur im December und Jänner. Da liegt manchmal wochenlang tiefer Schnee, die Häuser und Lehmmauern erhalten eine glänzende Glasur und die Bauern fahren mit Schlitten auf den Markt. Die warme Sonne hebt aus den eingeschneiten Feldern und Gassen oft leichte Dämpfe, welche sich in den niedrigen Stadttheilen zu einem langgezogenen weissen Nebel verdichten, der auf dem Horizont nur die Baumwipfel, Minaretspitzen und Berggipfel wie schwimmend sichtbar lässt. Den kältesten Winter hatten wir 1879—80, gerade im ersten Jahre der neuen Verwaltung (23. Jänner Nachts —24° C.), wo man noch keine ordentlichen Wohnungen und Oefen hatte und wo so Mancher in seiner ärmlichen Hütte die Morgentoilette mit einem Faustschlag auf die Eiskruste des Waschbeckens zu beginnen pflegte. Sonst fällt das Minimum selten tiefer als — 15° C. Jetzt ist Sofia auch im Winter zugänglich; ich kenne es aus Zeiten, wo Schneestürme im Gebirge oft alle Post- und Telegraphenverbindungen unterbrachen und wo wir mitunter ausländische Zeitungen von neun Tagen, Morgen- und Abendblätter, auf einmal erhielten! Im Februar schlägt das Wetter um. Die Vitoša wechselt ihr Schneegewand in ein bunt schmutziges Kleid mit schwarzen Flecken. Erst spät, in der zweiten Hälfte April beginnt die Landschaft schwach zu grünen. Ende April oder auch Anfang Mai tritt regelmässig neue Kälte oft mit etwas Schnee ein (unsere „Eismänner"). Bald darauf meldet sich das wahre Frühjahr mit dem weissen Blüthenschmuck der Obstgärten, aber noch der Mai ist ein unfreundlicher Monat mit täglichen Regengüssen. Endlich im Juni wird es wärmer, die Landschaft wird trockener, die Flüsse fallen ab und der Schnee schwindet von den Bergen.

Zu Anfang der neuen Verwaltung war Sofia, ausserhalb aller Bahnverbindungen gelegen, die theuerste Stadt Europas; später fielen die Preise und das Leben wurde billig, ausser den Miethzinsen, dem Lohn der Diener und dem Brennholz. In den ersten Jahren des Fürsten Alexander gab es ein reges sociales Leben. An erster Stelle standen die Hofbälle, wo sich an 400 Personen versammelten, die Diplomaten, die Russen des Heeres und alle hervorragenden Bulgaren mit ihren Familien. Die Menge von Uniformen, Nationaltrachten, einfachen Fracks und Damenkleidern nach der neuesten Mode liessen dieselben den besten Festlichkeiten dieser Art in der gebildeten Welt gleich erscheinen. Eine primitivere Erscheinung waren nur die geladenen Bauerndeputirten, Türken und Bulgaren. Ueberdies fehlte es nicht an Soirées bei den diplomatischen Agenten, an Paraden und Manövern, an Banketten zur Einweihung der vielen neuen Gebäude und zur Feier der Gedenktage der Befreiung des Landes. Seit der Zeit sind die Wogen der Parteistürme höher gegangen und das fröhliche Leben der Flitterwochen des jungen Staates wurde durch bittere Leidenschaften getrübt. Bei der krankhaften Unruhe und der Kleinlichkeit und geistigen Leere des Lebens ist Sofia überhaupt kein angenehmer Aufenthaltsort.

Doch treten wir aus der Stadt hinaus in's Freie! Die nächste Umgebung ist eine monotone „Campagna", bei ihrer Baumlosigkeit im Winter unter der Schneedecke fröhlicher als im Sommer. Nur auf der Südseite bemerkt man eine bewaldete Lehne; es sind die **Kurú baglar**, türk. die „trockenen Gärten", der Abhang einer von der Vitoša vorgeschobenen, an 60 Meter über die Stadt emporragenden Terrasse mit Obstpflanzungen und einem schönen Ausblick auf Sofia. Weinberge gibt es in der Umgebung nicht.[1]) Eine neue An-

---

1) Ausser einigen Joch bei Korila am Défilé des Isker. Der Dorfname Lozen (von loze bulg. Weinberg) und andere Spuren zeigen, dass es hier ehedem auch anderswo

24*

lage ist ein grosser Park längs der Konstantinopler Strasse, die Promenade der eleganten Welt. Weiter tritt man auf allen Seiten ganz aus dem Bereich des Stadtlebens hinaus in öde, blassgrüne Weidetriften, belebt von Pferde-, Büffel- und Schafheerden. Die Aussicht aus der Stadt dominiren die Profile von fünf grossen Redouten, von den Türken vor dem russischen Krieg errichtet, die nie zur Verwendung kamen.

Die grösste Aufmerksamkeit in der ganzen Umgebung nimmt die Vitóša in Anspruch, welche den südlichen Horizont ganz und zwar aus grosser Nähe abschliesst (Fig. 21, 22). Hochstetter sagt mit Recht, Sofia und die Vitoša seien unzertrennlich wie Neapel und Vesuv. Sie ist der Barometer der Stadt. Ist der Gipfel klar, so ist kein überraschender Regen zu befürchten; die kleinsten Nebelgebilde bedeuten nasses Wetter im Anzug. Der Berg steht fast isolirt und erhebt sich aus einer kreisrunden Basis von ungefähr 17 Kilometer Durchmesser. Der syenitische Kern ist auf der Stadtseite von Eruptivgestein überdeckt. Wälder gibt es auf der Stadtseite nicht, ausser niedrigem Eichengebüsch und einem alten Hain bei dem Kloster von Dragalevci. Auf der Nordseite steigen dichte Eichen- und Hainbuchenwälder bis zum Pass von Vladaja herab. Die sonnige Südseite bedecken waldlose Matten. Der Gipfel enttäuscht den Besucher: eine weite steinige Hochfläche, voll mooriger Sümpfe und zerstreuter Felsblöcke, auf welcher sich einige höhere verwitterte Steinpyramiden erheben, das Ganze durchfurcht von Mulden, voll von Geröllmassen, unter denen sich schwach rieselndes Gewässer hörbar macht, der Anfang der Bäche, welche zur Struma oder zum Isker abfliessen. Der ganze Diluvialboden um die Stadt herum ist voll runder Rollsteine, herabgeschwemmt von der Vitoša, meist Diorit. Südlich von Dragalevci hält sich hoch oben unter einer vorspringenden Felsmauer ein kleines Schneefeld stets lang in den Sommer hinein. Der höchste Gipfel (2291 Meter) ist nicht der Felsgrat (1953 M.) am obersten Ende der Schlucht von Dragalevci, wie es aus der Stadt scheint, sondern ein anderer tiefer einwärts oberhalb der Quellen der Struma. Der Abstieg zur Stadt und zu den Strumaquellen ist sehr steil; bequemer erreicht man den Gipfel von Norden aus Vladaja oder von Süden aus Bistrica oder Železnica zu Fuss oder zu Pferde (4 Stunden). Die Aussicht ist nur auf den Rand des Gipfelplateaus beschränkt. Sie verdient das ihr von Boué und Hochstetter ertheilte Lob. Man überblickt den Westbalkan, die Sredna Gora bis zum Bogdan, die Rila, den Osogov und die Berge von Trn bis nach Serbien hinein, sammt den Becken des westbulgarischen Berglandes; zu Füssen liegt Sofia.

Im Sommer sind die Triften der Vitoša hoch hinauf belebt. Auf der Südseite weiden Bulgaren aus Panagjurište weisses Hornvieh, auf der Stadtseite Wlachen Schafe und Pferde. Die Lagerfeuer der Hirten leuchten in Sommernächten hoch oben wie rothe oder blaue Sterne. Hochwild gibt es auf dem Berge nicht, dafür zahllose Raubvögel und in den Wäldern der

---

Weinberge gab, wie sie der venetianische Reisende Ramberti 1534 in der That auf den Hügeln von Sofia erwähnt.

Fig. 24. Vitoša-Landschaft. Dorf Bojana bei Sofia.

Nordseite viele Bären. In dem strengen Winter 1879—80 liefen hungrige Bären selbst durch die Gassen des Dorfes Bojana und auf dem Markt von Sofia wurden Junge von der Grösse eines Hündchens um einen Spottpreis feilgeboten, denn es fehlte nicht an Amateurs gefangener Thiere, besonders unter den russischen Officieren. Noch zu Menschengedenken wurde auf den Abhängen der Vitoša Bergbau betrieben, Magneteisensandwäscherei bei Vladaja hoch hinauf, mit zwei Oefen im Dorfe und Hammerwerken auf dem Bach von Vladaja bis oberhalb Knjaževo. Der letzte Besitzer dieser jetzt bis auf einige Schlackenhalden verschwundenen Hüttenwerke war der aus der neuen egyptischen, griechischen und türkischen Geschichte wohlbekannte Chosrev Pascha († 1855). Auf der Südseite grenzt der Berg heute noch an das Gebiet der Eisensandwäschereien von Samokov.

Von den Fenstern von Sofia bietet die Vitoša eine Reihe der schönsten Ansichten, bei der wechselnden Klarheit und Feuchtigkeit der Luft und der mannigfaltigen Gruppirung von Nebeln und Wolken am Fuss oder am Gipfel. Den feierlichsten Anblick gewährt sie in eiskalten winterlichen Vollmondnächten; bei der intensiven Mondbeleuchtung scheint es fast, hoch oben auf der glänzenden Schneefläche des Gipfels unter dem gestirnten Himmelsgewölbe sei bereits der Tag herangebrochen. Das Panorama der Vitoša ist aber kein ausschliessliches Gut der Sofianer; auch jenseits in dem wärmeren oberen Strumagebiet bei Radomir und Dupnica gilt der isolirte Berg als Wettersäule. Nach der Beschreibung des Livius mag die Vitoša der „Haemusgipfel" sein, den König Philipp III. von Makedonien im J. 181 v. Chr. von dem Land der Maeder (bei Dupnica) aus bestieg, weil die Volkssage demselben eine riesige Aussicht auf das Schwarze und Adriatische Meer, die Donau und die Alpen zuschrieb; enttäuscht durch Nebel stieg er durch die schattigen Urwälder der Berglehnen wieder in das Land der Dentheleten (bei Küstendil) herab. Auf die Vitoša passt auch der Name des Berges Dunax oder Donuca, der neben dem Haemus und der Rhodope im Thrakerlande der höchste war. Der jetzige Name erscheint zuerst im 14. Jahrhundert.[1])

Die Landschaft am Fuss der Vitoša gegen die Stadt zu hat historisches Interesse. Das Dorf Bejler-Čiflik war einst Sommersitz des Beglerbegs. Das kleine Muttergotteskloster oberhalb des in einem Hain alter Nussbäume verborgenen Dragalevci wurde nach einer auf dem Athos erhaltenen Urkunde in der Mitte des 14. Jahrhunderts vom Caren Johann Alexander gegründet; in der Kirche gibt es Fresken mit den Portraits Sofianer Primaten aus dem J. 1476. Ueber herrliche Grastriften erreicht man von dort Bojána, 1 St. von Sofia, mit 32 Mühlen (Fig. 24). Am oberen Ende des Dorfes steht eine alte Kirche des hl. Panteleimon und des hl. Nikolaus, klein wie die Sofianer Stadtkirchlein, von den Bauern 1845 leider durch einen sinnlosen Oberbau, der auch die Fenster des Gewölbes verdeckt, entstellt und verfinstert. Auf den Wänden des Innern erblickt man bei Kerzenlicht eine altslavische In-

1) Livius XL, 21 und 58. Strabo 4 p. 208. Vitoša: Urk. bei Šafařik, Památky, 2. Ausg. 108; 1413 im Glasnik Bd. 42, 308; Vitossa bei Verantius 1553.

schrift über die Gründung der Kirche durch den Sevastokrator Kalojan unter dem bulgarischen Caren Konstantin Asen im J. 1259, daneben die gut erhaltenen Portraits des Caren und des Sevastokrators sammt ihren Frauen in Lebensgrösse, in goldgestickten Kleidern byzantinischer Art. Von den

Fig. 25. Kloster Urvič bei Sofia.

Handschriften, die Grigorovič 1845 hier sah, ist nichts mehr übrig. Die wichtigsten zwei hat er übrigens mitgenommen, den „Palimpsest von Bojana", ein altslavisches Evangelium mit kyrillischer Schrift über älteren glagolitischen Texten geschrieben, und einen „Pomenik" mit Namen bulgarischer

Herrscher, Patriarchen und Sofianer Bojaren.[1]) Dieses Gedenkbuch wurde hier viel gelesen und hat wohl zur Erhaltung des Namens des Caren Asen im Volksgedächtniss der Gegend viel beigetragen. Die Sagen von Asen oder „Jásen“ concentriren sich um die Burgruine Urvič bei Kokaljáne am rechten Ufer des Isker unter dem Südabhang der Vitoša; gegenüber wird im Erzengelkloster (Sveti Archangel) von Urvič (Fig. 25) sogar ein angeblicher Silberbecher des Caren gezeigt. Ueber den Häusern von Bojana öffnet sich der Eingang in eine malerische Klamm, in deren Hintergrund hoch oben die Kaskaden eines wasserreichen Baches von den Felsenwänden der Vitoša herabstürzen. Rechts vom Eingang in diese Enge stand auf einem oben flachen Felsvorsprung eine kleine Burg Batyl, türk. Kyztepé (Mädchenhügel) genannt, jetzt bis auf die Grundfesten zerfallen. In dem Dorf selbst bemerkt man Reste einer befestigten Ortschaft, welche in dem kleinen Schlösschen ihre Akropolis hatte. Dieses alte, fest ummauerte und von tapferen Bulgaren vertheidigte Bojana wurde 1015 und 1041 von den Byzantinern nach hartem Widerstand eingenommen. Die jetzigen Bewohner sind ein unschönes Volk in prachtvollen Nationalkleidern. Sie behaupten, ihr Ort sei älter als Sofia und habe in Zeiten bestanden, wo das ganze Becken noch ein See war und darüber von Bojana zum Balkan eine Brücke ging. Der St. Panteleimonstag (27. Juli or. Kal.) ist ihr Kirchweihfest, mit grossen Reigentänzen.

Nordwestlich von Bojana liegt am Ausgang des Passes von Vladaja (914 M.) mit der Strasse nach Küstendil ein kleiner Ort, früher Bali Effendi, jetzt Knjáževo genannt. Vor 13 Jahren gab es hier nur ein armes Tscherkessendorf mit Bädern und einer Moscheenruine nebst Karawanserai, sowie eine türkische ärarische Tuchfabrik. Jetzt sieht man neben schönen Häusern mehrere kleine Fabriken und eine Staatsgewerbeschule. Eine schnurgerade neue Chaussée (7300 Meter) führt nach Sofia, an den weissen Zelten des Sommerlagers und dem Monument Kaiser Alexanders II., einem weissen hohen Obelisk vorbei. Die Stadt wird bald durch ununterbrochene Häuserreihen mit diesem Vorort verbunden sein. Die Heilquelle von Knjaževo ist kalt. Eine warme Thermalquelle mit Bassin unter einer Kuppel nach türkischer Art besitzt das gegen Norden etwas höher gelegene Dorf Jukary Banja oder Górnja Bánja, eine beliebte Sofianer Sommerfrische. Es liegt schon auf dem Abhang der eruptiven Lilin Planina, deren länglicher, mit Eichenbüschen bewachsener Kamm (an 1200 M.) sich im Pass von Vladaja an die Nordwestseite der Vitoša anschliesst.

Von den übrigen Bergen des ferneren Horizonts von Sofia ist gegen Nordwest die einsame Kuppe der Ruj Planina bei Trn sichtbar. Weiter rechts erkennt man die Zacken der Felsberge am Durchbruch des Flusses von Trn und bei Dragoman. Den ganzen nordöstlichen Horizont beherrscht die geradlinige Mauer des Balkangebirges in einem an 80 Kilometer langen

---

1) Viktorov, Die Codices des Grigorovič (jetzt im Rumjancov'schen Museum in Moskau), Moskau 1879 russ. Cesty 47–50.

Segment. Die Einförmigkeit des Kammes und die grössere Entfernung (3 St.) machen den Anblick eintöniger als den der Vitoša. Der Kom (1966 M.) am Nordende gilt, falls er sich umwölkt, als Regenmacher. Nach dem langgedehnten Rücken des Balkan von Vraca folgt der Eingang in den vielgewundenen, malerischen, an 60 Kilometer langen Durchbruch des Isker, von dem schon Herodot wusste und der in unseren Zeiten von Lejean, Kanitz und Toula wiederentdeckt wurde. Durch diese wilden Engen führt nur ein Saumpfad mit vielen Fuhrten. Ein Project will die Bahn zur Donau durch ihn führen; sie würde in einem Niveau bleiben, ohne Tunnele, aber mit 40 Brücken verschiedener Grösse. Weiter folgt über der wärmsten Landschaft des Beckens, dem sogenannten Budžák, ein waldloser Kamm, aus welchem die Kuppe des Murgáš (1693 M.) emporragt, die in dem Balkanpanorama am längsten ihre Schneemütze behält und eine grossartige Aussicht bietet. Die Gegend des Joches von Arabakonak ist schon undeutlich. Das Segment des Balkan schliesst sodann mit der scharfen Spitze der Baba bei Etropole. Weiter folgt am Horizont das niedrige Profil der Sredna Gora, in welcher die Bratja kenntlich ist. Ueber den Hügeln mit den Serpentinen der Strasse nach Samokov blicken endlich im Süden zwei hohe, meist schneebedeckte Gipfel empor. Sie gehören der 60 Kilometer entfernten Rila an: links die Musallá (2930 M.), rechts einer der Gipfel bei dem Kloster des hl. Johannes von Rila.

Das Becken von Sofia wird durch den Isker in zwei Theile zerschnitten, von denen der östliche Theil ungleich wärmer und fruchtbarer ist. Der Isker selbst theilt sich in zahlreiche Arme, besonders den Golemi Isker (Grossen I.) im Westen und Stari Isker (Alten I.) im Osten. Im Frühjahr staut sich das Hochwasser vom Dorf Vraždébna abwärts zum Balkandurchbruch wie ein Gebirgssee. Dort liegt der tiefste Theil des Kessels (an 500 M.). Das Becken ist waldlos und dicht bewohnt, mit zahlreichen, kleinen, armseligen Dörfern (Okolija Sofia 67, Okolija Novoselci 52) mit alterthümlichen slavischen Namen. Den schönsten Anblick gewährt es Ende Juni mit den Farbennuancen des Getreides von den grünen Saaten unter den Bergtriften bis zu den reifen gelben in der Mitte; später verwandelt sich aber die ganze Landschaft in ein riesiges Stoppelfeld. Der einzige Wald unten ist der Eichenhain von Grúbljane am Isker, voll Schlacken alter Eisenwerke. Auffällig sind die zahlreichen Tumuli; die meisten stehen östlich vom Isker, die grössten bei Vraždebna.

Die Einwohner werden von anderen Bulgaren als Šopen bezeichnet (S. 55), ein kräftiges, hochgewachsenes, abgehärtetes Volk; im Schneegestöber kommen die Bauern mit entblösster Brust auf den Markt, die Mädchen in ihrem Sommerkleid ohne Pelz. Die Gesichtstypen, selten schön, sind zweierlei, slavisch längs des Balkan, turanisch, vielleicht petschenegischen Ursprungs, unter der Vitoša. Der Sinnesart nach sind diese Landleute fromm, gutmüthig, primitiv, aber auch misstrauisch, schlau und eigensinnig. Gereizt werden sie mit ihren Keulen und Knütteln gewaltthätig und lassen sich zu Excessen verleiten, besonders wegen der Dorfgrenzen und bei Wahlen. Ihre Lebensweise ist höchst einfach, nur gelten sie als Freunde gebrannter Getränke; Sofia hatte unter den Städten Bulgariens schon in der Türkenzeit den Ruf die meisten Schenken zu besitzen. Die Bauern bei Sofia sind sämmtlich Ackerbauer, bis auf wenige Hirten und gehen nie des Handwerks wegen in fernere Länder. Die Verlegung der Hauptstadt in ihr Gebiet brachte ihnen viel Gewinn durch den Victualienhandel. Seitdem verbessern sie ihre Häuser und bauen auch Kirchen und Schulen, obwohl die letzteren gerade hier wenig Fortschritte machen.

Eine Eigenthümlichkeit von Sofia sind die farbenreichen Volkstrachten (s. S. 73, 77, 121). Sie haben sich seit dem 16. und 17. Jahrhundert wenig geändert.[1]) Die Männer tragen meist schneeweisse Kleider mit engen Hosen, die Frauen blaue Gewänder. Ein auffälliger Schmuck sind die schweren falschen Zöpfe der Mädchen (S. 69), dicht behängt mit Silbermünzen aller Zeiten, welche auch den Hals und Gürtel zieren und bei jedem Schritt der Schönen wie Ketten rasseln. Die längsten Zöpfe sah ich einmal am Ostertag in Krapéc an den Strumaquellen: Mädchen von hoher Gestalt in blauen Kleidern, reich gestickten Aermeln, rothen Wollgürteln, mit Fichtenreisig im Haar und Riesenzöpfen, die mit ihren blankgeputzten Silberstücken wie der Schuppenpanzer eines grossen Fisches bis zum Boden herabreichten. Bei Sofia selbst tragen die Mädchen an Festtagen Büschel (čelénka) von getrocknetem Federgras (Stipa pennata, bulg. kojl, kojlo) in den Haaren, verheiratete Frauen Hahnenfedern.

## 2. Philippopel.

Die Eisenbahn und die alte Strasse über Vakarel und das „Trajansthor". Tatar-Pazardžik. Die Dreihügelstadt Philippopel und ihre Geschichte.

Die Strecke von Sofia nach Philippopel legt man jetzt im Eisenbahnzug bequem in fünf Stunden zurück; noch vor wenigen Jahren fuhr man auf der Landstrasse volle zwei Tage und übernachtete in Ichtiman, mitunter auch noch ein zweites Mal in Tatar-Pazardžik. Der Weg folgt zum Theil der alten Römerstrasse, deren Pflaster an vielen Stellen gut erhalten ist.[2]) Den jugendlich rasch strömenden Isker passirt man auf einer langen Bahnbrücke ungefähr 10 Kilometer von der Stadt. Rechts erblickt man sodann hinter dem isolirten Hain von Grubljane die Dörfer Ober- und Unter-Lozen am Scheidewege der Landstrassen nach Samokov und Philippopel und etwas weiter die Ruine eines grossen, 1670 gegründeten alttürkischen Einkehrhauses im Dorf Jeni Han, bulg. Novi Han. Es war ein längliches Gebäude mit Spitzdach und 30 Feuerstellen an den Seitenmauern, ausgestattet mit Fontainen und einer Moschee im Vorhof. In der Glanzperiode des osmanischen Reiches gab es an der Konstantinopler Strasse eine Menge solcher Stiftungen, zum Theil von berühmten Vezieren, wie Rustem, Ali, Mehmed Sokolović u. A.; jetzt sind alle verfallen, wie das türkische Reich selbst.

1) Nachrichten über diese Trachten finden sich bei Kuripešić 1530, Ramberti 1534, Busbeck und Dernschwam 1553, Des Hayes 1621 (mit einer Abbildung) u. A.

2) Vgl. Const. Jireček, Die Heerstrasse von Belgrad nach Konstantinopel und die Balkanpässe, Prag, Tempsky 1877; Nachträge in den Arch. epigr. Mitth. X, 87 f.

Die Bahn verlässt bald die Ebene und steigt über die Felsen des Pobijen Kamik zwischen niedrigen Eichenbüschen aufwärts zu der 840 Meter hohen Wasserscheide zwischen dem Schwarzen und Aegaeischen Meer. Dort durchschneidet sie die auf 2 St. Weges in 19 Gruppen zerstreuten Häuser der Dorfgemeinde Vákarel. In den J. 1879—1885 war hier das Grenzzollamt gegen Ost-Rumelien. Von weitem sichtbar ist das weisse Kirchlein auf grüner Matte neben dem ehemaligen Zollhaus; von ihm hiess der Ort im 16. Jahrhundert einfach „Weisskirchen“: Béla Crkva, türk. Alaklissé, Aladžaklissé.[1]) Die Vakareler waren nach der alten türkischen Reichsordnung „Derbendži's“, d. h. mit gewissen Vorrechten ausgestattete christliche Passwächter, ebenso wie die Einwohner der ferneren Gemeinden Vasilica und Vetren. Die einheimische Sage unterscheidet im Orte zwei Stämme, die „Harbali“ (Lanzenträger) und die „Latini“, und behauptet, ein Theil der Einwohner seien Nachkommen von colonisirten ungarischen Kriegsgefangenen aus den älteren Türkenkriegen. Hier hat der Typus und das Costüm von Sofia ein Ende. Die Männer tragen braune Schafwollkleider mit breiten Hosen, die Frauen, von schönen Gesichtszügen, farbige Kopftücher und reich gestickte Aermel, Schürzen und Strümpfe. Der grösste Theil der weiblichen Dienstboten in Sofia stammt von hier. Die bösen Zungen von Bulgarien erzählen viel von der angeblich grossen Gastfreundlichkeit der Evatöchter von Vakarel.[2])

Durch das Thal der Ržana erreicht man das ovale Becken von Ichtiman (610 M.), eine Miniaturcopie des Beckens von Sofia. Die Aussicht aus der von Wiesen, Feldern und Obstbäumen bedeckten Thalsohle umfasst über den Umkreis der nächsten Waldberge hinaus die Zinnen der Vitoša und Rila. Das dorfartige Städtchen Ichtiman (3426 E.), Centrum einer Okolija, war früher vorwiegend türkisch, 1888 fand man aber nur 142 Osmanen. Eine halbe Stunde nordöstlich liegt am Fuss der Waldberge eine mit Ziegeltrümmern bedeckte Flur Štipon, türkisch Istipon-Kalessi, die Stelle der mittelalterlichen Burg Stoponion, slav. Štiponje. Durch die jetzige Stadt geht das Pflaster der Römerstrasse. Die Sage erzählt, dieser Weg sei für eine Kaiserstochter gebaut worden, damit sie auf der Reise nirgends den blossen Boden betrete, eine Geschichte, die schon der Reisende Salomon Schweigger 1577 verzeichnet in der Fassung, es sei die Tochter eines griechischen Kaisers gewesen, die ein ungarischer König zur Frau erhielt. Gegenüber einem alten sechseckigen Badhaus bemerkt man eine Fontaine, nach der gleichlautenden türkischen Doppelinschrift errichtet von dem berühmten Grossvezier Mehmed Köprili im J. 1070 (1660). Am Südende des Ortes steht auf einem türkischen Friedhof im Schatten hundertjähriger Ulmen eine kleine Moschee, Gründung eines Gazi Michal Pascha, dessen Nachkommen, die Michalbey's, als Mute-

1) Die Identität von Vakarel und Aladžaklissé erhellt aus Dernschwam, Prager Ms. f. 240 t. Der Name Vakarel, Vakarevo (rumänischen Ursprungs) kommt seit 1580 vor.

2) Schon Ricaut (1665) schreibt p. 709: „Les femmes y sont fort libres en paroles, à cause du grand nombre des voyageurs qui passent par là“.

velli's (S. 138) bis in die letzten Jahre hier residirten; einer derselben, Chadyr Mahmud Bey hat als Notabler in Trnovo 1879 die bulgarische Constitution mit unterzeichnet, übersiedelte aber bald nach Konstantinopel. Die wenigen Dörfer des Beckens haben türkische Namen und sind aus Arbeitercolonien auf den Landgütern der Bey's entstanden; die Einwohner derselben sind inmitten von freiheitliebenden Berglandschaften ein geistig niedergedrücktes, knechtisches Volk.

Fünf Kilometer von der Stadt erblickt man links den Eingang in das waldige, vielfach gewundene Defilé, durch welches der Mỉtivir (wörtlich „Trübwirbel") die Gewässer des Beckens zur Topolnica abführt; bis zu den Untersuchungen von Lejean 1870 war dieses Flüsschen auf den Karten als

Fig. 26. Philippopel von der Nordseite.

der Quellfluss des transbalkanischen Vid verzeichnet. Der hohe Waldberg mit der hellgrünen Wiese auf dem flachen Gipfel rechts vom Defilé ist der aus dem Aufstand 1876 bekannte Eledžik (eigentlich Jajladžik) mit der Burgruine Pčelin auf dem Gipfelplateau.

Weiter führt die Bahn durch Hainbuchen- und Eichenwälder über die Höhen der Ichtimaner Sredna Gora bis zum Abstieg durch das Thal Sulu-Derbend (türk. Wasserpass) in das Quellbecken der Marica. Die Aufmerksamkeit beherrscht der Anblick der ganz nahen aschfarbenen Riesenmauern der Rila. Die Marica entsteht in diesem Gebirge bei dem Dorf Raduil aus drei Bächen, deren einer, der Ibar, eine Erinnerung an den alten Namen des ganzen Flusses, den Hebros bewahrt. Am Fuss des Gebirges gibt es Heilquellen bei den Dörfern Bánja und Kóstenec, dem Konstantia des Mittelalters. Diese Quellenlandschaft ist nicht ohne poetische Erinnerungen. Ovid schildert sie an einer Stelle der Heroiden (2, 113) getreu mit dem Gegensatz des schattigen Haemus (der Sredna Gora) und der eisigen Rhodope (der Rila), aus welcher der junge Hebrus entquillt:

Qua patet umbrosum Rhodope glacialis ad Haemum
et sacer admissas exigit Hebrus aquas.

Die Ragusaner, welche in der älteren Türkenzeit öfter mit ihren Kaufmannswaaren hier durchreisten und daheim die Classiker lasen, machten in dieser Gegend sieben Quellen ausfindig, die Orpheus durch seine Gesänge hervorgezaubert haben soll. Die Kunde davon fand auch in occidentalische Reisebeschreibungen des 17. Jahrhunderts Eingang.[1]) Der Ausgang aus dem Quellenbecken gegen die Ebene Thrakiens zur Station Belovo führt durch den „Mädchenpass", bulg. Mómina Klisúra, türk. Kyz-Derbend; den Namen erhielt er davon, weil angeblich selbst Mädchen die feste Enge gegen den Feind vertheidigen könnten.

Der römischen Spuren nachgehende Wanderer muss vor dem Sulu-Derbend links auf der Landstrasse durch den öden Wald aufwärts gehen, um eine 809 M. hohe Wasserscheide und 5 Minuten weiter, 12 Kilometer von Ichtiman, in einem engen Hohlweg den Ort des einstigen Trajansthores zu erreichen. Dort waren die Succi der Römer, die „Bulgaren-" oder „Kaiserklause" (Βουλγαρικὴ κλεῖσις, Βασιλικὴ κλεισούρα) der Byzantiner, die „claustra Sancti Basilii" der Kreuzfahrer.[2]) Das Dorf Vasilica (türk. Kapudžik) liegt in sechs Gruppen mit 420 Häusern rechts im Walde. An der Strasse stehen nur drei Häuschen, eine Schenke, eine Strassenräumerwohnung und eine Wachstube. Vor der Schenke sieht man in dem tiefen westlichen Strassengraben die drei Schritte breiten Fundamente einer Quermauer aus weissen unbehauenen Bruchsteinen. Das ist der einzige Ueberrest des noch vom Grafen Marsigli am Anfang des 18. Jahrhunderts abgebildeten Römerthores. Es zerfiel allmälig mehr durch die Elemente als durch Menschenhand. Es leben noch alte Bauern, die als kleine Kinder im Spiele oben über dem Thorweg auf einem Balken liefen, der den eingestürzten Bogen zuletzt ersetzte. An die Demolirung der Ruine bei dem türkischen Strassenbau 1835 erinnert man sich noch gut in der Umgebung. Das Denkmal hiess bei dem Volk zuletzt Márkova Kapíja, das Thor des vielbesungenen südslavischen Helden König Marko. Die Fundamente von zwei Kastellen auf den Höhen zu beiden Seiten der Enge bezeichnen die Leute als alte Kirchen; die eines dritten Thurmes auf steiler, dicht bewachsener Höhe etwas weiter südwärts links heissen jetzt „Marko's Trinkhäuschen" (Márkova mehánička).

Von der Stelle der römischen Passsperre führt man durch das Quell-

1) Gundulić († 1638) im „Osman", Ed. der südsl. Akad. S. 312. Križanić in einem slav. und lat. Gedicht 1655 (Starine der Akad. XVIII, 226). „Les sept fontaines d'Orphée" bei Des Hayes de Courmemin (1621) p. 81. Ricaut p. 712 verlegt die Gebirgsbäche des Orpheus nach Sofia.

2) Vgl. Heerstrasse 80 ff.

becken des ostwärts zur Topolnica fliessenden Baches Jávorica (türk. Harman-deré) zuerst 6 Kilometer 180 Meter tief bis zu einem stets von Soldaten und Gendarmerie besetzten Wachthaus und dann wieder aufwärts zur Palánka (710 M.). Die Landschaft ist anmuthig bewaldet, aber menschenleer. Von dem kleinen Türkendorf Palanka mit 15 Häusern ist nur ein grosses Wächterhaus übrig, jetzt Wohnung der Strassenaufseher, von der Ferne einem Hospiz der Alpen nicht unähnlich. Um das Haus treibt eine Unzahl Zieselmäuse furchtlos ihr Spiel. Mit wenigen Schritten erreicht man sodann die Burgruine Hissardžik, schon von Verantius, Gerlach und Marsigli genau beschrieben, ein aus wechselnden Bruch- und Backsteinlagen errichtetes Viereck, stückweise erhalten, vielleicht die Burg Moreia zwischen Sofia und Philippopel im 10. Jahrh. bei Kekaumenos. Von derselben öffnet sich eine überraschende Aussicht: unter uns, 500 Meter tiefer, die baumlose Ebene Thrakiens, darin der von Weiden und Pappeln eingesäumte Lauf der Marica, links die waldigen Kuppen der Sredna Gora, rechts die Massen der Rhodope von der Rila bis zu den grauen Dümpfen des östlichen Horizonts. Sieben Kilometer weiter und 300 Meter tiefer liegt das grosse bulgarische Dorf Vétren (türk. Jeniköi) mit den ersten Weinbergen. Zehn Minuten hinter Vetren traben wir schon in der schattenlosen Ebene auf schnurgerader Landstrasse zwischen Tumuli und natürlichen Kegeln geradeaus gegen die Minarets von Tatar-Pazardžik.

Tatar-Pazardžik liegt zwischen Reisfeldern unterhalb des Zusammenflusses der Marica und Topolnica am linken Ufer der ersteren; die Eisenbahn bleibt auf dem rechten Ufer. Die Stadt hat eine gewaltige Ausdehnung. 15.659 E. (davon nur 1587 Türken), leidet bei ihrer niedrigen Lage (205 M.) durch Ueberschwemmungen und ist im Sommer unerträglich heiss. Ueber die Marica führt zum Bahnhof eine Holzbrücke auf 16 steinernen Pfeilern mit schöner Rundsicht. Die Lehnen der Rhodope sind ganz bewaldet, nur die Strasse gegen Peštera überschreitet niedrige weissliche, kahle Vorberge, den Baba-Bair; von den Gipfeln ist der Karlyk mit Schneeflecken noch im Juni und die glockenförmige, am Gipfel bewaldete Svéta Nedélja zwischen Bracigovo und Jasykoria (an 1500 M.) auffällig. Im Norden erblickt man zwischen den Gipfeln der Sredna Gora hindurch die bläulichen Umrisse des Balkankammes mit dem Gipfel Vežen. Die Geschichte der Stadt ist inhaltsarm. Die spärlichen Reste des altthrakischen und römischen Bessapara liegen 5 Kilometer südöstlich zwischen der Eisenbahn und den Weinbergen des Baba-Bair bei Bašikara. Im Mittelalter war der Hauptort der Gegend das Rhodopeschloss Batkun bei dem weissen St. Peterskloster unter der grünen Wand der Urwälder. Der „kleine Tatarenmarkt" wurde erst 1485 gegründet. Die Pomaken der Rhodope nennen die Stadt einfach Pazar, der „Markt". Die Stadt behielt lange Zeit einen türkischen Charakter; zu Gerlachs Zeit gab es nur 30 christliche Häuser ohne Kirche. Als Gabelpunkt der Strassen einerseits über Sofia nach Ungarn und andererseits über Samokov nach Makedonien, Albanien und Dalmatien hatte Tatar-Pazardžik einst auch eine grosse commercielle Bedeutung.

Originell ist die Lage des nahen Philippopel. Inmitten der thrakischen Ebene (hier an 165 M.) erheben sich 35 Kilometer von Tatar-Pazardžik am rechten Ufer der Marica sieben isolirte Syenitfelsen; die drei dem Fluss zunächst gelegenen sind von der Stadt eingenommen, die von allen Seiten ein malerisches Profil bietet: hellgraue Felsen über den grünen Fluren, oben darauf weisse Häuser, in deren Fenstern sich die Sonne spiegelt, ringsherum eine weite Ebene und am Horizont überall hohe Berge. Der breiteste und höchste Felshügel der Stadt ist das Džambaz-Tepé (türk. Gauklerhügel, 212 M.) in der Mitte; am Nordabhang ist er von Häusern bis oben hinauf bedeckt, während sich seine Südseite als ein steiler Absturz präsentirt, auf dessen schwindligem oberen Rand sich luftige hohe Gebäude mit schöner Aussicht auf die Rhodope erheben. Oestlich davon folgt etwas näher zum Fluss das niedrigere, ganz bewohnte Nebet-Tepé. Im Westen schliesst sich das ebenfalls ganz verbaute kleine Taxim-Tepé an, vom Džambaz-Tepé nur durch einen Hohlweg getrennt, von welchem die einzige Treppe gegen Süden herabsteigt.[1] Die übrigen Stadtviertel liegen um diese drei Hügel herum, besonders zwischen ihnen und der Marica. Getrennt steht westlich der kahle zweigipflige graue Fels des Sahat-Tepé mit einem Uhrthurm. Die letzten drei Hügel sind höher, mit pyramidalem Profil und flachem Gipfel und bilden eine von der Stadt gegen Südwest zur Bahn vortretende Reihe: der Bunardžik mit einer Quelle und einem weissen Obelisk, einem russischen Denkmal aus dem Krieg auf dem Gipfel, das niedrige Marko-Tepé, nach einem angeblichen Grab des König Marko so genannt, und zuletzt als das höchste der ganzen Hügelkette das Džendem-Tepé (türk. Höllenhügel, 283 M.).

Die bunt angestrichenen, meist nur hölzernen Häuser haben ein freundliches Aussehen. Im vornehmsten Viertel der reichen Griechen und Bulgaren auf dem Džambaz-Tepé erinnern sie an italienische Villen. Das enggedrängte Armenierviertel liegt zwischen dem Džambaz-Tepé und Nebet-Tepé, das freundliche Paulikianerviertel mit Alleen auf den Gassen unter dem südlichen Absturz des ersteren. Die belebtesten Marktstrassen sind auf der Nordseite der Hügel. Dort sieht man auch den neuen Stadtpark an Stelle eines türkischen Friedhofes, einige neue Schulgebäude aus der ostrumelischen Zeit und am Ufer der Marica den formlosen Regierungspalast, den Konak der ehemaligen türkischen Pascha's und ostrumelischen Gouverneure. Jenseits der Holzbrücke über die breite und reissende Marica (Fig. 26) breitet sich das ärmliche Viertel Rilska aus (oder Karšijak). Ein neues elegantes Villenviertel erstreckt sich vom Džambaz-Tepé südwestlich zum Bahnhof. Monumentale Gebäude aus älterer Zeit gibt es wenige: zwei Moscheen, die Imarét-Džamisi bei der Maricabrücke und die grosse neunkuppelige Džumaa-Džamisi, einige halbverborgene griechische und bulgarische Kirchen und ein vollständig erhaltener und noch jetzt von Kaufleuten benützter Karawanserai

1) Taxim heisst türk. das oft thurmartige Reservoir am Ende der Wasserleitung, von wo aus einzelne Fontainen gespeist werden. Auf dem Hügel war das Ende des antiken, von der Rhodope kommenden Aquaeductes.

mit 10 Bleikuppeln. Zuletzt erbauten die Bulgaren eine grosse St. Kyrill- und Methodkirche unweit von der Marica. Im Sommer ist die Stadt unerträglich heiss, im Juli und August Tag für Tag an + 36° C. im Schatten!

Einen instructiven Ausblick bietet das Sahat-Tepé, der beliebte Spaziergang der Einwohner an Sonntagsabenden. Der beste Punkt ist bei dem Uhrthurm, ungefähr 38 Meter über dem Platz vor der Džuman-Moschee. Man überblickt die ganze Stadt, die blassgrüne waldlose Ebene ringsumher mit ihren Dörfern und Grabhügeln und die Gebirgsmauern der Rhodope und des Balkan, die im Westen bei dem Profil der Rila sich berühren, von wo die Marica heraustritt, welche auf dem Grund des ganzen Bildes vorüberfliesst. Man sieht fast die Hälfte des ehemaligen Ost-Rumeliens. Der Fuss der Rhodope mit den Sommerfrischen der Philippopolitaner in Dörfern und Klöstern ist nur etwa 10 Kilometer entfernt. Der Balkan und die ihm vorgelagerte Sredna Gora ist von der Bratja bis in die Gegend von Stara Zagora und Mъgliš sichtbar.

Bei ihrer inselartigen Lage waren diese Syenitfelsen stets bewohnt und haben auch eine mehr als zweitausendjährige Geschichte. König Philipp II. von Makedonien unterwarf in den J. 342—340 vor Chr. das Thrakerland und gründete darin einige Burgen, wohl an der Stelle älterer Festungen der Eingeborenen. Von denselben hat „Philippupolis" den Namen des Eroberers durch mehr als 2200 Jahre bewahrt. Aber diese makedonischen Gründungen gediehen nicht, schon wegen ihres, wie Mommsen sagt, „Botany-Bay-Charakters", als blosse Militärposten und Sträflingscolonien. Nach Alexander und Lysimachos nahm die makedonische Herrschaft hier ein Ende, ausser einer kurzen Neubesetzung Philippopel's durch Philipp III. Die Herren des Landes waren abwechselnd die kriegerischen Bessen der Rhodope und die mächtigen Odrysen der Strandža. Rom unterstützte die Odryserkönige, deren Reich bald das ganze Thrakerland bis zur Donau umfasste, musste aber diese Lehenskönige öfters gegen ihre eigenen unbotmässigen Landsleute, die kriegerischen Gebirgsthraker mit militärischer Hilfe beschützen. Kaiser Claudius verwandelte (46 nach Chr.) das Königreich Thrakien in eine Provinz. Philippopel mit seinen drei felsigen Akropolen wurde nach Lukians Zeugniss eine glänzend schöne Provinzialhauptstadt. Die von Domitian bis Philipp dem Araber hier geprägten Kupfermünzen (bei Mionnet 235 Typen) bieten Manches auch für die Stadtgeschichte: die „Rhodope" als eine auf Felsen sitzende weibliche Gestalt mit einer Pflanze in der Hand, den bärtigen Flussgott des damals von hier aus befahrenen Hebrus mit einem Schiff, den Apollotempel der hiesigen Pythischen Spiele (*Κενδρείσεια Πύθια*) u. s. w. Lateinisch nannte man die Stadt auch Trimontium.[1]) Der thrakische, nur bei dem späten Jordanes (551) erwähnte Name lautete Pulpudeva.[2]) Unter Kaiser Marcus Aure-

1) Plinius IV § 41, Ptolemaios III, 11, Inschrift vom J. 221 Ephem. epigr. II 464, Anna Komnena ed. Reifferscheid II, 256.

2) Pulpudeva, quae nunc Philippopolis, Jordanis Romana ed. Mommsen p. 28. Der Name mag mit dem griechischen dieselbe Bedeutung haben und ursprünglich Filippodava gelautet haben. Vgl. Krek, Einleitung in die slav. Literaturgesch. 2. Aug. 554 Anm.

lius wurde die Stadt im J. 172 durch eine starke Mauer aus grossen Steinen befestigt, die man erst im 18. Jahrhundert wegräumte und von der jetzt nur ein Stück als Gartenmauer in einem Gässchen unter dem Taxim-Tepé zu sehen ist. Zwischen dem Nebet-Tepé und Džambaz-Tepé wölbt sich über eine steile Gasse ein altes Stadtthor, die gegen Osten führende „Hissar-Kapija“, allerdings in der jetzigen Gestalt nur byzantinischen Ursprungs. Die Zahl der hiesigen fast ausschliesslich griechischen Inschriften, von der Zeit der thrakischen Könige angefangen, ist nicht klein.

Die Stürme der Völkerwanderungen machten dieser friedlichen Blüthe ein Ende, besonders die Verwüstungen der Stadt durch die Gothen (251) und Hunnen (447). Seit der Entstehung des bulgarischen Reiches an der Donau wurde Philippopel eine oströmische Grenzfestung, unterstützt durch ein ganzes System von Burgen bei den Eingängen zu den Rhodopethälern. Die Kaiser des 8. und 9. Jahrhunderts verstärkten die schwachen Reste der antiken Bevölkerung durch eine ausgedehnte Colonisirung von kriegerischen Armeniern und Syrern längs der bulgarischen Grenze, auch in Philippopel selbst. Diese neuen Ansiedler waren aber nicht orthodoxe Christen, sondern armenische Monophysiten und besonders dualistische Paulikianer. Die Letzteren gewannen die Oberhand und übten bald auf die Slaven Bulgariens einen grossen Einfluss aus; die bulgarischen Bogomilen sind nur Schüler dieser Paulikianer gewesen. In der Komnenenzeit hatten die Paulikianer sogar die Majorität in Philippopel und die Umgebung der Stadt war ganz häretisch.[1]) Der mittelalterliche slavische Name der Stadt lautet in Denkmälern des 15—17. Jahrhunderts Plovdin; das jetzt gebräuchliche Plovdiv ist eine jüngere Form, die erst im 17. Jahrhundert auftritt.[2]) Im 10. Jahrhundert, unter den Caren Symeon und Peter, gehörte die Stadt den Bulgaren und wurde 970 bei der Eroberung Bulgariens von den Russen des Fürsten Svjatoslav verwüstet, um bald darauf wieder in die Hände der Byzantiner zu fallen. In der Komnenenzeit war Philippopel mit starken und hohen Mauern und einem Graben befestigt, von Griechen, Armeniern und Bulgaren bewohnt und hatte schöne Kirchen, Klöster und Paläste; ausserhalb der Mauern befand sich nach Odo von Diogilo ein Viertel (burgus) „lateinischer“ (italienischer) Kaufleute. Die Akropolis oder nach dem von den Byzantinern recipirten arabischen Ausdruck die „Kula“ stand auf dem mittleren Hügel, dem Džambaz-Tepé; die Ruinen eines angeblich in der Form eines Halbmondes erbauten grossen alten Schlosses sahen dort noch Broc-

1) Anna Komnena ed. cit. II, 259.

2) Tomaschek (Oesterr. Gymnasialztschr. 1878, 206), Vasiljevski (Journal des russ. Unterrichtsministeriums 1882, 380) und Drinov (Nauka II, 355) leiten Plovdiv von Pulpudeva ab. Das ältere Plovdin (ich kenne 14 Erwähnungen in serb. und ragus. Denkmälern, Urk. und Reisebeschreibungen, Cesty 95; eine Traubengattung heisst noch jetzt in Bulgarien „Plovdina“) kann aber daraus lautlich nicht hergeleitet werden und liesse eher auf eine lat. Grundform mit der Endung -ona schliessen (cf. Nona slav. Nin, Narona Norin, Ancona Jakin, Roma Rim u. s. w.).

quière 1433 und Dernschwam 1553.[1]) Die deutschen Kreuzfahrer des J. 1189 weilten von August bis Jänner in der halbleeren Stadt; die Einwohner hatten sich in die Rhodope zurückgezogen und es blieb nur das arme Volk und die Armenier, welche mit den „Lateinern" fraternisirten. In den Zeiten des lateinischen Kaiserthums war Philippopel von 1204 bis ungefähr 1235 das Centrum eines Herzogthums in der Hand der flandrischen Ritter Renier de Trit und Gérard de Stroem, allerdings mit grossen Unterbrechungen und unter fortwährenden Kämpfen mit den Bulgaren. Die Philippopler Griechen hielten damals mit den Lateinern, weshalb Car Kalojan im Herbst 1205 die Stadt arg verwüstete und zahlreiche griechische Archonten hinrichten liess.

In der Zeit der Paläologen erscheint Philippopel abermals als byzantinische Grenzstadt[2]) gegen die Bulgaren. Der junge bulgarische Car Georg Torterij II. besetzte es 1322 während der Kämpfe zwischen den beiden Andronik's. Sein Feldherr, der Russe Ivan, behauptete sich 1323 mit 3000 Mann trotz einer viermonatlichen Belagerung gegen Kaiser Andronikos den Jüngern, verlor aber bald darauf die Stadt durch Verrath der griechischen Stadtbürger. Während der Bürgerkriege zwischen den Kaisern Joannes Paläologos und Joannes Kantakuzenos trat die Mutter des ersteren, Anna von Savoyen, Philippopel mit allen Burgen der nördlichen Rhodope 1344 dem bulgarischen Caren Joannes Alexander für seine Hilfeleistungen ab. Aus den Händen der Bulgaren nahmen die Stadt die Osmanen, wir wissen nicht wie und wann (um 1370). Der letzte Car Šišman soll nach dem Fall von Trnovo (1393) als Gefangener in Philippopel eines natürlichen oder gewaltsamen Todes gestorben sein, wohl in der Burg.[3])

Die Akropolis und die Stadtmauern standen noch 1410 während der Bürgerkriege zwischen den Söhnen Bajezid's I., in welchen Philippopel von den Türkenheeren der feindlichen Brüder Suleiman und Musa abwechselnd geplündert wurde.[4]) Später erscheint die Stadt als fast rein osmanisch mit dem türkischen Namen Filibé; Gerlach (1578) fand hier nur 250 Christen (oder christliche Häuser) mit 8 Kirchlein, und noch 1819 waren von den 15 Stadtvierteln 11 türkisch. Die Häuser sahen ebenso elend aus, wie in Sofia. Die Felshügel waren kahl, mit Ruinen auf den Gipfeln. Schon Brocquière (1433) zeigte man die angeblichen Trümmer des Palastes des Königs Philipp und spätere Reisende wurden zu einem steinernen Sitz auf dem Džambaz-Topé geführt, von wo König Philipp seine Truppen gemustert haben soll. Man hatte also den Stadtgründer nicht vergessen. Erst in den letzten Hundert Jahren wurden die Abhänge dieses Hügels wieder verbaut und zwar besetzten sie die Christen, als Philippopel im 18. Jahrhundert durch Handel mit Seide, Wolle und Baumwolle einen regen Aufschwung nahm. Das christliche Element verstärkte sich durch Kaufleute und

1) Diese „Kula" erwähnt 1410, Glasnik Bd. 42, 299; Identität von Kula und Akropolis bei Anna Komnena II, 138. Jetzt türk. kula Thurm.

2) Kantakuzenos ed. Bonn. I, 173 (ἐν ὁρίοις).

3) Zinkeisen, Gesch. des osm. Reiches I, 285.

4) Konstantin der Philosoph, Glasnik Band 42, S. 299.

Handwerker, Bulgaren aus Koprištica und Karlovo, Griechen aus Stanimaka, Epirus und den Inseln, Wlachen aus Moskopolis. Die Räuberwirthschaft der Kyrdžali's, deren Unheil der Localgeograph Priester Konstantin (1819) als Augenzeuge beschreibt, die Verfolgungen reicher Christen wegen Theilnahme an der Hetärie und der Krieg 1829 haben dieses frische Leben nur zeitweilig gestört, nicht unterdrückt. Nach einem grossen Brand 1846 wurde die Stadt in besserer Art neu aufgebaut. Einen grossen Einfluss erwarben die hiesigen Beglikdži's (S. 287). Die Nachkommen dieser christlichen Primaten, meist erst in zweiter oder dritter Generation, bilden eine Art städtischer Patricier, wohlhabende, viel verzweigte griechische und bulgarische Familien, welche sich etwas abseits halten, nur unter einander heiraten (ohne Unterschied der Nationalität) und ihre Clientel haben.

Seit 1850 war Philippopel der Schauplatz grosser kirchlicher Kämpfe zwischen den Bulgaren und Griechen, die in diesen Gegenden nirgends einander so unmittelbar gegenüber standen. Arge Tage verlebte die Stadt während der Wirren von 1876 und 1877. Im russisch-türkischen Krieg wurde die letzte Schlacht vor Philippopel geliefert. Suleiman Pascha wurde hier vor seinem Abzug gegen Adrianopel von den Russen eingeholt, gegen den Fuss der Rhodope bei Markovo, Dermenderé und Stanimaka gedrängt und am 6. (18.) Jänner 1878 mit einem Verlust von 113 Geschützen geschlagen; die Trümmer der letzten osmanischen Armee flohen auf verschneiten Pfaden über das Gebirge zum Aegaeischen Meer. Suleiman's Absicht, Philippopel vor dem Abzug niederzubrennen, vereitelte die Intervention der Consuln und das kühne Eindringen des Dragonercapitäns Burago bei Nacht in die Stadt.

Nun folgte eine kurze Zeit, wo Philippopel die Rolle einer improvisirten Hauptstadt des occupirten Bulgariens spielte und dann eine etwas längere Periode, wo es Hauptstadt einer autonomen Provinz war. Seit der Revolution von 1885 sank es wieder zu einer grossen Präfecturstadt herab; es bleibt allerdings die grösste städtische Gemeinde des ganzen Fürstenthums, Sitz eines bulgarischen, griechischen und katholischen Bischofs, mit vielen Schulen und einer Nationalbibliothek, einem Appellhof, starker Garnison mit Brigadecommando u. s. w. Die Bevölkerung zählte nach den Volkszählungen 1880 24.053 Einw., 1885 33.442, 1888 33.032, nämlich 19.542 Bulgaren, 5615 Türken, 3930 Griechen, dazu Spaniolen, Armenier, Zigeuner, sowie Ausländer verschiedener Nationen. Das Griechische, ebenso wie das Türkische ist sehr verbreitet; auch im Familienkreise hört man neben dem Bulgarischen oft ein verderbtes Neugriechisch. Die Bürgerschaft ist ein höfliches und anständiges Volk und erinnert an die Einwohner der kleinen italienischen oder griechischen Städte.

## 3. Stara Zagora.

Von Philippopel über den Balkan nach Trnovo. Čirpan. Stara Zagora (Eski Zaara), das antike Beroe, und seine Zerstörung 1877. Kazanlyk mit seinen Rosenfeldern. Der Balkanübergang bei Šipka nach Gabrovo.

Von Philippopel nach Trnovo führen drei Routen: 1. auf der Strasse über Kalofer, Kazanlyk und Šipka 2. mit der Bahn bis Hadži-Eles und von dort

25*

zu Wagen über Stara Zagora nach Kazanlyk u. s. w.; 3. mit der Bahn bis Nova Zagora und von dort zu Wagen über Tvardica und Elena. Wir folgen hier der zweiten Route.

Die kurze Bahnfahrt bietet Aussichten auf ein fruchtbares Land mit grossen Gebirgen im duftigen Hintergrund. Rechts erblickt man die neue Ackerbauschule bei Sádovo. Der grosse alte Karawanserai zu Papazli für 800 Pferde ist nach der Befreiung binnen wenigen Jahren als Baumaterial ganz weggeräumt worden. In Hadži Eles, wo wir die Bahn verlassen, befindet sich das Centrum einer Okolija des Kreises von Chasköi. Die Dörfer sehen wohlhabend aus, ungleich besser als manche Ortschaft in Ungarn oder Galizien. Nach einer Viertelstunde passirt man die Marica auf einer Fähre.

Čirpan, $1^{1}/_{2}$ Stunden von der Bahn, ist eine ausgedehnte Stadt von türkischem Typus, Geburtsort des Feldherrn Abdul Kerim Pascha, jetzt mit 11.024 E., darunter bloss 747 Türken; 1819 bildeten die Türken zwei Drittel der Bevölkerung, aber von den jetzigen 2200 Häusern gab es nur 1000. Čirpan entstand in der Türkenzeit; die erste Erwähnung ist im 17. Jahrhundert bei Hadži Chalfa. Das römische Centrum der Gegend war die Gemeinde Pizus, jetzt eine Trümmerstätte „Hissar-Kasabá" zwischen Čakyrlar und Sary-Ismail, östlich von Čirpan. Im späteren Mittelalter war der Hauptort die Burg Blisimos (oder Blisnos), die jetzige Ruine Bosna bei dem Dorf Tekké-Musačevo nördlich von der Station Trnovo-Sejmen, wohl identisch mit dem römischen Arzus. Durch diese beiden Ruinen geht die stellenweise gut erhaltene römische Strasse von Philippopel nach Adrianopel, welche noch die Kreuzfahrer des dritten Zuges benützten. Erst die Grenzveränderungen der späteren Zeiten bewogen die Byzantiner diese wichtige Landstrasse aus den Ebenen in die gedeckte Rhodopelandschaft südlich von der Marica zu übertragen, wo sie auch in der Türkenzeit verblieb.[1])

Die vierstündige Fahrt von Čirpan nach Stara Zagora führt durch eine eintönige Ebene mit ausgedehnten Paliurusbüschen, bei aller Fruchtbarkeit des Bodens nur wenig besiedelt und cultivirt. Die ganze Landschaft neigt sich sanft gegen Südost zur Marica, während uns links der langgezogene Rücken der Sredna Gora mit niedrigen Kuppen, zahlreichen Wasserläufen und schütteren Wäldchen begleitet. Nach $2^{1}/_{2}$ St. passirt man die Brücke über die Sujutlijka und betritt ein Hügelland ohne weite Aussichten.

Stara Zagora liegt auf einem gleichfalls sanft gegen Südost geneigten Niveau (ungefähr 190 M.) am Südfuss der Sredna Gora oder des Karadža-Dag. Die waldlosen Abhänge bei der Stadt sind weit und breit mit Weinbergen bedeckt; der Weinbau ist neben der Bereitung von Aba-Tüchern, der Metallgiesserei (Kupfergefässe) und Gerberei die Hauptbeschäftigung der Einwohner. In einem Thal westlich von der Stadt liegen Bäder mit einer

1) Arch. epigr. Mitth. X, 96, 207. Die neue Strasse ging über die „lange Wiese", die Makrolivada der Byzantiner (Akropolita p. 127, Konstantin der Philosoph, Glasnik 42, 307), die Uzundžova (von gleicher Bedeutung) der Türken bei Chasköi.

Thermalquelle. Gegen Süden und Osten ist die Stadt ganz offen, mit der Aussicht auf das „Feld von Zagora“, die Getreidekammer Rumeliens, mit herrlichem Anbau von Mais und Weizen. Die dichten Reihen der Nuss- und Mandelbäume zwischen den Saaten erinnern an lombardische Landschaften, an die Brianza und die Poufer. Das Klima ist mild, die Sommernächte warm und belebt durch das rauschende Zirpen der Cicaden. Im fernen Südosten erscheint jenseits der Ebene am Horizont die dreigipflige, scharf gezeichnete Kuppe des Berges von Gross-Monastir und rechts von ihr der längliche Rücken der Sakar-Planina. Im Süden erspäht man die niedrigen bläulich schimmernden Umrisse der Rhodope von Chasköi.

Die Stadt ist sehr ausgedehnt, wurde aber im Kriege 1877 fast gänzlich vernichtet. Ich sah sie bald darauf im September 1880. Wir betraten in einer hellen Vollmondnacht ein grossartiges Ruinenfeld, ein modernes Pompeji, mit mehr als zwei Tausend zerstörten Häusern. Nur hie und da verrieth ein Licht ein renovirtes oder neugebautes Häuschen. Zu beiden Seiten der ganz mit Trümmern verschütteten engen, winkligen Gassen standen nur die geschwärzten Hausmauern, bewachsen mit Gras und Gestrüpp, das auch die Kammern und Höfe des Innern überwucherte. Bloss ein türkisches Quartier im Südwesten war unversehrt geblieben. Der langsame Wiederaufbau der Stadt geschieht nach einem regelrechten Plan, mit etwas zu breiten, einander rechtwinklig schneidenden Gassen, einem weiten viereckigen Platz in der Mitte und einigen grösseren öffentlichen Gebäuden.

Bei den vielen Neubauten und Nivellirungen stiess man auf eine Menge archaeologischer Funde, welche die Stadtgeschichte aufklären. Früher waren auf der Oberfläche nur Stücke der Burgmauer des Hissar, der viereckigen „Burg“ oder inneren Stadt sichtbar. Bei den Nachgrabungen fand man, dass der Boden der Altstadt stellenweise 6—7 Meter tief nur aus Schutt bestehe, mit Schichten thrakischer, römischer, byzantinischer und türkischen Alterthümer übereinander, mit Inschriften, Statuen, ornamentirten Steinen, Münzen u. s. w.

Die antike Stadt, welche unter Stara Zagora begraben liegt, war wahrscheinlich eine Gründung der Makedonier, gelangte aber zu grösserer Blüthe erst unter den Römern, durch Kaiser Trajan, dem zu Ehren sie Augusta Traiana (*Τραϊανέων πόλις* der Inschriften) hiess. Der kaiserliche Name machte jedoch bald der wohl älteren Benennung Beroe oder Berrhoea Platz, nicht zu verwechseln mit einer gleichnamigen makedonischen Stadt unter dem Olymp. Beroe lag am Kreuzpunkt der Römerstrassen von Philippopel nach Anchialos und von Adrianopel nach Nicopolis, hatte im 2. und 3. Jahrhundert eine Münzstätte und nach den Inschriften eine gemischte thrakisch-griechisch-römische Bevölkerung, die sich aber in der Schrift ausschliesslich der griechischen Sprache bediente; die Leute heissen Dinikenthos, Brinkaseris, Seuthes, Teres, daneben auch Herodianos, Eukrates, Asklepiodotos und haben dazu die römischen Vornamen Flavius, Ulpius, Lucius u. s. w. Ein Theil der Bürger stammte aus dem makedonischen Paeonien. Von der Cultur der Einwohner zeugen die vielen Grabschriften in gebundener Rede. Die

Stürme der Völkerwanderungen haben Beroe berührt, aber nicht vernichtet. Kaiser Decius wurde (251) hier von den Gothen geschlagen, und im J. 587 schlugen die Bürger tapfer die Avaren von ihren Mauern zurück. Das Christenthum fasste hier, wie in ganz Thrakien, bald feste Wurzeln; der Bischof Demophilos von Beroe, ein Arianer, besuchte 344 das Concil von Serdica und wurde 370 Patriarch von Konstantinopel, und Papst Liberius war 355—358 von Kaiser Constantius in Beroe internirt.

Nach der Einwanderung der Bulgaren wurde Beroe (*Βερόη*, nach byz. Aussprache Veroi) als eine wichtige byzantinische Grenzfestung gegen den nördlichen Nachbar verstärkt durch Ansiedelung armenischer Colonisten und von der Kaiserin Irene 784 persönlich besucht und restaurirt; sie erhielt dabei den Namen Irenopolis, welcher sich aber nicht behauptete. Der Araber Idrisi (1153) kennt „Fêrôi" als eine grosse blühende Handelsstadt. Im J. 1189 unternahmen die Kreuzfahrer des dritten Zuges von Philippopel aus mit einer starken Schaar unter dem Herzog Friedrich von Schwaben und Berthold von Andechs einen Zug gegen die „überaus reiche" Stadt Veroi, schlugen die Einwohner, sowie die hiesigen türkischen und „heidnischen" (wohl Petschenegen) Militärcolonisten vor den Thoren und fanden eine gewaltige Beute an Getreide, Wein, Vieh und Kleiderstoffen; der Herzog von Schwaben überwinterte sodann hier und liess die Stadt beim Abzug niederbrennen. Bald darauf gerieth sie in die Hände der Bulgaren, welche sie Boruj nannten, ein Name, der aus einer Urkunde Asen's II. und noch aus dem Buch des Ragusaners Luccari (1605) bekannt ist. In der Zeit des lateinischen Kaiserthums drang Kaiser Heinrich zweimal bis hieher vor, 1206 und 1208, und fand bei „Berna" wieder ein ausnehmend reiches Land mit Ueberfluss an Getreide und grossen Hornviehheerden. Dann wird die Stadt nur noch einmal genannt, als sie Kaiser Theodor II. Laskaris (um 1255) im Winter überfiel; die Mauern waren in Folge der vielen Kriege voll Breschen, welche die Bürger vergeblich mit Pfählen und Karren zu sperren sich bemühten. Später wird ein byzantinischer Streifzug 1306 bis zur Burg Rjáchovica erwähnt, wie heute noch ein gegen Nordost nahes Dorf mit einer Burgruine auf der Sredna Gora heisst (türkisch Küdirbé), ohne dabei Beroe's zu gedenken.

Die Türken verwiesen nach der Eroberung der Sage nach die Christen in die Dörfer der Umgebung und behielten die Stadt für sich. Der alte Name verschwindet im 17. Jahrhundert. Türkisch nannte man sie Eski Zagra oder Eski Zaara; die Bulgaren gebrauchten dieselbe Benennung oder übersetzten sie in die jetzt allgemein übliche Form Stára Zagóra. Die 35 Kilometer östlich gelegene unbedeutende Schwesterstadt heisst türk. Jeni Zaara, bulg. Nóva Zagóra. Vor der letzten Katastrophe hat es handschriftliche Stadtannalen gegeben, ursprünglich arabisch und persisch, erst in neuerer Zeit türkisch geschrieben. Wie mir der türkische Gerichtsbeisitzer Halil Effendi, der das 1877 verbrannte Manuscript noch gelesen hat, erzählte, hiess die Stadt darin Zagrai Eski-hissar, „die alte Burg von Zagora"; Zagora hiess ehemals das bulgarische Reich (S. 55), jedoch der Name war bereits im Mittelalter besonders in dieser Landschaft localisirt und schon der

Byzantiner Chalkokondylas im 15. Jahrhundert kennt die hiesige Ebene als das „Feld von Zagora" (τὸ τῆς Ζαγωρᾶς πεδίον).[1])

Die Umgebungen hatten früher, wie man aus den Ortsnamen sieht, eine starke osmanische Bevölkerung. Die zwischen den Osmanen zerstreuten Christen gehörten fast bis zur Marica bis zum Jahre 1885 unter das Bisthum von Trnovo, welches Stara und Nova Zagora, die Ebene von Sejmen, 15 Dörfer der Okolija Čirpan und das Becken von Kazanlyk umfasste, eine historische Eigenthümlichkeit, die wahrscheinlich einen Rest der Südgrenze des altbulgarischen Staates enthält. Die Stadttürken waren ehedem in drei Janitscharenorta's eingeschrieben, welche 1813 über einander herfielen und dabei eine grosse Feuersbrunst verursachten; es waren ähnliche, für den Zerfall des türkischen Staates und Heeres in dieser Zeit charakteristische Zustände, wie die 1767 von Karsten Niebuhr in Razgrad beobachteten, wo die mohammedanische Bürgerschaft, in zwei Orta's getheilt, einander befehdete.

Die neue Ansiedelung von Bulgaren, die in der Stadt lange nicht einmal eine Kirche hatten, sondern nur ein „Popenhaus" (papaz-evi), in dem man den Gottesdienst abhielt, führte zu einem raschen Wachsthum der Gemeinde. Ein russischer Bericht von 1827 gibt ihr 750 Häuser, Boué (1837) 15—20.000 Einw., eine bulgarische Beschreibung vom J. 1858 31 Viertel (davon 18 türkisch) und 2650 Häuser (davon 1632 türkische und 833 bulgarische). Zuletzt genoss Stara Zagora den Ruf eine wohlhabende Stadt zu sein und vorzügliche bulgarische Lehranstalten zu besitzen. Dabei bildete sie auch viele Lehrer und Lehrerinen, die sich über ganz Bulgarien zerstreuten. Aber Osmanen und Bulgaren standen einander feindlich gegenüber; besonders einigen Bey's und den hier angesiedelten Nachkommen der Tatarenchane (S. 200) war jeder Fortschritt der Rajah gründlich zuwider.

Die Zagoraer gehören zu den Bulgaren, welche die Befreiung am theuersten bezahlt haben. In den Massacres haben sie nichts gelitten, gewitzigt durch das Misslingen des hiesigen Miniaturputsches von 1875 (S. 308). Dafür ereilte sie eine schreckliche Katastrophe im russisch-türkischen Krieg. Ihre Einzelheiten sind mir von Augenzeugen ausführlich erzählt worden. General Gurko überschritt am 1. (13.) Juli 1877 den Balkan bei Hainköi, besetzte Kazanlyk, rückte am 10. (22.) in Stara Zagora ein und sendete seine Reiterei bis zur Eisenbahn bei Chasköi. Reuf Pascha stellte sich bei Nova Zagora auf; ein zweites Corps unter Suleiman wurde in aller Eile in Adrianopel formirt und auf der von den Russen unvorsichtiger Weise nicht zerstörten Jamboler Bahn rasch dem ersten Corps nachgeschickt. Gurko suchte die Ansammlung türkischer Truppen zu verhindern, siegte am 17. (29.) in einem harten Kampfe bei dem Bahnhof von Nova Zagora, wurde

1) Ein recentes literarisches Product ist der neubulgarische Name Železnik, die „Eisenstadt"; er taucht 1845 zuerst auf, aber jetzt will Niemand mehr von ihm wissen. Er erscheint für Stara Zagora zuerst, so viel ich weiss, in Aprilov's Bulg. Urkunden, Odessa 1845 S. 60 Anm. (durch Verwechslung mit dem byz. Balkanpass Sidera?). Künstliche Producte (aus den J. 1860 f.) sind auch Lozengrad „Weingartenstadt" für Kyrklissé, Svilengrad „Seidenstadt" für Mustapha Pascha u. s. w.

aber am folgenden Tag, am 18. (30.) Juli durch das Eintreffen Suleiman's zum Rückzug gegen den Balkan gezwungen. In Stara Zagora stand inzwischen der Herzog Nikolaus Maximilianovič von Leuchtenberg mit ungefähr 3600 Mann: zwei Dragoner- und einem Husarenregiment, vier Družinen bulgarischer Freiwilligen unter General Stoljetov, einer Kosaken- und einer Gebirgsbatterie. Am Tage der ersten Schlacht bei Nova Zagora versuchte er die Operationen Gurko's in der rechten Flanke zu stützen, stiess aber schon 5 Kilometer weit bei dem Wald von Džuranli auf starke türkische Abtheilungen. Am Tage der zweiten Schlacht bei Nova Zagora gingen die Türken, in der Nacht verstärkt, auch bei Stara Zagora zur Offensive über. Morgens erhielten die bulgarischen Freiwilligen die Feuertaufe; die erste Rotte der dritten Družine kämpfte bei Džuranli auf den Maisfeldern gegen tscherkessische Reiter. Der Herzog behauptete sich den ganzen Tag. Nachts röthete sich der Himmel von dem intensivsten Feuerschein: alle Dörfer der Ebene bis nahe zur Stadt standen in Flammen. Die Bauern liefen jammernd in dichten Schaaren nordwärts über das Gebirge. Am 19. (31.) Juli begann der Entscheidungskampf um 8 Uhr Morgens. Auf der Ostseite der Stadt bestand die dritte Družina einen heissen Strauss um ihre Fahne, wobei der Oberstlieutenant Kalitin mit vielen Officieren fiel und die Fahne nach vielem Ringen blutbefleckt mit zerbrochener Stange den Händen der Türken entrissen wurde. Ich habe diese Reliquie, ein Geschenk der Stadt Samara an der Wolga mit dem Bildniss der Slavenapostel, oft in dem Waffensaal des Palastes von Sofia gesehen. Mittags war die Schlacht verloren. In den durch Bauernwägen und Holzwerk verbarricadirten Gassen dauerte das Gefecht noch bis 4 Uhr. Dabei öffneten sich plötzlich die Fenster der Stadttürken und die bisher friedlichen Muselmänner begannen ein wohlgenährtes Feuer auf die zurückgedrängten Russen und Bulgaren, besonders aus dem „Saraj" (Palast) der Tatarenchane. Die Tscherkessen zündeten schon um Mittag einige Häuser an; Abends war die Stadt ein Flammenmeer. Den Rückzug über die Sredna Gora deckte der Herzog mit seiner ziemlich unversehrten Cavalleriebrigade. Die Truppen, untermischt mit Tausenden von Flüchtlingen, übernachteten jenseits der Sredna Gora bei den Heilquellen an der Tundža. Von den 2200 Mann Infanterie waren an 800 gefallen oder verwundet; die dritte Družine war fast vernichtet und von ihren 12 Officieren nur 2 unversehrt. In der Geschichte des bulgarischen Heeres ist der Tag denkwürdig, denn hier haben die bulgarischen Truppen zum ersten Mal Gelegenheit gehabt, sich zu schlagen und sogleich den Ruf der Tapferkeit zu erwerben.

Die Bürger entflohen meist im letzten Augenblick nur mit dem, was sie bei sich hatten; wer wegen der Sammlung seiner Habseligkeiten zurückblieb, war verloren und Niemand hörte mehr von ihm, denn Tscherkessen, Arnauten und Zeibeken hieben alles nieder, was ihnen unter die Hände kam, und das Feuer wüthete in dem Irrgarten der engen Gassen mit betäubender Raschheit. Viele Familien sind ganz verschwunden. Von meinen zahlreichen Bekannten aus dieser Stadt haben Viele ihre Eltern und Grosseltern an dem Schlachttag zum letzten Mal gesehen; die alten Leute wollten lieber bleiben, als fliehen. Die vielen Gebeine, die man später zwischen den Trümmern zusammensuchte, wurden bei einer Kirche begraben; da liegen sie alle beisammen, Freund und Feind, Christen und Moslims, Soldaten und wehrlose Einwohner. In der Umgebung wurden an Hundert Dörfer niedergebrannt. Die Landbevölkerung zerstreute sich als Flüchtlinge in dem occupirten Gebiet zwischen Gabrovo und Svištov; die zurückgebliebenen Männer wurden niedergemacht, die Frauen und Kinder als „Gefangene" nach Philippopel und Adrianopel verschleppt, von den Tscherkessen mitunter bis nach Kleinasien. In den Trümmern von Stara Zagora hausten durch fünf Monate nur die hiesigen Türken und türkische Truppen. Die Baschibozuks zerstörten aus Kurzweil die Fresken der Kirchen und benützten besonders die Augen der Heiligen in den Kuppeln als Zielscheibe. Am 1. (13.) Jänner 1878 rückten die Russen wieder ein. Das Land vom Balkan gegen Adrianopel war wie menschenleer; die Türken flohen vor den Russen, die bulgarischen Flüchtlinge kamen erst nach den Russen zurück und steckten oft die leeren Osmanendörfer aus Rache in Brand. Langsam belebte sich die Stadt wieder. Den Grundstein zum neuen Plan legten im September 1879 Fürst Vogoridi und Bischof Kliment von Trnovo. Für 700 Witwen und ihre Kinder wurden zwei lange casernartige Lehmbuden errichtet. Im Jahre 1880 zählte Stara Zagora 1389 Häuser, 1885 schon 2417. Auch die Dörfer wurden erneuert, aber in ihnen sah man lange nur provisorische niedrige Hütten aus Korbgeflecht wie Bienenkörbe.

Stara Zagora zählt 16.222 Einwohner, davon 13.312 Bulgaren und 2075 Türken. Die Bevölkerung macht den besten Eindruck: bescheidene, freundliche Leute, die ihr Schicksal, alle diese Verluste und Katastrophen, mit einer bewunderungswürdigen Resignation ertragen, welche stets das Merkmal eines edlen Charakters ist. Unter der bulgarischen Intelligenz sind die Zagoraer als Beamte, Aerzte und Lehrer sehr stark vertreten.

Von Stara Zagora nach Kazanlyk rechnet man 32 Kilometer. Die von Eichenwald mit zersprengten Linden bedeckte Sredna Gora (Kuppen 800 M.) überschreitet man auf dem Joch bei dem bulgarischen Dorf Derbend (470 M.). Der erste Anblick der grauen, wild zerklüfteten Felsmauer der Balkankette wirkt grossartig. Nach 2 Stunden erreicht man die ungefähr 120 Meter über der Ebene von Zagora gelegene Thalsohle der Tundža bei der Thermalquelle Čanakčijska Ladža, einer Sommerfrische der Städter von Stara Zagora und Kazanlyk mit einem Kuppelbad und Wirthshaus.[1])

Hinter dem primitiven Badeort überschreitet man die Brücke über die in einem engen, vielfach gewundenen Bett fliessende Tundža und erreicht Kazanlyk in 2 Stunden. Das Tundžathal, hier Tulovsko Polo, das „Feld von Tulovo" genannt, ist ungefähr 12 Kilometer breit. Auffällig ist der scharf zugeschnittene Fuss des steilen Felsgebirges gegen den fruchtbaren, ganz ebenen, nur hie und da sandigen Thalboden. Eine Zierde der Landschaft

1) Im Becken von Kazanlyk gibt es noch zwei Thermen, beide an der Tundža, eine zwischen Ladžene und Karagitli westlich und eine zweite bei Imišlori südwestlich von der Stadt, elend eingerichtet, nur mit Holzdach und Holzbassin.

sind inselartige grosse Haine von uralten Nussbäumen, Kastanien, Ulmen und Eichen, theils bei den Dörfern, theils am Fuss des Balkan. Dazwischen erheben sich Tumuli von solcher Höhe (12—15 M.), wie man sie sonst in Bulgarien selten antrifft. Die höchsten erinnerten mich in ihren Dimensionen an die „Kungshögarna“ bei Upsala. Man passirt die von rothen Paprikabüscheln umhängten Thonhütten des bulgarisch-türkischen Tulovo mit zwei Tumuli zwischen den Häusern und einem alten Friedhof mit inschriftlosen Steinen. Ungefähr 4 Kilometer weiter rechts steht vor dem Eingang in eine Balkanschlucht die grosse bulgarische Gemeinde Mъgliš (von mъglá Nebel) mit 3301 Einwohnern (davon 107 Türken), aus der Ferne von einem dichten Hain verdeckt, in welchem 4—5 praehistorische Grabhügel bis unter die Aeste der Baumriesen emporreichen. In der Schlucht ist das St. Nikolauskloster von Mъgliš verborgen, einst eine Zufluchtstätte der Schriftkunst in diesen Gegenden; seine Codices sind jetzt verschollen. Oberhalb des Klosters kommen in derselben Schlucht bei dem Dorf Selci Kohlenlager zum Vorschein, wohl im Zusammenhang mit denen von Trjavna jenseits des Gebirges.

Kazanlýk hat eine prachtvolle Lage, die durch das Lob von Moltke, Barth, Hochstetter und Kanitz in Europa längst bekannt geworden ist. Das Tundžathal reicht in der Form einer runden Bucht nordwärts in den Balkan hinein, bedeckt von Hainen, Feldern und Rosengärten, mit Dörfern und Tumuli dazwischen. Auf den Bergriesen des Balkan, besonders auf der Kadimlija im Nordwesten, liegt frühzeitig frisch glänzender Schnee. In der Mitte des Gebirgamphitheaters erspäht das Auge im Norden die weissen Windungen der Strasse bei Šipka. Kazanlyk (9480 Einwohner, davon 1618 Türken) liegt am Ostrand der Bucht, 3 Kilometer nördlich von der Tundža, trotz seiner breiten Gassen ganz verborgen in einem schattigen Wald riesiger Nussbäume und Kastanien. Die rothen Hausdächer und die weissen Minarets sind fast ertränkt in den grünen Laubmassen der gewaltigen Baumkronen. Auch in der Umgebung ist alles voll Baumschatten, Weinlaub, Rosenblüthen und fliessenden Gewässern, besonders auf dem Wege zu dem nördlich unter dem Balkan liegenden grossen Dorf Jénina. Die schöne Gartenstadt ist nach der Tradition erst in neueren Zeiten durch Vereinigung einiger Dörfer entstanden. An Bauwerken der Menschenhand besitzt sie nur einige unbedeutende Moscheen und ganz neue Kirchen, ausserdem am Westende ein Frauenkloster, dessen Kirche russische und bulgarische Gräber aus dem Krieg umgeben.

Die Geschichte der Landschaft ist sehr wenig bekannt. Die vielen Tumuli zeugen von einer langen Herrschaft keineswegs armer Thrakerstämme. In dem Becken von Kazanlyk lag vielleicht das Centrum des Keltenreiches von Tyle oder Tylis im 3. Jahrhundert v. Chr.; der Ragusaner Paolo Giorgi 1595 kennt die Landschaft als Tulia, der Bulgare Paysij 1762 als Tulovsko Pole, ein Name, der mit dem alten Tyle wohl nicht zufällig zusammenfällt.[1]) Der antike Flussname Tonzus hat sich mit geringer Veränderung bis

1) Vgl. Sitzungsberichte der kgl. böhm. Gesellsch. d. Wiss. 4. Dec. 1876. La provincia di Tulia (gedruckt Julia) e Zagora, qual tende verso Andrinopoli, Makušev, Mon. hist. Slav. mer. II, 247.

heute erhalten. Das römische und mittelalterliche Centrum scheint die Burg von Golemo Selo gewesen zu sein, am Westende des Beckens unter der Kadimlija. Die Burgruine mit den wechselnden Bruchstein- und Backsteinlagen ist mittelalterlich, aber neuerdings fand man in ihr zwei Inschriften aus der Römerzeit. Die Reste einer gepflasterten Strasse verlaufen durch die Gjopsa bei der Ruine vorbei in das Becken von Kazanlyk und ein uralter Saumpfad führt von der Burg längs der Tъža über den Balkan gegen Loveč. Ich halte diese Burg für das mittelalterliche Krъn, Krinós, Krunós der Byzantiner, Akrenos oder Akrunos auf dem Vereinigungspunkt von Wegen aus Sofia, Beroe und Loveč bei Idrisi (1153). Die Bulgaren des späteren Mittelalters nannten das ganze Gebiet von den Tundžaquellen bis Sliven das „Land von Krъn".[1])

Der Weg von Kazanlyk nach Gabrovo ($5^1/_2$ St.) führt zuerst auf der topfebenen, reich durch seichte Bächlein bewässerten, stellenweise sandigen Sohle, zwischen Rosenfeldern und Nusshainen. Die Tumuli nehmen gegen das Gebirge an Zahl zu. Die Gegend hat 1877 viel gelitten durch die Flucht aller Einwohner; bei dem Rückzug Gurko's liefen alle Bulgaren davon, bei dem abermaligen Vorstoss der Russen alle Türken. Der herrlichste schattige Nusswald, umflattert von Falken und wilden Tauben, umgibt das Dorf Chasköi, bulg. Chasъt. Ich sah ihn im Herbst bei der Nussernte, wie Barth 1862, aber welcher Unterschied binnen 18 Jahren! Das „wahre Paradies für die gemüthlichen, still zurückgezogenen Türken, ausschliesslich von Moslemin bewohnt" besitzt noch seine riesigen Wallnussbäume, aber unter den 1105 Einwohnern gibt es jetzt nur 313 Türken, ein verarmtes in Lumpen gehülltes Volk. Weiter erblickt man, 3 Kilometer vor dem Gebirge, den inselartigen Hain von Šéjnovo, wo sich die türkische Šipka-Armee dem General Skobelev ergab, bekannt aus Vereščagin's Schlachtenbild, daneben drei grosse Tumuli, zwei mit Einschnitten türkischer Batterien, der dritte mit einem grossen weissen russischen Denkmal. Weiter erreicht der Reiter 2 St. 20 Min. von Kazanlyk knapp am Fuss des Gebirges Šipka, ein grosses Bulgarendorf mit aufgeweckten Einwohnern, deren Vorfahren privilegirte christliche Derbendži (Passwächter) waren. Im Kriege 1877 wurden die 700 Häuser der damals wohlhabenden Gemeinde ganz zerstört; drei Jahre später sah ich ungefähr ein Drittel wieder aufgebaut und jetzt hat der Ort schon wieder 1800 Einwohner, mit einer neuen Kirche. Ein Tumulus steht drinnen im Dorf, sechs ausserhalb desselben.

Bei dem letzten Haus beginnt der Aufstieg. Zwischen zwei südwärts geöffneten Thälern liegt ein Vorsprung des Balkan, auf dessen Nase die Strasse in einem Hohlweg in Serpentinen aufsteigt. Sie ist trotz allen Reparaturen oft vom Regenwasser wie das Bett eines Giessbaches ausgewaschen. Ihre

1) Dass Krъn hier und nicht bei Karnobad zu suchen sei, behauptete ich schon 1878 in einem Brief an den seligen Prof. Braun in Odessa, auf den er sich in seinem Černomorje II, 326 beruft. Das Nähere Per. Spis. IX, 43, Arch. epigr. Mitth. X, 102, Cesty 151.

Verlegung in eines der beiden Seitenthäler ist unmöglich wegen der Schneemassen, die sich dort im Winter anhäufen. Auf den Serpentinen gibt es immer Wind und schon im September böse Wirbelstürme mit Regen, Schnee und Nebel. Der Sattel, Sveti Nikola genannt (1334 M.), ist voll russischer Denkmäler aus dem letzten Krieg: ein grosser Obelisk wie bei Sofia, Monumente einzelner Regimenter oder Officiere und einfache Gräber mit Holzkreuzen. Die Kämpfe von 1877 machten den Ort weltbekannt. Man sieht noch die zerfallenen Reste der Erdhütten (Zemljanka's), Faschinen, Schanzen und Steinwälle, in welchen damals Russen und Türken einen langwierigen Belagerungskrieg gegen einander führten. Vor Zeiten soll es auf der Passhöhe eine Burg aus Ziegeln gegeben haben, welche die Sage wieder dem König Marko zuschreibt.

Die Aussicht vom Kamm umfasst südwärts über die niedrige Sredna Gora hinaus die sonnige thrakische Ebene und die ferne Rhodope. Ganz anders stellt sich das nördliche Panorama dar. Wie eine colorirte Reliefkarte liegt ein grünes Bergland vor uns, durchklüftet von Bächen, aus denen die Jantra sich bildet. Bei den zersprengten gelben Feldern werden kleine Gruppen von ärmlichen Hütten sichtbar, die „Kolibi" des Balkan. Nur an einer tiefen Stelle ist eine Masse rother Dächer dicht zusammengedrängt: die Stadt Gabrovo, zu der wir rasch herabsteigen. Beim Eintritt meldet sie sich sofort als Christengemeinde, ohne Türken, Minarets und Haremsmauern, mit engen Gassen, hohen Häusern und belebten Kaufläden, in denen Nähmaschinen rasseln. Die Dächer sind mit grossen Schieferplatten gedeckt. Die Jantra läuft über zahlreiche niedrige Stromschnellen unter sechs Brücken durch die Stadt. Gabrovo hat 8216 Einwohner und ist eine belebte Industriestadt mit Erzeugung von Tüchern, Schnüren (Gajtan), Messern, Lederwaaren u. s. w. Südlich von der Stadt sind die Reste eines von Marsigli beschriebenen Römercastells sammt einer Thalsperre sichtbar. Die geschichtlichen Erinnerungen von Gabrovo beginnen erst mit dem 18. Jahrhundert, wo aber die hiesigen Kaufleute bereits Rumänien, Kronstadt und Russland besuchten. Im Jahre 1798 wurde die Stadt von türkischen Truppen, welche gegen den Rebellen Pasvan von Vidin zogen, meist angeworbenen räuberischen Kyrdžali's, niedergebrannt. Im Jahre 1829 besetzte General Kiselev im October von Rachovo und Vraca aus Gabrovo und Šipka, gewann über Nova Zagora Fühlung mit der Hauptarmee, zog aber nach einem Monat über Svištov wieder ab in die Walachei. Im J. 1835 gründeten einige in Odessa angesiedelte Gabrover Kaufleute, voran Aprilov und Palauzov, in ihrer Vaterstadt die erste moderne bulgarische Schule, die jetzt als Realgymnasium fortbesteht. Türken sah man in dem Orte nicht, ausser einigen Beamten und Zaptiés.

Von Gabrovo nach Trnovo (5 Stunden) gelangt man auf guter Strasse durch ein anmuthiges Hügelland. Die Jantra bleibt links in abgelegenen Thälern. Der Höhenunterschied ist klein: Gabrovo 400, Trnovo 208 M. Unterwegs sieht man grosse Laubwälder, Felder mit Hirse und Mais, Wiesen mit Heu, das auf dreifüssigen Gestellen hoch aufgeschichtet wird, zerstreute

Gruppen von Bauernhütten, grosse Rinder- und Ziegenheerden und im Hintergrunde der grünen Landschaft graue felsige Tafelberge mit Wald auf der oberen Fläche. Die Kleidung der Einwohner ist dieselbe wie im ganzen Balkan: Schaffellmütze, weite grobe Wollkleider und Bundschuhe, alles dunkelbraun. Die Bäuerinen ziehen mit dem Spinnrocken in der Hand auf den Markt und führen Holz und Wolle auf kleinen Saumpferden; sie tragen eine Art blaue Mütze mit schwarzem Rand, von welcher hinten ein langes, weisses Tuch herabhängt. Es ist ein armes, arbeitsames und gutmüthiges Volk, welches den fremden Wanderer stets freundlich grüsst. Bei dem Dorf Cáreva Liváda (bulg. Kaiserwiese) scheidet sich rechts eine Strasse zu dem Städtchen

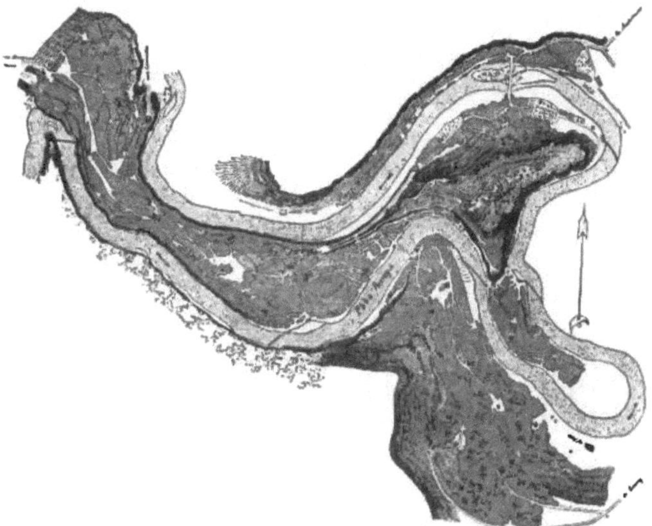

Fig. 27. Trnovo (Plan des Capitäns Suchomlinov von 1877, herausg. vom russ. Generalstab).

Trjávna, das ein Kohlenbergwerk besitzt und das Vaterland wandernder Maurer und Kirchenmaler ist. Wir folgen fortan der Drjánovska Reka. In der Mitte unseres Weges liegt Drjánovo (drjan Cornus mas), ein Städtchen mit 3297 Einwohnern und auffallender Holzarchitektur; der Unterbau der Häuser ist aus Stein, der Oberbau mit balkonartig hervorragenden oberen Stockwerken aus Holz, das Dach aus schwerem Schiefer. Nach Passirung des Gabelpunkts der Strasse nach Elena erreicht man die Jantra vor einer Enge, die schon nach Trnovo selbst führt. Der erste Anblick ist am Abend grossartig. Der Pass öffnet sich und vor uns liegt ein überraschendes Nachtbild von magischem Effect: eine Unzahl Lichter in den verschiedensten Höhen, Gruppen und Reihen, die bei jeder Windung der Strasse ihre Stel-

Fig. 28. Trnovo (die jetzige Stadt von der Südseite).

lungen wechseln. Wir errathen, dass die alte Hauptstadt auf den Lehnen steiler Höhen in Terrassen aufgebaut ist.

## 4. Trnovo.

Die alte Residenz der bulgarischen Caren 1186—1393. Die Lage in Europa ein Unicum. Historische Denkmäler. Die Umgebung. Route durch die Donaulandschaften über Rusčuk und Lompalanka nach Sofia.

Trnovo (Fig. 27—31) ist in Europa ein Unicum in seiner Art. Die malerische, originelle Lage hat alle Reisenden [1]) überrascht: steile, inselartig von einander getrennte Felsenterrassen, graue Abstürze ohne Leben und Vegetation und dazwischen die Windungen der Jantra, die in dem Gewirr natürlicher Akropolen bald dort, bald hier durch einen Silberstreifen sich bemerkbar macht. In Europa gibt es nichts Aehnliches, denn die Städte, welche in Flusskrümmungen liegen, wie Bern oder Verona, haben eine verhältnissmässig niedrige Lage ohne solche wasserumflossene Burgterrassen. Nach einer Bemerkung meines Freundes und Collegen in bulgarischen Diensten, Herrn Eumène Queillé, hat Constantine in Algerien, das römische Cirta, eine gewisse Aehnlichkeit mit Trnovo, liegt aber nur auf einem einzigen Felsrücken und nicht auf einer Gruppe, wie Trnovo. [2])

In den Vorbergen des Balkan (vergl. den Plan Fig. 27) ist ganz nahe an deren Nordrand an der Jantra ein Amphitheater ausgehöhlt, ungefähr eine Stunde im Durchmesser, von hohen, an 120 Meter über den Fluss emporragenden Tafelbergen umgeben, die wie künstliche Mauern und Schanzen aussehen. Aus dem Amphitheater führen wenige Strassen hinaus, besonders längs des Flusses, aufwärts gegen Gabrovo die Enge Chúste-to, altbulgarisch Ustie, [3]) abwärts zur Donauebene der Pass Derbend. In dem Kessel selbst bildet die Jantra durch ihre Windungen eine von West nach Ost an 1800 Meter lange Halbinsel, die vom Berge Kartal-Bair (türk. Adlerberg) ausläuft, an einer an 250 Meter breiten Fläche die heutige Stadt trägt, dann sich auf kaum 100 Meter verengt und auf dem hohen, hammerförmig gestalteten Ende den Hügel Cárevec (im Localdialect Cárjuvic), türk. Hissar, umschliesst. Nordwestlich vom Hissar erhebt sich ein rundes, von drei Seiten von der Jantra umflossenes und auf der vierten Seite durch einen tiefen trockenen Hohlweg von den Felsbergen getrenntes Felsplateau, auf welchem die zweite Burg stand, die Trapezica (von τράπεζα), im Localdialect Trépevic. Die übrigen Stadtviertel liegen unten bei dem Fluss, besonders am Nord- und Südabhang des Hissar. Südlich von der jetzigen Stadt steigt ein ganz bewaldeter Abhang auf, schon im Mittelalter Sveta Gora, der „heilige Berg“ genannt. [4]) Südwestlich von der Stadt liegt zwischen den letzten Häusern, meist Neubauten, und dem 10 Minuten entfernten Eingang der Südenge die von Weinbergen umgebene kleine Ebene Marnópole

1) Trnovo ist beschrieben von Moltke, Grigorović, Daskalov (Bulgare, russisch), Barth, Lejean, Kanitz u. A.

2) Jean Erdic (Pseudonym), En Bulgarie et en Roumélie, Paris 1885, p. 97, 113.

3) Ein Evangelium in der Bibliothek des Klosters Rila ist geschrieben 1364 (6872) unter dem Caren Joannes Alexander „im Orte Usty bei der Stadt Trnovo“.

4) Vgl. Gesch. der Bulgaren S. 256.

(von einer Kirche der hl. Marina) mit einem gleichnamigen Dorf. Alle diese Felsen ragen hoch über dem Fluss empor, die Burgen an 80 Meter.

Fig. 29. Trnovo (vom Westen, im Hintergrund die Hissardžamija).

Die jetzige Stadt ist sehr eng. Nur auf der Hauptstrasse, die auf dem Rücken des Felsplateaus läuft, kann man zu Wagen noch leidlich durchkommen. Von dieser Hauptarterie steigen die Häuser in Terrassen abwärts; durch die Nachbarthüren (komšiluk) gelangt man oft aus dem Hof eines Hauses in das obere Stockwerk oder auf das Dach des anderen. Die engen Seitengässchen sind eigentlich Treppen, wie in Curzola oder Ragusa. Der Rand fällt 50—60 Meter tief zur Jantra ab. Wegen Raummangel sind die Häuser dicht gedrängt und viele Stockwerke hoch; sie sind meist aus Holz, von aussen gelb, weiss oder roth angestrichen und haben kleine Miniaturgärtchen. Die Strassen bleiben bei der steilen Lage auch nach dem

Fig. 30. Trnovo (von Osten, links die Sveta Gora und im Hintergrunde Marnopole).

Regen stets trocken. Am Rand hört man fortwährend das Rauschen des Flusses, der im Sommer ziemlich seicht ist; ausser den Brücken überschreitet man ihn an gewissen Stellen auf Reihen grosser, flacher Steine (stъpalá). Dieses christliche Trnovo ist neueren Ursprungs, mit einigen neuen Kirchen. Der „Konak“ mit den Kanzleien der Behörden und dem Sitzungssaal der Nationalversammlungen auf einem der wenigen Plätze ist ein Bau der allerletzten Türkenzeit.

Diese Stadt verbindet mit dem Hissar ein natürlicher Felsviaduct, türkisch Kajabaši (Anfang des Felsens) genannt, ungefähr 160 Meter lang,

20 Meter hoch und an der engsten Stelle nur 4 Meter breit. Der Weg oben ist ohne Geländer, mit schöner Aussicht auf die Stadt und die Jantra tief unten zu beiden Seiten. An einer Presěčen Kámik (durchschnittener Stein) genannten Stelle ist die Felsmauer bis hinunter durchbrochen und oben mit einer gewölbten Steinbrücke überbrückt. Ob dieser Durchbruch, durch welchen man einerseits die Burg der Trapezica, andererseits den Wald der Sveta Gora wie in einem Rahmen erblickt, künstlich hergestellt wurde, ist schwer zu sagen; einen ähnlichen Riss findet man auch auf der Burg von

Fig. 31. Trnovo (Mittelstück von Süden).

Provadija, die überhaupt ein Gegenbild des Hissar bietet. Den Burgraum betritt man durch ein Thor, dessen Bogenwölbung die Türken durch gewaltige, horizontal gelegte Eichenstämme ersetzt haben, auf denen das ganze Mauerwerk über dem Thorweg lastet. Die Burg hat ungefähr 400 Meter Länge und zwei Kilometer im Umfang. In der Mitte steht eine kleine grasbewachsene höhere Terrasse, der Čan-Tepé, „Glockenhügel“ der Türken. Bis 1877 bestanden auf der Westseite des „Hissar“ an 100 winzige Türkenhäuschen, von denen jetzt nur öde Ruinen vorhanden sind. Das einzige erhaltene Gebäude ist die elegante Hissar-Džamija mit Kuppel und Minaret, jetzt ein militärisches Pulver- und Dynamitmagazin. An dem steilen Rand lässt sich das unregelmässige Sechseck der Mauern mit den fünf Pforten, wie es Hadži Chalfa im 17. Jahrhundert beschreibt, gut verfolgen. Die ganze Arbeit war sehr roh, die Mauern, nach den erhaltenen Fundamenten zu urtheilen, bei der Steilheit der Abhänge nur dünn aus unbehauenen, lose zusammengefügten Bruchsteinen; sie folgten den Windungen des ungleichen Felsrandes, mit zahlreichen viereckigen Vorsprüngen. Nur bei dem Hauptthor kann man zu Pferde hinein; die übrigen vier Pforten führen zu schmalen, abschüssigen Fusssteigen. Mauerthürme haben sich nicht erhalten.

Interessant ist eine neulich entdeckte italienische Beschreibung dieser Burg aus dem Jahre 1640 von dem Franziskaner Peter Bogdan Bakšić, der später katholischer Erzbischof von Sofia wurde. Die Mauern waren damals schon in Trümmern, ebenso fast alle Thürme. Die Lage war etwas Unbeschreibliches (cosa impossibile di narrarlo), drei Burgen auf drei von dem Flusse getrennten Inseln oder Halbinseln, wovon zwei damals zerstört waren. „Die mittlere und grösste steht noch, aber auch sie ist verfallen und nur bei dem ersten Thor bewohnt, im Uebrigen ganz verlassen. Den Zugang bildet ein Weg aus lebenden Felsen, welcher zu beiden Seiten Abgründe hat, breit für zwei Wägen. In der Nähe des ersten Thores ist dieser Fels durch einen tiefen Spalt zerrissen und darüber führt eine Zugbrücke (ponte levaticio). Und über dem Eingang des ersten Thores steht ein starker Thurm, desgleichen über dem zweiten und dritten Thor, aber alle sind fast in Ruinen. Im Innern sieht man eine von den Türken erbaute Moschee und die Mauern des königlichen Palastes (le muraglie del palazzo reale) und die Burg (la rocha, also eine Akropolis im Innern), die ein sehr festes Ding war, aber zur Hälfte zerfallen ist. Und auf der höchsten Stelle, wo die Hauptkirche war (la chiesa del duomo), steht die Hälfte eines sehr hohen Glockenthurmes (campanile altissimo) und man sieht ringsherum Malereien, aber jetzt kann man nichts mehr unterscheiden. In den Mauern befinden sich Marmorsteine und grosse Blöcke, auf denen an verschiedenen Orten römische Kaiser und lateinische Buchstaben eingemeisselt sind, aber die Leute, welche sie in diese Mauern einstellten, haben sie umgekehrt eingemauert. Jetzt, wie gesagt, wohnen darin nur wenige Türken.“ [1])

Die Trapezica auf dem rechten Ufer hat eine ebene, gegen Süden geneigte Oberfläche, ungefähr 300 Meter im Durchmesser gross. Ringsherum sieht man eine ähnliche Mauer aus Bruchsteinen, verbunden mit weissem Mörtel, mit den Fundamenten kleiner Rundthürme. Der einzige Aufstieg führt von Norden auf einer alten Treppe hinauf. An dem Ostrand, der sich 75 Meter über die Jantrabrücke erhebt und etwas höher liegt als die Stadt und die Umfassungsmauer des Hissar, deckte Professor Drinov 1878 durch

---

1) Acta Bulgariae ecclesiastica (Agram 1887) S. 78. Die zwei anderen Burgen waren die Trapezica und vielleicht eine Befestigung auf der Sveta Gora oder an der Stelle der jetzigen Stadt.

Nachgrabungen zwei kleine Kirchlein auf; als Altarsteine dienten griechische, dem olympischen Zeus, der Hera und der Athene geweihte Altäre aus den Ruinen der römischen Nicopolis. Neuerdings hat Dr. Beron eine dritte grössere Kirche aufgedeckt. Bulgarische Geschichtsquellen verlegen auf die Trapezica eine Kirche des hl. Johannes von Rila, in der einst seine Reliquien lagen, und eine Apostelkirche; die Sage erzählt von sieben Kirchen. Die Burgfläche ist dicht bedeckt von den Substructionen kleiner viereckiger Häuschen, voll von Löchern der nächtlich arbeitenden Schatzgräber.

Die alte Unterstadt lag theils in dem Pass zwischen Trapezica und Hissar, theils zwischen dem Hissar und der Sveta Gora; der erste Theil blieb nach der Eroberung den Christen, der zweite sammt der Burg war bis 1877 türkisch. Hier sind auch die beiden Brücken, die „Bischofsbrücke" (Vladiški Most) im Christenviertel auf dem Weg nach Ljaskovec und Arbanasi und die „Brücke des Gazi Ferizbeg" im Türkenviertel auf der Strasse nach Šumen.

In dem alten Christenviertel stehen einige mittelalterliche Kirchen. Am rechten Ufer unter der Trapezica erblickt man die Ruine der angeblichen altbulgarischen Krönungskirche des hl. Demetrius, ein Viereck aus wechselnden Stein- und Ziegellagen, mit Malereien in zwei Schichten, mit unten slavischen und oben griechischen Aufschriften, jetzt durch ein Holzdach geschützt. Die Augen der Heiligenbilder sind von den Türken nach ihrer beliebten Art ausgestochen. Die Kirche mag erst in der Türkenzeit verfallen sein. Gegenüber steht auf dem linken Ufer unter dem Hissar die Residenz des Metropoliten, ein altes niedriges Holzhaus, und daneben die Metropolitankirche der hl. Apostel Peter und Paul, ein düsterer, enger Bau mit antiken Säulen und griechischen Aufschriften aus den letzten zweihundert Jahren. Etwas weiter liegt an einer engen Stelle zwischen dem Burgfelsen des Hissar und der Jantra in einem Obstgarten die 1230 erbaute Kirche der hl. 40 Märtyrer. Sie war bis 1877 eine Moschee mit Derwischkloster und wurde erst im russischen Kriege wieder zur Kirche geweiht. [1]) Est ist ein kleines, an 20 M. langes Gebäude, dessen Gewölbe längst durch eine Holzdecke ersetzt ist, wie denn auch der Grundriss von den Türken vielfach geändert wurde. Gegen den Fluss sieht man noch drei Fenster der alten Apsis. Eine 17 Zeilen lange slavische Grabinschrift einer Frau aus der Familie des Caren Joannes Alexander, leider nur in der linken Hälfte erhalten, steht in der Vorhalle; der Fund zeigt, dass die alten Bulgaren auf ihren Gräbern nicht wortkarg waren und dies mit schöner Schrift auf gutem Stein, und gibt die besten Hoffnungen für künftige Nachgrabungen. Im Innern sind viele Fresken mit slavischen Aufschriften zu Tage getreten, das Abendmahl des Herrn, das Traumbild Jakobs, des Propheten Elias Himmelfahrt u. s. w. Von den sechs Säulen enthält eine die griechische Inschrift des heidnischen Bulgarenchans

1) Der Name Kavak Tekké, mit dem Kanitz (III 318) diese Moschee irrthümlich bezeichnet, gehört nach den Erzählungen der Trnover einem ganz anderen türkischen Tempel auf der Südseite des Carevec.

Mortagon (um 825), eine zweite eine zierlich eingehauene slavische Inschrift des Caren Asen II. vom Jahre 1230, beide längst in Abschriften bekannt.

Auch im Türkenviertel südlich vom Hissar soll es Reste alter Bauten geben. Es ist jetzt theilweise von Christen aus den Dörfern der Umgebung bewohnt. Eine übel berüchtigte Gegend heisst dort Frenk-Hissar, „die Frankenburg".

In den nächsten Umgebungen liegen die Klöster Sveta Trojica und Sveto Preobraženije, hoch auf den waldigen Lehnen des Derbend einander gegenüber. In dem ersteren beschäftigte sich im 14. Jahrhundert der Patriarch Euthymij mit der Revision der altslavischen Uebersetzung der hl. Schrift. Im J. 1856 fand man in einer eingemauerten Blechbüchse vier rumänisch verfasste Chrysobullen auf Pergament aus den J. 1715—1803, die ältere Schenkungen des 17. Jahrhunderts bestätigen; wir erfahren daraus, dass die Fürsten der Walachei dieses Kloster des „Königs Šišman" durch jährliche Spenden unterstützten, ebenso wie sie auch die Gönner vieler serbischer Klöster und der Athoscoenobien waren.

Das römische Centrum der Landschaft war das von Trajan zum Andenken an die Besiegung der Daker gegründete Nicopolis, dessen Ruinen drei Stunden nordwestlich von Trnovo bei dem Dorf Nikjup schon in der Ebene an der Rusica liegen und von Kanitz ausführlich beschrieben sind. Mionnet kennt 381 Münzen der Stadt (*Νικοπολιτῶν πρὸς Ἴστρον*) aus der Zeit von Trajan bis Gordian. Die letzte Erwähnung der Stadt ist aus der Zeit um das J. 600. Wann sie zu Grunde ging, wissen wir nicht; auch die Uebertragung ihres Namens auf das gegen Ende des Mittelalters auftauchende Nikopol an der Donau ist ganz in Dunkel gehüllt. Die Ruinen wurden von Altersher als Steinbruch benützt; Trnovo ist voll Bausteine von dort, schon in den mittelalterlichen Gebäuden, ja einzelne Stücke sah ich verschleppt bis Elena und Sevlijevo. Die Volkssagen bringen beide Städte in Zusammenhang; sie erzählen, die Kaiser sassen zuerst in Nikjup und zogen erst von dort auf die „Dornenburg" Trnovo (trn slav. Dorn). Von dieser ist vor 1186 in glaubwürdigen Quellen nichts zu hören. Der Aufstand des Asen I. und Peter erhob es zur Residenz, die durch 207 Jahre hier verblieb. Die Lage, für die mittelalterliche Strategie ein Muster der Unzugänglichkeit und Festigkeit, beschreiben der Grieche Niketas Akominatos und der Bulgare Gregor Camblak ganz anschaulich. Die Geschichte des zweiten Bulgarenreiches 1186 bis 1393 ist zum Theil auch Stadtgeschichte von Trnovo.

Die Türken beliessen Trnovo nicht als Centrum einer Provinz, sondern theilten es dem Sandžak von Nikopol zu. Der grösste Theil der alten Bevölkerung wurde nach der Eroberung 1393 niedergemetzelt oder fortgeführt; dafür colonisirten die Türken hier griechische Gefangene, ebenso wie sie bei Provadija Albanesen ansiedelten. Trnovo erhielt dadurch einen gemischten griechisch-bulgarischen Typus, den es erst zu Menschengedenken einbüsste. Bogdan (1640), der den grossen Reichthum der Landschaft an Getreide, Wein, Obst, Seide, Vieh und Fischen mit Begeisterung preist, traf hier 2000 türkische und ebensoviel orthodoxe Häuser. Von den Orthodoxen schreibt er: „ich weiss nicht zu sagen, zu welcher Nation sie gehören, denn sie sprechen so viel griechisch, als bulgarisch; mitten in Bulgarien bewahren sie diese griechische Sprache und Griechenland ist von Trnovo weit entfernt." Er fügt hinzu, selbst die Türken der Stadt und die Ragusaner hätten durch den Verkehr griechisch gelernt, aber in den Dörfern der Umgebung verstehe man davon kein Wort. Diese Zustände führten auch zur Gräcisirung des hiesigen Patriarchates, das 1570 von der Konstantinopler Kirche annectirt wurde. Der Metropolit von Trnovo und „Exarch von Bulgarien" war sodann stets ein Grieche; seine Suffragane waren damals die vier Bischöfe von Červen (Ruščuk), Preslav, Loveč und Vraca. In den Kirchen gibt es daher auch in der Umgebung viele griechische Inschriften aus dieser Zeit. Damals verkehrten in Trnovo neben bulgarischen Kaufleuten auch Fremde, vor allem Ragusaner. Sie hatten hier eine kleine Colonie, nie mehr als 30 Personen stark, und eine hölzerne Mariencapelle mit einem Friedhof daneben an einer hohen Stelle mit Aussicht auf die halbe Stadt. Während der Kriege am Ende des 17. Jahrhunderts ging diese Colonie ein; 1685 wurde die Colonie von Ruščuk aufgefordert, die Paramente der verlassenen Capelle zu sich zu nehmen.[1])

Vor einem Jahrhundert war die Stadt mit Schanzen und Palisaden befestigt. Die Russen kamen ihr 1810 und 1829 sehr nahe, ohne sie zu betreten. Bei dem Aufschwung des Donauhandels begann die Stadt zu sinken und die meisten alten Kaufleute von Trnovo wanderten langsam aus, nach Ruščuk, Svištov, nach Rumänien u. s. w. Heute trifft man geborene Trnover im ganzen Fürstenthum. In dieser Art sind die alten Stadtfamilien in den letzten 30 Jahren verschwunden. Ihren Platz nahmen junge Balkandži's aus den Dörfern ein, Krämer und Handwerker, die in der Stadt heirateten. In Folge dessen ist die männliche Bevölkerung von Trnovo grösstentheils neu, die weibliche dagegen alten Ursprungs. Länger als anderswo, bis 1867 hielt sich hier der letzte griechische Metropolit (er hiess Grigorij), durch Unterstützung einiger Čorbadži's und der nahen Gemeinde Arbanasi, wo er auch residirte. Sein Nachfolger war der bulgarische Führer Ilarion aus Elena († 1875). Noch jetzt hört man von den Städtern einzelne griechische Fremdwörter und Formen von Eigennamen, aber griechisch sprechen können von der neuen Generation nur diejenigen, welche in Konstantinopel gelebt haben.[2])

Die Russen besetzten Trnovo durch Ueberraschung am 25. Juni (7. Juli)

---

1) Aus der Correspondenz der katholischen Missionäre erfahren wir, dass vor der Stadt im Dorf Marinopolci oder Marianopoli (das heutige Marnopole) im 17. Jahrhundert noch ungetaufte häretische Bogomilen oder Paulikianer wohnten, die sich 1635 zum Theil der römischen Kirche anschlossen, aber nach dem Eingehen der ragusanischen Colonie in der Stadt griechische Christen wurden.

2) Aus Trnovo stammte der neugriechische Philologe Nikolaos Pikolos, unter Kiselev (1830) Censor in den Donaufürstenthümern, dann Professor in Korfu, † 1865 in Paris. Sein Neffe MDr. Protić, Professor in Bukarest, † 1881 als Mitglied des Sanitätsrathes von Sofia, war dagegen schon ganz ein bulgarischer Patriot.

1877 fast ohne Schwertstreich; die Türken, 5 Bataillons mit 6 Geschützen, zogen nach einer kurzen Kanonade gegen Osten ab. Während der Occupation und besonders während der constituirenden Notabelnversammlung und der Fürstenwahl war Trnovo die belebteste Stadt des Landes, aber Hauptstadt wurde es nicht. Dafür gewann es grosse Bedeutung als Centrum der Opposition. Fürst Alexander wich von seinem Regierungsantritt bis 1884 auf allen Reisen der Stadt aus. Am Ende seiner Regierung fand er die eifrigsten Anhänger merkwürdigerweise in Trnovo; nach seinem Rücktritt wurden drei geborene Trnover Regenten des Fürstenthums und sind heute der Kern des Ministeriums des Fürsten Ferdinand.

Die Bevölkerung zählt nur 11.314 E. Die Türken, noch unlängst an Zahl den Bulgaren gleich, sind durch Emigration ganz zusammengeschmolzen (1888: 688). Die Bürger sind ein lebhaftes und witziges Volk, redselig und lebenslustig, mit Talent für Handel und höhere Studien. Die Frauen sind schön, meist brünett mit griechischem Typus. Die übrigen Bulgaren betrachten die Trnover oft als Intriguanten und leichtfertige Witzbolde und spotten über den grossen Einfluss des schönen Geschlechtes in der Stadt. Handel und Industrie sind gering, auch das geistige Leben rafft sich durch die Gründung eines Gymnasiums und einer höheren Mädchenschule nur langsam auf. Der studirte Trnover bleibt ohnehin nicht zu Hause. Um die Gründung eines localen archäologischen Vereines, der ganz am Platze wäre, bemüht sich der greise Arzt Dr. Vasil Beron, der auch ein Buch über die Stadtgeschichte veröffentlichte.[1]) Trnovo fehlt die Hauptbedingung zum Aufschwung einer modernen Stadt, der freie Platz zur beliebigen Ausdehnung; es liegt in einer engen mittelalterlichen Position und kann sich nur gegen Marnopole etwas vergrössern.

Die malerischen Umgebungen bieten mit ihren Wäldchen, Weinbergen, Sommerhäuschen, Felsmauern und Klösterlein mannigfache Abwechslung. Ungefähr $^3/_4$ St. nordöstlich liegt oben auf dem Rand des Beckens von Trnovo das Dorf Arbanasi, türk. Arnautköi, griech. Arvanitóchori (834 E.). Man erreicht es auf einer schattenlosen Felsenstrasse, neben den Resten eines steilen alten gepflasterten Weges. Die Berichte des 17. Jahrhunderts nennen den Ort als ein reiches Albanesendorf, mit wohlhabenden, griechisch redenden Einwohnern, welche nach der Walachei, Ungarn, Polen und Russland Handel trieben. Die Einwohner sollen aus der Eparchie von Pogoniani in Epirus stammen. Der Metropolit von Trnovo hatte dort seine Sommerresidenz, ebenso seine vier Suffragane und zahlreiche walachische Bojarenfamilien; man zeigt noch die Häuser der Kantakuzen, Brankovan, Filipesko. Im J. 1798 wurde die blühende Gemeinde von den Kyrdžali's ausgeplündert,

1) Archäologische und hist. Forschungen von Dr. Vasil Ch. Stojanov Beron, Trnovo 1887, 461 S. bulg. Der Standpunkt des Verfassers ist charakterisirt mit der Bemerkung, dass ihm keine mittelalterlichen Quellenschriften zugänglich sind. Seine Bemühungen, die Trapezica als Hauptburg der Stadt zu erklären, werden durch das neuentdeckte Zeugniss des Bogdan hinfällig.

worauf die Mehrzahl der Einwohner nach Svištov und in die Walachei entfloh. Die griechischen Typen der schönen Frauen zeugen auf den ersten Anblick von nichtbulgarischem Ursprung. Als Haussprache dient noch ein griechisch-bulgarisches Gemisch, öffentlich gelten die Leute aber als Bulgaren. Die Männer sind meist Krämer und Gastwirthe in den Dörfern der Umgebung. Mit den Trnovern haben sie verwandtschaftliche Beziehungen, von den Bauern der Umgebung werden sie aber gemieden. Die Ansiedelung hat gepflasterte Gassen und steinerne Häuser mit gewölbten Räumen und oberen Stockwerken, meist in ummauerten Gärten, in einem Land mit Holzhäusern eine Ausnahme. An dem der Stadt zugekehrten Rand des Felsplateaus steht ein Frauenkloster, eine Gruppe von Miniaturhäuschen zwischen Obstbäumen und Epheuranken, bewohnt von ungefähr 30 Klausnerinen; aus seinem Garten eröffnet sich ein schöne Aussicht auf Trnovo und das grüne Bergland mit dem Balkan im Hintergrund.

Auf demselben Tafelberg liegt auf dessen Nordrand $^3/_4$ St. östlich das St. Peter- und Paulskloster von Ljaskovec. Man erreicht es auf einem Feldweg durch Wiesen mit Hainbuchen- und Weissdorngebüsch. Das Kloster war eine Zeitlang der Sitz eines theologischen Seminars, das jetzt nach Trnovo übertragen ist. Die Rundsicht ist herrlich: im Norden die Jantra, die ausgedehnte Ebene links von ihr und das gewellte Hügelland gegen Razgrad rechts, im Osten das subbalkanische Gebiet bis zu den waldigen Hügeln des Tuzluk, im Süden und Südwesten die grünen Waldgebirge gegen Trjavna und Gabrovo zu und im Hintergrund der schneebedeckte Kamm des Balkan.

Die Gegend am Nordfuss des Klosterberges ist der am besten bebaute Fleck Bulgariens. Alle Aufmerksamkeit fesselt ein Städtepaar 1—2 Kilometer vom Fuss, dessen Kirchen, Häuser und Gassen wir vollständig überblicken. Beide trennt nur ein etwa 1000 Meter breiter Zwischenraum mit Wiesen und Feldern. Rechts liegt Ljáskovec (ljáska Haselnuss), die Gärtnerstadt, mit 7090 E., links Górnja Rjáchovica (Ober-R., orjach Wallnuss) mit 5689 E., bewohnt von Handelsleuten und Seidenwebern, mit grossen Wochenmärkten, das Centrum einer Okolija, die auch Arbanasi umfasst. Jenseits der Jantra mit einer neuen unlängst vollendeten Steinbrücke liegt noch das Dorf Dólnja Rjáchovica (Unter-R., 3075 E.). Rjachovica hatte im Mittelalter eine Burg.[1]) In der Türkenzeit sollen der Tradition zufolge Rjachovica, Ljaskovec und Arbanasi zu einem von dem berühmten Vezier Rustem unter Suleiman II. gestifteten Vakuf gehört haben. Die Sage fügt hinzu, sie hätten einen mit goldenen Buchstaben unterzeichneten Ferman gehabt, der jedem Türken die Ansiedelung verbot. In der Zeit der Kyrdžali's wurden auch diese Gemeinden niedergebrannt. Jetzt nehmen sie einen solchen Aufschwung, dass sie mit der alten Residenz, der sie an Einwohnerzahl zusammengenommen bereits überlegen sind, rege wetteifern.

Von Trnovo nach Ruščuk zählt man 14 St. schneller Wagenfahrt. Am

1) Pachymeres II, 440. Schloss Rahoutsch bei Mich. Beheim in der Beschreibung des Zuges nach Varna 1444 (Quellen und Forschungen S. 39 Vers 385).

Ausgang des Derbend verlassen wir bei dem Dorf Samovoden die Berge. Zwischen Weingärten folgt das Dorf Polikrájište, wörtlich „der Ebene Ende". Nach Ueberschreitung der von Westen kommenden starken Rusica auf einer neuen Steinbrücke in der Nähe des Ruinenfeldes von Nikjup sind wir schon in der offenen Ebene.

Die Niederungen des Donaulandes sind trotz ihres vorzüglichen Ackerbodens noch schwach besiedelt. Es gibt da grosse Dörfer und schöne Culturen längs den fliessenden Gewässern, aber viele Partien bewahren den Steppencharakter. Im Sommer reist man hier, z. B. von Trnovo nach Rušćuk, von Svištov nach Pleven, von Lompalanka nach Berkovica der Tageshitze wegen meist bei Nacht. Diese nächtlichen Fahrten haben einen eigenen Reiz. Der mit vier kleinen Pferden in einer Reihe bespannte offene Wagen gleitet geräuschlos auf dem Gras oder auf dem Sand der Strasse. Der in seinen Mantel gehüllte Reisende wird nach Sonnenuntergang von einer leichten Schläfrigkeit befallen, die vergeht aber bald und man verbringt die ganze Nacht im träumerischen Sinnen. Wie auf der See vertieft man sich unwillkürlich in die Betrachtung des Himmelsgewölbes, auf welchem der Grosse Bär und der Gürtel des Orion sich besonders bemerkbar machen; dem Nordländer ist die Klarheit der Gestirne auffällig, besonders der Glanz der Milchstrasse und der Planeten und die Deutlichkeit des winzigen Alkor und der Plejaden. Die Stille der nächtlichen Landschaft beleben nur die Glocken unserer Pferde; selten stört uns ein Erschrecken des Gespanns, die Stimmen von Hunden und Wölfen, die in der Ferne den Mond anbellen, die flackernden Lagerfeuer einer Karawane von Büffelkarren und Saumpferden oder verdächtige Bewegungen von schleichenden Thieren oder Reitern. Sobald die Sterne zu erblassen beginnen, der Mond sein Licht verliert, ein niedriger glänzend weisser Streifen am östlichen Horizont auftaucht und die ersten röthlichen Strahlen der aufgehenden Sonne eilends die Dunkelheit verscheuchen und alles mit dem goldenen Schimmer des jungen Tages umkleiden, da erkennen wir die trostlose Oede unserer flachen Umgebung mit ihren dürren gelbgrünen Weideplätzen und monotonen Hügellehnen und finden die Sommernacht zu kurz.

Die Strasse nach Rušćuk folgt im Mittelstück der Jantra, die neben ihrem Bett zahlreiche Maeander mit Tümpeln gebildet hat. In der Mitte des Weges überschreiten wir den Fluss auf der Steinbrücke von Bjála; das Städtchen (4512 E.) liegt dichtgedrängt abseits am rechten Ufer. Durch ein gewundenes Thal erreichen wir ein weites Plateau mit Eichenbüschen, ausgedehnten Hutweiden und wenigen Dörfern und Feldern, eine wegen Raubanfällen übelberüchtigte Landschaft. Die Dörfer liegen sämmtlich abseits: Ober- und Unter-Monastirci, einst mit einem Kloster,[1]) Trstenik, der Geburtsort des 1808 ermordeten reformfreundlichen Veziers Mustafa Trstenik-

1) Zu Anfang des 16. Jahrh. wurde im Dorfe Monastyr bei Rušćuk der Hieromonach Sofronij aus Penkjovci in der Okolija von Trn „vom Teufel in der Gestalt eines Klosterdieners" mit einer Axt erschlagen und als Heiliger verehrt. Glasnik Bd. 40, S. 126.

oglu u. s. w. Zahlreiche Reste von Schanzen stammen aus dem J. 1877; weiter rechts steht bei dem Dorf Jovan-Čiflik ein Denkmal des hier in einem Reitergefecht gefallenen Prinzen Sergius von Leuchtenberg. Endlich erblicken wir links unter unserem Plateau den blassen Wasserspiegel der breiten Donau, mit grünen Auen und Inseln, dahinter das Städtchen Parapan, die Sumpfseen des rumänischen Ufers und weiter die walachische Ebene mit dunstumhüllten Saaten, Dörfern und Hainen. Vor uns taucht Ruščuk mit seinen Minarets auf, zwischen der Donau und den Weingärten des hohen, von dem verfallenen Schanzwerk der Levent-Tabia gekrönten Hügels, ihm gegenüber das rumänische Gjurgjevo mit Kirchenkuppeln und den Masten der Segelbarken am Quai. Vor dem Eintritt in die Stadt überschreitet man noch den Lom, der in einem gewundenen Lauf zwischen Felsufern herabkommt.

Ruščuk sieht von der Landseite gefälliger aus, als von der Donau, wo die Häuser ausserhalb der Landungsplätze meist über einem langweiligen steilen Lehmabhang stehen. Es war zu Ende der Türkenzeit (1864—1877) Hauptstadt des Donau-Vilajets und zählt noch immer 27.194 Einwohner (14.229 Bulgaren, 8177 Türken, 1975 Spaniolen u. s. w.). Das Innere mit breiten Gassen macht einen guten Eindruck. Am Donaustrand steht eine kleine fürstliche Residenz, das Haus des Metropoliten und an der Ostseite der Bahnhof. Die Stadt ist neueren Ursprungs. Ihr Vorläufer war die 25 Kilometer landeinwärts in einer Krümmung des Lom gelegene Burg Červén (die Rothe),[1]) mit einem grossen gleichnamigen Dorf. Der Metropolit von Ruščuk führt noch den Titel eines Metropoliten von „Červen und Dorostol (Silistria)." Die jetzige Stadt wird im ungarisch-türkischen Friedensvertrag 1503 zuerst genannt. Ihr bulgarischer Name lautet Rusé (Einwohner Rúsnenec); so heisst sie bei den Bauern der Umgebung, in amtlichen Documenten und so wird sie schon in alten Karten und Büchern genannt (Russi).[2]) Bogdan fand hier 1640 3000 türkische, 200 orthodoxe und 200 armenische Häuser, sowie eine Burg mit fünf Thürmen. Als Hauptübergangspunkt in die Walachei und als Handelscentrum überflügelte Ruščuk bald das alte Silistria, das heute eine wenig belebte Stadt ist (11.414 E., davon nur 4090 Bulgaren). Nach dem Verfall von Trnovo und Provadija bestand hier 1673—1755 eine kleine, 4—10 Häuser starke ragusanische Handelscolonie. Seit den Zeiten der Kaiserin Katharina II. wurde Ruščuk zu einer wichtigen osmanischen Grenzfestung in den russischen Kriegen. Seine Glanzzeit fällt in die Jahre, wo Mithad Pascha, so viel ich weiss, ein Türke aus der Umgebung, aus dem

---

1) Abgebildet bei Kanitz III, 313. Als Červen (auch Černov) ausser den mittelalt. Quellen erwähnt bei Hammer, Osm. Staatsverf. I, 310, Hadži Chalfa S. 44, Sathas, Bibl. graeca med. aevi III, 586, Acta Bulg. eccl. 263.

2) In den Friedensverträgen 1503 (Hammer's Osm. Geschichte II² 616) und 1519 (Theiner, Monumenta Hung. II 624) gedruckt Rwcz, Kusly statt Russy. „Ruse" in der Legende des hl. Georg von Kratovo, Glasnik Bd. 40 S. 126, „Russi" bei den Ragusanern, in den Acta Bulg. ecclesiastica, auf Mercators Karte 1584 u. s. w. Rusdžuk ist wohl nur ein türk. Diminutiv davon.

Dorf Zaud (oder Zavet) im Deliorman südlich von Tutrakan, als Vali der osmanischen Donauprovinz hier residirte.[1]) Im Kriege 1877—78 wurde das von Achmed Kaisarli Pascha vertheidigte Rušćuk erst nach einer langen Belagerung den Russen übergeben.

Die untere Donau hat bei einem ganz geringen Gefäll ein 1500 Meter und mehr breites und 16 Meter oder darüber tiefes Fahrwasser. Auf längeren geradlinigen Stücken hängen entfernte Inseln und Ufertheile durch Luftspiegelung über dem Horizont, wie auf dem Meer. Das bulgarische Ufer ist meist hoch, mit Lehmterrassen, welche sich z. B. bei Svištov und Rachovo an 200 Meter über den Wasserspiegel erheben. Das rumänische Ufer ist dagegen sehr niedrig, durch ein einige Stunden breites Vorland von Auen, Inseln, Sümpfen und Seen, mit lebenden und todten Flussarmen dazwischen, eingesäumt. Selten tritt dort eine trockene Terrasse näher an den Fluss heran, wie bei Zimnič gegenüber Svištov.

Bei der Fahrt von Rušćuk aufwärts folgen zunächst zahlreiche aus den älteren russischen Kriegen bekannte Dörfer über hohen, stellenweise stark unterwaschenen Lehmufern: Pyrgos, Mečka, Batin. Von der Jantramündung an erscheint in der Ferne Svištóv wie auf einem Vorgebirge. Nahe vor der Stadt passirt man links den Uebergangspunkt der Russen 1877; auf der Höhe stehen zu beiden Seiten einer tiefen Lehmschlucht zwei weisse Obelisken. Die Schiffsbrücke stand während des Krieges etwas weiter aufwärts. Die uralte Bedeutung von Svištov, des römischen Legionslagers Novae, erklärt sich durch den seit Altersher bekannten leichten Uebergang auf das linke Ufer zur Terrasse von Zimnič, sowie durch den Umstand, dass die Donau hier den südlichsten Punkt ihres ganzen Laufes erreicht, um sich wieder gegen Nordost zu wenden. Links liegt die Burgruine Stiklen, rechts die Stadt auf steilen Abhängen zwischen tiefen, trockenen Wasserrissen. Nach der Vernichtung im Kriege 1810 wurde sie neu aufgebaut und von vielen Familien aus Trnovo und Arbanasi besiedelt; auch die Namen „bulgarisches, griechisches, wlachisches Viertel" (Mahala) zeugen von dem ethnographischen Gemenge, das der jetzigen Stadtbevölkerung zu Grunde liegt. Svištov (12.482 E.) ist immerfort eine bedeutende Handelsstadt und nimmt durch zahlreiche hervorragende Mitbürger an dem politischen Leben Antheil.

Weiter folgt links das Paulikianerdorf Beleni, mit einigen Inseln mit etwas höherem Boden; auf einer gibt es auch kleine Tumuli, bei denen dyrrhachinische Silbermünzen gefunden wurden. Dann folgt über einer steilen Lehne das verfallene Städtchen Nikópol mit überwiegend türkischer Bevölkerung (3726 Türken unter 4811 E.). An der Iskermündung mit den Ruinen des römischen Oescus (bei Gigen) vorbei erreicht man Ráchovo (eigentlich Orjáchovo, wieder von orjach Wallnuss), eine kleine Stadt mit 4379 E.,

1) Zaud liegt in der Nähe des von Kanitz III, 300 abgebildeten, noch bestehenden türkischen Derwischklosters „Hassan Demirbaba Pehlivan Tekké", gegründet von dem Pascha Pehlivan Baba von Rušćuk, der aus dem russischen Kriege 1806—1812 und den Feldzügen der Pforte gegen Ali von Janina bekannt ist.

Bulgaren, Türken, Rumänen, Pomaken, Zigeunern u. s. w. mit den Ueberresten einer mittelalterlichen Burg. Rachovo leidet stark vom fortwährenden Herabgleiten des Lehmbodens zur Donau, wobei oft ein ganzes Haus langsam eine Frontveränderung macht. Weiter folgen hohe Uferlehnen mit Weingärten, aber oben sieht man landeinwärts nur steppenartige waldlose Einöden mit Troglodytendörfern, die erst in den letzten Jahrzehenten einer dichteren ackerbauenden Bevölkerung Platz machen. Von der Donau ziehen sich südwärts zum Balkan einige viele Stunden lange parallele Erdwälle (bulg. Okop), ähnlich den räthselhaften Wällen in der Kleinen Walachei und dem grossen Wall bei Jambol und Rusokastro. [1])

Einen malerischen Anblick bietet das in einem Hain hoher Bäume an der Mündung der Cibrica verborgene grosse Dorf Cibar, an einer Stelle, wo das bulgarische Ufer ausnahmsweise niedrig ist. Bald darauf wird zwischen rebenbepflanzten Hügeln Lom oder Lompalanka sichtbar, der Donauhafen von Sofia, ein frisch aufblühendes Städtchen (8199 E.) mit einer neuen Kirche und dem grossen Gebäude einer staatlichen Mittelschule, an der Mündung des Lomflusses; in dem Mündungswinkel liegen die Reste des Römercastells Almus.

Vidin ist stark im Verfall, obwohl es noch immer 14.772 E. zählt (8020 Bulgaren, 3487 Türken, 1323 Spaniolen u. s. w.) und einen Metropoliten, einen Präfecten, ein Brigadecommando, eine Staatsrealschule und eine Weinschule beherbergt. In der Festung, die unlängst als Grenzfestung eines über drei Erdtheile ausgebreiteten Reiches eine starke Besatzung unter dem Commando eines Feldmarschalls (Ferik) besass und mit 200 Geschützen bewehrt war, geht es jetzt stille zu. Die öden Gassen des Türkenviertels machen mit ihren Fontainen mit vergoldeten Arabesken, stillen Moscheen, dem Grab Pasvan Pascha's (starb 1807) und anderen Resten der osmanischen Periode einen traurigen Eindruck. Aber die kurze Episode des serbisch-bulgarischen Krieges zeigte die unveränderte strategische Bedeutung der Stadt. Sie liegt auf einer halbkreisförmigen trockenen Terrasse zwischen der Donau im Osten und Sümpfen oder Sumpfwiesen im Westen; den Nordtheil nimmt die Festung ein, den etwas niedriger gelegenen Südtheil die Stadt. Die Sümpfe werden von der Topolovica und einigen kleineren Bächen gespeist, ja die Gräben können auch von der Donau aus unter Wasser gesetzt werden. Die grössten Moräste mit einem See liegen gegen Süd und Südwest; die trockenste und demnach empfindlichste Seite ist die nördliche. Die Stadt leidet natürlich viel von Malaria.

Mich interessirte besonders die mittelalterliche Burg am Donauufer im

1) Die Alterthümer dieses Gebietes beschreibt Prof. Dobruský in Sofia im „Sbornik“ des Unterrichtsministeriums II, 1890, darunter drei parallele Erdwälle (vgl. unsere Karte), mit dem Graben an der Westseite: 1. von den Weinbergen von Lompalanka zur Cibrica bei Dalgodelei, 2. von der Donau westlich von Kozloduj bis zum Ogost bei Hajredin, 3. von der Donau bei dem Dorf Ostrov, an der Westseite von Kneža vorbei gegen das Dorf Trnak (ib. 14, 36, 38). Die walachischen Wälle untersuchte Schuchhardt, Arch. epigr. Mitth. IX, 210 f.

nördlichen Theil der Festung (Fig. 32). Das Volk nennt sie Vídini Kuli, „die Thürme der Vida", einer mythischen Burggründerin, welche die Volksetymologie aus dem als nominales Adjectiv aufgefassten Namen Vidin construirte. Trotz aller Zubauten ist sie das am besten erhaltene alte Schloss Bulgariens und liesse sich sogar noch gut restauriren. Zuletzt diente sie als türkisches Gefängniss, Arsenal und Pulvermagazin. Das Viereck hat einen von vermauerten Bogengängen umgebenen kleinen Hof in der Mitte,[1]) massive, unten aus grossen Steinen, oben aus unregelmässigen Bruch- und Backsteinlagen hergestellte Mauern und vier hohe Thürme. Auf den Zinnen wurden in neueren Zeiten Schiessscharten, Emplacements für Geschütze und vorspringende Erker an den Ecken angebracht. Unten umgibt die Burg

Fig. 32. Die alte Burg von Vidin von der Landseite.

eine moderne, niedrige Brustwehr, gleichfalls mit Schiessscharten für Kanonen und Handfeuerwaffen, davor ein tiefer Graben mit gemauerter Escarpe und Contreescarpe, auf dessen Boden Haufen schön geglätterter Steinkugeln liegen. Von den Thürmen stehen zwei viereckige mit engen Bogenfenstern an der Landseite gegen Westen; der dritte mit einem durch Eisenreifen beschlagenen Holzthor deckt den Zugang zu dem kleinen, engen Burgthor. Der niedrigste sechseckige vierte Thurm steht auf der Donauseite im Graben. In der Burgmauer befindet sich an der Südostecke das gut erhaltene gothische

1) Nicht zwei Höfe, wie auf dem Plan bei Kanitz I, 244 angegeben ist.

Fenster eines verschütteten Saales. An derselben Ecke sind hoch unter den Zinnen zwei römische, von Kanitz mit Gefahr copirte Inschriften eingemauert, die aus den Ruinen der Stadt Ratiaria bei dem Dorf Arčer (türk. Akčar) zwischen Vidin und Lom stammen. An einer anderen Stelle zeigt man hoch oben ein Basrelief mit einem Kopf als den „hl. Nikola". Auf einer Seite des Hofes haben die Granaten der rumänischen Batterien während der Beschiessung 1877 drei riesige Löcher geschlagen. Die Grundfesten des Castells sind die des römischen Bononia, dessen Name die Legionäre an die ferne italische Heimat erinnerte. Im 10—14. Jahrhunderte war Bъdyn, Bodon der Ungarn und Vidyni (Βιδύνη) der Byzantiner, ein bedeutender Waffenplatz.

Fig. 33. Die Felsenburg von Belogradčik.

Hier residirte auch der letzte bulgarische Car Johannes Sracimir, zuletzt als türkischer Vasall, bis ihn der voreilige Anschluss an König Sigmund bei dessen Zug nach Nikopol 1396 des Thrones beraubte. [1])

1) In der Nähe der Burg zeigt man die Stelle der alten Metropolitankirche, dann die erhaltene alte St. Panteleimonskirche, zu der rechts die neue St. Nikolauskirche zugebaut ist, sowie die Ruine der unter Pasvan Pascha verwüsteten St. Petkakirche mit Fresken, nach einer slavischen Inschrift „erbaut" unter dem walachischen Fürsten Johann Matthäus Bassaraba (1633—1654). Das von einem Pascha in der Festung gegründete und von Kanitz beschriebene Waffenmuseum wurde nach der Capitulation der osmanischen Garnison verschleppt; der grösste Theil seiner Panzer, Helme, Lanzen und Büchsen diente unter Fürst Alexander zur Ausschmückung des Palastes von Sofia.

Zum Kreis von Vidin gehört das Städtchen Belogradčik (1094 Einw.), Centrum einer Okolija, ein unbedeutender Ort, aber berühmt durch die malerischen röthlichen Sandsteinfelsen, auf denen seine Burg erbaut ist, von den Türken als Grenzfort gegen die Serben eingerichtet, jetzt öde (Figur 33, 34).

Wir wollen den Leser zu dem Ausgangspunkt zurückgeleiten, auf der 1879—1888 vor der Eröffnung der neuen Bahnen sehr belebten, 155 Kilometer langen Strasse Lompalanka — Sofia. Auf dem Wege zum Balkan überschreitet man die drei Flüsse Lom, Cibrica und Ogost. Die Bauern der Gegend sind ein schöner Menschenschlag, schlau, aber primitiver als die Balkandži's

Fig. 34. Belogradčik von Süden.

von Trnovo oder Gabrovo. Die Männer sind weiss gekleidet, mit schweren schwarzen Pelzmützen; die gleichfalls weissen Frauenkleider mit rothen Schürzen und langen Zöpfen erinnern an die Costüme der Kleinen Walachei. Die Einwohner wurden in Folge des regen Strassenverkehrs meist Fuhrleute; man zahlte von Lom nach Sofia durchschnittlich 1 Piaster für 1 Okka. Die Landschaft an der Cibrica ist meist Steppe; Rasovo und Cerovene an der Strasse sind Troglodytendörfer (S. 157). Weiter taucht links der isolirte Hügelrücken Pastrina auf, unter dem bei dem Dorf Banja eine kalte Mineralquelle entspringt. Der Balkan bleibt fortwährend im Hintergrund; links erkennt man in der Ferne die grossartigen Abstürze des Gebirges bei der malerisch gelegenen Kreisstadt Vráca (11.332 Einw.). Das Städtchen Golémа Kútlovica (1607 Einw., davon 215 Türken) am linken Ufer des Ogost ist Centrum einer Okolija. Die Trümmer eines Römercastells auf der nahen Terrasse und die in einer rein bulgarischen Landschaft isolirte Türkencolonie zeugen von der einstigen strategischen Bedeutung der Lage.

Durch ein besonders im Frühjahr anmuthiges Hügelland voll Wein, Mais, Bäume und Blumenflor erreicht man die malerisch gelegene Stadt Berkóvica (5238 E.), ein weisses Nest zwischen Weinbergen mit einem kegelförmigen, einst von einer Burg gekrönten Hügel, knapp am Fuss der dicht bewaldeten, steilen Balkanlehnen unter dem Gipfel Kom. Im schmutzigen Innern schwindet bald alle Illusion. In der Umgebung liegt etwa 4 Stunden nordwestlich an den Ogostquellen das grosse Dorf Čipórovci (1985 Einw.), jetzt von Teppichwebern bewohnt, einst ein berühmter Bergwerksort mit Silber-, Blei- und Eisenminen.[1]) Die alten Gruben in dem 5 Kilometer entfernten Thal Rupski Dol sind verfallen oder mit Wasser gefüllt. Die Spuren des Bergbaues reichen vom Dorfe Železna (das „Eiserne") bis Gorni Lom an den Lomquellen. Die Bergleute waren katholische Sachsen, in den Zeiten des alten Bulgarenreiches angesiedelt, in der Türkenzeit aber bei ihrer Isolirtheit bulgarisirt. In Čiporovci residirte im 17. Jahrhundert der katholische Erzbischof von Sofia; 1640 galten die Silber- und Bleiwerke für erschöpft, nur Eisen wurde gewonnen. Im Jahre 1688, als die österreichischen Truppen in Serbien vordrangen, unternahmen diese Katholiken, zu denen auch die Albanesen von Kopelovci (S. 124) gehörten, einen vorzeitigen Aufstand; ihr Ort wurde zerstört und sie mussten insgesammt in die Walachei und nach Siebenbürgen entfliehen. Die Familie des Grafen Pejačević in Kroatien stammt von diesen Emigranten aus Čiporovci.[2])

Auf unserer Strasse ist das aus wlachischen Schenken und armseligen Bauernhütten bestehende Klisura die Balkanstation, ein malerischer Winkel mit schattigen Felspartien bei den schäumenden Kaskaden der Brzja. Die Passhöhe (1442 M.) liegt gerade 1000 Meter über dem Dorf. Der Aufstieg führt zum Theil auf einer 1881—83 mit grossem Aufwand erbauten Kunststrasse auf der östlichen Seite des Quellbeckens der Brzja. Er erfordert in der Regel einen halben Tag, meist mit Ochsenvorspann, drei Paar vor einem Wagen. Der Weg führt durch einen herrlichen Urwald alter Buchen. Feierlich still ist die Landschaft im Winter, mit zugefrorenen Wässern, dem dumpfen Wiederhall des aus den Baumkronen herabfallenden Schnees und mit glänzenden Pygmäenpalästen von Eiszapfen zwischen den Baumwurzeln an den abgegrabenen Lehnen. Vor dem Joch erreicht man eine Wiese zwischen Felsen und Bäumen, oft noch zu Mittag mit Nebel bedeckt. Das

1) Der Name, der 1578 Chiprovaz (Acta Bulg. eccl. 394), im 17. Jahrh. in slav. Quellen Kiporovec (Per. Spis. III, 11), Čiporovci (Glasnik 56, 357), Chiprouaz geschrieben wird, stammt wohl von κηπούριον Garten, das im Mittelalter altbulg. als kipúrije erscheint (Urk. 1347 bei Šafařik, Památky 2. Ausg. 97).

2) Vgl. Julian Graf Pejačević. Peter Freiherr von Parchevich, Erzbischof von Martianopel im Archiv f. öst. Gesch. 69. Bd. und die Acta Bulg. ecclesiastica.

einstige türkische „Beklemé“, ein viereckiges Fort mit Eckthürmchen, wurde vor unseren Augen von Jahr zu Jahr langsam weggeräumt. Gegenüber steht ein neues Hôtel, Eigenthum des Schulfonds der Stadt Berkovica, und daneben das alte Einkehrhaus, der halb unterirdische, rauchgeschwärzte und fliegenumsummte Petrov Han. Dann folgt die Passhöhe mit Schanzen aus neuester Zeit.

Beim Abstieg fährt man auf der Wasserscheide zwischen Isker und Nišava hinab in ein Hügelland mit Anzeichen der Karstformation, zwischen felsigen Tafelbergen, kleinen Birkenhainen und Feldern, auf denen wir oft im Frühjahr Bauern in Pelzkleidern in einer Seehöhe von 1200 Meter ackern sahen, als die Luft noch voll Schneeflocken war. Sieben Serpentinen abwärts erreicht man die Post- und Telegraphenstation von Ginci; das Dorf liegt abseits westwärts. Von der Station wendet sich eine tiefe Thalmulde mit trockenem Grasboden ostwärts dem Iskrec zu. Hier beginnen wieder die Sofianer Volkstrachten.

Die ganze Landschaft vom Balkankamm bis Sofia ist sehr öde, mit höchst bescheidenen Einkehrhäusern, so dass man alle Vorräthe mitnehmen muss. Im Dorfe Bučino-Derbend (465 E.) befindet sich das Centrum der Okolija von Iskrec. Nach Passirung des Dammes über die früher stets mit zerbrochenen Rädern und Karren gezierte Steinwüste des „Zigeunerpasses“ Čingené-Derbend erreicht man die elende Poststation Beledi-Han zwischen Heu und Dünger und betritt die Sohle des Beckens von Sofia. Die Aufmerksamkeit ist gefesselt durch ein gegen Abend grossartiges Gebirgspanorama: in der Mitte die Vitoša, unter der Sofia als weisser Streifen bemerkbar wird, rechts in der Ferne der Osogov, im Labyrinth der Berge von Trn die Ljubaša und der Ruj, links die gewaltige Rila.

---

# Zweites Buch.

# Die Bergländer des Südens und Westens.

## I. Die centrale Sredna Gora.

Das Becken von Zlatica mit den Städten Zlatica und Pirdop. Besteigung der Gipfel der Sredna Gora, Bogdan und Bratja. Buchenurwald und Hirtenleben. Die Gebirgsstädtchen Panagjurište und Kopriština.

Ueber die meist noch wenig bekannten Bergländer des südwestlichen Theiles des Fürstenthums können wir genauere Nachrichten bieten auf Grund einer zweimonatlichen Reise im Sommer 1883.

Das nächste Ziel derselben war die so wenig bekannte centrale Sredna Gora. Am ersten Tag, 18. Juli (n. St.), erreichten wir nach zwölfstündiger Wagenfahrt Pirdop. Jenseits der mit einem Dach gedeckten Holzbrücke über den Isker bei Vraždébna beginnt das fruchtbare Gebiet der Malinska Reká, mit vielen Tumuli, Getreide-, Mais- und Hanffeldern, hinter denen am Fuss des Balkan zahlreiche Dörfer und kleine weisse Klöster bemerkbar werden. Hinter dem 22. Kilometer erreichen wir die erste kleine Terrassenstufe im Becken von Sofia mit schöner Aussicht auf die Vitoša und Rila und verlassen bei dem Dorf Stolnik die Sofianer Tracht und Mundart. Bald betreten wir ein Engthal und gelangen längs der Malinska Reka in einen Wiesenkessel zwischen rothen und weissen Sandsteinfelsen mit dem Dorf Taškesen (türk. „Steinschnitt"), bulg. auch Sáranci genannt, mit grossen, jetzt zu den Neubauten von Sofia ausgebeuteten Steinbrüchen und einer Telegraphenstation. Nach einer halbstündigen Fahrt wieder zwischen Felsen öffnet sich das schöne Becken von Kamarci, bulg. Kamársko Polé, das Boué ein „bulgarisches Arkadien" nannte: ein 5 Kilometer breiter viereckiger Wiesengrund voll fliessender Gewässer und blühender Pflanzen, zwischen dichten Hainbuchenwäldern knapp am Fuss des Balkan. Auf der Nordseite steigt die Rusčuker Chaussée von der Gasthäusergruppe Arabá-Konák zu dem unter dem Waldesgrün glänzenden weissen russischen Schlachtendenkmal auf der Passhöhe empor. Nordöstlich liegt hoch das Dorf Strgel mit der verfallenen Strasse nach Etropole. Am Nordwestende des Beckens liegt Górno Kamárci verborgen, am Südostende Dólno Kamárci mit netten Häuschen und einem schönen Menschenschlag. Durch das letztere Dorf führt unser Weg, eine holperige Seitenstrasse.[1])

Wir besteigen den Rücken Gлlabéc, den „Taubenberg", der den Balkan mit der Sredna Gora verbindet und die Wasserscheide des Isker und der Marica bildet, bedeckt von Eichenwald mit versprengten Buchen, Haselnüssen, wilden Birnen und Pflaumen. Der Uebergang erfordert $1\frac{1}{2}$ St. Von der Kammhöhe (an 900 M.) erblickt man den Balkan, die Vitoša, die Rila und durch die Enge der Topolnica ein Stück der Rhodope. In der letzten Türkenzeit war der Berg übelberüchtigt wegen zahlreichen Räubern und den Tscherkessen des hiesigen, nunmehr ganz verschwundenen Dorfes Teliš. Der Abstieg gegen Osten ist steil; die Strasse war zur Zeit unserer Reise ganz schlecht, mit verfaulten türkischen Holzbrücken. Unten am Fuss stehen die Einkehrhäuser des Dorfes Búnovo, das links abseits liegen bleibt; in denselben überraschte uns ein locales Bier, gebraut von zwei hiesigen Bulgaren, die das Gewerbe in Konstantinopel erlernt haben sollen.

Von da an betritt man das Becken von Zlatica, bulg. Zlatíško Pole, einen vergessenen, der Wissenschaft vor einem Vierteljahrhundert noch unklaren Erdenwinkel, eingeklemmt zwischen dem Balkan und der Sredna Gora, an 30 Kil. lang und nirgends mehr als 8 Kil. breit.

Der Balkan oder die Stara Planina der Bulgaren ist hier, wie überhaupt auf der ganzen Südseite gegen Thrakien, ein hohes, sehr steiles Felsgebirge, mit grossen Triften auf dem Kamm, auf denen die Hütten

---

1) Strgel (das *r* ist vocalisch) vom altslav. strъgą ich bewache, also Wachtplatz. Kamara bulg. Heuhaufen.

der wlachischen Wanderhirten bemerkbar werden. Das Westende des Beckens überragt die hohe und scharfe Bába (1793 M.). Die Kammhöhe beträgt weiter östlich ungefähr 1500 M.; die tiefste Stelle (1451 M.) ist am Uebergang des Fusssteiges (pъtéka) von Etropole nach Zlatica (4—5 St.), der am Fuss an dem verlassenen Türkendorf Klisséköi vorbeiführt und im Winter durch Schneemassen gesperrt bleibt. Nach dem Gipfel Svéštiplaz (1895 M.) über der Stadt Zlatica folgt ein zweiter Steig nach den Koliba's von Lopen, an einer kleinen Burgruine am Bergvorsprung Góleš vorbei. Weiter schliessen sich die Gipfel des Balkan von Teteven (Bulván, Vrtóp u. s. w.) an, mit einem dritten sehr steilen Steig, der „kleinen Treppe" (slъbica) vom Dorf Lъžene in unserem Becken zum „Fischerbach" Ribárica bei Teteven, einem Quellbach des Weissen Vid, weshalb die Bevölkerung der Umgebung diesen Uebergang nebst einigen anderen Steigen allgemein mit dem Namen Ribarica bezeichnet.[1]) Ueber dem Pass von Koznica, der das Becken von Zlatica ostwärts mit der Gjopsa verbindet, erhebt sich der massive Véžen (2201 M.) über den Quellen des Weissen Vid, einer der höchsten Balkangipfel, an der Südseite während unserer Reise durch ein Schneefeld gekennzeichnet.

Die viel niedrigere Sredna Gora auf der anderen Seite des Beckens hat runde Formen und ist bis oben hinauf ganz bewaldet.

Die Sohle des Beckens hat bei Zlatica eine Seehöhe von etwa 700 M., liegt also ungefähr 150 M. über dem Becken von Sofia und 500 M. über der Ebene von Philippopel. Von den umliegenden Bergen bietet sie mit ihren gelben Saaten, grünen Wiesen, den vielen Ansiedelungen und zahlreichen Bäumen einen schönen Anblick. Die Wiesen am Fuss des Balkan sind stellenweise sumpfig. Der niedrige, grüne, aus dem Balkan vorspringende Rücken Taušan-Tepé (türk. Hasenhügel) oder Sairan-Bair trennt den westlichen Theil ab, das sogenannte „Feld von Bunovo" (Búnovsko Pole). Alle Gewässer sammelt die Topólnica (türk. Tuzlu-Deré), welche den Südrand von Dušanci bis Petrič umfliesst, um sich dann durch die Sredna-Gora gegen Tatar-Pazardžik durchzuwinden. Ihre Zuflüsse sind im Sommer wasserarme Torrenti mit breitem, von Geröll gefülltem Bett: Kozlu-Deré bei Lъžene, Gramatník (bis 1885 Grenze), Elénska Reká, Mandžerin bei Pirdop, Kuru-Deré in Zlatica und Búnovska Reká. Trotz der geschützten Lage hat das Becken von Zlatica nicht die schöne Vegetation der Gjopsa und des Beckens von Kazanlyk. Bei seiner Höhe fehlen ihm die inselartigen Haine, die Weinberge und Rosengärten. Ueber dem Rand des Kessels sieht man stellenweise die Gipfel der Vitoša und Rila am Horizont. Die östliche Hälfte ist besser bevölkert als die westliche. Die Okolija von Zlatica (19.898 E.) umfasst 3 Städte, Zlatica, Pirdop und das jenseits des Balkan gelegene Etrópole (3486 E.), nebst 11 Dörfern. Die östlichsten zwei Dörfer fielen durch die

1) Auf diesem Pfad rechnet man von Kopriètica nach Teteven 8 St. Ein Dorf Ribarica existirt nicht Aus diesem Namen entstand der „Rabanica-Pass" bei Kanitz.

Grenzlinie des Berliner Vertrags Rumelien zu und sind auch jetzt der Okolija nicht einverleibt.[1])

Der Hauptort Zlatica (türk. Isladi) imponirt von der Ferne durch die Ausdehnung seiner Gärten. Das Innere enttäuscht aber bald. Man betritt eine verödete Stadt türkischer Art mit winkligen, holperig gepflasterten Gassen, auf deren Seiten hinter langweiligem Gemäuer altersschwache Häuser unter dem Laub herrlicher Nuss-, Pflaumen- und Kirschbäume verborgen liegen. Alles sieht verlassen und verfallen aus. Die vier Moscheen sind Ruinen. Vor Zeiten war Zlatica eine rein osmanische Stadt, bewohnt von fanatischen Türken. Christen begannen sich erst unlängst am Südende niederzulassen, wo auch die 1859 erbaute Kirche steht. Vor dem russisch-türkischen Krieg zählte die Stadt nach türkischen Verzeichnissen 436 mohammedanische und 117 christliche Häuser. Während des Krieges zogen die Türken meist ab; 1881 fand man ihrer nur noch 411, 1888 keinen einzigen mehr! Die jetzigen 1971 Einwohner sind Bulgaren aus der Umgebung und aus Makedonien.

Drei Kilometer östlich liegt das junge, frisch aufblühende Städtchen Pirdóp (3431 E.), mit regem Marktleben, Production von Wollstoffen und Posamentiererwaaren und intelligenten, vielgereisten Kaufleuten. Die Wollwaaren gehen meist nach Rachovo, Vidin, Serbien und Makedonien, früher auch nach Bosnien. Alterthümer gibt es keine; auch das Kirchlein ist erst aus dem J. 1819. Eine Stunde nordöstlich liegt auf einer blumenreichen Wiese am Fuss des steilen Balkan bei dem Ausgang der felsigen Schlucht der Elenska Reka das ziegelrothe Gemäuer einer malerischen Klosterruine Sveti Ilija (St. Elias), mit dem Rest einer dreischiffigen Kirche und den Umfassungsmauern einer viereckigen Burg ringsherum. Die Sage erzählt, in diesem Kloster sei der letzte Patriarch von Trnovo gestorben und es sei erst vor 200 Jahren von türkischen Truppen auf dem Durchmarsche gegen die „Deutschen" zerstört worden.

Die Bulgaren des Thales bilden durch Typus, Charakter und Dialect eine Gruppe mit denen der Sredna Gora und der Stadt Etropole. Es sind schöne Leute, meist lichthaarig, von gelehrigem, rührigem und überlegtem Charakter. Die Jugend besucht stark das Gymnasium von Sofia. Die westlichen Dörfer (Smolsko, Mirkovo, Bunovo) betreiben die Maurerei und den Häuserbau als erbliches Wandergewerbe.

Historische Erinnerungen gibt es wenig. Zwei auffallend grosse glockenförmige Tumuli stehen bei Pirdop, die Tártarica und die Dervíška Mogila; das Volk erzählt, diese Hügel hätten zwei Riesen, einem Tataren und einem Derwisch zum Sitz gedient, die sich gegenseitig ihre langen Pfeifen anzündeten. Eine Reihe kleiner Erdhügel krönt die Kante der kahlen niedrigen Hügel, welche sich zwischen Pirdop und der Topolnica hinziehen. Von

1) Die Dörfer sind: Strgel, Dólno und Górno Kamárci, Búnovo, Mírkovo, Smólsko, Kámenica, Kólevo Kamárci, Čelopéč, Kolanláre, Karlíjevo, dann auf rumel. Boden Lóžene (lug Hain) und Dušánci.

römischen Denkmälern ist bisher keine Spur gefunden worden. Im Mittelalter hat man hier Goldwäscherei betrieben, wovon der Stadtname Zlatica (zlato slav. Gold) zeugt; das Gewerbe ist in der Stadt erst zu Menschengedenken erloschen.[1]) Der Ragusaner Luccari nennt Zlatica als eine der Städte des letzten bulgarischen Caren Šišman. Allgemein bekannt wurde ihr Name durch den Feldzug des polnischen und ungarischen Königs Wladislaw III. mit dem ungarischen Feldherrn Johann Hunyad und dem serbischen Fürsten Georg Branković gegen die Türken 1443. Das Christenheer kam über Niš und Sofia um Weihnachten nach Zlatica, um von dort über die Sredna Gora in die Ebene von Philippopel vorzudringen. Der Name von Zlatica wird in allen gleichzeitigen Berichten genannt, bei dem Byzantiner Dukas als Dorf, bei dem Deutschen Michael Beheim als Berg Zlata Gora, türkisch Altyn-Dag (beides „Goldberg"), bei dem Serben Michael Konstantinović auch als Berg, bei Bonfinius als Flüsschen. Die Berichte sind aber so undeutlich, dass wir nicht mit voller Sicherheit sagen können, wo die Positionen des königlichen Heeres waren.[2]) Dass es die Sohle des Beckens erreichte, unterliegt keinem Zweifel. Die Heerführer des Königs wollten von hier entweder über Petrič durch die Engen der Topolnica vordringen oder eher geradeaus von Zlatica in die rumelische Ebene. Ungefähr fünf Kilometer südlich von Zlatica gibt es an der Topolnica die Reste von zwei kleinen Burgen auf beiden Ufern und dazwischen eine alte türkische Steinbrücke. Von dort erreicht man über die Sredna Gora in 5—6 St. Panagjurište oder Strelča, bei welchem schon die Ebene beginnt. Dukas, der die Landschaft aus eigener Anschauung kannte, beschreibt mit klaren Worten die noch jetzt bestehenden Urwälder der Sredna Gora und die Versuche der Christen durch das Waldgebirge vorzudringen; andere Quellen erwähnen deutlich den Fluss, der vor den Bergen floss, die Topolnica. Die Winterkälte, der Mangel an Lebensmitteln und die Tapferkeit der Türken in den Verhauen der Sredna Gora bewogen das Christenheer zur Umkehr.

Elf Jahre später, im J. 1455 verweilte Sultan Mohammed II. während der Pest mit seinem Hofstaat und Heer in dem „Bulgarendorf" Zlatica und empfing hier den genuesischen Fürsten von Lesbos Domenico Gattilusio mit dessen Geheimschreiber, dem Griechen Dukas. In späteren Zeiten wird kaum die Existenz der Stadt erwähnt, ja sie fiel so in Vergessenheit, dass man sie auf den Karten auf die Nordseite des Balkan verlegte, ein Irrthum, den erst Lejean 1870 berichtigte. Er hat seinen Ursprung darin, dass die Gegend früher in der politischen Eintheilung zu Loveč gehörte; kirchlich

1) Die neuere Sage localisirte hier die ganze Geschichte des von Bulgaren und Serben vielbesungenen (vgl. Drinov in Jagić's Archiv VII, 110) Helden Momčilo, der 1345 bei Peritheorion an der Aegaeischen Küste gefallen ist. Er soll in Pirdop gewohnt haben. Die Uebertragung hat die Namensähnlichkeit bewirkt; andere Sagen localisirten ihn in Pirot oder auf der hercegovinischen Burg Pirlitor, überall wo ein Anklang an Peritheorion (slav. Peritor) vorkommt.

2) Ueber die Quellen vgl. Huber, Die Kriege zwischen Ungarn und Türken 1440 bis 1443. Archiv für österreich. Geschichte, 28. Bd. (1886).

gehört sie noch immer zum Bisthum von Loveč. Die Sohle des Beckens wurde unter der osmanischen Herrschaft fast ganz türkisch oder wenigstens gemischt; die Bulgaren waren in's Gebirge gedrängt. Die hiesigen Türken standen mit den Bulgaren schlecht. Das hat sich in den letzten Jahren vollständig verändert: 1888 fand man in der hiesigen Okolija nur mehr 3 Türken![1]) Im Kriege 1877 hat die Gegend viel gelitten, denn während der Kämpfe bei Etropole und Araba-Konak ist der grösste Theil der Bevölkerung entflohen. Zlatica stand leer, aber die Pirdoper harrten zu Hause aus. Der Berliner Vertrag verlegte die Grenze durch das Becken: vom Balkankamm zwischen Lъžene und Pirdop zur Topolnica und längs ihres Laufes bis Petrič, eine Linie, welche den Handel der Pirdoper fühlbar störte und den ganzen Verkehr ost- und südwärts hemmte.

Nach einem Tag unter den rührigen Pirdopern rüstete ich mich froh bewegt zum Aufbruch in die noch wenig erforschte Sredna Gora über die damalige ostrumelische Grenze. Ein unerwartetes Hinderniss in letzter Stunde war eine Grenzsperre, wegen der Cholera im fernen Egypten verfügt von der fürstlichen Regierung gegen die Türkei und Ost-Rumelien. Auf der ganzen Strecke zwischen den improvisirten Quarantainen von Šipka und Vakarel durfte Jedermann hinaus, aber Niemand hinein. Morgens wurde die auf den Markt von Pirot strömende Menge aus Rumelien nicht mehr eingelassen, dabei auch die von uns draussen bestellten Reit- und Saumpferde. Die unter einem Laubdach auf dem Gipfel des Grabhügels Tartarica in Voraussicht langer Ferien behäbig faulenzenden Zollwächter bildeten eine heitere Staffage dazu. Begleitet vor Pirdoper Freunden begaben wir uns zu der $^3/_4$ St. östlich befindlichen Grenze, welche das seichte Bächlein Gramatnik bildete; sie war, wie auch anderswo, durch keinen Pfahl oder Aufschrifttafel bezeichnet. Hier wurde alles in Ordnung gebracht und in einer halben Stunde erreichten wir das rumelische Dorf Dušanci, verborgen am Ausgang der schattigen Enge, aus welcher die Topolnica in das Becken heraustritt (an 730 M.). Der Ort war früher von räuberischen Osmanen bewohnt, ist aber jetzt fast ganz von Koprištіcaern angekauft. Am Fuss des Gebirges sieht man überall fruchtbaren Boden, feuchte Wiesen und schöne Buchenhaine. Eine eigene Illustration zum Umschwung der Verhältnisse bot eine Reihe Türken in weissen Turbans, die schweigsam Heu mähten auf den Wiesen einiger Herren aus Koprištica, die uns in grossen Kalpaks und gewichsten Schnurrbärten auf feurigen Pferden entgegenkamen.

Koprištica erreichten wir in $3^1/_2$ St. Ein Fahrweg führt längs der Topolnica aufwärts, aber wir wählten den geraden Reitweg über das Gebirge. Eine Stunde lang stiegen wir in drückender Hitze auf einem Klimáš[2]) ge-

1) Rein bulgarisch waren vor 1877 nur Strgel, D. Kamarci, Smolsko, Kamenica. Rein türkisch waren Lъžene, Kelevo Kamarci, Klisseköi (jetzt verödet), die übrigen gemischt (z. B. in Mirkovo 161 türk. und 200 bulg. Häuser).

2) Der Name, der sich auch im Balkan wiederholt, ist vielleicht [illegible] (ش in Konstantinopel und Umgebung [illegible]), der Bedeutung nach identisch mit der oben (S. 419) erwähnten slъbica.

nannten Felsvorsprung mühsam empor zwischen der Topolnica links und dem Bach Korita rechts. Der Weg ist auf einen Meter Breite gepflastert und windet sich im Zickzack zwischen niedrigen Eichenbüschen und Haselstauden. Dieses Pflaster sowie die Brücke in Dušanci erbaute vor etwa 60 Jahren ein reicher Kopriŝticaer, Namens Drágul. In der Türkenzeit war der Klimaš berüchtigt wegen der Raub- und Mordthaten osmanischer Wegelagerer, von denen noch einige inschriftlose Grabsteine ermordeter Leute zeugen. Oben angelangt, sahen wir die Grundfesten einer kleinen Burg rechts und erreichten nach einer halben Stunde die höchste Stelle, an 600 M. über der Topolnica (1346 M.) auf einer grünen Matte mit der Ruine eines Beklemé oder wie die Bulgaren sagen Bekleutíja, eines türkischen Wachthauses mit einer Gallerie um das obere Stockwerk. Rückwärts hat man eine schöne Aussicht auf das Becken von Zlatica und die ferne Vitoša. Dann folgt ein herrlicher schattiger Buchenwald mit alten Baumriesen; der Weg ist eingesäumt von Haselstauden, Himbeeren und Erdbeeren und windet sich stellenweise durch dichtes, hohes Farnkraut. Rechts eröffnen sich Ausblicke auf die Urwälder im Quellbecken des Koritabaches und auf dem Kamm der Sredna Gora. Links werden auf den Wiesen des Berges Zlátensko Hütten wlachischer Hirten mit Pferden und Schafen sichtbar. Dann kommt links tief unten die Topolnica zum Vorschein und unser Weg läuft fortan am obersten Thalrand, am Waldessaum mit schönen Exemplaren der weissen Digitalis an einigen Quellen vorbei. Endlich erscheinen vor uns in der Tiefe die rothen Dächer von Kopriŝtica. Es dauert aber noch eine Stunde, bis wir nach einem steilen Abstieg zu den ersten Häusern gelangen.

Ich ging sofort an die nähere Betrachtung dieses Berglandes. An meinem Begleiter, dem jungen Gymnasiallehrer Herrn Radomirov aus Kopriŝtica, in dessen Elternhause ich eine gastfreundliche Aufnahme fand, hatte ich einen landeskundigen Wegweiser. Auch in Panagjurište, dem Geburtsort meines Freundes Drinov, fand ich die zuvorkommendste Unterstützung. Die Leute in der Sredna Gora hatten ein wahres Vergnügen daran mir ihr schönes Vaterland von allen Seiten zu zeigen.

Die centrale Sredna Gora ist ein Waldgebirge mit Wiesen auf den höheren Stellen, mit abgerundeten Formen und einer Kammhöhe von ungefähr 1100 M. Der Nordabhang ist steil, der Südabhang fällt dagegen in vielen waldigen Ausläufern ab. Waldlos und kahl ist nur die nächste Umgebung der beiden Städte Kopriŝtica und Panagjurište. Bei der Niedrigkeit des Gebirges erblickt man aus der thrakischen Ebene gut den dahinter emporragenden Balkan. Die höchsten Gipfel, sämmtlich unter 1600 M., liegen in zwei Gruppen, bei den Quellen der Topolnica in der Umgebung von Kopriŝtica und bei den Quellen der Luda Jana bei Panagjurište. Beide Flüsse gehören zum Stromgebiet der Marica; ihre Quellgegenden bezeichnen zugleich auch die Hauptübergänge über das Gebirge. Bei der centralen Lage des Gebirges — sein bulgarischer Name Sredna Gora bedeutet wörtlich „Mittelgebirge“ — bieten die höchsten Punkte sehr schöne und lehrreiche

Aussichten. Ueber die geologische Structur desselben erschien jüngst eine Abhandlung von Zlatarski.[1])

Die folgende Beschreibung schreitet, ohne Rücksicht auf die Zickzacklinien unseres eigenen Itinerars, von Ost nach West. Der centrale Theil der Sredna Gora beginnt gegenüber dem Karadža-Dag an der Strjama bei Čukurli und streicht mit waldigen Kuppen von zunehmender Höhe westwärts zur Quellgegend der Topolnica. Dieser Fluss entsteht in einem kleinen Kessel (an 1100 M.) zwischen den beiden höchsten Gipfeln des Gebirges, dem Bogdan im Osten und der Bunaja im Westen. Der Flussname lautet in Koprištica, aber nur hier allein, Topólka (topóla Pappel). Die Quellbäche, die eigentliche Topolka vom Nordabhang der Bunaja und die Kriva Reka („Krummfluss") vom Bogdan, fliessen zuerst einander entgegen; nach der Vereinigung strömt der Fluss gegen NW. mitten durch Koprištica. Unter der Stadt folgt ein Engthal, in welchem er sich langsam gegen W. wendet, um bei Dušanci aus den Bergen herauszutreten.

Der höchste Gipfel der Sredna Gora ist der Bógdan, 2 St. südöstlich von Koprištica. Man reitet eine halbe Stunde längs der Topolka zwischen Wiesen und Kartoffelfeldern aufwärts gegen Süden, wendet sich dann gegen Osten in das Wiesenthal der Kriva Reka und beginnt in dem Winkel der beiden Quellbäche derselben den Aufstieg über Hutweiden. Nach einstündigem Ritt erreicht man die Wasserscheide Tъnki Rъt („dünner Kamm"), in deren Buchenwald die Gewässer westlich zur Kriva Reka, östlich zur Strjama abfliessen. Auf diesem Rücken gelangt man zum Nordfuss des Bogdan und reitet in dem Rinnsal eines Bächleins bis zum Gipfel hinauf durch einen Urwald von Buchen, voll Farnkraut und blühenden Pflanzen. Neben vom Sturm oder Blitz umgeworfenen Baumstämmen stehen andere abgestorbene aufrecht wie Gespenster, ohne Laub mit weissen Aesten. Unsere Gesellschaft, in welcher sich auch der damalige Präsident des rumelischen Landtages Herr Georg Grujev befand, machte bei einer Buchengruppe auf einer Wiese ein Feuer an, um an langen Aesten einen „Waldbraten" (türk. orman-kebab) am Spiess zu bereiten. Ich stieg auf die Gipfel. Oestlich liegt der grasbewachsene Golémi Bógdan (Grosser B.), nach der russischen Messung 1572·5 M. hoch, westlich der bewaldete etwas höhere Málki Bógdan (Kleine B.). Die Aussicht ist gross. Im Norden überblickt man den Balkan von Etropole bis Kalofer, mit dem Vežen gerade im Norden. Der Gjumrukčal ist an seiner Schneefurche an der Südseite kenntlich; deutlich ist der Uebergang des Joches von Trojan. Das Becken der Gjopsa, wo der Bogdan als Wettermacher gilt, ist ganz sichtbar, das von Zlatica nur zum Theil. Nordwestlich liegt Koprištica mit rothen Dächern zwischen gelben Abstürzen und grünen

1) Georg N. Zlatarski, Ein geologischer Bericht über die Srednja Gora zwischen den Flüssen Topolnica und Strema (Mit 1 Karte). Wien 1890. Aus dem LVII. Band der Denkschriften der mathematisch-naturwissenschaftlichen Classe der kais. Akademie der Wiss. — Der Grundstock des Gebirges besteht grösstentheils aus Granit-Gneiss und krystallinischen Schiefern azoischen Alters. Andesite und Trachyte erfüllen im SW. einen grossen Raum, südlich von der Linie Petrič-Panagjurište-Strelča.

Wiesen, sammt dem ganzen Miniaturbecken der Topolnicaquellen. Gerade westlich ragt die Bunaja auf. Rechts von ihr erhebt sich die Bratja über dem Horizont. Links von der Bunaja sind in grosser Ferne die Umrisse der Vitoša und der Rila zu erkennen. Die Rhodope überblickt man von der Rila bis Chasköi, aber an unserem Julitag war sie unklar wegen den aus der thrakischen Ebene emporsteigenden Dünsten. Am Südabhang der Sredna Gora steht nahe links von unserem Standpunkt der Čifir oder Džifir (1425 M.) mit einem scharfkantigen Felsen auf dem Gipfel und einem waldigen Absturz gegen Novoselo. Der Südfuss des Bogdan selbst ist von dunkeln, pfadlosen Wäldern umgeben, in denen viele Bären hausen. Hinter ihnen ragt die kahle Höhe Vlъk („Wolf" 1253 M.) empor, über die der Weg von Koprištica nach Philippopel führt. Gegen Südwest sieht man die langen waldigen Ausläufer der Sredna Gora bei Strelča und die isolirten vier Kuppen des Kojuntepé. Die thrakische Ebene selbst ist eine Strecke weit bunt mit Hainen und einzelnen Bäumen, weiter gegen die Marica zu einförmig gelb.

Ein kahler Sattel zwischen Bogdan und Bunaja bildet die Wasserscheide zwischen der Topolnica und der Strélеška Reká (auch Meded-Deré genannt), die in dem Urwald am Südfuss des Bogdan entspringt, Strelča durchfliesst und bei Popinci in die Luda Jana fällt. Der obenerwähnte Vlъk bildet ihre Wasserscheide gegen die Quellen des Pesčenik, türk. Kumlu-Deré (beides bedeutet „Sandbach"), der sich am Čifir bildet und über Novoselo der Marica unterhalb Philippopel zueilt. Die Südseite des Vlъk ist bewaldet, mit einem weissen Wachthurm und einem kahlen weisslichen Absturz, die man beide ihrer Farbe wegen von der Ebene und selbst von der Rhodope aus zwischen dem Grün der Sredna Gora leicht erkennt.

Die Bunája (1565 M.) kenne ich nur aus der Entfernung. Der waldige Nordabhang senkt sich so sanft, dass der Berg von dieser Seite wenig auffällt; den Südabhang bedecken grosse Wiesen. Auf dem flachen, kahlen Gipfel ist eine Masse schwarzgrauer Blöcke gelagert, wie künstlich aufgestellt.

Nördlich von der Bunaja stehen auf der Westseite von Koprištica die Graskegel Pop (1410 M.) und Popadija, „Pope und Popenfrau". Vom Gipfel des Pop hat man einen sehr instructiven Ueberblick des Balkan von Etropole bis Kalofer; auch erblickt man in der rumelischen Ebene ganz deutlich die Hügel von Philippopel mit dem Reflex der Abendsonne in den Fenstern.

Westlich von der Bunaja und dem Pop erstreckt sich bis zur Bratja ein breites Hochland, von Panagjurište bis Koprištica 4½ St. lang, mit einer Seehöhe von 1300—1400 Metern. Unebenheiten der Oberfläche bilden nur einige niedrige Rücken und tief eingeschnittene Bachthäler. Dichte Wälder, meist Buchen (Eichen nur auf dem Nordabhang), wechseln ab mit ausgedehnten Wiesen. Im Sommer ist die Landschaft belebt durch grosse Schaf- und Rinderheerden der Einwohner von Koprištica und Panagjurište. Dörfer gibt es hier nicht, nur Hirtenhütten aus Lehm oder Korbgeflecht.

Das Hauptvergnügen in Koprištica im Sommer ist ein Ausflug „zum Vieh". Gleich am ersten Tage lud man mich zu den Heerden des angesehenen Bürgers Luka Iskrov ein. Spät Nachmittags ritten wir aus dem

Städtchen längs des Baches Bjála Reká hinauf, erreichten an einigen Rosenfeldern vorbei den Wald auf dem Plateau und bald auch den für Ochsenwagen brauchbaren Weg nach Panagjurište. Das Hochland mit seinen frischen Wiesen und Waldpartien macht den Eindruck eines natürlichen Parks. Seine einzelnen Triften oder Poljána's haben eigene Namen: Úrsulica, Zlátevica, Belotrúp, Šírine, Bić, Livádi u. s. w. An vielen Stellen wächst auf den Wiesen eine Unzahl gelblühender, oft mehr als einen Meter hoher Königskerzen (Verbascum, bulgarisch lepján, im Westen lópen). Anderswo bedecken blassgrüne Farnkräuter ganze Abhänge zwischen den Waldungen. Die Rundsicht umfasst den Balkan, die Vitoša, Rila und Rhodope. Die Hirten kennen alle diese Berge gut, messen ihre Höhe nach der unteren Grenze des Wolkenzugs an nebligen Tagen und berechnen nach deren Aussehen das Wetter. Bald wurde es Abend und auf den Alpentriften des Balkan jenseits des tiefen Beckens von Zlatica zu unserer Rechten flackerten wie Sternchen die Feuer der wlachischen Hirten auf. In einem dichten Buchenwald ereilte uns die Nacht, begrüsst durch die Stimmen der Eulen, aber bald fand sich der aufgehende Vollmond ein. Bei der Wiese Zlatevica erreichten wir unser Ziel. Eine grosse Heerde weisser Rinder, gehütet von Hirten in zottigen Kleidern und Pelzmützen mit grossen Hirtenhunden lagerte auf den Triften; rechts sass im Wald unter einer riesigen Buche um ein gewaltiges Feuer eine grosse Gesellschaft, darunter ganze Familien. Wir fanden hier auch viele Aerzte, Lehrer und Richter, die eben ihrer Vaterstadt einen kurzen Besuch abstatteten. Das Abendmahl bestand aus allerlei Hirtenbraten, gedörrtem Fleisch (pastyrma), Forellen, Käse und Wein. Dann folgte Gesang unter Begleitung des Dudelsacks und der Hirtenpfeife und ein fröhlicher Chorotanz um das Feuer herum. Die klare Mondnacht liess uns lange nicht schlafen, natürlich gleichfalls unter den Buchen auf unseren Mänteln neben den Pferden.

Die Quellgegend der Lúda Jána, der „wilden Jana", die als Fluss Jana bei Tatar-Pazardžik schon bei dem belgischen Reisenden Schepper 1538 genannt wird, ist viel ausgedehnter, aber auch viel niedriger, in einer an 2 St. breiten Vertiefung zwischen der Bunaja und Bratja, ungefähr 500 M. tiefer als das Quellbecken der Topolnica gelegen. Zahlreiche Bäche kommen von beiden Gipfeln und dem beschriebenen Plateau herab (Mulejska Reka, Okóška R., Grmidolska R., Duškóvčenin). Am Südwestende des Bassins liegt Panagjurište (533 M.). Die Luda Jana durchzieht die Stadt in einem breiten sandigen, im Sommer fast wasserlosen Bett, empfängt in einem waldigen Hügelland bei Báta die Bánska Reká von rechts, weiter links die Stréleška Reká, betritt bei Karaglare die Ebene, umfliesst die Kuppen des Kojuntepé von Westen und mündet in die Marica unterhalb Tatar-Pazardžik. Die versumpften Mündungsarme wurden jüngst auf Kosten der Kreisvertretung in ein Rinnsaal vereinigt. Durch die Quellgegend führt der niedrigste Uebergang über die Sredna Gora (an 1100 M.); von der Nordseite der Wasserscheide fliesst der Meded-Deré herab, der südlich von Zlatica in die Topolnica mündet, begleitet von dem Pfad von Panagjurište nach Zlatica.

Westlich von dieser Wasserscheide erhebt sich, gerade im Norden von Panagjurište und im Süden von Zlatica, der Gipfel Bratjá, 1517 M. hoch und von weitem kenntlich an der Wiese am Gipfel.[1]) Gegen Südwest hängt mit ihm der niedrigere Lisec (1387 M.) zusammen. Den Gipfel der Bratja erreicht man von Panagjurište in 3 St. zu Pferde. Ich besuchte ihn an einem Sonntag in Begleitung von ungefähr 20 fröhlichen Reitern aus der Stadt. Eine Stunde ritten wir zwischen den Feldern und Wiesen des Beckens von Panagjurište in nordwestlicher Richtung, erstiegen dann in einem Eichenwald voll wilder Pflaumen mit gelben Früchten den Osthang des Lisec bis zu einer Schafhürde, bei welcher im Schatten uralter Buchen eine wasserreiche, fast eiskalte Quelle (+ 5° C.) entspringt. Hier schlossen sich einige Hirten als Führer an, voran der ehemalige Hajduk Stanko. Der Weg führte auf dem Kamm zwischen Lisec und Bratja durch einen herrlichen Buchenwald, den schönsten, den ich ausser der Insel Seeland in Dänemark gesehen habe. Nach einer Stunde kommt man wieder auf die Sonne auf einigen von Farnkraut überwucherten Wiesen bei einer wlachischen Hirtenhürde. Endlich erscheint vor uns die vom glatten Gras bewachsene Gipfelkuppe. Ohne abzusitzen, reiten wir im Zickzack langsam hinauf bis auf eine kleine Fläche mit schwarzen verwitterten Steinen, von denen wir einige Adler aus ihrer trägen Ruhe aufscheuchten.

Die Aussicht hat mich sehr überrascht. Sie ist eine der schönsten nicht nur in Bulgarien, sondern in Europa. Von der Balkankette sieht man nicht bloss das grosse Segment vom Gjumrukčal bis zur Baba, sondern noch den Murgaš und einen Spitzberg bei dem Iskerdurchbruch. Die Abhänge des Balkan mit ihrem schütteren Gebüsch, grauen Felsen und blassgrünen Wiesen erscheinen ungemein kahl im Vergleich zur waldigen Sredna Gora um uns herum. Das Becken von Zlatica überblickt man wie auf einer Landkarte. Im Westen erscheint das Profil der Vitoša, die Berge von Trn und das Becken von Sofia mit der Hauptstadt, deren Wachsen die Hirten an dem Leuchten der Fenster bei Sonnenaufgang beobachten. Die Sredna Gora von Ichtiman jenseits der Enge der Topolnica scheint sehr niedrig zu sein, verdeckt aber doch die Sohle des Ichtimaner Beckens. Die grossartigste Partie der Aussicht ist die Rila mit der Musalla, an die sich unmittelbar die Rhodope anschliesst, im Dunst der dazwischen liegenden Niederungen schon undeutlich. In der Ebene erkennen wir die kameelhöckerartigen Kegel des Kojuntepé und die von hier aus gesehen in eine Reihe geordneten isolirten Hügel von Philippopel. Die Hirten behaupten, an klaren Tagen sei im Osten selbst Čirpan zu erkennen. In der nächsten Nähe überblickt man die ganze centrale Sredna Gora, insbesondere den flachen Rücken zwischen der Bratja und Bunaja mit dessen Mosaik von Wäldern und Wiesen, endlich im Süden unten die ganze Stadt Panagjurište.

1) Der Name klingt fast wie Bratjó und ist fem. sing. Die ursprüngliche Form ist wohl bratija, die Brüder. Als „Mt. Bratia" zuerst genannt auf einer Karte Lejean's, Tour du Monde XIII (1873) p. 135.

An der Westseite des Lisec und der Bratja beginnt ein dichter Urwald, in dem die Wiese Oborište, der Schauplatz des Verschwörercongresses von 1876, verborgen liegt (S. 309). Von dort ziehen sich zwischen der Luda Jana und Topolnica waldige bis 800 M. hohe Ausläufer gegen Tatar-Pazardžik. In diesem Theil des Gebirges kenne ich die Route von Panagjurište nach Ichtiman. Nach $1^1/_2$ St. erreichten wir das Dorf Méčka (640 M.), im Aufstand 1876 zerstört, mit einer damals niedergebrannten alten Kirche, einer Pavla-Kalessi genannten Burgruine und zwei Denkmälern aus einem Gefecht im russisch-türkischen Krieg am 25. December (alt. Stiles) 1877. Die Umgebung bedeckt Eichenwald mit Wachholdergebüsch auf den Felsen. Von dort gelangten wir auf einem schlechten Saumpfad in einem winkligen Felsthal in $1^1/_4$ St. zur Topolnica bei dem Dorf Poibrene (427 M.), vor welchem ein Grabdenkmal der Insurgenten von 1876 steht. Die Einwohner (390 Häuser) sind zugleich Ackerbauer und Hirten und haben Winterhäuser im Dorf und Sommerhäuser auf den Höhen (S. 150). Die Topolnica fliesst in einem engen Thal mit zahllosen Krümmungen und pflegt nach Regengüssen rapid zu steigen. Im Ufersand sind die Spuren der Nevrokoper Goldwäscher zu sehen, die bis zum russischen Krieg hieher zu kommen pflegten. Den Fluss überschritten wir auf einer Furth und betraten das idyllische Labyrinth der Ichtimaner Sredna Gora mit dichtem Eichen- und Hainbuchenwald nebst eingestreutem Espen- und Haselnussgehölz. Zwischen den ganz bewaldeten gewellten Kämmen und Kuppen weicher, runder Form sind enge, tiefe Thäler eingelassen, auf deren schattigem Grund Wiesenstreifen, wilde Birnen und Holzäpfel, sowie baumartige Kornelkirschen und Weissdornstauden das Bett der wasserreichen Gebirgsbäche begleiten. Auf den sonnigen Lehnen sind überall zerstreut kleine Felder und im Laubwerk versteckte ärmliche Hüttengruppen, deren Bewohner eben unter fröhlichem Gesang mit der Ernte beschäftigt waren und einander mit langgezogenen Lauten von Berg zu Berg zuriefen. Die engen, stellenweise kaum kenntlichen Pfade führen fortwährend bergab zu den Bächen und bergauf auf die Lehnen, so dass den Reiter das wiederholte Absitzen und Richten der Sättel bald verdriesst. Von höheren Punkten eröffnen sich Ausblicke auf den Balkan von Etropole und die Rila mit der Musalla, die von hier aus grosser Nähe ganz imposant aussieht. Meine Begleiter, drei Männer von Panagjurište, verloren bald die Spur des Pfades, die Zurufe der fernen Schnitter waren uns zur Orientirung wenig nützlich und nach einigem Herumirren überraschte uns die Dunkelheit. Wir übernachteten in den Grózevi Kólibi, einer Gruppe der Gemeinde Belíci. Die Häuschen haben nur einen Raum mit Lehmboden und Holzfenstern; von der russigen Decke hängt über dem offenen Feuer ein Kessel auf einer Kette herab und abseits auf zwei Stricken eine trogartige Wiege (bulg. ljúlka). Im Morgengrauen, als die Einwohner ihre Ziegen auf die Weide trieben, brachen wir auf und erreichten auf engem Pfad durch ähnliches schattiges Waldgehölz an der Quelle Róbov Čúčur vorbei in 3 St. das noch schlafende Ichtiman.

Das Klima der Sredna Gora hat einen schafern Winter und einen milden Sommer. Panagjurište ist etwas wärmer als Koprištica. Die dichtesten Urwälder sind am Südfuss des Bogdan, in einem Thal südlich vom Klimaš, am Meded und an der Bratja nebst dem Lisec. An Wild gibt es Bären (am Bogdan), Wölfe, Luchse, Wildkatzen, Füchse, Wildschweine in Heerden von 10—20 Stück, die sich im Winter Nahrung suchend bis in die bewohnten Orte verirren, Rehe, Hirsche und Eichhörnchen. Die Hauptbeschäftigung der Einwohner ist die Viehzucht, neben den Schafen in letzter Zeit besonders die Zucht einer weissen Rinderrace. Der Ackerbau ist schwach; bei Koprištica beschränkt er sich nur auf kleine Versuche. Der Wein kommt durch den Handel aus der Gjopsa oder aus der Landschaft von Tatar-Pazardžik. In letzter Zeit hat sich der Anbau der Kartoffel und der Rose (S. 180) verbreitet.

Von der Geschichte dieses Gebietes ist wenig bekannt, bei der Armuth der Quellen für die älteren Zeiten. Von den Ansiedelungen scheint Strélča am Südfuss der Bunaja, mit einer Burgruine und einer warmen Quelle, ein wichtigerer Ort gewesen zu sein.[1]) Die Türken gründeten hier nach der Eroberung auch eine isolirte osmanische Colonie, welche auch die nahen kleinen Dörfer Ober- und Unter-Osmánovo umfasste, aber nach 1877 ganz auswanderte und in Strelča (1855 E.) den Bulgaren Platz machte.

Alte Pfade kreuzten das Gebirge drei, bezeichnet durch Reihen kleiner Castelle. Der erste Weg beginnt bei dem Kojuntepé, von dessen Kuppen eine (bei Ferezli) von einer Burg gekrönt war, erreichte die Burgruine Krásen an der Luda Jana bei Bъta und ging über die Burgen von Banja und Mečka, an den Höhen Vran Kámъk („Schwarzstein") und Okopan mit Spuren alter Wälle vorbei zur Burgruine von Petrič, das Anna Komnena auf dem Weg von Philippopel nach Sofia als Petritzos erwähnt. Das genannte Bánja, 1½ St. südwestlich von Panagjurište, in der Enge der Banska Reka, ist ein ärmliches Dorf mit Strohdächern, einer Burg auf steiler Höhe (125 M. über den Fluss), einer Therme, einer Capellenruine und der Spur einer gepflasterten Strasse. Die warmen Quellen (+ 42—44° C.) entspringen in den Felsen des Bachbettes. Dabei steht ein unvollendetes Badgebäude, nämlich ein käfigartiges Holzhaus mit Dach und zwei Bassins, in denen die Badenden „coram populo" im warmen Wasser sitzen, allerdings in Hemden oder abgetragenen Kleidern. Die Burg, deren Mauerreste aus weissen Mergelplatten von einem üppigen Walddickicht überwachsen sind, erkletterte ich in Begleitung des kriegerischen Popen Grujo von Banja, eines der Anführer des Aufstandes 1876.

Den zweiten Weg von Strelča nach Zlatica, der für die Geschichte des Feldzugs 1443 bemerkenswerth ist, haben wir schon erwähnt; nördlich von Strelča deckte ihn eine kleine Burg, Osója oder Rechman-Kalessi genannt. Die Türken gründeten am Meded zuletzt ein Tscherkessendorf Karatepé, aber als die Kaukasier in den Wäldern unter den Büchsen der Bulgaren

1) Strelča ist die türkische Form des Namens; das Adjectiv „stréleški" zeigt, dass der Name ursprünglich Stréleč, eigentl. Stréleč-grad lautete, die „Schützenburg".

zu verschwinden begannen, ergriffen die Uebrigen rasch den Wanderstab. Auch den dritten Pfad von Strelča über Koprištica nach Zlatica bezeichnen vier Reste kleiner Burgen oder Wachthürme bei Strelča und Dušanci. Man zeigt auch einige undeutliche Spuren angeblicher Klöster oder Eremitenwohnungen; jetzt besteht nur das St. Nikolakloster von Kalugérovo an der unteren Topolnica.

Der Byzantiner Dukas erwähnt in der Gegend nur „unwegsame Berge und Wälder“ (ὄρη καὶ δρυμῶνες δύσβατοι), die jedoch schon zu seiner Zeit gewiss eine Hirtenbevölkerung hatten, und zwar wlachischen und bulgarischen Ursprungs. Auch die türkischen Jürüken kamen aus der Rhodope hieher; die Gemeinde Jurúci-te südlich von Banja hat noch 481 türkische Einwohner in vier Mahala's oder Kolibi's (Oručly, Duvanly, Okčuly, Džafarly). Die bulgarischen Srednagoraer sind bemerkenswerth wegen der Alterthümlichkeit der Lebensweise und der Reinheit der Sprache. Die topographische Nomenklatur ist mit geringen Ausnahmen frei von osmanischer Beimischung. Das Hirtenleben und gewisse Privilegien wirkten wohlthätig auf den Geist der Bevölkerung. In der neuen bulgarischen Bewegung hatten die „Srednogorci“ einen grossen Antheil.[1])

Von den beiden Gemeinden ist Panagjúrište grösser und älter. In einer Seehöhe von 533 M. gelegen, hat es einen ziemlich offenen waldigen Horizont mit Aussicht auf die Gipfel Lisec, Bratja und Bunaja und macht bei seiner Ausdehnung mit seinen Kirchenkuppeln von Ferne den Eindruck einer grossen Stadt. Es zählt 8757 E. und ist Centrum einer Okolija des Kreises von Tatar-Pazardžik. Hauptbeschäftigung der Einwohner sind Viehzucht nebst Viehhandel auf der ganzen Strecke von Konstantinopel nach Belgrad; daneben erzeugt man Wollstoffe und Lederwaaren. Die „Panagjurci“ sind ein kerniges einfaches Gebirgsvolk, bedächtig, wenig redselig und fast stolz; bei näherem Verkehr lernt man ihre Aufrichtigkeit und ihren Witz kennen. Im Aufstand 1876 waren sie die einzigen, die sich mit osmanischen regulären Truppen geschlagen haben. Die Frauen sind fromm und tragen eine schwarze Tracht mit schwarzem Kopftuch und weissen Strümpfen. Die Schulen des Ortes werden von mehr als 1300 Kindern beider Geschlechter besucht, aber höheren Studien gehen wenige nach und auch die Lust zur Auswanderung ist gering.

Die Sage bezeichnet noch die Triften der Umgebung, wo die Einwohner in Kolibi's sassen (S. 150). Die Zusammensiedelung auf dem „Jahrmarktsplatze“ (das bedeutet der Name Panagjurište) soll unter Mohammed II. erfolgt sein, der hier angeblich 200 bulgarische Häuser aus Jambol als „Vojnik's“ ansiedelte. Türkisch heisst der Ort Otlukköi, das Dorf der Grasweide. Das Institut der Vojnik's erscheint gleich zu Beginn der osmanischen Geschichte in Europa, wohl nur als eine Fortsetzung der älteren Rechtszustände in den christlichen Staaten, wo gewisse Einwohner für die Nutz-

1) Aus Koprištica stammen die Grujev's, Karavelov's, Kesjakov's, Gerov, Čomakov, Vëlkovič u. s. w., aus Panagjurište der Historiker Drinov, der Schriftsteller Bončov u. A.

niessung von Grundstücken zu Kriegsdiensten, Pass- oder Grenzwachen verpflichtet waren. Die Vojnik's waren, wie der Name zeigt (vojnik bulg. Krieger), ursprünglich Bewaffnete; noch im 16. Jahrhundert hat sie Dernschwam mit kurzen Lanzen ausgerüstet gesehen. Später wurde der Dienst auf die Bewachung des Armeetrains, schliesslich auf die Wartung der Rosse des Sultans in Konstantinopel beschränkt. Nach den von Hammer übersetzten türkischen Gesetzbüchern des 16. Jahrhunderts waren die Rechte des Vojnik auf ein erbliches, von vielen Steuern befreites Grundstück, die „baština" gebunden; der Einzelne kam jedes dritte Jahr an die Reihe. Nach den Erzählungen der „Panagjurci" erbte die „baština" stets nur der älteste Sohn; das Grundstück durfte als „kaiserlicher Boden" (cárska zemjá) weder getheilt noch verkauft werden und bei der Aufhebung des „Vojnaklyk" in der Reformzeit wurden die Familien genöthigt, die Grundstücke von dem Staatsschatz durch Kauf in persönlichen Besitz zu bringen. Die Institution war also feudalen Charakters. Die Vojnik's von Panagjurište rückten noch um 1860 alljährlich nach Konstantinopel aus zum Dienst in den grossherrlichen Marställen, 33 Mann in Nationalkleidern, ohne Waffen mit einer rothen Halbmondsfahne und einem Dudelsack. Die Vojnik's von Trn thaten diesen Dienst zur Heumahd bei Konstantinopel sogar noch bis 1876.[1])

Die Autorität der Pforte war in Panagjurište durch einen türkischen Beamten repräsentirt, früher den „Zaabitin", zuletzt bis 1876 durch einen Mudir, dem zwei von der Bürgerschaft auf ein Jahr gewählte christliche Vekile zur Seite standen, nebst 3—4 türkischen Zaptiés und 10 bulgarischen Panduren. In der Zeit der Kyrdžali's wurde der Ort niedergebrannt. Das älteste Gebäude ist das Kirchlein des hl. Theodor; die daneben stehende grosse Muttergotteskirche ist aus dem J. 1818, die St. Georgskirche aus dem J. 1860. Beide Kirchen tragen noch Spuren des Kampfes 1876, von Geschützkugeln und der türkischen Plünderung und Verwüstung, die besonders an den Wandmalereien kenntlich ist. Auch die grosse Schule ist damals niedergebrannt worden sammt ihrer Bibliothek, ausser einigen Codices, die sich zufällig der hiesige Landsmann Professor Drinov ausgeliehen hatte. Nach dem Philippopler Geistlichen Konstantin hatte der Ort 1819 600 Häuser, vor dem Aufstand 1876 schon 1500, 1885 1774.

Koprištica liegt in einer Seehöhe von rund 950 Metern und hat auf 3 St. Weges in der Umgebung keine nachbarlichen Ansiedelungen. In der ostrumelischen Zeit hatte die Stadt weder Chaussée noch eine Telegraphenstation. Erst 1885 wurde eine Strasse nach Süden über den Vlъk fertig; der erste Gebrauch, den man davon machte, war die Entführung des Generalgouverneurs Gavril Pascha Krstjović von Philippopel über Koprištica nach Sofia. Der Ortsname, ursprünglich wohl ein Bachname, stammt vom

1) Die Vojnikdörfer waren in Bulgarien viel zahlreicher, als ich in der Gesch. der Bulg. S. 452 angegeben hatte: in der Sredna Gora, bei Jambol, Kotel, Šumen, Preslav, in Bjala an der Jantra, bei Trnovo und Loveč, in der Rhodope, bei Trn u. s. w. In Panagjurište waren Vojnik's nur die Ortsbewohner, nicht aber die Bauern der Umgebung.

Wort kopriva Brennessel in der Form koprivište Nesselhaide. Die Häuser ziehen sich auf fast eine halbe Stunde Weges zu beiden Seiten des breiten, sandigen Bettes der Topolnica, über die zahlreiche Holzbrücken und Fuhrten führen. Die Lage ist eng, zwischen hohen waldlosen Abhängen, die mit Felsen oder weissen Sandabstürzen durchsetzt sind. Die Gassen der Westseite steigen steil bergauf, mit Brücken über kleine Giessbäche. Die Häuser sind aus Holz gebaut, meist in der Philippopler Art mit offenen Vorhallen und grossen Zimmern. Schon 1819 gab es 1000 Häuser, in der letzten Zeit 1232. Die Einwohnerzahl sinkt; 1879 fand man 5753, 1888 nur 4686 Seelen, wozu aber noch 405 Abwesende anzurechnen sind. Bei seiner isolirten Lage hat Koprištica ein eigenes Gericht, gehört aber zur Okolija Ovčecholm mit dem Centrum im Dorf Staro Novoselo am Südfuss des Bogdan. Die Bevölkerung wandert fortwährend aus, so dass viele Häuser leer stehen. Die „Koprištenci" findet man überall in Bulgarien, besonders in Philippopel, wo sie den Kern der bulgarischen Bürgerschaft bilden, in den Becken von Zlatica, Gjopsa und Kazanlyk, in Tatar-Pazardžik und Umgebung, in Adrianopel, Dimotika u. s. w. Die Gebirgsnatur zwingt die Einwohner ihren Erwerb in der Fremde zu suchen. Ausser den Producten der Viehzucht wird nach Koprištica fast alles von Aussen importirt. Schon das Hirtenleben gab Anlass zu Wanderungen gegen Konstantinopel. Die hiesigen Tuchscherer (Abadži's) und zugleich Schneider sind in ganz Anatolien und dem Archipel bewandert. Einige Milchhändler aus Koprištica machen gute Geschäfte in Egypten, ja es gibt hier Leute, die Arabien und Abyssinien gesehen haben, von der Balkanhalbinsel und Rumänien ganz abgesehen. Die Meisten ziehen auf den Winter fort; um Neujahr ist die Gemeinde fast ein „Frauendorf". Wenn die Leute wieder heimkommen, umfassen ihre Erzählungen, wie die der Schweizer von Tessin oder anderer Kantone, ein gutes Stück der Welt. Viele sprechen gut türkisch, neugriechisch, selbst arabisch. Es ist ein gutmüthiges, heiteres, bewegliches und redseliges Volk, darunter viel schöne Leute. Sie haben mehr Neigung zu äusserem Glanz als ihre demokratischen Nachbarn von Panagjurište.

Die Localsagen verlegen die Gründung des Ortes in neuere Zeiten, wovon auch die Kleinheit ihrer Gemarkung zeugt. Ein jetzt verlorener Ferman enthielt angeblich die Nachricht, die Gemeinde sei unter Sultan Suleiman (1520—1566) gegründet worden, habe nur einer Konstantinopler Moschee als Vakuf Steuern gezahlt und neben einem türkischen Zaabitin auch christliche Chefs mit eigenen Mützen gehabt. Nach anderen Sagen waren die Bewohner ursprünglich Hirten, welche hier in zerstreuten Gehöften wohnten und auf die Winterweide gegen Adrianopel zogen. Sie waren in der alten Reichsordnung nicht Vojnik's, sondern angeblich Harbali's, lanzenbewaffnete Passwächter. Der türkische Name des Ortes lautet Avrat-alan, die „Frauenwiese". Ein Theil der Einwohner soll aus Malešovo in Makedonien stammen, ein anderer aus Albanien; es gibt hier auch ein „Arnautenviertel" (Arnaut-Mahala) mit einer Quelle Arnaútec. Bis 1876 sassen in Koprištica auch mohammedanische Zigeuner mit einer Moschee. Von den Kirchen ist die

Muttergottes- und Erzengelkirche 1817 und die St. Nikolauskirche 1842 erbaut. Früher hatten die Klöster von Rila und Chilandar hier Metochien, deren Mönche grosse Achtung genossen und als Schiedsrichter fungirten. In der Zeit der Kyrdžali's wurde der Ort ausgeplündert und niedergebrannt, erlebte aber dann eine Blüthezeit, als die reichen Bürger (bis 1869) die Viehsteuer, den „beglik" pachteten. Diese Beglikdži's hatten oft an 200 Personen zum Viehzählen in ihrem Dienst, trugen glänzende Kleider und Waffen, ritten auf schönen Rossen, führten ein grosses Wort vor den türkischen Behörden und eiferten die Rajah an, von den neuen Rechten Gebrauch zu machen und Kirchen zu bauen. Viele Greise in Koprištica kennen noch alle Berge bei Vidin, Vraca, Pirot, Sofia, Trn oder im fernen Makedonien und Albanien von diesem Steuergeschäft her. In der Zeit vor dem griechisch-bulgarischen Kirchenkampf waren diese Beglikdži's auch „Ephoren" der Klöster Rila, Bačkovo und Chilandar, unter deren Wandmalereien man noch die Portraits dieser „Ktitoren" (Patrone) und ihrer Frauen in den Costümen der dreissiger und vierziger Jahre sieht. Die Familien (Vlkovič, Čomakov, Karavelov, Doganov u. s. w.) bestehen noch, wohnen aber meist in Philippopel, in neuester Zeit in Sofia.

## 2. Die Gjopsa.

Von Koprištica über Klisura, Sopot und Karlovo nach Kalofer. Die bulgarischen Industrieorte des Balkan. Am Fuss der höchsten Balkangipfel. Die Thermen von Karlovo, Hissar und Krastovo.

Das Becken zwischen dem Balkan von Trojan, Sopot und Karlovo und der centralen und östlichen Sredna Gora heisst bulgarisch Gjópsa, Gjópca. Der Name kommt schon im Mittelalter als Burgname Kopsis vor; in der älteren türkischen Landeseintheilung bildete die Landschaft die „Nahija" Gjopsa. Zuweilen nennt man auch den Fluss, der die Gewässer des Beckens sammelt, Gjopsa, aber sein eigentlicher Name ist Stréma oder Strjáma, der Syrmus, Sermius des Plinius und der Legende des hl. Alexander von Drizipara. Der Horizont ist scheinbar ganz abgeschlossen, denn die Stelle des Durchbruchs der Strjama südwärts in die Ebene ist nur aus der Nähe zu erkennen. Der Balkan senkt sich ostwärts vom Vežen über den Quellen des Weissen Osem zum Joch von Trojan, nimmt aber rasch an Höhe zu bei der hohen Ambarica (2134 M.) und der spitzen Dobrila über Sopot. Auf dem Kamm erstrecken sich weite Triften, belebt von den Heerden der wlachischen Hirten; in den Schluchten gibt es Koniferenwälder, aber die unteren Abhänge, zerrissen von Wasserläufen, sind felsig, nur stellenweise mit niedrigem Gebüsch bewachsen. Die Sredna Gora bildet einen bewaldeten Gegensatz dazu, wie bei Zlatica. In der Sohle des Beckens ist auffällig der inselartige Hügel Čatal-Tepé südlich von Karlovo. Die Strjama hält sich an den Südrand des Thales, wie die Topolnica und Tundža in ihren Quellbecken. Die Thalsohle ist im Osten und Westen fruchtbar und gut bebaut, in der Mitte (z. B. südwestlich von Sopot) aber von Muhren des Balkangerölls bedeckt, auf denen nur armseliges Eichengestrüpp gedeiht. Einige der Balkanbäche, wie die Sópotnica, haben ein 6—8 Meter tiefes und 30—35 M. breites Bett mit Steilufern, im Sommer nur von trockenem Geröll ausgefüllt. Neben Weinbergen, Aeckern und Wiesen gibt es viele Rosenfelder; an Kazanlyk erinnern auch die schütteren Haine alter Nussbäume, Eichen und Weichseln, in deren Schatten zahlreiche Schildkröten plump herumkriechen. Die Bevölkerung der Landschaft, der jetzigen Okolija von Karlovo, war ausser dem Gebirgsrand bis unlängst überwiegend türkisch; nach der Auswanderung der Türken siedeln sich Bulgaren aus Klisura, Koprištica u. s. w. an.

Von Koprištica erreicht man Klisura in 3 St. Der Reitpfad führt über Hochwiesen mit vereinzelten Felsen und schöner Aussicht auf den Balkan, auf denen hohe Pfähle als Wegweiser im Nebel oder Schnee aufragen. Auf dem malerischen St. Eliasfelsen steht ein Kreuz mit einer heiligen Quelle (Ajazma). Auf der Wasserscheide Rávni Djal (1412 M.), ³/₄ St. von Koprištica, liegen die Trümmer eines türkischen Wachthurms (Beklemé). Bei einem Buchenwald mit dem „Bischofsbrunnen" Vladíčina Češmá beginnt der Abstieg auf einem steilen, mit hohem Wachholder bewachsenen steinigen Terrain.

Das Städtchen Klisúra, türk. Prasadín Dervénd, liegt in 725 M. Seehöhe in einem Engthal zwischen dem Balkan und der Sredna Gora, im Quellgebiet der Strjama am Ostende des Passes von Kozníca.[1]) Der Geruch der schwarzen Düngerhaufen von ausgepressten Rosen am äusseren Rand des Ortes meldet sofort seine Hauptindustrie. Die Gemeinde war vor der Katastrophe im Aufstand 1876 ein wohlhabender, ausser einigen Zigeunern rein bulgarischer Ort mit 7—800 Häusern (nach andern Berichten nur mit 500 Familien) und ist gegenwärtig nur ein Trümmerfeld mit nothdürftig erneuerten Hütten zwischen den Ruinen. Viele der geflüchteten Einwohner siedelten sich nach dem Kriege lieber in den verlassenen Türkendörfern der Gjopsa an. Klisura hat jetzt 1575 E. Im Passe und unterhalb desselben gegen die Gjopsa zu stehen auf zwei isolirten Kegeln die Substructionen kleiner alter Burgen, unter denen eiserne Pfeilspitzen gefunden werden.

Von Klisura nach Karlovo rechnet man 6 St. auf einer auch für Wägen brauchbaren Strasse. Die erste Stunde führt durch eine Enge mit Wiesen, Rosenfeldern, Massen vom Balkan herabgerollter Blöcke und merkwürdig regelmässigen konischen Hügeln neben dem Bett der Strjama. Beim Betreten des Beckens erblickt man links das gemischte Rachmanlar, verborgen in grossen Obstgärten, rechts das gleichfalls gemischte Slátina. Dann folgt links das Dorf Tekké (bulg. Tekíja), bei dem der Weg nach Trojan empor steigt, neben den Resten der Römerstrasse von Philippopel nach Novae (Svištov), die am Fuss des Gebirges und am Joch durch Castelle ge-

1) Die Strjama entsteht aus den Bächen Dlъga Reká, Kamenidica, Beléštica (vom Bogdan) und Zli Dol (vom Vežen).

deckt war. Die gemischten Orte Karasarly und Igánovo (bis 1885 mit einem ostrumelischen Zollamt in einer Bauernhütte) haben sogar einige gepflasterte Gassen und sind von grossen türkischen Friedhöfen mit inschriftlosen aufrechtstehenden Steinplatten umgeben. Jenseits Achijevo fällt uns eine isolirte alte Eiche mit einer inschriftslosen glatten Säule auf, umgeben von einer viereckigen Mauer, angeblich das Grab eines mohammedanischen Helden, der bei der Eroberung Bulgariens im Kampf gegen die Gjaurs der nahen Burg von Sopot gefallen sein soll. Im Abenddunkel überschritten wir die von drei hohen Grabhügeln rechts und einem links eingesäumte Sopotnica, wurden aber bald von einem fürchterlichen Unwetter erfasst, bei welchem die Torrenti rasch anschwollen. Die Lichter der Minarets von Karlovo (es war gerade das Ramazanfest) waren unser einziger Wegweiser zur Stadt, in welcher wir in einem elenden Han Unterkunft fanden.

Kárlovo liegt in schöner Lage (427 M.) am Fuss des Balkan an der Stára Reká, die über der Stadt in einer Felsenge zwischen Nussbäumen, Weingärten und Rosenfeldern einen 8 Meter hohen Wasserfall Sučurúm bildet. Mit Gassen, auf denen kleine Gebirgsbäche rauschen und die oft von Weinlaub von Haus zu Haus überdacht sind, hat es den anmuthigen Charakter einer Gartenstadt (8036 E., davon 1584 Türken). Die Hauptbeschäftigung ist die Rosenöldestillation, die häusliche Garnspinnerei für die Erzeugung der schwarzen und blauen „Gajtan's" (Schnüre) und der Weinbau; aus dem Rothwein bereitet man hier zuletzt eine Art bulgarischen moussirenden „Champagner". Der Name der Stadt ist türkisch, von „kar" Schnee, „karlyova" Schneefeld. Nach den Localsagen ist sie neueren Ursprungs. Sie hat sieben Moscheen und zwei neue Kirchen. Der Pope Konstantin (1819) gibt dem Marktflecken Karlovo 1000 Häuser, davon nur ein Viertel christlich. Die hiesigen türkischen Bey's waren ein zuchtloses und fanatisches Volk. Die von der Bevölkerung durch nichts verschuldete Hinmordung der männlichen bulgarischen Bürgerschaft im J. 1877 und die Verwüstung der in Kasernen verwandelten Kirchen lasten noch schwer auf der Erinnerung der hart geprüften Einwohner; man zählt hier noch einige Hundert Witwen.

Nur vier Kilometer westlich liegt gleichfalls unter dem Balkan das Städtchen Sópot, türk. Akdže-klissé, „Weisskirche", bewohnt von 3686 Bulgaren. Der bulgarische Name bedeutet einen Wassergraben mit fliessendem Gewässer;[1]) der türkische (auch bulg. Bjála Carkva) gehörte eigentlich dem Kirchlein auf dem Hügel über den Ort, von welchem sich eine Aussicht über die Sredna Gora auf die fernen Höhen der Rhodope eröffnet. Die Einwohner sind ein betriebsames Völkchen, das Wollstoffe, Schnüre und Rosenöl auf den Markt bringt. In dem Ort gibt es ein Frauenkloster, nordwestlich am Fuss des Balkan ein Mönchskloster Sveti Spas, beide jetzt nach der Zerstörung 1877 neu aufgebaut. Ueber dem letzteren sieht man hoch auf dem Abhang des Gebirges die wenig zugängliche Ruine einer kleinen steinernen

1) Die Bedeutung des Wortes ist hier vergessen; im Donaugebiet ist sópot eine hölzerne Wasserröhre oder ein Mühlgraben; nach Miklosich altslav. sopotъ σωλήν canalis.

Burg auf einem Felsvorsprung. Die neue Ortskirche hat eine Frauenabtheilung (ženska cъrkva), die als eine Gallerie oben herumläuft, eine Bauart, die ich nur noch in Küstendil bemerkt habe. Vor 150 Jahren soll es in Sopot auch eine Türkengemeinde mit Moschee gegeben haben, die längst ausgestorben ist; diese Erinnerungen, die sich an vielen Orten wiederholen, sind ein beredtes Zeugniss für den schon lange vor den letzten Umwälzungen eingetretenen Rückgang der osmanischen Bevölkerung.

In dem öden, schattenlosen Blachfeld zwischen Sopot und Karlovo bemerkt das aufmerksame Auge bald Fundamente von Mauern und Gebäuden. Die Türken erzählen, hier habe einmal eine „lange Stadt" Uzunšehir gestanden, der einstige Mittelpunkt der Gjopsa. An den Resten führt ein 3—4 M. breiter alter gepflasterter Weg vorbei, mit einem kleinen Brückenbogen über das Rinnsal eines Gebirgsbaches. Das Volk sagt, dieser Weg habe vom Trojanpass bei Tekké nach Golemo Selo unter der Kadimlija und weiter bis Stara Zagora geführt. An dieser Stelle lag vielleicht die bulgarische Burg Kopsis, die im 14. Jahrhundert von den Byzantinern Pachymeres und Kantakuzenos erwähnt sind. Der Ragusaner Resti verzeichnet um 1600 in seinem Comptoirbuch zwei Türken „de Ghiopscie". Die Uebertragung des Centrums nach Karlovo mögen locale Verhältnisse bewirkt haben; noch jüngst erfolgte an dieser Stelle auf der Gebirgslehne ein kleiner Bergsturz, bei welchem vergrabene Riesentöpfe zum Vorschein kamen.

Von Karlovo erreichten wir in $2^1/_2$ St. Kalofer. Der Weg führt durch einen anmuthigen Landstrich unter den steilen Wänden des Balkan. Fast eine Stunde lang ritten wir auf dem erwähnten gepflasterten Weg zwischen hohen Hecken, unter denen die rothen Fruchtkolben des Arum maculatum hervorblickten. Nach 70 Minuten passirten wir das im feuchten Schatten riesiger Nussbäume verborgene Türkendorf Miterízovo (meteris türk. Mauer mit Schiessscharten). Vor der Moschee rauchte ein mit gekreuzten Beinen im Grase gelagertes Collegium gravitätischer Osmanen in weissen Turbans aus langen Pfeifen, ohne uns eines Grusses zu würdigen, und auf den weiteren Gassen huschten einige in eleganten schwarzen Stoff gehüllte Frauengestalten mit abseits gewendetem Gesicht rasch hinter die Dornhecken. Seit 1883 sind auch diese Türken ausgewandert; die Resultate der letzten Volkszählung geben den Ort mit 1110 Bulgaren und nur 52 Osmanen an. Nach einer halbe Stunde ritten wir längs des Akderé auf der guten Chaussée von Philippopel von Kazanlyk aufwärts zu den Hügeln mit dunkeln Wäldern und gelben Saaten, die wir schon von Karlovo an vor den Augen hatten, überschritten bei der Ruine eines türkischen, Stráža (bulg. Wache) genannten Wachthurms die Wasserscheide zwischen der Strjama und Tundža (608 M.) und erblickten vor uns die langen Häuserreihen von Kalofer, an den Ufern der jungen Tundža.

Die Lage des Ortes, in dem wir ein gutes Gasthaus und angenehme Gesellschaft fanden, ist herrlich. Auf der Nordwestseite erhebt sich der Riese Gjúmrukčal (2375 M.), der höchste Gipfel des Balkan, eine glockenförmige

Kuppe mit steilen, grasigen Abhängen.[1]) Auf der Südseite glänzt bis in die heissen Sommermonate ein langes Schneefeld in einer abwärts gekehrten Mulde. Aus demselben entsteht der Giessbach Súcho Praskálo („trockener Wasserfall"), der sich unten in einem dichten Wald mit den von der Westseite des Berges aus tiefen Schluchten herauskommenden Bächen Bъzova Reká („Hollunderfluss") und Bójevo Dъno („Boden des Bojo") vereinigt und den Akderé (bulgarisch angeblich Kornídica) bildet, einen Zufluss der Strjama. Unter den Triften liegen Koniferenwälder, tiefer grosse Wälder von Buchen und Hainbuchen, am unteren Rand mit horizontalen Streifen zersprengter Silberlinden durchsetzt. Auf den steinigen Kämmen treiben sich Gemsen herum. Das Volk meint, an ihren Versammlungsorten, wo sie den Felsen lecken, komme Salz vor, es sind aber nur Säuren, die sich durch die Zersetzung des Gesteins bilden.

Nordöstlich vom Gjumrukčal erhebt sich der aus der Tiefe von Kalofer nicht sichtbare scharfe Maragidík, dessen Name in Bulgarien mehr bekannt ist, weil an ihm ein Steig (pъtéka) aus Kalofer über ein nach der russischen Messung 1878 M. hohes Joch nach Novoselo bei Sevlijevo hinüberführt. Das Joch heisst Rusalíji oder Rusálski Gróbišta, „Rusaliengräber" (S. 92), mit einer „Elfenquelle" Samodívski Kládenec auf der Südseite. Tiefer unten steht auf dem Abhang Zánoga ein weisser Wachthurm. In der Schlucht zwischen dem Gjumrukčal und dem Maragidik liegen die Quellen der Tundža. Südöstlich vom Maragidik folgt der dritte dieser Gipfel, die Kadimlíja (2279 M.), die zweithöchste Spitze der gesammten Balkankette, aus dem Kamm gegen Südost hervortretend und an zwei Seiten von tiefen Schluchten umfasst. In der Schlucht zwischen Maragidik und Kadimlíja entspringt die Tъža, türkisch Monastir-Deressi (Klosterbach), verstärkt rechts von der Dъlbóka Reká, in welche der Abfluss der Elfenquelle fällt, und dem Koči-Deré (türk. Ziegen- oder Gemsenfluss), um bei der Burgruine von Golemo Selo (S. 395) in das Becken von Kazanlyk hinauszutreten. Der tiefe Spalt der Schlucht der Tъža ist selbst aus der Ebene, besonders östlich von Philippopel, als eine deutliche Scharte in den Umrissen des Balkankammes auffällig.[2])

Eine reizende Lage hat das Mönchskloster der Mutter Gottes unter dem Gjumrukčal auf dem rechten Ufer des Akderé, $1^1/_4$ St. nordwestlich von Kalofer. Die Kirche, 1818 erbaut, und die Klostergebäude wurden im Kriege 1877 zerstört, sind aber wieder theilweise erneuert. Bei der Zerstörung gingen auch die Handschriften der Klosterbibliothek zu Grunde. In der Türkenzeit war hier ein religiöses Centrum; an Feiertagen kamen da Bulgaren aus Nah und Fern zusammen und erfreuten sich nach dem Gottesdienst in der schönen Natur an Gastmählern, Gesang, Scheibenschiessen und Träumen von

1) Ob der erste Theil das türk. Wort gümrük Zoll oder jumruk Faust enthält, konnten wir nicht erfragen; türk. čaly ist eine Trift mit Gebüsch, alan eine Trift ohne Gehölz.

2) Die Namen Tundža und Tъža sind ohne Zweifel identisch, entstanden aus dem alten Tonzus; der erste bewahrte das н, der zweite veränderte ън (ѫ) nach dem neubulg. Lautgesetz in ъ.

der Freiheit. Einzelne Innungen hatten im Klosterhaus ihre eigenen Kammern. Die schönste Aussicht auf den Gjumrukčal öffnet sich von einer Wiese unter alten Nussbäumen, bei einer in Gestalt eines Altans überdachten hl. Quelle (Ajazma). Dort nahmen wir in Gesellschaft der beiden Mönche und zahlreicher Studenten aus Kalofer, die eben ihre Ferien zu Hause zubrachten, einen Imbiss und durchstreiften die Wälder. Am oberen Akderé gibt es in Engen, wo nur ein kleiner Himmelsstreifen oben sichtbar bleibt, wunderschöne einsame Waldpartien zwischen Buchen und Linden am tosenden Bach, in welchem Forellen um die von oben herabgeschleppten Steinblöcke und Baumäste ihr Spiel treiben. Dies sind die schattigen Haemuswälder, von denen Vergil gehört hatte (Georgica II v. 488):

O qui me gelidis convallibus Haemi
sistat et ingenti ramorum protegat umbrâ!

Südlich von Kalofer erhebt sich in unmittelbarer Nähe der Karadža-Dag, bewaldet wie die centrale Sredna Gora, aber viel niedriger. Die höchste seiner Waldkuppen heisst angeblich Kadrafil.

Das Städtchen Kalófer, bewohnt von 3899 Bulgaren, ist eine lang hingestreckte Gemeinde auf beiden Ufern der Tundža, mit begabten und rührigen Einwohnern, die Wollstoffe und Schnüre produciren und gewandte Kaufleute sind. Im Sommer 1877 wurde es vollständig vernichtet, aber die Einwohner haben sich gut gewehrt und in voller Ordnung in's Gebirge gerettet; nur an 400 Kranke, Greise oder solche, welche nicht fliehen wollten, blieben zurück und wurden von den Türken und Tscherkessen niedergemetzelt oder durch den Brand erstickt. Noch zwei Jahre später war der Ort eine öde Brandstätte. Der Vorläufer der Gemeinde war Zvênigrad am Akderé, der angeblich einst Zvъnúša hiess, zwischen dem Kloster und der Straža, nach den Spuren, Fundamenten von Häusern, Gefässen mit Hirse, Resten von Mühlen und Schmieden zu urtheilen, ein offener Ort ohne Befestigungen. Ein Bau älterer Zeiten ist auch die Fortsetzung des oben erwähnten gepflasterten Weges, der hier einige Kilometer nördlich von Kalofer am Fuss des Gebirges nahe unterhalb des Klosters durch die Wälder läuft. Als Gründer von Kalofer gilt ein sagenhafter Held, der Kalifer Vojvoda,[1]) der vom Sultan einen Ferman mit der Erlaubniss hier ein Dorf zu gründen erhielt. Man zeigte mir das angebliche Grab dieses ἥρως ἐπώνυμος, eine aufrecht stehende, oben zugespitzte, ungeglättete Steinplatte von Mannshöhe ohne Inschrift auf dem Hof eines Hauses des rechten Ufers. Das Dorf soll ursprünglich in Häusergruppen (Koliba's) zerstreut gewesen sein. Die Türken nannten es Altyn Kalofer, das goldene, vielleicht von Goldwäschereien, oder Uzun Uluk, die „lange Mulde". Die Einwohner waren Derbendži's, ausgestattet mit Privilegien von Murad III. (1575—1594). Die Sage behauptet, unter den Vorrechten sei auch das gewesen, dass ein Türke hier nicht auf die Welt kommen oder sterben, ja sogar

1) Der Name ist griechisch; vgl. den Ritter Joannes Laskaris Kalophiros († 1392) bei Hopf, Chroniques grécoromanes 472 und einen Georg Kaloferović bei Štip 1388, Urk. im Glasnik 24, 270.

nicht einmal mit beschlagenem Pferd durchreiten durfte. Dies ist übertrieben; allerdings hatte so ein Passwächterdorf eine festgesetzte, mit Rechten und Pflichten ausgestattete Rajahbevölkerung und wurde von den Osmanen gemieden, weil es hier keine Moschee gab. Die Ortskirche und die zwei Frauenklöster waren Bauten aus dem 18. Jahrhundert. Von den Räuberbanden der Kyrdžali's wurde Kalofer zweimal, 1799 und 1804, ausgeplündert und niedergebrannt; die Einwohner flohen in das befestigte Karlovo. Schon im vorigen Jahrhundert besuchten die Kaufleute von Kalofer Konstantinopel, Bukarest, Kronstadt, Wien, später auch das neue Odessa, und zwar betrieben sie vorzugsweise den Export von gefärbtem Leder (Korduan). In der letzten Türkenzeit überraschte dieses Bulgarenstädtchen, damals 1160 Familien stark, alle Reisende durch seine Kirchen, Schulen, netten Häuser und die rege Industrie. Es ist ausser dem Kloster Rila der einzige Ort, wo ich deutliche Erinnerungen an frühere wissenschaftliche Reisende traf, ausser Kanitz und Lejean auch noch an Barth, dessen Führer, der „bewaffnete Klosterdiener" noch lebt, aber seitdem Präfect im neuen Fürstenthum gewesen ist.

Von da an besuchten wir die Thermen dieses Gebietes. Auf der sonnigen Philippopler Strasse, welche die zwei Hügel des Čatal-Tepé mitten durchschneidet, erreichten wir in $2^1/_4$ St. den 10 Kilometer südlich von Karlovo gelegenen Badeort Kárlovska Bánja. Das Badhaus mit der + 44° C. warmen Quelle und zwei Bassins steht in einer schattenlosen Einöde zwischen Strohschobern, das staubige Lehmhüttendorf mit einem Han einen Kilometer nördlich davon. Der Ort macht mit seiner völligen Baumlosigkeit und drückenden Tageshitze einen erbärmlichen Eindruck, wird aber dennoch selbst von Philippopler Familien besucht. Fünf Minuten weiter überschritten wir die Strjama auf einer langen Holzbrücke, ritten durch die niedrigen Vorhügel der Sredna Gora über dem Defilé, durch welches der Fluss aus dem Becken der Gjopsa heraustritt und hatten bei dem Betreten der Ebene in der klaren Abendluft eine schöne Uebersicht der Rhodope, mit den deutlichen Einschnitten der drei Flüsse von Peštera, Kričim und Stanimaka. Hinter dem mittleren Einschnitt ragen im Hintergrund die höchsten Gipfel empor. Das Panorama erinnert an den Anblick der Alpen jenseits der venetianischen Ebene von den Thürmen der St. Markusstadt aus. An zwei grossen, von Rosenfeldern, Weinbergen und Aeckern umgebenen Bulgarendörfern Hissar-Küseleri und Sindžirliji vorüber erreichten wir, $1^1/_2$ St. von der Karlovska Banja, den zweiten Badeort Hissar. Von Weitem überblickt man das wohl erhaltene, ausgedehnte Viereck einer alten schwarzgrauen Festungsmauer. In dem Schatten dieses Gemäuers überraschte uns die elegante Philippopler Welt in modernen Toiletten an den Tischen improvisirter Kaffeehäuser. Hissar ist die Sommerfrische der vier Stunden Wagenfahrt entfernten ostrumelischen Hauptstadt. In dem Gasthaus eines Polen fanden wir eine ganz comfortable Unterkunft.

Das Hissarbad hat ein grosses archäologisches Interesse.[1]) Die stellenweise an 5—6 Meter hoch emporragende Mauer, aus abwechselnden

1) Zuerst beschrieben von Dumont, Inscriptions et monuments de la Thrace p. 68.

Stein- und Ziegellagen ohne Thürme bildet ein an den Seiten 600 Meter langes Quadrat auf einer Terrasse zwischen Bachrinnen, ungefähr drei Kilometer vom Südabhang der Sredna Gora. In der West- und Südflanke stehen noch die gewölbten Thore. Die Nordseite ist ganz demolirt. In der Türkenzeit beutete man das Mauerwerk als Steinbruch aus und zwar von unten, wodurch fenster- und thürartige Durchbrüche entstanden. Im Innern stösst man bei jedem Spatenstich auf alte Fundamente, römische und byzantinische Münzen u. s. w. Die Bulgaren nennen die Ruine mitunter auch Trojánov Grad (Trajansburg), die Türken Lidža Hissar („Warmbadburg") oder einfach Hissar. Im Nordwesten des Raumes liegt ein verfallenes halb türkisches Dörflein dieses Namens (275 E.). Den Rest füllen Weinberge mit zerstreuten Gasthäusern aus. Die Baumlosigkeit thut bei der frischen Erinnerung an die Laubhaine von Kazanlyk, Karlovo oder Zlatica doppelt weh. Von den Thermen liegen drei nahe am Centrum des Quadrats, mit alten steinernen Bassins unter Kuppeln: Havúz + 47° C., Čoludžá + 40° C., Indžéz + 40° C. nach meiner Messung. Draussen befindet sich vor dem Westthor das Bad Küpčez, vor dem Ostthor das „Mädchenbad" Kyzlár, bulg. Mómina. Die Geschichte des Ortes ist dunkel; die Anlage ist jedenfalls römisch, das Mauerwerk aber eher byzantinisch. Von den fünf Städten der Provincia Thracia bei Hierokles sind uns Diokletianopolis, Sebastopolis und Diospolis nicht bekannt und können hier gesucht werden, eine Frage, die vielleicht Inschriftenfunde einmal lösen werden.[1] Kaiser Alexios Komnenos gründete für die neubekehrten Paulikianer in der Nähe von Philippopel jenseits des Hebros eine Stadt Neokastron oder Alexiupolis, wohl an der Stelle unserer antiken Stadt. Die Nachkommen der jetzt bulgarisirten und katholischen Paulikianer wohnen noch in der Umgebung; ihr nördlichstes Dorf Davadžóvo liegt gerade unter der Südseite des Hissar.

Von Hissar reiste ich nach Philippopel auf einem Umweg, um die Südseite der Sredna Gora zu sehen. In 3 St. erreichten wir über Paničérevo das wieder von Rosenfeldern umgebene Dorf Stáro Novosélo (türk. Čömlek Jeniköi), jetzt Centrum der Okolija Ovčechalm, nach der Zerstörung 1876 neu aufgebaut. Der Weg führt durch ein ödes Land mit ausgedehnten Eichenbüschen und vereinzelten schattigen Wallnussbäumen. Eine Stunde weiter erreichten wir wieder durch ein Hügelland mit monotonem Eichenwald am Fuss der hier steilen, dicht bewaldeten Sredna Gora das Bad Krástovska Banja (Seehöhe 406 M.). Im Walde steht ein Badhaus unter einem schadhaften Holzdach, das im Innern zwei Bassins, gespeist von einer Quelle von + 45° C., und zwei der Wanzen wegen unbewohnbare Zimmer enthält; ringsherum sind im Schatten der Eichen niedrige Strohhütten zerstreut, aus denen die Badegäste, meist Bauern aus der Ebene, auf allen Vieren herauskrochen.

Eine Viertelstunde weiter liegt das armselige Dorf Krástovo (wohl von

1) Die übrigen zwei sind Philippopolis und Beroe. Diokletianopolis lag zwischen beiden (Theophylaktos Simokattes ed. Boor II cap. 17), also vielleicht bei Čirpan.

krsst Kreuz), auf dem Wege von Koprištica nach Philippopel. Die Serpentinen des steilen Abstiegs von der Sredna Gora sind berüchtigt wegen frechen Raubanfällen und Raubmorden in der allerletzten Zeit. Von hier nach Philippopel sind 5 St. zu Wagen. Nach einer halben Stunde betritt man bei Geren die Ebene, in der Nuss und Eichenhaine bald aufhören, um einer heissen baumlosen, spärlich bebauten und wie verdorrten Landschaft Platz zu machen, in welcher der Rundblick auf die Rhodope, die malerischen Hügel von Philippopel und das rückwärtige Balkanpanorama die einzige Zerstreuung bietet. Die Dörfer am Wege mit ihren Lehmhäusern und Dornzäunen ohne Gärten und Weinbau sehen arm aus, ja das türkische Karamustafalar lag eben ganz in Ruinen. Von Nasfaköi an ist die Landschaft voll kleiner Tumuli wie Heuhaufen.

## 3. Die Rhodope.

Geschichtliches. Das griechische Stanimaka. Ueber Perušticа, Ustina, Kričim, Bracigovo, Peštera nach Batak und Čepino.

Das ausgedehnte Gebirge der Rhodope mit seinen schönen Koniferenwäldern und grossen Bergtriften hat im Ganzen wenig historische Individualität. Seine Geschichte [1]) haftet theils an dem Nordrand in der Umgebung von Philippopel, theils an der Küstenebene unter dem Südabhang. Von den thrakischen Stämmen gewannen die Bessen eine Bedeutung, aber ihr Centrum Bessapara (S. 382) lag schon am Rand der Ebene von Philippopel. In der späten Römerzeit gab es eine Provincia Rhodope, aber ihre Städte lagen insgesammt bei dem Meer, die Hauptstadt Aenus an der Hebrusmündung, die erst im 13. Jahrhundert verödeten Städte Trajanopolis nahe an der See bei Dede-Agač und Maximianopolis (das byz. Mosynopolis, jetzt Ruine Messinkalessi) in der Ebene von Gümürdžina; in das Binnenland fällt nur das Trajanische Nicopolis ad Nestum mit einer Münzstätte, jetzt Ruine Nikopol an der Mesta gegenüber der Stadt Nevrokop.

Im Mittelalter erhielt das Gebirge neue slavische Einwohner, unter denen im 10—12. Jahrhundert der Stamm der Smoljaner oder Smolener hervorragt, mit einem dem Metropoliten von Philippi untergeordneten Bischof, später als eigene Provinz (Thema) „der Smolener" formirt. Ihr Centrum war wohl das grosse Dorf Smiljan (türk. Ismilan) mit alten Ruinen an der oberen Arda. [2]) Ausser den Slaven gab es, wie heute, wlachische Wanderhirten [3]) und alte griechische Städter und Burgbewohner. Anna Komnena

---

1) Vgl. unsere Bemerkungen in der Heerstrasse 96 f., Arch. epigr. Mitth. X, 82, 92, Period. Spisanie X, 14 f., Cesty 281 f.

2) Der von Neueren in die Rhodope verlegte Stamm der Dragoviči ist mittelalterlichen Quellen unbekannt. Erst in der Türkenzeit wurde auf den Metropoliten von Philippopel der Titel von Dragovitien übertragen, der in die Umgebung von Salonik gehört, und der Priester Konstantin 1819 und seine Leser suchten ihn in Ortsnamen mit dem so gewöhnlichen Stamm drag zu localisiren. Vgl. Cesty 268.

3) Der wlachische Hirt Šarban 1322, Kantakuzenos I, 146.

erwähnt auch türkische Colonisten in Achridó an der Arda, ähnlich den türkischen Vardarioten in Makedonien. Die byzantinischen Berichte theilen die Bevölkerung in Städter, Bauern und nomadische Hirten. Die Südgrenze des bulgarischen Elementes hat sich seit Jahrhunderten wenig geändert. Nach Kantakuzenos reichte es bis Xanthia; 1207 wurde der König Bonifaz von Thessalonich einen Tag von Mosynopolis von den „Bulgaren des Landes" ('li Bougre de la terre' bei Villehardouin) getödtet. Jetzt sind Gabrovo und Jeniköi die letzten christlichen Bulgarendörfer oberhalb Xanthia (türk. Eskidžé); andere liegen bei den Ruinen von Trajanopel und bei der Stadt Feré in der Gegend der Maricamündung.

Das Gebirge gehörte im Mittelalter meist zum oströmischen Reich. Das bulgarische Reich besass die Rhodope nur zeitweilig und zwar nur die Nordhälfte, wohl unter Symeon und Peter sammt Philippopel, dann unter Kalojan, zuletzt unter Asen II. und seinen Nachfolgern 1230—1246, jedoch mit Ausschluss des unteren Ardathales. Ein Eroberungsversuch des Caren Michael Asen 1254, unterstützt von einer Erhebung der Bulgaren der Rhodope, misslang. Erst Car Joannes Alexander erhielt 1344 Philippopel mit den Burgen des Nordrandes, wieder ohne das untere Thal der Arda oder die sogenannte Morrha. Dafür bildete die Rhodope zeitweilig das Territorium unabhängiger bulgarischer Bergfürsten, des Boljaren Ivanko (1195 bis 1199) mit dem Sitz in Kričim, des Despoten Slav (um 1207—1230), eines Neffen des Caren Kalojan und Freundes des lateinischen Kaisers Heinrich, der gleichfalls in Kričim residirte und auch Melnik im Strumathale beherrschte, und des vielbesungenen Momčilo († 1345), der von der Kaiserin Anna den Titel eines Despoten, vom Gegenkaiser Kantakuzenos den eines Sevastokrators erhielt und in Xanthia wohnte.

Neben dem alten Namen der Rhodope taucht in byzantinischen Quellen (bei Akropolita) der Name Achridós für das Gebirge auf; die Slaven nannten es zu Ende des Mittelalters „das Nachtigallgebirge" Slavijevy Gory (altslav. slavij, bulg. slavéj Nachtigall).[1] Im Detail kennen wir am besten die Schicksale der Burgen des Nordrandes, zu Philippopel gehörig und von Kantakuzenos einzeln aufgezählt: Čepino, Kričim, Peruštica, St. Justina (jetzt Ustina), Stenimachos, Aetós (unbekannt), Beadnos (wohl das Thermendorf Beden-Banja mit Ruinen am oberen Lauf des Flusses von Kričim) und Koznik (vielleicht des Dorf Koznica bei Smiljan).[2] Im Binnenland schwindet im späten Mittelalter der Name der Smoljaner und macht anderen Landschaftsnamen Platz. Die Quellgegend der Arda erscheint bei Kantakuzenos als Berg Merópe mit unbefestigten Dörfern der nomadischen bulgarischen Hirten und zwei Burgen St. Irene und „Povisdos"; das letztere ist die Burgruine des jetzigen Dorfes Podvis am Čatakderé, einem linken Zufluss der Arda. Das untere Ardagebiet umfasste die im 11.—13. Jahrhundert oft genannte Landschaft Achridó oder Achridós, mit vielen Burgen: Perpera-

1) Vom Despoten Slav abgeleitet müsste das Adjectiv Slavovy lauten.
2) Kantakuzenos II, 406 (vgl. Niketas Akominatos und Akropolita).

kion (am Perperek-Deré), Efraim, Monjak oder Mneiakos u. s. w. Später wird der Name durch den der Morrha verdrängt, der schon 1199 neben Achridos als Benennung irgend einer kleineren Landschaft, vielleicht des jetzigen Sultan-Jeri erscheint. In der Zeit des Kantakuzenos umfasste die Morrha die ganze östliche Rhodope zwischen den Gebieten von Dimotika, Adrianopel, Čirmen, Stanimaka, der Merope und der Küstenebene.

Die türkische Eroberung brachte grosse Veränderungen. Der Osten, die alte Morrha, und die Küstenebene wurden fast rein osmanisch. Der Westen blieb den Bulgaren, die sich aber zum grossen Theil zum Islam bekehrten, freilich überall durchsetzt durch christlich gebliebene Enclaven. Dazu kamen die türkischen Wanderhirten, die Jürüken (S. 139). Der türkische Name des Gebirges lautet Dosbat-Balkan oder Dospad; er gehört eigentlich einem kleinen Gebiet zwischen Batak und Nevrokop an. Die jetzigen Landschaften sind: Achyr-Čelebi (oder Achy-Č.) mit dem Centrum in Pašmakly, Kyrdžali an der unteren Arda, Sultan-Jeri (Sultansboden) im südöstlichen Theil des Ardagebietes, ausser einer kleinen Bulgarengemeinde im Hauptort Darideré ganz osmanisch, Dagardi im Gebirge nördlich von Gümürdžina, Rupčós mit 66 Dörfern zwischen Achyr-Čelebi und Stanimaka, wovon jetzt der Osttheil als Okolija Rupčos Bulgarien gehört. Das Gebiet um Stanimaka heisst Kónuš; die Achyr-Čelebier nennen die ganze Ebene von Philippopel „das Feld von Konuš", Kónuško Póle.

Von Philippopel besuchte ich zunächst das 15. Kilom. entfernte Stanimaka, griech. Stenimachos, am Eingang in die Schlucht der Čepelarska Reka mit 12.191 E.: 6834 Griechen, 4584 Bulgaren, 488 Türken, 150 Juden, 105 Zigeuner. Die Griechen sind Weinhändler und Rakibrenner, haben gute Schulen, tragen den seit dem Fall der Türkenherrschaft in Bulgarien sonst verpönten rothen Fez und stehen mit den Bulgaren, welche sich erst in der letzten Zeit durch Zuwanderung aus der Umgebung verstärkt haben, in feindlichem Gegensatz. Das Viertel am rechten Ufer heisst Ampelo. Zwischen den Weinbergen ist auf den Felsen eine Menge winziger kleiner Kapellen oder „Paraklise" zerstreut.

Ungefähr 1600 Meter südlich von der Stadt liegt 130 Meter höher auf dem linken Ufer der Schlucht eine Burgruine. Man erreicht sie auf einer nur für Menschen und Maulthiere gangbaren Felstreppe, dem Anfang des Weges, auf welchem man in 3 St. das Kloster von Bačkovo, in einem Tag Čepeláre, das Centrum von Rupčos, in 20 St. die Arda, in 3—4 Tagen Gümürdžina erreicht. Ringsherum sieht man nur kahlen Fels mit Kornelkirschen und anderem Gesträuch. Rückwärts ist ein Segment der Ebene mit dem fernen Balkan beim Gjumrukčal sichtbar, vorwärts kleine Weingärten auf mühselig zwischen dem Gestein hergestellten Terrassen, weiter oben nur grosse Buchen- und Koniferenwälder mit den gelben Garben winziger Culturversuche. Die Burg, eingeklemmt zwischen dem Hohlweg und den Abgründen der Čepelarska Reka, war sehr fest, da der Feind dabei keinen Platz zum Aufschlagen eines Lagers fand. Der viereckige Hauptbau mit einer Cisterne steht auf einem schroffen Felsen, der an 40 Meter über den Weg emporragt. Zwischen ihm und dem Fluss steht auf dem Burghof die gut erhaltene Ruine einer schönen byzantinischen Kirche, der *Παναγία τοῦ Καλέ*, mit Mauern aus rhythmisch wechselnden Lagen von Stein und Ziegeln, einem Glockenthürmchen über dem Eingang und einer Kuppel über der Mitte. Im Innern sieht man Fresken mit griechischen Aufschriften; ein finsteres Gewölbe unter der Kirche dient jetzt als Ziegenstall. Ich wollte vor allem die bulgarische Inschrift des Caren Asen II. über die Erneuerung der Burg im J. 1231 (6739) sehen, welche schon der französische Reisende Paul Lucas 1706 abgezeichnet und abgebildet hat. Sie war in die Felswand hoch oben unter den Fundamenten der Südseite der Burg eingehauen, an einer schwer zugänglichen Stelle. Wir fanden sie aber mit einem Meissel vollständig zerstört und zwar vor wenigen Tagen, denn die Arbeit war frisch und noch von keinem Regen abgewaschen. Einige überspannte hellenische Patrioten aus Stanimaka, denen die Existenz des in letzter Zeit viel besuchten bulgarischen Denkmals auf dem Boden ihrer griechischen Stadt missfiel, hatten es absichtlich zerstört.[1])

Stenimachos wird im 11—15. Jahrhundert in den Bulgarenkriegen oft erwähnt; 1205—6 behauptete sich der Herzog von Philippopel Renier de Trit mit einem kleinen Häuflein Lateiner durch 13 Monate auf der Burg „Estanemac" gegen die Bulgaren. Schon damals bestand die jetzige Stadt, „une moult bonne ville, qui estoit al pié del chastel" nach Villehardouin, dem Marschall des lateinischen Kaiserthums, der sich an der Expedition zum Entsatz Reniers betheiligte. Noch 1410 benützte Sultan Musa im Kriege gegen seinen Bruder Suleiman diese Burg, nach einer Nachricht des Bulgaren Konstantin dem Philosophen, der dabei auch die „sehr ausgesuchte Kirche" derselben erwähnt. Nach der türkischen Eroberung zogen sich die griechischen Städter von Philippopel vor der neuen osmanischen Bürgerschaft in das offene Städtchen unter der Burg zurück und wurden die Gründer dieser starken griechischen Colonie. Lucas schildert „Stenemac" als eine grosse, rein christliche Weinbauergemeinde mit riesigen Weinfässern. In den Zeiten Selim's III. wurde Stanimaka sammt der ganzen Umgebung von den Kyrdžali's verwüstet und niedergebrannt.

Drei Stunden aufwärts liegt in den Engen der Čepelarska Reka das Kloster von Báčkovo, bei einem gleichnamigen Bulgarendorf. Es wurde 1084 von einem georgischen Edelmann, dem hervorragenden Feldherrn des Kaisers Alexios Komnenos und „Grossdomestikos des Westens" Gregorios Pakurianos (georgisch Vakurani) gegründet, von 50 georgischen Mönchen besetzt und mit einem Typikon in griechischer, georgischer und armenischer Sprache ausgestattet. Seine Güter umfassten ausser der nächsten Umgebung viele Grundstücke in der Rhodope, bei Seres, Salonik u. s. w. Die Burg beim Kloster hiess damals Petritzos. Das Hauptheiligthum ist bis zum heutigen

1) Lucas, Voyage dans la Grèce, l'Asie Mineure etc., Paris 1710, deutsch Hannover 1715, Inschrift Nr. 46. Text bei Šafařik, Památky, 2. Ausg. S. 94, auch in einigen bulg. Zeitschriften. Prof. Kačanovski aus Kazan, der die Inschrift einige Wochen vor meinem Besuch sah, fand schon Spuren eines stumpfen Werkzeuges.

Tag ein Muttergottesbild mit georgischer Inschrift, die „Panagia Petritzonitissa“, ähnlich der berühmten „Panagia Portaitissa“ des gleichfalls georgischen Ibererklosters auf dem Athos. Der Ragusaner Luccari sah am Ende des 16. Jahrhunderts in diesem von einem „iberischen König“ gegründeten Marienkloster ein Porträt des bulgarischen Caren Joannes Alexander in Lebensgrösse, der das Kloster vergrössert und reich beschenkt hatte. Lucas fand 1706 das Kloster „Bascu“ befestigt wie eine Burg und von 100 Mönchen bewohnt, mit einigen Bildern angeblich des „Kaisers Mauricius“ und einer schönen Bibliothek mit werthvollen Handschriften. Von den hiesigen Urkunden und Handschriften hörte auf der Durchreise durch Philippopel auch Van der Driesch 1719. Jetzt ist das Kloster in den Händen der Griechen, als sogenanntes „Stavropigion“ direct dem Patriarchen untergeordnet.

Die Bemerkungen des Priesters Konstantin in seiner neugriechischen Beschreibung des Bisthums von Philippopel aus dem J. 1819 erregten in mir den Wunsch, diese kaukasische Stiftung, die offenbar seit 800 Jahren ohne Unterbrechung existirt, zu besuchen und ihre Bauten, Fresken, Urkunden und Bücher durchzusehen. Aber man erzählte mir so viel von der Unzugänglichkeit dieser Schätze, dass ich den Plan fallen liess. Seitdem hat 1888 ein junger Grieche aus Stanimaka, Georgios Musaios, das Typikon des Klosters in einer Jenaer Doctorsdissertation veröffentlicht, aber selbst er vermochte nur eine neugriechische Uebersetzung vom J. 1792 zu copiren; das Skeuophylakion blieb ihm unzugänglich sammt dem Original des Typikons, das übrigens der Metropolit Gregorios von Philippopel jüngst aus dem Kloster weggenommen und dem Patriarchat zu Konstantinopel übergeben hat. [1]) Dass die verborgenen Codices noch manches Werthvolle enthalten dürften, zeigt die Auffindung einer Abschrift von des Sophokles „Aias“ aus dem J. 1460 zu Bačkovo im J. 1886, sowie einer vielleicht auch von dort stammenden Aristoteleshandschrift in Philippopel.

Sodann besuchte ich die westlichen Rhodopethäler Rumeliens, zuerst das $2^1/_4$ St. von Philippopel entfernte Peruštica. Der erste Theil des Weges führt durch Einöden und Reisfelder längs der Marica; links sieht man auf der Rhodope bis zu den Feldern des hochgelegenen Dorfes Čurjan hinauf, hinter welchem bereits Tamraš, die luftige Residenz des berüchtigten Pomakenhäuptlings Achmed liegt. Erst nach Ueberschreitung der Bahn bei Kadijevo wird die Landschaft frischer; zwischen üppigen Hecken führt der Weg durch Mais- und Hirsefelder, auf denen Gruppen schöner Wallnussbäume zerstreut sind. Links erblickt man am Fuss des Gebirges das grosse Bulgarendorf Brestóvica (türk. Deredžiköi). Eine Viertelstunde vor Peruštica fahren wir durch ein kleines, von blühenden Tabakfeldern umgebenes Dörflein Pastúša, mit merkwürdigen Denkmälern. Auf der Nordseite stehen einige auffällig grosse Hügelgräber; bei einem derselben, der „Bánova Mogila“, hat man

1) Georgius Musaeus, Stenimachitos. *Γρηγόριος Πακουριανός, μέγας δομέστικος τῆς δύσεως καὶ τὸ ὑπ' αὐτοῦ τυπικὸν τῆς μονῆς τῆς Θεοτόκου τῆς Πετριτζονιτίσσης.* Lipsiae, typis B. G. Teubneri 1888, 8°.

vor Jahren angeblich „eiserne Wägen" mit ganzen Pferde- und Menschenskeletten ausgegraben. Fünf Minuten südlich überrascht den Reisenden, nur einen Kilometer vor dem Fuss der Rhodope, die zwischen den dunkelgrünen Kronen eines alten Wallnusshaines versenkte hohe ziegelrothe Ruine einer grossen trinkonchalen Kirche. Es ist die sogenannte „Rothe Kirche", Červéna Čérkva von Pastuša. Von der Geschichte des Gebäudes wissen wir gar nichts; bei den Spuren der Fresken sind griechische Aufschriften bemerkbar. Nordwestlich vom Dorf gibt es eine Oertlichkeit Alt-Pastuša (Stára Pastuša), einen Fundort von Alterthümern, und weiter über dem Steilufer der Kričimska Reka die Ueberreste einer Burg.

Perúštica liegt knapp unter den jähen Abstürzen der Rhodope an einem namenlosen Giessbach. Dies Städtchen (2230 E.) ist nach der Katastrophe von 1876 ganz neu aufgebaut. Der Bürgermeister, dessen Gast ich war, zeigte mir auch die zerschossene Kirche, in welcher die Türken einige Hundert Frauen und Kinder als vermeintliche „Komita's" ganz überflüssig mit Geschützkugeln bombardirten. Die Einwohner sind Weinbauer und Seidenzüchter; ihr Wein geht bis Sofia, Koprištica u. s. w. Es ist ein gutmüthiges und arbeitsames Volk, im Vergleich zu den vielgewanderten Leuten der gewerbthätigen Balkanstädtchen mehr bauernartig. Der Name des Ortes ist uns aus dem Mittelalter bekannt; 1254 wurde die damals bulgarische Burg Peruštica von den Byzantinern mit Belagerungsmaschinen erobert. Ob sie bei der Trümmerstätte von Pastuša unten oder auf dem Gebirge oben lag, wissen wir nicht. Auf den malerischen, wild zerklüfteten Felsen über der Stadt steht eine Burgruine bei dem von der Kyrdžali's unter Selim III. und abermals 1876 von den Pomaken zerstörten Klösterlein Sveti Tódor und eine zweite noch höher auf einer unzugänglichen Spitze, Mómica oder Mómino kalé, „Mädchenburg" genannt, in der sich der Sage nach bei der Eroberung des Landes zwei Mädchen (momi) gegen die Türken vertheidigt haben sollen.

Eine halbe Stunde weiter südwestlich liegt das Türkendorf Ustina unter einer kleinen Thurmruine, die wohl ein Ueberbleibsel der Burg Hagia Justina des Kantakuzenos ist. Die Lage ist wundervoll. Das Dorf liegt in einem geschützten Winkel unter fürchterlichen Felsabstürzen, ganz verdeckt von den üppigsten Obstgärten mit Birnen, Wallnüssen, Weichseln, gelben Pflaumen, voll von Brombeer- und Himbeergesträuch und fliessenden Gewässern. Die Türken (1155 von den 1665 E.) feierten eben unter dem Klang grosser Trommeln den Bairam und umarmten sich auf den Gassen in neuen Feiertagskleidern, gelben, blauen und rothen Turbans, Röcken und Pluderhosen. Sie vertragen sich schlecht mit ihren bulgarischen Nachbarn. Nichtsdestoweniger lud man uns in einem wohlhabenden Hause zu einer türkischen Tafel; wir assen dabei mit gekreuzten Beinen hockend mit Händen und Holzlöffeln eine Serie trefflicher Gerichte, tranken aber dazu nur frisches Gebirgswasser aus einem herumgereichten weissen Napf. Die Grenze der historischen Erinnerung der Leute sind die Wirren unter Selim III. (1789—1807); Peruštica wurde von den Kyrdžali's (hier nennt man sie „Hajta's") eingeäschert, Ustina schlug aber das Raubgesindel der Aga's von Chasköi hinter Barricaden aus Bauernkarren zurück. Diese stürmischen Zeiten sollen 18 Jahre gedauert haben.

Ungefähr ³/₄ St. westlich von Ustina liegt vor dem Felsenthor der Viča oder Kričimska Reka das Dorf Kričim, das Türkenviertel auf dem rechten, das Bulgarenviertel auf dem linken Ufer, das Zigeunerviertel auf einer sandigen Insel. Unterhalb des Dorfes bildet der Fluss ausgedehnte Sumpfwiesen, Blató (Sumpf) genannt. Auch hier hatte Alles ein feiertägliches Aussehen, denn es war Bairam und Sonntag zugleich. Ein feister Türke im Turban, wohl ein Gemeindediener, zog ein Lied singend mit einer grossen Trommel und einem mit farbigen Lappen umhängten Baum, irgend einer Urform unserer Weihnachtsbäume, von Haus zu Haus und sammelte Trinkgelder. Die Bulgaren des Dorfes schienen mir ein vernageltes Volk, von dem wenig Gescheidtes zu erfragen war. Ueber dem Bulgarenviertel stehen auf einem hohen Felsen mit plattem Gipfel die Reste einer grossen Burg, von einer doppelten Mauer umgeben, mit Spuren von Thürmen. Das ist die in der Kriegsgeschichte des späteren Mittelalters oft genannte Burg Kričim, Sitz der Fürsten Ivanko und des Slav, der 1208 von dem Schloss (château) in das Städtchen (ville) am Fuss herunterstieg, um dem Lateinerkaiser Heinrich zu huldigen.[1]) Gegenüber auf der rechten Seite des Felsenthors soll ein zweites kleines Fort gewesen sein und auch das Dorf unten war befestigt. In der Felsenge selbst, 1—2 St. aufwärts, liegen die Ruinen von zwei Klöstern, des seit den Zeiten Selim's III. öden Sveti Vráčeve (die „hl. Aerzte", St Kosmas und Damian) und des 1876 niedergebrannten Muttergottesklosters.

Die Mittagshitze und eine gewisse Mattigkeit in Folge von schlaflosen Nächten hielt mich von der Besteigung des Burgfelsens ab und ich ritt sofort weiter in das 2¹/₂ St. entfernte Bracigovo, westwärts durch eine öde Gegend zwischen der Rhodope und dem kahlen Höhenrücken Baba Bair, wendete mich dann südwärts in das Gebirge hinein durch das von Obstgärten umgebene Dorf Kózarsko (1876 ganz zerstört) an dem breiten, mit weissem Sandgeröll gefüllten trockenen Bett der Kozarska Reka und stieg auf dem breiten Hügelrücken zwischen diesem Bach und der Pešterska Reka aufwärts. Der gepflasterte Weg führt zwischen auffallend üppigen Hecken an zwei Fontainen vorüber, durch Weinberge und Eichenbüsche mit vereinzelten Wachholdersträuchen. Im Hintergrunde erhebt sich aus der Rhodope die isolirte glockenförmige Kuppe Sveta Nedelja bei dem bulgarischen Dorf Korija oder Jasykorija. Bald beginnt der Abstieg in den engen Kessel von Bracigovo auf einem rohen, für die Pferde sehr anstrengenden Pflaster aus grossen Steinen.

Die Lage, die Gebäude und die Einwohner von Bracígovo überraschen durch ihre Originalität. Der gegen Nord und Süd gedeckte Kessel ist dicht

1) Die Formen Kritzimós bei Nikotas, Krytzimos bei Akropolita, Krotzimos bei Kantakuzenos lassen auf ein slav. Krъčim schliessen; bei Henri de Valenciennes Crucemont = Krytzimon. Türk. Kryčimá.

bebaut mit Rosenpflanzungen, Weinbergen, Obstgärten (mit vorzüglichen Birnen), Tabak, Mais, alles voll Baumschatten und fliessender Gewässer. An einer tiefen Stelle, aus welcher ein Bach gegen Nordwest abfliesst, sind die 530 Häuser des Ortes mit rothen Dächern und grauen Mauern dicht zusammengedrängt, ohne Gärten und Höfe. Das Innere erinnert mit seinen steilen Gassen und vorspringenden Balkons und Erkern an unsere mittelalterlichen Städte. Eine neue dreistöckige Schule dominirt das Häusergewirr von der Ostseite. Die massive steinerne Kirche des hl. Johannes des Täufers mit zwei Kuppeln stammt aus dem J. 1833; unter ihren Büchern fand ich ein bisher unbekanntes Druckwerk, ein 1572 in Karlsburg in Siebenbürgen gedrucktes altbulgarisches Evangelium.[1]) Die Bürgerschaft, 3232 Seelen stark, bilden drei ethnographische Elemente bulgarischen Ursprungs, welche in eigenen Vierteln wohnen, eigene Tracht haben und verschiedene Dialecte sprechen: die an Zahl stärksten Arnaúti, makedonische Einwanderer, die Mirváci, alte Bewohner der Rhodope, und die Bolgári, neue Ansiedler aus der thrakischen Ebene. Die Frauen der Rhodoper Altbürger tragen dunkelblaue Kleider mit dunkelrothen Schürzen, die der makedonischen Einwanderer an der Stirn ein rothes diademartiges Tuch (púple), behängt mit Münzen, von dem nach hinten ein langer weisser Schleier (djulbén) über die Schultern herabhängt. Die „Arnauti" sind vor 100—150 Jahren aus der Gegend von Kastoria (slav. Kostur) eingewandert, wegen der Bedrückungen verschiedener Pascha's, besonders des Ali von Janina; ihre Heimatsdörfer hiessen Slímnica, Omútsko (Einwohner Omuštene) und Órešec.[2]) Bracigovo bestand schon in den Zeiten Selim's III; die Einwohner flüchteten sich damals vor den Kyrdžali's in das nahe befestigte Peštera. Die Makedonier erkennt man leicht an den scharf geschnittenen Zügen, grossen Nasen und dem lebhaften Charakter mit schneller Rede; unter den Frauen gibt es schöne Gestalten. Alle drei Stämme heiraten untereinander, aber die Frau nimmt immer die Sitten und den Dialect des Stammes an, welchem sie sich anschliesst. Der Dialect der „Arnauti" enthält viel Alterthümliches (S. 63). Die Hauptbeschäftigung der „Arnauten" ist die Maurerei mit dem Häuserbau, betrieben in der ganzen westlichen Rhodope und den benachbarten Theilen der Ebene; die übrigen Bewohner sind meist Ackerbauer. Die Maurer haben als geschäftliche Geheimsprache ein halb albanesisches Jargon (S. 125). Die Rosencultur wurde vor 60 bis 65 Jahren von einem Bracigover, dessen Grabmal mit Abbildung eines Rosenölkessels man noch zeigt, aus Hissar-Küseleri bei dem Hissarbad hieher verpflanzt. In den Häusern klappen zahlreiche Webstühle, an denen die Frauen arbeiten. Den Markt beleben die Pomaken der Berge, welche Fassdauben und Pech verkaufen und sich mit Mehl, Salz, Gemüse und Manufacturen versorgen. Im Aufstand 1876 haben sich die Bracigover tapfer gehalten und sind nur mit Geldopfern und kleinem Menschenverlust, ohne

1) Archiv für slav. Philologie VIII, 132.

2) Slimništa und Omosko existiren noch südlich vom See von Kastoria.

Vernichtung ihres Ortes losgekommen. Zahlreiche junge Leute von hier studiren an ausländischen Hochschulen.

Die Stadt Péštera, Centrum einer Okolija, liegt $1\frac{1}{4}$ St. westlich. Auf einem gepflasterten Reitpfad erreicht man längs einer links aufragenden waldigen Lehne zwischen Rosenculturen, Mais, Bohnen und Kürbissen den von dem Türkendorf Čanakčíjevo kommenden Bach Prévrenska Reká. Sodann beginnt die Ueberschreitung eines steilen, von dichtem Gehölz überwucherten Rückens Gramádi-te. Eichen, Hainbuchen, Linden, Haselnussstauden, Kornelkirschen und Schlehdorngesträuch, umrankt von wilden Reben und grossblüthigem Convolvulus engen den in Schlangenwindungen auf und ab steigenden Pfad mit dessen zerfallenen Steinpflaster so ein, dass der Reiter oft zwischen Dornen und Aesten haften bleibt. Ganz nahe links ragt unter den Waldbergen die hohe Tămbra auf, mit der Steinlavine eines Bergsturzes auf der Lehne; auf dem Gipfel soll es eine Burgruine geben, am Fuss die Spuren eines grossen sagenhaften Marktfleckens Prévren. Rechts steht die isolirte Kuppe Túmba. Bei dem Abstieg erblickt man eine schöne Landschaft vor sich, einen Kessel mit frisch grünem Wiesenboden, auf welchem zahlreiche Störche gravitätisch herumstehen, im Süden und Westen umgeben von hohen, dicht bewaldeten Bergen, im Norden von niedrigen rebenbepflanzten Hügeln; darin liegen im Hintergrund vor dem dunkelgrünen Waldgehänge uns gegenüber die weissen Häuser und Minarets von Peštera. Durch die Stadt geht ein stärkerer Fluss, der mehrere Namen hat, oben Bátuška Reká, in der Stadt Stára Reká, weiter unten Péšterska Reká.[1])

Der Name dieser reizend gelegenen Stadt ($4\frac{1}{2}$ St. südlich von Pazardžik) stammt von drei grossen Höhlen (bulg. péštera), welche man gegen Südwesten hoch zwischen den Wäldern der Enge bemerkt, aus welcher der Fluss zur Stadt heraustritt; man nennt sie auch Ušátovi Dúpki, die „Ohrlöcher“ und sagt, ihr inneres Ende sei noch von Niemand erreicht worden. Die Griechen änderten den Stadtnamen in Peristerá um (die Taube), die Türken in Beš-Deré (fünf Bäche). Unter den 4448 E. gibt es ausser Bulgaren auch Türken (852), aus deren Höfen eben ein reichlichen Festtagsgelagen entsprossenes Bairamsgebrüll ertönte, dann halb gräcisirte Wlachen, die zu gleicher Zeit mit den Bracigovern aus dem Arnautenland eingewandert sind (S. 118), und einige Armenier, Juden und Zigeuner. Das Hauptgewerbe ist seit Altersher die Gerberei. Die Stadt hat in den Umwälzungen der letzten Hundert Jahre nicht gelitten, enthält aber keine Alterthümer. Auf der Nordseite ragt hinter der neuen Kaserne ein isolirter Hügel empor, nach einer Capelle Svéta Pétka genannt, mit den Resten einer Burg. Die Aussicht von dem Burghügel zeigt hinter dem gewellten Hügelrücken des Baba-Bair die baumlose Ebene mit Philippopel und dem glänzenden Spiegel der Marica und in der Ferne den Balkan und die Sredna Gora mit dem Bogdan. Im Norden ist

1) Höhen nach meinen Aneroidbeobachtungen, im Vergleich mit dem Barometerstand bei Herrn Luterotti in Sofia: Kričim (Bulgarenviertel) 258, Bracigovo 401, Peštera 407, Batak 1032 Meter.

alles kahl und dürr, während im Süden alle Berge von einem prächtigen Hochwald umkleidet sind, der bis zu den Weingärten und Rosenfeldern der Stadt hinabreicht. Eine andere Burg mit einer Höhle stand auf der Waldkuppe Périn oder Pirin im Süden, zahlreiche andere (bei Bjaga, Radulovo u. s. w.) auf der Nordseite gegen die Ebene zu.

Die Stadt betrieb früher eine Eisenindustrie, von der noch schwarze Schlackenhalden und Trümmer von Hammerwerken zeugen. Das Erz gewann man durch Magneteisensandwäscherei bei Likáčevo (türk. Ali-Chodžaköi) nördlich von der Stadt.[1]) Die Arbeit wurde um 1850 eingestellt, angeblich weil der Eisensand ausging. Nach dem bulgarischen Schriftsteller Zachariev waren die sieben Hammerwerke oder „Samokov's" auf Grund eines Fermans des Sultan Suleiman erblicher Besitz von bestimmten bulgarischen Familien, die ein Fünftel des gewonnenen Eisens dem Staat abzuliefern hatten. Mir erzählten die Einwohner auch von „Kupferlöchern" (Bakardžijski Dupki), in denen Vitriol gefunden wird, eine Stunde südlich im Gebirge. Wir befinden uns hier in einem der ältesten Bergwerksgebiete Europas, in dem Land der thrakischen Bessen, welche nicht nur Sandwäscherei, sondern auch unterirdische Arbeiten betrieben, weshalb eine Art Stollen in der römischen Kriegskunst „cuniculi more Bessorum" hiess. Den Bessen gehören wahrscheinlich die jüngst gefundenen Gräber am Südende der Stadt an, mit Skeletten und „kupfernen Sicheln", wohl Bronzewaffen.

Von Peštera ritt ich in Begleitung eines rumelischen Gendarmerieofficiers in das drei Stunden entfernte Batak. Wir verliessen die Stadt noch im Morgendunkel. Der Weg führt längst der Pešterska oder Bataška Reka aufwärts, in einer schattigen Enge zwischen Urwäldern. Unterwegs gibt es nur einige verschlossene, menschenleere Holzsägen. Man durchschreitet eine Reihe von Waldzonen nach einander, Eichen, Hainbuchen, Buchen, bald untermischt mit hellgrünen Kiefern und schwarzen Fichten, bis endlich die Kiefer die Oberhand gewinnt. Dichtes Hasselnussgebüsch und üppige Farnkräuter säumen den Weg ein, besprengt von starkem Morgenthau, wie nach einem Regen. Die Stille des Waldes unterbrechen nur spärliche Vogelstimmen und das Rauschen des Flusses über Blöcke und Steinstufen. Der Weg ist ein primitiver Bergpfad zwischen hohem Gebüsch, oft nur eine Art natürlicher Treppe; an einer Stelle ritten wir gebückt unter gefallenen Baumstämmen durch. Selten öffnet sich das kühle Walddunkel, um einer kleinen Wiese mit Königskerzen Platz zu machen. Menschen sahen wir nur sehr wenige, einige wlachische Hirten, Männer und Frauen mit halbwilden Gesichtern in groben, schwarzen und rothen Kleidern, die um Salz zu kaufen nach Peštera gingen, und Bataker, welche mit langen Balken, Brettern und Stangen beladene Saumpferde vor sich trieben; die Hölzer sind zu beiden Seiten des Packsattels angebunden, während das untere Ende hinter dem Thiere auf dem

1) Siehe Ingenieur A. Pelz, Ueber das Rhodope-Randgebirge südlich und südöstlich von Tatar-Pazardžik, Jahrbuch der geolog. Reichsanstalt 1879 S. 72.

Boden geschleift wird. Nach zwei Stunden stiegen wir aus der schattigen Tiefe rechts auf eine sonnige Lehne hinauf, wo sich ein kleines waldloses Plateau mit halbreifem Getreide (Anfang August) öffnete, ungefähr 700 M. über Peštera, 1100 über dem Meer. Rückwärts erblickt man zwischen den Abhängen des durchreisten Waldthales wie durch eine gerade Gasse ein bläuliches Segment des Balkan und der Sredna Gora, mit dem Bogdan und dem weissen Wachthaus oberhalb Krastovo. In der nächsten Nähe ist Alles Hochwald, Buchen und Koniferen, mit wenigen Farnwiesen. In der Tiefe werden am Fluss die Brettsägen der Bataker bemerkbar, primitive aus ganzen Baumstämmen zusammengestellte Hütten. Die Aussicht südwärts in das Innere der Rhodope war verdeckt; graue Nebelwolken flogen eben niedrig über die Wipfel des Nadelwaldes hinweg. Eine Viertelstunde westlich liegt auf unserem Plateau etwas tiefer (an 1032 M.) das grosse Dorf Baták, eine ausgedehnte Brandstätte, dazwischen zahlreiche neue, aus frischen Balken oder ganzen Stämmen roh gezimmerte Häuser mit grauem Bretterdach.

Auf den Gassen von Batak sahen wir mehr Frauen als Männer, in blauen Jacken und Röcken und rothen Gürteln, betrübte, wetterharte, selten schöne Gesichter. Wir stiegen bei einem wlachischen Han ab und besahen uns den Schauplatz der grausen Katastrophe von 1876 (S. 312). Die Kirche Sveta Nedelja ist ein steinerner, halb unterirdischer dreischiffiger Bau mit einer kleinen mit Schieferplatten gedeckten Kuppel. Sie steht innerhalb einer viereckigen Hofmauer und ist nach einer bulgarischen Inschrift 1813 erbaut. Auf einigen Stufen steigt man hinab in das halbdunkle dumpfe Innere, das in dem Zustand nach der Entfernung der Opfer des Gemetzels belassen ist. Vor dem Altar liegen auf niedrigen Holzgestellen einige Reihen Schädel; bei einigen derselben stehen Wachskerzen, andere sind von Blumen umgeben, einzelne in Tücher gewickelt; die Verwandten glaubten in ihnen das Haupt ihrer Lieben zu erkennen und kennzeichneten sie eigens. Ein grosser Theil hat einen Hieb auf dem Hinterkopf, von wuchtigen Säbeln und Yatagans; es sind die Schädel der Frauen und Kinder, welche die Sieger bei den Haaren erfassten und mit einem Streich niedermachten. Andere haben Kugelspuren, die auch um die Fenster herum im Mauerwerk sichtbar sind. Das steinerne Pflaster ist ausgerissen. Auf dem Boden und in den Fensternischen liegt eine Menge Gebeine. Rothe Spuren reichen auf den Wänden vom Boden bis zum Hals eines Erwachsenen. Es sind Blutspuren; so hoch waren die Leichen der niedergemetzelten Bataker aufgeschichtet.

Ueber die letzten Stunden dieser Unglücklichen können nur wenige Zeugen erzählen. Das wehrlose Volk drängte sich in die Kirche in der Hoffnung hier ein Asyl zu finden. Als die fanatischen Krieger Achmed's einbrachen und das Morden losging, flohen einige Bataker noch durch die Fenster, darunter einer meiner Wegweiser, damals ein kleiner Bursche. Als die englischen und amerikanischen Commissäre trotz aller Gegenvorstellungen und Ausflüchte der türkischen Behörden eintrafen, war das rauchgeschwärzte Innere der Kirche bis zur Hälfte der Wölbung voll halbverbrannter Leichen. Auf dem Hofe draussen fanden Baring, Schuyler und Mac Gahan eine drei oder vier Fuss hohe Schicht Leiber, die seit drei Monaten faulten, von den Türken nothdürftig durch Bretter und Steinplatten des Kirchenpflasters zugedeckt. Erst nach der Abreise der „Europäer" begann man diese Leichen zu vergraben oder zu verbrennen.

Gegenüber der Kirche steht die Ruine der zweistöckigen steinernen Schule, in der damals an 200 Personen den Feuertod erlitten. Viele wollten im letzten Augenblick über den nahen Bach ins Freie entfliehen, wurden aber von den Mohammedanern auf dem Steg zusammengeschossen. Die Commissäre fanden das Bachbett noch voll Leichen. Unter denen, die sich aus der Schule dennoch gerettet haben, war der jetzige Ortsbürgermeister Traudafil, der uns seine Schicksale an dieser Stelle mit schlichten Worten schilderte. Trotz des Gewehrfeuers schlich er sich glücklich zwischen das Getreide und, verfolgt von dem Geschrei der in der Kirche gemordeten Menge, weiter in die Wälder, in denen er 22 Tage unter Hunger und Angst herumirrte. Batak stand nach der Katastrophe durch drei Monate verödet da, fast unzugänglich wegen des Leichengeruches. Erst nach dem Eintreffen der Fremden begannen die geflüchteten Reste der Einwohner aus den Wäldern herauszukommen; einer der Dolmetscher Schuyler's, der jetzige Präfect von Philippopel Herr Dimitrov, schilderte mir sie als verstörte und fast sprachlose Leute. Um die erste Hilfe für diese Unglücklichen hat sich Lady Strangford, die hier längere Zeit verweilte und auch eine hölzerne Schule erbaute, viele Verdienste erworben. Nach Zachariev's Beschreibung des Kreises von Tatar-Pazardžik (1870) zählte die Gemeinde 400 Häuser und 1500 kopfsteuerpflichtige Männer, also rund 4000 Seelen. Die Commissäre fanden 1500 bis 2000 Ueberlebende. Sie schätzten die Zahl der Opfer auf 5—6000, die Türken dagegen auf 1700. Aber die Ziffer ist gleichgiltig; ein Tausend mehr oder weniger verändert den grauenhaften Charakter des Blutbades nicht.[1])

Das erneuerte Dorf zählt 1956 Einwohner. Durch Beiträge aus ganz Bulgarien wird darin eine grosse neue Kirche gebaut. Bei der hohen Lage gedeiht nur wenig Hafer, Gerste und Roggen; das Hauptgeschäft ist die Brettsägerei. Der Ort wird 1671 zuerst erwähnt,[2]) wurde von den Kyrdžali's seiner Zeit gleichfalls vernichtet und zählte 1819 nur 100 Häuser. Seit 1886 gibt es hier ein Zollamt.

Ungefähr sechs Stunden von Batak erreicht man bei dem Wachthurm Tašbonz (türk. Steinpass) die türkische Grenze, auf dem Weg nach Nevrokop und Seres. Uns sind diese Gegenden nur aus den Erzählungen der Bataker und der Pomaken bekannt. Die Grenzlandschaft bedecken riesige Nadelholzwälder, in denen es „auch bei Tag dunkel ist", mit einzelnen Hochtriften, belebt von wenigen Holzhauern und Hirten. Die Landschaft überragt der hohe Karlyk. Der enge Saumpfad hat ein Pflaster aus türkischen Zeiten;

1) „Achmet Agha and his men belongs the distinction of having committed perhaps the most heinous crime that has stained the history of the present century, Nana Sahib alone, I should say, having rivalled their deeds." Report by Mr. Baring, Suppl. to the London Gazette, 19. Sept. 1876.

2) Beilage zu Hammer's Uebers. von Hadži Chalfa 184.

ein älterer, verfallener Pflasterweg von grösserer Breite liegt im Wald weiter östlich bei der Burgruine von Kasyk. Zerstreut liegen in der Einöde Spuren von Eisenwerken, Walkmühlen und Kirchlein, angeblich mit „lateinischen" Inschriften, an der Grenze selbst auf dem Berg Džinévra sogar eine Stadtruine mit Gassen. Jenseits der Grenze, acht Stunden von Batak, öffnet sich zwischen Waldbergen das Becken von Dospad (Dospádsko Póle) 8 St. lang, 2—3 St. breit, mit einem kleinen, eine Viertelstunde langen, fischreichen See Gümüšderé-göl (Silberbachsee) und einigen Pomakendörfern, besonders Dospád mit den Einkehrhäusern Dospádski Chaništa (nach der österr. Karte 1198 M.). Der Fluss Súra oder Dospad-Deré fliesst aus dem Becken gegen Südosten zur Mesta (türk. Karasu); bei Bártina (türk. Barutun) empfängt er von links die Rodopa, türk. Karadža-Deré (Rehbach). Die Sohle des Beckens bedecken Wiesen mit wenigem Kornbau; die Hauptculturpflanze ist hier der Flachs. Die ständigen Einwohner sind mohammedanische Pomaken, zu denen sich zur Zeit der Sommerweide türkische Jürüken gesellen; die Hodža's der Moscheen sind meist Osmanen. Zigeuner gibt es nicht; ebenso gab es hier keine Tscherkessencolonien. Diese Triften von Dospad, die Dospad-Jajlá, waren ein beliebter Sommeraufenthalt des jagdlustigen Sultans Mohammed IV.; man zeigt noch die Stätte seines „Saraj" (Palast) und seines Badhauses.[1]) In der spärlich bewohnten Umgebung liegen zahlreiche Trümmer der Vorzeit, Burg- und Kirchenruinen, Grabfelder, Bergwerke u. s. w. Eine denkwürdige Oertlichkeit ist der von Trümmern antiker Gebäude bedeckte Berggipfel Gjoz-Tepé auf der Wasserscheide über den Dörfern Naipli und Trigrad, von welchem man auch einen Streifen des Aegaeischen Meeres erblicken soll. Das ist wohl die Stätte des schon von Herodot beschriebenen berühmten Orakels der Bessen mit dem Dionysosheiligthum, welches Alexander der Grosse und Octavius, des Augustus Vater, besucht haben und dessen Oberpriester Vologaisos die Bessen unter Augustus gegen die Odryser führte.[2])

Von Batak ritten wir an demselben Tage rasch weiter gegen Nordwest nach Čepino. Auf einem Hügelrücken mit Hafersaaten verloren wir den traurigen Ort nach einer halben Stunde aus den Augen und sahen ein neues Landschaftsbild vor uns, einen grünen Wiesengrund mit Hunderten von Heuhaufen, umgeben von einem Kranz dichter Kieferwälder. Das ist der Torfmoor von Batak, das Batáško Bláto, vor der neuen russischen Karte nur aus einer Angabe auf der Karte Viquesnel's (plaine marécageuse) und der Be-

1) Der erste Besuch Mohammed's IV war 1671 (Hadži Chalfa l. c.). Ein Brief des Grossveziers an den Fürsten von Siebenbürgen ist datirt „sub Alpibus Despoticis". Der ragusanische Gesandte Marin Caboga schrieb dem Senat am 12 Apr. 1675 aus Novipazar: „Il Gran Signore finite le feste deve andare a far l'estate al Monte di Despot Balkan, dove e stato l'anni passati" (Rag. Archiv).

2) Erwähnt bei Herodot VII, 111, Euripides, Hekuba v. 1267, Suetonius, Aug. 94 (Liberi patris lucus), Pomponius Mela II, 17 (sacra Liberi patris auf der Rhodope und dem Orbelus), Dio Cassius 54, 34, Pausanias 9, 30, 9. Gjoztepé wurde nach der auch nur vom Hörensagen niedergeschriebenen Nachricht bei Zachariev schon von Drinov und Gesch. der Bulg. 58 für das bessische Orakel erklärt. Gjoztepé und Džinevra sind auf der Grenzkarte von Kiepert und auf der russischen Karte angegeben.

schreibung von Zachariev bekannt. Der Name von Baták, der türkisch einen Sumpf bedeutet, stammt von dieser Gegend. Der Thalboden ist länglich, von Nord nach Süd ungefähr 2 St. lang und eine ½ St. breit. Im Winter pflegt er ganz überfluthet zu sein. Im Sommer ist der höhere südliche Theil ein trockener Wiesengrund mit vorzüglichem Heu, durchschnitten von Wasserrinnen mit hohem Schilfrohr und Fischen. Der niedrige Nordtheil ist dagegen stets ein unzugänglicher Moor mit schwimmendem Gras, in welchem unvorsichtige Leute und schlecht gehütetes Vieh spurlos versinken. Auf den von einer Menge Wasservögel belebten wasserreichen Stellen soll es grosse schwarze Fische von schlechtem Geschmack geben. Bei trübem Wetter ist der Kessel voll Nebel. Als einziger Abfluss öffnet sich am Nordwestende eine malerische Schlucht zwischen Nadelholzhängen, in welcher ein kleiner Bach mit fast unsichtbarem Gefäll zwischen Erlenbüschen in einem Bogen westwärts nach Dorkovo im Becken von Čepino hinausschleicht. Neuerdings will man den unteren Sumpf durch einen Canal entwässern. Die Landschaft ist schön, aber öde. Einige Bataker sind beim Heu beschäftigt, das zur Hälfte Batak und Rakitovo gehört, aus dem Wald ertönt der Wiederhall der Axt eines beturbanten Pomaken und Adler und Falken kreisen vom Waldrand über den Wiesen und wieder zurück. Das Ufer des Wiesenplans erreichten wir 50 Minuten von Batak und ritten 25 Min. über den Grund, auf Fuhrten über die Wassertümpel. Die Seehöhe des Grundes beträgt ungefähr 1097 M.[1]) Auf der anderen Seite betraten wir durch einen natürlichen Park mit Wiesen und Kiefergruppen eine steinige Wasserscheide (1202 M.), bedeckt von Nadelwald mit Farnkraut und zahlreichen Heidelbeeren und Glockenblumen. Links erblickt man einige ziemlich hohe aus den Wäldern emporragende Felsberge, wohl den Kara-Čumak und Semer-Alan der russischen Karte (an 1900 M.). Bald gewinnen wir einen Ausblick nach Vorwärts gegen Westen: ein waldiges Gebirgsland, darin uns gerade gegenüber die gewaltigen schneebedeckten Kämme der Rila Planina und unten in der Tiefe zwischen den Waldbergen wieder eine grüne Thalsohle, aber grösser und von Dörfern mit weissen Minarets besetzt.

Das ist das Thal von Čepino, von Ost nach West an 12 Kilometer lang, in der Mitte durch vorspringende Höhen auf 3—4 Kil. verengt. Die Umwallung schliesst im Süden ein waldiger Zug von der Rila zum Karlyk ein, im Norden ein hohes Waldgebirge mit scharfgezackten Felskämmen. Der Boden, rund 750 M. über dem Meeresspiegel, ist ohne Zweifel ein alter Seegrund, was auch die Volkssage erkannt hat; sie fabelt von einem Riesenfisch, der die Durchbrüche aus dem Moor von Batak hieher und von hier in die Ebene durchgewühlt hat, draussen aber liegen blieb und drei Monate lang von Hunden gefressen wurde. Der Hauptfluss Bistrica oder Stara Reka kommt von Südwest, von der Wasserscheide (1353 M. nach der österr. Karte) gegen den Kessel Rázlog an den Mestaquellen, der ebenso hoch liegt, aber viel grösser ist; bei dem Dorf Loženc empfängt er die Matnica, den Abfluss

1) Nach meiner Beobachtung; auf der russ. Karte eine Stelle tiefer nordwärts 1086 M.

des Torfmoors. Vom Dorf Korovo an heissen die vereinigten Gewässer Eli-deré und fliessen durch eine ganz unzugängliche Felsschlucht ohne Wasserfälle mit einer Unzahl riesiger Blöcke hinaus in die Ebene zur Marica.

Seen oder Sümpfe gibt es in Čepino nicht, dafür aber eine Reihe warmer Quellen. Die Wälder des Gebirges bestehen aus Koniferen, mit wenigen Buchen und Eichen auf den Unterhöhen. Auf den Feldern gedeiht neben Getreide auch Mais, Bohnen und sehr viel Flachs. Die Holzzäune um die Saaten und Wiesen erinnern an die Alpenländer. Neben Schafen und Ziegen züchtet man auch schöne weisse Rinder. Eine Fahrstrasse führt hieher nicht, nur Saumpfade; der beste Zugang ist noch von Batak. Die sieben Dörfer[1]) hatten 1868 eine Bevölkerung von 8621 E., nämlich 6024 Pomaken, 2360 christliche Bulgaren (ganz Kamenica und die Hälfte von Rakitovo) und 209 Zigeuner. Die Pomaken, unter denen in der letzten Zeit neben einer bulgarischen Bewegung eine Emigration über die türkische Grenze im Zuge ist, zum Theil bis nach Kleinasien (Eski-Scheher u. s. w.), haben mohammedanische Personen- und bulgarische Familiennamen (Vrančovci, Popovci, Mančovci u. s. w.). Die Häuser sind massiv aus Holz und Lehm gebaut, oft nur roh aus ganzen unbehauenen und nicht gefärbten Baumstämmen zusammengestellt. Da es eben Bairamszeit war, ging alles in neuen Kleidern herum; die Männer tragen eine blaue, grüne oder braune Tracht aus Abastoffen, dazu einen rothen Gürtel und einen weissen Turban, die Frauen ein bulgarisches Wollkleid mit blauen und rothen Verticalstreifen, hüllen aber das Haupt sorgsam in grosse weisse Tücher ein. Die Pomaken leben im ganzen Gebirge nur in Monogamie. Einige Jünglinge derselben haben an bulgarischen Schulen studirt und sind jetzt Zollbeamte, Schreiber u. s. w. Die Christen von Čepino sind ganz isolirt und haben deshalb das kirchliche Privilegium Verwandte näherer Grade heiraten zu dürfen. Ihre Zahl vermehrt sich durch neue Colonisten, besonders aus Razlog.

Nach einem steilen Abstieg erreichten wir, $2^1/_2$ St. von Batak, das erste Dorf, das gemischte Rakitovo mit Pomaken, christlichen Bulgaren und Zigeunern. Der auf allen Karten bis auf die russische dabei verzeichnete See existirt nicht und ist nur durch ein Missverständniss entstanden. Nach einem zweistündigen scharfen Ritt erreichten wir noch Abends Bánja oder Čepinska Banja, den grössten Ort des Thales (2112 E.), der seine Bedeutung warmen Quellen verdankt. Unterkunft fanden wir in der Kaserne, in welcher ein Officier mit 30 Mann zur Grenzbewachung gegen das Räuberunwesen stand. Im Dorf verweilten eben auch bulgarische Badegäste, darunter der Načalnik von Peštera, die meist primitiv in Zelten oder unter provisorischen, teppichumhängten Dächern wohnten. Das Dorf liegt in einem Thal unter der Ruine einer türkischen Kula (Thurm), am Ausgang des Weges nach Razlog. Am Südende stehen 1100 Schritt vom Dorf zwischen den

1) Es sind: Dórkovo, Kostandóvo, Rakitovo (oder -ovec), Kórovo, Kámenica, Lóžene (so lautet die locale Aussprache, von Ludža Warmbad) und Bánja. Ein Dorf Čepino gibt es nicht.

waldigen Lehnen des sich verengenden Thales im Schatten von Pappeln, Weiden, Erlen und Hainbuchen zwei Minuten von einander entfernt die zwei Badhäuser, für Männer und Frauen, steinerne Hexagone mit Bassins und Kuppeln. Das Männerbad ist nach der türkischen Inschrift im Jahre 1163 der Flucht (1750) erbaut. Sein Wasser mass ich mit + 45° C., das des Frauenbades mit + 46° C. Um das Gebäude gedeiht mannshoher Dipsacus und in dem heissen Abfluss der Therme dichte Algen. Zur Bequemlichkeit der badenden Gäste ist über dem Wassergraben einiger höchst primitiven Walkmühlen ein luftiger Holzkiosk errichtet. Die steile Lehne über den Thermen bietet einen beschränkten Ausblick auf ein Engthal, auf dessen Abhängen Kiefern, Buchen und Eichen, untermischt mit Wachholder, Zonen von verschiedenem Grün bilden; grosse Adler und weissköpfige Geier flattern ruhig von einer Seite auf die andere und lassen ihren Schatten über den frischgrünen Wiesenboden unten gleiten. Weiter hinauf zur 4 St. entfernten Grenze ist die Flussenge sehr gewunden; die Grenzlinie durchschneidet die Bábeški Kolibi, einige Hundert zerstreute mohammedanische Gehöfte.

Von Banja, wo ich einen Tag geblieben war, erreichten wir am nächsten Morgen das eine Viertelstunde flussabwärts gelegene Pomakendorf Ložene mit zwei sechseckigen Badehäusern auf der Höhe der Westseite. Hier befindet sich jetzt ein Grenzzollamt. Zehn Minuten weiter liegt das rein christliche Kámenica am Westrand des Kessels. Vor Kamenica entspringt in einer kleinen grünen Senkung zwischen üppigem Gras eine dampfende Thermalquelle mit starkem Schwefelgeruch, ohne den geringsten menschlichen Bau dabei. Mein Thermometer sprang bei der Berührung mit dem emporquellenden Wasser; die Forstbeamten des Baron Hirsch zu Belovo sollen die Temperatur mit + 62° C. bestimmt haben. Die Häuser von Kamenica, sämmtlich mit oberem Stockwerk, sind aus röthlich schwarzen Balken gezimmert. Das weisse Gebäude darin, das wir schon oberhalb Rakitovo erblickt haben, ist eine neue Schule, die auch von Pomaken aus Čepino und Dospad besucht wird. Eben gab es Allarm hier. Der Gendarmerieposten in dem Wachthaus auf der nahen Kurtova Gora meldete, eine Bande Harami's habe die Grenze überschritten; rasch wurden Verstärkungen hinaufgesendet.

Von Kamenica weiterreitend, überschritten wir den Elidoré auf einer Furth und erreichten auf der waldlosen Sohle an einem von einer Baumgruppe bestandenen Tumulus vorbei in 2 St. das Dorf Kostandóvo, das wegen der Ernte ganz leer stand. Der Ort soll früher das Centrum des Thales gewesen sein und sich zuerst zum Islam bekehrt haben. Meine Begleiter, der Gendarmerieofficier und einige rückkehrende Badegäste, zogen bergaufwärts gegen Peštera auf einem Weg, der den Anfang des Abflusses des Torfmoors kreuzt. Ich wendete mich in Begleitung eines Gendarmen zu Fuss nordwärts; das Gepäck hatte ich mit einem Pomaken vorausgeschickt und hätte auch mein Pferd mitgeben sollen, denn es wurde mir bald im Waldgebirge nur zur Last. Der stellenweise gepflasterte Pfad führt längst des genannten Abflusses in einem an Tausend Meter breiten Waldthal eine halbe Stunde aufwärts wie in eine Sackgasse hinein zu dem Minaret und den Holzhäusern von Dórkovo, das auch fast leer stand. Die Felder des kleinen, von frischem Waldduft erfüllten Kessels unter den Kieferwäldern waren bestanden mit reifem Getreide, rothblühenden Bohnen und besonders mit Flachs. Rechts hinter dem Dorf sieht man den Ausgang der oben erwähnten Enge mit dem Abfluss des Moorwassers. An einer Stelle knieten knapp hinter den Hecken des Weges fünf Mohammedanerinen und beteten schweigsam, das verhüllte Antlitz gegen Mekka gewendet, wie eine Reihe Statuen. Ein Pomake im Negligé und in der weissen Mütze, die man auf dem geschorenen Haupt unter dem Turban trägt, mit hartem, trotzigem Gesicht und der Sichel in der Hand, zeigte uns den Eingang in die Wälder, 20 Min. vom Dorf. Die Dorkover sollen bei der Affaire von Batak mitbetheiligt gewesen sein.

Der Uebergang über den von Urwald bedeckten steilen Rücken Karkarija erfordert mehr als 4 St.; man steigt an 600 Meter aufwärts und 1200 Meter abwärts. Den Südabhang bedecken Kieferwälder. Auf der Nordseite beginnen unter dem Kamm Buchen, noch immer mit Kiefern untermischt, an deren Stämmen die Clematis oft bis in die Kronen emporrankt. Der Pfad ist stellenweise kaum nach den Pferdespuren zu erkennen, manchmal nur eine Wasserrinne, in der man den Wurzeln der Bäume und den umgestürzten Kiefern vorsichtig ausweichen und das zudringliche Astwerk von dem Gesicht fernhalten muss; gefährlich sind offene Stellen über steile Erdabstürze. Unterwegs sind uns nur zwei Pomakenbuben begegnet. Nach Sonnenuntergang belebt sich der stille Wald durch Thierstimmen; es gibt hier Bären, Wölfe, Rehe, Hasen und eine Menge Vögel, von denen sich die Eulen durch ihren Ruf bemerkbar machen.

Auf der Kammhöhe (über 1400 M.) steht neben einer Waldwiese bei einer eiskalten Quelle ein hoher Wachthurm mit acht Gendarmen Besatzung.[1]) Die Aussicht in der Abendluft war grossartig. Man überblickt den Balkan von der Baba bis Hainköi mit allen Gipfeln und Jochen, davor die niedrige Sredna Gora und unten in schwindliger Tiefe (der Unterschied beträgt an 1200 M.) die Ebene von Pazardžik in Vogelperspective, eine gelbliche baumlose Fläche mit deutlichen Ackergrenzen und dem Lauf der Marica. Unten vor uns liegt Tatar-Pazardžik, weiter östlich Philippopel. Rechts sieht man die Waldhänge der Rhodope, darin die rothen Dächer von Bracigovo. Ueberraschend ist der Blick rückwärts: rechts die schneebedeckte Rila mit der Musallá, links der Karlyk und über den Waldbergen dazwischen auf dem abendlich klaren Horizont zwei ferne sehr hohe Gipfel, die deutliche Schneepyramide der Perin Planina, des alten Orbelus, und links von ihr, etwas undeutlich, vielleicht der mehr südliche Gipfel Alaburún.

Bei dieser schönen Aussicht erfuhr ich, dass ich nicht den gewünschten Weg gegangen bin, nämlich an der Burg von Karkarija vorbei. Etwas westlicher führt nämlich von Dorkovo ein zweiter Pfad nach Batkun. Derselbe

1) Die österr. Karte gibt den Thurm mit 1415 M. an, die russische hat nur einige Höhen der Nachbarschaft; meine Aneroidbeobachtung gibt 1414 M.

überschreitet den Bach von Karkarija, welcher unter unserem Wachthurm entspringt und in den Schlund des Elideré mündet. Links über der Schlucht dieses Baches stehen die Mauern eines Castells, die das Volk auch als ein Kloster (Metoch) ansieht. Das ist die im 13. und 14. Jahrhundert in griechischen Quellen oft genannte Burg Tzepäna. Ihre Lage ist bei Akropolita bei Gelegenheit eines misslungenen Versuches des Kaisers Theodor Laskaris II. dieselbe den Bulgaren wegzunehmen anschaulich beschrieben, mit den steilen Urwäldern, in denen man zu Pferde nicht hinaufreiten und die Zelte nicht aufschlagen konnte und wo der Rauch der Lagerfeuer wegen der Dichtigkeit der Bäume nicht aufstieg, sondern sich unten sammelte und in die Augen stach.[1])

Beim Herabsteigen war ein flinker Gebirgsbulgare aus der Thurmbesatzung in leichten Bundschuhen mein Führer. Die mondlose Nacht ereilte uns auf der Hälfte des Abstiegs, wo bei der Ruine eines Beklemé ein enges, türkisches Pflaster beginnt, jetzt vom Wasser ganz zerstört. Nach einem bedenklichen Uebergang quer über einen weissen Absturz aus beweglichem, weichem Sand erreichten wir das Dorf Crnča am Fuss, wo ich in der Schenke übernachtete. Nach Sonnenaufgang trabte ich in drückender Augusthitze auf der schattenlosen Ebene nach Tatar-Pazardžik und traf über Panagjurište und Ichtiman nach 28tägiger Abwesenheit in das eben von der Sobolev'schen Krise aufgeregte Sofia ein, um nach einer Woche wieder weiter zu eilen.

## 4. Das Bergland von Trn und Radomir.

Zur serbischen Grenze. Das St. Johanneskloster von Poganovo. Das Städtchen Trn und das Thal Znepolje. Besteigung der Ruj Planina. Geschichtliches. Die Becken von Breznik und Radomir.

Auf dem zweiten Theil der Tour reisten wir zusammen mit meinem Freund dem Geologen Zlatarski.[2]) Am ersten Tag fuhren wir nach Caribrod, zuerst durch den einförmigsten Theil des Sofianer Beckens in das armselige, nun weltbekannte Dörfchen Slivnica und auf das öde Plateau an der Wasserscheide (715 M.), mit Tumuli, kleinen Sumpfwiesen und aschgrauen Kalkbergen rechts, die an die Herzegovina erinnern. Die gepflasterte Römerstrasse ist auf der Wasserscheide gut erhalten. Ungefähr $1\frac{1}{2}$ St. von Slivnica erblickt man rechts die Strohdächer des Dorfes Drágoman, des letzten mit Sofianer Trachten. Von dort steigt die Strasse und neben ihr die neue Bahn abwärts in die Enge der Jéževica, eines der Quellbäche der Nišava. Der Bahnbau durch den felsigen, fast 1 St. langen Engpass oder „Derbend" war mit manchen Schwierigkeiten verbunden. Die Enge öffnet sich bei Kalótina, von wo an der Bach schon allgemein Nišava heisst. Bald sind wir in Cáribrod, dessen Namen man auch Cárebrod oder Cárev Brod aussprechen hört,

1) Akropolita ed. Bonn. 128. Der Name Τζέπαινα setzt ein altslav. Particip Cěpěna, Cěpena, Cěpléna voraus, von cěpiti findere, also der „gespaltene", nämlich Berg.

2) Ein geologischer Bericht von Zlatarski über diese Reise bulgarisch im Per. Spis. XVI—XVIII.

Fig. 35. Caribrod.

der „Kaisersfurth“, einem Städtchen (1785 E.) in engem Thal, das jetzt als Grenzort rasch aufblüht; ein Theil der Einwohner sind Emigranten aus Pirot. Die Umgebung ist ein primitives Bergland. Die männliche Tracht ist weiss mit rothem Gürtel, wie bei Sofia, aber von anderem Schnitt; die Frauen tragen schwarze oder rothe Kleider mit rothen teppichartigen Schürzen (Fig. 35).

Von hier ritten wir am anderen Tag in der Richtung nach Trn. Unterwegs machten wir einen Abstecher südwärts in das Dorf Lukávica, in dem Thal eines gleichnamigen Flusses, dessen Oberlauf die 20 Dörfer zählende Landschaft Búrel zwischen Slivnica, Breznik und Trn umfasst. Mitten in einer frischen Vegetation steht dort an der Mündung eines Giessbaches eine merkwürdige Ruine, ein kleines Kirchlein, zugebaut an einen viereckigen Thurm wieder mit einer kleinen Capelle im obersten, dritten Stockwerk; an den Wänden sieht man Reste von Fresken mit altslavischen Inschriften. Im menschlichen Gedächtniss ist die Geschichte dieses Baues ganz erloschen. Zur Strasse bei der Mündung der mitunter äusserst reissenden Lukavica in die Nišava zurückgekehrt, eilten wir an dem bulgarischen Grenzdorf Željúša vorbei und schwenkten vor der Grenze links um, zwischen den Tennen, Weinbergen und Pflaumengärten des bulgarischen Gójin Dol aufwärts. Auf dem Höhenrücken des serbischen Dorfes Planiníca kreuzten wir den Fahrweg von Pirot nach Trn und gewannen einen Ausblick auf das Becken von Pirot mit dieser Stadt, den Balkan mit dem Kom und die Vitoša; ein ferner einsamer Spitzberg hinter Pirot ist wohl der Rtanj. Die serbische Grenze ist durch eine Furche bezeichnet, mit den Resten eines von den Serben aus Pfählen und Dornen hergestellten Grenzzauns (plot). Die serbische Zollwache, einige Panduren in Opanken und weissen Hosen, hausten in einer schmutzigen, niedrigen Hütte; gegenüber stand auf der bulgarischen Seite ein neues ärarisches Häuschen, dessen Besatzung ordentliche Uniform aus braunem Šajak mit grünen Aufschlägen hatte. In der Nähe liegt auf bulgarischem Boden das Klösterlein Sveti Nikola Planinički verborgen. Durch eine Waldschlucht erreichten wir $2\frac{1}{2}$ St. von Željuša das Dorf Držina mit einer bulgarischen Zollstation, im Engthal des vielnamigen Flusses von Trn; hier nennt man ihn Súkovska Reka (das Dorf Súkovo liegt thalwärts in Serbien), Vláška Reka oder Trnska Reka.

Der Ritt von Držina flussaufwärts führt durch eine grossartige Landschaft, eine breite Felsschlucht, in der über den Eichenbüschen weisse Felsspiegel und Felszacken 100—200 Meter hoch aufragen. Die obersten Zinnen dieser Kalkfelsen sieht man bis aus der Umgebung von Sofia. Das Volk nennt diesen Durchbruch und alle ähnlichen Formen, die in dieser Landschaft so häufig sind, Ždrélo (Schlund), die Felsen selbst nach nahen Dörfern Vlaška Planina oder Dragovitska Planina. Ahornbäume und schlanker Dipsacus von der Höhe eines Reiters wuchern am Weg, der theils durch den Ufersand, theils auf steinigem Pfad unter den Felsen führt. Neunmal überschritten wir den ziemlich rapiden, bis zu den Knien der Pferde tiefen Fluss. Einen überraschenden Eindruck macht das Felsamphitheater des Dorfes

Vlási, 50 Min. von Držina, ein kleiner Kessel voll Mais, Hanf und Wallnussbäumen, darin das Dorf auf der Uferhöhe der Westseite, überragt von einer riesigen Felswand mit kleinen Höhlen und oben merkwürdig ausgezackten Zinnen, die Múmul heisst und angeblich oben die Reste einer Burg mit Brunnen trägt. Von Süden tritt der Fluss in den Kessel durch eine kaum 15 Meter breite Scharte zwischen hohen Felsen, die nur kurz ist und durchwatet werden kann. Wir gelangten auf der westlichen Lehne aufwärts an die Rückseite des Mumul und der genannten Scharte und erreichten im Abenddunkel durch finsteren Wald das Kloster von Pogánovo.

Der Pogánovski Monastir des hl. „Ivan Bogoslov" (Joannes Theologos) liegt in einem ähnlichen, aber viel kleineren Kessel, wie Vlasi, auf den ersten Blick wie von aller Welt abgeschnitten. Die höchste Felswand, die Zúber Planina, grau mit gelben Stellen und nach rechts abfallenden Schichten, ragt auf der Nordwestseite in den Himmel empor. Hoch oben stehen auf einer Platte vier natürliche Steinstühle, die Stolóve, ein Stelldichein der kreisenden Adler. Der Fluss kommt von Südwest aus einer Enge zwischen phantastisch zugespitzten Felsen. Alter Eichenwald füllt den Boden des Kessels, in welchem der Fluss mit unaufhörlichem Getöse im Schatten von Buchen, Ahornen, Erlen und Holzbirnen über weisse Blöcke und Sandbänke eilt, verstärkt durch kleine Bächlein, an denen die Bienen des Klosters die Waldblumen umsummen. Das Kloster ist nicht klein, aber von dem Igumen allein bewohnt, dem guten Vater Vasil; sein weltlicher Bruder, mit der ganzen Familie in Bauerntracht hier angesiedelt, hilft ihm in der Wirthschaft. Zwischen den Gebäuden, Steingewölben mit hölzernem Oberbau, steht auf dem Hofe eine alte Kirche, deren Aeusseres mich sofort an die Burgkirche von Stanimaka erinnerte, aus wechselnden Lagen von Ziegeln und Quadern, trinkonchal mit einem ähnlichen Thürmchen vor der Vorhalle und einer kleinen Kuppel über einem achtfenstrigen Tambour. Die Fresken stammen nach den Inschriften aus den J. 1500 und 1512. Steinerne Scheiben auf der Aussenseite nennen den „Gospodin (dominus) Kostandin" und die „Gospogja Elena", wohl südslavische Fürsten, Gönner oder Gründer des Klosters. Erst eine spätere Sage hat sie mit Kaiser Constantin dem Gr. und dessen Mutter identificirt, der allerdings ein hiesiger Landsmann war, aus dem nahen Naissus (Niš). Neben einigen kirchlichen Codices gibt es hier ein interessantes Denkmal, einen „Pomenik", ungefähr im 17. Jahrhundert auf eine Holztafel geschrieben, in zwei Spalten, deren eine die Namen der bulgarischen Caren, die andere die Namen von Igumens und Mönchen enthält.[1])

Wir wollten längs des Flusses aufwärts nach Trn ziehen, die Engen oberhalb des Klosters erklärte man uns aber als ganz unwegsam. Jenseits einer pfadlosen Felsschlucht liegt dort zunächst am linken Ufer die Ruine eines zweiten Klosters bei dem Dorf Odórovci und gegenüber am rechten

---

1) Von mir herausg. im Per. Spis. VII. Das Fragment einer Inschrift in der russigen Klosterküche, dem man ein sehr grosses Alter zuschreibt, enthält, wenn ich gut gelesen habe, das J. 7085 der byz. Aera, 1577 n. Chr.

Ufer eine Burgruine Jásenovo Kalé[1] mit starken Mauern und einer Cisterne; links kommt ein Bach von dem Dorf Zvónci herab, bei welchem sich eine warme Quelle ohne Badgebäude befindet (angeblich + 24° R.). Wir haben diesen verborgenen Kessel nicht gesehen, sondern ritten von dem Kloster ostwärts hinauf zu dem eine halbe Stunde weit entfernten Dorf Pogánovo und längs des dortigen Baches aufwärts durch das einsame Waldthal Ribni Dol (Fischthal) bis zur Höhe Béli Kámik (Weisser Stein), wo wir wieder die Fahrstrasse von Pirot nach Trn erreichten. Von der Ruine eines türkischen Wachthauses eröffnet sich dort eine weite Aussicht auf den langen wenig gewellten Balkankamm, die Vitoša und die nahe Ruj Planina südwestlich von uns; der Lauf des Flusses von Trn ist durch eine Reihe von umwaldeten weissen Felskämmen gekennzeichnet. Bald zogen wir durch eine malerische Landschaft mit merkwürdigen isolirten Felspyramiden, die sich südwärts gegen Breznik fortsetzen, und erreichten absteigend das in Gehöften weit zerstreute Dorf Vrábča, 3 St. von Poganovo. Auf den Feldern steht Hanf, Hafer, Buchweizen (Polygonum) und etwas Mais. Bald erblickt man in der Tiefe das Engthal der Sekirica (der Oberlauf heisst Jablánica), welche durch eine grosse Felsscharte bei Petáčinci in den Fluss von Trn fällt, und unten auf dem Thalgrund die Strasse von Breznik nach Trn. In einer Stunde waren wir unten, um auf der Strasse wieder rechts aufwärts zu steigen, über einen aussichtslosen, mit Büschen von Syringa bedeckten Felsrücken in das nur noch 40 Minuten entfernte Trn.

Die kleine Kreisstadt Trn (2170 E.) liegt in einem engen Kessel auf beiden Seiten des vielnamigen Flusses, zwischen hohen Bergen. Man bemerkt sie erst, wenn man zwischen die ersten Häuser gelangt. Die roth und blau angestrichenen Gartenhäuser mit dem Waldgehänge im Hintergrund machen einen freundlichen Eindruck; auf der Stirnseite vieler haben die Maurer und Zimmermaler primitive Löwen und Reiter angepinselt. Wegen des Ferialcurses der Dorflehrer und der Wahlen war der Ort eben sehr belebt. Die 10 türkischen und 30 tscherkessischen Häuser sind seit 1877 verschwunden. Die ältere der beiden Ortskirchen ist die der hl. Petka im westlichen Viertel Bárinci, vor welcher eine einsame, schon von Boué vor 50 Jahren notirte, uralte Kiefer steht; im westlichen Bulgarien scheint die Anpflanzung eines solchen Nadelbaumes zur Kirchengründung gehört zu haben, denn wir haben solche alte Koniferen auch an anderen Orten bemerkt. Auf einem Felsen gegenüber der Kirche soll der hl. Terapontij gelebt haben, auf einem andern in einer kleinen Höhle, einer Eremitenwohnung mit Mauer und Thür davon, die hl. Petka. Hier haben wir es wieder mit der Uebertragung von Legenden zu thun. Die Geschichte des hl. Therapon aus Sardes in Lydien, dessen Baum man in Sofia zeigt (S. 365), ist in diesem Bergland localisirt worden, ja selbst der in seiner Lebensgeschichte genannte lydische Hermos (Jerm der altslav. Legende) wurde auf den Fluss von Trn über-

1) Oberhalb liegt am Fluss ein Dorf Jásenov Del, Eschenhügel; der Burgname stammt also eher von jásen Fraxinus als vom Caren Asen.

tragen; derselbe wird auch Jerma genannt, aber dieser Name ist, wie ich bald bemerkte, nur den Städtern, Popen und Lehrern bekannt, nicht aber den Bauern. Der Tag des hl. Terapontij ist ein bedeutender Localfeiertag und das Bildniss des langbärtigen Heiligen in Lebensgrösse fällt auf der Ikonostasis der genannten Kirche sofort auf. Die hl. Petka gelangte nach Trn wieder durch Verwechslung mit Trnovo, wo ihr Leib im späteren Mittelalter aufbewahrt wurde.

Die Bevölkerung der Landschaft macht einen sympathischen Eindruck. Es sind schöne Leute in hübschen Trachten, zum Theil unverkennbar romanischen Ursprungs. Die Männer tragen weisse Kleider mit langem Rock, ähnlich dem der Dibraner in Makedonien, mit rothem Gürtel, die Frauen einwärts gekehrte, ärmellose Pelzjacken, schwarze Kleider mit goldener Stickerei an der Brust und am unteren Saum und rothe, blaue, manchmal auch schwere silberbeschlagene Gürtel. Die Armuth des Landes zwingt sie Erwerb im Ausland zu suchen; im Sommer ziehen Tausende von Männern als Maurer, Zimmerleute, Töpfer oder blosse Taglöhner nach Serbien, Rumänien, Sofia, Lompalanka u. s. w. Einige Bauern von hier wollten sich bei Lompalanka ansiedeln, vertrugen aber das wärmere Klima nicht. Das Volk ist dabei schlau; in ihrem Land gedeihen weder Juden noch wlachische Krämer oder Gastwirthe. Ueberraschend ist die Freundlichkeit gegen Fremde. In dem uns ganz neuen Trn wurden wir wie alte Bekannte gastfreundlich aufgenommen und als wir fortreisten, trat aus einem der letzten Häuser ein uns unbekannter Bauersmann mit einer Weinflasche heraus und wünschte uns mit einem Abschiedstrunk eine glückliche Reise.

In den Engen liegt eine halbe Stunde flussabwärts oberhalb des Dorfes Lóvnica auf der waldigen Lehne des linken Ufers das Klösterlein Svéti Rángel mit einer trinkonchalen Kirche und 1643 erneuerten Fresken. Gegenüber am rechten Ufer steht neben der Mündung eines wieder aus einer Felsscharte herausspringenden Bächleins an einer Prestól (Thron) genannten Stelle ein lateinischer Votivstein, aufgestellt einer kleinen, sonst unbekannten Localgottheit „Sancto Casebono“ von Felicissimus, dem Sclaven einer Zollstation.[1])

Ein Festtag unserer Reise war der Besuch der Ruj Planina in grosser Gesellschaft von Beamten und Lehrern. Eine halbe Stunde westlich von der Stadt betritt man das Thal Znépolje, ein längliches ehemaliges Seebecken, von West nach Ost an 16 Kilom. lang und 3—4 Kilom. breit. Sein alluvialer Grund, im Osttheil ungefähr 770 M. über der See, ist bedeckt von Wiesen, Mais- und Roggenfeldern und umgeben von abgerundeten, ganz bewaldeten Kuppen, unter denen am Rand zahlreiche Dörfer liegen. Auf der Nordseite überragt der hohe Graskegel des Ruj die ganze Landschaft, deren frisches Grün von wenigen Sandabstürzen unterbrochen wird. Im Südosten ragt die Felspyramide der Ljubáša empor, im Süden der noch höhere Spitzberg Golemi Vrch (1487 M.) südlich vom Dorf Herul. Am Ost- und Westende

1) Arch. epigr. Mitth. XIII, 153.

des Thalgrundes werden einige Tumuli bemerkbar. In der Mitte des Bassins liegt auf einer vorspringenden, flachen Terrasse bei Járlovci ein weiter Castellplatz Žémun, auf welchem Ziegel, römische und byzantinische Münzen und alte Waffen ausgeackert werden. Die Sage erzählt, es hätten hier einst „Latini" gewohnt, die, von hier vertrieben, später die Stadt Zemun (Semlin) gegenüber Belgrad gegründet haben. Das jetzt wichtigste Dorf ist die Töpfergemeinde Búsinci, in einem Seitenthal des Südrandes. Am Westende beginnt bei Klisura der Uebergang nach Vlasina und Vranja; von Trn nach Klisura führt durch den Thalgrund eine Strasse.

Wir wendeten uns sofort rechts zu den zwischen Eschen am Ufer eines trockenen Torrente zerstreuten Häusern von Turjákovci und erreichten auf einem kahlen Rücken zwischen Znepolje und Lovniška Reka den Ostfuss (an 1380 M.) der ziemlich steilen eigentlichen Kuppe. Auf den Wiesen voll Gentianen gab es noch strauchartige Buchen. Die Kuppe ist von hohem und dichtem Gras bewachsen, mit einer Unzahl blühender Pflanzen, Campanulen, Nelken, Veroniken, weissen Digitalis u. s. w., umsummt von fliegenden Ameisen. Die herrliche Rundsicht bietet ein Pendant zur Bratja, schon wegen der Zugänglichkeit des Gipfels (1712 M.), auf den man von Trn in 3 St. bequem hinaufreitet. Man sieht den Balkan, die Vitoša, das Becken von Sofia mit den weissen Häusern der Hauptstadt, im Süden die kolossale Rila, weiter den Osogov, in den Bergmassen des Südwestens einen hohen Gipfel, wohl die Ljubatska Planina. Im Nordwesten erblickt man zwischen Waldbergen ein Thal mit gelben Feldern im Moravagebiet bei Leskovac, hinter ihm ein fernes Hochgebirge (Kopaonik?), von dem ich weiter rechts den länglichen Rücken des Jastrebac erkannte. Gerade gegenüber der Vitoša steht auf der entgegengesetzten Seite des Horizonts in der Richtung gegen Niš ein ähnlicher hoher Felsberg mit steilen Böschungen und scharfem Gipfel; es ist die von hier aus im Profil wie ein einziger enger Berg erscheinende Sucha Planina mit ihrem höchsten Gipfel Rakoš (1983 M.). Der Nordabhang des Ruj gegen die weissen Felsen des Flussdurchbruchs ist waldig und sanft, der Südabhang gegen das Znepolje steil mit fürchterlichen Abstürzen gegen die Dörfer Zelénigrad (grüne Burg) mit einer Castellruine und Zabel mit einem verlassenen Klösterlein. Ruj bedeutet das Sumachgesträuch (Rhus), ich glaube aber, dass der Name mit diesem griechischen Wort (ῥοῦς) nicht zusammenhängt; er gehört, wie der der drei Gipfel Rújen in der Gegend (an der Pšina, im Osogov und bei Skrino), eher den ausgestorbenen Ursprachen der Halbinsel an.

Ueber Wiesen voll Gentianen und durch schattige Buchenwälder erreichten wir in einer Stunde das Zollamt von Dišćeni Kládenec (Regenbrunnen), ein einsames neues Haus auf dem Kamm der Waldberge, die vom Ruj gegen Südwest die Grenze bilden, am Saumpfad nach Vlasótinci in Serbien. Die Wälder ringsherum sind belebt von Hirschen, Rehen, Wölfen und Füchsen; mitunter lassen sich auch Bären oder Luchse blicken. Der Abstieg zum Znepolje bei Miloslávci erfordert eine Stunde durch Buchenwälder, worauf man Trn auf der Strasse in 2 St. erreicht.

Die Geschichte dieses Berglandes ist wenig bekannt. In der Römerzeit lag es an der Grenze der Provinzen Moesien und Thrakien und demnach auch auf der Grenzscheide des romanischen und hellenischen Elementes, wie aus hiesigen Inschriften in beiden Sprachen zu sehen ist, zwischen der Römerstadt Remesiana einerseits (Ruinen in Bela Palanka zwischen Niš und Pirot) und dem griechischen Serdica andererseits, dessen Gebiet auch Pirot umfasste. Im Mittelalter gehörte die Landschaft zum Bisthum von Sofia (1019 darin Sukovo am Fluss von Trn genannt) und zum bulgarischen Reich. Noch 1530 zeigte man dem Reisenden Kuripešić die alte serbisch-bulgarische Grenze am Berge Čemernik zwischen Vranja und Trn. Erst nach der Besiegung des Sultan Musa 1413 erhielt der serbische Despot Stephan Lazarević von Sultan Mohammed I. die Landschaft Znepolje.[1]) Unter der Türkenherrschaft hatte Znepolje die Pflichten und Privilegien der Vojnik's; im Frühjahr 1876 zogen die Einwohner zum letzten Mal nach Konstantinopel, um die Hengste des Sultans zu warten. Für die ganze Umgebung, z. B. für Breznik, galt daher das Gebiet von Trn als ein freies Land, um so mehr als es im Gebirge ausser einigen Häusern im Hauptort keine Türken gab. Die vielen Fresken und Handschriften des 16. und 17. Jahrhunderts in zahlreichen alten gemauerten Kirchlein und Klösterlein zeugen von einem langen Fortleben der mittelalterlichen Mal- und Schreibekunst.[2]) Um 1750 wurde für dieses Bergland ein eigenes Bisthum errichtet, die „Eparchie der Nišava", mit dem Bischofssitz in Pirot. Durch das Land zog ein Reitweg von Vranja nach Sofia, auf dem noch 1530 die kaiserliche Gesandtschaft nach Konstantinopel reiste; ihr Dolmetsch Kuripešić erwähnt das „schöne wol erpawte feld, genannt Snepolle". Die Türken nannten das Bergland von Znepolje Isnebol, den Hauptort Taran-Palanka oder Isnebol-kasabassi (Stadt von I.). Als die Oesterreicher in den Türkenkriegen Niš und Pirot besetzten und von dort eine Guerilla betrieben, drang 1690 der Oberstlieutenant Antonio Valerio Žič mit serbischen Freiwilligen von Niš aus bis Banja (Küstendil) vor. Capitän Schenkendorf überfiel mit Serben, Arnauten und deutschen Musketieren von Pirot aus zweimal mit Unterstützung der Bauern von Trn die Stadt Pernik, wo die Türken grosse Vorräthe aufgestapelt hatten.[3]) Desgleichen rückte 1737 ein polnischer Capitän mit 100 Freiwilligen durch die Berge von Zelenigrad bis zum Dorf Perivol bei Küstendil und nahm dort den Türken in einem Gefecht eine Fahne und einige Pferde

---

1) Das 1444 im Vertrage des Despoten Georg mit den Türken genannte Zelenigrad kann ausser dem am Ruj ein anderes auf einem Berg Zelenigrad südlich von Leskovac auf der Westseite der Morava sein (Miličević, Kraljevina Srbija S. 3).

2) Die Aufschriften der Kirchen von Lukavica und Sveti Rangel haben das Zeichen Ѫ, sind also altbulg. Recension. In den späteren sind viele Verwechslungen in den Casus.

3) Hauptmann Gerba, Die Kaiserlichen in Albanien 1689. Mitth. des k. k. Kriegsarchivs. Abth. f. Kriegsgeschichte. Neue Folge II (Wien 1888) 115 f., mit dem Facsimile einer interessanten Kriegskarte von 1689.

weg.[1]) In Pernik und Perivol besteht noch die Tradition, in alten Kriegen seien die „Nemci" (Deutschen) bis dorthin vorgedrungen.

Unter Selim III. wurde das Bergland ein Sitz der Kyrdžali's. In dem „Spahiviertel" (Spahijska Mahala) von Trn gegenüber der neuen Schule wurde erst 1882 die dreistöckige Kula (Thurm) niedergerissen, in welcher einst die berühmten Kyrdžalienhäuptlinge, der Albanese Karafeiz (hier nennt man ihn Karavezija) und sein Sohn Alibey, der 1832 Sofia plünderte, mit ihren Reisigen und einem Kreis ausgewählter Schönen residirten. Unter ihren Bewaffneten oder Sejmen's waren auch Christen der Gegend, deren Söhne und Enkel noch leben.

In neuester Zeit wurde Znepolje öfters von reisenden Geologen besucht, Boué (1837), Hochstetter und Toula. Die Landschaften waren aber noch unlängst so wenig bekannt, dass „Isnebol" (Trn) und „Pirsnik" (Breznik) auf den Karten bis in die Umgebung von Belogradčik bei Vidin geriethen, ein erst von Kanitz berichtigter Irrthum. Die Türken suchten die Bevölkerung, in der sie keinen Halt hatten, so wenig als möglich zu reizen, ja der letzte Kaimakam von Trn war ein christlicher Bulgare aus Trnovo.

Im letzten russisch-türkischen Kriege siegten die Serben bei Pirot und hielten von Ende December 1877 bis Ende Mai 1879 die Landschaften von Caribrod, Trn und Breznik besetzt. Der Berliner Congress sprach Pirot Serbien, die drei Landschaften Bulgarien zu. Während der serbischen Occupation hielten die intelligenten Classen mit der Geistlichkeit zu Bulgarien; Serbien gewann dafür Sympathien unter den Bauern, besonders bei Breznik. In der Folge hinterliessen diese Verhältnisse viel Bitterkeit. Im Fürstenthum dient eine ziemliche Anzahl emigrirter Piroter in der Verwaltung, im Heer und in den Schulen; sie sind sämmtlich fanatische Feinde Serbiens. Andererseits gibt es in Serbien Emigranten aus dem Kreis von Trn. Die bulgarische Verwaltung kümmerte sich aber nicht viel um diese Gegend; wenige Personen der Centralbehörden sind hier gewesen und die Fürsten haben Trn nie besucht. Daneben bestand und besteht noch zwischen Serbien und Bulgarien eine Grenzfrage, die einen sehr einfachen Ursprung hat. Im Berliner Vertrag wurden nicht die damals bestehenden türkischen Nahija's und Kaza's mit ihren 'ab antiquo' existirenden Grenzen abgetreten, sondern mit Hilfe der damaligen, noch sehr unvollständigen Karten eine ideale Grenzlinie längs der Wasserscheide mit Berufung auf gewisse Punkte der Karte geschaffen. Als man dieses auf dem grünen Tisch hergestellte theoretische Werk auf den wirklichen Boden übertrug, zeigte sich, dass viele der genannten Punkte nicht auf der Wasserscheide liegen. Die Grenzcommission liess sie daher bei Seite (z. B. den Berg Stol westlich von Držina) und hielt sich nur an den Kamm zwischen den Zuflüssen der Morava einerseits und der Struma und des Flusses von Trn anderseits. Der Kamm ist aber nicht unbewohnt, sondern

1) Comte de Schmettau, Mémoires secrets de la guerre de Hongrie 1737—9. Francfort 1786 (voll Druckfehler). Bandajova, Badajova lag nicht, wie Kanitz II, 299 meint, bei Dragoman; es ist Podujevo zwischen Priština und Kuršumlje.

bei seiner niedrigen Höhe von Dorfgemeinden mit weit und breit zerstreuten Gehöften besetzt. In Folge dessen zerschnitt die Grenzlinie die Mark vieler Gemeinden mit deren Wiesen und Wäldern und trennte manche Dorfschaften mitten entzwei, wie Preseka bei Zvonci, Topli Dol im Krajište u. A.[1]) Die Serben sperrten ihre Grenze gegen Bulgarien sofort durch einen Grenzzaun, wie früher gegen die Türkei. Die Bauern der Grenzgemeinden klagten, dass ihnen der Zutritt zu ihren Grundstücken jenseits der Grenze verwehrt werde. Die Bulgaren wünschten eine Regulirung der Grenze nach den im Berliner Vertrag namentlich angeführten Punkten, die Serben erklärten dies aber für die Herstellung einer neuen Grenzlinie und erhoben auch Ansprüche auf Trn und das ganze Nišavagebiet. Langsam fand sich ein „modus vivendi", um so mehr, als der Krieg 1885 an der Grenze nichts änderte.

Von Trn erreichten wir in $5^1/_2$ St. Breznik, durch das Thal der Sekirica aufwärts. Die Thalsohle ist wohl bebaut, die hohen Abhänge stellenweise durchbrochen von den Felsthoren kleiner Bäche, die überhaupt zum Landschaftscharakter gehören. In der Enge der Klisurica gegenüber Filipovci, wo wieder Sofianer Costüme beginnen, liegt im Walde das kleine Muttergotteskloster von Mislóvštica. Weiterhin stehen rechts vier scharfe Kalksteinpyramiden in einer Reihe, fast parallel mit der Strasse: die Paramún Planína (1387 M.) mit einem byzantinischen Namen (παραμονή Wache), die malerische Ljubáša (1408 M.), deren Form an den Tschürgant am Arlberg oder den Nissen am Thuner See erinnert und zwei kleinere. Aehnliche Spitzberge gibt es auch links, sie sind aber von der Strasse unsichtbar. Hinter dem Dorf Baba, das an der Strasse nur durch ein Haus vertreten ist, liegt auf dem Grasplateau Búkova Gláva („Buchenkopf", 822 M.) die Wasserscheide zwischen der Nišava und Struma; die Fernsicht erstreckt sich vom Ruj zur Vitoša und Rila.

Von hier beginnt das Becken von Breznik (an 750 M.), sehr weit mit flachem Rand, aber bei seiner vollkommenen Baumlosigkeit traurig monoton. Die Gewässer vereinigen sich zur Brezniška Reka, die zur Struma abfliesst. Obwohl Euphorbien und Disteln noch grosse Strecken bedecken, ist das Land gut bebaut und reicher als die ganze nördliche und westliche Umgebung. Man sieht wieder Büffel. Brod und Ziegel werden bei dem Holzmangel nur auf Strohfeuer bereitet. Die Einwohner tragen Sofianer Tracht, sprechen aber noch den Trner Dialect. Es ist ein primitives, rohes Volk ohne Verkehr mit der Aussenwelt. Der Kessel von Breznik und die Landschaft von Pernik bilden den Gau Gráchovo mit 43 Dörfern, dessen Name schon bei Kuripešič 1530 erwähnt wird. Das Städtchen Breznik (1685 E.) ist nur ein grosses Dorf, von Ackerbauern bewohnt, die 10 Minuten weiter ihre Košara's haben, nämlich Scheunen und Tennen in einer Gruppe. Es liegt am Nordfuss eines scheinbar isolirten, aus eruptivem Gestein bestehenden, oben flachen und mit Gebüsch bewachsenen Ausläufers der Lilin Planina, des

1) Aehnliches geschah übrigens auch an der ostrumelischen Grenze, welche den Gemeinden von Pirdop, Klisura und Kalofer grosse Weideplätze wegschnitt.

Visóki Breg (926 M.), auf welchem wir das von Kuripešić in Breznik erwähnte „viele Silbererz“ suchten. Spuren von Oefen fanden wir nicht, nur einige ganz dünne Bleiglanzadern. In den Bächen des Berges wurde früher Goldwäscherei betrieben. Das Landschaftspanorama dominirt die scharfe Ljubaša.

Durch ein monotones, breites und kahles, an der Sohle sumpfiges Thal erreichten wir in fast 4 St. die Struma bei Bátanovci, hinter welchem auf den rothen Sandsteinfelsen des Golo Brdo (1160 M.) die Strasse von Sofia nach Radomir (5 St.) eingeschnitten ist. Diese Strasse führt von Knjaževo durch eine wildschöne Waldlandschaft aufwärts zum Sattel von Vladája (914 M.) zwischen Vitoša und Lilin mit einem Dorf dieses Namens und steigt in das Becken von Crkva (an 720 M.) zur jungen Struma herab, wo rechts das Kohlenbergwerk von Móšino sichtbar ist. Weiter erreicht sie das Dorf Pernik, noch zum Kreis von Sofia gehörig, bei welchem auf einem Felsplateau zwischen der Strasse und der links in einer Engschlucht tosenden Struma die Reste der aus den Bulgarenkriegen des Kaisers Basilios II. berühmten Burg Pernik liegen, jetzt beim Volke Peringrad genannt. Man sieht nur die Fundamente der aus unregelmässigem Flussgeröll erbauten Mauern, von denen die Byzantiner zweimal (1002 und 1016) unverrichteter Sache abziehen mussten. Bis 1877 bestand auf dem geräumigen Burgfelsen auch eine kleine isolirte osmanische Colonie. Von da erreicht man die Mündung unseres Weges und weiter auf hoher Lehne über der grünen Sohle mit der Struma in 1 St. Radomir.

Das Becken von Radomir ist fast oval, von Ost nach West an 20 Kilometer lang und an 15 Km. breit. Die Sohle ist an den tiefsten Stellen (an 630 M.) sumpfig, sonst gut bebaut, mit vielen kleinen Tumuli. Die Rundsicht dominirt die riesige Vitoša als isolirter aschgrauer Kegelstumpf im Osten und die langen Kämme der Rila im ferneren Süden. Die Einwohner sind meist hochgewachsen, engbrüstig und brünett, oft mit schönen Typen, aber nicht überall gleich. Die zahlreichsten, die Bewohner der Ebene, wo es früher viele Čifliks türkischer Grossen gab, sind den Sofianern ähnlich, schwerfällige Ackerbauer. Die Leute bei Pernik, knochig und trotzig, kommen mehr den Breznikern nahe. Die Bewohner der Dörfer der Landschaft Mraká an der Struma von Radomir bis Žabljano, meist Maurer, gehören zu dem Typus von Trn. Das Städtchen Rádomir (2391 E.) am Kreuzpunkt wichtiger Strassen macht mit seinen grossen Kasernen und breiten geraden Gassen mit Alleen den Eindruck einer neuen, officiellen Stadt. Zwischen den Häusern bildet das Bächlein Izvor in einem Thonkessel unter einem Travertinfelsen einen ungefähr 12 Meter hohen Wasserfall. Ein steinerner Triumphbogen steht noch von der ersten Rundreise des Fürsten Alexander im J. 1879.

Küstendil erreicht man zu Wagen in $5^1/_2$ St. Zuerst fährt man durch die Sohle des Beckens, wo auf einer Wiese bei dem Dorf Vrba zwei hohe räthselhafte Steinsäulen auffallen, fährt dann vom Dorf Izvor an auf die Kónjovska Plánina (Kuppen an 1150 M.), auf deren Rücken auf einem kleinen Plateau mit weiter Rundsicht bis zu den blauen Umrissen des Balkan die zerstreuten Gehöfte von Čúkljevo liegen, und steigt über steile Abstürze mit herrlicher Aussicht auf den Osogov und das weisse, unter den Wäldern dieses Gebirges gebettete Küstendil hinunter zur Strumabrücke bei Kónjovo. Die Struma bleibt nordwestlich von diesem Wege verborgen in tiefen Felsengen.

Auf dieser Reise wollten wir diese Engschlucht sehen. Wir übernachteten in Kálište rechts von Izvor und brauchten bis Küstendil 12 St. Durch den ersten Theil des Passes bis Belovo führen die Reste der Erdarbeiten für die Linie Sofia-Skopje vom J. 1875, verfallene mit Gras und Getreide bewachsene Dämme und Einschnitte, die im Radomirer Becken schon wie prähistorische Erdwälle aussehen. In einer Stunde erreichten wir das Maurerdorf Žábljano (r. Ufer) mit einer von den Einwohnern selbst hergestellten Holzbrücke auf vier steinernen Pfeilern. Links liegt eine halbe Stunde aufwärts in einem schönen Eichenwald das hölzerne Klösterlein des hl. Johannes des Täufers von Žabljano, um 1870 in Folge des Traumgesichts eines Bauern auf einer alten Klosterruine erneuert, dessen einziger Mönch als Buchbinder für die weite Umgebung arbeitet, rechts 1½ St. weit das Kloster des hl. Nikola von Peštera, beide ohne Alterthümer. Unter dem Dorf nimmt die Struma rechts die starke Péšterska (oben Trékljenska) Reka auf. Durch eine kleine Enge erreichten wir Mittags einen Kessel mit den Dörfern Bélovo und Blatéšnica (auch ein Maurerdorf); in dem Hintergrund führt schon ein Felsthor in den eigentlichen Durchbruch, bei welchem links oben am Waldesrand das kleine Klösterlein Sveti Ivan Bogoslov (Joannes Theologos) liegt. Hier ist die Grenze der Okolija von Radomir.

Der Durchbruch von Bélovo bis zum unteren Thor bei Ržždavica heisst Zémen und ist eine öde, wenig begangene Wildniss, ungefähr 5 St. lang. Das 40 Meter breite Gigantenthor zwischen grauen, an 100 Meter hohen Dolomitfelsen mit dem über Felsblöcke rauschenden Fluss macht einen grossartigen Eindruck. Der Eintritt führt nur auf Sanddünen längs der durch Hochwässer geglätteten Felswand. Das Innere erinnert stellenweise an den Pass Lueg, ein tiefer, enger Einschnitt zwischen Dolomitfelsen, unter denen hie und da Sandstein hervortritt, mit zahlreichen kleinen Windungen. Am linken Ufer reicht eine mit Eichenbusch bedeckte Halde oft bis zum Fluss herab, aus deren grüner Vegetation sich absonderlich geformte weisse Pfeiler und Nadeln erheben, manchmal in Reihen zu zwanzig. Das rechte Ufer ist meist steil, oft mit 4—500 M. hohen, horizontal geschichteten Riesenwänden, aus deren Höhlen und roth umrandeten Löchern Adler, Geier und Falken herausflattern, beunruhigt durch das ungewohnte Pferdegetrappel in der schattigen Tiefe. Der Ritt unten ist anstrengend, auf einem zwischen Gebüsch, Geröll und Sand oft ganz verschwindenden Pfad mit sechs Fuhrten über die zwischen Felsblöcken schäumende Struma, wo uns das Wasser oft in die Stiefel ging. Das Gefäll von Kalište bis Ržždavica beträgt ungefähr 120 Meter. An einer engen Stelle mussten wir auf einem halsbrecherischen Ziegenpfad links hoch zu jenen Pfeilern hinauf und wieder jäh hinunter. Nach 2 St. betraten wir ein einsames Felsamphitheater, in welchem auf einem langgestreckten felsigen Vorsprung des rechten Ufers, an 100 M. über dem

Flussniveau erhoben, die weissen steinernen Substructionen eines Castells liegen. Die Burg nennt man Zémensko Kalé; es ist das in slavischen Quellen des 12.—14. Jahrhunderts öfters genannte Schloss Zemlьn. Hier sahen wir wieder einige Weingärtchen und Ackerstreifen. Abwärts ist das Thal etwas offener, mit engen Wiesen. Plötzlich öffnet sich ein unerwartetes Bild. Die Landschaft ist im Westen vor uns ganz abgesperrt durch eine schroffe über 100 M. hohe Wand, über der sich höhere bewaldete Kuppen erheben; am oberen Rand der Wand stehen wie Schwalbennester angeklebt die Lehmhäuschen von Skakávica und von ihnen stürzen zwei dünne silberhelle Wasserfälle herab zu einem Hain von Pappeln, Apfelbäumen und Pflaumen, in welchem zwischen Travertinbildungen eine kleine Mühle verborgen liegt. Von rechts kommt aus hohen Bergen vom Dorf Ziogoš ein breiter sandiger Torrente herab. Die Struma biegt unter den Kaskaden scharf nach links von der bisher südwestlichen zu einer südöstlichen Richtung um und dringt durch finstere, unwegsame Schlünde, über denen eine viereckige Thurmruine steht, hinaus zum unteren, von einer Pappelgruppe geschmückten Felsenthor bei Rъždavica.

Wir standen vor dem Panorama rathlos in der Tiefe, da selbst unser Geleitsreiter, ein Radomirer Gendarm, die Gegend nicht kannte und nicht wusste, wie hinaufzukommen. Einige Allarmschüsse verursachten nur ein starkes Echo. Durch Sand und Geröllmassen drangen wir über eine schattige Schlamminsel mit alten Wallnussbäumen zur Mühle; sie war verlassen, dafür fanden wir aber einen steilen schwindligen Ziegenpfad, der uns südwärts in die Weinberge von Skakavica und wieder an's Sonnenlicht hinausführte. Bei Sténsko mit der vierstöckigen türkischen Kula eines Čifliks erreichten wir den Rand des Beckens von Küstendil.

## 5. Küstendil.

Die Thermenstadt Küstendil, ihre Vergangenheit und Umgebung. Leben an der Grenze. Die makedonische Frage. Das Thal von Kamenica und die alten Silberminen in der Osogov Planina. Das Krajište, eine erst nach dem Berliner Vertrag in die Karten eingetragene Landschaft.

Das Becken von Küstendil, dessen Naturschönheiten schon Boué und Hochstetter entzückt haben, ist ein dreieckiges Bassin, von Ost nach West 15—18 Kilometer lang, von Nord nach Süd höchstens 10 Km. breit. Die Nordostseite bildet die Struma, hinter welcher ein felsiger Bergzug (1000 bis 1300 M.) ohne einheitlichen Namen emporragt; einzelne Theile heissen Crvenjinska, Kónjovska und Taváličká Planina, nach nahen Dörfern.[1]) Die Nordwestseite begrenzen niedrige waldige Höhen mit dem Gipfel Lísec (1508 M.) nahe bei der Stadt. Die Südseite bilden die Abhänge der gewaltigen über die Waldzone emporragenden Osogovska Planina. Die Sohle des Beckens

1) Verbina Pl. der Karten beruht auf einem Missverständniss; es gibt hier nur ein Dorf Gъrbino.

(470—500 M.) ist uneben, mit langen Bodenwellen voll Geröll, welche zwischen den Nebenflüssen der Struma sich ostwärts hinziehen. Von diesen Zuflüssen ist der stärkste die Dragovíštica,[1]) die bei Stensko unterhalb des Felsenthors von Rъždavica mündet; weiter folgen die Sovólštica (Oberlauf Grlenska Reka) aus dem Kessel von Kámenica[2]) und die Bánštica oder Žilenska Reka, welche die Gärten der Stadt Küstendil durcheilt. Der Boden ist dicht bebaut. Den grössten Raum nehmen Pflaumengärten ein, für den Export gedörrter Pflaumen (S. 182). Neben den blauen und gelben Pflaumen versorgt Küstendil die umliegenden Bergländer auch mit grossen gelben Birnen, vorzüglichen Aepfeln, Kirschen, Weichseln, Pfirsichen, Mispeln, Wallnüssen, Weintrauben und besonders mit Wasser- und Zuckermelonen. Der hiesige recht gute Rothwein wird meist nur in der Landschaft selbst getrunken. Die Weinberge ziehen sich längs der Berglehnen, die Obstgärten längs der Flüsse und Bäche und den Rest füllen ausgedehnte Mais-, Getreide- und Tabakfelder aus. An warmen Sommertagen machen die alten Nusshaine, das dunkle Grün der Obstpflanzungen und der Weingärten, die goldigen Saaten der Ebene im Verein mit den Wiesen und Wäldern der Berglehnen einen höchst anmuthigen Eindruck. Aber der Winter, obwohl milder als im weinlosen Sofia oder Radomir, ist immer noch rauh. Das Becken ist nur eine kleine wärmere Oase zwischen Berglandschaften; aus der Stadt kommt man auf allen Seiten schon in zwei Stunden in hohe Gegenden mit kühlen Sommernächten, armseligem Obst und schwachem Getreide. Die Eingeborenen unterscheiden in der Gegend vier Gaue: das „Feld" oder Pole im Becken, Krájište im Norden, Kámenica im Westen und Pijanec oder Pijanečko im Osttheil des Osogov.

Die Einwohner sind klein, mehr brünett als braun. Die Trachten sind schon makedonischer Art, aus dunklen Stoffen. Die Frauen tragen weisse oder grüne Röcke, farbige, meist rothe Schürzen, schwere Gürtel mit Silberspangen und weisse Kopftücher, oft aus Seide und durchsichtig, wie die Schleier der Türkinen. Türken gibt es nur in der Stadt und in drei gemischten Dörfern südöstlich von ihr (S. 136).

Küstendil liegt (an 560 M.) am Südrand des Beckens und wird von den Bauern meist nur das „Bad" genannt, Bánja oder höchstens Küstendilska Bánja (Einwohner Bánčenin). Es zählt 10.689 Einw. (darunter 581 Türken, 940 Spaniolen). Die rothen Dächer mit den vielen weissen Minarets, zwei grauen alten Thürmen und dem dichten Laub der Stadtgärten liegen gerade vor den Abhängen des mit Wiesen, Weingärten und Wäldern bedeckten Osogov. Ein leichter bläulicher Dampf von den Thermen, der vor Sonne und Regen nicht zurückweicht, kleidet das schöne Bild bei jeder Beleuchtung in eine eigenthümliche Farbe. Die Stadt überragt ein oben abgeplatteter,

1) „Tragouistiza" der Karte von 1689 (S. 465). „Dobreluka" der Karten ist irrig; Dobra Luka heisst nur ein Bächlein bei Kolonica an der serbischen Grenze.

2) Fluss Kamenča bei Daniel 1830, Kamena Reka in einem venetianischen cyrillischen Druck von 1566.

nordwärts mit Graslehnen sehr steil abfallender Vorsprung, der Hissarlyk oder Assarlyk (Burgstelle). Oben liegen die Reste einer Akropole mit Fundamenten einer Umfassungsmauer aus Stein und Ziegeln, sowie eines Südthores und eines Kirchleins in der Mitte. Der Burgraum ist jetzt ein Obstgarten mit Nussbäumen, Pflaumen, Weichseln und Mispeln. Durch ihn führt eine Kaltwasserleitung in Thonröhren in die Stadt. Ihr Anfang liegt drei Stunden südlich im Walde Atkorija (Rosswald) bei dem Dorf Bogoslov, dessen Bewohner zu seiner Beaufsichtigung und Ausbesserung verpflichtet waren; vor 400 Jahren soll sie ein Ghazi Suleiman Pascha errichtet haben. In der Türkenzeit war die Besteigung dieser Höhe verboten, weil man von hier in alle Häuser und Haremlik's hineinsieht. Die Aussicht ist wunderbar. Man überblickt das ganze Becken mit seinen Gärten und den glänzenden Windungen der Struma, sowie die Gebirgszüge des ganzen Horizonts, den Osogov, die gewaltigen Massen des Rilagebirges und zuletzt in weiter Ferne die majestätische Schneekuppe des Perin. Die Volkssage erzählt, hier sei der Palast des „Car Kostadin" gewesen, gegenüber auf dem Hügel von Nikoličevci der Palast des „Car Michail", in einer Zeit, als das Becken dazwischen noch ein See war.

Das Innere der Stadt hat nur enge und unebene Gassen zwischen traurigen Hofmauern und unansehnlichen Lehm- und Holzhäusern. Die Hauptmerkwürdigkeit sind die warmen Quellen, welche neun Badehäuser speisen. Auf den Gassen sieht man selbst im Sommer in kühlen Morgenstunden nicht selten die warmen Dämpfe zwischen dem groben Strassenpflaster wie aus einem vulkanischen Boden stossweise emporsteigen. In der Umgebung der Bäder und Waschplätze herrscht ein widerlicher starker Schwefelgeruch, wie von faulen Eiern. Die Badhäuser, klein und eng mit Bassins und Kuppeln (Čukurbanja, Alajbanja, Dervišhamam u. s. w.), enthalten das Quellwasser schon gemischt mit dem der Kaltwasserleitung. Um die eigentlichen Quellen selbst in Augenschein zu nehmen, machten wir uns mit Herrn Zlatarski in Begleitung des städtischen Brunnenmeisters, eines eleganten Türken, auf in das meist von Juden bewohnte „Quellenviertel" Kajnarlyk-Mahalá am Fuss des Schlossberges. Die Wässer entspringen dort aus acht Schlünden (havuzi) nahe bei einander, 20—30 M. vom Fuss des Berges und sind mit grossen, stets heissen Steinblöcken zugedeckt. Fühlt Jemand von den Einwohnern Bauchschmerzen, so lässt er sich auf dem Stein nieder und wärmt gemüthlich seinen Unterleib. Nach Abwälzung der Blöcke über den ummauerten Oeffnungen von sechs Quellen, wobei dichte Dampfwolken mit penetrantem Schwefelgeruch hervorbrachen, fanden wir eine Temperatur von + 68—75° C. Die Einwohner behaupten, es gebe im Quellwasser rothe Würmer, welche nur bei Sonnenschein sich blicken, aber nicht fangen lassen; wir haben bei aller Aufmerksamkeit nichts dergleichen erspäht. Auffällig ist die Furcht, die Quellen könnten einmal stärker hervortreten und sich mit einer siedend warmen Ueberschwemmung über die Stadt ergiessen, ja am Tage der vierzig Märtyrer (9. März) zünden Bulgarinen und Türkinen an einer Kyrklyk (kyrk türkisch vierzig) genannten Stelle vierzig Wachskerzen an, um dieses Unheil zu verhüten. Die Sage behauptet, das Unglück sei schon einmal geschehen, aber eine Kaiserstochter habe die Quellen rasch durch ein Seidenkleid verstopft. Erdbeben sind nicht selten; 1641 soll bei der Erderschütterung, die den ganzen Orient, besonders Tabriz in Persien arg mitnahm, ein Drittel von Küstendil untergesunken sein.[1]) Eine einzige der Quellen ist primitiv hergerichtet. Ueber ihr steht eine thönerne Halbkugel mit einem cylindrischen Kamin zur Dampfableitung oben und sechs Oeffnungen an den Seiten, aus denen das Wasser (+ 74° C.) in steinerne Tröge fällt. Die Hemden der Küstendiler werden bei den Badhäusern meist in römischen Sarkophagen gewaschen. Aus der Stadt fliesst das Thermenwasser in die Banštica ab und dient auf den Wiesen noch zur Hanfreinigung.

Küstendil hat eine nicht unbedeutende Geschichte. Zwei hohe Tumuli auf der Ostseite sind Zeugen der ältesten Periode. Zuerst erscheint hier der Thrakerstamm der Dantheleten oder Dentheleten. Ihr von Trajan organisirter und von M. Aurelius begünstigter Hauptort hiess Pautalia, Ulpia Pautalia oder Pautalia Aurelii und hatte eine Münzstätte, deren Embleme die Culturgeschichte der Gemeinde enthalten.[2]) Auf einer Münze des M. Aurelius Antoninus (Caracalla) sind die Hauptproducte aufgezählt, Gold, Silber, Wein und Getreide, auf einer anderen ist ein bewaldeter Berg mit einem Asklepiostempel auf dem Gipfel, einem zweiten am Fuss und drei anderen in der Runde abgebildet; der erste stand wohl auf der Akropolis, die übrigen unten bei den Thermen. Alte Gebäude aus dem Alterthum oder Mittelalter haben sich in der heutigen Stadt nicht erhalten, dafür aber viele Trümmer. Auf den Gassen, in den Fundamenten der Lehmhäuser und auf den ausgedehnten türkischen Friedhöfen findet man eine Unzahl glatter Säulen, grosser Quadern, einfacher antiker Grabsteine ohne Inschriften und grosser Sarkophage. Zwischen der Realschule und der Präfectur wurde 1880 zufällig die Nordfront eines grossen Gebäudes, wohl einer Therme, aus kolossalen Quadern mit anstossenden Ziegelmauern aufgedeckt und wieder zugeschüttet. Die Inschriften in der Stadt und Umgebung, die bis in die christliche Zeit reichen, sind sämmtlich griechisch, aber in dem verwitterten Granit schlecht erhalten.

Im Mittelalter erscheint die Stadt unter dem slavischen Namen Velbužd (*Βελεβούσδιον*), der nach Miklosich vom Personennamen Velbud abgeleitet ist.[3]) Schon im 10. Jahrhundert gab es hier ein Bisthum. Später wird die Stadt oft erwähnt, unter bulgarischer, byzantinischer und schliesslich serbischer Herrschaft. Das einzige Ereigniss von Bedeutung ist die Schlacht bei Velbužd am 28. Juni 1330, in welcher der bulgarische Car Michael im Kampfe

---

1) „Vicino a Soffia una città chiamata Bagna si e profondata, ma non tutta, se non terza parte". Brief aus Čiporovci vom 23. Mai 1641, Acta Bulg. eccl. 110.

2) Siehe die alten Zeugnisse bei W. Tomaschek, Zur Kunde der Haemushalbinsel, I., Cap. II. Notizen über Pautalia oder das heutige Küstendil in Bulgarien (Sitzungsber. der kais. Akad. d. Wiss. XCIX).

3) Miklosich, Bildung der slav. Personennamen S. 42.

gegen den serbischen König Stephan Uroš III. fiel.[1]) Aus der Erzählung des serbischen Erzbischofs Daniel erfahren wir, dass Velbužd und Zemlьn damals den Serben, Izvor und Mraka (bei Radomir) den Bulgaren gehörten. Das Schlachtfeld war auf damals serbischem Boden, wohl zwischen dem unteren Felsthor bei Rъždavica und dem glockenförmigen rebenbepflanzten Hügel (641 M.) bei dem Dorf Nikoličevci an der Sovolštica, auf welchem eine interessante Ruine steht, der „Monastir Sveti Spas". Es ist die Kirche der Himmelfahrt des Herrn, welche der fromme Serbenkönig nach dem Zeugniss der serbischen Annalen an der Stelle errichten liess, wo sein Zelt während der Schlacht stand. Es war ein schöner Bau aus rhythmisch wechselnden Lagen von Travertinquadern vom Wasserfall bei Skakavica und grossen Ziegeln, 16 M. lang und 8 M. breit mit drei Kuppeln. Die Hauptkuppel ist durch ein Erdbeben ganz eingestürzt, angeblich 1864. Inschriften fand ich nicht, nur schwache Spuren von Fresken, in denen, wie in allen verödeten Kirchen, die Augen der Heiligen von den Türken eigens zerstört sind. Das Hauptthor ist vermauert, der Sage zufolge nach der Hochzeit eines Caren, als er mit der Braut vom Altar wieder hinausging. Neben der Kirche gibt es eine alte Cisterne und einen neuen Friedhof der umliegenden Dörfer. Die schöne Rundsicht umfasst das ganze Becken und seine Umgebung bis zum Perin.

Bei dem Zerfall des serbischen Reiches gehörte die hiesige Landschaft sammt Kratovo, Strumica und Štip dem Despoten Johann Dragaš und seinem Bruder Konstantin. Der Letztere, der als türkischer Vasall 1394 in einem Kampf gegen die Rumänen der Walachei fiel, blieb im Gedächtniss des Volkes unvergessen als der letzte christliche Herr dieses Gebietes. Der „Zeit des Caren Konstantin" schreibt das Volk alle alten Gebäude zu, womit natürlich auch die Erinnerung an die byzantinischen Konstantine zusammenfloss, denen die Bauern in Bulgarien alle alten christlichen Münzen zuschreiben (Konstantinka).

Die Stadt hiess dann in der Türkenzeit im 15—17. Jahrhundert Velbuška Banja (auch Beobuška Banja) oder Konstantinova Banja, das Bad von Velbužd oder Konstantin's Bad. Aus dem letzteren Namen entwickelte sich die türkische Form Köstendil oder Küstendil. Eine Curiosität ist die Uebertragung des Namens des gleichfalls mit Thermen ausgestatteten kleinasiatischen Colossae (byzantin. Chonai) auf Küstendil, die im 15—17. Jahrhundert meist in kirchlichen Denkmälern auftaucht.[2]) Damals war Küstendil eine grosse, belebte Türkenstadt auf der Strasse von Konstantinopel über Tatar-Pazardžik nach Skopje, Bosnien, Albanien und Dalmatien, das Centrum eines grossen Sandžaks. Aus dieser Periode stammen die neun bleigedeckten Moscheen und der „Devehan", das „Kameelwirthshaus", ein angeblich von einem Murad Čelebi bald nach der Eroberung gestiftetes Karawanserai. Die türkischen

1) Gesch. der Bulgaren S. 295.

2) Buscobagno und Constantinbagno bei einem Venetianer um 1559, Starine X, 254. Constainitza Wanna, Kuripešić 1530. Wruska Balna, Harff 1499; Balnea Beobusci, Petantius um 1502; Banja Biobuška bei Luccari 1605 u. s. w. Dass „Kolasaje" gewisser Denkmäler Küstendil sei, hat Ruvarac im serbischen Glasnik Bd. 47 S. 196 nachgewiesen.

Grossen hatten bei ihren Häusern hohe Thürme, von denen nur einer übrig geblieben ist. Diese Aga's und Spahi's waren theils Osmanli's, theils Albanesen, ein hartes und herrisches Volk; ihre lange Herrschaft mit den eigenthümlichen Agrarverhältnissen (S. 197), die übrigens nur ein Ausläufer der Zustände in einem grossen Theil von Makedonien sind, hat auf den Geist des Landvolkes schlecht gewirkt. In der Stadt gab es zwar stets einen Metropoliten, aber der war ein Grieche und sprach mit seinen Schäflein türkisch. In slavischer Sprache hörten die Leute das Wort Gottes von den Mönchen von Rila. Die einzige ältere Stadtkirche liegt halb verborgen und in ihr düsteres Innere steigt man zehn Stufen abwärts. Zahlreiche kleine steinerne Kirchen auf den Dörfern zeugen von der Frömmigkeit und Wohlhabenheit der Christen im Mittelalter, sind aber meist in Ruinen. Mit der Bildung stand es so schlecht, dass in ganzen Gemeinden Niemand lesen oder schreiben konnte; deshalb hat die bulgarische Regierung gleich in den ersten Jahren hier mit viel Mühe und Aufwand zahlreiche Dorfschulen gegründet und in der Stadt sofort eine Realschule gestiftet.

Im russischen Kriege ist hier nichts Besonderes vorgefallen; die äussersten russischen Vorposten standen bei dem jetzt türkischen Städtchen Krivorečna Palanka (türkisch Egri Palanka). Für Bulgarien gewann Küstendil eine grosse Bedeutung als Grenzstadt, Sitz eines wichtigen Kreisamtes, Zollamtes und einer starken Garnison. Die Grenzverhältnisse verdienen eine nähere Besprechung.

Die Grenze gegen die Türkei befindet sich kaum 4 St. von der Stadt auf dem Kamm des Osogov. Sie wurde 1880 von einer türkisch-bulgarischen Commission festgestellt und mit Grenzsteinen bezeichnet, nämlich $1^1/_2$ Meter hohen gemauerten, weiss angestrichenen Pfeilern. Zur Grenzbewachung bestand zuerst 1879—80 ein eigenes Grenzbataillon, gebildet aus Freiwilligen, nämlich den Harami's, welche um die Grenze herumlungerten, Bulgaren, Albanesen, Serben, Griechen und Wlachen. Es waren prächtige Kerle in grüner Uniform und Bundschuhen, mit wild unruhigem Auge und spitz zugewichstem Schnurrbart. Der Dienst und die militärischen Uebungen gingen gut von statten, aber ausser Dienst waren die Leute doch nur Harami's, assen und tranken in den Dörfern was ihnen gefiel, ohne zu zahlen und schlossen in Küstendil jeden scharfen Wortwechsel mit Verbrauch von Schiesspulver. Nach einem Jahr liess man das Bataillon einen Marsch gegen das türkische Brigantaggio bei Šumen unternehmen und löste es dort auf; jedoch die Meisten kamen zur Grenze zurück, um ihr altes Brigantenhandwerk in Makedonien wieder aufzunehmen. Die Einführung einer Bauernmiliz, verstärkt mit Gendarmen, erwies sich als ungenügend, da der Kamm unbewacht blieb und dadurch eine neutrale Zone entstand, ein willkommener Schlupfwinkel für die Banden.

Jenseits der Grenze bestand Anfangs eine grässliche Anarchie, da die Autorität der Pforte nach dem Krieg lange nur auf die Garnisonsstädte beschränkt war. Im Norden machte sich die „albanesische Liga" von Prizren breit, deren Spitze gegen Serbien wegen der Vertreibung der Albanesen aus dem

Moravagebiet gerichtet war. Im Süden trieben die Häuptlinge der Dibra und die Aga's der mohammedanischen Flüchtlinge aus Bulgarien eine unglaubliche Räuberwirthschaft. Die natürliche Folge war eine verzweifelte Nothwehr; wer es nicht aushalten konnte, wurde auch Räuber. Es trieben sich sodann auf dem offenen Lande bis zur Grenze starke Banden umher, bestehend aus Albanesen, Türken, Pomaken, Bulgaren, Griechen oder Wlachen, die Freund und Feind, Gläubige und Ungläubige ohne Unterschied plünderten; da gab es keine Politik, sondern Raubhandwerk, um fortzuleben. Der Handel an der Grenze, besonders gegen Seres, war fast eingestellt. In den Grenzbezirken des Fürstenthums gab es Tausende von Flüchtlingen aus den Landschaften von Džumaja, Kratovo, Pijanec, Malešovo u. s. w., die fortwährend hin- und hergingen. Ihnen schlossen sich christliche Harami's an, die im Winter in Küstendil oder Dupnica ruhig wie friedliche Bürger Kaufbuden oder Kaffeeschenken hielten und im Frühjahr verschwanden. Die Pforte beklagte sich fortwährend, dass die fürstliche Regierung Banden über die Grenze durchlasse. Ich kenne diese Verhältnisse aus dem Sommer 1880, wo es in Küstendil oft jeden Tag einen Allarm gab; bald mussten die Truppen ein Dorf oder einen Wald umzingeln, um eine Bande zu entwaffnen, bald fing man einen Türken mit einer Proclamation der Liga u. dgl. Das Schönste war, als einmal bewaffnete Bauern von der Grenze fünf gebundene Harami's und einen schmierigen beschriebenen Papierfetzen brachten, mit welchem der Räuberhauptmann Nikolčo, der Chef einer grossen Bande von 17 Mann, diese fünf „bösen Menschen, Diebe und Räuber“ mit herzlichen Grüssen der bulgarischen Behörde als Geschenk übersandte. Die grosse Bande hatte eine kleinere gefangen! Die Gefangenen protestirten, beriefen sich auf die bulgarische Constitution, wurden aber festgehalten, um ihre Biographie zu ermitteln.

Als Derwisch Pascha der Liga ein Ende machte und die Regierungsautorität in den Vilajets von Salonik und Bitolia befestigte, wurde die Grenze 1881 in Folge wechselseitiger Uebereinkunft Bulgariens und der Pforte durch einen beiderseitigen Cordon besetzt, mit zahlreichen Wachtbuden, in denen auf türkischer Seite reguläre Infanterie, auf bulgarischer Seite eine eigene Grenzgendarmerie aufgestellt ist. Für den Winter werden die Posten zurückgezogen. Die beiderseitigen Soldaten vertrugen sich, wie wir es selbst sahen, ganz gut als „Arkadašlar“ (Collegen). Harami's gibt es natürlich, wie früher, genug in Küstendil, z. B. 1883 110 Mann mit Frauen und Kindern, deren Beaufsichtigung den Behörden manche Sorge verursacht. Ihr Haupt ist der greise Ilija Vojvoda aus Berovo in der Landschaft Malešovo, der als Freiheitskämpfer eine Staatspension bezieht. Die Türken haben ihrerseits das Bandenwesen seit 1881 durch ganz barbarische Mittel zu unterdrücken gesucht. Die Weiber und Kinder der Briganten und allerlei unschuldige Dorfgenossen wurden durch die Truppen zusammengefangen und zum Theil gefesselt über Salonik nach Kleinasien gebracht, um dort internirt zu bleiben (z. B. 1884 an 200 Personen). Die Procedur hatte ganz den Typus der Sklavenjagden im Sudan. Jetzt sind die Zustände allmälig etwas besser geworden, obwohl

Makedonien ein verarmtes und vernachlässigtes Land bleibt und das Raubhandwerk noch immer recht zahlreiche Liebhaber besitzt.

Die Makedonier, die im Fürstenthum durch eine starke Emigration vertreten sind, haben übrigens Grund genug, sich über ihr Schicksal zu beklagen. Die Konstantinopler Conferenz und der Frieden von St. Stefano schloss den grössten Theil des Landes in das autonome Bulgarien ein. Beides ging nicht in Erfüllung, aber der Berliner Vertrag ordnete (Art. 23) für die Europäische Türkei die Einführung von Reglements in der Art des Reglementes von Kreta an, welche unter der Aufsicht der internationalen Commission für Ostrumelien vorbereitet werden sollten. Diese Commission unterschrieb in der That in Konstantinopel am 11. (23.) August 1880 das umfangreiche Project eines Vilajetsgesetzes für die Provinzen der europäischen Türkei.[1]) Es blieb aber auf dem Papier, denn die Pforte wollte die darin decretirte Zuziehung des einheimischen christlichen Elementes zu den hohen und niederen Verwaltungsämtern, der Gendarmerie u. dgl. und gar noch einen Provinziallandtag nicht zulassen. In Folge dessen verharrt der grösste Theil der makedonischen Intelligenz in der Emigration im bulgarischen Fürstenthum. Diese Emigranten bildeten zu Anfang einen bedeutenden Theil der Civilbeamten. Aus Makedonien stammte ein Minister (Pomjanov aus Prilep), zwei Generalsecretäre (aus Štip und Veles) und zahlreiche Gerichts- und Zollbeamte; auch in den Schulen gibt es überall Lehrer aus Ochrid, Prilep, Bitolia, Štip, Kratovo u. s. w. Man findet Makedonier auch unter den Advocaten, den Officieren und selbst den Deputirten. Stark sind sie im Clerus vertreten.[2]) Die geistliche Autorität der Bulgaren Makedoniens ist die Exarchie in Konstantinopel. Vor 1877 residirten bulgarische Bischöfe in Ochrid, Veles und Skopje, mussten aber im Kriege weggehen. Erst im Jahre 1885 wurden neue Metropoliten für Ochrid und Skopje geweiht, wohnten aber bis 1890 in Konstantinopel, weil die Pforte ihnen trotz der im Berliner Vertrag vorgeschriebenen Religionsfreiheit den Aufenthalt in ihren Residenzen nicht gestattete. Als Vertreter des Exarchen fungiren sonst einzelne „Namestnik", Archimandriten oder Stadtpopen. Es ist kein Wunder, dass einzelne junge Männer der Emigration, wie einst im Donauland in der Periode der Geheimbünde, gegen Kirche und Exarchie wettern und für eine rein politische Agitation eifern.

Dafür prosperirt das bulgarische Schulwesen in Makedonien, 1888 mit 314 Knabenschulen, 30 Mädchenschulen, 446 Lehrern, 69 Lehrerinen, 16.488 Schülern und 1714 Schülerinen. In Salonik besteht ein Gymnasium des hl. Kyrill und Method, verbunden mit einer pädagogischen Lehranstalt, 1889 mit 202 Schülern. Emigranten aus dem Fürstenthum, Mitglieder der gestürzten ostrumelischen Verwaltung, sind die Hauptlehrer. Neben den Bulgaren bemühen sich auch die Griechen und Serben um Makedonien, wobei

1) Loi des vilayets de la Turquie d'Europe (Roumélie). Constantinople 1880, 4°, 96 S. (XVII Capitel und 327 Artikel). Selten, nicht im Handel.

2) Von den Bischöfen stammte Panaret von Philippopel aus Bitolia, Meletij von Sofia aus Strumica u. s. w., meist ehemalige Athosmönche.

um Sprachgrenzen, Dialectformen, historische Reminiscenzen und Rechte aus der mittelalterlichen griechischen, bulgarischen und serbischen Geschichte ganze Federkriege geführt werden. Das Schicksal dieser Länder wird jedoch kaum durch philologische Dissertationen und Sprachenkarten entschieden werden, sondern im Getümmel künftiger Schlachten. Vorderhand verwalten das Land die kaiserlich türkischen Vali's von Salonik, Kossova und Bitolia und es steht keineswegs zu erwarten, dass das ottomanische Kaiserreich diese Provinzen aufgibt, ohne die handfesten und wetterharten Nizam's von Kütahié und Kaisarié gegen die Ungläubigen in's Feld zu stellen!

Nun einige Bemerkungen über die Umgebungen von Küstendil. Die Hauptstrasse in die Türkei führt westwärts. Am Austritt aus der Stadt liegt links das in einem dichten Obstgarten verborgene Dorf Kolúša. Die Strasse führt zwischen den waldigen Abhängen des Osogov links und des Lisec rechts durch das Dorf Žilenci $1^1/_4$ St. schnurgerade aufwärts zu einem kleinen Joch (ungefähr 1050 M.), auf welchem man die Stadt und das Becken aus den Augen verliert. Oben liegt der Gau Kámenica und darin der Kessel Kámeničko Pole, ungefähr 8 Km. im Durchmesser gross, eine kalte Landschaft (ungefähr 1000 M.) ohne Obstgärten und Weinberge mit einigen ärmlichen Dörflein (Grljano, Ránenci, Skakávica u. s. w.), zwischen deren braunen Lehmhütten aber auch schon kleine weisse Schulhäuschen sich bemerkbar machen.[1] Anfang September sammeln die Bauern, ein primitives, armes und freundliches Volk, erst ihre Ernte; der Hafer steht noch grün auf dem Felde. In der Türkenzeit gehörte die Gegend nicht unter Küstendil, sondern zur Kaza von Egri Palanka und war einst gegen Steuerbefreiung zur Arbeit in den Bergwerken von Kratovo verpflichtet. Auf den Höhen im Westen sieht man schon die Hütten der Grenzwachen mit ihren Allarmpfählen. Der Strassenübergang in der Richtung nach Skopje (Ueskūb) befindet sich oberhalb des 106. Kilometers von Sofia auf dem Joch Deve Bair, dem „Kameelhügel" (1180 M.), wo das bulgarische und türkische Grenzhaus mit Zoll- und Passbehörden einander gegenüberstehen.[2]

Südlich von dieser Berglandschaft liegt der höchste Gipfel des Osogov, der grasbewachsene flachgipflige Rújen (2253 M.), an welchem vier Flüsse entspringen, die Turánica (bei dem Dorf Sasa), ein Nebenfluss der Bregalnica, und die Kriva Reka, ein Nebenfluss der Pšinja, beide zum Vardargebiet gehörig, auf der Südseite, die Eléšnica, welche gegen NO. der Struma zueilt und die Bistrica, die im Becken von Kamenica Grljanska Reka, weiter unten Sovolštica heisst, auf der Nordseite. Auf der letzteren Seite treten hohe waldige Züge vor, besonders einer gegen Küstendil zu, mit dem Gipfel Šápka (die „Mütze", 2189 M.) in der nächsten Nähe des Rujen. Das Gebirge bedecken grosse Buchenwälder; auf den üppigen Grastriften des Kammes

1) Ein Dorf auf der Nordseite heisst Kutúgerci, eine Erinnerung an die Secte der Bogomilen, die man im Mittelalter auch Kutugeri, Kundugeri nannte (vgl. Chalkokondylas und einen Text im Glasnik Bd. 63 S. 11).

2) Vor Errichtung der Chaussée befand sich der Uebergang weiter südlich bei dem Wachthaus Ravna Niva.

weiden die Heerden wlachischer Wanderhirten. In den Wäldern gibt es Rehe und Hasen, mitunter auch Wölfe; Wildschweine sind selten, Bären fehlen ganz. Von den Gipfeln eröffnet sich eine grossartige Aussicht, besonders nach Makedonien; selbst vom Grenzhaus am Deve Bair sieht man Abends ganz klar die gezackte Riesenmauer der fernen Šar Planina. Auf der Westseite liegt in den Waldschluchten gegen Egri Palanka das uralte Kloster des hl. Joakim von Osogov, jetzt verödet und nur von einem Mönch bewohnt.

Wir kennen die Natur des Osogov von einer kleinen Expedition zur Auffindung eines alten Bergwerkes. Auf der Südwestseite des Gebirges liegt eine Tagereise tief in der Türkei die alte Bergwerkstadt Krátovo, mit 620 Häusern und vielen mittelalterlichen Kirchen, Thürmen und Brücken, bewohnt von Osmanen und Bulgaren, in einem tiefen, heissen Kessel zwischen abgeholzten Trachytbergen, in denen man Blei und Silber gewann. So viel ich erfahren konnte, wurde der primitive Betrieb der dortigen Minen 1882 ganz eingestellt. Die Producte der Münzstätte von Pautalia und eine Bemerkung bei Hadži Chalfa zeigten, dass sich dieses Bergwerksgebiet bis in die Landschaft von Küstendil erstreckt hat, wo nach längerem Suchen von der Grenzgendarmerie wirklich ein verfallenes Bergwerk gerade an den Quellen der Bistrica unter dem Rujen gefunden wurde. Ein alter Weg dahin aus der Stadt über Bogoslov ist jetzt verfallen und mit Bäumen bewachsen.[1]) Wir erreichten den wenig zugänglichen Ort in 3 St. von Grljano aus, begleitet von einer Schaar Gendarmen und Bauern mit Schaufeln und Hacken. Er liegt in einem engen Thal zwischen Buchenwäldern tief unter den grünen Triften des Rujen in einer Seehöhe von ungefähr 1580 M. Auf den steilen Böschungen befinden sich zwischen Phyllitfelsen die Eingänge von sieben sehr tief herabreichenden Schachten, in denen Herr Zlatarski bis 30 Ctm. dicke Adern silberhältigen Galenit, vermischt mit Pyrit und Chalkopyrit vorfand. Die Einwohner der nahen Ortschaften besitzen keine Sagen, die über den Zeitpunkt des Betriebes dieser Werke Aufschluss geben könnten. Das Material wurde durch die Engschlucht längs des tosenden Baches eine halbe Stunde abwärts an den Zusammenfluss des Hauptbaches Glavna Reka und der Crna Reka geschafft, wo mitten im Urwald auf einer Wiese Srebrno Kolo (Silberkreis) die Reste eines grubenartigen Schmelzofens mit einem grossen Kreis von Silber, Blei und Kupfer enthaltenden Schlacken sichtbar sind.

Das Bergland im Norden von Küstendil war bis unlängst eine „terra incognita". Auf Kieperts Karte der Balkanhalbinsel von 1870 ist der Raum zwischen Küstendil, Trn und Vranja ein weisser Fleck. Die österreichische Karte von 1876 hat einige Dörfer und punktirte Flussläufe. Der Berliner Vertrag verlegte das Trifinium zwischen Serbien, Bulgarien und die Türkei gerade in diese wenig bekannte Landschaft. Die Details wurden erst durch die Karte der internationalen Grenzcommission und die russische Aufnahme bekannt. Ich habe diese Gegend zweimal besucht, 1880 und 1883; das erste

1) Von diesem Weg ging ein Saumpfad über die Wiese Aništa am Rujen gerade aus nach Kratovo.

Mal betrat ich sie mit dem eigenthümlichen Gefühl, aus den Linien der damaligen Karten auf unbetretene Reisepfade hinauszutreten.

Die Einwohner nennen das ganze Bergland zwischen Küstendil, Radomir und Trn Krajište, „Grenzgebiet“, wohl aus den Zeiten der alten serbisch-bulgarischen Grenze, und unterscheiden ein dreifaches Krajište nach der Zugehörigkeit zu den genannten drei Städten.

Das Krajište von Küstendil ist ein armes kaltes Land, organisirt als Okolija (25.307 E.) mit dem Centrum in Izvor. Es wird durchzogen von den Ausläufern der Berge an der Wasserscheide, welche jetzt die serbisch-bulgarische Grenze bilden und bildet ein Labyrinth von enggedrängten Rücken und Kämmen (800—1200 M.), zwischen denen zahlreiche Flüsse in tiefen Engthälern zur Struma abfliessen. Die höchsten Gipfel sind die Milevska Planina 1735 M. südlich von der Grenze, Mali Strešer 1710 M. (Veliki Strešer 1882 M. steht ganz auf serbischem Boden) und Ljubátska Planina (oder Uša) 1932 M. im Grenzgebirge. Das Trifinium befindet sich auf der Patarica 1673 M. Südöstlich von ihr erhebt sich auf bulgarischem Boden die einsame Dukatska Planina 1697 M., südlich von dieser die isolirte und von Weitem sichtbare Kuppe Crnoók („Schwarzauge“, 1876 M.) bei dem Dorf Crnoštica. Die Gebirge bestehen nach Zlatarski aus krystallinischem Schiefer, Phyllit und Amfibolit; nur im Südosten gegen den Strumadurchbruch treten Kalk- und Sandsteine auf. Hydrographisch gehört das Krajište in das Gebiet von zwei Flüssen. Der erste ist die Trekljenska Reka, unten Pešterska Reka genannt, deren Mündung wir schon besucht haben (S. 469). Der zweite ist die Dragovištica, die aus der Vereinigung der Božička Reka und Lisinska Reka entsteht. Von ihren Nebenflüssen sind viele nur Torrente mit wasserlosem, sandigem, oft 30—40 Meter breitem Bett, deren es in dem fürchterlich kahlen Gebirge zwischen der Struma bei Skakavica und dem Hauptort Izvor so viele gibt; einige erinnern ganz an die der Alpen von Friaul und Trient.

Die schütteren Wälder lassen sich mit denen bei Trn gar nicht vergleichen. Die Höhen bedecken Eichen in Hainen oder zusammenhangslosen niedrigen Büschen; die Buche tritt erst bei der Grenze auf. An vielen Strecken sollte zum Schutz des lockeren Bodens eine systematische Waldanpflanzung unternommen werden. Die höchst dürftigen Felder befinden sich nur auf den Rücken und Lehnen, auf denen auch die 65 Dörfer der Okolija in kleinen Gruppen und Weilern zerstreut sind. Man baut Hafer, Buchweizen, Roggen und Gerste, selten Weizen; Mais sah ich bloss bei zwei Dörfern. Kartoffeln sind fast unbekannt. Das Obst beschränkt sich auf Pflaumen und kleine Birnen und Aepfel. Die Viehzucht beschäftigt sich nur mit Schafen und Ziegen, welche die Wälder arg verwüsten.

Die Einwohner sprechen im Norden den Dialect von Trn, im Süden eine der Küstendiler ähnliche Mundart. Die ältesten Ansiedelungen lagen bei den Bergwerken, den Eisenwerken von Božica und Gabreševci und den Bleiglanzgruben von Ljubáta. Viele der anderen Gemeinden entstanden wohl durch ständige Ansiedelungen von Wanderhirten. Die Rechtsverhältnisse der Einwohner waren verschieden. Die Bauern der „Rajahdörfer“, wie Božica, Ujno, Koriten sind meist Handwerker, besonders Maurer und Eisenarbeiter und erinnern an die Bergbewohner bei Trn. Es gibt dort ganz wohlhabende Leute. Die Aermeren ziehen im Sommer als Tagarbeiter zur Ernte, Heumahd oder zum Einrichten von Mühlgräben weit hinaus zur Donau, nach Serbien, Salonik, Bitolia und auf den Athos. Ein gedrücktes und geknechtetes Volk sind die früher von den Bey's von Küstendil abhängigen „Kesimdžis“ (S. 198), welche bis unlängst sehr schlecht lebten. Zu Ende der Türkenherrschaft (schon 1875), während des Krieges und noch im Winter 1879—80 gab es hier ganz verzweifelte Zustände, mit einer vollkommenen Hungersnoth, so dass die Leute beim Brodbacken aus Mangel an Mehl auch eine Art „weisser Erde“ (béla zemja) beimengten. Die Typen der Leute sind zum Theil hübsch; schöne Frauen sieht man an der oberen Dragovištica. Die Männer tragen braune Schaffellmützen oder weisse Wollmützen und braune Wolljacken mit braunen oder weissen Hosen, die Frauen grüne oder weisse Kopftücher, schwarze ärmellose Jacken, schwarze Röcke, breite rothe Gürtel mit grossen Spangen und gelbe oder rothe Schürzen; das Kopftuch wird oft um das Kinn gezogen. Das Volk ist primitiv und abergläubisch. Klöster gibt es nicht, alte steinerne Kirchlein nur in der Nähe der Eisenwerke. Bei der Einrichtung der Schulverwaltung im Fürstenthum gab es bloss 4 primitive Schulen; 1881 bestanden schon 15 Schulen mit 515 Schülern. Strassen sind nicht vorhanden, nur Reitwege, die meist durch die Rinnsale der Bäche führen und daher in der Regenperiode unbrauchbar werden. Jüngst wurde eine Telegraphenlinie nach Izvor errichtet.

Von Küstendil nach Izvor reist man zehn Stunden. Der Weg führt durch das schönste Dorf des Beckens, das zwischen Obstgärten verborgene Sovóljano, in welchem weinumrankte Pappeln an die Lombardei erinnern, und betritt nach $1^1/_2$ Stunden bei dem Gartendorf Périvol das enge Thal der Dragovištica, wo Weinberge und Gärten bald aufhören. Man reitet einigemal durch den zwischen Erlen und Pappeln strömenden Fluss. Jenseits Gorá-novci, dem ersten Dorf von Krajište, meldet sich eine wildere Natur durch den breiten, von Osten bergab kommenden Torrente von Polétinci; seine sonst so trockenen felsigen Stufen und weiten Sanddünen habe ich einmal nach einem Gewitterregen durch Kaskaden und Wirbel trüben Wassers wild belebt gesehen. Weiter gelangt man auf der Lehne des linken Ufers der Dragovištica zwischen Eichenbüschen bis zu einem zweiten sehr breiten Torrente, der aber fast horizontal ohne sichtbares Gefäll zwischen steilen Böschungen gebettet ist. Es ist die Ujenska Reka, auch Sücho Póle oder Suchodolína genannt (Trockenfeld, Trockenthal), an deren Ufern (4 St. von Perivol) in einem engen Kessel das Dorf Górňo Ujno liegt, mit Marmorbrüchen in der Nähe. Hier beginnt der Aufstieg auf eine waldlose Fläche (an 1100 M.) voll von sandigen, von den Wässern tief ausgewaschenen halbkreisförmigen Erosionen und tiefen Wasserrinnen. Die Aussicht umfasst einen grossen Theil des Krajište, mit dem Osogov im Süden. Von dort geht es abwärts nach Izvor. Dieser Hauptort ist ein kleines Dorf (600 Einw.) in einem kahlen Kessel. Der Name kommt von einer starken, nie frierenden Quelle (izvor), dem Ursprung der Izvorštica, welche gegen Südwest abfliesst und bei Bosiligrad in die Dragovištica fällt. Auffällig ist die grosse Ortskirche, ein dreischiffiger, fünfzig Schritte langer Bau, 1834 errichtet auf Betreiben eines Beglikdži aus Koprištica. Als Amtshaus dient eine Kula, ursprünglich für ein Piquet Zaptie's erbaut. Bei meinem ersten Besuch war es eine elende, von Viehhürden und Dornhecken umgebene Thurmruine; der Načalnik schlief im oberen Stockwerk auf seinem Bette im Kautschukmantel, die Schriften mussten stets in einen Koffer gesperrt werden, um bei nächtlichem Regen nicht eingeweicht zu werden und die Fenster waren nur mit zerfetzten Zeitungsblättern verklebt. Drei Jahre später stand die Kula verjüngt da, mit einem neuen Dach und Fussboden, Glasfenstern und sogar Vorhängen.

Von Izvor nach Božica sind noch fünf Stunden. Der Weg führt über die Milevska Planina. Rechts erblickt man bald in einem tiefen Thal das grosse Trékljeno, von welchem ein Saumpfad über Goráčevci nach Trn führt. Links soll es bei Grújenci die Ruinen einer Burg Slavište geben. An der Metojska Reka, einem Zufluss der Trekljenska Reka, gibt es schöne Buchenwaldpartien mit Farnkraut und Wiesen, vielen Bächen und eiskalten Quellen; in der Ferne ist die Vitoša, Rila und Osogov Planina sichtbar. Bei dem nur vier Häuschen zählenden Šátkovica erreicht man die Triften des Nordabhangs der Milevska Planina, mit einem Quarzpfeiler, der bei Nebel als Wegweiser dienen soll, und einem schönen Ausblick nordwärts auf das Grenzgebirge. Von dort steigt der Pfad in das zwischen kahlen Grasbergen tief eingeschnittene Thal der reissenden Božička Reka abwärts, wo wir bald an grossen, von Disteln und Dornen bewachsenen Schlackenhalden vorbeireiten. Die Weiler von Božica sind stundenweit zersprengt. Das Centrum (an 1240 M.) liegt auf einem Sporn am Zusammenfluss von zwei Bächen: ein altes steinernes Kirchlein des hl. Nikola, mit Fresken vom Jahre 1608, eine neue Schule und eine Reihe mit Stroh oder Schiefer gedeckter Häuser. Auf der gegenüber liegenden Thalwand stehen die Reste eines Thurmes der Kyrdžali's. Die Einwohner leben von Viehzucht und Arbeit in der Fremde.

Die Eisengruben liegen über $1^1/_4$ Stunde weiter nordwestlich auf dem von Wiesen, Zwergbuchen und Farnkraut bedeckten Kamm (an 1560 M.) knapp neben der serbischen Grenze. Auf eine halbe Stunde weit ist der Boden aufgewühlt und sandig. Man gewann das Eisen durch das Waschen des durch das Verwittern des Gesteins entstehenden, magneteisenhältigen Sandes. Die braune Oberfläche der steilen Sandabstürze, auf der die Eisenkörner und Krystalle massenhaft blinken, geräth bei jedem Windstoss in Bewegung. Daneben gibt es Eisenadern noch in unverwittertem Gestein. Nach den Angaben unseres Begleiters, des alten Stamenko, der in jungen Jahren hier Arbeitsaufseher war, wurde der Bergbau um 1855 wegen Mangel an Brennmaterial eingestellt. Das Bergwerk war ein Vakuf, durch Frohnarbeit der Umgegend betrieben. Die ausgewaschenen Eisenkörner wurden unten am Fluss in fünf Oefen eingeschmolzen, in einigen Hammerwerken (Samokov's) in

Stangen geschmiedet und diese nach Egri Palanka zur Bereitung von Hufeisen, Nägeln u. s. w. geführt. Aus 500 Okka Erz gewann man beim Schmelzen nur 120—160 Okka Eisen; das übrige blieb in den Schlacken. Die Eisengruben von Božica gehören zu einer grösseren Gruppe, die auf serbischer Seite in dem Thal der Vlasina und Masurica ihre Fortsetzung hat. In Božica wurde auch Goldwäscherei getrieben, ebenso in Ujno und anderen Orten des Krajište; die Sage spricht noch vom „goldenen Božica" (zlatna Božica). Die Božicaer arbeiten auch jetzt in den Eisengruben von Samokov und in verschiedenen Gruben Makedoniens und Serbiens; sie wandern überhaupt viel in den umliegenden Ländern herum.

Von dem Kamm erblickt man jenseits in Serbien ein grünes Thal mit einem ausgedehnten Torfmoor zwischen grossen Wiesen und der Hauptgruppe der in viele Weiler zertheilten Gemeinde Vlásina. Weiter westlich eröffnen sich grossartige Aussichten; wir sahen den Osogov, die Rila, den Balkan, den Ruj, ja in weiter Ferne erkannte ich den bläulichen, glockenförmigen Gipfel des Kopaonik und den Kamm des Jastrebac tief im Innern Serbiens. Ueber Topli Dol, dessen Einwohner nur Viehzucht treiben und im Gegensatz zu den vielgewanderten Leuten von Božica ein langsam denkendes, halbwildes Volk sind, stiegen wir in die Quellgegend der Lisinska Reka herab, die bei dem Dorf Ružana mit ihren Wäldern, Wiesen, der Ljubatska Planina im nahen Hintergrund und dem weiblichen Gesang bei der Ernte auf den kleinen isolirten Feldern wie eine Schweizer Landschaft aussieht. Nach einer Nacht in dem vier Stunden von den Eisengruben entfernten Gornja Lisina, wo wir im Freien auf der Gallerie eines Heustadels schliefen, gelangten wir Morgens längs der Dragovištica in vier Stunden in einem fürchterlichen Regenguss nach Bosiligrad (auch Bosilovgrad). Der Ort (710 Einw.) liegt am Zusammenfluss der Dragovištica mit der Izvorštica und Dukatska Reka in einem kleinen fruchtbaren Kessel, auf dessen geschütztem Boden Wallnüsse, Pflaumen, Pappeln, Mais und Bohnen gedeihen, hat mit seinen Gassen und Han's ein stadtartiges Aussehen und war eine Zeit lang auch als Centrum der Okolija ausersehen, aber das eine Stunde weit oben liegende Izvor hat seine Stellung behauptet. Ueber dem Dorf stehen die Reste einer Burg; unten werden alte Mauern und Gefässe gefunden, ja es gab hier auch einen Stein, dicht beschrieben mit „lateinischen" Buchstaben, der leider unlängst auf Betreiben eines abergläubischen Ignoranten zerstört wurde.

## 6. Dupnica.

Die Kadibrücke und die unteren Engen der Struma. Die Stadt Dupnica und ihr Becken. Der Geburtsort Belisar's. Von Dupnica nach Rila.

Ueber den Bach Zlokoštica und an dem grossen, wohlhabenden Dorf Granica vorbei erreicht man von Küstendil in zwei Stunden das Ostende des Beckens bei dem berühmten Kadin Most, der „Kadibrücke" über die Struma. Diese Brücke, ein solider Bau aus grossen regelmässigen Granitquadern, ist 144 Schritt lang, 7 Schritt breit und hat fünf Rundbogen, wovon der mittlere

31*

der höchste, die weiteren absteigend niedriger sind. Die Pfeiler laufen seitwärts in spitze Sporen aus und sind in der Mitte je durch ein kleines Bogenfenster durchbrochen. Die Brücke ist erbaut im Jahre der Flucht 874 (1469—70 nach Chr.) von Ishak Pascha, dem Grossvezier des Sultan Mohammed II. Dies berichtet eine arabische Inschrift am westlichen Eingang, die Herr Professor Karabaček in Wien nach einer von mir mitgebrachten Abzeichnung eines Türken entziffert hat. In den Sagen der Bevölkerung spielt diese Brücke, deren weisse Bogen von den Bergen der Umgebung weither sichtbar sind, eine grosse Rolle; die Steine zum Bau sollen von selbst über Felder und Wiesen gegangen sein und der Bau sei erst dann gelungen, als die Frau des jüngsten Meisters in den mittleren Bogen eingemauert wurde (S. 97).

Die directe Strasse nach Dupnica führt durch ein wenig ansprechendes kahles Hügelland mit einigen armseligen Dörfern und türkischen Čifliks. Die Gewässer der Gegend sammelt ein Zufluss des Džermen, die Razmetánica, mit Spuren von Goldwäschereien; der Name erinnert an die bei Kedrenos erwähnte Gegend Rametanitza, in welcher der bulgarische Car Samuel im 10. Jahrhundert seinen Bruder Aron ermorden liess.[1]) Weiter erreicht man auf einer steinernen Brücke mit acht Bogen über den Džermen schon Dupnica selbst.

Auf unserer Reise wählten wir einen Umweg, um den unteren Strumadurchbruch zu sehen, durch welchen der Fluss aus dem Küstendiler Bassin gegen Südost herausbricht. Von der Kadibrücke gelangt man in zwanzig Minuten in das von Dünger und Stroh duftende Četirci, in dem wir übernachteten. Es liegt an der Mündung der wasserreichen Elešnica, die bei den Weilern von Rákovo unter dem Rujen entspringt und in einem waldigen Thal mit spärlich zerstreuten Höfen zuerst nach Südost, dann nach Nordost fliesst. Die Thäler der oberen Elešnica und der mittleren Bregalnica jenseits der Grenze bilden zusammen die Landschaft Pijanec oder Pijanečko mit 42 Dörfern, die in der Türkenzeit ganz zur Kaza von Küstendil gehörte. Bulgarien ist nur das erste Thal mit 12 Dörfern zugefallen; der Rest mit dem Hauptort Cárevo Sélo blieb der Türkei. Die Einwohner tragen schwarze Wollkleider. Südlich vom Pijanec liegt am Oberlauf der Bregalnica die Berglandschaft Maléšovo, mit dem Hauptort Péčevo und den grossen Dörfern Berovo und Vladimirovo.[2]) Am unteren Lauf der Bregalnica befindet sich die Kaza von Kóčani, deren Hauptort (angeblich 930 Häuser) in dem Becken „Kóčansko Póle“ liegt. Nach den Erzählungen der Eingeborenen sollen diese der Wissenschaft noch wenig bekannten Gaue fruchtbare Landschaften sein, mit guten Dörfern und steinernen Häusern, wärmer als Küstendil, bewohnt von einer rein bulgarischen Bevölkerung, aber mit vielen Mohammedanern (Pomaken).

1) Ungefähr zwei Stunden nördlich von der Strasse liegt bei Bobov Dol vor dem Randgebirge des Radomirer Beckens ein Braunkohlenlager, das wir mit Herrn Zlatarski von Dupnica aus besucht haben. Der Betrieb wurde erst 1890 begonnen.

2) Die Namen sind alt. Piánitza und Malésova werden schon 1019 im Bisthum von Morozvizd erwähnt, Pijanec oft in Denkmälern des 14. Jahrh.

Durch die Enge der Struma gelangt man von Četirci nach Boboševo in 6 Stunden. Diese untere Enge in krystallinischem Schiefer, Amfibolit, Diorit, Tuff und Kreide hat grössere Windungen als die obere bei Zemen. Der Fluss ist so eingeengt, dass die Wege nur hoch oben an den felsigen, steilen, mehr oder weniger kahlen Lehnen führen. Die Struma ist schon zu tief, um überall selbst zu Pferde durchwatet werden zu können. Wir blieben stets am rechten Ufer. Nach 2 St. erreichten wir das in einem tiefen Kessel gelegene Dorf Pastuch, mit einer Burgruine auf einem hohen Felsen des linken Ufers, drei kleinen verfallenen Kirchlein mit Resten von Fresken mit slavischen Umschriften und den Spuren eines kleinen Klosters. Die Thonhütten mit Strohdächern waren eben ganz umhängt mit Tabakblättern zum Trocknen. Der Ortsname bedeutet in dem Dialect der Landschaft einen Hengst (auch altsl. pastuch); es gibt hier auch eine Thiersage von einem wilden Pferd, dem Herrn einer Quelle, die ich aber von den höchst primitiven Einwohnern nicht ganz herausfragen konnte. Hier lag wohl ein grösseres Centrum; die Burg ist wahrscheinlich das im 12—14. Jahrhundert genannte Schloss Žitomitsk.[1]) Der weitere Weg, ein schmaler Pfad, führt in Eichenbüschen mit Kornelkirschen und Crataegus in Baumform hoch an schwindligen Abgründen vorbei, bis man nach 2 St. wieder hinabsteigt nach Skrino, dem Geburtsort des hl. Johannes von Rila. Das kleine Dorf (60 Häuser) ist ein herrlicher Winkel voll Wallnussbäume, Aepfel und Pflaumen, umgeben von Weingärten und Tabakpflanzungen und durchflossen von schäumenden Gebirgsbächlein. Auf der nahen Höhe Rújen steht neben einer einsamen Kiefer die Ruine einer Capelle, wo angeblich der erste Aufenthaltsort des Heiligen war; an seinem Tag, dem „Vaterstag" (Očev den), versammeln sich dort die Einwohner zu Gebet und Schmaus mit einem Ochsenbraten. Unterhalb Skrino wird das Thal offener, mit Mais- und Tabakfeldern und Maulbeerbäumen. An einer ziegelrothen Kirchenruine Sveti Todor mit erhaltener Kuppel vorbei erreicht man den ansehnlichen Marktflecken Bobóševo (1812 F.) schon am unteren Ausgang der Enge, mit einer Holzbrücke auf drei steinernen Pfeilern über die Struma. Von dort erübrigen noch 2 St. nach Dupnica.

Das Becken von Dupnica (ungefähr 550 M.) ist ein elliptisches Bassin von 14 Kilom. Länge und 6 Kilom. Breite, mit der Hauptaxe von NO. nach SW. Die Felsberge des eben beschriebenen Durchbruchs der Struma umgrenzen es gegen das Bassin von Küstendil zu, eine kahle Hügelkette (Wasserscheide 718 M.) gegen das Becken von Radomir. Im Westen wird der Osogov sichtbar, im Nordosten die Vitoša. Die ganze Südseite überragt die Rila, eine imposante, steile, an 2000 M. hohe Mauer; erst aus der Nähe erkennt man in ihr die tiefen Einschnitte einzelner Giessbäche. Von hier aus ist ihre Besteigung äusserst schwierig und kein gangbarer Pfad führt über den Kamm hinüber. Die Abhänge sind ziemlich waldlos, ausser aus-

1) In der Biographie des Serbenfürsten Nemanja von seinem Sohn Kg. Stephan Cap. VII Žitomitsk neben Velbužd. In einer Urkunde 1347 (Šafařík, Památky 2. Ausg. 98) wird ein Weinberg in Žitomitsk gleich neben einem zu Skrino erwähnt.

gedehnten Büschen an den Unterhöhen, die auf einer flachen Lehmterrasse sitzen, durch welche die Gebirgsbäche in tiefen Rinnen abfliessen. Alle Gewässer des Beckens sammelt der Džermen, der unter dem Felsthor von Boboševo in die Struma fällt. Die Thalsohle ist wärmer als im Kessel von Radomir, aber wenig fruchtbar wegen der kolossalen Schuttmassen, welche die Wässer aus den Schluchten der Rila alljährlich herausschieben. Das Bett des Džermen ist in Folge dessen schon ganz flach; auf seinen Seiten dringen die Geröllfelder bereits in die Ackergründe ein, mit sumpfigen, von Mücken umschwärmten Stellen. Die Dörfer liegen alle am Rand unter den Höhen; das Innere des Thalbeckens ist monoton baumlos, mit Maisfeldern und einigen hohen Tumuli. Durch die Mitte des Bassins geht die geradlinige Strasse von Dupnica nach Samokov mit einer Baumallee.

Eine schöne Gegend beginnt am Südwestende, wo der Džermen zwischen Hügeln mit prächtigem Weinbau, Obstgärten und Tabakpflanzungen sich hinauswindet. Dort liegt Dúpnica (7919 E.), eine $^3/_4$ Stunden weit an beiden Ufern entlang sich hinziehende Stadt, mit vielen Brücken und Stegen. Der Mittelpunkt liegt an der von einer kühnen alten Bogenbrücke neben einer alten Moschee überwölbten malerischen Felsschlucht der wild schäumenden Bistrica, die aus den Schluchten der nahen Rila hinuntereilt. Die Stadt hat mit ihren grossen Konaks und vielen Moscheen einen türkischen Charakter, aber 1879 hat sich ein vollständiger Wechsel vollzogen; die fanatischen Osmanen von Dupnica zogen über die Grenze in das nahe Džumaja und die lebhaften und unternehmungslustigen Bulgaren von Džumaja wieder nach Dupnica. Neben wenigen Türken (85 Seelen) gibt es hier auch Juden, Wlachen und Zigeuner. Der Name stammt vom altslav. dupьnъ hohl, duplina, dupina Höhle, Grube.[1]) Die erste Erwähnung der „schönen Stadt Tobinitza", die sich erst in der Türkenzeit an dem Kreuzweg der Strassen von Konstantinopel nach Albanien und Bosnien und von Sofia nach Seres und Salonik entwickelt hat, findet sich in dem Tagebuch des Kölnischen Ritters Arnold von Harff 1499. In der Zeit der Kyrdžali's war Vojvode von Dupnica und Strumica der gewaltthätige Arnaute Suleiman Kargulija, der 1813 bei Deligrad durch eine serbische Kanonenkugel fiel; sein 1807 erbauter Konak dient jetzt als Schulhaus. An Frühlingstagen macht die Umgebung mit dem Schmuck der röthlichen Blüthen der Pfirsiche, Quitten und Mandeln und des weissen Flors der übrigen Fruchtbäume und mit dem glänzenden Schnee der Rila im Hintergrund einen anmuthigen Eindruck. An Feiertagen gesellt sich dazu die Pracht malerischer Costüme, die Mädchen in schwarzen mit Gold umsäumten Jacken, grünen Röcken, vergoldeten Gürteln und rothen Blumen im schwarzen Haar. Die Menge kriegerischer Flüchtlinge und Harami's macht aber die Stadt manchmal unliebsam belebt, wie bei den Wahlen 1886, wo der Načalnik mit beiden Deputirten niedergemacht wurde und wo

1) Die in Bulgarien von Vielen geschriebene Form Dъbnica ist ganz unrichtig, denn dъb Eiche lautet im Localdialect dab, der Name wird aber Dupnica und nicht Dabnica ausgesprochen.

in den schönen Gärten und Weinbergen rund herum ein Feuergefecht zwischen den bewaffneten Einwohnern knatterte.

Der älteste Ort des Beckens ist das Dorf Banja, nach dem benachbarten Sapárevo (oder Capárevo) auch Sapárevska Bánja genannt. Es liegt hart am Fuss des Rilagebirges an der Stelle, wo der Džermen aus einer tief eingeschnittenen Felsschlucht in's Freie tritt, in einem Hain von Obstbäumen. Am Westende entspringt eine schwefelhältige Thermalquelle. Von den zwei steinernen Badehäusern wird das eine von Gästen aus Dupnica und Samokov besucht; wir konnten das Innere nicht sehen, da es eben von Frauen besetzt war, massen aber die Temperatur der offenen Leitung auf dem Hofe mit + 68° C. Das zweite Kuppelbad ist eine Ruine, gerade mit furchtbar stinkendem Hanf gefüllt. Zwischen beiden befindet sich eine offene Quelle von + 49° C. Der Boden ist voll Eisenschlacken eines alten Bergwerks. Im Dorf selbst steht eine kleine Kirchenruine Sveti Nikola aus wechselnden Bruchstein- und Ziegellagen mit einem Kuppelthürmchen und Fresken mit slavischen Umschriften. Als Altar diente ein antiker Stein mit einer langen lateinischen Inschrift aus der Zeit des Kaisers Septimius Severus. Der Hof der Kirche und das ganze Dorf sind voll von antiken Trümmern, glatten Säulen, inschriftslosen Grabsteinen u. s. w. Auch im Gebirge soll es ringsherum Ruinen von 20—30 Kirchlein geben. Es besteht hier auch eine türkische Ansiedelung mit zwei Moscheen. Die bulgarischen Einwohner, die Männer in brauner Aba, die Frauen in blauen Kleidern und rothen Gürteln haben grobe Gesichter; unter ihnen gibt es viele Cretins und Leute mit Kröpfen (S. 68).

In diesem uralten Badeort an den Quellen des Džermenflusses, der noch im 14. und 15. Jahrhundert Germanštica oder Gjerman hiess, haben wir ohne Zweifel das antike Germaneia oder Germane, eine Stadt der Provinz Dacia mediterranea und nach Prokopios den Geburtsort des berühmten Feldherrn Belisar wiedergefunden. Prof. Tomaschek bringt den thrakischen Namen mit dem sanskritischen garma „heiss" in Verbindung, was zu den Warmbädern gut passt.[1]) Germaneia erscheint noch 1019 unter den Orten des Bisthums von Velbužd und wird als schöne Stadt „Džermania" zwischen Aeckern und Weingärten von dem Araber Idrisi (1153) zum letzten Mal erwähnt.

Von Dupnica durch das Strumathal abwärts hat das Land einen ähnlichen monotonen Charakter, wie das Becken oberhalb der Stadt, mit einer hohen Lehmterrasse, die sich von dem Rilagebirge gegen den Džermen und die Struma vorschiebt, links und röthlichen, kahlen Felsen rechts. Der kürzeste Weg ($3^1/_2$ St.) ist ein Bergpfad nach dem Marktflecken Rila, auf welchem man im Frühjahr, wenn unten alles in Blüthe steht, noch an nebelumhüllten Schneefeldern vorbeireitet und allerdings auch alle tief eingeschnittenen Abflüsse derselben passiren muss. Die breite türkische Militär-

1) Vgl. Arch. epigr. Mitth. X, 71 f. und Tomaschek, Zur Kunde der Haemushalbinsel II, 86.

strasse von Sofia nach Seres führt längs des Džermen und der Struma in einem ungefähr 2 Km. breiten, ziemlich öden Thal. Das Strumathal erscheint auf den ersten Blick als Fortsetzung des Džermenthales, die aus der Enge bei Boboševo hinzutretende obere Struma bloss als Nebenfluss. Die Strasse erreicht 4 Reitstunden von Dupnica das Grenzdorf Kočerinovo zwischen ausgedehnten Tabakfeldern. Die Terrasse zwischen beiden Wegen ist ein öder Lehmboden voll Geröll mit Eichenbüschen, Ziegenheerden, elenden Dörfern und einigen Čifliks mit hohen Kula's bei den tief eingerissenen Schluchten der Bäche. Die Grenze gegen die Türkei bildet der von Erlenbüschen begleitete unterste Lauf der aus einem Felsthor herauskommenden Rila. Hinter einer Brücke mit Wachthäusern an beiden Ufern sieht man das türkische Grenzdorf Barákovo (türk. Bairakly); $1^1/_2$ St. weiter südlich liegt die Stadt Džumajá mit fanatischen Osmanen, einer starken türkischen Garnison, warmen Quellen und grossen Tabakfeldern. Die Aufmerksamkeit des Reisenden fesselt besonders von der Lehmterrasse oberhalb Kočerinovo ein grossartiges Gebirgsbild im Südosten, die scharfe kegelförmige Perin Planina (2680 M.), der Orbelos der Alten, im Frühjahr oder Herbst mit seiner glänzenden Schneedecke ein unvergesslicher Anblick voll alpiner Majestät.[1]) Im Südwesten erblickt man die hohen gewellten Rücken der noch so wenig bekannten Berge von Malešovo. Von Kočerinovo, das mit seinen Gendarmen, Zollwächtern und bewaffneten Feldhütern sofort den Grenzort verräth, erreicht man in 1 St. gegen NO. den Marktflecken Rila. Der Weg führt durch das kleine Becken Kočerinovsko Póle, die wärmste Gegend West-Bulgariens. Die grossen Obstbäume, besonders schöne Birnen, die hellgrünen Tabaksblätter, der mannshohe Mais, die undurchdringlichen lebenden Hecken, die Menge bunter Schmetterlinge und die zwischen Röhricht auf sumpfigen Wiesen ruhenden schwarzen Büffel erinnern an süditalienische Landschaften.

Rila ist ein grosser Ort (2709 Einw.) in einem geschützten Kessel gerade vor dem Felsthor des Rilagebirges. Unter den Weingärten stehen die Holzhäuser in Terrassen zwischen Apfelbäumen, Pfirsichen und Wallnusskronen. Kleine Gebirgswässer rauschen auf den engen winkligen Gassen herab. Die Einwohner, ein intelligentes und freundliches Volk, betreiben Tabak- und Weinbau, sowie Krämerei auf dem manchmal sehr belebten Markt. Mit ihren Nachbarn, den Mönchen des grossen Klosters im Innern des Gebirges, die im Ort einen „Metoch" oder Hof haben, vertragen sie sich nicht gut. Eine der Ursachen sind die Schutzbefohlenen der Mönche, die zahlreichen Nonnen, welche in netten Privathäuschen einige Gassen der Gemeinde bewohnen und Wollstoffe weben; es sind nicht nur Greisinen, sondern auch junge schöne Mädchen. Am Fluss sieht man Massen von Eisenschlacken, welche gegenwärtig zur Pflasterung der Höfe dienen; die Eisenindustrie soll erst vor Hundert Jahren eingegangen sein. Die Grenze liegt nur fünf Kilo-

1) Mir nannte man den Berg stets nur Perin Planina oder Perin Dag. Der bei Barth und Rockstroh genannte Name Arizvanica (eigentlich Rizvanica) soll einer niedrigen Höhe zwischen Perin und Rila angehören.

meter südlich auf den Höhen bei dem Weiler Bozováija. Der Ort wird deshalb in der Nacht durch starke Bürgerpatrouillen mit Bajonettflinten bewacht.

Die Gemeinde scheint sich erst in neuerer Zeit entwickelt zu haben. Ihr Vorläufer war die Burg über dem drei Kilometer südwestlich entfernten Dorf Stob (türk. Istop) am linken Ufer der Rila, aus der Geschichte des 11—14. Jahrhunderts wohlbekannt.[1]) Unter der in Folge von Bergstürzen ganz unzugänglichen Ruine stehen auf einer Wiese drei hohe Tumuli; auch der ganze Wiesengrund bis Rila ist voll alter Fundamente. In Rila selbst finden sich Säulenknäufe, Karniesse und andere bearbeitete Steine. Auf dem Vorhof der hochgelegenen Pfarrkirche Sveti Arangel, eines alterthümlichen, mit Schieferplatten gedeckten Steinbaues mit alten Fresken und griechischen Umschriften daran, fand ich eine altgriechische Inschrift, in welcher die Beiträge einer Reihe „Bessoi" zur Errichtung eines Altars in Denaren verzeichnet sind. In Privathäusern sollen noch andere Inschriftsteine verborgen liegen.

## 7. Die Rila Planina.

Das Kloster des hl. Johannes von Rila und seine Geschichte. Ueber Samokov nach Sofia.

Das Gebirge von Rila, Rila Planina der Bulgaren, der Skombros des Thukydides und Aristoteles, und das in seinem Innern zwischen Urwäldern gelegene altberühmte St. Johanneskloster sind in neuerer Zeit aus den Beschreibungen vieler Reisenden auch ausserhalb Bulgariens bekannt geworden.[2])

Es ist ein wichtiger Gebirgsknoten, fast in der Mitte des continentalen Theiles der Balkanhalbinsel gelegen, in gleicher Entfernung von der Donau und dem Aegaeischen Meer, an den Quellen der Mesta, Marica und des Isker, sowie wichtiger Nebenflüsse der Struma. Die Begrenzung des Begriffes der Rila gegen die Rhodope ist nicht feststehend und die volksthümliche Scheidung am Elideré oder weiter ganz willkührlich. Der Name hält sich mehr in der Gegend des Flusses Rila, dessen Thal das Gebirge parallel mit der Längsaxe desselben von Ost nach West einschneidet. Die höchsten Gipfel, Musallá (2930 M.) und Čadyr-Tepé (2786 M.), liegen gerade über den drei Quellen der Mesta, Marica und des Isker. Weiter westlich theilt sich

1) Stobos 1019 im Bisthum von Küstendil, Stob bei König Stephan dem Erstgekrönten von Serbien, Stumpion bei Niketas Akominatos p. 668 und Akropolites p. 84 (ed. Bonn.), „grad Stob" in der Urk. des Rilaklosters von 1378 Das Dorf Rila wird weder in der Urk. 1378 (wohl aber seine Erzengelkirche), noch 1469 bei der Uebertragung des hl. Johannes erwähnt.

2) Ueber die Namensform siehe oben S. 2 Anm. 2. Boué (1836), Viquesnel, Grigorović, Hilferding, Barth, Mackenzie und Irby, Hochstetter, Rockstroh, Brunner von Wattenwyl, Pančić, Heller (Mitth. der Wiener geogr. Gesellsch. 1885) u. A. Eine 1868 verfasste bulgarische Beschreibung vom Hieromonach Neofyt erschien zu Sofia 1879 als eines der ersten Producte der Sofianer Buchdruckereien. Sonst bulgarisch eine geologische Beschreibung von Zlatarski im Periodičesko Spisanie, Heft 18, eine botanische von S. Georgiev im Sbornik des Unterrichtsministeriums 1890, III f.

das Gebirge. Der nördliche, gegen die Becken von Dupnica und Samokov sehr schroffe Kamm (rund 2130 M.) erreicht beträchtliche Höhen: Pópova Šápka über dem Kloster 2704 M., Sejménski Kámik 2674 M. nebst zahlreichen anderen Gipfeln über 2300 M. Die Rundsicht umfasst den Balkan, Vitoša, Ruj, Ljubaša, die Becken von Sofia, Samokov, Dupnica, Radomir und Küstendil, den Osogov, die Berge von Malešovo, den Perin, den Kessel von Razlog, Theile der Rhodope, der thrakischen Ebene und der Sredna Gora. Der südliche, durch den Spalt des Rilaflusses getrennte Kamm ist niedriger und bildet jetzt die Grenze Bulgariens gegen die Türkei. Die Kämme sind steinig mit vielen langdauernden Schneefeldern. Weiter unten folgen grosse Alpenmatten mit schlüpfrigem Gras, weshalb die Hirten an ihre Bundschuhe kleine Steigeisen (bulg. kótka, eigentlich „Katze") befestigen. Von ungefähr

Fig. 86. Kloster des hl. Johannes von Rila (Ansicht von der Ostseite).

2000 M. abwärts beginnen grossartige Urwälder, oben von Koniferen, unten von Buchen und Eichen. Den herrlichsten sah ich am oberen Lauf der Ilina Reka, einen finsteren, feuchten Urwald voll Modergeruch, umgestürzten abgestorbenen Kiefern, grossen Moosbänken und hohen Ameisenhaufen. Das sind Reste der Wälder, durch welche die alten thrakischen und makedonischen Herrscher bei ihren Kriegszügen sich immer erst die Wege ebnen mussten.[1] Der Kern des Gebirges besteht aus Granit und Syenit; daneben treten auf Glimmerschiefer, Amfibolit, aus welchem die schwarzen Säulen der Kloster-

1) Vgl. Thukydides II 98.

kirche gemeisselt sind, Phyllit und krystallinischer Kalkstein oder Marmor, aus dem man beim Kloster auch Kalk brennt.

Der allgemeine Typus hat schon viele Reisende an die Karpaten erinnert. Es gibt in Mehadia an der Černa oberhalb der Herculesquelle Partien, in denen man sich ganz in die Umgebung des Klosters von Rila versetzt fühlt. Selbst die „Meeraugen" der Tatra fehlen nicht. Das Gebirge hat nach der russischen Karte ungefähr siebzig ganz kleine Seen. Aus der Gegend der westlichsten Gruppe derselben entstehen die Bäche Bistrica und Otovica, die bei Dupnica in den Džermen fallen. Eine zweite Gruppe zwischen dem Quellgebiet des Džermen und des Schwarzen Isker heisst die „Sieben Seen", bulg. Sedem-tó jézera, türk. Jedigöler, was an die „septem lacus" des Plinius an den Strymonquellen erinnert. Aus einer dritten Gruppe von fünf Seen

Fig. 37. Klosterhof von Rila.

entsteht die Urdina Reka, einer der Quellbäche des Schwarzen Isker. Die grossen Seen am Ursprung der Rila heissen die „Fischseen" Rlbni Jézera; die Gruppe zählt sechs grosse, darunter den grössten des Gebirges, den fischlosen „Stinkenden See" Smrdlivo Jézero, und einige kleinere. Die Leva Reka, der mittlere der Quellbäche des Isker, entsteht aus einem ganzen System solcher winziger Seen. Vier Seen liegen am Westabhang der Musalla und einige andere speisen die Quellbäche der Mesta. Die letzten ostwärts befinden sich bei den Quellen der Marica.

In den steilen Schluchten stürzen im Frühjahr und Herbst Schneelawinen herunter, bulg. sóspa genannt, welche Steinblöcke und sogar Stücke der Wälder mitreissen. Die Wälder leiden auch durch Windbrüche, selten durch Feuer. Wild, nämlich Gemsen, Bären, Hirsche, Rehe, Luchse,[1] Wildkatzen u. s. w., gibt es viel, da die Mönche, keine Fleischkost geniessend, dem Jagdvergnügen abhold sind und höchstens nur die Wölfe verfolgen.

Die Mönche schätzen die Ausdehnung der Wildniss, dessen, was mittelalterliche Schriften die „Einöde von Rila" (pustynja Rylskaja) nennen, auf 16 Stunden Länge und 60 Stunden im Umfang. Die einzigen ständigen Bewohner sind die Klosterbrüder und ihre Dienerschaft; im Sommer beleben die Triften auch bulgarische und wlachische Hirten. Bei dem Kloster selbst gedeiht weder Obst noch Getreide, nur Linsen und Kohl.

Der einzige enge Fahrweg zum Kloster führt vom Städtchen Rila längs des Rilaflusses hinauf. Ausserdem gibt es nur drei Saumpfade, vom Kloster

Fig. 38. Klosterkirche von Rila.

nach Samokov, vom Kloster längs der Ilina Reka durch eine Waldwildniss nach Mechomia im Razlog (ungefähr 14 St.) und von Samokov über die sogenannte Demirkapija gleichfalls nach Razlog.

Der genannte Fahrweg ist ungefähr 4 Reitstunden lang. Schon 10 Min. hinter den letzten Häusern betritt man das Gebirge durch ein Felsthor zwischen riesigen grauen Conglomeratmassen, die schon Boué an die Puddingformationen des Rigi erinnerten. In der Enge zwischen Wäldern und Felsspiegeln erreichen wir längs der über Geröll und herabgeschleppte

1) Nach Stephan Georgiev, Sbornik 1890, III, 353 nicht Felis lynx, sondern der südeuropäische Pardelluchs, Felis pardina Oken.

Bäume wild tosenden Rila, deren Gepolter oft alle Conversation unter uns unmöglich macht, an der Stelle, wo die Conglomerate aufhören, das Metochion Orlica mit einer 1478 erbauten St. Peter- und Paulskirche. Dann folgt ein etwas breiteres Thal mit Wiesen zwischen Waldbergen. Die türkische Grenze befindet sich nahe rechts oben auf dem Kamm, hier in der Luftlinie nur drei Kilometer von der Strasse entfernt. Von dem links auf der Höhe gelegenen Dorf Pastra oder Pъstra („bunt") mit vielen Cretins reichen nur einige Schenken bis zum Weg herab (2 St.). Weiter (3/4 St.) passirt man einen Meierhof oder „Čiflik" des Klosters und erreicht in einer schattigen Enge bei einem Wachthurm die Mündung des von Südosten kommenden Waldthales der Ilina Reka, hinter welchem südlich von uns der Cárev Vrch (2390 M., „Kaisersberg") aus dem Grenzkamm emporragt. Von hier erübrigen noch 40 Minuten Weges gegen Nordost. Die Gegend wird wilder, das Thal enger, die Wiesen hören auf, den aufsteigenden Weg beschattet dichter Wald, die enggedrängte Rila tönt rechts lauter aus der Tiefe empor und bald erblicken wir vor uns im Hintergrund die kahlen Zinnen des Hauptkammes. Endlich öffnet sich zwischen der Waldlehne links und der Schlucht der Rila rechts eine kleine Wiese, quer abgeschlossen durch eine graue Schlossmauer mit kleinen Fenstern in vielen Stockwerken und einem eisenbeschlagenen Thor; es fehlt wahrlich nur ein Graben und eine Zugbrücke. Das ist das Kloster. Ueberraschend wirkt der erste Einblick in das Innere: ein grosser Hof mit smaragdgrünem Gras, ringsherum in 4—5 Stockwerken offene Arkadengänge mit den Thüren der ungefähr 300 Kellien und in der Mitte eine prächtige bleigedeckte Kuppelkirche aus buntem Gestein und daneben ein alter, vom Wetter geschwärzter Thurm! Abgesehen von Konstantinopel, den Palästen und Moscheen von Adrianopel, den Athosklöstern und dem römischen Palast von Spalato ist es der grösste steinerne Bau in der ganzen Nordhälfte der Balkanhalbinsel, aber ich muss sogleich hinzufügen, dass darin nur der Thurm aus älteren Jahrhunderten stammt (Fig. 36, 37, 38).

Das Kloster des hl. Johannes von Rila liegt in einer Seehöhe von etwas über 1100 M.[1]) unterhalb des Mündungswinkels der Rila und der aus einer malerischen Schlucht von Norden hervorbrechenden Drúšljavica, am rechten Ufer beider, an einer engen Stelle, so dass das Gebäude den Weg ganz sperrt. Ueber dem Kloster befindet sich noch ein kleines Wiesenthal an der Rila, im Nordosten überragt von riesigen Felsabstürzen, auf deren Zacken oben die letzten Strahlen der untergehenden Sonne das mit Blech beschlagene Kreuz auf dem Elenin Vrch (2401 M.) zu vergolden pflegen. Die traulichen Kellien mit ihren Wandschränken, Teppichbänken und grossen zierlichen Oefen haben die schönsten Aussichten in die Waldnatur; bei Tag und Nacht hört man stets das melodische Rauschen der Rila. Manchmal er-

1) Viquesnel und die österreichische Karte haben 1180 M., die russische Karte 1151 M. auf einer Wiese oberhalb des Klosters; eine Observation von Zlatarski gibt 1138 M., eine von Heller 1268 M., was zu viel ist.

eignet sich ein Schneefall noch am Sct. Peterstag, aber die Sonne scheint alle Monate in das tiefe Thal hinein und die hohen Bergwände schützen das Kloster vor dem Ungemach der Winde und Schneestürme.

Die Anfänge dieses Klosters fallen in die erste Zeit des Christenthums in Bulgarien. Sein Gründer, der hl. Johannes oder Ivan, starb nach den altbulgarischen Prologen im J. 946, 70 Jahre alt; er war also geboren um 876, noch unter der Regierung des ersten getauften Fürsten Boris und lebte unter dem Caren Symeon, als Zeitgenosse der Schüler der Slavenapostel. Die Legenden bringen ihn, allerdings etwas nebelhaft, in Verbindung mit dem Caren Peter (927—969). Neben ihm wirkten gleichzeitig noch drei Eremiten, angeblich seine Schüler, deren Klosterstiftungen noch in der Nähe auf türkischem Boden bestehen, der hl. Prochor von Pšinja, der hl. Gabriel, der Gründer des Erzengelklosters von Lesnovo bei Kratovo und der hl. Joakim von Osogov oder Sarandapor.[1]) Das Leben des hl. Johannes von Rila schildern zahlreiche Legenden, die aber von einander oft sehr abweichen.[2]) Er stammte aus Skrino, als Sohn nicht armer und nicht reicher Eltern, wurde nach deren Tode Klosterbruder am Berge Rujen bei seinem Heimatsort, dann Eremit bei Pernik und an der Vitoša, bis er endlich ein Einsiedlerleben in der pfadlosen Einöde von Rila begann, zuerst in einem hohlen Baum, später in einer Höhle, und dort bald unter den Hirten und dem Landvolk der Umgebung durch seine Wunderthaten an Kranken berühmt wurde. Um ihn sammelte sich eine Eremitengemeinde, in Hütten unter der Höhle. Er verfasste für sie ein Typikon, das noch in Geltung steht; eine seiner Vorschriften verbietet den Brüdern den Genuss des Fleisches, so dass heute noch Kohl, Bohnen, Käse und Fische fast die einzige Nahrung derselben bilden.[3]) Eine Stunde aufwärts von dem jetzigen Kloster sieht man links hoch oben auf der Waldlehne zwei kleine Gebäude. Das östliche (Fig. 39) ist die Stara Postnica, die „alte Fastenhütte“ oder der Stari Skit, die „alte Klause“ des hl. Johannes mit drei kleinen Höhlen, deren eine oben offen ist und von abergläubischen Pilgern zur Prüfung ihres Gewissens durchkrochen wird; der Sünder kommt durch die Enge nicht durch. Etwas tiefer steht ein Kirchlein mit der ursprünglichen Grabstätte des hl. Johannes, halb in eine Höhle hineingebaut, und daneben befinden sich bei einer Quelle vier

1) Das neugriechische „Saránda Pori“ (τεσσαράκοντα πόροι) wiederholt sich, wie das türkische „Kyrk-gečid“, oft auf der Halbinsel an Gebirgsübergängen; beides bedeutet „Vierzig Fuhrten“.

2) Ueber die sechs Legenden siehe Prof. Syrku im Petersburger Sbornik zu Ehren Lamanski's 1883 S. 354—380; vgl. meine Cesty 465 Anm. 16. Es sind: 1. Ein Werk des Georgios Skylitzes, verfasst in Sofia unter Manuel Komnenos. 2. Slavische, naiv populäre Legende aus dem 12. Jahrhundert, als der Leib des Heiligen sich noch in Sofia befand. 3. Kurze Biographie im „Prolog“ ungefähr aus dem 13. Jahrhundert, als der Heilige in Trnovo war. 4. Das Werk des Patriarchen Euthymij von Trnovo (14. Jahrh.). 5. Das Werk des Demetrios Kantakuzenos aus den J. 1470—1478. 6. Uebertragung des hl. Johannes von Trnovo nach Rila 1469 von Vladislav dem Grammatiker. (1. und 5. griechisch, nur in slav. Uebersetzung erhalten).

3) Dieses Typikon ist nur aus einer Notiz bei Neofyt S. 22 Anm. bekannt.

unter einem überhangenden Felsen eingebaute Kellien. Ein greiser Mönch wohnt dort seit 33 Jahren in der Einsamkeit und wirkt Mützen; er bewirthete uns mit dem besten, was er hatte, einem Lindenthee. Eine halbe Stunde westlich liegt die jetzt verlassene Klause des hl. Lukas, eines Vetters des hl. Johannes.[1]) Die Sage behauptet, das älteste grössere Kloster sei auf den Wiesen unter dieser Klause gewesen.

Der Leib des hl. Johannes soll noch vom Caren Peter nach Sofia übertragen worden sein, worauf er über 500 Jahre von Rila entfernt blieb (S. 361). Das Kloster wurde inzwischen von den bulgarischen Caren durch grosse Schenkungen ausgestattet; die erhaltene Urkunde des Caren Šišman citirt Privilegien von Asen II. und dessen Sohn Kaliman und „von allen Urgross-

Fig. 39. Die alte Einsiedelei des hl. Johannes von Rila.

vätern, Grossvätern und Eltern unseres Carenthums". Nach der Schlacht von Velbužd war ein serbischer Vojvode Chrelja, Herr von Strumica und Melnik, ein grosser Gönner des Klosters und schloss auch seine Tage hier als Mönch Chariton im Jahre 1343; seine Grabinschrift ist bei der Kirche noch zu sehen. Chrelja erbaute den erwähnten viereckigen Thurm, die Relina Kula oder den

1) Das Kirchlein der St. Lukasklause hat zu Anfang unseres Jahrhunderts ein reuiger Räuber Ivan aus Stara Zagora (als Mönch Hadži Ignatij) aus eigenen Mitteln erbaut; er soll an Hundert Menschenleben am Gewissen gehabt haben und fand den Tod im Kloster durch die Hand eines Narren. Sein Neffe Ignatij, ein Fanatiker gegen den Islam, wurde 1814 in Konstantinopel hingerichtet und von der Kirche den Märtyrern zugezählt.

Pyrg (πύργος), dessen nur durch wenige kleine Fenster durchbrochenes, schwarzes Gemäuer an 25 Meter hoch aufragt und von der lichten Kirche grell absticht. Er stand, wie die ähnlichen Pyrgoi der Athosklöster, ursprünglich an einer Ecke oder bei einem Thor und ist erst bei der Vergrösserung des Klosters in das Innere gerathen. Unten enthält er einen Kerker für Narren und unfolgsame Mönche, im obersten Stockwerk eine kleine Capelle mit einem alten Muttergottesbild, der Sage nach einem Geschenk des Kaisers Manuel Komnenos. Auf der Südseite ist hoch oben eine aus geraden und runden Ziegeln zusammengestellte slavische Inschrift eingemauert: „Unter der Regierung des überaus erhabenen Königs Stephan Dušan hat Herr Protosevast Chrelj (sic) diesen Pyrg mit viel Aufwand und Arbeit erbaut, für den hl. Vater Johannes von Rila und die Mutter Gottes genannt Osěnovica, im Jahre 6843 (1335), Indiction ...“ Aus der folgenden Zeit besitzt das Kloster ein Pergamentchrysobull des Caren Šišman vom 21. September 1378 mit der Bestätigung des ganzen Besitzes. Es ist die einzige altbulgarische Urkunde, die sich innerhalb des jetzigen Fürstenthums erhalten hat.[1]) Ich glaube nicht, dass sie vermauert war, sonst hätte sich aus dem Archiv auch Anderes erhalten; eher hat man sie nach dem Athos gerettet und wieder zurückgebracht. Aus diesem Document ersieht man, dass das Kloster ausser seinem jetzigen Territorium, welches das Quellgebiet der Rila bis Pastra umfasst, auch noch die ganze Landschaft zwischen Rila, Struma und Džermen besass, sowie einzelne Dörfer im Razlog und bei Džumaja, auch jenseits der Struma.

Bald darauf im Jahre 1385 verbargen oder vermauerten die Mönche, wie wir aus einer Notiz erfahren, viele alte Bücher und andere Gegenstände aus Furcht vor den „gottlosen Söhnen der Agarener“, nämlich den Osmanen. Die Furcht war nicht grundlos. Das Kloster verödete in den stürmischen Zeiten und Gras und Gestrüpp wucherte auf dem Gemäuer des Pyrgos und auf der Kuppel der Kirche. Erst in der Hälfte des 15. Jahrhunderts wurde es erneuert von drei Brüdern aus Granica bei Küstendil, Joasaf († 1463), David und Theofan, Nachkommen eines wohlhabenden Geschlechtes, welche dem Christenthum unter der Herrschaft des Islam einen festen Hort schaffen wollten. Mit Hilfe der „Kaiserin Mara“, der Witwe Sultan Murad II. und Tochter des serbischen Despoten Georg Branković, die bei Seres lebte, haben sie 1469 den Leib des hl. Johannes aus Trnovo wieder in seine Bergöde zurückgebracht. Da das Kloster demnach nicht ununterbrochen bewohnt war, enthalten die ungefähr 100 slavischen Handschriften der Bibliothek nur wenige Stücke aus der Zeit der mittelalterlichen slavischen Staaten der Halbinsel. Das Werthvollste sind zwei voluminöse Legendensammlungen von 1479 und 1483.

Die Sultane haben dem Kloster ihren Schutz nicht versagt. Es besitzt eine ganze Sammlung von Fermans mit Bestätigungen des Grundbesitzes und

1) Herausgegeben von Šafařík, Památky 2. Aufl. 105—108 nach einer Abschrift Neofyts. Wünschenswerth wäre eine neue Edition mit photographischem Facsimile.

Steuerbefreiungen, sowie zwei grosse Leuchter, angeblich ein Geschenk Murad's II. Einige Türkenfamilien in Dupnica übten bis unlängst ein Beschützeramt über das Kloster aus. Ein Geschenk des moldauischen Vojvoden Johannes Bogdan von 1511 sind zwei goldgestickte Decken für den Sarg des hl. Johannes. Die serbischen Patriarchen von Peć besuchten es öfters, zuletzt der letzte von ihnen Kallinik 1766. Um das bulgarische Volk hat sich das Kloster in der Türkenzeit viele Verdienste erworben. Die Legenden des hl. Johannes mit der Erwähnung der alten Herrscher Peter, Asen und Šišman trugen zur Fortdauer der Erinnerung an den alten Nationalstaat bei. Durch den Einfluss des Klosters ist das Vordringen des Islam im Strumathal aufwärts eingestellt worden. In der Klosterkirche, ebenso wie in den Klöstern von Kalofer, Sopot u. s. w., wurde der Gottesdienst stets in altslavischer Sprache gelesen. Die Mönche besassen in vielen Städten Höfe, sogenannte Metochia, deren Verwalter (Taxidioten) das Volk zu belehren und Gaben zusammeln hatten, in Dupnica, Samokov, Breznik, Sofia, Niš, Vidin, Vraca, Kazanlyk, Kotel, Čirpan, Philippopel, Tatar-Pazardžik, Koprištica, Salonik u. s. w. In den J. 1765 bis 1778 wurde das Kloster dreimal von arnautischen Räubern geplündert; bei dem Ausbruch des griechischen Aufstandes erpresste ein türkischer Heerhaufe ein grosses Lösegeld. Im Jahre 1833 wurde der grösste Theil der Gebäude durch ein Schadenfeuer eingeäschert, da nur die Kirche, der alte Thurm und die Gewölbe des Erdgeschosses aus Stein waren.

Dieses Unglück gab Anlass zu einem grossartigen Wiederaufbau in den Jahren 1833—1847. Den nöthigen grossherrlichen Ferman dazu hat Stefan Vogoridi, Fürst von Samos, erwirkt. Der Bau ist ein Denkmal des inneren Friedens und der grösseren religiösen Freiheit in der Periode vom Adrianopler Vertrag bis zum Krimkrieg; früher war so ein Unternehmen unmöglich wegen Mangel an Religionsfreiheit, später wegen dem Hervortreten rein politischer Tendenzen. Das ganze bulgarische Volk hat dazu beigesteuert. Den Reisenden überrascht ein Umstand. Diese riesigen ungeweissten Burgmauern aus behauenem Stein, diese kühnen Kuppeln, farbigen Wandgemälde und feinen Schnitzarbeiten sind alle die Arbeit von Eingeborenen der Halbinsel, Bulgaren und Wlachen, das Werk nicht studirter Meister, welche sich nur nach den ererbten Mustern richteten! Man sieht sofort die lebendige Tradition des byzantinischen Mittelalters, erkennt aber auch bald das Vorbild, den Athos. Das Kloster von Rila ist nur eine geschickte Nachahmung der alten Monasterien des Hagion Oros. Die Kirche baute Meister Paul aus dem makedowlachischen Dorf Krimino im Pindus, die Flügel mit den Kellien verschiedene Debraner, wie der Meister Krsto Debralija aus Lazaropole, oder Nachbarn, wie Meister Alexa Rilec aus dem Dorf Rila und Meister Milenko aus Blatešnica (S. 469).[1]) Die Wandmalereien arbeiteten Samokover und Razloger,

1) Der Ort des Steinbruchs ist jetzt nach 60 Jahren vergessen und verfallen. Er lag $1^1/_2$ Stunden aufwärts schräg gegenüber der Höhlenkirche des hl. Johannes, auf dem Berg Černej, einem von Urwald mit herrlichen Moosbänken überwachsenen Bergsturz mit riesigen Blöcken, zwischen denen jetzt Bären und Füchse hausen.

besonders der Meister Dimitr aus Bansko im Razlog und die Brüder Dimitr und Zacharias aus dem Dorf Dospej bei Samokov, Söhne des Christo „Zograf“, der noch am Athos gelernt hatte. Der Sohn dieses letzteren Dimitr, Stanislav (eigentlich Zafir) Dospevski, hat sich in Russland vervollkommt, fand aber 1877 den Tod in den Kerkern von Konstantinopel, als gefährlicher bulgarischer Patriot ohne Process erdrosselt.

Das Klostergebäude ist ein unregelmässiges Viereck. Zwei Thore, das Samokover und Dupnicaer führen in den Hof. Die Treppen und der Boden der Gallerien sind hölzern, ebenso wie die oft in schwindliger Höhe vorspringenden Balkone. Nur ein Theil der östlichen Front ist im alten Zustand mit einem niedrigen, hölzernen Stockwerk über dem Steingewölbe des Erdgeschosses. Der eleganteste Flügel, mit der Wohnung des Igumen, den Gastzimmern, der Bibliothek und dem Speisesaal (Trapezaria) ist gegen Süden zur Rila gewendet. Die Küche (Magernica) mit ihrem russigen Gewölbe und breitem Kamin, ihren grossen Kesseln und ruderartigen Riesenlöffeln erinnert an die Küchen der alten Burgen des Abendlandes. Eine Leitung aus der Drušljavica treibt im Erdgeschoss eine Mühle und speist die sechs Fontainen des Klosterhofes. Die wirthschaftlichen Gebäude, Ställe, Sägemühlen, Schmieden u. s. w. befinden sich draussen vor dem Samokover Thor.

Die Kirche der Geburt der Mutter Gottes wurde an der Stelle der kleinen mittelalterlichen Kirche 1834—1837 erbaut, aber erst 1860 vollendet. Ihr Plan soll der Kirche von Chilandar am Athos entlehnt sein. Ein offener Peristyl mit schlanken Säulen aus weissem Marmor und schwarzem Amfibol umgibt die Hälfte der Aussenseite. Die fünf Kuppeln sind mit Blei von Kratovo gedeckt. Die bunt abwechselnden Reihen der weissen und rothen Quadern der Aussenmauern machen einen glänzenden Effect und erinnern an die bunten Façaden z. B. der Kathedrale San Lorenzo in Genua oder des alten Rathhauses von Como. Das Innere ist von Säulenreihen in drei Schiffe abgetheilt und vom glatten Marmorboden bis in die Kuppeln von Wandmalereien bedeckt. Man findet hier unter Anderen die bulgarischen, serbischen und russischen Nationalheiligen in Lebensgrösse, die Slavenapostel, den hl. Kliment und Naum von Ochrid, eine Reihe serbischer Könige und Erzbischöfe u. s. w.; unter den übrigen bärtigen Eremiten und Märtyrern fallen die aus der mittelalterlichen Literatur des Orients und Occidents bekannten Barlaam und Josaphat auf. Die Vorlage zu diesen Fresken waren zum Theil die chalkographischen Bilder des Serben Žefarović aus dem 18. Jahrhundert. Den Altar verdeckt eine prachtvolle, ganz vergoldete Ikonostasis voll Arabesken und emaillirter Heiligenbilder, an welche rechts der Sarg des hl. Johannes von Rila angelehnt ist. Auf den Mauern und auf den Steinen des Pflasters lesen wir die Namen der Gönner oder „Ktitores“, aus dem Donauland, Thrakien und Makedonien, vorzüglich aber aus Koprištica und Gabrovo; die Beglikdži's von Koprištica sind mit ihren Frauen in den Fensternischen auch abgebildet. Draussen unter dem Peristyl befindet sich eine Art gemalter Katechismus für das naive Bauernvolk, der an manche mittelalterliche Fresken im Occident erinnert; Schaaren von Räubern, Dieben, Gastwirthen mit falschem Mass,

Kaufleuten mit falschem Gewicht, Bäuerinen, die an Feen und Zaubereien glauben und anderer Sünder und Sünderinen befinden sich in den Händen einer Armee gehörnter, mit Zangen und Gabeln bewaffneter Teufelchen. Die fünf Kirchenglocken, davon drei ein Geschenk des Serbenfürsten Miloš Obrenović, hängen in einem arkadenartigen Zubau am Fuss des alten Thurms.

Die Athosklöster, das Muster für den ganzen Orient, theilen sich in zwei Classen; die einen sind nach Fallmerayer's Bezeichnung monarchisch organisirt (*κοινόβια*, slav. obštežitie), mit lebenslänglichen Igumens, ohne Privateigenthum der Mönche und mit gemeinsamem Tisch, die andern demokratisch (*ἰδιόῤῥυθμα*), mit jährlicher Wahl der Vorsteher und mit eigener Wohnung und Küche für Jeden der Brüder nach dem Stand seiner Mittel. Das Kloster von Rila gehört mehr zur zweiten Gruppe. Jeder Klosterbruder hat Zelle und Küche, bezieht aber einen Antheil aus den gemeinsamen Vorräthen; nur an Sonn- und Feiertagen versammelt sich die Klostergemeinde zu einer gemeinsamen Tafel, unter Vorlesung religiöser oder belehrender Texte. Jeder Mönch ohne Ausnahme hat ein Amt mit bestimmten Pflichten. Zweimal im Tage, Nachmittags und um vier Uhr in der Früh versammeln Hammerschläge auf ein meterlanges Brett (*σήμαντρον*, klepálo) die Bruderschaft zum Gebet in die Kirche. Noch zu Menschengedenken zählte man ausser den Novizen (beléc, der „Weisse“, Weltliche), Dienern, Hirten und Wächtern an 200 Mönche; jetzt leben hier im Ganzen an 200 Personen, davon nur 78 Mönche, die aus den verschiedensten Gegenden Bulgariens abstammen, besonders aus Samokov, Razlog und dem obersten Maricagebiet. Es sind meist vielgewanderte Leute, ohne Gelehrsamkeit, aber mit praktischem Sinn.

Der bedeutendste Mann der Bruderschaft war in unseren Zeiten der Vater Neofyt, der im Jänner 1881 im Alter von fast 90 Jahren gestorben ist, einer der Gründer des neubulgarischen Schulwesens und Schriftthums. Der Sohn eines Popen im Dorf Bansko im Razlog, kam er in das Kloster als Lehrling des Malers Dimitr und fand an dem Klosterleben einen solchen Gefallen, dass er wider Willen seiner Eltern Mönch wurde. Sein erster Lehrer war ein griechischer Grammatikos (Secretär) des Klosters, der dann beim Ausbruch des Freiheitskampfes heimlich in sein Vaterland floh; später lernte Neofyt in der griechischen Schule des Wlachen Adam aus Medzovo in Melnik und an dem griechischen Lyceum von Bukarest. Darauf widmete er sich dem Lehramte, war Lehrer an der ersten modernen bulgarischen Schule von Gabrovo 1835, dann an einer zweiten Schule in Koprištica, später Professor des Kirchenslavischen an der griechischen geistlichen Akademie auf der Insel Chalki bei Konstantinopel, kehrte jedoch 1852 in sein Kloster zurück. Die oft angebotene Bischofswürde hat er stets zurückgewiesen. Er übersetzte den Bulgaren das Neue Testament und begann 1875 den Druck eines grossen bulgarischen Wörterbuches, der jedoch bald ins Stocken gerieth; das Manuscript blieb unvollendet und die Herausgabe ist problematisch, da es das Neubulgarische vermischt mit dem Kirchenslavischen enthält und die Erklärungen griechisch sind, in einer Sprache, deren Erlernung bei der Jugend Bulgariens jetzt durch das Studium des Französischen, Russischen, Englischen und Deutschen ganz verdrängt ist. Ich habe den um die Aufklärung in Bulgarien hochverdienten Greis, einen bescheidenen und stillen Mann von kleiner Gestalt, noch gesehen; er war gebückt, gebrauchte aber keine Brille, hörte vortrefflich und sprach mit fester Stimme. Seine Erinnerungen, von denen er bei seinem klaren Gedächtniss gern sprach, umfassten die ganze Periode von den trüben Zeiten Selim's III. bis zur Erneuerung des bulgarischen Staates, eine lebende Chronik der Wiedergeburt der bulgarischen Nation.

Das Kloster wird von zahlreichen Pilgern (poklonnik) besucht, oft von 2500 Personen, ja nach dem Krieg 1878, als wieder ein tiefer Frieden mit nie dagewesener Sicherheit eintrat, kamen 6000 Menschen auf einmal mit ebensoviel Pferden. Jede Stadt hat ihren Pilgertag hier, am „Očev den" (Vaterstag, des hl. Johannes von Rila, am 20. October), „Petrov den" u. s. w. Die Meisten kommen am Ostersonntag (Velikden). Ich habe einmal so eine Osterfahrt gesehen, in einer Zeit, wo der Schnee noch tief hinabreicht und wo die Laubwälder noch kahl sind. Da gab es Leute aus allen Gegenden von Melnik bis Philippopel, Sevlijevo und Belogradčik, mit Frauen und Kindern; die Fernsten hatten sechs Tagereisen zurückgelegt. Unter dieser Masse in bunten Nationalkleidern, Kalpaks und Turbans fühlte ich mich fast beengt als der Einzige in europäischer Tracht, nach dem sich Jeder umsah. Bei solchen Pilgerfahrten gibt es nur frommes Gebet, keinen Schmaus, Tanz und sonstige Kirchweihbelustigung, wie in den kleinen Klöstern des Ostens, und noch am Ostersonntag selbst brach Alles ruhig wieder nach Hause auf.

Die stürmischen Zeiten vor der Befreiung hat das Kloster glücklich überstanden. Als 1876 einige verwundete Bataker sich durch die Wälder bis zu ihren Landsleuten unter der Bruderschaft durchschlichen, wurden die Mönche von Baschibozuks aus Džumaja und Dupnica, die Insurgenten suchten, behelligt, besänftigten sie aber durch Geld, Speise und Trank. Während des russischen Krieges flüchtete sich das ganze Städtchen Rila in das Kloster, das im Winter durch Schneewehen ganz unzugänglich wurde. Durch den Berliner Vertrag wurde das Kloster aus einer Einöde tief im Innern des Osmanenreiches plötzlich zu einer Grenzlandschaft. In der Türkenzeit unterhielt es eine Wache von 40 christlichen Panduren in arnautischen Costümen zur Bewachung der Heerden, der Karawanen und der Thore, an welchen je ein bewaffneter Mönch als „Portar" befehligte; daneben besoldete das Kloster 10 Zaptiés, die auf dem Čiflik bei der Mündung der Ilina Reka standen. Jetzt ist die Pandurenwache verringert, aber in der Nacht werden die Thore noch immer fest geschlossen, die Schlüssel dem Igumen überbracht und auf den Gallerien Nachtwächter ausgestellt. In den Zellen hängen neben Kreuzen und Rosenkränzen auch blanke Flinten der neuesten Systeme und die Mönche bemerken oft im Gespräch, dass der Fall einer plötzlichen Gefahr nicht ausgeschlossen sei.

Fürst Alexander pflegte fast alljährlich im Sommer das Kloster zu besuchen. Dabei belebte sich das Mönchsschloss durch die Anwesenheit vieler Gäste, eine Infanteriecompagnie und eine halbe Escadron lagerte in den Gebäuden vor dem Samokover Thor, auf dem Hof rasselten die Trommeln einer improvisirten Hauptwache und in einer Zelle war ein Telegraphenamt errichtet. Die volle Steuerbefreiung, die das Kloster in der Türkenzeit genoss, wurde von der bulgarischen Nationalversammlung 1883 erneuert. Aber die neue Zeit begann bald an der Klostergemeinde zu rütteln. Viele Politiker erklärten das Kloster für überflüssig und wollten es in ein fürstliches Jagdschloss umgewandelt sehen. Das constitutionelle Leben brachte neue Ideen in die Bruderschaft selbst, die, geschieden in Reiche und Arme, natürlich auch Zufriedene und Unzufriedene zählt, und im Kloster gab es viel innere Zwietracht und Parteigezänk. Das bulgarische Publicum wünscht, das Kloster möge ein geistliches und literarisches Centrum werden und eine Schule zur Hebung des geistlichen Standes und Erziehung von Predigern nebst einer Druckerei errichten. Aber dazu fehlt es unter den Mönchen derzeit an Thatkraft und Talenten.

Auf dieser Reise besuchte ich das Kloster zum dritten Mal. Trotz des unsicheren Septemberwetters bestieg Herr Zlatarski die von Barth beschriebene Gipfelgegend nördlich vom Kloster, eine zwölfstündige anstrengende Partie; ich konnte wegen einer Unpässlichkeit nicht daran theilnehmen.

Den Rückweg nach Sofia nahmen wir über das zwölf Stunden vom Kloster entfernte Samokov, schon im herbstlichen Nebel und Sprühregen. Nach einer Stunde bleibt der Kriva Reka (krummer Fluss) genannte Oberlauf der Rila im Waldthal Ticha Rila (stille Rila) rechts. Unser Weg führt links auf einem Zickzackpfad aufwärts auf einen Sattel, auf welchem ($2^1/_2$ St. vom Kloster) der „Trockene See“, Súcho Jézero, liegt, zwischen mächtigen Steinblöcken und düsterem Kieferwald mit Wachholderbüschen (1933 M.). Das ovale Bassin ist an 400 Meter lang, hat einen periodischen Wasserstand und pflegt im Winter voll zu sein. Wir sahen es leer mit einem sandigen Grund voll trockener Rinnsale, wie von Bächen; nur am Westende war ein Tümpel, neben dem ein Gebüsch von hohem, schön blühendem Aconitum unsere Aufmerksamkeit erregte. Bei hohem Wasserstand soll es im See auch Fische geben. Auf den Felsmauern im Norden des Sattels schäumt ein Wasserfall, aber ohne Abfluss; dafür hören wir unterirdische Wässer unter uns. Den ganzen Sattel scheint eine Schicht riesiger Blöcke zu bedecken; mit ihren Lücken bildet sie ein Reservoir für abflusslose Wässer, welche bei Ueberfüllung oben auf den Seeboden hervortreten. Eine Stunde weiter aufwärts liegt die Wasserscheide zwischen dem Aegaeischen und Schwarzen Meer (nach der russ. Karte 2155 M.), das Kobflino Bránište (Stutengehege), ein mooriger Wiesenplan, auf welchem noch Wlachen in weissen Kleidern und blauen Turbans eine Heerde kleiner Gebirgspferde weideten. Von dort steigen wir in das Iskergebiet abwärts. Der Isker entsteht aus drei Quellflüssen: dem „Schwarzen Isker“, Černi Isker im Westen, dem „Linken Fluss“, Leva Reka in der Mitte, und dem „Weissen Isker“, Beli Isker von der Demirkapija und der Musallá im Osten. Der Pfad nach dem Kloster folgt der Leva Reka, die in einem geradlinigen Thal fliesst. Unsere Kleider wurden ganz feucht von dem rasch wechselnden Nebel. Von den sonst hier weidenden Rinderheerden von Samokov und Panagjurište hatte nur eine den Rückzug von der Sommerweide noch nicht angetreten. Der Abstieg zur Thalsohle führt im Gebüsch über eisglatte, an zwanzig Schritt lange Stufen oder Felsplatten, über welche man die Pferde oft nur mit Schwierigkeiten hinüberbringt. Das Dorf Beli Isker bei der Vereinigung der Quellflüsse vor dem Austritt des vereinigten Isker aus dem Gebirge in's Freie ist wieder der erste ständig bewohnte Ort.

Das Thal von Samokov ist auch eines der typischen Becken West-Bulgariens. Von Süd nach Nord ist es längs des Isker etwa zwölf Kilometer lang und 4—5 breit, ein Grasboden ohne Wein und Obst mit Tumuli und Schlackenhalden, überragt von der Rila und Vitoša.

Die Stadt Sámokov liegt am rechten Ufer (Seehöhe 937 M.) und hat 9658 Einwohner (davon 187 Türken, 962 Spaniolen). Bis unlängst war es die erste Stadt im Westen, reicher und fortgeschrittener als Sofia oder Küstendil. An den breiten, gepflasterten Gassen stehen die Häuser in grossen Höfen, auf welchen mir alte Kornelkirschenbäume von ungewöhnlicher Höhe mit grossen Früchten auffielen. Die Stadt ist Sitz eines Bischofs, Centrum einer Okolija, hat 12 Moscheen, 5 Kirchen, eine theologische Lehranstalt, ein Nonnenkloster und eine amerikanische methodistische Mission mit einer hölzernen Schule und Kirche. An alten Gebäuden gibt es hier ein türkisches Badhaus mit Marmorbassin, dessen Oefen ganze Holzstösse aus den nahen Wäldern der Rila verzehren, und eine massive orientalische Fontaine, ein viereckiges Gebäude mit vier gefüllten maurischen Bogen und einem steinernen Modellhäuschen hoch in einer Ecke. Früher war die Stadt belebt durch eine rege Industrie, Eisenöfen, Gerberei, Fabrication von Posamentiererwaaren, Wollstoffen u. s. w. Nach der Befreiung erfolgte ein vollständiger Niedergang, besonders wegen der nahen Zollgrenze gegen Rumelien, welche auch manche Etablissements mit Wasserkraft an der oberen Marica von der Stadt abschnitt. Die Einwohner sind nicht so lebhaft, wie die nahen Srednagoraer, langsam, fromm, aber fleissig und ausdauernd; ihr Unternehmungsgeist wurde durch viele Verluste eingeschüchtert. In der älteren Türkenzeit gab es hier 72 Vidña's oder Vigña's (Schmelzöfen) und 18 Madan's (Oefen zum zweiten Umschmelzen), vor dem russisch-türkischen Krieg aber nur 25 Oefen der ersteren und 12 der letzteren Classe; jetzt beschränkt sich die ganze Eisenindustrie auf den Betrieb von 4 Madan's mit ebensoviel Vigña's. Die Arbeit ist so primitiv, dass aus 360 Okka Erz statt 260 nur 60 Okka Eisen gewonnen werden; alles übrige bleibt in den schweren, wie gusseisernen Schlacken. Trotz der starken Concurrenz fremden Eisens könnte die bulgarische Regierung diese absterbende Industrie noch durch die Aufstellung eines kleinen modernen Hochofens aufleben machen.

Die Stadt hat sich wohl aus einem offenen Flecken bei den Hammerwerken (bulg. samokov) erst in neuerer Zeit entwickelt. In den Berichten von der Schlacht bei Čamorlú 1413 nördlich von der Stadt, wo Sultan Musa gegen seinen Bruder Mohammed I. fiel, und bei Ritter Harff, welcher 1499 hier durchreiste, wird sie nicht erwähnt. Die Einwohner zeigen die Reste einer hochgelegenen, mittelalterlichen Burg, an die sich Sagen an den Caren Šišman knüpfen, westlich vom Eingang in die Iskerschluchten und eine alte halb unterirdische, unlängst restaurirte Kirche Beljova Crkva südlich von der Stadt. Petantius (um 1502) kennt die „campi Samocoui", Kuripešič 1531 schon einen „Marckt Samakouo". Seitdem hat sich die Gemeinde rasch entwickelt; nach Marsigli lieferte sie dem türkischen Flottenarsenal jährlich 1395 Kantar Schmiedeeisen. Im 16. Jahrhundert wurde hier ein Bisthum errichtet, das, im Gegensatz zu Sofia, nicht dem Patriarchen von Konstantinopel, sondern dem von Peć untergeordnet war. Die kleinen steinernen Kirchen in den Dörfern und die vielen localen Handschriften kirchlichen Inhaltes zeigen, dass hier ein Centrum des Christenthums unter der Türkenherrschaft war. Damit steht die hier noch blühende Kirchenmalerei und Holzschnitzerei im Zusammenhang. Seit 1847 druckte der Greis Karastojanov auf einer kleinen Handpresse mit altslavischen Typen auch Heiligenleben, Gebete, Fibeln u. s. w.[1]) Die Türken bildeten ein Drittel der Bürgerschaft. Die christlichen reichen Bürger der älteren Generation waren vielgereiste Leute und kannten Kronstadt, Leipzig und Smyrna. In den Zeiten Selim's III. war die Stadt mit Schanzen und Thürmen befestigt, aber seit dem Mittelalter wurde sie bis 1877 durch Kriege nicht berührt. In der bulgarischen Beamtenschaft sind die Samokover stark vertreten.

Von Samokov nach Sofia sind noch 53 Kilometer (8 St.) auf guter Strasse. Man fährt durch das Gebiet der Magneteisensandwäschereien, die sich längs des Isker und seines linken Nebenflusses Palagaria bis zur Vitoša erstrecken; die Wäscherei betreiben die Bauern auf ihrem eigenen Boden. Von den Serpentinen oberhalb Gorni Lozen überblickte ich ein Panorama, das von dem durch das Fernrohr gut kenntlichen Gjumrukčal und der Bratja bis zur Ruj Planina reichte und somit einen grossen Theil des eben durchreisten Gebietes umfasste. In Sofia (21. September) fanden wir ein neues Ministerium Cankov und ein reges politisches Treiben nach der inzwischen erfolgten Wiederherstellung der Constitution, das gegen das stille, ausserhalb der Städte für politische Ereignisse so theilnahmslose Leben in den nächsten Landschaften den lebhaftesten Contrast bildete.

1) Diese Druckerei war fast geheim. Der Sohn Karastojanov's zeigte mir die Drucke 1874 in Belgrad, mit der Bitte davon keinen schriftstellerischen Gebrauch zu machen, damit seine Familie nicht Unannehmlichkeiten mit den Türken habe. Eine ähnliche, aber griechische Druckerei bestand in Melnik. Die Enkel Karastojanov's sind Photographen in Sophia; aus ihrem Atelier stammt die Mehrzahl der Vorlagen unserer Illustrationen.

# Drittes Buch.

# Der Osten Bulgariens.

## I. Der östliche Balkan.

Jambol und die Landschaften von Kyzyl-Agač und Kavakli. Die Industriestadt Sliven. Der Balkan von Kotel. Karnobad und Aitos.

Die Landschaften des östlichen Bulgariens zu beiden Seiten des Balkan haben wir auf einer zweimonatlichen Reise im Juni und Juli 1884 durchwandert.[1]) Von Sofia erreichten wir über Philippopel zuerst Jámbol, am Endpunkt einer Zweigbahn der rumelischen Linie, die jetzt von der bulgarischen Regierung in der Richtung nach Burgas verlängert ist. Die Stadt zählt 11.241 Einw., Bulgaren (8825), Türken (1252), Spaniolen, Griechen und Zigeuner, und liegt auf beiden Ufern der Tundža inmitten einer fruchtbaren, baumlosen Niederung (an 140 M.) voll schöner Saaten. Den Horizont umschliesst im Norden das ganz niedrige östliche Ende der Sredna Gora, neben welcher die bläulichen Umrisse des Balkan von Sliven emporragen, im Osten der Grosse (500 M.) und Kleine Bakadžik, zwei waldige Kuppen eruptiven Ursprungs am Anfang der Strandža, und im Süden das ähnliche Paar der isolirten Berge von Monastir. Das linke Tundžaufer ist hoch und trocken, das rechte niedrig und stellenweise sumpfig. Die natürliche Akropolis der Stadt war ein felsiger, von einer Flusskrümmung eingeschlossener Vorsprung des linken Ufers, jetzt öde mit den geringen Resten von Burgmauern und der einsamen von Weitem sichtbaren Moscheenruine Sofular-Džamissi. Um die Burghöhe herum erstrecken sich im Halbkreis die früher meist mohammedanischen Stadttheile des linken Ufers. Am niedrigen rechten Ufer liegt die von Alters her bulgarische Gartenvorstadt Kárgona. Zwei alte, 72 Meter lange Holzbrücken auf steinernen Pfeilern vermitteln die Verbindung über die Tundža. Von den osmanischen Bauten interessirte mich der Bezestan, der einzige, der in Bulgarien nicht in Ruinen liegt; es ist ein massiver Langbau mit vier Kuppeln hintereinander, 32 durch Bretterwände getrennten Kaufmannsplätzen im Innern und 24 Kaufgewölben auf der Aussenseite, dient aber jetzt als Militärmagazin.

Der Vorläufer von Jambol war Kabyle, eine Gründung König Philipp's II. von Makedonien, oft erwähnt von Demosthenes angefangen bis Ammianus Marcellinus. Es lag 9 Kilometer nördlich von hier auf dem äussersten Vorgebirge der Sredna Gora, dem scharf profilirten „Hasenhügel“ Taušan-Tepé (258 M.), einer von der Tundža, die hier eben ihre Richtung ändert, im Halbkreis mit vielen Sümpfen und Seitenarmen gedeckten Position. Auf dem Plateau des Hügels befinden sich die Trümmer einer befestigten Ansiedelung, umgeben von zahlreichen Tumuli. Die Burg war übrigens auch im

---

1) Einen archäologischen Bericht über diese Reise siehe in den Arch. epigr. Mitth. X, 129–203.

Mittelalter bewohnt und wird als Taušanli bei Jambol noch unter Murad I. erwähnt.[1]) Jambol erscheint erst im 11—14. Jahrhundert unter dem Namen Dampolis, Diampolis, Hyampolis bei den Byzantinern, Dąbilino, Dubulino bei den Slaven,[2]) zuletzt als eine wichtige bulgarische Grenzburg. In der Türkenzeit war es eine bedeutende Stadt, ein beliebter Aufenthaltsort des jagdliebenden Mohammed IV., Sitz verschiedener Mitglieder der tatarischen Chansfamilie der Krim, mit Fabrication von Stoffen und Reichthum an Obst; die alten Befestigungen waren zu Hadži Chalfa's Zeit schon niedergerissen. Im Kriege 1877 ergriffen die Mohammedaner nach der Besetzung von Stara Zagora durch die Russen eiligst die Flucht, kehrten aber, da die Russen nicht kamen, bald zurück. Die Christen hatten inzwischen die Moscheen geplündert, aber vor der Rückkehr ihrer muselmännischen Mitbürger Alles wieder auf seinen Platz gestellt. Nur ein Haar aus dem Bart des Propheten (sakál-i-šerif) blieb verschwunden und brachte damals Manchen der christlichen Jamboler in Lebensgefahr.[3])

In der nächsten Umgebung liegt 2 St. südlich von der Stadt ein merkwürdiges Denkmal von gewaltigen Dimensionen. Es ist ein Erdwall, der sich vom Schwarzen Meere, von den Ruinen von Deultum am Westende der Lagune von Mandra angefangen bis zur Tundža auf 70—80 Kilometer in den wenig bewohnten Waldlandschaften gut verfolgen lässt. Westlich von der Tundža wird seine Linie in der waldlosen, wohlbebauten Niederung meist unkenntlich, ausser einer Strecke nordwestlich von den Hügeln von Monastir. Das Ende soll bei Trnovo-Sejmen liegen.[4]) Die erste Partie bis zur Tundža ist auf der russischen Karte genau eingetragen. Das Volk fabelt, der Wall reiche vom Schwarzen bis zum „Weissen" (Aegaeischen) Meer und nennt ihn Erkesija oder Jerkesija, vom türk. jerkesen, jerkesim Erdeinschnitt. Ich habe das Denkmal an zwei Stellen gesehen, gegenüber Fundukli an der Tundža (bulg. auch Pandakli ausgesprochen) und bei Rusokastro. Der Wall liegt auf der ganzen Linie auf der Nordseite, der Graben auf der Südseite; das Erdwerk ist also von einem Volk an seiner Südgrenze errichtet worden. Gegenüber von Fundukli macht das in gerader Linie von den Vorhöhen des Bakadžik herabsteigende mannshohe Schanzwerk den Eindruck eines verlassenen Eisenbahndammes. Der fünf Schritt breite Graben ist voll Gebüsch

1) Vgl. Arch. epigr. Mitth. X, 134 und 208. Diese und viele andere Denkmäler der Kreise von Sliven und Burgas beschreibt Herr Škorpil, Lehrer der Naturgeschichte am Realgymnasium von Sliven, jetzt in Sofia, ein fleissiger Sammler von Alterthümern, Pflanzen und Steinen, in einigen bulg. Schriften (Philippopel 1884 f.). Dieselben enthalten werthvolle archäologische Materialien; die Deutung ist aber meist nur eine Compilation, da dem Verfasser die Sprachkenntnisse zum selbständigen Studium antiker oder mittelalterlicher Quellen abgehen.

2) Dąbilino (?) auf einer in Jambol entdeckten Inschrift vom J. 1357, Per. Spis. XXI, 521; Dubulino bei Konstantin dem Philosophen, Glasnik 42, 293.

3) Ein solches Barthaar Mohammed's wurde auch in einer Moschee von Köstendil verwahrt.

4) Vgl. Arch. epigr. Mitth. X, 136. Škorpil hat das Verdienst dem Wall auch im Westen genau nachgegangen zu sein. Die Linie ist auf unserem Kärtchen eingezeichnet.

und genügt einem Reiter, um sich hinter dem Wall vollständig ungesehen zu machen. Eine Stunde südlich von Rusokastro liegt die „Erkesija“ in einem grossen Eichenwald, ganz bewachsen von uralten Bäumen, mit dichtem Unterwuchs von Sumach und Kornelkirschen, durch welchen man sich kaum durchwindet. Der Graben ist dort an 10 Schritte breit; die Wallseite hat an drei Mannshöhen, die Böschung im Süden eine Mannshöhe. Im Einzelnen ist die Erdarbeit an verschiedenen Stellen sehr ungleich. Gemauerte Burgen gibt es an den Wällen selbst nicht; ob es befestigte Thore gab, müsste erst eine genaue Untersuchung zeigen. Sagen über das Denkmal trafen wir in Rusokastro; sie bezeichnen es als Grenze (sinor, *σύνορον*) und erzählen, Männer und Weiber hätten auf eines Caren Befehl alle daran arbeiten müssen, so dass für je neun unmündige Kinder nur ein altes Weib zu Hause blieb.[1]) Es gab auch ein Lied darüber, ein Tanzlied zum „Choró“, das mir aber Niemand mehr ganz recitiren konnte.

Das grosse Erdwerk ist ohne Zweifel ein Grenzwall der mittelalterlichen Bulgaren, wiederholt erneuert bis zum Fall des alten Reiches. Die Kämpfe der Bulgaren und Byzantiner fallen zum grossen Theil in diese Gegend; Kantakuzenos nennt Diampolis und Rusokastron ausdrücklich als bulgarische Grenzburgen. Noch in der älteren Türkenzeit, welche die alten Staatsgrenzen oft als Provinzialgrenzen behalten hatte, reichte der Sandžak von Silistria bis zu diesem Wall. Uebrigens gibt es ausdrückliche schriftliche Zeugnisse über diese Werke. Der Araber Masudi schreibt im 10. Jahrhundert, das Land der Bulgaren sei von einem dornigen Zaun umgeben, der wie eine Mauer an einem Graben stehe. Kaiser Nikephoros Phokas besuchte im Juni 966 die Städte Thrakiens und kam bis zum „Grossen Graben“, *Μεγάλη τάφρος* oder *Μεγάλη σοῦδα*, von wo er dem bulgarischen Caren Peter schrieb, er möge den plündernden Schaaren der Ungarn den Durchzug durch sein Land verwehren.[2])

Das Land von Jambol längs der Tundža abwärts durchstreifte ich auf einem dreitägigen Ritt. Die Tundža fliesst hier meist durch grosse Auen, in denen Wölfe, Eber, Füchse, Rebhühner und wilde Fasanen hausen. Der Fahrweg nach Adrianopel folgt dem Westufer und erreicht die Grenze hinter dem Bulgarendorf Vakuf, wo sich jetzt das bulgarische Grenzzollamt befindet. Die Uferlandschaften, in zwei Okolija's organisirt, sind ungleich. Der Bezirk von Kyzyl-Agač an der Ostseite ist ein monotones, waldiges Hügelland unter den Ausläufern der Strandža, mit armseligen, weit von einander entfernten Dörfern und schlechten Wegen. Die Einwohner, Bulgaren, Türken und Griechen, sind arme, weit zurückgebliebene Leute. Reste kleiner Castelle und zahlreiche Erdhügel sind die einzigen Zeugen der Vorzeit. Der Hauptort Kyzyl-Agač (türk. „rother Baum“), früher auch Kyzyl-Jenidže genannt, ist ein

1) Eine ähnliche Sage, wie eine Alte 70 Kinder warten musste, erzählt man über den Bau von Bela Palanka bei Niš (Milićević, Kraljevina Srbija 232).

2) Kedrenos ed. Bonn. II, 372 (aus Skylitzes). Ueber *σοῦδα*, Graben oder eigentlich Graben mit Pfählen (sudes) vgl. Ducange, Glossarium mediae graecitatis.

grosses Dorf (1720 E.) an der Tundža in einem freieren Feld vor einer grösseren Insel derselben; man erreicht ihn auf Feldwegen längs des Telegraphen, 35 Kilometer südlich von Jambol. Ruinen einer Moschee, eines Badehauses, mohammedanische Gräber und andere Reste zeugen von der ehemaligen Türkenstadt, welche ihre Bewohner während der Stürme unter Selim III. und durch Pestkrankheiten eingebüsst hat. Die jetzigen Einwohner sind bulgarische Bauern, deren Gedächtniss kaum ein Menschenleben weit zurückreicht. Von Urum-Bejliköi an der Grenze erblickt man schon die untere thrakische Ebene und darin das 5 St. entfernte Adrianopel mit seinen schlanken Minarets und glänzenden Kuppeln.

Die Westseite, die Okolija von Kavakli, ist dagegen ein warmer, wohlbebauter, meist ebener Landstrich (100—150 M.). Im Süden schliesst sie der langgedehnte monotone Rücken der Sakar-Planina (824 M.) ab, auf der steilen Nordseite ganz von Eichengebüsch bedeckt. Von der Südseite aus der tief gelegenen Ebene von Adrianopel sieht er viel imposanter aus, als von hier. Ein glänzender Felsspiegel hoch zwischen den Wäldern der Nordseite ist der „Büffelstein", Manda-Taš. Abseits von dem Südostende der Sakar-Planina erhebt sich die isolirte, kahle, gelbbraune Kuppe der Dervíška Mogila, türk. Derviš-Tepé (687 M.), welche das Tundžathal dominirt und gegen Adrianopel und Jambol weite Rundsichten bietet. Deshalb haben die Türken den Gipfel bei der Feststellung der ostrumelischen Grenze für sich behalten; weiter läuft die Grenzlinie auf dem Kamm des Sakar. Diese zwei Höhen, der Sakar und der „Derwischhügel", sind wahrscheinlich der „bewaldete" und der „kahle" Avrolera der Byzantiner des 8—12. Jahrhunderts. Auf der Nordseite liegen sieben wohlhabende griechische Gärtnerdörfer, umgeben von ausgedehnten Weinbergen, Tabakpflanzungen, Hanffeldern und Gemüsegärten. Die hiesigen Hanfstoffe stehen im Ruf grosser Dauerhaftigkeit. In den Gemüsegärten wird besonders der Hibiscus esculentus, die „Bamija" gebaut, ein Strauch mit ahornartigen Blättern. Dazwischen ziehen sich Maulbeerpflanzungen, Eichenwäldchen und Hecken von glanzblättrigem Sumach. Der Boden der Wege ist nach dem Regen äusserst klebrig; die zur Tundža abfliessenden Bäche sind meist wasserarm. Ungefähr 2 St. nördlich von der Sakar-Planina liegt auf einer nordwärts gekehrten Lehne das Centrum der Okolija, der grosse Marktflecken Kavakli (7282 E., davon 7144 Griechen). Vor Jahren war es ein kleines Dorf, Kozludžansko Kavakli genannt, und hat sich erst in neuester Zeit rasch gehoben. Sein Name (kavak Pappel) ist türkisch, wie fast alle hiesigen Dorf-, Flur- und Bergnamen. Ungefähr 50 Min. westlich liegen die Trümmer einer kleinen Felsenburg Paläokastro (423 M.) mit schöner Rundsicht vom Sakar zum Balkan. Eine halbe Stunde östlich erreicht man den älteren Hauptort, das grosse Dorf Kozludža, griech. Karyäs, mit dichtgedrängten roth angestrichenen Lehmhäusern (2270 E.). Tumuli, Funde von rohen Basreliefs und Statuen, sowie griechische Inschriften mit thrakischen Personennamen zeugen von der dichten Bevölkerung dieser lieblichen Landschaft im Alterthum.

Die nördliche Grenze dieses Gaues bilden die allenthalben von Weitem sichtbaren isolirten Berge von Monastir, 2½ St. von Kavakli und 6 St. von Jambol, durch einen waldigen Sattel von einander getrennt. Der westliche Berg von Gross-Monastir ist schroff und gipfelt in drei steilen Spitzen (604 M.); der östliche von Klein-Monastir ist nur ein länglicher Rücken mit wenig markanten Gipfeln (448 M.). Beide eruptive Kuppen, die mich an unser vaterländisches Mittelgebirge an der Elbe erinnerten, sind bewaldet, mit Resten alter Castelle gekrönt und werden bei ihrer einsamen Lage öfters vom Blitzschlag getroffen. Die Dörfer, von denen der Name stammt, liegen an der Südseite. Ich habe nur Megalo Monastiri (türk. Büjük Monastir, bulg. Golem Monastir, 1559 E.) besucht, am Südostfuss der grossen Kuppe. Die Einwohner sind Griechen, tragen aber wie alle ihre Landsleute in diesem District bulgarische Tracht aus blauem Wollstoff mit Kalpak. Sie sprechen griechisch, türkisch, bulgarisch, alles gleich schlecht, und ihr Gedächtniss reicht nur bis zu den Raubzügen der „Dagli's" (Kyrdžali's); nicht einmal den Namen ihrer Gemeinde wissen sie zu erklären. Die kleine Dorfkirche ist in neuerer Zeit erbaut mit Benützung einer mittelalterlichen Kirchenruine; in der nächsten Umgebung und auf dem Berge soll es noch Reste von sechs Capellen geben. Hier ist die öde Landschaft Paroria oder Mesomilion an der bulgarisch-griechischen Grenze zu suchen, in welcher in der ersten Hälfte des 14. Jahrhunderts der berühmte Eremit Gregorios Sinaites aus Klazomenae mit seinen Schülern, Griechen, Bulgaren und Serben lebte. Nach den Legenden war sein Wohnsitz ein Eremitendorf mit Höhlen, vier Kirchen und einem „Pyrgos", vom bulgarischen Caren Johannes Alexander erbaut zum Schutz des Klausner gegen die Räuber.[1]) Es gibt hier aber auch Denkmäler älterer Zeiten. Auf einer im Dorf ausgegrabenen Votivinschrift in griechischen Hexametern, aufgestellt dem Apollo von den Söhnen des Thrakers Auluzenes und dessen Gemahlin Apollonis, wird ein uns sonst unbekannter Ort Dodoparos genannt. Auf dem Berg fand man unlängst ein Gefäss, voll Silbermünzen des Königs Lysimachos. Auf der Nordseite soll es alte Eisengruben mit Schlackenhalden geben. An der Besteigung des Gipfels verhinderte mich ein heftiges Gewitter.

Von Jambol erreicht man in 2½ St. die grosse Industriestadt Sliven (Fig. 40, 41). Der Weg führt über die Sredna Gora, hier ein Miniaturgebirge, das sich kaum 100 M. über der Ebene erhebt. Die Stadt bleibt durch kleine Vorhügel bis zum letzten Moment verdeckt. Sie hat eine wunderschöne Lage: unter den grauen, wild zerklüfteten Felsen des Balkan (an 1100 M.) liegt unten (an 250 M.) zwischen einem Kranz von Rebengehängen eine 3 Kilometer breite Masse von rothen Dächern, weissen Minarets und schattigen Gärten. Eine Menge kleiner Bäche rieselt aus den Bergschluchten durch die Gassen hinab. Der Sommer ist kühl, der Winter bei kalten Gebirgswinden oft sehr fühlbar. Die Stadt zählt 20.893 E. (16.408 Bulgaren,

1) Biographien des Gregorios Sinaites und seines Schülers Theodosius von Trnovo, beide verfasst vom Patriarchen Kallistos († 1364), sowie des hl. Romil von Vidin. Vgl. Monatsberichte der Berliner kgl. Akademie 1881 S. 455 und Cesty 516.

Fig. 40. Sliven (westliche Hälfte).

Fig. 41. Sliven (östliche Hälfte).

2321 Türken, 1367 Zigeuner, 403 Spaniolen u. s. w.) und besteht aus drei Theilen. In der Mitte liegt die eigentliche Stadt neueren Ursprungs, bis unlängst vorwiegend türkisch, mit 17 jetzt grösstentheils verfallenen Moscheen; das weisse Gebäude über ihr ist die älteste der hiesigen Tuchfabriken. Links liegt an dem Torrente Kurudža (türk. Trockenbach) das rein bulgarische Viertel Klucochór, türk. Kadyköi, griech. Kritochor, rechts die ebenfalls nur bulgarische Vorstadt Novosélo, verborgen in Gärten von Weichsel- und Maulbeerbäumen.[1]) Im Hintergrund ragt links der hohe Barmúk empor, in der Mitte, zwischen den malerischen Waldschluchten des Seliški Dol und der Novoselska Reka, deren Giessbäche die Maschinen der Tuchfabriken treiben, der von Weingärten bedeckte rundliche Gágovic oder Séliški Vrch, rechts die Reihe der kahlen Zinnen der Bŭlgarka, der Čatal-Kajá und des Kammes der Síni Kámanje (blauen Steine). In den zuletzt genannten Felsbergen liegt eine Reihe von Tropfsteinhöhlen, die sogenannten Schlangen, Adler- und Vogelhöhlen (Zméjovi Dúpki, Orlova Dupka, Ptiči Dupki), auf den Sini Kamanje hoch oben der „Vogelquell", bulg. Ptiči Kládenec, türk. Kuš-Bunar, mit prächtiger Aussicht nach Süden.[2])

Die älteste Stadttheil ist Novoselo, trotz seines Namens, der ein „Neudorf" bedeutet. Ueber ihm liegen auf einer Terrasse an der Ostseite der Novoselska Reka die von Reben bewachsenen Trümmer eines „Hissar-Kalessi" (Burgschloss). In dem Ort selbst gibt es eine alte, 1838 umgebaute St. Sophienkirche, antike Basreliefs und Inschriften und einige Tumuli. Die „Pflaumenstadt" (sliva Pflaume) erscheint zuerst als „Istlifnos" bei Idrisi (1153) und zwar als eine alte Stadt, dann bei den Byzantinern im 13. und 14. Jahrhundert als wichtige bulgarische Burg „Stilvnos". Aus der Türkenzeit haben wir eine anschauliche Beschreibung von Sliven, das bei den Türken Islemié hiess, bei Hadži Chalfa. Er erwähnt schon die Fabrication der Wollstoffe (Aba), die er selbst denen von Angora und Begbazar vorzieht. Ein blühendes Gewerbe war auch die Büchsenmacherei. Im J. 1829 zog die bulgarische Stadtbevölkerung bis auf 74 Häuser ab und liess sich in Rumänien, besonders in Braila nieder. An ihrer Stelle formirte sich aber rasch eine neue bulgarische Bürgerschaft aus der Umgebung, arbeitskräftig und freiheitsliebend. Gegenwärtig ist Sliven eine der hervorragendsten Gemeinden Bulgariens, mit Tuchfabriken, Spiritusbrennereien, Seidenzucht, Teppichwirkerei u. s. w. (S. 203). Durch eine Zweigbahn der Linie Jambol-Burgas wird es eine Eisenbahnverbindung mit der Welt erhalten.

Das Bergland nördlich von Sliven ist ein interessantes Gebiet. Der Balkan ist dort schon in einige Kämme gespalten, zwischen denen sich die „kleine" oder „wilde" Malka Kamčija oder Luda Kamčija (türk. Deli Kamčik)

---

1) Kritochor ist eine Erinnerung aus der Zeit, wo das Griechische in den Städten bekannter war als jetzt. Auch Novoselo hiess damals Neochori, wie wir aus einer griechischen Brückeninschrift von 1839 erfahren.

2) Ein Lieblingsplätzchen des Sultan Mohammed IV (Hammer III², 951) und der Hajduken des Panajot Chitov, eines Sliveners.

bildet. Die Landschaft ist ein Waldland mit Eichen und Buchen, unterbrochen von grossen Matten, auf denen die Schafe weiden, deren Wolle in den Fabriken von Sliven verarbeitet wird. In den Wäldern hausen Bären und Wölfe. Bis auf eine Anzahl christlicher Zigeuner und nomadischer Wlachen ist es ein rein bulgarisches Bergland und bildet eine Verbindung zwischen dem bulgarischen Element bei Sliven und Šumen; im Nordwesten und im Osten, im Tuzluk und an der unteren Kamčija, liegen osmanische Landschaften. Der Charakter des Waldgebirges und der Einwohner erinnert an die centrale Sredna Gora. Die Dörfer sind gross, die Häuser meist zweistöckig, unten aus Stein, oben aus Holz, die Gassen fast stadtartig. Die Bevölkerung treibt fast ausschliesslich Schafzucht, weshalb die Männer nur zeitweilig nach Hause zu kommen pflegen. Die Winterweide befand sich früher bei Karnobad und Jambol; seit dem Anfang unseres Jahrhunderts ist sie in die Dobrudža übertragen worden. Den kargen Feldbau (Hafer, Gerste, Bohnen u. s. w.) betreiben meist die Frauen, die im Winter Wollstoffe und Teppiche wirken. Die hiesigen Gemeinden sind der Geburtsort einer ganzen Reihe hervorragender Bulgaren, besonders der Hauptort Kotel. In den Häusern erblickt man überall das lithographische Bildniss des Rakovski (S. 302), der hier eine Art Localheros ist.

Der Weg führt von Sliven am Fuss des Balkan $^3/_4$ St. ostwärts bis zum Querthal von Sotir und dann an dessen Westseite durch Eichenbüsche mit Linden und Hainbuchen aufwärts, über die Schluchten des Kleinen und Grossen Džendem-Deré (Höllenbach). Zur Zeit unserer Reise war hier eine enge Fahrstrasse nach Kotel im Bau, unter der Leitung meines Begleiters in diesem Bergland, des Herrn Ingenieurs Friedrich. In den Büschen wurde eben vor wenigen Tagen eine türkische Räuberbande verfolgt, die sich in den Tuzluk durchschleichen wollte. Nach 2 St. erreicht man auf der Höhe Čuka (ungefähr 900 M.) den Kamm, den man Matejska Planina nennt; ein grasiger Gipfel südlich von Gradec heisst Stídovo, der Abschluss des Kammes gegen den Sumpf von Straldža zu Grebenéc. Die Aussicht nordwärts umfasst ein schönes Waldgebirgspanorama. Nach einem anstrengenden Abstieg von $1^1/_2$ St. auf einer Art steiler Felsentreppe erreicht man das erste Dorf Ičéra, türkisch Večera (266 Häuser), in der engen Schlucht der ostwärts eilenden Rakovska Reka; im Winter wird es von der Sonne gar nicht erreicht.[1]) Ueber langgezogene Hügelrücken mit dichtem Eichenwald und die Kobilíšnica und Néjkovska Reká, die gleichfalls gegen Osten fliessen, trafen wir in 2 St. in Žéravna (von žerav Kranich), türk. Bašköi (Hauptdorf) ein.

Diese grosse stadtähnliche Gemeinde (2126 E.), bewohnt von Bulgaren und einer Colonie christlicher, fast bulgarisirter Zigeuner, liegt weithin sichtbar in einer Seehöhe von 660 M. auf dem luftigen Südabhang eines waldigen Bergzuges. Trotz der schönen und gesunden Lage mitten in einer herrlichen Wald- und Wiesenlandschaft sagten mir die Einwohner, sie hätten ihren

1) Nach dem polnischen Reisenden Oswięcim (1636) war Ičera ursprünglich der bulg. Name der ganzen Luda Kamčija (Per. Spis. XIX, 67).

Ort, wenn er in den letzten Kriegsstürmen vernichtet worden wäre, nicht an derselben Stelle erneuert. Es gibt hier keinen Wagen, nur Saumpferde. Während der winterlichen Schneestürme bleibt Žeravna oft wochenlang ohne Verbindung mit der Aussenwelt. Die Häuser sind nett, mit einfach geschnitzten Decken und Thüren und gepflasterten Höfen, auf denen auch schwache Weichsel- und Pflaumenbäume oder Weinstöcke gedeihen. Die Einwohner sind ein gutmüthiges, heiteres und einfaches Volk, sämmtlich Viehzüchter. Die hiesigen Bulgaren und Zigeuner gelten als Meister auf der Sackpfeife. Die Gemeinde hat seit langer Zeit gute Schulen und ist der Geburtsort zahlreicher bulgarischer Pädagogen, Schriftsteller und Beamten, als deren Freund ich hier eine herzliche Aufnahme fand. In der älteren Türkenzeit waren die Einwohner Vojnik's; später liessen sie sich bei dem Dienst in den Marställen des Sultans durch gemiethete Zigeuner vertreten, was erst 1876 ein Ende nahm. Vor Zeiten gab es hier auch 5—7 türkische Häuser, aber die jetzige Generation erinnert sich nur an die letzte Türkin, die alte „Baba Alijica". Im J. 1829 zog die Hälfte der Einwohner mit den Russen nach Bessarabien und gründete dort eine gleichnamige Ansiedelung.

Aus dem Bergzug, an den das Dorf angebaut ist, ragt westlich die Waldkuppe Rázbojna empor, von der man sogar einen Streifen des Schwarzen Meeres erblicken soll, über dem Ort selbst die Vetrila, östlich der steile, von grosser Ferne an seinem einer phrygischen Mütze nicht unähnlichen Profil kenntliche Grad, auch Vida genannt, türk. Kyz-Tepé, mit den Resten einer Befestigung und einer Cisterne auf dem Gipfel. Hinter ihm folgt der Engpass der Kótlešnica mit der Strasse von Jambol nach Kotel. Wir erreichten Kotel in 2 St. durch einen Sattel zwischen Vetrila und Grad, mit den herrlichsten Waldpartien, die ich im Balkangebirge gesehen habe. Der Bergpfad ist stellenweise so schmal, dass Ross und Reiter im schattigen Buchenwald fortwährend mit den vom Morgenthau benetzten Haselnussstauden, Ahornsträuchern, Heckenrosen und anderem von grossblüthigem Convolvulus umrankten Unterwuchs in Berührung kommen. Das hohe Gras der kleinen Waldwiesen ist voll blühender Pflanzen. Die Žeravnaer pflegen ihre Bienenkörbe hier aufzustellen, dieselben werden jedoch zuweilen von Bären belästigt.

Die Lage von Kótel, türk. Kazán (beides bedeutet Kessel) entspricht seinem Namen: zwischen Waldbergen ein kahler runder Bergkessel (an 470 M.) und darin dichtgedrängt die rothen Dächer mit zwei weissen Kirchen. Die drei Bäche des Kessels Izvor, Kriva Reka und Súcha Glógova vereinigen sich zu einem Fluss, der bei der Stadt Stára Reká, abwärts Kótlenska Reká oder Kótlešnica heisst. Durch seinen Durchbruch kommt die Strasse aus der Ebene hinauf. Ihre Fortsetzung führt im Nordosten an der zerklüfteten Urúška Stená (Jürükenwand, türk. Kalabak-Tepé) vorbei hinaus gegen Šumen. Die Umgebung ist voll Höhlen. Ungefähr 10 Minuten westlich von der Stadt liegt der Izvor, ein 50 M. breiter Halbkreis von steilen Kalkmergelfelsen und an seinem Fuss im Sand neben zwei trockenen verstopften Löchern zwei starke Quellen Kazánče (Kesselchen) und Rúskina Dúpka, aus denen hellgrünes Wasser mit Bläschen und Schaum rauschend herausspringt und als starker Bach sofort einige Walkmühlen treibt. An dieser Quelle ist jeden Sonntag das „Corso" der Koteler; man sagt, dass hier auf jeden Fremden, der nach Kotel kommt, ein Lied gemacht wird. Weiter im Gebirge liegen die „Ziegenhöhlen" Kozí-te Pešteri, die Tropfsteinhöhle Nirec, die Eishöhle Lednica u. s. w.

Die Stadt (5668 E.) ist dicht gedrängt und ganz aus Holz erbaut. Da sie, soweit das Gedächtniss reicht, nie vom Feuer heimgesucht wurde, hat sie einen merkwürdig alterthümlichen Charakter. Die schmalen winkligen Gassen steigen auf dem unebenen Boden auf und ab und sind wegen der grossen glatten Steine und der weit vorspringenden Dächer zu Pferde unpassirbar; zu Wagen kann man nur auf einer durchkommen. Der Winter ist lang und der Sommer feucht; die Regenwolken hängen oft viele Tage wie festgebannt über dem Bergkessel. Ich habe hier ein 30stündiges Unwetter mit Hochwasser durchgemacht, das alle Verbindungen abschnitt. Die Einwohner sind klein und stark, von verschlossenem Charakter und schneller Rede, mit einem eigenen Dialect. Sie sind sehr fromm und besuchen täglich auch am Nachmittag ihre zwei grossen 1834 und 1871 erbauten Kirchen. Die Blässe der Frauen und Kinder stammt von der Dunkelheit der Häuser und der Feuchtigkeit der Luft; die Stadt gilt überhaupt als ungesund. Kotel soll sich erst in der Türkenzeit durch Ansiedelung von Leuten aus Rakovo und dem jetzt öden Novačka (bei Medven) gebildet haben, als grosses Hirtendorf mit einigen Privilegien. Gegen die Kyrdžali's hat sich der Ort behauptet. Durch den Vieh- und Wollhandel wurde er wohlhabend und hat in der Geschichte der bulgarischen Bewegung eine hervorragende Bedeutung.[1]) Ich sah ihn aber in einem verzweifelten Zustand, mit vielen leeren Häusern und verschlossenen Kaufläden. Die Stadt gehörte früher zum Donau-Vilajet, war ein Marktplatz für die Türken von Tuzluk und Gerlovo und hatte alle Verbindungen im Norden, mit der Winterweide in den pontischen Ebenen bei Balčik, Dobrič und weiter bis Tulča. Der Berliner Vertrag theilte Kotel Ost-Rumelien zu und verlegte die Grenze 6 Kilometer nördlich von der Stadt, zwischen dieselbe und ihr Wirthschaftsgebiet. Die Folge davon war eine starke Emigration und das Fallen der Häuserpreise von 600 Goldlira auf 2—300. Die Union hat die Lage wieder gebessert.

Die Abreise von Kotel ging unter Schwierigkeiten vor sich, da der Eingang in den Engpass, die Demirkapija (Eisernes Thor) zwischen dem Grad und der Plešivica, von der Kotlešnica überfluthet war. Brücken gibt es erst in der Enge selbst, die recht malerisch aussieht. In zwei Stunden erreichten wir Medven, türk. Papazköi (Popendorf), ein hölzernes Hirtendorf mit aufgeweckten Einwohnern am Rand der Waldwüste, die den ganzen Balkan von Vrbica umfasst, und in einer Stunde von dort nach einem gewagten Ritt

1) Aus Kotel stammten der berühmte Bischof Sofronij, dessen Haus man noch zeigt, die Familie Vogoridi, Gavril Kratjovič, Rakovski, der Capitän Mamarčov, der Mönch Neofyt Bozveli, Dr. Beron u. A.

durch die hochangeschwollenen Fluthen der Kotlešnica Gradéc, eine grosse belebte Gemeinde (2537 Einw.) mit lebhaften und unternehmenden Bulgaren.[1] Sie liegt halb verborgen an der Rakovska Reka knapp vor deren Verbindung mit der Kotlešnica; von da an heisst der Fluss Kamčija. Der Name des Ortes, der ein „Schlösschen" bedeutet, stammt von einer von Waldbäumen überwucherten Castellruine in einer Strombiegung der Rakovska Reka. Durch den grossen Eichenwald Dъbráva erreicht man längs der Südseite der Kamčija das niedrige Plateau (an 500 M.), welches die etwa 15 Kilometer breite Lücke zwischen dem Balkan von Sliven und dem von Aitos ausfüllt. Hier führten von Altersher Uebergänge nordwärts über den Balkan gegen Preslav zu, vor Zeiten auf dem Kamm zwischen Medven und Vrbica durch Castelle geschützt; das Joch von Vrbica ist wohl die Veregava und die spätere Sidera des Mittelalters, bekannt aus der bulgarisch-byzantinischen Kriegsgeschichte. Jetzt geht hier eine neue türkische Chaussée von Jambol über Vrbica hinüber nach Šumen. Nach Kreuzung derselben erreichten wir $2^1/_2$ St. von Gradec das kleine Dorf Kájabaš mit dem abflusslosen, ovalen, an 1200 Schritt langen See Kájabaško Blató, türkisch Hissargöl (Burgsee). Auf der Nordseite desselben liegen die Ueberreste einer merkwürdigen Felsenburg, im Süden gedeckt durch den fischreichen See, im Norden durch einen scharfkantigen Kamm mit steilem Absturz und weiter Aussicht.

Von Kajabaš stiegen wir in das 250 M. tiefere fruchtbare Thal des wieder zum Aegaeischen Gebiet gehörigen Azmák herab, mit gemischten türkisch-bulgarischen Dörfern. In $1^1/_2$ Stunden erreichten wir über Čerkešli das von Bulgaren und türkischen „Kyzylbaš" (S. 141) bewohnte, herrlich gelegene Sungurlár, zwischen Weinbergen, Tabakfeldern und Getreidesaaten, mit vorzüglichen schwarzen Kirschen. Am Waldesrand entspringt neben einigen prähistorischen Grabhügeln und den uralten Ulmen eines türkischen „Türbe" (Heiligengrabes) eine schwefelhältige kalte Mineralquelle in einem offenen steinernen Bassin; man trinkt ihr Wasser als Medicin, wäscht aber sonst die Wäsche darin. Das Gebirge hat hier ein Ende. Nach Karnobad reist man vier Stunden schon durch eine sumpfige Ebene am mittleren Azmak, der durch einen vulkanischen, dem Balkan parallelen Rücken gestaut wird und durch eine Enge gegen Jambol hinausgelangt. Von Kadyköi bis Karnobad selbst ritten wir zwei Stunden durch den Sumpf, zwischen Röhricht und Tümpeln, begleitet von monotonem Froschgequack. Nur auf den trockenen Stellen sieht man Schafheerden, sonst nur Störche und andere Wasservögel. Unsere Pferde bewegten sich nur mühsam vorwärts in dem breiartigen Boden (2. Juli); er soll jedoch im Sommer später ziemlich austrocknen, wird aber im Winter ganz unpassirbar. An der ärgsten Stelle gibt es einen sieben Minuten langen steinernen Damm mit vielen Brücken türkischer Arbeit.

Karnobád, von Weitem durch seine Windmühlen kenntlich, liegt unter dem Nordabhang des genannten dem Balkan parallel laufenden Rückens, zählt

1) Die wenigen Türkenhäuser von Medven und Gradec sind jetzt verschwunden. Den letzten Bey von Gradec schildert humoristisch Kanitz III, 91.

5096 Einwohner und macht einen ziemlich öden Eindruck. Es war eine vorwiegend türkische Stadt mit einer starken Judengemeinde; die Bulgaren, die jetzt mehr als die Hälfte der Bevölkerung bilden, sind meist neue Ansiedler. In dem Viertel Galata [1]) wohnen in strohgedeckten Hütten aus Rohrgeflecht Zigeuner, sämmtlich Tanzbärenführer, die mit ihren Thieren von hier aus die ganze Halbinsel durchwandern. Die Haupteinnahmsquelle der Karnobader ist ein grosser Jahrmarkt. Die Stadt heisst bei den Bauern Kärnovo, in den türkischen Chroniken bei Leunclavius Karin-ova, das Kariner Feld. Die Form Karnabad oder (officiell) Karnobad hat scheinbar eine persische Form, ist aber wahrscheinlich aus dem türkischen Local Karinova-da („in Karinova") entstanden. Alterthümer gibt es nicht. Dafür liegt $1\frac{1}{2}$ Stunden südwestlich über dem Durchbruch des Azmak eine bedeutende mittelalterliche Burg, an 80 M. über dem Wasserspiegel, an welche sich an der Südseite in zwei Terrassen unter einander noch zwei gut erhaltene viereckige Lagerplätze mit Wall und Graben anschliessen. Aus der Stellung der Castra sieht man, dass die Gründer derselben das Defilé gegen einen nördlichen Feind sperren wollten, wohl die Byzantiner gegen die Bulgaren. Es ist wahrscheinlich die in der Kriegsgeschichte des Mittelalters oft genannte Festung Markellai, dem Namen nach wohl noch römischen Ursprungs. Die Rundsicht von der oberen Burg ist grossartig gegen den Balkan, Sliven und Jambol. Nahe im Südwesten glänzt der Spiegel des von einem grossen Torfmoor umgebenen Sumpfsees Straldžansko Blato, an welchem Mohammed IV. zu jagen pflegte; bei Straldža stehen noch die Reste seines Lustschlosses.

Von Karnobad nach Aitos ritten wir $3\frac{3}{4}$ St. Die 1890 eröffnete Bahn von Jambol nach Burgas geht durch das Azmakdefilé an der erwähnten Burg vorüber und bringt die Reisenden von Karnobad nach Aitos in wenigen Minuten. Sie führt durch eine einförmige Buschlandschaft zwischen dem niedrigen Balkan von Aitos (an 600 M.) links und einem waldigen Hügelland rechts und überschreitet die hier kaum 250 M. hohe Wasserscheide zwischen dem Aegaeischen und Schwarzen Meer. Aitos liegt malerisch am Ausgang eines Balkanthales, ein weisses Nest mit Gärten und Minarets zwischen Weinbergen und goldigen Saaten. Der hiesige Bach Dermenderé (Mühlbach) versumpft vor der Mündung in die Lagune von Vajaköi. Die im 14. Jahrhundert erwähnte „Adlerburg" Aetos stand auf dem Hissar-Bair, 185 M. über der Stadt auf deren Nordwestseite; die Mauern und Thürme sind durch Wind und Wetter längst bis auf die Fundamente zerstört. Von diesem Schlossberg erblickt man schon die glänzenden Wasserflächen der Lagunen von Burgas. Die Stadt (3539 Einw.) hat eine überwiegend bulgarische Bevölkerung, aber die Umgebung, besonders im Balkan, ist türkisch. In der ostrumelischen Zeit war Načalnik der hiesigen Okolija ein osmanischer Bey aus Anchialos. Die Türken sind hier halb wild. Während meiner Anwesenheit

1) Vorstädte nach dem Vorbild Konstantinopels Galata zu nennen, war einmal Sitte; man findet solche Galata's auch in Jassy, Pirot u. s. w.

fielen die drei Localparteien des nahen Almaderé beim Dorfschmied mit dessen wuchtigen Werkzeug über einander her, wegen der Ordnung, wie sie in der Werkstätte an die Reihe kommen sollten; von den beturbanten Raufbolden blieben zwei Todte und eine Anzahl Verwundeter auf dem Platz.

Von Aitos nach Burgas sind noch 3½ St. durch ein niedriges Hügelland. An der Strasse gibt es keine Ansiedelungen. An der Bahn liegt bei zwei kleinen eruptiven Kuppen das grosse griechische Dorf Urum-Jeniköi (Griechisch Neudorf), griechisch auch Stachtochori (Aschendorf) genannt, nach der Verwüstung durch die Kyrdžali's und nach der Auswanderung 1829 neu angelegt. Näher zur See wird die Landschaft unglaublich öde und monoton.

## 3. Das pontische Küstenland von Sozopolis bis Kaliakra.

Der Golf von Burgas mit den Städten Sozopolis, Burgas, Anchialos und Mesembria. Die Lagunen von Burgas, die Therme von Aitos und die Wälder der Strandža. Das östliche Ende des Balkan. Varna. Das Küstenland bei Balčik. Cap Kaliakra.

Der Golf von Burgas, der grösste Einschnitt in die Westküste des Schwarzen Meeres, ist bei der Einfahrt an 12 Kilometer breit und reicht ungefähr 15 Km. tief in das Festland hinein. Im Süden begrenzen ihn die Waldkuppen der Strandža, deren schroffe Abhänge die Küste vom Bosporus bis hieher begleiten, im Norden die Ebene von Anchialos, hinter welcher die letzten Kämme des Balkan emporragen. Die Westseite des Golfes ist umgeben von einer Niederung mit drei grossen Lagunen.

Auf der Südseite der Einfahrt liegt unter den Eichenwäldern der Strandža, an einer offenen Stelle mit Windmühlen, Aeckern und Weinbergen die Stadt Sozopolis, das alte Apollonia, auf einer felsigen Halbinsel, welche durch eine niedrige, an 120 Schritt breite und lange Sanddüne mit dem Festland verbunden ist. Zwischen dem Sand der Düne steht ein Kirchlein des hl. Zosimos, eines hiesigen Landsmannes aus der Zeit des Kaisers Trajan. Die Bucht auf der Westseite des Isthmus gilt als der beste natürliche Hafen auf der ganzen Westküste des Schwarzen Meeres. Gegen den Wellenschlag schützt ihn und die Stadt eine Gruppe steiniger buschbewachsener Inseln, in der Art der dalmatinischen Scoglien. Auf der grössten derselben Hagios Jannis steht neben den Resten einer Burg und eines Klosters ein neuer Leuchtthurm. Auf dem Inselchen Kirikos (oder Milos) stand in der byz. Zeit ein direct dem Patriarchen untergeordnetes Kloster der Heiligen Kyrikos und Julitta, welche (Mutter und Sohn aus Ikonion) auf der Halbinsel heute noch eine grosse Verehrung geniessen.[1]) Die Stadt war früher von starken Mauern umgeben, von denen auf der Landseite noch grosse Stücke übrig sind. Die zweistöckigen, unten steinernen, oben hölzernen Häuser stehen auf unebenem, felsigem Boden dichtgedrängt längs der engen Gässchen. Die 2956 Einwohner sind Griechen, bis auf eine kleine Bulgarengemeinde (113 S.), und betreiben

1) Acta patriarchatus ed. Miklosich et Müller I 366, 487; II 152.

Wein- und Ackerbau, vorzugsweise aber Fischerei. Der Handel mit getrockneten Makrelen ist sogar die Quelle eines gewissen Reichthums. Es ist ein von Fremden äusserst selten besuchtes Städtchen mit freundlichen Leuten, nur mit Burgas durch Postfahrten einer Segelbarke verbunden. Ausser den Communalämtern, den Zollbeamten und einigen Gendarmen gibt es keine Behörden hier. Zur Zeit meines Besuches klagte man sehr über die Räuber, Türken und Bulgaren, welche in den waldigen Einöden des nahen Grenzgebietes hausten; die Bürger wagten sich kaum in die Weinberge hinaus, um nicht von den Waldrittern zur Erpressung eines Lösegeldes entführt zu werden. Dörfer gibt es in der Gegend wenige, mit indolenten Bulgaren, ganz im Wald verborgen und nur durch Buschpfade verbunden.

Das alte Apollonia (Ἀπολλωνία ἐν τῷ Πόντῳ) wurde um 610 vor Chr. von den Milesiern gegründet. Nach dem Zeugniss Strabo's und Stephan's von Byzanz stand es ursprünglich auf einer Insel, der Isthmus hat sich also in späteren Zeiten gebildet; nach dem anonymen pontischen Periplus hatte es zwei grosse Häfen. Es war eine reiche und mächtige Stadt. Ihr Stolz war ein Apollotempel, mit einer 30 römische Ellen hohen und 500 Talente schweren Colossalstatue des Gottes, einem Werk des Calamis (4. Jahrh. v. Chr.). Gegen die Römer stellten sich die Apolloniaten feindlich und wurden nach der Eroberung von Marcus Lucullus (72 v. Chr.) durch die Entführung des Colosses nach Rom bestraft; noch zu Plinius' Zeit stand diese Trophäe auf dem Capitol. Auf eine Wiederaufrichtung der Stadt mit Wehrthurm und drei Thoren, vielleicht nach dieser römischen Eroberung, durch Metokos, Sohn des Tarulos, einen sonst unbekannten Mann mit ganz thrakischem Namen, bezieht sich eine der von uns hier gefundenen Inschriften. In der Römerzeit prägte die Stadt Münzen von Domitian bis Gordian, wird aber sonst nur in Itinerarien und Periplen erwähnt. Zum letzten Mal erscheint sie unter ihrem alten Namen bei Ammianus Marcellinus; 431 wird ein Bischof von Sozopolis erwähnt.[1]) Später lesen wir von der Stadt höchstens als von einem Verbannungsort gefallener Grössen unter den Komnenen. Im 13. und 14. Jahrhundert wird sie als Sisopoli, Sixopoli in italienischen Portulanen und Handelsbüchern genannt und scheint sich wieder zu einer ziemlichen Blüthe erhoben zu haben. Kantakuzenos und Nikephoros Gregoras nennen Sozopolis eine schöne, grosse, volkreiche und wohlhabende Stadt. Eine arge Katastrophe war ein Ueberfall durch die Genuesen 1352; Kaiser Kantakuzenos, damals mit den Venetianern gegen Genua verbündet, wollte eine Besatzung senden, jedoch die kriegerischen Bürger wiesen das Anerbieten stolz zurück, wurden aber bald von einer Escadre von zehn genuesischen Kriegsschiffen überrascht und gründlich ausgeplündert. Die Bulgaren besassen die Stadt nur unter dem Caren Svetoslav (um 1316) und eine Zeitlang vor 1366; 1366—1453 war sie wieder byzantinisch. In der Türkenzeit wird Sozopolis nur bei russischen Expeditionen

1) Ueber die Identität von Apollonia und Sozopolis kann kein Zweifel obwalten; ausser den Entfernungen in den alten Küstenbeschreibungen ist sie z. B. im Periplus Anonymi und in der Legende des hl. Zosimus ausdrücklich ausgesprochen.

erwähnt. Um 1623 haben sich Kosaken nach wiederholter Plünderung der Stadt in dem Inselkloster des hl. Johannes des Täufers festgesetzt, weshalb dasselbe von den Türken zerstört wurde.[1]) Im J. 1829 nahm Contreadmiral Kumani die Stadt fünf Monate vor dem Balkanübergang der Russen durch Ueberraschung. Zuletzt war die osmanische Verwaltung hier durch einen Mudir mit drei Zaptiés repräsentirt. Im letzten Kriege haben sich an 2000 Bauern vor Tscherkessen und Baschibozuks in die Stadt geflüchtet; auf dem Isthmus sieht man noch eine damals rasch errichtete Schanze.

Antike Reste, Inschriften und Basreliefs gibt es genug, in den drei Kirchen, auf den Hausfronten, in Kellern und Windmühlen. Auf dem Festland im Südosten wurden zur Zeit meiner Reise auf der alten Nekropole der Apolloniaten von einigen Bürgern Ausgrabungen betrieben. Die Funde, meist Lampen und Gefässe aus Thon, Glas und Bronze, zeigten nur den bescheidenen Hausrath einer kleinen Seestadt.

Die Küste westlich von Sozopolis wird jenseits der Weinberge, in denen viele kleine Capellen zerstreut liegen, und dem Bulgarendorf Sveti Nikola unwirthlich und steil. Sie ist überragt von waldigen Bergen, unter denen sich die Trachytkuppe Bakar-Bair (380 M., „Kupferhügel" mit den Resten eines Bergwerks) bemerkbar macht. Auf einer steilen Felsinsel steht das kleine hölzerne Kloster der hl. Anastasia, mit einem Leuchtfeuer; an seinen Klippen scheiterte unlängst in einer stürmischen Nacht ein russischer Postdampfer. Dann folgt zwischen Wäldern die tiefe Bucht Čingené-Skelé (Zigeunerhafen) mit gutem Ankerplatz, wo die Russen während der Occupation ihre Magazine hatten.

Von den drei Lagunen erreicht man zuerst den See von Mandra (bulg. Mándrensko Jézero, türk. Mandragölü), nach einem Dorfe so genannt, 10 Kilometer lang und nur 1—2 Km. breit. In Folge der Stärke seiner Zuflüsse, der Flüsse von Fakija (Fluss Skafida im Mittelalter), Karabunar und Rusokastro, die in ihm eine dauernde Strömung erzeugen, ist er der einzige der drei Seen, der mit dem Meer communicirt. Der Sund heisst schon auf den italienischen Seekarten des Mittelalters Póros. Jetzt führt über denselben eine von den Russen errichtete schmale Pfahlbrücke, an 500 M. lang, welche jedoch vor dem Ostufer abbricht, um einem Fährschiff Platz zu machen. Ochsenwägen plätschern übrigens im seichten Brackwasser vom Fährschiff zum Westufer, ohne die Brücke zu benützen. An der Ostseite stehen die massiven Substructionen eines viereckigen steinernen Uferthurms, der wohl einst die Einfahrt zu schützen hatte. Das niedrige Nordufer der Lagune bedeckt Röhricht und Sumpf, das Südufer dagegen ist waldig und hoch. Eine feierliche Stille ruht über der öden Landschaft, kaum unterbrochen von den schwarzen und weissen Wasservögeln, die im dichten dunkelgrünen Schilf unbeweglich den Fischen auflauern. Die Lagune war aber nicht immer so

1) Sathas, Bibl. graeca III 563. The travels of Macarius, patriarch of Antioch, written by his archdeacon Paul of Aleppo in Arabic, translated by F. C. Belfour, London 1836, II, 423.

einsam. Ueber den Böschungen des Südufers stehen zwei armselige Ansiedelungen mit Resten alter Burgen, der Čiflik Achranli mit den Trümmern angeblich eines Klosters und das bulgarisch-türkisch-griechisch-zigeunerische Skefa (312 E.), mit einem „Kastro", der Burg Skafida der alten Seekarten. Zwei grosse Castelle am Westende der Lagune zu beiden Seiten des Flusses von Karabunar (bei Jakyzly) sind die Ueberreste der Vespasianischen Veteranencolonie Deultum.[1]) Es ist merkwürdig, wie diese Stadt in einer solchen Sumpflandschaft so lange existiren konnte; die Gegend muss damals viel besser cultivirt und viel gesünder gewesen sein. Von Trajan bis Kaiser Philipp prägte die „Colonia Flavia Pacis Deultum" auch Münzen. Im Mittelalter war „Develtós" eine byzantinische Grenzstadt gegen die Bulgaren, welche sie einmal 812 unter dem Fürsten Krum gründlich ausplünderten. Die letzte Erwähnung ihrer Existenz ist bei Niketas Choniates 1203, als Kaiser Alexios III. aus Konstantinopel vor den Lateinern hieher floh.

Ich habe die Ufer dieser Lagune nicht untersuchen können. Dafür sah ich das weiter westlich gelegene Rusokastro, 4 St. von Burgas, ein grosses Bulgarendorf mit Strohdächern in einer geringen Seehöhe von ungefähr 40 M. Die Umgebung macht den Eindruck eines erst neulich unvollständig ausgerodeten Waldes, mit alten Eichen zwischen dem Mais, die sich südwärts zu grossen Urwäldern verdichten. Eine halbe Stunde längs des nicht wasserarmen Baches von Rusokastro aufwärts liegen am rechten Ufer in einer grossen Flusskrümmung auf einem 80 M. hohen Felsen die Reste der im 12. bis 14. Jahrhundert oft genannten Burg Rosókastron. Die öde Waldlandschaft weiter südwärts vom Fluss von Karabunar bis gegen Kyrkklissé heisst Chasikíja. Das wichtigste Grenzdorf ist das bulgarische Fákija (φακή Linse) mit Burgruinen in der Umgebung.

Nördlich von der Lagune von Mandra folgt jenseits des Waldhügels Karatepé (208 M.) die Lagune von Vajaköi, im Westen umgeben von einer Steppe mit Paliurusbüschen, die von wenigen Schaf- und Büffelheerden belebt wird, dann jenseits einer Terrasse mit Feldern und Weinbergen die ganz seichte Lagune von Atanasköi. Beide Seen sind salzig, seicht und ohne Communicationen mit dem Meere, von dem sie durch sandige Nehrungen abgeschlossen werden. Eine Eigenthümlichkeit sind die vielen reichlichen Süsswasserquellen auf diesen Nehrungen. Die Luft ist voll Fiebermiasmen.[2]) Auf dem Ostabhang des Lehmrückens zwischen beiden Seen liegt Burgás, griech. Pyrgos (Fig. 42). Die Stadt, wahrscheinlich bei einem alten Thurm (πύργος) gegründet, ist ganz neu und wächst von Jahr zu Jahr: 1879 2950 E., 1888 6543 (2709 Bulgaren, 1943 Griechen, 1262 Türken, 274 Spaniolen u. s. w.). Das Innere mit seinem Gemenge von Neubauten und Bretterbuden, Comptoirs, Consulaten, Waarenschupfen u. s. w. zeigt sich auf seinen breiten Gassen

1) Vgl. Arch. epigr. Mitth. X, 167. Beschrieben von Škorpil.

2) Z. B. das Dorf Džankardaš, das noch Hochstetter 1869 sah, ist jetzt nur durch eine Fontaine bezeichnet, an der wir auf dem Weg nach Rusokastro vorbeikamen; es soll wegen der Malaria verlassen worden sein. Selbst die altansässigen Rusokastrenser klagen über die sumpfige Luft, die ihnen der Ostwind bringt.

Fig. 42. Der Hafen von Burgas.

mit Robinienalleen als eine neue Hafenstadt. Einen Hafen hat aber Burgas nicht, sondern nur eine schlechte Rhede mit engen hölzernen Landungsbrücken; in den Winterstürmen müssen die Schiffe oft in den Čingené-Hafen flüchten und die Postdampfer können mitunter gar nicht landen. Nur nach der Ernte geht es hier lebhafter zu; sonst liegen vor der Stadt nur wenige Segelbarken. Die soeben vollendete Bahn wird Burgas mit dem Hinterland bis Sofia verbinden und ihm eine grosse Bedeutung verleihen. In der rumelischen Zeit galt die Stadt als ein von Malaria und Intriguen verseuchtes Nest und wurde auch nach der Union durch kleine Putsche berüchtigt.

Drei Viertheile der Okolija von Burgas sind Wald, niedriger Eichenbusch oder hoher Urwald. Die spärliche Bevölkerung besteht aus älteren Bulgaren, die den Rhodopedialect sprechen, und neueren Colonisten aus den Gegenden von Čirpan und Zagora und der Adrianopler Provinz. Türkendörfer gibt es nur im Süden an der Grenze (Belevrén, Tekendžé u. s. w.).[1]

Ein uralter Badeort liegt an 15 Km. von der Stadt an der Westseite der Lagune von Atanasköi, auf einer öden Terrasse zwischen dem blauen Seespiegel und den Vorhügeln des kahlen Balkan, eine Viertelstunde südlich von dem Dorf Lydžaköi. Es ist das „Bad von Aitos", die Aitoška Lidža. Das Badehaus mit Kuppel und Bassin ist nach Hadži Chalfa erbaut von Sultan Suleiman II. (1520—1566). Im halbdunkeln, unerträglich heissen Innern glitzert neben dem Bassin etwas wie drei spannenhohe Lilien auf einer Marmorplatte; das sind die hervorschäumenden warmen Wässer (+ 42° C.). An die Nordseite dieses Gebäudes schliessen sich die Reste einer römischen Therme an, mit einem viereckigen und einem runden Bassin. Ein warmer Abfluss zur Lagune treibt noch eine Mühle. Man erkennt die schwache Spur der Umfassungsmauern eines viereckigen Castells, welches einst die Therme einschloss. Badegäste gab es zur Zeit unseres Besuches genug, Bulgaren, Türken und Griechen aus allen Gegenden von Adrianopel bis Silistria, aber wie sind die Leute untergebracht! Es gibt nur einige Bretterbuden und alte zerrissene Zelte, keinen Park, keine Allee, ja keinen vereinzelten Baum. Als Colonnade dient ein freistehendes Dach, in welchem die Gäste auf Sesseln, Fässern und Kisten sitzend Kaffee trinken, Tabak rauchen oder sich rasiren lassen; in einer Ecke schneiden einige schmierige Kerle mit Schafscheeren farbigen Teig zu Stücken türkischer süsser Reiskuchen (Halva) zu. Bei der glühenden Sonnenhitze verbreiten die Ausdünstungen der nahen seichten Salzlagune einen widerlichen Geruch. Die Quellen helfen Manchem vom Rheumatismus, geben aber als Gegengeschenk oft ein heftiges Fieber mit.

Das sind die Aquae Calidae von Anchialus der Römer, die Therma, Megali Thermo oder Thermopolis der Byzantiner. Ihr begeistertes Lob ist bei Jordanes zu lesen, einem Zeitgenossen Kaiser Justinian's, der sie zur

1) In Rusokastro hörte ich von den Banater Deutschen, die sich um 1860 in Ašlare und Kajlija niederliessen (vgl. Mitth. der Wiener geogr. Ges. 1870, 550), aber wegen der Malaria und der Nachbarschaft von Tscherkessen und Türken bald wegzogen; die Bulgaren erinnern sich, dass die „Nemci" eiserne Pflüge hatten, mit Pferden ackerten und in den Häusern Schlaguhren besassen.

Sicherheit der Kranken befestigen liess. Der Chan der Avaren verschonte die Badestadt bei der Belagerung von Anchialos (583), weil sein Harem sich hier inzwischen angenehm die Zeit vertrieb. Im Mittelalter wird der Ort einigemal in den Kriegen der Byzantiner gegen die Bulgaren, Petschenegen und Kumanen erwähnt, zuletzt 1206, wo der Lateinerkaiser Heinrich auf einem Zug gegen die Bulgaren drei Tage hier verweilte, beim Abzug aber ungleich dem Avarenchan die Stadt niederbrennen liess. Ein Dorf gab es beim Badehaus noch vor Hundert Jahren. Boué sah den Ort 1837 in ähnlichem Zustand wie wir, nur mit noch grösserem Schmutz und Ungemach. Jetzt geht die Eisenbahn in der Nähe der uralten Therme vorüber und das altberühmte Warmbad kann vielleicht mit schönen Häusern in wohlgepflegten schattigen Parkanlagen als moderner Curort noch eine Zukunft erleben.

Von den Lagunen von Burgas erstreckt sich bis zum Balkan die an 25 Kilometer lange und 10 Km. breite Küstenebene von Anchialos, der κάμπος Ἀγχιάλου der Byzantiner, Anchialsko Pole der Bulgaren. Die Terrasse ist 30—40 M. über die See erhöht und im Westen überragt von dem „Kleinen Balkan", Küčük-Balkan von Aitos, mit dem höchsten Gipfel Pepirina. Den Boden bedecken schöne Mais- und Weizenfelder, ausgedehnte Obstgärten und üppige Weinberge, an vielen Stellen unterbrochen durch dürre Einöden mit hohen Disteln und Dornen, kleine Sümpfe oder durchwühlt von tiefen Wildbächen, deren trockene Schluchten sich oft unversehens mit brausenden Wassermassen füllen. Auffallend sind einige hohe Grabhügel. Die Dörfer sind elend, wie alle aus Čifliks herausgewachsenen Ansiedelungen und haben eine gemischte Bevölkerung von Bulgaren, Türken, Griechen und Zigeunern.

Das Centrum der Okolija, die Stadt Anchialos (2½ St. von Burgas), hat eine merkwürdige Lage. Den spitzen Winkel eines Küstenvorsprungs füllt ein ausgedehnter Salzsee, getrennt von der weiten blauen Fläche des Pontus im Osten durch eine schmale, blendend weisse sandige Nehrung, im Süden durch einen breiteren Isthmus mit Windmühlen, Bäumen und Weinbergen. An der Stelle, wo die beiden Linien zusammentreffen, liegt, wie auf einem Vorgebirge, die Stadt auf einer lehmigen 10—15 M. hohen Terrasse, die nach den Erzählungen der Einwohner im Osten fortwährend durch die Brandung unterwühlt wird. Der einzige, recht unsichere Ankerplatz ist an der Südseite, die felsigen Boden und daher mehr Festigkeit hat. Von den 4954 E. sind nur 620 Bulgaren und 265 Türken, alles übrige Griechen. Das Innere ist ein Labyrinth von Holzhäusern, welche in den oberen Stockwerken weit über die Gasse vorragen. In den Gärten wachsen auch Feigenbäume im Freien, aber der schlechte Boden beeinträchtigt den Baumwuchs. Eine Eigenthümlichkeit von Anchialos und Mesembria sind die in Massen auf den Dächern furchtlos nistenden Möven (griech. λάρος, türk. martinkuš); ihr zudringlicher Ruf gleicht bald dem Schnattern der Gänse, bald dem Wimmern kleiner Kinder. Die Anchialenser, ein fröhliches Völkchen mit schönen Frauen, beschäftigen sich nur wenig mit Fischerei und Seefahrt; ihr Tagewerk ist getheilt zwischen der Arbeit in den Weinbergen und auf den Salinen. Die primitiven Salzsiedereien, Eigenthum der Einwohner, befinden sich auf der Südseite der Salzlagune, wo das Wasser in 6390 kleinen (3—4 Qm.), von Balken umgebenen Vierecken unter scharfem Geruch verdampft und das zurückbleibende weissgraue Salz langsam umgeschaufelt wird. Die einzelnen Gruppen haben neben türkischen meist griechische Namen (Paläodromos, Akti, Choniati u. s. w.). So ein Bassin hat je nach der Lage den Werth von 3—15 Goldlira's. Das Salz wird von der Regierung gekauft; die Quantität ist von Jahr zu Jahr sehr wechselnd je nach der Sommerwärme. Die Einwohner glauben, es sei nicht gewöhnliches Meersalz, sondern es gebe auf dem Grund der Lagune eigene Salzquellen.

Das antike Anchialos lag nicht an der Stelle der heutigen Stadt, sondern eine halbe Stunde nordwestlich zwischen der Salzlagune und dem Golf von Burgas, auf den Weinbergen von Paläokastro bei den Čifliks Akrotiri und Beklidžik, zwischen denen eine 1 1/2 St. lange Wasserleitung vom Dorf Alikaria in die Stadt geht. Der Boden ist dort voll Quadern und Ziegelsplittern; das grössere Baumaterial ist aber in die Stadt und die Čifliks verschleppt. Strabo nennt Anchialos, eine Gründung der Apolloniaten, nur ein Städtchen (πολίχνιον), wohl nur an der Hand einer älteren Quelle, denn sein Zeitgenosse Ovid, der einzige allerdings unfreiwillige Reisende der Römerzeit, welcher uns diese Gegenden aus eigener Anschauung beschreibt, schildert es schon als eine Stadt mit hohen Mauern (alta sub Anchiali moenia).[1] Trajan verlieh der Gemeinde den Titel „Ulpia". Die hiesigen Münzen von Domitian bis Gordian zeigen auf ihren Emblemen eine befestigte Stadt mit Reichthum an Getreide, Wein, Früchten und Fischen; eine Münze aus der Zeit des Kaisers Septimius Severus nennt auch „Severia Nymphia", wohl hiesige Spiele. Nach den Itinerarien liefen von hier fünf Strassen aus, zur Donaumündung, nach Marcianopolis, über Aquae Calidae nach Philippopel, über Deultum nach Adrianopel, über das gegenüberliegende Apollonia nach Byzanz. In der Zeit der Völkerwanderungen und der Gothen- und Avarenkriege wurde Anchialos ein grosser Waffenplatz. Später erscheint es als wichtige byzantinische Grenzfestung gegen die Bulgaren, bei welcher sich in Kriegen das Landheer und die Flotte gewöhnlich vereinigte. Hier wurde Kaiser Justinian II. (um 707) vom Bulgarenfürsten Tervel geschlagen und hier siegte Konstantin V. (762) über das grosse Heer des Bulgarenfürsten Telec. Kaiserin Irene hat nach Theophanes 784 die Stadt neugegründet, nach der Localsage vom Paläokastro zum Leuchtthurm und einem Panagiakloster auf dem Vorgebirge auf die jetzige Stelle übertragen. Der bulgarische Car Symeon brachte den Byzantinern 917 in einer grossen Schlacht vor Anchialos[2]) eine ent-

1) Ovid, Tristia I, eleg. 10 v. 36.

2) Leo Diaconus verlegt die Schlacht ausdrücklich nach Anchialos (vgl. Tomaschek, Zur Kunde der Haemushalb. II, 22). Der „Fluss Acheloos" bei den Fortsetzern des Georgios Monachos und des Theophanes (vgl. Hirsch, Byz. Studien 268) ist aus der Stadt Achelôs bei einem Compilator entstanden, dem der Fluss Acheloos im Epirus bekannter war. Die localen Erklärer suchen diesen Fluss beim Türkendorf Achli am Uadžideré.

scheidende Niederlage bei. Kaiser Alexios Komnenos pflegte hier öfters zu verweilen. Im J. 1206 wurde die damals von den Bulgaren besetzte Stadt (Aquile des Villehardouin) von Kaiser Heinrich niedergebrannt. Bis 1366 befand sie sich dann meist in bulgarischem Besitz, ausser der Zeit des Kaisers Michael Paläologos (1259—1282) und zwei kurzen byzantinischen Occupationen 1323 und 1364; 1366—1453 war sie mit dem ganzen Küstenland wieder byzantinisch und wurde erst kurz vor dem Fall von Konstantinopel von Karadža, dem Beglerbeg von Rumelien besetzt. In kirchlicher Beziehung war es oft mit dem nahen Mesembria vereint, hatte aber auch manchmal einen eigenen Bischof. Die italienischen Seefahrer des 14. Jahrhunderts kannten den Hafen als Lassilo, Achillo, Laquilo, wie er denn griechisch auch Acheló hiess (davon türk. Achiolü). Die Hauptproducte waren Getreide, das der Florentiner Pegolotti (um 1340) dem aus der Krim gleichstellt, aber gegenüber dem thrakischen von Rodosto als geringer bezeichnet, Vieh und bulgarisches Wachs.[1]) Salinen werden in diesen Zeiten nicht erwähnt, was aber vielleicht nur zufällig ist.

In der türkischen Zeit waren unter den Archonten der Stadt die Kantakuzeni bemerkbar, die schon im 15. Jahrhundert im nahen Mesembria sassen. Berühmt wurde der reiche und mächtige Salinenpächter und Lieferant der Pforte Michael Kantakuzenos, der in Anchialos nach Gerlach's Schilderung einen Palast (Saraj) mit grosser Dienerschaft hatte und dort 1578 auf des Sultan Befehl wegen Intriguen in den rumänischen Fürstenthümern verhaftet und sofort auf der Zimmerthür gehängt wurde. Sein Andenken ist hier nicht erloschen; man zeigt die Stelle seines Hauses und unter dem „Corso", einem Kaffeehaus auf dem Vorgebirge mit weiter Aussicht von Cap Emon bis Sozopolis, ein Stück der vom steilen Ufer heruntergefallenen Stadtmauer im Meere als das Bad (Paläolutra) des Kantakuzenos, ja man soll hier von ihm noch ein Lied (*τραγούδη*) singen.[2]) Seine Brüder und Söhne flohen in die Walachei, wo ihre Nachkommen noch als eine Bojarenfamilie leben, seit Peter dem Gr. auch in Russland durch einen Zweig vertreten. Das Bisthum der Stadt umfasste noch vor Hundert Jahren auch Karnobad und selbst Čalykavak und Smjadovo bei Šumen.[3]) Der jetzige Bischof hat nur die Griechen von Anchialos und Burgas. Ein türkisches Privilegium von 1566 verpflichtete acht Dörfer zur Arbeit in den Salinen, gegen Steuer- und Robotbefreiungen.[4])

Ungefähr 12 Kilometer nordöstlich von Anchialos liegt das uralte Mesembria. Das Nordende der Salzlagune, an dem wir unterwegs vorbeikommen, ist im Herbst der Versammlungsplatz von Tausenden von Vögeln vor der

1) Heyd, Gesch. des Levantehandels I 579, 580, II 179, 351.

2) Näheres konnte ich über das Lied nicht erfahren. Einen Text veröffentlichte Legrand, Recueil des poèmes historiques en grec vulgaire, relatifs à la Turquie et aux Principautés Danubiennes, Paris 1877.

3) Sathas, Bibl. graeca III, 571.

4) Hammer, Osm. Staatsverfassung I, 295. Vgl. Hadži Chalfa S. 25, Marsigli, Stato militare S. 56.

Wanderung. Zwischen schönem Ackerland überschreitet der primitive Fahrweg die tiefe Schlucht des gewöhnlich wasserarmen Čímos, der jedoch kurz vor unserer Reise durch ein unerwartetes Hochwasser einen Büffelwagen mit fünf Türken von der Fuhrt in's Meer fortriss. Am Ufer stehen drei im Kriege niedergebrannte, jetzt von Christen erneuerte Čifliks, deren frühere Besitzer, türkische Bey's, einen üblen Ruf als Hehler osmanischer Wegelagerer besassen. Bald erblickt man unter den dunkelgrünen Waldhängen des Balkan das Röhricht des vom Hadži Deré und Seefluthen genährten Sumpfes Kardis, auf der Seeseite begrenzt von vegetationslosen hohen Dünenhügeln aus feinkörnigem, beweglichem Sand, deren blendend weisse Farbe von dem Grün des Gebirges und dem tiefblauen Meeresspiegel scharf absticht.

Mesembria ist eine Sehenswürdigkeit. Die rothen Ziegeldächer stehen dicht beisammen auf einer am Rande 10—12 M. über den Meeresspiegel emporragenden und im Innern noch höheren Felsinsel, welche mit dem Festland nur durch einen ungefähr 500 Schritt langen, bei Seestürmen oft überflutheten, engen und niedrigen Isthmus zusammenhängt. In der Mitte dieser Landzunge verzeichnete noch Moltke nach 1829 „einen alten massiven Thurm", der jetzt bis auf die Grundfesten verschwunden ist. Am Eingang sieht man die Reste eines alten Thores, an vielen Stellen des steilen Inselufers grosse Stücke der aus wechselnden Lagen von Ziegel und Stein gefügten Ringmauer. Der Hafenplatz befindet sich an der Südwestseite. Die alte Akropole der Mesembrianer befand sich über dem felsigen Ostcap der Stadt, bei der Ruine des byzantinischen Klosters des „Akropolitischen Heilands",[1] jetzt „Christos Akrotirios" genannt. Die denkwürdige Stadt ist jetzt vergessen und verfallen. Seit dem Ende der Türkenherrschaft gibt es hier keinen Sitz der Behörden, keine Post- oder Telegraphenstation, ja nicht einmal einen Arzt; jüngst hat man wenigstens wieder den Telegraphen erneuert. Die Einwohner (1739 S.) sind bis auf einige Bulgaren und Türken sämmtlich Griechen, leben von Fischfang und Weinbau auf der nahen Küste oder als Krämer in den Balkandörfern. Der Schiffbau und Holzexport aus dem Balkan ist eingegangen und die Zeiten, wo die Russen (1829) bei dem nahen Griechendorf Rávda eine eben vollendete Corvette mit 22 Geschützen auf der Werft wegnehmen konnten, sind längst vorüber. Zwei Drittel der Einwohner, darunter die ersten Familien, sind nach dem Krieg von 1829 nach Odessa, Galatz und Braila ausgewandert, und seitdem hört die Emigration und der Verfall nicht auf. Zuletzt sind alle Türkenfamilien, darunter reiche Bey's, ausgewandert. Ich war an einem Sonntag hier, aber die engen, winklingen Gässchen waren still; es fehlten selbst die fröhlichen Trinker mit irdenen Weinkrügen auf den Bänken vor den Hausthoren, die Anchialos zu beleben pflegen. Meine Führer waren lauter alte Herren, besonders der weissbärtige Gemeindeschreiber mit Fez und Brille. Die 413 Häuser haben ein steinernes Erdgeschoss, das als Weinkeller und Magazin dient, und einen oberen Stock

1) Das Patriarchalkloster *τοῦ Σωτῆρος Χριστοῦ τοῦ Ἀκροπολίτου*. Acta patr. I 502 II 97.

aus Fachwerk, und sind mit Raumersparniss dicht gedrängt. Viele stehen ganz leer. Keller gräbt man nicht, denn da kommt Wasser zum Vorschein, aber bitter und ungeniessbar; alles Trinkwasser wird über den Isthmus von zwei Schöpfbrunnen auf dem Festland geholt. Die Aussicht aus der meerumschlungenen Stadt gegen Norden ist malerisch. Jenseits der blauen See liegen die hellgrünen Weinberge der Mesembrioten bei dem Landungsplatz (ohne Häuser) Hagia Anna und dem kleinen griechischen Dorf Hagios Vlasios (türk. Küčük Monastir. „das kleine Kloster“), wo sich im 14. Jahrhundert ein Patriarchalkloster des hl. Blasius befand, und darüber die Wälder des sich bis 473 M. erhebenden Eminé-Balkan. Zwischen dem Waldesgrün bemerkt man rechts auf der Kuppe Hagios Ilias (386 M.) gelbe Saaten und die Windmühlen des griechischen Dorfes Emon (türk. Eminé), unter welchem der Haemus mit den steilen Abstürzen seines äussersten Vorgebirges abschliesst. Den Leuchtthurm des Caps, auf welchem die jetzt Paläokastro genannten Reste der Burg Emmona stehen, sieht man von hier aus nicht.[1] Zahlreiche Reste von Klöstern und Capellen zeugen von den Eremiten, die im Mittelalter auf diesen Höhen zu hausen pflegten. Südwärts sieht man bis zu den Kuppen der Strandža in der Gegend von Agathopolis.

Die Geschichte von Mesembria umfasst nahezu 2500 Jahre. Megarer, später durch flüchtige Byzantier und Chalkedonier verstärkt, gründeten die Stadt, mit dorischer Aussprache „Mesambria“ genannt, an der Stelle einer thrakischen Burg noch vor den Perserkriegen.[2] Keine Nachricht aus dem Alterthum verlegt die Stadt auf eine Insel; der Isthmus scheint also natürlich zu sein. Herodot ist wohl bei seiner Fahrt nach Olbia hier vorübergekommen. Die Stadtmünzen, sowohl die silbernen der freien Gemeinde (Μεσαμβριανῶν), als die Kupferstücke der Römerzeit (von Hadrian bis Kaiser Philipp) sind eine grosse Seltenheit, auch in Mesembria selbst. Antike Bautrümmer gibt es genug, aber die Inschriftsteine sind grösstentheils 1829 von den Russen nach Petersburg entführt worden.[3]

Während der Völkerwanderungen war Mesembria durch seine peninsulare Lage mehr geschützt als Anchialos. In der älteren byzantinischen Zeit war es das äusserste „Kastron“ des Reiches an der Bulgarengrenze, ein wichtiger Handels- und Waffenplatz, Ausgangspunkt zu Feldzügen, z. B. unter Konstantin V. (741—775), und Zufluchtstätte bulgarischer Prätendenten. Die Bürgerschaft wurde durch Kleinasiaten verstärkt, unter welchen sich auch

1) Burg Ἔμμωνα der Acta patriarchatus, Cauo de l'Emano auf der Karte des Genuesen Pietro de Vesconte 1318, Mons Emona auf der Karte des Fra Mauro aus dem 15. Jahrh. im Dogenpalast zu Venedig etc. „Mauocastro“, wo die Bulgaren um 1315 genuesische Schiffer beraubten (Heyd I, 579), ist wahrscheinlich zu lesen „(c)manocastro“.

2) Als ursprünglich thrakische Gründung bei Strabo VII p. 319 und nach Nicolaus Damascenus bei Stephan von Byzanz. Als Colonie der Megarer bei Strabo, Skymnos und im Periplus Anon. Bei Herodot IV, 93 und VI, 33 ein scheinbarer Widerspruch; Mesembria wird schon bei dem Zug des Dareios gegen die Skythen (513 vor Chr.) erwähnt, aber 493 vor Chr. durch flüchtige Byzantier und Chalkedonier „colonisirt“ (nicht gegründet). Das dorische a verschwindet auf den Münzen erst unter Septimius Severus.

3) Vgl. Latyšev in den Mitth. des deutschen arch. Institutes in Athen IX, 209 f.

der spätere Kaiser Leo der Isaurier befand. Im J. 812 eroberte der Bulgarenfürst Krum die Stadt, aber die Bulgaren haben sich hier nicht behauptet. Kaiser Theophil (829—842) soll den Thurm des Isthmus, das Stadtthor und eine Kirche erbaut haben.[1]) In der Komnenenzeit hören wir nichts von der Stadt; selbst Idrisi kennt sie nicht. Während des zweiten Bulgarenreiches in Trnovo hatte sie eine grosse Bedeutung und wechselte oft den Herrn. Die Bulgaren nannten sie Nesebr oder Mesebr, eine Form, die man noch in der Umgebung hört (Mesébъr in Erkeč).[2]) Pachymeres nennt sie eine „grosse", Nikephoros Gregoras „eine feste und volkreiche" Stadt. Kantakuzenos beschreibt sie so, wie wir sie jetzt sehen, mit dem Zugang über den Isthmus (*τὸ στενόν*), den Brunnen draussen und dem schlechten Trinkwasser im Innern. Als Handelsplatz war Mesembria viel besucht von Venetianern, Genuesen und Ragusanern. Sie importirten Wollstoffe (draparia) und exportirten Weizen und Gerste; dabei hatten sie viele Conflicte mit den byzantinischen Zollbeamten (comerclarii), die den Getreidehandel nach Konstantinopel den Griechen vorbehalten wollten.[3]) Die Stadtbürger waren Griechen, hielten aber aus Handelsinteresse oft mit den Bulgaren.[4]) Die Urkunden des Patriarchates nennen hier vier Klöster, ausser den zwei bereits genannten des hl. Vlasios und auf der Akropolis noch die der Mutter Gottes „Eleusa" und der „Agiosoreitissa". In den Kirchen gab es manche Reliquien; 1256 entführten die Venetianer bei einem Ueberfall den Kopf des hl. Theodor. In der ersten Hälfte des 13. Jahrhunderts war die Stadt bulgarisch, in der zweiten byzantinisch, in der ersten Hälfte des 14. bis auf eine kleine Unterbrechung wieder bulgarisch, 1366—1453 byzantinisch. Vor den Mauern von Mesembria wurde 1364 der letzte Krieg zwischen Bulgaren und Byzantinern ausgefochten. Von dem Grafen Amadeo von Savoyen endlich 1366 den Bulgaren entrissen, bildete die Stadt einen der letzten Reste des Romäerreiches. Sie gehörte eine Zeitlang zum Antheil des letzten Kaisers Konstantin als Prinzen, war der Ausgangspunkt einer erfolglosen Revolution (1441—42) seines leichtsinnigen Bruders Demetrios, des nachmaligen letzten Despoten von Morea, und wurde vom Kaiser noch 1452 durch ein kaiserliches Chrysobull dem ungarischen Feldherrn Johann Hunyad für dessen erwartete Hilfe versprochen, fiel aber ungefähr im Februar 1453 in die Hände der Türken. Die Türkenzeit der Stadt (türk. Misivri) ist dunkel. Nach den Inschriften gab es hier auch damals reiche Archonten, welche die Kirchen

1) Moltke, Der russisch-türkische Feldzug 1828 und 1829 (Berlin 1845), S. 342 (nach einer Inschrift?). — Bei der Schlacht 917 war Mesembria byzantinisch; für eine bulg. Herrschaft in der Stadt im 10. Jahrhundert gibt es kein ausdrückliches Zeugniss.

2) Nesębrъ im Psalter von 1337 (Per. Spis. XXI, 274), Nesebr in Domentian's Biographie des hl. Sava von Serbien S. 326 und im Chronographen von Vrchobreznica f. 199a, Nesebr und Mesebr in der Biographie des hl. Theodosij von Trnovo.

3) Tafel und Thomas, Urkunden zur Handelsgesch. von Venedig III, 238, 244, 246; Thomas, Diplomatarium veneto-levantinum (Venetiis 1880) 165.

4) Z. B. nach dem Sieg der Bulgaren bei Rusokastro 1332 jagten die Mesembrianer selbst die byz. Besatzung davon. Vgl. Kantakuzenos I, 459 und Nic. Gregoras X, 4 p. 487.

restauriren liessen. Im J. 1829 schlugen die Russen den Osman Pascha mit 2000 Mann bei Hagios Vlasios und drängten ihn in die Stadt, wo er sich dem General Roth und dem Admiral Greigh rasch ergab.

Der merkwürdigste Ueberrest aus der Vergangenheit sind acht byzantinische Kirchen, leider zum Theil unrettbar in Ruinen. Kanitz hat sie zuerst beschrieben und zum Theil abgebildet.[1]) Ihre gemeinschaftlichen Merkmale sind die mosaikartigen Aussenmauern aus zwei weissen Steinarten und rothen Ziegeln, wobei die letzteren in ganzen oder gebrochenen Lagen oder in Maeandern, Sternen, Gittern oder Bogen zwischen den Quadern vertheilt stehen, ferner die Reihen grüner, runder oder eckiger Thonscheibchen um die Fensterbogen und akustische Gefässe in den Kuppeln. Die Inschriften über die Erbauung, wohl nur auf der Wand gemalt, sind längst alle übertüncht. Die „alte Metropolie“ war eine dreischiffige Basilica, 24 Schritte lang und liegt ganz in Ruinen. Die jetzige dreischiffige Metropolie (Panagia) mit antiken Säulen, 1599 renovirt, im Innern geräumig und düster, enthält schöne, byzantinische Holzgemälde, darunter eine „Mutter Gottes die Erbarmerin“, die 1889 in das Museum von Sofia übertragen wurde.[2]) Als Magazin dient der nahe, schöne „Hagios Joannes Aliturgitos“ am Hafen, angeblich unvollendet; dagegen sprechen die Spuren von Fresken, die stets erst nach Vollendung des Baues gemalt wurden. Gut erhalten ist eine andere St. Johanneskirche, klein mit massiver Kuppel; die Fresken sind leider übertüncht. Ein Juwel der Kirchenbaukunst war der hl. Pandokrator, jetzt ein Brettermagazin, kaum durch Stützen aufrechtgehalten. Ebenso wie die Ruine der hl. „Archistrategen“ Michael und Gabriel hatte er einen viereckigen Thurm über dem Eingang, wohl für die Glocken, mit enger Treppe hinauf, wie auf den Minarets. Die „Hagia Paraskeue“ ist nur im unteren Theil alt, mit einem Holzdach. Die Kirche „Analipsis“ (Himmelfahrt), 1609 von der Archontenfamilie Kappaduka erneuert, enthält den Grabstein einer Matthaissa Katakuzina Paläologina vom November 1441. Es gibt noch einige andere Kirchenruinen, sowie viele kleine Capellen (*παρακλισάκι*). Die heutigen Mesembrioten haben gar keinen Sinn für diese schönen Denkmäler, ja sie begannen auf dem höchsten Punkt der Stadt ein neues, ganz stilloses Gotteshaus zu bauen, das aber wegen Geldmangel unvollendet dasteht.

Um das Vorgebirge von Emon fährt eine Segelbarke von Mesembria nach Varna in 6 St. Das Ufer ist steil und bewaldet. Eine schmale weisse Stranddüne kennzeichnet die Mündung der Kamčija. Grössere Ansiedelungen an der hafenlosen Küste sind Gözeke mit den Resten der mittelalterlichen

1) Gelungene Abbildungen der Kirchen nach Photographien, sammt Plänen derselben und der Stadt, im „Sbornik“ des bulg. Unterrichtsministeriums 1890, III als Beilage zu einem Aufsatz von Škorpil.

2) Nach der griechischen Inschrift auf dem Silberrand wurde dieses alte Bild, das sich einst wohl im Besitz des in den Acta patr. erwähnten hiesigen Klosters τῆς Ἐλεούσης befand, 1342 von einem ungenannten Oheim des Caren Johannes Alexander mit diesem Rahmen geziert, wahrscheinlich vom Protostrator Theodoros Synadenos, der nach Kantakuzenos (I, 459) 1331 Befehlshaber in Mesembria und (I, 468) θεῖος des Alexander war.

Burg Kozjak und Bjala (Aspro). Das Waldland ist spärlich bewohnt von Griechen, gräcisirten Gagauzen, Osmanen und Bulgaren; die Hauptorte der letzteren Erkéč und Gulica (türk. Sudžular) liegen tief landeinwärts. Im Wald verborgen ziehen sich die Reste von zwei Römerstrassen; die eine ging von Mesembria längs der Küste durch ein befestigtes Thor bei Gözeke nach Odessus (Varna), die andere von Anchialos über die Passsperre Scatrae (Ruinen bei Karamandžá) nach Marcianopolis (Devna).

Ich reiste von Mesembria nach Varna zwei Tage zu Lande, auf einer schmalen Fahrstrasse längs des Telegraphen. Den Kamm des Balkan erstieg ich nördlich von dem Thal des Hadžideré in der Felsschlucht der südwärts fliessenden Bjála Rjáka, türk. Akderé, durch den sogenannten Akboaz (weissen Pass), östlich von Erkeč, bekannt durch den Balkanübergang der Russen 1829. Von einer verfallenen türkischen Schanze auf dem Kamm (427 M.) eröffnet sich eine herrliche Aussicht auf den Golf von Burgas mit der Strandža, die Ebene von Anchialos und die ganze Pontusküste bis zu den wie weisse Nebelstreifen schimmernden Felsufern bei Balčik. Im Norden überblickt man ein waldiges Hügelland mit den Einschnitten des Flusses von Gözeke, der Kamčija und des Flusses von Devna. Der Abstieg führt durch einen stillen, halbdunkeln Urwald von Eichen mit wenigen kleinen Wiesen, der ganz an die poetische Beschreibung der Haemuswälder bei Theophylaktos Simokattes im 7. Jahrhundert mahnt, bis unlängst aber eine verrufene Räuberhöhle war. In Aivadžik an der bulgarisch-rumelischen Grenze war ich Zeuge einer Völkerwanderung. Die fanatischen Türken hatten ihr Dorf (30 Häuser) um 1000 Goldlira's an die Nachbarn von Aspro verkauft und rüsteten sich eben zum Abzug. In der Türkenzeit lebten sie vom Escortiren der Karawanen zum Schutz gegen die Räuber, d. h. gegen sich selbst. Meine beiden rumelischen Gendarmen konnten selbst um Geld keine Fourage auftreiben und ritten sofort zurück; ich übernachtete auf der Zollwache. Das Dorf liegt im geradlinigen, kühlen Waldthal wieder eines Akderé, eines Zuflusses des Gözeke-Deré; seine Quellen befinden sich unter den 4 St. westlich entfernten Höhen von Gulica. Durch ähnliche grosse Wälder erreichte ich am anderen Tag über das türkische Arnautlar und das bulgarische Oréchovo (türk. Derviš-Jovan) das Thal der Kamčija, das auf der rechten Seite 25 Min. breit von einem dichten Sumpfwald bedeckt ist, bestehend aus Ulmen, Eichen, Ebereschen und Weissdorn (Crataegus), voll wildem Wein, Clematis und Epheu; zwischen den Bäumen liegt viel vom Hochwasser herabgeschwemmtes Holz. Die Kamčija ist 5 Kilometer oberhalb der Mündung überbrückt, an 50—70 Schritte breit, recht tief und von dichten Laubwänden, die sich bis zu den algenreichen, schlammigen Fluthen herabsenken, eingesäumt. In 4 St. erreicht man auf einem parkartigen Hügelland mit vielen Ausblicken auf die tief rechts bleibende See über das türkische Dorfpaar Petre und Jaila und durch die düstere Waldschlucht von Pašaderé die Stadt Varna.

Varna, die vorzüglichste Seestadt Bulgariens, liegt am Ausgang eines breiten Thales zwischen steilen Abhängen, die im Süden mit dem felsigen Vorgebirge Galata-Burun (mit Leuchtthurm), im Norden mit dem Varna-Burun endigen. Zwischen beiden Caps liegt der Ankerplatz, eine offene Rhede ohne Hafendamm, im Winter oft ganz unbrauchbar. In dem Thalgrund breitet sich oberhalb der Stadt der grosse Spiegel des Süsswassersees von Devna aus, dessen schwacher Abfluss zwischen Dünen und Sümpfen in das Meer abfliesst. Varna hat jetzt 25.256 E.: 8449 Bulgaren, 6287 Türken, 5423 Griechen, 1282 Armenier, 618 Zigeuner, 585 Spaniolen, dazu Tataren u. A. Auf der Gasse dominirt das Türkische, das auch von den Armeniern und den Gagauzen gesprochen wird. Die bulgarische Bevölkerung wächst durch den steten Zuzug von Handelsleuten und Handwerkern aus dem Innern. Die Stadt verändert rasch ihre Physiognomie. Man sieht noch viele alte Lehmhäuser, von aussen mit Brettern beschlagen, aber daneben schon eine Masse von Neubauten: neue Gassen an Stelle der demolirten Festungswerke, eine grosse bulgarische Kirche, eine neue Staatsrealschule, ein neues Zollgebäude, einen Stadtpark u. s. w. Viel wird der Hafenbau erörtert; ein Project will ein Hafenbassin im See von Devna herstellen, derselbe ist jedoch seicht und sein Niveau liegt etwas höher als das Meer. Eine Stunde nordöstlich von der Stadt steht zwischen Gärten und Weinbergen hoch über dem Meer das vom Fürsten Alexander gegründete fürstliche Sommerschloss Sándrovo (vom ital. Kosenamen Sandro für Alessandro); es ist auf den Grundstücken des der griechischen Kirchengemeinde von Varna abgekauften kleinen St. Demetriusklosters angelegt.

Varna steht an der Stelle des antiken Odessos (später Odyssos, Odyssopolis), einer Gründung der Milesier aus dem 6. Jahrhundert vor Chr., die auch in der Römerzeit eine bedeutende Stadt blieb. Die hiesigen autonomen Silbermünzen und die Kupfermünzen aus der Römerzeit haben die übliche Mannigfaltigkeit von Gottheiten und Emblemen. Inschriften, Säulen, Bildwerke und andere Alterthümer werden bei allen Bauten zu Tage gefördert, aber von alten Gebäuden selbst aus dem Mittelalter ist nur eine Thurmruine bei der St. Georgskirche übrig. Seit dem Ende des 7. Jahrhunderts erscheint die Stadt unter dem neuen Namen Varna, der ursprünglich dem Fluss von Devna gehörte.[1]) Im Mittelalter wird die Stadt seltener erwähnt, als die alten Hellenengemeinden südlich vom Cap Emon. Idrisi (1153) kennt „Barnas“ als eine grosse Seestadt. Seit 1201 war sie wieder bulgarisch und wurde viel von italienischen Seefahrern besucht; 1352 wird hier ein venetianischer Consul erwähnt und Pegolotti und Uzzano nennen Varna als den wichtigsten Getreideexporthafen von „Bolgaria“ oder „Zagora“.[2]) In der zweiten Hälfte des 14. Jahrhunderts sass an der hiesigen Küste ein bulgarisches Dynastengeschlecht kumanischen Ursprungs (S. 145). Der Metropolit von Varna stand 1320—1389 unter dem Patriarchen von Konstantinopel, dem eine Reihe von Städtchen (Kastellia) an der ganzen Küste direct untergeordnet war; erst im Binnenland begann das Gebiet der bulgarischen Metropoliten von Provadija

1) „Varna nahe bei Odessos“ bei Nikephoros 35 und Theophanes I, 359 (ed. Boor) und der „Fluss Varnas“ bei Konstantin Porphyr., De adm. imperio p. 79.

2) Heyd I, 580. Tomaschek, Zur Kunde der Haemushalb. II, 21.

34*

und Silistria.[1]) Einen Weltruf erlangte Varna durch die unglückliche Schlacht 1444. Es war damals von Gärten und Weinbergen umgeben, wie jetzt; rechts stand die Burg Galata, links Makropolis, die „lange Stadt", wohl eine Reihe Landhäuser in den Weingärten, wie man sie dort noch immer auf dem Wege zum fürstlichen Schloss sieht.[2]) Die Russen beschossen Varna 1773 und 1810; 1828 wurde die Festung unter den Augen des Kaisers Nikolaus nach einer dreimonatlichen Belagerung genommen, von welcher noch eine Unzahl Geschützkugeln in allen Häusern und Gärten steckt.[3]) Aus dem Krimkrieg stammt ein grosser französischer Friedhof, ein trauriges Denkmal der Seuchen, welche damals das Heer der Alliirten hier heimsuchten. Im letzten russischen Krieg kamen die Festungswerke gar nicht in's Feuer, denn das Schlachtfeld war diesmal anderswo; Varna wurde nach dem Friedensschluss ohne Kampf übergeben.

Ein wenig bekanntes Gebiet ist das Küstenland nördlich von Varna. Es zerfällt in zwei Theile. Zuerst folgt oberhalb der städtischen Weinberge der geradlinige, dicht bewaldete, zur See steil abfallende Höhenrücken von Kesterič, ungefähr 4 St. lang und 300 M. hoch, mit der Hauptrichtung von SW. nach NNO., eigentlich der Ostrand der binnenländischen Terrasse nördlich vom Thal von Varna. Bei Ekrené fällt das Gebirge ab zu dem ungefähr 3 Kilometer breiten Flussthal von Batova. Von dort wendet sich die Küste mit einem kleinen, landeinwärts gekehrten Bogen nach Osten und besteht aus hohen weissen Felsabstürzen, über denen sich oben die Steppe der Dobrudža ausbreitet. An dem scharfgeschnittenen Cap Kaliakra wendet sich das Felsufer wieder nach Nordost. In dem Winkel zwischen den waldigen Höhen der Westseite und dem steilen Ufer der Nordseite befindet sich ein Golf, der bei Balčik eine gegen Nordwind geschützte Rhede besitzt.

Der nächste Ort ($2^1/_2$ St.) ist Kesterič, ein Gagauzendorf mit den Resten eines „bunten Klosters" Aladžá-Monastir, nämlich sechs Höhlencapellen auf einer Felswand mitten im Walde. Am Nordende des waldigen Höhenzuges liegen die vom Wald überwucherten Reste eines Schlosses, Kesterič-Kalessi oder Hačuka genannt. Unter ihm stehen am Fuss des Berges die wenigen Häuser des armseligen Stranddorfes Ekrené. Südwestlich davon ist in einem Thal in der Waldwildniss das Dorf Dišpudak verborgen, jetzt von Bulgaren aus der Provinz von Adrianopel besetzt, früher ein Tscherkessendorf unter dem Namen Azizié. Die neuen Colonisten wohnen in den halb unterirdischen Tscherkessenhütten; die Schule befindet sich in der Moschee, vor welcher noch mancher vorübergehende Türke seine Verbeugungen macht. Auf der

1) Ueber diese localgeschichtlichen Fragen vgl. Sitzungsber. der böhm. Ges. d. Wiss. 1889 S. 17.

2) Callimachus bei Schwandtner, Script. rer. Hung. I, 513.

3) Die Wiederherstellung der Befestigungen von Varna durch Sultan Mahmud feiert eine elegante Denksäule vom J. 1250 (1834), deren türkische Inschriften in Goldschrift auf schwarzen Tafeln sich durch possirlichen orientalischen Bombast auszeichnen. Sultan Mahmud wird darin mit Dareios und Alexander verglichen, die Gräben für bodenlos erklärt, die Kasernen heissen „Nester des Sieges" u. s. w.

Westseite des Dorfes fanden wir ein siebeneckiges Castell mit den Fundamenten einer Capelle darin und einen lateinischen Grenzstein der alten Odessitaner. Die einsam schöne Gegend ist nicht ohne Geschichte. Zu Ende des Mittelalters wird das Stranddorf als Kranea genannt; die Burg darüber ist auf den italienischen Seekarten des 14. und 15. Jahrhunderts als Castri, Castriçi verzeichnet. Daneben erwähnen die byzantinischen Patriarchalurkunden ein Gerania, das schon Plinius in dieser Landschaft als Heimat eines fabelhaften Pygmäenvolkes nennt (vielleicht die polygonale Burg von Dišpudak).

Das Mündungsthal des Flusses von Batova ist bedeckt von dem üppigsten Sumpfwald, den eine schmale Dünenlinie gegen das Meer abgrenzt. In dem Sumpfboden wachsen zwischen hohem Schilf und Euphorbien stattliche Ulmen, Silberpappeln, Ahorne und Ebereschen. Der enge Fahrweg auf der Nordseite des Sumpfes hat eine Menge blutiger Erinnerungen aus der Zeit der Tscherkessen. Der Wald setzt sich westwärts auf viele Stunden Weges fort auf dem oberen Hügelland, als „Wald von Batova"; es ist eigentlich ein dichter Eichenbusch mit zersprengten Buchen, Hainbuchen, Linden, wilden Kirschen, Sumach und Haselnussstauden. Nirgends sah ich in Bulgarien so viel wilde Reben, wie in den schmalen Hohlwegen dieses Dickichts.

Nördlich von Dišpudak liegt auf der anderen Seite des Batovathales unter der Terrasse der Dobrudžaner Steppe das Dorf Tekké, früher auch eine Tscherkessencolonie, mit einem Derwischkloster; von den 26 Derwischen, die Kanitz 1872 hier fand, ist nur ein Einziger übrig. Der Heilige dieses Klosters ist ein merkwürdiger utraquistischer Mann; den Türken gilt er als Akjazyly-Babá, den Christen als St. Athanas und wird von Christen und Mohammedanern besonders zur Entdeckung von gestohlenem Vieh angerufen. Vor dem Krimkrieg soll er nur das Vieh der Muselmänner beschützt haben, aber seitdem fanden die schlauen Derwische Wege ihn auch den Christen genehm zu machen. Im Jahre 1883 wurden die Geschenke für jede der beiden Personen des Patrons besonders gesammelt und das christliche Geld zu einem Schulbau in Balčik verwendet. Jetzt hat die Kirche diesem Doppelcultus ein Ende gemacht, dem wir bald in einer zweiten, vielleicht älteren Gestalt begegnen werden. Das „Tekké" selbst ist ein thurmartiges Siebeneck aus schönen Quadern mit starkem Echo im Innern; das Grab des Heiligen ist ein niedriger dachförmiger Sarkophag mit einer grünen Decke, umgeben von Leuchtern und Lampen. Dabei liegen der Koran, die Schüssel, das Siegel (ein metallener durchlöcherter Deckel) und die Pantoffel des Akjazyly-Baba, in welchen Fieberkranke Rundgänge um das Grab zu machen pflegen. Die Russen sollen 1828 den Schädel des Heiligen entführt haben. Auf dem Hofe zeigt man unter einem Aprikosenbaum einen Stein, bei welchem Akjazyly-Baba badete oder nach der christlichen Legende St. Athanas getödtet wurde. Gegenüber liegt die malerische Ruine eines siebeneckigen Imarets (Gasthauses), auf dessen Hof hohes Gras mit Disteln und Klatschrosen wuchert und dessen Kamin Nachteulen bewohnen.

Von dem Sumpf des Batovadeltas nach Balčik fährt man eine Stunde durch eine anmuthige Küstenlandschaft. Links ragen die weissen, an 200 M. hohen Uferfelsen mit absonderlich geformten Vorsprüngen steil empor; rechts breitet sich der Meeresspiegel bis zum fernen Cap Emon aus, belebt von wenigen Segelbarken. Den engen, gegen Nordwinde ganz geschützten Küstensaum bedecken schöne Weinberge mit Maispflanzungen und Aprikosenbäumen, voll üppiger Hecken von Berberis und Viburnum. Aus der Felsmauer brechen starke Quellen hervor und bilden zwei Bäche, die auch Mühlen treiben. Durch einen grossartigen Durchbruch zwischen nackten weissen Felsmauern erreichen wir Balčik, Centrum einer Okolija und Getreideexporthafen der Dobrudža mit 4272 E., Gagauzen, Türken, Bulgaren und Griechen. Die Häuser stehen auf dem steil abschüssigen Boden eines Thales, das von dem Plateau der Dobrudža zum Seeufer hinabführt. Die Hauptstrasse steigt in grossen Serpentinen aufwärts vom Landungsplatz zu den luftigen obersten Stadtvierteln, die 120 M. über dem Ufer endigen. Das höchste Quartier ist das christliche „Schifferviertel", Gemedži-Mahalá. Am Strand sah ich eine grosse Seltenheit für den Orient, ein vierstöckiges Haus. Die weissen Steilwände, das spärliche Grün einiger Büsche und Weingärten, die braunen sich aufwärts drängenden Thonhütten mit Ziegeldächern und das blaue Meer vereinigen sich zu einem eigenthümlichen Bild. Der Sage nach soll die Stadt früher durch Erdbeben und Erdabrutschungen gelitten haben. Sie ist alt und die Einwohner zeigen Grundfesten einer Burg und eines Klosters, sowie Inschriften und alte Bausteine. Hier lag Krunoi, „die Quellen", das seinen griechischen Namen den schönen Wässern in dem nahen, eben durchreisten Küstenstrich verdankt. Der Weinbau bei den Quellen bewirkte eine Umänderung des Namens nach dem Gott der Rebe in Dionysopolis.[1]) Die nach Skymnos von hellenischen Mischlingen bewohnte Stadt, welche auf zwei hiesigen, von uns edirten Inschriften ausdrücklich genannt wird, prägte von Commodus bis Gordian auch Münzen, hatte in der frühchristlichen Zeit einen Bischof, gehörte später zur Provinz Scythia und wurde nach Theophanes im J. 543 wahrscheinlich bei einem Erdbeben durch eine Sturzwelle übel heimgesucht. Dann erscheint sie im 13—15. Jahrhundert in griechischen, bulgarischen und italienischen Quellen als Karbona, Karvuna; der jetzige Name wird vor dem 16. Jahrhundert nicht genannt.

Längs der See kommt man ostwärts zu den nahen neu angelegten Salinen. Weiter folgt ein 100 M. hoher Absturz, oben röthlich, unten weiss, mit einem schmalen Sandstreifen am Fuss, bloss bei Kavarna durch eine Thalschlucht unterbrochen. Einen Fahrweg gibt es nur oben auf der Terrasse (186 M.). Dort ist man schon in der weiten Steppe, ohne das nahe Meer unter der Felswand zu sehen. Die Getreidesaaten und Wiesen mit Feldblumen machen bald einem dürren Grasboden mit Dornen und Disteln Platz, belebt von einer Unzahl Zieselmäuse. Auffallend ist die Masse kleiner Tumuli. An dem tatarischen Türk-Sujutčük und dem bulgarischen Michalbej

1) Vgl. Arch. epigr. Mitth. X, 184.

vorüber erreicht man ($2^1/_4$ St.) das gagauzische Städtchen Kavárna (1706 E.). Es liegt auf einem kleinen Plateau zwischen zwei tief eingeschnittenen trockenen Thälern, die sich weiter unterhalb in einem scharfen Winkel vereinigen und als eine enge Schlucht zum Landungsplatz bei dem einsamen Zollhaus hinabführen. Der Ort macht mit seinen von Steinmauern eingefriedeten Weingärten und grossen Wallnussbäumen einen freundlichen Eindruck, ist aber seit der Verwüstung durch die Tscherkessen 1877 halb zerstört. Eine griechische und eine bulgarische Schule arbeiten gegen das Türkisch der Gagauzen. Ungefähr zwölf sehr hohe Grabhügel stehen ringsherum, besonders auf der Ostseite. Auf dem Sporn über der Vereinigung der Thäler liegen die Reste eines Castells, in den Thälern selbst die Ruinen einer Moschee und eines türkischen Bades, Zeugen einer verschwundenen mohammedanischen Bürgerschaft. Hier an dem einzigen Zugang zur See zwischen Balčik und Kaliakra lag wohl das antike Bizone, von dem ein Theil noch vor Beginn unserer Zeitrechnung durch ein Erdbeben untergesunken war. Dann erscheint der Ort erst im 14. Jahrhundert bei den Byzantinern als Kárnava, auf den italienischen Seekarten als Cauarna, Gauarna.

Durch eine Steppenlandschaft mit vielen Erdhügeln erreicht man in $^3/_4$ St. das grosse Gagauzendorf Gjaur-Sujutčuk bei einem tiefen Brunnen und weiter in 1 St. durch wüste Strecken mit rothem Boden und niedrigen Eichenbüschen das Vorgebirge Kaliákra, welches als ein castellartiger Tafelberg in die See hervortritt und schon von der Ferne eine scharf profilirte Silhouette bietet. Von der Landseite kommt man durch eine doppelte Linie von Schanzgräben moderner Art mit Spuren gemauerter Thore, zwischen denen die schwachen Trümmer eines türkischen Städtchens liegen, zu dem Zugang auf das Cap, einem schmalen Pfad zwischen tiefen Abgründen. Dahinter ragt eine malerische Burgruine in die Lüfte, mit einem erhaltenen viereckigen Thurm und einem gewölbten Thor darin. Die an 9 M. hohen Steinmauern sind auf dem nackten, oft überhangenden Fels fundirt, voll von Löchern des alten Baugerüstes; rechts sieht man hoch das rohe Basrelief eines roth übermalten Reiters. Das Cap ist an 450 M. lang und auf allen Seiten von 60—70 M. tiefen Abstürzen umfasst. Auf dem flachen Steinboden liegen die Ruinen eines Bades, die Fundamente von kleinen Häusern, das Loch einer tiefen Cisterne u. s. w. An die Polyphemsage erinnern ungefähr 20 niedrige Höhlen, mitunter bis 15 Schritt breit, am Eingang meist mit steinernen Zäunen abgeschlossen und in dem rauchgeschwärzten Innern mit Thiermist bedeckt. Sie dienen als Schafställe, in unruhigen Zeiten als Zufluchtsstätte; 1877 haben sich die Christen von Kavarna, Šabla, Gjaur-Sujutčuk u. s. w. auf dem Cap gegen plündernde und mordende Tscherkessen vertheidigt. Am äussersten Ende steht ein Leuchtthurm, bewacht von drei Türken. Neben ihm zeigt man vier kleine, wie Burgzimmer unter einander verbundene, künstlich geglättete Höhlen, mit gemeisselten Sitzen. Eine zugemauerte Ecke erklären die Türken als Grab eines „Hadži Baba“, die Christen als das des hl. Nikola. Aus der letzten Kammer öffnet sich ein Bogenfenster zu dem schwindligen Abgrund, wo sich unten die Wellen des Pontus an den angehäuften Felsblöcken brechen, auf denen sich zuweilen kleine Seehunde sonnen sollen. Das Fenster heisst türkisch „Kyrk-kyzy-kapussú", das Thor der 40 Jungfrauen, die sich der Sage nach bei einer Belagerung von hier in das Meer stürzten. Die Rundsicht umfasst den Golf von Varna, die Steilufer von Balčik und Kavarna und deren Fortsetzung mit dunkelrothen Horizontalschichten gegen Šabla und Mangalia.

Dieses merkwürdige Vorgebirge hat eine nicht unbedeutende Geschichte. Im Alterthum hiess es Tirizis Akra (oder Tiristis, Tiriza). Nach Strabo hatte König Lysimachos an diesem festen Ort eine seiner Schatzkammern. In der Römerzeit erscheint die Burg als Akra unter den Städten der Provinz Scythia und war unter Kaiser Anastasius eine der Hauptstützen des Rebellenführers Vitalianus, eines Römers aus diesem Scythien. Im Mittelalter erhielt das befestigte Vorgebirge, dessen Westseite heute noch einen geschützten Ankergrund bietet, den Beinamen des „Schönen" und erscheint in byzantinischen und occidentalischen Quellen fortan als Kaliakra (*καλὴ ἄκρα*). Schiltberger nennt es als Hauptort des küstenländischen Bulgariens, Chalkokondylas als Burg des Dynasten Dobrotič. Vorübergehend wurde es 1366 vom Grafen Amadeus von Savoyen auf seinem Zuge mit den Byzantinern gegen die Bulgaren erobert, ebenso 1444 von den Truppen König Wladislaw's. Die älteren türkischen Quellen kennen es als Burg und Zollamt Kilagra. Im 17. Jahrhundert beschreibt es Evlia Effendi als ein Schloss mit einem Derwischkloster und einem der sieben über die Welt zerstreuten Gräber des mohammedanischen Heiligen Sary-Saltukede in einer Höhle, in welcher derselbe zwei Kaisertöchter aus der Gefangenschaft eines siebenköpfigen Drachen befreit haben soll. Der türkische Reisende bemerkt dazu, dass die Christen denselben Heiligen als den hl. Nikolaus verehren. Der Utraquismus ist hier also alt, vielleicht auf ein mittelalterliches christliches Heiligthum gepfropft. Wann die Burg sammt der türkischen Ansiedelung auf ihrer Landseite verödete, wissen wir nicht; sie litt jedenfalls durch Mangel an Trinkwasser, Unfruchtbarkeit des Bodens und den schwierigen Abstieg zur See. Die Namensform „Gülgrad" vieler neuer Karten ist hier zu Lande unbekannt; sie entstand wohl durch ein Missverständniss aus dem Local „Kilagra-da". Türkisch heisst das Cap Gelaré oder Čeligra-Burun.

## 3. Von Varna nach Sofia.

Das Schlachtfeld von 1444. Devna (Marcianopolis) Provadija. Šumen und seine Umgebungen. Die altbulgarische Residenzstadt Preslav. Die Einöden des Tuzluk. Von Trnovo über Loveč nach Sofia.

Von Varna nach Sofia reist man jetzt gewöhnlich auf einem weiten Umweg, mit Benützung der Eisenbahn Varna-Ruščuk und der Donaustrecke Ruščuk-Lompalanka. Die Erbauung einer Bahn im Innern des Landes längs des Nordabhangs des Balkan ist eine Frage der Zukunft. Ich habe bei der Rückkehr diesen inneren Weg gewählt. Er führt durch die verschiedenartigsten Landschaften, die oft grelle Contraste bieten.

Fünf Kilometer von Varna liegt an der Nordseite des Sees von Devna das Schlachtfeld, auf welchem König Wladislaw III. 1444 gegen Sultan Murad II. den Tod fand. Ungefähr Tausend Schritt rechts von der Strasse stehen dort zwei hohe Tumuli neben einander, ein kahler und ein mit Gebüsch bewachsener. Den letzteren nennen die Türken das „Grab des schwarzen Priesters", Kara-papaz-mezará; ein im Krimkrieg von polnischen Emigranten auf dem Erdhügel aufgestelltes kleines Denkmal ist jetzt verschwunden. Von diesen Tumuli läuft eine Mulde quer über die Strasse südwärts zum See; auf ihrem rechten Ufer steht nahe vor dem Gabelpunkt der Strassen nach Provadija und Dobrič ein türkisches Tekké, äusserlich kaum einem Weinkeller ähnlich, in welchem ein Hodža das Grab eines „Šehid", eines Märtyrers für den Glauben hütet; man nennt es „das Grab des Kara-Pascha" (Karapaša-mezará). Rechts zeigte man mir in der Ferne ein anderes Tekké bei Pašaköi, wo ein zweiter Šehid, der gleichzeitig mit dem ersteren den Tod fand, begraben sein soll. Das sind die einzigen kümmerlichen Erinnerungen an die Schlacht bei Varna. Einer der Šehide ist gewiss Karadža Pascha, der Beglerbeg von Anatolien, der damals im Kampfe gefallen ist. Die Varnaer betrachten die grossen Tumuli als Grab des unglücklichen Königs und seiner Getreuen, aber dieselben stammen gewiss aus dem thrakischen Alterthum. Der Kopf des Königs wurde nach Brussa gesendet, sein Leib nach dem Zeugniss des Michael Beheim von den Trossknechten und Griechen „in einer griechischen Capelle" bestattet. Callimachus erwähnt eine türkische Siegessäule mit Inschrift, aber davon ist keine Spur mehr zu sehen. Zur Herstellung der Befestigungen von Varna wurde seit mehr als einem Jahrhundert alles Baumaterial wiederholt aus Nah und Ferne zusammengeschleppt und bei den Belagerungen der Festung auch ausserhalb derselben Vieles zerstört.

Eine Naturmerkwürdigkeit sind die natürlichen Nummulitsäulen, die „Dikili-Tašlar" (aufgerichteten Steine) der Einwohner, am Westende des Sees. Eine höhere Gruppe steht bei Gebedžé an der Bahn, eine niedrigere von etwa 30 Steinsäulen bei Aladyn an der Strasse. Sie haben längst die Aufmerksamkeit der Geologen erweckt. Die von Aladyn stehen im sandigen Boden, sind unregelmässig vertheilt, bis $2^1/_2$ Mannshöhen hoch und 2 M. im Durchmesser stark. Das Volk betrachtet sie als versteinerte Baumstämme.

Ein merkwürdiger Ort ist das muldenförmige Thal von Dévna (oder Devňa), das sich südwärts zur Bahn und zum oberen Theil des Devnaer Sees öffnet. Der gleichnamige Ort liegt hoch an der westlichen Lehne; vor 1829 war er von Albanesen und Bulgaren bewohnt, jetzt nur von Bulgaren, alten Einwohnern und neuen Colonisten aus den Gegenden von Jambol und Trjavna. In der Thalsohle liegt zwischen Pappeln, Weidenbäumen und blumenreichen Wiesen das Mühlendorf Dévnenska Reká mit 34 Mühlen, meist in türkischem Besitz mit bulgarischen Pächtern, bei einer 70 Schritt langen steinernen Brücke. Auf den Karten ist der gleichnamige Fluss so eingezeichnet, als ob er von Weitem von dem Städtchen Kózludža käme. Aber dieser Oberlauf der Devnenska Reka ist nur ein schwacher Wasserfaden, gespeist von einigen Fontainen und bloss nach Regengüssen stärker. Der eigentliche Fluss entspringt an der Nordseite der Mühlen selbst unter einer niedrigen Terrasse, in einer Reihe theils polygonal ummauerter, theils in der Gestalt kleiner schilfreicher Tümpel belassener Quellbassins von 3—5 M. Tiefe mit klarem durchsichtigem Wasser, in welchem periodisch zahlreiche Luftbläschen aufsteigen. Es ist offenbar der unterirdische Abfluss der Niederschläge aus dem Plateau der Dobrudža; das Volk fabelt, das Wasser komme von der Donau. Einige der Bassins (ich sah fünf derselben) haben einen grünen Grund voll Algen und Moos, aber Fische leben darin nicht; das Wasser hat einen unangenehmen Kalkgeschmack und gilt als ungesund. Ringsherum liegen die Ruinen einer antiken Stadt, jetzt fast ganz weggeräumt zum Bau der Festungswerke von Varna, der hiesigen Mühlen und Wehren und der Häuser von Devna, wo es noch genug Säulen, Quadern, Gefässe und selbst Inschriften gibt. Das sind die Reste von Marcianopolis, einer Gründung Trajan's, später Hauptstadt der Provinz Moesia inferior, und das ist der Fluss, der nach des Jordanes Beschreibung mitten in der Stadt (in media urbe) entsprang. Die Stadt, die eine griechisch redende Bevölkerung hatte, wird seit dem Tod des Kaisers Mauricius (602) nicht mehr erwähnt. Im Mittelalter scheint sie nicht bewohnt gewesen zu sein. Auch die sanitären Verhältnisse haben sich durch Versumpfung der Landschaft seit der Römerzeit sehr geändert. Jetzt gilt der Ort an den Quellen als Fieberherd und leidet auch durch Ueberschwemmungen; der Fluss hat 1883 sogar die Hälfte der Brücke weggerissen. Das hiesige Dorf hiess ursprünglich Dévino und ist schon den ragusanischen Reisenden bekannt.[1])

Südwärts sieht man die schwer zugängliche Ruine Petrič, die auf einem Gebirgsvorsprung die Eisenbahn zwischen Gebedže und Avren von der Südseite überragt, angeblich ganz aus dem Felsen gehauen, mit dem Rest einer schwindligen Felstreppe an der Steilwand. Sie wurde auf dem Zug König Wladislaw's 1444 von den Christen erstürmt.[2])

Der Hauptort der Landschaft ist das Städtchen Provadija (türk. Pravadi), in einem etwa einen Kilometer breiten Thalgrund zwischen ungefähr 100 M. hohen schroffen Felswänden. Es zählt 5088 E. (davon 2352 Türken) und ist trotz seiner Lage an der Bahn ein ganz verkommener Ort; wir trafen hier kein Einkehrhaus für Menschen, sondern nur für Pferde und Büffel. Die schon von Hadži Chalfa verzeichnete Localsage behauptet, das Thal sei einmal ein Meeressund gewesen und zeigt oben an den Felsen noch angebliche eiserne Ringe für die Schiffe; man erkennt jedoch nur kleine Höhlenlöcher und davor etwas Weisses, wie einen verdorrten Baumstumpf. Auf der Ostseite liegt oben auf der Felswand eine alte Burg mit einem tischartigen kleinen Plateau in der Mitte, ganz wie auf dem Hissar von Trnovo. Eine

1) Giorgi 1595 und Luccari 1605; Bogdan 1640 (Acta Bulg. eccl. 77) kennt auch den „Fiume Deuina" mit 25 Mühlen im Werthe von je 5—6000 Scudi, alle in türkischem Besitz.

2) Petrus oder Peterspürck bei Beheim, Petrecz bei Palatio und Dlugosz, in den Ausgaben des Callimachus verunstaltet in Pezechium (statt Petrechium).

offene, schwindlige und schmale Felstreppe verbindet sie mit der Stadt; den oberen Zugang von dem Felsen sperrt neben einer Thurmruine ein tiefer künstlicher Durchschnitt, ursprünglich mit einer Zugbrücke. Auf dem Burgraum gibt es nur Reste der Umfassungsmauer mit zwei Mauerthürmen und zwei Brunnen. Der polnische Reisende Oswięcim beschreibt die Burg 1636 noch mit starken Mauern, Ruinen schöner Häuser, einer Kirchenruine mit Fresken und einem Steinthurm in der Mitte und verzeichnet Sagen über die siebenjährige Belagerung derselben durch die Türken und den tapferen Ritt eines bulgarischen Helden die Felstreppe hinauf. [1])

Die Burg ist eine mittelalterliche Gründung, wohlbekannt aus der bulgarischen Geschichte. Merkwürdig ist es, dass der griechische Name der „Schafburg“ Provaton sich fester behauptete als der bulgarische Ovcč. [2]) Die vom Ragusaner Luccari verzeichnete Sage schrieb die Gründung dem Caren Symeon zu; Idrisi kennt schon die Stadt „Borfantô“ am Fluss zwischen zwei Bergen. Im 13. und 14. Jahrhundert residirte hier ein bulgarischer Metropolit; später gehörte die hiesige Christengemeinde unter die Eparchie von Mesembria. Die Türken nannten das Schloss Taš-Hissar, „Steinburg“. [3]) Eine grosse Blüthe erreichte die Stadt im 16. und 17. Jahrhundert, besonders weil Varna damals wegen des Verfalls der Handelsschiffahrt auf dem für Ausländer gesperrten Schwarzen Meer nicht prosperiren konnte. Die Berichte der Ragusaner, der katholischen Missionäre und der polnischen und russischen Reisenden schildern es als eine grosse Türkenstadt mit 1500—2000 mohammedanischen Häusern und zahlreichen schönen Moscheen, Palästen (Saraj), Bezestan's, Fontainen, Kaufmannsgewölben und Werkstätten, in einer an Wein, Getreide, Obst, Vieh und Fischen reichen Landschaft. Das Hauptgeschäft war der Export von Ochsen- und Büffelhäuten, sowie die Gerberei mit der Bereitung gelber und rother Safiane. Orthodoxe Christen gab es damals kaum 50—100 Häuser. Eine spanische Judencolonie erhielt sich bis heute. In den J. 1580—1689 sassen hier auch Ragusaner, zuletzt 40—70 Personen sammt den bulgarischen Dienern, die des Schutzes der ragusanischen Privilegien wegen oft katholisch wurden, mit einer Capelle, die sich zuerst in einem Privathaus, später in einem steinernen Kirchlein befand. Die Türken waren sehr fanatisch; als Chalil Pascha 1639 von den Kaufleuten ein Geschenk von 100.000 Aspern nicht erpressen konnte, zerstörte der aufgestachelte türkische Pöbel in wildem Auflauf das katholische Kirchlein und die alte steinerne Kirche der Orthodoxen. Die Bulgaren nannten die Ragusaner Latini; die einzige Erinnerung an dieselben traf ich in Šumen, wo einige Familien noch „lateinischen“ Ursprungs sein sollen. Durch die russischen Kriege und auch durch das Aufblühen Varna's in Folge der wiederum freien Pontusschiffahrt ging Provadija seit dem Anfang unseres Jahrhunderts

1) Uebers. im Per. Spis. XIX, 66.

2) Metropoliten von Ovcč im Pomenik des Palauzov und in der Biographie des hl. Theodosij von Trnovo; Prouato bulg. Oucepoglie bei Luccari 53. Πρόβατον = ovca Schaf.

3) Bei Leunclavius und Beheim.

ein. Die Umgebung ist im Süden meist türkisch, im Norden bulgarisch und gagauzisch.

Ungefähr 40 Min. östlich liegt jenseits der Burg auf demselben felsigen Tafelberg, 160 M. über der Stadt, die eine Seehöhe von nur 60 M. hat, der alte Ort Dobrina oder Dizdarköi, in der Art von Arbanasi bei Trnovo, bis 1829 von christlichen Albanesen bewohnt, jetzt ein elendes bulgarisches Dorf. Unter den Trümmern einer städtischen Ansiedelung mit gepflasterten Gassen gab es zwei solide Kirchen, wovon die eine (St. Theodor), ein grosses, halb unterirdisches Längengewölbe, jetzt erneuert ist. Der Tafelberg ist voll Höhlen; auf der Nordseite bei Dereköi befinden sich hoch auf der Felswand Spuren alter Eremitenhöhlen mit Fresken, ja eine griechische Aufschrift soll darin einen „Hegumenos des hl. Georg", den Vorstand eines verschwundenen Höhlenklosters nennen, das mit der Aussenwelt nur mittels Stricken und Leitern verkehren konnte.

Durch das Thal von Provadija, einen Cañon zwischen ähnlichen schroffen Tafelfelsen aufwärts erreicht man bald die offene Landschaft von Šumen. Im Süden sieht man den Kamm des Balkan von Vrbica, im Norden die Waldhügel des Deliorman. Die Lage der Stadt Šumen (türk. Šumla, in älterer Zeit Šumna) erinnert an Sliven, allerdings ohne den gebirgigen Hintergrund. Sie liegt in einer Einbuchtung auf der Ostseite eines isolirten, grossen, rundlichen Felsplateaus, in der Art der Tafelberge von Provadija, an dem Einschnitt des Baches Bokludžá (Kothbach) und ist mit seinen Gärten sehr ausgedehnt. Auf dem Plateau und in der Ebene im Osten sieht man die jetzt ganz verfallenen Festungswerke, welche die Stadt weltbekannt machten. Sie zählt 47 Moscheen, 2 bulgarische, 1 armenische und 1 griechische Kirche, 1 Synagoge und 23.161 Einwohner, von denen 12.287 bulgarisch, 8528 türkisch und 1153 spanisch-jüdisch sprechen. Die Türken und Bulgaren vertragen sich gut, ja Šumen ist der einzige Ort Bulgariens, wo das türkische Element durch Häuser- und Schulbauten noch eine Lebenskraft äussert; der letzte Feldzug hat nämlich die früher in drei Kriegen so heiss umworbene Festung ganz unberührt gelassen. Die bulgarischen Bürger sind ein schönes, freundliches und bescheidenes Volk, das viel auf Schulbesuch hält, den Bergbewohnern von Kotel ähnlicher als den beweglichen Trnovern. Die Hauptindustrie ist die Gerberei. An Stelle eines türkischen Armeecorps befindet sich hier ein Brigadecommando mit kaum 3000 Mann bulgarischer Truppen.

Der älteste Stadttheil liegt in dem Thal des hiesigen Baches im Südwesten. Dort steht die schöne, grosse Moschee Tumbul-Džamissi, eine Gründung des Veziers Šerif Pascha aus dem J. 1649, und ein Tekké (Derwischkloster), angeblich mit dem Grab des türkischen Eroberers der Stadt. Hinter der letzten Ecke lag oben auf dem Plateau eine mittelalterliche Burg (Hissar). Der Stadtname steht vielleicht im Zusammenhang mit dem des Caren Symeon († 927). Im J. 1088 wird hier nämlich eine „Hügelspitze des Symeon" (ἀκρολοφία τοῦ Συμεῶνος) genannt und Idrisi kennt die Stadt als „Misionos" (statt

Simionos).[1]) Die Berichte aus der älteren Türkenzeit schildern es als eine vorwiegend mohammedanische Stadt in reicher Gegend; die wenigen Bulgaren des Viertels Dolnja Mahala waren, wie die einiger Nachbardörfer, Vojnik's.

In der Umgebung, einer warmen und baumreichen Landschaft mit waldigen Höhenrücken, liegen viele Denkmäler der Vorzeit. An 13 Kilometer ostwärts sieht man auf dem Westrand der Plateaux von Provadija bei dem Türkendorf Madara an sieben Mannshöhen hoch auf der Felswand ein grosses, bei grellem Sonnenschein undeutliches und bereits stark verwittertes Basrelief. Es ist ein „thrakischer Reiter" in Lebensgrösse, mit einem Jaghund einen Löwen ereilend; die griechische Inschrift zu beiden Seiten könnte man erst nach Herstellung eines Gerüstes entziffern. Ein zweites ganz ähnliches Felsbild soll sich in den Urwäldern bei Karlyköi in der Okolija von Eski Džumaja befinden. Einige Minuten weiter südwärts bilden die Felswände einen Winkel mit einer halbkreisförmigen geräumigen Höhle, aus welcher ein wasserreicher Quellbach zwischen Steinblöcken zu einigen Mühlen hinabfliesst. Das Innere ist mit Stalaktitbildungen an der Decke und pardelfellartigem Lichenengewand an den feuchten Wänden geziert und vier steinerne Tröge in der Höhle sind ganz mit Moos bedeckt. An der hohen Felswand draussen bemerkt man einige fenstergrosse, viereckige Löcher. Dieser anmuthige, nur von Adlern und Schwalben belebte Ort mit schöner Aussicht gegen Šumen scheint ein uraltes Heiligthum zu sein; noch jetzt wird hier am Tage der hl. Marina ein Gottesdienst gehalten. Künstlich geglättete Felshöhlen, oft auf hohen Wänden, sind eine weit verbreitete Eigenthümlichkeit der Pontusländer der Halbinsel; man findet sie bei Konstantinopel, an der Tundža vor Adrianopel, bei Kesterič, Dereköi, bei Kalugerca nördlich von Madara und auf dem Plateau von Šumen bei Trojica (türk. Turudža). In vielen derselben gibt es Spuren von mittelalterlichen Eremitenwohnungen und christlichen Capellen, aber wir sind hier auch im Lande der thrakischen Geten und erinnern uns an die Höhlenwohnungen des Propheten Zamolxis und seiner Nachfolger, der halb unzugänglichen Rathgeber der getischen Könige, wie sie Strabo beschreibt.

Ein riesiges römisches Lager mit wohlerhaltener Umwallung liegt 6 Kilometer nordwestlich von der Station „Shumla Road", auf der russischen Karte genau eingezeichnet. Es ist ein unregelmässiges Viereck, ungefähr 6000 M. lang und 3500—4700 M. breit. In der Mitte stand ein viereckiges Praetorium mit Rundthürmen; südlich davon liegt noch innerhalb des Walles das grosse Türkendorf Aboba. Der innere Raum ist bebaut mit Getreide und Gemüse. Die Trümmer der alten Gebäude sind in der neuesten Zeit für die Bauten von Jenipazar, das nahe ostwärts liegt, und Šumen, ja selbst für die Bahnstationen gründlich ausgebeutet worden. Ausserhalb des Castrums stehen einige Tumuli und zwei megalithische Gruppen regelmässig in Reihen aufgestellter, unbehauener, plumper Blöcke verschiedener Grösse bis zur Mannshöhe; die eine vor der Südflanke zählt 81 Stück (9 × 9), die andere vor der Ostflanke 35 (7 × 5). Das Lager ist vielleicht das durch die Niederlage des

1) Tomaschek, Zur Kunde der Haemushalbinsel II, 80.

Kaisers Decius 251 berühmte Abrittus, in welchem ein Theil nach Dexippus Forum Semproni hiess, und das altbulgarische Pliskov.[1])

Die älteste Hauptstadt Bulgariens Preslav lag 2 St. südwestlich von Šumen in einer freundlichen und fruchtbaren Landschaft an der Tiča (türk. Akylly Kamčik), bei dem grossen Dorf Preslàv, türk. Eski Stambul, das 2818 E. zählt (darunter 360 Türken) und unlängst zur Stadt erhoben, das Centrum einer Okolija bildet. Die Menge der Bäume und Hecken zwischen den Aeckern und Weinbergen und der vollständig in dichten Hainbuchenwald mit zersprengten Silberlinden gehüllte, niedrige (an 600 M.) Balkan von Preslav mit sanften Abhängen und abgerundeten Kuppen machen einen angenehmen Eindruck. Der ungefähr 2 Kilometer lange, ebene, ganz von Feldern und Weingärten bedeckte Raum zwischen dem Dorf und dem Ausgang der 3 St. langen Waldenge der oberen Tiča ist die Stätte der bulgarischen Residenz des 10. Jahrhunderts, Prêslav, Veliki Preslav der slavischen Denkmäler, Megali Peristhlava der Griechen, zum Unterschied von einem Klein-Preslav in der Nähe der Donaumündungen in der nördlichen Dobrudža. Zu Idrisi's Zeit war die alte Hauptstadt herabgekommen, aber noch Niketas Akominatos schildert sie am Anfang des 13. Jahrhunderts als „uralte Stadt, ganz aus gebrannten Ziegeln erbaut, mit dem grössten Umfang unter den Städten des Haemus". Im 14. Jahrhundert galt der Metropolit von Gross-Preslav noch als „Protothronos", der erste nach dem Patriarchen von Trnovo. Aus der Türkenzeit fehlt es nicht an Berichten von Reisenden über diese alte Residenz: bei Bongars (1585), den Ragusanern Giorgi und Luccari, bei Hadži Chalfa, bei dem Bischof Peter Bogdan (1640) und bei Karsten Niebuhr (1767). Interessant ist das Zeugniss Bogdan's;[2]) die Stadt, deren Namen er als „città gloriosissima" deutet (bulg. presláven sehr berühmt) war ganz aus weissen Quadern erbaut und hatte einen sehr grossen Umfang; man sah darin auch unleserliche Inschriften mit cyrillischer Schrift. Die Türken zerstörten die Ruinen von Tag zu Tag, um die Quadern zu gewinnen; dies bestätigt auch der Zeitgenosse Hadži Chalfa, welcher der Ruinenstadt einen grösseren Umfang als Konstantinopel zuschreibt. In Bogdan's Zeit lebte der Bischof von Preslav noch in einem Kloster bei dem nahen Dorf; seitdem ist seine Residenz nach Šumen übertragen worden. In neuester Zeit sind die Trümmer vollständig verwüstet worden, als Steinbruch und Kalkbrennerei für die Festungsbauten von Šumen. Kanitz, welcher die erste

1) Ein merkwürdiger alter Fund wurde auf dem halben Wege von Šumen südwärts zum Dorf Divdjadovo (türk. Čengel) gemacht. Bei dem Strassenbau 1869 sprengten die Türken einen 2 M. hohen Block, der auf einer geglätteten Seite eine Nische angeblich mit einem kleinen Marmorbasrelief hatte. Die untere Fläche desselben war auch geglättet und lag auf einem gleichfalls polirten Fels, auf welchem in zwei parallelen Grübchen zwischen vermoderter Leinwand zwei 40 Cm. lange eiserne Messer mit Griff aus Horn gefunden wurden. Auf den Klingen sind mit Silber Blumen, Blätter, Vögel, Hasen, Ziegen und Löwen ciselirt, mit Gold eine einen Löwen umschlingende Schlange (Abbildung in der „Bъlgarska Illustracia" 1880 Nr. 9 S. 17). Diese Messer, wohl Opfermesser eines heidnischen Altars, gelangten zuletzt in den Besitz des Fürsten Alexander.

2) Acta Bulgariae ecclesiastica p. 77.

genauere Beschreibung des Ortes gab, war durch ihren Zustand (1872) recht enttäuscht.

Preslav bestand nach der anschaulichen Beschreibung des Leo Diaconus aus einem inneren Schloss, „dem kaiserlichen Hof (βασίλειος αὐλή) mit fester Mauer“, in welchem sich die Schatzkammern der Bulgaren befanden, und der äusseren Stadtmauer. Die Aussenmauer ist jetzt kaum kenntlich, soll aber vor Jahren bei dem Dorf stückweise noch auf Mannshöhe aufrecht gestanden haben; sie hatte fast eine halbe Stunde im Durchmesser. Das innere Schloss, der Saraj (15 Min. vom Dorf) ist besser erhalten, ja vier, 5—6 M. hohe Stücke der Umfassungsmauer aus Rollsteinen mit solider Quaderverkleidung grüssen den Wanderer schon von der Ferne als weisse Linien zwischen dem Grün der Weinberge. Diese Akropolis war ein unregelmässiges Viereck, an 225 Schritt im Durchmesser; alte Bauern erinnern sich noch, wie ihre Mauern ganz waren und ein Thor hatten. An Quellen hatte die Stadt keinen Mangel; von einer derselben, dem „heiligen Born“ (Svetó Kládenče) fliesst der Bach Tunčška Reka unter einer „Monastir“ genannten Flur, einem Fundort alter Mosaik, ab in die Tiča. In der an 20 Schritt breiten und recht tiefen Tiča zeigt man die Fundamente einer steinernen Brücke; ob die Stadt auch am rechten Ufer sich ausdehnte und wie Luccari schreibt, durch die Tiča mitten durchflossen war, ist nicht sicher.

Von den Funden aus dem Saraj sind bemerkenswerth grosse Steinplatten mit netten Blattornamenten und Kreuzen, jetzt auf der Metropolie und im Leseverein zu Šumen; sie bildeten wohl den unteren Theil der Ikonostasis vor dem Altar einer Kirche und erinnern an die mittelalterlichen Choreinfassungen mancher abendländischer Gotteshäuser, z. B. der St. Clemensbasilica in Rom. In Preslav selbst liegt eine Menge Baumaterial aus den Ruinen, Quadern, glatte Säulen, Capitäle mit Akanthen, Architrave, Trümmer von Mosaikfussböden, thönerne Röhren u. dgl., darunter manche Stücke antiker Provenienz. Die Ruinen verdienen eine genaue Durchforschung. Zahlreiche Denkmäler von hier und Aboba dürften aber auch bei Neubauten in Šumen, besonders bei der Demolirung der türkischen Festungswerke zum Vorschein kommen. Auch die nächste Umgebung mag noch manches Unbekannte enthalten. Eine Stunde westlich von Preslav liegt auf einer Waldkuppe die Ruine Bjálgrad (Weissenburg), der Sage nach ein Sommerschloss der altbulgarischen Herrscher.

Von Preslav erreichte ich in 3 St. durch ein schwach bebautes Hügelland mit gemischten Dörfern zwischen dem waldigen Balkan von Preslav und dem Plateau von Šumen die Jahrmarktsstadt Eski Džumajá (8519 E., davon 4058 Türken), in einem offenen Thal zwischen Weinbergen an der Vraná. Nach einer peinlichen Nacht in einem von zahllosen Wanzen belebten alten hölzernen Han reiste ich am 28. Juli an einem Tag durch den wegen des Brigantaggio verrufenen Tuzluk bis in die Umgebung von Trnovo. Südlich von Eski Džumaja passirt man den eine halbe Stunde langen Derbend (Pass) durch den Balkan von Preslav, eine sehr öde Landschaft mit einigen verlassenen Mühlen, einem kleinen Wasserfall und herrlicher Vegetation, Hainbuchen, Silberlinden, Wallnussbäumen und den hier so häufigen wilden Birnen. Dann folgt eine hübsche, aber äusserst menschenleere Landschaft mit Wäldchen und zahlreichen Eichen und Birnbäumen zwischen den Getreide- und Maisfeldern. Die Türken wandern aus und die Bulgaren siedeln sich erst langsam an. Die spärlichen Einwohner waren eben mit der Ernte beschäftigt. Dies hinderte aber einen jungen Wolf nicht um die Maisfelder herum an der Strasse gemüthlich herumzuschleichen; meine Leute waren auf das Schussgeld sehr erpicht, er verschwand aber zwischen dem Mais. In $2^1/_4$ St. waren wir in Osmanpazár (3755 E.), dem Centrum einer Okolija, mit einer Caserne und einer neuen bulgarischen Schule und Kirche; es hat eine schöne Lage, aber mit kaltem Winter, weshalb die Rebe nicht mehr gut gedeiht; die Bulgaren (1371) sind meist neue Ansiedler aus den Bergen von Kotel.

Von dort eilte ich 5 St. westwärts durch die Einöden des Tuzluk, begleitet nur von zwei Türken, einem Gendarmen und einem Fuhrknecht. Die Strasse ist im besten Zustand, aber bei ihr liegt kein Dorf, kein Han, kein gemauerter Brunnen, nur türkische Friedhöfe mit inschriftslosen, aufrecht stehenden Steinplatten. Näher an der Strasse liegen bloss Hassanfaky nahe bei Osmanpazar, in früheren Zeiten ein grosser Ort unter dem Namen Aklissé (Weisskirchen), und Jajlaköi. Die einzige Fontaine, unter einer uralten Eiche, sah wie eine hölzerne Hundehütte aus. Wir begegneten kaum zehn Leuten, alles Türken, die uns meist nur stolz ohne Gruss anblickten; für einen kleinen Bund Heu verlangten sie wie zum Spott „on guruš" (10 Groschen, 2 Fr.). Das Land ist ansprechend, aber monoton, mit leicht gewellten langgezogenen Hügeln (400—500 M.), bedeckt von Eichen, Hainbuchen, Linden in Hainen oder Reihen zwischen Wiesen und Aeckern. Hie und da wird ein kleiner Weiler bemerkbar, mit rothen Dächern und weissen Minarets, aber viele von den Dörfern stehen leer. In einigen sind bulgarische Balkandži's oder Makedonier angesiedelt, andere wurden sammt den Wäldern von Trnover Speculanten um einen Spottpreis angekauft. Links sieht man die waldigen Kämme der Vorhöhen des Balkan.[1]) Alle Wässer gehören schon dem Jantragebiet an; sie vereinigen sich rechts zum Büjük-Deré. Die vielen Waldbüsche am Wege bieten einen trefflichen Hinterhalt, sind aber trotz allen amtlichen Vorschriften nicht durchgehauen. Die leeren Hütten am Weg dienen zu Wachtposten in der Zeit des Jahrmarkts von Eski Džumaja. Nach einem Abstieg auf ein offenes Feld, auf welchem wieder nicht vermummte Bulgarinen arbeiteten, erreichen wir Késarovo, Centrum einer Okolija, ein grosses gemischtes Dorf am Karaderé. Das Amtsgebäude ist eine Art Blockhaus, vor welchem der Načalnik eben eine Revision der Waffen der Bauernwachen vornahm, die mit ihren wilden Gesichtern unter Turbans und Kalpaks wie echte Strauchritter aussahen.

---

1) Unter der Balkankette liegt dort in der Ferne das bulgarische Städtchen Elena (im Localdialect Iléna) mit 3005 E., eines der kleinen christlichen Culturcentren, und weiter östlich das grosse Dorf Bebrovo, wie denn das Gebirge selbst im Süden des Tuzluk seine bulgarische Bevölkerung stets bewahrt hat.

Eine halbe Stunde weiter überschritt ich die seichte Džulunica und betrat, nunmehr ohne Escorte, plötzlich ein dicht bewohntes, fleissig bebautes Land mit rein bulgarischer Bevölkerung, das Gebiet der Gärtner von Ljaskovec, voll fröhlicher Menschen, Obst, Gemüse und Getreide. Durch den Eintritt der Dunkelheit überrascht, übernachtete ich auf dem Balkon eines Hans in dem grossen Dorf Kozárevec, $1\frac{1}{2}$ St. von Kesarovo, und erreichte am Morgen in 2 St. Trnovo.

Die Landschaften auf der weiteren Route von Trnovo nach Sofia sind monoton und zum Theil auch sehr öde. Wie werden sich diese Gegenden nach der Erbauung einer Bahn beleben! Wir legten mit Herrn Zlatarski, den ich in Trnovo antraf, die 299 Kilometer zu Wagen in vier Tagen zurück. An der Wasserscheide zwischen Jantra und Rusica liegt 30 Km. von Trnovo der berüchtigte Wald Kalna Korija, in welchem gerade in der Nacht zuvor einige Pferdehändler in ihrem Karawanenlager von türkisch gekleideten Banditen ausgeplündert wurden. Sevlijevo (türk. Selvi) am linken Ufer der Rusica, 51 Km. von Trnovo, ist eine gewerbfleissige Kreisstadt mit bedeutender Zukunft (8859 E.). Die Rusica ist hier ein stattlicher Fluss, nicht weit oberhalb der Stadt verstärkt durch ihren kräftigen linken Nebenfluss Vídima, der sich bei Novoselo aus zahlreichen Quellbächen an der Nordseite des Gjumrukčal und Maragidik bildet.

Ungefähr $4\frac{1}{4}$ Stunde weiter liegt Loveč (7092 E.), mit einer Burg in der Art der Tafelberge von Trnovo und Provadija und einer merkwürdigen an 100 Schritt langen Brücke über den Osem, die wie die venetianische Rialtobrücke überdacht ist und zu beiden Seiten des inneren Ganges hölzerne Kaufläden hat. Viele Bürgersöhne studirten im Ausland und spielen jetzt eine Rolle in ihrem Vaterland. Die Umgebung ist voll Osmanen und Pomaken. Von hier kann man den Umweg über Pléven (14.307 E.) nehmen, das jetzt eine sehr belebte Stadt mit Viehmärkten und Weinhandel ist; die Spuren des Krieges in der Umgebung sind fast insgesammt durch die üppigen Culturen verwischt. Die directe neue Strasse, neben der die Bahn projectirt ist, führt von Loveč über Mikre und Turski Izvor durch eine einsame Waldlandschaft, zum Theil von Pomaken bewohnt. Die nahe Balkankette hinter den grünen Wellen der waldigen Vorberge erscheint von hier aus niedrig; wir erkennen kaum die Rückseite der von Süden so imposanten Gipfel von der Kadimlija bis zum Joch von Trojan. In dem verfallenen pomakischen Turski Izvor war der Načalnik von Teteven eben mit einer grossen Räuberjagd beschäftigt; einige Kaufleute waren bei der Rückkehr vom Jahrmarkt in Gložene ausgeplündert worden und Gendarmen und Bauernwachen durchstreiften alle Wälder.

Die grosse Heerstrasse von Pleven betraten wir wieder beim 114. Kilometer von Sofia aus. Zehn Minuten östlich von dieser Stelle liegt die Quelle der Panega, die in Bulgarien weit und breit bekannte „Gláva Pánega" (Panegakopf). Der Fluss entspringt unter einer von Hainbuchenwald bedeckten Hügelkette in einem von Neocomfelsen umgebenen Bassin, voll Schilf und Conferven, fällt über eine Wehr und treibt sofort 30—40 Mühlen. Das forellenreiche Wasser hat einen guten Geschmack. Oberhalb des Bassins liegt in den von Weissdorn, Syringa und Haselnussstauden bewachsenen Felsen in einem tiefen Kessel ein kleiner grüner See ohne sichtbaren Abfluss; eine halb untergetauchte Höhle am Wasserspiegel gilt als die eigentliche Quelle. Eine andere ohrförmige Höhle liegt in den Felsen hoch über dem See; in ihr sollen Bären und Schlangen überwintern. Die Communicationen zwischen beiden Reservoirs sind verborgen unter dem felsigen Isthmus, der sie trennt.

Die Landschaft von Orchanié ist ein Hügelland von sanften Formen, mit parkartigen Eichenwäldern, Wallnuss- und Pflaumenalleen an den Wegen und Getreide, Mais und Hanf auf den Feldern. In den Dörfern und Koliba's mit Schieferdächern und neuen Schulhäuschen wohnt ein hübsches, lichthaariges, fröhliches Volk, das durch Typus und Sprache an die Sredna Gora erinnert. Im Süden ragt der Vežen, die spitzige und steile Baba und der Murgaš empor. In einem kleinen Kessel liegt der Hauptort Orchanié (2744 E.), ein grosses Dorf mit zahlreichen Hans, unter dem Sultan Abdul Aziz aus dem ursprünglichen Samundžijevo nach dem Gründer des Osmanenreiches umgenannt. Von dort fährt man längs des Bebreš durch ein schönes Wiesen- und Waldthal aufwärts zum Joch von Arabakonak (988 M.), wo wir wieder die Rila und die Vitoša begrüssen und bekannte Pfade betreten. Nicht weit westlich vom Joch soll der Tunnel der geplanten Balkanbahn gebohrt werden.

BEILAGE.

## Constitution des Fürstenthums Bulgarien, unterzeichnet in Trnovo am 16./28. April 1879.[1])

### Capitel I.

### Vom Territorium des Fürstenthums.

1. Eine Verminderung oder Vergrösserung des Territoriums des Fürstenthums Bulgarien darf ohne Zustimmung der Grossen Nationalversammlung nicht erfolgen.

2. Eine Grenzregulirung kann, wenn sie nicht an bewohnten Orten erfolgt, auch von der Gewöhnlichen Nationalversammlung genehmigt werden (Art. 85, Punkt 1).

3. Das Territorium ist in administrativer Beziehung eingetheilt in Kreise (okrъžie), Bezirke (okolija) und Gemeinden. Ein besonderes Gesetz wird ausgearbeitet werden zur Organisation dieser administrativen Eintheilung nach den Principen der communalen Selbstverwaltung.

### Capitel II.

### Von der fürstlichen Gewalt und deren Ausmass.

4. Das Fürstenthum Bulgarien ist eine erbliche und constitutionelle Monarchie, mit einer Volksvertretung.

5. Der Fürst ist der oberste Repräsentant und das Haupt des Staates.

6. Der Fürst von Bulgarien führt den Titel Durchlaucht (Svetlost),[2]) der Thronfolger den Titel Erlaucht (Sijatelstvo).

7. Der Fürst von Bulgarien kann ohne Zustimmung der Grossen Nationalversammlung nicht gleichzeitig Herrscher eines anderen Staates sein.

8. Die Person des Fürsten ist geheiligt und unverletzlich.

9. Die gesetzgebende Gewalt gebührt dem Fürsten und der Volksvertretung.

10. Der Fürst bestätigt und promulgirt die von der Nationalversammlung angenommenen Gesetze.

11. Der Fürst ist der oberste Chef der ganzen bewaffneten Macht des Fürstenthums sowohl im Frieden, als im Kriege. Er ertheilt die militärischen Grade gemäss den Gesetzen. Wer in den Kriegsdienst eintritt, leistet dem Fürsten einen Eid der Treue.

12. Die executive Gewalt gehört dem Fürsten; alle Organe derselben handeln in seinem Namen und unter seiner obersten Aufsicht.

---

1) Wir geben hier eine womöglich wortgetreue Uebersetzung dieser noch immer unverändert giltigen Verfassung, nach der Ausgabe bei den Protokollen der constituirenden Nationalversammlung zu Trnovo, Philippopel (bei Danov) 1879 S. 357—360.

2) Die Gewöhnliche Nationalversammlung acceptirte dafür in der Sitzung vom 11. (23.) April 1880 den Titel Hoheit (Visočestvo).

35*

13. Die richterliche Gewalt gehört in ihrer gesammten Ausdehnung den richterlichen Behörden und Personen, welche ihr Amt im Namen des Fürsten ausüben. Die Beziehungen des Fürsten zu diesen Behörden und Personen sind durch besondere Bestimmungen festgesetzt.

14. Der Fürst hat das Recht Strafen zu mildern oder aufzuheben, nach den in den Gesetzen über das Strafprocessverfahren festgesetzten Regeln.

15. Der Fürst besitzt in Criminalfällen das Recht der Begnadigung. Das Recht der Amnestie aber gebührt dem Fürsten im Verein mit der Nationalversammlung.

16. Die in den Artikeln 14. und 15. genannten Vorrechte des Fürsten erstrecken sich nicht auf die Verurtheilungen der Minister wegen irgend einer Verletzung der Constitution.

17. Der Fürst ist der Vertreter des Fürstenthums in allen Beziehungen desselben zu fremden Staaten. In seinem Namen und mit Vollmacht von Seite der Nationalversammlung werden mit den Nachbarstaaten eigene Verträge über solche Verwaltungsangelegenheiten des Fürstenthums abgeschlossen, bei denen die Theilnahme und Mitwirkung der Regierungen derselben erforderlich ist.

18. Die Verfügungen des Fürsten haben Kraft nur dann, wenn sie von den betreffenden Ministern unterzeichnet sind, die alle Verantwortung für dieselben auf sich nehmen.

## Capitel III.

## Von dem Aufenthaltsort des Fürsten.

19. Der Fürst ist verpflichtet beständig im Fürstenthum zu wohnen. Wenn er sich zeitweilig aus demselben entfernt, ernennt er seinen Stellvertreter (namestnik), welcher in der Zeit der Abwesenheit des Fürsten durch ein besonderes Gesetz festgestellte Rechte und Pflichten hat. Der Fürst verkündigt seine Abreise aus dem Fürstenthum und die Ernennung seines Stellvertreters dem Volke durch eine Proclamation.

20. Der Thronfolger muss gleichfalls im Fürstenthum leben und darf es nur mit Erlaubniss des Fürsten verlassen.

## Capitel IV.

## Vom Wappen, Staatssiegel und der Nationalfahne des Fürstenthums.

21. Das bulgarische Staatswappen ist ein goldener gekrönter Löwe in dunkelrothem Felde. Ueber dem Felde befindet sich eine Fürstenkrone.

22. Auf dem Staatssiegel ist das Wappen des Fürstenthums abgebildet.

23. Die bulgarische Nationalfahne ist dreifarbig, bestehend aus der weissen, grünen und rothen Farbe in horizontalen Streifen.

## Capitel V.

## Von der Art der Thronfolge.

24. Die Fürstenwürde ist erblich in der directen männlichen Descendenz des ersten erwählten Fürsten. Ueber die Thronfolge wird ein eigenes Gesetz ausgearbeitet werden.

## Capitel VI.

## Von der Volljährigkeit des Fürsten, der Regentschaft und der Vormundschaft.

25. Der regierende Fürst und der Thronfolger werden volljährig mit achtzehn Jahren.

26. Wenn der Fürst vor diesem Alter zur Regierung kommt, wird bis zu seiner Volljährigkeit eine Regentschaft (regentstvo) und eine Vormundschaft (nastojničestvo) eingesetzt.

27. Die Regentschaft besteht aus drei Regenten, die von der Grossen Nationalversammlung erwählt werden.

28. Der regierende Fürst kann, wenn der Thronfolger nicht volljährig ist, noch bei Lebzeiten drei Regenten ernennen, aber dazu ist die Zustimmung und die Bestätigung der Grossen Nationalversammlung erforderlich.

29. Mitglieder der Regentschaft können die Minister, ferner der Präsident und die Mitglieder des obersten Gerichtshofes sein oder Personen, welche diese Würden untadelhaft bekleidet haben.

30. Die Mitglieder der Regentschaft leisten bei ihrem Amtsantritt in der Grossen Nationalversammlung einen Eid der Treue dem Fürsten und der Constitution. Darauf verkündigen sie dem Volk durch eine Proclamation, dass sie das Fürstenthum in den Grenzen der fürstlichen Macht und im Namen des Fürsten zu verwalten beginnen.

31. Der Fürst übernimmt die Regierung, sobald er die Volljährigkeit erreicht und den Eid geleistet hat und verkündigt dies dem Volke durch eine Proclamation.

32. Die Erziehung des minderjährigen Fürsten und die Verwaltung seines Vermögens wird der verwitweten Fürstin und Vormündern (nastojnici) anvertraut, welche vom Ministerrath mit Zustimmung der Fürstin ernannt werden.

33. Die Mitglieder der Regentschaft können nicht zugleich Vormünder des minderjährigen Fürsten sein.

## Capitel VII.

### Von der Thronbesteigung und dem Eid.

34. Nach dem Tod des Fürsten besteigt sein Nachfolger den Thron und beruft unverzüglich die Grosse Nationalversammlung, vor welcher er folgenden Eid leistet: „Ich schwöre im Namen des Allmächtigen Gottes, dass ich die Constitution und die Gesetze des Fürstenthums heilig und unverletzlich achten und in allen meinen Verfügungen nur den Vortheil und das Wohl des Fürstenthums vor Augen haben werde. Gott möge mir behilflich sein!"

## Capitel VIII.

### Vom Unterhalt des Fürsten und des fürstlichen Hauses.

35. Die Nationalversammlung bestimmt zum Unterhalt des Fürsten und seines Hofes sechsmal Hundert Tausend Francs jährlich. Diese Summe darf weder ohne Zustimmung der Nationalversammlung vergrössert, noch ohne Erlaubniss des Fürsten vermindert werden

36. Die Nationalversammlung bestimmt den Unterhalt des Thronfolgers, sobald er volljährig wird.

## Capitel IX.

### Von der Religion.

37. Die Staatsreligion des Fürstenthums Bulgarien ist die christlich-orthodoxe des orientalischen Ritus.

38. Der bulgarische Fürst und seine Nachkommenschaft können sich zu keinem andern Glauben bekennen, als zum orthodoxen. Nur der zuerst erwählte bulgarische Fürst kann, wenn er einer anderen Religion angehört, bei derselben verbleiben.

39. In kirchlicher Beziehung ist das Fürstenthum Bulgarien, einen untrennbaren Theil des bulgarischen Kirchengebietes bildend, der heiligen Synode unterworfen, als der obersten geistlichen Behörde der bulgarischen Kirche, wo immer sich diese Behörde befinden mag. Durch dieselbe bewahrt das Fürstenthum seine Vereinigung mit der ökumenischen orientalischen Kirche in Allem, was die Dogmen des Glaubens betrifft.

40. Die Christen nicht orthodoxer Confession und die Andersgläubigen, mögen dieselben geborene Unterthanen des Fürstenthums Bulgarien oder in die Unterthanschaft auf-

genommen sein, ebenso die Ausländer, welche beständig oder nur zeitweilig in Bulgarien leben, geniessen Religionsfreiheit, insoferne die Ausübung von deren Ritus die bestehenden Gesetze nicht verletzt.

41. Niemand kann sich wegen seiner religiösen Ueberzeugung der Erfüllung der bestehenden und für Jedermann bindenden Gesetze entziehen.

42. Die kirchlichen Angelegenheiten der Christen nicht orthodoxer Confession und der Andersgläubigen werden von deren geistlichen Behörden verwaltet, aber unter der Oberaufsicht des betreffenden Ministers und den Gesetzen gemäss, welche über diesen Gegenstand ausgegeben sein werden.

## Capitel X.

## Von den Gesetzen.

43. Das Fürstenthum Bulgarien wird genau nach den Gesetzen verwaltet, welche in der von der Constitution angegebenen Form ausgegeben und promulgirt werden.

44. Kein Gesetz darf ausgegeben, vervollständigt, geändert oder abgeschafft werden ohne vorherige Berathung und Annahme in der Nationalversammlung, welcher desgleichen das Recht zusteht, den wahren Sinn desselben zu erklären.

45. Jedes von der Nationalversammlung angenommene Gesetz wird dem Fürsten zur Bestätigung vorgelegt.

46. Nach der Bestätigung des Fürsten muss das Gesetz in seinem vollen Text veröffentlicht werden. Bei der Veröffentlichung des Gesetzes muss erwähnt werden, dass es von der Nationalversammlung angenommen worden ist. Kein Gesetz hat Kraft und Geltung, bevor es nicht veröffentlicht wurde.

47. Nur in dem Falle, wenn der Staat von irgend einer äusseren oder inneren Gefahr bedroht wird und die Nationalversammlung nicht berufen werden kann, darf der Fürst über Vorstellung des Ministerrathes und unter collectiver Verantwortung der Minister Verordnungen (naredba) ausgeben und Verfügungen treffen, welche wie ein Gesetz obligatorische Kraft haben. Solche ausserordentliche Verordnungen und Verfügungen werden der ersten darauf berufenen Nationalversammlung zur Begutachtung vorgelegt.

48. Die in dem vorigen (47.) Artikel erwähnten Verfügungen dürfen sich in keinem Fall auf die Auflage von Steuern und Staatsabgaben beziehen, welche stets mit der Zustimmung der Nationalversammlung stattfindet.

49. Nur die Nationalversammlung hat das Recht zu entscheiden, ob bei der Veröffentlichung eines Gesetzes alle in dieser Constitution angegebenen Bedingungen erfüllt worden sind.

50. Die Verfügungen zur Einführung eines Gesetzes und zur Ergreifung der dazu nothwendigen Massregeln hängen von der executiven Gewalt ab.

## Capitel XI.

## Von den Staatsgütern.

51. Die Staatsgüter gehören dem Fürstenthum Bulgarien und weder der Fürst noch seine Verwandten dürfen die Einkünfte derselben beziehen.

52. Die Art der Veräusserung und Verpfändung der Güter selbst, ebenso wie die Art der Verwendung ihrer Einkünfte wird durch ein Gesetz bestimmt werden.

53. Die Staatsgüter verwaltet der competente Minister.

## Capitel XII.

## Von den Bürgern des Fürstenthums Bulgarien.

### Abschnitt 1. Allgemeine Bestimmungen.

54. Alle in Bulgarien geborenen Personen, welche nicht eine andere Unterthanschaft angenommen haben, ebenso die anderswo von Eltern, welche bulgarische Unter-

thanen sind, Geborenen werden als Unterthanen des bulgarischen Fürstenthums betrachtet.

55. Ausländer können die bulgarische Unterthanschaft erlangen, wenn es die Nationalversammlung bestätigt.

56. Jeder Unterthan des Fürstenthums kann auf die Unterthanschaft Verzicht leisten, wenn er vorher den Kriegsdienst abgeleistet und seine übrigen Pflichten gegen den Staat erfüllt hat, nach einem eigenen Gesetz, welches ausgearbeitet werden wird.

57. Alle bulgarischen Unterthanen sind vor dem Gesetze gleich. In Bulgarien ist keine Ständeeintheilung gestattet.

58. Adelstitel und andere Auszeichnungen, ebenso wie Orden, dürfen im Fürstenthum Bulgarien nicht bestehen.

59. Dem Fürsten ist es überlassen ein Abzeichen (znak) zu bestimmen, für eine wirkliche Auszeichnung im Kriege und dies nur für Militärpersonen.

60. Politische Rechte geniessen nur die Bürger des Fürstenthums Bulgarien, aber bürgerliche Rechte geniessen vor den Gesetzen alle diejenigen, welche im Fürstenthum leben.

61. Im Fürstenthum Bulgarien darf Niemand menschliche Wesen weder kaufen, noch verkaufen. Ein jeder Sklave, was immer für eines Geschlechtes, Glaubens und Nationalität, wird mit dem Betreten des bulgarischen Territoriums frei.

62. Die Gesetze über die öffentliche Ordnung und die Polizeigesetze sind für alle im Fürstenthum lebenden Personen gleichmässig bindend.

63. Alle im Fürstenthum befindlichen unbeweglichen Güter, mögen sie auch Ausländern angehören, sind den Wirkungen der bulgarischen Gesetze unterworfen.

64. In allen übrigen Fällen wird die Stellung der fremden Unterthanen durch eigene Gesetze bestimmt.

### Abschnitt 2. Vom Staats- und Gemeindedienst.

65. Nur bulgarische Unterthanen dürfen Aemter im Staats-, Gemeinde- und Kriegsdienst bekleiden.

66. Auch fremde Unterthanen können in Dienste aufgenommen werden, aber dabei ist in jedem Fall die Erlaubniss der Nationalversammlung erforderlich.

### Abschnitt 3. Von dem Besitzrecht.

67. Das Recht des Besitzes (sobstvennost) ist unverletzlich.

68. Die zwangsweise Abtretung eines Besitzes kann nur zum staatlichen oder allgemeinen Nutzen geschehen, und dies mit gerechter und im Voraus bezahlter Entschädigung. Die Art, wie eine solche Abtretung geschehen kann, ist durch ein besonderes Gesetz festzustellen.

### Abschnitt 4. Von den Steuern und Staatsabgaben.

69. Jeder Unterthan des Fürstenthums Bulgarien ohne Unterschied ist zur Zahlung der vom Gesetze bestimmten Steuern (daždija) und Staatsabgaben (državni beriji) und zur Leistung der Lasten (tegobi) verpflichtet.

70. Der Fürst und der Thronfolger sind von Steuern, Abgaben und Lasten aller Art befreit.

### Abschnitt 5. Vom Kriegsdienst.

71. Jeder bulgarische Unterthan ist verpflichtet im Heere zu dienen, nach dem diesbezüglichen Gesetz.

72. In Criminalsachen werden militärische Personen nur dann von Kriegsgerichten gerichtet, wenn sie im activen Dienst stehen.

## Abschnitt 6. Ueber die Unverletzlichkeit der Personen, des Wohnortes und der Correspondenz.

73. Niemand kann bestraft werden ohne ein Urtheil des competenten Gerichtes, welches bereits gesetzliche Kraft erlangt hat.

74. Einkerkerungen und Hausdurchsuchungen können nur nach den in den Gesetzen angegebenen Regeln stattfinden.

75. Niemand kann eine Strafe auferlegt werden, welche nicht in den Gesetzen festgesetzt ist. Tortur bei was immer für einer Beschuldigung und Güterconfiscation sind verboten.

76. Sollten Ereignisse eintreffen, welche die öffentliche Sicherheit bedrohen könnten, so darf der Fürst im ganzen Fürstenthum oder in einzelnen Ortschaften die Geltung der Art. 73 und 74 einstellen, aber er ist verpflichtet, seine Verfügungen solcher Art der ersten folgenden Nationalversammlung zur Bestätigung vorzulegen.

77. Privatbriefe und Privattelegramme bilden ein Geheimniss und sind unverletzlich. Die Verantwortlichkeit der Amtspersonen für die Verletzung des Brief- und Depeschengeheimnisses wird ein eigenes Gesetz feststellen.

## Abschnitt 7. Vom Volksunterricht.

78. Der primäre Unterricht ist unentgeltlich und obligatorisch für alle Unterthanen des Fürstenthums Bulgarien.

## Abschnitt 8. Von der Pressfreiheit.

79. Die Presse ist frei. Keine Censur ist zulässig, ebenso wie von Schriftstellern, Herausgebern und Buchdruckern keine Caution verlangt wird. Wenn der Verfasser bekannt ist und im Fürstenthum lebt, werden der Herausgeber, der Drucker und der Colporteur nicht verfolgt.

80. Die heilige Schrift, ferner die gottesdienstlichen Bücher und Werke dogmatischen Inhaltes, die zum Gebrauche der orthodoxen Kirche dienen, ebenso wie die für den Religionsunterricht in den Schulen der Orthodoxen bestimmten Schulbücher unterliegen der vorherigen Begutachtung der hl. Synode.

81. Pressvergehen werden nach dem Gesetze gerichtet, vor den gewöhnlichen Gerichten.

## Abschnitt 9. Von der Freiheit der Versammlungen und der Bildung von Vereinen.

82. Die Bewohner des Fürstenthums Bulgarien haben das Recht sich ruhig und unbewaffnet zur Beurtheilung von Fragen aller Art zu versammeln, ohne vorher eine Bewilligung dazu zu verlangen. Die Versammlungen ausserhalb der Gebäude unter offenem Himmel unterliegen vollständig den Polizeireglements.

83. Die bulgarischen Bürger haben das Recht Vereine ohne jegliche vorhergehende Bewilligung zu bilden, vorausgesetzt, dass das Ziel und die Mittel dieser Vereine dem Staate und der allgemeinen Ordnung, der Religion und den guten Sitten keinen Schaden bringen.

## Abschnitt 10. Das Petitionsrecht.

84. Jeder bulgarische Unterthan hat das Recht den competenten Behörden von einer Person oder collectiv von vielen Personen unterschriebene Bittschriften einzureichen. Die nach den Gesetzen eingerichteten Corporationen haben das Recht Bittschriften durch ihre Vertreter zu übergeben.

## Capitel XIII.

### Von der Volksvertretung.

85. Die Volksvertretung des Fürstenthums Bulgarien besteht aus der Nationalversammlung, und zwar 1. der Gewöhnlichen, 2. der Grossen.

## Capitel XIV.

### Von der Gewöhnlichen Nationalversammlung.

#### Abschnitt 1. Von der Zusammensetzung der Gewöhnlichen Nationalversammlung.

86. Die Gewöhnliche Nationalversammlung besteht aus direct vom Volke gewählten Abgeordneten, je einem auf Zehntausend Seelen beiderlei Geschlechtes. Die Abgeordneten werden auf drei Jahre gewählt. Wähler sind alle bulgarischen Bürger, welche älter sind als 21 Jahre und sich im Besitz der bürgerlichen und politischen Rechte befinden. Wählbar zu Abgeordneten sind alle bulgarischen Bürger, welche sich im Besitz der bürgerlichen und politischen Rechte befinden, das 30. Jahr erreicht haben und lesen und schreiben können. Ueber die Form der Wahlen wird ein eigenes Wahlgesetz ausgearbeitet werden

87. Die Abgeordneten vertreten nicht nur ihre Wähler, sondern auch das ganze Volk. Deshalb dürfen sie von ihren Wählern keine verpflichtenden Instructionen annehmen. Die Abgeordneten haben volle Freiheit die Bedürfnisse Bulgariens nach eigener Ueberzeugung und eigenem Gewissen zu beurtheilen.

88. Sofort nach Eröffnung der Session schreitet die Nationalversammlung unter dem Vorsitz des nach den Jahren ältesten Mitgliedes sofort zur Wahl des Präsidenten und Vicepräsidenten.

89. Die Nationalversammlung erwählt unter ihren Mitgliedern so viel Secretäre, wie viele sie zu ihren Geschäften braucht.

90. Die Minister dürfen in den Sitzungen der Nationalversammlung anwesend sein und an den Debatten theilnehmen. Die Versammlung ist verpflichtet die Minister jedes Mal zu hören, so oft sie sich zum Worte melden.

91. Der Fürst kann anstatt der Minister oder neben ihnen eigene Commissäre ernennen, welche der Versammlung Aufklärungen über die eingebrachten Projecte und Vorschläge geben. Die Commissäre haben in diesen Fällen, wie die Minister, die im vorangehenden 90. Artikel angegebenen Rechte.

92. Die Nationalversammlung kann die Minister und Commissäre in die Sitzungen einladen, damit sie die nöthigen Informationen und Aufklärungen geben. Die Minister und Commissäre sind verpflichtet in der Versammlung zu erscheinen und persönlich die gewünschten Erklärungen mitzutheilen. Die Minister und Commissäre dürfen, unter ihrer Verantwortung, solche Dinge verschweigen, deren unzeitgemässe Bekanntmachung die Interessen des Staates schädigen könnte.

#### Abschnitt 2. Ueber die Freiheit der Meinungen und die Unverletzlichkeit der Mitglieder der Versammlung.

93. Jedes Mitglied der Versammlung hat das Recht seine Meinung frei auszusprechen und nach seiner Ueberzeugung und seinem Gewissen abzustimmen. Niemand kann von dem Abgeordneten wegen einer von ihm ausgesprochenen Meinung Rechnung verlangen oder deswegen gegen ihn Verfolgungen anregen.

94. Die Rechte des Präsidenten und die Verantwortlichkeit der Mitglieder der Versammlung bezüglich der Ordnung und des Anstands in den Sitzungen werden in einem eigenen Reglement (pravilnik) über die innere Ordnung der Versammlung festgesetzt werden.

95. Für solche in der Sitzung der Versammlung von Mitgliedern derselben verübte Vergehen und Verbrechen, welche von dem Strafgesetz vorausgesehen sind, können die Schuldigen nur nach Entscheidung der Versammlung vor Gericht gestellt werden.

96. Die Mitglieder der Nationalversammlung dürfen fünf Tage vor der Eröffnung und während der ganzen Dauer der Session nicht eingekerkert und gerichtet werden, ausser im Falle, wenn sie solcher Verbrechen beschuldigt werden, auf welche das Strafgesetz die schwersten Strafen setzt. In diesem Falle muss die Verhaftung unverzüglich der Nationalversammlung gemeldet werden und darf das Gerichtsverfahren nur mit Erlaubniss der letzteren eingeleitet werden.

97. Die Abgeordneten dürfen fünf Tage vor der Eröffnung und während der ganzen Dauer der Sitzungen der Versammlung wegen Schulden nicht eingekerkert werden.

98. Die Art der Ersetzung der verstorbenen oder ausgetretenen Mitglieder der Versammlung bestimmt das Wahlgesetz.

### Abschnitt 3. Von der Oeffentlichkeit der Sitzungen der Nationalversammlung.

99. Die Sitzungen der Nationalversammlung finden bei offenen Thüren statt.

100. Der Präsident, ein Minister, ein Commissär, ebenso die Mitglieder der Versammlung, wenigstens drei an Zahl, können die Ausschliessung auswärtiger Leute aus der Sitzung vorschlagen. Ueber einen solchen Vorschlag wird bei geschlossenen Thüren verhandelt und durch die Majorität der anwesenden Mitglieder entschieden.

101. Die nach Art. 100 gefassten Beschlüsse der Versammlung verkündet der Präsident bei offenen Thüren.

102. Kein Bewaffneter wird in den Sitzungssaal oder auch in das Gebäude zugelassen, in welchem die Versammlung tagt. Militärwachen und überhaupt bewaffnete Kräfte dürfen weder bei der Saalthür, noch im Gebäude selbst oder in der Nähe des Gebäudes aufgestellt werden, ausser wenn die Versammlung durch Majoritätsbeschluss es selbst verlangt.

103. Die Versammlung hat ihre innere Polizei, welche dem Präsidenten untergeordnet ist.

104. Die Versammlung bestimmt selbst ihre innere Ordnung und Geschäftsordnung.

## Capitel XV.

## Was die Nationalversammlung zu thun hat.

105. Die Nationalversammlung hat:

1. Die Gesetzvorschläge zu beurtheilen, nach Art. 44;
2. Vorlagen über Staatsschulden, über die Vergrösserung, Verkleinerung oder Einführung von Steuern und Abgaben aller Art, sowie über deren Vertheilung und die Art ihrer Einsammlung zu beurtheilen;
3. Steuerrückstände und allerlei nicht eingegangene Abgaben, deren Einhebung unmöglich scheint, zu erlassen;
4. das alljährliche Einnahme- und Ausgabebudget zu beurtheilen;
5. die Rechnungen über die Verwendung der im Budget angewiesenen Summen zu begutachten;
6. die Rechnungen des obersten Rechnungshofes, welcher verpflichtet ist, ihr genaue Berichte über die Erfüllung des Budgets vorzulegen, durchzusehen;
7. Fragen über die Verantwortlichkeit der Minister aufzustellen.

106. Die Versammlung hat das Recht Bittschriften und Klagen anzunehmen und sie den betreffenden Ministern zu übergeben. Es ist ihr das Recht eingeräumt, Untersuchungscommissionen über Verwaltungsangelegenheiten zu ernennen. Die Minister sind verpflichtet auf Anfragen der Versammlung Aufklärungen zu geben.

107. Die Mitglieder der Versammlung haben das Recht Interpellationen an die Regierung zu stellen, und die betreffenden Minister sind verpflichtet, dieselben zu beantworten.

## Capitel XVI.

### Von der Ordnung, wie Projecte und Vorlagen einzubringen und zu berathen sind.

108. Die gesetzgebende Initiative gehört dem Fürsten und der Nationalversammlung.

109. Die Gesetzvorschläge und Vorlagen der Regierung werden der Nationalversammlung von den betreffenden Ministern über einen fürstlichen Befehl vorgelegt. Jeder Abgeordnete kann in der Nationalversammlung gleichfalls ein Gesetzproject oder einen Vorschlag einbringen, falls derselbe von einem Viertel der anwesenden Abgeordneten unterschrieben ist.

110. Jeder in die Versammlung eingebrachte Gesetzentwurf oder Vorschlag kann zurückgezogen werden, falls darüber noch keine endgiltige Abstimmung erfolgt ist.

111. Die Nationalversammlung darf in den eingebrachten Projecten Veränderungen, Vervollständigungen und Verbesserungen vornehmen.

112. Wenn die Regierung den in ihrem Gesetzproject vorgenommenen Veränderungen, Vervollständigungen und Verbesserungen nicht zustimmt, so kann sie dasselbe entweder zurücknehmen, oder zum zweiten Mal in der ersten Fassung mit Erklärungen oder Bemerkungen vorlegen, oder aber es mit jenen Veränderungen und Vervollständigungen einbringen, welche sie geeignet findet.

113. Kein Gesetzvorschlag, der einmal von der Versammlung ganz zurückgewiesen wurde, darf in derselben Session der Versammlung unverändert wieder vorgelegt werden. So ein Project darf nur in einer anderen Session eingebracht werden.

114. Die Abstimmung über ein zur Berathung in der Versammlung eingegangenes Project oder Proposition ist nur in dem Falle zulässig, wenn in der Sitzung mehr als die Hälfte aller Mitglieder anwesend ist.

115. Die Mitglieder der Versammlung müssen persönlich, öffentlich und mündlich abstimmen. Die Abstimmung kann auch geheim sein, wenn es wenigstens zehn Mitglieder verlangen.

116. Die Versammlung entscheidet durch Stimmenmehrheit.

117. Bei Stimmengleichheit wird das Project oder die Proposition als zurückgewiesen erachtet.

118. Ueber jede in der Versammlung vorgenommene und dem Fürsten vorgelegte Verfügung muss die fürstliche Entscheidung noch während der Dauer derselben Session erfolgen.

## Capitel XVII.

### Vom Budget.

119. Das Budget wird der Nationalversammlung alljährlich zur Berathung vorgelegt.

120. Das Budget wird, sobald es von der Nationalversammlung angenommen ist, dem Fürsten zur Bestätigung vorgelegt.

121. Die Nationalversammlung nimmt das Budgetproject Artikel für Artikel durch und wenn es einen Artikel verändert oder unterdrückt, geschieht dies mit Angabe der Gründe, welche sie dazu bewegen.

122. Wenn die Versammlung nicht einberufen werden kann und Auslagen nothwendig sind, die keinen Aufschub zulassen, hat das Budget des letzten Jahres Kraft und Wirkung unter Verantwortung der Minister, bis deren Verfügungen in der ersten folgenden Nationalversammlung bestätigt werden.

## Capitel XVIII.

### Von den Staatsschulden.

123. Ohne Zustimmung der Nationalversammlung darf keine Staatsschuld gemacht werden.

124. Wenn ausserhalb der Sitzungszeit der Versammlung eine Staatsschuld zur Deckung von ausserordentlichen, keinen Aufschub zulassenden Ausgaben nothwendig scheint, wird die Nationalversammlung unverzüglich zu einer ausserordentlichen Session einberufen.

125. Wenn die Berufung der Nationalversammlung auf ernste Hindernisse stösst, so kann der Fürst über Vorschlag des Ministerrathes die Aufnahme einer Schuld bis zu einer Million Francs gestatten, unter der Bedingung, dass dieselbe von der nächsten Nationalversammlung gutgeheissen wird.

126. In Artikeln, für welche kein Credit vorausgesehen war, kann der Fürst in den Formen und Fällen, die der vorangehende Art. 125 angibt, Ausgaben aus dem Staatsschatze gestatten, aber dieselben dürfen nicht die Summe von 300.000 Francs übersteigen.

## Capitel XIX.

### Von der Berufung der Nationalversammlung.

127. Der Fürst beruft die Nationalversammlung regelmässig jedes Jahr. Die Session dauert vom 15. October bis zum 15. December. Aber in wichtigen Fragen kann die Versammlung auch zu einer ausserordentlichen Session berufen werden.

128. Der Ort und, dem Art. 127 gemäss, die Zeit der Versammlung werden in der Berufung derselben durch den Fürsten angegeben.

129. Die ordentliche Session der Versammlung kann durch gegenseitige Zustimmung des Fürsten und der Nationalversammlung verlängert werden.

130. Der Fürst eröffnet und schliesst die Versammlung entweder persönlich oder beauftragt damit eine andere Person, welche dazu eigens bevollmächtigt wird.

131. Vor der Eröffnung der Versammlung leisten alle Mitglieder derselben zu gleicher Zeit, dem Ritus ihres Glaubens gemäss, folgenden Eid: „Ich schwöre im Namen des Einzigen Gottes, dass ich die Constitution achten und vertheidigen und bei der Erfüllung meiner Pflichten in dieser Versammlung einzig und allein das gemeinsame Wohl des Volkes und des Fürsten vor Augen haben werde, so weit mein Verstand und mein Gewissen reicht. Gott möge mir behilflich sein! Amen."

132. Geistliche Personen leisten keinen Eid, versprechen aber feierlich, dass sie dem Gewissen gemäss handeln werden, indem sie stets nur das gemeinsame Wohl des Staates und des Fürsten vor den Augen behalten.

133. In der Rede des Fürsten bei der Eröffnung der Versammlung wird die Lage des Staates beschrieben und werden die Projecte und Vorlagen angegeben, welche der Versammlung zur Begutachtung vorgelegt werden sollen.

134. Als Antwort auf die Rede des Fürsten legt die Versammlung dem Fürsten eine Adresse vor.

135. Nach der Berufung der Versammlung kann der Fürst den Termin ihrer Sitzungen vertagen, aber nicht länger als auf zwei Monate. Eine neue Vertagung in derselben Session kann nur mit Zustimmung der Versammlung selbst erfolgen.

136. Der Fürst kann die Versammlung auflösen und neue Wahlen der Volksvertreter ausschreiben.

137. Die Neuwahlen müssen vor dem Ablauf von zwei Monaten vorgenommen werden und die neue Versammlung darf nicht später als vier Monate nach der Auflösung der vorigen Nationalversammlung eröffnet werden.

138. Die Mitglieder der Nationalversammlung dürfen sich ohne Berufung von Seite des Fürsten nicht zu einer Session versammeln; sie dürfen ebenso nach der Vertagung, Schliessung oder Auflösung der Versammlung keine Sitzungen abhalten.

139. Diejenigen Mitglieder der Nationalversammlung, welche nicht in dem Orte leben, wo die Versammlung tagt, erhalten Taggelder sowie eine Entschädigung für die Kosten der Reise und Rückreise. Das Ausmass wird ein eigenes Gesetz bestimmen.

## Capitel XX.

### Von der Grossen Nationalversammlung.

#### Abschnitt 1. Was die Grosse Nationalversammlung zu thun hat.

140. Die Grosse Nationalversammlung wird berufen vom Fürsten oder von der Regentschaft oder vom Ministerrath.

141. Der Fürst beruft die Grosse Nationalversammlung:

1. Zur Entscheidung von Fragen über die Abtretung oder den Eintausch irgend eines Theiles des Territoriums des Fürstenthums. Diese Fragen werden von den anwesenden Mitgliedern der Versammlung durch Stimmenmehrheit entschieden.
2. Zur Veränderung oder Revision der Constitution. Die Abstimmung über diese Gegenstände erfordert eine Zweidrittelmajorität aller Mitglieder der Versammlung.

142. Die Grosse Nationalversammlung kann von der Regentschaft nur zur Entscheidung von Fragen über Abtretung oder Eintausch irgend eines Theiles des Territoriums des Fürstenthums einberufen werden. Diese Fragen werden durch die Majorität der in der Versammlung anwesenden Mitglieder entschieden.

143. Der Ministerrath beruft die Grosse Nationalversammlung:

1. Zur Wahl eines neuen Fürsten in dem Falle, wenn der regierende Fürst, ohne einen Thronfolger zu hinterlassen, gestorben ist. Die Wahl geschieht durch die Zweidrittelmajorität der in der Versammlung anwesenden Mitglieder.
2. Zur Wahl der Regenten, wenn der Thronfolger nicht volljährig ist. Die Wahl erfolgt durch die Majorität der in der Versammlung anwesenden Mitglieder.

#### Abschnitt 2. Von der Zusammensetzung der Grossen Nationalversammlung.

144. Die Grosse Nationalversammlung besteht aus Abgeordneten, die vom Volke direct gewählt sind. Die Zahl dieser Abgeordneten ist gleich der doppelten Anzahl der Mitglieder der Gewöhnlichen Nationalversammlung, indem auf je Zehntausend Einwohner beiderlei Geschlechtes zwei Abgeordnete entfallen. Ueber die Form der Wahl wird ein eigenes Wahlgesetz ausgegeben werden.

145. Der Präsident, die Vicepräsidenten und die nothwendige Anzahl Secretäre werden von der Versammlung selbst aus ihren Mitgliedern erwählt. Vor deren Erwählung präsidirt das den Jahren nach älteste Mitglied der Versammlung.

146. Die Grosse Nationalversammlung hat nur die Fragen zu entscheiden (Art. 141—143), zu denen es der Constitution gemäss berufen wurde, und wird, sobald es seinen Beschluss gefasst hat, entlassen.

147. Auf die Grosse Nationalversammlung erstrecken sich auch die Art. 87, 90, 92, 93—104, 114, 115, 131 und 132 dieser Constitution.

## Capitel XXI.

### Von den obersten Regierungsbehörden: vom Ministerrath und den Ministerien.

148. Die obersten Regierungsbehörden sind: 1. Der Ministerrath, 2. die Ministerien.

149. Die executive Gewalt gehört den Ministern und deren Rath, unter der obersten Aufsicht und Leitung des Fürsten (Art. 12).

150. Der Ministerrath besteht aus allen Ministern. Einer derselben wird nach der Auswahl des Fürsten zum Präsidenten des Rathes ernannt.

151. Ausser den allgemeinen Pflichten in gewöhnlichen Zeiten hat der Ministerrath in einigen unten angeführten Fällen folgende Rechte und Verpflichtungen:

1. Im Falle, wenn der Fürst ohne Thronfolger stirbt, übernimmt der Ministerrath die Regierung des Fürstenthums und beruft innerhalb eines Monats die Grosse Nationalversammlung zu einer neuen Fürstenwahl.
2. Der Ministerrath übernimmt die Regierung des Fürstenthums auch dann, wenn der Fürst bei seinem Tode keine Regentschaft ernannt hat. Die Grosse Nationalversammlung zur Wahl der Regenten muss gleichfalls binnen einem Monat berufen werden (Punkt 1).
3. Wenn nach dem Ableben des Fürsten die verwitwete Fürstin schwanger bleibt, so gehört bis zu deren Entbindung die Regierung des Fürstenthums dem Ministerrath.
4. Wenn einer der Regenten stirbt, beruft der Ministerrath die Grosse Nationalversammlung zur Wahl eines neuen Regenten statt des Verstorbenen, in der im Punkt 2 festgesetzten Form.
5. In den in den Punkten 1—4 erwähnten Fällen verkündet der Ministerrath seine Uebernahme der Regierung des Fürstenthums dem Volke durch eine Proclamation.
6. Der Ministerrath darf, solange er das Fürstenthum regiert, die Minister nicht wechseln.
7. Die Mitglieder des Ministerrathes erhalten für die provisorische Regierung des Fürstenthums nur ihren Ministergehalt.

152. Die Minister werden vom Fürsten ernannt und entlassen.

153. Die Minister sind vor dem Fürsten und der Nationalversammlung collectiv für alle von ihnen gemeinsam getroffenen Massregeln, persönlich ein Jeder einzeln für alles in der Verwaltung des ihm anvertrauten Faches von ihm Geleistete verantwortlich.

154. Jeder officielle Act, was immer für welcher Art, der vom Fürsten unterzeichnet wird, muss entweder von allen Ministern oder nur vom betreffenden Minister gegengezeichnet sein.

155. Die Nationalversammlung kann die Minister vor Gericht stellen für Verrath (izmjána) am Vaterland oder am Fürsten, für Verletzung der Constitution, für Landespreisgebung (predátelstvo) oder einen dem Fürstenthum persönlichen Nutzens wegen gemachten Schaden.

156. Der Vorschlag zur Anklage eines Ministers muss schriftlich vorgelegt werden, alle Beschuldigungen einzeln aufgezählt enthalten und wenigstens von einem Viertel der Mitglieder der Nationalversammlung unterzeichnet sein.

157. Um einen Minister vor Gericht zu stellen, ist bei der Abstimmung eine Zweidrittelmajorität der anwesenden Mitglieder nothwendig.

158. Die Minister werden von einem eigenen Staatsgerichtshof gerichtet, dessen Zusammensetzung ein eigenes Gesetz feststellen wird.

159. Der Fürst kann keinen angeklagten Minister ohne Zustimmung der Nationalversammlung begnadigen.

160. Die Durchführung der Gesetze ist obersten Regierungsbehörden anvertraut, welche Ministerien heissen.

161. Es gibt sechs Ministerien: 1. das Ministerium des Aeusseren und der Culte; 2. das Ministerium des Innern; 3. das Ministerium der Volksaufklärung; 4. das Finanzministerium; 5. das Justizministerium; 6. das Kriegsministerium.

162. An der Spitze eines jeden Ministeriums befindet sich ein Minister.

163. Der Fürst hat das Recht Personen zu allen Staatsämtern zu ernennen.

164. Jeder Beamte leistet einen Eid der Treue dem Fürsten und der Constitution.

165. Jeder Beamte ist für seine dienstliche Thätigkeit verantwortlich.

166. Die Regierungsbeamten haben das Recht zu einer Pension, deren Grundlage und Betrag ein eigenes Gesetz bestimmen wird.

## Capitel XXII.

### Von der Art der Veränderung und Revision der Constitution.

167. Die Vorschläge zur Veränderung oder Revision der Constitution geschehen in derselben Art, welche für die Ausgabe der Gesetze festgestellt ist (vgl. Art. 108 und 109).

168. Die im vorigen Art. 167 erwähnten Vorschläge werden als angenommen betrachtet, wenn dafür mehr als zwei Drittel aller Mitglieder der Nationalversammlung stimmen.

169. Zur Berathung über die im Art. 167 genannten Vorschläge wird die Grosse Nationalversammlung berufen, welche alle auf die Veränderung oder Revision der Constitution bezüglichen Fragen mit Zweidrittelmajorität aller Mitglieder der Versammlung entscheidet.

# Alphabetisches Register.

(Die Hauptstelle ist vorangestellt.)

Zeitfracht Medien GmbH
Ferdinand-Jühlke-Straße 7
99095 Erfurt, Deutschland
produktsicherheit@kolibri360.de